대중들

CROWDS

edited by Jeffrey T. Schnapp and Matthew Tiews was originally published in English by Stanford University Press.
This translation is published by arrangement with Stanford University Press(www.sup.org).

프리즘 총서 018
대중들

발행일 초판 1쇄 2015년 3월 25일 | **엮은이** 제프리 T. 슈나프, 매슈 튜스 | **지은이** 제프리 T. 슈나프, 스테판 욘손, 조이 코 널리, 윌리엄 에긴턴, 앨런 거트만, 수잔나 엘름, 안톤 케스, 크리스틴 포지, 존 플로츠, 호안 라몬 레지나, 혼 소시, 우어 스 슈테헬리, 찰스 틸리, 앤드루 V. 우로스키, 욥스트 벨게, 제시카 버스타인 | **옮긴이** 양진비
펴낸곳 (주)그린비출판사 | **펴낸이** 임성안 | **편집** 김현정 | **디자인** 지은미 | **등록번호** 제313-1990-32호
주소 서울시 마포구 동교로17길 7, 4층(서교동, 은혜빌딩) | **전화** 02-702-2717 | **이메일** editor@greenbee.co.kr

ISBN 978-89-7682-785-2 93300
이 도서의 국립중앙도서관 출판시도서목록(CIP)은 서지정보유통지원시스템 홈페이지(http://seoji.nl.go.kr)와
국가자료 공동목록시스템(http://www.nl.go.kr/kolisnet)에서 이용하실 수 있습니다.(CIP제어번호: CIP2015006964)

나를 바꾸는 책, 세상을 바꾸는 책 www.greenbee.co.kr

프리즘총서 **018**

대중들

제프리 T. 슈나프 · 매슈 튜스 엮음 | 양진비 옮김

ㅇB
그린비

| 일러두기 |

1 이 책은 Jeffrey T. Schnapp and Matthew Tiews eds., *Crowds*(Stanford: Stanford University Press, 2006)를 옮긴 것이다.

2 스탠퍼드 인문학 연구소의 '대중 프로젝트' 중 하나인 『대중들』은 2005~2006년의 「혁명적 조류: 1914~1989년의 정치 포스터의 예술」(Revolutionary Tides: The Art of the Political Poster 1914-1989) 전시와 함께 기획되었으며, 웹사이트(http://press-media.stanford.edu/ crowds)에서 더 많은 정보를 참고할 수 있다.

3 본문의 주석은 모두 각주로 표시했으며, 옮긴이 주는 '―옮긴이'라고 표시했다. 본문 내용 중 옮긴이가 추가한 내용은 대괄호([ ])로 묶어 표시했으며, 본문과 각주의 인용문에서 지은 이가 추가한 내용은 해당 부분 끝에 '―인용자'라고 표시해 옮긴이 첨언과 구분해 주었다.

4 원서에서 이탤릭체로 강조한 표현들은 고딕체로 표시했다.

5 단행본·정기간행물 등에는 겹낫표(『 』)를, 논문·영화·회화·사진·텔레비전 프로그램 등에는 낫표(「 」)를 사용했다.

6 외국 인명·지명은 2002년 국립국어원에서 펴낸 '외래어 표기법'에 따라 표기했다. 다만 관례로 굳어서 쓰이는 것들은 관례를 따랐다. (예: 게오르그 짐멜, 발터 벤야민, 칼 맑스 등)

서문 | 대중의 책

제프리 T. 슈나프 · 매슈 튜스

1987년 출간된 『현대 영국의 대중』의 서문에서 저명한 판사인 레슬리 조지 스카먼^{Leslie George Scarman}은 "지금은 현대의 영국 대중에 대해 적절하게 조사된 과학적 연구가 발표되어야 할 때이다"라고 선언했다.[1] 스카먼의 진술은 그가 최근에 맡은 1981년의 브릭스톤 폭동에 대한 정부 조사의 대표로서의 역할을 반영하지만, 또한 귀스타브 르 봉이 1895년 내놓은 군중심리를 주제로 한 베스트셀러의 명분에 깔려 있는, 지금이 시기 적절하다는 긴박감에 무의식적으로 공명한 것이다. "조직된 군중은 인민의 삶에서 늘 중요한 역할을 했지만, 그 역할이 지금처럼 중요한 적은 없었다."[2] 군중은 세계사에서, 특히나 지난 250년 동안 그들의 시대가 드물지 않게 도래했던 개념인 것으로 보인다. 이것이 사실일 수 있다는 생각은 놀랍지 않다. 스카먼도 지적하듯이 "군중은 인간 사회에서 결코 새로

---

1 Lord Scarman, foreword to *The Crowd in Contemporary Britain*, eds. George Gaskell and Robert Benewick, London: Sage Publications, 1987, p.ix.
2 Gustave Le Bon, *The Crowd: A Study of the Popular Mind*(2nd ed.), Atlanta, Ga.: Cherokee Publishing, 1982(1895), p.v. 이후부터 *C*로 축약한다.

운 것이 아니다".[3] 집단행동을 다룬 이야기는 플라톤의 『국가』*The Republic*
의 폭민 정치에 대한 우려에서부터 복음서의 그리스도를 죽이라고 외친
대중에 대한 묘사, 근대 초기의 소작농의 봉기를 기록한 걱정스러운 보고
서, 그리고 제2차 세계대전 이후 시기의 폭동——와츠, 브릭스톤, 시애틀,
제노바——을 보도한 신문 표제에 이르며 서양사를 형성했다.[4] 그러나 르
봉은 "우리가 진입하려는 시대가 정말로 군중의 시대가 될 것이다"라는
불길한 공표로 강렬하고 지속적으로 심금을 휘저었다(*C*, p.xv).

르 봉은 절제된 표현으로 알려진 사람이 아니다. 그의 『군중심리』*La
psychologie des foules*는 엄격한 사회학적 분석보다는 경구로 말하는 그의 방
식에서 나왔다. 엄격하든 그렇지 않든, 르 봉의 명확한 표현들은 미국 독
립혁명과 프랑스 혁명 이래로 퍼져 있던 신념을 요약한 능력 덕분에 인
기를 얻었다. 가브리엘 타르드, 이폴리트 텐, 엔리코 페리, 스키피오 시겔
레와 같은 19세기의 선조들[5]과 지그문트 프로이트, 로버트 파크, 호세 오
르테가 이 가세트, 엘리아스 카네티와 같은 계승자들이 이러한 신념을 공
유하였고, 두 세기의 선두적인 다른 예술가·작가·해설자·역사학자·정
치인들 역시 마찬가지였다.[6] "군중은 인간 사회에서 결코 새로운 것이 아

---

3 Scarman, foreword, p.ix.
4 서양의 정치 이론에서의 군중의 역할에 대한 역사적 개요는 J. S. McClelland, *The Crowd and the
Mob: From Plato to Canetti*, London: Unwin Hyman, 1989를 보라.
5 가령 Gabriel Tarde, *The Laws of Imitation*, trans. Elsie Clews Parsons, New York: Holt,
1903(1890); Hippolyte Taine, *The Origins of Contemporary France: The Ancient Regime,
the Revolution, the Modern Regime: Selected Chapters*, trans. Edward T. Gargan, Chicago:
University of Chicago Press, 1974[*Les Origines de la France contemporaine*, Paris: Hachette,
1875~1893]; Enrico Ferri, *Criminal Sociology*, London: Fisher Unwin, 1895(1892); Scipio
Sighele, *La folla delinquente: Studio di psicologia collettiva*(revised 2nd ed.), Turin: Fratelli
Bocca, 1891(1895)을 보라. 이들과 군중심리학의 다른 '창시자들'에 대해서는 홈페이지(http://press-
media.stanford.edu/crowds)의 '군중 이론가들'(CROWD THEORISTS) 항목을 보라.

님"에도 불구하고 이 신념을 가진 사람들은 양적이고 질적인 차이가 근대의 대중을 전근대의 대중으로부터 구별한다고 여겼다. 어떤 깊고 근본적인 의미에서 군중은 근대성이다. 근대는 사람들로 붐비는 시대다. 근대적 인간은 군중 속의 인간이다.

읽기 쉽고 도발적인 종합물을 내놓음으로써, 르 봉의 논문은 집단심리학의 하위 분야를 개시하고 또한 대중화했다. 이 논문은 첫 출판 이래로 지속적으로 출간되었고, 모든 주요 언어와 많은 소수 언어로——1929년 라트비아어 판이 발간됐다——번역되었으며 무수한 판을 거듭했다. 르 봉의 논문은 이 책의 여러 에세이에서 언급되는, 서문의 역할을 하는 구절에서 "우리의 모든 고대의 믿음이 휘청거리며 사라지고 사회의 오랜 기둥이 하나씩 무너지고 있는 동안, 군중의 힘은 무엇으로부터도 위협받지 않고 그 위세가 계속적으로 증가하는 유일한 힘이다"라고 주장한다 (C, pp.xiv~xv). 근대의 군중이 전근대와 심지어 선사시대의 선조들과 관련된 원시 상황과 관계가 있다고 알려져 있지만 그들이 현대판 부족이나 씨족으로 환원될 수는 없다. 이질적이고 불안정한 그들은 산업 대도시의 대로를 따라 사회계급·연령집단·인종·국적·성별이 잡다하게 혼합되고 물리적으로 집결한 결과로서 발생한다. 그들은 더 이상 역사의 수동적인

---

6 Sigmund Freud, *Group Psychology and the Analysis of the Ego*, ed. and trans. James Strachey, New York: Norton, 1959(1921); Robert E. Park, *The Crowd and the Public and Other Essays*, ed. Henry Elsner, trans. Charlotte Elsner, Chicago: University of Chicago Press, 1972(1904); José Ortega y Gasset, *The Revolt of the Masses*, trans. Anthony Kerrigan, Notre Dame, Ind.: University of Notre Dame Press, 1985(1929); Elias Canetti, *Crowds and Power*, trans. Carol Stewart, New York: Viking, 1962(1960)를 보라. 카네티의 책을 연구 대상으로 하여 개최된 최근의 학회의 공식기록에 대해서는 Penka Angelova ed., *Die Massen und die Geschichte: Internationales Symposium Russe*, Oktober 1995, St. Ingbert, Germany: Röhrig Universitätsverlag, 1998을 보라.

주체로, 성직자·귀족·군주·철학자와 같은 높은 지위의 존재에게 길들여지고 규율되는 제멋대로의 떼로, 또는 더 낮게 무리로 생각될 수 없다. 오히려 1776년과 1789년의 격동의 사건은 한때는 비방을 받던 존재인 다중을 역사의 주인공으로 역할을 바꾸어 놓았다. '공적인 것'res publica, 즉 국가, 경제적 생산, 의사소통, 문화, 법은 이제 확고히 그들의 수중에 있다. 그들이 가진 것은 모든 형태의 정부를 성공적으로 만들거나 파괴할 힘이다. 그들이 가진 것은 도시의 거리와 광장에서 수행되는 선거 캠페인, 대중집회, 상징적인 시위행진을 기반으로 하는 정치적 행동의 새로운 언어이다. 그들이 가진 것은 한 쪽짜리 인쇄물에서 신문, 포스터와 라디오, 텔레비전에 이르는 대중 설득의 새로운 매체이다. 대중의 시대에 국가의 초석은 군주의 상속된 특권이 아닌 대중적 주권이다.

르 봉의 종말론은 과장됐고 공포감과 기대감을 혼합하여 전달하였기에, 20세기 전환기의 경계선에서 대중 기반의 문명과 시장 중심의 경제가 부상하는 현상에 대한 공적인 논쟁을 활성화시켰다. 타르드와 같은 동시대의 비평가들이 즉각 지적한 것처럼, 그의 분석은 불완전하며, 거대한 여론의 영역이나 집회의 "정신적" 형태를 분석할 때 그것을 "물리적 접촉이 유발하는 심리적 결합"이라는 훨씬 작고 간헐적인 영역과 혼동한다.[7] 그렇더라도 대중집회가 산업 시대의 정치적·경제적·문화적 삶에서 지도적인 역할을 담당한다는 르 봉의 주장의 정확성에는 동의하지 않을 수 없다. 그러나 이 지도적인 역할은 후기 산업 세계에 어느 정도까지 이어졌는가? 우리는 여전히 어떤 의미 있는 수준에서 대중의 시대에 살고 있는

---

7 Gabriel Tarde, "The Public and the Crowd", ed. Terry N. Clark, *On Communication and Social Influence: Selected Papers*, Chicago; London: University of Chicago Press, 1969, pp.280~281.

가? 정치적 행동의 근대적 모델은 공적 장소에서 말 그대로 물리적인 육체의 집결을 토대로 하는 대신, 전자 매체에 의하거나 혹은 전자 미디어를 위해 형성된 스펙터클한 몸짓, 그리고 공적 공간과 사적 공간의 경계를 없애고 가상적이고 비동시적인 형태의 존재와 참여에 의존하는 항의를 토대로 하는 더 최근의 모델로 대체되었는가? 만일 그렇다면 이러한 변화가 민주주의와 문화, 사회에 갖는 함의는 무엇인가?

2000년부터, 스탠퍼드 인문학 연구소Stanford Humanities Lab; SHL의 대중 프로젝트는 18세기의 위대한 혁명들과 현재 사이에 존재한 근대적 대중, 특히 정치적 대중의 부상과 몰락의 문화적·사회적 측면의 역사를 추적하는 임무에 착수했다. 처음부터 존재했던 프로젝트의 작업가설은 다음과 같았다.

① 대중적 주권과 산업화·도시화의 시대에, 20세기 초반에 정점에 도달하게 되는 새로운 형태의 대중집회와 집단적 사회 행동을 특징으로 하는 집합체가 부상했다.

② 이러한 형태는 20세기 후반, 특히 1960년대와 1970년대의 저항운동 이후 점차적으로 약화되기 시작했는데, 그것은 후기 산업 사회에서 물리적 집회보다 가상적이거나 미디어를 기반으로 한 형태의 '집회'가 확산되고 계속 우세해진 결과일 뿐 아니라 경제적 분산화와 교외의 무질서한 발전, 이동성의 증가, 정치적 이탈을 촉진한 장기적인 경향의 결과이기도 하다.

③ 이러한 변화는 대중과 근대성의 동일시를 무효화하기보다는 그 형태를 재형성하여 후기 산업 사회의 군집의 경험을 시민과 선거의 의례·오락·여가라는 특정의 제한된 영역으로 옮겨 놓았으며, 대규모

대중의 정치적 행동에는 예외적인 시기(전쟁, 극심한 사회적 갈등 등)에 국한된 대비적인 기능이 부여됐다.

따라서 논지는, 하나의 단절이라기보다 의미가 한정되는 과정이라는 것이며, 그 궁극적인 결과로 물리적 대중은 미디어를 통한 집합과 육체적 분해의 공존을 특징으로 하는 정치경제 안에서 순환하는 하나의 우상으로 그 역할이 점진적으로 축소된다. 문제의 이 우상은 다양하게 사용되고 전유되기 쉬우며, 오늘날 행진과 대규모 대회, 폭동과 집회의 역사가 부활하면서 여전히 통용되고 있다. 그러나 이러한 우상은 심화되는 타자성과 시대착오의 낡은 기운 속에서 나타나는 경향이 있다. '타자성'Otherness은 현대의 다중의 얼굴이 점차 전자 미디어를 통해 부유한 선진국들의 거실과 침실로 중계되는 아시아와 중동, 아프리카의 갈등과 관련된 외국의 얼굴이 되었다는 점에서 그렇다. '시대착오'는 개발도상국에서조차 현대의 대중행동이 훨씬 더 '인용적'이 되었거나——그들은 때로는 향수적인 어조로 과거의, 이제는 되찾을 수 없는 영웅적인 대중의 시대를 인용한다——멀리 떨어진 지역의 미디어 관중을 위해 고안된 것으로 보일 정도다. 그런 이유로 영어를 사용하지 않는 장소에서도 영어로 쓴 현수막이 널리 퍼져 있다. 그 결과 우리가 대중과 동시대에 존재한다는 르봉의 동일시는 해체된다.

서문의 후반부에 더 길게 설명하겠지만, 이 책은 SHL 대중 프로젝트의 세 개의 서로 연결된 산물 중 하나이다. 이 세 가지 중 어느 것도 시버 인스티튜트Seaver Institute와 그 이사인 빅토리아 시버 딘의 관대한 지원이 없었다면 실현될 수 없었고, 그들이 이 시도에 기꺼이 동의해 준 것은 용기 있고 훌륭한 행동이었다. 본서와 결합된 전시인 「혁명적 조류:

1914~1989년의 정치 포스터의 예술」Revolutionary Tides: The Art of the Political Poster 1914-1989과 전시와 책 사이의 가교로 이용되는 웹사이트(http://press-media.stanford.edu/crowds)와 마찬가지로, 『대중들』은 근대적 대중의 역사의 핵심적인 측면과 지속적으로 맞물려서 위의 작업가설을 탐구하고, 미묘한 차이를 부여하고, 이의를 제기한다. 본서의 전체적인 포부는 18세기와 현재 사이에 예술가와 작가들이 정교화한 집단성의 이미지와 픽션들의 총체를 복원하는 것이다. 그것은 문학과 예술이 미디어로 충만한 새로운 공적 영역──인민 주권의 원칙 위에 세워진 새로운 정치와 나란히 등장한──과 나누는 복잡한 대화를 탐구하는 것이다. 또 그것은 이러한 문화적 산물들과 심리학·인류학·사회학·경제학 같은 사회과학에서 대중 중심의 담론이 등장한 것 사이의 상호작용을 검토하는 것이다. 근대적 대중의 문화사를 포괄적으로 쓰기 위해서는 다양한 관점에서 다층적으로 이루어지는 묘사를 통해 이 많은 측면을 한데 묶어야 한다.

근대적 삶에서 대중의 중심성과 대중 현상은 오랫동안 인정받아서, 이제는 그냥 상식이 되거나 '대중문화'와 같은 더 폭넓고 포괄적인 호칭으로 손쉽게 흡수될 정도가 되었다. 그것들 대부분은 제2차 세계대전 후 학문의 변방에서 나타났는데, 문제가 되는 현상이 아주 흔했기 때문이거나(두 세기가 진행되면서 자연스럽게 받아들여졌다) 그것이 개별 학문 분야의 틀 안에서 단편적으로 접근되었기 때문이다. 근대적 대중은 다양한 학문 분야와 그 내부의 전문화로부터 전문지식을 필요로 하는 본질적으로 포괄적인 문제이며, SHL은 바로 그런 종류의 대규모 주제를 다루기 위해 세워진 것이다. SHL은 스탠퍼드대학교의 당시 학장이던 게르하르트 캐스퍼의 초기 자본 투입으로 2000년에 창립되었고, 인문학 분과의 학자와 학생들이 전통적으로 과학연구소의 영역이던 대규모의 장기적이고, 팀 기반이며, 기술과 자원이 집중된 연구 프로젝트에 착수할 기회를 제공하였다. 인문학자들은 전형적으로 고립되어 일을 해왔고, 전통적인 장인들과 아주 흡사하게 자신들의 연구와 집필을 수행했으며, 그에 맞춰 그들의 대학원생과 학부생들을 훈련시켰고, 연구 결과의 발표와 보급을 위해 인쇄 매체에 의존했다. 자연과학·사회과학과 마찬가지로, 분과와 제도의 압력이 제2차 세계대전 이후에 인문학 분과의 과도한 전문화를 증가시켰고 종종 연구 의제를 좁히는 데 기여했다. 긍정적인 면에서, 그 결과로 각각의 분야와 하위 분야에서 엄격함과 전문지식의 수준이 더 높아졌고, 전문가 지식의 영역들로 이뤄진 확장된 섬들이 나타났다. 부정적인 면에서, 학문의 구체적인 하위 분야에 한정되는 대개 구심적인, 무수히 많은 대화들을 옹호함으로써 근본적인 문제들이 간과되었고, 그 결과 대학을 기반으로 한 연구와 잠재적인 대화 상대들——대학 내부(학생, 큐레이터, 사서)와 바깥세계(교육받은 공중, 미디어, 박물관, 기업) 모두에서——사이의 격차를 벌려 놓았다. SHL은 인문학 연구의 생산과 발표에 있어서의 이 관례적인 접근이 부여한 제약 때문에 정보기술과 디지털 미디어의 창의적인 이용은 말할 것도 없고, 공동작업과 혁신의 주요한 기회를 잃어버렸다는 인식을 토대로 창립되었다.

SHL은 인문학 연구와, 학부생에서 박사 후 과정까지를 모든 수준에서 훈련시키는 실천적인 인문학을 위한 새로운 모델, 즉 사실상 프로젝트 기반의 공동작업을 제시하였다. 교수와 학생, 다른 교내외의 공동연구자들로 이루어진 팀은 진정한 연구소 환경에서 수석 연구자의 지도 아래 일하고, 그 프로젝트의 범위와 포부가 그들에게 진정한(즉 장식적이지 않은) 의미에서 높은 효과와 높은 가시성, 학제 간 연구를 제공한다. 프로젝트의 산물은 전형적인 학문적 '출판'의 혼합 모델로서 시도되는데, 그것은 새로운 그리고 전통적인 형태의 학문들에서 다양한 목적을 세우고 또 그것들을 다른 목적에 맞게 고치도록 만들며, 학생들에게 연구자와 프로젝트 지도자로서의 역할을 부여한다. SHL 프로젝트는 스스로를 전문가 지식을 토대로 세워진 '거대 인문학'big humanities 프로젝트──'거대 과학'에 대한 비유는 의도적이다──로 예상하지만, 종종 박물관과 현대미술센터, 도서관과 같은 공적 기관과의 제휴뿐 아니라 사회적 소프트웨어의 혁신적인 사용과 공동작업의 저작 도구, 새로운 미디어 기술을 포함하는 지역사회의 복지의 차원도 존재한다. 연구소는 인큐베이터로서 작동한다. 연구소는 물리적인 시설과 재정적이고 전문적인 지원, 프로젝트 설계와 실행에 필요한 전문지식을 제공하고, 프로젝트가 일단 충분한 발전단계에 도달하면 교내외의 협력자들과 중개하는 역할을 한다.

대중 프로젝트는 SHL의 대표적인 프로젝트 중 하나로, 그 창립 시기로 거슬러 올라간다. 프로젝트가 성장하는 5년의 과정 동안 스탠퍼드와 UC버클리, 그리고 많은 다른 기관들의 50명이 넘는 학부생과 수십 명의 대학원생들, 교수진이 함께했다. 진행 중인 독서회와 세 개의 세미나는 『대중들』과 대중 웹사이트──이 내용의 구성은 세미나 장소에서 강좌의 과제로 주어졌다──를 구성하는 다른 많은 요소들과 함께 프로젝트의 전개에서 핵심적인 역할을 했다. 본서는 그 윤곽이 웹사이트 프로젝트와 「혁명적 조류」 전시의 윤곽과 의도적으로 중복되는 실험적인 혼합물이다. 이 책은 여러 저자의 책을 엮어 내는 일반적인 모델에서 이탈한 복합적인 잉태 과정의 산물로서 겸연쩍지만 '복잡한' 책이라고 부를 수 있겠는데, 전통적 의미에서의 에세이와 의미론적인 역사, 증언들이 섞여 있고, 이것은 지속된 상호작용, 그리고 교수진과 대학원생으로 구성된 핵심적인 프로젝트 팀을 포함한 협동작업의 결과이다.

* * *

빅토르 위고가 『파리의 노트르담』에서 15세기의 바보들의 축제[Feast of Fools]를 묘사할 때, 그는 군집한 다중을 수역에 견준다. "창가의 관중들에게, 사람들로 가득 찬 궁전의 뜰은 바다처럼 보였고, 그곳으로 향하는 대여섯 개의 거리는 마치 많은 강들의 어귀처럼 끊임없이 흐르는 물줄기를 토해 냈다. 이 바다의 물결은 새로운 도착에 의해 끊임없이 팽창하고 집들의 모퉁이에 부딪혀 부서졌다."[8] 위고의 끊임없이 흐르는 물줄기처럼 대중을 주제로 한 학문은 그 자체가 지난 100년 동안 물결——종종 대중의 움직임의 물결에 직접적이거나 간접적으로 응답하며——속에 머물렀다. 르 봉과 그 동료들이 파리코뮌 이후와 제3공화정의 산업 파업 시기, 그리고 리소르지멘토 봉기 이후의 격동의 시기에 발생한 대중행동의 위협을 정의하고 분석하려고 시도했다고 한다면, 제1차 세계대전은 군대와 전시의 일반 시민들의 집단적 행동을 연구하는 앵글로색슨의 사회학적 전통에 영감을 주었던 것으로 드러났다.[9] 이어지는 대중 연구의 거대한 물결은 부드러운 기조에서 투쟁적인 기조까지 망라한 모든 유의 맑스주의로부터 영감을 받았고, 역사 속의 대중에 초점을 맞추었으며, 선조들의 두 가지 근본적인 원칙을 멀리했다. 하나는 대중의 단일한 심리가 존재한다는 생각이고——정말이지, '그' 대중[the crowd]과 같은 것이 존재한다

---

8 Victor Hugo, *The Hunchback of Notre Dame*, trans. Catherine Liu(1831), New York: Random House, 2002, p.6.
9 가령 W. Trotter, *Instincts of the Herd in Peace and War*, New York: Macmillian, 1917; Sir William Martin Conway, *The Crowd in Peace and War*, New York: Longmans Green, 1915; Everett Dean Martin, *The Mob Mind vs. Civil Liberty*, New York: American Civil Liberties Union, 1920을 보라.

는——다른 하나는 집단적인 행동의 통제에 대한 관심이다. 조르주 르페브르의 선례를 따라서, 조지 루데의 고전적인 연구인 『프랑스 혁명의 군중』은 군중의 사건을 '아래로부터' 조사하였는데, 각양각색의 혁명적 다중의 다양한 인구학적 구성을 분석하고, 동기가 부여된 결의에 찬 군중행동의 특성을 강조했다.[10] 루데의 연구는 르페브르와 에릭 홉스봄, E. P. 톰슨을 포함한 좌파 역사학자들의 일련의 작업에서 유사하게 발견되는데, 그것은 텐과 르 봉을 매우 걱정시켰던 혁명 폭도와 노동자 폭도를, 식량 부족과 정치적 부정에 맞서는 저항의 오랜 전통에 몰두한 개인들의 무리로서 다시 기술하는 연구다.[11] 미국의 사회심리학파는 닐 스멜서의 『집단 행동이론』[12]으로부터 집단성의 작용에 대한 다소 유사한 결론에 도달했고, 1960년대와 1970년대의 대중 시위에 대해 정치적 공감과 과학적 호

10 George Rudé, *The Crowd in the French Revolution*, New York: Clarendon Press, 1959.
11 이러한 경향의 주요한 학문적 저작은 다음과 같다. Georges Lefebvre, "Revolutionary Crowds", ed. Jeffrey Kaplow, *New Perspectives on the French Revolution: Readings in Historical Sociology*, New York: John Wiley and Sons, 1965(1954); George Rudé, *The Crowd in History: A Study of Popular Disturbances in France and England 1730-1848*, New York: John Wiley and Sons, 1964; E. P. Thompson, "The Moral Economy of the Crowd in the Eighteenth Century", *Past and Present*, no.50, 1971, pp.76~136; George Rudé, *The Face of the Crowd: Studies in Revolution, Ideology, and Popular Protest Selected Essays of George Rudé*, ed. Harvey J. Kaye, New York: Harvester Wheatsheaf, 1988; Mark Harrison, *Crowds and History: Mass Phenomena in English Towns, 1790-1835*, New York: Cambridge University Press, 1988. 이러한 접근의 변형은 미국 독립혁명에 앞서는 집단적인 활동에 대한 획기적인 연구인 Pauline Maier, *From Resistance to Revolution: Colonial Radicals and the Development of American Opposition to Britain, 1765-1776*, New York: Knopf, 1972에서 발견될 수 있다. 이와 유사한 관점에서 '대중'의 개념의 형성을 다루는 좌파적 관점의 경제적·사회적 역사에는 Asa Briggs, "The Language of 'Mass' and 'Masses' in Nineteenth-Century England"(1973); "The Human Aggregate"(1979), *Words, Numbers, Places, People*, The Collected Essays of Asa Briggs, vol.1, Urbana: University of Illinois Press, 1985, pp.35~54, 55~86; Eric Hobsbawm, "Mass-Producing Traditions: Europe, 1870-1914", eds. Eric Hobsbawm and Terence Ranger, *The Invention of Tradition*, New York: Cambridge University Press, 1983이 포함된다.
12 Neil J. Smelser, *Theory of Collective Behavior*, London: Routledge and Kegan Paul, 1962.

기심의 혼합물로 반응할 준비가 되어 있었다. 전형적인 것은 샘 라이트의 『대중과 폭동: 사회조직 연구』로, 세이지 출판사에서 『나체 해변』*The Nude Beach*, 1977(1권)과 『정신적 의미의 추구』*Seeking Spiritual Meaning*, 1977(2권)와 나란히 출판된 '사회학적 관찰' 시리즈의 네번째 책이다. 라이트는 "이것은 대중과 폭동에 대한 나의 관찰을 토대로 쓴 책이다. …… 3년이 넘는 기간 동안 나는 집단적인 행동의 상황에서 앉고, 걷고, 뛰어다니면서 기록했다"라는 말로 이 책을 시작한다.[13]

그러나 문학과 문화의 역사를 연구하는 학자들이 대중을 다시 논의하기 시작했을 때는, 활동가와 같은 사회심리학의 뛰어다님도 사회사의 루데 학파가 세심하게 재현한 폭동의 인구학도 크게 두드러져 보이지 않았다. 세기 전환기의 대중 이론가들은 르 봉과 그의 동료들이 등장하기 시작한 지적·역사적인 맥락을 재구성하는 데 전념하는 일련의 연구들로 복귀했다. 로버트 A. 나이의 『군중심리학의 기원』, 세르주 모스코비치의 『군중의 시대』는 세기 전환기의 군중을 다룬 저작들을 대체로 무비판적으로 복원했다. 수잔나 배로의 『거울의 왜곡: 19세기 후반 프랑스 대중의 미래상』은 19세기 후반의 폭동의 경험적인 증거와 군중심리학자의 수사법 사이의 차이를 묘사하려고 했다. 야프 반 히네컨의 『대중, 심리학, 그리고 정치』는 앞서 말한 연구를 확장하고 완성했다.[14]

---

13 Sam Wright, *Crowds and Riots: A Study in Social Organization*, Sociological Observations, vol.4, Beverly Hills, Calif.: Sage Publications, 1978, pp.7~8. 이 범주의 다른 서적으로는 Hedy Brown, *People, Groups, and Society*, Philadelphia: Open University Press, 1985; Helen Macgill Hughes ed., *Crowd and Mass Behavior*, Boston: Holbrook Press, 1972; Michael Brown and Amy Goldin, *Collective Behavior: A Review and Interpretation of the Literature*, Pacific Palisades, Calif.: Goodyear Publishing, 1973이 포함된다. 이러한 관점에서 획일적인 '대중의 사고방식'의 개념을 광범위하게 공격한 것은 Clark McPhail, *The Myth of the Madding Crowd*, New York: Aldine de Gruyter, 1991에서 발견된다.

이 연구들이 학문의 변방에 위치하는 것은 배로의 책이 포함된 시리 즈의 명칭으로 충분히 입증된다. 그것은 '예일대학교 역사 간행물 선집' 이었다. 이 주제는 오늘날까지 계속해서 다뤄지고 있지만 단일 분과와 논 문 연구에서만 그렇다. 이것은 산업화 이전의 유럽에서 일어난 특정한 식 량 폭동에 초점을 맞추고, 프랑스의 19세기 자연주의자 소설 속의 대중 이미지를 조사하고, 산업 도시의 인구학적 부상을 추적하며, 이런저런 근 대 화가가 실천한 집단 초상화법을 분석하고, 대중 복고주의 운동과 대중 오락 형태의 부상을 계획하는 연구들이다.[15]

14 Robert A. Nye, *The Origins of Crowd Psychology: Gustave Le Bon and the Crisis of Mass Democracy in the Third Republic*, Beverly Hills, Calif.: Sage Publications, 1975; Serge Moscovici, *The Age of the Crowd: A Historical Treatise on Mass Psychology*, trans. J. C. Whitehouse, New York: Cambridge University Press, 1985(1981); Susanna Barrows, *Distorting Mirrors: Visions of the Crowd in Late Nineteenth-Century France*, Yale Historical Publications Miscellany, no.127, New Haven: Yale University Press, 1981; Jaap van Ginneken, *Crowds Psychology, and Politics, 1871-1899*, New York: Cambridge University Press, 1992. 대중 이론을 쉽게 재구성한 것은 Erika G. King, *Crowd Theory as a Psychology of the Leader and the Led*, Lewiston, N.Y.: Edwin Mellen Press, 1990을 보라.

15 가령 Cynthia A. Bouton, *The Flour War: Gender, Class, and Community in Late Ancien Régime French Society*, University Park: Pennsylvania State University Press, 1993; Naomi Schor, *Zola's Crowds*, Baltimore, Md.: Johns Hopkins University Press, 1978; Nicolaus Mills, *The Crowd in American Literature*, Baton Rouge: Louisiana State University Press, 1986; John Plotz, *The Crowd: British Literature and Public Politics*, Berkeley: University of California Press, 2000; Thomas Reinert, *Regulating Confusion: Samuel Johnson and the Crowd*, Durham, N.C.: Duke University Press, 1996을 보라. 몇몇의 연구들은 하나의 주제의 맥 락을 기술하는 것 이상을 시도했다. 주목할 만한 것으로는, 혁명에 대한 맑스주의/해체이론적인 해 석을 통해 19세기의 문학 텍스트를 다시 논의한 Jeffrey Mehlman, *Revolution and Repetition: Marx/Hugo/Balzac*, Berkeley: University of California Press, 1977; 프로이트의 주관성 이론 을 재해석하기 위해 프로이트가 르 봉에 의존한 점을 진지하게 다룬 Mikkel Borch-Jacobson, *The Freudian Subject*, trans. Catherine Porter, Stanford, Calif.: Stanford University Press, 1988; "대중 문화에 머무는 것에 대한 강화된 인식이, 아마도 얄궂게도, 정치적인 경험의 범주와 미학적인 경험의 범주 사이의 더 확고한 구분에 기여할 수 있다"라고 주장하는 Mary Esteve, *The Aesthetics and Politics of the Crowd in American Literature*, New York: Cambirdge University Press, 2003, p.2; 대중심리의 묘사와 모더니스트 문학이 유발한 효과 사이의 조화를 보여 주려고 하는

그러나 대중과 군집의 문화적이거나 역사적인 중요성을 다룬 포괄적인 연구가 수행된 적은 단 한 번도 없었다. 인문학과 사회과학적 관점을 엮는 연구는 말할 것도 없고 말이다.[16]

스카먼의 말을 그대로 따라하자면, 지금이 바로 그러한 대규모 사업에 착수할 때이다.

본서는 세 가지 유형의 기고문들을 엮어 근대적 다중에 대한 의도적으로 혼잡하고 복잡하게 조사된 내용을 제공한다. 그것은 여러 가지 방식으로 연구 대상을 분할하는 표준 길이의 에세이, 대중행동에 대한 직접적인 경험을 담은 '증언' 형태의 짧은 에세이, 그리고 집단성에 관한 핵심적인 어휘의 변화하는 의미론적 장을 추적하는 미시사로 구성된다. 증언들과 의미론적 역사 모두의 보다 광범위한 모음은, 1850년에서 1920년까지의 영국·프랑스·독일·이탈리아·스페인·미국의 대중을 다룬 회귀하지만 중요한 사회과학 저술들의 검색 가능한 데이터베이스와 함께 대중 프로젝트의 웹사이트에서 이용 가능하다. 또한 웹사이트의 주요 부문은 대중 이론가들에 대한 도상학적 재료와 참고자료를 특징으로 하며, 극장의 폭동, 지하철, 대중, 대중 사진, 대중의 크기를 계산하는 기법의 역사 같은 주제들에 관한 가상의 갤러리들이 있다. 즉 『대중들』은 독립적이고 자급자족하는 인공물로 기능하도록 설계되어 있지만, 그것의 진정한 정체성

Michael Tratner, *Modernism and Mass Politics: Joyce, Woolf, Eliot, Yeats*, Stanford, Calif.: Stanford University Press, 1995가 있다.

16 이 주제에 대한 학제 간의 관점을 창조하려고 시도한 한 연구로는 Carl F. Graumann and Serge Moscovici eds., *Changing Conceptions of Crowd Mind and Behavior*, New York: Springer-Verlag, 1986이 있다. 문제의 학제적인 특성은 사회사와—특히 맑스주의의 다양성의—그리고 '과학적인' 사회심리학 사이의 것이다. 이 기획에 대한 묘사는 특히 Carl F. Graumann, "Crowd Mind and Behavior: Afterthoughts", *Changing Conceptions of Crowd Mind and Behavior*, chap.13을 보라. 이러한 접근방법은 본서를 특징짓는 접근방법과 거의 닮은 점이 없다.

은 정적인 것과 역동적인 것, 명확하게 '정립된' 요소와 무한하게 증축할 수 있는 요소 사이의 경계를 흐릿하게 만드는 출판/디지털 혼합물이다.

그러나 본서의 중추를 이루는 것은 여러 학문의 관점에서 쓰인 에세이들이다. 몇몇은 특정 유형의 대중의 역사를 추적한다. 수잔나 엘름Susanna Elm은 순례자·순교자와 관련된 집단적 움직임을 묘사하고, 앨런 거트만Allen Guttmann은 스포츠 군중의 역사적인 개관을 제공하며, 우어스 슈테헬리Urs Stäheli는 금융시장에서의 대중행동을 분석한다. 다른 에세이들은 대중 현상을 각각 다른 매체로 재현하는 문제에 초점을 맞춘다. 제프리 T. 슈나프Jeffrey T. Schnapp는 「대중 포르노그래피」에서 대중의 근대성을 연구하는 렌즈로 사진 매체를 이용하고, 크리스틴 포지Christine Poggi는 '대중 시대의 예술'을 살펴본다. 앤드루 V. 우로스키Andrew V. Uroskie는 '대중재현의 공간적 수사'를 논의하고, 존 플로츠John Plotz는 미국 사회학에 나타난 대중의 골치 아픈 쟁점을 분석하며, 안톤 케스Anton Kaes는 영화의 대중 관객과 영화가 보여 주는 도시대중의 묘사 사이의 상호작용을 탐구한다. 일부 기고문들은 근대 대중의 특정한 측면의 역사적인 부상에 대한 논문들을 제공한다. 조이 코널리Joy Connolly는 로마의 군중 수사법에 대한 미국의 관심을 검토하고, 윌리엄 에긴턴William Egginton은 근대 초기의 극장 관중에게서 나타나는 친밀성과 익명성의 역동적인 상호작용을 토대로 하여 청중에서 대중으로의 변화의 개요를 말한다. 스테판 욘손Stefan Jonsson은 19세기 프랑스의 '대중의 발명'의 개요를 제공한다. 호안 라몬 레지나Joan Ramon Resina는 20세기 스페인의 대중 이론에서 나타난 의료화의 수사를 논의한다. 다른 논문들은 특별한 맥락에서의 대중의 역학을 조사한다. 제시카 버스타인Jessica Burstein의 '광장공포증'은 외적 영향과 집단성의 정신 역학을 죽 훑어본다. 찰스 틸리Charles Tilly의 「WUNC」는 집

단적 행동의 효율성을 평가하는 기준들을 제공한다. 혼 소시^{Haun Saussy}의
「중국의 대중과 수」은 대중행동에 대한 아시아와 서양의 발상 사이의 상
호작용을 검토한다. 욥스트 벨게^{Jobst Welge}는 근대의 다중에 대한 묘사와
대조를 이루는 고독에 대한 이상화를 개략적으로 보여 준다. 각 기고문의
개요는 다음 장에 이어 나온다.

　　이 에세이들과 더불어 작가와 학자, 사회 활동가, 평범한 증인이 제2
차 세계대전 후의 다중의 역사의 크고 작은 순간에 참여했던 경험과 그러
한 사건이 그들의 삶에 미친 영향을 돌아보며 말하는 개인적인 증언들이
첨가된다. 이 기고문의 목적은 현대와 르 봉의 시대 사이의 연속성과 단
절을 추적하면서, 역사적인 에세이에 대한 경험적인 대응물을 제공하려
는 것이다. 에세이들이 프로젝트의 작업가설의 어느 편에든 위치하는 반
면, 이 기고문들은 각양각색의 강령과 어조로 말하며 이 주제를 미해결의
문제로 부른다.

　　에세이와 증언 사이에 배치된 것은 미시사의 표본 추출로서, 영어·
러시아어·중국어·고대 그리스어·라틴어·산스크리트어·스페인어·프랑
스어·이탈리아어와 같은 언어들에서 다중과 관련된 용어의 변화하는 의
미론적 장을 탐구한다. 예술가들이 만들어 낸 대중재현을 위한 시각적
관행과 마찬가지로, 단어들은 단어가 일반적인 표현 양식으로서 유통되
는 논쟁과 대화를 강력하게 형성한다. 많은 부분이 'crowd', 'multitude',
'mob', 'mass', 'people', 'collectivity'와 같은 용어들 사이의 의미와 어
감, 암시의 차이에 달려 있다. 이것과, 다른 주요 단어들의 미시사는 본문
의 긴 에세이에서 만들어진 주장을 보완하는 하나의 방법으로서 사고방
식과 발상의 역사를 재구성하는 압축적으로 초점이 맞춰진 틀을 제공한
다. 총망라된 의미론적 역사들은 대중 웹사이트에서 이용 가능하다.[17] (독

자들은 웹사이트에 언급된 연락을 위한 이메일 주소를 통해 추가적인 의미론적 역사와 증언들뿐 아니라 가상의 갤러리를 제시해 주길 바란다.)

위에서 언급된 대로 SHL의 핵심 목표의 하나는 공적 기관과의 협력을 통해 고급 수준의 인문학 연구의 청중을 확대하는 것이다. 그 목표를 향해 이 책은 주요한 전시인 「혁명적 조류」와 함께 동시에 출판되는데, 이 전시는 2005년 9월 14일에서 2005년 12월 31일까지 스탠퍼드대학교의 아이리스 앤드 B. 제럴드 캔터Iris & B. Gerald Cantor 갤러리에서 열렸고 마이애미 비치의 울프소니언-플로리다 국제대학교에서 다시 개장하여 2006년 2월 24일부터 2006년 7월 25일까지 전시되었다.

「혁명적 조류」는 『대중들』보다 더 좁은 영역에 집중한다. 이 전시는 프랑스 혁명이 일어난 지 한 세기 이상이 지난 뒤에, 정치적 이상으로서의 대중적 주권이라는 업적이 가져온 예술적 결과를 검토한다. 전시에 동반되는 카탈로그——밀라노에서 스키라Skira 출판사에 의해 영어, 프랑스어, 이탈리아어로 출판되었다——는 후버연구소 기록보관소Hoover Institute Archives와 울프소니언-플로리다 국제대학교에서 가져온 20개 국가의 백 개 이상의 정치 포스터와 이와 관련된 다수의 조각과 물건들을 통해 제1차 세계대전에서 베를린 장벽의 붕괴 시기까지의 혁명의 변화하는 국면을 추적한다. 포스터 예술에 대한 관습적인 접근은 예술가, 시대, 국적 또는 구체적인 기법의 관행의 발전을 토대로 한 분류를 강조하지만, 「혁명적 조류」는 그 대신에 전 세계적인 규모에서, 그리고 오직 느슨하게 상호

---

17 위의 두 문단에서 말하는 두 가지 중 집단성에 관한 어휘의 의미론은 '부록 1'로, 대중행동을 경험한 개인적인 증언은 '부록 2'로 매 장의 마지막 부분에 서술되어 있다. 단 16장의 '부록 1, 2'는 모두 개인적인 증언을 서술하고 있다.——옮긴이

연결된 다양한 예술적·정치적·역사적 배경 속에서 다중을 정치적 요인으로 묘사하는 평범한 토착적인 그래픽의 등장과 관련된다.

이 쇼는 정치 포스터의 거시사를 제시하며, 이와 함께 대중 프로젝트 웹사이트의 「혁명적 조류」 부문에 모인 매우 상세한 캡션은 미시사적 질감을 보여 주고 그것의 한 '날개'는 물리적 전시의 가상적인 대응물의 역할을 한다. 이 쇼는 이야기적인 단위로 구성되는데 그 각각은 특별한 그래픽의 발명, 도상학적 요소, 또는 정치적 대중과 관련된 주제를 탐험한다. 각 단위는 존 하트필드John Heartfield, 구스타프 클루치스Gustavs Klucis, 발렌티나 쿨라기나Valentina Kulagina, 노먼 록웰Norman Rockwell, 크산티 샤빈스키Xanti Schawinsky와 같은 유명한 예술가의 작품과 오랫동안 잊힌 작가의 작품을 함께 혼합한다.

어떻게 인민을 근대 민족국가와 그들의 제도, 그리고 법의 정당성의 주춧돌로서 재현할 것인가? 어떻게 대중적 의지라는 추상적인 개념을 구체적인 시각적 방식으로 바꿀 것인가? 사회 변화를 가져오는 데 있어서의 대중운동이 담당한 결정적인 역할을 어떻게 그릴 것인가? 다중에 대한 근대의 대중 지도자, 그리고 그 역은 어떻게 묘사할 것인가? 정치적 포스터인 대중매체를 어떻게 대중 설득과 동원의 효율적인 도구로 변형시킬 것인가? 이것은 그들의 예술적 입장과 정치적 믿음, 그들이 속해 있는 역사적 맥락이 다르다고 하더라도, 「혁명적 조류」에 나타난 예술가들이 대답하려고 하는 유형의 질문들이다.

*　　*　　*

우리의 프로젝트 팀이 2000년 처음 일을 시작했을 때, 르 봉의 "군중의 시대"가 끝나가고 있다는 징후를 발견하는 것——최소한 세계의 선두적인 산업/후기산업 국가들에서는——은 그런대로 수월했다. 그 징후는 직접적인 동시에 간접적이었으며, 단기적인 동시에 장기적이었다. 대규모의 징병 군대는 빠르게 과거의 것이 되고 있었다. 조직화된 노동은 쇠퇴기에 있고, 노동의 조직화는 점차 유연해지고 세분화되고 있었다. 선거의 패턴은 계속해서 무관심을 향해 이동했다. 도시의 집합체는 개발도상국에서 계속해서 확장했고, 교외의 발전은 부유한 국가들의 원동력이었다. 미국의 상황에서 1990년대 후반의 워싱턴에서의 행진은 시민권 시대의 선조들에 대한 맥없는 공명으로 보였다. 텔레비전 카메라의 렌즈에 채워진 스무 명의 개인들로 이루어진 '군중'은 이전 시기의 시위자 군중을 대체했고, 심지어 1999년의 시애틀의 WTO 반대운동은 고전적인 대중행동보다는 무정부주의적인 소규모 충돌의 유형으로 보인다. 새 천 년의 결정적인 집단성은 오직 광섬유에 의해 연결된, 그리고 수집할 만한 것, 험담, 대규모 통신망의 멀티 플레이어 게임에 대한 공유된 열정에 의해 연결된 대화방의 온라인 대중인 것으로 보인다. 또는 각각 자동차 컨테이너 안에 밀봉된 채로, 이동해 다니면서 꼬리를 무는 집회 때문에 교통 정체 상태에 빠진 운전자들, 또는 각각 스스로 고안한 유아론적인 오락의 보호막에 싸여 떼 지어 돌아다니는 보행자들이다.

현대적 삶의 이러한, 그리고 다른 특징들은 다중의 본질에 있어서의 근본적인 변화를 나타낸다. 그러나 그러한 특징들이 진정으로 군중의 부고를, 또는 최소한 문자 그대로의 물리적인 집합으로서의 군중의 부고를 구술하는가? 아마 그렇지 않을 텐데, 최근 경제적인 분석(제임스 서로위키의 『대중의 지혜』), 기술적인 통찰(하워드 라인골드의 『스마트몹』), 심지어 정치 이론(안토니오 네그리와 마이클 하트의 『다중』)의 저작들에서 발견되는 군중의 현재와 미래에 대한 낙관적인 반추가 급증하는 데서 증명되듯이 말이다. 따라서 어떤 부고도 시기상조일 것이다.[18] 다양한 모습의 과거는 계속해서 모든 역사적 현재에 머물며 세계화의 시대에도 마찬가지다. 역사는 영원토록 높은 수준의 동시성과 복잡성, 모순의 여지를 갖는다. 최첨단의 시대에 있더라도, '플래시 몹'과 같은 서로 이메일과 무선 장치를 통해 접촉하며 기발한 몸짓을 동시적으로 수행하려고 모이는 불완전 취업되고 과도하게 연결된 대중들의 짧은 유행은 아무리 모순적이라도, 집단적 행동의 영속인 매력을 입증한다. 또한 이라크 전쟁에 반대하며 행진한 세계 속의 수백만 명, 구 소비에트 블록에서 몇 번이고 계속해서 정체를 무너뜨린 수십만의 사람들, 교황 요한 바오로 2세의 장례식에서처럼 대규모의 애도 행위에 참여하는 대양의 다중들, 체육 경기장을 주기적으로 채우는 다수의 팬들은 어떻게든 서둘러 군중의 종말을 선언하는 것에 반대의 주장을 편다. 이러한 대중을 구성하는 사람들이 과거에 속하든 현재에 속하든, 이 책은 그들의 책이다.

18 James Surowiecki, *The Wisdom of Crowds*, New York: Doubleday, 2004는 조직적인 행동과 시장과 관련된다. Howard Rheingold, *Smart Mobs: The Next Social Revolution*, Cambridge, Mass.: Perseus Books, 2002에서 라인골드는 그 대신 분산된 또는 가상의 집회의 형태에 미친 기술의 영향과 관련된다. Antonio Negri and Michael Hardt, *Multitude: War and Democracy in the Age of Empire*, New York: Penguin Books, 2004는 명백하게 맑스주의적인 기원의 틀 안에서 그들의 앞선 책인 Michael Hardt and Antonio Negri, *Empire*, Cambridge, Mass.: Harvard University Press, 2001에서 이미 존재하는 일련의 통찰을 발전시킨다.

개요

「대중 포르노그래피」에서 제프리 T. 슈나프는 인간 다중의 파노라마 사진이 1930년대 일러스트 잡지 그래픽의 가장 흥미로운 부분이 되는 더 광범위한 배경을 재구성함으로써 서양 미술에서의 대규모 집단 초상화법의 역사를 추측에 근거해 기술한다. 이 에세이는 정치적 통일체의 형성을 이미징(상상)하는 두 개의 지배적인(때론 뒤얽히는) 양식을 발견한다. 상징적emblematic인 것, 이것은 많은 개인들로 이루어진 상징적인 형태의 등장과 연관된다. 대양적oceanic인 것, 이것은 그 대신 정치적으로 숭고한 것의 골격 안에서의 집단적인 융합의 순간들과 연관된다. 후자에서 파시스트 이탈리아의 사례에 특별하게 주목하여 그 등장과 진화, 기법적 관행을 추적하여 파노라마 대중 사진의 관행을 알아낸다.

스테판 욘손의 에세이 「대중의 발명: 프랑스 문화 속의 대중, 프랑스 혁명에서 코뮌까지」는 근대의 대중의 역사에서 결정적인 시대를 상세하게 검토한다. 프랑스 혁명과 이에 대한 에드먼드 버크와 같은 가장 초기의 비평가들로부터, 포와 보들레르의 근대의 도시 대중에 대한 찬양을 거쳐 1871년의 유혈의 파리코뮌 이후의 대중에 대한 중요한 파괴적인 공격에 이르기까지, 욘손은 대중적 주권의 시대에 대중의 개념이 형성되는 과정을 추적한다. 대중에 대한 매우 영향력 있는 정치적·예술적·문학적 재현에 대해 논평하면서 욘손은 또한 이 새로운 존재를 정의하는 데 있어서 급격히 성장하는 사회과학, 특히 통계학의 중요성을 언급한다.

조이 코널리는 영화 「벤허」를 「군중 정치: '포풀루스 로마누스'의 신화」의 출발점으로 삼는다. 20세기의 미국 영화들은 왜 그렇게 로마 군중에 매혹될까? 포풀루스에 대한 로마의 재현을 검토하면서 코널리는 로마의 텍스트가 이 집단을 군중이 아닌 것으로 묘사하는 방식을 탐구한다. 동질적이고, 통일되고, 그들의 지도자에게 순종적인 것으로. 로마 공화국에서 영감을 찾으려는 현대의 대중적 주권의 이론가들에게 있어, 이것이 '인민' 개념의 유용성을 보여 주는 중대한 부분이라고 그녀는 주장한다.

윌리엄 에긴턴은 「친밀성과 익명성, 청중은 어떻게 대중이 되었는가」에서 대중의 근대적 개념에서 극장의 청중이 차지하는 역사적인 중요성을 보여 준다. 중세에서 19세기까지의 극장 시설을 조사하면서——주로 스페인과 프랑스에서——그는 다루기 힘든 청중에 대한 걱정거리에 대응하는 근대 초기의 극장이 그들의 청중을 19세기의 군중 이론가들을 걱정하게 만들 실체로 만들었다고 주장한다. 에긴턴에게 있어 이것은 친밀성과 익명성의 단층선을 따라서 존재한다. 그가 쓰듯이 "다시 말해, 정확히 폭도^{vulgo}가 한데 모여 어떤 부정적 집단성과 연관될 때는 그 집단성(공공성)의 영역과 내면성의 영역 사이에 존재하는 거리가 옹호되고 있다는 것이다. 여기서 집단성의 영역과 내면성의 영역은 이론적으로 각각 그 심층이 구성될 수 있고 잠재적으로 무한한 것이다".

앨런 거트만이 기고한 「스포츠 군중」은 여러 세기 동안의 스포츠 관객성을 기술하는데, 그리스로마 시대의 경기에서부터 근대의 대중적인 운동경기의 구경거리까지를 다룬다. 스포츠 관중의 구별되는 특징은 관중들이 보통 스포츠팬이라는 사실이다. 거트만은 "그들은 자신들을, 환호로서 홈팀을 격려하고 비아냥거림으로 원정팀의 사기를 꺾는 활동적인 참가자로 여긴다"라고 언급한다. 거트만은 이 심리적인 동일시의 결과를 탐구하면서 어떻게 공유된 애호를 토대로 집단이 창조되는지와 어떻게 이것이 종종 공격성으로 이어지게 되는지를 보여 준다. 거트만은 그러한 공격성이 궁극적으로 카타르시스적이라는 견해에 반대하는 주장을 하지만 완전히 미쳐 날뛰지 않으면서 투쟁적인 시합의 흥분을 경험하게 하는 그러한 의식의 중요성에 주목한다.

「매혹된 대중: 순례자와 순교자」에서 수잔나 엘름은 서양 문화에서 종교적인 대중의 역사를 개략적으로 보여 주는데, 4세기에 예루살렘으로 향하는 순례에서 시작하여 십자군을 간단히 언급하고 19세기에 루르드가 순례 장소로서 신격화되는 모습을 분석한다. 엘름은 개인적인 추구로서 시작된 것이 근대 시기에 집단적인 현상이 되는 과정을 보여 준다. 순례는 의사소통의 매체와 서로 얽혀 있고, 대중 동원의 근대성과 불가사의한 것에 대한 고래의 유혹 사이의 긴장에 의존하기 때문에 대중 이론에서 중요하다.

안톤 케스는 「영화와 대중」 대부분을 프리츠 랑의 「메트로폴리스」를 분석하는 데 할애한다. 이 영화를 빈에서의 대중봉기, 산업적 대량생산의 부상, 대중오락의 새로운 문화라는 맥락 안에 놓음으로써, 케스는 영화가 단순히 대중을 묘사하는 것이 아니라 또한 영화 관객의 공동체——연극 관중들 사이의 차이에 비해 이질적이고 불안정한——를 그 자체로 대중으로서 창조하는 것을 보여 주며 "오직 영화라는 대중매체에서만 대중은 자신들에게 가시적으로 나타나게 된다. 바로 관중으로서"라고 쓴다.

근대 예술의 생산에서 대중이 수행한 역할이 크리스틴 포지의 「대중, 무리, 폭도: 대중 시대의 예술」에서 개략적으로 서술된다. 군대의 그림과 19세기 초반 파노라마로부터 시작해 퍼지는 마네와 쇠라, 20세기 초반과 제2차 세계대전 후의 요제프 보이스, 존 발데사리 같은 전위파 예술가들을 통해 대중의 재현을 기술한다. 이 이야기를 통해 구성되는 것은, 예술에서 대중의 창조와 재현에 있어 대중매체가 차지하는 중요성——예술적 생산의 표현수단과 소통의 미디어로서——에 대한 설명이다.

이 책에 대한 존 플로츠의 활기 넘치는 기고문인 「대중의 귀환, 또는 어떻게 사회학은 근심을 거두고 대중을 사랑하기로 결정했을까」는 20세기 미국의 사회학의 대중과의 갈등 관계를 기술한다. 데이비드 리스먼의 『고독한 군중』과 윌리엄 화이트의 『조직인』은 1950년대의 사회과학을 '사회적인 것'과 그것의 구현인 '대중'의 매혹적인 힘에 대한 비난으로 정의한다. 그렇다면 최근 로버트 퍼트넘과 같은 비평가들에게서 보이는 사회적인 것의 귀환의 성공을 어떻게 이해해야 하는가? 플로츠의 에세이는 사회학 이론과 문화 운동 사이의 때로는 긴장된 상호작용에 대한 명쾌한 설명으로 응답한다.

호안 라몬 레지나는 「군중심리학에서 인종위생학까지: 극우파의 의료화와 신新스페인」에서 1930년대와 1940년대 이후의 스페인의 군중이론에 나타난 주요한 두 인물에 초점을 맞춘다. 바로 호세 오르테가 이 가세트와 안토니오 바예호 나헤라이다. 오르테가의 『대중의 반역』이 유명하게 대중을 전통적인 권위의 원천과 거북스럽게(그리고 아마도 불합리하게) 공간을 공유하는 양적인 축적물로 묘사한다면, 바예호는 대중을 병리적 사회의 구현으로 그리는, 타락에 관한 의료화된 이론에 의존한다. 궁극적으로 레지나는 "대중의 제국이라는 오르테가의 황량한 미래상에 반하여 파시즘은 히스패닉 제국에 반대했다. 히스패닉주의는 산업혁명에서 탄생한 혐오스러운 철학적 함정들 ──제각기 각자의 방식으로 대중의 승리를 선포하는── 에 대한 대안이 되었다"라고 주장한다.

「중국의 대중과 수」에서 혼 소시는 아시아에서의 군중에 대한 논의에 있어 주요한 쟁점을 개략하는데, 중국의 많은 인구는 오랫동안 서양인들에게 "단순히 개성이 없는 다수, 제국의 왕권으로부터 명령을 기다리는 수동적인 노동의 힘의 저장소 …… 즉 '결함이 있는' 유형의 대중"으로 묘사되어 왔다. 아시아 군중에 대한 이러한 서양의 반응을 분석하면서, 소시는 또한 중국 제국의 역사에서의 여러 순간에 대해 미묘한 차이를 부여하는 해석을 제공하는데, 대중적 행동을 그 작용에 특별히 주의하여 묘사한다. 그는 내내 '대중 현상'의 창조에서 대중의 언어적인 재현의 중요성을 강조한다. "대중을 단순한 마음속의 명칭으로 만들 유명론은 '말로 많은 일들을 하는' 언어의 마술과 연결되는데, 대중을 묘사하는 것이 환영적인 방식 이상으로 그들을 호출하는 것이기 때문이다."

우어스 슈테헬리의 「시장의 대중」은 금융시장에 대한 논의에서 대중 이론이 어떻게 이용되는지 분석한다. 찰스 맥케이의 최초의 이론적인 대중 논문인 『대중의 미망과 광기』(1852년 초판)에서 시작하면서, 슈테헬리는 어떻게 대중행동에 대한 설명들이 이용되어 왔고 시장의 행동을 예측하기 위해 남용되어 왔는지를 보여 준다. 슈테헬리의 논문은 대중의 의미론이 금융 투기를 묘사하는 데 있어 왜 그렇게 매력적인 것으로 판명되는지를 보여 준다. 맥케이는 대중행동을 근대의 시장 투기의 결정적인 요소로 여기지만 대중을 어떻게 다뤄야 하는지의 문제는 다루지 않는다. 슈테헬리는 역투자가^{Contrarians}의 투자철학이 어떻게 군중심리의 도움을 받았는지를 보여 준다. 군중심리가 이상적인 투기꾼을 구성하는 도구가 되는 것이 바로 이 지점이라고 그는 주장한다.

찰스 틸리의 불가사의한 제목의 본서 기고문인 「WUNC」는 정치적 시위의 효율성에 대한 일반적인 이론을 개략한다. 참가자와 관찰자, 그리고 반대자는 함축적인 점수표, 즉 WUNC를 측정하는 점수표를 배경으로 하여 시위를 측정한다. 그것들은 가치성Worthiness, 통일성Unity, 수Numbers, 헌신Commitment. 이 요소들은 변화하는 조합 속에서, 근대기의 효과적인 대중행동을 특징지어 왔다. 틸리의 에세이는 18세기 사회운동에서 이러한 가치관의 기원을 추적하고 오늘날까지 그것들이 시위에 적용될 수 있다고 주장한다.

「광기의 대중을 감감하게 바라보며: 대중재현의 공간적 수사」에서 앤드루 V. 우로스키는 대중을 시각적 재현의 **특별한** 문제로 바라보는 전통을 살피고, 대중재현이라는 이 특정한 문제가 20세기 시각 문화 내부의 보통의 의미의 대중재현이라는 더 일반적인 문제를 대체하게 되는 방식에 대한 광범위한 설명을 제공한다. 우로스키는 대중을 세는 기법들, 소비에트 구성주의, 킹 비더의 「군중」과 같은 대중적인 영화들을 검토한다. 궁극적으로 그는 시각적 수사와 예술적 모더니즘의 담론 내부에서 집단성의 재현은 결코 안전한 관행이 아니었고, 그보다는 어렵고 끊임없이 변화하는 연구의 영역이었다고 결론짓는다.

욥스트 벨게는 「대중과는 거리가 먼: 서양의 상상 속에서의 개체화, 고독, 그리고 '사회'」에서 개인 대 대중이라는 모더니스트의 원동력과 만난다. 특정한 모더니스트 작가들이 가진 대중에 대한 경멸을 언급하면서 벨게는 그러한 반대중 정서, 공적이고 문학적인 고독의 수행, 그리고 '개인주의자' 관점에서의 대중에 대한 인식과 재현의 진화를 추적한다. 페트라르카에서 페터 슬로터다이크, 루소, 포, 니체, 릴케에 이르는 벨게의 궤적은 개별화된 관찰자와 대중의 형성 사이의 관계에 대한 상세한 분석을 제공한다. 벨게는 여기서 개인과 대중 사이의 상충된 관계를 표현하는 오랜 서양 문학의 전통이 현대와 현대 초기 모두에 존재한다는 사실을 보여준다.

제시카 버스타인의 「광장공포증: 알파벳」은 대중적인, 그리고 학문적인 문화에 나타난 근대 대중의 심리적 영향에 대한 알파벳순의 탐구로, 연결들은 정말 예기치 못한 것들이다. 가령, '알레고리'^{Allegory}는 "어원상으로는, 이야기의 바깥에서 흘러가는 것. 경험적으로는, 같은 시민들에게 이해받지 못한 채 말하는 것이다. '대학 교수의 종신재직권'^{Tenure} 항목을 보라"라고 정의된다. 그럼에도 불구하고 버스타인의 장난기 있는 격언은 대중의 수사로 가득한 20세기 삶을 영화에서(「심한 불안」$^{High\ Anxiety}$) 정신의학(『정신장애 진단과 통계집』 4판$^{DSM\ IV}$)까지 넘나들며 아주 광범위하게 드러낸다. 각 표제항은 다중으로 가득 찬 공적 공간이 유발하는 두려움과 매혹에 공명한다.

차례

1장

대중 포르노그래피

제프리 T. 슈나프

바다는 소리를 내는데, 무척 변화무쌍하고 거의 언제나 잘 들린다.
마치 천 개의 목소리처럼 들리는 소리고, 많은 속성을 지닌다.
인내와 고통, 그리고 분노. 그러나 가장 인상적인 것은 그 지속성이다.
바다는 결코 잠들지 않는다. 낮이나 밤이나, 수년, 수십 년, 수 세기 동안
자신의 소리가 들리도록 한다. 그 기세와 사나움에 있어 그와 비견할 만큼 이러한
속성을 공유하는 유일한 존재로 떠올릴 수 있는 것은 바로 군중이다.
—엘리아스 카네티, 『군중과 권력』(1981)

『이탈리아 민중의 일러스트 잡지』[이하 『일러스트 잡지』]*La rivista illustrata del popolo d'Italia*는 이탈리아 파시즘 기관지의 독자들이 시사적인 사진과 기사를 참조하기 위해 보는, 대중에게 아낌없이 배포되는 월간지로, 미국인이 『라이프』*Life*를, 러시아인이 『아가뇩』*Ozoнeк*을, 중국인이 『중국재건』^中國再建을 참조하는 것과 유사하다. 1920년대 중반부터 『일러스트 잡지』에서는 그래픽의 개혁이 일어났다. 도입된 변화로는 큰 판형의 페이지를 접어 넣는 게 있었는데 이 파노라마 사진은 표준적인 페이지보다 대체로 두 배에서 여섯 배 정도 넓었다. 접이식 페이지는 당시의 잡지에서는 흔하지 않았고, 1960년대 『플레이보이』*Playboy*의 버니걸 페이지처럼 가정이나 직장에서 전시의 목적으로 분리할 수 있도록 만들어진 최고의 그래픽 장면으로 이해됐다. 그러나 『일러스트 잡지』의 접이식 페이지에서 가장 먼저 내 관심을 끈 것은 화면을 가로지르며 드리워져 있는 욕망의 대상이었다. 눈에 보이거나 혹은 보이지 않는 지도자 곁으로 집결한 우글우글하고

---

* 존스홉킨스대학 출판부의 허가를 받아 실은 이 글은 「대중 파노라마」("The Mass panorama")라는 표제로 *Modernism/Modernity*, vol.9, no.2, April 2002, pp.1~39에 실렸다.

끝이 없어 보이는 다중은 이탈리아 반도의 위대한 역사적 도시를 대표하는 건축적 장치를 빽빽하게 채웠다. 간접적인 사진 또는 포르노그래피적 전율의 원천으로서의 정치적 집결, 그것은 『일러스트 잡지』의 향후 15년간의 관행에 영향을 미칠 그래픽의 원칙이었다. 그 시절 동안 거대한 물결의 혁신적인 예술가와 그래픽 디자이너들이 그 페이지를 레이아웃했는데, 그들 중에는 브루노 무나리[Bruno Munari], 마리오 시로니[Mario Sironi], 포르투나토 데페로[Fortunato Depero], 지오 폰티[Giò ponti], 크산티 샤빈스키[Xanti Schawinsky]가 있었다. 그래픽 환경은 각각의 성공적인 물결과 함께 변화하였지만 접이식 페이지는 그렇지 않았다. 연이은 대규모 집회는 매 호마다 펼쳐졌고 파시스트 정권이 붕괴할 때까지 계속됐다.

이 지속성은 접이식 페이지의 선전적 가치로 분명하게 설명된다. 『일러스트 잡지』는 이탈리아판 『라이프』 이상이었다. 그것은 반관보적인 당기구였고, 광장으로 밀어 넣어진 시민 군대와 이탈리아 여론 사이의 중요한 도랑이었으며, 그 목표는 파시스트 이탈리아의 이미지를 영구적 기동성을 가진 근대적 지도자의 지배하에 있는 영속적으로 동원되는 근대 국가로서 고무시키는 것이었다. 그러나 선전이라는 개념은 그것이 답하는 것보다 더 많은 질문을 제기한다('선전'은 반대하는 자에게 행하는 여러 형태의 대중적 설득에 붙여지는 호칭이다). 그것은 순환되는 이미지의 본질이나 그들이 집어넣어 주조하고 싶어 하는 사회·정치적 상상력의 윤곽에 대해 거의 아무것도 말해 주지 않는다. 그렇다고 어디서, 어떻게 대중을 담은 사진 파노라마가, 미국 독립혁명과 프랑스 혁명에 뒤이어 유럽 문화에서 떠오른 대중 이미지의 더 광대한 흐름에 들어맞게 되었는가라는 더 거대한 질문을 다루지도 않는다. 이 주제는 지크프리트 크라카우어와 발터 벤야민과 같은 제1, 2차 세계대전 사이의 문화 비평가들, 볼프

강 켐프와 같은 전후 미술사학자들에 의해 처음 제기되었지만, 이 책, 그리고 동반 전시회와 카탈로그인 「혁명적 조류」가 제공하는 일종의 심도 깊은 분석을 여전히 절실하게 필요로 한다.[1] 마지막으로 중요한 점을 말하자면, 선전적 기능을 언급한다고 해도 어떻게 그리고 왜 정치적 다중의 파노라마적 재현이 실험적인 타이포그래피와 포토몽타주의 기술, 그리고 미세하지만 현저한 변화들과 서로 뒤얽히게 되었는지 이해하는 데 도움을 주지 않는다. 이러한 것들은 제1, 2차 세계대전 사이의 이탈리아·독일·미국·브라질·멕시코·소련뿐 아니라 전후 시기의 중국의 문화대혁명부터 1960년대에서 1990년대까지의 저항적 움직임에 이르기까지 유통되었다.

따라서 이 에세이의 주제는 (「혁명적 조류」에서와 마찬가지로) 이성과 망상 사이를, 1789년의 해방의 꿈과 1792년의 공포 사이를 배회하는 그야말로 혁명적 대중으로 알려진 계몽 운동의 망령이다. 그것은 값싼 산업용 사진 석판술의 보급과 사진 이미지를 통신사에 보내는 전자적 전송,

---

1 Siegfried Kracauer, *The Mass Ornament: Weimar Essays*, ed. Thomas Y. Levin, Cambridge, Mass.: Harvard University Press, 1995; Walter Benjamin, *The Arcades Project*, trans. Howard Eiland and Kevin Mclaughlin, Cambridge, Mass.: Harvard University Press, 1999; Hannah Arendt ed., *Illuminations*, trans. H. Zohn, New York: Schocken Books, 1976; Wolfgang Kemp, "Das Bild der Menge(1780-1830)", *Städel-Jahrbuch*, bd.4, 1973, pp.249~270과 카탈로그인 Städtische Kunsthalle ed., *Der Einzelne und die Masse: Kunstwerke des 19 und 20, Jahrhunderts*, Recklinghausen: Städtische Kunsthalle, 1975를 보라. 대중적 주권의 도상학에 대해서는, 카탈로그인 Dario Gamboni and George Germann eds., *Emblèmes de la Liberté: L' Image de la république dans l'art du XVIe au XXe siècle*, Bern: Stæmpfli, 1991을 또한 보라. 이 책의 서문에서 밝힌 것처럼, 『대중들』의 출판은 「혁명적 조류: 1914~1989년의 정치 포스터의 예술」 (Revolutionary Tides: The Art of the Political Poster 1914-1989) 전시와 연결되었는데, 이 전시는 2005년 9월 14일에서 12월 31일까지 아이리스 앤드 B. 제럴드 캔터 갤러리에서 열렸고, 2006년 2월 24일에서 7월 25일까지는 울프소니언–플로리다 국제대학교에서 열렸다. 전시회 카탈로그는 아이리스 앤드 B. 제럴드 캔터 갤러리와 밀라노의 스키라(Skira, 2005)에서 발행됐다.

라디오와 같은 생방송 미디어의 부상, 포토저널리즘과 뉴스영화와 같은 시각-문자의 혼합의 등장 등으로 변형된 미디어 지형 속에서 어떻게 혁명적 대중이 그래픽의 요소로 해석되었는가라는 질문을 제기한다. 해석의 과정은 하나의 줄거리로 환원되지 않는다. 예술적 기법의 견지에서 보자면, 과거 텍스트와 인쇄에 토대를 둔 공적 영역을 점차 재형성한 삽화와 회화, 사진과 포토저널리즘적 관행의 진화하는 레퍼토리에 관한 이야기다. 미술사의 견지에서 보자면, 재현의 파노라마적 양식의 역사 속에서 대중과 그들의 장소에 관한, 분화된 그러나 중첩되는 도상학 전체에 관한 이야기다. 지성사의 관점에서 보면, 일찍이는 최소한 아리스토텔레스에서 최근에는 엘리아스 카네티까지의 정치 철학에서 중심을 이루었던, 인간 대중을 은유로 표현하고 성별화하며 추상화하는 천 년에 걸친 관습이 이 관행들과 도상학에 어떻게 영향을 주었는지에 관한 이야기다. 사회정치학적 관점에서는, 대중적 주권의 원칙에 입각해 수립된 정치학의 등장에 대한 이야기이고, 그에 수반하여 집단성, 공적 장소에서의 육체의 물리적 집결이나 실제 시공간에서의 상징적인 행렬과 동원의 수행을 토대로 하는 정치적 행위와 주체의 모델에 관한 새로운 이미지와 신화의 필요성에 대한 이야기다.[2]

요약하면, 그것은 대양의^{oceanic} 대중을 『일러스트 잡지』의 접이식 페이지의 틀 안에 넣기 어려운 만큼이나 하나의 에세이라는 범주 안에 포함시키기 어려운 다층적인 이야기이며, 여기서는 '조류'^{Tides}, '표상'^{Types},

---

2 나는 이 주장의 전반적인 윤곽을 "Ascensão e queda da multidão", *Veredas: Revista do Centro Cultural Banco do Brasil*, ano.6, no.61, January, 2001, pp.26~31의 현대의 초점에 맞춰 간략하게 설명하였다.

'타일'Tiles '방수로'Spillways의 부제를 단 네 개의 이야기 구성단위로 엮인다. '조류'는 대중에 적용된 대양의 은유와 관련된다. '표상'은 '상징적인'emblematic 대중의 이미지로 언급될 수 있는 것의 역사를 간략하게 설명한다. '타일'은 앞의 상징적 전통을 존중하되, '대양의' 인간 파노라마의 발전을 묘사한다. '방수로'는 모더니스트의 포토몽타주의 맥락에서 '대양의' 조각들이 기하학적인 상징으로 다시 돌아가며 변형되는 것을 다룬다. 이 에세이는 현시대의 다중의 역할에 대한 성찰로 끝을 맺는다. 다중은 한편으로는 여가와 오락의 영역에서 황홀경과 전율의 경험의 원천으로서 영속적으로 기능하고, 다른 한편으로는 후기 산업사회의 정치적 갈등 속에서 가상적인 대응물에 의해 점차적으로 소멸한다.

조류

'대양의 대중'la folla oceanica이라는 구절은 『일러스트 잡지』의 접이식 페이지에 대해 관람자나 제작자 모두가 사용한 호칭이다. 그 구절은 20세기 초반의 이탈리아 정치 담론 어디에나 있었고, 특히 파시스트의 웅변에서 가장 두드러졌는데, 그것은 오직 파시즘만이 대중의 시대를 특징짓는 강렬하고 신비한 힘을 어떻게 촉매 작용으로 촉진시키고 방향을 잡을지 알고 있다는 주장을 강화했다. '군중의 시대'는 귀스타브 르 봉의 1895년 고전인 『군중심리』, 그리고 그 책에 영향을 준 이폴리트 텐과 가브리엘 타르드와 같은 저자와 이탈리아 실증주의 학파의 일원(엔리코 페리Enrico Ferri, 체사레 롬브로소Cesare Lombroso, 스키피오 시겔레, 파스콸레 로시Pasquale Rossi)의 군중심리에 관한 저작들에서 제시된 근대성의 정의다.[3]

  "우리의 모든 고대의 믿음이 휘청거리며 사라지고 있고, 사회의 오랜 기둥이 하나씩 무너지고 있는 동안, 군중의 힘은 무엇으로부터도 위협받지 않고 그 위세가 계속적으로 증가하는 유일한 힘이다"라고 르 봉은 계시적인 의도로 단언했다.[4]

전근대적 다중은 위로부터 형성되고 종속되는 자연적인 무리로 오랫동안 생각돼 왔다. 근대적 대중은 그보다는, 변동하는 시대의 변덕스러운 주역이었으며, 그들 스스로가 지도자였고 새로운 형태의 리더십과 개인주의의 토대를 조성했다. 그들에게 내재한 이질성과 불안정성 때문에 무엇도 그들의 힘을 위협하지 못했다. 그들은 산업 대도시의 거대한 대로를 따라 형성된, 사회계급과 연령집단·인종·국적·성별에 따른 마구잡이식 혼합과 물리적 집결의 결과였다. 모든 근대적인 것들, 즉 정치적 권위, 국가, 상업, 의사소통, 문화, 경제적 생산이 잠재적으로 그들의 수중에 있었기 때문에 그들의 위신은 계속해서 증가했다. 인간의 육체가 한 덩어리가 될 때 발생한다는 의식적 인격의 손실 덕분에 근대적 대중이 존재하는 것이기 때문에, 근대적 대중은 그것을 구성하는 개인들의 평균으로 환원

3 Gustave Le Bon, *The Crowd: A Study of the Popular Mind*, Project Gutenberg E-text 445(http://www.gutenberg.org/)의 서론에서 인용했다. 이 저작의 원본인 프랑스어판은 *La psychologie des foules*, Paris: F. Alcan, 1895로 출판됐다. 르 봉의 공식화에 대한 강력한 수정은 Gabriel Tarde, "The Public and the Crowd", 1901에서 제공되었는데, 그는 자신의 에세이 시작 부분에서 이렇게 결론 내린다. "나는 …… 원기 왕성한 저술가인 르 봉 박사가 우리의 시대가 '군중의 시대'라고 말한 것에 동의할 수 없다. 지금은 공중(public) 또는 공중들(publics)의 시대이며, 그것은 판이하게 다른 것이다"(Gabriel Tarde, *On Communication and Social Influence: Selected Papers*, ed. Terry N. Clark, Chicago; London: University of Chicago Press, 1969, p.281). 군중사회학과 심리학의 역사의 다양한 측면을 보려면, Robert A. Nye, *The Origins of Crowd Psychology: Gustave Le Bon and the Crisis of Mass Democracy in the Third Republic*, London: Sage, 1975; Japp van Ginneken, *Crowds, Psychology and Politics, 1871-1899*, New York: Cambridge University Press, 1992; Damiano Palano, *Il potere della moltitudine: L'invenzione dell'inconscio collettivo nella teoria politica e nelle scienze sociali italiane tra Otto e Novecento*, Millan: V&P Università, 2002를 보라.
4 Le Bon, foreword to *The Crowd*.

될 수 없다. 그보다는 근대적 대중은 르 봉의 소립자에 대한 글들에서 나온, 그를 매혹시켰던 것들과 비슷한 연쇄작용을 촉발한다. "화학에서처럼 특정한 요소들——가령 염기와 산성——은 접촉하게 될 때, 결합하여 그것을 형성하도록 했던 물체와 완전히 다른 특성을 가진 새로운 물체를 형성"[5]하는데, 대중도 이와 마찬가지다.

그에 대응하는 사회주의자 페리는 같은 생각을 공유했다.

집단심리는 단순히 개인들의 요소를 혼합한 것이라기보다는 화학적 합성과 관련된다. 다시 말하면 결과로서 생긴 심리적 집단은 각 개인의 심리적 요소의 합과 동일하지 않다(감정과 생각의 측면에서도 그렇다). 그와 반대로 좋은 의미에서든 나쁜 의미에서든 항상 다른데, 둘 이상의 물질이 화학적으로 합성함으로써 그것을 구성하는 물질들의 온도보다 높거나 낮은 온도를 최종 형태에 부여하는 것과 정확히 똑같은 방식으로 그렇다.[6]

문제가 되는 특성으로는 하나의 실험 튜브에 혼합된 다양한 액체가 가져오는 언제나 불확실한 결과들을 들 수 있는데, 폭발, 에너지의 급상승, 급속한 부패와 새로운 발효작용 등이 그것이다.

『군중심리』에서 르 봉은 근대적 폭도[mob]를 좀처럼 조류나 열린 바다,

5 Le Bon, *The Crowd*, bk.1, Chap.1. 원자물리학에 대한 르 봉의 생각은 Gustave Le Bon, *L'Evolution de la matière*, Paris: Flammarion, 1905; Gustave Le Bon, *L'Evolution des forces*, Paris: Flammarion, 1907; Gustave Le Bon, *La Naissance et l'evanouissement de la matière*, Paris: Mercure de France, 1908과 같은 저작들에서 전개됐다.
6 Scipio Sighele, *La foule criminelle: Essai de psychologie collective*, Paris: F. Alcan, 1901, pp.183~184. 번역은 인용자의 것이다.

대양의 폭풍우에 비유하지 않는데, 그것은 그럴 필요가 없기 때문이다.[7]

『일러스트 잡지』의 접이식 페이지가 일상적으로 인간 대양의 초상이라고 생각되기 훨씬 전에, 또 시겔레가 범죄 군중을 "위험한 바다 …… 그것의 표면은 모든 심리적인 바람에 반응하여 출렁인다"[8]라고 규명하기 훨씬 전에, 서양의 사회정치적 상상 속에서 그 연계는 확고하게 수립되어 있었다. 이것은 19세기의 다양한 문학 자료에서 증명된다. 초기의 예는, 윌리엄 워즈워스가 「서곡, 혹은 어느 시인의 마음의 성장」에서 드러낸 런던에 대한 통찰이다.

> …… 영속하는 흐름
>
> 사소한 물체들이, 녹아들고 환원되어
>
> 차이를 넘어서 하나의 정체성으로
>
> 법칙도, 의미도 없고, 끝도 없는,

또 토머스 드 퀸시Thomas De Quincey가 런던의 경관을 대양으로 그린 환각적인 상상도 있다. "하늘을 향해 고개를 쳐든 무수한 얼굴들로 덮여 있다. 애원하고 분노하고 절망하며 위를 향해 밀려들기를 수천, 수만, 수 세대, 수 세기 동안 지속해 온 얼굴들."[9]

---

7 나는 그런 예를 알고 있는데, 하나는 직접적이고 하나는 간접적이다. 그의 연구의 서문에서 르 봉은 군중의 행위를 구체적으로 언급하면서 "지각할 수 있는 현상은 파도에 비견될 수 있는데, 그것은 우리가 그 깊은 곳에 있는 동요에 대해서는 알지 못하는, 대양의 표면에 대한 표현이다"라고 주장한다(Le Bon, foreword to *The Crowd*). 2권의 2장 두번째 부분에서, 집단적 망상에 대한 그의 예시는 프리깃함인 벨 풀(Belle Poule)이었는데, 그 군함의 선원은 바다에서 구조 임무 수행 중에 "사람들 무리가 움직이며, 손을 뻗는 것을 보았고 수많은 목소리로 이루어진 불분명하고 혼란스런 소음을 들었다"라고 생각했다(*Ibid.*, bk.2, chap.2).

8 Sighele, *La foule criminelle*, p.22.

다른 설명들은 이보다는 덜한 악몽 같은데, 가령 에드거 앨런 포의 단편소설 「군중 속의 남자」에 등장하는 화자에게 "감정의 매력적인 진기함"을 불러일으키는 "인간의 머리들로 격앙된 바다"나, 근대의 개인주의가 물속의 다중을 뚫고 자신의 길을 항해하는 댄디-수영객에 의해 좌우된다고 말하는 샤를 보들레르의 산업 도시에 대한 중대한 글들에서처럼 말이다.[10] 은유는 19세기 말까지 불변의 것이 되어, 유령 같은 도시(파리)와 시골(루르드)의 대중에 대한 에밀 졸라Emile Zola와 J.-K. 위스망스J.-K. Huysmans의 환기에서 시작하여, 모파상이 「물 위에서」Sur l'Eau에서 보여 준 "한 방울의 물이 강과 융합되어 사라지는 것"처럼 어떻게 개인의 의지가 공통의 의지와 융합될 것인지에 대한 엘리트주의적 성찰, 그리고 미래파 작가들이 "근대적 중심지에서 다양한 색과 소리를 가진 혁명의 해일을 노래할 것"이라고 한 1909년 「미래주의의 기초와 미래주의 선언」의 절정에 새겨진 약속에 이르기까지, 이 모든 것들을 형성했다.[11]

사실상 '대양의 대중' 개념은 훨씬 고대의 것으로, 적어도 그리스로마 문화의 'turba'ᵗᵁᵠᴮᴴ 즉, 폭도ᵐᵒᵇ와 격동ᵗᵘʳᵇᵘˡᵉⁿᶜᵉ의——해상의, 기상의

9 William Wordsworth, *The Prelude or the Growth of a Poet's Mind*, vol.7, eds. Ernest de Selincourt and Helen Darbishire, Oxford: Clarendon Press, 1959, pp.701~704; Thomas De Quincey, *Confessions of an Opium Eater*, ed. Grevel Lindop, Oxford: Oxford University Press, 1985, p.72. 이 두 작가의 저작 중에서 도시의 대중에 대한 최근의 연구는 John Plotz, *The Crowd: British Literature and Public Politics*, Berkeley: University of California Press, 2000, pp.15~42, 76~126을 보라.

10 Edgar Allan Poe, "The Man of the Crowd", *The Works of Edgar Allan Poe*, vol.5, New York: Funk and Wagnalls, 1904, p.176; Charles Baudelaire, *Petits Poèmes en prose(Le spleen de Paris)*, Paris: Flammarion, 1967.

11 Guy de Maupassant, "Sur l'Eau or On the Face of the Water", *Works*, vol.13, Akron, Ohio: St. Dunstan, 1956~1959, p.77; F. T. Marinetti, "Fondazione e manifesto del Futurismo", ed. Luciano de Maria, *Marinetti e il futurismo*, Milan: A. Mondadori, 1973, p.6에서 재인용. 번역은 인용자의 것이다.

또는 정치적인 ── 오랜 융합까지 거슬러 올라갈 수 있다.

　　이러한 짝짓기는 많은 고대의 정치 이론에 생기를 불어넣는데, 예를 들어 키케로는 『국가론』의 특유의 구절에서 "억제되지 않은 폭도의 복수심만큼 진정시키기 힘든 바다가 없고, 제지하기 어려운 불길이 없다"[12]라고 말했다(따라서 대양과 그 프롤레타리아트의 조류를 조금 제거하여, 아테네와 로마와 같이, 영속성과 제국의 힘을 운명으로 하는 도시를 건설하는 편이 낫다).[13] 그 모습은, 베르길리우스의 『아이네이스』^{Aeneis} 1권의 유명한 직유적 표현에서 다시 등장한다.

　　　　마치, 종종, 많은 사람들이

　　　　폭동으로 크게 동요하고, 폭도들$^{ignobile\ vulgus}$이

　　　　마음속으로 격노하고, 횃불과 돌이

　　　　재빠르게 날아갈 때 ── 광분이 자신의 무기를 찾아 ── 만일,

　　　　우연히 그들이 정의로움과 용맹함으로 눈에 띄는

　　　　한 남자를 발견하면, 그들은 침묵한다.

12　Cicero, *On the Commonwealth*, eds. and trans. George Holland Sabine and Stanley Barney Smith, Indianapolis, Ind.: Bobbs-Merrill, 1976, p.148. 본래의 라틴어는 다음과 같다. "mare ullum aut flammam esse tantam, quam non facilius sit sedare quam effrenatam insolentia multitudinem"(*De re publica*, vol.1, ed. C. F. W. Müller, Leipzig: Teubner, 1878, p.42).

13　키케로의 대양공포증은 아리스토텔레스에게서 온 것인데, 아리스토텔레스는 『정치학』(*Politics*, 7.6.5~6)에서 군함의 조타수 무리가 법의 통치에 가하는 위협의 결과로, 도시들이 "주요 도시와의 관계에서 편리한 위치 ── 구분되고 분리된, 그러나 너무 멀지 않은 ── 에 항구와 무역항을 두는 것"이 좋다고 말했다. Ernest Baker ed. and trans., *The Politics of Aristotle*, New York: Oxford University Press, 1962, pp.294~295. 키케로의 경우, 논쟁은 반프롤레타리아적일 뿐 아니라 반카르타고적이자 반그리스적이다. "내가 왜 그리스 섬을 언급해야 하는가? 그들은 바다로 둘러싸여 있고 거의 표류한다 ── 이것은 그들에게 존재한 국가의 관습과 제도에도 똑같이 적용되는 설명이다"(Cicero, *On the Commonwealth*, p.158).

그리고 주의를 기울이며 가만히 멈춰 선다.

그는 자신의 말로써 그들의 열정을 통제하고 그들 영혼을 진정시킨다.

이로써 바다의 모든 아우성이 가라앉았다. (*Aeneis 1*, vv, pp.149~155)[14]

고대의 사상에서, "정의로움과 용맹함으로 눈에 띄는"pietate gravem ac meritis si forte virum 남자, 혁명적 폭동의 진압자와 폭풍우가 이는 바다의 항해자인 '조타수'gubernator는, 언제나 여성화되는 폭도들과는 근본적으로 같지 않고, 철저히 '다르다'. 그는 베르길리우스의 서사시의 여신에게서 태어난 영웅 피우스 아이네아스pius Aeneas처럼 신과 같은 존재다. 자신의 열정과 타인의 열정의 정복자이지, 선동가가 아니다. 르 봉과 그에 대응하는 이탈리아인들은 산업 시대에 변화하는 것이 대중의 변동성이나 이 변동성에 대한 새롭고 호의적인 묘사라기보단 이 우월한 존재의 혈통이라는 사실을 잘 알고 있다. 군주제와 귀족제, 그리고 신과 같은 사람은 더 이상 존재하지 않는다. 폭도들의 극악무도한 대응물로 생각되던 폭군도 더 이상 없다. 그는 대중 속의 사람이고, 내재적인 동시에 초월적이고, 내부인인 동시에 외부인이며, 대중들에게 결코 잠들지 않는 주권집단이라는 하나의 정체성, 하나의 얼굴, 거울 이미지를 제공하는 평범한 사람인 동시에 특출한 사람이다. 다양한 색과 다양한 소리를 지닌 근대적 혁명의 물결 속에 완전히 압도돼 그는 그들의 조류 속의 분노를 좀더 높고 고귀한 목표를 향해 이끈다. 그것은 바로 국가의 주권과 자유, 제국, 진보이다.

그의 초기의 이름은 리바이어던Leviathan으로, 계약상의 정치적 대

---

14 Publius Virgilius Maro, *The Aeneid of Virgil*, trans. Allen Mandelbaum, New York: Bantam, 1961, p.6.

표라는 홉스의 원칙을 삽화로 표현한 1651년의 권두 삽화에서 유명하게 나타났다──그 원칙에 따라 주권은 개개의 시민들을 하나의 정치적 통일체로 강제하는 힘이자 그들의 집단적 의지의 표현으로서 이해된다(그림 1.1).[15] 리바이어던의 육체를 구성하는 시민들의 육체──허버트 스펜서[Herbert Spencer]는 'macanthrope'라고 불렀다──는 각각의 정신들이 만들어 내는 자연스런 움직임으로 이뤄지며 그들의 상호작용은 상호적인 응시의 교환을 통해 신호된 이상

그림 1.1 홉스의 『리바이어던』 권두 삽화

적인 집단적 움직임을 유발한다. 다중은 지도자와 종속자 사이의 근본적인 존재론적 차이를 허용하지 않는 거울 보기[mirroring] 행위를 통해 자신의 얼굴과 대면하고 또 대면당한다. 정치적 통일체의 형성에 관한 이 정연한 모델은 뒤에서 상징적인 것으로 언급할 유형의 파노라마적 재현에 가장 귀중한 특성을 제공할 것이다.

상징적인 대중은 근대에 이르기까지 서양의 집단적 초상의 역사에서 널리 퍼져 있었는데, 예외는 보통 전쟁터의 장면들(고대 그리스의 적회식 도기에서부터 파올로 우첼로[Paolo Uccello]의 「산 로마노의 전투」[Battaglia di

---

15 이 주제에 대해서는 호르스트 브레데캄프의 훌륭한 연구를 보라. Horst Bredekamp, *Thomas Hobbes visuelle Strategien: Der Leviathan: Urbild des modernen Staates*, Berlin: Akademie Verlag, 1999.

San Romano에 이르는)이나 지옥의 감독관이 감시하는 지옥에 떨어진 다루기 힘든 사람들의 재현(루카 시뇨렐리$^{Luca\ Signorelli}$의 오르비에토 대성당의 프레스코 벽화인 「최후의 심판」$^{Giudizio\ Universale}$)에만 국한되었다. 그보다 만연했던 것은 프라 안젤리코$^{Fra\ Angelico}$의 「천상의 궁정에서 영광을 받는 예수」$^{Cristo\ glorificato\ nella\ Corte\ del\ cielo}$와 조토^{Giotto}의 아레나 예배당의 「최후의 심판」에서처럼, 완전한 질서의 거대한 광경 속에서 예수를 둘러싸고 있는 기하학적으로 배열된 성가대와 세속적인 구현들이었다. 유동성은 상징적인 대중의 두번째 특징이다. 유동성은 개인들이 하나의 통합된 육체의 범위 안에서 윤곽을 되찾기 위해 자신의 윤곽을 잃어버리는 데 필요한 수준까지 존재한다. 그것은 개인들 간의 경계의 손실보다는 (집단적인) 형태^{Form}의 승리를 위한 매개체로서 이용된다. 이것은 전근대 문화에서 상징적인 것이다──최후의 심판 장면에서 축복받은 폭도들은 구^{球}나 사다리, 천상의 나무를 형성하고, 이에 반해 근대에는 추상적이고 기계적이고, (크라카우어가 생각하듯) '장식적'이다.[16] 상징적인 대중은 전통에 구속되고 마른 땅 위에 존재하는, '대양의 대중'의 대응물이며, 후자에 돛을 올리려면 주권적 개인이 폭도 속에 침몰되면서도 떠오르고, 통제당하면서도 통제하도록 하는 더 역동적인 인식 모델이 필요하다. 이러한 모델은 숭고$^{the\ sublime}$의 이론화를 통해 제공된다.

대양의 형상화는 고대의 정치 이론뿐 아니라 숭고를 주제로 한 저작들에서도 확산된다. 이미 롱기누스에게 『일리아스』는 "빠르게 이어지며

---

16 크라카우어가 자신의 에세이 「대중 장식」(The Mass Ornament)에서 펼친 주장은, 그가 현대의 안무적인 기하학이 가진 극도의 추상성을 강조하는 한편, "군중의 장식이, 경제 체계가 열망하는 합리성의 미적인 반영"일 정도로 현실적이고 상징적이라고 이해하는 것은, 그 점에 있어서는 모순적이다.

진행되는 사건들의 폭주ᵖᵒᵒᵡᵘᵒᵋᵛ, 변덕스러운 속도와 현실성, 현실의 삶에서 끌어온 넘쳐 나는 이미지들" 때문에 숭고했던 반면, 덜 숭고한 『오디세이아』에서는 "대양Ωᵡᵃᵛᵒû이 자신의 은신처로 움츠러들고 그 자신의 한계 안에서 멈춰 있는" 것만 같다.[17] 조지프 애디슨과 버크, 칸트에게 있어 대양은 수직적인 산악 풍경에 대한 수평적인 대응물로서, 관람자를 현기증과 그것의 극복, 통제와 통제의 상실, 전율과 확장된 이기심의 동시적인 감각으로 밀어 넣는다. 애디슨은 이렇게 쓴다.

내가 여태껏 본 모든 물체 중에서 바다나 대양만큼 내 상상에 영향을 준 것이 없다. 나는 잔잔할 때조차, 이 엄청나게 거대한 바다의 요동을 매우 기쁘게 놀라면서 바라보지 않을 수가 없다. 그러나 그것이 폭풍 속에서 격앙되어, 오직 모든 면의 수평선이 큰 파도를 형성하고 산을 떠오르게 할 때, 그런 광경에서 발생하는 기분 좋은 공포를 묘사하는 것은 불가능하다. 뒤숭숭한 바다는, 그곳을 항해하는 사람에게는 움직이는 것들 중에 그가 볼 수 있는 가장 커다란 물체고, 따라서 위대함에서 솟아날 수 있는 가장 고상한 종류의 기쁨을 그의 상상에 부여한다. …… 그런 물체는 자연스럽게 나의 생각 속에 신적인 존재에 대한 생각을 불러일으키며, 형이상학적 논증만큼이나 훌륭하게 그의 존재에 대한 확신을 내게 심어 준다. 상상은 이해를 촉진시키고, 지각할 수 있는 대상의 위대함에 의해, 시간과 공간으로 제약되지 않는 존재에 대한 생각을 일으킨다.[18]

---

17 Longinus, "On the Sublime" 9.13, *The Poetics/On the Sublime/On Style*, trans. W. Hamilton Fyfe and W. Rhys Roberts, Cambridge, Mass.: Harvard University Press, 1973, p.153.

칸트는 신에 대한 경험으로 얻게 되는 그런 "기분 좋은 공포"를 직접 확인하지는 못했지만, 같은 생각이었다. 자연 속의 거대하고 무한한 것처럼 보이는 대상을 숙고하면서 마음의 움직임이 시작되고, 그것은 우리가 "대양 속의 숭고함을 이해하고, 시인들이 그러듯, 눈에게 주는 감동이 드러내는 것을 따라서 그것을 대하게 한다. 이를 테면, 그 잔잔함 속에서는 오직 하늘과만 경계를 이루는 선명한 거울의 바다로, 만일 그것이 어지럽혀지면, 모든 것을 압도하고 집어삼키는 위협적인 것으로 바라본다"고 칸트는 덧붙인다.[19] 전체를 이해하는 상상의 능력을 능가하는 이 장면은 심연으로 뛰어드는 것을 피할 수 없게 만든다. "반항적인 힘을 지니고 떠오르는 끝없는 대양, 웅장한 강과 그와 비슷한 것이 만드는 높은 폭포는 그들의 힘과 비교할 때 우리의 저항의 힘을 하찮은 순간으로 만든다." 그러나 뛰어드는 것이 통제되기 때문에 생산적이다. "우리 자신의 위치가 안전하다면, 그들의 외양은 그 두려움으로 인해 더욱 매력적이다"(CJ, p.110).

숭고한 것을 경험하기 위한 전제조건으로서 칸트가 제시한 조건인 안전한 높은 위치의 필요성은, 그보다는 충격, 육체적인 위험의 경험을 토대로 확립되는 숭고함의 모델이 가장 큰 중요성을 띠는 19세기 동안에 압박을 받게 될 것이다. 그러나 여기서 핵심은 키케로-베르길리우스의 혁명적인 'turba'crowd와 서양 세계에서 나타난 땅과 바다의 전경의 새로운 이론화 사이의 수렴이다.[20] 19세기 문화는 수많은 자연의 풍경을 담은

---

18 Joseph Addison, *The Spectator*, no.489, September 20, 1712, pp.74~75.
19 Immanuel Kant, *Critique of Judgment*, trans. J. C. Meredith, Oxford: Oxford University Press, 1973, p.122. 이후부터 *CJ*로 축약한다.

파노라마가 될 것이다. 그것은 잔잔하거나 동요하는 바다의 많은 전경들을 만들어 낼 것이다. 마지막으로 중요한 것은, 정치적 숭고함의 틀 안에서 존재하는 인간의 대양과 같은 전경이라는 새로운 도상학을 만들어 낼 것이라는 점이다. 처음에는 프랑스 혁명과 파리코뮌 같은 사건들을 둘러싼 역사적인 논쟁 안에 잘못 정의된 개념이 내포되었지만, 정치적으로 숭고한 것은 '대양의' 경험에 대한, 자연 속에서든 인간 다중 속에서든, 인류의 지속적인 갈망을 보여 준 프로이트의 『문명 속의 불만』에서의 설명과 같은 세기말의 설명들에서 완전한 세속적 개념화를 달성한다. 자아로 경계를 이루고, 집단적 정체성의 형성이라는 전통적인 형태가 소멸한 결과 동료들로부터 멀어지고, 합리성과 과학적인 방법에 전념한 근대적 자아는 무한한 나르시시즘으로의 복귀를 꿈꾼다. 그것은 억압받던 모든 종교적 믿음의 가치——영원함, 절대성, 진정성, 신성함——가 되돌아오는 상태이다. 비록 근대적 대중에 의해 재현되는 (사회정치적) 우주와의 순간적이고 신비로운 교감의 형태이긴 하지만 말이다.[21]

표상

이미 지적한 것처럼, 근대적 대중의 파노라마의 영역은 상징적인 재현과 대양의 재현으로 구분된다. 전자에 대한 나의 사례 연구는 세기의 전환

---

20 19세기 문화에서 숭고함과 전율의 연계는 Jeffrey T. Schnapp, "Crash(Speed as Engine of Individuation)", *Modernism/Modernity*, vol.6, no.1, January 1999, pp.1~49에서 보다 충실하게 부연되어 있다.

21 특히 Sigmund Freud, *Civilization and Its Discontents*, trans. Joan Riviere, London: Hogarth Press, 1955, pp.8~21의 1장을 보라.

기에 활동한 미국의 복음주의·군대 사진작가인 아서 S. 몰Arthur S. Mole의 사진이, 후자에 대한 사례 연구는 『일러스트 잡지』의 접이식 페이지가 될 것이다.

1889년에 태어난 몰은 신앙 치유자인 존 알렉산더 도위John Alexander Dowie의 추종자였는데, 도위는 기독 천주교회Christian Catholic Church의 창시 자였다. 초기 대중사진 기법의 다양한 시도에 영향을 미친 도위의 격렬한 복음주의는 1901년 일리노이 주 시온 시의 창립 시기까지 거슬러 올라간 다.[22] 시온 시는 기독교의 유토피아로 건립되었는데, 천년왕국설과 부흥 주의를 그리고 산업과 신앙심을 결합하였고, 공들여 만든 대중적 구경거 리를 미디어를 통해서 전도했다. 이 도시에는 시온 레이스 공장, 제과와 캔디 공장, 인쇄소와 출판사, 나중에는 라디오 방송국까지 생겼다. 시온 의 다른 모든 것들과 마찬가지로, 모든 것을 교회가 소유했다.[23]

이 복음주의 공동체의 장치 안에서, 인간 다중을 담은 파노라마 사진 은 맨 처음부터 역할을 담당했는데, 1904년 7월 시카고의 유명한 파노라 마 전문가인 조지 R. 로렌스George R. Lawrence가 일련의 행진과 기도모임,

---

22 도위는 제임스 조이스의 『율리시스』의 키르케(Circe) 부분에서 카메오로 등장하는데, 거기서 그는 블 룸을 맹렬히 비난한다. "동료 그리스도교 신자 여러분, 그리고 반블룸주의자들이여, 블룸이라고 불리 는 남자는 지옥의 밑바닥에서 왔고, 그리스도교 신자에게는 수치입니다. 이 역겨운 멘데스(Mendes) 의 산양은 유년 시절부터 사악한 난봉꾼이었고 평원의 도시들을 생각나게 하는 유아 음란증의 조발 성(早發性) 징후를 보였고, 방종한 늙은 여인과 관계했습니다. 파렴치한 행동으로 꽉 찬 이 더러운 위 선자는 요한묵시록에 언급된 하얀 황소입니다. 그는 주홍색 탕녀(the Scarlet Woman)의 숭배자이 고, 정사(情事)는 그의 코에서 나오는 모든 숨결입니다. 화형을 위한 장작더미와 끓는 기름으로 가 득 찬 가마솥은 그를 위해 준비된 것입니다"(James Joyce, Ulysses, Harmondsworth: Penguin Books, 1969, pp.463~464).

23 그 도시 계획은 몰의 사진처럼 상징적이었다. 그것은 예배당의 위치로부터 방사선 모양으로 퍼졌 고, 거리는 아론(Aaron), 엘리야(Elijah), 리디아(Lydia)와 같은 이름으로 붙여졌다. 시온의 초기 역 사에 대해서는, Philip L. Cook, Zion City, Illinois: Twentieth Century Utopia, Syracuse, N.Y.: Syracuse University Press, 1996을 보라.

축성祝聖을 기록하기 위해 고용되었다는 사실로 판단할 때 그렇다.[24]

몰의 작품은 로렌스의 유산을 바탕으로 했다. 그의 사진작업에서 초창기의 시도는 「십자가와 왕관」The Cross and the Crown과 같은 제목을 단 것이나 성경의 인용구를 자세히 묘사하는 집단 초상화였고, 이 작업들은 제1차 세계대전 발발 이전의 몇 년 동안 신자들과 함께 수행됐다.[25] 그 결과물인 사진들은 삽화가 들어간 교회의 평론잡지인 『치유의 잎』Leaves of Healing에서 발행되어 방문객들에게 판매되었으며, 그 수익은 교회에 돌아갔다. 몰의 중요한 두 작품으로는 「9시의 기도, 또는 살아 있는 시계」 The Nine O'Clock Hour of Prayer or the Living Clock, 1915와 「존 알렉산더 도위 목사」 The Reverend John Alexander Dowie, 1921가 있다(그림 1.2). 첫번째 것은 로마 가톨릭의 수도원의 관습에서 영향을 받아 새벽녘과 황혼녘에 1분의 기도로 하루를 잠시 중단하는 기독 천주교회의 관습을 나타낸다. 따라서 시계는 '살아 있는' 것인데, 단지 신자들에 의해 구현되어 활기를 얻은 기계적인 인공물이기 때문이 아니라, 기도하는 순간에 의해 시간이 신성해지고 유익한 시간으로 전환되어 구원을 이끌기 때문이다. 두번째 것은 기독 천

---

24 일곱 개의 파노라마 사진이 국회도서관의 소장품으로 보존되어 있다. 「총감독관 존 알렉산더 도위 목사의 귀환 환영」(Welcome Home of the General Overseer, Rev. John Alex Dowie), 「산업적인 가두 행진」(Industrial Parade), 「실로 성막」(Shiloh Tabernacle), 「시온 성전 축성 4주년」(Fourth Anniversary of Consecration of Zion Temple), 「시온의 관료들과 합창단」(Officers and Choir of Zion), 「실로 성막에서의 시온 산업」(Zion Industries at Shilloh Tabernacle), 그리고 도시 전체를 담은 공중 사진이 있다. 이것들은 온라인상에서 '아메리칸 메모리 프로젝트'(American Memory Project)를 통해 참조할 수 있다(http://memory.loc.gov/).

25 몰의 저서 목록은 충분치 않으며 대개 그의 사진의 새로운 가치에 초점을 맞췄다. 몇몇의 가치 있는 정보는 David L. Fisk, *Arthur Mole: The Photographer from Zion and the Composer of the World's First 'Living Photographs'*, Tempe, Ariz.: School of Art, Arizona State University, 1983; Doug Stewart, "How Many Sailors Does It Take To Make an American Flag?", *Smithsonian*, vol.26, no.10, January 1996, pp.58~63에서 얻을 수 있다.

그림 1.2 아서 S. 몰, 「존 알렉산더 도위 목사」, 1921.

주교회의 예배당과 도시(시온)의 헌당 21주년을 인간의 육체와 무대 소품을 결합한 '살아 있는' 초상화로 경축한다.[26] 이 두 종교적인 구성물의 작업 시기 사이에 몰은 군대 사진에 착수하며 존 C. 토머스John C. Thomas와 공동으로 작업했는데, 존은 시온백의성가대Zion White Robed Choir의 단장으로서 몰의 대중 관리자이자 연출자가 되었다. 그들은 함께 많은 사진을 만들어 냈고 대부분은 특정한 대대의 의뢰를 받은 것들로 「살아 있는 성조기」The Living American Flag, 1917(만 명의 자매들), 「살아 있는 자유의 벨」The Living Liberty Bell, 1918(2만 5천 명의 자매들), 「살아 있는 엉클 샘」The Living Uncle Sam, 1919(만 9천 명의 자매들), 「미국의 인간방패」The Human U.S. Shield, 1918(3만 명의 자매들), 그리고 유명한 「우드로 윌슨의 초상화」Living Portrait of President Woodrow Wilson, 1918(2만 천 명의 자매들)가 있었다(그림 1.3). 전쟁이 끝나갈 무렵 몰과 토머스의 성공은 대단한 정도여서, 그들은 역대 집결했던 중 가장 거대한 살아 있는 초

---

26 밀접하게 관련된, 1920년 7월 14일로 기입된 「시온의 인물」(Figure of Zion)이라는 제목의 이미지는 서명이 없고 1937년 5월까지 『치유의 잎』에서 출판되지 않았지만, 이것 역시 몰의 작품인 것으로 보인다.

상화를 촬영하기 위해 대서양을 횡단하겠다고 미국군을 거의 설득해 놓은 상태였다. 그것은 11시를 가리키는 시계로, 유럽에 주둔하는 미국 군대 전체를 보여 주는 것이었다.

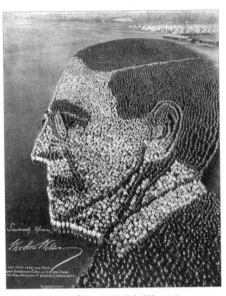

그림 1.3 아서 S. 몰, 「우드로 윌슨의 초상화」, 1918.

몰이 작품에 대중을 담기 위해 개발한 기술은 공중 측량 관행을 토대로 한다. 2×4피트의 목재를 쌓아 70~80피트 [21~24미터] 높이의 탑을 만들고 케이블로 고정한다. 일단 그가 탑의 꼭대기에 올라가서, 탑의 측면에 11×14인치의 특대형 뷰카메라를 고정시켜 준비한 뒤 이미지를 담은 상을 카메라의 간유리판에 얹어 놓고—카메라 옵스큐라에서 사용되는 초안을 잡는 과정을 도치시킨 것이다—그러고 나서 확성기를 통해 토머스가 지휘하는 지상의 팀에 소리쳐 명령을 내리면, 그들은 전경을 가로지르며 이미지를 표현했다. 확성기의 범위를 넘어서는 거리일 때는 신호를 주기 위해 백기가 이용되었다. 장면이 마치 화면에 맞춰진 것처럼, 일그러지지 않게 나타나야 하고, 그것은 지상에서 극단적이고 일그러진 종류의 왜곡이, 그리고 배경의 멀어지는 풍경과의 시각적 비틀림이 존재해야 하는 것을 의미했다. (「우드로 윌슨의 초상화」의 경우, 대통령의 어깨 부위에는 겨우 백 명의 군인이 필요할 뿐이었지만, 이와 대조적으로 그의 머리의 꼭대기 부분을 구성한 것은 수천 명이었다.) 전경을 조사하고, 착석자의 위치를 추적하고, 필요한 군인의 정확한 숫자와 모자와 제복 유형에 따른 그들의 배분을 계산하기 위해서는 많게는 일주일의 사전 준비 작업이 필요했다. 실제 촬영은, 정확한 대형을 이뤄 차려 자세로 긴 시간 대기하도록 요구되는 밀집대형의 군사훈련에서 이뤄졌다.

몰의 기법은 새로운 것이었을지 몰라도, 그의 작품은 그렇지 않았다. 군사 분과와 노병 집단의 일원들은 19세기의 마지막 수십 년간 운동 경기장과 행렬하는 운동장에서 이미 살아 있는 국기와 상징을 구성하고 있었다. 유진 골드벡Eugene Goldbeck과 같은 다른 사진가들도 대대battalion 초상화에서 고수익의 틈새시장을 발견했다. 그런 작품들은 보스Bosse의 『리바이어던』 권두 삽화처럼 더 심오한 의미에서 독창적이었던 것도 아닌데, 그들은 수많은 기존의 이미지—정치적·형이상학적·신학적인—를 이용하여 다수와 하나를 융합한다. 신의 표적으로서 정렬된 천사, 정신, 순교자들로 구성되는 이상화된 대중의 이 거대한 이미지 저장소는 포르피리오스Porphyrios부터 라바누스 마우루스Rabanus Maurus, 조지 허버트George Herbert에 이르는 작가들의 구체시pattern poetry와 르네상스 시기의 상형문자를 다양한 수준에서 포함한다. 좋은 예는 단테의 『신곡: 천국편』으로서 이 작품에서는 동적인 공중의 문자, 그리고 천국의 성도들로 구성되는 연쇄적인 상징들—원·십자가·독수리·사다리—이 나타나고 이러한 것들이 신과 성스런 예루살렘의 환영과 만날 수 있도록 길을 안내한다.

신성한 것에서 세속적 운동선수로, 순교자에서 군인으로, 천사에서 틸러 걸스Tiller Girls로, 하늘의 대형에서 군사 행렬과 정치 집회, 축구의 하프타임 쇼로의 급격한 이동은 쉽게 달성될 수 있다. 그러나 근대의 대중 장면과 동떨어진 것처럼 보이는 동일한 초월적 상상이 계속해서 세속적 유토피아를 형성한다. 몰의 '살아 있는' 시계와 미학적으로 먼 어떤 사람을 예로 생각해 보자. 바우하우스의 교수인 라슬로 모호이너지Lászó Moholy-Nagy는 1925년 베를린공장노동자협회Berlin Factory Workers Association의 시위 기념 목적으로 촬영한 「연합전선으로 분기하라」Up with the United Front, 1925~1930와 같은 전통적인 포토저널리즘 방식의 대양의 대중 장면뿐 아니라 「기숙학교 소녀들의 꿈」The Dream of a Girl's Boarding, 1925(그림 1.4)의 작가이기도 하다. 후자의 포토몽타주는 에밀 자크 달크로즈Emile Jaques Dalcroze의 유리드믹스eurhythmics

그림1.4 라슬로 모호이너지, 「기숙학교 소녀들의 꿈」, 1925.

와, 다른 다양한 집단적 스포츠-위생-바이오메커닉스 운동의 정신 안에서, 무용수와 운동선수의 육체가 중력의 법칙에서 어떻게 해방되는지 보여 주며, 이 해방은 뒤편으로 좁아지는 H 대형으로 배열된 여학생 집단의 궤도를 따라 나타난다. 교양을 습득하는 체제와 관련되는 보다 엄격한 하나의 기하학에서, 새로운 관능적-기계적인 기하학을 꾀하는 것과 관련되는 또 다른 기하학으로 이동하는 이 꿈에 그리던 이행은 우드로 윌슨의 이미지 속에 던져진 몰의 2만 천 명의 군인들과 동떨어져 있지 않다. 분명 엘 리시츠키El Lissitzky의 1931년 레닌의 포토그램과, 그것의 파시스트적 쌍둥이라 할 수 있는, 폭도들이 무솔리니의 얼굴 측면을 구성하며 멀어

그림 1.5 엘 리시츠키, 레닌의 포토그램, 1931.

져 가는 배경을 제공하는 1934년의 「오직 한마음으로」One Heart Alone라는 국민투표 포스터보다 더한 것은 없다(그림 1.5와 1.6). 이와 동일한 것이 대중적인 체조 시범에서부터 '살아 있는 글쓰기', 경기장의 플립카드 쇼, 버스비 버클리Busby Berkeley의 군무 훈련에 이르는 모든 것들로 이뤄지는 파시스트와 공산주의자, 자유민주주의자의 실험에도 해당될 것이다. 거룩한 예루살렘은 레닌그라드, 로마, 베이징, 할리우드 또는 일리노이 주의 시온에서 발견될 것이고, 그 이데올로기적 역회전뿐 아니

그림 1.6 파시스트 포스터, 「오직 한마음으로」, 1934.

라 형식적인 원칙도 여전히 유사하다. 즉 다중으로부터 지도자의 얼굴과 로고, 상형문자, 그리고 중심부가 등장하며, 그것은 집단적인 초월성의 알레고리 안에서 그리고 동시에 초문화적 형태의 놀이 안에서 이뤄진다.

대중에 대한 상징적인 재현에 있어 전근대와 근대 사이의 연속성을 강조하는 것이, 1789년 이후의 예술가들 사이에 증가하던 재현의 파노라마적 양식에 대한 관심을, 그리고 관점과 표현 수단과 규모의 변화를, 크라카우어가 에세이 「대중 장식」에서 환기시킨 유형의 상징들 자체의 기호학적 지위에 있어서의 차이들과 같은 분명한 분기들을 간과하는 것은 아니다. 그보다 내 목표는 오래된 상징적 관행과 새로운 대양적 관행의 동시적 존재를 수립하는 것이었는데, 바로 그 두 가지가 서로 상호침투한

다는 점을 말하기 위해서였다. 용도와 절차와 장소에 있어서의 그것들의 형식적인 분기와 차이에도 불구하고, 그리고 대양의 대중 장면에서 나타나는 상징적 기교의 외견상의 부재에도 불구하고, 상징적인 것과 대양적인 것은 모두 결국에는 대중 통제의 알레고리로 환원될 수 있다. 그것들은 서로의 변증법적 상대로서 이용되는데, 상징적인 것은 다수 속에서 하나가 등장할 때 초월성의 순간을 강조하고, 대양적인 것은 하나가 대중의 조류적인 힘을 이용하는 (혹은 반대의) 더욱 변동적인 내재성의 순간을 강조한다.

타일

그러나 이것이 대중 통제의 이미지라면, 문제가 되는 통제의 본질과 수준은 어떤 것인가? 그렇지 않았으면 우두머리가 없는 폭도였을 이들에게 우두머리가 있게 하는 정확한 방법은 무엇일까? 그리고 이와 관련된 형식적·기술적·이데올로기적인 변수는 무엇일까? 『일러스트 잡지』의 접이식 페이지의 경우에, 적절한 대답을 위해서는 파노라마의 초기 역사를 돌아보는 것이 필요하다. 가장 엄격한 의미로 이해할 때, 파노라마라는 단어는 360도의 재현을 말한다. 이 용어와 장치는, 아일랜드 출신의 로버트 바커Robert Barker가 발명해 특허를 얻은 것으로 "예술을 괴롭히는 구속으로부터 숭고한 예술을 구원하는, 회화의 진보"를 촉진했다.[27] 그러한 구원은 1789년 3월 14일 런던에서 "도시와 에든버러의 성, 그리고 인접한 모

---

27 Scott X. Wilcox and Ralph Hyde, "Unlimiting the Bounds of Painting", *Panoramania!: The Art and Entertainment of the "All-Embracing" View*, London: Trefoil, 1988, p.21에서 재인용.

든 주변 전원을 담은 바커 씨의 흥미롭고 진기한 전경"의 개막과 함께 대중적 현상으로의 전환을 시작했다. 이 쇼는 엘리트 상류층과 일반 대중 관객 모두를 대상으로 엄청난 성공을 거두었고 재빠르게 모방을 불러일으켰다. 몇 년 사이에 비슷한 파노라마들이 프랑스와 독일, 미국을 유람하고 있었다. 수십 년 이내에는 전 세계를 돌게 될 것이었다. 바커의 특허증 원안은 관람자가 "마치 실제로 바로 그 장소에 있는 것처럼" 느끼게 하기 위해 필요한 다양한 조명 기법, 환기 체계, 회화술을 꼼꼼하게 열거하고 있다.[28] 환영은 관람자의 자세와 움직임을 원형 건물의 중심에 오도록 제한하고 위쪽과 아래쪽의 가장자리를 보는 것을 차단함으로써 강제되었다. 바커는 순환적 이미지를 만드는 노고에 대해서는 거의 말하지 않았지만, 다음의 증거 자료는 그것이 분할이나 "타일을 붙이는 것"을 토대로 한다는 점을 보여 준다. 카메라 옵스큐라나 유사한 프레이밍 장치가 고정된 위치에 놓이고, 한 번에 한 프레임씩 그림이 만들어지도록 회전되었을 것이다. 그 결과 만들어지는 프레임들을 예술가는 이음매 없는 전체의 환영을 창조하기 위해 잇고 캔버스의 구부러진 표면 위에서 프레임과 프레임의 연결이 직선으로 보이도록 바로잡는 작업을 한다.

파노라마의 역사에 대해 몇 가지 강조할 필요가 있는데, 그것들이 파노라마 사진에까지 직접적으로 이어지기 때문이다. 파노라마는 그림을—즉 '초기의 사진'을—더 숭고한 예술이 되게 함으로써 그림을 해방시키는 방법으로 받아들여졌고 제약 없는 새로운 유형의 숭고함을 제약 없는 새로운 유형의 사실주의와 융합하기 시작했다. 그 둘의 결합을 통해 관람객은 자신이 관찰하는 '바로 그 장소'로 즉시 이동했다고 느끼

---

28 *Ibid.*, p.17의 특허증 원문에서 재인용.

는데, 그곳은 보통 그밖의 어떤 곳, 다른 어떤 곳, 신기한 어떤 곳, 가령 런던 시내의 높은 곳에서 보이는 에든버러나, 놀랄 만큼 새로운 어떤 각도에서 보이는 런던 그 자체를 의미했다. 다른 말로 하면, 문제의 그 장소는 칸트가 표면적으로 형태가 없고, 무한하며, 강렬하고 압도적인 자연의 대상을 볼 때 동반되는 현기증과 공포, 흥분을 안전하게 경험하기 위해 요구했던, 일종의 상승되고 옮겨진 높은 위치이다. 초기의 파노라마는 그 시대가 극사실주의로 이해한 것에 어질어질한 새의 눈의 관점에 의지한 전율과 이동의 흥분을 스며들게 하는 이중의 도전을 모두 감당했으며, 조슈아 앳킨슨Joshua Atkinson의 1807년 상트페테르부르크 전경과 작자 미상의 1845년 런던의 일그러진 경치와 같은 도시 경관, 또는 존 녹스John Knox가 1810년 런던의 전시회를 위해 그렸던 스코틀랜드의 로몬드 호수와 같은 산악 풍경이 여기 해당한다. 도시 전경과 산악 풍경은 오랫동안 표준적인 파노라마 상연물로 남아 있었지만, 곧 이국적인 풍경과 화재, 폭발, 바다의 재난뿐 아니라 세계 역사의 위대한 육지전과 해전——아부키르Aboukir, 오스탕트Ostende, 아쟁쿠르Agincourt, 모스크바, 워털루(루이 뒤물랭Louis Dumoulin이 20세기 전환기에 만든 거대한 「워털루 전투의 파노라마」 Panorame de la bataille de Waterloo, 1912에서 그려졌다)——까지 그 풍경에 합류하였다.[29]

파노라마는 관광·비행·공포, 환상, 사고의 징조와 위협, 포괄적인 응시에 접근하면서 가능해진 확장된 자아의 감각과 둘러싸여 삼켜지고 있다는 느낌 때문에 위태로워진 자아의 감각 사이를 오가는 진동, 역사상

---

29 완벽한 카탈로그와 파노라마 예술의 연대기를 위해서는 다음을 보라. Silvia Bordini, *Storia del panorama: La visione totale nella pittura del XIX secolo*, Rome: Officina, 1984, pp.325~331.

가장 극적인 사건에 대한 단지 환상을 통한 참여, 익숙한 것들과의 이별과 같은 기쁨을 제공하였지만, 결국 또 다른 '회화의 진보'를 보여 준 표현수단에 의해 압도됐다. 바로 사진이었다. 파노라마가 고정된 축을 돌면서 얻어지는 분할된 프레임들로부터 개발되었다는 바로 그 사실은 사진으로의 전환을 자연스럽게 만들었다. 그러나 장애물은 있었다. 표준적인 다게레오타입의 판형은 '묘사를 넘어선 숭고함'의 효과를 얻기에는 너무 작았다. 또 카메라 렌즈가 유발하는 왜곡, 특히 광각 이미지의 가장자리 왜곡 때문에 프레임 사이의 전환을 어떻게 매끄럽게 할 것인지의 문제가 있었다. 해결책은 대형 카메라의 사용, 변경된 타일 쌓기 방법과 몽타주 절차에 있었다.[30] 초기의 개척자인 조지 N. 바너드George N. Barnard는 남북전쟁 시기에 북부연합군을 위해 전쟁터를 측량한 파노라마를 만들어 냈는데, 다수의 습판 타입의 유리판 네거티브를 활용하였고, 스튜디오에서 사진을 잘라 내고 다듬는 작업을 통해 하나의 이미지로 추려 모았다.[31] 또 다른 혁신가는, 다른 많은 영역들에서 이미 알려진 에드워드 머이브리지Eadweard Muybridge였다. 1877년 머이브리지는 거대한 맞춤 카메라를 들고 캘리포니아 스트리트 힐의 정상에 올라가서 자신의 유명한 360도 「샌프란시스코 파노라마」Panorama of San Francisco의 두번째 확장된 버전을 촬영했는데, 그것은 각각이 20.5×16인치 크기의 화판 열세 개로 구성되었고 모두 합쳐 길이가 5미터가 넘었다.[32] 머이브리지의 작업은 이미지를 충분

---

30 파노라마 사진이라는 주제에 대한 참고목록은 빈약하지만, 초기 역사의 훌륭한 시작점은 미국 국회도서관의 '아메리칸 메모리 프로젝트'로, 그것의 한 부분은 '롱뷰 촬영: 파노라마 사진들 1851~1991' (Taking the Long View: Panoramic Photographs 1851-1991)이라는 표제를 달고 있다(http://memory.loc.gov/ammem/pnhtml/pnhome.html).

31 Keith F. Davis, *George N. Barnard, Photographer of Sherman's Campaign*, Kansas City, Mo.: Hallmark, 1990을 보라.

히 겹치게 하면서 촬영하는 것이었는데, 수직으로 1.5인치, 수평으로 2인치를 잘라 냄으로써 왜곡을 줄이고 각각의 화판들이 좀더 연속적인 것으로 보이게 하기 위해서였다.

내가 처음 『일러스트 잡지』의 접이식 페이지에 흥미를 갖게 되었을 때, 나는 바커에서 머이브리지에 이르는 이 회화와 사진의 전례들이 19세기 말의 스윙 렌즈 카메라(가령, 필름과 카메라 몸체는 멈춰 있고 렌즈만 180도 가량 회전하는 알-비스타[Al-Vista])나 회전식 카메라(가령, 온 카메라가 한 방향으로 회전하고 필름만 다른 방향으로 도는 서커트[Cirkut])의 개발과 상업적 생산에 의해 대부분 대체되었다고 추정했다.[33] 알프스 산맥의 장면, 도시 전경, 전투 장면과 군대의 집결 사진에 대한 대중의 끝없어 보이는 갈망을 충족시키기 위해 고안된 이러한 파노라마 이미지는, 입체 환등기나 유사한 광학 장치를 이용할 때 선호된 것들이었다. 따라서 파시스트 시기의 포토 저널리스트가 쉽게 이 새로운 도구들을 받아들였고, 숭고한 산악 풍경에서 숭고한 다중으로 내용을 전환했다고 추정하는 것이 합리적인 것으로 보였다. 이러한 추정은 왜 그들의 결과물이 엄격하게 360도라는 점에서 각별히 파노라마적이었는지, 그리고 왜 이미지 자체가 그렇게 정교했는지를 설명해 주는 듯했다. 이러한 정교함은 바너드와 머이

---

32 이 주제에 대해서는 David Harris and Eric Sandweiss, *Eadweard Muybridge and the Photographic Panorama of San Francisco, 1850-1880*, Canadian Center for Architecture, Cambridge, Mass.: MIT Press, 1993; Robert B. Haas, *Muybridge: Man in Motion*, Berkeley: University of California Press, 1976, pp.81~92를 보라. 하스의 책은 머이브리지가 이 기법을 사용한 첫번째 사람이었다고 주장하는 것과 같은 부정확함을 포함하긴 한다. 조지 파든(George Fardon)과 칼턴 왓킨스(Carleton Watkins)와 같은 다수의 사진가들이 그보다 앞서 샌프란시스코의 파노라마를 고안했다.

33 파노라마 카메라 발전의 연대기를 위해서는 Bill McBride, "Panoramic Cameras 1843-1994" (http://www.panoramicphoto.com/timeline.htm)를 보라.

브리지에게서 많이 발견되던 잘린 흔적과 왜곡을 찾아내려는, 훈련되지 않은 눈을 가진 관객의 노력을 헛수고로 만들곤 했다.

실제의 사진들을 면밀하게 조사하고 로마의 루체 기록보관소^{Luce} ^{Archive}를 방문한 결과 이러한 추정이 틀렸다는 사실이 밝혀졌다. 그와 반대로 19세기에 그려진 파노라마와 대중을 담은 파노라마의 접이식 페이지 사이에 직접적인 혈통적 연계가 존재한다는 것을 발견한 것이다. 지방의 전경에 대한 단순한 대응물로서의 도시를 나타내기는커녕, 후자는 아마도 '다큐멘터리 작가의 포토몽타주'——전통적인 보도사진에 의해 얻어질 수 있는 현실 효과, 즉 전율 효과를 강화하는 데 효율적으로 사용되는 포토몽타주——라는 명칭이 가장 잘 맞는 작품들이었다. 파노라마 회화가 외견상 표현 수단으로서의 회화에 내재된 어떤 규제들을 회화의 기술에서 덜어 내려고 시도했던 것처럼, 대중 파노라마 사진도 포토 저널리즘에서 어떤 무미건조한 의무를 덜어 줄 것을 시도하고 관람자를 바로 그 사건으로 데려다 놓기 시작한다. 그렇게 하는 과정에서, 사건의 특정한 경험을 구성하고 사건 자체를 대양의 느낌을 경험하는 기회로서 특징짓기 위해 일련의 기법들을 효율적으로 사용한다. 요약하면 대중의 파노라마 사진은 교묘한 '사실주의' 사진으로, 바로 자신의 19세기 전신처럼 타일로 붙여지고 매끄럽게 이어진 뒤, 포토몽타주를 비롯한 다른 형태의 시각적인 속임수로 더욱 흥미진진해졌다.³⁴

『일러스트 잡지』사진의 가장 빠른 날짜는 1926년 11월로 거슬러 올

---

34 다큐멘터리 작가의 포토몽타주에서 이미지 향상과 노골적인 위조에 이르는 모든 범위의 관행을 포괄하는 소련의 사진을 조사하려면 다음을 보라. David King, *The Commissar Vanishes: The Falsification of Photographs and Art in Stalin's Russia*, New York: Henry Holt, 1997.

그림 1.7 시칠리아 섬의 대중집회, 『일러스트 잡지』, 1937년 9월.

라간다. 몇몇은 볼로냐의 파시스트 집회의 경기장 장면처럼 자신의 혈통을 암시하는데, 거기엔 이런 설명이 담겨 있다. "이 사진은 경기장의 타원적 형태를 고려할 때 분명한 것처럼, 리토리오 경기장^stadio Littorio의 오직 한 영역만을 재현한다." 이것은 관람자로 하여금 이미지가 관람석의 굴곡을 따라가고, 잠재적으로 온 타원 주위를 쭉 따라가는 것처럼 상상하도록 초대한다. 1937년 9월의 여섯 개의 화판으로 이루어진 시칠리아의 집회 이미지와 같은 후기의 이미지들은 웅장함과 무한의 공간감을 강화하기 위해 바로 이와 동일한 굴곡감을 이용한다(그림 1.7). 독재자는 뱃머리 모양의 기하학적 연단 위에 서서 화면으로 밀려들어 오는데, 그 연단은 무한한 듯 보이는 인간의 대양을 가로질러 가고 있고 이 대양은 결국 글자 그대로의 바다에 길을 내준다. 이 이미지에 깃들어 있는 것은 독재자의 복사판인, 카메라맨이다.

 카메라를 든 남자는 이탈리아의 대중 파노라마의 관례적인 특징이다(그림 1.8). 카메라맨이 폭도 속에 투입되는 것은 그를 말 그대로 군중 속의 사람으로 만들며, 그 치솟는 조수에 대한 친밀성과 감수성의 보장을

그림 1.8 카메라를 든 남자, 『일러스트 잡지』.

상징한다. 그러나 또한 그는 이미 언제나 높은 연단에 서서 공중을 맴돈다. 그의 관점은 신의 눈, 즉 하늘 높은 곳의 관점과 지상의 관점을 융합하는 혼합적인 관점이다. 즉, 말하자면 카메라맨은 또한 혁명적 조류의 촉매제로서 이해되어야 한다는 것이다. 그는 단순히 조수의 흐름을 재생산한다기보다 오히려 그것들을 **생산**하는데, 바로 이 동사動詞의 산업적이고 영화적인 의미에서 그렇다. 대중에 대해 내재적인 동시에 초월적인 독재자-조물주와 마찬가지로, 카메라맨은 동원의 '신화'――움직이는 이미지들, 계속 이어지려면 움직여야만 하는――를 제조한다. 이것들이 생중계로 증폭되는 말들의 형태를 띠는지 아니면 대량으로 유통되는 잡지의 페이지들에 전자적으로 전달되는 교묘한 사진의 형태를 띠는지는 별로 중요하지 않다. 그들의 의도는 전기를 통하게 하는 것이다. 그들의 적은 공백이며, 그것은 대중의 교감과 전염이라는 감정의 회로가 끊어질 조짐을 보이는 군중 속의 틈새이고, 무관심과 회의주의, 저항 심지어 적대감을

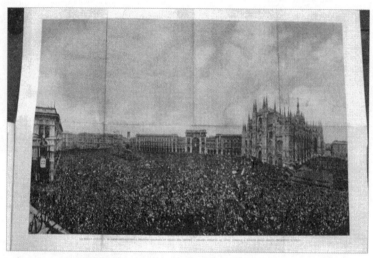

그림 1.9 밀라노의 대중집회, 『일러스트 잡지』, 1930년 6월.

품은 침묵의 지역이다. 이 영구적인 '공간 공포'horror vacui에 대한 해결책
은 포화와 충만함의 수사이다.

사진작가의 생산적인('재'생산 개념과 비교해서) 작업은 파노라마 화
가들이 오래전 완성했던 것과 같은 상승된 수직적 원근법의 선택과 함께
시작되며, 그것의 좋은 예는 1930년 6월 밀라노에서의 대중집회를 여덟
개의 화판으로 담아 만든 접이식 페이지다(그림 1.9). 여기서 사진작가는
대양-표상의 이미지의 진정한 본보기를 다루고 있는데, 그것은 전통적인
방식으로 타일처럼 함께 붙여졌을 뿐 아니라 모자이크 사진처럼 구성되
었고, 그 속에서 대중은 어디에나 있지만 지도자는 어디에도 없다. 밀라
노의 두오모 광장을 방문해 본 사람이라면 누구라도 증언하듯, 이 접이식
페이지가 제공하는 원근감은 고도로 인공적인 구성이며, 일점 원근법 설
계보다는 비잔틴식 설계에 가깝다. 광장은 사람들이 밀어 넣어져 벌어졌

그림 1.10 히틀러의 나폴리 방문(1938년 5월, 모자이크 사진), 『일러스트 잡지』.

고, 사다리꼴로 변형되었으며, 더 거대한 건축적 무대의 환영, 나아가 더 광대한 인간 대양의 환영을 창조하기 위해 바깥쪽으로 퍼져 있다. 이것은 **강화된** 깊이가 아닌 **압축된** 깊이의 환영인데, 지평선을 연장하는 과정에서 건물들이 중앙의 그림의 축을 벗어나서 회전되었고, 이미지의 전체적인 배경이 화면의 표면을 향해 앞으로 당겨졌기 때문에 생긴 것이다. 이 시각적 확장의 궁극적 효과는 장르를 특징짓는 방식에 있어 역설적이다. 한편으로 그것은 친밀감과 막 침식해 올 것 같은 느낌을 창조하는데, 마치 도시 전경이 열려서 관찰자를 대중의 파도 속으로 끌어안고 있는 것만 같다. 다른 한편으로, 그것은 관찰자를 대중 위로, 대중을 넘어서 상승된 높은 위치로 들어 올리는데, 너무 높아져서 파노라마 카메라의 눈을 일두체[무솔리니]$^{\text{Il Duce}}$의 응시와 동일시할 수 있을 정도다.

원근법과 편집기법의 이 정확한 레퍼토리——타일 붙이기, 다듬기, 자르기, 붙이기, 감추기, 심지어 에어브러시로 수정하기——는 이후 10년 동안 더 개선되었다. 그것은 결코 다른 유형의 숭고한 대중의 형상에 기대는 것을 피하지 않았는데, 사선으로 기울어진 소비에트-양식의 일률적

그림 1.11~13 히틀러의 나폴리 방문(1938년 5월, 모자이크 사진), 『일러스트 잡지』.

인 프레임이나, 상징적인 대중 스포츠 장면, 구름 사이로 비치는 강한 햇빛 속으로 사라지는 행진하는 군인들, 특정 하위 대중의 대규모 이미지들——대규모 아코디언 연주자들, 대규모 스포츠 남녀선수들, 전통 민속 의상을 입은 대규모의 지역 무리들——에 의지하였다. 그러나 가장 특징적인 창작물은 1938년 5월 히틀러의 나폴리 방문을 담은 모자이크 사진과 같은 파노라마이다. 이것은 적어도 다섯 장의 분리된 사진으로 제작된 플레비시토 광장 합성 이미지이다(그림 1.10~1.14). 요소가 되는 '타일들'을 가까이에서 살펴봤을 때 알 수 있는 것처럼, 이미지들에서 삭제된 것은 일련의 '산만함'이다. 즉 군중 사이의 틈새, 다양한 조명과 확성기 탑의 꼭대기까지 올라와 있는 전선들, 광장의 정반대편 양끝에서 행진하는 군사 무리, 나폴리 만灣의 안개에 휩싸인 군축 함대는 보이지 않는다.[35] 빽빽함과 뻗어 나간 느낌을 강화하기 위해 광장 자체가 다시 한번 비집어져

열리고 지평선은 앞으로 당겨진다. 이
미지의 모든 그래픽적 특징은 대중과
그들의 에너지, 그들의 힘과 잠재적 영
웅주의, 그들의 기대감에 배타적으로
집중하는 것을 강화하기 위해 조작되
었다. 그러나 무엇에 대한 기대감인가?
또는 다른 방식으로 질문하면, 이 특정
한 대양의 대중이 악몽 같기보다는 숭
고한 보는 경험을 제공하고, 문제의 대
중이 무법의 파괴적인 무리라기보다
는 국가적 구원의 잠재적 주체로 인식
될 것이라고 보증하는 것은 무엇인가?

그림 1.14 히틀러의 나폴리 방문(1938년 5월, 모자이크 사진), 『일러스트 잡지』.

이 질문은 당연히 『일러스트 잡지』의
모든 접이식 페이지에서 제기된다. 대답은 시각적 근접성과 거리, 그리고
수평성과 수직성의 세심한 조작과 관련되는데, 그것들은 카메라의 눈 자
체를 지도자 자체와 같은 외부의 명령 주체와, 즉 일종의 데우스 엑스 마
키나[기계장치의 신]deus ex machina와 동일시하는 카메라 배치와 크로핑
관행에 의해 발생된다. 뿐만 아니라 다른 두 요소와도 관련되는데 첫째는
내부적인 일련의 '내용 통제'고 둘째는 일련의 맥락화 전략이다.

첫번째 경우, 내부적인 '내용'의 통제에 있어 『일러스트 잡지』의 접

---

35 1920년 7월 19일 드보르초바야 광장(Dvortsovaya Square)에서의 레닌의 연설을 담은, 조작된 사진
과 비교해 보라. 그것은 3년 뒤에 출판되었는데, 하나의 대양의 대중을 다른 것으로 대신함으로써 대
중 속의 '공백'을 채웠다(King, *The Commissar Vanishes*, pp.78~79에서 재현되었다).

그림 1.15 파두아의 대중집회(1938년 9월, 모자이크 사진), 『일러스트 잡지』.

이식 페이지에 묘사된 대중은 빽빽하게 연출된다. 로케츠 무용단이나 몰의 기독 천주교회 예배만큼 빽빽하게 연출되는 것은 아니고, 부분적으로만 자연스럽게 이뤄진다. 그들은 광장을 가득 채운 열정적인 청중을 확보하기 위해 일반적으로 보통의 시민과 일을 마치고 온 파시스트 청년들, 지방 도처에서 버스로 실어 온 사업자 집단을 모아 놓는다. 그들 한가운데에서 배부되는 사전에 인쇄된 플래카드와 집회 진행자들은 신호가 오면 사전에 만들어진 구호 레퍼토리로 응원하도록 준비되어 있다. 또한 그들 한가운데서 돌아다니는 비밀경찰요원들은, 감시하고 통제하는 눈에 안 보이는 행위자들로, 루체 카메라맨과 같은 더 눈에 띄는 행위자와 짝을 이루었다. 그러나 민병대와 군대, 국가 파시스트당의 제복을 입은 일원들의 빈번한 출현이 더 눈에 띄는데, 그것이 상징적인 대중의 이미지와 대양의 대중의 이미지 사이의 밀접한 관계에 대한 주의를 환기시키기 때문이다. 많은 이미지 속에서, 대중 속에서도 특별히 훈련된 이 대중들은 직사각형과 정사각형, 파시스트의 도끼날의 형태로 배치되어 한 사람을 다른 사람으로 바꾸는 변형의 능력을 암시하기 위해 대양의 대중 속으로 완전히 스며든다. 아마도 모든 사람이 대형에 합류하고 제복을 입는 것은 단지 시간 문제일 것이다. 아마도 그것은 단지 동원과 이데올로기적 헌신에 대한 정도의 차이의 문제일 것이다. 어떤 경우이든, 모든 대양적 재현에는 숨겨진 상징이 존재한다. 때로는 1938년 9월 파두아^{Padua}의 모자이크 사진의 경우처럼 표면에 떠오른다(그림 1.15). 때로는 깊숙이 묻혀서 그 윤곽이 그림 자체의 윤곽과 융합한다.

특정 파시스트 대중 파노라마의 경우 문제가 되는 그 상징은, 그것이 숨겨진 도끼이든 일 두체의 얼굴이든, 대중적 연출이 전혀 없는 무대에서는 좀처럼 발견되지 않는다는 점을 특징으로 한다. 건축적 장치——로마의 폐허, 르네상스와 바로크의 궁전들, 이탈리아 통일 운동^{Risorgimento} 시기 이후의 광장들——는 관람자로 하여금 묘사된 대중이 추상적인 원칙에 따라 결집한 시공간을 초월한 익명의 사회주의자 대중이 아니라, 국가의 장소와 전통에 의해 형성되고 시공간의 제약을 받는 원칙에 따라 결집한 **국가의** 대중이라는 점을 상기시킨다. 과거의 이 건축물들은 현수막을 통해 현재에 놓인다. 1938년 나폴리 집회의 경우, 현수막과 깃발, 탑은——실로 대중집회 그 자체이다——모두 해질녘에 계획된 두 지도자의 임박한 등장을 시사하며, 그때 플레비시토 광장은 파시스트 마술환등으로 탈바꿈되었다.

앞에서 '맥락화 전략'에 대한 암시를 했고 지금 검토하려는 것이 바로 그것인데, 그것이 아마도 파노라마 전통에 관한 단 하나의 가장 혁신적인 발전을, 그리고 1920년대와 1930년대의 포토몽타주의 역사와 다큐멘터리 작가의 미학에 대한 가장 위대한 잠재적 관심을 나타내기 때문이다. 이전 세기의 파노라마는 독립적인 인공물로 경험되도록 의도됐는데, 효과에 있어서는 극사실주의적이었지만 공간적·시간적으로 분리되어

그림 1.16 『일러스트 잡지』의 접이식 페이지

있었고 또 보는 맥락으로부터 분리되었다. 이와 대조적으로 『일러스트 잡지』의 접이식 페이지는 두껍게 층진 '복잡한' 그래픽 환경 속에 점차 엮이는데, 대중 형상은 지도자의 이미지, 실험적인 타이포그래피, 포토몽타주, 드로잉, 풍자만화와 상호작용하고 언제나 세심하게 조립되는 순서를 따른다. 한편, 이 그래픽의 두꺼움은 상징적인 의도를 갖는데, 대중의 이미지를 지도자 그리고/또는 국가의 이미지로 묘사하는 것, 혹은 그 반대도 마찬가지다. 마치 전자가, 보들레르의 댄디처럼, "군중 그 자체만큼 거대한 거울"인 듯이 말이다(그림 1.16).[36] 지속되는 시각적 대화에 의해, 하나는 다른 하나의 피할 수 없는 대응물로 영속적으로 존재한다. 다른 한편으로, 층을 쌓는 것은 파노라마적 재현의 새로운 차원을 유발하며, 그것들의 잠재적인 숭고한 효과에 대한 또 다른 '규제'를 제거한다. 그 차원은 **일시성**이며, 이야기의 순서와 동시성이라는 이중적 의미에서 그렇다. 대중 파노라마는 과거 뉴스 영화와 마찬가지로 점차 지역 그리고/또는 국가의 동원의 단계적인 과정의 뒤를 잇는 절정으로서 만들어지고, 이것

---

36 Charles Baudelaire, "The Painter of Modern Life", ed. and trans. Jonathan Mayne, *The Painter of Modern Life and Other Essays*, New York: Phaidon, 1984, p.9.

그림 1.17 「온당하게 기억되는」, 『일러스트 잡지』, 1932년 10월.

은 정의상 장소의 다양성에서 하나의 현장, 즉 집회 현장으로의 동시적인 이동과 관련되는 과정이다. 그 이동은 포토몽타주와 연속되는 이미지들 속에서 계획된 것으로, 마치 최후의 모자이크 사진을 구성하는 타일들처럼, 처음에는 연속적으로 나타나고 나중에는 모든 이미지와 순간들이 전체성——대중 파노라마 그 자체——으로 이음매 없이 포개지는 최후의 승리의 환상 속에서 결합된다. 이 전체성은 짐작컨대 관람의 순간에 관람자를 끌어안도록 의도된 것이다. 다른 경우들에서 대중 파노라마는, 그것이 마치 그래픽의 중심이나 원천인 것처럼, 더 일찍 또는 심지어 연속된 것의 맨 처음에 등장한다.

이제 나는 독자를 후자에 속하는 두 개의 장면들로 매우 빠르게 이끌 것이다. 첫번째 것은 날짜가 1932년 10월이며 로마진군March on Rome 10주년 기념행사들이 삽입됐고, 파시즘의 과거에서 미래로 이어지는 연

그림 1.18 「온당하게 기억되는」, 『일러스트 잡지』, 1932년 10월.

PARTITO NAZIONALE FASCISTA
ISCRITTI 1.700.00

그림 1.19 「온당하게 기억되는」, 『일러스트 잡지』, 1932년 10월.

그림 1.20 「온당하게 기억되는」, 『일러스트 잡지』, 1932년 10월.

그림 1.21 「온당하게 기억되는」, 『일러스트 잡지』, 1932년 10월.

그림 1.22 「온당하게 기억되는」, 『일러스트 잡지』, 1932년 10월.

속된 이미지들 안에 통계적 자료를 담고 있다. 『일러스트 잡지』에 실린 「온당하게 기억되는」^{Doveroso ricordo}이라는 제목의 한 페이지 기사에 도입된 이 연속물의 목적은 의료 서비스에서 과학과 스포츠에 이르는 다양한 영역에서의 파시즘의 업적을 조사하는 데 몰두할 특별호의 출발점으로 이용하는 것이다.[37] 연속물은 다음처럼 이어진다.

① 밀라노에서의 파시즘의 기원과 1932년 10월 16일의 파시즘 순교자의 기념(그림 1.17).

---

37 *La rivista illustrata del popolo d'Italia*, vol.10, no.10, October 1932, pp.15~27. 리드 기사는 잡지의 디렉터인 마닐로 모르가니(Manilo Morgagni)가 작성했다.

② 무솔리니의 후원하에, 로마의 베네치아 광장에서 대중집회의 형태로 존재하는 파시즘의 현재의 파노라마적 재현(그림 1.18, 무솔리니는 그림의 위쪽 가운데 부분에서 잘렸다).

③ 170만 명의 행렬 참가자로 나타나는, 국가 파시스트당의 증대(그림 1.19).

④ 무솔리니가 가장 호전적인 분대를 훈육하고 통제하는 기구로 이용한, 파시스트 민병대(국가 안보를 위한 자율 민병대)의 형성과 증가(그림 1.20).

⑤ 파시즘의 영광스런 운명의 신성화로서의 파시스트 청년 집단들(Piccole Italiane, Avanguardisti, Giovani Italiane, Balilla, GUF, ONB)의 전국적인 확대(그림 1.21).

⑥ 퇴근 후 조직과 노동조합을 통해 노동자 대중을 국가의 우리 안으로 불러오는 데 성공한 파시즘(그림 1.22).

여기서 내러티브는 전통적 양식으로 그려진다. 파시즘은 작은 규모의 불법운동으로 시작한다. 대중운동으로의 전환은, 당의 창설자이자 불법 파시즘을 규율하고 이탈리아 민중과 당, 민병대 사이의 가교 역할을 하는 다양한 연장선들의 창립자였던 무솔리니에 의해 결정되었고, 결국 완전하게 파시스트화된 대중사회의 형태라는 결실을 맺었다. 그 과정에서 파시즘은 밀라노에서 로마로 내려가고, 이

그림 1.23 「일 두체의 연설」, 『일러스트 잡지』, 1941년 3월.

그림 1.24 무솔리니의 이미지, 『일러스트 잡지』, 1941년 3월.

그림 1.25~26 대중 이미지와 텍스트, 『일러스트 잡지』, 1941년 3월.

후 로마에서 쇄신된 제국의 확장되는 경계를 향해 외부로 행진한다.

1941년 3월부터 시작되는 두번째 연속물은 더 대담하다. 그것은 이
탈리아 국기를 구성하는 색깔로 물들인 페이지들에서 대중의 장면과 현
수막의 헤드라인을 번갈아 보여 준다.[38] 이 연속물은 보통의 로마자의 푸
투라Futura 서체로 표현된 삼색의 타이포그래피 구성으로 시작되며 정자
체의 붉은색 대문자로 된 제목이 먼저 등장한다. '일 두체의 연설.'(그림
1.23) 그리고 다음의 것들이 등장한다.

① 연설문의 연속되는 초록색·검정색에 면해 있는, 페이지에 꽉 차게
   검정색과 흰색으로 그려진 무솔리니의 이미지(그림 1.24).
② 대비되는 초록색·검정색의 두 텍스트와 그것들 사이를 연결하는 수
   직적 틈새의 '나폴리'라는 태그가 붙은 멍한 대중들(그림 1.25).
③ 초록색과 검정색 서체가 번갈아 보이는 연속되는 동일한 텍스트가
   병치된, '토리노'라는 태그가 붙은 한 페이지 가득하게 붉은색으로
   물든 대중(그림 1.26).
④ 화면을 분할한 대중집회의 포토몽타주. 아랫 부분의 밀라노, 카타니
   아, 제노바, 바리의 태그가 붙은 시민집회와 윗부분을 차지하는 로
   마라는 태그가 붙은 두 화판의 파노라마로 이루어진 군사집회(그림
   1.27).
⑤ '승리, 이탈리아, 인민 안에서의 정의와 함께하는 평화'라는 헤드라
   인의 형태로 나타나는 결론의 텍스트가 병치된, 다양한 도시들의 대
   중집회를 담은 일곱 개의 이미지('볼로냐'라는 태그가 붙은 이미지는

38 *La rivista illustrata del popolo d'Italia*, vol.19, no.3, March 1941.

그림 1.27 화면을 분할한 대중집회의 포토몽타주, 『일러스트 잡지』, 1941년 3월.

ENOVA

BARI

그림 1.28 마그네티 마렐리 광고, 『일러스트 잡지』, 1941년 3월.

페이지의 전체 폭을 차지하고 나머지는 폭이 그것의 반이다)로 구성된
흑백의 가득 찬 페이지(그림 1.28).

모든 연속물을 수직적 또는 수평적으로 묶고 있는 대중의 이미지는
이탈리아 국기의 삼색, 그리고 나폴리에서 민중들에게 이탈리아의 적에
맞서 봉기하여 승리하라고 명한 무솔리니의 연설문과 더불어 페이지 위
에서 박동한다. 여기서 대중의 파노라마는 모든 곳에 있는 동시에 어디에
도 없다. 대중의 파노라마는 그것으로부터 대중 동원의 다른 이미지들을
확산시키는 환원될 수 없는 총체로서 나타나는 동시에 독재자와 민족을
포괄하는 전체성의 제유법으로서 '인용될' 수 있는 독자적인 그래픽 요
소로 나타난다. 대중의 파노라마가 질서 정연한 전체성인 것은 독재자의
위엄 있는 존재가 카메라와 에어브러시, 가위, 풀, 잉크, 폰트를 가진 그에

못지않게 위엄 있는 존재에 입각하기 때문이다. 후자는 체계적으로 공백이 삭제된 각각의 프레임을 형성하는데, 그것은 영속적으로 동원되는 민족국가, 또 틈새에서 에너지를 방출하며 폭발하는 민족국가를 환기시키려는 목적에서다. 이어서 그는 각각의 프레임을 단어와 통계, 색깔과 범람하는 혁명적 조류의 이미지로 충만하면서도 기하학적으로 단순한 그래픽 환경으로 자유롭게 엮어 낸다. 이 모든 것은 파시즘하에서 대양적 감정이 일상의 필수적인 요소가 되었고, 또한 위계와 규율의 가치관과 조화를 이루는 구성적이고 통제된 삶의 현실이 되었다는 환상을 창조하기 위한 것이다.

독립적이든 그렇지 않든 대중 파노라마는 그것이 혁명적 조류를 잠재우고 방향성을 제시하는 것에 관한 것만큼이나 그것을 해방하는 것에 관한 것이고, 프레임과 격자무늬, 페이지의 기하학, 편집과 재단의 절대적인 유한성에 관한 것만큼이나 무한한 대양에 관한 것이다. 지도자에 의해 정치적으로 훈육된 대중은 포토몽타주를 통해 그림으로 훈육된다.

방수로

맥락화 전략이 더 중요해지고 있는 현상은 영화가 현대의 그래픽과 사진에 미친 영향력을 시사한다. 즉 대중 파노라마 작가들이 여전히 자신들의 숭고한 예술에 대한 너무나도 거대한 규제 속에서 힘겹게 작업하고 있다는 생각이 퍼진 것이다. 그에 따라 점차적으로 '생동감'과 사건에 대한 '접근성', 그리고 포토저널리스트가 추구하는 가치의 위계 속에서의 동시성이 추구되고 있다는 점이 명백해졌다. 사진적인 것과 영화적인 것 사이의 수렴은 고려할 만하지만, 그것은 이 에세이의 범위를 넘어선다. 대신

나는 인간 다중의 파노라마가 모더니스트의 그래픽 문화에 미친 광범위한 영향에 대한 성찰과, 제2차 세계대전 후의 여파에 대한 분석으로 결론지으려고 한다. 여기서 흥미로운 것은 시각적 인용으로서의 대중의 명한 이미지가 등장하였고 또 어디에나 존재한다는 점이다. 그것은 이탈리아의 맥락에서 그들의 역사가 재구성된 바로 그 '대양의' 집회들의 인용이다. 이 인용은 대양의 대중을 독특한 유형의 추상적인 기하학적 상징으로 다시 바꿔 놓는다. 포토몽타주는 종종 다큐멘터리주의 또는 르포르타주의 목표와 상충하는 추상주의에 기반한 형식적 방법으로 보인다. 그러나 마르가리타 투피친이 구스타프 클루치스^{Gustav Klucis}에 대한 그녀의 책에서 강조한 것처럼, 포토몽타주는 또한 예술가들에게 통계에서 슬로건, 사진에 이르는 사회적인 실물 교재 조작을 토대로 하는 새롭고 강렬한 대중 설득의 도구를 제공했는데, 이것은 왜 포토몽타주의 발전 경로가 이탈리아 대중 파노라마의 발전 경로와 교차하는지 설명하는 데 도움을 준다.[39] 둘 모두 대중의 형성과 통제에 전념하는 이미지적이고 정보적인 군집의 예술이다. 이 둘은 동일한 선동적인 야망과 전통적인 형태의 사실주의에 대한 동일한 초조감, 당위적으로 존재해야 하는 (그러나 아직 존재하지 않는) 그런 기대되는 사회의 이미지를 구축하려는——야금술의 의미이든 위조의 의미이든——동일한 욕망을 공유한다.

현재의 나의 의도에 대해 이탈리아의 예가 어느 정도까지 표준적인 것으로 고려될 수 있는지는 물론 미결 문제이다. 이데올로기적 틀은 상황

---

39 특히 투피친의 에세이 Margarita Tupitsyn, "From the Politics of Montage to the Montage of Politics: Soviet Practice 1919 through 1937", ed. Matthew Teitelbaum, *Montage and Modern Life 1919-1942*, Cambridge, Mass.: MIT Press; Boston: Institute of Comtemporary Art, 1992, pp.82~127.

을 변화시킨다. 때론 본질적이기보다는 미묘한 차이를 만들기도 하지만 말이다. 나는 줄곧 『일러스트 잡지』의 접이식 페이지의 눈에 띄는 파시스트적 특징에 대해 암시해 왔다. 가령 소비에트의 대중 도상학의 사례사에서는 엘 리시츠키의 「전류의 스위치가 켜진다」The Current is Switched On, 1932 나 롯첸코와 스테파노바의 『건설 중인 소련』USSR in Construction, 1938의 사진 장면들과 같은 이미지들에서 이와 견줄 만한 파노라마적 상상력이 전자는 전화電化와 집단화를 시각적으로 짝짓는 연속물로서 만들어졌고 후자는 집결하는 노동자와 직물 패턴을 나란히 배치하고 있다. 그러나 이러한 상상력은 국제 공산주의의 가치관을 따라서 대중 그리고/또는 대중의 산업용 기계와의 관련성의 추상적 재현을 강조하는 반면, 장소의 이름과 건축적인 장치, 지역적이거나 역사적인 특색을 가진 이미지는 덜 강조한다. 또한 이러한 상상력은 파시스트적인 대응물과 마찬가지로 상승된 수직적 원근법에 따라 구성된 이미지들을, 더욱 강조적으로, 도브첸코Alexander Dovchenko와 에이젠시테인Sergei M. Eisenstein의 영화 속에서 자주 등장하는 (후자는 파시스트와 자유민주주의적 정치 예술에서도 강렬한 흔적을 남겼다) 유의 지면에서 올려다보는 노동자 영웅의 영웅적인 대각선 원근법 숏과 대화하는 위치에 있도록 만든다.

마찬가지로, 미국 대중 사진의 사례사는 이탈리아와 소비에트 관행과 중첩되는 부분이 있겠지만(아서 시겔Arthur Siegel의 1941년 사진 「집회의 권리」The Right of Assembly에서처럼 분명하게 정치적인 작품에서 자명하게 드러난다), 그것들은 주로 개인들이 가족이나 정서적 단위의 일원으로서 모두 자신의 특수성을 가진 것으로 보이는 전경을 기반으로 만들어지는 위지Weegee의 코니 아일랜드 사진들과 같은 작품들이 지배적인 환경에서 중첩된다. 『라이프』의 특징을 이루는 대중의 접이식 페이지의 경우에서

그림 1.29 마그네티 마렐리 광고, 『일러스트 잡지』, 1941년 3월.

와 같이 북아메리카의 집단성은 전형적으로 여가 활동이나 개인적인 자기 향상과 관련되며, 국민 형성보다는 풍족함과 재미로 노력이 보상받는 세속적인 종교에 참여하는 것과 관련된다. 미국의 포토몽타주는 대양의 다중 속에서 개성을 상실하기보다는 자기증식을 강조하는 경향이 있다.[40] 나치당의 독일과 제툴리우^{Getulio}의 브라질과 마오주의자의 중국의 사례연구는 유사한 유형의 추가적인 수렴과 차이를 만들어 냈다. 그러나 이 모든 차이에도 불구하고 특별하게 두드러지는 것은 그 연속성이다. 그것은 기법적·기술적·그래픽적 연속성이고 또한 문화-역사적이고 아마도 심지어 인류학적인 유형의 연속성이다.

분명 이탈리아의 산업 집단이 『일러스트 잡지』에 광고를 게재했을 때 대양의 다중을 '인용'한다는 것이 무엇을 뜻했는지 정확히 알고 있었다는 점에서는 의심의 여지가 없다. 마그네티 마렐리$^{Magneti\ Marelli}$의 첫번째 예는 1935년 6월이었고, 이 광고는 이 에세이가 분석해 온 집회들을 재가공한다(그림 1.29과 1.30). 그것은 이탈리아의 전국적인 라디오의 개

40 Sally Stein, "Good Fences Make Good Neighbors: American Resistance to Photomontage Between the Wars", *Montage and Modern Life 1919-1942*, pp.128~189는 이 주제에 대한 약간의 암시적인 견해를 제공한다.

그림 1.30 마그네티 마렐리 광고에 사용된 자료, 『일러스트 잡지』, 1935년 6월.

국을 기념하는 앞선 포토몽타주에서 원형의 삽입화와 대중 파노라마를 따로 떼어 내고, 지도자 밑에 연단처럼 가장하여 거대한 앰프를 삽입하며, 삽입화와 파노라마 사이에는 일렬로 늘어선 확성기를 삽입하여 그 증폭의 힘을 지도자와 대중을 묶어 주는 힘으로 드러낸다는 점에서 그렇다. 피렐리Pirelli 타이어 회사를 위해 1938년 3월 발행된 두번째 광고에서 대중은 원형의 삽화를 차지하였고, 길게 늘어진 피렐리의 대문자 'P'의 꼭대기를 굴러가는 바퀴로서 나타났다(그림 1.31). 바퀴 내부에서 그들 위에 받쳐지는 것은 공장의 도식이다. 뒤에 나타나는 것은 군대의 별, 그리고 모두 피렐리 타이어를 장착한 군대, 산업, 시민용 운송수단——트럭·트랙터·자동차·비행기·오토바이——으로 이뤄진 파스케스[파시스트 당의 상징]fasces이다. 이 작품은 기하학적이지만 그렇게 지칭한다고 해서 그것이 내용이 없고, 중립적이며, 순전히 장식적이기만 하다는 것은 아닌데, 별과 파스케스, 노동자의 원이 국가적 동원과 가속화된 운동으로 정의되는

그림 1.31 피렐리 광고, 『일러스트 잡지』, 1938년 3월.

파시스트 현대성의 상징으로서 나타나기 때문이다. 이것은 노동자들의 원이 궁극적으로 아서 S. 몰의 살아 있는 시계보다 덜 상징적이지 않다는 사실을 암시한다. 간단히 말해 파스케스와 같은 전통적인 상징들은 그것에 산업적 내용이 주입되었을 때를 제외하고는 그 가치를 상실했다는 맥락하에서 작용한다.

그렇다면 대중들이 파노라마의 장식적인 줄무늬로 변형되는, 모호이너지의 1930년의 포토몽타주 「책임져라!」와 같은 이미지는 어떠한가?(그림 1.32) 「책임져라!」에 대한 최근의 카탈로그 설명은 "대중 장면은 시위를 암시하고, 여인의 입은 기이하게 매력적으로 보임에도 불구하고, 거리낌 없이 말하는 것의 중요성을 나타낸다"라고 언급한다. 몽타주는 "원인이 아직 확인되지 않았음에도 불구하고, 행동에 대한 요구이다".[41] 거리낌 없이 말하려는 욕망을 상징하기보다는, "기이하게 매력적"인 여성의 얼굴은 근본적인 동일함을 가정하기 위해 대양의 대중과 이어져 있다. 이 둘 모두 현대의 남성적 욕망의 변동적인 대상이고 그래서 둘 다 기대와 불안으로 접근되어야 한다. 무솔리니 연설을 담은 78RPM의 기록물에 대한

---

41 J. Paul Getty Museum ed., *In Focus, László Moholy-Nagy: Photographs from the J. Paul Getty Museum*, Malibu, Calif.: J. Paul Getty Museum, 1995, p.78.

그림 1.32 라슬로 모호이너지, 「책임져라!」(포토몽타주), 1930.

이탈리아의 광고는 유사한 그래픽의 집회를 시연한다. 지도자의 말은 그의 몸에서 바깥으로 퍼져 나가며, 대중을 같은 중심을 가진 고리들 안에 표현하는 동시에 이 고리들을 이중의 고리로 둘러싸인 'DUCE'(두체)라는 이름에 고정되어 있는 대각선의 벡터를 따라서 관통시킨다. 후자는 그의 연단에서 솟아오르는 마이크인가 아니면 두번째로 들어 올려진 주먹인가? 또는 대중의 전기적인 흐름에 불이 들어오게 하는 스위치인가, 아니면 국가라는 배를 조정하는 엔진을 운전하는 레버인가? 그것은 조금도 중요하지 않다. 대양의 다중은 유혹하고 전율케 하며, 그렇게 함으로써 개성을 위협한다. 그러나 그 달콤한 말은 받아들여지는 동시에 기하학적 규율에 기대 극복될 것이다. 행동에 대한 모호이너지의 요구는 무솔리니 연설의 복사본을 구입하는 이탈리아의 국영 기록 회사가 내놓은 요구보

그림 1.33 앤디 워홀, 「군중」(캔버스에 실크스크린), 1964.

다 당연히 훨씬 더 경고성을 띠겠지만, 경고성을 띠든 아니든, 그것은 대중의 파노라마적 재현의 골격의 바깥에서 판독 불가능한 것으로 남는다.

　마지막 말은 앤디 워홀에게로 가야 하는데, 그의 1960년대 초기부터의 작품은 인간 다중의 파노라마적 이미지를 몰래 바꾸고 또한 바뀐 이미지 중심적인 그래픽의 비유를 폭로한다. 워홀은 현대의 대중 정치 속에서 발견되는, 르 봉이 말한 군중의 시대가 아마도 분명 끝나 가기 시작하는 것으로 보이는 시기에서 단지 10년 떨어져 있을 뿐이었고, 특히 그가 이미 자신의 할리우드 명사들의 일련의 이미지 속에서 기념하고 있었던 스펙터클 사회의 거울 이미지인, 공산주의 중국의 선전이 가진 장밋빛 렌즈를 통해 굴절되었다. 따라서 그는 내가 이 에세이에서 거슬러 올라간 인간 다중의 파노라마의 혈통에 대해 마릴린과 마오의 일련의 초상화에 그 나름의 기여를 더했다. 「군중」The Crowd이라는 제명의 이 사진들은 워홀이 '미국에서의 죽음'The Death in America 시리즈에서 의존했던 것과 동일한 흑백의 그냥 쓰고 버리는 신문 사진들 더미를 이용한다(그림 1.33). 자동차 사고 대응물과 유사하게 그것들은 일시적으로 혼란스런 사건, 전달하는 바가 분명한 동시에 의심스러운 현재의 사건들과 관련된다. 그것은 첫눈에 당시의 대중 시위 운동을 가리키는 것으로 보일 것이기 때문에 '분명한' 것이다. 1963년은 워싱턴에서 마틴 루서 킹Martin Luther King의 행렬이 있던 해였다. 또한, 엄격히 말하면 그렇지 않다는 점에서 '의심스러운' 것이다(워홀의 1963~1964년의 「인종폭동」Race Riot 연작이 '날것의' 포토저널리즘적 출처를 근거로 한 것이라는 점에서 그 모호함이 잘 드러난다).[42]

「군중」은 1963년 이래로 두 가지 판본으로 존재한다. 둘 다 1964년 뉴욕세계박람회가 열린 뉴욕 주의 파빌리언의 (파빌리언의 감독관이 검열한) 「최악의 지명수배자 13인」Thirteen Most Wanted Men 화판과 동시에 만들어졌다. 둘 다 1955년 4월 11일의 날짜가 찍힌, 한 장의 UP 통신사 출처의 흑백 사진에서 비롯된 것이고 그 사진 뒷면에 워홀은 여성의 얼굴을 연필로 스케치했다. 그 사진은 이러한 설명을 담고 있다. "로마, 성 베드로, 그리고 군중. 성 베드로의 거대한 조각상은 부활절에 교황의 축복의 기도를 듣기 위해 성 베드로 광장에 모인 대중을 온화하게 내려다보는 듯하다. 엄청난 무리를 정확하게 추산하는 것은 불가능했지만 30만에서

---

42 피츠버그의 앤디 워홀 박물관 보관소에 보존된 워홀의 사진 파일들에는 나치의 대중집회는 물론 정치집회와 대통령 선거운동(케네디, 스티븐슨, 존슨)의 군중 광경을 담은 많은 사진들이 포함된다.

50만에 이를 것으로 추정된다."[43] 베드로나 교황의 어떤 흔적도 몰의 기독 천주교회 다중의 팝아트 버전과 이어지지 않는다(가까이 들여다보면 반복적으로 나타나는 신부와 수녀 무리가 드러나긴 하지만 말이다). 오히려 그 작품들은 멍한 대중의 크고 선명하지 못한 실크스크린 인쇄의 형태를 취하며, 별과 충돌의 이미지처럼 반복적이고 좌우로 이동되고, 머리 쪽이 당겨져 확대되고, 잘려진 하나의 시각적 덩어리로부터 만들어진다.[44] 여기서 타일이 산산이 흩어지지 않았다면 결과적인 장면은 당연히 대양과 같았을 것이다. 이음매는 눈에 보이고 연필 자국으로 투박하게 "감춰진다". 반복은 부진하다. 사각형들은 불안정하다(생생한 사건을 시기적절한 재현으로 연계하는 암묵적인 포토저널리즘적 조약을 지키는 것처럼). 사진 이미지의 전체적인 결은 값싼 신문 용지에 인쇄된 것마냥 뭉개져 거대함과 권력, 숭고함의 그 어떤 잠재적인 느낌도 약간 구식이거나, 약간 날조된 것 이상으로 보이게 만든다.

「군중」은 워싱턴의 거리에 울려 퍼지는 수십만의 인내와 고통과 분노의 목소리, 이와 더불어 곧 뒤따르는 베트남 전쟁에 반대하는 시위자들의 목소리로서 공들여 만들어졌다. 그러나 팝아트의 황제는 르 봉이 말한 변동적인 화학작용이 작동하기를 멈추는 시대가 올 것이라고 예견했다. 그것은 현대화가 자신의 길을 완성한 국내적 상황에서, 공적 장소에서 육체의 물리적인 군집과 실제의 시공간에서의 상징적인 행진의 수행을 기반으로 하는 정치학의 모델이 존재와 조직과 참여의 가상적이고, 간접적

---

43 이 사진은 앤디 워홀 뮤지엄 아카이브(http://www.warhol.org/crowd/)에서도 찾아볼 수 있다.
44 얼굴들로 이뤄진 바다가 똑같이 반복 인쇄되어 구성된 배경에 스탈린의 얼굴이 있는 「우다르니키」(Gustav Klucis, "Udarniki", 1934)의 포토몽타주 표지와 비교해 보라(King, *The Commissar Vanishes*, pp.14~15).

이며, 비동시적인 형태에 의존하는 몸짓의 정치학으로 대체되는 시대였다. 이와 같은 전환에 대한 예견은 오래전 가브리엘 타르드의 주장 속에서 존재했는데, 그에 따르면 "물리적인 접촉으로 유발된 심리적인 연결의 (유한한) 집합"으로 이해되는 군중은 격세유전, 즉 "과거의 사회 집단"이며, 반면 "물리적으로 분리되어 있고 그들의 응집이 완전히 정신적인, 개인들의 (잠재적으로 무한한) 분산"으로 이해되는 여론은 "미래의 사회 집단"이라는 것이다.[45]

비연속성은 물론, 강조의 문제다. 협상에서 상징적 행동(파업과 대중 시위를 포함해서), 집단적 폭력 행위에 이르는 모든 형태의 정치적 행위는 동시적인 운명을 가진다. 손글씨가 타자의 체계에서도 주요한 정보교환의 도구로 지속되고, 현재 타자가 디지털 방식의 글쓰기와 인쇄 체계에서도 그 역할을 지속하는 것과 같은 근본적인 동시성이 예견된다. 타르드의 직관과 워홀의 반어법이 선견지명으로 입증되는 상황은, 손으로 쓰인 문서와 기계를 이용한 글쓰기가 표준인 환경 속에서 본질적으로 **다르고** 본질적으로 **다른** 방식으로 기능하는 듯 보이는 것처럼, 대양의 대중이라는 한동안 영웅적이던 이미지가 이제 점차 시대착오적인 고색창연함을 나타내며 LCD 텔레비전 화면에서 명멸하는 것이다(이 시대착오는 백만인 행진Million Man March과 같은 대중 연출에서 의식적으로 받아들여졌는데, 그것은 1960년대의 시민권 행진의 이미지를 반복하고, 반복이라는 수단을 통해 그 이미지를 전유하려고 한다). 그들의 권력과 위신은 대개 연예산업과 스포츠, 종속된 종교의 영역 그리고 떠들썩한 파티와 같은 오락 형태의 영역에만 국한되고, 근대적 중심지에서의 혁명의 다양한 색과 소리를

45 Tarde, *On Communication and Social Influence*.

가진 해일은 마치 앞선 역사의 국면에서 꺼내져 활기를 되찾은 것처럼, 또는 이제는 봉인된 현대성의 지하저장소에서 나온 재료인 것처럼, 이제 좀 떨어져서 어렴풋이 나타난다. 대중의 시대는 여전히 우리와 상당 부분 함께하며 특히 정치적 격동의 시대와 개발도상국가에서 그렇다. 그러나 더 깊은 의미에서 보자면, 아마도 그것은 지나갔을 것이다.

Turba: 라틴어

알렉산드라 카테리나 T. 소프로뉴(Alexandra Katherina T. Sofroniew)

'군중'에 해당하는 라틴어 중 하나인 turba는 '재촉하다'를 의미하는 산스크리트어의 동사 turami와 고대 그리스어 단어 τυρβαζω('어지럽히다, 선동하다'를 의미하는 동사), τυρβη(그에 상당하는 '무질서', '혼돈', '소동'을 의미하는 명사)에서 유래한다. 이 기원들은 로마가 군중을 폭동과 소동의 원인과 현장으로 개념화하는 부정적인 함축을 나타낸다. 더욱이 turba는 정부와 규칙의 불확실성에서 기인하는 시민의 무질서와 혼돈을 나타냈고, 따라서 무질서한 다수의 인민을 가리킨다. 즉, 저항과 변화의 시기에 군집했던 군중이다.

Turba는 또한 자연의 무질서를 나타냈고, 폭력적인 자연의 힘과의 연계를 통해 (그 연합은 turbulence라는 단어로 우리에게 전해졌다) 운동의 상태를 환기시켰다. turba에 의해 정의되는 것과 같이, 군중은 정적인 존재가 아니라 추진력이었고, 방향을 잡아 주고 통제해야 할 필요가 있었다. 인구가 조밀한 로마에서 대규모의 사람들은 매우 예측 불가능하고 잠재적으로 적대적인 존재로 보였기 때문에 로마 군대는 도시 내부로 행진해 들어오는 것이 금지되었다.

Turba라는 단어는 운동, 나중에는 무질서와 결부되면서 multitudo(수적인 함축을 포함)와 vulgus(계급에 토대를 둔 정의)와 같은 군중을 나타내는 다른 라틴어 단어들과 구분되었다. 흥미롭게도 이 단어들은 군중에 대한 설명을 구체화하고 군중의 사회적 기질의 다른 측면들과 그 행동의 특징에 주의를 집중시키기 위해 서로 빈번하게 결합되어 사용되었다. 가령 이런 식이다. "그리고 그날 폭도와 군중은 몹시 감동을 받았다"in quo admiratio magna vulgi atque turbae. 여기서 키케로는 공적인 구경거리를 구경하는 상층 계급과 하층 계급의 사람들 모두로 이루어진 군중이 있었다는 사실을 보여 주고, 따라서 청중의 다양성과 동일한 사건을 즐기는 두 집단이라는 있을 법하지 않은 일을 언급하려고 vulgus와 turba를 사용한다.

Turba의 부정적인 함축은 '격론'과 '말다툼'을 의미하는 라틴어 단어인 rixa와 결합되는 보편적인 사용법에 의해서도 예증된다. 가령 이렇다. "곧 새로운 분쟁과 논쟁이 있었다"Ecce autem nova turba atque rixa.

6세기의 로마 황제인 유스티니아누스는 자신의 로마법대전에 나오는 소동과 말다툼의 차이에 대한 법적인 정의에서 소동을 나타내기 위해 turba라는 단어를 사용한다. multitudo는 이 경우에 '둘'을 의미하는 duorum과 동격으로, 순수하게 수적인 인원을 나타내는 데 사용된다. "소동은 모여서 소요를 일으키는 사람들 무리에 의한 것이지만, 말다툼은 두 명 사이의 일이다."namque turbam multitudinis hominum esse turbationem et coetum, rixam etiam duorum [46].

로마 상류층에게——군중의 외부에서 스스로 부여한 지위이긴 하지

---

46 Theodor Mommsen, *The Digest of Justinian*, trans. Alan Watson, Philadelphia: University of Pennsylvania Press, 1985, Dig.47.8.4.3.

만, 그들의 저작이 오늘날까지 전해져서 우리에게 정보의 주요 출처가 된다——군중은 결코 질서 정연하거나 순종적이지 않았다. 실제로 어떤 로마의 지식인들은 군중을 위험한 존재로 보았는데, 그들이 압도적으로 물리적인 존재였기 때문이고, 또한 군중 속에 존재하는 것이 그들을 더 악(惡)의 영향에 놓이도록 만들었다고 생각했기 때문이다. 그러므로 세네카는 「군중에 대하여」라는 편지에서 이렇게 진술한다. "당신이 특별히 피할 것으로 생각해야 하는 것이 무엇이냐고 묻는 것인가? 나는 군중이라고 말한다. 당신은 자신을 안전하게 그들에게 맡길 수 없기 때문이다"Quid tibi vitandum praecipue existimes, quaeris? Turbam. Nondum illi tuto committeris.[47] 로마의 지도자는 공화정과 제정 시기 모두에, 군중이 거대한 권력을 소유할 수 있다는 사실, 특히 선동 정치가의 영리한 지도력하에서는 더욱 그렇다는 것을 알았고, 그에 따라 인민의 비위를 맞추게 되었거나 또는 군중을 교묘하게 조정하는 유명한 예인 경기와 서커스를 통해 그들의 관심을 다른 곳으로 돌렸다. turba라는 단어는 로마 시대——인구가 조밀한 로마시에서 몇몇 열린 공간에 모인 사람들만으로도 소동이 야기되었다——군중의 예측 불가능하고 떠들썩한 기질을 정확하게 포착했다.[48]

---

47 Lucius Annaeus Seneca, *Seneca*, vol.1: Moral Essays, trans. Richard M. Gummere, Cambridge, Mass.: Harvard University Press, 1985, 7.1.
48 참고문헌: H. J. Edwards, *Caesar, The Gallic War*, Cambridge, Mass.: Harvard University Press, 1917; P. G. W. Glare, *The Oxford Latin Dictionary*, Oxford: Clarendon Press, 1982; Richard M. Gummere, *Seneca, Moral Essays*, vol.1, Cambridge, Mass: Harvard University Press, 1917; Mommsen, *The Digest of Justinian*.

다중 속에 잠기기

마이클 하트(Michael Hardt)

대규모 정치 집회에서 공기 중에 감도는 사랑을 알아챈 적이 있는가? 거리에서 어울려 다니는 매우 많은 아름다운 사람들을 바라보는 에로틱한 흥분을 말하는 것이 아니다. 물론 그 또한 이러한 경험의 한 요소이긴 하지만 말이다. 내가 말하는 것은 주로 정확히 정치적인 감정으로서의 사랑이다. 우리는 우리가 공통적으로 무엇을 공유할 수 있는지, 우리가 어떤 권력을 함께 가질 수 있는지, 그리고 우리가 서로 무엇을 할 수 있는지를 함께 인식한다.

이것은 이를테면 2002년과 2003년에 내가 참여했던 세계사회포럼WMorld Social Forum의 두 회기에서 느꼈던 감정이다. 그것은 내가 생각하기에 진정한 시위였다기보다, 자신의 삶을 시위에 바치는 사람들의 마주침이었다. 전 세계 각지의 활동가들과 학자들이 현대의 세계화 방식들의 문제와 징후에 맞서기 위해 브라질의 포르투알레그레Porto Alegre에 모였다. 물론 토론과 논쟁, 공식적인 발표가 있긴 했지만, 이 경험은 그곳에 온 거의 수십만에 가까운 사람들이 함께한다는 단순한 사실로 주로 정의되었다. 우리는 서로에게서 새롭고 더 나은 세계의 가능성을 볼 수 있었다. 우리는 서로에게서 새로운 힘을 발견할 수 있었다. 이것이 바로 스피노자가 사랑에 관해 내린 정의다.

또한 많은 시위에서 갈등과 역경으로부터 비딱하게 발생하는 사랑의 느낌 또한 잊어서는 안 된다. 처음으로 최루 가스 냄새를 맡거나 경찰과 물리적인 충돌에 이르고, 시위에서 체포된 순간은 변형의 경험이 될 수 있다. 내게는 2001년 4월 워싱턴에서의 세계은행-국제통화기금 반대 운동의 경험과 2003년 2월 뉴욕에서의 반전 시위가 그랬다. 두 사례에서, 경찰은 장애물을 배치하고 도처에서 충돌을 유발하는 데 전념하는 듯했다. 그러한 경험은 물론 혐오감과 분노를 유발하지만, 또한 함께 시위하는 사람들 사이에 강렬한 유대감과 열망을 심어 준다. 우리가 경찰과의 대립을 추구하고 시위 현장에서 출동을 유발해야 한다는 뜻이 아니다. 그와 반대로 시위가 있기 전에 열리는 정치적인 계획을 위한 모임에 참석할 기회가 있을 때마다 나는 그러한 전술에 반대하는 주장을 펼친다. 그러나 때로는 우리가 원하든 원하지 않든 그와 같은 충돌이 발생한다. 그리고 이렇게 매우 많은 사람들이 함께하며 경찰의 공격을 받았던 경험이 갖는 힘을 부정하는 것은 불가능하다. 그것 또한 일종의 사랑이고, 역경으로부터 발생한 사랑이라고 생각한다.

내가 서로에게서 보편적 권력을 발견하면서 발생하는 사랑의 경험을 묘사할 때, 우리 모두의 내부에 선재하는 보편적 재능이나 특징, 특성, '우리의 공통의 인간성'과 같은 개념을 우리가 깨닫고 있음을 암시하는 것이 아니라는 점을 지적해야 한다. 그것은 이러한 인식을 소외에 맞서는 우리의 보편적인 진정한 자아를 드러내는 것으로 주장하는, 고전적인 독일 이상주의의 계보를 따르는 인식의 개념이다. 이와 다르게 나는, 월트 휘트먼Walt Whitman의 낯선 이에 대한 사랑에 가까운 것을 생각하고 있다. 휘트먼이 인식하는 것은 실제로 동지애의 가능성이다. 그것은 우리가 항상 공유해 왔던 공통의 특성이 아니라 우리가 창조할 수 있는 공통의 경험과 공통의 권력이다. 두 개념 사이의 중요한 차이는 공통적인 것의 일시성temporality에 있다. 내가 흥미를 느끼는 공통적인 것의 개념은 미리 주어진 것이 아니라 가능성으로서의, 미래를 향한 지점들이다. 선재하는 공통적인 것의 개념(예를 들어 우리의 공통의 인간성)은 본질적으로 수동적인 반면, 다른 개념은 역동적이고 창조적이라는 것을 의미한다. 우리가 공유하는 공통적인 것은 우리가 창조하는 어떤 것이다. 더욱 중요하게는, 선재하는 개념은 더 위대한 구원 속에 존재하는 공통적인 것을 강조함으로써 사람들 사이의 차이를 외면하거나 무시하는 경향이 있다. 이와 대조적으로 우리가 공통적인 것을 창조할 때 우리는 개별성을 유지한다. 우리의 차이는 차이로 남아 있지만 우리는 함께 작업하고 공동의 권력을 창조할 수 있다.

이것이 바로 네그리^{Antonio Negri}와 내가 군중과 대중과 민중^{mob} 개념보다 다중^{multitude}의 개념을 좋아하는 이유이다. 한편으로 이것은 연관된 다수성의 특성과 관계가 있다. 누군가는 이 개념들 모두 사회적인 다수성을 가리킨다고 말할지도 모르지만, 실제로 군중과 대중들 내부의 명백한 차이는 쉽게 사라져 유사해진다. 너무나 자주, 명백한 다수성은 한낱 유사한 통일체로 판명된다. 이와 반대로 다중의 개념은 일련의 개별성──즉, 다른 것으로 남아 있는 차이들을 가리킨다. 다른 한편으로, 다중이 구별되는 것은 유사함과 밀접하게 관련되는 군중과 대중과 민중의 수동성과 관계가 있다. 물론 민중은 군중과 대중과 더불어서 일들을, 때로는 무서운 일들을 벌일 수 있지만, 그럼에도 불구하고 그것은 누군가에 의해 이끌어져야 하고 자발적이고 자율적으로 행동할 수 없다는 점에서 본질적으로 수동적이다. 그것이 바로 민중과 군중과 관련하여 조종이 그렇게 중요한 주제가 되는 이유다. 그들은 자기 자신을 이끌 수 없고, 누군가에 의해 이끌려야 한다. 르 봉과 타르드에서 카네티, 크라카우어에 이르는 이들의 조종과 공포, 모방에 관한 모든 고전적인 논의들은 이 유사함과 수동성이라는 한 쌍의 특징에 의존한다. 이와 대조적으로 다중은 분명 자율적으로 행동할 수 있는 역동적인 주체다. 그들은 공동으로 행동할 수 있고, 개별성을 지닌 다수다.

이 다중은 아마도 1999년의 시애틀이나 1994년 치아파스에서 처음으로 등장했던 '네트워크 운동'이나 '운동의 운동'의 정치적 시위에서 나타나고 있었다. 조직의 각 중심점은 분리되어 있지만 관계의 무한한 다양성을 통해 다른 모든 사람들과 잠재적으로 연결되기 때문에, 이렇게 분포된 네트워크는 이 다중의 기능이 발휘되는 것을 맨 처음 이해하기에 좋은 이미지이다. 그리고 이러한 네트워크는 새로운 중심점이 기존의 네트워크에 대해 항상 새로운 관계로 더해질 수 있다는 점에서 개방적이다. 아마 우리는 오늘날의 대규모 정치적 시위에서 감도는 사랑을 일종의 네트워크적 사랑, 개별성을 보유한 다수가 공동으로 행동하고 자신들의 힘을 느낄 때, 그 결과로 나타나는 사랑으로 생각해야 한다.

샤를 보들레르의 산문시 도입부가 생각난다. "누구나 다중 속에 잠길 수 있는 것은 아니다."[49] 그렇게 다중 속에 잠기는 것은 아름다운 이미지이고, 잠기는 과정에서 잠기는 사람이 분리된 개인이 아니라 다중이 된다는 것—생성되는 다중——을 이해하는 한 적절한 것이다. 그러나 이러한 경험이 보들레르가 생각하는 것처럼 그렇게 독점적인 특권은 아니다(그것은 네트워크의 개방적 속성이다). 우리 모두 다중 속에 잠길 수 있는, 열려 있는 초대를 받는다.

---

49 Charles Baudelaire, "Les foules", *Le spleen de Paris*, 1869.

2장

대중의 발명

프랑스 문화 속의 대중, 프랑스 혁명에서 코뮌까지

스테판 욘손

그들은 다수다. 자크 루이 다비드$^{Jacques-Louis David}$의 「테니스 코트의 서약」$^{Le\ serment\ du\ jeu\ de\ Paume,\ 1791}$의 인물들은 넓게 펼쳐지고, 줄지어 서서, 서로의 머리 위로 뒤엉키고, 바싹 붙어서, 그들의 몸으로 완전한 다수를 시사한다(그림 2.1). 벽의 크고 높은 창문을 통해 손을 흔들고 안을 훔쳐보는 사람들로 집회는 묘사된 집회장 너머까지 확장된다. 이 인간 집단이 어디서 시작해 어디로 끝이 나는지 아는 것은 불가능하다. 프랑스 국민의회는 액자를 넘쳐흐르고 시야의 전체 영역을 가로지르며 흘러나온다.

무리를 바깥으로 확장하려는 부가적인 힘은 중앙을 향해 뻗은 무수한 팔들로 상징되는, 반대 방향을 가리키는 힘으로 대항된다. 중심인물인 과학자 장 실뱅 바이$^{Jean-Sylvain Bailly}$는, 중앙 탁자 위에 서 있어 다른 사람들보다 살짝 위쪽에 위치하며, 여기 모인 사람들이 새로운 헌법에 대한 합의에 도달할 때까지 해산하지 않을 것이라고 장엄하게 맹세한다. 바이의 뒤를 이어 다른 모든 사람들도 일제히 같은 선서를 하게 될 것이다.

그것은 고귀한 동시에 모반적인 사건이다. 그것은 진행 중인 역사다. 1789년 6월 20일 국민의회가 맹세한 선서는 프랑스 혁명의 시발점을 나타낸다. 다비드는 그 순간의 중대함과 그것이 뿜어내는 열정을 의식하고

그림 2.1 자크 루이 다비드, 「테니스 코트의 서약」(종이에 펜과 갈색 잉크 워시, 흰색으로 밝게 함), 1791, 베르사유 궁과 트리아농 궁.

있었다. 얼굴과 몸이 격렬한 감정의 순간에 멈춰 있다. 사람들은 자신들이 최근에 획득한 통일성을 보존하겠다는 공통된 임무에 사로잡혀 있다.

「테니스 코트의 서약」은 확장이자 수축이고, 무한한 숫자인 동시에 완전한 일치다. 다수 속의 통일성이라는 다비드의 시각화를 포착하려는 일은 난감해 보인다. 그러나 대중이 역사의 진일보를 위해 소집될 때마다 환기되는 것이 숫자와 결합의 이 기이한 종합이 아니던가? 나는 이 질문과 함께 다비드의 혁명에 관한 끝나지 않은 그림으로 돌아갈 것이다.

이 에세이는 대중에 대한 담론이 프랑스에서 어떻게 출발했는지 스케치할 것이다. 사회학적 범주로서 대중의 발명은 민주주의의 등장, 특히 새로운 민주주의적 주권, 즉 인민이 어떻게 대표되어야 하는지와 ──정치적으로뿐만 아니라, 무엇보다 이데올로기적이고 문화적으로── 불가분하게 관련된다. 나는 문제의 이 종잡을 수 없는 대상 — '대중'the mass —이 용어상의 정화와 이데올로기적 통합의 과정을 통해 어떻게 점차 응고되는지 논증하려고 하며, 이것은 네 단계로 구성되고 각 단계에서 그 용어에 새로운 의미의 층이 추가될 것이다. 첫번째 국면에서 '대중'은 숫자로 등장한다. 두번째 국면에서, '대중'은 빅토르 위고가 '비참한 자들' les Misérables이라고 부른 사람들이다. 세번째 단계에서, '대중'은 조직화된 노동자들의 운동을 나타낸다. 마지막으로 '대중'은 어떤 정치적 질병, 대중의 광기를 나타내게 될 것이며, 그런 식으로 진단되어 인구의 대다수를 포괄한다. 이 네번째 단계에서 '대중'은 말 그대로 미친 사람들이다.

E. P. 톰슨은 그의 저작 『영국 노동계급의 형성』을 런던통신협회 London Corresponding Society의 창립 문서를 논의하는 것으로 시작하는데, 이 조직은 일반 사람들에게 투표권을 확대하는 의회 개혁을 촉진하려는 목적으로 '소매 상인, 가게 주인, 숙련공'들이 1792년 설립했다. 톰슨은 협회의 간사이자 직업상으로는 제화공인 토머스 하디가 인쇄물에 적어 놓은 첫번째 원칙을 인용한다. "우리는 회원의 수에 제한이 없다."[1]

오늘날에 그런 규칙은 무의미한 정관일 것이다. 1792년의 영국에서는 그렇지 않았는데, 당시의 정치적 권리는 재산이나 혈통에 의해 특정한 사람들에게만 부여됐다. 런던통신협회는 정치적 목표를 발전시키기 위해 '무제한의 수'를 초대함으로써 정치적 권리가 지위와 부, 가문에 묶여 있는 체제를 거부했다. 이것은 현상 유지에 대한 혁명적인 도전이었기 때

---

1 Thomas Hardy, *Memoir of Thomas Hardy*, London: J. Ridgway, 1832, p.16. E. P. Thompson, *The Making of the English Working Class*, London: Victor Gollancz, 1963, p.17에서 재인용.

문에 하디는 곧 대역죄를 선고받았다. 톰슨의 설명에 따르면, 런던통신협회의 첫번째 규칙은 "역사적 전환의 중심점"이다.[2]

역사는 전환한다. 정치가 독점적 엘리트에 의해 운영되던 세계로부터 정치적 참여가 모두에게 개방된 세계로. 역사는 전환한다. 정치적 대표가 사회의 특정 구성원의 고유한 사회적 정체성에 근거하던 체제에서 정체성과 무관하게 모든 시민의 평등의 원칙에 따라 만들어지는 체제로. 역사는 또한 추상화를 향해 방향을 돌린다. 이전에는 주권이 제왕의 상징 속에서 드러나고 화려한 의식을 통해 말해졌지만, 새로운 인민 주권은 특성 없는 환영이며 숫자 그 자체로만 말해진다.

이러한 전환의 이유는 사회체가 수의 단위로 쪼개지기를 요구하는 민주주의의 근대적 개념에 있다. 대중적 주권은 정치적 권리를 각각의 인민에게 확대한다. 이 권리는 정치적 조직체 안에 포함된다는 사실 그 자체만으로 발생한다. 따라서 어떤 사람도 타인보다 더 크거나 작은 정치적 권리를 갖지 않는다. 이것이 민주주의의 평등의 원칙이다. 이러한 원칙은 인류에 대한 추상적인 관점을 끌어들인다. 계급과 부, 재능과 신념, 정체성의 차이는 더 이상 정치적 무게를 갖지 않는다. 물질에서 벗어난 개인은 순수한 정치적 주체로 놓인다. 그에 따라 사회는 추상화되고, 과거의 사회에 형태와 무게를 부여했던 전통과 유기적 공동체의 유대로부터 해방된다. 이것은 역사의 묘한 전환이다. 주권이 인민에게 전달되던 바로 그 순간, 인민은 자신의 '본질'을 상실한다. 인민은 유기적으로 살아 있는 인간 공동체로서의 특성은 증발하고, 산수의 원칙에 따라 측정되는 일련의 추상적인 단위로서 등장한다.[3]

2 *Ibid.*, p.21.

숫자와 민주주의의 결합이 어느 때보다 강력했던 때는 프랑스 혁명 시기였다. 정치적 폭발은 집계의 분출, 즉 수에 대한 열정과 짝을 이루었는데, 돌이켜 보면 그것은 다수에게 기괴한 인상을 주었다. 가장 잘 알려진 예는 시간을 계산하는 새로운 방식으로, 혁명력에서는 일주일이 열흘이었고, 달의 이름이 바뀌었으며, 인류의 역사가 명백하게 단절되고 1년부터 새롭게 시작했다. 또 다른 예는 1789년 9월 국민의회에 제출되었던 프랑스의 행정 개혁 원안으로, 그것은 프랑스를 81개의 똑같은 정사각형인 데파르트망départements으로 구획하고, 각각을 아홉 개의 동일한 정사각형인 캉통cantons으로 구획한다.[4] 역사학자 루이 슈발리에Louis Chevalier는 혁명이 "통계적인 제국주의"의 시기였다고 진술한다. 그는 혁명력 9년의 다음과 같은 이야기를 들려준다. 지방의 한 시장은 정부가 요구하는 모든 통계 자료를 제공할 수 있겠냐는 질문을 받는다. 그 시장은 대답하길, "곧 실행하겠습니다. 명령이라면 열 번이라도 더 하겠습니다. 정부가 매년 저의 관할 지역의 지상에서 날아가는 새의 수에 대해 묻는다면, 나는 그 자리에서 종달새 한 마리의 오차도 없이 답할 것입니다".[5]

역사와 사회를 재현하는 문제에 직면했을 때, 18세기 후반의 계몽주의lumières와 관념학파idéologues는 수학적 해법을 모색하려는 경향이 있었다. '정치적 산수'는 인구학적 현실과 다른 사회적 현실 사이의 관계에 대

3 Pierre Rosanvallon, *Le peuple introuvable: Histoire de la représentation démocratique en France*, Paris: Gallimard, 1998, pp.14~35를 보라.
4 두 개혁 모두에 대한 간결한 논의는 모나 오주프의 다음 두 글을 보라. Mona Ozouf, "Département"; "Revolutionary Calendar", eds. François Furet and Mona Ozouf, *A Critical Dictionary of the French Revolutions*, trans. Arthur Goldhammer, Cambridge, Mass.: Harvard University, Press, 1989, pp.494~503, 538~547.
5 Louis Chevalier, *Classes laborieuses et classes dangereuses: À Paris pendant la première moitié du XIXe siècle*, Paris: Plon, 1958, p.24.

한 연구를 뜻하는 명칭이었다.[6] 그중 한 사람으로 뷔퐁Buffon은 수확의 변동과 출산율과 사망률, 보편적인 인간의 삶을 '윤리적 산수'에 위임하려고 했다.[7] 콩도르세Condorcet는 '사회적 수학'을 상상했는데, 사회의 갈등적인 이해관계가 통계 데이터의 적절한 계산과 확률의 법칙을 통해 완벽하게 재현되고 관리될 수 있다고 믿었다.[8] 에마뉘엘 조제프 시에예스는 그의 영향력 있는 소책자 『제3신분이란 무엇인가』에서 제3신분이 프랑스 국가의 전체로서 보편적 이익을 대표한다는 사실을 증명하기 위해 수적인 증거에 의존하며, 귀족과 성직자 신분이 합쳐서 그들의 구성원 20만 명만을 대표했던 반면, 그들이 대표하지 못한 나머지 인구는 2천 5백만 명에 이른다는 것을 보여 준다.[9]

한 세대 이후, 이렇게 집계하고 사회적 데이터를 산출하려는 시도는 근대적 의미의 인구통계학의 창시자인 아돌프 케틀레Adolphe Quételet에 의해 정교해진다. '평균인'l'homme moyen이라는 유명한 개념은 케틀레에게서 온 것이다. 주어진 인구와 관련된 모든 인구학적·생물측정학적인 데이터를 계산하고, 이어서 각 모수의 평균을 정하고, 마지막으로 이 평균들을 합쳐서, 케틀레는 '정상적인'normal 인간을 발견했다. 주어진 인구의 모든 사람들이 이 '평균'의 주변에 통계적으로 분산되어 있다. 케틀레는 자신이 모든 시공간에서 유효한 인간의 모델을 발견했다고 생각했다.[10]

6 Paul Rabinow, *French Modern: Norms and Forms of the Social Environment*, Cambridge, Mass.: MIT Press, 1989, p.59.

7 Chevalier, *Classes laborieuses et classes dangereuses*, p.22.

8 Keith Michael Baker, *Condorcet: From Natural Philosophy to Social Mathematics*, Chicago: University of Chicago Press, 1975.

9 Emmanuel-Joseph Sieyès, *Qu'est-ce que le tiers état?*, ed. Edme Champion, Paris: Société de l'histoire de la révolution française, 1888, pp.37~40.

평균적 인간에 대한 케틀레의 개념은 두 가지 이유에서 우리의 맥락과 깊게 관련되는데, 둘 다 군중과 대중의 역사에서 가장 중요한 것이다. 첫째, 평균적 인간은 인간을 대표하는 문제에 대한 케틀레의 해법이다. 평균적 인간은 사람들이 스스로에게 이상적인 통계를 반영시키는 것에 대해 숙고하게 하는 거울이며, 여기에는 개인적 탈선과 사회적·지역적 출신의 자취가 제거되어 있다. 그러므로 평균적 인간은 사회 속의 일반성, 즉 보편적 규범이라는 일정한 지위를 확립하며 그것은 자신을 대중적 의지의 올바른 대표자로 수립하려는 특정한 계급이나 정당에 의해 이용될 것이다. 보편적 기준을 쟁취할 수 있는 계급이나 정당은 이후 다른 집단을 보편적인 규범과 평균에서 이탈했다고 비난하며 거부할 수 있다. 이런 관점에서, 평균적 인간을 따르는 데 실패한다는 것은 오점이자, 소속되지 못한다는 증거가 된다. 앞으로 우리가 보게 될 이 같은 포함과 배제의 정치적 메커니즘은 대중의 개념의 역사를 구성한다.

케틀레의 '평균인'에 대한 이론에 대해 새겨 두어야 할 두번째 것은, 그것이 악명 높은 대중 속의 인간에 대한 첫번째 정의――근대성의 세계에 거주하는 파악할 수 없는 창조물, 결코 눈에 띄지 않고 배경 속으로 사라지는 인간――라는 사실이다. 평균적 인간은 그가 사회의 급진적 추상화를 전제로 하는 사회적 상상력에 의해 만들어졌다는 의미에서도 대중 속의 인간이다. 평균적 인간을 구성하기 위해, 서로 다른 정체성과 직업, 특성을 가진 남녀의 구체적인 인구는 측정되고, 비교되고, 궁극적으로 통

10 케틀레의 평균인에 대한 논의는 Georges Canguilhem, *The Normal and the Pathological*, trans. Carolyn R. Fawcett and Robert S. Cohen, New York: Zone Books, 1989, pp.151~162; Rabinow, *French Modern*, pp.63~67을 보라.

계적 계산의 수적인 기입으로 바뀔 수 있도록 더 작은 단위로 분해되어야 하며, 그곳에서 비밀스런 부활의 작용으로 평균인이 등장한다. 여기서 작동하는 사회적 상상력은 본질적으로 혁명에 관한 민주적 상상력과 유사한데, 그것은 인간을 양도할 수 없는 권리를 가진 자유로운 개인으로서 재정의하고 인민을 평등의 공동체로 새롭게 정의하기 위해, 사회적 위계를 수평화하고 봉건적 특권을 폐지하여 이른바 자연의 질서를 분해한다.

18세기 말경 정치적 논문과 사회적 상상력 속에서 숫자가 더 보편적으로 등장한 현상을 패러다임의 변화로 해석하는 것은 그럴 듯해 보이며, 그러한 변화의 결과 중 하나는 대중에 대한 근대적 담론이다.[11] 민주적 사회가 무한한 수에 의해 통치된다는 생각에서 다수·다중·대중에 의해 통치된다는 관점으로 이동하기 위해서는 단지 용어들의 약간의 조정——에드먼드 버크Edmund Burke가 그것을 처음으로 시도했다——이 필요할 뿐이다. 프랑스 혁명의 시기에 이 용어들은 주로 수적이고 수학적인 영역에 속했다. 영어의 'mass'는 프랑스어의 'masse'처럼 어떤 물질이건 명시되지 않은 많은 양을 가리켰다. 민주주의라는 착상이 출현하면서 이 수학적인 단어는 갑작스럽게 고려되어야 하는 무한한 수의 사람들의 존재를 받아들이기 위해 사회적 관찰자와 정치 이론가들에 의해 사용됐다.

또는, 정확한 역사적 순서로 이 문제를 설명하자면, 수많은 사람들이 사회 속에서 그들의 존재를 주장했기 때문에 이 시기에 민주주의가 쟁점이 되었다. 산업화와 자본주의가 농민, 장인, 노동자를 몰아내고 시골에

---

11 페르디난트 퇴니스(Ferdinand Tönnies)와 막스 베버(Max Weber), 미셸 푸코(Michel Foucault)와 폴 래비노(Paul Rabinow)까지 정치적·사회적 사상에서 숫자가 등장하는 것이 사회적·인식론적 불연속성의 징후라는 논지를 지지하는 거대한 사회학적 문헌이 존재한다.

서 도시로의 대이주를 이끌면서 길드 체제를 침식하고 시골의 생활양식을 변형시켰기 때문에, 소수의 유럽 도시들은 도시적이고 산업화된 중심지가 되었고 주민들은 조밀하게 집중된 인구 속에서 살게 되었으며, 사회 계급은 매우 근접하게 병치되어 보다 부유한 시민들이 노동계급의 광경과 소음, 냄새를 피하는 것을 불가능하게 만들었다.

그러나 여기서 이미 근대성의 전형적인 우주에 도달했기 때문에 내 주장을 앞서 가고 있다. 사건과 계급, 방언, 직업, 생활방식이 충돌하는 대도시는 샤를 보들레르가 유명하게 명기하고 확언했듯이 그 자체로 모더니즘 문화의 주요한 원천이다. "군중 속에 존재하는 즐거움은 수의 증식 안에서 느끼는 감각적 기쁨의 신비한 표현이다. 모두는 수이다. 수는 모두 안에 있다. 수는 개인 안에 있다. 황홀경은 수이다."[12] 그와 동시에 귀스타브 플로베르는 이에 대한 혐오감을 표현했다. "하나의 요소가 다른 모든 나머지의 손실을 압도한다. 수가 마음과 교육, 인종, 돈 자체를 지배한다—심지어 수보다 더 좋은 것까지도."[13]

그러나 보들레르와 플로베르가 이 구절들을 썼을 때, 군중은 이미 수의 문제를 훨씬 넘어섰다. 대중은 오랫동안 그들의 중립적인 수학적 지배

---

12 Charles Baudelaire, *Intimate Journals*, trans. Christopher Isherwood, London: Blackamore Press, 1930, p.29. 프랑스어판은 다음의 표제로 출간되었다. "Journaux intimes: Fusées", *Œuvres complètes de Charles Baudelaire*, vol.6, Paris; Éditions de la Nouvelle Revue Française, 1937, p.249.

13 Gustave Flaubert, "Letter to Georges Sand, 8 September, 1871", *Flaubert-Sand: The Correspondence*, trans. Francis Steegmuller and Barbara Bray, New York: Alfred A. Knopf, 1993, p.240. 프랑스어판은 다음의 표제로 출간되었다. *Correspondance*, vol.4, ed. Jean Bruneau, Bibliothèque de la Pléiade, Paris: Gallimard, 1999, p.376: "Un seul élément prévaut au détriment de tous les autres; le nombre domine l'esprit, l'instruction, la race, et même l'argent, qui vaut mieux que le Nombre."

를 잃어버리고 다른 용어들(폭도^{mob}, 대중^{crowd}, 주민^{populace}, 군중^{foule})과 결부되어 사회적 질서를 방해하는 모든 위험을 환기시키는 효과를 낳았다. 대중은 폭력, 범죄성, 봉기였다. 대중은 무책임성, 문맹, 불복종이었다. 대중은 알코올 중독, 매춘, 광기였다. 또한 대중은 역사가 전환하는 중심점을 나타냈다.

버크의 『프랑스 혁명에 관한 고찰』은 1790년 11월에 출판되었다. 이책은 곧바로 성공을 거두었고 영국에서 격렬한 논쟁을 유발했는데 특히토머스 페인$^{Thomas Paine}$과 메리 울스턴크래프트$^{Mary Wollstonecraft}$의 반박을 불러왔다. 그 소책자의 주요한 업적은, 그렇게 부를 수 있다면, 수의 질서를 무질서와 폭력과 관련시킨 것이다. 합리적이고 수적이며, 심지어 기하학적인 원칙에 따르는 사회를 대표하려는 프랑스 새 헌법의 분투가 야만을 불러왔다고 버크는 주장했다.

버크는 혁명이 왕, 교회, 재산과 같은 신성한 제도를 모독함으로써사회조직을 갈기갈기 찢어 놓았다고 주장했다. "우리의 선조들에게서 비롯하여 우리 자손들에게 전승될"[14] 이 제도들은 물려받은 것이기 때문에지당한 것이었다. 버크는 일반 사람들의 복종은 이 신성한 질서의 자연스러운 부분이었다고 썼다.

좋은 질서는 모든 좋은 것들의 초석이다. 인민은 노예가 되지 않고 배울수 있으려면 유순하며 순응적이 돼야 한다. 치안 판사는 공경을 받아야

---

14 Edmund Burke, *Reflections on the Revolution in France*, Oxford: Oxford University Press, 1993, p.33.이후부터 *RRF*로 축약한다.

하고 법은 권위를 가져야 한다. 대대수의 사람들은 자연스러운 복종의 원칙을 그들의 마음에서 벗어난 인위적인 것으로 생각해서는 안 된다. 그들은 자신이 가질 수 없는 재산을 존중해야 한다. 그들은 노동으로 얻을 수 있는 것을 얻으려고 노동해야 한다. 대개 그렇듯 성공이 노력과 비례하지 않는다는 사실을 깨닫게 되면 그들은 영원불변한 정의라는 궁극의 재산에서 위안을 얻어야 한다. (*RRF*, p. 246)

오늘날 이런 관점은 터무니없고 비인간적인 인상을 준다. 그러나 버크는 인간 내의 구분을 동물종 간의 차이와 견주는 것——"각각의 종에는 적절한 음식과 보살핌, 사용이 있"기 때문에, "양과 말, 황소"를 그들이 마치 하나의 동일한 종인 것처럼 "모두를 동물로 추상화하고 평등화하는 것"은 미친 짓이었다(*RRF*, p. 185)——이 논리적이라고 여겼다. 그러나 이것은 정확히 혁명적인 프랑스의 광기였고, 새로운 지도자들은 "모든 유형의 시민을 하나의 동질적인 대중으로 혼합하려고 시도했을 뿐 아니라 그럴 수 있었다"(*RRF*, p. 186). 일반 사람들이 자신을 주인과 평등하게 여기도록 설득함으로써, 프랑스의 민주주의적인 정치인들은 "침략당한 전국토에서 반역과 약탈, 강간, 암살, 도살과 방화를 허가하고" 있었다(*RRF*, p. 40).

버크의 성찰은 두 수준에서 진행된다. 그는 물려받은 제도를 자유와 평등의 추상적인 개념으로 대체하는 일의 위험성에 대해 이론적인 주장을 펼친다. 그는 또한 대중의 혼란과 폭력의 에피소드에 대한 신파조의 취향을 보이며 당시 프랑스에서 벌어지는 사건을 묘사한다. 버크의 설명에 따르면 이 두 부분은 그것들 자체의 논리에 따라 합쳐지고 또 분리된다. 때론, 한 문장에서 다음 문장으로 넘어가며 신중함이 본능적 반응으로 바뀐다. "2천 4백만이 20만을 압도해야 한다고들 한다. 왕국의 헌법이 수의 문제라면 그럴 것이다. 이런 종류의 담론은 성공적으로 그 다음 전개를 위한 가로등의 역할을 한다. 침착하게 추론할 수도 있는 사람에게, 이것은 터무니없는 소리다"(*RRF*, p. 52). 이런 식으로, 버크는 시에예스의 민주주의 개혁과 관련된 통계적 주장을 관리들이 사로잡혀 가로등에 목매달렸던 1789년 여름 이후로 드물게 일어난 한두 건의 범죄 사건과 결부시키며 묵살했다.

버크가 프랑스의 당시의 상황에 대해 이야기할 때마다 두려움과 혐오감의 수사가 우세해진다. 그것은 1789년 10월 6일에 대한 그의 설명에서 절정을 이루는데, 당시 국민방위대와 동행한 파리의 여성들은 왕과 왕비를 수도로 돌아오라고 압박하기 위해 베르사유까지 행진하였다. 그의 설명은 다음 구절처럼 거의 모든 것이 부정확했으며, 그로 인해 동시대 다수의 사람들은 버크의 책을 풍자만화 수준으로 격하하였다.

곧 [여왕의 처소를 호위하던―인용자] 보초가 살해당했다. 잔인한 악당과 암살자 무리가 보초의 피의 악취를 풍기며 왕비의 침실로 돌격하여 침상을 총검과 단검으로 백여 차례 찔렀는데, 그곳에서 이 박해받은 여인은 가까스로 거의 벌거벗은 채 달아나 왕이자 남편의 발밑에서 은신처를 찾으려고, 당시로서는 그의 생존을 확신하지도 못한 채, 살인자들에게 알려지지 않은 통로를 통해 도망쳤다. 그후 이 왕과, 그는 말할 것도 없고, 여왕과 그들의 어린 자식들(이들은 한때 많은 위대하고 관대한 사람들의 자부심이자 희망이었다)은 대학살로 더렵혀지고 흩어진 사지와 몸통으로 뒤덮인, 세계에서 가장 화려한 궁전의 성역을 버리고서 피속을 헤엄치며 떠났다. (*RRF*, p. 71)[15]

'군중'crowd이라는 단어는 버크의 소책자에서 발견되지 않지만 '폭도'mobs는 빈번하게 등장한다. 그는 또한 '대중들'masses을 근대의 경멸적 의미에서 말하지 않는다. 버크에게 '대중'과 '대중들'은 다수의 사람들과 상품에 대한 중립적인 호칭이다. 오히려 버크는 사람들의 행동을 기이하고 전근대적이며, 재앙적인 동시에 타락한 어휘로 표현하는데, 그것은 오늘날 포악한 짐승과 무지한 아이의 이미지를 떠오르게 한다. 하나의 공인된 표현은 '돼지 같은 다중'이다.

그럼에도, 버크는 대중 정치와 대중 행위에 관한 최초의 근대적 분석가에 포함되어야 한다. 수와 대중의 원칙을 정치적 폭력과 무질서에 연결시킴으로써, 『프랑스 혁명에 관한 고찰』은 1890년대에 군중심리학이라는 소위 과학적 이론으로 결정화되기 전까지 19세기를 통해 점차 수정되고 정교해질 대중의 개념의 초석을 마련했다. 이 초기의 구체화 속에서 대중은 위계적 사회를 더 큰 단위체로 자유롭게 결집할 수 있는 원자화되고 교환 가능한 개인의 수평적인 영역으로 변형시키는, 민주주의와 평등의 새로운 원칙의 결과로서 나타난다. 이렇게 개인과 대중은 정반대편에 있지 않고, 단수와 복수로서 서로 관련된다. 이 쟁점은 알렉시스 드 토크빌의 『미국의 민주주의』(1835년과 1840년에 두 부분으로 출판)의 지배적인 관심사로 돌아오는데, 여기서 대중의 등장과 개인주의의 부상은 하나의 동일한 추상화 과정으로 이해된다. 민주주의는 "농민에서 왕에 이르는 긴 사슬"을 부수고 "각각의 연계를 모두 분리시킨다".[16] 토크빌이 이런

---

15 전반적으로 버크의 저작에 대한 반응은 노골적인 무시는 아니더라도 비판적이었는데, 급진주의자와 자유주의자들 사이에서뿐 아니라 버크 자신이 속한 보수 정당 내에서도 그랬다. 특히 이 책은 프랑스 정치에 대한 묘사가 매우 부정확했기 때문에 독자들을 당혹스럽고 격노하게 만들었다. Leslie G. Mitchell, "Introduction", RRF, pp.viii~xi을 보라.

발전을 두고 찬성과 반대의 입장을 심사숙고한 반면, 버크는 혐오감을 드러내며 민주주의적 발상이 프랑스 혁명에 뒤이은 집단적 폭력 때문에 비난받아야 한다고 강조했다.

버크 이후, 대중은 더 이상 단순한 수량에 대한 지칭이 아니라 동시에 두 가지 방향을 의미할 것이다. 한편으로 대중은 정치 속의 무한한 집단의 존재를 암시한다. 다른 한편으로, 대중은 낮은 계급의 정치적 행동의 결과로서의 불안정과 폭력을 환기시킨다. 이 두 현상——정치적 집단과 사회적 불안정——은 버크에 의해 함께 묶였고, 그 이후로는 결코 분리되기를 거부할 것이다. 그들이 분리되지 않는 것은 버크의 등장과 함께, 그 둘이 본질적으로 연결되어 있다고 주장하는 담론이 등장하기 때문이다. 예를 들어, 토크빌에게 있어 거대한 수와 폭력은 '다수의 횡포'라는 항목하에 연결되어 있고 그는 이 횡포를 폭도와 폭동을 언급하며 예시한다.[17] 대중이라는 범주 안에서의 이 이중의 의미작용을 통해, 두 현상——무한의 수와 폭력——의 관계는 결코 공중에서도 사라지지 않게 될 것이다. 버크 이래 실로 이것이 대중에 대한 담론의 주요한 기능이 되는데, 이는 바로 정치 속 집단의 존재가 폭력의 망령을 호출하고 내부의 폭력의 존재가 민주주의를 제한하는 입법을 유발한다는 사실을 확인시켜주는 것이다.

대중은 누구인가? 이 단어 뒤에 봉인된 이들이 거의 자기선언을 남

16 Alexis de Tocqueville, *Democracy in America*, trans. Arthur Goldhammer, New York: Library of America/Penguin Putnam, 2004. 이 책의 원본인 프랑스어판은 다음의 표제로 출간되었다. *De la démocratie en Amerique*, Paris: C. Gosselin, 1835~1840.

17 *Ibid.*

기지 않았기 때문에 우리는 알지 못한다. 누가 바스티유를 습격했는가? 그들은 무슨 생각을 했는가? 왜 그들은 행동했는가? 어떤 기록의 흔적도 그들의 동기를 증언하지 않는다. 물론 기록의 연구를 통해 역사학자들이 혁명적 대중을 구성한 남녀들이 누구였는지 알아낼 수는 있었다. 그러나 역사학자들은 남성과 여성, 클럽과 사회가 역사적 사건과 정치적 논쟁거리에 어떻게 반응했는지에 대한 두꺼운 묘사 속으로 깊게 빠져들었고, 보편적인 인간사와 마찬가지로 이 반응들은 복합적인 압력과 관심에 의해 결정되기 때문에 그 결과는 그것 자체——대중——가 용해되고 언제나 그래 왔듯이 거대한 단순화로서 나타난다.[18] 1837년 출판된 『프랑스 혁명』에서 토머스 칼라일은 역사적 소재를 다룰 때의 이 같은 일반적 범주의 부적합성을 숙고한다.

다시 한번 노동자들에 대해 말하자면, 그다지 적절하지 않다. 불행이다! 그들은 2천만에서 2천 5백만 명이나 되기 때문이다. 그러나 우리는 그들을 어렴풋하고 간결한 개체로, 거대하지만 어렴풋한, 멀리 떨어져 있는, 하층민으로, 더 자비롭게는 '대중'으로 일괄한다. 대중은 실로, 기묘한 일이지만, 상상력을 발휘해서 당신이 광대한 프랑스에서 그들의 진흙 오두막으로, 그들의 다락방과 토끼장으로 그들의 뒤를 따라가 보면, 대중은 모든 단위들로 구성된다. 그들의 모든 단위는 자신의 감정과

---

18 여기서는 프랑스 혁명의 사회사에 대한 역사적 연구를 논평하지 않는다. '대중'에 대한 논의와 직접적인 관련성이 있는 선구적인 저작들로는 Georges Lefebvre, "Les foules révolutionnaires", Paul Alphandéry, Georges Bohn, Georges Hardy, Georges Lefebvre and Eugène Dupréel eds., *Quatrième semaine internationale de synthèse: La foule*, Paris: Félix Alcan, 1934, pp.79~107; George Rudé, *The Crowd in the French Revolution*, Oxford: Oxford University Press, 1959를 보라.

슬픔을 갖고 있고, 자기 자신의 피부로 덮여 있다. 그리고 만일 당신이 그를 찌른다면 그는 피를 흘릴 것이다. …… 얼마나 위대한 생각인가. 이 대중의 모든 단위가 놀라운 인간이라는 사실이![19]

칼라일의 책은 원래 '상퀼로티즘의 역사'A History of Sanculottism라는 부제를 달았는데, 그것은 일반 사람들les sans-culottes을 무대 앞으로 나서게 하려는 야망을 나타낸다. 그러나 이 책은 혁명의 역사라기보다는 우화적인 서사시다. 혁명은 요소들 간 투쟁으로서의 역사의 우주생성론적 공상을 발전시키는 기회를 제공한다. 이 서사시에서 2천만 프랑스의 노동자들은 주요한 역할을 담당하지만, 분명 '상퀼로티즘'이라는 힘을 가장해서만 그렇다. 칼라일은 무수한 수라는 사실로부터 환상적인 권력——통제할 수 없고, 측정할 수 없고, 무질서한 힘——으로 이어지는 일직선을 그리는데, 이것은 그의 서사시에서 독립적인 동인으로 작용하고, 현실의 역사적 행위자가 가시화되는 것을 효과적으로 방해한다.

칼라일은 대중의 정치적 행동을 수數의 폭풍우로 사회를 해산시키는 파괴의 힘이라고 묘사한다. 그러나 인민의 파괴적 힘을 자연권의 위반으로 판단했던 버크와 토크빌과 대조적으로, 칼라일은 상퀼로티즘의 '파괴적 분노'를 원시적인 힘으로 해석한다.

프랑스 혁명은 여기서 타락한 낡은 권위에 대항하는 석방된 무정부주의의 공공연한 폭력적 폭동과 승리를 의미한다. 무정부주의는 어떻게

---

19 Thomas Carlyle, *The French Revolution: A History*(reprint), New York: Modern Library, 2002(1837), p.29.

감옥을 부수는가. 그것은 무한한 심연, 그리고 세계를 감싸는 통제할 수 없고 측정할 수 없는 분노로부터 터져 나온다. 열광과 광란의 국면이 계속된다. 광란이 자신을 다 불태워 버릴 때까지. 그리고 새로운 질서가 보유한 모든 요소들은 (모든 힘이 그러한 것을 갖기에) 스스로 발전하여 통제할 수 없는 것이 되지만, 다시 감금되지는 않더라도 잘 제어하여 활용하면 그것의 광포한 힘은 목표를 향한 분별 있는 규제된 힘으로 작동하게 된다.[20]

칼라일에게 상퀼로티즘은 불길 속에서 떠오르는 '세계의 불사조'로서 낡은 체제와 함께 불 속에서 자신을 완성시켜, 새로운 질서를 가능하도록 만든다.[21]

다비드의 혁명에 관한 이미지에서, 인물들은 수평의 축을 따라 평평해진다. 그것은 평등의 축이다. 국민의회를 주재하며 선서를 낭독하는 바이를 제외한다면 누구도 나머지 사람들보다 위로 솟아 있지 않다. 화면 속에 가능한 한 많은 사람을 몰아넣음으로써, 다비드는 새롭게 떠오르는 민주주의 체제가 수적인 힘에 토대한다는 점을 시사한다. 모든 사람들의 관심이 바이에게 향해 있는 그 정확한 순간을 묘사함으로써, 이 예술가는 또한 많은 머리와 인물들을 하나의 육체로 향하게 하고, 그것으로 민주주의적 주권의 개념의 시각적 등가물을 발명하는데, 그것은 다수가 하나의

---

20 Carlyle, *The French Revolution*, pp.178~179.
21 흥미롭게도 칼라일의 불사조는 발터 벤야민의 파괴의 천사와, "인간에게 뭔가를 줌으로써 그들을 행복하게 만들기보다는, 그들이 가진 것을 그들에게서 가져감으로써" 인간을 해방시키는 그러한 혁명적 힘을 예시(豫示)한다. Walter Benjamin, "Karl Kraus", *One-Way Street and Other Writings*, trans. Edmund Jephcott and Kingsley Shorter, London: New Left Review, 1979, p.289.

유일한 구조적인 권력으로 변화한다는 사실을 명기한다.

그림을 더 자세히 들여다보면, 관대한 결합 속의 거대한 수라는 인상을 만들어 내기 위해 다비드가 조작한 도상학적 대립과 정치적 모순들을 확인할 수 있다. 첫째, 이미지는 표현과 몸짓, 형상, 부피감 등을 통해 명시되는 이상적인 육체에 관한 신고전주의적 공식에 따라 구성되었지만 동시에 현실 속의 역사적인 인물이 만들어 내는 실제의 역사적 사건을 기록하려고 시도했다. 이상주의적 원칙과 현실주의적 의도 사이의 양식상의 긴장이 이미지의 분명한 내용의 대립과 중첩된다. 이것은 한편으로는 합리적인 숙고를 통해 도달한 계약의 문제로서의 보편적 의지와, 다른 한편으로는 깊은 정치적 열정의 결과로서의 애국주의의 자발적인 출현 사이의 긴장이다. 다음으로, 합리주의의 이미지와 열정의 이미지의 결합은 이미지 사이의 형식적인 대립의 결과다. 인물들은 견고하게 조직된 공간 속에 주입되고, 원근법의 명료한 선들과 후면의 선명한 구획을 따라 구성되는데, 전경은 전면의 다수의 분할과 구획들이 모두 각각의 인물이 특정한 위치와 기능으로 할당되는 기하학적 망을 암시한다. 그러나 인상과 몸짓을 통해서 이미지는 거대한 열정을 순간적으로 폭발시키려는 집단을 묘사한다. 열정의 외침, 벌어지는 입들, 눈물이 넘칠 듯한 눈들, 포용하는 육체와 서로 맞잡은 손들, 신의 출현과 계시에 홀려 있는 얼굴들, 이것은 의회가 단지 이성뿐 아니라 그보다는 충동적인 집단행동에 의해 지배된다는 것을 시사한다.

따라서 다비드가 묘사한 순간은, 이상한 균형 또는 전환이다. 잘 조직된 의회와 격노하는 폭도가 서로 교차한다. 이 대립은 앙투안 드 베크가 강조한 궁극적인 모순을 나타내는데, 그는 이 이미지가 두 개의 구별되는 도상학적 관례로 거슬러 올라갈 수 있다고 주장한다.[22] 첫번째 관례는 이상화된 정치적 육체의 관례다. 집단은 조화롭고, 통일되며, 응축되고, 우아하게 움직임 속에 머무는 것으로 그려진다. 그것은 신고전주의 양식의 원칙에 따르는, 강렬한 동시에 아름다운 육체다. 두번째 모델은 여러 개의 머리가 달린 히드라의 관례로, 이것은 귀족주의와 군주 전제정의 사악한 특성을 조롱했던 캐리커처와 대중적 인쇄물에서 융성했다. 다비드가 「테니스 코트의 서약」을 준비했던 시기, 그는 또한 '전제정의 히드라'를 포함할 낭트Nantes를 위한 그림을 구상 중이었다. 드 베크는 머리 여럿 달린 히드라라는 발상이 국민의회의 이미지 속에 흡수되고 전도되었다고 설득력 있게 주장한다. 그림자적인 존재로서, 광기에 차서 흔들리고 덜거덕거리는 수많은 머리의 유령은 프랑스의 재건된 정치체의 위엄 있는 아름다움에 거칠고 혼란스런 요소를 주입한다. 이에 따라, 묘사된 사건은 동시에 두 측면에서 보이고, 그에 따라 그림이 달라진다. 하나는 영속적인 형제애로, 다른 하나는 위험한 전복으로.[22]

드 베크의 관찰은 이 이미지가 왜 혁명의 시각적 등가물로서의 가치를 획득했는지를 설명하는 데 도움을 준다. 이상적인 정치체, 그리고 전제정의 히드라를 하나의 동일한 이미지로 합병함으로써, 화가는 계몽된 합리주의에서 공포로, 수의 과학적 계산에서 신에 대한 신비한 숭배로, 대중적 평등주의에서 전제정으로 변화하는 혁명 과정 자체의 변증법을 시각적 형태로 변형시킨다.

이미 언급했던 것처럼, 「테니스 코트의 서약」은 또한 인민을 정치적

---

22 Antoine de Baecque, "Le serment de Jeu de paume: Le corps politique idéal", ed. Régis Michel, *David contre David: Actes du colloque organisé au musée du Louvre par le service culturel du 6 au 10 décombre 1989*, vol.2, Paris: La Documentation française, 1993, pp.776~780.

주권으로서 나타낸 시각적 재현이기도 하다. 그러므로 인민의 의지라는 개념은 혁명과 동일하게 모호한 패턴에 따라 굴절될 것이다. 다비드의 인민은 구체화된 결합으로, 또 머리와 인물들의 느슨한 집합으로 그려져 있다. 그것이 주권 이성이며 열정의 경연이다. 이런 의미에서 그 이미지는 인민의 근대적 개념에 내재하는 모순을 또한 반영한다. 이것은 언제나 구별되는 두 가지 개념을 나타내는 용어이기 때문이다. 정치 이론과 헌법에서 **인민**은 주권이 부여되는 통일된 행위자를 나타내지만, 사회학적으로 **인민**은 오직 수로만 포착될 수 있는 이질적인 인구를 나타낸다. 이것은 프랑스의 역사학자 피에르 로장발롱이 진술하는 것처럼, 인민이 언제나 두 개의 육체를 가졌던 것과 마찬가지다. 주권으로서의 인민은 잘 정의되고 조밀하며 그것이 표현하고 확인하는 통일성의 원칙에 따라 동력을 얻는다. 이와 대조적으로 사회로서의 인민은 종잡을 수 없고 추상적이며 형태가 없는, 순수한 수이고, 연속성이다.[23]

그러나 기이하게도 다비드는 인민의 두 개념 모두를 그의 그림 속에 집약해 낸다. 국민의회는 인민을 이상과 현실 모두로 표현하고, 주권의 원칙과 역사적 현실성 모두로 묘사한다. 이것은 그 자체로 프랑스 혁명의 재현으로서의 이미지가 이뤄 낸 성과의 증거인데, 혁명은 정확히 인민의 두 육체가 병합되는 것을 특징으로 하기 때문이다. 이질적이고, 머리가 많은 인민은 주권의 원칙으로서의 '인민'을 수용하며 역사적 상황 자체에 의한 하나의 정치적 행위자로 통일한다. 로장발롱 식대로 표현하자면, 주권으로서의 인민people-as-sovereign과 사회로서의 인민people-as-society은 사건으로서의 인민people-as-event 속으로 융합된다.

---

23 Rosanvallon, *Le peuple introuvable*, pp.35~55.

이것은 또한 다비드의 이미지의 궁극적인 지평이며, 곧 성공의 이유이자 실패에 대한 설명이다. 그것은 「테니스 코트의 서약」이 사건으로서의 인민을 그린 현존하는 몇 안 되는 이미지라는 점에서 성공적이다. 다비드는 인민이 자기 자신과 동일해지고, 현실이 이상을 구현하고, 다중이 동맹으로 융합되고, 그들의 정치적 열정이 민주주의적 주권을 확인하는, 일시적인 역사적 순간을 포착한다. 그러나 일단 혁명적 사건이 지나간 후 두 육체가 분리된다는 점에서 그것은 또한 실패작이다. 주권의 원칙으로서의 인민은 현실에서 더 이상 어떤 대응물도 찾지 못하고, 사회학적 현실로서의 인민은 비가시성과 수로 후퇴한다.

다비드는 사실 혁명의 위대한 연료를 완성할 수 없었다. 역사의 정세가 그가 가시화시켰던 인민의 자기정체성을 원상으로 돌려 놓았다. 몇 년이내에, 베르사유 의회에서 선서했던 사람들 중 그림으로 그려졌던 다수가 평판이 나빠지고, 구금되고, 처형되거나 적이 되면서 해체되었다. 「테니스 코트의 서약」은 결코 예비 드로잉과 스케치를 넘어서지 못했다.

그에 따라 인민의 미학적 재현은 변형되었고, 다비드의 예술가로서의 이력은 이러한 변화를 증명한다. 그의 인민에 대한 다음 재현은 단연코 알레고리적이었다. 주권의 원칙으로서의 인민이 더 이상 사회적 현실 속에서 실재하는 등가물을 갖지 않는 역사적 상황이라는 배경 속에서 이 미학적인 선택은 이해할 만하다. 파리의 혁명적 축제의 감독으로서, 다비드는 인민을 찬양하기 위한 웅장한 마차와 장엄한 행렬을 창안했다. 이러한 기획의 일환으로, 인민은 육중한 발굽으로 앙시앙 레짐을 무너뜨리는 평등Egalité과 형제애Fraternité라는 두 마리 황소가 끄는 이륜 전차의 왕좌에 앉은 헤라클라스의 형상으로 의인화된다. 그러나 알레고리는 모호하다. 대중적 주권이 하나의 형상으로 의인화될 때, 그것을 군주제의 전제적 주권과 구분하는 것이 불가능하기 때문이다. 동일한 이미지——그러나 왕좌에 오른 칼리굴라^{Caligula}와 루이16세, 나폴레옹이 떠오른다——를 상상하는 것은 어렵지 않다. 이 문제는 다비드와 다른 이들이 왕좌에 여성의 상징을 둠으로써 해결됐다. 여성으로서, 그녀는 남자 시민들 사이의 평등을 저해하지 않았다. 환상으로서, 그녀는 권력의 음모에 끼어들지 않았다. 그럼에도 불구하고 상징으로서, 그녀는 집결장소이자 통합의 힘이었다. 이렇게 인민에 대한 여성화된 알레고리는 남자 시민의 정치적인 육체$^{corpus\ politicum}$를 용인하는 신비한 육체$^{corpus\ mysticum}$가 되었다. 19세기까지 어느 정도는, 국민으로서의 인민과 주권으로서의 인민의 이러한 시각화가 견고한 틀로 확립됐다. 삼색기를 들고 프리지아 모자를 쓰고 있는 마리안느^{Marianne}가 바로 그 예이다.[24]

한편 「테니스 코트의 서약」은 인민이 더 이상 국민과 민주주의, 주권을 구현하지 않게 될 때, 인민에게 무슨 일이 일어날지를 보여 준다. 집결한 집단을 조직하는 기하학적 망^{matrix}에서 하나의 구분선——바로 선을 구성하는 건물 자체의 벽——이 다른 것들보다 강력하다. 다비드가 그린 역사적 순간에서, 단합된 인민의 힘은 벽을 흘러넘친다. 평범한 남자와 여자들은 그들 자신의 존재를 통해 역사적 선서를 확인한다. 그러나 일단 이 순간이 지나가면 이 인물들은 건물의 벽 뒤로 후퇴하며 시야에서 사라지는데, 벽은 방 자체와 그림의 화면뿐 아니라 정치체로서의 인민도 분

---

24 Joan B. Landes, *Visualizing the Nation: Gender, Representation, and Revolution in Eighteenth-Century France*, Ithaca, N.Y.: Cornell University Press, 2001; Susanne von Falkenhausen, "Vom 'Ballhausschwur' zum 'Duce': Visuelle Repräsentation von Volkssouveränität zwischen Demokratie und Autokratie", ed. Annette Graczyk, *Das Volk: Abbild, Konstruktion, Phantasma*, Berlin: Akademie Verlag, 1996, pp.3~17을 보라.

할한다. 이렇듯 대의적 민주주의 체제가 일단 도입되면, 정치적 이상으로 인민을 구현하는 선출된 대표자와 사회적 현실로서 인민을 구성하는 사람들 사이에 새로운 분할이 만들어진다.[25]

시에예스의 『제3신분이란 무엇인가』는 다비드의 이미지의 이런 측면을 분명하게 설명한다. 시에예스에 따르면, 인민은 정의상 제3신분과 동일하다. 그는 부르주아지를 프랑스의 보편적인 계급으로 놓고, 그에 따라 신분 간의 격차를 사라지게 했지만, 동시에 새로운 사회적 분할을 도입했다. 한편으로는, 이제 인민의 이익을 대표하는 제3신분의 보편적인 시민이 존재한다. 다른 한편으로는, 빈곤과 무지로 인해서 아무래도 자신들의 이름하에 만들어진 정치적 결정에 참여할 수 없는 '인민의 다수'le menu peuple가 존재한다. 정치적 대표 체제에 의해 수립된 분할에 의해 내쫓긴 인민은 익명의 보이지 않는 존재가 되며 정치적 목소리는 억제되고 의회에서의 담론으로 대체된다.

이 담론은 정의상 인민의 목소리로 자신을 정당화한다. 그러나 이러한 맥락에서 암시되는 인민의 목소리는 들판과 공장에서 들리는 적나라한 은어보다 훨씬 정제되고 정숙한 것이다. 19세기를 통해 자신을 인민의 의지의 대표자로 여기는 시민들은 이러한 차이를 주장하고 변호할 것이다. 그들 자신의 생각과 행동은 자명하게 인민과 조화를 이루지만, 인민의 생각과 행동은 미성숙과 저열한 본능의 표현으로 이해된다.

이것은 인민의 필요성이 보편적 이익의 후견인인 정치적·문화적 대

---

25 주자네 폰 팔켄하우젠은 「테니스 코트의 서약」이 특히 이러한 대립의 반영이라고 주장한다. 다비드는 인민의 주권을 이상적인 것으로 나타내지만, 그것은 인민을 틀의 바깥으로 추방하는 희생을 통해서만 이뤄진다(Falkenhausen, "Vom 'Ballhausschwur' zum 'Duce'").

표자의 렌즈를 통해 독점적으로 명기된다는 사실을 말해 준다. 1846년 쥘 미슐레는 이 렌즈의 성질을 설명한다. "당신은 돋보기를 가지고 도랑으로 사냥을 가서, 더럽고 불결한 것을 발견하자 감탄하면서 그것을 우리에게 가져온다. '성공이야! 성공! 우리가 인민을 찾았어!'"[26] "이들은 매우 야만적이고 무지하며 하잘것없고 스치고 지나가는 것이 불쾌하고, 바로 가까이에서 보는 것이 역겹다"라고 1843년에 플로라 트리스탕이 썼듯, 그 세기가 지나가자 인민은 점차 상층계급을 오싹하게 만드는 존재가 된다.[27] 이 존재를 설명하기 위해 정치가, 사회과학자, 작가들은 인민의 특성을 나타내기 위한 말하기 방식과 용어를 확립한다. 대중의 의미가 점차 자신을 공고화하는 것은 이러한 지평을 배경으로 한다. 그 단어는 트리스탕이 표현한 역겨움과 두려움을 환기시킬 것이고, 또한 그 두려움의 원천으로 이해되는 사람들을 쫓아내고 통제하는 결과를 낳을 것이다. 대중, 즉 인민이 정치적 질서를 위험에 빠뜨리는데, 동시에 정치적 질서가 인민의 이름으로 확립된다는 사실은 역설적이고 모순적인 담론이다.[28]

19세기 전반에 다비드가 동등한 사람들로 이뤄진 프랑스 사회를 수평적으로 재현한 작업과 반대되는 것이 사회를 위계제로 바라본 이야기와 인쇄물들이었다. 소설과 저널리즘에서 높이와 깊이의 알레고리는 놀

26 Jules Michelet, *The People*, trans. John P. Mckay, Urbana: University of Illinois Press, 1973, p.105. 프랑스어판 원서는 다음과 같다. *Le Peuple*, ed. Lucien Refort(reprint), Paris: Marcel Didier, 1946(1846), p.137: "Vous allez, la loupe à la main, vous cherchez dans les ruisseaux, vous trouvez je ne sais quoi de sale et d'immonde, et vous nous le rapportez: 'Triomphe! Triomphe! Nous avons trouvé le peuple!'"

27 Flora Tristan, *Flora Tristan's London Journal*, 1840. Chevalier, *Classes laborieuses et classes dangereuses*, p.525에서 재인용: "ce peuple si burte, si ignorant, si vaniteux, si désagréable à frayer, si dégoûtant à voir de près."

28 Rosanvallon, *Le peuple introuvable*, pp.42~43.

랄 만한 세부적인 묘사들로 정교화되었다. 이 묘사들은 오늘날까지 모험심을 전달하는데, 마치 작가들이 처음 등장하는 도시 세계의 지도를 만드는 경주에서 경쟁했던 것처럼 말이다.[29] 여기 미슐레가 있다. "그것은 지질학만큼이나 국민성과 동일하다. 열기는 아래에 있다. 내려가라, 그러면 그것이 증가하는 것을 알게 될 것이다. 아래의 지층에서 그것은 뜨겁게 불타오르고 있다."[30] 그리고 여기 발자크도 있는데, 그의 화자는 불과 번개의 신이 조종하는 폭발하는 용광로에 도달할 때까지 파리 사회를 관통하여 나선형으로 강하한다. 그것은 프롤레타리아트의 세계다. "추함과 강인함을 가진 불카누스는, 기계와 관련된 기술이 뛰어나고, 그러기로 맘먹으면 장기간의 인내심을 발휘하며, 매 세기마다 무시무시한 하루가 있어서, 혁명적 방화라고 할 정도로 브랜디를 실컷 마시고서 화약처럼 폭발적으로 변하는, 이 강인하고 추한 인간종의 상징이 아닌가." 발자크가 어림잡길 이 지하세계에 살고 있는 인구는 "30만 개의 영혼에 달한다. 선술집이 없었다면 매주 화요일마다 정부가 전복되지 않겠는가?"[31]

에너지, 숫자, 범죄, 봉기와 같은 특징들은 발자크에 의해 한데 묶인다. 그들은 외젠 쉬Eugène Sue의 『파리의 비밀』Les Mystères de Paris, 1842~1843에서 돌아오고, 빅토르 위고의 지하세계에 대한 관점에서 더 확장된다.

29 크리스토퍼 프렌더개스트는 『19세기의 파리』에서 이러한 토포스를 논의한다. Christopher Prendergast, Paris in the Nineteenth Century, Oxford: Blackwell, 1992.

30 Michelet, The People, p.92; Le peuple, pp.121~122: "En nationalité, c'est tout comme en géologie, la chaleur est en bas. Descendez, vous trouverez qu'elle augmente; aux couches inférieures, elle brûle."

31 Honoré de Balzac, "The Girl with the Golden Eyes", History of the Thirteen, trans. Herbert J. Hunt, Harmondsworth: Penguin Books, 1974, p.312. 프랑스어판은 다음의 표제로 출간되었다. "Histoire des treize", Etudes de moeurs, La Comédie humaine, vol.5, Paris: Gallimard, 1977.

모든 인간 사회에는 관객에게 '무대 아래'로 알려진 것과 같은 것이 존재한다. 사회의 지면은 좋든 나쁘든 간에 채굴되고 토굴되는 모든 곳이다. 더 높거나 낮은 좌석이 있듯, 저 하층토에도 더 높거나 낮은 지층이 있는데, 그것은 때로 문명의 무게를 이기지 못하고 붕괴하고, 무지와 무관심 속에서 우리는 그것을 발로 누비고 다닌다. …… 화산은 확 타오를 수 있는 암흑으로 가득 차 있다. 처음에 용암은 어둡다. …… 더 깊게 들어갈수록 노동자들은 더 예측 불가능해진다. 사회철학이 인식할 수 있는 수준에서는 좋은 일이 행해진다. 더 낮은 수준에서 그것은 의심스럽고 의문스러운 가치가 된다. 가장 낮은 수준에서 그것은 오싹한 것이다. 문명의 정신이 관통할 수 없는 깊이가 있으며, 그 한계를 넘어서면 그 공기를 인간이 들이쉴 수 없다. 그리고 아마 유령이 탄생한 곳이 이곳일 것이다. …… 무질서가 그 공백 속에 잠복해 있다. 암흑 속에서 배회하는 반 동물이고 유령에 가까운 난폭한 형상은 우주의 진보와 아무런 관계가 없고, 그런 사상도 그런 단어도 그들에게 생소하며, 개인의 열망을 달성하는 것 외엔 무엇도 그들에게 알려져 있지 않다. 그들은 좀처럼 의식적이지 않으며, 내부에 놀랄 만한 공허함을 갖고 있다. 그들에게는 두 명의 어머니—두 명의 양어머니인 무지와 빈곤—가 있고, 필연적으로 하나의 지도적인 원칙이 있으며, 육체의 만족에도 불구하고 단일한 욕구가 있다. 그들은 짐승 같고 맹렬하게 탐욕적인데, 폭군이 아니라 사자의 방식으로 그러하다. 불가피한 과정과 암흑의 운명적 논리에 따라 비참 속에서 양육된 아이들은 자라서 범죄자가 되고, 사회의 가장 낮은 수준에서 발생하는 것은 절대자에 대한 혼란스러운 탐색이 아니라 물질 그 자체에 대한 긍정이다.[32]

위고의 알레고리는 환상적인 창조로 정교하게 만들어졌기 때문에 현실성보다 우위에 있다. 『레미제라블』은 왕정복고 시기의 프랑스를 배경으로 하며 1832년 공화정의 봉기로 절정을 이룬다. 칼라일의 프랑스 혁명사처럼 위고의 소설은 신화처럼 읽히는데, 모든 갈등이 암흑의 공백 속에 뿌리내린 기둥을 회전하고, 모든 등장인물이 그들이 수직축에서 차지하는 위치로 판단된다. 위의 구절의 핵심단어는 '비참'misère이다. 위고는 '비참'과 범죄성 사이의 표면적인 연계를 분석한다. "불가피한 과정에 따라……비참 속에서 양육된 아이들은 자라서 범죄자가 된다."

루이 슈발리에가 보여 주었듯, 'misère'는 처음에는 소위 위험한 계급의 범죄적 경향을 설명하는 데 이용되던 아주 한정된 용어였다. 점차 그것은 노동계급 전부의 비참한 생활을 가리키는 보편적인 용어가 되었고, 노동계급은 위험한 계급과 동의어가 되기에 이르렀다. 'misère'는 파리의 대다수가 겪은 물질적이고 심리적인 빈곤의 모든 징후를 설명하는 포괄적 용어로 사용되었다. 그것은 범죄, 빈곤, 실업, 노숙, 배고픔, 자살, 유아 살해, 매춘, 알코올중독, 문맹, 이밖에 생각할 수 있는 다른 모든 악과 불행이었다. 'misère'는 이 현상들 중 특별히 어느 한 가지를 지칭하지 않고 그것들이 연결되었다는 것을 암시했고, 그래서 하나의 존재——가령 배고픔——가 부정직과 범죄성과 같은 윤리적 결함을 의미했다.[33]

'misère'라는 제목 아래 논의된 문제들은 조직화된 노동운동이 훗

32 Victor Hugo, *Les Misérables*, trans. Norman Denny, Harmondsworth: Penguin Books, 1982, pp.619~621. 프랑스어판은 다음의 표제로 출간되었다. *Les Misérables*, ed. Maurice Allem, Paris: Gallimard, Bibliothèque de la Pléiade, 1951(1862), pp.757~758. 이후부터 *M*으로 축약하고, 프랑스어판 페이지를 병기한다.

33 Chevalier, *Classes laborieuses et classes dangereuses*, pp.68~163, 451~468.

날 사회적 문제^{la question sociale}로서 제기할 것과 개략적으로 동일한 것이었다. 그러나 곧 보게 되겠지만 19세기 중반까지, 일부 집단에서는 훨씬 더 늦게까지 비참이 사회적 문제라는 사실이 분명치 않았다. 더 흔하게는, 노동계급의 비참은 도덕적 타락의 탓으로 돌려졌고, 본성으로 인한 불가피한 사실로 이해됐다. 이러한 환경에서 맬서스의 인구이론은 줄어드는 자원을 쟁취하기 위한 무자비한 사회적 투쟁을 예측했고, 서로 다른 사회적 집단 사이에서 생물학적으로 결정되는——인상학적으로 탐지되는——불평등을 다룬 카바니스^{Cabanis}, 라바터^{Lavater}, 갈^{Gall}의 연구와 마찬가지로, 이러한 인식의 지속적인 준거로 기능했다.

문제의 그 집단은 좀처럼 진지하게 정의되지 않았다. 소설가와 저널리스트, 사회과학자들은 'les misérables'(노동계급), 'la populace'(다중), 'la foule'(대중)과 같은 단어를 사용할 때 분명 독자의 이해를 당연한 것으로 받아들일 수 있었다. 대부분의 설명이 대중을 동정하면서 시작했지만, 대개 그들은 이어서 왜 대중이 왜 정치적 권리를 행사할 자격이 없거나 무능력한지를 보여 주기 시작했다. 그리고 대중이 무력으로 그러한 권리를 쟁취하려고 노력할 경우에 이것은 그들이 폭력적이고 위험하다는 사실만을 증명할 뿐이었다. 위험한 계급에 대한 오노레 앙투안 프레지에의 설명은 미세하게 빈곤을 악에, 그리고 악을 사회적 위험과 연계하여 이해에 도움을 주는 유용한 예이다. "가난한 범죄계급은 항상 모든 종류의 범죄를 가장 많이 만들어 내는 온상지였고 또 앞으로도 항상 그럴 것이다. 우리는 그들을 더 특별하게 위험한 계급이라고 칭할 것인데, 사악한 마음이 악과 동반하지 않을 때조차도 빈곤이 동맹한다는 단순한 사실로 인해, 사회가 마땅히 그를 두려워해야 하기 때문이다."³⁴ 프레지에는 순환논법으로 말한다. 특정 계급은 그들의 두려움의 대상이기 때문에 위험하다. 그리고 그들의 악과 빈곤이 그들을 위험하게 만들기 때문에 두려움의 대상이 된다. 이런 순환적 주장은 19세기 프랑스의 주류적인 정치 담론에서 일반적이다. 일단 수사적 포장이 벗겨지면 이 담론은 전형적으로, 배제라는 노골적인 사실을 주장하는 것으로 요약된다.

'Les misères'라는 표제로 오랫동안 계획되었던 빅토르 위고의 소설은 19세기 중반 프랑스의 사회적 병폐에 대한 위대한 종합연구서다. 위고는 이런 맥락에서 모호한 입장을 취한다. 분명 노동계급은 『레미제라블』을 통해 위험하고 신뢰할 수 없는 것으로 묘사된다. 그러나 그들은 또한 보편적 이상을 깨달을 가능성을 부여받는다.

이 부분에 대해서는 분명히 해두자. 순수한 혈통과 진정한 얼굴을 가진 진정한 파리인의 인종이 발견되는 곳은 그 어디보다도 뒷골목이다. 그곳은 인간이 일하고 고통받는 장소인데, 일과 고통이야말로 인간의 두 얼굴이기 때문이다. 비천하고 알려지지 않은 저 개밋둑 속에, 라 라피La Rapée의 하역 인부에서 몽포콩Montfaucon의 푸주한에 이르는, 가장 이상한 유형의 사람들이 존재한다. 'Fex Urbis', 즉 '도시의 후미진 곳'이라고 키케로는 그들을 불렀고, '폭도'가 그 단어였다. 버크는 폭도, 대중, 군중, 공중을 사용했다. …… 그 단어들은 쉽게 말해진다. 그러나 그것

---

34 Honoré-Antoine Frégier, *Des classes dangereuses de la population des grandes villes*, Paris, 1840. Chevalier, *Classes laborieuses et classes dangereuses*, p.159에서 재인용: "Les classes pauvres et vicieuses ont toujours été et seront toujours la pépenière la plus productive des toutes les sortes de malfaiteurs; ce sont elles que nous désignerons plus particulièrement sous le titre de classes dangereuses; car, lors même que la vice n'est pas accompagné de la perversité, par celà qu'il s'allie à la pauvreté dans la même individu, il est un juste sujet de crainte pour la société, il est dangereux."

이 대수인가? 그들이 맨발로 다니거나 읽지 못한다고 해서 어쨌다는 것인가? …… 빛이 대중에게 스며들 수 없는가? 빛! 그 단어를 반복해서 말해 보자——빛, 더 많은 빛 …… 그러고는 불투명함이 투명한 것으로 밝혀질지 누가 아는가. 혁명은 변형이 아니던가? 철학자들이 계속해서 가르치고 계몽시키고, 더 고매하게 생각하고 크게 말하게 돼라. …… 알파벳을 유포하고, 인간의 권리를 주장하고, 마르세유를 노래하게 돼라. …… 군중은 숭고해질 수 있다. (*M*, pp. 508~509, 632)

위고에게 있어 대중은 아직 교육과 교양으로 다듬어지지 않은 인간성의 원재료를 구성한다. 이상^{ideal}이 대중에게 주입되면, 그들은 대중이기를 멈추고 인민이라 불리는 숭고한 존재, 프랑스의 최고의 주권이 된다. 프랑스 혁명은 이 변신을 요약한다. 흥미롭게도, 이 관점은 위고가 집단적 폭력의 올바른 사용과 범죄적 사용을 구별하도록 한다.

집단적 주권에 관한 어떤 문제에 있어서도, 부분에 맞서는 전체의 싸움은 폭동이고, 전체에 맞서는 부분의 싸움은 반란의 한 유형이다. 그들이 왕이나 의회를 비호하는지 여부에 따라 튀일리 궁은 정당하게 또는 부당하게 습격당한 것이다. 폭도에게 향해진 총구는 8월 10일에는 잘못됐고 방데미에르^{Vendémiaire} 14일에는 옳았다. 동일하게 보이지만 근본이 다르다. 스위스 출신 호위병은 그릇된 대의를 비호하고 있었고, 보나파르트는 옳은 대의를 비호했다. 보편적 참정권으로 얻은 주권 권력의 자유로운 집행이 거리의 봉기로 무효화될 수는 없다. 순수한 문명의 문제에도 똑같이 적용된다. 어제는 분명하게 보이던 군중의 본능이 내일은 안개로 덮일지 모른다. (*M*, pp. 886, 1099~1100)

그 현학성에도 불구하고 집단적 폭력의 다양한 종류에 대한 위고의 분류법은 그의 시대의 사회적 담론에서 '대중'의 정확한 기능을 나타내는 강점이 있다. 그는 "폭도$^{la\ foule}$는 인민을 배신한다"라고 진술한다(M, pp. 887, 1101). 그는 또 "전체에 맞서는 부분의 싸움은 반란의 한 유형이다"라고 말한다. 위고의 담론에서 '전체'는 언제나 '인민', '국민', '공화국'과 동의어다. 반대로 '대중' 또는 폭도는 '부분'이다. 그것은 '전체'를 배신하고서 눈먼 폭도로 남거나, 또는 '대중'이 전체를 지지할 때 고귀해지고 인민과 하나가 되고 이때 폭동과 혁명은 대중이 주권적 인민이 되기 위해 거치는 통과의례다. 즉 위고에게 있어 '대중'은 정확히 말해 아직 인민을 이상으로서 깨닫지 못한 인구의 부분을 가리키고, 따라서 자신을 이상의 구현으로서 표현하는 정치조직체로부터 배제된다.

우리는 이제 비참한 자들$^{les\ misérables}$의 진정한 본성과 노동계급의 생활에 대한 포괄적인 묘사로서의 비참$^{la\ misère}$의 정치적 함의를 이해하기에 더 나은 위치에 있다. 이미 살펴보았듯이, 'misère'는 물질적인 박탈과 정신적 박탈을 모두 의미한다. 'misérables'은 가난한 사람들이며, 세금을 내지 못하므로, 19세기의 보편적 견해에 따라 국가의 보편적 부에 기여하지 못한다는 정치적 함의를 갖는다. 'misérables'은 또한 합리적 숙고보다는 본능적 충동에 의해 지배되는 문맹이고 무지한 자들이며, 그것은 그들이 보편적 이익은 말할 것도 없고 자신의 진정한 이익을 이해하지 못한다는 것을 암시한다.

따라서 이 시점에서 'misère'는 정치적 권리를 부여하는 기준으로 사용되었던 두 가지 특성이 없음을 가리킨다. 첫번째 기준은 사회계약의 자유주의적 발상에서 유래한 것으로, 국고에 기여한 개인만이 공적 업무에 대해 말할 자격이 있다는 것이다. 1830년의 프랑스 헌법은 500프랑 이상을 낸 사람만이 의석에 투표하고 선거운동을 할 수 있다고 명시했다. 노동자들은 생존과 생계비를 버는 데 크게 열중하였기에, 로크가 주장했듯이 "그들의 생각을 다른 어떤 것에 돌릴 시간도 능력도 없었다"라는 사실은 사회의 지도적 집단에게 분명한 것으로 보였다. 이런 관점에서 'misère'와 정치적 권리는 상호 간에 서로를 배제하고, 사유 재산은 대중으로부터 시민을 분리시키는 기준이 된다.

정치조직체로부터의 '비참한 자들'의 배제는 교육적 관점에 의해서도 정당화되었다. 위고는 교육이 '스스로 부과한 훈육으로부터 벗어나' 인간 해방으로 향하는 지름길이라는 임마누엘 칸트를 따른다. 그러나 위고와 달리 칸트는 대다수가 이 단계를 밟을 수 있는지에 의구심을 품었다. 그들은 눈앞의 필요에 몰두하기 때문에 훈육 상태에 머물러야 했다. 대중은 모든 욕망의 즉각적 만족을 추구하는 야만인에 견줄 수 있는, 진화의 낮은 단계를 차지했다. 오직 자신의 열정을 억제하는 법을 배우고, 그것을 유용한 경제적 활동으로 향하게 만든 사람만이 인민의 대표로서 행동할 시민으로서의 권리를 가질 자격이 있었다.[35] 따라서, 이성에 의해 지배되는 사람과 열정에 의해 지배되는 사람의 구분은 보편적 의지를 대표하는 체하는 사람과 공적 영역에서 배제된 사람의 구분을 확정한다.

---

35 열정과 이성을 구분하여 생기는 정치적 결론은 이미 홉스에 의해 나왔다. 그의 관점에서, 사회 질서는 모든 사람들이 자기중심적인 열정을 억제하도록 하는 주권의 강제에 의해 결정된다. 그러나 마키아벨리를 포함한 대부분의 전제주의적 군주제 이론가들은 사회적 평화를 유지하려는 군주의 시도에 가장 장애가 되는 것이 사회의 상류층이라고 믿었다. 귀족제는 쉽게 법에 복종하지 않는 강렬한 열정을 가진 사람들로 구성된다고 인지되었다. 이와 대조적으로 보통의 인민은 행동이 덜 감정적이고 그래서 더 예측 가능했기 때문에 군주의 지배를 받았다. 산업 시대에는 이 범주의 내용이 바뀌었다. 상류 계층은 자신들에게 이성과 사회적 화합의 속성을 부여함으로써 그들의 권력을 정당화하고, 낮은 계층을 열정에 의해 지배되고 그래서 사회의 이익에 맞게 행동할 수 없다고 묘사함으로써 다수의 배제를 정당화했다.

19세기를 통해 이 두 개의 담론, 즉 경제적 토대에 기초한 정치적 권력의 분배에 관한 담론과 문화적 토대에 기초한 권력의 분배에 대한 담론은 서로를 상호적으로 강화한다. 이 두 대표 체제의 동시적인 작용은 대중의 범주에 할당되는 내용을 결정한다. 첫번째 체제는 정치적인 것으로, 어떤 사람이 시민이 되고 '인민'을 대표할 권리를 가질지 결정하며, 여기서 대중은 그러한 권리를 박탈당한 사람으로서 등장한다. 두번째 대표 체제는 이데올로기적이고 문화적인 것으로, 여기서 대중은 문명화된 규범을 위협하는 비합리적인 열정에 의해 지배되는 사회적 현상으로서 등장한다. 이렇게 대중은 단지 정치조직과 따로 떨어진 노동계급을 가리키는 것이 아니다. 그것은 또한, 사회가 보편적 선을 위해 작동하는 군주의 정치조직체로서 스스로를 구성하기 위해 몰아내야 하는 본능의 전형이다. 이 두 형태에서, 대중은 부르주아 사회에서 계속 문제가 되는 어둠이 되고, '인민'을 통일된 정치적 조직으로 나타내려는 노력에 의해 억눌리는 부가적인 존재가 된다.[36]

이것은 위고의 말이 왜 종종 '비참한 자들'의 개인 교사처럼 들리는지를 설명한다. 이 작가는 민주주의적 주권의 의미를 이해할 수 있는 교양 있는 지성을 대변한다. 그는 대중이 자신을 비참으로부터 끌고 나와 교육받고 가치 있는 시민이 될 것을 충고한다. 그는 외젠 들라크루아가 1830년 혁명을 그린 그림 「민중을 이끄는 자유의 여신」Liberté guidant le peuple(그림 2.2)에서 시각화했던 그 꿈을 키운다. 들라크루아는 인민을 사건으로 묘사한다. 노동자와 부르주아지는, 자유의 정신으로서 그들을 앞

36 Helmut König, *Zivilisation und Leidenschaften: Die Masse im bürgerlichen Zeitalter*, Reinbek bei Hamburg: Rowohlt, 1992, p.56.

그림 2.2 외젠 들라크루아, 「민중을 이끄는 자유의 여신」(캔버스에 유채), 1830, 파리 루브르박물관.

으로 나가도록 격려하는 마리안느와 함께 바리케이드를 넘어서 보조를 맞춰 행진한다.

그러나 1830년 혁명, 그리고 뒤따른 1832년의 봉기는 명백한 사례였다. 이것들은 복고된 군주제에 대한 반란이었다. 위고의 기준에 따르면, 누구든 봉기에 참여한 사람은 인민을 대표했다. 그러나 일단 이 순간이 지나가자 인민의 길은 다시 두 갈래로 갈라졌다. 1832년 이후, 부르주아지는 루이 필리프의 입헌군주제에 의해 보호받고 프랑스 사회의 유일한 대표자로 남은 반면, 노동자는 얼굴 없는 다중 속으로 사라졌다.

그들이 동등한 입장으로 만나는 다음 시기에, 그들은 하나의 인민과 하나의 국민의 반쪽으로서가 아니라, 서로에게 적대적인 두 인민으로서 바리케이드의 반대편에 서게 될 것이다. 대니얼 스턴은 1848년 이후의 노동계급에 대해 "그들은 국민 내부의 국민을 형성한다"고 말했다.[37] 그들은 야만인이라고 외젠 쉬는 『파리의 비밀』의 서문에서 말했다. "쿠퍼가 잘 묘사한 야만인 부족만큼이나 문명의 바깥에 존재한다. 그러나 우리가 말하는 야만인은 우리 가운데 있다."[38] 그들이 만일 우리를 공격한다면 어떻게 될까? 1840년, 외젠 뷔레가 물었다.

> 노동자들은 그들의 주인이 자신들에 대해 그런 것처럼, 주인에 대한 의무로부터 자유롭다. 그들은 주인을 대립되고 적대적이기조차 한 다른 계급의 사람들로 간주한다. 국민으로부터 소외되고, 사회적·정치적 공동체의 바깥에 존재하고, 자신의 관심사와 비참으로 고립된 그들은 그 지독한 고독을 탈출하기 위해 행동하고, 그들이 자주 비교당하는 야만인과 마찬가지로 아마도 침략을 기도할 것이다.[39]

1848년 6월, 야만인들은 위고가 "역사상 가장 큰 규모의 거리전"이라고 칭한 것을 통해 파리를 점령하려고 했다(M, pp. 987, 1217). 위고는 1848년 봉기한 대중들에게 커다란 연민을 보였는데, 그들은 최초의 2월

---

37 Daniel Stern, *Histoire de la révolution de 1848* (reprint), Paris: Éditions Balland, 1985(1850).

38 Eugène Sue, *Les Mystères de Paris*, Paris, 1851, p.1.

39 Eugène Buret, *De la misère des classes laborieuses en Angleterre et en France*, vol.2, Paris: Paulin, 1840, p.49: "Les ouvriers sont aussi libres de devoirs envers leurs maîtres que ceux-ci le sont envers eux; ils les considèrent comme des hommes d'une classe différente, opposée et même ennemie. Isolés de la nation, mis en dehors de la communauté sociale et politique, seuls avec leurs besoins et leurs misères, ils s'agitent pour sortir de cette affrayante solitude, et, comme les barbares auxquels on les a comparés, ils méditent peut-être une invasion."

에는 루이 필리프의 왕권을 찬탈하는 데 성공했고, 이후 6월에 다시 가난한 노동자들의 생활을 개선하기 위해 도입되었던 사회개혁을 고수하려던 시도는 실패했다. 위고는 1848년 6월 민주주의 정신은 최소한 부분적으로 반란자의 편에 있었다고 인정한다. 그러나 민주적 주권은 정권에 있었는데, 그것은 정권이 민주적으로 선출되었기 때문이다. 그러므로 그는 반란에 대항해 "싸워야 한다"라고 말했다. 1848년 6월은 "demos(인민)에 대해 반란을 일으킨 폭민정치"였다.

그러나 1848년 6월은, 집단적 폭력에 대한 위고의 분류법을 엉망으로 만들어 놓은 것과 유사하게, 분명히 그가 유지하길 원했던 '대중'과 '인민'의 구분을 손상시켰다. 프랑스가 지금 두 개의 양립 불가능한 '인민' 개념으로 돌이킬 수 없을 정도로 분리되었다면(위고 자신이 '붉은 공화국'과 '이상적인 공화국'을 구분했다) 폭력적인 폭동의 정당성에 대한 문제는 해결될 수 없게 되었거나, 좀더 정확히 말하면 어느 한편을 들어주는 것으로 해결될 수 있었다. 위고는 1848년 6월이 "역사상에서 분류하는 것이 거의 불가능한 사건"이었다고 결론 내렸다(M, pp. 988, 1217).

1848년 프랑스에서 일어난 사건에 대해 쓸 때, 칼 맑스는 1789년 인민을 단합시켰던 자유와 평등권에 대한 자유주의적 이상이 1848년에는 분열의 힘이었다고 진술했다.[40] 이런 관점에서 1848년 6월은 혁명적 유산의 청산으로 나타난다. 투쟁하는 어느 편도 인민의 공화주의적 이상을 구현하지 않았다. 위고는 사건을 이렇게 인식할 수 없었는데, 그의 역사적 분석이 계급의 구분 없이 모두가 인민을 동등하게 대표하는 시민들로 구성되는 통합된 인민이라는 1789년의 이상이 영속적으로 실행 가능하

---

40 Karl Marx, *Der achtzehnte Brumaire des Louis Bonaparte*, 1852.

다는 것을 전제로 했기 때문이다. 이런 이유로 그는 1848년을 왜곡되게 묘사했다. 그는『레미제라블』에서 "자기 스스로에 대한 민중의 반란"이라고 진술한다(*M*, pp. 988, 1218). 그는 자신의 일기에서 "한편에는 인민의 절망, 다른 한편에서는 사회의 절망"이라고 적는다.[41] 포부르 생 앙투안Faubourg Saint-Antoine의 거대한 바리케이드를 묘사하며 위고는 1848년 닳고 닳아서 파괴된 사회의 혼란스러운 특성을 포착한다.

> 바리케이드의 모습만으로도 고통이 재앙이 되는 지점에 도달한, 참을 수 없는 비탄의 느낌을 전달했다. 그것은 무엇으로 세워졌는가? 고의적으로 철거된 6층짜리 가옥 세 채의 자재들로 세워졌다고 했다. 횡행하는 분노의 현상으로 세워졌다고도 했다. 그것은 증오에 의해 세워진 모든 것들이 갖는 구슬픈 측면을 품고 있었다——파괴의 외양이다. 누군가는 '누가 그 모든 것을 세웠는가?'라고 물을지 모른다. 그러나 누군가는 똑같이 물을지 모른다. '누가 그 모든 것을 파괴했는가?' 모든 것이 그 속에 포함됐다. 문, 석쇠, 장벽, 침대, 가구, 망가진 조리용 난로, 되는대로 쌓인 냄비와 팬, 그리고 포석, 목재, 쇠막대기, 깨진 창유리, 좌석 없는 의자, 넝마, 온갖 종류의 잡동사니——그리고 저주가 있었다. 그것은 위대하고 또한 하찮은 것으로, 공허함의 혼란스런 풍자이고 파편의 혼합이었다. 시시포스가 그곳에 자신의 바위를 던졌고 욥은 자신의 질 그릇을 던졌다. 요약하면 그것은 끔찍한, 극빈자들의 아크로폴리스였다. (*M*, pp. 988~989, 1219)

---

41 Victor Hugo, *Choses vues: Souvenirs, journaux, cahiers 1830-1885*, ed. Hubert Juin, Paris: Gallimard, 2002, p.567.

위고는 이름 짓기 어려운 것에 이름을 붙이며 여러 페이지에 걸쳐 바리케이드——인민 자신처럼 "이성을 넘어서서" 숭고한 동시에 괴물 같은——에 대한 묘사를 계속한다. "혁명의 정신은 신의 목소리를 닮은 인민의 목소리가 울려 퍼지는 그 언덕에 그림자를 드리운다. 그것으로부터 이상한 고귀함이 발산됐다. 그것은 쓰레기 더미였고, 그것은 시나이[모세가 십계를 받은 곳]^{Sinai}였다." 경외심에서 역겨움으로 방향을 바꾸며, 위고는 바리케이드를 이해할 수 없는 자신의 무능력을 인정한다. 거대한 대중은 과거의 사건과 비교당하기를 거부한다. 오래된 파편들의 더미는 완전히 새로운 것이었고, 그것을 위한 단어가 아직 발명되지 않았다. "우리가 말했듯, 그것은 혁명이라는 이름하에 발생했다. 그러나 그것은 무엇과 싸우고 있었는가? 혁명과 싸우고 있었다. 기회와 무질서, 공포이며 오해되고 알려지지 않은 저 바리케이드는 제헌의회, 인민의 주권, 보편적 참정권, 국민과 공화정과 전쟁 중이었다. 그것은 '마르세예즈'^{La Marseillaise}에 저항하는 '카르마뇰'^{Carmagnole}이었다. 제정신이 아닌 그러나 영웅적인 저항이었는데, 저 고래의 변두리 노동자는 영웅이기 때문이다"(M, pp. 989~990, 1221).

1789년의 이상은 쓸모없는 것으로 변했다. 포부르 생 앙투안의 바리케이드는 하나로서의 인민의 시신을 매장한 언덕으로 이해된다. 바리케이드는 자신의 상징을 소진시키고 자신의 이상을 소모해 버린 사회의 상징으로서, 칼라일이 상퀼로티즘의 분노라고 부른 집단적인 힘의 소행으로 이해되며, 그러한 혼돈으로부터 새로운 질서가 재건될 것이다. 어떤 종류의 질서일까? 바리케이드는 대중의 스핑크스다. 인민의 동지인 위고조차 이 수수께끼를 풀 수 없었고, 계속해서 경외심과 공포심으로 놀라워했다.

생 앙투안의 바리케이드는 플로베르의 『감정 교육』에서도 언급되지만, 위고의 페이소스나 상징주의는 보이지 않는다. 플로베르의 소설은 2월 혁명과 그해 여름의 실패한 노동자들의 봉기를 모두 묘사한다. 이 폭력적인 해에 대한 대부분의 다른 설명과 달리, 플로베르의 이야기는 감정이 개입하지 않는다. 다른 관찰자들이 역사적인 힘의 작용과 프랑스의 거대한 이상을 대변하기 위해 분투하는 집단적 행위자를 감지한 곳에서, 플로베르는 1848년 혁명을 망상들 사이의 충돌로 보았다. 주인공인 프레데릭은 프랑스 혁명의 에피소드들을 기초로 한 희극을 쓸까 하고 혼자 생각한다.[42] 이와 비슷한 기분으로, 『감정 교육』은 1848년 혁명에 대한 소극을 쓰려는 시도로 보일 수도 있다.[43] 플로베르가 왜 그것을 조롱했는지는 이해하기 쉽다. 그의 관점에서 1848년은 희극 장르에서 전형적으로 나타나는 현실과 이상 사이의 혼동을 동일하게 보여 주었다. 소설은 파리의 혁명적 군중을 더러운 거리의 소년과 술주정뱅이로 묘사한 데 이어 그들의 행동을 인민의 이름으로 주창된 민주주의와 공화주의의 엄숙한 이상과 대조시킴으로써 여러 우스꽝스러운 효과를 연출한다. 대중의 무리가 튀일리 궁의 왕의 방을 습격했던 2월 혁명의 영광스러운 순간에 대한 플로베르의 설명을 잘 생각해 보라. 하인들이 주인의 옷을 걸쳐 보고 그들의 관습을 흉내 낼 때 위계질서는 전복된다. 어쨌든 플로베르는 허세뿐인 새

---

42 Gustave Flaubert, *Sentimental Education*, trans. Robert Baldick, Harmondsworth: Penguin Books, 1964, p.151. 이후 *SE*로 축약한다. 원서는 다음의 표제로 출간되었다. *L'éducation sentimentale: Histoire d'un jeune homme*, eds. A. Thibaudet and R. Dumesnil, Bibliothèque de la Pléiade, Paris: Gallimard, 1952, p.177. 이후 *ES*로 축약한다.
43 이런 측면에서 플로베르보다 칼 맑스가 선행하였는데, 그가 반복해서 일어나는 역사를 소극이라고 한 유명한 말은 1848년의 프랑스사와 관련이 있었다(Marx, *Der achtzehnte Brumaire des Louis Bonaparte*).

로운 주권에 대해 경멸감을 품고 있다. 바로 "인민 폐하"라고 칭하며.

부지불식간에 앞으로 밀려서 그들은 붉은색 벨벳으로 된 캐노피가 천장에 드리워진 방에 들어왔다. 왕좌 아래쪽에 검은 턱수염의 한 노동자가 셔츠는 반쯤 풀어헤치고 멍청한 유인원처럼 히죽거리며 앉아 있다. 다른 사람들은 그의 자리에 앉으려고 층계참을 기어올랐다.
"얼마나 대단한 신화인가! 당신의 자리에 최고의 권력을 가진 인민이 있습니다!"라고 위소네가 말했다.
왕좌가 들어 올려지고 방을 가로지르며 이 손에서 저 손으로 불안불안하게 넘어갔다.
"훌륭한 왕이여! 이것이 어떻게 떨어지는지 지켜보십시오! 국가라는 배는 폭풍우 치는 바다 위에서 내던져지고 있습니다! 그것은 캉캉 춤을 추고 있습니다! 그것은 캉캉 춤을 추고 있습니다!"
왕좌는 거센 경멸과 야유 속에서 창문으로 옮겨져 바깥으로 던져졌다.
"불쌍하고 낡은 것!" 위소네는 그것이 정원으로 떨어지는 것을 지켜보며 말했다. 그곳에서 왕좌는 재빨리 들어올려져 바스티유로 옮겨졌고 불태워졌다.[44]

인민은 애처롭게도 자신들의 이름으로 조성된 드높여진 이상――민주주의, 공화주의, 대중적 주권――을 대표할 수가 없다. 또는 더 비관적으로는, 인민은 이런 이상을 자신의 정반대편에 있게 한다. "현관 안의 홀에서 여러 겹의 옷을 걸쳐 입은 창녀가 눈을 크게 뜨고 미동도 없이 위협적으로 자유의 여신상처럼 자세를 취하고 있었다."[45]
인민, 공화국, 자유와 같은 단어들이 현실에서의 대응물을 결여하기 때문에, 그것들은 누구든 권력을 잡은 사람이 잡아챌 수 있는 공허한 슬로건이 된다. 플로베르는 하루아침에 고상한 태도를 취하는 노동자계급을 조롱할 뿐 아니라 하룻밤 사이에 훌륭한 공화주의자가 되어 새 다수결 체제에서 관직을 유지하려고 대중의 의지에 대해 겨우 충족될 만큼 아첨하는 보수주의자들과 지식인들을 향해서도 무자비한 태도를 보인다. 플로베르는 신뢰할 수 있는 정치적 이상으로서의 '인민'을 효과적으로 청산한다. 인민은 본질적인 정치권력이나 국민의 구현으로서가 아니라 사적인 야망과 집단적 망상을 추구하는 것의 은폐로서만 존재한다. 이것은 플로베르의 1848년에 대한 표현이 왜 위고와 스턴, 미슐레, 프루동, 맑스의 페이소스를 결핍하는지 설명해 준다. 이들에게 역사는 인민이라는 집단적 주체의 창조였고, 이런 이유로 그들은 흥분과 진지함으로 1848년을 대했다. 플로베르에게는 역사의 주체가 없고, 엄격히 말하면 인민도 없다. 오직 무제한의 숫자들, 시시각각 여기저기로 몰리는 대중들만 있다. "북소리가 돌격 신호를 울린다. 날카로운 고함과 승리의 외침이 들려온다. 대중이 앞으로 뒤로 물결쳤다. 프레데릭은 두 빽빽한 대중 사이에 끼

---

44 *SE*, pp.289~290; *ES*, p.320: "Et poussés malgré eux, ils entrèrent dans un appartement où s'étendait, au palfond, un dais de velours rouge. Sur le trône, en dessous, était assis un prolétaire à barbe noire, la chemise entr'ouverte, l'air hilaire et stupide comme un magot. D'autres gravissaient l'estrade pour s'assessoir à sa place.
— Quel mythe! dit Hussonet. Voilà le peuple souverain!
Le fauteuil fut enlevé à bout de bras, et traversa toute la salle en se balançant.
— Saprelotte! Comme il chaloupe! Le vaisseau de l'État est ballotté sur une mer orageuse! Cancane-t-il! Cancane-t-il!
On l'avait approché d'une fenêtre, et, au milieu des sifflets, on le lança.
— Pauvre vieux! dit Hussonet, en le voyant tomber dans le jardin, où il fut repris vivement pour être promené ensuite à la Bastille, et brulé."
45 *SE*, p.290; *ES*, p.321: "Dans l'antichambre, debout sur un tas de vêtements, se tenait une fille publique, en statue de la liberté,—immobile, les yeux grands ouverts, effrayante."

어 꼼짝하지 못했다. 어떤 경우라도 그는 매혹되었고 너무나도 즐기고 있었다. 땅 위로 떨어지는 부상자와 드러누운 사망자들은 정말로 다치거나 죽은 것처럼 보이지 않았다. 그는 마치 자신이 한 편의 연극을 보고 있다고 느꼈다."[46]

플로베르는 대중을 연극적이고 괴기스러운 것으로 묘사한다. 통일감이나 대중성이 혼돈 속에서 발견되지 않는다. 사람들은 옷과 무기를 두르고 진흙 속에서 미끄러진다. 그 와중에 프레데릭은 도랑 안에서 엎드려 있는 하사관의 부드러운 손을 밟고 만다. 발포는 격렬하게 이뤄지지만 사람들은 열려 있는 와인 가게에서 담배를 한 모금 피우거나 맥주를 마시며 휴식을 취한다. 길 잃은 개가 울부짖는다. 플로베르는 그 광경에 대해 "이것이 실소를 자아냈다"고 결론짓는다.[47]

지젤 세징제는 플로베르의 대중이 어떤 해방적인 역사의 힘과도 정반대편에 있다고 진술했다. 플로베르의 대중의 행동을 통해서는 어떤 집단적인 발상이나 보편적 합리성도 드러나지 않는다. 역사적으로 지속되는 것은 인민의 해방이 아니라 대중의 소외다. 집단은 편견, 표준적인 믿음, 또는 플로베르가 '사회 통념'idées reçues이라고 부른 것의 복제에 호의적이기 때문에 대중은 자연스럽게 사회로부터 소외된다.[48] 그렇다면 플로베르에게 있어 대중은 어떤 위험이나 약속도 시사하지 않는다. 그들은

---

46 *SE*, p.286; *ES*, p.318: "Les tambours battaient la charge. Des cris aigus, des hourras de triomphe s'élevaient. Un remous continuel faisait osciller la multitude. Frédéric, pris entre deux masses profondes, ne bougeait pas, fasciné d'ailleurs et s'amusant extrêmement. Les blessés qui tombaient, les morts étendus n'avaient pas l'air de vrais blessés, de vrais morts. Ill lui semblait assister à un spectacle."

47 *SE*, p.287; *ES*, p.318: "Cela faisait rire."

48 Gisèle Séginger, *Flaubert: Une poétique de l'histoire*, Strasbourg: Presses Universitaires de Strasbourg, 2000, p.105.

어떤 경고나 동정도 유발하지 않는다. 다른 작가들에게서 발견되는 '비참한 자들'이 만들어 내는 강렬한 감정을 그의 저작에서 탐색하는 것은 쓸데없는 일이다. 플로베르는 끈질기게 엘리트주의를 고수했고, 그의 관점에서 그것은 불편부당의 유일한 담보다. 이미 인용했던, 조르주 상드에게 보내는 편지에서 그는 이 문제를 분명하게 표현했다. "나는 군중, 대중, 무리가 언제나 혐오할 만할 것이라고 믿네."[49] 궁극적으로 플로베르에게 정치적 행위자로서의 인민이라는 범주는 공허한 내용이다. 인민은 언제나 늘 대중이다. 그리고 대중은 언제나 늘 혐오스럽다.

그러나 인민이 자신을 단합된 정치적 주체로 인식할 수 없는 반면, 대중은 여전히 매우 다른 의미로 단합될 것이다. 작가의 미학적 응시는 풍경 화가가 나무와 언덕, 들판과 시내를 하나의 전경으로 구성하는 방식과 매우 흡사하게 다양한 다중을 하나의 전체로 전환시킨다. 플로베르에게서 우리는 처음으로 대중을 의식적으로 미화시킨 재현을 발견한다. 혁명이 전개되는 것을 지켜보면서 프레데릭과 그의 친구 위소네는 그것을 미학적 광경, 즉 연극과 드라마, 이미지로 평가한다. 소설은 어느 지점에서 대중이 정치적 주체에서 미학적 숙고의 대상으로 변모하는 것을 확인해 주며 "그들은 창문으로 거리의 사람들을 지켜보면서 오후를 보냈다"라고 진술한다.[50] 『감정 교육』은 모더니스트의 이야기들에서 표준적인 초상으로 회상되며 1920년대 말 지가 베르토프Dziga Vertov와 발터 루트만Walther Ruttman의 영화적인 도시교향곡에서 절정을 이루게 될, 대중을 재

49 Flaubert, "Letter to Georges Sand, 8 September 1871", p.240; Correspondance, vol.4, pp.375~376: "Je crois que la foule, le nombre, le troupeau sera toujours haïssable."
50 SE, p.282(번역은 그대로 따르지 않음); ES, pp.314~315: "Ils passèrent l'après-midi à regarder, de leur fenêtre, le peuple dans la rue."

현하는 방식을 창시한다. 실제로 1927년 지크프리트 크라카우어^{Siegfried}
^{Kracauer}가 '대중 장식'으로 확인한 것은 이미 플로베르에게서 어느 정도
발전되었다. 대중은 미학적인 모험, 그리고 회전운동에서 변화하는 형태
와 형상의 폭발로서 자신의 모습을 떨어져 있는 관찰자에게 제공한다.
"떨어져서 보면 조밀한 대중은 앞뒤로 흔들리는 검정색 곡물의 들판처럼
보였다", "아래쪽에 떼 지어 있는 흐릿한 다수의 사람들, 그 한가운데 여
기저기서 어두운 배경과 대조되며 총검이 하얗게 번쩍였다", "드러난 머
리, 헬멧, 붉은 모자, 총검, 어깨들이 당혹스럽게 쇄도했고, 앞쪽으로 너무
격렬하게 밀려들어서, 인민은 저항할 수 없는 충동에 이끌리고 끊임없이
포효하며, 강을 밀어 올리는 한사리처럼, 계속 상승하여 들끓는 대중 속
으로 사라졌다."⁵¹

　　이런 묘사는 오직 자신이 보는 광경에서 떨어져, 멀리서 즐기는 사람
만이 창조할 수 있다. 이런 의미에서만 플로베르는 혁명적 대중의 행동에
가치를 부여한다. 그들은 오감을 자극한다. 프레데릭은 자신에게 갈리아
인의 피가 요동친다고 느낀다. "열정적인 대중의 매력이 그를 사로잡았
다."⁵² 감정적 흥분은 그가 숭고한 미술작품을 체험하는 방식처럼 혁명을
바라봄으로써 경험한다는 사실에 의해 유발된다. 대변동의 역사적 원인

---

51 *SE*, pp.276, 282~283, 288; *ES*, pp.308, 315, 319~320: "la foule tassée semblait, de loin, un
champ d'épis noirs qui oscillaient"; "Un fourmillement confus s'agitait en dessous; au milieu
de cette ombre, par endroits, brillaient des blancheurs de baïonnettes"; "flots vertigineux
des têtes nues, des casques, des bonnets rouges, des baïonnettes et des épaules, si
impétueusement que des gens disparaissaient dans cette masse grouillante qui montait
toujours, comme un fleuve refoulé par une marée d'equinoxe, avec un long mugissement,
sous une impulsion irrésistible."
52 *SE*, p.292(번역은 그대로 따르지 않음); *ES*, p.323: "Le magnétisme des foules enthousiastes l'
avait pris."

과 정치적 결과에 대해서 프레데릭 모로는 철저히 무관심하다.

지적인 개인이 대중사회에 관하여 취하는 미학적 전략은, 정치 지도자가 인민과 사회를 자신의 높은 위치보다 아래에 있는 멀리 떨어진 대중으로 바라보는 관점과 일치한다. 『감정 교육』은 인민을 대중으로 묘사하기 위해서는 우선 그들의 정치적 작용과 합리적 이익, 인간적 주체성이 박탈당해야 한다는 것을 보여 주는데, 그것은 그들이 작가의 관점에 따라 형성되거나 정치 지도자에게 명령받는 대상으로서 등장하도록 만들기 위해서다. 궁극적으로 인민을 대중으로서 묘사하는 것은 사회적 장을 비인간화하는 관점으로부터 유발된다. 누구보다 자의식이 강한 작가로서 플로베르는 혁명에서의 미학적 즐거움은 그 결과에 대한 무관심을 전제로 삼는다는 것을 알고 있다. "가장 다정한 사람조차 동료들에게서 떨어져 나왔을 때 온 인류가 멸망하는 것을 눈 하나 깜빡하지 않고 지켜볼 상황이 존재하기 때문이다."[53]

1848년에 관한 플로베르의 희극에 나타난 양식의 풍부함과, 동일한 사건에 대한 위고의 낭만적인 묘사에 견주어 볼 때, 에르네스트 메소니에 Ernest Meissonier의 시각적 표현은 차분하고 공허하다. 『레미제라블』과 『감정 교육』의 소름 끼치는 짝이 되는 작품인 메소니에의 「1848년 6월 라모르텔리 거리의 바리케이드」는 플로베르와 위고가 눈을 돌린 것에 집요하게 초점을 맞춘다(그림 2.3). 봉기에 참여했던 노동자들은 그들이 배경에 거의 남기지 못한 바리케이드의 잔재와 나란히, 도랑 안의 쓰레기처럼 누워 있다.

---

53 *SE*, p.283; *ES*, p.315: "Car il y a des situations où l'homme le moins cruel est si détaché des autres, qu'il verrait périr le genre humain sans un battement de coeur."

메소니에는 그 자신이 1848년 6월의 현장에 있었다. 국민 방위군의 포병 지휘관으로서 그는 라모르텔리 거리의 바리케이드를 정복한 법과 질서의 힘에 속했다. "나는 방어자들이 총에 맞아 쓰러지고, 창문 밖으로 내던져지며, 대지가 시체로 뒤덮이고, 지면이 아직 마셔 없애 버리지 못한 피로 붉게 물든 것을 보았다. '이 사람들 모두에게 죄가 있었습니까?'라고 마라스트Marrast가 지휘관에게 물었다. ⋯⋯ '시장님, 결백한 사람은 그들 중 4분의 1도 안 된다는 걸 장담합니다.'"[54]

「1848년 6월 라모르텔리 거리의 바리케이드」를 제작할 때 메소니에는 미래의 반란자에게 경고하는 방식으로 내전을 묘사하려고 했다. 그러나 모든 진정한 예술가와 마찬가지로 그는 자신의 의도를 넘어서는 작품을 탄생시켰다. 「1848년 6월 라모르텔리 거리의 바리케이드」는 단순한 실물 교육이 아니다. 이 그림이 1851년 처음으로 전시되었을 때, 한 비평가는 이 작품이 드라마와 예술적 에너지를 결여했다며 아쉬워했다. 그림을 진정으로 이해하기 위해서는 그림에 가까이 다가가 미세한 부분까지 꼼꼼히 살펴야 하는데, 그러고 나면 그것은 감당할 수 없을 만큼 고뇌하는 인상을 준다. 「1848년 6월 라모르텔리 거리의 바리케이드」는 인간 오믈렛omelette d'hommes일 뿐이라고, 이 비평가는 불평했다. 메소니에는 파괴된 바리케이드에서 나온 조약돌과 같은 음영으로 시체를 그린다. 머리는 바위의 형상을 하고 있다. 몇 시간 전에는 라모르텔리 거리를 지키고 있던 노동자들이 이곳에서 날것의 무기체의 대중으로 몰락한다.

1850년 입법의회에서 있었던 논쟁에서 아돌프 티에르Adolphe Thiers

---

54 T. J. Clark, *The Absolute Bourgeois: Artists and Politics in France 1848-1851*(reprint), Berkeley: University of California Press, 1999(1982), p.27에서 재인용.

그림 2.3 에르네스트 메소니에, 「1848년 6월 라모르텔리 거리의 바리케이드」(또는 「내전의 유품」[Souvenir of the Civil War], 캔버스에 유채), 1849, 파리 루브르박물관.

는 왜 투표권을 제한하는 것이 필요한지 설명했다. 그는 인민과 대중을 확고하게 구분했다. "우리가 배제하고 싶은 것은 인민이 아니라 대중이다. 그것은 통합이 안 된 대중이며, 어디에도 거처를 정할 수 없고 그들의 가족을 위한 확고한 은신처를 만들 수 없는 깡패 무리이다. 그것은 법이 추방하려고 하는 대중이다."[55] 메소니에의 그림은 이런 배제의 논리의 냉혹한 결과를 보여 준다. 티에르 자신도 1871년 5월 무자비하게 파리코뮌을 진압하고 수만 명의 파리코뮌 지지자들의 처형을 명령했을 때, 동일한 수법의 정책을 실현하게 된다.

메소니에의 그림에서, 거리의 죽은 노동자들은 정치체에 의해 격퇴되고 축출된 적대적인 존재——비천한 대중[la vile multitude]——와 같다. T. J. 클라크는 메소니에의 그림이 인민의 진정한 익명성——그 익명성은 인민 자신에게로 거슬러 올라갈 수 없고 그들이 노출되어 있는 비인간화한 폭력으로만 거슬러 올라간다——을 묘사한다고 말했다. "이것은 인민의 진정한 익명성이며 창조된 동일성이고, 폭력의 결과이지 '자연스러운' 사실이 아니다."[56] 인민을 대중으로 보거나 인민을 대중으로 그리는 것은 인민을 대중으로 변형시키는 첫번째 단계이다.

이 에세이는 여기서 끝날 수 있었다. 플로베르의 대중의 미화와 인민의 비인간화, 티에르의 정치적 삶에서 다중을 배제할 필요성에 대한 주장, 메소니에의 죽은 노동자들을 그린 고뇌의 그림을 통해, '대중'은 충분

---

55 Chevalier, *Classes laborieuses et classes dangereuses*, p.459에서 재인용: "C'est la multitude, c'est n'est pas le peuple que nous voulons exclure, c'est cette multitude confuse, cette multitude de vagabonds dont on ne peut la saisir nulle part, qui n'ont pas su créer pour leur famille un asile appréciable: c'est cette multitude que la loi a pour but d'éloigner."
56 Clark, *The Absolute Bourgeois*, p.28.

히 근대적인 의미에서 발명되었다. 1848년 이후 수십 년 동안 동일한 요소들—비인간화, 배제, 새로워진 반란—을 반복할 뿐이고 다만 부르주아지와 다수의 노동계급 사이의 증가하는 양극화가 증폭된다. 그러나 대중에 대한 근대적 담론의 발명에 대한 설명을 완성하려면 두 가지가 덧붙여질 필요가 있다. 첫번째는 조직화된 힘으로서의 노동운동의 형성이다. 두번째는 엄밀한 의미에서의 대중심리의 형성이다.

1848년 혁명은 프랑스에서 조직화된 노동운동의 형성에서 결정적인 역할을 했다. 그것은 동등한 사람들의 연합으로서, 프랑스인을 대표하는 보편적 계급으로서의 시에예스의 제3신분 개념을 마치 농담처럼 보이게 했다. 대안적 해법은 프롤레타리아트를 상대적으로 독립적인 정치세력으로서 구성하는 것이었다. 이런 이유로 1848년에 이미 노동계급이 국민 안의 국민을 구성했다는 대니얼 스턴의 생각이 등장한다. 폭동을 선동한 노동자인 부아시^{Boissy}는 자신의 동료에게 사회로부터 분리되라고 요구했다. "떠나라. 여러분은 그것을 위해 모든 것을 하지만 그것은 여러분에게 아무것도 해주지 않는 이 사회를, 모든 것을 하는 사람이 아무것도 갖지 못하고 아무것도 하지 않는 자가 모든 것을 갖는 이 사회를 떠나라."[57] 부아시의 충고는 로장발롱이 '노동계급의 분리의 시대'^{le temps de la séparation ouvrière}라고 부른 것의 앞선 예이다. 제3신분과 나란히, 그리고 그것의 주요한 정치적 경쟁자로서, '제4신분'은 증가하는 다수의 정당과 사회와 노동조합을 이용하여 자신을 구성했다. 시에예스가 제3신분에 관해

---

57 Jacques Rancière, *La nuit des prolétaires*, Paris: Fayard, 1981, pp.195~196에서 재인용: "Quittez, quittez, cette société pour qui vous faites tout et qui ne fait rien pour vous, cette société où ceux qui font tout n'ont rien; où ceux qui ne font rien possèdent tout."

1789년 주장한 것처럼, 제4신분의 대표자들은 자신들이 특권 계급에 의해 억압당했다고 주장했다. 그들은 정치체제가 물질적 부의 두드러진 불평등을 묵인하는 한 평등의 정치적 개념은 신기루일 뿐이라고 주장했다. 자유의 혁명적 개념은 부자들의 재산을 보호하는 이데올로기가 되었다.

1864년 60명의 노동자들이 발표한 선언은 곧 세간의 주목을 받았는데 그것이 명백하게 1789년의 이상으로부터 노동계급의 분리를 공식화했기 때문이다. 그것은 프랑스 노동운동의 창립 문서에 속한다. "더 이상 계급이 존재하지 않고 1789년 이래로 모든 프랑스인이 법 앞에 평등하다는 사실은 계속해서 반복되어 말해졌다. 그러나 우리의 팔 외에는 가진 게 아무것도 없고 자본의 합법적이고 자의적인 환경에 종속되어 하루하루를 보내는 우리는 …… 그 진술을 믿기가 매우 어렵다."[58] 「60인 선언」은 결국 노동계급이 재산과 교육을 인민의 가장 훌륭한 대표자를 구별하는 기준으로 사용하는 정치적 대표체제로부터 자신을 분리시키려는 노력이 되었다. 노동운동은 또한 그때까지 인민의 의지를 대표하는 훌륭한 방식으로 간주되어 오던 것을 거부하고서, 공공의 주권의 공평한 대리인으로서 봉사할 대변인들 ──대개 직업적으로 변호사들 ──에게 공공의 이익을 위탁했다. 노동운동은 정반대되는 대표자의 본보기를 제시했는데, 그는 프롤레타리아의 삶을 공유하고 의회에서 그들의 관심사를 표명할 수 있는 동료였다. 이런 방식으로 노동의 분리는 정치적 대표자가 전

---

58 이 편지는 1863년 2월 17일 『국민의 여론』(L'opinion nationale)에 발표되었다. Rosanvallon, Le peuple introuvable, pp.95~96에서 재인용: "On a répété à satiété qu'il n'y a plus de classes et que depuis 1789 tous les Français sont égaux devant la loi. Mais nous qui n'avons d'autre propriété que nos bras, nous qui subissons tous les jours les conditions légitimes ou arbitraires du capital …… il nous est bien difficile de croire à cette affirmation."

체로서의 인민을 위한 중립적인 대변자여야 한다는 견해를 기각하고, 대신 그가——이 시기에 여자는 시민이 아니었다——자신을 선출해 준 사회계급의 이익을 대표해야 한다고 말했다. 그런 제안은 새롭게 등장하는 프롤레타리아 계급의 의식성의 표현이었고, 그에 따라 근대 프랑스 국가는 종종 모순된 이해관계를 갖는 계급들로 돌이킬 수 없게 분리되었다.

19세기 후반기를 통해, 노동운동은 자유주의적 의회제도로서 수행된 제한된 민주주의와 겨루는 점차 강력한 정치세력이 되었다. 보편적 투표권을 위한 투쟁뿐 아니라 (더 높은 임금, 노동 일수 단축, 개선된 안전 정책 등에 관한) 사회적 문제를 제기하는 조직화된 노력은 상류 계급 사이에 대중에 대한 광범위한 두려움을 확산시켰다. 1871년 파리코뮌 시기에, 대중은 더 이상 주로 '비참한 자들'을 나타내지 않았고, 또한 동정과 연민을 이끌어 내지 않았다. '대중'은 분명 여전히 빈곤한 상태를 환기시켰지만 이제 이 용어는 시위행진, 노동조합, 파업, 사회주의자의 선동과 같은 조직화된 집단행동과 노동계급의 시위운동을 지칭했다.[59] 19세기 말 무렵 대중은 부르주아 계급을 권력에서 내쫓으려는 조짐을 노골적으로 드러내는 집단적 행위자로 이해됐다.

코뮌 이후 1년 뒤,『인생: 생리학과 인간의 삶에 적용되는 위생학과 의학』이라는 책이 등장했다. 이 책의 저자는 귀스타브 르 봉으로 의학박사이자 제3공화정의 가장 영향력 있는 지식인이었다. 이 책에서 우리는 대중에 대한 보편적인 고정관념을 발견하지만 동시에 엄격한 심리학적 용어로 군중의 행위를 설명하려는 첫번째 시도 또한 발견한다. "망상은

---

59 Susanna Barrows, *Distorting Mirrors: Visions of the Crowd in Late Nineteenth-Century France*, New Haven: Yale University Press, 1981을 보라.

동일한 마음 상태를 가진 다수의 개인에게 동시적으로 작용하는 동일한 자극의 영향이나 모방에 의한 집단적인 것일 수 있다. 이 집단적인 망상은 역사상 매우 흔했던 진정한 정신적 전염이다."[60] 르 봉과 다른 이들에게, 코뮌은 바로 그런 전염의 예시였고 다른 의학적이고 생물학적인 비정상성과 견줄 수 있는 병리적 현상이었다.

르 봉은 자신의 시대에 대한 과학적 확신을 가졌고, 역사와 문화 연구를 자연과학과 동일한 실증주의적 입장에 놓으려는 사람들과 함께했다. 다윈과 스펜서의 이론에서 영향을 받은 테오뒬 리보[Théodule Ribot]와 이폴리트 텐과 같은 이론가들은, 인간의 행동이 주로 유전적 성향에 의해 지배된다고 주장했다. 이런 성향의 주요한 부분은 생존과 번식을 보장하는 무의식적 본능의 기저를 구성한다. 의식적인 개인을 구성하는 유일한 요소인 지성과 활동적 기억의 더 고귀한 특성은 근래에 발달한 문명의 얇은 층을 형성하고, 인민들 사이에, 하나의 인민 내의 다양한 개인들 사이에 불균등하게 분포된다. 유전적 성향은 피할 수 없는 것이고 의식적 인격을 지배한다고 이 사상가들은 주장했다. 그들은 잠재의식의 열정과 본능의 영향하에 행동하는 개인을 개혁하고 개선하려는 노력은 소망적 사고라고 주장했다. 대신 인류 대다수의 야만적인 본성은 진지하고 과학적인 방식으로 단련되어야 한다.

플로베르에게 코뮌은 정부가 지나치게 느슨해졌다는 사실을 증명했다. 민주주의적 이상은 프랑스를 쇠퇴의 시기로 이끌었는데, 그것은 프랑

---

60 Gustave Le Bon, *La Vie: Physiologie humaine appliquée à l'hygiène et à la médecine*, Paris, 1874. Robert A. Nye, *The Origins of Crowd Psychology: Gustave Le Bon and the Crisis of Mass Democracy in the Third Republic*, London: Sage, 1975, p.28에서 재인용. 이후 *OCP*로 축약한다.

스 인민의 다수가 생물학적으로 공적 업무를 감당하기에 적합하지 않다는 단순한 이유에서였다. 그는 파리코뮌 지지자들이 방돔^{Vendôme}의 기둥을 무너뜨리고 난 뒤 "인민은 결코 성년이 되지 못하며, 그들은 수와 대중, 무제한을 나타내기 때문에 언제나 사회계급의 최하위 단계일 것이다"라고 진술했다.[61] 르 봉은 이 견해를 공유했고 그의 다음 저작들에서 이 쇠락의 징후들을 추가했는데 그것은 교육에 대한 접근의 민주화, 인민 배심원 제도, 도시의 과밀, 그리고 노동자의 파업이었다. 르 봉은 이런 집단적 상황에서 개인이 자신의 이성을 잃고 집단의 수준으로 후퇴한다고 주장했다. 개인의 의식성의 이러한 평준화를 설명하기 위해 르 봉은 '종족의 영혼'이라는 널리 알려진 개념에서 본뜬 '군중의 영혼'이라는 개념을 도입했다. 그리고 군중의 영혼이 어떻게 기능하는지 탐구하기 위해 심리학을 공부하는 그의 동료에게 의지했다. 그 결과물이 프랑스 대중심리학의 집대성으로 간주되는 르 봉의 『군중심리』(1895)였다.

로버트 나이가 언급했듯, 19세기 후반의 프랑스 심리학은 온전히 정신병리학 연구에 기대고 있었다. 르 봉과 다른 군중심리학자는 그중에서도 샤르코^{Charcot}, 에스퀴롤^{Esquirol}, 비샤^{Bichat}가 발전시킨 이러한 광기의 진단에 의거해서 인간 집단에 관한 이론을 확립했다. 암시 감응성, 최면, 정신의 전염은 르 봉의 군중심리학의 광범위한 구조를 형성하는 범주들이다. 이것들은 모두 살페트리에르^{Salpétrière}와 비세트르^{Bicêtre}의 정신병원에서 발전된 실습과 분석으로부터 전유된 것이다. 정신적 전염에 대한

---

61 Flaubert, "Letter to Georges Sand, 30 April 1871", *Flaubert-Sand*, p.228; *Correspondance*, vol.4, p.314: "Le peuple est un éternel mineur, et il sera toujours(dans la hiérarchie des éléments sociaux) au dernier rang, puisqu'il est le nombre, le masse, l'illimité."

르 봉의 용어 사용은 두 가지 출처가 있다. 첫번째는 허버트 스펜서의 **모방** 행동으로서의 원시적 학습 개념으로, 이 개념은 후에 사회학자인 가브리엘 타르드와 에밀 뒤르켐이 사회를 응집하게 만드는 행위의 유사성을 설명하기 위해 발전시킨다. 두번째 출처는 임상 심리학자인 프로스페르 데스피네^{Prosper Despiné}로, 그는 정신질환의 동일한 증상이 어떻게 병든 개인에게서 건강한 개인에게로 퍼질 수 있는지, 훗날 감응성 정신병^{folie à} ^{deux}으로 대중화되는 현상을 설명하기 위해 전염이라는 단어를 도입했다 (*OCP*, p. 68). 르 봉은 "생각, 정서, 감정, 믿음은 군중 안에서 세균처럼 강렬한 전염 능력을 지닌다. …… 광기와 같은 두뇌의 무질서는 전염된다 (전형적인 감응성 정신병)"라고 밝힘으로써 이 구분되는 생각들을 하나로 정리했다.[62] 사회학적 모방 이론의 보편적 주장을 정신의 전염이라는 구체적인 상황으로 옮김으로써, 르 봉은 인간이 집단으로 모일 때면 언제나 두뇌의 무질서에 감염되기 쉽다고 결론지을 수 있었다.

1880년대와 1890년대에 발전한 대중심리학의 온갖 변형은——르 봉뿐 아니라 타르드, 시겔레, 로시^{Rossi} 뒤프라^{Duprat}, 오귀스트 마리^{Auguste} ^{Marie}, 샤를 블롱델^{Charles Blondell}에 의한——최면에 걸린 환자의 광기의 성향을 가정하는 최면적 암시의 모델에 기대고 있었다(*OCP*, p. 71). 미친 환자의 망상을 유발하던 최면은 대중의 선동가에 의해 유발되는 이른바 집단적 망상과 유사한 것으로 이해됐다. 이러한 망상이 어떻게 다수의 인민에게 퍼질 수 있었는지 설명하기 위해서, 대중심리학자들은 집단적 행

---

62 Gustave Le Bon, *The Crowd: A Study of the Popular Mind*(reprint of 2nd ed.), Marietta, Ga.: Larlin, 1982, p.123. 원서는 다음의 표제로 출간되었다. *La psychologie des foules*, Paris: Alcan, 1895.

동이 감응성 정신병의 전염적 사례였다는 것을 규명하는 전염이라는 진단적 용어를 사용했다. 『군중심리』에서 르 봉은 군중 속의 인간이 어떻게 최면적 암시에 의해 마법에 걸리는지를 설명하는데, 이 암시는 그들에게서 개인적 정체성을 박탈하고 그들에게 지도자가 원하는 어떤 생각이나 감정이라도 주입시킨다. 그러면 생각이나 감정은 정신적 전염의 과정을 통해 온 집단을 홀리는데, 모든 이들이 동일한 방식으로 행동하며 하나의 집단적인 사회적 동물을 형성한다는 의미에서다. 대중 속의 인간은 "더 이상 자기 자신이 아니고 자신의 의지에 지배당하기를 멈춘 자동인형이 되었다"라고 르 봉은 주장했다.[63]

나는 다수에 의해 통치되는 정치체제——민주주의——의 지칭으로서 어떻게 대중이 등장했는지를 검토하는 것으로 이 에세이를 시작했다. 이어서 나는 그 용어가 어떻게 노동계급, 즉 '비참한 자들'의 빈곤한 생활, 특히 그들의 범죄적이고 모반적 가능성에 연계되었는지 보여 주었고, 그러고 나서 19세기 후반의 '대중들'이 어떻게 노동자들의 운동을 연상시켰는지를 보여 주었다. 이 의미론적 변형을 통해 불변으로 남는 것은 그 용어가 지닌 주변화하는[marginalize] 기능이다. '대중'은 정치적 조직의 상처다. 상처는 우리에게 인민이 통합된 주권이라는 자신의 이미지와 거의 일치하지 않는다는 것을 상기시킨다. 정상적인 상황에서, 인민은 자신이 인민을 대표한다고 주장하여 정치 안에 포함되는 사람들과, 다른 사람들에 의해 대변되어 정치로부터 배제되는 사람들로 구별된다. 다시 말해, 그들은 어떻게든 매개자를 통해서 이미 포함되어 있기 때문에 배제될 수 있

---

63 Le Bon, *The Crowd*, p.12.

다는 것이다. 대중의 개념이 1789년 이후에 의미를 획득하는 것은 이러한 맥락에서다. '인민'과 관련된 의미의 스펙트럼에서, '대중'은 정치에서 배제되지만 그럼에도 불구하고 그것의 정당화로서 환기되어야 하는 다수를 의미하게 된다. '대중'은 그들의 배제로 인간의 도시를 세우는 인구의 일부이다.[64] 그것은 '대중'이 정치 공동체로부터 배제된 사람들의 객관적인 호칭이 아니라는 사실에 뒤따르는 것이다. 그와 반대로 폭력과 무질서, 야만적 본성의 환상을 그려 넘으로써, 그 용어 자체는 그것이 수행하는 배제를 정당화하는 동시에 배제의 메커니즘으로서 작동한다.

귀스타브 르 봉, 스키피오 시겔레, 가브리엘 타르드의 대중심리이론이 수행한 대중에 대한 네번째 재정의를 통해 공동체로부터 인민의 다수를 배제하는 것은 영구적이 되고 과학적인 근거를 갖는다. 이런 맥락에서 '대중'은 사회적 범주에서 정신병리학적인 범주로 변형된다. 대중의 행동은 임상적으로 광기로서 진단된다.

『광기의 역사』에서 미셸 푸코는 17세기 동안에 미친 사람으로 간주됐던 이들이 어떻게 게으름뱅이와 빈자, 깡패와 함께 배치되고 그들의 도덕적이고 사회적인 열등함을 이유로 사회로부터 배제되었는지를 설명한다. 푸코는 그것을 '거대한 감금'Great Internment이라고 부른다.[65] 19세기 말기의 대중심리학의 등장과 함께 시나리오는 역전된다. 도덕적이고 사회적으로 열등한 자들로 간주되어 자신들의 운명을 되찾기 위해 집단으로 조직화한 사람들이 이제 광기 어린 자들과 한 집단을 이루었고 이들은 정

---

64 이 주장은 Stefan Jonsson, "Masses, Mind, Matter, Political Passions and Collective Violence in Past-Imperial Austria", ed. Richard Meyer, *Representing the Passions: Histories, Bodies, Visions*, Los Angeles: Getty Research Institute, 2003에서 더 상세하게 전개된다.
65 Michel Foucault, *Histoire de la folie à l'âge classique*, Paris: Gallimard, 1972, pp.56~91.

신적 열등함을 이유로 배제되었다.

대중심리학의 이론을 통해, 집단행동을 방어하는 모든 토대들은 주류의 문화적이고 정치적인 어휘에서 잘려 나갔다. 한편 역사를 다시 쓰는 것 또한 가능해졌다. 가령 뤼시앵 나스는 파리코뮌을 "병적인 심리"를 나타내는 "혁명적 노이로제"로 묘사했다.[66] 대중심리학의 또 다른 야심 찬 적용은 알렉상드르 칼레르에 의해 이뤄졌는데, 그는 프랑스 역사상의 모든 주요한 혁명과 반란——다비드의 1789년, 위고의 1832년, 메소니에와 플로베르의 1848년——을 전염과 암시 감응성의 용어의 도움을 받아 분류했다. 칼레르는 또한 스스로가 "전염적인 귀신망상히스테리"contagious hystero-demonopathy와 "우울증의 환각적 정신병"hallucinatory psychosis of a depressive order과 같은 몇몇의 집단적 질병을 만들었다.[67] 르 봉은 대중심리의 더 심화된 정치적 원리를 분명하게 한 1898년의 『사회주의 심리』La psychologie du socialisme에서 그의 이론을 적용했다. 1898년 르 봉이 직면한 문제는 1790년 에드먼드 버크가 직면했던 것과 동일한 문제였다. 어떻게 사회가 대표되어야 하는가, 그리고 누구에 의해서? 르 봉은 보편적 투표권과 사회적 정의를 위한 노동운동의 투쟁을 병리적 망상으로 기각했다. 그는 "우리는 로마제국에서 분명한 퇴락이 시작된 정확한 시각이 로마가 야만인들에게 시민권을 부여한 때였다는 점을 잊어버려서는 안 된다"라고 썼다.[68]

---

66 Lucien Nass, *Le Siège de Paris et la commune*, Paris: Plon, 1914, pp.352~353.
67 Alexandre Calerre, "Les Psychoses dans l'histoire", *Archives internationales de neurologie* 34, vol.1, pp.229~249, 299~311, 359~370, 1912; *Ibid.*, vol.2, pp.23~36, 89~110, 162~177, 211~224.
68 *OCP*, p.51에서 재인용.

Mass: 영어(프랑스어, 독일어)

마리사 갈베즈(Marisa Galvez)

Mass라는 단어와 그 동족어(프랑스어의 masse, 독일어의 maß)가 정치적 집단으로서의 의미를 언제 획득했는지 알아내는 것은 불가능하긴 하지만, 1787~1798년의 기간 동안의 역사적 사건은 프랑스어 동족어의 의미를 이런 방향으로 현저하게 형성했다. "덩어리, 대량, 토지 한 필, 가루 반죽"(OED)을 의미하는 라틴어 단어인 massa에서 유래한 프랑스어 masse의 중세 시대부터 현재까지의 주요한 정의는 "하나의 몸을 외관으로 하는 물체들의 조밀한 집합(많은 수의 존재[11세기], 또는 금괴[1309]의 경우처럼)"이다(OED). 이런 물리적 함축을 유지하면서도 그 단어는 근대 초기 이후부터 도덕적이고 철학적인 문맥에 적용된다. 가령, 카스티야 왕국의 시인인 고메스 만리케Gómez Manrique는 15세기에 한 물질에서 비롯되었다가 다시 그것으로 돌아가는 인간의 다반사를 환기시키기 위해 스페인어 동족어인 masa를 사용한다. "우리 모두는 하나의 masa이다. 응당 그렇게 된다"Todos somos de una masa / a la cual nos tornaremos. 아마도 mass를 인간관계에 유연하게 적용하는 것은 mass를 덜 뚜렷한 특정한 요소들로 이루어진 단일한 연속적인 집단으로 인지하는 것과 관련이 있을 것이다('전체로서 육체적인'의 뜻을 가진 en masse, '많은 수량의 돈'이나 '부대의 편대'를 의미하는 mass의 사용에서처럼[OED]). 18세기까지 mass는 미술, 음악, 건축, 그리고 물리학에서 추상적이고 과학적인 표현으로 확장된다("나무를 그릴 때 세부항목보다는 masses에 더 많은 관심을 쏟아야 한다"──1762년 아카데미 프랑세즈). 대중을 인지하고 한정하는 것, 대중 자체의 본성을 조사하는 것은 주관적이고 때론 시적인 작용, 생성 작용이 된다("흰 거품이 인다 / 보라! 쇳덩massen가 녹아 흐른다"──프리드리히 폰 실러^{Friedrich von Schiller}, 「종의 노래」^{Das Lied von der Glocke, 1799}). 비슷한 맥락에서 장 프랑수아 페로는, 그의『프랑스어의 비판적 사전』에서의 언급을 포함하여, masses에 대한 인식을 검토한다.

> mass는 가장 자연스러운 의미에서, 상류사회의 단어다. "대중은 단지 masses를 본다. 자연의 세부적인 것들은 우리를 위해 준비된 구경거리다" (라고 소위 철학자들은 말한다).

우리는 이 언급(18세기 프랑스 작가이자 아카데미 프랑세즈의 회원인 장 프랑수아 마르몽텔의 작품을 인용한)을, 프랑스에서 먼 지역의 사람들이 공인되고 적절한 프랑스어를 사용하도록 돕는 종합 안내서에서 발견한다. '철학자'는 자연의 광경을 특별한 방식으로 인식한다. 자연 속에서 masses를 보는 것은 대중^{le vulgaire}의 행동이다. 프랑스 혁명이 종식되기 전인 1798년『아카데미 프랑세즈 사전(5판)』^{Dictionnaire de l'Academie de Francaise, 5th ed.}의 주체성, 계급, 인식의 새로운 배열 속에서 masse의 새로운 의미가 전개된다.

> 집단적으로, 모두 함께. 주로 혁명에서 말해진다. 집단으로^{en masse} 가기. 의회가 일제히^{en masse} 움직였다. 시민, 그리고 확대되어, 지역의 거주자들이 일제히^{en masse} 봉기하기.

프랑스 혁명의 사건들은 혁명과 시민과 같은 단어들에 그랬던 것처럼 masse에 정치적 집단이라는 새로운 의미를 부여한다. 여기서, 명사 masse는 전치사 en과 함께 인민^{peuple}의 선동적인 광경을 떠오르게 한다. 프랑스 혁명 기간에 시민^{Citoyen}은 구체제의 몰락이 진행될 때 새로운 정치적 모국어를 만들어 낸다. 인민은 일제히^{en masse} 대중이 되었다. 그러나 누군가 대중에 대한 인식을 토대로 사회계급이나 지성을 평가하기 이전에, 이미 1798년 대중 스스로가 세계무대에서의 계급적인 주체이고 정치적 행위자였다. 대중이 단편적인 관점을 결합하는 하나의 상징적 광경으로서 자신의 최대한의 시각적 힘을 갖고 등장하는 것은 19세기의 도시화와 20세기의 대중운동을 필요로 할 것이다. 그것은 변화하는 역사의 의식 속에서 상징적이고 의례적인 의미를 환기시키는 새로운 마법 같은 응집성이다. 그러나 프랑스어 사전의 설명은 근대적인 정치 집단의 역사적 부상이 어떻게 mass의 잠재적 의미에 영향을 미쳤는지를 어렴풋하게 감지하게 해준다.[69]

부록2 **의식**

미셸 세르(Michel Serres)

나는 의식에 참가하지 않은 지 오래다. 장례 행진 후에 바로 매장이 이어지지 않고, 또 우리는 공식적인 환영회의 지루함에서 탈출하려고 애쓰는데, 누가 그런 행사를 즐긴단 말인가? 그런데 어제, 아카데미 프랑세즈는 노르망디에서 사망하고 다카르^{Dakar}에 매장된 레오폴 세다르 셍고르^{Léopold Sédar}

69 참고문헌: Académie française ed., *Dictionnaire de l'Académie française*(1st ed.), Paris: J. B. Coignard, 1694; Académie française ed., *Dictionnaire de l'Académie française*(4th ed.), Paris: Bernard Brunet, 1762; Académie française ed., *Dictionnaire de l'Académie française*(5th ed.), Paris: J.J. Smits, 1798(*DAF*로 축약); Jean-François Féraud, *Dictionnaire critique de la langue française*, Marseille: Mossy, 1787~1788; Jean Nicot, *Thresor de la langue française*, 1606; Jacob & Wilhelm Grimm, *Deutsches Wörterbuch*, 1852; J. A. Simpson and E. S. C. Weiner eds., *The Oxford English Dictionary*, Oxford; New York: Clarendon Press; Oxford University Press, 1989(*OED*로 축약).

^{Senghor}에게 마지막 경의를 표했다. 내가 아카데미의 회원에 선출된 후 나는 그를 알게 되었고, 그와 담화를 나누었으며, 그를 좋아했다. 생 제르맹 데프레$^{Saint-Germain-des-Prés}$ 대성당의 회중석 아래에서, 추기경은 프랑스 대통령과 총리 앞에서 미사를 집전했는데, 그들은 아내를 동반하였고 네 명 모두 성단소의 난간에 앉았다. 나는 내 동료들과 마찬가지로 아카데미의 초록색 의복을 입을지를 확신할 수 없었다.

기독교인으로서, 에콜 노르말 쉬페리외르$^{École\ Normale\ Supérieure}$의 졸업생이자 라틴어 학자로서 고인은 로마 교황의 미사를 요구했다. 세네갈 사람으로서 그는 자기 마을의 월로프족^{Wolof} 노래와 징으로 기억될 권리가 있었다. 아카데미 일원이자 시인, 정치가로서 그는 의무적으로 행해진 문학적이고 정치적인 고상함을 지닌 의식을 제공받았고, 아마 그의 죽은 영혼이 함께했을 것이다. 교회는 꽉 찼고, 그래서 인도는 구경하러 온 사람들로 넘쳐 났다.

기원

가톨릭의 행사는 흔히 고대 로마에서 유래한 의식을 행한다. 따라서 어제, 음악으로 재건된 유럽-아프리카의 공간은 셍고르 자신이 단선율 성가가 네그리튀드^{Négritude}의 낭송하는 듯한 노래에서 유래된 것이라고 주장함으로써――그가 옳은가?――만든 시간의 고립 지역에 의해 홈이 파였다. 그러나 백인들의 로마도 아프리카 흑인의 기독교도 의식이라는 발상이나 단어를 발명했다고 자랑할 수 없다. 이 단어는, 에트루리아 사람이 발명하였고――이 나라의 천재가 지중해 나라들에게 예술의 우아함과, 죽음에 대한 원시적 접근, 신앙심의 표현을 가르쳤고, 이웃 문화의 사람들은 이것을 물려받았다――이들을 암살한 고대 로마 군대가 도용하였는데, 이것을 처음 수행한 이들에게 어떤 의미였는지는 누구도 진정으로 기억하지 못한 채 도처로 퍼져 나갔다.

이 시간을 초월한 음악은 어떤 잃어버린 의미를 표현하는가? 어떤 침울한 미상의 묘지에서 그것이 나타나는가? 아는 사람들은 겨우 무지한 자만큼 이해하고, 믿는 사람들은 겨우 신앙심이 없는 사람만큼 이해하는가?

마주 보고

출석자들이 고인을 기념하며 모인다. 그곳에서 모든 이들이 유령과 대면한다. 그들은 셍고르에게 기도하기 위해, 셍고르가 믿었던 신 앞에 무릎 꿇을 것인가? 모두가 여기서 셍고르의 존재 속에서? 이 하나 혹은 둘의 부재가 대중을 결속시키는가? 반대로 대중이 두 부분으로 분리되어, 다수는 지도자들을 곁눈질할 수 있는가? 아! 지나가던 사람은 대통령과 총리, 제의와 초록색 의복을 슬쩍 본다. 아니면 세 부분으로 분리되어, 훈장을 받았거나 유명한 작가들로 구성된 중앙의 사람들은 고위층과 동석하여 정렬한, 그들을 바라보는 낮은 계급에 의해 찬양받는가?

첫번째 가설에서 초월성은 결집한 집단의 응집성을 보장한다. 두번째에서 사회학은 의식이 어떤 역할을 하는지 보여 준다. 결합력은 주고받은 응시의 결과다. 더 역동적인 세번째 가설은 고관을 묘사한다. 익명의 사람들은 그런 민주주의가 그들이 아마도 스스로 자신들의 이름을 만들 수 있는 통로를 개방한다고 확신한다.

위에서 설명한 세 가지 예에서, 누군가 혹은 여러 명의 누군가는, 부재하든 혹은 출석했든, 고유하고 희귀하든 다수이든 간에, 대중과 직면하기 시작한다. 우리는 이렇게 뒤로 고개를 돌리는 것에 익숙하다. 사제는 자신의 얼굴을 우리에게 향한 채 기도한다. 낭독자는 집합을 떠나, 연단에 올라가, 복음서를 읽고 우리는 그의 입술에서 나오는 소리를 듣는다. 종신 간사, 그리고 이어서 대통령은 사람들 앞에서 고인에 대한 기억을 일깨운다. 우리는 이 지배자들을 안다. 우리는, 이름 붙일 수 없고 자신의 얼굴을 보이지 않는 그러한 초월성을 제외하고는, 종종 그들에게 이름을 붙인다. 이러한 탄원들을 향해 돌아선 이 몸들과 대면하면서 우리는 함께 살아간다. 집단은 마주 보는 것과 같다.

단 하나의 의식

그러나 우리는 모든 것──인류 문화의 시초로 거슬러 올라가며, 인종학자들과 인류학자들이 모든 지역에서 증명할 수 있는──을 변화시켰다. 지금부터, 신성한 장소에서, 낡은 금지 명령에 용감하게 맞서며, 우리를 향해 몸을 돌려 있지만 누구도 그들의 얼굴을 주시하지 않는 소수의 관리자들, 스포츠 채널 카메라와 헤드셋, 하이파이 마이크는 휘황찬란한 조명과 함께 윙윙거리고, 그들의 어깨 위에, 손 안에, 머리 위에서 전선을 끌어당기는데, 고위 관리들도 다른 모든 사람들처럼 발에 전선의 고리와 매듭, 꼬임이 얽힌다. 내일은 의식의 중요성에 따라 지역, 국가, 또는 세계의 화면에서 수만 혹은 수백만의 관중이 재송신된 동일한 의식을 지켜볼 것이다. 그 순간부터 중앙에 있는 사람들은 익명의 사람들에게, 거리 일대에 운집했지만 그 수가 인상적이지 않은 사람들에게, 보이게 된다는 것에 대해 관심을 덜 가질 뿐 아니라, 고위층조차 모두를 바라보는 이 기계의 렌즈에 자신을 보이게 하려고 노력하는데, 그것 앞에 있지 않으면 모든 이들, 고위층, 중간층, 하위층이 더 이상 함께 존재하지 않을 것이다.

　로마의, 기독교의, 또는 아프리카에서 온, 에트루리아의, 잊혀진, 구식의, 그리고 바로 그 이유로 효과적인 …… 의식은 시작하기도 전에 기능과 효용성을 상실하고 종료된다. 이미지를 조작하는 사람이 단선율 성가와 구프랭

Couperin, 징, 윌로프족의 낭송하는 듯한 노래, 목소리(너무 긴), 숭고함(너무 심오한), 둥근 천장과 기둥(너무 넓고 높은)을 분명하게 삭제하고, 자기가 돋보이려고 서로 잔인하게 팔꿈치로 밀며 교회에서 나오는 늙은 남자들의 머무적거리는 발걸음만 1분 동안 보여 주려고 한다면, 훌륭한 것은 위대한 오르간과 신비한 합창대의 웅변이기 때문이다. 더 이상 현관 아래 밀집한 호기심 강한 사람들에게 향하지 않기에, 그들의 중요성은 감소한다. 그리고 이날 밤 또는 다음날, 가상의 그리고 보이지 않는, 유일한 사회적 현실인 거대한 대중을 결합할 그 [렌즈] 구멍을 향하는가? 이름 붙일 수 없고 부재한 초월성은 집단의 내재성을 재결합시키기 위해 돌아올 것인가? 곧 목적에 알맞은 이미지를 위해 전직 고위 명사의 발과 목을 자를 사람이 아니라면, 누구를 위대하다고 부를 수 있겠는가?

에트루리아여 안녕. 오늘날 의식은 오직 이 기계 앞에서만 전개된다. 그리고 이것이 오랫동안 내가 행사를 그리워한 이유다. 신성한 장소에서, 진정한 사제라면 제의도 초록색 의복도 아닌, 그들 팔 끝의 라이트 붐을 뿜낸다.

영광

이 기계들은 현실의 의식을 가상의 것으로 만든다. 평면 이미지는 물질적인 존재를 대체한다고 그들은 말한다. 그러나 내가 아는 한, 의식 자체가 언제나 가상의 것을 산출해 왔다. 에트루리아인은 아마 이런 목적으로 그것을 발명했을 것이다. 눈빛의 교환은 이미 이미지의 전달이다. 어떤 현학자는 때로 상징적이라는 단어를 선호하는데, 좋은 이유에서, 상징은 이전까지 두 상호적인 방문자에 의해 분리됐던 단단해진 땅의 두 조각을 처음으로 재결합했기 때문에, 그들에게 상호 간에 환대해야 할 일이 있다는 것을 상기시키기 위해서다. 그렇다. 집단은 더 낮게 결합하기 위해 분리되었고, 하위층은 고위층에 대해 숙고하는 것을 즐기고——때론 그들을 죽이기 전에——고위층은 자신들의 덧없는 영광 속에서 하위층에게 자신을 과시하는 것을 즐긴다.

이런 이미지의 교환은 상징의 일부분에 영광을 부여한다. 참가자들이 그것을 차지하려고 다투거나 그것을 공유한다면, 그들은 사회적인 것의 내재적인 아교로 남는다. 반대로 그것이 오직 신에게만 주어진다면, 초월성은 경건한 자들을 결합한다. 지식을 주고, 네겐트로피적이며, 가상적이거나 상징적인 이 헛된 아교는, 지나가는 길에 생명과 마을을 황폐화시키고 파괴하는 엔트로피적인 단계의 힘으로 어느 날 변질될 수 있지만, 그것은 오랜 시간 동안 잠재적이고 진정되고 악의 없는 것처럼 보인다. 그러나 무엇보다도, 우리는 누가 이 뛰어남, 이 명성, 이 지명도, 이 명망을 누가 보류하고, 누가 부여하고, 누가 받는지——신, 우리의 지배자, 당신, 나⋯⋯?——알지 못했다 ⋯⋯ 아무튼 이 빛이 얼마나 오랫동안 가상적으로 남을지, 언제 그것이 무서운 사이클론으로 변질될지 깨닫지 못했다.

우리는 그 모든 것을 변화시켰다. 우리는 저 가상적인 것을 만들기 위한 실제 유리와 플라스틱 재료로 도구를 구성했다. 그것은 보류하고, 그려내고, 분배하는 사회 형성 기계다——분명히 이미지를, 또한 매개를 통해, 영광을. 영광은 관리자가 어제 그들의 마음대로 켠, 성단소에서 우리와 마주하는 불빛으로 우리를 현혹한다. 그들의 기계는 3백 명의 가상의 사교회를 3천만 명의 다른 사교회로 변질시킨다. 그들은 규모를 변화시키고 가상의 상징을 원대한 에너지로 전환시키는 거대하고 새로운 힘을 보유한다. 이미 강력한 어떤 사람이 그것들 안에서, 그것들과 함께, 그것들을 통해 말한다면 그는 세계를 점화하는 것이다.

이제 하나의 의식만이 있다. 이 기계에 의해 생산된 그 하나는 도처에 보이며 다른 모든 것들을 대체한다. 성단소에는 이제 오직 한 명의 사제만이 존재한다. 그것은, 아마 반어법으로, 우리가 '렌즈'l'objectif라고 부르는 구멍인데, 그것이 오직 주관적이고 집단적인 기능만을 하기 때문이다. 이것이, 다시 한번 우리에게 다른 행사는 없는 이유다. 우리는 이제 하나의 의식만을 지켜볼 뿐이며, 이것을 매일 본다.

종교

레오폴 세다르 셍고르와 그의 믿음을 추모하는 어제의 미사에서 신봉자들은 성만찬의 신비 앞에 함께 모였다. 제단 앞에서 사제는 눈을 감은 채 우리와 마주 서고 몸을 숙이며 저 초월적인 변절을 지켜봤다. 동일한 제단 앞에서 카메라는 빛으로 우리를 현혹하며 일련의 저 내재적인 초월성을 만들어냈다.

우리는 종교를 변화시키고 있는가? 오직 하나만이 존재한다, 바로 텔레비전이다. 보편적인 그것은 다른 모든 것을 없앤다. 그것은 의식을 독점한다. 낮과 밤에, 우리는 텔레비전 수상기를 켜서 우리의 기도가 방송 사회자를 향하도록 하며, 그의 얼굴은 우리가 가상적으로 모였을 때 우리를 향한다. 가톨릭의 행사는 개신교 예배로 계승되었는데, 그곳에서 목사는 출석한 사람 중 몇몇에게 한 명씩 차례로 말하도록 한다. 이 의식은 모든 토크쇼의 모델이 된다. 그것은 분명 의식에 관한 문제다——그리고 종교에 관한 문제다. 추기경과 사제는 이곳 생 제르맹 데프레 대성당에서 신의 부재를 증언한다. 텔레비전 관리자는 모든 것의 부재를 증언한다. 존재하는 그들 각각은 두 전능함의 부재를 나타낸다. 동일한 성단소의 이 두 사제는 서로 대립되는가? 우리는 모든 영광이 주어진 부재한 초월성Gloria in excelsis Deo과 …… 그 영광을 만들고 획득하고 지키기 위해 폭력에 빠져 있는 세계의 신음 중에서 선택을 해야 하는가? 우리는 전자의 자애로운 무력감 앞에 절하거나 용서

없는 우리 자신의 전능함 앞에 절한다.

더 나은 것이 있다. 우리 눈앞에서, 성소와 그들이 조종하는 대상에 의해 두 목사를 물리적으로 구분할 수 있기 때문에, 우리는 더 이상 사회적 종교를 신에 대한 믿음으로 착각할 수 없다. 마지막으로, 위대한 날이 있다. 누구도 우리를 속이지 않고 우리는 더 이상 자신을 기만할 수 없기 때문이다. 어제 우리는 함께 모여 다시 한번 교회와 정치, 신성한 신비주의와 집단적 의식의 위대한 분리를 축하했다. 종교의 사회학의 종말이다.

순수한 종교에 대한 두 가지 비평

계몽주의 시대에 시작하여, 실험적인 과학은 점진적으로 그러나 완벽하게 종교로부터 별, 지구, 생물체의 모든 기원을 제거하였다. 천체 역학, 천체 물리학, 지질학, 화학, 자연사, 생물학…… 이 모든 것들은 세계에 대한 설명을 종교로부터 양도받았다. 게다가, 이러한 과학의 효율성은 수단의 개선이거나 이른바 이런 전통에서 일어나는 드문 기적이었는데, 여기에 기계가 결합되었다. 그러나 그것들을 거의 없애 버린 이 중대한 비평은 집행유예가 되었다. 신념은 그 위대한 이야기 속에서 묘사된 예측이나 원인과 더 이상 아무 관련이 없다. 이 텍스트의 글자에 매여 있는 번역가들은 시간과 명성을 낭비하고 경기에서 지고 있는 것이다. 다른 이들은 과학적 합리성에 대해 우려하지 않고 신에게 기도한다. 때론 그것을 실행하기조차 한다.

두번째 비평은 신앙심 깊은 사람들과 그들의 의식을 집단적인 기능으로 기꺼이 격하시킨 인문과학에서 유래한다. 신은 도시를 통합하고 그들의 신화는 인간의 영혼을 형성한다. 첫번째 비평보다 더 무서운 사실은, 이것이 심지어 많은 목사를 그들의 신념을 희생하여 심리학자나 사회학자가 되게 하는 개종에 성공했다는 것이다.

그러나 엔트로피적인 단계에서 기능하는 도구로서의 사회과학과 동일한 관계를 유지하는 이 새롭고 지식을 주는 기계의 존재와 기능이 자연 과학과 관련이 있다고 내가 진정으로 언급한 적이 있던가? 우리는 특정한 기술이 사회-형성 기계로 기능한다는 사실을 이해하는가? 작업장의 원치는 무게를 지탱한다. 자동차의 에너지는 지평선 너머로 인간을 옮길 수 있다. 소통의 도구는 집단과 그 숫자, 그 자신의 에너지를 만든다.

이렇게 텔레비전은, 내가 말했던 것처럼, 모든 의식을 빨아들인다. 모든 이들의 가상의 결합은 존재하지 않는 방송 사회자 앞에서 달성된다. 사회적인 것에서 유래하거나 비롯된 모든 것들, 그것을 표현했고, 구체화했고, 가열했고, 변형시켰고, 심지어 학습한 모든 것들, 즉 종교·스포츠·연극·영화·책·교습·사법재판·정치의회·모든 종류의 모임은 …… 이제 텔레비전을 거치고, 텔레비전에 의하지 않고는 더 이상 존재하지 않으며, 텔레비전을 통해 재순환하고 …… 그것은 모든 것을 누군가로부터 모두에게로 변질시킨다. 그것은 모든 사람들과 관련되는 모든 것을 전유하는데, 무엇보다, 다수에게 실존 그 자체와 동일한 것으로 설명되는, 모든 사람 앞에서의 실존, 그리고 바로 모든 사람의 실존을 전유한다. 사회적으로 말하면 그것 없이는 아무것도 존재하지 않고 궁극적으로 사회 자신조차 그렇다. 그것은 사회의 견해를 반영하기보다는 그것을 창조한다. 그것은 사회를 비추기보다는 사회를 주조한다. 그것은 사회가 된다. 후자는 흔히 가상의 존재만 갖고 있기 때문에, 때때로 전쟁이나 다른 폭력으로 그것을 구체화하는 위험을 무릅쓰고라도 이 가상기계는 도처에서 그것을 만든다.

그것이 사회과학을 교육받은 지식인에게 유발한 화해할 수 없는 증오는 어디에서 온 것인가. 기계는 전문화의 영역을 차지하고 그것을 거대한 기운으로 증식시킨다. 그것은 무한하게 울려 퍼지는, 활동하는 사회학이 된다.

그것은 자신의 일부를 모두에게 분배한다.

이렇게 만일 이 새로운 기계로부터 독립적이고, 그것 없이 존재할 수 있는 어떤 사람이나 어떤 것이 남아 있다면, 그것이나 그 사람은 분명 사회적인 것이 아닌 기능을 담당한다. 그들은 진정으로 사회를 떠난다. 어려운 문제에 대한 고독한 명상과 상세한 이해, 언어에 대한 힘들고 희귀한 작업, 문화적인 횃불의 비밀스런 통과, 정의와 인간성이 넘쳐 나는 사적인 몸짓, 친구 무리와 벽 오르기 …… 잠시 우리는 텔레비전이 오랜 시간 몰두하는 수학자의 탐구를 몇 시간 동안 보여 준다고 가정할 수 있는가. 기도하며 시간을 보내는 어느 트라피스트^{Trappist} 수도사의 조용한 하루, 세상의 연인들만의 루아르^{Loire}를 따라 걷는 끝없는 산책은 어떤가?

일반적으로 의식에 적용되는 것은 모두 텔레비전에 보인다. 우리는 더 이상 착각할 수 없다. 나머지는 의식으로 통용될 수 없다.

두번째 유예는 어디서 비롯되는가. 이렇게 이 기계들은 집단으로부터 종교심이 깊은 자들을 걸러 내고 사회화할 수 없는 잔여물이 나타나게 한다. 그 결과로서 이제부터 누구도 그것이 집단에서 차지하는 결정적인 역할과 그들의 만장일치를 의심할 수 없는 초월성이 등장한다. 관중을 빛에 잠기게 하는 굉음에 이어, 신부는 미사를 집전한다. 누구를 위해서? 헤드셋과 카메라는 모두를 위해서 집전한다. 그리고 신부는 모든 사람이 아니라면 누구를 위해서인가? 견고한 이해관계를 가진 이 결합의 바깥에 존재하는, 타인의 부재로 고통받고 그에게 기도하는 가장 희귀한 사람들을 위해!

그들의 비평 덕분에 자연과학은 세상을 설명할 책임으로부터 종교를 구제한다. 새로운 가상적 상징 기계가, 인문과학이 종교를 비평하기 위해 그들을 압도하는 사회적 무게로부터 그들을 구제한다. 이 두 개의 필터가 종교를 정화한다.

그것은 무엇을 보여 주는가? 어떤 신비주의자도 비합리적인 것으로 묘사하지 않는 직접적인 경험이다.

2002년 1월 30일~2월 1일

3장

군중 정치

'포풀루스 로마누스'의 신화

조이 코널리

영화 속의 로마 군중

로마 군중이 영화 속에서 재현된 이래로, 영화 속 한 상징적 순간은 고대 로마의 군중 정치를 재현하려는 나의 탐구에 유용한 시각적 대응물을 제공한다. 남북전쟁의 북부연합 장군 루 월리스$^{Lew Wallace}$가 1880년 발표한 인기 소설을 원작으로 한 다음의 영화 장면을 머릿속에 그려 보라. 말과 사람들의 날뛰는 무리 속에서 찰턴 헤스턴이 백마 네 마리가 끄는 이륜 전차 위에 서 있다. 그는 갈색 가죽 튜닉 위에 다윗의 별 모양의 금속 목걸이를 걸고 있고 그 위에 이스라엘 국기의 푸른색을 띤, 어깨를 덮는 직물 조각을 걸쳤다. 헤스턴은 유대인 귀족 유다 벤허를 연기하고, 흑마와 한 팀을 이룬 라이벌인 스티븐 보이드(메살라 역)는 로마 식의 보라색과 황금색 의복을 걸쳤다. 두 남자는 불타는 눈길을 주고받고, 때마침 우리는 대중이 헤스턴에게 환호를 보내는 것을 본다. 점잖고 염세적인 본디오 빌라도 역의 프랭크 스링은 손수건을 떨어뜨려 경주의 시작을 알린다. 말들이 문 쪽에서 뛰어 오른다. 소리치고, 서로 떠밀고, 땀에 젖고, 예복을 입었으며, 턱수염을 길렀고, 베일로 가린 군중들이 미쳐 가는 모습을 카메라가 보여 준다.

윌리엄 와일러^{William Wyler}의 1959년 작 「벤허」^{Ben Hur}의 클라이맥스인 고전적 전차 경주는——공동작가인 고어 비달이 적절하게 "영광스러운 쓰레기"라고 칭하는——군중 장면이다. 그 자체로, 이 영화는 로마를 주제로 한 20세기의 주요한 미국 영화의 전형이다. 가장 널리 알려진 것으로는 D. W. 그리피스^{D. W. Griffith}의 무성영화 「인톨로런스」^{Intolerance, 1916}, 헨리 코스터의 「성의」^{The Robe, 1953}, 스탠리 큐브릭의 「스파르타쿠스」^{Spartacus, 1960}, 루벤 마물리안^{Rouben Mamoulian}의 「클레오파트라」^{Cleopatra, 1963}, 앤서니 만^{Anthony Mann}의 「로마제국의 멸망」^{The Fall of the Roman Empire, 1964}과 리들리 스콧의 「글래디에이터」^{Gladiator, 2000}가 있다. 미국 영화 속의 로마 군중은 특별히 근대의 영화 관객의 적절한 대리인이다. 영화관에 앉아 있는 관객을 거울처럼 비추고, 관객은 이교도의 쇠락이나 로마제국 황제의 장엄함을 나타내는 경기와 행진, 다른 구경거리를 멍하니 바라본다. 이것은 물론 확장적으로 소비자 주권주의의 쇠락과 미국 관중문화의 자본주의적 장엄함을 나타낸다.

1950년대 말과 1960년대 초, 로마를 테마로 한 영화 제작이 급증한 것은 여러 요인에서 비롯되었다. 총천연색^{Technicolor} 기법과 다른 영화기술의 발전, 냉전의 서사적 갈등을 무대에 올려 줄 웅장한 이야기에 대한 요구, 유대교와 공산주의와 연관되었다는 오랫동안 지속된 편견을 지우기 위해 할리우드가 보여 준 기독교의 독실함에 대한 호소, 영화에서 관능적으로 호소하는 육체를 보여 주는 것을 금지하는 법적·사회적 제약을 무너뜨리려는 노력과 같은 것들이다.[1] 여기에 더해, 20세기 내내 사회이

---

1 마리아 와이크는 '칼과 샌들'의 영화를 통찰력 있게 분석한다(Maria Wyke, *Projecting the Past*, New York: Routledge, 1997). Sandra S. Joshel, Margaret Malamud and Donald McGuire Jr. eds.,

론 연구와 이에 대응하는 언론은 복지국가에서 미국 식의 대중문화가 부상하는 것을 로마의 폭도 정치와 도덕적 타락——군중은, 그들이 가진 모든 이질적이고 무질서한 빈곤으로서 문화적으로 형상화하기에 적합한 주제였다——에 견주는 경향이 존재했다.[2]

「벤허」와 같은 영화들은 베르나르 드 클레르보[Bernard de Claivaux]의 『변명』[Apologia] 식의 표현으로 이야기하는데, 그것은 영혼을 섬뜩하게 만들면서 또한 상상력을 자극하는 언어로 가톨릭 교회의 아름다운 조각상과 사치스런 장식을 비난한다. 그들의 로마 군중은 금지된 것——혼혈과 이단적 종교 관행, 성적 자유, 도가 지나친 수준의 물질적 소비수준——에 대한 호소를 구현한다. 그러나 이런 것들이 '금지된' 것들이긴 하지만, 또한 미국의 예외주의와 성공의 이야기——최소한의 계급 구조, 인종과 성별 개혁의 정치, 그리고 이러한 것들의 자본주의적 에너지——의 심장부에 있는 동력이기도 하다. 시간과 공간, 문화의 차이 덕분에 할리우드의 로마 군중은 폭민 정치에서 다문화주의의 감염에 이르는, 민주주의의 결과에 대한 미국 관객들의 두려운 일별을 떨쳐 버리게 하고, 동시에 그들을 영광스러운 제국적 포퓰리즘에 대한 동일시로 기쁘게 만든다.[3]

Imperial Projections: Ancient Rome in Modern Popular Culture, Baltimore, Md.: Johns Hopkins University Press, 2001의 일반적인 논의도 살펴보라.

2 Patrick Brantlinger, *Bread and Circuses: Theories of Mass Culture as Social Decay*, Ithaca, N.Y.: Cornell University Press, 1983을 보라.

3 이러한 동일시는 문화 비평의 동일한 재현적 틀에서 작용하는, 대중적 풍자의 이해관계에도 기여한다. 『어니언』의 「의회는 빵과 서커스에 40억을 승인한다」라는 제목의 기사는 워싱턴 D.C.의 캐피털힐(Capitol Hill)과 로마의 일곱 언덕 중 하나인 카피톨리네 언덕을 혼동시키는 영화적 모티프를 사용한다. 로마의 영광에 대한 패러디는 정치와 오락을, 그리고 중심부의 소비중심의 과잉과 미국의 (가상적인) 제국적 군사력의 무지한 적용을 연계한다. "클린턴 대통령은 백악관의 보라색 천으로 드리워진 발코니에 서서, 기다리고 있던 군중들에게 법안이 통과됐다는 소식을 전했다. …… 수천 명의 구경꾼들이 참가한 행렬은 엑조세(Exocet) 미사일의 전시가 특징이었고, 대형을 이뤄 비행하는 여러 대의 스텔스

정치적으로 말하면, 영화 속의 로마 군중은 간접적이고 보다 은밀한 기능을 제공한다. 미국은 건국 이래로 스스로를 로마, 특히 로마 공화정의 정치사상과 관행의 유산의 일부로서 칭해 왔다. 할리우드의 로마 군중은, 대중적인 공화주의의 의지에 대한 미국적 환상──즉 혼란스런 자발성과 예측 불가능성의 대중 경험이 있은 뒤에 법에 대한 복종이 발생한다는 환상──의 징후다. 여러 면에서 '이국적'으로 보이는──예복을 입고, 턱수염을 기르고, 얼굴이 가무잡잡하고, 문화적으로 이질적인──군중은 이상적으로 일반화되고 감각적이고 구체화된 대중이다. 그러나 그들은 알게 모르게 압제적인 질서에 물들고 포함된 대중이다. 언뜻 보기에 군중을 특징짓는 다수성과 다양성은 플롯과 카메라 연출의 장치를 통해 통일된 인상 앞에 굴복하는데 그것은 의복과, 로마의 카리스마적 권위에 대한 단역들의 세심한 주의에서 명시된다. 카메라는 그들의 감정의 집단적 표현을 자세히 보여 준다. 고함과 한숨은 함께 발산된다. 난색暖色과 보석색의 예복, 튜닉, 턱수염과 베일은 제복과 유사하다. 모든 사람들은 동일한 언어를 사용하는 것처럼 보인다. 가장 중요하고, 또 눈에 띄게도 「벤허」의 여러 장면에서 대중은 총독이나 황제의 권위에서 나오는 아주 작은 몸짓

전투기, 저명한 군사 지도자 집단, 상원의원과 관료들, 무용수와 불을 먹는 마술사와 곡예사가 있었다. …… 행렬의 뒤에는 붙잡힌 수십 명의 범죄자와 세르비아 전쟁 죄수가 있었는데, 그들이 쇠사슬과 수갑의 무게에 못 이겨 느릿하게 터벅터벅 걸을 때마다 간수가 그들을 매질했다. 대규모의 행렬에 이어 국가가 후원하는 잔치가 캐피털 몰에서 열렸고, 햄버거와 핫도그, 브라트부르스트, 감자 샐러드, 라이트 맥주, 오렌지 탄산수, 시트 케이크와 같이 미국인들에게 사랑받는 맛있는 음식의 엄청나게 많은 양이 황홀경에 빠진 거대한 군중에게 무료로 제공되었고, 그들은 폭식하며 실컷 먹었다"(1999. 8. 19). "빵과 서커스"라는 구절은 원래 1세기의 풍자시인인 유베날리스가 사용했다. "한때 명령과 집정관의 임무, 군단과 그 밖의 모든 것들을 맡았던 사람들은, 이제 자신을 억누르고 근심스럽게 오직 두 가지만을 희망한다. 바로 빵과 서커스"(nam qui dabat olim imperium fasces legiones omnia, nunc se continet atque duas tantum res anxius optat, panem et circenses[Juvenal, *Satire*, vol.10, lines.77~80]).

에도 재빠르게 복종한다.[4] 로마인인 메살라와 유대인 왕자인 벤허의 팬들은 로마 총독의 거만한 응시 속에서 함께 고개를 숙인다.

이것은 부분적으로 영화의 자기광고다. 단역 무리는 영화 산업의 대규모의 성공적인 조직을 나타내는 징후다. 컴퓨터로 만들어지는 배경이 등장하기까지, 로마 영화 유명세의 일부는 그것이 만들어 낸 통계학, 즉 '수천 명의 출연자들'이었다. 대중이 나란히 일하는 것은 그들을 순응적이고 규칙을 갈망하기조차 하는 통일체로 그리는 정치적인 대본이며, 그것이 기독교에 대한 강제적인 호소 때문이든(「벤허」, 「쿠오 바디스」, 「성의」 등의 경외심을 가진 군중에서 증명되듯), 부와 권력의 웅장한 과시에 의한 것이든(「벤허」와 「클레오파트라」에서처럼), 「글래디에이터」의 막시무스의 유사 공화주의적 과두정치의 권위에 의한 것이든, 혹은 이 셋의 어떤 혼합에 의한 것이든 그렇다. 분명 기꺼이 지배당하려는 특성을 가진 군중을 보며, 키케로는 그의 후기 대화록『법에 관하여』*De Legibus*에서 잘 산 인생은 자신의 의지에 따라*sua sponte* 법에 복종하는 것임을 알게 된 삶이라고 주장했다. 그들의 획일성은 열정적이며 자발적이다. 그리고 그들의 복종은 절대적이다.

나는「벤허」를 로마의 텍스트에서 나타난 대중의 재현과 유사한 유용한 것으로 묘사했는데, 대중 현상을 다룬 이 책에 대한 내 기여가 다소 이례적이라는 사실을 처음부터 인정해야 한다. 글의 대부분에서 나는 로마 군중이 로마의 텍스트에서 군중이 아닌 것—즉, 동질적이고, 통일되고, 지배자에 순종적인 것으로—으로 재현되는 방식을 탐구할 것이다.

---

4 전차 장면은 많은 예시를 제공한다. 또한 로마의 개선식에서 티베리우스의 보일 듯 말 듯한 몸짓에 반응하는 거대한 군중의 고함과 침묵의 주기에 주목하라.

또한 대중이 폭력적일 때도 이것은 상류층의 이익에 기여한다. 로마 이야기는 서양 문화 속 대중의 역사의 일부이다. 그러나 그것은 로마 공화국에서 영감을 찾고자 하는 대중적 주권의 이론가들에게 '인민'이라는 개념의 가능성을 보여 주는 중대한 부분이라고 생각한다.

왜 로마인가?: 아렌트에서 카네티까지

대중과 정치라는 단어의 조합으로 떠오르는 근대성의 많은 이미지 가운데 1789년 7월 14일이 크게 다가온다. 라 로슈푸코 리앙쿠르 공작이 루이 16세에게 바스티유에서 그의 친위대가 파리 대중에게 항복했음을 알린 그날 저녁이다. 왕이 "이것은 반란인가"라고 물었다고 추정된다. 리앙쿠르는 "아닙니다, 폐하. 이것은 혁명입니다"라는 유명한 대답을 했다. 그들의 대화를 인용한 뒤에, 한나 아렌트는 다음과 같이 썼다.

> 우리는 행진하는 다중을, 그리고 그들이 어떻게 파리의 거리로 불쑥 튀어나오는지를 여전히 보고 들을 수 있고, 이후 그곳은 여전히 한낱 프랑스만의 수도가 아니라 문명화된 모든 세계의 중심지였다. 위대한 도시들의 대중의 격변은 자유를 갈망하는 사람들의 봉기와 떼려야 뗄 수 없게 혼합되었고, 둘 다 모두 그 숫자의 완전한 힘으로 인해 저항할 수 없는 것이었다. 그리고 백주에 처음으로 등장하는 이 다중은 실로, 지난 모든 세기가 암흑과 부끄러움 속에 숨겨 놓았던 가난한 자와 짓밟힌 자로 이루어진 다중이었다.[5]

아렌트는 미국과 프랑스의 공화주의 혁명 사이의 결정적인 구분은 그들의 지도자가 품은 대중에 대한 관점의 차이에 있다고 주장한다. 루소의 사상은 프랑스 혁명론자들을 이끈 미래상으로, 오직 수적인 의미에서만의 다중, 물질적 필요에 의해 움직이고 하나의 의지로 움직이는 대중을 제시했다. 미국의 건국자들은 이와 반대로, 새로운 미국의 국민을 단일한 독립체로 보기를 거부했다. 그들에게 '인민'people이라는 단어는 "바로 그 복수성으로 인해 장엄함을 갖는, 다중의 끝없는 다양성"의 "다수의 의미"를 간직했다(OR, p. 93). 그러나 혁명 후의 권력은 상호주의와 신뢰—정치적 안정과 성장의 극도로 빈약한 기반—를 토대로 한 공적 연합과 계약을 통해 대서양의 양쪽에 생성됐다. 공화제의 법은 인민의 권력에 기대 존재하지만, 인민은 변덕스럽고, 예측 불가능하며, 불안정한 독립체다. 결과적으로 인민 자신보다 위에 있고 떨어져 있는 권위의 원천으로서, "신을 진정으로 필요로 할 것이다"il faudrait des dieux(OR, p.184).

아렌트의 『혁명론』에서는 근대성에 대한 로마의 가치를 수행적인 정체performative constitution, 즉 결코 성문법의 형태를 취하지도 신이나 자연법과 같은 절대적인 것에 호소하지도 않는 정체의 발명에서 찾는다.[6] 로마인들은 인민의 주권을 "고대 로마의 종교와 전통과 권위의 삼위일체"—중대한 점은 그것이 절대적이지 않다는 사실이다—에 근거를 둠으로써 정통성의 문제를 해결했다. 그것은 반복적인 수행 속에서 시각적 형태가 주어지는 물질적인 힘이며, 수행은 언제나 우연적이다. 이런

---

5 Hannah Arendt, *On Revolution*, New York: Penguin Books, 1963, p.48. 이후 *OR*로 축약한다. Simon Schama, *Citizens*, New York: Vintage Books, 1989, p.8도 보라.
6 나는 아렌트의 글에서 나타나는 수행적인 것에 대한 강조를 통찰하는 데 있어 다음의 글에 빚졌다. Bonnie Honig, "Declarations of Independence: Arendt and Derrida on the Problem of Founding a Republic", *American Political Science Review*, vol.85, no.1, 1991, pp.206~210.

수행의 역동적인 에너지는, 전통적 권위를 성장과 보존과 함께 묶어 주는 제국의 확장 속에서 명확하게 드러난다. "로마 원로원, 또는 로마 공화국의 아버지는 조상들을 상징했기 때문에, 좀더 정확히 말하면 환생시켰기 때문에 권위를 가졌고, 조상들이 정치체에서 권위를 가질 자격이 있는 것은 그들이 정치체를 건설했다는 점에서만이다."[7] 아렌트의 설명은 로마 교육의 수사학과 웅변술이 펼쳐진 중심 장소에서 명백하게 드러나는, 정치와 수행에 대한 로마 사상의 정수를 포착한다. 그러나 모든 단계에서, 아렌트는 이런 수행적인 기획을 대중이 아닌 원로원 계급에 의해 지지되고 구현되는 것으로 본 것이 분명하다. 군중이 당대의 역사·편지·연설에서 중요한 역할을 하지만, 공화정에 대한 아렌트의 설명과 군중은 관련이 없다. 이러한 설명이 역사상의 로마에 관한 진실에 얼마나 근접해 있는지가 내가 답하려고 하는 문제 중 하나이다.

첫째, 귀스타브 르 봉이 말한 진정한 '군중의 시대'인 근대성에 집중하는 대신 이 책에서 로마에 대한 에세이를 씀으로써 무엇을 해결하는지를 설명하는 것은 가치 있는 일이다. 우리는 오늘날 로마적 순간이라고 정확히 명명될 수 있을 순간에 놓인다. 미국의 건국자들은 행정부의 권위에 대한 더 큰 존경심, 혹은 두려움으로 향하는 여론의 진자의 움직임에 구속되는 대중성의 부활을 즐기고 있다. 미국과 영국 일부에서는 공공연하게 로마를 제국의 모델로 생각한다. 일부는 공화국 시민의 무지한 수동성에 대한 아렌트의 공격에 공명하는데, 이것은 로마 대중의 복종이라는

---

7 아렌트는 여기에 마키아벨리(Machiavelli, *Discourses*, 1.6, 2.2~3)를 끌어온다. *OR*, p.202를 참고하라. "건국과 보존이 동시에 확대의 힘으로 이뤄졌다는 생각은—완전히 새로운 뭔가를 시작하는 '혁명적' 행동과, 수 세기에 걸쳐 이 새로운 시작을 보호할 보수적인 관리가 상호 연결되어 있다는—로마의 정신에 깊숙이 뿌리박혀 있었고 로마사의 거의 모든 시기에서 확인할 수 있다."

덕망 있는 관습에 대한 그녀의 환상을 근대성으로 왜곡한 것이다. 철학자들은 로마와 로마 이후의 자유와 애국심에 대한 개념을 부활시킨다. 이론가들은 복수의 다중의 자치를 목표로 하는, 새롭고 전 세계적인 '공화주의적 이상주의'republican utopianism를 숙고할 때 로마의 이름을 환기한다.[8] 지금이 유럽의 첫번째 공화국에서의 다중을 재검토하기에 적당한 때다.

내 목표는 공화정을 구성하는 웅변술과 선거, 입법의 영구적인 수행——특히, 군중이 선출된 정무관의 연설을 듣기 위해 모인 콘티오네스contiones라고 불리는 비공식적인 대중 모임——속에서 군중의 장소를 정의하는 것인데, 시기상 공화정이 율리우스-클라우디우스 제정에 길을 내주기 전의 마지막 몇 십 년인 기원전 1세기 중반 무렵으로, 대부분의 증거 자료들이 이용 가능하다. 특별히 나는 와일러의 「벤허」 장면에서 제기된 재현의 문제에 집중할 것이다. 그것은 군중을 다양성으로 보는 개념과 단일성으로 보는 개념을 오가는 진동이고, 로마 공화국 말기에 합법적 정치로 간주되는 경계의 바깥에 군중을 효과적으로 배치하는 진동이라는 것을 보여 줄 것이다. 이것은 근대 민주 공화정의 군중 정치에도 반향을 일으키는 국면이다.

---

8 "공화주의적 이상주의"는 Michael Hardt and Antonio Negri, *Multitude*, New York: Penguin Books, 2004, p.354의 구절이다. "The American Revolution and the Model of the Two Romes", *Empire*, Cambridge, Mass.: Harvard University Press, 2001, pp.179~181의 그들의 관련된 논의도 살펴보라. 정치사상에서 공화주의의 부활에 대해서는, J. G. A. Pocock, *The Machivellian Moment*, Princeton, N.J.: Princeton University Press, 1975; Quentin Skinner, *Liberty Before Liberalism*, Cambridge: Cambridge University Press, 1998; Maurizio Viroli, *For Love of Country*, Oxford: Oxford University Press, 1995; Philip Pettit, *Republicanism*, Oxford: Oxford University Press, 1997과 전개에 대한 중대한 개론인 John P. McCormick, "Machiavelli Against Republicanism", *Political Theory*, vol.31, 2003, pp.615~643을 보라. 나는 'republic'이라는 용어를 'res publica'처럼 로마와 로마 후기의 의미로 사용한다.

근대인으로서 우리는 로마법과 사람에 대한 법적 개념 발달의 부분적 유산인 고도로 개인주의적인 시민권 개념에 찬성하며, 이것은 서양의 부유한 국가들의 영미식 자유주의적 개인주의와 소비 자본주의의 우세로 지지된다. 동시에, '나는 민주주의를 신뢰한다'라고 의미 있는 방식으로 말하는 것은 분명 '나는 다른 사람들이 민주주의를 신뢰한다는 사실을 믿는다'라고 암시하는 것이다. 정치적 주체의 원천이자 이를 지속시키는 시민권은 궁극적으로 공동의 경험이고, 시민권의 근대적 수사는 대중적 주권——현재는 우리가 대중적 이데올로기의 헤게모니라고 부른다——의 중심개념을 반복해서 말한다. 국가 공동체는 "우리 인민^{the} People 은 …… 미합중국의 헌법을 규정하고 수립한다"라는 유명한 개시 선언의 하나의 문법적인 주어다.[9] 시민 의식의 두 힘인, 자아와 공동체는 쉽지 않은 균형 속에 존재한다. "다수로부터 하나로"^{e pluribus unus}, 원래 베르길리우스가 그의 시 「모레툼」^{Moretum}에서 샐러드와 유사한 지역 음식에 대해 쓴 구절처럼 말이다. 미국의 건국 자료와 물질 문화에서 로마는 베르길리우스의 구절과 같은 것들을 이용해 하나의 모델로 칭해지는데, 공화국은 인민의, 인민에 의한, 인민을 위한 정부라는 것이다. '인민'이라는 구절이 불러일으키는 이미지가 대중이나 군중이 아니고 무엇인가?

그러나 정치 공동체에 자신들의 분명하고 살아 있는 형태를 부여하는 대중은, 근대성에서와 마찬가지로 고대성에서도 또한 미심쩍은 것이다. 통제 불가능한 이질성, 병폐, 그리고 예측 불가능한 폭력을 환기시키

---

9 'the People'이라고 대문자를 쓴 것은, 소문자를 사용한 그 분신이 발생시키는 차이라는 위험한 위협으로부터 그 단어를 방어하기 위해서 고안되었다. 'People'이 배타주의적인 민족주의적 연상(peuple, Volk)에 의해 곤란함을 겪고 있는 것처럼, 'people'의 여러 국부적인 의미는 'People'의 연합된 전선을 상쇄시킨다. 인종과 혈족('내 사람들'), 종교('선택된 사람들'), 계급('우리와 다른 종류의 사람들') 등.

기 때문이다. 개인주의는 서양 문명의 갑옷이다. 대중은 여기에 이의를 제기하고 그럼으로써 문명 자체를 동요시킨다. 고대성의 많은 지적이고 미적인 전통은 이 관점을 반영한다. 그리스와 로마의 역사학자들은 단일 성에의 심취를 보여 주었는데, 특히, 대중의 움직임이 아니라 위대한 인간의 위업인 업적res gestae에 대해서 그랬다. 그리고 고대 예술에는 시각적 배경이 존재하는데, 거기에 예술가들은 다양한 조합의 개인들 대신 식별할 수 있는 일반적인 신분(군인, 성자, 노동자 등)을 가진 대중의 이미지를 그리거나 새겨 넣는다.[10] 다음은 아우구스투스의 제정 수립 반세기 후 스토아학파의 철학자인 세네카가 쓴 글이다.

> 지병으로 너무 약해져서 스스로에게 상해를 가하지 않고는 공공연하게 바깥으로 이동할 수가 없는 병자의 경우——영혼이 오랫동안 지속된 질병에서 회복되는 상태에 있는 우리도 마찬가지다. 다수multorum와 섞이는 것은 위험하다. 그들 중 우리에게 악을 권하지 않고, 우리에게 악을 날인하지 않고, 우리를 더럽히지 않으며, 우리만큼 순수한 사람은 하나도 없다. (*Moral Epistles*, 7.1~2)

세네카는 군중을 정확히 내적 다양성과 부와 재능의 자연스런 불평등에 대한 편협한 반응으로서 발달하는 외곬의 횡포로 정의하는 고대의 철학적 전통의 일부다. 그가 네로 제정하의 1세기 중반에 그의 철학적 서한을 썼다는 사실이 중요한데, 그의 작업이 제국의 문학적 재현에 있어서

---

10 Jeffrey T. Schnapp, "The Mass Panoroama", *Modernism/Modernity*, vol.9, no.2, 2002, pp.243~281.

의 전환점을 징후적으로 나타내며 이것에 의해 공화주의 군중의 정치적 정당성이 전략적으로 망각되기 때문이다. 일단 로마 집회의 입법 권력이 아우구스투스와 그의 왕조 계승자들에 의해 침해되자, 세네카의 서한과 같은 글들은 대중을 공적 불안의 장소로 묘사하던 고대 귀족의 이야기를, 새로운 고급문화 속에서 개인의 붕괴의 매개체로서의 대중의 이미지로 대체하기 시작했다.

쇠락하는 제국에서 빵과 서커스에 열중하는 폭도의 이미지가 갖는 도덕적 영향의 일부는 그것이 공화주의적 군중의 추한 형태라는 사실인데, 공화주의적 군중은 한결같이 덕망 있지는 않다 하더라도, 그래도 뿌리 깊은 시민 참여의 덕과 연관된다. 이것이 에드워드 기번이 제국의 쇠망에 대해 갖고 있는 상징적인 이미지다. 로마 군중은 "공적 용기"의 관습으로부터 결국에는 "빵과 공공의 쇼만을 요구하였고, 두 가지 모두 아우구스투스의 후한 손길에 의해 제공됐다".[11] 초기 근대성의 인문주의와 공화주의의 뒤얽힌 발전에서 미국 독립전쟁과 프랑스 혁명 시기의 로마적 상징, 이름, 제도의 채용에 이르기까지 인민정부와 귀족정부 사이의 이상적인 균형이라는 로마의 환상은 근대정치의 전망을 형성하는 데 일조했다.

로마는 그리스가 아니다. 여기에 그 미덕이 있다. 니콜로 마키아벨리는 로마를 훌륭한 모델로 여겼고 아테네를 현혹적인 실패작으로 간주했다. 토머스 모어Thomas More와 제임스 해링턴James Harrington은 그리스의 이름과 명칭을 자신들의 유토피아적인 정치 소책자와 그 밖의 것들에 약간

---

11 Edward Gibbon, *The Decline and Fall of the Roman Empire*, 1.2, New York: Modern library, 1932, chap.3.

채용했을 뿐이다. 토머스 페인^{Thomas Paine}은 아테네 집회의 다루기 힘든 소란을 비판했다. 순수하게 그리스적인 제도는 1700년대 후반의 미국과 프랑스 정체에 단 하나도 편입되지 않았다. 로마 공화국이 제공한 것은 견제와 균형의 모델 체계, 전쟁터와 가정 내의 미덕의 모범, 문화적 동일성에 의해 합쳐진 통일체의 미래상이었다. 하나의 정치적 환상으로서 로마는 엘리아스 카네티가 『군중과 권력』에서 묘사하는, 군중이 군사적 단위로부터 엄격하게 분리되는 개념적인 간극을 연계한다.[12] 몽테스키외는 1734년 이렇게 말한다.

> [로마 시민권을 반도의 거주자에게 개방한―인용자] 동맹시전쟁 이후, 로마는 더 이상 하나의 정신, 자유에 대한 하나의 사랑, 전제정에 대한 하나의 증오를 가진 사람들의 도시가 아니었다. …… 이탈리아 사람들이 로마의 시민이 된 후 각 도시는 로마에 인재와 그들의 특정한 이익, 어떤 위대한 보호자에 대한 의존을 위탁했다. 분산된 도시는 더 이상 완전한 전체를 형성하지 못했다. 시민은 단지 일종의 허구에 의한 것이었기 때문에, 또 그들이 더 이상 동일한 정무관과 동일한 벽, 동일한 신들, 동일한 사원, 그리고 동일한 묘지를 공유하지 않았기 때문에, 로마를 더 이상 동일한 눈으로 바라보지 않았고, 국가에 대한 동일한 사랑의 감정을 품지 않았고, 로마적 정서는 더 이상 존재하지 않았다. 야심 찬 자들은 온 도시와 국가를 로마에게 헌납해 선거를 교란하고 자신들이 선출

---

12 Elias Canetti, *Crowds and Power*, New York: Farrar, Straus, and Giroux, 1960, p.313. "군대에서 명령을 내려야 하는 사람이라면 자신을 모든 군중으로부터 자유롭게 할 수 있어야 한다. 현실의 군중이든 기억 속의 군중이든 말이다."

되게 만들었다. …… 사람들의 권위와 법, 심지어는 사람들 자신조차 환상적인 것이 되었고, 무질서가 너무 심각하여 사람들이 법령을 취했는지 취하지 않았는지 아는 것이 더 이상 불가능했다.[13]

조지 그로트George Grote와 존 스튜어트 밀John Stuart Mill의 연구가 로마 대신 덕망 높은 아테네를 근대 민주주의의 견고한 모델로 기능하도록 대체하기까지, 로마는 아테네와 그 급진적인 민주적 군중 정치에 대해 덕망 높은 우월함으로 비춰졌다.[14] 그러나 로마 공화국이 르네상스에서 계몽운동 시기까지 시민적 관행의 모델이라면, 그리고 오늘날에 다시 그러한 모델로서 이용 가능하게 되었다면, 그것은 서양의 정치사상의 전통이 로마 군중에 대한 전략적인 오해를 떠받치기 때문이다. 그러한 오해는 로마 정치에서의 군중 통제 행동에서 기원하는데, 이러한 행동은 로마에 대한 상류층의 지배와 정치적 담론에 대한 상류층의 전유를 자신들의 개념적 특성으로서 지속시키고, 인민의 지지를 보장하기 위해 고안된 것이다. '로마 인민'이라는 단어는 불가능한 재현 행위를 구성한다는 것을 알게 될 것이다. 이 구절은 완전히 공허한 기호는 아니지만, 영원히 부적절한 기호이다.[15] 대중은——그 어떤 재현 행위가 허용할 수 있는 것보다 언제

13 Charles de Montesquieu, *Considérations sur les causes de la grandeur des Romains et de leur décadence*, chap.9.
14 서양에서 아테네를 받아들인 것에 대해서는 제니퍼 로버츠의 연구를 보라. Jennifer Roberts, *Athens on Trial*, Princeton, N.J.: Princeton University Press, 1994. 그로트와 밀에 대해서는, Nadia Urbinati, *Mill on Democracy: From Athenian Polis to Representative Government*, Chicago: University of Chicago Press, 2002, pp.14~41을 보라.
15 나는 이런 생각의 계보를 라클라우의 글에서 얻었다(Ernesto Laclau, "Identity and Hegemony: The Role of Universality in the Constitution of Political Logics", *Contingency, Hegemony, Universality: Contemporary Dialogues on the Left*, London: Verso, 2000, pp.53~59).

나 더 크고 다양하여——그 자신의 헤게모니의 가능성을 말살시키는 것으로 보인다.

이제 엄밀한 의미의 군중 정치로 옮겨, 특히 콘티오^{contio}로 알려진 대중의 정치 모임과, 공화국 말기 거리의 격렬함 속에서 법 외적으로 존재한 그 대응물을 볼 것이다. 나는 콘티오에서 군중의 이데올로기적 구조——물리적 환경, 환영인사와 설득, 상호 관찰의 유형——가 어떻게 주권적 대중이라는 공화국의 신화를 만들었는지 설명할 것이다. 상류층의 손으로 쓰인 글들 속에서(현재 유일하게 이용 가능한 증거자료들이다), 대중의 폭동은, 실제이든 상상에 의한 것이든, 신화의 필수적인 요소라는 사실이 밝혀진다. 공화국 말기의 역사학자들과 연설자들이 폭력적인 군중을 상류층의 지배에 완전히 복종하는 단일성으로 재현한다는 사실이 곧 분명해질 것이다. 그러나 다양성으로서의 대중——그 역동성, 폭력, 불가지론적 특성, 그리고 차이——은 또한 상류층의 로마가 대중과 대면하는 데에 중심적인 역할을 수행한다.[16] 정치적 연설에 참석한 군중이 과거에 폭력적으로 변했다는 것과 또다시 폭력적으로 변할지 모른다는 사실은, 단지 대중 통제의 필요성에 대한 상류층의 믿음을 주입하는 데 그치지 않는다. 더 흥미로운 점은, 이러한 사실들이 폭력의 가능성을 대중의 정체성과 행동의 **실현 불가능성**의 징후로 나타냄으로써 또한 상류층의 지배에 복종하는 대중의 관습을 강화하는 것처럼 보인다는 것이다. 대중 정치의 소란에 대한 수사적인 가치 부여는, 합의와 복종의 언어가 그렇듯이

16 군중 '가치관'(values)은 하트와 네그리를 영향력 있는 예로 들 수 있겠다. 『다중』에서 그들은 수행적인 변형(p.199), 위기(p.348), 경계의 붕괴(p.350)를 찬양하고, 『제국』에서는 갈등과 내재성(p.180)을 찬양한다.

상류층이 쉽게 점령할 수 있는 부분이다. 시민의 갈등과 실현 불가능성의 수사는, 사실상 주디스 버틀러가 통일성과 목적론에 대한 후기구조주의의 비평 뒤에 숨어 있는 '비관론'이라고 칭한 것과 동일한 대중의 순종이라는 비참한 관습을 강화한다.[17] 그러나 출발점으로 삼았던 아렌트의 사고를 떠올려 보건대, 이것이 군중이 공화정의 전망과 무관하다는 사실을 의미하지는 않는다. 오히려 그 반대다. 마지막 부분에서 설명할 테지만, 군중의 역할은 상류층 지도자에게 박수갈채를 보내는 것을 넘어선다.

정치적 배경

정치적 정통성을 창조하고 지속하는 데 있어 정체성 형성이 차지하는 중요성에 관해서는, 지난 30여 년에 걸쳐 많은 글들이 쓰였다. 주로 현존하는 증거자료를 해명하기 위해 고전고대를 연구하는 사람들은 귀족적 정체성과, 상류층을 지배적인 주체로 받아들이는 사회적 논리 구조에 초점을 맞췄다.[18] 이런 구조는 로마의 교육적인 전문서적을 형성하는데, 한 예로서, 수사학과 웅변술의 교육과정을 담은 전문서적은 학생들에게 세상을 움직이고 설득하고 제어하기 위한 정신적이고 육체적인 훈련을 제공한다. 부유한 명문 가문의 로마인은 똑바로 서고, 단호한 발걸음으로 걷고, 권위를 갖춰 말하며, 자연스러운 우아함으로 움직인다. 결코 거만하지 않으며 언제나 자신감이 넘치고, 권력의 자격을 갖는 동시에 의무를 기꺼

---

17 Judith Butler, "Poststructuralism and Postmarxism", *Diacritics*, vol.23, no.4, 1993, pp.3~11.
18 Louis Althusser, "Ideology and Ideological State Apparatuses", *Lenin and Philosophy and Other Essays*, London: New Left Books, 1971, pp.129~131; Pierre Bourdieu, *The Logic of Practice*, Cambridge: Polity Press, 1980, p.69 참고.

이 받아들이며, 말과 모습 하나하나에서 세상의 모든 눈들에게 자신의 지위를 알린다. 이러한 것들이 최초의 '자유학문'liberales artes――자유인에게 적절한 학문――에 의해 형성된 이상적인 상류층 정치의 사안들이다.

　　로마 사람들 중에서, 로마의 원로원과 인민Senatus Populusque Romanus; SPQR의 두번째 지배 주체인 인민은 동전과 군기에서 무엇을 명시하는가? 상류층 로마인의 수사적 교육이 개인의 행동 영역을 형성하는 상류층의 아비투스, 태도, 몸짓, 표현, 감각을 만드는 생각의 습관을 전승한다고 공정하게 말할 수 있다면, 로마 인민을 그들 자신으로 만드는 것은 군중의 경험이다. 포룸 로마눔Forum Romanum 안에서 군중의 일부가 된다는 것은 다양하고 예측 불가능한 경험이었다. 음모자인 카틸리나에 맞서는 키케로의 연설처럼, 위기의 순간에 권력을 가진 정치인의 연설회에서 충돌로 땀에 젖는 일, 상대적으로 평화로운 시기에 로스트라[연단]Rostra에서 회의적인 관찰자들 사이에 서 있는 일, 곡물 가격이 오르고 기근이 위협해 올 때 선출된 관리들에게 돌을 던지는 일, 연설에 환호하거나 소리쳐서 말소리가 안 들리게 하는 일, 공개처형을 지켜보는 일, 선서식을 지켜보는 일, 선거와 입법에 관한 투표를 위해 모이는 일, 경기를 관람하는 일 등이 그러한 것들이다. "나는 키르쿠스[원형경기장]Circus나 포룸, 원형 극장에서 내 이름 또는 아들과 손자의 이름을 걸고 스물여섯 번 아프리카 짐승의 사냥회를 개최했고, 그곳에서 3천 5백 마리의 야생 짐승을 사냥했다"라고 아우구스투스 황제는 그의 『업적』에 공표한다(Res Gestae, p. 22). 최초의 영구적인 석조 극장은 기원전 55년까지 로마시에 세워지도록 승인되지 않았다. 공화국 말기에 경기와 연극, 마임과 검투는 정치적 연설과 사법 재판이 열리는 곳과 동일한 여러 공공장소에서 펼쳐졌다. 극장 공연과 경기, 대중의 정치 모임의 중첩되는 지리학은 군중의 관객성이라는 기질을 영속적으로 강화했고 행사들 사이의 구분을 모호하게 만들었을 것이다.

　여기서 로마를 아테네와 대조하는 것은 유익하다. 고전적인 아테네 대중의 헤게모니에 대한 모델은 제시됐는데, 한 역사학자가 물은 것처럼, 왜 로마에 관한 모델은 없는가?[19] 민주적인 아테네는 분명 인민, 즉 시민인 데모스^{demos}(오로지 아테네 혈통의 자유로운 성인 남자)에 의한 정부였고, 그들은 적어도 한 달에 한 번 개최되는 대중 모임에서 자치를 실현했다. 이 도시는 기원전 5세기 말까지는 4만에서 6만 명의 시민을 수용했고, 전쟁과 전염병의 결과로 기원전 4세기에는 3만 명 정도가 되었다. 실질적으로 그들 모두는 도시 안에 살거나 인근의 아티카 지역의 작은 부락에 살았다. 배심원은 4백 명에서 천 5백 명의 회원으로 구성됐고, 그들은 임무 수행에 대한 대가를 받았으며, 법안을 통과시켰던 대중집회는 대개 적어도 5천 명에서 6천 명의 남자로 구성됐고, 이것은 시민 인구의 상당한 비율이었다. 아테네 법의 제정자는 '아테네의 도시'가 아닌 '아테네의 사람들'$^{hoi\ Athenaioi}$로 명기되어 있다. 모두 남자이고, 인종적으로 동질적인 아테네 다중은 자신들이 정치적 활동과 직접적이고 즉각적인 관계를 유지한다고 이해했다. 데모스는 말 그대로 폴리스^{polis}, 즉 도시국가였다.

　로마의 군중 정치는 매우 다른 환경에서 작동했다. 로마인들이 자유로운 레스푸블리카$^{res\ publica}$라고 부른 정체(기원전 20년대 중반 아우구스투스가 세운 카이사르 이후의 제정과 대립된다)는 기원전 1세기에 거의 80

19　Josiah Ober, *Mass and Elite in Democratic Athens*, Princeton, N.J.: Princeton University Press, 1989. Robert Morstein-Marx, *Mass Oratory and Political Power in the Late Roman Republic*, Cambridge: Cambridge University Press, 2004, pp.119~120에서 재인용. 조시아 오버는 뒤따르는 단락에서 그 정보에 대한 유용하고 사려 깊은 논의를 보여 준다.

년에 걸쳐 간헐적인 내전을 겪었고, 그 시기 로마는 도시의 증가와 제국의 확장, 체제의 변화에서 혁명을 경험했다. 남자 시민의 수는 절정기의 아테네보다 이미 10배 많았고, 기원전 115년의 거의 40만 명에서 기원전 28년에는 150만 명으로 우뚝 성장했다.[20] 이 새로운 시민의 대부분은 기원전 91~90년의 내전 이후 명부에 등록된 이탈리아인이었고, 그들 중 일부는 로마로 이주했다. 50년대까지 로마에서만 거의 75만 명의 인구를 수용했다.[21] 도시 문화는 대개 실업자인 가난한 이민자로, 라틴어, 그리스어와 지방의 이탈리아어, 켈트족어, 셈족어 방언 등 다양한 언어를 말하는 이들로 구성됐다.

키케로는, 아테네인은 앉아서 정책토론을 듣고 곧 투표를 하며 이 과정은 결코 하루를 넘기지 않는 반면, 로마인은 서서 입법에 찬성하거나 반대하는 주장을 펼치는 연설을 듣고, 오직 "사람들이 각자의 조직으로 가서 부족과 100인조로 지위와 계급, 나이에 따라 조직된 후에, 그리고 옹호 의견을 듣고 며칠 동안 법이 게시된 후에" 투표한다고 말했다(*For Flaccus*, p.15). 아테네인의 민주적 토론도 관객성에 초점을 맞추었지만, 관중의 활발한 참여는 법률과 관련된 것만이 아니었다. 그것은 모든 집회의 시작에서 요구되는 일이었고, 여기서는 어떤 아테네 시민이라도 서서 자신의 의견을 피력할 수 있었다. 로마에서는 대중 모임(콘티오네스)이 투표나 선거 이전에, 대개 포룸이나 다른 야외 공간에서 열렸는데, 선출

---

20 P. A. Brunt, *Italian Manpower*, Oxford: Oxford University Press, 1971, pp.13~14는 아우구스투스의 『업적』의 증거를 토대로, 기원전 28년에 대한 현대의 계산을 제공한다. 일반적으로 그의 작업은 보수적인 추정으로 해석된다.

21 P. A. Brunt, "The Roman Mob", *Studies in Ancient Society*, London: Routledge, 1974, p.90에서는 농민의 도시 이주에 대한 살루스티우스와 다른 당대의 자료들을 인용한다. 브런트는 내가 여기서 묘사하는 사건들에 대한 고대의 증거를 나열하고 있다.

된 정무관이나 그들이 초대한 사람들(사실상 언제나 원로원 지위의 사람)만이 법적으로 그곳에서 연설하도록 승인되었다. 키케로가 전하기를, 투표를 하기 전에 주재하는 정무관이 콘티오를 휴회하면 군중은 유사 군대의 형태로 다시 모이는데, 이것은 부족의 정체성, 나이, 사회경제적 지위(인구 조사에 의해 미리 결정된)에 따라 집단으로 분류된 공식적인 편성이었다. 이것은 공식적인 투표 또는 코미티아comitia로 알려진 입법 집회였다. 그들이 공식적으로 해산되었다는 어떤 증거도 없지만, 콘티오에 출석한 여자, 노예, 아이, 시민이 아닌 남자 누구도, 정치 무대에서 그들이 아무런 역할도 수행하지 않는 것처럼, 코미티움comitium[코미티아가 열린 집회장소]에도 서 있을 자리가 없었다.

코미티움은 법을 제정할 법적 권위를 가졌지만 오직 제한된 방식으로만 통치권을 행사할 수 있었다. 무엇보다 중요한 것은, 코미티움은 개별 조항을 거부할 권한이 없었기 때문에 선출된 호민관이 제출한 어떤 법안에도 찬성표나 반대표만 던질 수 있었다. 이때 호민관은, 가난한 자는 로마에서 어떤 공직도 차지할 수 없도록 한 엄격한 자산 기준을 충족시킨 사람이었다.[22] 이와 대조적으로 콘티오는 즉흥적인 모임이었다. 입법과 선거는 그 법적 권한을 넘어서는 것이었다. 콘티오에서 정치인들은 곧 공개될 입법을 두고 찬성과 반대의 주장을 펼쳤고, 원로원의 법령이 공포되었으며, 중요한 소식이 공고되었고, 현 정책이 옹호되거나 공격당했고, 정부 관리가 취임 선서를 하거나 공직에서 해제되었고, 새로운 정무관이

---

22 모든 선출된 정무관들은, 평민인 호민관—그들의 본래의 책임은, 리비우스가 말하는 평민의 탈퇴에 대한 설명에서 알 수 있듯이, 귀족적인 원로원에 맞서 인민의 이익을 보호하는 것이었다—을 포함하여, 관직에 입후보하기 위해 높은 자산 기준을 충족시켜야 했다.

임기 동안의 계획에 대해 논했고, 승리를 거둔 장군들이 의기양양한 연설을 했고, 장례식에서 사형 집행까지 대중들에게 일반적으로 중요한 다른 행사들이 일어났다.[23] 콘티오네스의 연설자들은 원로원 상류층들이 '대중적'populeris이라고 불렀던 정치적 입장을 취하는 경향이 있었는데, 이 단어는 대중 선동을 함축한다. 그러나 최근의 여러 연구들이 말하듯, 이 입장을 진정한 '인민의 정치'에 대한 이데올로기적 천착의 징후로 잘못 이해해서는 안 된다. 키케로와 같은 정치인은 법정에서의 승소와 원로원에서의 유력한 동맹의 조직으로 이력을 쌓았고, 민중의 중대한 도전이나 이들이 자발적인 시위에서 종종 요구한 원조 요청에 거의 연민을 보이지 않았지만, 그런 그조차도 대중 모임에 서서 권위적이고 그럴듯하게 대중적 언사로 말할 수 있었다.

이 묘사를 통해, 로마에서 대중 정치의 역할을 평가하는 일이 어렵다는 사실이 드러난다. 다른 시공간의 군중처럼 로마 공화국의 군중은 평화적이거나 폭력적인 정치 시위 모두와 관련된다. 그들은 군사적 영광과 제물을 바치는 의식에 함께한다. 그들은 폭동을 일으키고, 미움을 산 공인의 시체를 길거리로 끌고 다니며, 자신의 지도자가 행한 살인을 즉흥 장례식을 통해 기억한다. 이 군중을 근대의 군중과 예리하게 구분 짓는 한 가지가 있다. 군중은 공화정의 육체적 필수품이다. 집회에 함께 소집되어 '쿠이리테스'[자유시민]Quirites 또는 '로마인'으로 불림으로써, 군중은 포풀루스populus, 즉 국가인 것res의 소유자가 된다.[24] 기원전 2세기의 그리스

23 콘티오에서 하는 일에 대한 생생한 설명은 Pina Polo, "The Procedures and Functions of Civil and Military Contiones in Rome", *Klio*, vol.77, 1995, pp.203~216과 Morstein-Marx, *Mass Oratory and Political Power in the Late Roman Republic*, pp.119~159에 나온다.
24 자산을 나타내는 이 말의 의미에 대한 논의는 Malcoim Schofield, "Cicero's Definition of Res

역사학자 폴리비오스Polybios는 그의 책 『역사』의 논란 많은 구절에서 "자격이 있는 사람들에게 직위를 수여하는 이들이 바로 인민이다"라고 말했다. "인민은 법을 승인하거나 거부할 권한을 갖고 있고, 무엇보다 중요한 것은 그들은 평화와 전쟁에 대한 문제를 숙고하고 결정하기" 때문에 "이런 관점으로 볼 때, 인민이 정부에서 가장 큰 권력의 지분을 갖고 있다고 합리적으로 주장할 수도 있다"(*Histories*, 6.14). 폴리비오스는 적은 수의 귀족 가문이 로마의 선거를 독점하고 정책을 만든다는 사실을 알고 있었지만, 사람들이 정기적인 대중집회에 모여 공적인 연설가의 말을 경청하고, 귀족 후보자 명부에서 정무관을 선출하고, 법안을 통과시키고 있었기 때문에 이 관점을 채택할 수 있었다. 원로원이 공식적인 권고 법령을 선포했고, 정무관이 집정관에게 법적 구속력이 있는 사법 포고령을 유포하도록 요구했지만, 인민이 법을 만들었다.[25] 이것은 역사학자들이 공화국을 과두정치와 민주주의의 스펙트럼 위에 놓으려고 할 때 마주치는 모순적인 증거다. 이에 대해 아렌트는 권위의 수행, 즉 과거의 권위적인 행동과 이를 지지하는 구조에 대한 역사적 기억을 부활시키는 수행을 통해, 로마 권위가 영속적으로 자기를 재구성한다고 설명함으로써 이 문제에 대한 해답을 제시하려고 했다.

로마 공화국의 대중적 주권이 소수에 의한 통치를 위한 수사적 눈가리개에 불과하다는 주장과 로마 정부의 민주주의적 요소를 말할 충분한 이유가 있다는 그 반대주장 모두 공화국의 역사만큼이나 오래된 논쟁의

Publica", *Cicero the Philosopher*, ed. J. G. F. Powell, Oxford; New York: Clarendon Press, 1995, pp.77~82를 보라.
25 Andrew Lintott, *The Constitution of Rome*, Oxford: Oxford University Press, 1999, p.3에서 강조된 논점이다.

서로 다른 두 주장이다. 아렌트와 마찬가지로, 그들은 상류층 로마 문화에 부정할 수 없는 흔적을 남기는, 특정한 삶을 살았던 가시적인 경험으로서의 로마 군중의 존재를 무시한다. 나는 이제 군중 그 자신이, 그 자신에도 불구하고, 공화주의적 안정의 지지대로 작용했고, 바로 군중이 대의제의 근본적인 문제를 제기했다는 점에서 그렇다는 점을 주장할 것이다. 로마 역사학자와 웅변가들이, 그들이 대중 모임에서 하는 연설에서 명백하게 드러나는 패턴을 통해 군중을 상류층 지도자들과 영원한 갈등 관계로 연출할 때, 그들은 상류층과 대중의 관계를 영구적이고 당연한 미완성의 상태에 사로잡힌 불확실성의 폭력적인 드라마로 묘사함으로써 정치권력의 불평등한 분배를 정당화하려고 한다. 그들은 군중을 공화정의 필수적인 참여자로, 그리고 동시에 폭력과 일촉즉발의 붕괴의 현장으로 묘사함으로써, 군중에 대한 모순되고 이중적인 환상을 구성한다.

로마 군중에 대한 '이중적 환상'으로 내가 설명하려는 것은 무엇인가? 대중 모임에서의 군중이 대중적 주권의 육체적 발현——명백한 재현——이라면, 이 도시에 대한 전설은 군중의 민속사를 보여 주며, 콘티오의 연설이 반복해서 언급하듯, 그곳에서 군중은 살인과 파괴의 현장, 다시 말해 로마 건국의 현장이다. 역사학자 리비우스^{Livius}——첫번째 황제인 아우구스투스의 재임 기간에 글을 썼고 앞선 역사학자와 시인의 전통에 따라 그림을 그렸던——에게 로마는 일련의 무법적인 군중행동에 의해 성립된 것이었다. 첫째, 로물루스는 그의 동생인 레무스를 군중^{turba} 속에서 살인하는데, 자기 이름을 딴 도시의 유일한 왕으로 자리 잡기 위해서였다. 다음으로, 그의 새 도시를 채울 시민이 필요했기 때문에 그는 도시를 도적과 도망자의 잡다한 무리들(다시, turba)에게 개방한다. 다음 세대를 이을 수단이 없었기 때문에 도적 군중^{multitudo}은 인근의 사비니에서 집단 겁탈과 유괴를 계획한다. 로마와 사비니 사이의 중대한 전투에서 로물루스는 주피터 신에게 자신의 광분한 군대가 오합지졸^{turba}(『로마 건국사』 1권에서 세번째이자 마지막으로 등장한다)로 도망가는 것을 막아 달라고 기도하지만, 겁탈당한 여인들이 전장에 들어가 양편 사이에 그들의 몸을 둠으로써 전투에 대한 책임을 지자 그때서야 폭력이 종결된다. 평화에 대한 간청은 물티투도^{multitudo}와 그 지도자들 모두를 움직이고, "그들은 평화를 만들었을 뿐 아니라, 둘로부터 하나의 정치공동체$^{una\ civitas}$를 만들었다".

로마의 일곱 명의 전설적인 왕의 재임 이후 군주정이 타도되고, 또 다른 겁탈——루크레티아^{lucretia}는 왕의 아들에게 강간당해 결국 자살했다——로 유발된 물티투도의 갑작스런 반란으로 공화국이 세워졌다.[26] 후기의 책들에서, '계급 전쟁'으로 알려진 귀족^{patricians}과 평민^{plebeians} 사이의 계속되는 갈등의 와중에 군중은 점차 폭력적이고 예측 불가능하며 이질적으로 변해 가는데, 정복당한 사람들의 더 많은 수가 키비타스[시민, 공동체의식]^{civitas}에 동화되면서 더욱 심화된다. 결국, 물티투도와 투르바^{turba}는 플레브스[서민]^{plebs}라는 계급 표시의 실질적인 동의어로 등장하고, 초기 로마사는 플레브스가 정치적 권리의 결핍에 대한 저항으로 분노하여 국가로부터 분리하는 것에서 절정을 이룬다. 귀족의 대변인인 메네니우스 아그리파$^{Menenius\ Agrippa}$가, 국가를 인간의 몸이라는 단일성으로, 귀족을 복부로, 평민을 사지로 표현하는 비유를 말하고 나서야, 평민들은

---

26 리비우스의 『로마 건국사』(Titus Livius, *Ab Urbe Condita*)에 기록된 단어의 위치는 다음과 같다. 'turba': 1.7.2, 1.8.6, 1.12.3; 'multitudo': 1.9.9, 1.59.6; 'una civitas': 1.13. 기록에서, 리비우스는 자신과 경쟁하는 역사학자들을 묘사하기 위해 1권의 서문에서도 'turba'를 사용한다.

귀족들이 인민의 이익을 대표하는 정치 공직을 설립하는 데 동의한다는 조건하에 도시로 재연합하는 데 동의했다(*Ab Urbe Condita*, 2:32~33). 키비타스가 잠정적으로 둘로 분리된 동안 사람들은 하나가 되는 데 찬성한 것인데, 그것은 정치적 타자가 목소리를 내고 비공식적인 대표가 존재하게 되는 진보적인 발자취를 통해 그들의 분리가 기성 사회에서 기념되어야 한다는 조건에서였다.[27]

리비우스의 초기 로마 군중은 살인과 겁탈, 직무 유기, 탈퇴의 순환을 위한 장치다. 군중은 분명 부패foeda의 어두운 범주에 속하는 듯한데, 리비우스는 일찍이 역사가 그것을 치유하도록 예정되어 있다고 말했었다. 미셀 세르가 리비우스의 책 처음 다섯 권에서 레무스의 죽음과, 이어지는 폭력적인 군중 장면의 패턴을 통찰력 있게 언급한 것처럼, "군중은 고리를 형성한다. 그것은 부숴져 열린다. 사람들은 도망간다. 군중은 다시 형성된다. …… 로마는 통일성이 없다. 수집물이다. 숲 속의 피난처나 티베르 강 제방을 따라 있는, 매음굴의 암늑대로 이루어진 참회하는 약탈자 무리일 뿐이다. 즉, 외부인들의 조합이다. …… 다양성, 혼합물이다".[28] 그러나 리비우스는 로마가 군주제로 건국되고 공화국으로 재편성되는 (몇 번의 위기의 결과로 반복된) 과정에서 군중에게 중심적이고 폭력적인 역할을 부여한다. 그리고 후기의 공화주의적 대중 연설이 이러한 환상을, 즉 군중이 분리의 기억을 상징하고 전반적인 방종이 그들의 능력을 대중

---

27 로마인들은 근대적 의미에서의 정치적 대표라는 용어나 관행을 사용하지 않았다. 그들은 행정적인 정무관을 선출했지 대표자를 선출한 것이 아니었다. 또 정무관은 1년간의 임기를 마칠 때, 자신의 행동의 적법성에 대해 책임을 졌던 것이지, 대중이나 어떤 다른 집단의 이해관계를 대표한 것에 대한 책임을 졌던 것이 아니었다.

28 Michel Serres, *Rome: The Foundations*, Stanford, Calif.: Stanford University Press, 1991, pp.112, 149~150.

의 자유와 정통성을 대표하는 것에 고정시킨다는 사실을 되풀이해 환기시키는 것을 보게 될 것이다.

대중 통제

이 경기를 보러 도착했을 때, 낮 동안 사무실에서 일하다 곧바로 온 것이어서, 내 머리는 완전히 나 자신과 관련된, 일에 대한 생각과 걱정으로 머릿속이 복잡했기 때문에, 어떤 대중과도 '하나'가 된다는 것을 상상할 수도 없었고, 그러지도 못했다. 바람 불고 추운 날이었고 살을 에는 듯한 동풍의 날씨가 내 개인적으로 뼛속까지 느껴졌다. 나는 느끼고 생각하는 데 있어 완전히 온전한 개인이었다. 이후 낯선 이들과 사방에서 부딪혔고, 그들의 생김새와 그들의 특징, 그들의 냄새를 의식한 것은 바로 나, 개인이었다. 그때를 제외하고, 경기가 시작되자, 뭔가 달라졌다. …… 나는 경기장에 들어올 때의 사람과 다른 사람이 되어 가고 있었다. 나는 나 자신이기를 멈추고 있었다.[29]

빌 뷰퍼드가 (훌리건 행위에 대한 책 집필을 위한 조사과정에서) 영국의 축구 경기를 관람했을 때 경험하는 자기파괴의 느낌은, 그가 이 구절에서 묘사하는 인간 사이의 근접으로 인한 육체적인 흥분에서 일부 기인한다. 그러나 동시에 중요한 것은, 그가 자신이 ─ 훌리건이 선호하는 입석만 있는 계단식 관람석의 위쪽에 앉은 경찰들과, 그리고 무엇보다도,

---

29 Bill Buford, *Among the Thugs*, New York: Vintage, 1991, pp.166~167. 이 책을 추천해 준 오스만 우머한(Osman Umurhan)에게 감사드린다.

필름에 찍을 폭력적 행동을 인내심 있게 기다리고 있는 대중매체에 의해서—관찰되고 있다는 사실을 의식한다는 사실이다. 뷰퍼드가 팬들을 '지지자들'이나 '젊은이들'이라고 칭하는 상황에서, 경찰과 언론은 그들을 '폭력배'나 '훌리건' 또는 경기장 계단식 관람석의 닫힌 '우리'나 '새장' 속에 있는 '짐승들'이라고 부르는데, 이런 관찰과 지칭의 행위는 거대한 힘을 발휘한다. 그것들은 경찰이 응원자들을 완전한 인간의 무리 이하로 보게 하며, 응원자들 자신에게 (뷰퍼드의 설명에 따르면) 분노의, 짐승적인 통일성을 부여한다. 뷰퍼드의 경험은 콘티오의 로마 군중이 사회경제적인 상류층의 일원들에 의해 어떻게 관찰되고 지칭됐는지, 어떻게 자신을 관찰하고 지칭하도록 장려되었는지 이해하는 데 있어 유용한 출발점이다. 이러한 호칭 행위는 집요하고 의식화된 반복을 통해 군중을 단일성으로 환기시키는 동시에 그 단일성을 그 정치적 정당성이 필연적으로 의존하는 토대로 만드는데, 이것이 바로 군중을 '포풀루스 로마누스'^{Populus Romanus}로 잘못 지칭하는 두 단계다. 키케로는 콘티오를 'scaena', 즉 무대로 부른다. 상류층 연설가들이 고안한 군중의 정치적 역할은 그들을 통제하기 위한 첫번째 단계다(*On Friendship*, 26.97).

정무관의 호출로 로마 군중이 콘티오에 군집하면, 그들은 로마인에 대한 특정한 정치적 호칭으로 자신을 지칭하는 것을 듣는다. 쿠이리테스. 이 단어는 정치가 키케로의 남아 있는 총 아홉 개의 콘티오 연설의 시작 부분(대개 첫 문장)에 등장하고 세 개는 살루스티우스의 『역사』^{*Historiae*}에 포함되는데, 이것들은 공화국 말기의 대중 모임에 대한 현존하는 가장 중요한 자료들이다. 키케로는 마르쿠스 안토니우스의 정책을 공격하는 연설을 "쿠이리테스, 나는 여러분이 원로원에서 무슨 일이 벌어졌는지 들었을 것이라고 생각합니다"라는 말로 시작한다(*Philippic*, 6.1). "나는 가장 뛰어나고 위대한 주피터, 그리고 나머지 불멸의 신들에게 간청했습니다, 쿠이리테스"는 콘티오 연설의 더 전형적으로 과장된 어조다(*To the Citizens After His Return*, 1). 감정적인 절정의 순간에, 주장의 중요한 전환점에서, 그리고 연설 마무리에 부르는, 호칭의 반복적인 사용은 명칭을 하나의 의례로 만든다. 누가 실제로 군중을 콘티오에 소집했는지는 해결되지 않은 문제로 남아 있는데, 증거자료의 사정상 아마 영구적으로, 제약이 있을 것이다. 그 증거자료는 가능한 관중의 범위를 암시한다. 도시의 프롤레타리아트(너무 가난해서 국가에 제공할 것은 오직 자손proles밖에 없는 자들)가 있었고, 도시의 공적 장소에 존재하는 다른 목적, 특별히 사업이나 소송과 관련된 목적을 가진 유산 계급이 있었고, 지방의 이탈리아인과 외국인들이 있었다. 핵심은 군중의 구성이, 우리에게 알려지지 않은 수량이, 상류층 연설가에게도 역시 불확실성의 지점이었다는 점이다. 그렇다 하더라도 그들은 군중을 언제나 쿠이리테스로 지칭한다.

롤랑 바르트는 글자 그대로의 의미("내 이름은 사자다")보다는 의도에 의해 정의되는("나는 문법적인 예시다") 언어의 유형을 분리시켰고, 그 의도가 합리적인 비평이 도달할 수 있는 지점을 넘어선 곳에 있는 "왠지 고정되고, 정제되고, 영원한" 것이라고 지적했는데, 이런 말을 그는 신화라고 부른다.[30] 신화적 언급은 두꺼워지고 유리처럼 되어, 실제로 완전히 중립적이지 않은 생각과 이미지를 자연스럽고 순수한 것으로 확고하게 만들도록 하는, 논쟁적으로 의도된 영구적인 언급이 된다. "언어의 표면에서 무언가가 움직이기를 멈췄다 ……."[31] 원래, 전설적인 로마 초기의

---

30 Roland Barthes, "Myth today", *Mythologies*, New York: Noonday Press, 1990, p.124.
31 *Ibid.*, p.125.

역사에 의하면, 쿠이리테스는 쿠레스^{Cures}로 알려진 사비니 마을의 거주자였다. 로마 공동체의 시작의 전조인 사비니 여인의 겁탈 후에, 사비니 사람들은 로마에 통합되었고 로마인들은 그들의 이름이 그들의 시민으로서의 지위를 가리키는 것으로 생각했다. 대중 모임의 연설가가 군중을 쿠이리테스라고 부르며 맞이할 때, 그들 중 누구도 이 호칭을 자연스럽게 받아들이지 않았고, 그것은 그들의 평범한 개성과 자아개념으로부터 신화적인 통일된 집단으로 그들을 끌어당기는 첫 단계다. 그 이름 자체는, 로마의 역사를 폭력 행위에 의해 '다수성이 하나가 되는' 과정으로 확고히 한다.

군중은 고대의 이름을 가진 통일체로 호출되어, 모임을 소집한 정무관의 말을 경청한다. 당대의 설명들 속에 남아 있는 연설들은 일반적으로 자유와 종속이라는 갈등적인 주제를 뒤섞어 놓는 경향을 나타낸다. 유구르타 전쟁 동안 정치적 위기가 절정에 달했을 때, 기원전 3세기에 가이우스 메미우스^{Gaius Memmius}가 행한 연설을 두고 역사학자인 살루스티우스가 펼친 해석을 예로 들어 보자. 이때 로마에서는 북아프리카의 왕인 유구르타가 자신이 행한 왕위 찬탈에 대한 로마의 보복을 피하기 위해서 현 집정관에게 뇌물을 주었다는 사실이 광범위하게 믿어지고 있었다. 메미우스는 군중을 호출할 때, 스스로를 돌보지 못하는 그들의 무능력함을 강조하면서도 그들을 공화정의 일부로 지칭했다. 로마인들에게 청중의 환심을 사려는 언동^{captatio benevolentiae}이라고 일컬어지는 웅변적 책략을 가장하고서, 메미우스는 연설의 시작 문구에서 군중에게 그가 단지 인민에게 말하고 있을 뿐 아니라 그들을 위해 말하고 있다는 점을 상기시키는데, 이는 필연적으로 군중은 무기력한 절망감에 빠져 있기 때문이다.

쿠이리테스, 공화국에 대한 나의 열정이 다른 모든 것—그것들은 당쟁의 힘, 여러분의 참을성 있는 순종, 법의 부재, 정직함이 명예로운 것이기보다 위험한 것이 된 점입니다—을 정복하지 않았다면 많은 것들이 여러분에게 이렇게 말하는 것을 단념시켰을 것입니다. 다음의 것들을 말하는 것이 부끄럽습니다. 15년 동안 어떻게 여러분이 오만한 과두정superbiae paucorum의 장난감으로 지내 왔는지, 여러분의 옹호자들이 어떻게 처참하게 살해되었고 복수도 하지 못했는지, 여러분의 영혼이 어떻게 비겁함과 나태로 썩어 갔는지, 그리고 적대자가 여러분의 힘이 미치는 곳에 있을 때조차 봉기exsurgitis하는 데 실패하고, 여러분을 두려워해야 할 사람을 여러분이 계속해서 두려워하고 있다는 사실을 말입니다. (Sallustius, *Jugurthine War*, 31.1~4)

메미우스의 연설은 군중을 이중으로 눈먼 상태에 놓는다. 그들은 자유를 되찾기 위해, 자신을 노예화하려는 소수에게 저항해 '봉기'해야 하지만, 폭력에는 반대해야 한다. "나는 여러분들에게 무기를 차지하라는 것이 아닙니다. 여러분들의 선조들은 자주 그렇게 했습니다. 폭력적인 힘이나 탈퇴는 필요하지 않습니다"(*Jugurthine War*, 31.6). 그러나 폭력, 특히 폭력적인 탈퇴를 통한 분열은 메미우스가 불러일으키는 역사적 기억이다. 유일하게 용인되는 대안은 군중이 그들의 적이 법정에 소환되도록 선동하는 것이다.

여러분의 선조는 자신의 권리를 주장하고 지위를 확립하려고 탈퇴를 통해 두 번 아벤틴 언덕을 무력으로 차지했습니다. 그들에게서 물려받은 자유를 위해 극단의 힘을 행사하지 않을 것입니까? 전혀 성취하지 못한 것보다 성취한 뒤에 잃어버리는 것이 훨씬 더 부끄럽기 때문에, 더욱 열렬하게^{vehementius} 이 일을 하지 않으려 할 것입니까? "당신은 무엇을 조언하겠습니까?"라고 누군가 내게 묻는 소리를 듣습니다. 공화국을 배반한 사람들에게 복수를 해줍시다. 당신의 손에 의해서가 아니라, 폭력에 의해서가 아니라$^{non\ manu\ neque\ vi}$—이런 것들은 당신에게 어울리지 않으니—바로 재판관에 의해서 말입니다. (*Jugurthine War*, 31.17~18)

메미우스는 군중에게, 로마를 자유롭게 했던 고대의 군중 폭력의 행동을 기억하며 분기하라고 요구하는 동시에 그 기억으로부터 벗어나기를 요구한다. 그리고 로마가 공화정으로 수립됐던 그 순간부터 전통적으로 군중의 것이었던 권위를 재현하기를 거부한다. 그는 아렌트 식의 공화주의적 수행의 동력을 군중의 책무로 여기지만, 군중은 굉장히 제한된 행동 반경에 직면한다. 군중의 유일한 선택은 자신의 노예 상태에 동의할 책임을 인정하고, 이번에는 또 사법부에 대한 상류층의 권위에 동의하는 것이다. 그 패턴은 다른 콘티오 연설들에서도 분명하다. 살루스티우스는 이 연설을 기원전 73년 인기 있는 호민관인 리키니우스 마케르^{Licinius} ^{Macer}의 입을 통해 들려준다. "쿠이리테스! …… 여러분들에게 모든 위법행위를, 그리고 얼마나 자주 무장한 평민이 원로원에서 탈퇴하였는지를, 그들이 어떻게 모든 법의 수호자로서 평민의 호민관을 내세웠는지 상기시킬 수 있습니다. …… 그러나 여러분을 촉구할 일만 남았으며, 내 생각에 자유를 붙잡을 수 있다고 생각되는, 거리로 먼저 가야만 합니다!" (*Histories*, 3.48.1)

메미우스처럼, 마케르는 대중적 자유에 대한 현재의 위협을 과거 로마인들이 자유를 위해 싸운 폭력적 투쟁에 대한 회상과 연계한다. "네, 쿠이리테스, 오래전, 여러분들은 시민 개인으로서 다수 속에서^{in pluribus} 안전했습니다"라고 마케르는 선언하지만, 시민의 불화와 폭력의 망령을 지나치게 환기시키는 동시에 그 특권을 박탈하며, 군중에게 "무기도 탈퇴도 아닌 것"에 호소하라고 경고한다(*Histories*, 3.48.24, 17).

로마 인민의 자유는 종종 '대중적인' 정치가^{the popularis}——이들은 쿠리아^{Curia}의 폐쇄적인 원로원 조직망보다는 개방된 포룸의 로스트라에서 사람들에게 호소함으로써 로마의 정치적 광경을 만들었다——의 슬로건으로 묘사된다. 그러나 이미 말한 것처럼, 이 수사는 용감한 포풀라리스^{popularis} 정치가들에 국한되지 않는다. 키케로는 널리 알려지지 않은 대가다.[32] 키케로는 원로원에서 주장을 펼치며 메미우스와 마케르의 최고의 단어인 '소수'^{pauci; the few}를 사용하는데, 공공의 토지를 사람들에게 배분하자는 그의 새로운 제안(전형적인 대중적 책략)의 목표는 소수의 독재정치하에 권력을 고여 있게 만들려는 것이었다(*On the Agrarian Law*, 3.13). '리베르타스'^{libertas}라는 단어는 농지법에 반대하는 그의 두번째 연설에서 스물두 번 등장한다. 그 연설에서, 메미우스와 마케르가 그랬던 것처럼, 키케로는 군중에게 "땀과 피"^{sudore et sanguine}로 쟁취되고, 현재의 군중에게 "그들의 어떤 노력도 없이"^{nullo vestro labore} 전승된, 자유를 위한 선조들의 투쟁을 상기시킨다(*On the Agrarian Law*, 2.16). 키케로의 남아 있는 콘티오의 연설, 즉 폼페이우스 사령부를 위한 연설, 카틸리나 연설, 네번째와 여섯번째 필리피카이^{Philippicae} 연설은 시작과 끝에서

---

32 Morstein-Marx, *Mass Oratory and Political Power in the Late Roman Republic*, pp.207~232에서 구체적으로 논의되었다.

'리베르타스'를 요구한다. 그는 "자유는 로마인의 특별한 자산이다"populi Romani est propria libertas라고 말한다(*Philippicae*, 6.19). "여러분의 조상은 로마 시민의 자유에 대한 아주 가벼운 제한도 참아 내기를 거부했습니다"(*On the Manilian Law*, 4.11). 군중 폭력은 군중의 고유한 정치적 능력으로 반복해서 묘사되지만, 현대 정치에서는 부적절한 것으로 배제한다. "여러분 중 누구라도 폭력과 범죄, 살인을 저지르려는 사람이 있습니까? 아무도 없습니다"(*On the Agrarian Law*, 3.16).

그리고 여러 가지 방식으로 키케로, 메미우스, 마케르의 연설은 군중이 자신의 정치적 권위를 수행할 환경을 왜곡한다. 가장 단순하게는, 그들은 귀족의 지배라는 환상, 즉 상류층 연설가의 우월함을 만든다. 둘째, 군중은 과거 시민의 미덕의 기억을 회상하도록 권고된다. 그것은 자유를 위한 선조들의 투쟁이다. 그러나 이것은 오직 파기되기 위해서 떠올려지는 공허한 예인데, 왜냐하면 동시에 군중은——전통적인 귀족의 노력으로 역전이 일어나서——과거의 위대함을 모방하는 대신 전쟁터와 포럼에서의 자신의 조상을 쓸모없는 것으로 여기도록 명령받기 때문이다. 원형의 타당성은 가차 없이 무너진다. 대중의 자유를 방어하는 그들의 정치적 행위는, 폭력이 정치의 합법적인 선택지에서 제외됨에도 불구하고, 폭력의 관점에서 정의된다. 이 연설들은 군중의 행동을 너무 융통성이 없어서 정치의 영역을 벗어나는 그런 선택의 관점으로 구성한다. 폭력, 그것이 아니면 상류층 지도자에 대한 동의.

이 연설들은 또한 군중을 자유로운 로마 인민populus Romanus으로 받아들인다. 이 또한 다른 이들이 지적한 것처럼, 역설로 이끈다.[33] 대중 모임에서의 군중을 그것이 자연스런 이름인 것처럼 쿠이리테스와 포풀루스 로마누스로 호명하는 것은 콘티오네스에 참여하는 군중이 그리스인,

아시아인, 이탈리아인과 같은 비시민으로 구성되었을지 모른다는 사실 (키케로가 다른 사적인 맥락에서 불평했었다)을 기각한다. 그들은 여자일 수도 노예일 수도 있는데, 콘티오는 포룸 자체와 마찬가지로 엄밀히 말해 모두에게 개방되었기 때문이다. 더 큰 문제는 본질적으로 로마 군중을 정치적 독립체로 보는 대유법적인 정체성이다. 우연히 또는 의도적으로 군중이 존재한다고 하더라도, 콘티오나 코미티움에 참석하게 된 개인들로 구성된 군중은 말 그대로, 또 법적으로 로마 인민을 구성한다. 키케로가 선출된 정무관을 가리키며 말한 "정치조직체polity의 가면을 쓴" 자라고 하더라도 많은 로마 시민을 대표하려고 하기보다는 자신에게 위임된 사람들의 권위로 행동한다.[34] 그러나 콘티오 연설을 위한 (다른 장소보다도) 로마 포룸이나 입법 집회에 참석하는 군중은 **실질적으로** 인민을 대표하도록 되어 있다. 물론 아무리 거대한 군중이라도, 이 말 그대로 불가능한 임무를 실행할 수 있는 군중은 없다. 로마 군중이 정치적 영역에서 일을 수행한다고 말한다면, 그것은 그들이 가상과 거짓의 허구적인 영역에서 일을 수행하는 것이다. 군중의 집합을 '로마 인민'이라고 지속적으로 호칭함에도 불구하고, 콘티오와 코미티움의 구조는 로마 군중이 영원히 자신을 집단적인 정치 행위자로 인식할 수 없었다는 사실을 뜻한다. 군중은 유한한 시간의 경험적인 사건일 뿐 아니라 스스로 가능한 것의 지평을 제

---

33 "정치는 로마에서 매우 적은 소수에게만 허용된 활동이었다. 그러므로 우리는 정치적인 '대중'과 '인 민'을 구별해야만 한다. 단순하게 인민과 대중을 동일한 것으로 가정하는 것은, 로마의 지배 계급이 처음으로 생각해 낸 '인민'의 특정한 이데올로기적 구조를 영속화할 뿐이다." Henrik Mouritsen, *Plebs and Politics in the late Roman Republic*, Cambridge: Cambridge University Press, 2001, p.145.

34 Cicero, *On Moral Duties*, 1.124; Schofield, "Cicero's Definition of Res Publica", pp.79~80을 보라.

한하며 대표의 불가능성을 보여 주는 복잡한 상징이기도 하다. 인민은 가상과 거짓, 실현 불가능성과 부조리함 속에서 세워진 독립체다.

따라서, 허구는 군중이 권위를 법적으로 수행하는 기초가 되고 또한 그것을 손상시킨다. 애덤 스미스와 흄의 연구에 대한 대응으로 나온, 1767년의 『시민사회의 역사에 대한 에세이』에서 애덤 퍼거슨은 암시적으로 대중의 헤게모니를 단호하게 위장과 상상의 영역에 놓는다. 그는 로마에 대해 이렇게 쓴다.

> 집단적인 조직체가 최고의 권력을 가지는 곳에서조차, 그들은 가끔씩만 소집될 뿐이다. 그래도 그런 경우에 그들은 인민으로서의 자신의 권리와 이익과 관련된 모든 문제를 결정하고 저항할 수 없는 힘으로 자신의 자유를 주장할 수 있다. 그러나 그들에게 유리하게 작동하는 더 지속적이고 한결같은 힘이 없이는 그들은 자신들이 안전하다고 생각하지 않으며, 실제로도 그렇다. 다중은 모든 곳에서 강하다. 그러나 함께일 때나 따로일 때 그 일원의 안전을 위해서는 그들의 세력을 감독하고 사용할 우두머리가 필요하다. …… 모두가 권력에 대해 동등한 자격을 갖지만, 국가는 사실상 소수에 의해 지배된다. 인민의 다수는, 주권자의 능력을 가지고 있을 때조차, 자신의 감각을 사용하는 체할 뿐이다. 전국가적인 불편함이 강요되거나 공적 위험으로 위협받을 때 그것을 감지한다든지, 혼잡한 집회에서 생기기 쉬운 열정을 가지고서 자신과 관련된 활동을 재촉하는 것이다.[35]

---

35 Adam Ferguson, *An Essay On the History of Civil Society*, 1976, pp.67~68.

퍼거슨의 주장은 과두정이 원시사회를 지배한다는 가정인 소위 과두정의 철칙Iron Law of Oligarchy의 형태 안에서 단순하게 단일성에 가치를 부여하는 것이 아니다. 만일 그렇다면 그는 사람들이 자유롭고 "자신의 권리와 이익과 관련된 모든 문제를 결정하는" 권력을 소유한다고 말할 수 없었다. 그는 대중의 믿음을, 그것이 허구에서 기인할 때조차, 정치에서 중요한 힘으로 간주하는 더 미묘한 틀 속에서 생각한다.[36] 그의 선언의 논리는 역설적이다. "모두가 권력에 대해 동등한 자격을 갖지만, 국가는 사실상 소수에 의해 지배된다." 사람들은 자신의 자격에 믿음을 가져야 하며, 그렇지 않으면 퍼거슨이 다른 구절에서 선언하듯, 국가는 몰락할 것이다. 그러나 아마도 공화정을 가능하게 하는 기만의 작동은 (그가 묘사하듯) 결코 명시되지 않는다. 그것은 이데올로기와 자아확립의 흐릿한 지역에 존재한다.

대중의 실현 불가능성의 수사와 현실은, 아렌트가 올바르게 의식하는 것처럼, 원로원의 전통적 권위에 거대한 특권을 부여하는 맥락 속에서 기능한다. 콘티오의 군중에 대한 재현은 전통에 대한 존경이라는 현저한 패턴을 드러내는데, 그것은 상류층 연설자들이 드라마틱한 상징과 몸짓으로 교묘하게 조정하는 패턴이다. 몇몇 일화가 그 패턴을 보여 준다. 가령, 기원전 2세기에 스키피오 아이밀리아누스Scipio Aemilianus 장군이 카르타고에 결정적인 승리를 거둔 직후 호민관이 그와 원로원 의원을 포룸의 재판에 호출했을 때, 스키피오는 엄청난 군중의 호위를 받으면서 그곳에 도착했다. 그는 승리의 화관을 머리 위에 쓰고 로스트라에 올랐고, 사람

---

36 마키아벨리가 로마의 대중 권력을 다룬 글과 비교해 보라. 그는 귀족과의 생산적인 갈등 속에서 진정한 힘을 생각한다(Discourses, 1.2~4).

들에게 최근의 영광에 감사하기 위해 함께 주피터 사원에 가자고 청했다. 발레리우스 막시무스Valerius Maximus가 쓰기를, "결과는 호민관이 한 사람도 없는 인민 앞에서apud populum sine populo 호소한 것이다. 버려져서, 그는 포룸에 홀로 머물렀다"(*Memorable Doings and Sayings*, 3.7.18). 역사학자인 디오도로스 시켈로스Diodoros Sikelos에 따르면, 호민관이 기원전 133년 대중 개혁가인 티베리우스 그라쿠스Tiberius Gracchus에 대한 살인을 설명하기 위해 포룸으로 "모든 원로원 의원을 오게 했을" 때, 참가하겠다고 허락한 유일한 사람은 원로원의 지도자인 스키피오 나시카Scipio Nasica뿐이었다. 디오도로스는 "엄숙함gravitas과 그 사람의 정직한 연설"의 결과가 대단하였기 때문에 "사람들은 여전히 성나 있었지만 침묵했다"라고 쓴다(*Bibliotheca Historica*, 34/5.33.7). 이 스키피오는 다른 경우에 다가오는 곡물 부족에 대처하는 원로원의 계획을 설명하기 위해 호민관에 의해 소환되었다. 빈정거림과 야유가 그의 연설을 여러 번 중단시켰고, 마침내 그가 소리쳤다. "조용하십시오. 부탁입니다, 시민 여러분! 공화정을 위한 선이 무엇인지 내가 여러분들보다 더 잘 알기 때문입니다"tacete, quaeso, Quirites! plus ego enim quam vos quid rei publicae expediat intellego(*Memorable Doings and Sayings*, 3.7.3). 발레리우스 막시무스는 무의식적으로 디오도로스의 말을 반복하며 "그의 목소리가 들렸을 때, 모두가 경건하게 침묵에 빠졌는데, 그들은 자신의 생계수단보다 그의 권위auctoritas에 더 관심을 집중했다"고 쓴다. 기원전 90년 비슷한 상황이 일어나는데, 한 저명하고 연로한 원로원 회원이 동맹시전쟁을 시작하는 데 관여했다는 혐의에 대답하기 위해 호민관인 퀸투스 바리우스Quintus Varius에 의해 소환됐을 때다. 그 원로원 의원은 자신을 제3자의 입장이라고 말하며, "스페인Sucro의 퀸투스 바리우스는 아이밀리우스 스카우루스Aemilius Scaurus가 왕이 준 뇌물로 타락했고 로마 인민을 배신했다고 말합니다. 아이밀리우스 스카우루스는 혐의와의 어떤 관련성도 부정합니다. 여러분은 누구를 믿으시겠습니까?"라고 말했다 (Asconius 22C; *Memorable Doings and Sayings*, 3.7.8). 이것은 대중 모임에서 군중이 직면하는 전형적인 선택의 문제다. 무엇을 생각할지가 아니라 누구를 믿을 것인가라는.

대부분의 대중 모임의 물리적인 배경이 되는 로마 포룸은 이와 유사하게 부유한 원로원과 일반 대중 사이의 불평등한 관계를 상기시키는 기능을 했다. 연설자들이 포룸 안에서 군중에게 연설하는 장소였던 로스트라라고 불리는 대리석 선반은 지상에서 적어도 2.5미터 위로 솟아 있었다. 공개적인 포룸과 폐쇄적인 쿠리아——원로원의 일반적인 모임 장소로서, 지붕과 네 벽을 가진 로마 도시의 몇 안 되는 시민 공간의 하나다——사이에 놓인 로스트라는 로마 원로원과 로마 인민 사이의 소통의 중심이었다. 로스트라의 장식은 원로원 상류층의 업적을 기념하는 것으로, 정치가와 장군의 조각상, 여기저기 흩어진 전쟁 전리품, 특히 전쟁터에서 가져온 전함의 뱃머리가 특징을 이루었다. 대중적 이데올로기의 몇몇 상징이 상류층 지배를 증명하는 일련의 비싼 조각상——마르시아스 ^{Marsyas}의 조각상은 아마 부채 노예의 금지를 표현하는 듯했고, 청동에 새겨진 고대의 로마법 부호인 12표법은 로마 시민의 법 앞의 평등을 상기시켰다——을 방해했다.[37] 로스트라의 예술 전시에서 표현된 긴장감은, 모든 콘티오에서 연출되는 군중과 연설자 사이의 대결에 대한 상류층의 태도에 나타나는 긴장감을 반영한다. 평안함, 그것을 대중의 권력은 무법과 광란으로 변형시킬 수 있었다 $^{ad\ furorem\ multitudinis\ licentiamque}$

---

37 Morstein-Marx, *Mass Oratory and Political Power in the Late Roman Republic*, pp.42~60.

conversam(Cicero, *De Republica.*, 1.44).

군중이 도시의 공적 공간에 소집되었을 때 폭력이 언제나 가능성의 지평에 숨어 있기 때문이다. 군중에게 연설하는 정치인들은 로스트라나, 관례적으로 콘티오네스에 사용되는 사원 계단에서 내려가야만 했다.[38] 폭도의 폭력은 경기와, 선출된 정무관의 행렬을 중단시켰다. 키케로와 다른 상류층의 자료는 이런 행동을 대개 선동 정치가에 의해 이끌리는 것으로 표현하지만 항상 그렇지는 않았다. 기근과 식량 가격의 폭등 시기에, 군중은 가시적인 대중 지도자의 부재 속에서 봉기할 수 있었다.[39] 폭도의 폭력에 대한 두려움은 종종 원로원으로 하여금 포룸 안의 정기적인 모임 장소를 떠나도록 만들었다.[40] 1세기 중반의 키케로에 대한 논평가는 기원전 67년 집정관에게 돌을 던지려는 시도를 보고한다. 52년, 폭도는 원로원 계급을 상징하는 좋은 옷과 금반지를 착용한 사람이면 가리지 않고 살해했다.[41] 50년대에만 세 번, 원로원이 광범위한 대중의 동요로 판단한 군중행동으로 선거가 취소되었다. 거대한 군중이 44년 율리우스 카이사르를 추모하는 난폭한 공공장례식을 열고, 헬비우스 킨나Helvius Cinna라는 시인을 카이사르 암살 음모에 가담한 같은 이름의 집정관으로 오해해 갈기갈기 찢어 놓았다. 세기의 시작부터 식량 가격과 임대를 둘러싼 일련의 폭동이 있었는데, 기원전 75년에는 집정관이 거리에서 공격을 당했고, 67년에는 군중이 원로원 의사당을 습격하였으며, 47년에는 카이사르의 군

---

38 Cicero, *Letter to his Brother Quintus*, 2.3.2.
39 Cicero, *On His House*, 5.12: *nullo incitante*. 그가 클로디우스 풀케르(대중적인 라이벌)를 군중 폭력의 선동적 지도자로 공격한 것과 비교해 보라(e.g. *To the Priests*, 11.22; *On his House*, 21.54).
40 Cicero, *Letter to his Brother Quintus*, 2.1.5.
41 Brunt, "The Roman Mob", p.96.

인들의 손에 의해 800명의 폭도들이 죽임을 당했다. 군중은 키케로의 도시의 집과 지방의 별장을 파괴했고, 폼페이우스와 같이 유력한 정치인들이 자신의 집에서 은신하도록 만들었다. 52년에는 대중 정치가 푸블리우스 클로디우스 풀케르Publius Clodius Pulcher의 암살이 이뤄진 그날, 두 명의 호민관의 연설이 군중을 흥분시켜 원로원 의사당과 인근의 바실리카를 불태우고, 원로원 의원들의 집을 약탈하고, 선출된 관직의 표지인 파스케스fasces를 그들 자신이 선택한 사람들에게 주었다.[42]

원로원의 배타적인 배경이나 사법부의 재판이라는 더 작은 규모의 환경에서 일하는 것에 익숙했던 로마 정치인들에게, 대중 모임은 어느 정도 평등한 조치를 취할 수 있는 기회와 열망을 제공했다. 키케로는 기원전 1세기 중반, 부당 취득으로 고소당한 지방 통치자에 대한 변론 연설에서 이렇게 말한다.

다중의 성급함temeritas multitudinis, 그리스인의 전형이기도 한 변덕스러움, 그리고 콘티오의 선동적인 연설의 위대한 힘을 다시 한번 상기하라. 여기, 가장 존엄하고 절제된 정치조직체에서, 포룸은 법정으로 가득 차고, 정무관으로 가득하고, 훌륭한 남자와 시민으로 꽉 찼으며, 원로원 의사당은 성급함에 대해 보복하는 사람, 감사관 또는 충절로서 로스트라를 살피고 보호한다. 그렇기는 하지만, 여러분이 볼 수 있는 콘티오네스에서 세차게 일고 있는 파도는 얼마나 위대한가! (*Pro Flacco*, 24.57)

나는 콘티오의 군중에게 행한 연설들이 전적으로 상류층의 손에 의

42 Asconius on Cicero, *Pro Milone*, 32~33C.

해 보존되었다는 점을 이미 언급했다. 이 연설들은 상류층의 이익을 따라가면서 대중의 참여를 향한 모든 몸짓에도 불구하고, 콘티오가 귀족의 전통적 지배와 로마 정치로부터의 군중의 배제를 영속화한다는 점을 보여준다. 키케로가 군중에 비유하는 폭풍우 치는 바다와 같이(다른 사람으로는, 베르길리우스와 엘리아스 카네티가 이 비유를 따른다) 콘티오의 군중은 지배질서의 이익에 기여하는 폭력적인 예측 불가능성을 구현했다. 폭력이나 저항의 가능성을 연출하는 것은, 단지 가능성으로만 남아 있을 때라도, 그것은 상류층의 정치적 연극의 기회로 등장한다. 폭도를 위압하고 통제하는 행동은 상류층의 지배를 강렬하고 잊을 수 없는 명백한 형태로 명시한다. 단합한 군중이, 특히 폭력의 조짐을 보이는 군중이 암시적으로 책임을 요구한다고 해도, 그들의 요구조차 상류층의 수행의 정황과 상류층의 조건 속에서 작동하는 것이다. 콘티오가 언제나 폭발적인 폭력의 잠재적 현장이었다고 한다면, 결코 완벽하게 실현될 수 없는 상류층의 지배를 연출하는 것, 그런 연출 자체가 상류층의 헤게모니를 지속시키는 결정적인 역할을 한다.

　물론 이용 가능한 증거자료는 로마 군중이 살아온 경험의 일부에 불과하지만 현재까지 살아남아 서양사에서 로마에 대한 인식을 형성하는 증거가 된다. 그것이 드러내는 것은 다중이 오직 단일성, 바로 인민으로서 정치적 무대에 받아들여졌던 초기의 역사다. 이것은 군중 정치crowd politics의 본질적인 모순이다. 군중은 정치적인 것의 영역에 진입하기 위해서 그들의 의지가 하나의 목소리와 단일성의 이름으로 말해지는 것에 동의함으로써 자신의 군중성을 부정하거나, 또는 정치가 관습적으로 의존하는 정상성의 환경을 타도함으로써 정치를 부정해야 한다. 로마의 유명한 열광자인 로베스피에르는 공포정치가 시작되기 바로 전 국민공회에 제출한 보고서에서 전자의 조건을 부당하게 이용한다. 그는 라이벌을 축출하기 위한 조처로서 "모든 프랑스 인민의 위대한 대중사회"의 권위 하에 자신의 자코뱅 당을 제외한 모든 다른 정치적 클럽은 금지된다고 선언했다.[43] 그는 대중 정치popular politics가 사실상 인민의 이익에 반하여 작동하고 있었다고 주장했다. 로베스피에르의 선언은 인민을 자신의 의지에 대한 의식, 공유된 믿음, 공공의 선에 대한 감각을 지닌 적극적인 행위자로 간주한다. 그러나 로베스피에르 자신이 말하기 전까지 인민은 목소리를 결핍한 수동적인 독립체이기도 하다. 로베스피에르가 이런 방식으로 인민에 대해, 인민을 위해 그럴듯하게 말할 수 있었던 것은 부분적으로는 18세기 이전이었기 때문에 가능한데, 역설적이게도 그 시기 '인민'은 살아 있는 군중의 이미지 레퍼토리, 즉 다양성과 예측 불가능성, 무질서가 기이하게 제한되는 배제를 통해서 구성되는, 대중의 정치적 의지라는 관념을 뜻했다. 평상시에 사회적 분열과 순전한 폭력을 통해 정치를 말살하는, 군중 정치의 두번째 조건에서 작동하는 로베스피에르 자신의 전략의 본질을 고려할 때, 그의 언어에는 모순적인 차원이 존재한다. 그의 선언은 마이클 하트와 안토니오 네그리가 대중적 주권의 동어반복으로 묘사하는 전략의 일부인데, 지배적인 사람이나 집단이 다중을 하나의 주체로 구성하여 그 다음 그것이 자신의 권력을 정당화하도록 만드는 것이다.[44]

로베스피에르보다 거의 2천 년 정도 앞선 기원전 46년에 로마 정

---

43 Arendt, *On Revolution*, p.241에서 재인용. 아렌트는 로베스피에르가 1794년 전당대회에 앞선 연설에서 "법이 프랑스 공화정이 아닌 프랑스 인민의 이름으로 선포되어야 한다"라고 주장한 것을 언급한다(*Ibid.*, p.75).

44 Hardt and Negri, *Empire*, p.344.

치인이자 지식인이었던 키케로는 그보다 먼저 이런 질문들을 제기했다. "정치 공동체란 무엇인가? 모든 무리conventus, 거친 야만인 무리조차 포함하는가? 한 장소에서 떼 지어 있는 은둔자와 범죄자로 이뤄진 모든 다중multitudo인가? 아니다, 여러분은 분명 아니라고 말할 것이다"(Stoic Paradoxes, 4.27). 키케로의 소란스런 물티투도multitudo는 아렌트가 말한 '다수'manyness를 암시한다. 내가 '정치 공동체'로 번역하는 그의 진정한 키비타스civitas는 정의와 공공의 선에 대한 공유된 관념, '일련의 법, 법 앞의 평등'에 의해 구속되는 복지국가다. 그보다 몇 해 전, 그의 철학적 대화집인『국가론』에서 키케로는 공화국res publica(공적인 것)을 'res populi', 즉 집단적인 인민의 소유물로 정의하는데, 정부에 대한 그들의 최고의 선택지는 자신을 최고의 사람들에게 맡기는 것이다(De Republica, 1.39, 51). 얄팍하게 위장한 로마 공화국의 상류층의 이상화라는 이러한 정의는, 키케로가 좋아하는 정치 주제인, 원로원의 지도하의 고대 가치의 보존mos maiorum과 사회질서의 조화concordia rerum를 구현한다. 그것은, 고대 정치 사상을 특징짓는, 정치체가 대의제에 위임된 것이고 합리적 분석이 가능한 지성적인 독립체라는 가정을 따른다. 로마의 포풀루스는 그 동반자인 원로원처럼 하나의 조직체에 통합된 이론적인 단일성이고 다중인 반면, 물티투도는 정치적 관행의 불결함의 약칭의 표시이며—키케로는 사적인 편지에서 포룸의 군중에 대해 "도시의 오물과 쓰레기" 속에 무성해지는 "거머리"라고 말한다—규범적인 이론에서 정치체가 위생적이 되는 것이 무엇인지 정의하고 또 그렇게 되도록 돕는다.[45] 이것이 내가 로마인

---

45 "오물과 쓰레기 속에서 대중 모임에 참석하는 인간 무리"(apud sordem urbis et faecem …… contionalis hirudo; Letter to Atticus, 1.16.11); "저 반란을 일으키는, 지독한 인간 쓰레기 중에"(apud

의 '신화'——군중multitudo, frequentia, turba을 통합된 단일성, 즉 포풀루스 로마누스로 고쳐 쓰는 것에 입각하는 신화——라고 부르는 것이다.

군중의 동력

최근 몇 년 동안 로마 공화정을 연구하는 여러 역사학자들은, 어떤 의미 있는 기준에 의해서든, 내가 여기서 스케치한 상황들을 로마의 인민이 정치 과정에서 배제되어 있었다는 증거로 여겼다. 콘티오는 상류층의 권위를 지속시키고 재현한 가면무도회이고 무대 위의 연극이며 의식화된 수행이었다는 것이다.[46] 다른 이들은 "로마 인민의 대중적 의지는 과두정 내의 분열이라는 맥락으로, 오직 그 맥락으로만 나타났다"라고 주장하거나 콘티오 담화의 이데올로기적 기능은 "로마 상류층의 정치적 헤게모니를 반영하고 그것을 계속해서 정당화했다"고 주장하며 설득을 통한 역동적 협의의 모델을 발표했다.[47]

이런 생각의 계통을 발전시켜서, 나는 지금까지 로마 군중이, 순응적이든 폭력적이든, 통제 가능한 대중의 자유라는 상류층의 환상을 달성시킨다고 주장해 왔다. 1세기의 키케로의 연설에서 현대영화에 이르기까지, 군중 통제의 수사적 기법은 군중이——그 폭력성과 예측 불가능성에

perditissimam illam atque infimam faecem populi; *Letter to his Brother Quintus*, 2.5.3); *For Flaccus*, pp.18, 24도 보라. 추가적인 참고문헌은 Morstein-Marx, *Mass Oratory and Political Power in the Late Roman Republic*, 128n.49, 52.

46 Mouritsen, *Plebs and Politics*; Morstein-Marx, *Mass Oratory and Political Power in the Late Roman Republic*. 가장 흥미로운 것으로는 Egon Flaig, *Ritualisierte Politik*, Göttingen: Vandenhoek and Ruprecht, 2003.

47 North, "Democratic Politics in Republican Rome", p.18; Morstein-Marx, *Mass Oratory and Political Power in the Late Roman Republic*, p.284.

도 불구하고 —지배질서에 대한 증명과 정당화로 활용되는 정교하고 효과적인 방법을 보여 준다. 군중은, 특히 포룸의 물리적인 설계에 깃들어져 있는 것처럼 귀족적 지배라는 귀족의 환상을 나타낸다. 군중은 대유법적으로 인민을 자신들로 표현하고, 자신들의 난폭한 다중성을 하나의 포풀루스로 되새기고, 채찍을 든 군인에 대항하는 바울로Paulus의 표현, 즉 "나는 로마 시민이다!"sum civis Romanus에 대한 강요된 동의를 필요로 한다. 로마 군중들이 자신을 집단적인 정치 행위자로 인식하지 못했다는 사실은 —일련의 군중모임을 '인민'으로 지속적으로 호칭함에도 불구하고— 로마 정치에 미완결성을 부여하고 그것은 궁극적으로 수세기 동안의 로마의 안정을 설명해 줄 것이다. 군집한 다중의 멈추지 않는 동요를 합리적 의미작용을 좌절시키는 비논리로 보는 미셸 세르의 해석에서 군중은 자기 자신의 정치적인 적대자, 자신의 비가시성의 동인으로 등장한다.[48] 다수의 변덕스럽고 열정적인 군중은 이론적 상상의 한계를 나타내는데, 그것은 불가능하게 된 해석을 의미한다. 여느 때처럼 정치와의 불편한 조화를 만들 뿐 아니라 상류층 주인의 손길에 의한 착취와 말소에 대한 군중의 취약성을 드러내면서 말이다.

이것이 군중의 유일한 역할이었을까?

끝으로 나는 군중이 공화정에 가져오는 혼란스럽고 예측 불가능하며, 때론 폭력적인 동력, 안정화시키면서 불안정하게 만드는 불확정성의 동력을 이해하는 또 다른 방법이 존재한다고 제안한다. 로마의 정치적 상상 속의 (그리고 지상의 정치의, 특히 폭력적인 갱단 전쟁의) 군중 정치를 재현하는 것은 필연적으로 불가능하다. 군중은 로마의 활력과 가변성,

---

48 Serres, *Rome*, p.15.

'임페리움'[제국]^{imperium}으로서 계속해서 확장하는 정체성을 상징한다. 우리는 로마 건국에 관한 리비우스의 설명에서 군중이 도시의 기원과 그 역사를 영원히 특징지을 폭력의 전조 모두에 극히 중요하다는 사실을 기억하고 있다. 군중은 역사의 중심이며, 공화국의 건설과 그 몰락의 조짐 모두에서 역할을 수행한다. 그의 군중 장면은 내전에서의 폭력적인 군중을 재현하고, 독자로 하여금 두 가지 방식의 군중을 경험하도록 계속해서 초대한다. 그것은 억압과 싸우는 인간의 올바른 분노, 그리고 예측 불가능하고 비합리적인 폭도의 폭력의 공포다. 그의 군중은 스스로의 정체성으로 초대하면서, 희망과 두려움 모두를 이야기한다. 그들은 공화주의적 시민권의 모델인 동시에 대중행동의 위험성을 환기시키는 모델이다. 즉 행동에 대한 격려이자 제약이다. 미덕의 모델로서, 통합된 군중은 폭도성의 악몽으로 방향을 바꾸지만, 군중폭력의 잔인성은 또한 대중의 자유를 보존하기 위해서 필요하다. 리비우스의 텍스트도 권위와 합법성의 한계에 대한 인식을 품고 있다. 그의 군중은 안정과 혼돈의 징후로 기능한다. 공동의 모임은 혁명의 기회를 제공하는 동시에, 공화국을 구체화한다. 그리고 이것은 마키아벨리가 이해한 것처럼 국가의 활기인데, 그는 어느 장에서 "로마의 평민과 원로원 사이의 불화는 이 공화국을 자유롭고도 강력한 것으로 만들었다"라고 유명하게 표현했다(*Discourses*, 1.4).[49]

토머스 제퍼슨은 콘티오의 현대적 형태의 공적 선언을 목적으로 독립 선언서를 작성했다. 프랑스 혁명론자들은 대중이 참여하는 시민의 구경거리가 끝난 뒤에 구경거리를 기획했다. 구경거리와 수행에 대한 그들

---

49 Toby Miller, *The Well-Tempered Self*, Baltimore, Md.: Johns Hopkins University Press, 1994, p.228은 정체성 정치의 사례에서 유사한 동력을 탐구한다.

의 관심은 정확히 군중모임에서 시민들의 상호 인식의 순간에 공화국이 건설되고 부흥된다는 것을 보여 준다. 군중은 그 변동성과 예측 불가능한 불투명성으로 인해 분석이 불가능하기 때문에, 공화국을 목적론적 정치가 도달할 수 있는 곳 너머에 놓는다. 그것은 공화국을 미완의 기획, 수행성의 기획으로 수립한다.

군중은 폭력적인 에너지를 표현한다. 마키아벨리와 아렌트가 이해하듯, 군중은 로마의 확장을 자극하고, 이론적으로, 변화하는 지정학적 상황에 로마가 대응할 수 있게 해주는 반항성과 예측 불가능성을 구현한다. 그것은, 리비우스와 함께, 그들이 로마제국의 운명의 증거로 여기는 역동적인 갈등의 징후였다. 군중은 여전히 다양하다. 그것은 달라지고 흘러간다. 라틴어가 아닌 언어를 말하고, 로마의 공적 생활에 어울리지 않는 의복을 입은, 거기에 있어서는 안 되는 사람들이 존재한다. 그러나 이것 또한 로마 공화정에 존재하는 로마 군중의 논리의 일부다. 불완전성과 미완결성의 징후는 대중의 동의에 달려 있는 정치에 본질적이다.[50]

사람들이 군중에 참여하거나 군중을 개인적으로 목격할 때, 이 기고문 모음집에 등장하는 증언들처럼, 그 경험을 잊기는 어렵다. 그러나 일단 군중이 흩어지면, 그 기억은 시들고, 한때 머물렀던 그 건축적 공간은 재점유의 가능성을 좌절시키는 듯하다. 로마, 그리고 서구와 미국의 현대 도시들에서 (그리고 점차 전 지구적으로) 군중의 내재적 존재에 대한 망각의 경향은 도시의 건축물의 외양과 분위기에 의해 강화된다. 정부 건물을 위해 할애된 지역은 자신의 미적 권리를 위해 빈 공간으로 홀로 서 있도록 디자인되고, 그 결과로 개인적인 방문객은 '침입자'에게 그들의 관

50 Butler, "Poststructuralism and Postmarxism"에서 중요하게 언급하는 것처럼.

광 사진의 틀에서 나가도록 요구하는 사이드라인에 서 있는 관찰자로 변형되고, 국가의 사안에 대한 어떤 관점에서도 고립된다. 철로 된 울타리, 대리석 건물의 정갈한 회색빛 줄, 잔디와 분수의 기하학적 패턴은 그곳에서 환영받는 인간 육체의 종류에 대한 시각적 등가물을 제공한다. 단정하고, 개별적이고, 질서를 지키는 주체들. 정원과 거리와 계단의 경계를 무시할 육체를 가진 소란스런 대중은 그 디자인의 순수성에 대한 위협으로 존재한다.

로마의 우려는 우리의 공화주의적인 공적 장소에서 그리고 공화주의적 상상 속에서 군중이 불편한 침입자가 되는 방식을 설명하는 데 일조하는데, 이것은 공적인 연설가가 군중과 '인민'—우리가 역사적으로 정치적 단일체로서 이해했던—사이에서 만들어 내는 관계의 가닥들을 검토함으로써 가능하다. 로마 군중은 단순히 역사의 일부가 아니고, 고대 도시의 합법적인 입법 기관이다. 로마 군중은 역사적 순간을 초월하여, 대중적 주권을 토대로 한 서양의 정치적 질서의 발명 곁을 맴돈다. 로마의 군중, 그리고 포풀루스 로마누스의 신화를 형성하는 데 있어 그들이 수행한 역할을 이해하는 것은 인민에 의한, 인민을 위한, 인민의 정부의 입법기관으로서 자신을 바라보는 서양의 신화를 이해하기 위한 중대한 발걸음이다.

People: 영어

마리사 갈베즈(Marisa Galvez)

People이란 단어는 라틴어 populus에서 유래하는데, 그것은 일반적으로 '인간 공동체, 민족국가', '그것을 구성하는 개인들을 초월하는' 사람들, 또는 '국가', '일반적인 공중, 대중, 다중'을 의미한다(『옥스퍼드 영어 사전』, 이후 *OLD*로 축약한다). 로마 공화국의 기준으로서, '로마의 원로원과 인민'SPQR은 populus가 국가, 그리고 로마의 최고의 권력의 개념에서 본질적이었다는 사실을 나타낸다. "인종과 국가, 또는 로마인이나 이탈리아인과 떨어진 나머지 세계"(*OLD*)를 의미하는 라틴어 gens와는 다르게, populus는 사람의 혈연관계나 계급, 인종과 분명하게 연결되지 않는다. 그러나 gens와 유사하게, populus는 종종 정치적 함축을 담는다. populus로부터──더 직접적으로는 '지역의 거주자', '인류'(12c), '보통의 사람들'(13c)을 의미하는 앵글로노르만어인 puple, peple, 또는 고대/중세 프랑스어인 pueple, pople과 같은 단어로부터──populace보통 사람들, populism평범한 사람들을 대표한다고 주장하는 정치적 정당의 회원들의 신념, populous사람들이나 거주자들로 가득 찬와 같은 영어 단어군이 생겨난다(*OED*).

중세의 영문학에서 peple이라는 단어는 흑사병 이후에 특히 넘쳐 나게 되는데, 이 시기 지배계급과 대변되지 못하는 개인과 공동체 사이에 긴장이 증가한다. 확립된 권위에 대한 평민의 증가하는 저항을 향한 상반되는 감정이 윌리엄 랭글런드William Langland와 존 가워John Gower, 제프리 초서Geoffrey Chaucer의 작품에 반영되어 있다. 그들의 작품에서, 서로 다른 목소리로 이루어진 이질적인 공동체로 표현되는 peple은 신의 보편적 목소리로서 고유의 도덕적 정당성을 가지지만 (가워의 "Vox populi cum voce dei concordat"[vox populi이자 협약의 목소리], 『소요의 소리』[*Vox Clamantis*, vol.3, p.1267]) 불협화음과 무질서한 폭력으로 무너질 위험성을 수반한다(초서의 'the noyse of peple'[people의 소음], 『트로일루스와 크리세이드』[*Troilus and Criseyde*, vol.4, pp.183~196]).

People과 국가의 고전적인 연합에, 보편적 목소리라는 이 단어의 영어에서의 의미가 결합되어 아마도 하나의 언술 행위로서 강력한 함축을 획득하게 되었을 것이다. crowd나 multitude와는 구분되는 '인민의 목소리'vox populi는 시민의 참정권, 확립된 제도에 저항하는 대중의 목소리, 폭도들의 전복 등 다양한 의미를 나타내게 되었다.

우리는 15세기 이후부터 이 단어가 법적·정치적·구어적 사용에서 이런 범위의 의미를 나타내는 것을 발견한다. 계약의 언어로서의 강력한 예는 1787년의 미합중국 헌법의 전문에 나타난 도입부로, people의 국가를 대표한 목소리다. "우리 미합중국의 people은 …… 이 미합중국의 헌법을 제정하고 수립한다." 국가의 계약은 people과 그들의 대표자인 정부 사이에 이뤄지는 것이다. 토머스 제퍼슨은 1820년 이것을 분명하게 말한다. "나는 people 자신 외에, 사회의 최고 권력의 안전한 담지자를 알지 못한다"(「윌리엄 자비스에게 보내는 편지」Letter to William Jarvis). 오늘날 people은 19세기 초에 정식화된, 기소의 전통적인 법률 용어('The People vs. ……')에서 현저하게 중요하다.

People의 이러한 관례적인 담론의 다른 결말에는 종종 vox populi를 일반적인 견해나 소문으로 나타내는 모순적인 사용이 있다. 셔먼W. T. Sherman 장군은 1863년 아내에게 보내는 편지에서 정설을 퉁명스럽게 묵살하며 "소문은 협잡꾼의 소리"Vox populi, vox humbug라고 쓴다. 20세기는 대중매체와 과학기술의 부상으로 people의 목소리를 부당하게 이용하고 조종할 가능성이 생겼다. vox pop을 통일된 견해를 가리키는 용어로 구어적으로 사용한 것은 1950~1960년대 영국의 'vox pops'의 대유행에서 나타나는데, 그것은 "지나가는 사람들과의 거리 인터뷰로, 사람들이 그날의 이슈에 대해 의견을 말하면, 운이 좋으면 재미있게 표현되었고, 균형을 맞춘다는 명목하에, 내용은 서로 간에 효율적으로 상쇄되었다"[51].

제2차 세계대전 후, '인민의'라는 수식어는, 공산주의와 사회주의의 용어들에서 명백하게 인민의, 즉 인민에 속하는, 또는 인민을 위한 국가나 조직에 적용되면서(인민민주주의, 중화인민공화국) 그 단어에 대한 서양의 상상력에 영향을 미쳤다. 그러나 1960년대의 반체제 운동에서 people은 새로운 것과 결합하는데, 들어 올린 꽉 쥔 주먹과 동반하는 블랙팬서[Black Panther] 운동의 '인민에게 권력을'[Power to the People]이라는 슬로건이나, 존 레논의 1971년 노래인 「인민에게 권력을(옳소!)」에서와 같이 말이다. '인민의 권력'이라는 슬로건은 부모 세대의 억압되고 순응적인 사회에 반항하는 젊은이의 문화를 대변하는데, 성적 자유와 오락적인 마약의 사용, 그리고 로큰롤을 찬양했다. 인민의 이 같은 새로운 목소리는 미국의 베트남전 참전에 반대하고, 지금까지 배제되어 온 집단인 여성과 흑인을 포용해야 한다는 요구에 찬성하고, 예술과 문화에서의 새로운 탐험을 포용한다. 엘드리지 클리버[Eldridge Cleaver]는 그 단어의 새로운 권력을 이렇게 말하며 요약한다. "모든 권력을 인민에게——흑인의 권력은 흑인에게, 백인의 권력은 백인에게, 멕시코계 미국인의 권력은 멕시코계 미국인에게, 북아메리카 원주민의 권력은 북아메리카 원주민에게, 또 다른 권력은 우리가 배제한 모든 그룹에게"[52]. 대중운동의

51 Nigel Rees, *Bloomsbury Dictionary of Phrase and Allusion*, London: Bloomsbury, 1991, p.331
52 *Ibid.*, p.264

언어에서, 우리는 관습적 담론을 만드는 동시에 거기에 도전하는 것으로서의 people의 잠재적인 힘을 발견한다.

밀집과 느슨함

수전 벅-모스(Susan Buck-Morss)

대중에 대한 내 첫 경험은 뉴욕의 한 스포츠 경기장에서였다. 그것은 홈팀이 승리했던 미식축구 경기로, 팬들의 물결이 경기장으로 흘러내려 와 골대를 습격하고 그것을 뽑아내 끌고 다녔는데, 그것은 관중들에게 희열을 촉발했고 나는 육체적으로 공유하지 않았지만 육체적으로 공유하도록 강요됐다.

나의 느낌은 개인의 침몰과 자율성의 상실에 대한 추상적이고 형이상학적인 두려움이 아니었다. 그것은 단순하고 본능적인 인식이었다. 군중과 함께 달릴 것인가 아니면 짓밟힐 것인가. 문화적으로는 오락이라고 말해지는 이 명백하게 무해한 사건은, 비교할 수 있는 어떤 경험도 넘어서서 나를 위협했다. 아이의 눈으로 볼 때 해안가에 부딪치기 전에 위협적으로 솟아오르는 대양의 물결은 비밀스런 평온함을 지닌다. 당신은 물거품이 머리 위로 지나며 들끓을 때, 은신처로 들어가기 위해 물마루의 위협적인 소용돌이 아래쪽으로 뛰어들어야만 한다.

그 숭고한 특성이 아니라, 기계적인 냉혹함이 군중에 대한 내 경험과 유사하다. 인간의 의도로 움직이는 빈틈없고 통일된 사건이지만, 인간의 통제를 벗어나 움직인다. 군중의 예측 불가능성은 정확히 예측 가능하기 때문에 테러의 수단으로 이용될 수 있다. 발터 벤야민은 이런 "밀집된" 대중을 혁명계급의 "느슨한"locker 군중 형태와 비교했는데, 테오도어 아도르노Theodor W.

Adorno는 그에게 보낸 편지에서 이것이 레닌의 『국가와 혁명』이래 이 주제에 관해 읽은 것 중 가장 통찰력 있는 관찰이라고 묘사했다. 벤야민은 이렇게 썼다.

> 계급의식을 가진 프롤레타리아트는 오직 바깥에서 볼 때만, 압제자의 마음속에서만 밀집된 대중을 형성한다. 그들이 해방을 위한 투쟁을 시작하는 순간, 이 분명하게 밀집된 대중은 이미 사실상 느슨해지기 시작했다. 그들은 단순한 반응에 지배받기를 멈추고, 행동으로 이해한다. 프롤레타리아 대중의 느슨해짐은 연대의 작업이다. 프롤레타리아 계급 투쟁의 연대에서, 개인과 대중 사이의 죽어 있고 비변증법적인 적대관계는 파괴된다. 동지에게 그것은 존재하지 않는다. …… 르 봉과 다른 이들이 '대중심리'의 주제로 다뤘던, 관통할 수 없는 밀집된 존재로서의 대중은 프티부르주아의 대중이다. 프티부르주아는 계급이 아니고, 사실 대중일 뿐이다. …… 따라서 밀집된 대중의 시위는 언제나 공황 상태의 특성이 있다——그들이 전쟁에 대한 열광, 유대인에 대한 증오, 또는 자위의 본능을 표출하든 말이다.[53]

반동적인 군중과 혁신적인 군중의 차이는 육체적으로 식별될 수 있다. 공황의 감정은 연대의 감정으로 대체된다. 1960년대 말과 1970년대 초 워싱턴 D.C.에서 열린 반전시위에서 수십만, 또는 수백만의 군중이 공통의 목적, 벤야민이 묘사하는 '집단적 이성'collective ratio을 가지고 참석했을 때 나는

---

53 Walter Benjamin, *Selected Writings*, vol.3, 1935-1938, eds. Howard Eiland and Michael Jennings, trans. Edmund Jephcott et al., Cambridge, Mass.: Harvard University Press, 2002, p.129.

이것을 알게 되었다. 낯선 이들이 음식과 보호물을 공유한다. 행진하는 군중이 앞쪽으로 밀치고 갈 때조차 그 중심은 평온하고, 마치 해저처럼 안전하다. 지도자는 군중을 조종하기보다 군중과 융합된다. 상호작용이 반응을 대체한다. 연대의 경험은 그 사건보다 오래가고, 앞으로 다가올 사회, 즉 "대중의 형성에 있어 객관적인 조건도 주관적인 조건도 더 이상 존재하지 않을 사회"의 이름하에서 개인이 행할 미래의 행동에 대한 자신감을 부여한다.[54]

연대를 낳는 시위는 우리 시대의 일부로 남아 있다. 마드리드의 폭탄테러가 일어난 뒤, 총선 전날인 2004년 3월 14일 거리로 나온 수백만의 스페인 시민들은, 이후 그해 봄 워싱턴 D.C.에서 여성의 권리를 주장하며 행진한 수백만 명의 여성과 마찬가지로 '느슨한 군중'이었다. 조지 W. 부시 미국 대통령의 주관적인 이라크 침공에 항의하는 2003년 2월 15일 평화를 위한 놀랄 만한 전 세계 시위는 사진 기록으로 보존(http://www.punchdown.org/rvb/F15)되어 있으며, 이 새로운 세기에 정치적 연대의 거대한 가능성을 보여 주는 전조다.

이 혁신적인 군중의 반대편에 위치한, 밀집된 대중을 우리는 다시 보게 되는데, 이번에는 경찰 기동대로서다. 검정색 갑옷을 입고 조밀하게 서로 붙어 있는 준군사조직 같은 특수부대로, 그들의 얼굴은 움직이지 않거나 내부의 공황을 숨기기 위해 마스크를 썼고, 기껏해야 자위의 본능에 의해 동기가 유발된 폭력으로 반응할 준비를 한다. 프롤레타리아트와 프티부르주아라는 용어는 오늘날 사용되지 않는다. 그러나 군중에 대해서는, 그들이 그려내는 사회적 현실은 사라지지 않았다.

54 *Ibid.*, pp.129~130.

4장

친밀성과 익명성,
청중은 어떻게 대중이 되었는가

윌리엄 에긴턴

대중이라는 개념이 매우 역사적이고 그 역사성이 고도 근대성^{high modernity}의 시기에 위치해야 한다는 20세기 전환기의 르 봉과 다른 대중심리학자들이 발전시킨 생각을 신뢰한다면,[1] 이 개념의 기원에 대해 질문을 제기하는 것이 적절해진다. 개인들의 집회가 늘 현대적 의미에서의 대중의 특징을 지녔던 것이 아니라면 어떤 종류의 문화적 관행이 이런 특정한 종류의 대중 현상의 등장을 이끌었을까? 내가 여기서 말하려는 논지는 일반적인 집회를 근대적 대중으로 변형시킨 강렬한 도가니는 근대 초기의 유럽 극장^{playhouse}의 청중^{audience}에게서 발견된다는 것이다. 이것이 청중과 대중이라는 용어가 등가 개념을 성립시킨다는 뜻은 아니다. 사

＊ 나의 조교인 앤드루 프랭클린(Andrew Franklin), 메건 펜더개스트(Megan Pendergast), 에이미 우즈닉(Aimee Woznick)에게 감사한다. 그들의 지칠 줄 모르는 조사가 없었다면 이 프로젝트는 생각할 수도 없었다.

1 Gustave Le Bon, *The Crowd: A Study of the Popular Mind*, Dunwoody, Ga.: N. S. Berg, 1968; Robert A. Nye, *The Origins of Crowd Psychology: Gustave Le Bon and the Crisis of Mass Democracy in the Third Republic*, London: Sage, 1973도 보라. 발터 벤야민이 쓰듯이 "군중—어떤 주제도 19세기 저자들에게 이보다 더 관심을 받을 자격이 없었다"(Walter Benjamin, "On Some Motifs in Baudelaire", *Illuminations*, trans. Harry Zohn, New York: Schocken Books, 1968, p.166).

실상 나는 가브리엘 타르드가 청중은 대중이 아니고,[2] 더 구체적으로 말하면, 대중심리학자들에 의해 정의된 대중의 본질적인 특징이 근대 초기의 극장의 청중에게는 나타나지 않는다고 말한 주장에 완전히 동의한다. 그보다 강조되어야 하는 것은, 제한된 공간 안의 많은 사람의 집회로 유발되는 분명한 사회적·정치적 걱정거리에 대한 대응으로서의 근대 초기 유럽의 극장의 법규가 어떻게 고도 근대성을 연구하는 정치 이론가들 사이에 근심거리를 촉발시킬 바로 그런 사회구성체social formation를 야기하도록 작용했는가이다. 간단히 말하면 초기의 근대국가, 관료, 이론가들이 개인이 모여 대중이 될 때의 혼돈의 가능성을 걱정했다면, 19세기와 20세기 정치 이론가들의 주요한 걱정은 대중이 통일된 세력으로 정연하게 행동할 가능성과 관련된다. 훗날의 이론가들에 따르면, 정치권력의 민주적 확산에 내재한 위험은 바로 개인으로서 추론하는 능력을 **상실**하고 집단en masse으로 행동하는 것이었다. 말할 것도 없이, 이 두려움은 자신들의 혁명적 힘의 원천을 인민에게서 발견했던 좌파와 우파의 정치운동 모두에게는 매우 바람직한 것으로서 등장했다. 역설은 통렬하다. 새롭게 형성된 도시 사회의 "수평적·수직적 이동성"을 두려워한 근대 초기의 국가는 극장에 가는 대중을 동질화된 정체성 모델을 통해 보다 통일된 형태의 행동으로 "지도하려는" 목적으로 극장의 시설을 마음대로 이용했고,[3] 19

2 Gabriel Tarde, *The Laws of Imitations*, trans. Elsie Clews Parson, New York: H. Holt, 1903.
3 용어와 명제들은 호세 안토니오 마라발의 것이다. 특히 José Antonio Maravall, "From the Renaissance to the Baroque: The Diphasic Schema of a Social Crisis", eds. Wlad Godzich and Nicholas Spadaccini, *Literature Among Discourses: The Spanish Golden Age*, trans. Terry Cochran, Minneapolis: University of Minnesota Press, 1986, pp.3~41; *The Culture of the Baroque: Analysis of a Historical Structure*, trans. Terry Cochran, Minneapolis: University of Minnesota Press, 1986.

세기 말까지 그와 동일한 동질화된 정체성 모델로 직조된 이론적 구조를 지닌 사회에는 극장이 주입하려고 했던 바로 그 통일된 행동의 망령이 늘 따라다니고 있다.

나는 중세 말기의 연극 행사에 모인 관객 집단이 내가 주장하려는 대로 근대적 의미의 청중도 대중도 아니었다면, 과연 무엇이었는지 간단히 설명하면서 이 에세이를 시작하려 한다. 그러고서 근대 초기의 극장 시설과 청중을 통제하고 지도하기 위한 그들의 메커니즘의 등장에 대한 묘사로 넘어가는데, 청중의 주요한 위협은 무질서하다는 것과 순전히 그 수나 양만으로 그들의 취향의 결핍에서 비롯되는 문화적인 형태들을 내세운다는 것이다. 이러한 공공의 무질서에 대한 걱정의 기저에서는, 개념적인 수준에서 그 양극단이 **익명성**과 **친밀성**의 개념 사이에 이어진 축을 따라 놓일 수 있는, 경험의 증류가 나타난다. 다시 말해, 정확히 폭도 vulgo가 한데 모여 어떤 부정적 집단성과 연관될 때는 그 집단성(공공성)의 영역과 내면성의 영역 사이에 존재하는 거리가 옹호되고 있다는 것이다. 여기서 집단성의 영역과 내면성의 영역은 이론적으로 각각 그 심층이 구성될 수 있고 잠재적으로 무한한 것이다.[4] 17세기의 텍스트가 대중의 무질서한 본성에 대한 경멸과 혼합된 불안을 나타내고 극장을 대중 통제의 궁극적 시설로 제시한다면, 18세기의 텍스트는, 스페인의 경우 가스파르 멜초르 데 호베야노스Gaspar Melchor de Jovellanos의 공공의 구경거리에 대한 저작들에서 가장 눈부시게 나타나듯, 이러한 불안의 강화를 보여 주는 텍스트와 적절한 극장 정책에 의해 형성된 이상적인 대중의 이미지를 드러내는 텍스트로 나눠지는 듯하다. 예절과 계몽된 행위의 본보기를 따

---

4 이후에 나오는 발타사르 그라시안(Baltasar Graciáns)의 작품 분석을 보라.

르는, 개인들의 통일체로서의 대중의 모습은 공공 행정의 궁극적인 목표로 여겨진다. 이러한 진행은 메소네로 로마노스^{Mesonero Romanos}의 1840년대 마드리드의 극장 청중에 대한 묘사에서 정점에 달하는 것처럼 보이는데, 이 집회는 공유된 정서적인 환경에 조화롭게 반응하는 개인들의 집단이라는 가장 엄격한 의미에서 대중으로서 작동한다. 동일한 대중은 부르주아적인 상업에도 알맞은 것이어서,[5] 19세기 말의 선언문과 바리케이드, 극장 홀에 자주 출몰할 것이다. 대중의 권력을 이해하는 열쇠는, 앞으로 나오듯이, 이러한 친밀성과 익명성의 역사적인 분석에 있다. 이 개념들 사이의 대립의 중심부에서 발생하는 근대성에서는, 대중이 이 개념들의 차이가 상실되는 구역에서 침전하는 존재이기 때문이다.

청중/대중의 기원

14세기(1316년)에 보름스^{Worms} 대성당의 성체 성사에서 제병^{祭餠}을 들어 올리는 순간 다수의 신앙인들이 함께 밀려들 때,[6] 그들의 행동이 19세기 말과 20세기의 "군중심리"의 범주로 분석되는 것, 예를 들어 "무의식적 성격의 우세"나 "집단적인 마음의 소유"로 묘사할 수 있는 것과 동일하다고 주장하는 것은 시대착오적인가?[7] 이 질문에 답하기를 주저한다면 분명 다음의 이유들에 동의해야 한다. 대중 현상에 대한 근대적 설명은 개

---

5 나는 이러한 통찰에 대해 레베카 헤이트(Rebecca Haidt)에게 감사한다(2003년 2월 버팔로대학 미출간 강의).

6 Gustave Cohen, *Histoire de la mise en scène dans le théâtre religieux français du moyen âge*, Paris: Librairie Honoré Champion, 1951, p.48.

7 Le Bon, *The Crowd*, chap.2.

념적 도식을 통한 경험의 단일화에 의존하기 때문에 중세의 집단행동을 묘사하기에는 적절하지 않다. 근대적 설명이 각각의 마음속에서 **친밀성**을 경험하는 것을 가장 중요하게 전제하고, 그것이 충분한 수의 다른 개인들과 합류하고 나면 바로 흔히 황홀하고 전염적인 대중의 **익명성**으로 차츰 사라지거나 그 안에 빠져 버리는 것을 전제하는 반면, 위에서 설명한 중세의 경험은 다른 원칙에 따라 작동한다고 주장할 수 있다.[8]

친밀성과 익명성이 개념적인 짝을 형성하는 것이 분명할 것인데, 대조되는 익명성의 경험 없이는 비밀스러운 삶이 정확히 익명의 사람들에게 알려지지 않은 것으로 남아 있고 그 일원들 자신의 친밀성이 우리의 시야를 넘어서서 상호적으로 유지되는, 그런 친밀한 영역의 경험 같은 것은 존재하지 않기 때문이다. 마찬가지로 도시의 환경을 다룬 문맥들(보들레르, 벤야민, 메소네로)에서 매우 자주 환기되는, 긍정적인 동시에 부정적으로도 함축된 익명성의 느낌은 익명성이 부정하는 친밀한 인식의 영역과 대립되는 것으로만 상상될 수 있다. 그러나 익명성은, 그것이 게으름뱅이에게 위로가 되는 비가시성과 일치하는지, 또는 찰리 채플린이 「모던 타임즈」^{Modern Times, 1936}에서 보여 준 도시성이 소외감을 유발하는 광경과 일치하는지와 상관없이, 특히 산업 대도시의 근대적 경험과 불가분하게 묶여 있는 것으로 보인다. 엥겔스가 쓰듯, "더 많은 사람들이 좁은

---

8 Elias Canetti, *Crowds and Power*, trans. Carol Stewart, New York: Viking Press, 1962, p.15. "인간이 접촉에 대한 두려움으로부터 해방될 수 있는 것은 오직 군중 속에서만이다." 이 문장은 군종 속에서의 자기 유기라는 근대적 주제, 그리고 중세의 집단의 동력을 이해하는 데 있어서 편견적인, 개인과 다중 사이의 사전 대립을 주장하는 근대의 편견을 모두 반영한다. 이 부분의 주장은 나의 책 William Egginton, *How the World Became a Stage: Presence, Theatricality, and the Question of Modernity*, Albany: SUNY Press, 2003에서 비롯된 것이다. 영국의 맥락에 대해 크게 뒷받침하는 분석은 Anthony B. Dawson and Paul Yachin, *The Culture of Playgoing in Shakespeare's England: A Collaborative Debate*, Cambridge: Cambridge University Press, 2001을 보라.

장소에 모일수록 불쾌감과 공격성은 점차 잔인한 무관심, 사적인 일을 수행하는 각각의 사람들의 무신경한 집중이 되어 간다".[9] 공간감이 장소와, 자신의 물리적인 배경 그리고 동료와의 두터운 친교에 깊게 뿌리박혀 있는 문화에서 어떻게 해야 유사한 생각이 발생할 것을 기대할 수 있을까?[10]

역사적인 기록은 중세 문화를 공연의 문화라고 한 한스 울리히 굼브레히트의 평가를 보증할 만큼 충분하게, 중세 말기의 종교행사와 세속적 축제, 구경거리, 다른 집단행사에 집단적으로 참여하는 강력한 전통을 보여 준다.[11] 사실, 중세적인 존재가 주요하게 집중된 곳은 지방 공동체라는 주장으로 한발 더 나아갈 수도 있다. 공동체의 활기는 미시적이고 거시적인 방식으로 우주적 존재에 관여할 뿐 아니라 개인의 존재에도 관여하며, 그것은 계절 변화를 기념하는 축제——각 가문의 생계가 기후 변화에 영

9 Friedrich Engles, *Die Lage der arbeitenden Klasse in England*, 1845. Benjamin, "On Some Motifs in Baudelaire", p.167에서 재인용.

10 이러한 일반화에 대한 최고의 증거 중 몇몇은 Philippe Ariès and Georges Duby eds., *A History of Private Life*, vol.2: Revelations of the Medieval World, trans. Arthur Goldhammer, Cambridge, Mass: Belknap Press of Harvard University Press, 1988에서 수집되고 분석되었다. 특히 Georges Duby, "Private Power, Public Power", pp.3~32를 보라. 또한 David Castillo and William Egginton, "The Perspectival Imaginary and the Symbolization of Power in Early Modern Europe", *Indiana Journal of Hispanic Literatures*, no.8, 1997, pp.75~94를 보라.

11 Hans Ulrich Gumbrecht, "The Body vs. the Printing Press: Media in the Early Modern Period, Mentalities in the Reign of Castille, and Another History of Literary Forms", *Poetics*, vol.14, 1985, p.190. 엘러 코프만스는 중세의 소외된 사람들의 극장에 대해 논의하는 상황에서 비슷한 주장을 했다. Jelle Koopmans, *Le théâtre des exclus au Moyen Age: Hérétiques, sorcières et marginaux*, Paris: Editions Imago, 1997, p.31. 부분적으로 하위징아의 유명한 학위 논문(Johan Huizinga, *Homo Ludens: vom Ursprung der Kultur im Spiel*[Ph.D. thesis], Hamburg, 1956)에서 발달한 굼브레히트의 놀이의 개념은, 통상적으로 재미나거나 허구적인 것과 진지한 것을 구별할 그런 장소의 발생과 관련된 중세의 고유한 놀이의 관행이 있었다고 주장한다. Hans Ulrich Gumbrecht, "Laughter and Arbitrariness, Subjectivity and Seriousness: The Libro de Buen Amor, the Celestina, and the Style of Sense Production in Early Modern Times", *Making Sense in Life and Literature*, trans. Glen Burns, Minneapolis: University of Minnesota Press, 1992, pp.111~122를 보라.

향을 주기 위해 행하는 공동체의 의식 수행과 연결되어 있는——로 예시된다.[12] 따라서 구경거리는 우리가 그것을 종교적인 것으로 분류하든 세속적인 것으로 분류하든, 똑같은 관계의 집회들을 발생시켰다. 구경하기 위해 모여든 사람들은 공연하는 사람들과 구분되지 않았고 그 역도 성립했으며, 공연의 '주제'는 공연의 말과 몸짓이 되풀이했던 영원한 역사와 신념의 진리로부터 분리될 수 없었던 것과 마찬가지로 공연 장소와도 분리될 수 없었다(이런 이유로 외부의 공연 장소, 가령 도시 광장에 교회 건축물이 중첩됐다).[13] 이러한 맥락에서는 근대성이 근대의 대중을 묘사하는 데 있어 보편적인, 친밀성과 익명성 사이를 오가는 움직임의 역할을 생각하기가 어렵다.

중세의 집단적인 상호작용에 대한 이러한 설명은 15세기부터 그들이 유발한 집회와 걱정거리에 대한 분석에서 나타나는 설명과 날카롭게 대조된다. 마라발의 유명한 명제처럼, 바로크 양식은 "15세기 말에 폭발하고 16세기에 강화된 확장의 움직임"에서 유발된 위기라고 그가 칭한 것에 맞서 통제를 주장하는, 확고한 이해관계로 형성된 결연한 노력으로 특징지어진다.[14] 이 확장——(계급적 식별의 내포를 느슨하게 하는) 수직적이고 수평적인(육체의 지리적 이동, 탐험, 국경의 확장)——은 중세의 카스트 제도를 역회전하는 조짐을 보였고, 이 확장적 경향에 저항하고 억압하는 데에 분명한 이해관계가 있던 군주-영주 동맹의 암묵적인 형성을 촉

---

12 가령 E. K. Chambers, *The Mediaeval Stage*, vol.1(2 vols.), New York: Clarendon Press, 1903, p.187을 보라.

13 Elie Konigson, *L'Espace Théâtral Médiéval*, Paris: Éditions du Centre National de la Recherche Scientifique, 1975, p.50.

14 Maravall, "From the Renaissance to the Baroque", p.5.

진했다. 나는 마라발의 가설에 내재하는 기능주의자들의 가정과 길을 달리하지만, 반박될 수 없는 것은 17세기 새로운 도시 환경에서 대중의 정체성에 대한 의식이 발달했고, 대중적인 문화시설의 조종을 통해 다수의 개인을 통제하거나 '지도했을' 가능성과 바람직함에 대한 잠정적인 이론화가 발전했다는 사실이다. 많은 수의 개인들을 소집하는 처음이자 가장 명백한 시설을 갖춘 장소로서——이런 점에서 그것은 17세기의 탁월한 사회적 은유가 된다——극장은 통제의 특정한 메커니즘을 수행하는 실험의 장이 된다.[15]

그러한 수행의 세부사항은 그 자체로 흥미롭겠지만, 여기서 가장 중요한 것은 그러한 정책의 묘사가 언제나 그들이 통제하려고 하는 집단성의 특정한 이미지를 투사한다는 점이고, 더욱이 '푸블리코'[público]가 나타내는 집단의 본성에 관한 일반적인 문화적 우려의 흔적을 명시한다는 점이다. 1647년 극장을 다시 열게 하기 위한 세비야 주의 이 청원의 말에서 암시되듯이 말이다. "사람들은 겨울 동안 도시에서 묵는 군대의 구성원들이 야기하는 많은 소동을 기피하는데, 그곳에서는 희극[comedias]이 없고, 특히 휴일에 그들 자신을 바꿔 놓을 오락거리가 부족한 결과 많은 불행한 일이 발생한다."[16] 그에 따라, 폭력의 발생에 대한 두려움은 공공 극장 내의 좌석 배치와,[17] 극장의 구경거리의 정확한 제작 비율을 포함하는 극장

15 William Egginton, "An Epistemology of the Stage: Subjectivity and Theatricality in Early Modern Spain", *New Literary History*, vol.27, 1996, pp.391~414.

16 Jean Sentaurens, "Sobre el público de los 'corrales' sevillanos en el Siglo de Oro", eds. J.-F. Botrel and S. Salaün, *Creación y público en la literatura española*, Madrid: Editorial Castalia, 1974, pp.62~63에서 재인용: "Súplica de la Ciudad de Sevilla al Consejo de Castilla, sobre licencia para representar comedias." 별도로 명시된 것이 없다면 모든 번역은 인용자의 것이다.

17 Botrel and Salaün, *Creación y público en la literatura española*, pp.63~64.

에 관한 공공정책을 결정하는 데 영향을 미쳤고, 폭력에 대한 두려움으로 관료들은 일주일에 적어도 두 편의 새로운 제작물을 상연해야 한다는 절박감을 느꼈다.[18]

우리가 이해해야 할 결정적인 사실은 폭력의 위협이——세비야의 청원이 묘사하듯 소동alboroto의 위협이——결코 통일된 성난 대중이 제기하는 위협과 연관되는 종류의 것이 아니라는 점이다. 폭도가 유발하는 잠재적이고 바람직하지 않은 소동은 격정적이고 조직적이지 않은 특성을 지녔고, 행동을 같이 하게 되는, 그들에 가장 가까운 청중들은 희극 작가 autor de comedias가 가장 두려워하는 근대의 극장 비평가의 선조인 입석立席; mosqueteros의 사람들이 유발하는 불만의 목소리에 합류한 것이었다.[19] 문학적 엘리트들의 관점에서 가장 큰 위험은 극장이 폭도에게 이미 확립된 문학적 취향의 형세를 역전시킬 전례 없는 기회를 제공했다는 점이다. 세르반테스가 『돈키호테』의 수사신부 캐릭터를 통해 불평한 유명한 말처럼 "오늘날의 이 희극은 …… 모두 또는 대부분 어리석은 것들이고 위와 아래를 구분할 수 없는 것으로 알려져 있고, 그럼에도 불구하고, 폭도는 그것들을 기쁘게 듣는다. …… 그리고 그것을 집필하는 작가와 그것을 표현하는 배우는 희극이 그래야만 한다고 말하는데, 폭도가 다른 어떤 방식도 아닌 그런 방식을 원하기 때문이다."[20] 다른 말로 하면, 폭도가 통일된 개념으로 존재하는 한 이 통일체가 되는 대상은 대중을 구성하는 사람들

18 Sentaurens, "Sobre el público de los 'corrales' sevillanos en el Siglo de Oro", p.66.
19 Wallace Sterling Jr., "Carros, Corrales, and Court Theatres: The Spanish Stage in the Sixteenth and Seventeenth Centuries", *Quarterly Journal of Speech*, vol.49, 1963, p.20.
20 Miguel de Cervantes, *El ingenioso hidalgo Don Quijote de La Mancha*, vol.1, Madrid: Cátedra, 1996, p.557. John J. Allen, "El papel del vulgo en la economía de los corrales de comedias madrileños", *Edad de oro*, vol.12, 1993, p.12에서 재인용.

보다는 그들 취향의 타고난 천박함, 교양 있는 문화에 대해 보란 듯이 그들의 일종의 집단적 경제력을 통해 내세울 것 같은 취향을 가리켰다. "그리고 그들에게 있어 소수에게서 명성을 얻는 것보다 다수에게서 식량을 버는 것이 더 낫다."[21]

공공 극장은 계급과 성별의 경계를 강화하려는 목표를 위해 지속적으로 구조화되었지만 그곳이 그러한 경계가 지속적으로 공격받는 장소였다는 점 또한 분명하다. 공공 극장에서의 엄격한 성의 분리를 요구하려는 18세기까지 계속된 스페인 정부의 노력에도 불구하고, 카수엘라 cazuela(스튜 냄비, 여성용 자리를 부르던 말)의 가장자리는 전설적으로 은밀한 밀회의 기회가 되는 장소였고, 분장실 자체도 마찬가지여서 신사들

---

21 *Ibid.*, vol.1, p.557. 'vulgo'의 형태는 스페인 문자에서 길고도 문제가 많은 역사를 갖는데, 여기서는 간단하게만 다룰 것이다. 흥미로운 것은 세르반테스의 재치와 분개의 암시된 대상 중 한 명이 그의 경쟁자이자 연극계에서 그보다 훨씬 큰 성공을 거둔 로페 데 베가(Lope de Vega)라는 생각인데, 그는 폭도를 숭배함으로써 엄청난 이익을 얻은 작가로서, 보다 너그러운 관점에서 그들을 다룬다고 생각될 수도 있다. 셰익스피어와 로페에게서 나타나는 폭도의 형태에 대한 커시너의 비교 연구를 보라. 여기서 그녀는 로페의 폭도가 셰익스피어의 폭도보다 다소 낮게 묘사된다고 주장한다(Teresa J. Kirschner, "The Mob in Shakespeare and Lope de Vega", eds. Louise and Peter Fothergill Payne, *Parallel Lives: Spanish and English National Drama, 1580-1680*, Lewisburg, Pa.: Bucknell University Press, 1991, pp.140~151). 그럼에도 불구하고 폭도를 그들 자신의 작품을 받아들이는 사람으로서 말한다면, 개개의 극작가들은 매우 위축되는 경향이 있었다. 몇몇의 예를 들어 보면, Hugo A. Rennert, *The Spanish Stage in the Time of Lope de Vega*, New York: Dover Publications, 1963, p.117을 보라. 영국의 상황은 대중의 취향에 대한 이러한 경멸을 뒷받침한다. 가령 존슨은 "가르침을 받지 못한 독자는 연극에 의해 기만당할 가능성이 크다. …… 그리고 속임수의 원천은 '다중 속에서, 그들의 탁월한(최고의) 판단의 결함을 통해' 발견될 것이다"(Leo Salinger, *Dramatic Form in Shakespeare and the Jacobeans*, Cambridge: Cambridge University Press, 1986, p.200). Nicoll Allardyce, *The Garrick Stage: Theatres and Audiences in the Eighteenth Century*, Athens: University of Georgia Press, 1980도 보라. 드루어리 레인(Drury Lane) 극장의 폭동의 사례가 나타내듯이, 극장에서의 임의의 또는 개인의 폭력의 위협이 극장의 청중이 또한 때로는 거의 통일된 폭도로서 행동할 수 없었다는 사실을 의미하지는 않았다(Henry William Pedicord, "The Changing Audience", ed. Robert D. Hume, *The London Theatre World, 1660-1800*, Carbondale: Southern Illinois Press, 1980, p.245). 또한 18세기의 영국 청중의 행동에 대한 묘사는 Leo Hughes, *The Drama's Patrons*, Austin: University of Texas Press, 1971을 보라.

은 영국의 초기 근대의 극장에서와 달리 스페인의 무대를 빛낸 여성들을 찾아 그곳으로 향했다.[22] 계급 간의 경계가 위협받는 것에 의해 유발된 불안에 대해서는, 파리의 공공 극장인 오텔 드 부르고뉴Hôtel de Bourgogne의 파르테르[1층 입석]parterre에 대한 이러한 설명이 17세기 작가인 샤를 소렐Charles Sorel로부터 전해 내려온다. "파르테르는 대중 속에 밀착된 사람들 때문에 다루기가 매우 어렵다. 그 공간에는 정직한 시민들과 혼합된 천 명의 난폭한 자들이 있고, 저급한 유형의 이들이 시민들에게 때때로 모욕적인 언사를 쓴다. 다툼은 아무것도 아닌 일로 생기고, 칼이 손에 놓이고, 모든 희극이 중단된다. 가장 완벽한 평정심을 가졌을 때도 이 건달들은 결코 말하고 소리치고 휘파람 불기를 멈추지 않는다."[23]

무대 자체가 진리와 지식의 문제에 대한 근대의 가장 보편적인 은유가 된 것처럼,[24] 극장에 가는 대중의 이미지로 유발되는 불안은 그야말로 17세기 사상에서 집단의 위험에 대해 생각하는 보편적인 문화적 모티프가 되었고, 그것은 발타사르 그라시안이 『논객』에서 이 주제를 다룬 장을 위해 선택한 제목으로 입증된다. '대중의 광장과 폭도의 극장'Plaça del populacho y corral del Vulgo. 많은 예들에서 모두 분명히 드러나는 것처럼, 사람들의 대형 집회를 다루는 데 있어 그라시안의 주요한 걱정은 어리석음의 누적이 제기하는 위협과 그들이 소수의 분별discreción(안목 또는 판단,

22 Egginton, "An Epistemology of the Stage", p.408. 참고로, 영국 무대의 경우는 Stephen Orgel, *Impersonations: The Performance of Gender in Shakespeare's England*, New York: Cambridge University Press, 1996을 보라.

23 Pierre D. Lemazurier, *Galerie historique des acteurs du théâtre français, depuis 1600 jusqu' à nos jours*, Paris: J. Chaumerot, 1810. William L. Wiley, *The Early Public Theatre in France*, Cambridge, Mass.: Harvard University Press, 1960, pp.211~212에서 재인용.

24 '데카르트 극장'의 역사적 검토는 Egginton, *How the World Became a Stage*, chap.5를 보라.

독일어로는 'Urteilskraft')[25]을 압도할 가능성이었다. 분별을 결핍한 이들이 완전히 다수라는 사실로 인해, 그라시안은 진정한 사려를 보여 주는 모습은 "현명하고 신중한 사람"los varones sabios y prudentes에게 존경받기보다 "무지한 자와 바보"los ignorantes y necios 사이에서 성공적이기를 바라는 것이라는, 그 자신이 알고 있듯, 모순적인 인정을 하게 된다. "보라! 현명한 자는 거의 없고, 이 도시에 네 명도 없다. 네 명을 말하다니! 온 왕국에 두 명도 없다. 무지한 자는 다수이고 바보는 무한하다. 이리하여 그들을 자기편에 둔 사람은 온 세계의 지배자가 될 것이다."[26] 인정컨대, 대중의 동요될 수 있는 능력, 즉 개인으로서 추론하지 않는 성향은 또한 근대 대중 이론가들의 뚜렷한 관심사다. "집단적인 마음 안에서 개인의 지적인 경향이, 결과적으로 그들의 개성이 약화된다."[27] 그럼에도 불구하고 그라시안의 경우에서 눈에 띄는 것은 그의 폭도가 그들의 집단적인 혼합에 의해 멍청해지는 것이 아니라, 선천적으로 어리석다는 점이다. 오히려 그들은 대중 속으로 모여야만 하는데, 그후 진정한 사려를 가진 사람이 그들의 판단에 영향력을 갖게 될 실오라기 같은 희망이 있을 수 있기 때문이다.

정치적인 반란의 위험에 대해 직접적으로 이야기할 때조차, 그라시안은 문제를 협동적인 행동이 제기하는 위험에서 다른 곳으로 돌리고, 대중의 수중으로 떨어지는 권력의 위험은 지도력에 대한 타고난 능력이 없는 개인들이 지도의 책임을 맡아서 자기 자신뿐 아니라 사회 전체에도 처참한 결과를 가져오는 것이라는 점을 강조한다. 이와 같이 그는 반란의

---

25 이 개념이 칸트의 세번째 비판의 주제와 의미론적으로 동일하다는 것을 언급해 준 키리아코 아로요 (Ciriaco Morón Arroyo)에게 감사한다.
26 Baltasar Gracián, El Criticón, Madrid: Cátedra, 2000, p.381. 이후부터 C로 축약한다.
27 Le Bon, The Crowd, p.8.

지도자들에 대해 구체적으로 네 가지를 언급하는데, 그들이 특정한 무역업에 종사하고 그런 이유로 더욱 광범위하게는 귀족 신분, 교육, 탁월함이 부족하다고 인정한다(*C*, p. 385). 파리 공공 극장의 파르테르에서의 사람들의 혼합과 마찬가지로, 그라시안의 폭도는 혼란과 불순, 세계를 구성하는 원칙을 불균형으로 빠뜨리는 위협을 내포한다. "학자들이 싸우고 무기를 휘두르고 공격을 계속하며 광장을 차지하는 것을 지켜보는 것은 놀라웠다. 노동자는 조약과 계약을 이야기하고 상인은 농사를 이야기한다. 군대의 학생, 학교의 군인이다"(*C*, pp. 386~387). 마지막 분석에서, 가장 큰 손해는 다중 속의 무지한 자들이 어렵게 얻은 분별의 감각에 입히는 손해인데, "최고의 선은 소수의 것이고 폭도를 기쁘게 하는 자는 결과적으로 소수, 즉 지적인 자들을 불쾌하게 만들기 때문이다"(*C*, p. 396).

친밀성의 분출

그라시안의 세계——마라발은 이 세계가 사회라는 실체를 처음으로 구성했다고 묘사했다——는 중세 문화를 기반으로 존재가 세워진 사회구조에서 안정을 잃은——사실 '뒤집히고'trastornado '퇴보하는'al revés이라는 단어가 그라시안이 선호한 이 세계에 대한 묘사어다——개인들의 덩어리이다.[28] 그럼에도 불구하고 그라시안의 설교적인 이야기들과 자립 안내서들의 부정적인 배경을 형성하는 익명의 다중은 자신의 본질적인 대응물로서, 말하자면, 사회적 삶의 끊임없는 공공성에서 분출된 친밀한 속마

---

28 William Egginton, "Gracián and the Emergence of the Modern Subject", *Hispanic Issues*, vol.14, 1997, pp.151~169를 보라.

음을 갖고 있다. 물론 이 친밀한 속마음은 보호받아야 할 보물이지만, 또한 위험한 대중의 세계를 조종하고 그 세계의 마음 약한 거주자를 통제하는 데 사용되는 강력한 도구이기도 하다. 이 속마음에 대한 그라시안의 단어는 'caudal'(자본)이며, 초기 근대사회의 서로 잡아먹고 잡아먹히는 세계에서 어떻게 출세할 것인지에 대한 그의 전략에서 중심 사상이 있다면, 그것은 "자본의 불가해성"incomprensibilidad de caudal이라는 인용구로 가장 잘 표현될 것이다. 이것은 실제로 마음대로 쓸 수 있는 무한한 자원을 소유하는 것과는 관련이 없다. 그보다 핵심은 자원의 깊이를 다른 사람이 알게 해서는 안 된다는 것이다. 다른 사람들이 당신의 숨겨진 자원에 대해 알지 못하는 것을 존경하고 욕망하며, 그 결과 당신은 더 큰 권력을 갖게 될 것이다. 어떤 사회에서든 가장 권력이 큰 사람은 다른 모든 사람들로 하여금 그의 내적 자원이 가장 심원하며, 그런 이유로 사회적 능력의 측면에서 무한하다는 확신을 심어 주는 사람이다. "더 큰 존경의 감정은 그것에 대한 증거보다는, 그것이 아무리 크더라도, 여론과 그의 자원이 얼마나 깊은지에 대한 의혹에 의해 고무된다."[29]

이 이미지가 연극적이라는 것은 분명할 것이다. 우리가 그 역을 맡은 사람으로서 사회 속에 존재할 때만 '자본'을 갖는다. 또는 다른 식으로 말하면, '페르소나'persona ——잘 알려져 있듯, 가면을 가리키는 그리스 단어에서 비롯됐다——는 그라시안이 개인의 발전의 궁극적 목표로서 선택한 단어이며,[30] 그것은 줄곧 무대의 모든 장식물을 암묵적으로 그 인물로 끌

---

29 Baltasar Gracián y Morales, *Oráculo manual y arte de prudencia*, maxim no.94; Baltasar Gracián y Morales, *El héroe; el discreto; oráculo manual y arte de prudencia*, Barcelona: Planeta, 1984.

30 Gracián y Morales, *Oráculo manual y arte de prudencia*, maxim no.1: "이제 모든 것이 절정에

어든다. 페르소나를 두드러지게 하는 것은 등장인물 안에 머무르고, 가능한 한 많은 사람들에게 그가 맡은 역이 끝까지 그의 역이며, 뒤에서 세상을 기반으로 세워지고 그것의 자원의 영원한 울림을 제한하는 다른 자아나 배우는 없다고 확신시키는 능력이다. "인간이 가지는 깊이 만큼, 그는 그만큼의 사람이다."[31] 페르소나는 외면화된 영혼이다. 그것은 공공의 익명성에서 분출되어 배우의 소매에 입혀진 친밀성이다. 그것은 우리가 공공연히 나타내려고 하고, 우리가 알기를 희망하고, 우리가 —대중으로서, 청중으로서 —무대 위의 역을 더 잘 받아들이기 위해 순간적으로 우리 자신의 인격을 소멸시켜 버릴 때 궁극적으로 닮고 싶어 하는 비밀스런 자아다.

익명성과 공공의 권력

근대적 국가와 연계된 사회조직 형태들의 가능성의 조건으로서 우리가 **공공성**[32]이라고 부를 수 있는 것의 부상은 —또는 리처드 세넷의 **공적인 인간**public man[33]은 —대부분 친밀성과 익명성 사이의 관계에 의존한다.[34]

달했고, 인간으로 존재한다는 것은 최고의 것이다"(Todo está ya en su punto y el ser persona en el mayor).

31 Gracián y Morales, *Oráculo manual y arte de prudencia* maxim no.48: "Hombre con fondos, tanto tiene de persona."

32 이 의미에서의 공공성의 역사에 관한 주장은, Ariès and Duby eds., *A History of Private Life*의 수집된 글들과 하버마스의 영향력 있는 다음의 책을 보라. Jürgen Habermas, *The Structural Transformation of the Public Sphere*, trans. Thomas Burger, Cambridge, Mass.: MIT Press, 1989. 이 주제에 대해 더 탐구하려면 욥스트 벨게(Jobst Welge)가 이 책에 기고한 글(15장)을 보라.

33 Richard Sennett, *The Fall of Public Man*, New York: Knopf, 1976.

34 익명성의 경험이 근대성의 역사적인 시기 내에서 편재하는 동시에 근대의 권력관계에서 중추를 이룬다는 사실은 호칭의 형태의 언어적인 분석을 통해 뒷받침된다. 더 구체적으로, 권력구조를 구성하

전형적인 봉건적 권력의 관계성은 가상의 축을 따라 특징지어져야 한다. 권력 위계의 모든 연결은 친근함, 상호 의존, 사적인 강제의 결합을 통해 확립됐다.[35] 17세기에 등장한 거대한 관료국가 기구에 필요한 권력 구조

는 무대로서 공공성이 급성장한 것은, 그 자체가 친밀성과 익명성의 축을 따라 만들어지는 경험의 분기와 관련이 되는데, 친밀한 상호작용과 익명의 상호작용의 구분되는 형태의 등장으로서 호칭의 언어에서 나타나고, 후자는 이전에는 3인칭 복수형이었다가 이제는 권위와 사회적 거리의 지표로 전용되는 호칭으로 구성된다. 가령, Ferdinand Brunot, *Précis de grammaire historique de la langue française*, Paris: Masson, 1937, p.393. 3인칭 형태의 공통점에 대해서는, "라틴어의 복수형의 흔적이 존재하지 않는다. …… 경의를 나타내기 위해 단수형의 지시내용과 함께 사용되며, 이것은 로망어에서 광범위하게 채택된 방법이다"(Christopher J. Pountain, *A History of the Spanish Language Through Texts*, London: Routledge, 2001, p.17). 프랑스에서 단수형과 복수형 호칭 사이의 관계가 지니는 정치적 특성에 대해 이론상의 의식이 존재했다는 것은 혁명의 초기 몇 년 동안 모든 형태의 호칭을 단수형인 'tu'로 축소하려 했던 시도로 입증된다(Walter von Wartburg, *Évolution et structure de la langue française*, Berne: A. Francke, 1946, p.234: "Les tentatives de niveler aussi la langue ne manquèrent pas. La plus notable a été sans doute le remplacement de vous par tu, décrété par la Convention, mais révoqué dès 1795"). 이것이 공포정치의 과잉 이후에 철회되었을 것이라는 사실 또한 주목할 만하며, 이것은 아마도 근대국가에서 권력을 추상적으로 구현할 필요성을 암시한다. 독일의 사례는 Paul Listen, *The Emergence of the German Polite Sie: Cognitive and Sociolinguistic Parameters*, New York: Peter Lang, 1999, p.3. 랠프 페니는 스페인어가 더 형식적인 'vos'와 덜 형식적인 'tú' 사이의 구분에서 나타나는, 후기 라틴어의 분화된 체계를 채택하지 않았다고 주장한다. 그러나 그가 이어서 이야기하는 것처럼, "15세기 동안에 Vos sois/sos(⟨sodes⟩의 유형은 점차 경의를 덜 표현하는 것이 되었고, 다양한 사회적 수준의 대등한 사람들 사이에서 사용하게 되었으며, 따라서 종종 'Tú eres'와 어조를 구분할 수 없게 되었다. 어떤 사람이 더 높은 지위의 사람과 이야기할 경우를 위해, 사회는 계속해서 존칭의 방식을 필요로 했기 때문에, 15세기에 스페인어를 말하는 사람들은 종종 지금까지 존경의 의미를 갖는 소유격과 추상명사로 구성되는 두 단어의 구를 이용하여 그 상황을 해결했다(vuestra excelencia, uvestra señoría, uvestra merced, etc)"(Ralph Penny, *Variation and Change in Spanish*, Cambridge: Cambridge University Press, 2000, p.152). 물론 내가 개입하려는 부분은, 15세기에 이러한 3인칭 형태의 등장이 단순히 존칭 방식의 필요성이 지속되었기 때문이 아니라, 요구되는 존경의 종류가 근본적으로 변했기 때문에 고무되었다는 것을 암시하는 것이다. 또는 더 구체적으로 말하면, 존경 그 자체의 특성이 변화했기 때문인데, 사적이고 친밀한 권력의 원천과 대면하여 생기는 존경에서 근대성의 권력구조를 특징짓는 추상적인 권위 앞에서의 존경으로 변화하였다.

35 나는 다시 한 번 Castillo and Egginton, "Perspectival Imaginary"를 인용한다. 가톨릭교도인 왕 아래서 톨레도(Toledo)의 왕실 관리인으로 일했던, 고메스 만리케의 저작들에서 상징적 권력이라고 내가 칭하는 것의 등장에 관한 매력적인 분석은, José María and Rodríguez García, "Poetry and Penal Practice in Late-Fifteenth-Century Toledo: Re-Reading Gómez Manrique", *The Journal of Medieval and Early Modern Studies*, vol.35, no.2, Spring 2005, pp.245~288을 보라.

는 거리를 가로질러 국가와 제국의 경계 안에 포함되는 많은 시민들 사이에서 그런 가상의 관계성을 지속시킬 수 없었다. 군주가 없는 곳에서도 국가 정체성을 구현하는 실체로서 상징될 수 있는 상징적 권력은 근대국가의 규범이 되었고, 국가 체계의 규범적 주권이 교체되고 있다는 징후가 나타남에도 불구하고, 다양한 방식으로 여전히 규범으로서 존재한다.[36] 상징적 권력에 포함되는 관계성은 친밀성과 익명성의 복잡한 연극을 가정하고, 무대로부터 그것의 모델을 가져온다.

개인이 자신을 국가와 같은 공동체를 넘어선 실체에 속한다고 생각하려면 공동체의 기반에서 거리를 두고 더 크고 추상적인 실체와 재동일시하는 이중의 과정이 필요하다. 그것은 위에서 친밀한 것의 분출로 묘사한 것과 비슷한 과정을 요구하는데, 친밀한 속마음이 더 큰 전체, 인민, 또는 심지어 보편적 의지——그것의 협동적 행동이 국가의 입법기관(처음에는 단지 국민으로서 나중에는 입안자로서)을 제공한다——에 따르면서 자신의 자리를 찾기 위한 목적에서다. 이 모델은 연극적인데, 이처럼 욕망하는 순응의 힘이 위에서 기술한, 무대 위의 배역에 의해 억제되는 것으로 가정되는 친밀성의 속마음과 동일시되는 패턴을 따른다는 점에서 그렇다. 그것은 훨씬 더 구체적인 의미에서도 연극적인데, 국가 정책의

---

36 Michael Hardt and Antonio Negri, *Empire*, Cambridge, Mass.: Harvard University Press, 2002를 보라. 나의 분석 방향은 다르긴 하지만, "친밀성의 가능성은 민주주의의 전망을 의미한다"라는 앤서니 기든스의 주장은 여기에 공명하는 것처럼 보일 수 있다(Anthony Giddens, *The Transformations of Intimacy: Sexuality, Love, and Eroticism in Modern Societies*, Cambridge: Polity Press, 1992, p.188). 민주주의적 제도의 근대적 징후는 사적인 욕망의 친밀한 마음을 공적으로 또는 익명으로 협상하는 것이라는 발상 위에 세워진다. 이런 이유로, 그가 설명하듯이 "정치적 민주주의는 개인들이 민주주의 과정에서 자율적인 방식에 참여할 충분한 자원을 갖고 있다는 것을 암시하"(*Ibid.*, p.195)거나, 또는 그라시안 식으로 말하면, 민주주의는 자원(caudal)의 과시와 은폐를 통한 자율성의 행사다.

이론가들이 연극적 모델을 활용했고 또한 개인들의 덩어리를 집단적 정체성의 근본적인 요소들에 익숙하게 만드는 잠재적인 도구로서 극장 시설 자체에 의지했다는 점에서 그렇다.

호베야노스는 긴 제목의 글 「스페인의 구경거리와 공공의 오락에서의 행동의 개선을 위한, 그리고 그 기원에 관한 메모」에서 가장 큰 관심사로서, 스페인의 당대의 극장의 퇴락을 비판하고, 작가의 방종과 관대함을 혹평하고, 동시에 최대한 강력하게 극장을 하나의 시설로서 보호하자고 제안하며 국가가 극장의 운영에 관한 적절한 공공정책을 채택해야 한다는 조건을 달았다. 당시의 극장에 대한 그의 평가는 자신의 시대의 폭도의 부당한 영향력을 이야기했던 세르반테스와 같이 고상한 체하는 극장 비평가의 평가를 연상시킨다. 그러나 지금 위험 상태에 처한 것은 단지 취향이 아니라 보편적인 공공윤리다. 다른 말로, 한때 예술의 통합을 위협했던 폭도는 이제 사회의 통합을 위협하는 천박한 예술로 대체되었다.

저 순진한 어린이들, 저 열정적인 젊은이들, 저 여유 있고 섬세한 귀족, 저 무지한 폭도가, 아마 어쩌면, 무례함과 본데없음, 자만과 어리석은 명예, 정의와 법에 대한 불복종, 공공과 가정의 의무에 대한 배신의 많은 본보기들이 가장 경쾌한 색채로 칠해지고, 환각의 마력과 시와 음악의 우아함으로 활기를 띠며 무대에서 연기되는 것을 아무런 위험 없이 볼 수 있다고 믿어 볼 것인가? 선의를 갖고 고백해 보자. 그러한 극장은 공공의 골칫거리이고 정부는 그것을 개혁하든가 영원히 금지하는 것 외에는 다른 대안이 없다.[37]

공공의 오락을 금지하는 것은 기껏해야 불가능하든가 최악의 상황에서는 공공의 재앙에 이르기 때문에 개혁이 유일한 답이다. 그러나 호베야노스가 유순한 정치체^{body politic}의 건설에 본질적이라고 여겼던, 양성되어야 할 실체의 명백한 윤곽을 일별할 수 있는 것은 개혁에 대한 그의 권고의 구체적인 특성을 통해서다.

사회적 삶에 대한 호베야노스의 모든 묘사에 있어 부정적이고 바람직하지 않은 것은 분열과 예측 불가능의 움직임의 측면에서 그려지고──"도처에서 발견되는 게으름과, 통일성과 움직임의 결핍"──반면 바람직한 것은 통일성과 투명성, 안정성의 형태를 취한다.³⁸ "자유의 상태는 평화와 안락함과 행복의 상황이다. 종속의 상태는 선동과 폭력, 불만의 상황이다. 그 결과 첫번째는 영속적이고 두번째는 동요를 겪기 쉽다"(OEJ, p.175). 그렇다면 행복하고 평화로운 정치체를 불러오는 분명한 수단은 안정된 통일을 촉진하고 분열과 불필요한 움직임을 억제하는 것이다. "다른 한편, 즐기고 함께 재미있게 놀기 위해 자주 모이는 사람들은 언제나 통일되고 정서적인 인민을 형성할 것이다. 그들은 보편적인 이익을 알 것이고, 자신의 사적인 이익을 위해 그것을 희생시키지 않을 것이다"(OEJ, p.176). 여기서 감정이 집단의 속성으로 생각되는 것은 주목할 만한데, 그것이 이 집회에서 기인하는 통합의 감정일 뿐 아니라 "공동의 유대를 창조하는 데 일조하는 감정"^{a solazarse y divertirse en común}의 유형인 한에서는 효과적인 동시에 필연적이다. 그러므로 호베야노스가, 거의 초

---

37 Gaspar de Jovellanos, *Obras escogidas de Jovellanos*, Madrid: Imprenta La Rafa, 1930, p.173. 이후부터 *OEJ*로 축약한다.

38 무질서에 대한 경악과 질서에 대한 갈망은 18세기 유럽의 저작들에 널리 퍼져 있었다. 가령 John Kelley, *German Visitors to English Theaters in the Eighteenth Century*, Princeton, N.J.: Princeton University Press, 1936에서 인용된 묘사들을 보라.

기의 루소처럼, 사적인 이익을 능가하고 기각하는 보편적 이익으로 묘사하는 정치체를 구성하는 것은 정확히 이러한 정서적인 통합이다.[39] 마지막으로 보편적인 정치체를 위한 노력은 윤리적으로, 유사 칸트적으로 말해서, "자유의 가능성의 조건"porque serán más libres [40] 으로 묘사된다.

완벽한 대중을 만드는 것이 성공적이고 계몽된 정치체를 만드는 비책이라면 극장은 그 조제를 위한 장소다. "정부는 연극을 단지 대중의 오락으로만 생각해서는 안 되며, 그보다는 정신을 교육하거나 나쁜 길로 이끌고, 시민의 마음을 완성시키거나 타락시킬 수 있는 구경거리로 여겨야 한다"(*OEJ*, p.183). 만일 근대사회에서 바람직하지 않고 비난받을 만한 모든 것의 본보기가 제멋대로의 대중이고, 바람직하고 장려할 만한 모든 것의 본보기가 안정적이고 통일된 대중이라면, 이러한 사실은 극장과 관련된 모든 측면에 엄격하게 공적으로 개입하는 정책을 궁극적으로 정당화하는데, 참여하는 대중의 구성을 결정하는 것이 바로 그 구경거리의 성격과 특성이기 때문이다.

이 무질서가 구경거리 자체의 특성에서 나온다는 걸 누가 모르겠는가? 「아달랴」Athaliah 또는 「위선자」Diablo predicador의 공연을 볼 때 사람들의 주의력과 고요함 사이에는 얼마나 커다란 차이가 있는가! 코랄 데 라

---

39 호베야노스는 마땅히 열정적인 계몽주의 사상가로서의 명성을 가지지만, 이 연극에 대한 글들에서 '낭만주의적인' 감정이라고 칭해질 수 있는 것에 주목하지 않을 수 없는데, 이러한 관찰은 José María Rodríguez García, "The Avoidance of Romanticism in Jovellanos's 'Epístola del Paular'", *Crítica Hispánica*, vol.24, nos.1~2, 2002, pp.93~110에서 뒷받침된다.

40 명백하게 정치적 대중의 구경거리는, 물론, 프랑스 혁명의 중요하게 되풀이되는 관행이었지만, 당시의 다비드(David)의 '샤토비외 축제'(fête de Châteauvieux)와 다른 구경거리들은 어떤 점에서는 호베야노스가 그토록 극장에서 갈망하는 통일성의 연출 가능성이 실현된 것으로 보일 수 있다. Mona Ozouf, *La fête révolutionnaire, 1789-1799*, Paris: Gallimard, 1982, p.92.

크루스^{Corrales de la Cruz}와 프린스페^{el príncipe}에서 열리는 공연과 로스 카 뇨스^{Los Caños} 대경기장의 공연 사이에는, 만일 그것이 하나이고 동일한 것이라고 하더라도 얼마나 큰 차이가 존재하는가!(*OEJ*, p.192)

호베야노스에게 인간은 그/그녀의 육체적·사회적 환경을 매우 생생 하게 반영하는 것이기 때문에, 연극의 종류와 내용뿐 아니라 극장 시설의 구성과 장식은 대중의 궁극적인 성질을 결정하는 데 있어 본질적이다. 게 다가 개인의 부절제와 폭력의 노예 상태로부터 대중을 정착시키고 해방 시키는 것은, 이 글에서 내가 제시하고 있는 것처럼, 친밀성의 억류로 설 명될 수 있다. 우리를 둘러싼 다른 영혼들이 익명성의 막을 제공하여, 마 음껏 행동하고 그에 따라 가장 비합리적인 충동의 노예로 전락하는 것을 막기 때문이다. 조명이 좋은 안락한 극장 공간에서, 나와 동료 관객은 그 런 식으로 자리에 앉아 우리 둘 다 무대를 보고 또 서로를 본다(또 서로에 의해 보인다). "모두를 자리에 앉게 하라 그러면 혼란은 멈출 것이다. 서로 를 알게 될 것이다. 그리고 그의 옆과 앞, 뒷자리에서 그를 관찰하고 그가 계속해서 침묵하고 신중한지 관심을 가질 네 명의 증인을 갖게 될 것이 다"(*OEJ*, p.193). 이 마지막 설명이 푸코의 규율사회에 대한 이론화——제 러미 벤담^{Jeremy Bentham}의 영향력 있는 판옵티콘의 설계를 토대로 한 다——를 상기시킨다고 해도 우리는 그렇게 놀라지 않을 것이다.[41] 우리 의 개인적 행동을 제어하고, 따라서 더 큰 선을 위해 행동하도록 우리를 해방하는 것은 우리가 알려질 것이라는 위험——다른 말로 하면 우리 곁

41 Michel Foucault, *Discipline and Punish: The Birth of the Prison*, trans. Alan Sheridan, New York: Vintage, 1979.

의 낯선 이들이 더 큰 익명성의 배경 속에서 볼 수 있는 것은, 우리가 그 영향력 아래 모인 무대보다는 그만큼 공적이고 우리 소매에 입혀진, 우리의 가장 친밀한 마음이다.

대중의 시대

"보들레르는 고독을 사랑했다. 그러나 그는 군중 속에서 그것을 원했다"라고 벤야민은 썼는데,[42] 무리에 대한 니체의 혐오감을 부여받지 않고[43] 대중의 모습 속에서 우리가 호베야노스의 공공 극장 정책에서 제안된 통일성과 평화의 꿈의 실현이라고 부를 수도 있는 것을 발견한 19세기의 다른 사람들에 대해서도 똑같이 말할 수 있을 것이다. 그러나 그것은 이상한 종류의 고독이었다. 이 고독은 다른 사람들로부터의 분리로 이루어지기보다, 다름의 일반적인 분산 그 자체에서 나타난다. 다수는——그 안에서 개인은 교제의 따뜻함을 느끼거나 원치 않게 접촉하는 억압적인 근접함을 느낄 수 있다——대중이 되었고, 그 안에서 개인은 더없이 행복한 고독 속으로 흡수된다. 그러나 분명히 해둘 것은, 이러한 자아의 손실이 결코 중세 말기의 사례에서 논의했던 그러한 이전의 집단성의 구조로 귀환하는 것과 유사하지 않다는 점이다. 근대세계가 풍부하게 그 증거를 제시할 수 있는 대중 속에 흡수되는 현상은 친밀성과 익명성의 경험적 영역 안에서 이해되어야 한다. 즉, 흡수의 현상은 친밀성의 영역이 익명성의

---

42 Walter Benjamin, *Charles Baudelaire: Ein Lyriker im Zeitalter des Hochkapitalismus*, Frankfurt am Main: Suhrkamp, 1969, p.52: "Baudelaire liebte die Einsamkeit; aber er wollte sie in der Menge."
43 다시 한번, 욥스트 벨게가 이 책에 기고한 글(15장)을 보라.

지평까지 확장될 때 발생한다. 하이데거가 세인世人; das Man이라고 언급한 다른 사람들은 나의 친밀성에 대한 저항, 또는 격차성Abständigkeit이 줄어들어서, 다른 사람들이 그들에게 준 익명으로서의 지위가 약화되고[44] 동시에 나의 친밀한 보호구역으로서의 그들의 지위도 약화된다. 그 결과로서의 경험은 친밀성과 익명성의 짝 지우기를 손상시키지 않고, 그보다는 주목할 만한 순식간의 혼합을 초래한다. 대중은 여전히 본질적으로 친밀한 동시에 익명인 실체이다. 대중의 이러한 특징을 의식하는 것은, 근대의 정치운동에서의 대중의 중요성을 이해하고 극장 청중의 역사적 발전과 대중의 관계를 이해하는 데 본질적인 것으로 보인다.[45]

앞선 역사적 분석에서 알 수 있듯이, "집단적인 마음"의 효과를 유발할 수 있는 특정한 청중 구조는, 호베야노스의 저서들이 자유롭고 계몽된 사회를 설계하기 위한 공공정책 도구로서 그러한 구조가 바람직하다고 밝히고 있음에도 불구하고, 18세기의 극장 청중에게는 존재하지 않았다. 어떤 종류이든 직접적인 인과관계가 있다고 생각하는 것은 논외의 문제지만, 19세기 유럽의 극장 문화에서 최소한 호베야노스의 전망의 어떤 중

---

44 Martin Heidegger, *Sein und Zeit*, Tübingen: Max Niemeyer Verlag, 1986, p.126.
45 이 현상에 대한 정신분석적 설명은 프로이트가 Sigmund Freud, *Group Psychology and the Analysis of the Ego*, trans. James Strachey, New York: Bantam Books, 1960에서 벌이는 논쟁과 그가 군중심리에 관한 르 봉의 "마땅히 유명한 작품"이라고 언급한 것을 해석하여 드러낼 수 있다. 대중 행동을 구성하는 요소인 리비도의 유대가 설명을 필요로 한다면—흔히 사랑은 대상이나 다른 사람을 구분하는 장애물을 가로지르는 개인들 사이의 관계성을 묘사하는 반면, 군중 현상은 분명 이러한 공식과 조화를 이루지 못하는 것으로 보인다는 점에서—프로이트는 군중의 개개의 일원이 "자아 이상(ego ideal)의 장소에 하나의 동일한 목표를 두었고, 따라서 그들의 자아를 서로 같게 만들었다"(*Ibid*., p.61)라고 주장함으로써 이 문제를 해결한다. 또한 무대에서 발생하는 공연에 무관심한 방식으로 주의를 기울임으로써, 청중들은 보통은 자아와 타자를 구분하는 경계를 표시하는 자아경계의 바깥을 향해 효율적으로 이동하고, 그 결과 청중은 분화되지 않은 방식으로 정서적인 투입에 반응할 수 있고, 따라서 르 봉과 다른 이들이 묘사한 것처럼 군중에게 아주 고유한 효과를 창조한다. 즉 "집단적인 마음"이다.

요한 측면이 현실화되기 시작한다는 점은 분명하게 주장할 수 있다. 즉, 대중과 특히 극장 청중에 대한 대중적인 생각이, 호베야노스의 전망에서 결핍됐지만 바랐던 바로 그 속성을 획득하기 시작한다. 그것은 **공유된 정서적 반응이라는 형태로 나타나는 정체성의 통일**이다. 그러나 훗날의 혁명적 정치의 지지자들과 마찬가지로 호베야노스에게 그런 통일성은 궁극적으로 개별적 선^善 위에 보편적 선을 두는 능력과 그에 따르는 자유의 가능성으로 이어질 것인데, 근대는 이러한 전망의 어두운 측면을 폭로하게 되며 이것에 대한 근심이 분명 군중심리학자들의 숙고의 가장 중요한 부분에 위치했다.[46]

　이 시기부터의 청중에 대한 묘사에서 가장 먼저 주시하게 되는 것은 유기적이고 유려한 은유의 풍성함이다. 메소네로 로마노스는 19세기 스페인 관습의 위대한 기록자 중의 한 사람으로, 인민이 없는 극장을 "생명이 없는 삶, 경직되고 생기 없는 시체"cuerpo sin vida, un cadaver yerto é inanimado[47]로 묘사한다. 메소네로는 재빨리 자신의 화가적 시선을 개인의 소란에 집중시켜 자신의 풍자적인 캐리커처에서 그들을 말^馬의 형상으로 그리지만, 그럼에도 불구하고 개인의 행동들이, 그것이 거슬리든 아니든, 타인과의 조화로운 상호작용으로 나타나도록 했는데, 그런 모습의 여성들은 그들의 수다스러움에 대한 여성 혐오적 전통에서 자주 비판받았지만 여기서는 구별할 수 없게 웅성거리는 왁자지껄함의 원천이 된다. "아

---

46 극장 군중의 정치적 동원의 구체적인 예를 분석한 것은, Jeffrey T. Schnapp, *Staging Fascism: 18 BL and the Theater of Masses for Masses*, Stanford, Calif.: Stanford University Press, 1996 을 보라.

47 Ramón de Mesonero Romanos, *Obras de don Ramón de Mesonero Romanos*, Biblioteca de Autores Españoles, vol.200, Madrid: Ediciones Atlas, 1967, p.139. 이후부터 *RMR*로 축약한다.

마도 비음이고 거슬리며, 아마도 감미롭고 날카로운 수천 명의 목소리는 조화로운 소리굽쇠 안에서 자연스럽게 혼합되고, 배우들의 대화 속에서 한 번 이상은 현저하게 들리고 오케스트라의 최고조를 넘어선다"(*RMR*, p.139). 지도자의 명령에 따른 것이긴 하지만, 청중은 심지어 때맞춰 같은 형태로 대응할 수도 있다. 지도자는 극장의 인텔리겐치아가 자리한 청중 구획에 있는 사람들이며 그들에 대해서 메소네로는 "모든 사람들이 그들의 문장으로 이루어지는 명쾌한 쇼에 주의를 기울이며 기다리고, 그들이 박수치면 따라서 박수치고, 인텔리겐치아가 휘파람 부는 소리를 들으면 함께 휘파람을 분다"라고 말한다(*RMR*, p.141). 마지막으로, 이 "바깥에서의 연극"에 대해 남는 총체적인 인상은, 그가 칭하는 것처럼, 청중의 대칭적인 다양성$^{simétrica\ variedad}$이며, 그것은 튀는 개인들을 하나의 유동체로, 순간적으로라도 전체로 형성하는, 계급과 성별의 구분을 초월하는 놀라운 행동의 통일이다. 그는 집단을 사회적 정체성과 그들이 극장에서 차지하는 장소에 따라서 구분하지만, 이 역설적으로 대칭적인 다양성은 모두에게 공통된다. "1층의 또 다른 구획은 현대 사전에서 우리가 **대중들**$^{the\ masses}$이라고 부르는 **품행이 방정한 대중**$^{respectable\ public}$의 일원들이 대칭적인 다양성을 이루며 자리한다"(*RMR*, p.141). 아마 호베야노스는 이해하지 못했을 위축된 겸양을 가졌다고 메소네로가 말하는 이 대중들은 모두 여기서 "세계의 가장 위대한 믿음을 통해 즐거움을 얻고, 그 김에 그럴 수 있다면 약간의 윤리적인 교훈을 얻는다"(*RMR*, p.141). 물론 더 큰 모순은 메소네로가 도덕적 교훈을 비웃는 동안 이 극장에 가는 사람들은 그것들을 품고 집으로 돌아갈 것이라는 사실이며, 그가 그리는 청중은 정확히 호베야노스가 영향을 미치길 꿈꿨던 유형이다.

메소네로가 마드리드의 극장에 대해 이와 같은 상세한 묘사를 쓰기

9년 전에, 빅토르 위고는 지금까지 쓰인 대중에 대한 가장 기억될 만한 묘사로 시작하는 소설을 발표했는데, 여기서 대중은 극장의 구경거리가 시작하기를 몹시 조바심을 내며 기다린다. 그는 "그 순간까지 대중은 점차 빽빽해졌고, 수평면을 넘쳐 오르는 물처럼 벽을 타고 솟아오르기 시작한다"라고 쓴다.[48] 시인 위고가 이 행에서 사람들의 물결을 어떻게 압운의 물결로 포착하는지 주목하라. 그들이 늦게까지 기다리게 되었을 때, "대중의 노기가 나타나기 시작했다. 아직은 단지 웅성거리는 소리인 폭풍이 인간 바다의 표면에서 일렁이고 있었다".[49] 그러나 마음대로 쓸 수 있는 타고난 분명한 힘에도 불구하고 대중은 눈에 띄게 유순한데, 커튼이 올라가고 "등장인물이 나오면, 단지 그들을 보는 것만으로 대중은 저지되었고, …… 마치 마술처럼 그들의 분노를 호기심으로 바꾸어 놓았"기 때문이다.[50] 그러나 대중의 변덕스러움과 힘은 결코 시야에서 멀리 있지 않다.

일대기적으로 이야기하자면, 대양의 대중에 대한 이 마술 같은 효과가 극장 안에서 발생하는 데는 어떤 이치가 존재한다. 위고는 어쨌든 『파리의 노트르담』으로 찬사를 받고 「에르나니」Hernani로 명예가 훼손된 작가였다. 「에르나니」는 프랑스 극장에서의 신고전주의 원칙의 지배를 폭력적으로 끝낸 연극으로, 악의에 찬 필사적인 반대에 맞서며 48일 밤 동안 공연됐는데, 위고가 자신의 일기에 쓴 바에 따르면, 매일 밤 5천 프랑을 벌어들였다.[51] 그러나 위고가 두려워하는 청중이 있었는가 하면, 올바

---

48 Victor Hugo, *Notre-Dame de Paris*, Paris: Gallimard, 1975, p.15: "La foule s'épaississait à tout moment, et, comme une eau qui dépasse son niveau, commençait a monter lelong des murs."

49 Victor Hugo, *The Hunchback of Notre Dame*, trans. Walter J. Cobb, New York: New American Library, 1965, p.21.

50 *Ibid.*, p.22.

르게 말하고 대형을 이루며 그의 방어막이 되는 또 다른 군중이 있다. 「에르나니」가 계속해서 공연이 되었다면 그것은 "48번의 공연 동안, 새로운 혈기로 늘 갱신되는 낭만파 무리가 싸움을 계속했기 때문이다. 극장 안에서, 바깥의 거리와 사교장에서, 신문상에서 투쟁은 계속됐고, 카르티에라탱Latin Quarter의 젊은이들을 격앙 속으로 몰아넣었다. 툴루즈에서는 젊은이 하나가 「에르나니」를 둘러싸고 벌어진 결투에서 사망했다"(B, p. 25). 문화 전쟁, 분명 그 출현의 원동력은 만족할 줄 모르는 군중에 대한 예언적 확신을 가진 위고와 그의 추종자들, 그리고 "그의 낭만파 무리"에 의해 알려졌다. 위고는 "왜 구태여 「에르나니」를 비난하는가? 나무의 싹을 뭉개 버린다고 해서 나무가 푸르러지는 것을 막을 수 있는가?"라고 말했다(B, p. 27). 암시하는 바는 분명하다. 그 장소는 한낱 극장에 불과했지만, 「에르나니」는 더 이상 혼자가 아니었다. 이 청중은 군중이 되었다.

세계의 거리에 있는 대중

2003년 2월 17일, 『뉴욕타임스』의 주요 기사 하나는 세계에 두 개의 초강대국이 존재한다고 말하며 시작한다. 한편에는 이라크와의 전쟁을 속행하기를 격렬하게 주장하는 미국이 있고, 다른 한편에는 여태껏 분명 그런 적이 없었지만 이제 거리에 의지하는 대중의 형태로 전 세계에서 그들의 반대 의견을 피력하고 있는 여론이 있다. 그 숫자에 대해서는, 오늘날 이 지구상에는 30년 전에 있던 것보다 대략 10억 명의 더 많은 인구가 존재

---

51 Richard Miller, *Bohemia: The Protoculture Then and Now*, Chicago: Nelson-Hall, 1977, p.26. 이후부터 *B*로 축약한다.

한다는 점을 지적하며 변명할 수 있을지라도, 그 성장에 대해서는 대중적 불만을 담은 이런 극적인 행동을 형성해 왔던 서양사회 덕분이라고 말할 수 없다. 르 봉과 다른 이들이 20세기가 대중의 시대가 될 것이라고 예측했지만, 정치적 선조들이 받아들였던 이런 모토에 대해 최근의 목소리들은 냉정한 기각을 선언했기에 이것은 기이한 일이다.

크리티컬 아트 앙상블Critical Art Ensemble이 이전에 말했고, 우리가 다시 말할 것이다. 권력에 관해서라면, 거리는 죽은 중심지다! 정치 엘리트에게 가치 있는 어떤 것도 거리에서 발견될 수 없고, 이 계급은 국가제도를 효율적으로 운영하고 유지하기 위해 거리를 통제할 필요도 없다. 시민불복종Civil Disobedience이 어떤 의미 있는 영향력을 가지려면 저항자들은 국가에게 가치 있는 뭔가를 전용해야 한다. 그들이 가치 있는 대상을 갖고 있다면, 저항자들은 변화를 위해 협상할 (또는 요구할) 기반을 갖게 된다.

일찍이 거리의 통제는 가치 있는 것이었다. 19세기 파리에서 거리는, 경제적이든 군사적이든, 권력의 동원을 위한 도랑이었다. 거리가 봉쇄되고 주요한 정치 요새가 점령되면 국가는 정체됐고, 일부의 경우에는 자신의 무게를 지탱치 못하고 붕괴했다. 이런 방식의 저항은 1960년대를 통해 계속해서 유용한 것으로 증명되었지만, 19세기 말부터는 수익 체감을 초래하였고 급진적인 관행은 자유주의적 관행으로 이동하였다. 이 전략은 자본이 도시 내에 집중될 필요성을 전제로 한다. 자본이 국경을 자유롭게 넘나들며 이동하고 도시를 버린 채 점차 분산되면서 거리의 행동은 점차 쓸모없는 것이 되었다.[52]

다른 말로 하면, 거리는 죽어 버렸다. 디지털 상업과 다국적 자본의 시대에, 적절한 형태의 저항은 느리고 난폭한 거대한 군중들과 관련된 것이 아닌, 자본 자체에 불가결한 정보의 흐름 속에서의 돌진이라고 간주된다. 많은 대중들이 새로운 세계질서의 수호자들의 모임을 분쇄하기 위해 집결한다고 해도, 저항 전략을 분석적으로 검토한다면 수의 힘으로 밀고 나가는 것보다는 디지털 기술의 사용으로 가능해지는 빠르고 유동적인 조직을 강조하게 된다.

그러나 우리는 너무 빨리 군중의 부고를 쓰고 있는지도 모른다. 군중의 시대로 불리던 것은 재빨리 공적인 인간의 몰락으로 타락했고——아마도 특히 20세기 전반의 군중 정치 과잉의 당연한 결과라는 리처드 세넷의 명제가 당연한 것으로 여겨진다면 그렇다——이 '몰락'은 극단적인 개인주의의 부상을——후기 산업화 세계에서 소비자 중심주의의 열정을 위한 비옥한 토대로 입증되는——촉진했다.[53]

영화 「어바웃 어 보이」About a Boy, 2002의 휴 그랜트가 연기한 등장인물 월이 존 던John Donne의 별로 유명하지 않은 시구의 인용에 응하여 말하듯이, "내 생각에 모든 인간은 섬이야. 게다가 지금은 한 사람이 될 때야. 섬의 시대란 말이지. 백 년 전에는 다른 사람들에게 의존해야 했어. 텔레비전도 CD도 DVD도 비디오도 가정용 에스프레소 기계도 없었지. 사

52 Critical Art Ensemble, *Electronic Civil Disobedience and Other Unpopular Ideas*, Brooklyn, N.Y.: Autonomedia & Critical Art Ensemble, 1996, p.11(http://www.critical-art.net/books.html).

53 Lynn Jamieson, *Intimacy: Personal Relationships in Modern Societies*, Malden, Mass.: Blackwell, 1998, p.19: "친밀성은 다시 한번 약화되는데, 그것은 사람들이 전근대적인 공동체 생활 양식으로 재흡수되고 있기 때문이 아니라 대규모 소비자 문화가 주마등 같은 관계 말고는 어느 것도 지속할 수 없는 자기강박적이고, 자기소외적인 개인주의를 촉진하기 때문이다."

실 그들은 멋진 걸 하나도 갖고 있지 않았어. 하지만 지금은, 너도 알다시피, 너는 너 자신을 하나의 작은 천국의 섬으로 만들 수 있어". 그의 유아론적인 소비자 중심적 정체성의 명백한 배경은, 그가 저버렸지만 영화가 진행되는 동안 회복하려고 노력하게 될 가족의 친밀한 삶인 것으로 드러날 것이다. 그러나 그의 유아론은 근대의 친밀성 자체의 축도이다. 그런 친밀성은 선택된 소수와 공유될 수 있지만 가정에서 사적으로 자기 자신에게 간직해도 좋다. 그는 텔레비전 화면이나 컴퓨터 화면을 통해 세상을 보지만, 그것은 언제나 재현으로서의 세상이다.[54] 그렇다면 이 친밀성의 진정한 반의어는 가족이 아니라 공적인 인간의 잃어버린 익명성이다. 다른 무엇보다도 이 사실이, 한때 죽은 것으로 생각됐던 거리가 다시 활기를 띠고 그런 효과를 가져올 수 있었던 이유를 설명하는 것 같다. 어쩌면 크리티컬 아트 앙상블은 거리의 권력을 장소로서의 거리, 즉 가상의 지리보다는 물리적 지리로서의 거리와 동일시하기 때문에 거리에 대한 생각을 조급하게 떨쳐 버렸는지 모른다.[55]

그러나 대중의 권력은 단지 가치 있는 무언가를 점령하는 능력 이상을 의미할지 모른다. 대중의 권력, 즉 친밀한 마음이 생겨나는 익명의 영역의 구현은, 또한 일종의 자유 자체로부터의 자유라는 아포리아적인 힘이다. 계몽주의 철학자들의 주장에 따르면, 자유는 개인의 욕망을 초월하고 보편적 선의 이익을 위해 행동할 자유다. 반면 자유주의적 자본주의자

---

54 " ······ 그것이 현실의 삶(real life)이다. 그저 또 하나의 창문일 뿐이다"라고 셰리 터클은 컴퓨터상의 정보제공자의 말을 인용한다(Sherry Turkle, *Life on the Screen: Identity in the Age of the Internet*, New York: Simon and Schuster, 1995, p.13).

55 Critical Art Ensemble, *The Electronic Disturbance*, Brooklyn, N.Y.: Autonomedia & Critical Art Ensemble, 1993, p.3(http://www.critical-art.net/books.html).

의 주장에 따르면, 자유는 다른 사람들이 보편적 선을 위해 유지하는 명령을 넘어서고 맞서서 개인적 욕망을 실현할 자유다. 그러나 대중은 이 두 신조 모두를 혼란스럽게 만드는 방식을 갖고 있다. 대중은 통일된 불합리의 공포로 보편적 이성의 공공선을 늘 따라다닌다. 대중은 더 큰 어떤 것, 공유된 정서, 공동체, 더 큰 선을 위한 욕망으로 개인적 욕망의 자유를 늘 따라다닌다. 그것이 오늘날조차——특히 오늘날에——화면의 헤게모니가 10억의 다른 마음들과의 친밀성이라는 환영을 만들어 낼 때, 세계의 거리를 걷는 대중들이, 어떤 특정한 날에 승리하든 실패하든, 무시될 수 없는 권력을 나타내는 이유다.

부록1

Crowd: 영어

마리사 갈베즈(Marisa Galvez)

『옥스퍼드 영어사전』*The Oxford English Dictionary*, 1989에 따르면 crowd라는 단어는 16세기 후반에 처음으로 "서로를 밀치고 방해하며 빽빽이 모인 많은 수의 사람들, 사람의 떼, 조밀한 다중"이라는 의미를 획득했다. 르네상스 시기 동안의 고전주의의 부활은 두드러지는 사회적 담론 속에서 이 단어가 영어 속에 등장하도록 촉진했다. 『송시』*Carmina*, BC23에서 호라티우스Horatius는 공공장소에 있는 사람들의 큰 무리를 로마 사회의 부정적인 일상의 특징으로 자주 언급한다. 호라티우스가 누미티우스Numitius에게 보내는 편지에 대한 1567년의 토머스 드랜트 경Sir Thomas Drant의 번역 "누가 감히 군중 속을 뚫고 그의 손에, 그리고 그에게 도달하겠는가"Who will, and dare retche forthe his hande,/And man the throughe the croude와 함께, 객관적으로 눈에 보이는 사람들의 군중을 표현하기 위한 영어 단어가 등장했는데, 이것은 press(13세기)나 crowd(10세기와 이후)와 같은 동사들에서 암시되는 것과 같은 뭔가에 대한 행동을 언급하는 것과는 차이가 있다. 여전히 붐비는 것에 대한 물리적 함축을 유지하면서도 명사 crowd의 고전적 문맥은 작가들이 영국사에서의 중요한 과도기에 개인의 변화하는 지위에 대해 곰곰이 생각해 보는 출발점이 되었다.

셰익스피어의 연극은 고전적인 crowd의 개념이 영국의 사회구조에 대한 당대의 논의에 적용된 것을 상세하게 보여 준다. 『코리올라누스』*Coriolanus,* 1608에서 셰익스피어는 서로 다른 사회계급을 가로지르는 상호의존성에 대한 불안이 특징적으로 발생한 정치체의 위기를 묘사한다. 『헨리 8세』*Henry VIII,* 1613에서 궁정은 사회적 불안을 두려워하고("큰 소리의 폭동"[1.2.29]) 화려한 행사 장면에서, 군중은 잠재적으로 통제 불가능한 다중인 동시에 엘리자베스 여왕 시대의 신교도 계승의 역사가 의존하는 점차 중요한 도덕적 중재자로서 양면적으로 그려진다. 앤 불린*Anne Boleyn*의 대관식에서 한 남자가 대중의 에너지와 밀도에 대해 말하며 "대성당 안의 군중들 사이로 손가락 하나 더 밀어 넣을 수가 없다"(4.1.57)라고 했고 남자들은 군중 속에서 자신의 아내를 구별할 수 없었는데 "모두가 너무 이상하게도 하나로 엮였기" 때문이다(4.1.79~80). 여기서, 성별화되고 헨리의 성욕, 남자 후계자에 대한 갈망과 밀접하게 관련되어 있는 군중의 이미지는 출산("손가락 하나 더 밀어 넣을 수가 없다"와 "배가 크게 부푼 여인들"[4.1.76])과 왕조 승계의 비용을 암시한다. 앤은 미래의 엘리자베스 여왕의 어머니로서 신의 뜻에 의한 인물이지만(그녀는 "미와 명예"를 갖고 있고 "천사"이다[2.3.76; 4.1.44]) 청중들이 알고 있듯이, 대관식의 군중은 또한 공개처형의 난폭한 군중을 기대한다. 이러한 다중의 표현은 요동치는 영국의 정세와 양 극단 사이를 오가는 현상으로서의 군중의 등장을 반영한다. 군중은 한쪽 극단에서는 출산의 힘, 그리고 국가와 군주제 사이의 성공적인 균형을 나타내는 정력적이고 매혹적인 인민의 물리적 결합이고, 다른 쪽 극단에서는 무정부주의를 유발하는 위험한 대중이자 대중의 불안정함으로 인한 위협이다.

Vulgus와 greges를 로마 정세의 안정에 대한 위협으로 묘사하면서 호라티우스는 클레오파트라를 "불결하고 무기력한 군중으로 둘러싸인" contaminato cum grege turpium (*Carmina*, 1: 37) 것으로 묘사한다. 군중을 무기력하게 만드는 위험한 여인이라는 고전적 개념은, 디도[Dido]와 클레오파트라와 같은 인물들—그녀들은 군중을 형성시키는 여인들로, 도발적인 성적 무질서 속에서 성공적인 가부장 국가를 위협하는 도덕적 타락을 상징한다—과 자신을 구별해야 하는 엘리자베스 여왕의 상황에서 되풀이된다. 엘리자베스는 그녀의 몸을 국가와 전통적인 방식으로 결합시킴으로써 군중이 제기한 위협과 대면하는데, 그녀는 틸버리에서 스페인 무적함대의 침입이 있을 것으로 예견되는 날 하루 전에 자신의 군대 앞에서 선언한다. "내가 힘없고 연약한 여자의 몸이라는 것을 알고 있다. 그러나 나는 왕의, 영국 왕의 심장과 위를 가졌다"(1588). 엘리자베스는 성별을 초월하는 자신의 미덕을 분명하게 언급함으로써 정치체에 균형을 불어넣는다. 그녀에게 "왕의 심장과 위"는 그녀와 그녀의 백성 사이의 견고한 도덕적 협약을 암시하며, 그녀는 영국의 공통의 적을 환기시킴으로써 이 결합을 공고히 한다. 그러나 처녀 여왕으로서 그녀는 군중 현상을 중성의 국가로 성별을 없앰으로써 군중을 '길들이'며, 그로서 군중에게 포섭되지 않으면서 그들과 동맹한다. 따라서 어떤 이는 엘리자베스의 수사적인 전략에서, 자신을 사회계급 사이의, 또는 정치체의 '머리'와 '위' 사이의 부조화와 거리를 둠으로써 군중을 재정의하려는 시도를 발견한다. 그녀의 수사는 군중의 내부와 외부 모두에 존재하는 지도자에 대한 이해, 그리고 고대와 당대의 사회적·정치적 맥락 모두에서 특징을 이루는 군중 담론에 대한 영리한 인식을 받아들인다. 현대세계에서조차 지도자의 성공은 사람들이 군중으로서의 현상학적 경험을 겪을 때 그가 어느 정도까지 공공선의 관점을 고취할 수 있는지에 달려 있다.

부록2

대중이 웃는다

T. J. 클라크(T. J. Clark)

다수의 사람들이 위험한 상황에 놓일 때 또는 숫자로부터 나오는 권력을 단지 감지할 때, 대중이 자신의 정체성을 드러낼 수 있다는 것, 그리고 그 각각의 일원들 중 일부가 지닌 조심성과 억압, 심지어 체면까지도 움직이는 몸의 동력에 의해 타도될 수 있다는 것도 사실일 것이다. 그러나 1960년대 후반의 대중에 대한 내 기억은——이 시기는 다수에 의한 급진적 불복종의 형태가 의제가 되었던 내 인생의 유일한 시기였다——그러한 분해 작용이 얼마나 멀리까지 가는지 의심스럽게 만들었다. 팽배한 사회적 불안의 순간조차(내 생각에, 우리가 결국 그 순간을 문제의 '혁명적인' 것으로 부를지 말지는 중요하지 않은데, 뒤이은 수십 년 동안의 거짓된 이야기는 그 순간의 용납할 수 없고, 모면할 수 없는 힘에 대한 충분한 증언이기 때문이다) 대중은 계급으로 분리되고, 그들을 부분적으로 움직일 **원한**의 원동력은 항상 잠재적인 갈등이나 에너지 해방의 모든 지점에서, 불안과 준비 부족, 몸을 움직이는 것에 대한 평범한(지적인) 부르주아지의 어색함이 제동을 걸어서 방해받는다.

나는 시인 에드워드 돈Edward Dorn이 1968년에——당시 내가 교직에 있던 대학에서 그는 자신의 일에서 최고조에 달해 있었다(그는 친절하게 그것을 말했고 나는 당시에도 그후에도, 그 충고를 거들먹거리는 것으로 받아들이지 않았다. 그가 언급했던 '그들'에 내가 포함된다는 것을 알고 있었지만 말이다)—내 주변에서 벌어지고 있던 일들이나 1968년 전 세계의 인상적인 광경들을 보면서 너무 많이 기대해서는 안 된다고 내게 말했던 것을 기억한다. "이들이 중산층 자녀들이라는 사실을 절대 잊지 마십시오. 그들은 자신이 꿈꾸는 것을 해낼 수 없을 겁니다." 한 친구는 같은 해의 훗날 그로스브너 광장에서 무력 충돌이 있은 후에 내게 난투에서 나를 딱 한 번 흘끗 본 적이 있다고 말했는데, 그는 경찰 저지선에서 뒤쪽으로 뛰어가면서 여전히 그들과 대치하고 있는 중이었다. 그리고 정신이상자처럼 웃고 있었다. 나는 두 개의 마음, 두 개의 육체 안에 있었다. 나는 경찰 앞에서 웃고 있었고, '시위'의 무언의 안무 앞에서 웃고 있었고, 그리고 무엇보다도 싸우지 못하는 나 자신의 무능력 앞에서 웃고 있었다.

물론 내가 추억하고 있는 것은 프롤레타리아트의 '잃을 것이 없다'라는 뒷받침이 없었던—또는 거의 없었거나 불분명했던—투쟁이다. 이것은 에드워드 돈이 옛 말투로 하는 주장이었다. 그리고 당시의 얼마나 많은 중산층 자녀들이 그 '잃을 것이 없다'는 태도를 두려워하는 것처럼 보였던가. 마치 그들이 차지했던 공간에 그 그림자가 단순히 드리우는 것조차 게임이 끝났다는 것을 의미할 것이라고 느꼈던 것처럼. 모든 행진에 앞서 선동가들의 우울한 예감의 시간이 얼마나 끝없이 지속되었던가. 또 무엇을 할 것인가에 관한 앞선 공적인 (그리고 사적인) 토론이 얼마나 끈질기게 '폭력적인 극단론자의 문제'로 바뀌었는가—되돌아보면 대개 다른 어떤 종류의 전략적 사고도 배제되었던 것 같다. 마치 최악의 해를 가하는 사람들과 우리 자신을 분리하는 방법이 사회에 존재할 수 있었고, 아니 존재해야 했던 것처럼 말이다. 마치 중산층에게 가능한 것의 범위 안에, 잠시 동안, 실제로 놓여 있는, 논의할 더 긴급한 것들이 ─ 대중의 행동으로 열린 시공간을 이용할 방법들이 ─ 없었던 것처럼 말이다.

1960년대의 대중들은 계급으로 분리되었고 그들은 또한 정치적으로 그들 자신과도 조화를 이루지 못했다. 이 마지막 것은 희망적인 사실이었다. 자연스럽게 그들은 완장과 확성기와 뉘른베르크의 구호 '호치민'이라는 자신들의 할당량을 가졌다. 그러나 나는 또한 대중의 반항을 기억한다. 디즈니 사 난장이들의 '호호, 호호, 호호호호……'와 같은 스타카토로 바뀐 '호호호치민'의 대응 구호, 미국 대사관이 아닌 "리얼리티 스튜디오[우리 삶을 통제하는 이미지들을 만들어 내는 미디어 매체들을 윌리엄 버로스는 '리얼리티 스튜디오'라고 칭했다]를 습격하자"storm the Reality Studios고 제안하는 옥스퍼드 거리의 커다란 현수막, 트로츠키주의자의 경건함에 대응하는 던Donne과 맥더미드MacDiarmid와 랜돌프 본Randolph Bourne의 파편들로 그린 그라피티, 바네사 레드그레이브Vanessa Redgrave와 타리크 알리Tariq Ali가 연설할 때마다 터지는 큰 웃음. 대중은 무례하고 유쾌하다. 그들은 불손함을 허락한다. 만일 대중이 다음번에 후기 자본주의 세계의 거리를, 마음속의 반란을 품고 채울 때, 그들이 30년 전보다 프롤레타리아트의 복수심과 열광을 동력으로 할 가능성이 적다는 사실을 인정한다면 ─ 나는 그래야만 한다고 생각한다 ─ 1960년대 정치의 현저한 특징 ─ 자제력을 잃지 않은 해찰, 후퇴하면서 계속되는 낄낄거리는 웃음 ─ 을 좀더 친밀하게, 그리고 좀더 희망적으로 다시 한번 들여다보는 것이 현명한 일일 것이다. 우리의 세계는 여전히 각양각색의 살인과 억압과 굶주림과 공포가 3만 피트 위에서 비 오듯 내려오는 곳이다. 그러나 그것은 또한 필연적으로, 그러한 현실로 구축된 이미지의 구성이기도 하다. 그 세계의 시민들은 점점 더 애처로운 가상의 삶에 동의하도록——완전히 내면화하고 그에 따라 행동하도록——기대된다. 그 희미한 가시성이 국가의 아킬레스건이다. 중산층의 자녀들은 그들이 꿈꾸는 일을 할 수 없을지도 모른다. 그러나 그들이 조롱하고 불신하는 것(그들이 자신들의 조소의 깊이를 위해 적절한 형태를 계속해서 고안하려고 한다면)은 언젠가 세상을 거짓말로 뒤덮으려는 힘——잔혹하고 팽창적이고 지금까지 막을 수 없는 결정——을 잃게 될 것이다.

5장

스포츠 군중

앨런 거트만

머리말

스포츠 관객성은 때때로 그리고 장소에 따라 일정한 경계 내에서 변화하는 복잡한 현상이다. 그것은 조용히 텔레비전 스크린을 지켜보는 단 한 사람만의 고립된 중개 경험일 수 있다. 그것은 돔구장에 떼 지어 몰려든 소리치고 외치는 수십만의 남녀들──스포츠 군중──의 직접적인 집단 경험일 수도 있다. 스포츠 군중은 미국인 교수와 그의 독일인 학생들이 튀빙겐의 공원에서 일요일의 소프트볼 경기를 할 때처럼 간혹은 일시적 충동으로 모이지만, 그들은 행사가 열리기 한참 전에 공표된 스케줄에 따르는 정해진 시간의 지정된 장소에서 더 전형적으로 발견된다. 이런 의미에서 제자리에 머무는 스포츠 관중은 매달 콘서트나 연극 공연 시리즈를 예약하는 사람들과 닮았다. 주요한 차이는 제자리에 머무는 스포츠 관중은 대개 스포츠팬이라는 사실이다. 그들은 자신들을, 환호로서 홈팀을 격려하고 비아냥거림으로 원정팀의 사기를 꺾는 활동적인 참가자로 여긴다. 스포츠 군중은 당파적이고 이전에도 거의 항상 그랬는데, 그것은 그들이 종종 무질서하고 때로는 폭력적인 이유다. 고대의 도덕가들은 스포츠팬은 술에 취했거나 제정신이 아니었다고 말했고, 현대의 이탈리아 속어는 그들을 '티포지'^{tifosi}, 즉 장티푸스에 걸린 사람들이라 부른다.

당파성에 관한 이 우울한 일반화에 대한 예외가 곧 마음속에 떠오른다. 품행이 단정한 빅토리아 시대와 에드워드 시대의 스포츠 관중들은 운동선수의 능력을 향해 편향되지 않은 찬양의 감정을 나타내도록 마음을 단련했다. 이튼의 크리켓 경기자가 해로나 윈체스터에서 온 팀에 맞서 수비할 때 상대팀의 좋은 플레이는 자신의 팀의 좋은 플레이만큼 애정 어린 박수갈채를 받을 만했다. 사회학적으로, 그것은 계급적 특성이었다. 당파적이지 않은 좋은 스포츠맨 정신의 특성을 내면화하는 것은, 노동계급의 스포츠팬들 사이에서는 중상층 계급의 관중들 사이에서만큼 결코 완벽하지 못했다. 성별 또한 차이를 만들었다. 빅토리아 시대와 에드워드 시대의 스포츠 군중의 경우, 여성 관중들 ──거의 언제나 모든 시대에 남성 관중들보다 수적으로 열세했던──은 대개 덜 당파적이었다. 노동계급 팬들의 난폭한 행동에 대해 경멸감을 품고 비평하던 많은 당대의 관찰자들은 윔블던이나 로드 크리켓 경기장에서 보인 숙녀들의 모범적인 행동을 감탄스럽게 언급했다. 일부의 관찰자들은 그보다 덜 분명한 현상에 주목했다. 자신이 지켜보는 스포츠 경기를 실제로 직접 하는 관중들은, 경기를 결코 해본 적이 없는 사람들과 다르게 행동한다. 전략의 섬세함은 열렬한 애호가들을 매료하고, 물의를 일으키는 행동은 '스트라이크를 떨어뜨린 포수의 실책'$^{third\text{-}strike\ dropped\text{-}ball}$과 '타자가 발로 공을 쳐내는 것' $^{leg\text{-}before\text{-}wicket}$의 차이를 알지 못하는 사람들을 매혹한다.

당파적이지 않은 좋은 스포츠맨 정신이라는 빅토리아 시대의 규범은 다소 사라졌고(그것과 밀접하게 연관되었던 계급 기반의 아마추어적 풍조와 함께 말이다) 제자리에 머무는 관중들은 오늘날 대부분의 기록된 역사 속에서 행동했던 것처럼 행동하는 경향이 있다. 인류학자인 크리스티앙 브롱베르제는 프랑스와 이탈리아의 축구팬에 대한 그의 훌륭한 연구에서 "순전한 응시의 즐거움으로는 축구에 대한 열정이 키워질 수 없다"라고 언급했다.[1] 스포츠 군중은 자신들을 대표한다고 느끼는 운동선수와 자신을 정서적으로 동일시한다. 그리고 세상이 그것을 알게 한다. 오늘날 스포츠 군중에 대해 말해야 할 다른 많은 것들이 존재하지만 이 화음——당파성과 무질서——이 가장 큰 소리를 낼 것이다.

과거

그리스의 스포츠 관중의 위엄과 예의에 대한 현대의 환상은, 그리스의 예술이 침착함과 평온함의 표현이었다는 요한 요아힘 빙켈만Johann Joachim Winckelmann의 낭만적인 생각과 함께 떨쳐 버려야 한다. 『일리아스』 23권의 파트로클로스의 장례식 기념 경기에 대한 설명에서 관중은 거의 언급되지 않았지만 호메로스는 그들이 다수였다는 사실과, 큰소리로 박수갈채를 보냈고 "우레 같은 소리로 찬성을 외쳤다"라는 사실을 분명하게 보여 준다. 기원전 6세기의 소필로스Sophilos의 항아리 조각에서 우리는 호메로스의 영웅들이 이륜전차 경주를 관람하는 것을 볼 수 (그리고 거의 들을 수) 있다. 조그마한 인물들이 후닥닥 일어나서 팔을 휘두르고 고함을 지르다가 목이 쉬어 버린다.[2] 그것은 기묘하게도 익숙한 광경이다.

올림피아의 초연함과 사심 없는 호기심은 일리온Ilion[트로이의 별

---

1 Christian Bromberger, *Le match de football*, Paris: Éditions de la Maison de l'Homme, 1995, p.110.
2 Nikolaos Gialourēs, *The Eternal Olympics: The Art and History of Sport*, ed. Nicolaos Yalouris, New Rochelle: Caratzas Brothers, 1979, p.37.

칭]의 대평원에서와 마찬가지로 올림피아에서도 뚜렷하지 않았다. 경기가 열리는 동안 고립된 현장은 그리스 세계의 전역——동쪽으로는 흑해의 먼 해안 지방까지, 서쪽으로는 스페인의 지중해 연안까지 이르는——에서 온 관광객들로 붐볐다. 그 현장은 한여름에 지독하게 덥고 건조했기 때문에(지금도 여전히 그렇다) 헌정 경기는 하지^{夏至} 이후 두번째 또는 세번째 보름달이 뜰 때 열렸다. 기원전 4세기에 경기를 보러 온 부유하고 정치적으로 중요한 관광객들이 숙박할 레오니다이온^{Leonidaion}[설계자인 레오니다스의 이름을 딴]이 세워졌지만, 대다수의 관중들은 텐트 안에서 자거나 별 아래서 밤을 보내는 데 만족해야 했다. 로마인의 자비로 최소한의 편의시설이 제공된 바로 1세기에, 철학자 에픽테토스는 독자들에게 올림피아의 군중이 금욕적이어야 한다는 점을 일깨웠다. "당신은 땀투성이가 되지 않는가? 갑갑하고 혼잡하지 않은가? 불편하게 씻고 있지 않은가? 비가 올 때마다 흠뻑 젖지 않는가? 한껏 소동을 피우고 소리 지르지 않는가?"[3]

이렇게 "소동을 피우고 소리 지르"는 것에 대한 풍부한 증거가 있다. 여전히 그리스의 관중에 대한 현대의 주요한 출처인, 19세기 학자 요한 크라우제는 에픽테토스뿐 아니라 핀다로스, 이소크라테스, 필로스트라토스, 폴리비오스, 파우사니아스와 다른 많은 고대의 출처를 참고해서 대중의 행위를 생생하게 기술했다. "참석한 이들은 형언할 수 없을 정도로 얼마나 열광하며 구경거리에 몰두했는가. 그들은 얼마나 활기찬 참여로 운동선수의 뛰어난 기술을 공유하고 경기 결과를 만들어 냈는가. 자신이

---

3 Moses I. Finley and H. W. Pleket, *The Olympic Games*, New York: Viking Press, 1976, p.54에서 재인용.

본 것으로 그들의 영혼은 얼마나 흥분됐는가! 그들은 무의식적으로 자신의 손을 흔들고 고함을 지르며, 자리를 박차고 일어나게 되었고, 몹시 기뻐하거나 극도로 슬퍼하였다."[4] 기쁨과 슬픔은 당파성과 관계가 있었다. 뒤돌아보면 현대의 이탈리아 역사학자인 로베르토 파트루코는 관중들이 현대의 스포츠 관중의 억제되지 않은 "인간적 열정"을 품고 행동했다고 결론지었다.[5] 핀리와 플레켓은 그리스 군중이 "다른 어떤 시대만큼이나 당파적이고 즉흥적이며 격하기 쉬웠다"라는 데 동의했다.[6]

강렬한 당파성은, 지금처럼 당시에도, 무질서의 가능성을 의미했다. 올림피아 경기의 운영을 책임졌던 관계자들인 헬라노디카이 Hellanodikai[고대 올림피아 경기의 심판들], 그리고 운동선수와 관중을 통제하는 고된 업무를 담당했던 그들의 조수들을 이해해 보라. 이 조수들의 명칭인 채찍을 가진 자mastigophoroi나 몽둥이를 가진 자rabdouchoi는 군중들이 마지못해 자제심을 보여 준다는 사실을 암시한다(아폴론에게 바쳐진 델포이의 피티아 경기Pythian games에서 관중들은 아폴론적이기보다는 디오니소스적이었다. 그들의 취기가 큰 골칫거리였기 때문에 경기장 안으로 와인을 들고 들어오는 것이 금지되었다).

헬라노디카이가 어떻게 해서든 올림피아에 강제하려고 했던 최소한의 예절조차 헬레니즘의 도시 알렉산드리아에서 이륜전차 경주가 열리는 동안에는 그것은 완전히 사라져 버린 듯한데, 그곳에서 역사학자 디온 크리소스토모스Dion Chrysostomos는 대중의 난폭한 행동을 비난했다.

4 Johann Heinrich Krause, *Olympia*, Hildesheim: Georg Olms, 1972, p.192.
5 Roberto Patrucco, *Lo sport nella Grecia antica*, Florence: Olschiki, 1972, p.21.
6 Finley and Pleket, *The Olympic Games*, p.57.

그들이 경기장에 들어올 때 마치 그들은 마약 은닉처를 찾은 것만 같다. 그들은 자신을 완전히 잊고서 부끄러움을 모르고 말하며 머리에 처음 떠오르는 대로 행동한다. …… 경기에서 당신은 어떤 광적인 마약의 영향하에 놓인다. 그것은 당신이 문명화된 방식으로 경기의 진행을 관람할 수 없는 것과 같다. 당신이 경기장에 들어갔을 때 고함소리와 소란, 격분, 당신 얼굴의 혈색과 표정의 전환, 그리고 당신이 쏟아 내는 온갖 욕지거리를 누가 묘사할 수 있겠는가?[7]

디온의 혐오감은 '축구 훌리건'의 '분별없는' 행동을 격렬하게 비난하는 현대 언론인의 혐오감에 필적한다.

『일리아스』의 그리스인은 죽은 전사를 예우하는 장례식 기념 경기가 상징적인 죽음으로 마무리되는 것에 만족했지만 로마인은 추가적인 죽음으로 망자에게 경의를 표하는 장례식 기념 경기를 거행하였다. 첫번째 검투사 경기——복수형으로 무네라[munera]['의무'라는 뜻의 라틴어]로 알려졌다——는 기원전 246년 사망한 부친에게 경의를 표하기 위해 마르쿠스와 데키무스 브루투스가 개최하였다. 무네라는 세 번의 결투(여섯 명의 검투사)로 이루어졌고 우시장에서 열렸다. 관중의 수가 매우 적었고 다루기 힘든 행동에 대한 언급이 없었다는 것을 당연하게 생각할 수 있다. 뒤이은 수백 년 동안, 놀이가 확산되는 역행할 수 없는 분명한 경향이 있었다. 검투사의 수는 계속해서 증가했다. 가령 트라야누스 황제는 1세기 말 만 명의 검투사들의 전투로 다키아 인[Dacians]에 대한 승리를 축하했다고 하는데, 52년에 클라우디우스가 만 구천 명의 전투원을 데리고 해전

---

7 H. A. Harris, *Greek Athletics and the Jews*, Cardiff: University of Wales Press, 1976, p.89.

을 수행하면서 이러한 낭비를 능가하였다.[8]

이 핏빛의 기쁨을 경험하기 위해 모인 대중은 광대했고 그들을 수용하기 위해 필요한 투기장^{arena}은 거대했다. 목재로 지어진 임시 투기장은 때때로 붕괴되어 많은 수의 관중을 죽게 하고 나머지 사람들을 공포에 떨게 하였기 때문에 결국 제국의 도처에 세워진 기념비적인 석재 구조물로 대체되었다. 그중 가장 유명한 것은 물론 콜로세움으로, 더 정확하게는 플라비우스 왕조의 황제인 베스파시아누스와 그의 아들 티투스가 건립했기 때문에 플라비우스 원형경기장으로 불린다. 80년에 완성된 이 대규모의 건축물은 5만 개의 좌석을 수용했다. 그 광대함에도 불구하고 로마의 투기장은 그리스의 스포츠 관중들에게는 알려지지 않았던 편의시설들을 제공하였다. 폼페이의 투기장이 관중들에게 차일과 향수 스프레이 vela et sparsiones를 제공했다는 이야기를 읽으며, 우리는 현대 미국 도시들 돔구장의 호화스런 박스석을 떠올릴 것 같다.

관중들이 검투사가 노예나 유죄 판결을 받은 범죄자이기보다 자유인이기를 선호했다는 사실은 페트로니우스의 『사티리콘』의 등장인물인 에키온의 언급에서 명백하게 드러나는데, 그는 숙련된 전사들의 임박한 쇼에 대해 흥분하며 "그리고 …… 무리에 노예는 한 명도 없어"라고 말한다.[9] 이 같은 선호에 대한 마이클 그랜트의 설명은 간단하다. "자유로운 전사들은 노예보다 한층 인기가 있었는데 아마 그들이 더 큰 열의를 보여

8 Ludwig Friedländer, *Roman Life and Manners Under the Early Empire*, vol.2(4 vols.), trans. J. H. Freese and Leonard A. Magnus, London: George Routledge and Sons, 1908~1913, pp.190~240; Georges Ville, *La Gladiature en Occident*, Rome: École française de Rome, 1981, pp.57~173.
9 Petronius, *Satyricon*, trans. William Arrowsmith, Ann Arbor: University of Michigan Press, 1959, p.42.

주었기 때문일 것이다."[10] 조르주 빌은 "대중은 노예보다 자유로운 검투사를, 보통의 시민보다 기사나 원로원 의원을 선호했다"라고 덧붙였다.[11] 분노 또한 한몫했다. 상류계급 사람이 신분이 낮은 사람에게 굴욕을 당하는 것보다 평민 관중을 더 기쁘게 하는 일은 없었다. 자신들의 통치자가 이번만큼은, 예외 없는 죽을 운명에 맞닥뜨려, 생존을 위해 몸부림치는 사람들과 마찬가지로 모험과 위험에 노출되는 것을 지켜보는 일은 분명 짜릿했다.

검투사 경기에서 사회적 계층은 공간적 형태로 나타났다. 아를Arles과 님Nîmes, 그리고 아마도 또한 로마의 원형경기장에서 서로 다른 '부족'은 경기장의 다른 쿠네이cunei[쐐기 모양의 좌석]에 앉았다. 아우구스투스는 사회적 지위와 좌석 배열에 대해 명확한 견해를 가졌다. 원로원 의원에서 노예에 이르기까지, 모든 사람은 자신에게 할당된 자리가 있었다. 무장한 보초는 관중들에게 만약 내적인 자제가 실패할 경우 외적인 통제가 시행될 준비가 되어 있다는 사실을 상기시켰다.

가난한 사람들도 자신의 자리가 있었다. 대부분의 관중들은 좌석에 대한 비용을 지불했지만 정부로부터 무상으로 곡물을 배급받는 평민plebs frumentaria은 무료입장권이 있었다.[12] 빈곤도 노예의 지위도 열광적 팬이 되는 데 장애가 되지 않았다. 노예인 크레센스Crescens의 묘비명은 자손에게 그가 검투사의 격투 중 트라키아 양식을 아주 좋아했다는 사실을 알려

10 Michael Grant, *The Gladiators*, London: Weidenfeld and Nicolson, 1967, p.31.
11 Ville, *La Gladiature en Occident*, p.262.
12 Traugott Bollinger, *Theatralis Licentia: Die Publikumsdemonstrationen an den öffentlichen Spielen im Rom der früheren Kaiserzeit und ihre Bedeutung im politischen Leben*, Winterthur: Hans Schellenberg, 1969, p.18.

주었다.[13] 시인 호라티우스가 소유했던 노예 다부스^{Davus}는 『두번째 서한집』$^{Second\ Satire}$에서 "격투에서 근육을 혹사하는 운동선수의 포스터를 보고서" 경탄하는 팬으로 등장한다.[14]

투기장에 군집한 '사람들'^{populus}은 무네라에서의 경험을 연상시켜 줄 예술작품을 수집했다. 로마 유적지에서 발굴한 평범한 고고학적 유물은 검투사를 테마로 한 비싸지 않은 점토 등불이다. 부유한 로마인들은 작은 청동 조각상을 구매하거나 투기장에서의 모습을 담은 벽화나 모자이크를 주문하였다. 『사티리콘』에서 트리말키오니스 역시 가장 좋아하는 검투사가 그려진 은식기를 갖고 있었다.

기독교인들도 팬의 매력에서 자유롭지 않았다. 아우구스티누스의 문하생인 알리피우스^{Alypius}는 과감하게 원형경기장에 갔을 때 극적인 좌절을 경험했고 그것에 압도되었다. "피를 보자마자 그는 즉시 포악함을 단숨에 들이켰다. 눈을 돌리지도 않고 시선을 고정하고서 부지중에 광란에 도취되었고, 그 비난할 만한 격투에 기뻐하고 피비린내 나는 오락에 중독되었다."[15] 아우구스티누스의 은유——취기, 중독——는 그의 시대에서 우리의 시대로 중요한 의미를 던진다. 관중들은 마치 마약에 취하거나 술의 광란에 빠진 것처럼 피를 보고 반응했다.

많은 사람들이 고도로 훈련된 전투원의 기술을 올바르게 평가했겠지만 다른 사람들은 전투의 결과——종종 상당한 돈을 내기에 건——에만 관심을 가지거나 부상당한 전사가 죽을지 살지 손짓——엄지손가락을 세

13 Friedländer, *Roman Life and Manners Under the Early Empire*, vol.2, p.262.
14 Horace, *Satires and Epistles*, trans. Smith Palmer Bovie, Chicago: University of Chicago Press, 1959, p.148.
15 Augustine, *Confessions*, trans. E. B. Pusey, London: J. M. Dent, 1907, pp.106~107.

우거나 내리는——으로 결정하는 즐거움에만 신경을 썼다.[16] 시간이 흐르면서 무네라는 점차 물의를 일으키고 정도를 벗어나게 되었다.

곧 살벌한 전투와 웅장한 광경은 폭도들의, 귀족이든 천민이든, 무뎌진 신경을 자극하지 못했다. 오직 완전히 색다르고 극악무도하고 터무니없는 것만이 그들의 지친 감각에 쾌감을 주었다.[17]

색다른 즐거움 중에 여성 검투사도 있었다. 그들 중 두 명은 소아시아의 할리카르나소스에서 온 석비에 그려져 있다.[18] 시인 유베날리스——그로부터 우리는 '빵과 서커스'panem et circenses라는 관용구를 얻었다——는 예상할 수 있듯이 "경기의 멧돼지"와 상대하는 "아마존족처럼 가슴을 드러낸 여성"의 (상상에 의한) 구경거리에 대해서 비꼬았다.[19] 그보다 덜 도덕적인 로마인들은 무장한 여성의 모습에 분명 흥분하였다. 『사티리콘』에서 트리말키오니스의 손님 중 한 명은 재미없는 검투 쇼에 대해 불평을 늘어놓고 "이륜전차를 타고 싸우는 소녀"가 있는 더 나은 쇼를 기대한다.[20] 여성들이 싸울 때, 가슴을 노출했든 안 했든, 관능적인 전율이 대중 속에 파문을 일으켰을 것이다.

16 죽음의 전망에 대한 관중의 반응에 대해서는 Carlin A. Barton, *The Sorrows of the Ancient Romans*, Princeton, N.J.: Princeton University Press, 1993; Donald Kyle, *Spectacles of Death in Ancient Rome*, London: Routledge, 1998.
17 Friedländer, *Roman Life and Manners Under the Early Empire*, vol.2, p.243.
18 Louis Robert, *Les Gladiateurs dans l'Orient Grec* (2nd ed.), Amsterdam: Hakkert, 1971, pp.301~302.
19 Juvenal, *Satires*, trans. Rolfe Humphries, Bloomington: Indiana University Press, 1958, p.18(6.268~282).
20 Petronius, *Satyricon*, p.43.

다신교의 도덕가 무리에서 검투 경기에 대한 반대는 거의 없었다. 가장 교양 있는 로마인 관중은 인간과 짐승의 죽음에 괴로워하지 않은 듯했다. 철학가이자 극작가인 세네카는 20세기의 많은 비평가들이 무네라보다 훨씬 덜 폭력적인 스포츠에 대해 느끼는 것과 같은 일종의 공포를 표현한 소수의 다신교도 작가 중 한 사람이었다. 세네카에게 투기장은 잔혹하고 비인간적인 전투의 장소였다. 대중에 대한 그의 논평은 통렬하고 간결하다. "그들은 아침에는 사자와 곰에게 인간을 던지고 한낮에는 관중에게 그들을 던진다."[21] 세네카의 혐오감은 예외적이었다. 대다수의 로마인은 무네라가 관중에게 남성적인 용맹함의 모범적인 모습을 제공했다는 키케로의 신념을 공유했다.[22] 시인 오비디우스 또한 유혈을 즐거워했고, 여성에게 "모래가 진홍색으로 흩뿌려지는" 경기장에서 그들의 육체적인 매력을 과시하라고 역설했다.[23]

기독교의 도덕가들은 한결같이 맹렬하게 경기에 대해 공개적으로 규탄했다. 테르툴리아누스의 2세기의 소책자 『관중에 대하여』는 다음 세대에게 교부학의 독설과 항의의 본보기가 되었다. 그의 혐오감은 부분적으로는 원형경기장에서의 폭력에 대한 것이었고 어느 정도는 관중의 섬뜩한 히스테리에 대한 것이었다. "쇼에 오는 대중을 보라——이미 미쳐 있는. …… 하나 되어 광분하고 한 목소리가 된다!"[24] 기독교의 도덕가들

21 Seneca, *Ad Lucilium Epistulae Morales*, vol.1(3 vols.), trans. R. M. Gummere, London: Heineman, 1917~1925, pp.20~31: "Mane leonibus et ursis homines, meridie spectatoribus suis obiciuntur."
22 A. Hönle A. Heinze, *Römische Amphitheater und Stadien: Gladiatorenkämpfe und Circusspiele*, Zurich: Atlantis, 1981, p.20에서 재인용.
23 Ovid, *The Art of Love*, trans. Rolfe Humphries, Bloomington: Indiana University Press, 1957, pp.164~165.
24 Tertullian, *De Spectaculis*, trans. T. R. Glover, London: Heinemann, 1931, pp.271~273.

은 경기의 우상숭배에도 진저리 쳤다. 검투사가 사망하면 (죽음이 가짜가 아니라는 사실을 확신하기 위해) 메르쿠리우스의 옷을 차려입은 노예가 그를 달아오른 쇠로 날쌔게 찔렀다. 디스 파테르[Dis Peter][지하세계의 신]에게 붙잡힌 다른 노예는 시체를 끌고 갔고 그후 죽은 사람의 피는 그 신을 모시는 신관에 의해 주피터 라티아리스[Jupiter Latiaris]에게 바쳐졌다. 그렇다면 기독교의 철학자들이 관중의 영혼에 대해 두려움을 표현했다는 사실도 별로 놀랍지 않다. 노바티아누스는 "우상숭배는 이 모든 경기의 어머니다!"라고 외쳤다.[25]

검투 대결의 폭력의 수준과 관중의 종교적·인종적·종족적·계급적 차이로 인한 잠재적 위험을 고려할 때, 로마의 투기장이 무질서한 소동으로 폭발하지 않은 것은 놀라운 일이다. 그래도 한 번은 있었다. '폼페이'라는 이름은 화산 대참사의 광경을 환기시키지만 그 부유한 도시는 주민들이 자신에게 초래한 재앙의 현장이기도 했다. 역사학자 타키투스는 무네라가 열리는 동안 그곳에서 소동이 발생했다고 보고하고, 그후 그 도시는 10년 동안 검투 경기를 개최할 권리를 박탈당했다. 그러나 관중의 폭력에 대한 이 단 하나의 일화는 매우 드문 것이다. 실제로 "문서로 증명되는 폭동은 거의 없었다".[26]

역설적이지만, 상대적으로 비폭력적인 이륜전차 경주가 무네라의 팬들 사이에서는 존재하지 않았던 수준의 관중의 폭력을 유발했다. 현대의 축구 훌리건처럼 비잔티움 제국의 '키르쿠스[circus] 파벌'은 광신적이고

---

25 Novatian, *Novatiani opera quae supersunt*, ed. G. F. Diercks, Turnholt: Brepols, 1972, p.171: "Idolatria ······ ludorum omnium mater est!"

26 Barry Baldwin, "The Sports Fans of Rome and Byzantium", *Liverpool Classical Monthly*, vol.9, no.2, 1984, p.29.

당파적인 팬들의 조직화된 무리였다. 파벌——'청색파'와 '녹색파'——은 시민사회와 심지어는 비잔틴 국가에도 위험한 것이었다. 콘스탄티노플에서 폭동을 일으킨 파벌들은 도시의 목재로 된 전차 경기장hippodromes에 매우 자주——491년, 498년, 507년, 그리고 532년에——불을 질렀기 때문에 정부는 결국 그것들을 석재로 다시 세웠다.[27] 5~6세기에는 질서 회복을 위해 병력이 거듭 동원될 정도로 여러 번 관중의 폭력이 확대되었다. 가령 507년에는 굉장한 인기를 누리던 이륜전차 전사인 포르피리우스가 승리한 후, 기쁨에 넘친 녹색파가 난폭해져 폭동을 일으키며 안티오키아Antiochia의 유대교 회당을 불태웠는데, 이것은 부차적인 반유대주의의 아주 전형적인 예이다.[28]

이러한 폭동 가운데 최악은 유스티니아누스의 통치 기간에 발생했다. 532년 1월 13일 청색파와 녹색파는 콘스탄티노플의 전차 경기장에서 진행될 예정이던 사형 집행을 막기 위해 힘을 합쳤다. 1월 14일 황제는 카파도키아의 요한과 다른 인기 없는 관료들을 해임하라는 요구에 응했다. 1월 18일 폭도는 다수의 당황한 원로원들이 성급하게 경의를 표한 새로운 황제를 선포하였다. 그러나 유스티니아누스에게는 운이 따라 그의 가장 유능한 장군인 벨리사리우스가 제때 도착하여 소란을 진압했는데, 이때 약 3만 명의 목숨이 희생되었다.[29] 이 대량학살과 비교해 볼 때, 현대의 스포츠와 관련된 폭력의 최악의 일화는 상대적으로 무미건조한 듯하다.

27 Rodolphe Guilland, "The Hippodrome at Byzantium", *Speculum*, vol.22, 1948, pp.676~682.
28 Alan Cameron, *Porphyrius the Charioteer*, Oxford: Clarendon Press, 1973, p.150.
29 Sotiris G. Giatsis, "The Massacre in the Riot of Nika in the great hippodrome of constantinople in 532 ad", *International Journal of the History of Sport*, vol.12, no.3, December 1995, pp.141~152.

전차 경기장의 파벌이 투기장의 관중들보다 훨씬 무질서하고 파괴적이었다는 분명한 사실 앞에서, 누구도 스포츠의 폭력이 대중의 폭력을 결정짓는다는 그럴듯한 주장을 할 수 없다. 대중의 규모가 틀림없이 한 요인이겠지만 콜로세움과 키르쿠스 막시무스Circus Maximus[로마 최대의 전차 경기장]의 수용 능력의 차이는 분명 관중의 근본적으로 다른 행동을 충분하게 설명할 만큼 크지 않다. 질서를 유지하기 위해 배치된 군인들의 수가 한 장소와 다른 장소에서 눈에 띄게 달랐다는 사실을 믿을 이유도 없다. 이 퍼즐의 해답은 스포츠팬들이 개인보다는 팀과 더 강렬하게 자신을 동일시하고 더 친밀하게 결합한다는 사실일 것이다. 에릭 홉스봄은 베네딕트 아널드Benedict Arnold의 국민성에 대한 유명한 정의를 숙고하고서 특별히 축구에 대해 언급했는데, 이런 생각을 간결하게 표현했다. "수백만 명으로 이루어진 상상된 공동체는 국민이라 명명된 열한 명의 팀일 때 더 실재적이 되는 것 같다."[30]

홉스봄이 언급한 그와 같은 대변적인 성격의 스포츠를 소小 플리니우스는 이해하고 있었다. 편지에서 그는 청색파나 녹색파를 향해서 어리석게 환호하지만 "말의 속도나 전차 전사의 기술"에 대해서는 전혀 관심 갖지 않았던 무지한 팬들의 "유치한 열정"을 비난했다. 실제로 그는 "경기 도중에 색깔이 서로 바뀌기로 되어 있다면 (팬들은) 자신의 지지와 열정을 옮겨 재빨리 그들이 이름을 외치던 유명한 전차 전사와 말을 버릴 것이다. …… 그런 것이 쓸모없는 셔츠의 인기와 중요성이다"라고 논평했다.[31]

---

30 Eric Hobsbawm, *Nations and Nationalism Since 1780: Programme, Myth, Reality*, Cambridge: Cambridge University Press, 1990, p.143.

중세의 스포츠 관중이 다루기 힘든 무리였다고 해도 그들의 무질서는 비잔티움 제국의 경기장 파벌이 보여 준 소동과 난폭한 행동의 수준에는 결코 이르지 않았다. 이렇게 더 낮은 수준의 폭력을 보인 주요한 이유는 중세 스포츠가 훨씬 작은 규모였다는 점에서다. 가장 웅장한 마상馬上 시합도 키르쿠스 막시무스나 콘스탄티노플과 알렉산드리아의 전차 경기장에서 열린 경기와 비교하면 아주 작은 행사였다. 1493년 퐁투아즈 근교의 상드리쿠르Sandricourt에서 열린 마상 시합에 참가한 2천 명의 사람들은 청색파와 녹색파에 열광한 로마 군중의 1퍼센트에 불과했다.[32]

중세시대에 스포츠와 관련된 폭력의 대다수는 구경꾼보다는 참가자가 저질렀다. 그에 대한 설명은 간단하다. 중세의 기사에게 마상 시합과 전쟁터, 모의전투와 실제의 전투 사이의 경계는 뚜렷하지 않았고 쉽게 그 경계를 넘어섰다. 프랑스의 학자이자 외교관인 장 쥐세랑은 "경기는 전쟁을 닮았고 전쟁은 경기를 닮았다"라고 썼다. "전투와 경기의 결합은 매우 긴밀해서 종종 주어진 활동이 어느 범주로 분류되어야 하는지를 결정하는 일이 곤란하다."[33] 종종 둘은 융합되었다. 가령 1274년 샬롱Chalons에서 개최된 마상 시합에서 영국의 에드워드 1세가 자신과 시합을 벌이는 샬롱의 백작Comte de Chalons에게 규칙에 어긋나게 붙잡혔을 때, 여러 명이 사망하게 되는 싸움이 발생했다.[34] 1288년 보스턴 장Boston Fair에서 대지

31 Pliny the Younger, *The letters of the Younger Pliny*, trans. Betty Radice, Harmondsworth: Penguin Books, 1963, p.236.

32 Roger Sherman Loomis, "Arthurian Influence on Sport and Spectacle", ed. Roger Sherman Loomis, *Arthurian Literature of the Middle Ages*, Oxford: Clarendon Press, 1959, p.557.

33 Jean J. Jusserand, *Les Sports et jeux d'exercice dans l'ancienne France*, Paris: Plon, 1901, pp.12, 18. 또한 Richard Barber, *The Knight and Chivalry*, Ipswich: Boydell Press, 1974, p.193; Charles Homer Haskins, "The Latin Literature of Sport", *Speculum*, vol.2, 1927, p.238.

34 Barber, *The Knight and Chivalry*, p.189.

주 집단이 마상 시합을 개최하였을 때, 한편은 수도사처럼 차려입고 다른 편은 성당의 참사회원의 복장을 입었다고 해도 폭동을 방지하는 데는 실패하였다. 장은 약탈당했고 도시의 일부는 불태워졌다.[35] 로체스터와 샬롱, 보스턴과 다른 곳에서 벌어진 소동 중 어느 정도가 전투원이 아닌 관중으로 인한 것이었는지 정확히 말하는 것은 불가능한데, 중세 연대기 작가들이 좀처럼 후자에는 관심을 갖지 않았기 때문이다. 그러나 독일의 도시들이 마상 시합이 진행되는 동안 질서를 유지하기 위해 무장한 수백 명의 사람들을 모집하지 않을 수 없었다는 사실에서 우리는 많은 것을 추론할 수 있다. 1442년에 아우크스부르크는 평화를 유지하기 위해 2천 명의 사람들을 고용했다고 한다.[36] 또한 우리는 14세기 바젤에서 주로 '시민' bürgerlich인 군중이 보여 준 광란의 예를 적어도 하나는 알고 있다. 다수의 시민들이 말에 탄 귀족에게 짓밟히자 유혈의 소란이 벌어졌다. 몇몇의 기사들이 사망하였다.[37]

때마침, 노르베르트 엘리아스가 뛰어나게 분석한 "문명화 과정"[38] 이 중세의 폭력을 르네상스의 상대적으로 평화적인 행동으로 전환시키고, 갑옷을 입은 기사가 비단과 공단을 입은 조신朝臣이 되면서, 마상 시합은

35 Noel Denholm Young, "The Tournament in the Thirteenth Century", ed. R. W. Hunt, *Studies in Medieval History*, Oxford: Clarendon Press, 1948, p.262.

36 Thomas Zotz, "Adel, Bürgertum und Turnier in deutschen Städten vom 13. bis 15. Jahrhundert", ed. Josef Fleckenstein, *Das ritterliche Turnier im Mittelalter*, Göttingen: Vandenhoek und Ruprecht, 1985, p.478.

37 Klemens C. Wildt, *Leibesübungen im deutschen Mittelalter*, Frankfurt: Wilhelm Limpert, 1957, p.28; Walter Schaufelberger, *Der Wettkampf in der alten Eidgenossenschaft*, Bern: Paul Haupt, 1972, p.46.

38 Norbert Elias, *Ueber den Prozeß der Zivilisation*, 2 vols., Bern: Francke, 1969; Norbert Elias and Eric Dunning, *Sport im Zivilisationprozeß*, Münster: LIT Verlag, 1986; Norbert Elias and Eric Dunning, *Quest for Excitement*, Oxford: Basil Balckwell, 1986.

놀이 같은 전투로부터, 무장한 전투가 매우 작은 역할을 하는 정교하고
우화적인 야외극으로 진화하였다. 군사적인 용맹함의 이상은 별로 중요
하지 않은 것이 되었고 마상 시합은 규칙에 부합하는 것이 감각의 섬세함
과 관련되는 연극적인 상연이 되었다.

르네상스 마상 시합의 전형은 1449년 르네 당주^{René d'Anjou}가 타라스
콩^{Tarascon}에서 기획한 유명한 파드라 베르제르^{Pas de la Bergère}였다. 이 마상
시합에서 연기한 기사들은 양치기 복장을 했고 미장센에는 "양치기 여
인"이 거주하는 이엉을 이어 만든 오두막집이 포함됐다. 공들인 장식은
우아한 품행만큼 중요했다. 기사적인 전투는 "원래는 장식으로서 디자인
됐던 공상적인 변장으로 완전하게 병합되었다".³⁹ 르네는 그의 『마상 시
합의 형태와 조직에 관한 논문』<sup>Traictié de la Forme et Devis d'ung Tournoy, 1460년
경</sup>에서 이 행사를 묘사했는데, 그것은 퇴장과 입장, 적절한 말의 방식, 알
맞은 복장을 규정하는 강제적이고 상세한 예법을 담은 책이다. 무기의 충
돌에 대해서는 거의 말하지 않는다. 중세의 여가에 대한 현대의 권위자인
장 베르동은 "호화스러운 축제를 아주 좋아했던 르네는 본질적으로 의식
과 복장에 관심이 있었다. 그는 가장 사소한 세부사항도 규제했다. 그러
나 그는 어떻게 마상 창시합이 실행될지에 대해서는 표시하지 않았다".⁴⁰
1501년 버킹엄가의 공작이 웨스트민스터에서 거대한 마상 시합을 열었
을 때 관심의 초점은 야외극의 차량이었다. 그것은 난쟁이와 거인, 야만
인, 우화적인 동물들(규칙서의 신화적인 행동을 따라서 처녀의 무릎에 머

39 Sydney Anglo, *The Great Tournament Roll of Westminster*, vol.1(2 vols.), Oxford: Clarendon
    Press, 1968, p.28.
40 Jean Verdon, *Les Loisirs au moyen âge*, Paris: Jules Tallandier, 1980, p.179.

리를 둔 유니콘을 포함하여)의 마술 환등이었다. 그렇다면 마상 창시합은? 그것은 "서툴렀다".[41]

　스포츠 경기라기보다는 차라리 겉만 화려한 시시한 쇼였던 이 행사에서, 귀족과 숙녀들은 연기도 하고 주요한 관중이기도 했지만 그들만이 유일하지는 않았다. 마상 시합은 평민들이 참석하여 관찰하고 감탄하며 그들의 통치자를 경외할 때 특권과 권력의 현장으로서 가장 인상적으로 기능했다. 대중은 로마의 투기장에서처럼 분리되었지만 모든 사회계급의 남녀들로 구성되었다. "부르고뉴의 사생아"라 불린 앙투안이 스칼 경인 앤서니 우드빌의 결투 신청을 받아들였을 때, 런던 전역은 올림픽 경기나 월드컵 축구대회 결승전을 개최하는 현대의 대도시처럼 흥분했던 것 같다. 1467년 봄 스미스필드에서 마상 시합이 시작했을 때 공휴일이 선포됐고 수천만 명의 사람들이 현장에 몰려들었다. 왕의 박스석 아래의 세 줄은 기사와 대지주를 위한 것이었다. 그들 맞은편이 시장과 시 참사회원을 위한 장소였다. 구내로 밀고 들어올 수 없는 평민들은 마상 창시합——실망스러운——과 야외극——멋졌던——을 흘끗이라도 보려고 가까이의 나무에 올라갔다.[42] 마상 시합이 나무가 없는 도시의 광장에서 열릴 때에는——15세기와 16세기에는 종종 그랬다——도시 거주민들은 현장이 내려다보이는 창가로 몰려들었다. 그들 중 더 대담한 사람들은 인접한 건물의 옥상으로 기어올라 갔다. 프랑스의 헨리 2세가 치명상을 입었던 1559년의 마상 시합을 기념하는 1570년 날짜의 인쇄물에는 관람석과 창문, 지붕이 면밀히 서술되어 있다.[43] 1501년, 헨리 7세의 아들인 아서 왕

---

41 Anglo, *The Great Tournament Roll of Westminster*, vol.1, p.38.
42 Rosamund Mitchell, *John Tiptoft, 1427-1470*, London: Longmans, Green 1938, pp.103~111.

자의 탄생을 축하하기 위해 열린 마상 시합은 입장료가 있었지만 그 비용으로 런던 사람들을 단념시킬 수는 없었다. 당대의 한 연대기 작가는 군중이 너무 빽빽해서 "당신이 볼 수 있는 것은 오직, 몸은 가려진, 그들의 얼굴과 표정뿐이었다"라고 썼다.[44]

초기의 부르주아지는, 기사의 마상 시합에 대한 활발한 참여에서 배제되어, 양궁 경기를 기획하였다. 양궁 길드가 아르투아·브라반트·플랑드르·피카르디에서 프랑스 북부, 독일어권 중앙유럽 전체까지 펼쳐져 있었기 때문에, 그들의 연례 회합인 쉬첸페스테[명사수의 축제]Schützenfeste는 다른 많은 스포츠와 야외극, 연회, 춤, 음주, 익살, 그리고 밀통의 즐거움을 결합한 주요한 도시 축제로 진화했다.[45] 신성로마제국의 황제 막시밀리안 1세의 방문을 맞이하며 1509년 아우크스부르크에서 열린 웅대한 양궁 경기에서, 환영회에는 남녀 종자從者와 하인들의 도보 경주, 나인핀스 경기ninepins[현대 볼링의 전신], 경마, 말 탄 기사들의 마상 시합이 포함됐다.[46] 양궁 회합과 함께 열린 도보 경주는 남성 관중의 찬양이나 조롱에 응해, 젊은 여성들이 자신들의 스포츠 열의를 보여 주는 행동으로 널리 받아들여졌다.[47]

43 Jusserand, *Les Sports et jeux d'exercice dans l'ancienne France*, pp.149~154; John McClelland, "Le Tournoi de Juin 1559", ed. Yvonne Bellenger, *Le Mécénat et l'influence des Guises*, Paris: Honoré Champion, 1997, pp.177~185. 쥐세랑은 헨리의 가슴 뭉클한 묘비명을 인용한다. "마르스가 데려갈 수 없었던 그를 마르스의 환영이 데리고 갔다"(Quem Mars non rapuit, Martis imago rapit[*Ibid.*,p.154]).

44 Anglo, *The Great Tournament Roll of Westminster*, vol.1, p.37에서 재인용.

45 Theo Reintges, *Ursprung und Wesen der spätmittelalterlichen Schützengilden*, Bonn: Ludwig Röhrscheid, 1963, p.287; Arnold Wehrle, *500 Jahre Spiel und Sport in Zürich*, Zürich: Berichthaus, 1960, p.7.

46 楠戸一彦, 『ドイツ中世後期のスポーツ』, 東京: 不昧堂出版, 1998, 245~326쪽.

47 Klaus Ziesching, *Vom Schützenfest zum Turnfest*, Ahrensburg: Czwalina, 1977, pp.80~81.

불가피하게도, 술의 소비로 증대되는 축제일의 흥분은 많은 수의 난폭한 행동을 의미했다. 독일어권 중앙유럽에는 대개 경찰국장과 계관시인의 역할을 결합한 '채찍의 왕'Pritschenkönig이 존재했다. 그는 질서를 유지하고 축제의 시구詩句를 준비하도록 요구받았다.[48] 그가 그 임무를 언제나 감당했던 것은 아니다. 1458년 콘스탄츠의 회합에서 시작된 싸움은 취리히 근처의 도시를 상대로 한 전쟁에서 절정에 달했다.[49] 그러나 이런 종류의 분쟁은 상대적으로 거의 없었다. 선량한 상호관계가 예외라기보다는 규칙이었던 듯하다. 우승자들이 상을 받기로 한 장소에 너무 많은 뉘른베르크인들이 붐비자, 상을 수여하는 온화한 사람들은 그저 그들의 머리 위로 상을 넘겨 자랑스러운 승리자에게 전달하였다. 그때 환호소리로 인해 상과 함께 곁들여질 예정이었던 칭송의 말은 들리지 않게 되었다.[50]

중세의 농민들은 수세기 뒤에 축구의 모든 현대적 '규범'들의 모태가 될, '마구잡이로 하는 경기'rough-and-tumble-game를 하였다. 축구 경기를 관람하기 위해 모인 대중에 대한 연구는 무의미한데, 왜냐하면 대중이 없었기 때문이다. 마을과 마을이 만나 춘분을 경축하며 활기 넘치는 경기를 펼칠 때, 모든 사람들이 경기에 투입되었다. 남녀노소 누구나, 성직자와 평신도 가릴 것 없이 말이다. 모두가 참가자였다. 당대인이 설명했듯이 "이 경기에 대한 구경꾼은 아마도 없었고 모두가 행위자였다". 만일 누군가 정말 구경하기 위해 왔다면 "무리의 한가운데 서서 경기자가 된다".[51]

---

48 Herman Goja, *Die österreichischen Schützengilden und ihre Feste, 1500-1750*, Wien: Verlag Notring der Wissenschaftlichen Verbände Öesterreichs, 1963, pp.45~84.

49 Wehrle, *500 Jahre Spiel und Sport in Zürich*, p.17.

50 Hans Germann, *Der Ehrenspiegel deutscher Schützen*, Leipzig: Thankmar Rudolf, 1928, p.66.

51 Eric Dunning and Kenneth Sheard, *Barbarians, Gentlemen and Players*, Oxford: Martin Robertson, 1979, p.28에서 재인용.

조마調馬와 같은 기수의 경기에 참석하는 관중이 나스카[NASCAR][미국 개조 자동차 경기 연맹] 경기나 스누커[snooker][당구 경기의 일종] 대회의 스포츠팬과 동일한 사회적 집단에 속하지 않는다는 것은 주지의 사실이다. 이에 반해서 고대 로마 시대 스포츠의 구경거리는 모든 사회계급의 남녀에게 균일하게 인기가 있었던 듯하다. 물론 약간의 차이는 있었다. 그리스 양식의 운동 경기는 대개 평민보다는 부자들에게 더 인기가 있었지만, 추론을 위한 자료를 수집했던 고대의 사회학자는 없었다. 어느 시점에선가——르네상스 시기? 근대 초기?——스포츠 관중은 노동의 구분과 일치하는 놀이를 경험하기 시작했다. 런던의 빈민가에서 닭싸움의 결과를 두고 내기를 하기 위해 모인 군중들은, 뉴마켓[Newmarket]의 경기에서 내기를 하기 위해 찰스 2세와 함께 말을 타고 도시를 벗어나는 왕정복고 시대의 조신들과 그 사회적 구성이 엄연히 달랐다.

사회계급을 근거로 한 차이가 너무 명백하여 간과할 수 없게 된 것이 이 시점이었다. 조지프 스트럿이 19세기 초반에 "유혈의 스포츠"는 오직 "(영국)사람들 중 가장 지위가 낮고 비루한 부류"만을 매혹했다고 강력히 주장했지만,[52] 바로 튜더 왕조 시대에 닭싸움, 곰 놀리기[bearbaiting], 소 물어뜯기[bullbaiting]가 보통의 서민들 사이에서만큼이나 상류층 사이에서도 인기가 있었다는 풍부한 증거가 있다. 헨리 8세는 화이트홀[웨스트민스터의 거리][Whitehall]에 투계장을 더할 정도로 닭싸움을 좋아했고 그의 딸인 엘리자베스 1세는 목요일마다 극장을 여는 것을 금지했는데 그것이 "마치 놀이처럼 여왕 폐하의 취미로 지속되었던 곰 놀리기 경기"에 방해가 되었기 때문이었다.[53] 한 세기 뒤에 새뮤얼 피프스와 존 에벌린과 같은

52 Henry Alken, *The National Sports of Great Britain*, London: Methuen, 1903에서 재인용.

중산층 영국인들은 다르게 느꼈다. 1666년 8월 14일에 곰 놀리기를 관찰한 후 피프스는 그것이 "몹시 미개하고 역겨운 오락"이라고 썼다.[54] 동물 스포츠에 대한 에벌린의 혐오감도 똑같이 자명했다. 그는 1670년 6월 16일 그가 "몇몇 친구들과 어쩔 수 없이 곰 사육장에 갔는데 …… 그곳에서 닭싸움, 개싸움, 곰과 소 놀리기가 있었고, 그날은 이 모든 잔인한 스포츠, 아니 좀더 정확히 말하면 미개한 잔혹 행위가 행해지는 유명한 날이었다"라고 썼다.[55] 일찍이 1737년 『젠틀맨스 매거진』*The Gentleman's Magazine*은 "닭 던지기, 소 물어뜯기, 프로권투시합, 그리고 곰 사육장의 오락 같은 미개한 행동(닭싸움과 같은 더 고상한 체하는 오락은 물론이고)"을 비난했다. 텔레비전의 폭력에 대해 말하는 현대의 비평가와 매우 유사한 어조로 말하는 이 편집자는 계속해서 잔혹한 스포츠가 "잔학 행위와 학대에 크게 기뻐하는 야만적인 성향과 흉포한 기질을 어린이들과 젊은 사람들의 마음에" 불어넣었다고 말한다.[56] 닭싸움에서 존경할 만한 사람을 찾는 일이 호가스Hogarth의 시대에는 아직 가능했지만 복음주의evangelical religion의 강한 영향을 받은 중산층의 태도는 동물 스포츠에 강하게 반대하는 추세였다.

프로권투장 주변에 모여든 '권투 애호가들'의 사회적 구성은 작위가

53 John Nichols, *The Progresses and Public processions of Queen Elizabeth*, vol.1 (3 vols.), London: John Nichols and Sons, 1823, 438n2; C. L. Kingsford, "Paris Garden and the Bear-Baiting", *Archaeologia*, vol.70, 1920, p.168. 킹스포드는 일요일이 문을 닫는 날이었다고 말했다.

54 Samuel Pepys, *Diary*, vol.7 (11 vols.), eds. Robert Latham and Willliam Matthews, Berkeley: University of California Press, 1970~1983, p.246.

55 John Evelyn, *Diary*, vol.3 (6 vols.), ed. E. S. de Beer, London: Oxford University Press, 1955, p.549.

56 Robert W. Malcolmson, *Popular Recreations in English Society, 1700-1850*, Cambridge: Cambridge University Press, 1973, p.137에서 재인용.

있는 귀족과 도시의 민중이라는 두 양식의 혼합이었다. 20세기의 권투 경기를 주최했던 텍스 리카드Tex Rickard 가문과 돈 킹Don King 가문은 대개 서로 경쟁하는 사람들로서 동일한 사회계급에서 나왔지만, 18세기의 격투는 하층계급인 권투 선수의 귀족 후원자가 준비했던 듯하다. 가령 컴벌랜드 공작Duke of Cumberland은 영국의 챔피언으로 여겨지는 존 브로턴 John Broughton을 후원한 것으로 알려져 있다. 브로턴이 1750년에 자신의 타이틀을 빼앗겼을 때 그의 후원자——지나친 자신감으로 그를 원조했던——는 수천 파운드를 잃었다.[57]

다음 세기 초의 관찰자들은 격투를 좋아하는 모든 사람들이 대중에 합류했다고 주장했다. 최초의 위대한 스포츠 담당 기자인 피어스 이건은 1824년 톰 스프링Tom Spring과 존 랭건John Langan의 대결을 보기 위해 모인 3만 명의 대중을 "모든 계층의 연합, 최상류 계층의 가장 명석한 사람에서 …… 아래로는 사회의 쓰레기 수거인 계급에 이른다. 심지어는 유령과 그 두 단계 아래까지. 수많은 상원과 하원, 그리고 불량배 소굴이 있었다"[58]고 묘사했다. 미국의 작가 워싱턴 어빙Washington Irving은 다음과 같이 동의했다. "애호가들 자체가 무엇인가, 귀족에서 소매치기로 확장되어 내려가는 그저 용이한 소통의 사슬이며, 그것을 매개로 지위가 있는 사람이 세 등급 떨어진 사람인 교수형에 처해진 살인자와 악수를 할 것이다."[59] 사슬이 존재했다면 그 중앙의 고리가 빠져 있었다. 섭정 기간Regency(1811~1820) 동안 국회의원들은, 마치 미국인 명사들이 매달

57 Pierce Egan, *Boxiana*, vol.1(5 vols.), London: Sherwood, Neely and Jones, 1829, p.58.
58 *Ibid.*, vol.4, p.287.
59 John Ford, *Prize-Fighting*, Newton Abbot: David and Charles, 1971, p.163에서 재인용.

"세기의 시합"을 보려고 맨 앞자리에 등장하는 것처럼, 많은 시합에 나타났지만 중산층은 어디에서도 보이지 않았고, 국회의원들보다 이건이 "잡곡상의 가게를 채울 만큼 **몽상에 빠진**" 표정의 런던 토박이나 "시골뜨기"라고 묘사한 사람들의 수가 압도적으로 많았다.[60]

격투 군중에는 평판이 나쁜 다수의 여성들이 포함됐다. 독일인 여행객인 자하리아스 콘라트 폰 우펜바흐는 그들 중 한 명과 마주쳤고, 그는 그녀를 "다소 시끄럽다"라고 묘사했다. 그녀는 "2년 전 그녀가 이 장소에서 체류가 아닌 단지 이동하는 중에 다른 여성과 싸웠다"라고 그에게 확실하게 말했다.[61] 토머스 롤런드슨Thomas Rowlandson의 가장 훌륭한 출판물 중 하나인 『권투』The Prize Fight, 1787에서 몇몇의 땅딸막한 여성들은 대개는 눈에 띄지 않는 관중들 사이에서 신나게 뛰어다닌다. 그러나 대체로 격투 팬들은 압도적으로 남성이 많았고 현재도 그렇다.

그들은 폭력적이었을까? 기대했던 것에는 훨씬 못 미친다. 그들이 피를 맛보고 짖는 개와 같다면, 이것이 도덕가들이 그들을 특징짓는 방식이다. 그들은 무는 것보다 짖는 것이 훨씬 심했다. 전형적인 규칙 위반은 승부에서 좋아하는 사람이 패배하려고 할 때 앞으로 돌진하는 것이었다.

권투는 점잖은 사회의 가장자리에서 번성했는데 개혁적인 중산층——무질서한 대중의 광경을 무정부주의의 이미지와 동등하게 간주했던——은 이것을 비난하였다. 크리켓 군중은 완전히 다른 문제였다. 그들은 상상된 공동체를 구체화했다. 18세기 후반 무렵 크리켓은 전형적인 영

---

60 Egan, *Boxiana*, vol.4, p.374.
61 Zacharias Conrad von Uffenbach, *London in 1710*, trans. W. H. Quarrel and Margaret Mare, London: Faber and Faber, 1934, pp.90~91.

국의 경기가 되었다. 과거에 대한 그리움이 한 요인이었다. 영국이 점차 도시화하고 산업화하면서 크리켓은——전원생활을 뿌리 깊게 함축하는 경기로——점차 그들을 안심시키는 연속성의 주창으로서 중요해졌다. 프리드리히 엥겔스가 그들의 불행을 기록했던 맨체스터의 산업 노동자들은 자신의 고용주와 공통점이 거의 없었지만, 시골의 대지주가 여전히 그들의 하인과 마을의 수레바퀴 제조인, 그리고 다른 시골 명사들의 모임이 포함된 크리켓 팀에서 투구했다는 사실을 생각하는 것은 마음 편한 사람들에게는 위안이 되었다.

19세기 초반의 영국적 삶을 환기하는 메리 러셀 미트퍼드의 『우리 마을』은 크리켓 경기에 대한 유명한 설명을 포함한다. 미트퍼드는 "세상에서 크리켓 경기보다 더 활기를 주거나 즐거운 현장이 존재하는지 의심스럽다"라고 썼다. 관중들은 "은퇴한 크리켓 선수, 원기 왕성한 퇴역 군인, 조심성 있는 엄마들, 소녀들, 두 교구의 모든 소년들이었다. …… '우리 편'을 말하는 것의 부차적인 중요성이나 반영된 결과를 자각하지 못하는 열 살짜리 개구쟁이나 교구의 70대의 여성들은 거기에 없었다".[62] 경기를 기록한 최초의 위대한 연대기 작가인 존 나이런John Nyren은 미트퍼드의 각색된 묘사를 그 자신의 전원생활에 대한 설명과 조화시킨다. 그의 책에서 모든 주민들은 자신들의 대표자를 지켜보았다는 사실이 밝혀진다. 그들은 결코 경기를 방해하지 않고, 심지어 공이 그들 한가운데로 던져졌을 때도 그랬다. "진정한 영국인처럼 그들은 …… 상대팀에게 공명정대한 경기 태도를 보여 준다."[63]

62 Mary Russell Mitford, *Our Village*(reprint), London: J. M. Dent, 1936(1824~1832), pp.63~64, 67~68.

미트퍼드와 나이런은 낭만적으로 그렸다. 18세기 크리켓 경기에서는 종종 무질서가 존재했다. 1744년 귀족과 신사들은 런던 포병 경기장의 경기에서의 난폭한 대중에 대해 불평했다. 1787년 레스터[Leicester]와 코번트리[Coventry]가 만났을 때 "힝클리[Hinckley]의 거리에서 격전"이 있었다. 5년 뒤 웨스트민스터의 소년들은 경기를 보러 가는 길에 창문을 깨뜨렸고 한 성난 시민은 그들의 머리 위로 총을 발사한 혐의로 재판에 회부되었다. 폭동의 위협에 대한 해결책은 경기장에 울타리를 치고 입장료를 부과하는 것이었다.[64]

그러나 다음 세기 중반 즈음 크리켓 군중은 다루기가 좀더 수월해졌다. 그들은 크리켓 경기가 며칠 동안 계속될 때 필요한 덕목인 인내심이 있었다. 그들은 당파적이었지만, 이는 팀이 도시나 주를 대표하기에 불가피한 일이었고, 그들은——대개——예의 바르고 훌륭하게 행동했다. 이 스포츠를 주관하는 기관인 말러본 크리켓 클럽은 로드 크리켓 경기장의 관람석을 3만 명의 관중을 수용할 만큼 확장했지만 역사학자들은 대중통제는 문제가 되지 않았다는 데 동의한다. "빅토리아 시대의 크리켓 군중은 실로 매우 훌륭하게 행동했다."[65] 무질서는 "대개 육체적 차원이기보다는 말의 차원이었다".[66]

감성적인 역사학자들은 크리켓 군중이 사회적으로 포괄적이었고 모

63 Hans Indorf, *Fair Play und der "Englische Sportgeist"*, Hamburg: Friederschen, de Gruyter & Co., 1938, p.67에서 재인용.

64 Dennis Braisford, "Sporting Days in Eighteenth Century Engliand", *Journal of Sport History*, vol.9, no.3, Winter 1982, p.49; John Ford, *This Sporting Land*, London: New English Library, 1977, p.87; Christopher Brookes, *English Cricket*, London: Weidenfeld and Nicholson, 1978, pp.71~72.

65 Keith A. P. Snandiford, "English Cricket Crowds During the Victorian Age", *Journal of Sport History*, vol.9, no.3, Winter 1982, p.19.

든 계층의 남녀들이 "서로 행복하게 겨루었다"[67]고 주장했지만, 관중의 "문명화된" 행동은 주로 사회적 배제의 결과였다. 마을 공유지에서 크리켓을 할 때는 누구든 선술집에 가는 길에 몇 분 동안 크리켓을 구경하기 위해 멈춰서는 것이 가능했지만, 주에서 열리는 크리켓이나 국제 경기는 회비나 입장료를 지불할 수 있을 만큼 부유한 사람들에게만 개방되는 울타리 친 경기장에서 열렸다. 경고를 보낼("그게 크리켓이냐!") 무법자는 없었다. 말러본 크리켓 클럽의 오만한 지도자는 경기가 "그들이 없긴 했지만 여전히 같은 상태였다"[68]라고 말했다.

사회계급의 결정적인 역할은 영국과 오스트레일리아의 대조를 통해 관찰될 수 있다. 오스트레일리아는 상당히 자의식적으로, 훨씬 평등주의적인 사회였다. 말러본 크리켓 클럽은 오스트레일리아의 평등주의적인 문화의 결정結晶에 반대하였고 경기장 입장을 위해 1실링, 대략 노동자 하루 임금의 1/6을 부과함으로써 하층계급의 관중을 막으려고 하였다. 1877년 영국과 겨루는 첫 테스트 매치[럭비·크리켓의 국가 간 경기] 입장료로 클럽은 금지나 다름없는 4실링을 부과했다. 그러나 경기를 독차지하려는 상류층의 노력은 실패할 운명이었다. 크리켓이 점차 인기 있어지고, 그것이 오스트레일리아의 정체성의 명시로서 인식되기 시작하면서 노동계급의 오스트레일리아인은 경기에 참가하고 또 지켜보았다. 관중들 사이의 난폭한 청년들larrikins는 피치pitch[경기장의 두 위켓wicket 사이의 공간]로 몰려들어 경기를 지연시켰다. 1879년 2월 8일 그들 중 2천 명이

66 Wray Vamplew, "Sports Crowd Disorder in britain, 1870-1914", *Journal of Sport History*, vol.7, no.1, Spring 1980, p.7.
67 Christina Hole, *English Sports and Pastimes*, London: B. T. Batsford, 1949, p.62.
68 P. F. Warner, "The End of the Cricket Season", *The Badminton Magazine*, vol.35, 1912, p.396.

시드니 크리켓 클럽의 경기장을 습격하여 내방 중인 영국 팀을 공격했다. 중산층의 팬들은 양쪽 팀에게 예의 바르게 박수갈채를 보내는 영국의 전통을 보존하려고 노력했지만 노동계급의 오스트레일리아인은 친구와 적을 똑같이 "야유하는" 격렬한 반反전통을 발전시켰다. 신문들은 선수를 동요시키려고 조롱하는 "난폭한 사람들"의 "남자답지 못한 행동"에 대해 한탄했지만, 노동계급의 팬들은 남자다움에 대해 다르게 생각했다. 그들은 우스꽝스러운 모욕적 언동과 재치 있는 독설의 뛰어난(때론 야비한) 기교를 즐겼다. 가장 유명한 오스트레일리아의 크리켓팬은 큰 목소리의 재치로 『오스트레일리아 인물사전』*Australian Dictionary of Biography*에 실리게 되었다.[69]

크리켓이 오스트레일리아의 중심에 있었던 것처럼 미국 문화에서도 그렇게 될 것 같던 시절이 있었다. 필라델피아의 고급 주택가와 저먼타운Germantown에서 경기가 번성했다. 대부분의 직업 선수들은 인종적으로 영국인이었고 그들 거의 모두가 행동에 있어서, 수입에서는 아닐지라도, 중산층이었다.[70] 그러나 미국의 전형적인 여름 경기가 된 것은 크리켓이 아닌 야구였다. 야구는, 영국 어린이들의 게임인 라운더스rounders에서 진화한, 중산층 신사들을 위한 스포츠로 시작됐다. 역사학자들은 현재 뉴욕의 니커보커Knickerbocker[네덜란드계 뉴욕 사람]가 "최초로 완전하게 조직된 야구 클럽"[71]이었고 그 팀이 1845년 10월 6일에 야구 경기를 했다는 사실

69 Richard I. Cashman, *'Ave a Go, Yer Mug!: Australian Cricket Crowds from Larrikin to Ocker*, Sydney: Collins, 1984, pp.11~14, 30~31, 48, 89.
70 J. Thomas Jable, "Latter-Day Cultural Imperialists: British Influence on the Establishment of Cricket in Philadelphia, 1842-1872", ed. J. A. Mangan, *Pleasure, Profit, Proselytism*, London: Frank Cass, 1988, pp.175~192.

에 동의한다. 『뉴욕 해럴드』*New York Harold*에 그보다 일찍 존재했던 배트 앤드볼^bat-and-ball 클럽에 대한 언급이 있지만,[72] 니커보커의 규칙은 그 클럽이 야구를 발명했다고 여겨질 수 있을 만큼 이전의 규칙들과 달랐을 것이다. 아무튼 1846년 6월 19일 그들은 뉴욕 나인^New York Nine과 역사적인 경기를 치렀고, 불운한 니커보커는 23 대 1의 성적으로 졌다.[73] 일방적인 점수는 니커보커가 틀림없이 "야구장의 배트와 볼보다는 경기 후 연회의 나이프와 포크에 더 전문가인"[74] 중산층 클럽이었다는 사실로 설명될 것이다.

야구의 창립자가 미식가들로 밝혀졌고 니커보커가 곧 다른 팀에게 가려졌다는 사실은 중요하지 않다. 경기에 대한 그들의 해석은 빠르게 보급됐다. 고덤스^Gothams, 1850에 이어 익셀시어스^Excelsiors, 1854와 다른 많은 중산층 팀이 뒤를 이었다. 첫번째 확실한 평민 클럽은 둘 다 1856년에 창립된 그린포인트의 에크포즈^Eckfords와 자메이카의 애틀랜틱스^Atlantics였던 듯하다. 이 스포츠의 대표적인 선수와 대표적인 팬이 된 것은 이들——상인이나 젊은 지적 전문가가 아닌 항만 노동자, 트럭 운전사, 벽돌공, 목수——이었다.

'미국을 대표하는 경기'라는 그들의 선전문구에도 불구하고, 엄청난 수의 시인과 소설가들을 보유하고 있었음에도 불구하고, 야구는 상류 계

71 Joel Zoss and John Bowman, *Diamonds in the Rough*, Chicago: Contemporary books, 1996, p.52.
72 Melvin L. Adelman, "The First Baseball Game, the First Newspaper References to Baseball, and the New York Clug: A Note on the Early History of Baseball", *Journal of Sport History*, vol.7, no.3, Winter 1980, pp.132~135; Zoss and Bowman, *Diamonds in the Rough*, pp.52~59.
73 Albert G. Spalding, *America's National Game*, New York: American Sports Pub. Co., 1911, p.55.
74 Harold Seymour, *Baseball*, New York: Oxford University Press, 1960, p.15.

급보다는 일반 대중을 매혹했다. 찬란했던 1890년대^{Gay Nineties}에 공장의 노동자들과 사무실의 사무원들은 「나를 야구장으로 데리고 나가 줘요」 Take Me Out to the Ball Game라는 노래를 불렀고 정확히 그렇게 만들어 주는, 새롭게 제작된 시가 전차에 기어올라 탔다.

남북 전쟁 이후의 시기에 야구의 매력은 특히 노동계급의 아일랜드계 미국인들 사이에서 강렬했다. 경기의 가장 인기 있는 선수인 마이클 켈리^{Michael Kelly}는, "돈 씀씀이가 헤픈 사람, 옷차림이 화려한 사람, 밤 생활을 탐욕스럽게 추구하는 사람"으로 알려진 (그리고 숭배되는) 신분 출신이었다. 그는 바람둥이, 도박꾼, 기략이 풍부한 사기꾼이자 "아일랜드" 팬들의 우상이었다. 그들은 말 그대로 「슬라이딩 해, 켈리, 슬라이딩」에서 그에 대한 찬양을 노래했다.[75]

19세기 모든 인종의 야구팬들은 육체적 행동에서는 아닐지라도 말에서 두드러지게 폭력적이었다. 서인도 제도의 역사학자인 C. L. R. 제임스는 『경계를 넘어』에서 이것에 대해 말했다. 어린 시절 트리니다드^{Trinidad}에서 크리켓의 정신을 내면화한 그는 공정한 경기 규약에 전념하는 그의 태도를 미국의 야구팬들이 공유할 것이라고 기대하며 미국을 방문했지만, 그는 그가 목격한 스포츠맨 정신의 결여에 몹시 놀라고 낙담했다. 미국인들은 심장이 "우애와 온정으로 가득한"[76] 야구팬들을 자랑하며 말했지만 제임스는 "노여움과 분노, 경고적 선언의 아우성을 들었고 …… 그들은 당연한 듯 선수들에게 욕을 퍼부었다".[77]

75 *Ibid*., p.175. 또한 Marty Appel, *Slide, Kelly, Slide: The Wild Life and Times of Mike "King" Kelly, Baseball's First Superstar*, Lanham, Md.: Scarecrow Press, 1996.

76 H. Addington Bruce, "Baseball and the National Life", *The Outlook*, vol.104, May 1913, p.269.

77 C. L. R. James, *Beyond a Boundary*, New York: Pantheon Books, 1983, p.51.

1883년『보스턴 글로브』*Boston Globe*는 "모든 계급, 모든 지위, 모든 피부색, 모든 국적의 사람들이 야구 경기에서 발견될 것이다"라고 논평했다.[78] 앨버트 G. 스폴딩Albert G. Spalding은 시카고의 교회와 극장들이 화이트스타킹스White Stockings의 팬들보다 "더 좋은 계급의 사람들을 보유하지 못했다"라고 단언하며 한층 더 지나친 주장을 했다. 야구팬들은 실상 "시카고의 최고 계급의 사람들"[79]이었다. 현실은 아주 달랐다. 스폴딩과 다른 야구 기업가들이 경기의 선수들과 "괴짜들"cranks——당시의 팬들은 이렇게 알려져 있었다——의 공적 이미지를 개선하기 위해 그렇게 열심히 노력했던 것은 바로 도시의 상류층이「나를 야구장으로 데리고 나가 줘요」라는 노래를 부르지 않았기 때문이다.

이렇게 하기 위한 한 방법은 입장권의 가격을 대략 노동자의 일당의 5분의 1에 상당할 때까지 올리는 것이었다.[80] 또 다른 방법은 새롭게 발명한 회전문을 통해 여성 관중을 특별 관람석으로 유혹하는 것이었다. 난폭한 도시 남성들을 우아하고 예절 바른 여성들로 대체하기를 기대하면서 소유주들은 '숙녀의 날'을 제정했다. 관습은 (입장권을 구매한 모든 남성으로 정의된) '신사'와 동반하는 여성을 무료로 들어오게 하는 것이었다. 숙녀의 날은 언론 매체의 열정적인 지지를 받았다.『뉴욕 크로니클』*New York Chronicle*은 "숙녀 집단의 존재가 도덕적인 환경을 정화"하고 "시합의 흥분이 꽤 빈번하게 유발하는 험악한 욕설의 모든 분출"을 억누른다고

---

78 Stephen Hardy, *How Boston Played*, Boston: Northeastern University Press, 1982, p.187에서 재인용.

79 Peter Levine, *A. G. Spalding and the Rise of Baseball*, New York: Oxford University Press, 1985, p.42에서 재인용.

80 Seymour, *Baseball*, p.90.

말했다.[81] 『스포팅 뉴스』*Sporting News* 또한 여성들이 있을 때 남성들이 "형용사 선택에 있어 더 신중했다"라고 언급했다.[82] 통계 자료의 부재 속에서 누구도 정확하게 19세기 야구 군중의 어느 정도의 비율이 여성으로 구성되었는지 말할 수 없지만 인상에 근거한 증거는 여전히 관중은 압도적으로 남성이었다는 사실을 나타낸다. 가령 1897년 9월 보스턴의 로열 루터스[Royal Rooters][보스턴의 팬클럽]의 유람 사진은 남성 친척과 볼티모어까지 동반할 만큼 대담한 여성 팬을 단 한 명도 보여 주지 않는다.[83]

이때쯤 축구는 영국의 가장 인기 있는 스포츠로서 크리켓을 능가했다. 사회계급의 측면에서 축구의 궤적은 야구와 눈에 띄게 흡사했다. 19세기에 민간의 축구가 개조되어 중산층의 오락으로서 경기가 시작됐다(잉글랜드와 스코틀랜드의 일부 지역에서 20세기까지 잘 살아남았다). 이튼과 다른 사립중학교에서 펼쳐진 서로 다른 많은 경기의 다양한 규칙을 기초로 하여 1848년에 14명의 영국 대학 졸업생들이 경기를 처음 성문화했다.[84] 성인을 위한 첫 축구 클럽은 셰필드에서 1857년 창립됐다.[85] 처음으로 셰필드 FC와 셰필드 웬즈데이 FC는 브래몰 레인의 요크셔 카운티 크리켓 경기장에서 홈경기를 했다.[86] 도처의 크리켓 클럽은 축구 클럽의

81 Melvin Adelman, "The Development of Modern Athletics Spot in New York City, 1820-1870" (Ph.D. diss.), University of Illinois, 1980, p.406.
82 David Q. Voigt, "Sporting News", *American Baseball*, 2 vols., Norman: University of Oklahoma Press, 1966, p.182에서 재인용.
83 Hardy, *How Boston Played*, p.191.
84 Percy M. Young, *A History of British Football*(rev. ed.), London: Arrow Books, 1973, p.113.
85 Adrian Garvey, "An Epoch in the Annals of National Sport", *International Journal of the History of Sport*, vol.18, no.4, December 2001, pp.53~87; Adrian Harvey, "Football's Missing Link", *European Sports History Review*, vol.1, 1999, pp.92~116.
86 Martyn Bowden, "Soccer", ed. Karl B. Raitz, *The Theater of Sport*, Baltimore, Md.: Johns Hopkins University Press, 1995, pp.111~112.

산파 역할을 했지만 그후 축구 클럽으로 인해 위축되었다.

'soccer'라는 이름——'association'에서 나온——은 이 스포츠가 잉글랜드 축구협회Football Association; FA에 의해 국가적으로 조직되었다는 사실에서 비롯되는데, 학자들은 협회가 창립된 1863년 10월 26일이 "축구의 근대 역사에서 가장 중요한 날"[87]이라는 데 동의한다. 런던을 본거지로 둔 창립자들은, 주로 옥스퍼드와 캠브리지의 졸업생으로, 크리켓 시즌과 상충되지 않도록 축구 시즌의 기간(9월 1일부터 4월 30일까지)을 사려 깊게 제한했다.[88] 경기는 놀라운 속도로 퍼져 나갔다. 버밍엄은 1874년에는 1개, 1876년에는 20개, 1880년에는 155개의 클럽을 보유했다.[89] 리버풀은 1878년에는 2개, 1886년에는 150개가 넘는 클럽을 보유했다.[90] 이 '동창생'들은 경기를 자신들 것으로 간직하고 싶어 했지만 경기는 사회계층의 아래쪽으로 빠르게 확산되었다. 1874년에 창립된 애스턴 빌라 FC와 볼턴 원더러스 FC는 국교회 회당과 비국교도 교회당의 회중에서 그들의 첫 회원을 모집했던 많은 클럽의 전형이었다. 몇 년 이내에 영국 스포츠의 연대기에서 웅대하게 두각을 드러낼 다른 클럽들도 기업의 직원들로 조직되었다. 맨체스터 유나이티드는 1880년 철도회사 노동자들에 의해 창립된 뉴턴 히스 FC로 시작하였고 코번트리 시티 FC는 싱어Singer라는 자전거 회사의 공장 노동자들이 조직한 클럽으로 출발하였다. 1895년에는 템스 조선소Thames Iron Works의 노동자들이 웨스트햄 유나이티드 FC가 될

87 Young, *A History of British Football*, p.132.
88 James Walvin, *The People's Game*, London: Allen Lane, 1975, p.67.
89 Derek Birley, *Sport and the Making of Britain*, Manchester: Manchester University Press, 1993, p.265.
90 Tony Mason, "The Blues and the Reds", eds. Roman Horak and Wolfgang Reiter, *Die Kanten des runden Leders*, Wien: Promedia, 1991, p.174.

팀을 창립하였다. 1883년 랭커셔의 노동자들 ─블랙번 올림픽 FC─이 올드 이토니언스를 패배시키며 연례의 FA컵 결승전에서 승리했을 때 경쟁적인 균형은 무너졌다. 블랙번 팀은 직조공 세 명, 방적공, 면직물업자, 철골공, 배관공, 치과보조원 각 한 명씩을 포함했다.[91]

1875년에서 1884년 사이, 대부분의 팬이 대개 화이트칼라의 직원이나 숙련된 장인이었던 시기에 FA컵 결승전의 평균 관중 수는 5천 명이 되지 않았다. 1905년에서 1914년, 축구가 "국민적인 경기"가 되었을 때 평균 관중 수는 거의 8만 명에 이르렀다.[92] 그때 즈음 팬의 다수는 확실히 노동계급의 남성들이었다. 실로 축구와 노동계급의 관계가 무척 뚜렷하고 경기를 향한 감정이 매우 강렬하여 "'종교로' …… 축구를 묘사하는 사람이 있다는 사실이 과장이 아니었다. 영국 축구의 지반은 기도하는 노동당labour party이었다".[93] 종교적인 은유는 20세기 초반에 건립되는 점차 널찍해지는 경기장에도 적용되었다. 그것들은 '현대성의 대성당'modernity's cathedrals이라는 별명이 붙었다. 1927년 영국 국교회의 찬송가인 「저와 함께 머무소서」Abide with Me가 결승전 진행 순서에 도입됐을 때 이와 같은 표현은 더욱 적절해졌다.[94]

노동계급 관중의 아비투스는 종종 중산층의 감수성에 거슬렸다. 찰스 에드워즈는 "대중들은 일상의 먼지를 품고, 아주 단정치 못한 말투의

91 Walvin, *The People's Game*, pp.31~68; Tony Mason, *Association Football and English Society, 1863-1915*, Atlantic Highlands, N.J.: Humanities Press, 1980, pp.21~68.
92 Neil Tranter, *Sport, Economy and Society in Britain, 1750-1914*, Cambridge: Cambridge University Press, 1998, p.17.
93 Nicholas Fishwick, *English Football and Society, 1910-1950*, Manchester: Manchester University Press, 1989, p.150.
94 Jeffrey Hill, "Cocks, Cats, Caps and Cups", *Culture, Sport, Society*, vol.2, no.2, Summer 1999, p.13.

일상적인 형용사를 구사하며 경기장으로 떼 지어 왔다"라고 썼다.[95] 에드 워즈와 같은 사람들을 불쾌하게 만든 것이 단지 형용사뿐은 아니었다. 노동계급의 관중들은 상대편 팀이 펼친 유쾌한 좋은 플레이에 박수갈채를 요구하는 좋은 스포츠맨 정신의 규범으로 좀처럼 제지되지 않았다. 팬들은 홈팀에게는 환호를 보내고 원정팀에게는 모욕적인 말을 외쳤다(필시 건달들이었을 것이었다). 경기장에서의 난폭한 플레이나 심판의 부당한 판정 뒤에는 때때로 돌과 병의 집중적인 투척이나 경기장 침입이 뒤따랐다. 프레스턴 노스 엔드에게 5 대 1로 패한 것에 화가 난 애스턴 빌라 팬에게 공격을 받은 어느 관중은 "흙, 작은 돌, 온갖 종류의 쓰레기가 …… 우리 머리 주위로 날아다니기 시작했다"라고 썼다. "돌은 더 굵고 더 빨라졌고, 쏟아지는 침이 우리를 뒤덮었다. 우리의 밴 측면 전체가 막대기와 우산으로 공격당했다."[96] 이런 종류의 광경은 흔했을까? 으레 그렇듯 관계 당국의 의견은 다르다.[97] 무질서는 예의 바른 빅토리아 시대의 사람들을 걱정시켰지만 '도덕적 공황'이 필요하지는 않았다. 제1차 세계대전 이전의 10년 동안 FA컵 결승전의 평균 군중은 79,300명이었지만 소동은

---

95 Charles Edwardes, "The New Football Mania", *Nineteenth Century*, vol.32, October 1892, p.627.

96 Mason, *Association Football and English Society, 1863-1915*, pp.163~64.

97 스포츠와 관련된 관중폭력의 성질과 규모에 대한 논쟁에 기여한 글들로는 다음을 보라. Eric Dunning et al., "The Social Roots of Football Hooliganism", *Leisure Studies*, vol.1, no.2, 1982, pp.139~156; Eric Dunning et al., "Football Hooliganism in Britain Before the First World War", *International Review of Sport Sociology*, vol.19, nos.3~4, 1984, pp.214~240; Gary Armstrong and Rosemary Harris, "Football Hooligans", *Sociological Review*, vol.39, no.3, 1991, pp.427~458; Eric Dunning, Patrick Murphy and Ivan Waddington, "Anthropological Versus Sociological Approaches to the Study of Soccer Hooliganism: Som Critical Notes", *Sociological Review*, vol.39, no.3, 1991, pp.459~478; R. W. Lewis, "Football Hooliganism in England Before 1914", *International Journal of the History of Sport*, vol.13, no.3, December 1996, pp.310~339.

크건 작건 매우 드물었다. 1895년에서 1914년 사이의 모든 축구리그 경기에서 보고된 육체적인 폭력 행위의 평균적인 수는 일주일에 한 번에 불과했고 무질서로 전락할 조짐은 거의 없었다.[98]

현재

1890년대에서 1950년대 사이에 대다수의 노동계급 스포츠팬들이 중산층의 적절한 예의에 대한 개념을 내면화하면서 축구 경기에서의 대중의 무질서는 덜 빈번해졌다. 1920년대와 1930년대에 대중은 다시 한번 로마 시대만큼이나 규모가 컸다. 1923년에 건설된 런던의 웸블리 경기장에서 열린 경기에 10만 명 또는 그 이상의 관중이 참석했고 그들은 놀랄 만한 자제력을 보여 주었다. 표출적expressive 폭력과 (그와 대조적인) 도구적instrumental 폭력의 감소는 노르베르트 엘리아스와 그 추종자들이 묘사한 '문명화 과정'의 극적인 실례였다.

폭력의 곡선은 20세기의 마지막 30여 년 동안 위쪽으로 구부러졌다. 대부분의 폭력은 악의에 찬 말이나 위협적인 몸짓으로 이루어졌다. 팬들의 욕설의 레퍼토리에 인종적인 비방이 항상 포함되는 미국에서 말에 의한 공격은 종종 형언할 수 없을 정도의 불쾌감을 주는 것이 되었다. 아버지가 베이루트에서 암살당한 한 농구선수를 무기력하게 만들기 위해 애리조나주립대학교 학생들은 "PLO! PLO!"라고 계속해서 외치며 그를 조롱했다.[99] 미국의 팬들이 말의 폭력에서 육체적인 폭력으로 퇴화했을 때, 그것은 종종 골대를 부수고 상점 창문을 깨뜨리고, 차에 불을 지르며 축

---

98 Dunning et al., "Football Hooliganism in Britain Before the First World War", p.229.

하하는 폭동의 형태였다. 선수권을 획득한 뒤에 시카고와 디트로이트 같은 도시들은 "고향 마을을 약탈하고 총을 쏘며 다니고서, 피와 총, 깨진 유리로 가득한 그곳을 떠나는 청년들과 범죄자들 일당"[100]이 벌이는 알코올이 부추긴 광포한 행동을 경험하게 마련이었다. 대학 도시에서 도시 당국은 게임이 끝난 뒤의 폭동을 예측하게 되었다. 경찰은 옆으로 비켜서서—광기 어린 대중의 추잡한 다툼에서 멀리 떨어져—폭력을 중지시키기보다는 봉쇄하는 법을 터득했다.

육체적인 폭력의 최악의 일화는 아마도 인종적인 긴장이 전통적인 경쟁을 악화시킨 고등학교 축구 경기에서 분출했던 사건일 것이다. 워싱턴의 공립학교이자 대다수가 흑인인 이스턴 고등학교가 사립학교이자 대다수가 백인인 세인트존스 고등학교와 1962년 11월 22일 축구에서 만났을 때, 경기가 진행되는 내내 5만 명의 관중들 사이에서 단발적인 폭력이 있었다. 20 대 7로 세이트존스가 앞서며 경기가 종료되자 2천 명 정도의 흑인 청년들이 백인 관중들을 공격하며 주먹질을 하고 발로 걷어차고 병으로 때렸다. 5백 명의 사람들이 부상을 당했다.[101] 이런 종류의 폭력—백인에 대한 흑인의, 흑인에 대한 백인의—은 1960년대와 1970년대에 너무 빈번하게 발생했기 때문에 일부 도시들은 전통적인 금요일 밤의 축구 경기를 허가하지 않거나 관중을 금지한다는 단서를 달고서만 허용하였다.

스포츠팬이 저지른 폭력은 미국보다 영국에서 훨씬 커다란 문제일

99 Steve Wulf, "Bad Mouthing", *Sports Illustrated*, vol.68, March 14, 1988, p.17.
100 William Oscar Johnson, "The Agony of Victory", *Sports Illustrated*, vol.79, July 5, 1993, p.31.
101 Cyril White, "An Analysis of Hostile Outbursts in Spectator Sports"(Ph.D. diss.), University of Illinois, 1970, pp.100~107.

수도 있고 아닐 수도 있지만, 영국의 사례는 의심할 나위 없이 더 두드러졌고 대중매체에 의해 더 자주 방송되었으며 정부 위원회나 학계의 연구자들에 의해 더 자주 분석되었다. '축구 훌리건의 난동'은 아마도 다른 어떤 곳보다 영국에서 가장 두드러지게 발생했을 것이다. 또 그것은 더 정치적일 것이다.

이언 L. 테일러는 그의 초기 작품에서 영국의 "축구 훌리건들"이 "프롤레타리아의 저항운동"에 몰두해 있었다고 주장했지만,[102] 훌리건의 난동의 수사법은 더 많은 경우에 정치적인 좌파보다는 정치적인 우파에서 유래한다. 1980년대에 리즈 유나이티드의 훌리건 서포터스는 나치스의 경례를 채택했고 "웨스트 햄, 첼시, 브렌트포드, 밀월은 파시스트당의 표장을 병적으로 과시한 행동으로 악명 높았다".[103] 토트넘 홋스퍼 FC는, 런던의 유대인들 사이에서 상당한 지지를 받은 것으로 여겨지는 클럽으로, 반유대주의의 상스러운 비난의 표적이었다. 크리스털 시티 서포터스는 일제히 "스퍼는 벨젠Belsen[나치스 포로수용소]으로 가는 길이고, 히틀러

---

102 Ian L. Taylor, "Hooligans", *New Society*, vol.14, August 7, 1969, p.206. 테일러의 다음 저작인 "Soccer Consciousness and Soccer Hooliganism", ed. Stanley Cohen, *Images of Deviance*, Harmondsworth: Penguin Books, 1971, pp.131~164; "On the Sports Violence Question", ed. Jennifer Hargreaves, *Sport, Culture and Ideology*, London: Routledge and Kegan Paul, 1982, pp.152~196을 보라. 또한 테일러의 다음의 에세이들도 보라. "Class, Violence and Sport", eds. Hart Cantelon and Richard Gruneau, *Sport, Culture and the Modern State*, Toronto: University of Toronto Press, 1982, pp.40~96; "Professional Sport and the Recession", *International Review of Sport Sociology*, vol.19, no.1, 1984, pp.67~82; "Putting the Boot into a Working-Class Sport", *Sociology of Sport Journal*, vol.14, no.2, June 1987, pp.170~191.

103 Brian Holland, Lorna Jackson, Grant Jarvie and Mike Smith, "Sport and Racism in Yorkshire", eds. Jeff Hill and Jack Williams, *Sport and Identity in the North of England*, Keele: Keele University Press, 1996, pp.165~186; Ian Taylor, "Professional Sport and the Recession", *International Review for the Sociology of Sport*, vol.19, no.1, pp.7~30.

는 그들을 가스로 공격할 거야"라고 외쳤다.[104] 첼시 팬에게는 합창용으로 변형된 구절이 있었다.

스퍼는 아우슈비츠로 가는 길이네.
히틀러가 그들을 또 가스로 공격할 거야. ……
토트넘의 유대인 놈들,
화이트 하트 레인[토트넘의 홈구장]의 유대인 놈들.[105]

영국의 축구 클럽들이 흑인 선수를 모집하기 시작했을 때 서포터스는 반유대주의를 인종주의로 대체할 준비가 되어 있었다. 존 반스[John Barnes]가 1988년에 리버풀의 선수로 출전했을 때 에버턴 팬들은 "비열한 놈! 비열한 놈!"[106]이라고 외치며 그를 맞이했다. 그러나 인종주의의 변형은 반유대주의의 변형보다 더 복잡했는데 왜냐하면——국가사회주의자의 광기의 민족학에도 불구하고——흑인을 식별하는 것이 유대인을 알아보는 것보다 더 수월하기 때문이다. 밀월 FC의 한 팬은 버밍엄의 존 파샤누[John Fashanu]를 "깜둥이 새끼"라고 부른 후에 밀월의 흑인 서포터스를 향해 "미안해요 친구, 악의로 한 말은 아닙니다. 나는 지금 피치에서 뛰고 있는 흑인 녀석한테 말하고 있는 겁니다"[107]라고 설명했다. 밀월에서 선수로 뛰었던 토니 위터[Tony Witter]는 인종차별적인 음담패설을 외치는 밀

---

104 Les Back, Tim Crabbe and John Solomos, *The Changing Face of Football*, Oxford: Berg, 2001, p.110.
105 John Williams, Eric Dunning and Patrick Murphy, *Hooligans Abroad*, London: Routledge and Kegan Paul, 1984, p.58.
106 Martin Polley, *Moving the Goalposts*, London: Routledge, 1998, p.135.
107 Back et al., *The Changing Face of Football*, p.90.

월의 팬이 그에게, 즉 위터에게는 "만족스럽다"라며 안심시켰던 이와 유사한 순간을 생각해 냈다. 위터는 "그들은 나를 볼 때 오직 푸른 셔츠만을 보는 것 같다. 이언 라이트[Ian Wright]를 볼 때 그들은 붉은 셔츠를 보고, 그러고 나서 검은 얼굴을 본다. 그러나 그들이 내 검은 얼굴을 보겠는가?"[108] 라고 결론 내렸다. 분명 그들은 보지 않았다. 그들은 소 플리니우스가 "쓸모없는 셔츠"에 광신적으로 충성하는 것으로 묘사한 경기장 파벌과 같다. 위터의 사례에서 셔츠는 그의 인종적인 정체성을 이겨낸 정체성의 표지——밀월의 선수라는——였고, 마치 대부분의 영국인들에게 있어 [흑인인] 데일리 톰슨[Daley Thompson]과 테사 샌더슨[Tessa Sanderson]과 같은 운동선수가 올림픽 경기에서 「여왕 폐하 만세」[God Save the Queen][영국 국가]의 감동적인 소리를 들으며 금메달을 받을 때 민족주의가 인종주의를 이기는 것과 같다.

20세기 마지막의 몇 십 년 동안 축구 홀리건의 난동은 세계적인 것이 되었다. 유럽 대륙이나 라틴 아메리카의 젊은 무리들은 영국의 "거친 청년들"을 모방했다. 가령 오스트리아의 '테러지나'[테러리즘][Terrorszene]와 이탈리아 '울트라스'[과격론자][ultras]의 (대개 말의) 폭력은 모두 영국의 문화적 확산의 직접적인 결과인 듯하다.[109] 미래가 없는 직장을 구했거나 혹은 직장을 구하지 못하고 학교를 떠난 많은 벨기에 청년들은 축구 경기를 통해 자아감을 획득하고 그것은 말과 육체적인 폭력의 기회를 제

---

108 Les Back, Tim Crabbe and John Soiomos, "Lions and Black Skins"; "Race", eds. Ben Carrington and Ian McDonald, *Sport and the British*, London: Routledge, 2001, p.90에서 재인용. 또한 Garry Robson, *Nobody likes Us, We Don't Care*, Oxford: Berg, 2000을 보라.

109 Roman Horak, "Things Change", *Sociological Review*, vol.39, no.3, 1991, pp.531~548; Antonio Roversi, "Football Violence in Italy", *International Review of Sport Sociology*, vol.26, no.4, 1991, pp.311~330.

공한다. 이 청년들 사이에서 나치스 표상을 교환하는 일은 흔했다.[110] 이
와 유사하게 독일의 홀리건들은 도발, 즉 "담배 피고 술 마시고, 화장하
며, 섹스하고, 대중교통에 무임승차하고, 도둑질하는 행동"[111]을 통해 '부
르주아지'에 반대하고 자신을 정의하던 청년 문화의 일부다. 독일의 홀
리건 중에 특히 두드러지는 이들은 '오시스'Ossies[구 동독인을 칭하던 말
이기도 함]로 그 이름 때문에 한때는 독일민주공화국Deutsche Demokratische
Republik[구 동독]으로 잘못 불렸다. 그들은 "하켄크로이츠 무늬를 휘두르
고 유대인 학살의 기억을 상기시키며, 세상에 대한 증오를 소리쳐 말하려
고 축구 경기를 이용하는 짧은 머리의 사람들"로 특징이 묘사된다.[112] 영
국의 홀리건처럼 독일의 홀리건들은 나치스의 구호——"샬케Schalke (팬들
을) 아우슈비츠로 보내자!"——가 품행이 점잖은 중산층 팬들을 당황스
럽게 만든다는 사실을 깨달았다. 구호를 외친 청년들이 아우슈비츠에서
일어난 일이 어떤 것이었는지 거의 알지 못했다는 사실은 별로 중요하지
않다.[113] 강력한 공산주의 전통을 가진 도시인 볼로냐 출신의 젊은 노동계
급의 남자 홀리건들은 똑같이 파시스트당과 나치스 상징에 대한 편애를
보여 줬다.[114] 구 유고연방의 팬들도 이와 유사하게 끔찍한 행동으로 유명

110 Kris van Limbergen, Carine Colaers and Lode Walgrave, "The Societal and Psycho-
     Sociological Background of Football Hooligans", Current Psychology 8, 1989, pp.4~14.
111 Klaus-Jürgen Bruder et al., "Gutachten 'Frankultur und Fanverhalten'", eds. Erwin Hahn et
     al., Fanverhalten, Massenmedien und Gewalt im Sport, Schorndorf: Karl Hofmann, 1988,
     p.16.
112 Udo Merkel, "Football Identity and Youth Culture in Germany", eds. Gary Armstrong and
     Richard Giulianotti, Football Cultures and Identities, Houndmills: Macmillan, 1999, p.63.
113 Gunter A. Pilz, "Zur gesellschaftlichen Bedingheit von Sport und Gewalt", eds.
     Hannelore Käber and Bernhard Tripp, Gesellschaftliche Funktionen des Sports, Bonn:
     Bundeszentrale für politische Bildung, 1984, p.169.

했다.[115] 크로아티아, 보스니아, 세르비아, 코소보를 파괴한 "치명적인 인종적인 혐오"의 유행이 "축구팬들 사이에서 처음 등장했다"라고 주장한 사람들도 있다.[116]

아르헨티나 팬들은 성적인 조롱을 좋아했다. '열렬한 팬들'barras bravas[라틴 아메리카의 조직화된 축구팬들을 칭함]은 브라질의 팬들을 "모두 깜둥이" 그리고 "모두 동성애자"로 묘사하는 인종차별적이고 동성애 혐오적인 구호로 유명했다.[117] 보카Boca 서포터스의 구호 중에는 다음처럼 소리 내는 것이 있었다.

팬, 팬, 팬——오직 진정한 팬은
보카의 팬이고 그들은 다른 모든 이들을 호되게 혼내 준다.[118]

20세기 후반의 팬들의 언어적 폭력이 육체적인 것으로 변했을 때 수백 명, 아마 수천 명의 사람들이 사망했다. 그러나 축구 경기에서 발생한

114 Antonio Roversi, "Football Violence in Italy", *International Review of Sport Sociology*, vol.26, no.4, 1991, pp.311~330.

115 Dubravko Dolic, "Die Fußballnationalmannschaft als Trägerin nationaler Würde?", eds. Perter Lösche, Undine Ruge and Klaus Stolz, *Fußballwelten*, Opladen: Leske und Budrich, 2001, pp.155~174.

116 Srdjan Vrcan and Drazen Lalic, "From Ends to Trenches and Back", *Football Cultures and Identities*, pp.177~178.

117 Eduardo P. Archetti, "Argentinian Football", *International Journal of the History of Sport*, vol.9, no.2, August 1992, p.227.

118 Vic Duke and Liz Crolley, "Fútbol, Politicians and the People", *International Journal of the History of Sport*, vol.18, no.3, September 2001, pp.109~111; Marcelo Marió Suárez-Orozco, "A Study of Argentine Soccer", *Journal of Psychoanalytic Anthropology*, vol.5, no.1, Winter 1982, pp.7~28: "Hinchada, hinchada, hinchada—hay una sola / Hinchada es la de Boca que le rompe el culo a todas."

폭력적인 사망의 분석은 우발적인 것과 고의적인 것을 구별해야 한다.

우발적인 사망의 교과서적인 사례는 글래스고의 아이브록스 파크와 셰필드의 힐즈버러 경기장에서 발생했다. 아이브록스 재앙은 1902년 4월 5일 잉글랜드와 스코틀랜드 사이의 경기 중에 발생했다. 목재 관중석의 붕괴는 25명의 사람을 사망에 이르게 했고 5백 명이 넘는 다른 사람을 다치게 했다.[119] 힐즈버러의 재앙은 1989년 4월 15일 리버풀 FC와 노팅엄 포레스트 FC 사이의 경기 도중에 발생했다. 96명의 리버풀 팬이 사망했다. 경찰이 출입문을 열어 이미 초만원을 이룬 울타리 쳐진 우리 속으로 수백 명의 팬들이 돌진하도록 허락해 사망자가 발생했다. 대중통제를 위한 조치로 출구는 잠겼고 사람들은 역시 대중통제를 위해 설치된 규제 울타리에 부딪혀 깔려서 사망했다.[120] 이런 종류의 우발적인 비극은 콘서트와 나이트클럽, 수백에서 수천 명의 사람이 위험한 환경 속에 모이는 다른 현장에서도 발생하기 때문에 스포츠 특유의 것이라기보다는 일반적인 것이다.

대부분의 스포츠 특유의 대참사는 통제할 수 없이 소용돌이치는 고의적인 폭력의 결과이다. 가령 1964년 우루과이의 심판원은 페루가 아르헨티나와 겨루는 홈경기에서 페루의 동점골을 인정하지 않았다. 페루의 팬들은 그들이 경기장으로 가는 길을 막아 놓은 강철 고리의 위쪽에 가시가 있는 철조망을 향해 돌진했다. 그들은 울타리를 돌파해 경기장에 불을 질렀다. 경찰은 대중에게 최루가스——그다지 도움이 되지 않은——를 분

119 Simon Inglis, *The Football Grounds of Great Britain*(2nd ed.), London: Collins Willow, 1987, p.29.
120 Phil Scraton, *Hillsborough: The Truth*, Edinburgh: Mainstream, 1999.

사하며 응수했다. 그러자 공황상태에 빠진 팬들은 경기장의 지하 출구를 통해 탈출하려고 애썼지만 일곱 개의 출구 중 세 개가 잠겨 있었다. 수백 명의 사람들이 깔려 죽었다.[121]

스포츠팬의 고의적인 폭력으로 인한 불의의 치명적인 결과로 가장 널리 알려진 사례는 1985년 5월 29일 브뤼셀의 헤이젤 경기장에서 발생한 재앙이었다. 유러피언컵 결승전(리버풀 FC 대 유벤투스 토리노 FC)이 열리는 동안 영국의 훌리건 패거리는 유벤투스의 서포터스 무리를 습격해 벽돌로 된 벽으로 바싹 밀었다. 그러자 벽이 무너져 39명의 이탈리아 팬들이 사망했다.[122] 이 사건은 다른 어떤 사건보다 영국 축구팬의 이미지를 치명적인 위협거리로 선전하는 데 일조했다. 헤이젤의 대참사 이래로 단순한 '축구 훌리건의 난동'에 대한 언급은 유니언잭Union Jack[영국 국기]을 흔들고, 음담패설을 말하며, 주로 영국인이 아니라는 이유로 거슬리는 팬들을 폭행하는, 짧은 머리를 한 술 취한 사람의 인상을 생각나게 한다. 일부 학자들은 비아냥거림과 몸짓 형태의 의례적인 공격이 널리 퍼졌고 대부분의 훌리건이 말의 폭력에 머물려는 결단력을 지녔다는 점에 주의를 환기하며 이러한 전형에 반대하려고 시도했지만,[123] 일반적인 우려와 사회학적 연구를 정당화할 육체적 폭행은 충분하고도 남았다.[124]

모든 축구팬들이 외국인 혐오증, 그리고 다른 불합리한 혐오의 불길에 휩싸여 흥분하는 것은 아니다. 이탈리아어의 '울트라스'는 'un

---

121 White, "An Analysis of Hostile Outbursts in Spectator Sports", pp.91~100.
122 *The New York Times*, May 30, 1985. 첫번째 보도는 사망자 수를 40명으로 표시했다.
123 Peter Marsh, Elisabeth Rosser and Rom Harré, *The Rules of Disorder*, London: Routledge and Kegan Paul, 1978; Armstrong and Harris, "Football Hooligans", pp.427~458.
124 Dunning et al., "Anthropological Versus Sociological Approaches to the Study of Soccer Hooliganism", pp.459~478.

univers hétérogène'[이질적인 세계]에서 나온 말이다.[125] 극단적인 욕설에도 불구하고 이탈리아의 팬들은 영국의 축구 훌리건보다 더 자제심을 갖고 행동했다. 드럼과 재치 있는 노래, 거대한 현수막, 색깔별로 분류된 스카프를 갖춘 울트라스는 서로 폭행하는 성향보다는 비꼬는 유머로 더 유명하다. 상대편에 대한 조롱은 놀랄 만큼 풍부한 상상력을 보일 수 있다. 성자의 유품을 소중히 생각하는 문화에서 이탈리아의 팬들은 맞수팀 구단주의 유품을 팔겠다고 나선다, 진짜가 아니라는 증명서와 함께.[126] 종교적인 것과 세속적인 것의 혼합은 재미의 일부다. 경기에서 지역의 성인 이미지로 꾸며진 현수막은 지역 방언으로 쓰인 음담패설이 새겨진 현수막 옆에서 흔들릴 것이다.[127]

짧은 머리의 훌리건과는 여전히 크게 대조되면서, 스코틀랜드의 타탄 아미Tartan Army와 덴마크의 단스케 롤리간스Danske Roligans(rolig'는 '평화로운'을 의미)[둘 다 국가대표팀 서포터스다]는 즐거운 축제와 같은 관객성의 형식을 선전하며 모험적인 시도를 했다.[128] 영국 축구를 추종하는 노르웨이인들은 영국 축구 서포터스연합supporterunion for Britisk Fotball, 1985에서 단결하며 쇼비니즘적인 팬을 대담하게 거부하였다.[129] 영국의 훌리건이 이

125 Bromberger, *Le Match de Football*, p.213.

126 *Ibid.*, p.141.

127 *Ibid.*에 더하여, Christian Bromberger, Alain Havot and Jean-Marc Mariottini, "Allez l'O.M.! Forza Juve!", *Terrain*, vol.8, April 1987, pp.8~41; Antonio Roversi and Roberto Moscati, "La violenza nel calcio in Italia", ed. Pierre Lanfranchi, *Il Calcio e il suo Pubblico*, Naples: Edizioni Scientifiche Italiane, 1992, pp.274~284; Christian Bromberger and Jean-Marc Mariottini, "Le Rouge et le Noir", *Actes de la Recherche en Sciences Sociales*, vol.80, November 1989, pp.79~89를 보라.

128 Richard Giulianotti, "Scotland's Tartan Army", *Sociological Review*, vol.39, no.3, 1991, pp.502~527; Henning Eichberg, "Crisis and Grace", *Scandinavian Journal of Medicine and Science in Sports 2*, 1992, pp.119~128.

전보다 덜 불량하다는 증거마저 있다. 대중매체 전문가와 학계의 분석가들은 이전 10년보다 2000년에 확실히 소란이 적었다는 사실에 동의한다. 줄곧 폭력의 수준을 과장해 왔던 타블로이드 신문이 서양 문명의 종말이 임박했다고 예측하는 경우가 줄어들었다. 스포츠와 관련된 폭력의 수준이 낮아짐과 더불어 축구 경기장에서 제자리에 머무는 관중이 돌아왔다. 1949년 4,000만 명의 관중에서 1985년에는 1,650만 명으로 관중 수가 줄어들었다. 1998년에는 관중 수가 2,500만 명에 가까워지고 있었다.[130] 훌리건 난동의 쇠퇴와 관중의 귀환에 대한 다양한 설명이 제시되었다. 서포터스의 클럽과 팬을 대상으로 한 잡지는 정중함을 요구했다. 안전요원의 수가 늘고 혼란에 대한 대응속도가 빨라졌다. 자리에 앉아 있을 때는 진짜 미치광이가 되기가 더 어렵다는 그럴듯한 가정에 따라 정부는 경기장에 모든 관중의 좌석이 있어야 한다고 권고했고, 잉글랜드 축구협회도 동의했다. 이유가 무엇이든 간에——도덕적 권고, 더 큰 안전의 인식, 더 큰 안락함의 실재——축구 훌리건의 난동의 빈도는 낮아졌다.

설명을 위한 생각들: 그들은 누구이고 왜 그렇게 행동하는가

레스터대학에서 에릭 더닝Eric Dunning, 그리고 노르베르트 엘리아스의 영향을 받은 다른 많은 사회학자들은 영국의 축구 훌리건의 난동을 분석하기 위해 '형상적 사회학'figurational sociology을 적용했다. 그들의 연구 결

---

129 Matti Goksør and Hans Hognestad, "No Longer Worlds Apart?", *Football Cultures and Identities*, p.206.
130 Chris Gratton and Peter Taylor, *Economics of Sport and Recreation*, London: SPON, 2000, p.202.

과, 그리고 독일의 귄터 A. 필츠와 같은 유럽 학자들의 결과는 명백하다. 물론 "폭력배 중에" 노동계급의 젊은 여성들도 존재하고 전문직의 젊은 여성들마저 있지만, 그들은 호화스런 박스석의 블루칼라 노동자만큼이나 희귀하다. 전형적인 "축구 훌리건"은 젊고, 숙련되지 않은, 실직했거나 능력 이하의 일을 하는 노동계급의 남자이다. 축구 경기장은 그들이 "다툼"(호전성)에 탐닉할 수 있고 세상으로 하여금 그들이 자신의 운명에 전혀 기뻐하지 않는다는 사실을 알게 하는 장소다. 사회적으로 용인되는 축구 경기의 투쟁적인 양극성—그것은 정의상 "우리 편 아니면 적"이다—은 사회의 아웃사이더에게 그들의 좌절과 실망, 소외와 화를 표현할 구실을 마련해 준다. 그들이 한때 "민중의 경기"로 느끼던 것을 구단감독과 대중매체의 전문가들이 빼앗아 갔다는 사실은 그들이 분개하는 하나의 이유에 불과하다. 축구 경기장과 그 주변은 홀대받는 사람들이 일반화된 박탈감이나 불만감을 행동으로 보여 줄 수 있는 매우 눈에 띄는 활동 무대다.[131]

근대세계의 텔레비전의 편재성이 제자리에 있는 대중의 구성을 변

131 Gunter A. Pilz and Andreas H. Trebels, *Aggression und Konflikt im Sport*, Ahrensburg: Czwalina, 1976; Peter Marsh, "Careers for Boys, Nutters, Hooligans, and Hardcases", *New Society*, vol.36, 1976, pp.346~348; Marsh et al., *The Rules of Disorder*; Eugene Trivizas, "Offences and Offenders in Football Crowd Disorder", *British Journal of Criminology*, vol.20, 1980, pp.276~288; Gunter A. Pilz, *Wandlungen der Gewalt im Sport*, Ahrensburg: Czwalina, 1982; Williams et al., *Hooligans Abroad*; Eric Dunning, Patrick Murphy and John Williams, *The Roots of Football Hooliganism*, London: Routledge and Kegan Paul, 1988; Paul Murphy, John Williams and Eric Dunning, *Football on Trial*, London: Routledge, 1990; Eric Dunning, "The Social Roots of Football Hooliganism", eds. Richard Giulianotti, Norman Bonney and Mike Hepworth, *Football, Violence and Social Identity*, London: Routledge, 1994, pp.128~157; Gordon W. Russel, "Personalities in the Crowd", *Aggressive Behavior*, vol.21, 1995, pp.91~100; John Hughson, "Among the Thugs", *International Review of Sport Sociology*, vol.33, no.1, 1998, pp.43~57.

형시켰다는 사실에 주목하는 것은 중요하다. 나이 든 남자와 전 연령대의 여성이 중개된 관객성이라는 가정의 안락함을 선택하면서 젊은 남자들은 점차 스포츠 관중의 높은 비율을 차지하게 되었다. 마거릿 대처, 그리고 유럽과 북아메리카의 그의 숭배자의 통치하에서 노동계급이 경제적인 곤궁을 겪었다는 사실 또한 유념해야 한다. 만일 고용자들보다 실직자들이 축구 훌리건 난동의 형태로 자신의 좌절을 더 두드러지게 표현할 것 같다면, 축구 훌리건의 난동은 실업률 등락에 따라 변동하게 되어 있다.

여기까지 이야기하면서 설명의 과업을 이미 시작하였다. 그것은 또한 불행하게도, 말과 육체의 폭력을 사회적으로 유용한 카타르시스로 정당화하려는 잘못된 시도를 격려하는 것이다. 관객성이 우리의 선천적인, 또 문화적으로 유발된 공격성의 방향을 돌려 방출하는 상대적으로 무해한 수단이라는 생각은 많은 스포츠 담당기자가 품고 있는 신념이다. 관람 스포츠는 안전밸브, 즉 좌절한 사람들이 노여움을 발산하는 수단으로 알려졌다. 아리스토텔레스의 비극 이론이 산출한 자료들을 토대로 프로이트주의 분석가들이 구성한 이 대중적인 이론은 인상적인 계보를 따르긴 하지만, 경험적 연구는 그 부당성을 철저히 입증했다. 다시 한번 이론적 히드라의 목을 자르려고 시도하는 것은 가치 있는 일이다.

스포츠 관중이 경험한다고 주장되는 카타르시스에 대하여 프로이트적이지 않은 사회심리학자들 사이에는 드물게 일치된 의견이 존재한다. 이 합의는 두 가지 유형의 실험에서 도출된다. 첫번째 유형에서, 스포츠 관중은 스포츠 시합에 참석하기 전후에 지필 또는 투영법 검사projective techniques로 조사를 받는다. 미국에서 수행된 이 같은 한 조사에서 협력적인 축구팬들은 자신들에게 공격성 척도Buss-Durkee Hostility Inventory에 따라 36개의 질문을 하는 인터뷰어의 지시를 따랐다. 저술가들은 체조 대회에서 동일한 방법을 이용하여 관중들을 조사했다. 그들은 카타르시스 이론을 지지하는 어떤 증거도 없다고 결론 내렸다. 실제로 조사 결과는 스포츠 시합이 끝난 뒤 공격성의 감소보다는 증가를 증명하였다. 이것은 팬들이 지지하는 팀이 이겼을 때조차 마찬가지였고, 이 사실은 호전성이 좌절의 결과라는 이론에 반대되는 추가적인 증거를 제공한다.[132] 레슬링과 아이스하키, 수영 경기 전후에 설문조사에 응한 캐나다 관중들의 응답 또한 스포츠 시합이 "선의와 따뜻한 대인 관계"를 조성한다는 가정에 이의를 제기했다.[133]

축구와 농구, 레슬링 관중의 공격성을 조사하기 위해 주제통각검사 Thematic Apperception Test와 문장완성검사 Sentence-Completion Techniques를 이용하여 실시한 지필 검사에서 비슷한 결과가 얻어졌다. 이 투영법 검사를 통해 모아진 자료를 분석하며 에드워드 토머스 터너는 "그 결과는 …… 공격의 카타르시스나 정화 이론을 지지하지 않는다. 실제로 축구와 농구 시합 이후에 공격적인 말의 횟수가 현저히 증가한 것은 폭력적이거나 공격적인 행동을 보는 것이 그것을 보는 사람의 공격성을 증가시키는 경향이 있다는 주장을 지지하는 것 같다"라고 간결하게 결론 내렸다.[134]

132 Jeffrey H. Goldstein and Robert L. Arms, "Effects of Observing Athletic Contests on Hostility", *Sociometry*, vol.34, 1971, pp.83~90. 좌절-폭력 이론에 대한 고전적인 서술은 John Dollard et al., *Frustration and Aggression*, New Haven, Conn.: Yale University Press, 1939 를 보라.

133 Robert L. Arms, Gordon W. Russell and Mark L. Sandilands, "Effects of Viewing Aggressive Sports on the Hostility of Spectators", *Social Psychology Quarterly*, vol.42, 1977, p.279.

134 Edward Thomas Turner, "The Effects of Viewing College Football, Basketball, and Wrestling on the Elicited Aggressive Responses of Male spectators"(Ph.D. diss.), University of Maryland, 1968, p.90. 또한 John Mark Kingsmore, "The Effect of Professional Wrestling and a Professional Basketball Contest upon the Aggressive Tendencies of Male Spectators"(Ph.D. diss.), University of Maryland, 1968을 보라.

두번째 유형의 조사는 폭력적인 영화와 폭력적이지 않은 영화에 대한 피실험자의 반응을 비교하는 것을 포함한다. 가령 실험의 대상자는 기행紀行 영화나 영화화된 권투 경기를 본다. 그후에 그들은 다른 사람에게 공격적으로 행동하고 싶은 의향이 있는지 조사받는다. 이 의향은 피실험자들이 학습에서 처벌이 갖는 효과를 조사하는 것이라고 알고 있는 실험에서 그들이 다른 사람에게 가한다고 **생각**하는 전기충격의 양에 의해 측정된다(어떤 충격도 가해지지 않지만, 순진한 피실험자들은 이 다행한 사실을 알지 못한다). 레너드 버코위츠Leonard Berkowitz와 그의 제자들이 25년 동안 수행한 연구소의 실험은 권투 영화를 본 피실험자가 기행 영화(또는 육상 경기 대회, 테니스 시합, 야구 경기 등등)를 본 피실험자보다 훨씬 더 자발적으로 위태롭게 높은 수준의 전기충격을 가한다는 사실을 결정적으로 증명했다.[135] 이 일련의 실험으로부터 도출되는 논리적인 추론은

---

135 Leonard Berkowitz and Edna Rawlings, "Effects of Film Violence on Inhibitions Against Subsequent Aggressions", *Journal of Abnormal and Social Psychology*, vol.66, 1963, pp.405~412; Leonard Berkowitz, "Aggressive Clues in Aggressive Behavior and Hostility Catharsis", *Psychological Review*, vol.71, no.2, 1964, pp.104~122; Leonard Berkowitz, "Some Aspects of Observed Aggression", *Journal of Personality and Social Psychology*, vol.2, no.3, 1965, pp.359~369; Russell G. Geen and Leonard Berkowitz, "Name-Mediated Aggressive Cue Properties", *Journal of Personality*, vol.34, 1966, pp.456~466; Leonard Berkowitz and Russell G. Geen, "Film Violence and the Cue Properties of Available Target", *Journal of Personality and Social Psychology*, vol.3, 1966, pp.525~530; Russell G. Geen and Leonard Berkowitz, "Some conditions Facilitating the Occurrence of Aggression After the Observation of Violence", *Journal of Personality*, vol.35, 1967, pp.666~676; Russell G. Geen and Edgar C. O'Neal, "Activation of Cue-Elicited Aggression by General Arousal", *Journal of Personality and Social Psychology*, vol.11, no.3, 1969, pp.289~292; Leonard Berkowitz and Joseph T. Alioto, "The Meaning of an Observed Event as a Determinant of Its Aggressive Consequences", *Journal of Personality and Social Psychology*, vol.28, 1973, pp.206~217; Joseph X. Lennon and Frederick G. Hatfield, "The Effects of Crowding and Observation of Athletic Events on Spectator Tendency Toward Aggressive behavior", *Journal of Sport Behavior*, vol.3, no.2, May 1980, pp.61~80; Jeffrey H. Goldstein, "Violence

폭력적인 스포츠를 관람함으로써 얻어진다고 주장되는 카타르시스는 발생하지 않는다는 것이다. 암시되는 것은 오히려 정반대다. 공격은 학습될 수 있고 스포츠를 관람하는 것은 그것을 학습하는 한 방법이다.[136] 한 독일인 학자가 2백 명 이상의 축구팬을 조사한 뒤 결론 내린 것처럼, "잠재된 긴장은 억제되거나gebunden 다른 방향으로 틀어지지 않으며 오히려 강화되고 활성화된다".[137]

상식은 지필 검사, 그리고 연구소의 실험이 내놓은 결과를 확증한다. 카타르시스 이론에 따라 발생해야 할 스포츠와 관련된 관중의 폭력은, 팬이 가장 공격적인 상태에 있을 경기 시작 전에 거의 발생하지 않는다. 소동은 대개 경기 도중에 시작해서 경기 종료를 알리는 호루라기 소리가 들린 후에 절정에 이른다. 만약 리버풀이나 리즈가 원정경기를 와서 패배한 경우, 영리한 런던 사람들은 지하철을 피한다.

스포츠 관객성이 호전성을 감소시키기보다는 증가시킨다는 설득력 있는 증거가 주어졌을 때, 우리는 의식적으로든 무의식적으로든 카타르시스 이론을 정반대로 보아 관중들이 호전성의 강화를 경험하기를 원한다고 추측할 수 있다. 사람들이 진정 제닝스 브라이언트와 돌프 질만이 제시한 '흥분의 항상성'을 추구한다면 스포츠 관객성의 대리적인 폭

in sports", ed. Jeffrey H. Goldstein, *Sports, Games, and Play*(2nd ed.), Hiilsdale, N.J.: Lawrence Erlbaum, 1989, pp.83~90; Dolf Zillmann and Paul B. Paulus, "Spectators", eds. R. N. Singer et al., *Handbook of Research on Sport Psychology*, New York: Macmillan, 1993, pp.600~619; Daniel L. Wann et al., "Beliefs in Symbolic Catharsis", *Social Behavior and Personality*, vol.27, no.2, 1999, pp.155~164.

136 공격을 보는 것이 공격성을 유발한다는 주장은 Albert Bandura, *Aggression*, Englewood cliffs, N.J.: Prentice-Hall, 1973; Dolf Zillmann, *Hostility and Aggression*, Hillsdale, N.J.: Lawrence Erlbaum, 1979를 보라.

137 Hans Ulrich Herrmann, *Die Fußballfans*, Schorndorf: Karl Hofmann, 1977, p.37.

력의 경험은 권태를 극복하는 한 방법이다.[138] 사회심리적인 주장은 일상
적인 팬의 경험에 의존하기보다는(어쩌면 그랬는지도 모르지만) 가령 피
실험자들이 혼전混戰의 축구 경기가 덜 폭력적인 경기보다 관람하는 재미
가 있다고 보고한 연구소의 실험에 의존한다. "경기의 규칙 내에서, 더 난
폭하고 더 폭력적일수록 더 좋다——이 연구에 협조한 스포츠 관중들에
게는 그렇다."[139] 고든 러셀은 반대로 북미 아이스하키 리그의 구단주들
이 생각하는 만큼 스포츠 폭력이 아이스하키팬들을 매혹하지는 않는다
는 사실을 암시하는 실험을 보고했지만, 매표소에서의 증거는 대체로 브
라이언트와 질만을 지지하는 것 같다.[140]

　「평범한 사회에서의 흥분 추구」라는 표제의 영향력 있고 사색적인
에세이에서 노르베르트 엘리아스와 에릭 더닝은 현대 산업사회의 매일
의 삶의 일상화와 축구, 럭비, 아이스하키, 미식축구와 같은 난폭한 관람
스포츠의 유행 사이에 직접적인 관계가 있다고 이론화했다. 그들은 "우
리 시대의 더 발달한 산업사회에서 공공연하게 강렬한 흥분을 표현하는
기회는 점차 드물어졌다"라고 썼다.[141] 엘리아스와 더닝은 스포츠 경기장

138　Jeenings Bryant and Dolf Zillmann, "Using Television to Alleviate Boredom and Stress",
　　　Journal of Broadcasting, vol.28, 1984, pp.1~20; Jennings Bryant, Dolf Zillmann and
　　　Arthur A. Raney, "Violence and the Enjoyment of Media Sports", ed. Lawrence A. Wenner,
　　　MediaSport, London: Routledge, 1997.

139　Jennings Bryant, Paul Comisky and Dolf Zillmann, "The Appeal of Rough-and-Tumble Play
　　　in Televised Professional Football", *Communication Quartely*, vol.29, 1981, p.260.

140　Gordon W. Russell and Bruce R. Drewry, "Crowd Size and Competitive Aspects of
　　　Aggression in Ice Hockey", *Human Relations*, vol.29, 1976, pp.723~735; Gordon W.
　　　Russell, "Does Sports Violence Increase Box Office Receipts?", *International Journal of
　　　Sport Psychology*, vol.17, 1986, pp.173~183.

141　Norbert Elias and Eric Dunning, "The Quest for Excitement in Unexciting Societies", ed.
　　　Günther Lüschen, *The Cross-Cultural Analysis of Sport and Games*, Champaign, Ill.:
　　　Stipes, 1970, p.31.

이 다른 경우라면 금지됐을 다양한 감정을 활발하게 표현하는 주요한 현장이 되었다는 점을 강조하였다. 우리가 '문명화 과정'에 대한 엘리아스의 이론을 인정한다면, 인간 사이의 표출적 폭력의 행동을 저지르는 성향은 현대사회가 정확히 가장 강력하게 금지하고 스포츠 관객성이 가장 기분 좋게 허용하는──미쳐 날뛰는 팬의 경우처럼 직접적이든 아니면 그들이 목격하는 폭력에 단지 공감하고 즐기는 팬의 경우처럼 대리적이든──것임이 분명하다. 다시 말해 스포츠는 속박받지 않고 자기를 표현하는 특별하게 매혹적인 기회다. 스포츠 관중이 경험하는 대리적인 흥분이 운동선수들이 경험하는 흥분만큼 짜릿짜릿하거나 만족스러울 수 있는지는 의문이지만, 이런 대리적인 흥분의 중요성이 과소평가되어서는 안 된다.

스포츠의 구경거리는 이런 종류의 자기표현과 대리적 흥분 추구의 유일한 기회는 분명 아니지만──록 콘서트가 또 다른 예로 바로 머릿속에 떠오른다──스포츠 시합은 어느 정도 문화적으로 정당한 탐닉과 강렬한 감정 표현을 위한 특별히 매혹적인 수단이다. 하나의 단순한 이유는 스포츠 시합이 거의 언제나 지속적인 긴장을 특징으로 한다는 점인데, 대부분의 인기 있는 오락이 보여 주는 예측 가능한 추세는 그렇지 못하다. 지속적인 긴장은 경기의 규칙, 그리고 리그나 토너먼트 경쟁의 합리화된 구조가 제공하는 예측 가능성의 틀 안에 포함된다. 스포츠 규칙과 규정의 구조적인 틀 내에서 개개의 시합은 상대적으로 예측 불가능하지만, 언제나 또 다른 시합, 새로운 시즌, 익숙한 형식 내에서의 예기치 못한 결과의 반복이 있을 수 있다는 점에서 그것들은 고무적이게도 반복 가능하다.

이것은 우리를 출발점──편향성, 동일시, 대리──으로 돌려놓는다. 지속적 긴장은 만일 다음에 무슨 일이 일어날지 관심을 가질 만큼 감정적으로 몰입하지 않는다면 미적지근한 흥분이다. 스포츠 관중은 의심할 나위 없이 다양한 동기 부여로 움직이지만, 운동선수의 용맹함에 대한 공평하고 미적인 평가에서부터 내기에서 이기려는 어리석인 희망에 이르기까지, 가장 열광적으로, 가장 강렬하게 몰입한 스포츠팬은 공감을 넘어서서 행동하며 자신을 운동선수와 동일시하는 사람이다. **동일시**라는 심리학적 용어는 절대 다수의 관중이 자신과 운동선수 사이의 차이를 완전하게 안다는 점에서 비판받아 왔지만, 공감이라는 말로는 내가 **대변적인 스포츠**representational sports라고 부르는 것의 심리적인 동력을 묘사할 수 없다.[142] 어떤 이유에서든 스포츠 관중에게는 경기장 위의 운동선수가 자신을 대변한다고 느끼고 싶은 거의 억누를 수 없는 충동이 있다.

축구 경기에서 글래스고의 셀틱 FC가 글래스고의 레인저스 FC보다 많이 득점할 때마다 로마 가톨릭교회는 기뻐한다. 한 야구팀이 월드시리즈에서 우승할 때마다 그들이 대표하는 도시의 거리 ——변화무쌍한 뉴욕뿐 아니라 차분한 토론토까지——는 큰 소리로 외치고 소리 지르고 술 마시는 축전 참가자들로 넘쳐 난다. 1980년 올림픽 경기에서 젊은 미국 팀이 구소련의 인기 있는 아이스하키 선수들을 패배시켰을 때 축전에 참가한 사람들에는 헌신적인 팬뿐만 아니라 슬랩숏slap shot[아이스하키에서 스틱을 조금 흔들어 퍽을 세게 치는 것]과 머그숏mug shot[주로 범인의 얼굴 사진]의 차이를 알지 못하는 처음 관람한 관중까지 포함됐다. 요약하면, 스포츠 관중은 자신들과 마찬가지로 대표로 등장한 라이벌과의 매우 중요한 경쟁에서 **자신들의** 인종·종교·종족·학교·고향·국가가 대표된다고

---

142 Allen Guttmann, "The Modern Olympics", eds. Jeffrey O. Segrave and Donald Chu, *The Olympic Games in Transition*, Champaign, Ill.: Human Kinetics, 1988, pp.433~443.

강렬하게 느낀다. 이 모든 사례에서 개개의 자아는 똑같이 대변된 자아들의 집단성으로 하나가 되는 경향이 있다.

동시대 스포츠팬의 동일시의 동력에 대한 엄청난 양의 조사를 대니얼 L. 완과 그 제자들이 수행했다. 그들의 연구는 강도, 지속 기간처럼 동일시에 영향을 미치는 다수의 요인들을 탐구하였고, 그들을 대변하는 팀에 대한 아무런 의심 없는 팬들의 동일시는 그들을 경기장으로 유인하는 자석이고, 또 그들이 그 자리에 오기만 한다면 열정이 일깨워진다는 (혹은 좌석을 박차고 뛰어오른다는) 사실을 드러냈다.[143] 집단행동의 정신역

143 불행히도 완은 이 연구를 하나의 논문으로 종합하지 않았다. Daniel L. Wann and Nyla R. Branscombe, "Die-Hard and Fair-Weather Fans", *Journal of Sport and Social Issues*, vol.14, no.2, Fall 1990, pp.103~117; Nyla R. Branscombe and Daniel L. Wann, "The Role of Identification with a Group, Arousal, Categorization Processes, and Self-Esteem in Sports Spectator Aggression", *Human Relations*, vol.45, no.10, 1992, pp.1013~1033; Daniel L. Wann, "Aggression Among Highly Identified Spectators as a Function of Their Need to Maintain Positive Social Identity", *Journal of Sport and Social Issues*, vol.17, no.2, 1993, pp.134~143; Daniel L. Wann and Nyla R. Branscombe, "Sports Fans", *International Journal of Sports Psychology*, vol.24, no.1, 1993, pp.1~17; Daniel L. Wann, "The 'Noble' Sports Fan", *Perceptual and Motor Skills*, vol.78, 1994, pp.864~866; Daniel L. Wann and Thomas J. Dolan, "'Influence of Spectators' Identification on Evaluation of the Past, Present and Future Performance of a Sports Team", *Perceptual and Motor Skills*, vol.78, 1994, pp.547~552; Daniel L. Wann, Thomas J. Dolan, Kimberly K. McGeorge and Julie A. Allison, "Relationships Between Spectator Identification and Spectators' Perception of Influence, Spectators' Emotions, and Competition Outcome", *Journal of Sport and Exercise Psychology*, vol.16, 1994, pp.347~364; Daniel L. Wann and Nyla R. Brascombe, "Influence of Identification with a Sports Team on Objective Knowledge and Subjective Beliefs", *International Journal of Sport Psychology*, vol.26, 1995, pp.551~567; Daniel L. Wann, "Seasonal Changes in Spectators' Identification with and Evaluations of College Basketball and Football Teams", *Psychological Record*, vol.46, 1996, pp.201~215; Daniel L. Wann, Jeffrey D. Carlson and Michael P. Schrader, "The Impact of Team Identification on the Hostile and Instrumental Verbal Aggression of Sports Spectator", *Journal of Social Behavior and Personality*, vol.14, no.2, 1999, pp.279~286; Daniel L. Wann, "Further Exploration of Season Changes in Sport Fan Identification", *International Sports Journal*, vol.4, no.1, Winter 2000, pp.119~123; Daniel L. Wann and Derek J. Somerville,

학^{psychodynamics}은 각 팬들의 개별적인 동일시의 감정이 도처에 있는 수천 명의 다른 사람들이 똑같은 동일시의 감정을 경험하고 있다는 사실을 그가 인식하고 있다는 사실에 의해 크게 강화될 것이라고 확신한다.

대변적인 스포츠의 정신역학에서 동일시는 감정의 방정식에서 결정적인 구성요소인 편향성을 시사한다. 스포츠 시합에서는 대부분의 사회적인 상황보다 더 집단적인 자아가 집단적인 타자와 분명하게 반대되어 정의된다. 이 사실은 왜 "스포츠가 다른 형태의 재미있는 사회적 활동보다 더 강렬하고 더 눈에 띄고 더 지속적인 팬을 생성하는지"를 설명하는 데 도움을 준다.[144] 고대부터 현대까지 항상, 관람 스포츠를 특별히 대변적인 기능에 알맞도록 만든 것은 그것의 본질적으로 불가지론적인 특징이다. 스포츠팬들에게 시합의 호소력은 **우리**를 대변하는 사람들이 **그들**을, 그들이 누구든 블로킹하고, 태클하고, 발로 차고, 펀치를 날리고, 주먹으로 연달아 때리고, 꼼짝 못하게 누른다는 것이다. 그리고 그것은 '단지 경기일 뿐'이기 때문에, 일단 마음을 가라앉히면, 우리의 지나친 감정적인 열중이 무해하다고 안심할 수 있다.

문제는 지나친 열중—강렬한 동일시—이 무해하지 **않다**는 점이다. 그것은 팬들이 공격적으로 행동하는 경향을 증가시킨다. 편향성이 적개심이 되고 적개심이 육체적인 폭력으로 구체화될 위험이 항상 도사리고 있다. 역사적인 기록은 그 위험이 사소하지 않다는 것을 증명한다. 스

"The Relationship Between University Sport Team Identification Alumni Contributions", *International Sports Journal*, vol.4, no.1, Winter 2000, pp.138~144; Daniel L. Wann and Anthony M. Wilson, "The Relationship Between the Sport Team Identification of Basketball Spectators and the Number of Attributions Generate to Explain a Team's Performance", *International Sports Journal*, vol.5, no.1, Winter 2001, pp.43~50.

144 Zillmann and Paulus, "Spectators", p.604.

포츠가 유발하거나 스포츠가 강화하는 폭력에 대한 엄격한 해결책은 스포츠 관중을 없애는 것이지만, 누구도——스포츠 군중에 대한 가장 비관적인 분석가조차——우리가 그렇게 해야 한다고 기꺼이 말하지 않는다. 우리에게 남은 것은 엘리아스, 그리고 스포츠 군중이 미쳐 날뛰지 않고서도 경기의 흥분을 경험할 수 있을 정도까지 문명화된 행동 규범을 내면화했다는 희망이다. 공정한 경기와 좋은 스포츠맨 정신이라는 빅토리아-에드워드 시대의 규범은 죽고 사라졌지만 팬의 절대 다수가 편향적인 말에서 흉악한 폭력으로 옮겨 가는 것을 어떻게든 **정말로** 억제하고 있다. 절망하기엔 아직 이르다.

부록1 Multitude: 영어

수전 스카일러(Susan Schuyler)

Multitude라는 단어는 그 역사상 더 자주 인민을 가리키는 것으로 바뀌어 가긴 했지만(특히 정치체를 나타내는 것으로), 그럼에도 불구하고 그것이 고대 프랑스어로부터——이것은 라틴어 어근인 multus에서 파생된 '많은'을 의미하는 라틴어 multitudo에서 비롯되었다——중세 영어에 도입되었던 이래로 그 정의가 완전히 고스란하게 남아 있었다. 초기 역사부터 그 단어 안에 포함된 강조점은 질이나 성격보다는 양과 관련된다. 그러므로 그것은 crowd, mass, 또는 mob과 같은 유사한 단어들에 암시된 경멸적인 의미를 담고 있지 않다. 중세 영어에서 일반적으로 전치사 of의 뒤에 왔던 multitude는 다음을 의미했다. "①많은 수의 사람이나 물건 …… ②많은 양, 풍부함, 거대함; 무리 ③군중, 큰 무리, 군대, 폭도, 떼; 거대한 자손 ④총합, 크기, 총계(반드시 클 필요는 없다); 많은 수, 다수"(*Middle English Dictionary*)

중세와 르네상스 영어에서, multitude는 흔히 추상적이거나 셀 수 없는 물체와 감정을 나타내기 위해 사용되었다. 그 말에 정확성을 더하려는 몇몇의 시도가 이루어졌던 것으로 보인다. 존 리드게이트[John Lydgate]의 『분열의 악』[*The Serpent of Division*, 1422]은 다소 혼란스럽게 많은 수로 이루어진 집단을 측정한다. "집단의 수와 많은 수를 선언하는 것에는 …… 두 가지 방식의 집단이 있다. 더 많은 것과 더 적은 것이 있는데, 더 많은 것에는 …… 5백 명이 포함된다." 램버드[Lambarde]의 『에어런』[*Eiren*, 1581]에서의 "세 명 또는 그 이상으로 구성된 일행(이것을 법은 정확하게 multitude라고 부른다)"이라는 기록으로 미루어 볼 때, 이 단어는 법적인 용어의 역할을 했을지도 모른다. 그러나 일반적으로 multitude는 추상적인 것에 가장 잘 적용되었던 것으로 보인다. '많은 죄'[multitude of synnes]라는 구절은 성경에서 비롯된 것으로 중세의 글들(주로 신학)을 통해 나타난다. 처음으로 위클리프 성경의 베드로의 첫째 서간 4장 8절(1384년경의 초기의 판)에는 "사랑은 많은 죄를 덮어 준다"[Charite couerith the multitude of synnes]라고 적혀 있다. 이 구절은 『어머니에게 바치는 책』[*Book to a Mother*, 1400]에서도 반복된다. "세인트 엘모가 말하듯이, 사랑 속에서 인간은 많은 죄를 저지른다"[In charite, þat heleþ, as Seynt Ieme seyþ, multitude of synnes]. 그리고 알랭 샤르티에[Alain Chartier]의 『4인 참매문답[讒罵問答]』[*Le Quadrilogue invectif*, 1500]의 구절에서 나타나듯이, 1세기 후에도 여전히 통용되었다. "그러나 당신을 구속하는 것이 있다면, 그것은 오직 당신의 많은 죄뿐이다"[But and ther be enythinge þat puttith you vndir them it is nothinge ellis but the multude of your synnys].

그 역사를 통해, multitude라는 용어는 다양한 특성을 가진 군중을 나타냈다. 중세 영어로 된 성경은 이 단어를 천상의 또는 신앙심 깊은 군중뿐 아니라 위협적인 군중을 묘사하기 위해 사용한다(가령 1400년경의 신약 성서의 산문 버전의 "우리의 적인 군중"be multitude of oure enymes과 에제키엘서 16장 40절에 대한 위클리프의 번역에서의 "돌을 던지는 군중"stone-wielding multitude이 있다). 초기의 종교적인 문헌 바깥에서, 이 용어는 이러한 의미론적 융통성을 간직한다. 이 단어는 종교 문헌에서 빈번하게 사용되었기에 유사한 맥락에서 특유의 영성의 무리라는 특징이 부여되었다. 가령, 크리스토퍼 워즈워스Christopher Wordsworth의 찬송가 「성스러운 목소리를 들어라」Hark the Sound of Holy Voices, 1862는 "군중, 누구도 셀 수 없네 / 마치 별처럼 영예롭게 서 있네"라는 가사를 포함한다. 그 단어를 사용할 때 종종 군중과 관련되는 부정적인 의미 또한 확산되었는데, 섀프츠베리Shaftesbury의 『특징』Character, 1708에서의 언어 구사에서도 그렇다. "민중에 대해 우월함을 가장하고, 군중을 경멸하기." 또한 쿠퍼Cowper의 발언도 그렇다. "책들은 …… 주문이다 / 그것에 의해 더 기민한 재치의 마법의 기술이 / 생각 없는 군중을 노예로 잡아 둔다" (1784). 다른 시대에 그 용어는 엄격하게 중립적인 것으로 남는다. 올리버 골드스미스Oliver Goldsmith는 『자연사』Natural History, 1776에서 "우리의 말들은 가까스로 이런 방식으로 …… 군중의 한가운데를 통과하여, 기수 없이, 계속 속력을 냈다".

Multitude가 발달하면서 일어난 가장 현저한 변화는 이 단어의 용법이 한정된 물리적 공간에 위치한 특정한 군중이 아니라 국가를 구성하는 군중(더 분산되고 비유적인 집단)을 나타내게 된 것이다. Multitude가 물리적 집단을 가리키는 의미로 사용된 것은, 먼저 포괄적인 의미의 '다수'에서 '다수의 사람들'로, 더 분명히 말하면 '정치체'로 그 의미가 변화하는 것을 설명하는 데 도움이 될 수 있었다. 기 드 숄리아크^{Guy de Chauliac}의 『위대한 수술』 *La Grand Chirurgie*, 1425년경에서, multitude는 기술적인 의미를 획득한다(이 용어를 추상적인 양을 측정하는 데 사용하는 것과 정반대이다). 숄리아크는 자신의 수술 설명서에서 '다수의 정맥', '다수의 원들', '다수의 영^靈들'이라고 명명한다. multitude를 몸의 내적인 작용을 묘사하기 위한 기술적인 용어로 사용한 것이 숄리아크만은 아니었던 듯하다. 글래스고^{Glasgow}의 『의학책들』 *Medical Works*, 1425 또한 '다수의 원들'을 의학적 증상으로 인용한다.

16세기 이래 multitude는——또는 더 명확하게, the multitude는——영어에서 정치체를 나타내는 것으로 등장한다. 이 용법에서 이 단어가 함축하는 것은 말하는 사람이나 저자의 people의 개념과 결합한다. 『헨리 6세』 *Henry VI*, 1623(이절판)에서 셰익스피어는 "당신은 왕이 아니다. 인민을 지배하고 통치하기에 적합하지 않다"^{Thou art not King: Not fit to gouerne and rule multitudes}라는 행을 포함하는데, 이것은 이 단어를 국가의 인민을 확인하는 데 사용한 초기의 예이다. 홉스 또한 『리바이어던』^{Leviathan}, 1651에서 "a multitude of men"을 언급한다. 이 외에, 셰익스피어는 'the multitude'를 경멸하는 용어로 사용하며, 『사랑의 헛수고』^{Love's Labour's Lost}, 1623(이절판)에서 "the rude multitude"라고 언급한다. 벤 존슨은 이 호칭을 "the beast, the multitude" (1640)로 되풀이한다. 밀턴은 『투사 삼손』^{Samson Agonistes}, 1671의 다음의 행에서 'the multitude'라는 구에 경멸적인 함축을 주입한다. "시대의 변천에 따른 부당한 재판소 / 은혜를 모르는 인민에 대한 비난"^{the unjust tribunals, under change of times, / And condemnation of the ingrateful Multitude}. 이 경멸적 의미는 『주니어스 레터스』^{Junius Letters}, 1769의 이 인용 부분에는 존재하지 않는 것으로 보인다. "모든 국가의 인민은 어느 정도까지는 인내심이 있다"^{The multitude, in all countries, are patient to a certain point}. 'the people'에 대한 인식이 18세기 후반과

19세기의 혁명 이후에 변화하면서, 'the multitude'라는 용어는, 때로는 더 긍정적인 의미를 띤다. 가령, 러스킨은 『대기의 여왕』*The Queen of The Air*, 1869 에서 "국가의 힘은 그 영토가 아닌 인민에 있다"The strength of the nation is in its multitude, not in its territory라고 말하고 『근대의 화가들』*Modern Painters*, 1843에서 는 "인민은 그들을 움직이는 것을 목표로 하는 예술가들의 유일하게 적절 한 심판이다"The multitude is the only proper judge of those arts whose end is to move the multitude라며 더 평등주의적인 예술 이론을 주장한다. 이 용어의 의미를 상대 적으로 안정적인 것으로 유지하고, 또 그것이 crowd, masses, mob보다 덜 빈번하게 사용되도록 영향을 주는 것은 아마 그 용어의 융통성일 것이다.[145]

부록2 **1969년 12월 6일, 롤링스톤스가 알타몬트 경주장에서 무료 콘서트를 열다**

그레일 마커스(Greil Marcus)

나는 그날 아마 열두 번은 벌거벗은 여자를 보았을 것이다. 몇 번이고 그녀 는 남자를 향해 달려가서 그에게 자신의 몸을 비볐다. 남자가 "한번 할까?" 라는 식으로 제안하자 여자는 소리치며 무턱대고 대중 속으로 뛰어 돌아오 기 시작했다. 몇 분 후 그녀는 도처에서 그 행동을 되풀이했다.

그러나 이제, 어둠 속의, 무대 뒤에서, 오직 약간의 노란 조명이 내가 서

---

145 참고문헌: American Heritage Dictionaries ed., *The American Heritage Dictionary of the English Language*(4th ed.), Boston: Houghton Mifflin, 2000; Middle English Dictionary, from Middle English Compendium(http://ets.umdl.umich.edu/m/mec); Oxford University Press ed., *The Oxford English Dictionary*(2nd ed.), New York: Oxford University Press, 1989.

있는 곳에 스며들고, 롤링스톤스가 그들의 첫 곡을 시작하기를 기다리면서, 그 여자는 다르게 보였다. 그녀가 지나갔을 때, 머리를 가슴에 묻고, 나는 그녀의 몸이 말라붙은 피로 뒤덮인 것을 알아차렸다. 그녀의 얼굴은 그것 때문에 거의 검게 보였다. 누군가 그녀에게 담요를 주었다. 그녀는 단지 그것을 던져 버리는 것을 잊어버린 것처럼 그것을 쥐고 있었고 걸어가는 그녀의 뒤로 담요가 질질 끌렸다.

그러고 나서 나는 뚱뚱한 남자를 보았다. 몇 시간 전에——며칠 전 일인 것만 같았다——그는 벌떡 일어나서 벌거벗고 산타나(그날의 첫 밴드였다)에 맞춰 춤췄다. 무대 근처에 앉은 사람들은, 나처럼, 그가 자기 주변의 사람들을 짓누르고 짓밟기 위해 음악을 구실로 사용한 것을 알아챘다. 롤링스톤스가 대중통제를 위해 고용한 지옥의 천사들Hell's Angels(폭주족) 팀은 육중한 풀 큐를 휘두르며 무대에서 떨어진 곳에서 그 뚱뚱한 남자를 때려 바닥으로 내동댕이쳤다. 사람들은 그 길에서 벗어나려고 서로를 밀쳤고, 그러더니 멈추어 서서는 평화의 손가락 사인을 만들었다. 뚱뚱한 남자는 무슨 일이 일어났는지 이해하지 못했다. 그는 몇 번이고 일어났다가 맞고서 주저앉았다. 마침내 천사들은 그를 무대 뒤로 끌고 갔다.

뚱뚱한 남자도 이제 피로 검게 물들었다. 그의 이빨은 떨어져 나갔고, 입은 여전히 피를 흘렸다. 그는 울타리 주변을 서성이며, 나처럼, 음악이 나오기를 기다렸다.

롤링스톤스가 연주를 시작하자, 분위기가 긴장되었고 어스름한 빛이 전율적인 색조를 띠었다. 무대가 기술자와 오토바이를 탄 사람들, 작가들, 어슬렁거리는 사람들로 가득 찼다. 십대들은 무대 뒤를 울리는 거대한 선전 트럭에 오르기 시작했고 사람들은 그들을 떼어 냈다. 몇몇은 4.5미터 높이에서 땅으로 떨어졌다. 다른 사람들은 더 작은 트럭으로 떨어졌다. 나는 폭스바겐 버스의 꼭대기로 올라가서 밴드를 살짝 보았다. 다른 여러 사람들은 나와 함께 기어올랐고, 녹음기의 마이크를 흔들었다. 몇 분이 지날 때마다, 음악은 겁먹은 비명의 물결과, 한 번에 30~40초 동안 계속된 거친 포효로 끊어지는 것 같았다. 우리는 소리치는 사람들을 볼 수 없었지만, 소리가 폭발할 때마다 무대 위의 꽉 찬 무리는 뒤쪽으로 움츠러들었고, 마지막 줄의 사람들을 무대 바깥의 먼지 속으로 밀쳐 냈다. 사람들이 다시 올라가려고 하면, 사람들은 그들을 밀쳐서 떨어뜨렸다.

비명이 무엇을 의미하는지 아는 것은 불가능했다. 버클리에서 온 젊은 흑인인 메러디스 헌터가 롤링스톤스가 「내 손아귀에서」^{Under My Thumb}를 연주할 때 지옥의 천사들에 의해 무대 앞에서 살해된 것은——공격을 받아, 대중 속으로 쫓겨, 그가 총을 꺼내자 그는 칼에 찔리고 맞아서 죽었다——사실일 것이다. 대중이 냈던 소리로 보아, 그런 사고는 밴드가 또 다른 노래를 시작했을 때마다 일어날 수 있었을 것이다.

하루 종일 사람들은 천사들이 누구를 죽일지 추측했다. 그날은 어스레했고, 북부 캘리포니아의 언덕은 벌거벗고, 춥고, 죽어 있었다. 운명론의 느낌이 그 행사에 자리를 잡았다. 시작부터 대중은 불가해하게 증오에 찼고, 맹목적으로 분개했으며, 이기적이었고, 으르렁거렸다. 사람들은 자신의 공간을 지켰다. 어떤 이는 꽉 찬 술병을 대중에게 던졌고, 여자의 머리를 때려 거의 죽일 뻔했는데, 그때조차도 사람들은 그들이 앉은 자리를 지켰다. 주기적으로 천사들은 감히 자신들에게 도전한 대중 속의 사람들이나 음악가들을 공격했고, 사람들이 맞는 것에서 벗어나려고 할 때 나머지 대중은 길을 만들어 주지 않았다.

무대 뒤에서 나는 롤링스톤스의 키스 리처드가 음악을 중단하고서 천사들에게 대중을 공격하는 일을 멈추라고 요구하는 것을 들을 수 있었다. 나는 천사가 리처드에게서 마이크를 뺏는 소리를 들었다. 비명은 거의 끊이지 않았다. 두 명의 사람들이 폭스바겐 버스에 올라탔고, 지붕이 움푹 들어갔다. 떨어진 사람들 중 몇몇이 계속해서 맨손으로 창문을 주먹으로 쳤다.

이 모든 것들로 음악은 힘을 얻었다. 나는 무대에서 등을 돌려 내 차를 향해 800미터 가량을 걷기 시작했다. 어둠 속에서 언덕 위로 향하면서 나는 발을 헛디뎌 먼지 속으로 곤두박질쳤다. 나는 거기에 누워, 내 양옆으로 지나가는 발자국 소리와 밴드가 내는 소리를 듣고 있었다. 롤링스톤스는 「안식처를 줘」^{Gimme Shelter}를 연주하고 있었다. 나는 그처럼 강렬한 소리를 언제 들었었는지 기억해 내려고 애썼다.

6장

매혹된 대중

순례자와 순교자

수잔나 엘름

군중심리의 이러한 본질적인 요소를 철저히 인식할 때만
역사철학이 이해될 수 있다. 군중은 무엇보다도 신을 필요로 한다.
—귀스타브 르 봉, 『군중심리』(1895)

비굴하게 복종하거나 거만하게 지배하는 것은 군중의 속성이다.
—티투스 리비우스, 『로마 건국사』 24권 25장 8절

종교는 정의상 대중과 군중, 때론 폭도나 '평등화하는 군중들'과 복잡하
게 얽혀 있는데, 대부분 정도의 차이가 있겠지만, 개인과 공동체 사이에
서, 그리고 자아와 집단의 비전 사이에서——'세속적인' 세상과 불화를 일
으킬 수도 아닐 수도 있는——계속해서 미묘한 춤을 춘다는 단순한 사실
때문이다. 종교나 종교적 동기가 거대한 대중을 끌어들인다는 사실은 자
명한데, CNN에 따르면 8백만의 사람들이 2001년 알라하바드의 쿰브멜
라Kumbh-Mela[12년마다 열리는 힌두교 최대의 순례 축제]에 참가하였다.
사우디아라비아 당국은 매해 메카를 방문하는 순례자 수를 2백만 명으로
제한한다. 2001년에는 6백만 명이 넘는 충실한 신도들이 루르드로 여행
을 왔고, 2000년 8월 11일에서 15일까지 약 250만의 젊은이들이 '세계청
소년대회'를 위해 로마에 모였다. 이런 모습을 더 많이 인용할 수도 있다.[1]

1 평균적으로 2천만 명의 다양한 종교의 신봉자들은 일정한 형태의 순례에 참여하는데, 그것은 때때로
단순한 여행이기도 할 것이다. 이러한 수치, 그리고 여행과 순례 사이의 관계를 추정하는 것의 어려
움에 대해서는 다음을 보라. Luigi Tomasi, "Introduction", eds. William H. Swatos Jr. and Luigi
Tomasi, *From Medieval Pilgrimage to Religious Tourism: The Social and Cultural Economics
of Piety*, London: Praeger, 2002, pp.1~24. 쿰브멜라 의식의 수치는 *Süddeutsche Zeitung*,
January 15, 2001; *CNN*, January 25, 2001에서, 루르드의 수치는 "Sanctuaires Notre-Dame

그러나 이렇게 종교적으로 고무된 대중은, 종종 종교를 구성하는 요소이
긴 하지만, '종교'의 일부분일 뿐이고, 일시적으로 집결한 군중으로서도
눈에 띄는 특징을 보여 준다. 가령 잠정적으로 같은 생각을 가진 사람들
이 제한된 공간 안에 밀집했다는 점에서 군중의 기준을 대부분 따르면서
도, 종교적인 대중은 이미 그들의 특질 ──그것은 바로 그들의 독실함으
로, 대체로 부정적으로 이뤄지는 '군중'에 대한 가치평가와는 잘 어울리
지 않는다 ──로 인해 뚜렷하게 다르다.[2] 다수의 군중심리학자와 군중행
동 연구자는 대개 일반 대중과 종교 ──다수에게 실질적으로 가톨릭교와
동의어인 ──대중에 대한 평가 사이에 불안정한 휴전을 제시하며 종교적
으로 고무된 대중 현상에 조금은 구별되는 지위를 부여한다. 따라서 다수
의 군중심리학자가 중점적으로 관심을 갖는 종교적으로 고무된 군중 현
상은, 놀랄 것도 없이 무장한 대중의 첫 순례인 십자군이 그 도화선이 된
순례이다. 순례는 종교와 대중의 관계를 전형적으로 나타내는데, 그것이
군중의 일시적 속성과 종교의 의고성擬古性, 장기지속longue durée 사이의
긴장감, 대중 동원의 '근대성'과 초자연적인 것에 대한 고대의 유혹 사이
의 긴장감을 완벽하게 표현하기 때문이다.[3] 따라서 순례, 순례와 대중 동
원의 관계, 개별적인 중심지(또는, 엘리아스 카네티의 용어를 빌려, '결정

---

de Lourdes, Services Communication", 2001, p.19에서 나온 것이다. Irmengard Jehle, *Der
Mensch unterwegs zu Gott: Die Walfahrt als religiöses Bedürfnis des Menschen—aufgezeigt
an der Marienwallfahrt nach Lourdes*, Würzburg: Echter, 2002, pp.17~18.
2 현대의 심리학 입문서는 군중을 "대개 서로 알지 못하는 많은 수의 사람들로, 동일한 시간에 동일한
장소에 모였고, 제한된 장소에서 버글거리고, 분명한 내적 구조 없이, 그러나 공통의 목표를 향해 인
도되고, 그것에 의해 그들은 동일한 가치관을 지향하고, 따라서 특정한 시간에 경험적으로 측정될
수 있다. 군중은 이렇게 사회의 단면이 아니다"라고 정의한다. Günter Laser, *Populo et Scaenae
Serviendum Est: Die Bedeutung der städtischen Masse in der späten römischen Republick*,
Trier: Wass. Verlag Trier, 1997, p.17.

체'crystals)는 이어지는 내용의 근간을 이룰 것이다. 이 현상의 뿌리를 찾아 그리스로마 상고시대로 거슬러 올라감으로써——나는 그것들이 서양의 기독교적 형태로 나타난 것에 집중해서 말할 것이다——'집단적인'en masse 순례가 여러 가지 점에서 완전히 근대적 현상이라는 점이 분명해질 것이다. 그것은 정확히 19세기 말 프랑스의 귀스타브 르 봉과 다른 이들로 대표되는 대중행동의 새로운 학문이 형성되던 시기에 등장했다. 기독교의 순례는 개별적인 수행으로 시작됐고 유일한 예외였던 십자군이 끝난 후에도 마찬가지였다.

역으로, 순례를 향해 매혹하는 개인적 결정체 또는 촉매제, 특별히 로마나 예루살렘과 같은 거대한 도시의 중심지가 아니라 성인이나 그들의 수호자와 추종자, 수도자와 수도사에 초점이 맞춰진 순례의 형태는 우리가 역사적으로 포착할 수 있는 고대세계의 한 종교적 대중 현상의 맥락에서 유래한다. 그것은 검투사 경기를 포함하는 종교적 경기와 순교이다. 그러나 흥미롭게도 정확히 오늘날 순례의 대중 동원——루르드와 멕시코의 과달루페, 포르투칼의 파티마, 브라질의 아파레시다, 인도 고아 주의 프란시스코 사비에르의 무덤——은 특정한 의미에서 순례의 그 기원으로 돌아가는 것을 나타낸다. 가장 최근까지도 여행 자체의 고난이 순례에서의 변형의 순간이었지만, 대중관광, 비행기, 버스, 자동차와 같은 근대적 수단과 그들의 상대적인 편안함은 이제——다시 한번——열정적이고 빽빽한 공동체인 군중을 목적지, 즉 중심무대로 보내 변형의 순간을 부여

---

3 Kaspar Elm, *Umbilicus Mundi: Beiträge zur Geschichte Jerusalems, der Kreuzzüge, des Kapitels vom Hlg. Grab in Jerusalem und der Ritterorden*, Brugge: Sint-Trudo Abdij, 1998, pp.25~28. 이후부터 *UM*으로 축약한다.

한다. 그러나 여러 가지 변형에도 불구하고 고대와 근대의 종교적 대중을 한데 묶는 것은 두 가지다. 종교적으로 고무된 개인의 경험이 당대의 가장 발달한 매체를 이용한다는 그 방식. 그리고 집단의 지지를 받은 개인으로서, 치유와 구원과 은총을 얻으려는 희망을 품고 내세와 교류하려는 참가자들의 영속적이고 인간적인 욕구이다.

종교와 군중심리학자들: 어떤 딜레마의 궤도

논쟁의 여지가 있는 군중심리학의 창시자인 르 봉은 그가 **동질적 군중**으로 일컫는 부류를 구성하는 교회와 같은 종파와 신분제도를 자신의 연구에서 매우 분명하게 제외시켰다. 오히려 그가 몰두해 있던 것은 **이질적 군중**으로, 그들은 일시적이고 정신적으로 열등하며 순종적이고 여성적이며 야만적이고, 야생 짐승처럼, 그리고 강이 수원水源으로 돌아가지 않는 것과 마찬가지로 더 이상 노쇠한 신과 "내세에 대한 집착"Préoccupations de l'au-delà에 의해 길들여지지 않는 듯하다.[4] 그러나 그에게 있어 이 같은 군중은 그 자체로도 대단히 종교적인 현상이었다. 민주주의와 사회주의, 평등과 같은 초월적 은유와 마술 같은 공식에 선동되고, 자신들처럼 똑같이 참을성 없는 지도자를 숭배하는 참을성 없고 순종적인 추종자들로 묘사되는 르 봉의 군중은 교회에 길들여지지 않은 그들의 신념 속에 내재한 모든 파괴적인 힘을 구현한다(PF, pp. 60~63, 98). 그리고 말할 것도 없이 그는 자신의 연구가 능력 있는 사람들이 다음의 것들을 할 수 있도록

---

4 Gustave Le Bon, *La psychologie des foules*(reprint), Paris: Presses Universitaires de France/ Quadrige, 1983(1895), pp.3, 27, 93~95. 이후부터 *PF*로 축약한다.

도와주는 안내서가 되게 만들 작정이었다. 그것은 군중을 길들여서, 비록 새롭고 다른 군중일지라도, 다시 한번 교회 안에 귀의시키고 그 안에서 우월한 개인이 다시 한번 군중의 사나운 힘을 다른 방향으로 적절하게 유도하게 하는 것이다.[5]

르 봉에 대한 프로이트의 대응은 이와 마찬가지로 종교의 영향 아래서의 군중의 분명한 역할을 보여 준다. 그의 형태론에서 이러한 군중은 인공적인 것이다. 조직화되고 항구적인 그들 내부의 지도자는 외부적인 강박Zwang과 결합하여 "자연스런 군중"의 가장 중요한 특징인 짧은 지속durée과 빠른 해체를 드러내 보이지 않도록 막는다.[6] 프로이트의 예시에 따르면 가톨릭교회는 모두를 평등하게 사랑하는 지도자, 바로 예수가 품은 환상Vorspiegelung을 통해 단결한다. 개인과 그 사랑의 연결은 그를 군중의 다른 일원들Massenindividuen과 결합시키는 결속이기도 하다. 이러한 군중의 해체를 막는 것은——여기서 프로이트는 르 봉의 말에 공명한다——그 사랑으로 결합되지 않은 모든 사람들, 즉 외부자를 향한 내재된 참을 수 없는 감정이다. 흥미로운 긴장감이 발생한다. 르 봉과 프로이트에게 있어 군중은 선험적으로 부정적인 세력이지만 종교는, 적어도 그 조직화된 형태에 있어서는——그들이 이것을 이해할 때는 주로 가톨릭교회를 의미하는 것이다——거의 정반대를 나타낸다. 종교는 상류계층이 지배하는 조직이다. 종교는 항구적이다. 그리고 종교는 적어도 간헐적으로는 문명화의 요소다. 그러나 동시에 종교는 군중이 가진 모든 평등화의

---

5 *PF*, pp.113~124; Susanna Barrows, *Distorting Mirrors: Visions of the Crowd in Late Nineteenth-Century France*, New Haven, Conn.: Yale University Press, 1981, pp.162~176.
6 Sigmund Freud, *Massenpsychologie und Ich-Analyse*, Leipzig: Internationaler Psychoanalytischer Verlag, 1921, pp.46~56.

잠재력이라는 측면에서 군중의 개념과 깊게 연루되어 있다.

　엘리아스 카네티 또한 종교를 분리시킨다. 그는 자신의 『군중과 권력』이 종교를 자세히 설명하려는 것은 아니라고 분명하게 언급한다. 그것은 다른 작품의 주제가 될 것이었다. 그렇다고 하더라도 종교는 『군중과 권력』에 스며들어 있으며 카네티의 통찰은 르 봉과 프로이트의 묘사에도 내재되어 있는 긴장감, 즉 종교의 장기지속과 일시적인 군중을 끌어들이는 내재된 잠재력 사이의 긴장감·안정성, 조직과 순간적인 행복감과 광란 사이의 긴장감 ——본질적인 동질성과 일시적인 이질성 —— 을 예리하게 포착한다. 카네티에 따르면 바로 이 긴장감이 종교를 만들어 낸다. "무리의 역학과 그들 사이의 특정한 종류의 상호작용은 세계 종교의 등장을 설명한다." "군중을 신뢰할 수 없다는 느낌은, 말하자면, 모든 역사적인 세계 종교의 혈통 속에 있다."[7] 여기서 암시된 활력은 열린 군중과 닫힌 군중 사이의 연속적인 상호작용이다. 카네티는 대다수의 세계 종교의 초기 단계에서 모두를 평등하게 포용하는 데 집중하는, 열려 있고, 자연적으로 증가하는 군중을 보여 준다. 그후 이 열린 군중은 "스스로를 포위하려고 시도하여" 제도 속으로 길들여지고 그로부터 시간이 지나 새로운 움직임은 (다시) 열린 군중의 분출을 야기한다. 제도화된 종교의 가장 중심부에서 카네티는 한 유형의 군중에서 다른 유형으로의 전이Umschlag를 유도하는 공작원을 발견한다. 카네티의 평가에 따르자면 그들이 바로 군중 결정체Massenkristalle로, 군중 촉매제로서 기능하는 선별된 개인들의

---

7 Elias Canetti, *Masse und Macht*, Hamburg: Claasen, 1960, pp.179, 80~81. 이후부터 *MM*으로 축약한다. 영문판은 다음의 표제로 출간되었다. *Crowds and Power*, trans. Carol Stewart, New York: Viking Press, 1962, pp.128, 24. 이후부터 *CP*로 축약한다.

작고 지속적인 집단이며 가톨릭교회는 성인과 수도사와 같은 이들을 다수 보유하고 있다.

개방성과 폐쇄, 결정화, 지체와 빠른 재분출의 상호작용이 만드는 훌륭한 미장센은 세계 종교의 본질이며 그들의 생존을 위한 토대다(*MM*, pp.144, 22; pp.14~15, 18~20, 22~24, 29, 40~42). 오랜 연륜을 통해 가톨릭교는 규율되지 않은 군중과 계층적 구분을 평등화하는 그들의 힘에 깊은 불신을 갖게 됐고, 또한 그들을 공략하고 길들일 수단을 획득하였기 때문에, 군중에게 가톨릭교는 이론의 여지가 없는 명장名將이었다. "지구상에서 어떤 방식으로든 군중에 대해 자신을 방어할 수 있는 능력을 가진 국가는 존재한 적이 없다. 교회와 견줄 때 다른 모든 통치자들은 형편없는 아마추어 같다"(*CP*, p.155; *MM*, p.176). 카네티에 따르면 군중을 길들이는 데 있어 교회가 가진 우위는 바로 군중의 형성, 특히 행렬과 순례의 느리게 움직이는 군중에 빚지고 있다. 이 두 군중은 비종교적인 군중과 달리 여기서 멀리 떨어진 목표를 향한다. 그곳은 바로 천국, 순교자와 성인, 수도사의 성지loca sancta이다(*MM*, pp.175~179).

고대와 근대의 사례 연구를 더 심도 있게 분석하기 위한 대조적인 연구로서 군중심리학자들이 제시하는 구절들을 따라가기에 앞서, 중요하게 대조가 되는 1912년 출판된 에밀 뒤르켐의 『종교 생활의 원초적 형태』를 언급할 만하다. 이 작품 또한 종교와 개인, 대중 사이의 깊은 상호연결성을 주제로 하고, 뒤르켐은 이들 중 누구도 직접적으로 인용하지는 않았지만 "19세기 말에 등장한 군중심리학 연구의 수확물로부터, 그중에서도 스키피오 시겔레, 귀스타브 르 봉, 그리고 특히 가브리엘 타르드로부터 거의 틀림없는 영향을 받았다". 그러나 뒤르켐의 대중과 종교에 대한 평가는 '분리'를 필요로 하지도 않고 종교의 '긍정적인' 측면과 대중의

'부정적인' 관점을 화해시키는 어려움을 나타내지도 않았는데, 그것은 그가 군중행동을 병리학적이고 바람직하지 않으며 민주주의에 반대하는 주장으로 받아들이지 않았다는 단순한 이유에서다. 반대로 그는 "종교적 발상이 탄생한 것은 (군중의) 비등으로부터 나온 것"이며 "집단적인 비등 이후에 사람들은 자신들이 눈앞에서 보았던 것과 완전히 다른 세계로 이동되었다고 믿는다"고 주장했다. 게다가 "신성한 존재와 관련된 집단적 표현^{répresentations}을 재개하는 유일한 방법은 그들을 종교적 생활의 그 원천 안에서 즉, 집결한 집단 안에서 누그러뜨리는 것이다".[8]

종교를 군중과 본질적으로 연결한 뒤르켐의 평가는 그 형태에 있어서는 군중심리학자들의 평가에 공명하는 것이지만 해석에 있어서는 차이가 있다. 르 봉·프로이트·카네티와 달리, 그는 종교의 집단적인 측면을 교화를 필요로 하는 파괴적이고 안정을 위협하며 퇴행적인 요소로 여기지 않고, 사회적 연대와 통합을 찬양하며 신성한 정서를 생산하는 긍정적인 힘으로 생각한다. 즉 뒤르켐의 평가는 처음에 언급된 근대적인 대중 현상에 이르는 긍정적인 길을 우리에게 제공할 텐데, 그 현상은 특정한 시간에 특정한 장소로 수백만을 불러 모으고, 대개 매스미디어와 대중교통수단이라는 근대적 수단의 도움을 받지만, 인간이 사회적 존재라는 사실에서 비롯되는 고대의 정서를 통해 인도되는 것이다. 군중의 "비등"을 통해 "인간은 달라진다. 그들을 움직이는 열정은 폭력과 거리낌 없는 행

---

8 Steven Lukes, *Emile Durkheim: His Life and Work*, London: Penguin Books, 1973, pp.462~463; Emile Durkheim, *Les formes élémentaired de la vie religieuse: Le système totémique en Australie*, Paris: F. Alcon, 1912. 영문판은 다음의 표제로 출간되었다. *The Elementary Forms of Religious Life: A Study in Religious Sociology*(reprint), trans. Joseph W. Swain, New York: Collier, 1961(1915), pp.13, 240~243.

동, 초인적인 영웅주의나 유혈의 야만주의의 행동이 아니면 만족될 수 없는 그런 격렬함에서 나온다. 이것이 십자군을 설명하는 방식이다".[9]

순례: 이동하는 대중?

르 봉과, 그가 그들의 개념을 효과적으로 대중화시킨 바 있는 바로 이전의 선구자들은 제3공화정의 폭력적 봉기와 대중 시위라는 그들 자신의 역사적 상황과, 대중 시위라는 새로운 현상과 근본적인 사회적 위기를 해결하려고 고심한 사회학·정신의학·범죄인류학과 같은 여러 과학적인 분과 학문의 등장에 깊은 영향을 받았다. 따라서 그들은 대중을 자신들의 시대, 즉 19세기 후반의 프랑스를 굴절시키는 '거울들'(수잔나 배로의 단어를 빌리자면 "왜곡시키는 거울")로 이해했다.[10] 같은 시기──종교적 믿음이 먼지처럼 휩쓸려 가고 새로운 과학 시대의 여명을 확신에 차서 알렸던 시기──근대적 순례의 가장 강력한 장소가 프랑스에서 등장했다. 바로 루르드다. 루르드가 대중의 의식 속에 등장하게 되는 과정을 간단히 요약하면서 드러나겠지만, 그것은 거울처럼 그 시대를 심하게 굴절시켰다. 그리고 그것은 위에서 언급된 몇몇의 문제를 제기한다. 바로 근대성과 전통의 관계, 개인과 집단의 특정한 행동과 경험의 관계, 관광여행과 여가, 그리고 개인의 기적적인 것과의 조우와 그 지속적인 유혹의 관계다. 이 모두가 반대로 그 시대의 종말을 선언했다. 그러나 루르드를 대

---

9 Durkheim, *The Elementary Forms of Religious Life*, pp.240~243, 247~248; Stanley J. Tambiah, *Leveling Crowds: Ethnonationalist Conflicts and Collective Violence in South Asia*, Berkeley: University of California Press, 1996, pp.297~323.
10 Barrows, *Distorting Mirrors*, pp.2~6.

중적 관광여행 시대의 순례를 위한 사례로 다루기 전에 위에서 언급한 주장을 명료하게 하기 위해 전근대의 순례에 대한 몇 가지 핵심적인 사실을 간략하게 요약할 만한데, 종교적인 대중 현상의 패러다임인 순례는 십자군을 예외로 하면 고도로 개인적인 목적에서 시작됐다는 것이다.

예루살렘은——위대한 종파를 지녔고 세계의 기록을 설명하는 중세의 지도map로서——대다수의 유대인과 기독교인들의 눈에는 '세상의 배꼽'umbilicus mundi이었는데, 그것은 그곳이 신이 인간과 가장 심오하게 마주친 장소였기 때문이다. 이곳에서 예수의 구제의 본성이 처음으로 인식됐고 "그의 아버지의"(「누가복음」 2장 22절) 사원에서 예수가 처음으로 설교하여 예루살렘이 그의 열정을 목격했으며, 또한 예루살렘은 최후의 심판이 이뤄지고 종말의 시기에 천상의 예루살렘이 지상에 내려올 장소로 여겨졌다(UM, p.5). 이렇게 기독교인에게 예루살렘——2세기에 마르키온Marcion[그리스도교 최초의 개혁자]의 도전 이후 구약성서와 신약성서 사이의 본질적인 연계에 대한 인식으로 시작되는——은 예수가 살았던 장소이자 기독교의 구원의 역사가 기원하고 그것이 성취될 장소를 나타냈다.[11] 신은 모든 곳에서 숭배될 수 있고 어느 한곳이 다른 곳보다 신성한 진실에 대한 더 특권화된 접근을 가능하게 하지 않는다고 주장했던 이들이 처음부터 존재했지만(가령 「요한복음」 4장 19절~21절, 23절을 보자면), 많은 고대인들이 반대되는 생각, 즉 일정한 장소에서 신에 대한 특별한 접근이 가능하고 따라서 치유와 예지의 목적을 위해 그곳을 보거나

---

11 E. D. Hunt, *Holy Land Pilgrimage in the Later Roman Empire, AD 312-460*, Oxford: Clarendon, 1984, pp.2~5. 이후부터 *HLP*로 축약한다. Susanna Elm, "Perceptions of Jerusalem Pilgrimage as Reflected in Two Early Sources on Female Pilgrimage(3rd and 4th century AD)", *Studia Patristica*, vol.20, 1989, pp.219~223.

만져야 한다는 주장에 깊은 영향을 받았다.[12]

그러므로 기독교 순례에 대한 최초의 설명은, 놀랄 것도 없이, 예루살렘으로 향하는 로드맵이다. 그것은 익명의 순례자가 333년 작성한, 보르도에서 성지[Holy Land]에 갔다가 돌아오는 노정을 묘사하는 짧고 간결한 여행 안내서이다.[13] 알려진 대로 콘스탄티누스 대제가 기독교를 공인하고 21년이 지난 뒤 만들어진 『보르도 여행 안내서』는, 장소의 이름과 거리를 지형적으로 열거하는 것과 같은 오랜 전통을 지닌 여행 글쓰기의 형태를 따른다. 어쨌든, 이 여행자는 로마 도로의 기반 시설을 즐겼다.[14] 『보르도 여행 안내서』가 신성한 여행의 기록인 이유는 그것이 성지와 예루살렘에 초점을 맞추었기 때문인데, 당시 하드리아누스 황제가 고대의 예루살렘을 약탈하고 '아일리아 카피톨리나'[Aelia Capitolina]라는 이름의 작은 로마 식민지로 재건했기 때문에 예루살렘은 실제로 존재하지 않았고 완전히 다시 창안되고 재건되어야 했다. 이 과묵한 보르도 순례자가 참여한 것은 바로 이러한 기획이었다. 그는 팔레스타인에 들어가자 곧 더 느긋하게 여행했고 구약과 신약 성서의 인물과 장소를 빈번하게 암시하며 지명을 해설하기 시작했다. 실로 성경 자체가 이제 여행 안내서가 되었다.[15] 표제어

---

12 Matthew Dillon, *Pilgrims and Pilgrimage in Ancient Greece*, London: Routledge, 1997; Simon Coleman, *The Globalisation of Charismatic Christianity: Spreading the Gospel of Prosperity*, Cambridge: Cambridge University press, 2000, pp.10~29.

13 2세기의 기독교 작가인 사르디스의 멜리토(Melíton Sárdeon)는 이미 자신이 "이러한 위업이 (성경에서 말해진) 달성되고 공포된 장소"를 보기 위해 팔레스타인에 갔었다고 주장했다(Eusebius, *Historia Ecclesiastica*, 4.26.14). 그의 설명은 여행담이 아니지만, 그는 최초의 기독교 순례자로 불릴 수 있었다. 『보르도 여행 안내서』에 대해서는, Jás Elsner, "The Itinerarium Burdigalense: Politics and Salvation in the Geography of Constantine's Empire", *Journal of Roman Studies*, vol.90, 2000, pp.181~195를 보라.

14 *Ibid.*, pp.184~186.

15 Simon Coleman and Jás Elsner, *Pilgrimage Past and Present: Sacred Travel and Sacred*

를 인용해 본다면, "Isdradela(이스르엘Jezreel) 도시: 10마일. 아합 왕이 왕위를 차지하고 엘리야가 예언한 곳이 이곳이었다"(585.7~588.2). 보르도 순례자는 예루살렘을 심도 있게 묘사하고 그곳을 성서의 도시라고 생각한 반면, 그가 지나갔던 로마제국의 거대한 도시 중심지——가령 안티오크——에 대해서는 대개 침묵했다.

익명의 순례자는 개인으로 여행했지만, 동료에게 말하듯 계속해서 독자에게 같이 가자고 청하며——"여기서 올라갑니다", "여기서 건너서 들어갑니다"——여행을 생생하게 떠올리도록 만든다. 실로 많은 사람들이 이 여행길을 똑같이 따랐다. 380년대에 수행원들과 함께 스페인에서 갈리아 남부까지 여행한 순례자 에게리아Egeria의 설명은 아마도 4세기 말의 가장 생생한 여행기일 텐데, 그녀는 예루살렘에 온 많은 사람들과 자신의 경험을 공유했다.[16] 614년 사산조Sassnids가 예루살렘을 점령했지만 개인 순례자들, 이슬람교 아랍인들, 즉 8세기의 아바스조Abbasids나 파티마조Fatimid의 칼리프 알 하킴al-Hakim의 소규모의 지속적인 방문 행렬을 막을 수는 없었다. 알 하킴은 훗날 예루살렘 순례를 금지한 첫번째 사람이었고 심지어 1009년에는 콘스탄티누스가 시작했던 성묘 교회Church of the Holy Sepulcher를 파괴하기 시작했다——이것은 아마도 1000년쯤에 순례가 증가한 것에 대한 대응으로 보인다고 11세기의 연대기 작가이자 클뤼니 수도회의 수도사인 라뒬퓌스 글라베르Radulfus Glaber는 말했다.[17]

Space in World Religious, London: British Museum Press, 1995, pp.83~88.

16 Susanna Elm, *Virgins of God: The Making of Asceticism in Late Antiquity*, Oxford: Clarendon Press, 1994, pp.272~273; *HLP*, pp.58~70, 155~185.

17 Diana Webb, *Pilgrims and Pilgrimage in the Medieval West*, New York: Taurus, 1999, pp.16~17. 이후부터 *PPMW*로 축약한다. *UM*, pp.10~12; John Wilkinson, *Jerusalem Pilgrims Before the Crusades*, Warminster: Aris and Phillips, 1977, pp.9~14.

그러나 이 수백 년 동안 실제로 얼마나 많은 사람들이 예루살렘으로 갔을까? 나는 "그다지 많지 않다"는 모호한 숫자를 언급했는데, 사실 말하기가 매우 어려운 문제다. 우리의 초기 자료는 "세계 각지에서 온" 다수를 연상시킨다.[18] 385년 이후 베들레헴에 정착한 달마티아에서 온 저명한 교부 제롬(히에로니무스Hieronymus)은 "다수의" 방문객들에 대해 계속해서 불평했지만 또한 베들레헴의 "고독"을 찬양했다.[19] 제롬과 그의 친구 바울라는 "많은 처녀들"과 여러 수도사들, 장로, 제롬의 형제와 함께 여행했다. 우리가 이름만 들으면 알 만한 에게리아와 다른 많은 초기 순례자들처럼 그들은 사회의 상류계층에 속했고 노예와 남자 하인, 호위대로 이뤄진 수행원이 함께하는 호화로운 여행을 했다. 수행원의 실제 규모는 여행의 유형, 즉 육지 여행인지 바다 여행인지에 따라서도 달라졌는데, 후자의 경우 보통의 화물선에 동승해서 다른 모든 사람들과 운명을 함께하였는지 아니면 특별한 배를 빌렸는지의 차이가 있었다. 그러나 우리가 아주 부유한 자들에 대해서만 알고 있는 것은 아니다. 초기의 몇몇 순례자는 갑판원이나 "몰래 탄 승객"으로 다니며 재정적인 수단이 거의 전무한 상태로 홀로 여행했고 또 일부는 거의 전 기간을 걸어서 돌아다녔다. 그러나 여행길에 규모를 전환한 자그마한 집단이 아마 일반적이었는데, 그것은 특히 제국의 법률이 도로망을 이용하는 개인 여행자들의 수행원 규모를 "생명의 보호와 여행자에게 필요한 노동의 수행"에 필요한 사람들로 제한했기 때문이며, 규칙을 위반하면 처벌받았다.[20] 그러나 오직

18 Jerome, *Ep.*, 77.10; 66.11.
19 *Ibid.*, 46.12.3; *Epp.* 66.14, 71.5.
20 Theodosius, *Codex Theodosianus* 8.5.4와 그외 곳곳에서.

군대와 제국 궁정의 여행 외에는 집단적인 이동의 사례를 알지 못하는 사회에서 20~30명으로 이뤄진 단체만으로도 지대한 관심을 끌었고 예루살렘에 온 사람들의 수는 방문객의 물결을 수용하기 위한 특별한 호스텔을 건립하게 만들 정도로 상당한 의미가 있었다. 아무리 호화스럽더라도 모든 여행에는 셀 수 없는 위험과 불편함, 붐비는 숙박, 오랜 기간의 타향살이가 공통적으로 따랐다. 매우 먼 거리를 여행하는 것 자체가 이떤 환경에서도 상당한 고충이었다.[21]

이슬람 세계가 성지와 지중해의 동쪽과 남동쪽 연안을 정복한 후에 예루살렘으로 향했던 순례자는 추가적인 위험에 직면했다. 순례는 중단되지 않았다. 이슬람교도들은 예루살렘을 보기를 소망하는 기독교인 순례자를 "그들의 법의 명령에 복종하는" 사람들로 생각했다. 항상 작은 규모로 이뤄지던 것이 줄어 이제 드문드문해졌는데, 1009년 이후에는 이런 흐름이 역전된다.[22] 글라베르가 1040년대에 쓴 바에 따르면 "세계 각지에서 셀 수 없이 많은 군중이 예루살렘에 있는 그리스도의 무덤으로 떼 지어 몰려오기 시작했다. 이전 시대에 살았던 어느 누구도 가능할 것이라고 상상하지 못했던 엄청난 수가". 예루살렘으로 다시 찾아온 사람들은 "보통 사람들, 중간층이었지만 몇몇의 위대한 왕과 백작과 귀족들도 있었다. …… 많은 귀부인들이 가난한 자들과 함께 출발했다"(History, p. 680). 아마도 이것은 성묘 교회를 파괴하려는 알 하킴의 시도와 더불어 막 지나간 새 천년의 종말론적 두려움으로 추진력을 얻었을 것이다. 이전에 그래 왔

---

21 Dillon, *Pilgrims and Pilgrimage in Ancient Greece*, p.xviii; *HLP*, pp.63~70, 72~76, 141~160.
22 *PPMW*, pp.10~11, 16~18; Coleman and Elsner, *Pilgrimage Past and Present*, pp.94~95; Jonathan Riley-Smith, *The First Crusaders, 1095-1131*, Cambridge: Cambridge University Press, 1997, pp.1~2. 이후부터 *FC*로 축약한다.

던 것처럼 대다수가 남부 이탈리아로부터 바다를 건너왔다. 그러나 새로운 육지 경로도 개시되었는데 가령 보헤미아와 폴란드, 헝가리를 통해서도 왔다. 심지어 최근에 기독교로 개종한, 항해에 익숙한 바이킹 두목들은 두려움 없이 이베리안 반도 근방을 항해하며 성지를 방문했다. 이러한 점진적인 증가는 그 절대적인 수(여전히 적은)가 얼마이든, 적어도 많은 사람들이 예루살렘에 간 누군가를 알고 있다는 것을 의미했고, 이런 친밀함은 의심할 것도 없이 1095년 시작된 새로운 집단적 움직임, 즉 십자군의 초석이 되었다(*PPMW*, pp.17~20).

1095년 11월 27일, 로마 교황 우르바누스 2세가 이슬람교도의 손에서 예루살렘을 해방시키기 위해 프랑스 귀족을 소집했을 때 그 반응은 대단했다. 대규모의 교회 평의회에 즈음하여 클레르몽에 모인 많은 사람들은 "그것은 신의 뜻이다"를 외쳤고 "직업을 막론하고" 다수가 합류하기를 간청했다. 모두가 이해하기로는 그들이 합류하려고 했던 것은 순례였다. "명예나 돈을 얻기 위해서가 아니라 오직 신앙심으로" 예루살렘에 간다면 누구든 그 도시를 해방시킬 뿐 아니라 모든 죄악으로부터 자신을 해방시킬 것이었다. 그것은 어마어마한 종교적 의미를 가진 보상으로, 전에는 수도사가 되어야 가능한 일이었다. 5~6만 명의 사람들이 이 기회를 활용했다. 바로 사상 최초의 군중 순례를. 이 시도에는 무장한 군대가 필요했고 따라서 순례에 관한 다른 모든 기독교의 개념——평화적이고, 개인의 죄에 대한 구제와 구원의 약속이고, 본질적으로 개인이 추구하는 것이라는——과 반대되었지만, 그들 다수에게 정말로 동기를 부여한 것은 예루살렘의 해방과 성지를 보고자 하는 욕망이었다. 그들 중 약 10퍼센트가 기사였고 나머지는 다른 순례자와 하인들, 가난한 자와 노인, 병자, 여성, 어린이들이었다. 더욱이 이 '대중'은 하나의 밀착된 집단이 아니라, 1097

년에 콘스탄티노플에서 결집할 작정으로 지역 단위로 모인 다수의 작은 집단을 이루어 이동하였다. 그곳에 간 사람들 중 실제로 훨씬 적은 수가 1099년에 예루살렘에 도착했는데, 그것은 큰 무리가 안티오크——장기간의 포위공격 뒤에 1098년 점령된——에 머물러 있었기 때문이다.[23]

전근대의 역사에서 대개 그렇듯이 대중의 정확한 구성은 말할 것도 없고, 실제의 수를 규명하는 것은 불가능하다. 조지 뤼데가 프랑스 혁명의 "역사적 대중"의 사회적 구성을 밝히려고 할 때 접근할 수 있었던 경찰 보고서 같은 것은 존재하지 않는다.[24] 아마도 총 5~6만 명의 사람들이 부름에 응했고, 전투에 참가한 사람은 그보다 훨씬 적었으며, 오직 낮은 비율만이 결국 예루살렘에 도달했다(1187년의 하틴Hattin 전투에는 1,300명의 기사와 15,000명의 보병이 참가한 것으로 추정되고, 1099년 예루살렘에 도착한 이들의 수는 훨씬 적었다. 푸셰 드 샤르트르Foucher de Chartres는 1101년 300명의 기사가 그곳에 남아 있었다고 기록했다[C, p. 81]).

그러나 사건의 모든 연대기 작가들은, 특히 1099년 6월 예루살렘 약탈을 묘사할 때 그곳에 도착한 사람들의 숫자나 특히 도살당한 적의 숫자에 대해서는 놀랄 만한 수치를 말한다. 직접 예루살렘 약탈에 참가한 여러 연대기 작가는, 도처에서 살해된 이슬람교도와 시신의 피가 기사들의 발목까지 차올라서 그들이 그 피를 헤치며 걸어 다녔다고 말했다. 푸셰 드 샤르트르는 사망자 수를 십만으로 계산했지만 이 수치는 곧 두 배, 네 배로, 또는 너무 거대하게 묘사되었기 때문에 오직 신만이 그 규모를 알

23 *FC*, pp. 3~34; *PPMW*, pp. 19~21; Jonathan Philips, *The Crusades, 1095-1197*, London: Longman, 2002, pp. 2~26. 이후부터 *C*로 축약한다.
24 George Rudé, *The Crowd in History: A Study of Popular Disturbances in France and England 1730-1848*, New York: Wiley, 1964, pp. 3~15, 94~134.

것이다.[25] 반대로 비잔티움 제국의 작가 니케타스 코니아테스는 제2차 십자군의 규모를 9,876,543명으로 내놓았다. 그러나 가장 그럴듯한 계산은 위에서 언급된 총 16,300명 정도이다.[26] 도시 중심지의 희소성과 그 작은 규모를 고려할 때——가령 파리는 11세기 말에 2만 명이 안 되는 인구를 가졌던 것으로 추정된다——십자군 참가자의 가장 보수적인 수치조차 근대의 학자와 당대인 모두가 이 무장한 순례가 대중의 이동이었다고 여기게 만든다. 여전히 중세의 작가들이 제시한 수치의 거대함은 놀라울 따름인데, 특히 고대의 작가들이 광도의 등급[1~6등성]을 나타내기 위해 숫자를 사용했던 것을 떠올리면 그렇다.

연대기 작가들이 제시한 거대한 숫자는 우연도, 단순한 과장도 아니다. 특정한 시위나 집회 참가자 수에 대한 근대의 추정치가 컴퓨터를 이용하고 그리드를 기반으로 한 자료들과는 반대로 절대 분명하지 않고 언제나 그 출처에 따라 (가령 주최 측 대 경찰) 규모가 다양한 것과 마찬가지로, 십자군 연대기 작가의 추정치 역시 정교하게 만들어진 주장의 일부분이다. 사실 그들은 고대 극작술의 배우다. 선과 악 사이의 전투. 학살된 수십만의 사람들은 단순한 적이 아니었다. 그들은 사탄의 악마 같은 힘과 인간의 모습을 한 악을 나타냈고 다른 편은 신과 그의 추종자들의 승리를 나타냈다. 악이 더 크게 굴복할수록 신의 영광은 더욱 위대해졌다. 이어지는 모든 십자군의 부름과 당시에 이용할 수 있던 모든 매체들——설교,

---

25 Kaspar Elm, "'O beatas idus ac prae ceteris gloriosas!' Darstellung und Deutung der Eroberug Jerusalems 1099 in den Gesta Tancredi des Raoul von Caen", eds. Gabriele Thome and Jens Holzhausen, *Es hat sich viel ereignet, Gutes wie Böses: Lateinische Geschichtsschreibung in der Spät- und Nachantike*, München: Saur, 2001, pp.155~159.

26 Niketas Choniates, *Annals of Constantinople*; *C*, p.81.

노래, 연대기, 예배의 글귀, 방언으로 쓰인 시, 심지어 교회의 창문——은 이 점을 강조한다. 신 자신이 앞서 수없이 그래 왔던 것처럼, 신은 적의 파괴, 악에 대한 선의 승리를 원했다. 이런 이유로 무장한 순례자는 모세, 다윗, 골리앗과 신전을 일소한 마카베우스, 그리고 로마 황제 티투스와 베스파시아누스——70년에 그들이 행한 신전 파괴는 예수를 십자가에 못 박은 것에 대한 신성한 복수로 오랫동안 해서됐다——의 선례를 따랐다.[27] 1099년 예루살렘에 대한 마지막 습격이 있기 전에, 십자군이 아닌 것으로 알려진 십자가를 품은 순례자들이 단식을 했고, 또한 성스런 유물을 들고 다니며 올리브 산에서 설교를 하는 사제의 뒤를 따라 도시 주변을 맨발로 걸어 다녔다. 뒤이은 포위공격으로 사망한 사람들은 특별한 방식으로 사망했는데, 위대한 노르만족 전사인 보에몽 드 타란토Bohemond de Taranto가 고향으로 보낸 편지에 쓴 것처럼 "평화롭게 …… 그리고 의심할 나위 없이 그들은 영생으로 찬미받을 것이다". 그 편지를 받은 사람은 그가 무엇을 의미했는지 이해했을 것이다. 푸셰 드 샤르트르는 그것을 좀더 분명하게 말했다. 예루살렘으로 향하는 노정에서나 예루살렘 안에서 죽은 사람은 "신앙과 희망 속에서 수의를 입었다. …… 그는 지상의 무덤에 묻히자마자 이미 천상의 왕이 되었다. 신이 그 같은 영광을 부여한, 더없이 행복한 그는 순교의 월계관을 쓴 왕이 되고 순교자에 포함될 것이다" (*UM*, pp. 28~33).

27 A. A. R. Bastiaensen, "Ecclesia Martyrum: Quelques observations sur le temoignage des anciens textes liturgiques", eds. M. Lamberigts and P. Van Deun, *Martyrium in Multidisciplinary Perspective*, Leuven: Peeters, 1995, pp.333~349; Elm, "'O beatas idus ac prae ceteris gloriosas!' Darstellung und Deutung der Eroberug Jerusalems 1099 in den Gesta Tancredi des Raoul von Caen", pp.160~162.

순례의 고통과 여정의 괴로움, 갈증, 배고픔, 아픔과 불확실성, 빈곤과 헐벗음을 통해 그리스도를 본받아$^{Imitatio\ Christi}$ 사는 것은, 『프랑크족의 위대한 업적』$^{Gesta\ Francorum,\ 1100~1101}$의 익명의 저자가 표현했듯 많은 십자군의 주요한 목표였다. 그러한 모방^{Imitatio}은 우르바누스 2세와 그의 계승자가 "십자가를 품은" 순례자들에게 승인하는 죄로부터의 위대한 구제의 근거였고, 그것은 상당히 인기를 끌었던 것으로 드러났다. 그러나 궁극의 승리, 최고의 성취는 신의 영광을 위해 예루살렘으로 가는 도중에 죽는 것으로, 그것은 신의 힘의 징후가 되며, 순교자로서 죽는 것을 뜻한다. 순교라는 관념은 마치 라이트모티프^{leitmotiv}처럼 십자군에 대한 설명을 관통한다(PPMW, pp. 19~23; FC, pp. 4~10; C, pp. 9~18, 63~66). 많은 순례자들이 개인의 구원을 추구했지만 결국 그 탐색 과정에서 많은 유사한 영혼들과 합류하게 되었고, 그들은 길 위에서 함께하기도 했지만, 집단적인 상상 속에서 더욱 그러했다. 기념품과 유물(성 십자가의 조각들, 부적)을 품고 돌아온 십자군 하나하나가 신과 그의 추종자들의 힘을 보여 주는 살아 있는 증거였다. 각각의 십자군은 개인의 자격으로 두 가지 최고의 이상, 즉 순례와 기사도 정신을 통합했기 때문에 온 공동체의 최고의 대표자였다. 그러나 죽은 사람들은 순교의 거대한 힘을 통해 집단적인 상상을 최고로 증대시키는 역할을 했다.

순교자: 최고의 군중 결정체

예루살렘은 많은 사람들에게 세상의 배꼽이었고 오늘날에도 그렇다. 1187년 살라딘이 예루살렘을 재점령하고 1197년 십자군이 종결된 이후에도 예루살렘 순례는 번성을 이뤘다. 그러나 4세기 초반부터 예루살렘이 순례자들을 끌어당기는 유일한 장소는 아니었다. 동시에, 다르지만 연결되어 있는 현상이 나타났다. 성지를 향한 길고도 험난한 여행을 완주한 방문객들이 있었던 반면 역시 종교적인 동기에서 출발했지만 예루살렘이 아닌 다른 많은 장소, 로마를 포함해 고향에 좀더 가까운 곳으로 이동한 수많은 다른 사람들이 있었다. 이 순례의 지방화된 형태는 세 개의 뿌리에서 등장했다. 첫째는 그들의 명예로운 망자, 즉 순교자가 속한 초기의 기독교 공동체 안에서 구축된 것이고, 둘째는 그들의 아류, 살아 있는 희생자들, 또는 곧 성인으로 알려질 독실한 남성과 여성들에게로 가는 여행으로, 그들은 시리아와 이집트의 사막——따라서 예루살렘 성지로 가는 도중에 있는——뿐 아니라 수많은 다른 먼 곳이나 인적이 드문 곳 deserta에 거주했다. 셋째는 그리스로마의 전 영역과 그 너머까지 알려진 고대의 관습으로, 치유와 예견을 위해서 움푹 파인 특정한 공간을 은신처로 삼는 것이다. 또는 투키디데스의 말을 빌리자면 "보통의 성소를 찾아가서, 제물을 바치고, 신탁을 청하고, 관중이 되는 것이다".[28]

순교는 신의 영광을 위한 공개된 무대에서의 자기희생이라는 과시적인 죽음이며, 십자군에 대한 간략한 개관이 이미 분명하게 밝혀 주듯이 기독교의 가장 중요한 측면 중 하나다. 기독교인의 이미지, 즉 마지막에 승리할 때까지 로마인들의 박해에 시달리며 사자에게 잡아먹히는 남녀는——이것은 곧 로마 자체의 몰락을 가져왔다——아마도 가장 널리 알려진 로마사의 개요일 것이다. 이것을 2세기의 북아프리카 작가인 테르툴리아누스가 가장 간결하게 설명했다. "semen est sanguis

---

28 Thucydides, *The History of the Peloponnesian War*, 5.18.2(기원전 421년 스파르타와 아테네 간 니키아스 화약의 구절); Dillon, *Pilgrims and Pilgrimage in Ancient Greece*, pp.xiii~xix, 60~123.

Christianorum——당신이 우리를 쓰러뜨릴 때마다 우리의 수는 더 많아진다. 기독교인의 피는 씨앗이다."[29]

그런데 왜 거의 언제나 한 사람의 행동인 순교가 '대중들'Crowds에 대한 책 속에서 두드러지게 중요할까? 그 답은 카네티가 군중 결정체, 또는 군중 촉매제라고 이름 붙인 것의 가장 적절한 예가 순교자이고 오늘날에도 마찬가지라는 사실에 있다. 순교 행위라고 부르짖는 각 개인의 죽음은 언제나 큰 집단을 위한 미장센이다. 그러므로 그것은 언제나 대중 전달의 가장 유용한 수단을 활용해야 한다. 죽음은 '작가의' 의도를 되도록 가장 광범위한 청중에게 전달하는 방식으로 연출되어야 한다. 그의 죽음은 단순한 자살이 아니라 초월적이고 종교적이며 정당한 권위에 직접적으로 연결된 순교다. 죽음은 분명히 초월적 권위에 반대되며 추종자 집단에 대한 위협이 되는 현재 주변을 둘러싼 (대중의) 힘에 반대하고 저항하기 위해 발생하는데, 자기희생은 이 집단을 대표하여 그들을 구원하기 위해 발생한다. 그러므로 죽음의 방식은 언제나 공개적이어야 하고——십자군의 사례에서처럼——'대립되는 대중'의 규모는 순교자의 힘과 그의 초월적인 힘, 또는 신을 분명하게 보여 준다. 이러한 죽음은 악을 대변하는 적에 대한 승리와 동일하기에 이미 지상에 내려온 신성한 뜻과 힘을 명시하는 것이고, 순교자는 영원한 찬양으로 보상받는다.

따라서 순교는 개인과 집단적 환영이라는 환영 사이의 또 다른 형태

---

29 Tertullianus, *Apologeticum*, ch.50. 테르툴리아누스는 카르타고 출신의 상류층 기독교인으로, 『호교서』(*Apologeticum*)는 2세기 말과 3세기 초에 집필했다. 순교에 대한 참고목록은 거대한데, 세부적으로는 Lamberigts and Van Deun, *Martyrium in Multidisciplinary Perspective*; Wiebke Bähnk, *Von der Notwendigkeit des Leidens: Die Theologie des Martyriums bei Tertullian*, Göttingen: Vandenhoeck and Ruprecht, 2001, 특히 pp.193~282를 보라.

의 춤인데, 대중과 집단은 온전히 존재할 필요가 없기 때문이다. 사실 그 현장에 존재할 것이고 또 존재해야 하는 것은 적의 대중이며 가급적 충분한 규모여야 한다. 그러나 작가의 메시지를 정말로 수신하고 수령하는 사람은 물리적으로 멀리 떨어져 있을 것이다. 그들은 실제의 행위보다는, 적절한 매체――이야기적이거나 시각적인, 혹은 둘 다――를 통해 나타나는 그것의 연속적이고 반복되는 재현을 통해서 구성되고 재구성되고 재차 확인되는 대중이다. 따라서 필수적인 요소는 다음과 같다. 대중(반대편이며 종종 죽음과 연루된) 앞에서의 개인의 극적인 죽음은 수신자 집단, 즉 순교자의 대중에게 촉매제가 되고, 이 대중은 극적인 죽음의 지속적인 이야기적 구현이 만들어 내는 증식효과를 통해 확장하고 응집하며, 이러한 특성은 추종자를 매혹하여 순환을 반복시킨다.

역사적으로 말하면 초기 기독교에서 가장 큰 비중을 차지했던 순교 행위――고행자와 성인, 그리고 '일상의 순교'라고 칭해지는 극단적인 고통과 괴로움의 삶을 추구하는 형태의 추종자를 낳았고, 그들은 많은 순례자들의 진원지가 되었다――는 특정한 형태의 '종교적 대중'의 존재를 통해서만 가능했다. 그것은 바로 검투사 경기와 루디^{ludi}, 무네라^{munera} ^{gladiatoria} 경기로, 고대 세계에서 신과 도시, 명예로운 망자에게 경의를 표하기 위해 거대한 대중에 의해 거행되었다. 오늘날 일부 사람에게는 불편한 사실이겠지만 초기의 기독교 작가들은 기독교의 상승하는 인기와 고대세계의 가장 중요한 종교적인 대중오락 사이의 중대한 연결을 완벽하게 알고 있었다. "우리가 참수형에 처해지고 박해받고 야수와 사슬, 불길, 다른 모든 고문의 도구에 노출된다고 하더라도 우리의 신념에 대한 신앙고백을 철회하지 않을 것은 자명하다. 우리가 박해받을수록 그 신념을 채택하는 사람들은 계속해서 증가한다."[30]

검투사 경기와 다른 유형의 경기는 어떻게든 수적인 정확성이 담보될 수 있는, 매우 드문 유형의 전근대 세계의 군중집회라는 단순한 이유로, 군중사 연구자들에게 결정적인 역할을 한다. 우리는 로마 내의 위대한 유적인 콜로세움(5만), 마르켈루스 극장, 키르쿠스 막시무스(약 20만), 마르티우스 광장뿐 아니라 로마제국의 도시 전역(베로나, 아를, 님, 엘 젬)에서 발굴되는 극장, 원형경기장, 투기장——모두 신전^{templa}으로 간주되는, 신에게 속하는 신성한 장소——에 앉을 수 있는 사람의 숫자를 상당히 확실하게 측정할 수 있다. 더 나아가 우리는 검투사 경기와 다른 경기에 할애된 날이 얼마만큼인지를 안다. 로마에서 4세기의 일상적인 해에 약 176번이 열렸는데 이것은 다른 대도시보다 약간 적은 수다. 우리는 로마제국의 전 역사와 심지어 기독교화 이후의 기간 동안에 발생한 거대한 비용과 이러한 관행이 유발한 절대적인 중요성을 우리에게 각인시켜 줄, 매우 광범위한 유형의 수많은 법과 제명, 세금 보고서, 문학작품을 보유하고 있다.[31]

검투사 경기는 남자와 남자, 남자와 짐승, 때론 여자와 여자 사이의 일대일 전투에서 기독교인을 순교자로서 죽게 만들었던 것으로, 저명한 인물이 죽은 뒤에 행해진 의무적인 헌납에서 기원하였으며 제물의 형

---

30 훗날 그 자신이 순교자가 된 성 유스티노가 말한 진술(Martyr Saint Justin, *Dialogue with Trypho*, Washington D.C.: Catholic University of America Press, 2003, p.110)과 같은 것들에서 설명되듯이.

31 Hazel Dodge, "Amusing the Masses: Buildings for Entertainment and Leisure in the Roman World", eds. David Potter and David Mattingly, *Life, Death and Entertainment in the Roman Empire*, Ann Arbor: University of Michigan Press, 1999, pp.205~255; Keith Hopkins, *Death and Renewal*, Cambridge: Cambridge University Press, 1983, pp.7~20; David Potter, "Entertainers in the Roman Empire", *Life, Death and Entertainment in the Roman Empire*, pp.256~326; Thomas Wiedemann, *Emperors and Gladiators*, London: Routledge, 1992, pp.1~26.

식, 죽음과 부활의 징후, 중요한 지위와 망자의 전사 같은 기질의 기념으로서, 혹은 이것들의 조합으로서 이뤄졌다. 검투사 경기는 여전히 망자에 대한 예우와 연결되긴 했지만 시간이 흐르면서 특히 로마제국 시기에는 모든 공적인 구경거리의 중요한 부분이 되었고, 적어도 로마시의 경우에는 (궁극적으로 신성한) 황제만이 자신과 가족을 이 같은 방식으로 예우하도록 허용되었다. 그러나 다른 형태의 공적인 구경거리에 비해 검투사 경기는 상대적으로 드물었는데, 로마에서는 일 년에 단 열 번 정도가 열렸고, 모두──역시 아마도 죽음과 부활과 관련되어──한 해의 마지막 즈음에 거행되었다. 훨씬 빈번하게 개최되었던 다른 유형의 경기로는 연출된 사냥과 베나티오네스^{venationes}[야수끼리 혹은 야수와 인간과의 싸움]가 있었고, 이때 막대한 비용과 곤경을 감수하고 경기장에 데려온 많은 이국적 동물들을 자랑스럽게 전시했다. 모든 유형의 경기에 공통적이었던 것은 그들의 사치스러움과 인기였으며, 그것은 이 경기를 제공한 사람들뿐 아니라 노예로서의 사회적 지위에도 불구하고 종종 진정한 명성을 획득했던 검투사 자신에게까지 확장되었다.

그러나 검투사가 투기장에서 싸움을 하는 유일한 사람들은 아니었다. 야수의 싸움과 검투사 경기는 다른 기능도 수행했다. 그것들은 범죄자들이 공개적으로 처형되는 수단이었다. 영화 「글래디에이터」 덕분에 현재 널리 알려진 것처럼, 검투사의 싸움도 야수의 싸움도 제멋대로 진행되도록 가만 놔두지 않았다. 그들은 대개 준역사적인 사건과 신화적이거나 종교적인 주제를 연상시키도록 연출됐다. 유죄판결을 받은 범죄자의 경우 그들의 죽음은 투기장의 신화적 경기의 일부였고 그 처벌이 범죄에 적합하도록 연출됐다. 그렇다면 방화범은 화형으로 사형선고를 받아야겠지만, 행사는 태양을 향한 이카루스의 치명적인 상승을 재연하도록 연출됐다. 그 과정에서 사형수는 창피를 당하고 조롱당했지만 그들의 죽음의 그 공적인 방식은 그들이 개인과 공동체에 가한 잘못이 지금 교정되었다는 것을 또한 나타냈다.[32]

말하자면, 기독교인 순교자가 데뷔하는 곳이 여기인 것이다. 로마제국에 거주하는 일부의(역사적으로 말하면 아주 소수의) 기독교인들은 그들이 기독교인이어서가 아니라 신에게 산 제물을 바치기를 거부했기 때문에 (그러나, 그들의 기독교적 믿음에 토대해서) 사형선고를 받았다. 그러한 거부는 로마법[ius in sacris]과 종교적 묵계에 따르면 무모하게 공공복지를 위험에 빠뜨리고 심각하게 신성을 모독하는 일에 상응했다.[33] 그러므로 만약 거부를 고집한다면 그러한 사람들은 경기의 일부분으로서 다른 범죄자처럼 공개적으로 처형됐는데 이것은 다시 한번 테르툴리아누스의 『호교서』에 나오는 종교에 대한 그의 설명에서 가장 잘 묘사되었다(15.4~5). "그런데도 당신은 원형경기장에서 더욱 종교적이 되는데, 인간의 피와 사형으로 더럽혀진 얼룩 앞에서 당신의 신들이 범죄자를 위한 구성과 주제를 제공하며 춤추고 있다. 범죄자들이 종종 당신의 신의 역할을 맡은 경우를 제외하면 말이다. 우리는 페시누스에서 온 신 아티스가 거세되고, 산 채로 화형당한 남자가 헤라클레스의 역할을 하는 것을 한 번쯤은 본 적이 있다."

헤라클레스처럼 산 채로 화형당하고(화장의 형벌), 황소에게 겁탈당한 에우로파나 곰에게 살해당한 오르페우스처럼 짐승에게 받히고 잡아

---

32 Katherine Coleman, "Fatal Charades: Roman Executions Staged as Mythological Enactments", *Journal of Roman Studies*, vol.80, 1990, pp.44~73.

33 Carlin Barton, *The Sorrows of the Ancient Romans: The Gladiator and the Monster*, Princeton, N. J.: Princeton University Press, 1993, pp.113~175.

먹힌(맹수형의 형벌) 이 범죄자들 중에 일부는 오늘날 성인과 순교자로 알려졌다. 페르페투아, 폴리카르포스, 펠릭스, 아그네스, 도나투스 등등 처럼 말이다.[34] 이것은 다른 기독교인들이 기독교 공동체를 위해 그들의 죽음을 가장 대중적인 문학 양식, 특히 소위 로맨스 소설을 이용한 이야 기 형태로 구체화하고 해석하였으며, 그것이 상세하게 이야기되었기 때 문이다. 이 문학적인 재현은 이후 수 세기에 걸쳐 광범위하게 지속적으로 유포되었다. 검투사 경기를 배경으로 한 이 신화적인 사망 장면의 이야 기적 재현에서, 고통스러운 공개적 고문과 기독교인의 소름 끼치는 죽음 은 이와 똑같이 공개적이고 고통스러웠던, 부활에 앞서 일어난 예수의 죽 음을 모방한 것이다. 각 순교자의 죽음은 그리스도의 영구적인 신성한 힘 을 나타내는데, 그것은 순교자 이야기의 고통의 묘사가 언제나 영웅을 극 심한 고문에 동요되지 않고 분명하게 참아 내는 모습으로 표현하기 때문 이다. 공개적 살인은 지배를 구축하는 전통적인 수단이기 때문에 희생자 의 인내는 권력 역학의 역전을 상징한다. 예수의 순교자들은 그의 신성한 힘을 통해 극심한 고통을 인내하는 힘을 분명하게 부여받아 그의 '병사' militia Christi가 되고, 현장의 대립되는 대중과 경기의 대단한 화려함으로 표현되는 로마의 권력을 타도한다. 이 대립되는 대중은 물론 악이다. 순 교자 페르페투아는 "나는 맹수가 아닌 악과 싸우고 있다고 생각했다"라 고 말한다.[35]

순교자와 그들의 추종자 집단, 즉 순교자 교회ecclesia martyrum는 대립

---

34 Coleman, "Fatal Charades", pp.60~70.
35 Bähnk, *Von der Notwendigkeit des Leidens*, pp.28~76; Brent Shaw, "The Passion of Perpetua", *Past and Present*, vol.139, 1993, pp.3~45.

되는 대중을 진정으로 보여 주었다. 고통과 죽음에 대한 순교자의 승리는 운집한 로마 군중과 그 지도자, 즉 그들의 우두머리인 황제에 대한 그들 집단의 승리를 상징했다. 미누키우스 펠릭스는 "아니, 우리의 소년들과 섬세한 여성들은 고통을 인내하도록 고무되어 십자가와 고문, 야수와 모든 형벌의 도구를 비웃으며 멸시한다"라고 말한다. 즉 로마의 권력을 상징하는 모든 것들을 말이다(Octavius, 37.5). 그러나 역설적이게도 순교라는 기독교의 중심적인 개념이 구체화되고 영향력을 획득한 것은 분명 바로 로마의 대중매체와 경기 속의 숙명적인 위장, 로맨스 문학 양식의 사용을 통해서다.[36]

순교자에서 성인으로: 순례와 순교자 교회

거의 모든 초기 기독교 작가들이 주장하듯 순교자는 그들의 죽음의 방식을 통해서 신과의 밀접한 친밀함을 느낀 인간으로 죽었다. 그러므로 순교자는 한때 인간이었고 그래서 특별한 특성을 갖는 신의 친구로서 동료 인간의 선처를 호소하고 보호해 줄 수 있었다. 이러한 신과의 특별한 관계로 인해 순교자와 그녀가 지상에서 만진 모든 것, 묘의 장소, 시신의 일부분, 그녀가 몸을 씻은 우물과 다른 물리적 잔재에는 특별한 힘이 있었다. 바로 현재를 신성하게 만드는 힘이었다. 이런 존재들은 많은 결과를 가져왔다. 뼛조각과 같은 명예로운 망자의 물리적 잔해는 더 이상 시체로 보

---

36 Judith Perkins, *The Suffering Self: Pain and Narrative Representation in the Early Christian Era*, London: Routledge, 1995; Bähnk, *Von der Notwendigkeit des Leidens*, pp.282~315; Bastiaensen, "Ecclesia Martyrum", pp.333~349.

이지 않았고 잔해의 유적지(무덤과 묘)는 기념물로, 순교자의 연속되는 존재가 특별하고 강렬하게 느껴지는 장소로 이해됐다. 따라서 이곳들은 깊은 신앙심을 고무시키는 강렬한 영성의 장소였고, 신앙심은 기적, 가장 흔하게는 병자와 맹인, 절름발이의 기적 같은 치유를 통해 분명하게 드러났다. 그러나 그것들은 또한 방문한 사람들이 자신의 죄를 씻어 낼 수 있도록 도와주었는데, 특히 방문하는 동안 순교자의 죽음에 대한 이야기를 큰 소리로 읽을 때 그랬다.[37]

요약하면, 4세기가 끝날 무렵부터 순교자에 대한 숭배는 성인에 대한 숭배로 변형되기 시작했고 이런 순교자가 살았거나 매장된 많은 장소 자체가 순례를 위한 성지가 되었다. 동시에 살아 있는 희생자들은, 특히 성지로 향하는 도중에 있는 경우에는 비슷한 이유로 사람들을 끌어들이는 진원지가 되었다. 이 생존한 희생자들은 전통적으로 악마의 무대와 동일시되는 멀리 떨어진 불모지로 간 안토니우스, 테오도라, 첫번째 은둔자 바울과 같은 남녀들로, 바로 그 악마와 악의 화신과 대결하기 위한 목적으로 단식과 철야, 기도, 금주, 고행과 같은 엄격하게 자제된 생활을 하며 '일상의 순교'에서 예수를 모방하려고 하였다. 그들의 기적적인 행동 —— 그들의 초인적인 생활방식, 예언과 기적과 같은 음식 제공, 그리고 다수의 치유를 통해 나타난 —— 은 신성한 존재의 현시였고, 그것들은 수많은 이야기와 성인전에서 이야기되었으며 초기의 순교자들에 관한 고통의 이야기만큼이나 광범위하게 유포되었다. 이렇게 예루살렘에 갔던,

---

37 Peter R. L. Brown, *The Cult of Saints: Its Rise and Function in Latin Christianity*, Chicago: University of Chicago Press, 1981, pp.1~22; Patrick Geary, *Living with the Dead in the Middle Ages*, Ithaca, N.Y.: Cornell University Press, 1994, pp.77~92.

에게리아부터 제롬과 그의 동료들에 이르는 잘 알려진 거의 모든 초기의 순례자들은 시리아와 이집트도 방문했고 "수도사 일행은 …… 지상의 성스런 가족을 찾아 이곳저곳을 순회했다".[38]

로마 세계에서 기독교가 존재한 곳이라면 어디에나 순교자, 그들에 대한 기억memoriae이나 무덤, 그리고 불모지—생존한 희생자와 미래의 성인을 위한 잠재적인 유적지—가 존재했다. 곧 특별한 교회가 건립되었는데, 그것은 증가하는 방문객—순례자—과 상임 관리인들에게 숙식을 제공할 부대시설과 아프고 허약한 순례자를 위한 병원이 갖춰진 맞춤형 성지였다. 방문객의 수는 유물, 즉 순교자와 성인의 물리적인 잔해가 수출되고 옮겨졌을 때 훨씬 더 증가했는데, 이것은 이전의 로마제국의 경계를 훨씬 넘어서는 아일랜드, 작센, 노르웨이 등의 지역에 새로운 성지를 창조했고, 결국 지역 성소의 조밀한 네트워크는 수많은 순례자들을 끌어들이게 되었다. 십자군의 결과로, 또한—중요하게는—식민화와 신세계의 발견이라는 배경 속에서 적대적인 영역에 기독교가 확장되면서 새로운 순교자가 계속해서 무리에 합류하였다.[39] 이렇게 순례는 수세기 동안 많은 사람들로 하여금 더 짧은 혹은 더 먼 거리를 이동하도록 자극했지만, 우리는 어떤 특정한 시기라도 얼마나 많은 사람들이 이동했는지는 알 길이 없다. 십자군과 같은 간헐적인 대중의 이동이 있었고, 1300년에는 로마로 20만 명—가능한 숫자다—이 이동했으며, 1496년 15

---

38 Jerome, *Epistulae*, 3.1; Georgia Frank, *The Memory of the Eyes: Pilgrims to Living Saints in Christian Late Antiquity*, Berkeley: University of California Press, 2000, pp.1~101; Elm, *Virgins of God*, pp.1~22, 253~282, 그 외 곳곳에.

39 PPMW, pp.1~16; Patrick Geary, *Furta Sacra: Thefts of Relics in the Central Middle Ages*, Princeton, N.J.: Princeton University Press, 1990, pp.5~45.

일간의 면벌indulgence 기간에 아헨에는 14만 7천 명이 있었던 것으로 추정됨에도 불구하고, 우리는 그들 대부분이 작은 무리로, 또는 혼자서 이동했다는 것을 알고 있다. 전염병과 종교개혁으로 인해 지역적인 순례로 어느 정도 전환되었다는 설명도 가능하지만 순례가, 적어도 장거리 순례가 감소한 것은 여가를 위한 여행, [귀족 자제의] 유럽 대륙 순유 여행, 탐험을 위한 여행이 유행했던 17, 18세기 이후이고, 상류층의 활동으로 축소되었다고도 하지만 오랫동안은 아니었다. 19세기 후반에 이 관습은 이제껏 본 적 없는 규모로 가열차게 재등장했다.[40]

루르드와 근대의 대중들

1830년과 1933년 사이 동정녀 마리아는 오늘날에는 확립된 세속적 설명으로 반박되는 그런 방식으로 적어도 유럽의 아홉 개의 장소에 등장했다. 그녀는 나타나서——대개 여성에게 말했는데——후기 계몽주의 시대의 관심사에 잘 부응하는 방식으로 촉박한 천년왕국의 메시지를 분명히 선포했다. 이 세계는 사용 가능한 모든 근대적 수단, 즉 신문, (초기의 강력한 회의주의가 지나간 뒤의) 베스트셀러 소설, 기차, 과학적 '확증' 그리고 수백만의 방문객을 수용할 준비가 된 유적지 건설을 동원해서 대응했다. 순례는 이제 르 봉과 에밀 졸라, 프로이트, 카네티 등을 크게 사로잡았던 종교적 동기의 거대한 대중들과 관련되었다. 유럽에서 마리아가 출현한 다양한 장소, 특히 포르투갈의 파티마(1917년), 보랭(1933년), 바뇌(1933년),

---

40 *PPMW*, pp.20~43; Coleman and Elsner, *Pilgrimage Past and Present*, pp.104~135; Swatos and Tomasi eds., *From Medieval Pilgrimage to Religious Tourism*, pp.4~17.

크로아티아의 메주고리예(1981년), 또는 그보다 이른 폴란드의 쳉스토호바 중에서 루르드는 특별한 장소를 차지하는데 그것은 특히 제3공화정 시기와 대중심리학의 등장 시기와 맞물려 나타났기 때문이다.[41]

아를에서 콤포스텔라에 이르는 오래된 순례길에 위치한 루르드는 초자연적인 출현과 신과 동정녀 마리아, 다른 성인들의 존재가 결코 영향력을 잃은 적이 없는 지역이었다. 가난한 집안에서 태어나 결핵 발병으로 고생하던 열네 살의 베르나데트 수비루가 자신에게 방언으로 말하며 분명히 해로운 동굴에서 치유 능력을 지닌 샘의 존재를 밝히는 동정녀 마리아의 환영을 열여덟 번 보았다고 보고했을 때, 그녀는 자신의 공동체에서 상류층과 성직자, 가난한 자 모두가 공유하던 믿음을 전달한 것이었다. 그러나 베르나데트가 본 공현公現이 지역의 전통에 연계되었다고 하더라도 과거 시대의 유물은 아니었다. 그것은 또한 "전 세계적으로 도시의 교육받은 가톨릭교도들에게 공명을 일으켰고, 뒤이은 출현에 영향을 주었으며, 당대의 가톨릭교에서 처녀에 대한 존경심을 크게 바꾸어 놓았다".[42] 루르드는 그 초기와 뒤이은 단계에서 다양한 변수가 우연적으로 합류하면서 대부분의 다른 국제적인 성소들처럼 중요한 위치를 차지하게 됐다. 간략하게 설명하면, 베르나데트에게 보인 강림은 동시대의 다른 강림들(가령 근처의 라 살레트)과 뚜렷하게 구분되었는데, 동정녀 마리아가 어머니가 아닌 소녀로서 등장했기 때문이다. 또 그녀는 최근에 공표된 교리를 확인하며 자신을 '원죄 없는 잉태'Immaculate Conception라고 칭했다. 그

41 Jehle, *Der mensch unterwegs zu Gott*, pp.273~285; Liliane Voyé, "Popular Religion and Pilgrimages in Western Europe", *From Medieval Pilgrimage to Religious Tourism*, pp.115~135.

42 Ruth Harris, *Lourdes: Body and Spirit in the Secular Age*, London: Penguin Books, 1999, p.13.

녀는 혁명적 전통, 그리고 급증하는 마리아 숭배와 과학과 세속화 주창자의 발상지이자, 완강한 왕정주의자와 가톨릭 찬성론자(교황 지상권론자)의 본거지인 프랑스에 등장했다. 그리고 그녀의 출현은 반교권주의 색채를 띠지 않았다. 루르드는 초기의 저항에도 불구하고 루이 나폴레옹 제국의 붕괴와 특히 프랑스-프로이센 전쟁, 코뮌 이후의 혼란으로 분열된 프랑스에서 더욱 번성하였다.

강림에서 많은 말이 나오지 않았고 베르나데트가 그녀의 메시지를 상세히 말하기를 의연히 거부했기 때문에 그 유적지는 정서적이고 영적인 믿음의 다양한 선택지를 제공했다. 1870년대 초기에 군주제를 복구하고 싶어 했던 사람들은 루르드를 국민적 회개와 참회를 위한 장소로 택했다. 다른 지지자들, 특히 여성이고 대개 귀족인 지지자들은 성직자들과 함께 헌신과 자애의 새로운 네트워크를 마련했는데 거기서는 중환자와 죽어 가는 사람의 치료와 병원과 일명 하얀 기차[병원 기차]의 설립을 통한, 개개인을 위한 접촉이 가장 중요했다. 다른 이들은 넓은 범위의 대중매체를 또한 사용했는데, 피에르 라세르와 에밀 졸라와 같은 작가의 논쟁적인 설명은 수백만 명에게 읽히고 여러 언어로 번역되었고, 기적의 치유──유적지에 특별하게 지어진 의료국을 통해 1883년부터 진찰되었고, 치유에 관한 이야기를 통해 형성되고 개조된──는 세기말의 가장 긴박한 의료 쟁점인 최면과 무의식, 강령술의 힘과 위생학에 대한 논쟁을 저명한 파리 의사들 사이에 불러일으키는 진원지가 되었다.[43]

물론 유적지 자체는 물리적으로 변형되었다. 1866년 철도 연결의 확립은 방문객의 숫자를 극적으로 증가시켰고 1858년 이후부터는 원래 다

---

43 *Ibid.*, pp.177~209, 226~249, 320~356.

소 접근이 어려웠던 동굴이 변형되었다. 강은 우회되었고 넓은 대로가 개방되었고 새로운 교회가 건설되었다. 치유의 욕탕을 포함한 모든 기반 시설이 수십만 명의 방문객을 수용하기 위해 세워졌다.[44] 오늘날 그들은 전세 비행기를 타고 패키지 여행객으로 온다. 변치 않고 지속되는 것은, 아마도 고통과 질병에 시달리는 사람들에 대한 위안의 필요성이다. 베르나데트의 질병과 육체적인 허약함은 예수의 육체적 고통과 성모 마리아의 고난을 모방한 것이다. 루르드에서는 맨 처음부터 병들고 아프고 허약한 자들이 중심에 있었는데, 그들이 고통받고 불구이며 아프고 일상에서 주변부로 내쫓긴다는 바로 그 이유로 영적인 중요성을 획득한다고 생각됐기 때문에 건강한 사람들은 그 안면부지의 사람들을 도와주자고 외치며 그들 곁에 머물렀다. 루르드는 대개 서로를 모르는 사람들을 분명한 장소로 동시에 소집하는데, 그들을 공통의 목표로 안내하는 그 무엇을 제외하면 분명한 내적 구조가 없다. 그것은 마음이 맞는 대중 속에서, 이것이 아니라면 무관할 많은 사람들의 관심을 받으며, 그리고 그 장소에서 신성한 존재를 경험한 '군중 결정체'의 존재 속에서, 그녀는 가난하고 어리고 병들었지만, 위안을 찾는 영적인 경험이다. 이러한 군중 경험이 치유로 연결되겠지만, 오늘날 성지의 문헌은 그보다도 이러한 영적 차원과 목욕이 죄를 씻겨 낸다는 사실만을 강조한다.

루르드에 대한 이같이 매우 간략한 개관은 아마도 종교가—종교적인 대중 현상을 포함하여—정적이지 않다는 사실과 한편의 진보, 근대성, 과학, 엘리트와 다른 편의 미신, 향수, 반동, 대중문화 또는 르 봉의

44 Harris, *Lourdes: Body and Spirit in the Secular Age*, pp.250~288; Coleman and Elsner, *Pilgrimage Past and Present*, pp.128~129; Voyé, "Popular Religion", pp.124~132.

부정적 의미에서의 '군중' 사이의 변증법으로 쉽게 집약되지도 않는다는 사실을 보여 주었다. 루르드는 패키지 여행, 만연한 소비주의, 매스컴과 대중 동원의 모든 최신 기술의 이용과 관련되어 근대성의 활기 넘치는 사례로서 등장한다. 그 내용 또한 처음부터 당대의 지적인 흐름에 상당히 민감하게 나타난다. 그러나 그 중심에는 초자연적이고 불가사의한 것의 유인과, "보통의 성소를 찾아가서, 제물을 바치고, 신탁을 청하고, 관중이 되려는" 욕망, 그리고 인간으로서 신과의 특별한 친밀함을 경험한 특정한 사람들이 남긴 물리적인 잔재를 만지면서 집단의 일부로서 신성한 존재를 만지고 경험하려는 욕망이 남아 있다. 거의 모든 경우 그러한 친밀함을 가능하게 한 것은 살아 있는 동안 예수의 고난을 모방했던 이 사람들의 고통과 고난의 경험과 인내였다.

이러한 목적의 여행은 대중 관광처럼 보이고 그렇게 느껴지기도 하지만 의도가 다르다는 점에서 차이가 있다. 이것은 다른 관광 여행과 달리 개인의 정체성의 특정한 측면을 재확인시켜 주는 듯하다. 자신을 발견하고 여행 전후를 전기적으로 구성하며, 고대 정서의 공통적인 경험을 통해 새로운 진실성을 깨닫도록 한다. 이런 이유로 특별히 종교적 경험을 포함한 경험의 세계화는, 이러한 대중의 이동을 특정한 유적지로 향하도록 촉진하는데, 그것은 이 유적지들이 불후의 고대성의 고정점으로 남아 있기 때문이며 혹은 사이먼 콜먼을 인용하면, "변하기 쉽고, 경계를 넘나들며, 혼돈스런 세계 속에서, 행위와 의미가 각축을 벌이는 장"이기 때문이다.[45] 순례자의 목적지에서 느끼는 그곳에서의 감각적인 경험과 이 현

---

45 Coleman, *The Globalisation of Charismatic Christianity*, pp.5, 그 외 곳곳에서; Voyé, "Popular Religion", pp.116~130; Swatos and Tomasi eds., *From Medieval Pilgrimage to Religious*

장에서 만들어지는 다른 사람들과의 공동체는 그 무엇으로도 대신할 수 없는 것 같다. 군중을 경험해 본 적이 있는 사람이라면 누구라도 알겠지만 텔레비전 생중계가 더 나은 시각자료를 제공하더라도 그것은 실물이 아니다.

부록1 | Hamon: 히브리어

나아마 로켐(Na'ama Rokem)

현대 히브리어에서 hamon이란 단어는 분명하게 많은 사람들의 집단을 나타낸다. 이 단어의 다른 의미인 '소음'은 현대 사전에서 계속해서 언급되지만, 사실상 현대에 이 언어를 사용하는 사람들은 거의 알지 못하는 고어다.

나는 경전이 존재한 후에, 이 후자의 의미와 관련하여 hamon의 사용에 있어 두 가지 변화가 일어났다고 말한다. 첫번째 변화는 『탈무드』와 중세 경전의 주해로 이행하면서 동시에 일어난다. 디아스포라의 도래 이후로, 성서에 대한 주해의 전통은 hamon을 주로 소리로 이해하기 시작한다. 따라서, 성경에 주해를 달았던 유대인은 유대 국가와 신도의 개념을 소리를 통해 배타적으로 구체화함으로써 시각적 이미지를 억제하라는 언명을 따른다. 두번째 변화는 이 본질적으로 종교적인 전통이 민족주의 운동의 수립으로 이

Tourism, pp.181~192; Barry Gardner, "Technological Changes and Monetary Advantages: The Growth of Evangelical Funding, 1945 to the Present", eds. Larry Eskridge and Mark Noll, *More Money, More Ministry: Money and Evangelicals in Recent North American History*, Grand Rapids, Mich.: Eerdmans, 2002, pp.298~310.

행하면서 발생한다. 이런 맥락에서 hamon이 대중을 묘사하기 위해 사용될 때조차 가장 두드러지는 것은 이 대중의 소리다.

경전 속에서 hamon의 81개의 예들 중 일부가 소리를 나타내지만 이 단어는 사람들의 집합체와 관련해서도 사용된다. 아브라함에 대한 신의 약속은 다음과 같다. "너는 여러 민족hamon goyim의 아버지가 될 것이다. …… 내가 너를 많은 민족의 아버지가 되게 하였다."(「창세기」 17장 4~5절)

후기 상고시대 이후의 몇 세기 동안 디아스포라 시기의 경전의 주해는 hamon의 '소리'의 측면을 강조하는 것으로 보인다. 벤 예후다Ben-Yehuda가 인용한 『탈무드』의 자료는 "세 개의 목소리가 세상 끝에서 끝으로 도달한다. 그것들은, 태양의 바퀴의 소리고, 도시의 소음 소리고hamona shel ha'ir, 영혼이 육체를 떠날 때 내는 소리다"(번역은 인용자)라고 말한다. 후기 상고시대에 팔레스타인에서 만들어진 『애도서』The Book of Lamentations에 대한 주해는 "많은 사람들의 소리/다수hamon 'amim rabim, 그것들은 바다의 중얼거림ke'hamot yamim yehamiun처럼 들리고, 많은 민족들의 소음sha'on은 위대한 바다의 소음과 같다"(번역은 인용자)라고 설명한다. 라다크Radak: 약 1160~1235년는 「이사야서」 13장 4절에 대한 주해에서 외국의 대중과 그들이 내는 소리의 연결에 흥미를 보인다.

19세기 유대인의 민족주의 운동의 자각으로 촉진된 히브리어의 부활은 두 가지 현저한 특징을 가진다. 근대의 언어에서 사용될 수 있는 초기의 언어 자료의 발굴과 무수한 신조어의 생산이 그것이다. 이 기획이 전개된 이데올로기적인 맥락을 고려할 때 이제 대중이 그들의 소리보다는 육체적인 존재를 통해 재형성되고 이해될 것이라고 기대할 수 있을 것이다. 실제로 발생한 일은, 경전에 대한 주해에서 점차 서로 연결되었던 두 의미, 즉 '소리'와 '다수'가 명백하게 분리된 것이다. 경전에서의 사용을 토대로 한, 소리를 나타내는 hamon의 사용은 얼마간 지속된다. 따라서 비알리크[Hayim Nahman Bialik, 1873~1934]에서 자연의 소리는 "나무의 음이 내는 소리[kol hamon ha'ya'ar]"로, 또는 우리 즈비 그린버그[Uri Zvi Greenberg; 1894~1981]에서는 "어두운 바다의 음이 내는 소리"[kol hamon mayim afelim]로 묘사된다. 동시에 hamon은 이 단어의 근대적이고 도시적인 의미에서의 대중을 묘사하는 것으로 사용되기 시작한다. 이러한 경향은 himun──할킨[Halkin]과 슈테인만[Shtaineman]과 같은 작가들에 의해 사용된 '세속화'를 묘사하는 동사──과 hamonai──슐론스키[Avraham Shlonsky; 1900~1973]가 '단순하고 저속한 사람들'을 묘사하는 명사와 대량 생산(그가 미국과 연계시키는)을 묘사하는 형용사로 동시에 사용한──와 같은 신조어의 창조를 통해 강화되었다. 이 신조어들은 어느 것도 현대 히브리어에 통합되지 않았다.[46]

눈속임을 넘어선

루이스 코스타-리마(Luiz Costa-Lima)

정치에 대한 나의 관심은 학부 공부를 마치고 스페인에 유학 갔던 스물일곱 살이라는 늦은 나이에 발전했다. 그때까지 내 가족의 사회적 지위와 외동자

---

46 참고문헌: Shoshana Bahat and Mordechai Mishor, *Dictionary of Contemporary Hebrew*, Jerusalem: Ma'ariv Book Guild, 1995; Bar Ilan University, Responsa TIRS Project(CD-ROM Database of Biblical and Rabbinic Literature); Eliezer Ben-Yehuda, *A Complete Dictionary of Ancient and Modern Hebrew*, New York: Thomas Yoseloff, 1960; Avraham Even-Shoshan, *The New Dictionary*, Jerusalem: Kiryat-Sefer, 1993; Avraham Evan-Shoshan, *A New Concordance of the Bible*, Jerusalem: Kiryat-Sefer, 1982; Yakov Kna'ani, *A Treasury of the Hebrew Language in Its Different Periods*, Tel Aviv: Masada, 1962.

식이라는 사실, 그리고 정신적 삶에 대한 조숙한 전념은 나를 대개 다중에 대한 간헐적인 접촉으로 이끌었다. 이것은 축구 게임과 사육제[carnaval]와 같은 축제에 참여하는 형태로 나타났다. 장차 지식인이 되려는 사람으로서, 나를 형성한 경험은 원자화된 개인과 책들에 의해 구체화됐다. 1960년과 1961년, 우파 정권을 혐오하고 대중의 요구에 초점을 맞추려고 하는 좌파를 향해 기울도록 나를 가르친 것은 프랑코 정권의 스페인이었다. 분명 특정한 우파 운동들도 대중의 이해관계를 대변한다고 주장한다(프랑코의 파시즘은 이것을 잘 알고 있었다). 그러나 나는 르 봉과 타르드의 대중의 개념의 차이를 잘 알지 못할 정도로 여전히 무지했음에도 불구하고, 이미 자신의 직관적인 이해를 발전시켜 왔다. 이들 중 하나의 대중은 군중으로, 즉 익명의 집단으로 그려질 수 있고, 그 집단은 전염과 카리스마적인 지도자의 존재로 인해 발생하며, "각 개인의 느낌과 생각이 하나의 목표를 향한다"(르 봉). 또는 대중은 공중으로 생각될 수 있는데, 이들은 암시에 의해 발생하고, "특정한 믿음이나 욕망의 표현"으로 이해된다(타르드). 토크빌이 발전시킨 더 깊은 통찰이 훗날 더해진다. "평등은 두 개의 경향을 초래한다. 하나는 개인이 새로운 사상으로 향하도록 박차를 가하고, 다른 하나는 생각을 완전히 버리도록 촉진한다." 결국 프랑키즘은 대중과 공중을 동일하게 보는 타르드의 견해를 선택하도록 나를 이끌었다.

정치 이론의 영역에서는 여전히 무지했지만 나는 1962년이 시작될 무렵 브라질로 돌아가서 좌파 운동에 연루되기 시작했다. 나와 대중과의 상호작용은 익명도 아니었고 —정치적 집회에 참여한 결과로서— 그것은 또한 내가 교육자인 파울루 프레이리[Paulo Freire]가 고안하고 실천에 옮긴 교육 운동에서 활동했던 것의 결과도 아니었다. 후자로부터 나는 그 수사가, 오늘날까지 그 단어가 간직해 온 부정적인 가치와 반대되어, 욕망의 논리를 위한 도구가 될 수 있었다는 사실을 배웠다(바로 타르드가 그랬듯이).

그 경험은 오래 지속되지 못했다. 1964년 4월 쿠데타가 발생하여 독재 정부가 초래되었고, 훗날 피노체트의 칠레에서도 그렇듯이, 그들은 적색 위험Red Peril과 투쟁하고 브라질과 서양의 연대를 견고하게 한다는 미명하에 전통적인 구조의 근대화를 수행했다. 나는 몇 달 뒤에 체포되었고 가까스로 자리 잡기 시작하던 대학의 지위에서 면직당했으며 다른 주에서 새로운 삶을 시작하도록 강요받았다. 그 시점까지 나는 페르남부쿠Pernambuco 주의 주도인 헤시피Recife에 거주했었는데 이제 리우데자네이루로 이주하였다.

'대중＝공중'이라는 등식은 독재하에서는 강제적이었는데, 저작들은 암호에 의존했고 비밀스런 소규모 집단이 규칙이 되었기 때문이다. 다중과 얼굴을 마주 보고 접촉했던 것은 경찰이 시위자들의 머리를 강타하고 최루탄 구름이 생기며 끝이 났던 거리 시위에 국한되었고, 국제적인 압력을 받았기에 정권이 참아야만 했던 대중 시위도 간헐적으로 존재했다. 내 여권은 취소되었기 때문에 나는 외국으로 나가는 것은 꿈도 꿀 수 없었다. 또 내 정치 활동은 온건한 것이었음에도 불구하고 1972년 내 박사 논문을 변론하기 불과 몇 주 전 또 다시 체포되었다.

억압 조치의 영역에서 진전이 있었다. 1964년 나를 고문한 사람들은 단지 취미로 그랬던 사람들이었다. 1972년 그들은 전문가였다. 나는 하얀색의 격리된 방에 몰아졌다. 방은 방음이 되었는데, 때론 고문의 희생자가 외치는 소리 ──실제일 수도 있고 녹음된 것일 수도 있는── 를 들을 수 있었다. 온도와 빛은 계속해서 변했고, 낮과 밤의 궤도를 완전히 잃어버리기에 이르렀다. 화장실에 가기 위해서는 문을 두드려야 했고 그러면 눈을 가린 채로 바깥으로 이끌렸다. 크고 텅 빈 취조실도 존재했는데, 나는 항상 눈을 가렸기 때문에 취조자는 자신의 익명성을 보호했다. 유일한 가구는 탁자였는데 그늘에 가려져 있어 잠을 자기에 딱 알맞았다. 한번은 감히 벽에 붙은 소켓들의 맨 위에 영어로 쓰인 글자를 읽으려고 시도했다. 일부는 'shock'와 같은 단어처럼 분명했다. 일부는 읽기가 어려웠거나 더 이상 기억나지 않는다.

어느 날, 나는 언제나처럼 눈을 가린 채로 포획자들에 의해 차 안으로 밀어 넣어졌고 머리를 아래로 숙이고 있어야 했다. 차가 몇 분 동안 달린 후, 눈가리개가 벗겨지더니 길거리에 아무렇게나 내던져졌다. 티셔츠와 팬티만 걸치고서 나는 도시의 대중을 새롭게 바라보았다. 내가 본 것은 공중도 군중도 아니었다. 그저 바쁜 개인들의 집합체였다.

영역: 제프리 T. 슈나프

7장

영화와 대중

안톤 케스

I

1927년 7월 15일, 성난 노동자 폭도는 빈^{Wien}의 법원을 습격하여 불을 질
렀다――이것은 향후 수년 동안 유럽에 충격적인 여파를 남길 전례 없는
사건이었다. 그것은 파업 중인 노동자를 살해한 혐의로 기소된 우익 조직
의 세 명의 일원에게 모욕적이게도 부당하게 무죄선고를 내린 것에 항의
하는 자발적인 시위로 시작됐지만, 오스트리아의 최고법원 앞에서 급속
하게 증가하는 대중집회로 변모되었다. 완전히 무방비 상태였던 사회민
주당의 지도자들은 사회적 불안을 두려워하여 조직적인 시위 행진에 반
대하기로 결정했고, 대신에 격분한 대중을 담화로써 진정시키려고 했다.
그러나 너무 늦은 일이었다. 당시 빈에서 학생이었던 엘리아스 카네티는
상기한다.

도시의 전역에서 온 노동자들은 빽빽한 대형을 이루고서 그들에게 그
이름을 걸고 부당한 평결을 구현했던 법원을 향해 행진했다. 그것은 완
전히 자발적인 반응이었다. 나의 행동만 보더라도 그것이 얼마나 자발
적인 것인지 알 수 있었다. 나는 재빨리 자전거를 타고 도시 중심부로

가서 행렬 중 하나에 합류했다.

평소, 잘 통솔되고 자신들의 사회민주당 지도자들을 신뢰하며, 이 지도자들에 의해 빈이 모범적인 방식으로 통치되고 있다고 받아들이던 노동자들은, 이날에는 지도자 없이 행동하고 있었다. 그들이 법원에 불을 지르자 시장인 자이츠는 소방차에 올라타 오른손을 위로 쳐들며 그들을 막으려고 애썼다. 그의 몸짓은 아무런 효과가 없었다. 법원은 **불타고** 있었다.[1]

거대한 무정형의 많은 시위자들이 통제 불가능한 폭도가 되자 빈의 경찰 서장은 군중을 향해 발포하라는 명령을 내렸는데, 이는 시위를 유혈로 신속하게 종결시킨 행동이었다. 89명이 사망했고 수백 명이 치명적인 부상을 입었다. 하이미토 폰 도데러가 그의 소설 『악령들』 말미에 썼듯, 사람들은 "근처의 거리에서 점차 가깝게 들려오는 끊임없는 총소리, 실제로는 일제사격의 소리"를 들을 수 있었다. 밀착한 대열로 움직이며 경찰은 "보조를 맞춰 전진하고 눈앞의 모든 것들에 발포하고 그것들을 밀어내는 무장한 부대"가 되었다.[2] 대중은 완전무장한 경찰에 대항하는 전투에는 희망이 없다는 사실을 깨닫고 재빨리 흩어졌다. 잔인한 발포는 전쟁의 기억을 상기시키지만, 지금은 민간인이 적이었다. 그것은 불평등한 시합이었다. 그들은 경찰의 중장비에 대항할 가망성이 없었다. 폭동은 대

---

1 Elias Canetti, *The Torch in My Ear*, trans. Joachim Neugroschel, New York: Farrar Straus Giroux, 1982, p.245. 이 사건은 카네티에게 대중의 권력에 대해 책 한 권 분량의 명상을 하도록 유발했다. Elias Canetti, *Crowds and Power*, trans. Carol Stewart, New York: Farrar Straus Giroux, 1984를 보라.
2 Heimito von Doderer, *The Demons*, trans. Richard & Clara Winston, New York: Knopf, 1961, p.1261.

중이 무장한 적과 직면하여 느꼈던 완전한 무기력감 외에는 거의 남기지 않았다. 이 사건의 여파는 중대했다. 부정의와 권력 오용에 대항하는 도시 대중의 자발적인 반란은 더 이상 존재하지 않았다. 그들의 두려움과 체념은 이후 20년 동안 유럽을 휩쓸, 이어질 파시스트 정권에 수혜로 작용했다.

이 대실패의 5년 뒤인 1932년, 에른스트 윙거는 『노동자』에서 옛날의 대중——바스티유를 습격하고, 거리의 폭동과 정치적 집회와 관련되었고, 그런데도 1914년 8월의 전쟁 발발에 환호했던——은 과거의 것이라고 주장했다. 그는 빈에서의 사건을 언급하듯 "대중의 행동은 단호한 반대와 맞닥뜨릴 때면 언제나 마력을 잃어버렸다. 마치 안전한 기관총 뒤 두세 명의 늙은 전사가 전 대대가 접근해 오고 있다는 소식을 듣더라도 걱정할 이유가 하나도 없는 것처럼 말이다. 오늘날 대중은 더 이상 공격할 수 없고 자신을 방어할 수조차 없다"라고 선언했다.[3] 얄궂게도 빈에서 1895년의 귀스타브 르 봉의 유명한 저서 『군중심리』까지 거슬러 올라가 그의 용어를 사용하며, 혁명적 대중의 행위를 무모하고 경솔하며 비합리적이라고 즉시 비난한 것은 사회민주노동당의 지도자들이었다.[4] 그 사건

---

3 Ernst Jünger, *Der Arbeiter*, Hamburg: Hanseatische Verlagsanstalt, 1932, p.115. 따로 명기되지 않았다면, 모든 번역은 인용자의 것이다.
4 르 봉의 책은 독일어 표제로는 다음과 같이 출간되었다. Gustave Le Bon, *Psychologie der Massen*, Lepizig: Kröner, 1919. 첫번째 영어 번역본은 *The Psychology of Peoples*, New York: Macmillan, 1898이다. 르 봉과 그의 문맥에 대해서는 Susanna Barrows, *Distorting Mirrors: Visions of the Crowd in Late Nineteenth-Century France*, New Haven, Conn.: Yale University Press, 1981을 보라. 또한 Serge Moscovici, *The Age of the Crowd: A Historical Treatise on Mass Psychology*, New York: Cambridge University Press, 1985; Helmut König, *Zivilisation und Leidenschaften: Die Masse im bürgerlichen Zeitalter*, Hamburg: Rowohlt, 1992를 보라. 르 봉이 『군중심리』를 출판했던 1895년과 같은 해에, [뤼미에르 형제가 찍은] 최초의 영화가 파리와 베를린에서 선보였던 것은 우연의 일치가 아닐 것이다.

으로부터 3개월 뒤 사회민주당이 1927년 10월 정당 의회를 개최했을 때, 그들은 규율이 잡히지 않은 불법의 대중이라는 비평을 되풀이했고 사회적 화합을 위해 계급 간의 차이를 초월하는 것이 중요하다고 강조했다. 자동차 회사 사장이었던 헨리 포드는 확실하게 칼 맑스를 대체했다. 소비 자본주의는 공산주의를 대신했다. 그리고 "실용적 해법"은 이데올로기를 정복했다.[5]

II

1927년 7월 빈의 거리에서의 봉기는 이상하게도 불과 몇 개월 전 등장한 프리츠 랑^{Fritz Lang}의 영화 「메트로폴리스」^{Metropolis}에서 연출된 노동자 봉기의 대본을 따른다. (거리와 영화 속의) 두 대중 모두는 유화책의 시도에 주의를 기울이지 않는 듯하다. 대신 그들은 눈먼 분노와 파괴하려는 광포한 욕망의 길을 추구했다. 폭력적인 반란이 전개된 후에, 두 대중 모두는 계급투쟁과 정치적 반목을 넘어선 조화로운 사회라는 환상적인 생각을 떠올린다. 둘 다 자신들의 반란의 무의미함을 깨닫게 된다.

「메트로폴리스」는 감춰지지 않은 풍요로움 속에서 프롤레타리아 혁명과 계급의 화해를 연출하는 데 비용을 아끼지 않았다. 530만 라이히스마르크──예산의 세 배──를 들인 혁명적 대중의 양식화된 표현은 독일의 주요한 영화 제작사였던 우파^{UFA}를 파산하게 만들었다. 이 영화는 (마지막 부분을 제외하고) 흥분 잘하는 독일 이상주의의 관점에서 무자비하

---

5 Jakob Walcher, *Ford oder Marx: Die praktische Lösung der sozialen Frage*, Berlin: Neuer deutscher Verlag, 1925를 보라.

고 냉정한 미국의 자본주의를 비판했지만, 영화를 완성하기 위해서는 미국의 두 제작사인 패러마운트와 메트로 골드윈 메이어의 재정적 지원이 필요했다. 거의 2년 동안의 제작 기간 뒤에, 당시 유럽에서 가장 비용이 많이 들고 모험적인 영화였던 「메트로폴리스」는 마침내 1927년 1월 10일 축제의 첫날 개봉하였다.

독일 수상과 외교단 일행, 산업계와 금융계의 지도자들을 포함한 2천 5백 명의 초대된 손님들은 이 도시의 가장 크고 호화로운 극장 건물인 베를린 주팔리스트 극장에 줄지어 들어가 자기파괴적인 프롤레타리아트의 구경거리를 지켜보았다. 그의 영화에서 프리츠 랑은 익명의 노동자 대중을 헨리 포드를 본뜬 영웅적인 기업가에 저항하는 전투로 보낸다. 전형적인 대중 선동가인 로봇 마리아와 함께 「메트로폴리스」에서 연출된 반란은 로자 룩셈부르크와 실패한 1918~1919 혁명을 상기시켰고, 또한 빈에서의 대실패한 반란에 대한 청사진이기도 했다. 영화 속 건축물의 수직적 구조는 계급 간의 갈등을 강조한다. 위를 향한(지배자의 영역에 들어오는 마리아) 또는 아래를 향한(기계실에서의 프레더) 모든 움직임은 고정된 사회질서를 극히 위태롭게 하는 결과를 가져온다. 양식적으로 이 영화는 성경과 바우하우스, 지하 납골당과 미래적인 마천루, 신비주의와 기술 숭배 사이를 오가며 진동한다. 혁명적 대중이 패배와 가능한 자기 멸각을 경험한 후 그들은 고딕 양식의 교회 계단에서 이뤄지는 영화의 마지막 화합 장면에서 대형을 맞춰 행진하며 통합된 조직으로 재융합되는데, 이것은 모든 계급의 유토피아적인 정치적 결합에 대한 환영 같은 상상이다. 전쟁과 혁명을 통한 정치공동체의 몰락 후에 랑의 「메트로폴리스」는 부활의 프로젝트를 추구했다. 연극과 건축, 음악의 융합 속에서 이 영화 자체는 대중을 위한 일종의 통합된 '총체 예술'Gesamtkunstwerk을 구현했고,

영화 속에서의 다양한 예술의 종합을 통해 국가적 조직체라는 새로운 개체에 대한 소망을 보여 주었다.

III

사회적 영역에서의 이행과 변형을 담은 영화 「메트로폴리스」는 시각적 중첩의 몽타주와 함께 시작한다. 번쩍이는 피스톤과 바퀴가 환하게 밝혀진 마천루에 투영되고, 이것은 현대적인 대도시에서 도시적 건축물과 기술의 통합을 암시한다. 도시 전경과 쿵쾅거리는 기계의 이미지와 겹쳐지며 두 노동자 부대는 임무 교대 시 마주친다. 한 부대는 카메라를 향해 행진하고, 다른 부대는 반대 방향으로 행진하며 천천히 화면을 채운다. 그들의 검정색 작업복과 동일한 체격, 질질 끌며 걷는 걸음걸이는 제1차 세계대전의 얼굴 없는 군인과 닮아 있다. 랑은 그들을 어떤 보이지 않는 힘에 의해 조정되는 자동 인형으로 그린다.

미셸 푸코는 『감시와 처벌』에서 18세기에 공장이 "말 잘 듣는 신체"가 생산되는 기관이 된다는 의미에서 군대에 합류했다고 주장했다.

사상사를 연구하는 학자들은 대개 완벽한 사회에 대한 이상을 18세기의 철학자와 법학자의 것으로 간주한다. 그러나 군사적인 사회에 대한 이상도 존재했다. 그것이 본질적으로 참고한 것은 자연의 상태가 아니라 정확하게 복종하는 기계의 톱니였고, 주요한 사회계약이 아니라 영속적인 강제였으며, 보편적 의지가 아니라 기계적인 순응이었다.[6]

「메트로폴리스」에서 "기계적인 순응"이라는 군사적 이상은 산업 생산의 이론과 축으로서 테일러리즘에 근거한다. 프레더의 환각에서 기계는 이교도 신인 몰록Moloch으로 일변하고 모든 노동 노예 대군이 산 제물로 바쳐지는 시각적으로 충격적인 장면이 연출된다. 에른스트 톨러Ernst Toller의 1924년 작품, 연극 「기계파괴자」Die Maschinenstürmer를 흉내 내며, 착취당하는 노동자들이 결국 눈먼 분노로 자신들의 기계를 파괴할 때 그들은 산업기술이 얼마나 자신들의 삶을 통제해 왔는지를 깨닫는다.

윙거에 따르면 19세기의 위험이 잠재된 대중을 현대성의 노동군인이라는 동질적인 대중으로 변형시키도록 한 것은 바로 기술이었다. 대중은 노동 과정을 통해서만 형성됐다기보다는, 윙거가 오랫동안 인식했던 것처럼, 현대성의 시설을 통해서였다. "교통 체계, 불과 물, 빛과 같은 기본적인 필수품의 공급, 신용과 다른 많은 것들의 발달된 체계 …… 이것들은 대중의 무정형의 육체가 삶과 죽음과 연결되는 조직섬유인, 자유롭게 흐르는 정맥과 유사하다."[7] 1932년에 출간된 그의 중추적인 작품 『노동자』에서 윙거는 학교와 교회, 군대, 그리고 내가 덧붙이고 싶은 극장과 같은 규율 기관과 더불어 기술과 관료제와 같은 거대한 통합 체계는 증가하는 대중의 위협에 초점을 맞추고 그들을 감시하고 통제할 방법을 고안했음을 주장했다. 영화는 잠재적이고 자연스런 규율의 도구가 되었는데, 그것은 아마도 대중이 강제력 없이 모인 장소였기 때문일 것이다.

「메트로폴리스」의 시각적으로 인상적인 바벨탑 장면은 이 과정에서 오락과 교육이 얼마나 밀접하게 엮일 수 있는지를 보여 준다. 우리는 먼

---

6 Michel Foucault, *Discipline and Punish: The Birth of the Prison*, trans. Alan Sheridan, New York: Vintage Books, 1979, p.169.
7 Jünger, *Der Arbeiter*, p.116.

저 착취된 노동자들이 도시 깊은 지하의 동굴 같은 비밀스런 모임 장소로 흘러들어 가는 것을 본다. 노동자들은 마리아가 영화 속의 영화로 바벨탑의 우화를 소개할 때 영화의 청중이 된다. 십자가와 촛불로 뒤덮인 제단 앞에 선 예언자 마리아가 불화로 인해 자신을 파괴한 고대사회의 환상의 장면을 불러내자 그들은 공손하게 보고 들으며, 역력하게 감동받는다. 바벨탑의 고안과 건설, 파괴는 미래적 차원뿐 아니라 신화적 차원도 갖고 있다. 그것은 메트로폴리스의 노동자들에게 프롤레타리아 반란의 결과를 밝히고 그들을 성경-신화의 방식으로 자신들의 운명을 볼 수 있는 관람객으로 변화시킨다. 마리아의 짧고 교훈적인 영화는 프롤레타리아 대중의 '잘못된' 행동과 그 결과를 드러낸다. 그녀의 영화의 메시지는 분명하다. 속박에서 벗어난 계급투쟁은 참상과 자기파괴로 불가피하게 이어질 것이라는 것이다. 그러나 얄궂게도 노동자 대중은 그 영화로부터 아무것도 배우지 못한다. 직후 그들은 기계를 공격한다.

　　1927년 「메트로폴리스」의 압도적이었던 부르주아 관객은 영화 속의 계몽되지 않고, 정치적인 활동가이며, 다소 진부한 프롤레타리아 대중——의심할 것도 없이 영화의 오락적 가치를 끌어올린 고집스런 태도——을 보며 우월감을 느낄 수 있었다. 통일된 언어의 파괴를 야기한 성경 속 인간의 오만은 여기서 계급과 권력에 관한 우화로 개작——언어의 혼란은 한낱 노동 분업의 결과로 나타난다——된다. 노동자들은 지배자의 고상한 설계를 이해하지 못하고 지배자는 노동자들의 고통을 의식하지 못한다. 마침내 계급 분할 자체에 대해서가 아니라, 손과 머리의 중재에 대한 의심이 생겨난다. 마리아의 메시지——권위에 대항하는 반란은 사회의 평화를 파괴할 뿐 아니라 자기파괴적이다——를 문화적 기억 속에 가능한 한 깊숙이 고착시키고 그것을 "자연스러운" 것으로 보여 주기 위해, 영화는 고전적인 그림을 차용한다. 바벨탑은 1563년의 피터르 브뤼헐[Pieter Bruegel]의 유명한 그림에서 비롯했고, 최고의 건축가의 자세는 오귀스트 로댕[Auguste Rodin]의 1882년의 잘 알려진 조각 「생각하는 사람」[Le Penseur]에서 나온 것이다. 수직적인 계단(「메트로폴리스」의 계급사회의 권력관계와 위계를 보여 주는 그래픽 이미지)은 막스 라인하르트[Max Reinhardt]와 레오폴트 예스너[Leopold Jessner]의 무대예술의 산물이다.[8] 마지막 장면은 처음 장면의 역전이다. 바벨탑은 폐허가 되는데, 랑의 영화의 마지막에 메트로폴리스가 대부분이 파괴되는 것과 흡사하다. 그러나 또 다른 결말이 기계의 파괴를 뒤따른다.

완전히 이해할 수 있음에도 불구하고, 거슬리는 「메트로폴리스」의 마지막 장면에서 노동자-군인들은 실패한 봉기 이후 뚜렷한 대형을 이뤄 다시 행진하는데, 이것은 외형과 기능 모두에서 공장과 군대의 유사점을 재차 강조하는 것이다. 영화 마지막 부분의 '규율을 따르는 대중'은 공적인 이야기와 사적인 이야기의 대단원을 목격한다. 산업계 거물의 아들인 이상주의자와 카리스마 있는 노동자의 딸 사이의 러브 스토리는 포옹과 키스를 포함한, 긍정적이고 계급 초월적인 결말로 막을 내리고, 경영자와 노동계급 사이의 투쟁은 (약간의 주저함에 이은) 악수로 평화적으로 파기된다. 이것은 헨리 포드의 정신에서 도출된 해법으로, 그의 사회적 평화의 생성을 위한 계획은 1920년대 독일에서 널리 알려졌다.[9] 훗날, 미국 망명 중이던 랑은 계급 간의 이 급속하고 단순한 화해를 동화 같은 결

---

8 André Combes, "A partir du 'Metropolis' de Fritz Lang: La Gestalt de Masse et ses espaces", *Théâtre et cinéma années vingt: Une quête de la modernité*, vol.2, Lausanne: L'Age d'homme, 1990, pp.178~224; Heide Schönemann, *Fritz Lang: Filmbilder Vorbilder*, Berlin: Edition Hentrich, 1992.

말이라고 비난하고 그 책임을 그의 전부인이자 영화 시나리오 공동작가였던 테아 폰 하르보[Thea von Harbou]에게 전가했다. 랑은 자신은 오직 기계에만 관심이 있었다고 말했다.[10] 여전히 동화 같은 결말은 분명 그 자신의 논리를 갖는다. 그것은 군사적 패배와 실패한 혁명이라는 이중의 트라우마가 있은 지 불과 몇 년 뒤에, 노동과 규율을 통해 다시 태어나고 재결합되는 근대국가의 보편적 이상을 암시적으로 말한다.

IV

「메트로폴리스」와 빈 법원 앞에서 모두 프롤레타리아 폭동이 진압됐던 해와 동일한 1927년에 알프레트 되블린은 거대한 현대도시의 노동계급의 존재적 지위에 대한 소설인 『베를린 알렉산더 광장』에 관한 작업을 시작했다. 그의 이야기의 주인공인 프란츠 비버코프의 공동체를 향한 처절하고 헛된 추구는, 전통적인(착취당하고 반란을 일으키는) 노동자가 5년 뒤 윙거의 『노동자』에서 묘사되는 새로운(진정되고 복종하는) 노동자-군인의 양식[typus]으로 이행된다는 것을 나타낸다. 이 소설은 비버코프가 테겔 감옥에서 살인죄로 4년간 복역한 후(제1차 세계대전의 4년을 암시하는 기간이다) 석방되면서 시작한다. 감옥에서 나온 뒤 (또는 전쟁이 끝난 뒤) 그는 자신의 주변에서 소용돌이치는 압도적인 대도시의 세계에 무자비하게 노출된다. 질주하는 거리의 차량들과 간판의 확산은 그를 어질어질

---

9 헨리 포드 자서전 『내 삶과 일』(Henry Ford, *My Life and Work*, New York: Doubleday, Page&Co., 1922) 독일어 번역본(*Mein Leben und Werk*, Leipzig: Paul List, 1923). 그의 책은 바이마르 공화국의 베스트셀러였다.

10 Peter Bogdanovich, *Fritz Lang in America*, London: Studio Vista, 1967, p.124를 보라.

하게 만드는 정보의 과부하를 낳는다. 비버코프가 도시를 정처 없이 헤맬 때, 영화관 하나가 마법처럼 그를 사로잡는다. 그는 들어가서 「부모가 없는 고아의 운명 6막」Parentless, Fate of an Orphan in 6 Acts이라는 인상적인 제목의 멜로드라마를 본다. 그러나 그와 유사하게 "부모가 없는" 영화 관객들 틈에 끼어 어두운 극장에서 그가 물리적으로 경험하는 것에 비하면 그가 무엇을 보는가는 그에게 중요하지 않다. "그의 주변에서 낄낄거리는 소리가 들려오자 프란츠는 크게 동요되었다. 많은 사람들, 자유로운 사람들이 그곳에 있었고 그들은 즐기고 있었다. 누구도 그들에게 무엇을 해야 한다고 말할 수 없었다. 근사하다! 그리고 나는 그 모든 것의 한가운데 있다."[11] 공동체와 연대의 대양의 느낌이 빽빽이 찬 극장의 자궁 같은 공간의 어둠 속에서 그를 압도한다. 혁명 이후 시기의 대중은 영화의 환상적인 세계——바깥의 소용돌이치는 세상으로부터 벽을 쌓은 어두운 공간에 투영되는 가상적인 꿈의 세계——를 자신의 소외된 존재로부터의 은신처라고 주장했던 것 같다. 가짜인 데다 두 시간이라는 제한이 있긴 했지만 영화는 충만한 삶을 약속했다. 도시에서 쫓겨난 대중들에게 영화는 짧고 강렬한 공동의 경험, 즉 계급의 지위와 인종적 태생·성별·나이·종교·정치적 정향에 따른 일상의 차별로부터 벗어난 일시적 위안을 약속했다. 그것은 신분의 자격을 언급하지 않고, 따라서 배제에 의존하지 않는 공동체였다.[12] 최소한 원칙적으로 극장의 어둠 속에서 깜빡거리는 이미지 앞에

---

11 Alfred Döblin, *Berlin Alexanderplatz: Die Geschichte vom Franz Biberkopf*, Olten: Walter, 1961, p.31.
12 베를린에 소위 블루칼라 영화관이 존재하긴 했지만, 계급의 분리는 절대적이지 않았다. 세르게이 예이젠시테인(Sergey Eisenstein)의 「전함 포템킨」(Bronenosets Potemkin, 1925)과 베르톨트 브레히트(Bertolt Brecht)의 「쿨레 밤페」(Kuhle Wampe, 1932)와 같은 프롤레타리아 혁명적인 영화들이 베를린의 부르주아 영화관에서 상영되었고, 찰리 채플린(Charles Chaplin)의 영화들 또한 블루칼

서는 모두가 평등했다. 1920년대 중반 극장은 현대적 대도시의 '냉정함'
으로부터의 따뜻한 은신처로 이해됐다. 그것은 공동체의 느낌을 갈망하
던 모든 이들에게 고향이었을 뿐 아니라 기술화된 도시의 대항세계이기
도 했다. 영화 자체가 기술과 도시의 삶의 결과물이라는 역설에도 불구하
고 말이다.

V

영화 비평가인 오이겐 탄넨바움은 1923년, "매일 밤 극장 안에 앉아 있는
수백만의 사람들은, 빛을 비춘 수 킬로미터 이상의 셀룰로이드 필름 조
각으로 만들어진 화면으로 끌어당기는 마력에 사로잡혀서——실제 세계
의 상인·노동자·장인·연구자·사무원·현학자·숙녀들이지만, 몇 장면만
흐르면 하나의 주제와 문제, 견해, 인기 영화배우를 위해 모인, 열정의 암
시 속에 형성된 **동질적인 대중**이 되고——그들은 모두 새롭게 유발된 세상
을 보고 싶어 한다"라고 썼다.[13] 통계는 대중에 대한 영화의 흡입력을 보
여 준다. 1927년 베를린에서만 총 16만 5천 개의 좌석을 가진 3백 개 이상
의 영화관을 과시했다. 이 "오락의 전당"(크라카우어) 가운데 30개 가량

라 영화관에서 상영되었다. 뮐 베닝하우스(Mühl-Benninghaus)는 좌익 지식인들 사이의 고전인 「전
함 포템킨」이 무료 티켓으로도 노동자들 사이에서 성공을 거두지 못했다는 것을 증명했다. Wolfgang
Mühl-Benninghaus, "Deutsch-russische Filmbeziehungen in der Weimarer Republik", ed.
Michael Schaudig, *Positionen deutscher Filmgeschichte*, München: Schaudig and Ledig,
1996, pp.91~118를 보라. 더 정확히 말하면, 「전함 포템킨」과 같은 고전적인 혁명 영화는 관중들이
대부분 영화와 오락용 구경거리로 인정하지 않았다. 이렇게 비판적-역사적 관점에서 볼 때, 거의 동
시대의 영화인 「메트로폴리스」와 「전함 포템킨」 사이의 차이는 감소된다.

13 Eugen Tannenbaum, "Der Großfilm", ed. Hugo Zehder, *Der Film von morgen*, Berlin: Rudolf
Kämmerer, 1923, p.62. 강조는 인용자.

은 천 명에서 3천 명 사이의 인구를 수용했다. '독일 제국'은 매일 적어도 2백만 명의 관객을 끌어들였다.

1924년 인플레이션이 종료된 후 경기가 호전되기 시작될 때, 독일의 노동자계급은 소비의 관점에서 '현대적 삶'을 정의한 미국 영화에서 비롯된 수많은 이미지에 고무된 새로운 태도를 발전시켰다. 사무실과 공장의 노동자 대중은 점차 자신을 착취당하는 희생자나 혁명적 주체보다는 소비자로서 인식했다. 영화 산업은 그들의 바람을 충족시켰다. 1920년대 중반 화려한 극장이 세워지고 영화 제작 비용은 극적으로 상승하였고, 영화 자체는, 대부분은 할리우드에서 수입한 것으로 양식과 매력, 도시의 근사함을 구현했다. 이와 대조적으로 독일 영화는 자신을 순수예술로 정의하려고 애썼으며(가령 프리드리히 W. 무르나우의 1926년도 버전의 「파우스트」나 랑의 「메트로폴리스」) 전위적 미학을 야심 찬 사회적 메시지와 결합했다.

크라카우어는 1926년 「오락의 숭배: 베를린의 극장에 관하여」라는 에세이에서 "더 많은 사람들이 자신을 대중으로 인식할수록 대중은 또한 투자의 가치가 있는 정신적이고 문화적인 영역에서 생산적인 힘을 발달시킬 것이다"라고 쓴다.[14] 크라카우어에게 있어 "은행 관리자에서 영업사원, 여가수에서 속기사에 이르기까지 모든 사람이 같은 대답을 하는" 그러한 "동질적인 세계주의적 청중"이 등장했다.[15] 19세기의 위협적인 대중

14 Siegfried Kracauer, "Cult of Distraction: On Berlin's Picture Palaces", ed. and trans. Thomas Y. Levin, *The Mass Ornament: Weimar Essays*, Cambridge, Mass.: Harvard University Press, 1995, p.325. 또한 Miriam Hansen, "America, Paris, the Alps: Kracauer (and Benjamin) on Cinema and Modernity", eds. Leo Charney and Vanessa Schwartz, *Cinema and the Invention of Modern Life*, Berkeley: University of California Press, 1995, pp.362~402.
15 Kracauer, "Cult of Distraction", p.325.

은 1920년대에 돈을 내고 영화를 보는 관중으로 진화했고, 영화는 이 새로운 소비하는 대중에게 제2의 고향이 되었다.

VI

무성 영화 언어의 보편성은——몸짓은 어떤 언어적 능숙함도 요하지 않는다——영화에 세계적인 차원을 부여했다. 전 세계의 관객은 찰리 채플린의 슬랩스틱 영화를 직관적으로 이해했다. 벤야민은 채플린의 전 세계적인 호소가 "대중의 가장 국제적이고 동시에 혁명적인 감정"으로서의 웃음에서 기인한다고 언급했다.[16] 채플린의 영화는 계급의 장벽뿐 아니라 국가의 경계도 초월했기 때문에 영화를 보러 가는 대중은 자신을 웃음으로 결합된 전 세계적인 공동체의 일원으로서 의식했다.

영화는 최근 몇 십 년 사이에 "집 없는" 대도시 대중을 위한 안식처에서 전 세계의 오락산업으로 빠르게 확장했지만 "영화를 보러 가는" 본래의 관행은 변하지 않았다. 다수의 사람들은 공공장소에 모여 근본적으로 우발적인 공동체를 구성한다. 그 모임은 공연장이나 교회보다 더 자의적이고 우연적이겠지만, 그럼에도 불구하고 완전한 신체적 근접성과 웃음, 울음, (공포영화에서의) 비명과 같은 집단적 반응을 통해 연대감이 생성된다. 이것은 이질적인 대중을 상대적으로 동질적인 집단으로 변형시킬 수 있는 자발적인 신체적 반응이고, 이 집단은 적어도 영화가 상영되는 동안이라도 계급과 성별, 나이, 인종, 민족적 배경, 국적의 장벽을 초월

16 Walter Benjamin, "Rückblick auf Chaplin", ed. Anton Kaes, *Kino-Debatte*, München: DTV, 1978, p.175.

한다. 스포츠 경기장과 달리 영화관은 어둡다. 관객들은 홀로 존재할 뿐이지만(그들은 종종 투사된 이미지의 최면적 효과로 자신을 잃어버린다) 그들은 또한 소음과 냄새, 물리적인 육체로 부정할 수 없게 존재하는 둘러싼 관중의 일부이기도 하다. 공연장은 '미학적 공동체'(웡거)를 전제하는 반면 대중영화는 혼합되고 정의되지 않고 불안정한 일반적 대중에 초점을 맞춘다. 영화 관중의 일시적이고 들썩이는 본성은 그들을 소비적인 관중 이외에는 다른 어떤 정체성도 갖지 않는 일시적인 공동체로 만든다.

VII

「메트로폴리스」에서 랑이 묘사하는, 오랜 고통 뒤에 비합리적으로 반란을 일으키는 대중은 1927년의 현대적 영화 관중에 비해 시대에 뒤떨어진 것으로 보인다. 광기에 차서 자신들을 지탱하던 체제를 파괴하는 노동자는 현실적 목표를 추구하는 법을 배운 대도시의 대중에게서 커다란 공감을 기대할 수 없었다. 다른 한편 「메트로폴리스」는 폭력을 사용하도록 쉽게 유도되고, 무책임하게 행동하며 자신의 행동을 희생양("마녀") 탓으로 돌리는 대중을 보여 준다. 랑의 영화는 19세기 말 르 봉의 대중에 대한 위협적인 설명 이래로 그들과 연관되어 온 모든 고전적인 원형과 위협을 과장해서 표현했다. 억압받은 노동자계급의 반란은 두 배로 더 비효율적인 것으로 그려지고, 공상과학영화의 초현대적 환경 속에서 러다이트적인 접근은 익살스럽기조차 하다. 「메트로폴리스」는 분명 사회적 소란을 소비에 대한 장애물로 여기는 새롭고, 특정 계층에 속하지 않으며, 심드렁하기조차 한 대중 관객에게 영합했다.[17]

이런 관점에서 「메트로폴리스」의 논란 많고 모두에게서 비판받은 마지막 장면을 새롭게 보는 것은 그것이 대중의 재현에 있어 역사적인 전환을 그려냈다는 점에서 정당화된다. 위쪽에서 촬영된, 진정 노동자들로 이루어진 정연한 대중(윙거의 "노동자-군인")은 화면의 아랫부분에서부터 천천히 움직이며 화면에 보인다. 대중이 멈췄을 때, 그들은 성당 앞에서 삼각형의 대형을 그리는데 그것은 개인성을 배제한 기하학적 대형이다. 영화의 도입부에 착취로 고통을 받고 그것에 저항해 반란을 일으켰던 노동자들은 이제 그들의 대표자(이전에 그들의 신뢰를 배신했었던)와 경영자 사이의 공적인 화해의 조용한 목격자가 된다. 노동자는 그들의 거울 이미지로서 화면 앞에 앉아 있는 영화 관객과 마찬가지로, 관중으로서의 자신들의 궁극적인 역할과 타협에 이른다. 모든 혁명적 결의에 환멸을 느끼고 해방된 대중은, 영화 속 이야기와 극장에서 모두, 자신들의 대의가 협상되는 구경거리를 조용하게 지켜보는 소비자가 되었다. 조감으로 그들을 촬영하는 카메라는, 이전의 반역적이던 노동자를 1927년 주팔라스트 극장에서 수천 명의 관객이 즐기고 있는 수천 명의 "대중 장식"(크라카우어)으로 변형시킨다. 오직 영화라는 대중매체에서만 대중은 자신들에게 가시적으로 나타나게 된다, 바로 관중으로서.

---

17 프리드리히 젤니크(Friedrich Zelnik)의 1927년 영화 「직조공들」(Die Weber)은, 게르하르트 하우프트만(Gerhart Hauptmann)의 희곡을 토대로 했고 「메트로폴리스」보다 몇 달 뒤에 개봉되었다. 또한 무기력하게 실패한 프롤레타리아 혁명을 묘사하였다.

Samuuha: 산스크리트어

피터 새뮤얼스(Peter Samuels)

산스크리트어의 samuuha라는 단어는 군중, 다중, 집합 을 의미한다(그림 7A.1). samuuha는 산스크리트어로부 터 유래한 힌디어와 같은 프라크리트(방언)를 통해 오늘

समूह

그림 7A.1

까지 살아남았고, 그것의 현대적 용법은 베다와 고전 시대의 영적이고 서사 적인 글들에서 발견되는 것과는 현저한 차이를 보인다.

산스크리트어로 쓰인 주요한 신성한 텍스트와 서사시들 대부분은 서양 달력의 '그리스도 기원' 이전의 베다 시기 동안 만들어졌다. 이 텍스트들은, 정결하고 완벽한 존경받는 언어로 쓰인, 방언이 아닌 글들로서, 신과 왕, 죽 을 운명의 인간 사이의 관계의 상호작용과 관련된 이야기를 통해 윤리적 명 령이나 교훈적 메시지를 내놓는다. 군중과 비교되는 신의 유일한 힘을 나타 내기 위해 종종 군중의 형상이 환기되었던 것은 바로 이러한 주제의 구조 안 에서였다.

베다 중에서도 가장 오래되고 가장 중요한 것으로 평가되고 기원전 1500~1200년 사이에 만들어진 『리그베다』^{Rigveda}의 찬송가들에서 군중의 형상은 다음과 같은 역할을 할 뿐이다.

> 찬란한 신이자 위대한 기쁨을 주는 아그니^{Agni}는 사랑스런 탈것을 타고서 힘으로 영토를 에워쌌다.
> 순수하게 찬양하면서, 그의 집에서 다중을 보호하시는 이의 고귀한 법에 다 가가자. (3권, 찬송가 3~9절)

전설적으로 내려져 오는 역사적이고 종교적인 서사시인 브야사^{Vyasa}의 『마하바라타』^{Mahabharath, 기원전 1400년경}——두 가문 사이의 반목으로 수천 명이 사망하는 신화적인 이야기——에서 군중은 좀더 눈에 띄게 등장하며 종종 전투지의 관중이고 승리와 실패의 표현의 공개적인 증인이다. "수천 명으로 이뤄진 시민은 …… 밖으로 나와 싸움을 지켜보기 위해 모였다. 군중은 무척 대단하여 육체와 육체 사이를 비집고 들어갈 공간 없이 견고한 하나의 인간 집단이었다"(23권). 또 다른 주요한 베다의 텍스트인 『마누 법전』^{Manu smrti, 기원전 1280년경}은 일상의 삶을 위한 종교적 명령을 포함한다. 여기서 군중은 사회적 삶의 공적 영역의 표지로서 환기되고, 공적인 것과 사적인 것, 신성한 것과 세속적인 것 사이의 구분을 나타내는 것으로 보일 수 있다. 가령 『마누 법전』은 특정한 조건하에서는 베다가 인용되어서는 안 된다고 언급하는데, 그중 하나의 조건이 "인간 군중"의 집합이다(4권, 108절).

베다의 산스크리트어는 기원전 250년까지 상당한 토대를 고전적인 양식에 양도하였지만, samuuha는 계속해서 군중을 나타내는 것으로 이용되었으며 훗날의 고전 시기 저작들 일부에서도 발견될 수 있었다. 가령 그것은 12~13세기의 소마데바^{Somadeva}와 자야데바^{Jayadeva}와 같은 시인의 저작들에서 특징을 이루는데, 그후 산스크리트어는 힌디어와 불교의 종교 언어였던 팔리어와 같은 많은 프라크리트로 대거 교체되었다. 그럼에도 불구하고 산스크리트어는 계속해서 종교적이고 학문적인 언어로 매우 고귀하게 여겨졌고 특정한 프라크리트를 정련하기 위해 그것을 '산스크리트화'하려는 많은 시도들이 이뤄졌다.

그러나 samuuha라는 단어는 위에서 인용한 산스크리트 텍스트에서의 전개와 다소 다른 방식이긴 하지만 오늘날에도 사용되고 있다. 산스크리트에 가장 가까운 프라크리트에 속하는 현대 힌디어와 네팔어에서, samuuha

는 공동체와 봉사의 정신으로 만들어진, 함께 뭉친, 집단성을 가리키며, 가령 보편적인 인류의 목표에 의해, 그리고 종종 공유한 경험을 토대로 묶인 것이다. 이렇게 근대 인도와 네팔의 samuuha는 다양한 공동체 조직과 사회 운동의 명칭에서 발견된다.

반대로 군중을 가리키는 완전히 다른 단어도 현대 힌디어에 존재한다. bheedh——이 단어는 신과 왕의 서사적인 위업을 목격하려고 모인 무리의 이미지를 환기시키기기보다는, 더 정확하게는 밀집한 시장이나 버스 정류장을 가리킨다. 즉, 관중의 모임이나 경건한 대중보다는 혼잡을 나타내는 것이다. 산스크리트어에서 현대에 이르며 나타나는, 이러한 samuuha와 군중의 표면적 분리는, 아마도, 근대적 군중이라는 그 현상 자체의 부산물일 것이고, 언어가 새로운 사회적·문화적 현실을 새로운 문맥에서 표현하기 위해 변화하는 방식의 예시일 것이다.

산스크리트어와 힌디어에서 '대양'을 의미하고 samuuha와 음소 체계와 연상적 의미가 눈에 띄게 흡사한 samudra라는 단어는 여전히 대양을 언급하는 것으로 사용되고 있다.[18]

---

18 참고문헌: Vidyadhar Vaman Apte, *The Student's Sanskrit English Dictionary*, Delhi: Motilal Banarsidass, 1979; Vidyadhar Vaman Apte, *A Concise Sanskrit-English Dictionary: Containing an Appendix on Sanskrit Prosody and Another on the Names of Noted Mythological Persons and a Map of Ancient India*, Delhi: Gian Publishing House, 1986; Babulall Pradhan, *English-Nepali Dictionary*, Varanasi: Trimurti Prakashan, 1993; Theodore Benfey, *A Sanskrit-English Dictionary, with References to the Best Editions of Sanskrit Authors and Etymologies and Comparisons of Cognate Words Chiefly in Greek, Latin, Gothic, and Anglo-Saxon*, London: Longmans, Green, 1866; O. N. Bimali and Ishvar Chandra eds., *Mahabharata: Translated into English with Original Sanskrit Text*, Delhi: Parimal Publications, 2000; S. D. Joshi and J. Roodbergen eds., *Ashtadhyayi of Panini*, New Delhi: Sahitya Akademi, 2003; Monier Monier-Williams, *A Sanskrit-English Dictionary: Etymologically and Philologically Arranged with Special Reference to Cognate Indo-European Languages*, Oxford: Clarendon Press, 1899; Monier Monier-Williams, *A*

돌로레스 공원, 레즈비언 행진, 2002년 6월

티르자 트루 라티머(Tirza True Latimer)

돌로레스. 아기에게 고통의 이름을 지어 준다고 생각해 보라. 당신이 그 이름에 걸맞은 삶을 산다고 상상해 보라. 돌로레스 공원. 오늘날 그곳에는 오직 여성만이 존재한다. 혹은 만일 당신이 여성이라는 단어가 가부장적이고 양성적인 구문에서만 의미가 통한다고 생각한다면 여기에 여성은 없다.

돌로레스 공원은 샌프란시스코의 연례적인 레즈비언 행진Dyke March이 행해지는 장소다. 연설자와 공연하는 이들은 사람들의 이목을 끌려고 경쟁하며, 잔디에서 콘크리트가 시작되는 곳에 세워진 검정색 무대에서 지나치게 많은 앰프의 음향장치를 혹사시킨다. 그러나 레즈비언들은 멋지게 차려입고, 발가벗고, 또 속옷 차림으로 무리지어 잔디밭에 앉아 있거나, 가장 붐비는 곳에서 서로 어깨동무를 하고 있거나, 모인 곳의 주변부에서 손을 주머니에 넣고 서 있으며, 여기저기 걸어 다니는 레즈비언들은 자신들의 일에서 쉽게 관심을 딴 데로 돌리지 않았다. 그들은 오가는 사람들, 그리고 잔디밭 둘레에 세워진 오토바이들을 자세히 살핀다. 그들은 대화하고 포옹하고 끊

Dictionary of English and Sanskrit, Delhi: Motilal Banarsidass, 1964; Jayadeva, *Gitagovinda*, trans. Barbara Stoler Miller, New York: Columbia University Press, 1997; R. L. Kashyap and S. Sadagopan eds., *Rigveda*, Bangalore: Sri Aurobindo Kapali Shastry Institute of Vedic Culture, 1998; Kālidāsa and Sudhāmsu Caturvedì, *Complete Works of Kalidasa*, trans. Sudhanshu Chaturvedi, Thrissur: Geetha, 2000; Manu, *The Laws of Manu*, Oxford: Clarendon Press, 1886; R. S. McGregor ed., *The Oxford Hindi-English Dictionary*, Oxford: Oxford University Press, 1993; Ravi Prakash Arya ed., *Ramayana of Valmiki: Sanskrit Text and English Translation According to M. N. Dutt*, Delhi: Parimal Publications, 1998; T. Rhys Davids and William Stede eds., *Pali-English dictionary*, New Delhi: Munshiram Manoharlal, 2001; Somadeva, *Kathasaritsagara*, trans. C. H. Tawney, Delhi: Munshiram Manoharlal, 1968.

임없이 늘어나는 레즈비언 대중을 샅샅이 살피며 아는 사람 또는 모르는 지나가는 사람들과 인사하고 옛 애인과 미래의 연인의 응시를 피하거나 갈구한다. 우리는 오늘 모두가 연인이며 그렇지 않으면 여기 있지 않을 것이다.

모임이 대중으로 늘어나고, 걷기 시작하여 시위대가 될 무렵 행진과 공원은 더 이상 이 레즈비언 인구를 감당할 수 없다. 만 명? 만 오천 명? 이만 명? 누가 세고 있겠는가?

미션 돌로레스 대성당의 계단에 서서 나의 연인과 나는 열 명 혹은 스무 명씩 나란히 줄지어 지나가며 행진하는 사람들을 한 시간 동안 지켜본다. 우리는 레즈비언의 이름을 걸고 자신의 육체로 이 거리를 개화하는 다양한 행렬자들에게 감동을 받고 의기양양해졌다. 일반화하려는 어떤 충동도 좌절시키는 다양한 언어와 몸짓 언어로 서로를 밀치고 끌어안고 옥신각신하고 눈짓하는 모든 종류의 피부색과 체격, 외양, 나이, 스타일.

나는 얼마 동안 싱긋 웃고 있었을까? 입가의 근육이 욱신거린다. 나는 나와 알지는 못하지만 잠재적으로 적대적으로 인식되지 않는 사람들 곁에 둘러싸여 있다. 진기한 경험이다. 피를 끓게 하는.

내 연인과 나는 행렬의 마지막 꼬리에 합류한다. 행렬의 노정을 따라 늘어선 빅토리아조 양식의 집에서 창문 밖으로 몸을 내민 카스트로 거리의 주민들은 휘파람을 불며 환호했다. 우리의 형제들이여. 그들은 기꺼이 자신들의 거리를 우리에게 내주었다. 몇 시간 뒤면 이 일시적인 다수의 레즈비언은 뿔뿔이 흩어져 평범한 주민 속으로 녹아들어 갈 것이다. 내일, 세계와 이 거리는 이 순간에 대한 어떤 흔적을 거의 품고 있지 않을 것이다.

거리에 몰두한 (그리고 점거한) 이 몇 시간—공개적으로 서로를 사랑한—은 일주일 뒤 우리에게 어떤 의미일까? 한 달 뒤에는? 이 호소하는 육체들의 힘은 얼마나 오랫동안 우리의 사기를 북돋아 줄 것인가?

8장

대중, 무리, 폭도

대중 시대의 예술

크리스틴 포지

당대의 정치적·문화적 무대에서 대중이라는 강력한 존재에 주목한 사람들 가운데 샤를 보들레르는 도시 군중의 경험을 높이 찬양한 거의 유일한 사람이었다. 그의 산문시 「군중」은 이 현상을 "군중과 고독"의 변증법으로, 즉 이 용어들이 서로 교환 가능하고 심지어 동일한 것으로 묘사한다. 보들레르에게 있어 군중을 즐기는 것은 "가면과 가장무도회에 대한 사랑, 가정에 대한 증오, 방랑에 대한 열정"으로 결정되는 예술이다. 도시의 거리를 거닐고 그것의 극적인 효과와 우연한 만남에 주의를 기울이며 하루를 보내는 아주 침착한 댄디처럼 시인은 다른 사람으로 가장하기 위해 자신의 정체성을 쉽게 버릴 수 있다. 대부분의 대중 이론가들이 추정하는 것처럼, 이런 사람은 대중에 몰입하자마자 무의식적으로 자신의 이성과 의식적인 의지를 포기하는 것이 아니라 어떤 인격에 머물지를 의도적으로 선택한다. "시인은 자기 자신으로 존재하거나 또는 자신이 선택하는 다른 누군가로 존재할 수 있는 비할 데 없는 특권을 즐긴다. 신체를 찾으면서 돌아다니는 영혼처럼 그는 자신이 원하는 각 인격 속으로 들어간다. 유일하게 그에게만은 모든 것이 비어 있다. 그리고 어떤 공간이 그에게 닫혀 있는 것처럼 보인다면 그것은 단지 그의 눈에 그들이 방문할 가치가 없기 때문이다." 보들레르는 자아의 한계를 초월하는 희귀한 능력을 "이 우주의 교감에서 유일한 도취"의 순간인 "몹시 흥분되는 기쁨"을 경험하는 전제 조건으로 묘사한다. 그러나 역설적이게도 이러한 교감은 대중이 그들에게 식민지화의 열린 현장이 되는 오직 소수에게만 주어진다. 정말로 보들레르는 "식민지 건설자와 인민의 지도자, 지구 끝으로 유배된 선교하는 성직자들은 이 불가사의한 도취에 대해 틀림없이 뭔가 알고 있을 것"이라고 여긴다.[1]

오스망화[Haussmannization][도시 현대화 프로젝트] 시기에 새롭게 나타난 파리의 대중은 미지의, 그러나 여전히 특수화된 "타자"와의 아주 신나는 만남의 기회를 보들레르에게 제공한다. "그가 지나쳐 가는 낯선 사람" 속으로 들어간다고 상상할 때 느껴지는 전율은 보들레르의 미에 대한 독특한 근대적 정의(댄디로 예증되는)를 연상시키는데, 그것은 분명 뜻밖이고 이상한, 순간적이고 영원한 것이 주는 전율을 제공할 것이다.[2] 대중을 특징짓는 위협적인 동질화는 귀족의 특별한 태도를 통해 부분적으로 완화되었고, 그런 태도는 댄디가 남들에게 보이지 않으면서 응시의 주인으로 남아 있게 한다.[3] 그러나 이 산문시의 다른 곳에서 보들레르는 군중

1 Charles Baudelaire, "Crowds", *Paris Spleen, 1869*, trans. Louise Varèse, New York: New Directions Publishing, 1970, pp.20~21. 이 시에 대한 나의 해석은 Jeffrey T. Schnapp, *Staging Fascism: 18 BL and the Theater of Masses for Masses*, Stanford, Calif.: Stanford University Press, 1996, pp.100~103에 빚진다.
2 보들레르는 이러한 정의를 제공한다. "미는 항상 미지의 요소를 갖는다." Charles Baudelaire, "The Universal Exhibition of 1855", *Selected Writings on Art and Artists*, trans. P. E. Charvet, Harmondsworth: Penguin Books, 1972, p.119. 보들레르는 "모든 형태의 미는, 모든 가능한 현상과 마찬가지로, 그 안에 영원한 것과 일시적인 것을 갖고 있다—절대적이고 특별한 요소다"라고 쓴다. Charles Baudelaire, "The Salon of 1846", *Selected Writings on Art and Artists*, p.104. 이후부터 "1846"으로 축약한다.

속에 잠기는 것, "인류를 희생시켜 활력소로서 향연을 즐기는 것"에 대해 쓴다.[4] 만일 시인/댄디가 근대도시의 대로 위에서만 편안하다면 그것은 그도 근대도시의 본질적인 산물이며 북적거리는 대중의 정반대의 이미지이기 때문이다. 그의 과장된 개성과 우아한 패션, 멋진 품행은 그를 보호하는 가면을 이루는데, 그것을 게오르그 짐멜은 매우 예리하게 도시의 충격과 평등화된 익명성의 위협으로부터의 방어로 분석하였다.[5] 보들레르가 자신의 에세이 「현대 생활의 화가」에 썼듯이 화가/댄디는 삶의 변화무쌍한 양식을 비추는 의식적인 거울과 같다. 그는 "비아非我를 갈망하는 자아이며, 그것을 삶 자체——늘 변덕스럽고 덧없는——보다 더욱 생생한 기운 속에 매 순간 반영한다".[6] 범세계적인 취향을 가진, 뿌리가 없지만 열광시키는 구경거리의 세상에서 편안해 하는 화가/댄디는 근대 상품문화의 순간적이고 자신을 매혹적인 인상으로 희미하게 빛나는 반사적인 표면이 됨으로써 자신의 정체성을 확장하려고 시도한다.

보들레르 자신의 군중 경험에 대한 생각을 이끄는 군중/고독과 자

---

3 보들레르에게 있어 예술가/댄디는 그가 중심에 있을 수 있는 동시에, 그럼에도 불구하고 눈에 띄지 않는 군중 속이 자신의 자연스러운 거주지라고 여긴다. "군중은 그의 영역이다, 마치 공기가 새의 영역이고, 물이 물고기의 영역인 것처럼. 그의 열정과 그의 직업은 군중과 융합하는 것이다. …… 집에서 떨어졌음에도 불구하고 어디서나 편안하고, 세상의 가장 중심에서 세상을 봄에도 불구하고 세계에서 눈에 띄지 않는, 그러한 것들은 독립적이고 열성적이며 공정한 영혼을 가진 사람들의 작은 기쁨이다. …… 관찰자는 그가 가는 모든 곳에서 자신의 익명을 즐기는 귀족이다"(Charles Baudelaire, "The Painter of Modern Life", *Selected Writings on Art and Artists*, pp.399~400).

4 Baudelaire, "Crowds", p.70.

5 댄디를 "근대적 대도시가 가하는 충격으로부터 자신을 보호하기 위하여 자신이 충격을 주어야 하기 때문에, 모두 가면이고 관통할 수 없는 표면을 가진 사람"으로 논의하는 것은, Schnapp, *Staging Fascism*, p.103을 보라. 도시의 충격과 화폐 경제의 결과로서의 차이의 대등화 효과에 대한 짐멜의 분석에 대해서는, Georg Simmel, "The Metropolis and Mental Life", *On Individuality and Social Forms*, Chicago: University of Chicago Press, 1971, p.330을 보라. 이 구절은 또한 Schnapp, *Staging Fascism*, p.101에서도 논의되었다.

6 Baudelaire, "The Painter of Modern Life", p.400.

아/비자아 사이의 교차적인 교환은 또한 19세기 후기에 전개되는 군중 이론의 중심인 변증법을 나타낸다. 가브리엘 타르드, 스키피오 시겔레, 귀스타브 르 봉을 포함하는 사회심리학자들은 모두 군중이 모여 새롭고, 정신적으로 통일된 유기체를 창조할 때마다 발생하는 개성의 분명한 손실을 이해하려고 했다. 1895년 자신의 유명한 책『군중심리』에서 당시 유포되던 많은 이론들을 종합했던 르 봉에게 있어 "집단 속에 존재하는 모든 사람의 감정과 생각들은 하나의 동일한 방향을 취하며 그들의 의식적인 성격은 사라진다".[7] 이와 유사하게 이탈리아의 범죄인류학자인 시겔레는 "가장 경이로운 현상은 바로 특이한 성격이 소멸되고 그것을 구성하는 각각의 성격과 다른 하나의 거대한 성격이 된다는 것이다. 각 개인은 느끼고 생각하는 능력을 잃어버리고 미지의 두뇌와 영혼의 눈먼 수단이 된다고 말할 수도 있다"라고 주장했다.[8] 두 이론가 모두 군중이 때로는 역사적 변화의 수단으로서 영웅적일 수 있다는 사실을 인정했지만 대개는 개성의 손실을 공포스럽게 바라보았고 군중 속에서 최면에 걸린 피실험자와 유사한 원시적이고 무의식적인 상태로의 회귀를 보았다. 또 최면에 걸린 피실험자처럼 대중 속으로 몰입한 사람들은 아주 쉽게 남의 영향을 받게 되고 타르드가 "모방의 법칙"[9]이라고 칭한 것을 따르는 경향이 있었다. 이런 이유로 그들의 "여성스러운" 변덕과 지나친 감정과 폭력, 범

---

7 Gustave Le Bon, *La psychologie des foules*, Paris: Alcan, 1895. 영문판은 다음의 표제로 출간되었다. *The Crowd: A Study of the Popular Mind*(reprint), London: Ernest Benn, 1952(1896), p.23. 이후부터 *C*로 축약한다.

8 Scipio Sighele, *L'Intelligenza della folla*, Turin: Fratelli Bocca, Editori, 1903, p.66. 이 책은 시겔레가 1890년대에 출판한 에세이들과 다른 이론가들, 그중에서도 타르드와 사회주의자 엔리코 페리(Enrico Ferri)와 주고받은 서신을 재판한 것이다. 시겔레의 군중을 주제로 한 최초의 글은『범죄군중』(*La folla delinquente*, Torino: Bocca, 1891)이었다. 따로 명기되지 않았다면, 모든 번역은 인용자의 것이다.

죄의 성향이 발생한다는 것이다. 군중의 일원들은 이질적인 개인에서 동질적인 하찮은 사람으로 변형되고 카리스마 있고 명망 높고 대개 권위적인 지도자에 의해 쉽게 유혹된다. 군중은 '무형'informe의 대중, 단지 날것의 성분을 구성하고 지도자는 영혼을 불어넣어 그들을 자신이 바라는 대로 형성한다. 르 봉은 잠재적인 지도자에게 바로 그들의 과제, 즉 군중을 형성하고 지배하라고 알리기 위해 책을 썼다.

군중심리학은 도시화와 산업화의 황급한 진전, 그리고 전통적인 형태의 신념과 관습의 쇠퇴에 대한 반응으로 19세기 후반 하나의 연구 분야로서 등장했다. 르 봉에게 "근대는 전이와 무질서의 시대에 해당한다"(*C*, p.14). 새로이 실직하고 불만을 품은 대중계급은 정치적 권력을 요구하며 많은 사람들의 폭동과 심지어 혁명까지 고취시켰다. 르 봉이 관찰했듯 "대중의 신성권은 왕의 신성권을 대체하려고 한다"(*C*, p.16). 또 타르드와 르 봉이 판단하기를, 발명과 문명은 언제나 결코 대중이 아닌 소수의 귀족의 업적이기 때문에 전통적인 계층제의 쇠퇴는 문명 자체를 붕괴시킬 조짐을 보였다(*C*, pp.18, 182; *LI*, p. 2). 그러나 그 같은 붕괴는 오직 이미 주어진 사회구조 속에 뿌리 깊은 불안정과 부패가 존재할 때만 발생할 수 있다. 다수의 관찰자들에게 19세기 후반의 프랑스 사회는——그 불확실한 계급 관계, 상품과 상업문화의 확산, 대중매체의 부상, 만연한 물질주의 속에서——그러한 쇠퇴의 징후를 보여 주었다.[10]

9 Gabriel Tarde, *The Laws of Imitation*(reprint), trans. Elsie Clews Parsons from the 2nd ed., New York: Henry Holt, 1903(1890). 이후부터 *LI*로 축약한다.
10 소비주의의 부상에 대한 중대한 대응에 대한 논의는 다음을 보라. Rosalind H. Williams, *Dream Worlds: Mass Consumption in Late Nineteenth-Century France*, Berkeley: University of California Press, 1982.

근대의 대중의 다채로운 현상──일시적으로 대로 위에 모였든 오락과 폭동, 정치적 시위를 위해 모였든 간에──을 재현하려고 시도한 예술가들은 또한 그들의 심리적 응집의 형태, 개인과 더 큰 사회적 대중의 관계에 대해서 숙고하였다. 그들이 대중을 어떻게 생각했고, 대중과의 관계에서 자신을 어떻게 위치지었으며, 자신의 작업을 통해 어떻게 대중에게 호소하기로 결정했는가를 살피는 작업은 보들레르 시대 이후 공적 영역, 상품문화, 대중매체에서 나타난 역사적인 전환을 많은 부분 보여 준다. 19세기의 대중이 여전히 대개 거리와 극장, 공공광장에 나타나며 주로 개인들의 물리적 근접성에 의존했던 반면, 현대의 대중은 보통 정보와 광고, 견해의 교환을 통해 달성되는 가상의 집단이다. 그러나 분산된 대중의 기원은 이미 19세기 후반에 완전히 확립되었고 르 봉이 처음으로 분석하였는데, 그는 그러한 대중을 발생시키는 국가적 사건의 역할, 특히 생각과 감정이 사전에 유통되어 개인들이 특정한 반응을 보이도록 유도하는 역할에 대해 숙고하였다.

전염에 굴복하는 개인들에게 동일한 장소에 동시에 존재하는 것은 필수적인 일이 아니다. 군중에게 고유한 개인의 동향과 특징을 모든 마음속에 제공하는 사건의 영향 아래서 전염의 영향은 멀리서도 느껴질 것이다. 이것은 특히 사람들의 마음이 바로 그 영향을 받을 준비가 되어 있을 때 그렇다. (C, p.126)

그가 인용한 위협적인 예는 "1848년의 혁명적 운동이며, 그것은 파리에서 발발한 이후 유럽의 광대한 지역으로 급속하게 퍼져 다수의 왕위를 흔들어 놓았다"(C, p.126). 르 봉과 마찬가지로 타르드는 여론, 결국은 공중publics(이것을 그는 군중과 구별하게 된다)을 창조하는 신문의 역할에 특별히 주의를 환기시켰다.[11] 오늘날 가상의 군중은 타르드가 거의 상상조차 못한 속도로 전자매체를 통해 소통하는, 19세기 문화의 새로운 산업적 형태와 대중의 주체성의 부상과 연결되는 것으로 생각되어야 한다.

18세기 후반과 19세기 초반에 등장한 상업적인 대중문화의 가장 초기의 화신은 아일랜드인인 로버트 바커Robert Barker가 1787년 발명한 파노라마 속에서 발견될 수 있다. 파노라마는 유럽과 미국 전역에서 19세기 말—이 시기 영화의 탄생으로 파노라마가 서서히 종말을 고했다—까지 인기 행진을 이어 갔다. 파노라마의 성공은 관람자를 전쟁터, 가깝거나 멀리 떨어진 도시, 또는 역사적 사건의 현장으로 데려다 줄 수 있는 완벽한 환영을 창조하는 원형의 형식과 세심한 극사실주의의 동원에 달려 있었다. 관람객들은 원형 건물에 들어가서 파노라마의 물리적 구조를 속이도록 고안된 캄캄한 계단을 통해 높은 곳의 중심적인 조망대로 올라간다. 조망대에 올라가면 관람자는, 여전히 비교적 어둡지만, 위쪽에서 자연광을 받아 빛이 나는 그림을 바라보게 되는데, 그 빛의 근원은 여과되고(그림자를 줄이기 위해) 매달아 놓은 가짜 천장—캔버스의 위쪽 가장자리를 볼 수 없게 만든다—에 의해 감춰졌다. 전시장에서 아래쪽 가장자리도 이와 유사하게 감지할 수 없는 이미지로의 이행을 창조하는 울타리나 모방 지형faux terrain에 의해 숨겨졌다. 이와 조화되지 않고 현실을 떠올리게 하는 어떤 것도 관람객의 시계視界를 방해하도록 허용되지 않았

11 C, p.149; LI, p.xiv; Gabriel Tarde, "The Public and the Crowd", ed. Terry N. Clark, On Communication and Social Influence: Selected Papers, Chicago; London: University of Chicago Press, 1969, pp.277~294. 원서의 표제는 다음과 같다. "Le Public et la foule", L' opinion et la foule, Paris: F. Alcan, 1901.

다. 틀의 은폐와 어둡게 만든 조망대, 원형의 시야는 관찰자들에게 제한받지 않는 완전한 세계의 환영을 그들 앞에서, 그러나 동시에 안전하게 멀리 떨어져서 아주 신나게 경험하게 해주었다. 이와 같은 시각적 기계의 선전적인 이용을 민족주의 정서를 증진하고, 식민지의 모험사업을 정당화하거나 특정한 산업 부문을 광고하려는 사람들이 간과하지 않았다는 사실은 놀라운 일이 아니다.

　에든버러에서 바커의 첫번째 파노라마는 상류층 고객들을 위해 기획되었지만 본인이 자금을 대서 운용하는 높은 투자비용으로 인해 그는 모든 계급에게 입장을 허가하기로 결정하였다.[12] 몇몇의 파노라마는 입장료가 다른 두 개의 조망대를 제공했다. 더 낮은 곳의 조악한 시야를 제공하는 붐비는 조망대는 노동계급과 중산층을 위한 것이었고 더 높은 곳의 제한된 공간에서 훨씬 여유롭게 관람할 수 있는 조망대는 귀족을 위한 것이었다. 서로 다른 사회계층이 서로 다른 이유로 파노라마에 마음이 끌린 것은 흔한 일이다. 교양 있는 계급은 이미지가 가진 해석의 독창성을 높이 평가했다고 생각된 반면, 대중은 새로운 형식이 가능하게 한 환영 효과와 흥분되는 느낌에 마음이 끌렸다고 생각되었다(*P*, p.115). 그러나 역설적이게도 아래쪽의 조망대는 꼭 들어맞지 않는 유리한 위치를 제공했고, 반면 위쪽의 조망대는 설득력 있는 시야와 더 나은 조명을 제공했는데, 이것은 위쪽 조망대의 방문자들이 자신 앞의 환영을 더 쉽게 진실로 여겼을 것이라는 사실을 암시한다. 그러나 대개 이질적인 대중은 오락

---

12 버나드 코멘트는 바커의 에든버러에서의 첫번째 파노라마가 3실링의 입장료로 전문가들에게 안내되었다고 말한다. 그러나 입장료는 곧 2실링으로 떨어졌고, 바커가 런던에 그의 파노라마를 설치한 지 얼마 지나지 않아서는 1실링이 되었다. Bernard Comment, *The Panorama*, trans. Anne-Marie Galsheen, London: Reaktion Books, 1999, p.115. 이후부터 *P*로 축약한다.

과 극적인 효과를 얻기 위해서 떼 지어 파노라마를 보러 갔다.

　전쟁 장면은 더 대중적인 소재로서, 관람객들이 그들의 영웅의 반대편의 이미지를 보고 심지어 자신들을 전투 속 싸움의 상황에 놓아 보는 것을 허용했다. 가장 성공적인 것은 장 샤를 랑글루아Jean-Charles Langlois의 1831년 작품인 「나바리노 해전」La Bataille de Navarin(단면도와 입면도, 평면도를 제공하는 스케치로만 남아 있는)이었다. 랑글루아는 레지옹 도뇌르 훈장을 받은 장교이자 나폴레옹의 군사작전에 참여한 용사로서 오라스 베르네Horace Vernet와 함께 군대의 그림을 연구했다. 그의 「나바리노 해전」은 그리스 연안의 나바리노(현재는 필로스Pylos)에서 1827년 벌어진 전투를 그렸는데, 이때 한편으로 정렬한 프랑스, 영국, 러시아의 함대는 다른 편의 터키와 싸움을 벌였다. 이 그림은 랑글루아의 새로운 원형건물의 개통식에서 베일이 벗겨졌는데, 이 건물은 높이 15미터, 직경 38미터로 파리에서 가장 컸고 마레 지구의 탕플 거리에 있었다. 이 파노라마는 최근의 역사적 사건에 활기를 불어넣기 위해 규모와 환영 효과 면에서 이전의 모든 선례들을 뛰어넘으려고 시도했다. 랑글루아는 평범한 전시장을 (묘사된 전투에 참전했던) 프리깃 함 스키피온의 갑판 부분으로 대체하고, 관람자들이 조망대로 향하는 길에 재건된 함장실을 통과하고 계단을 올라 함장의 식당을 지나가게 하였고, 모방 지형을 완벽하게 이용하였고, 불타는 전함의 효과를 높이려고 가스버너를 이용하였으며, 바다의 미풍처럼 보이게 하려고 환기장치를 이용하는 혁신을 발휘했다.[13] 파노라마 설계자이자 역사학자인 자크 이냐스 이토르프Jacques Ignace Hittorf에

13 Stephen Oettermann, *The Panorama: History of a Mass Medium*, trans. Deborah Lucas Schneider, New York: Zone Books, 1997, pp.158~160; *P*, pp.47~49.

게 그 결과는 견줄 데 없는 "현실의 명시"였다. "그 현장은 완전히 무장하고 장비를 갖춘 전함으로 변형되었고, 전함의 끝 부분은 돋을새김의 진실성과 얕은 돋을새김의 형태, 그리고 그림의 도움으로 점차 뒤쪽의 캔버스와 서로 구분되지 않게 어우러졌다. '최고의' 환영을 추구하는 이 예술의 '역작'tour de force과 독창적인 산업은 획기적인 성공으로 영예를 얻었다."[14] 제르맹 밥스트는 다른 파노라마들이 그림으로부터의 거리감을 유지한 반면 랑글루아는 관람자를 "작용의 한가운데"에 놓았다고 논평했다.[15] 이러한 연극성은 똑같이 연극적인 반응을 유발했는데, 한 젊은 여성은 랑글루아의 파노라마를 보면서 정말로 히스테리성 발작을 일으켰다고 보고했다(P, p.103). 랑글루아의 사실주의의 느낌과 특수효과의 사용은 그의 다음 작품인 「모스크바 전투」(그림 8.1)에서 찾을 수 있다. 여기서 전경의 임시 울타리, 바위, 전복된 대포는 전쟁터로 이어지고 그곳에 모인 병력은 죽은 사람과 무기, 말의 잔해의 한복판에서 서로 대결한다. 불붙은 대포가 뿜어내는 연기는 전쟁의 분위기로 현장을 감싸는 한편, 예술가가 어떤 지역은 분명하지 않게 하고 다른 지역은 강조할 수 있도록 만들었고 거대한 싸움터의 원경과 영웅적인 개인의 상세한 근접 묘사의 균형을 이루게 하였다. 이렇게 랑글루아는 극적인 효과나 역사적인 정확도를 희생시키지 않고 일화를 알기 쉽게, 방대한 규모로 표현하는 데 성공하였다.

14 Jacques Ignace Hittorf, "Description de la rotonde des panoramas élevée dans les Champs-Elysées: Précédé d'un aperçu historique sur l'origine des panorams et les principales constructions auxquelles ils ont donné lieu", Revue générale de l'architecture et des travaux publics, vol.2, 1841. P, p.49에서 재인용.
15 Germain Bapst, Essai sur l'histoire des panoramas et des diorams: Extrait des rapports du jury international de l'Exposition universelle de 1889, Paris: Imprimerie nationale, 1891. P, p.47에서 재인용.

그림 8.1 장 샤를 랑글루아, 「모스크바 전투 습작품」(부분, 캔버스에 유채), 1838, 파리 군사박물관.

랑글루아의 「나바리노 해전」과 「모스크바 전투」는 환영의 정점에 파노라마 형식을 가져다 놓았는데, 거기서 이미지는 자신이 재현하는 현실을 대체하고 진실에 대한 해석을 주장한다. 불과 몇 년 뒤 사진의 출현으로 이 파노라마들과 다른 파노라마들이 의존했던 전통적인 사실주의는 근대화되어야 할 것이다. 랑글루아는 1855년 크림 전쟁에서 세바스토폴의 포위 공격을 재현하는 새로운 파노라마를 창작하기 시작할 때 그 지역의 지형, 방어 시설, 군대의 진지, 전투 작전을 상세히 기록하기 위해 현장을 순회하였다. 이번에 그는 자신의 예비적인 그림의 기초로써 사진을 이용했는데, 예술가들이 자신의 이미지의 진실성을 보증하려고 하면서 이 관행은 점점 빈번해졌다.[16] 하나의 회전축에서 만들어진 그림들을 병렬하는 이전의 관행에서와 같이 여기서 부분적으로 겹치는 일련의 사진들이 연속적인 360도 이미지의 토대를 창조하기 위해 연결되는데, 그림에서는 제거되었던 시각의 왜곡을 피할 수 없다. 파노라마는 다른, 관련된 형태의 극사실주의 전시에 양도되기 전인 19세기 말 마지막 인기의 물결을 경험했다. 20세기의 영화, 원형의 또는 환경에 맞게 크기가 조정된 사진 벽화, 심지어 대중잡지의 접이식 페이지도 이미지가 현실을 대체하는 연속된 시야를 창조하려고 노력했다는 점에서 파노라마로 볼 수 있다. 이 매체들은 대중을 호명하거나[interpellate], 아주 흥분되는 완전한 시야의 느낌을 제공하거나, 정치적 이상에 대한 믿음을 강제하는 문제일 때 항상 빈번하게 이용되었다. 곧 보게 될 테지만, 파노라마 매체는 특히 제1, 2차 세계대전 사이의 대중──혁명적 대중, 정치적 집회, 행진, 전투 현장이든──을 묘사하는 데 있어 두드러졌다. 파노라마의 이용은 선전의 필요성에 부응하는 것이었는데, 대중 이론가들은 이 사실을 분명하게 표현했고 파시스트들과 공산주의자, 심지어 민주주의 국가도 의식적으로 파노라마를 채택했다. 비록 기법과 이데올로기에서의 중요한 차이 또한 다소 관찰되겠지만 말이다.

랑글루아가 가까운 과거의 사건들을──「세바스토폴의 포위 공격」[Siege of Sevastopol]의 경우에는 일부 관람자가 그 지형을 알아보고 작전을 기억할 수 있는 현재의 분쟁이었다──재현하기 시작한 반면, 다른 예술가들은 관람자가 자신의 이상화된 거울의 반사를 발견할 수도 있는 당대의 상황을 이와 유사하게 재현하려고 시도했다. 에두아르 마네[Édouard Manet]

16 Silvia Bordini, *Storia del panorama: La visione totale nella pittura del XIX secolo*, Rome: Officina Edizioni, 1984, pp.58~60.

그림 8.2 에두아르 마네, 「튈르리 공원의 음악회」(캔버스에 유채), 1862, 런던 내셔널 갤러리.

의 1862년의 「튈르리 공원의 음악회」La musique aux Tuileries (그림 8.2)는 그 다음 해에 보들레르의 유명한 에세이 「현대 생활의 화가」에서 찬미했던 영웅주의와 현대적 삶의 미에 대한 첫번째 묘사로 자주 알려진다. 이 그림은 튈르리 공원의 콘서트에 온 상류층의 모임을 계급의 모든 표지와 의례를 통해 보여 준다. T. J. 클라크가 관찰한 것처럼 이 그림은 그것이 그리는 공적 영역이 여전히 특정한 개인들, 즉 직업과 지위가 분명하게 드러나고, 친구와의 관계를 통해서 인식되는 개인들로 구성된다는 점에서 과도기적인 것으로 간주되어야 한다. 청중들은 서로 눈빛을 교환하고 대화하며 편안한 연회의 기분을 즐긴다.[17] 분명한 이질성이 모임을 방해하지도, 계급의 혼합이 모임을 불안정하게 만들지도 않는다.

17 T. J. Clark, *The Painting of Modern Life: Paris in the Art of Manet and His Followers*, Princeton, N.J.: Princeton University Press, 1984, p.64.

이 그림은 꽉 차도록 잘려져서 인물들이 서로 가깝게 밀착되고 틀의 가장자리까지 조밀한데, 그 때문에 거의 오른쪽 전경의 버려진 의자는 우리에게 장면 속으로 입장하도록 초대하는 듯하다. 몇몇의 개인들은 마치 우리의 근접을 알아차리기라도 한 듯 똑바로 쳐다본다. 화가 자신은 부분적으로 얼굴이 잘린 채로 캔버스의 맨 왼쪽에 서 있는데, 옆쪽에는 자신의 친구 알베르 드 발르루아를 동반했고, 그들 사이에는 비평가 샹플뢰리가 서 있다. 확인할 수 있는 다른 인물에는 보들레르와 테오필 고티에, 오렐리앵 숄이 있다. 마네는 자신이 구성요소가 되는 익숙한 세계를 그리더라도 주변부에서 보기로 결정한다. 관찰하지만 거의 눈에 띄지 않는 댄디처럼 말이다.

「튈르리 공원의 음악회」에서 그려진 대중의 명료함과 분명한 사회적 응집력에도 불구하고 분열과 분산의 징후 또한 발견될 수 있다. 오락의 근원이 보이지 않는 곳에 있고 인물들은 서로 다른 방향을 쳐다보기 때문에 어떤 초점도 더 큰 통일감이나 계층적 조직의 느낌을 발생시키지 않는다. 오히려 개인들은 그림틀 너머로 무제한 확장하는 듯한 작고, 임의적이고, 분산된 집단 속에 합쳐진다. 공간과 비례의 묘사에 있어서의 변칙들은 전경과 후경이 장소 안으로 사라지도록 유발하고, 어떤 인물들은 너무 크게 보이고 어떤 인물들은 이상하게 축소되어 보인다. 사실주의적인 묘사의 부분과 투박하게 바림질한 영역이 번갈아 나타나는데, 마치 화가가 특정한 부분을 닦아 낸 뒤 다시 칠하는 작업을 깜빡한 것처럼 보인다. 그러나 오른쪽 가운데 부분과 중앙의 두껍게 문지른 흰색과 검정색, 회색의 붓놀림은 또한 생생한 시야의 증거나 의도적인 소박함^{naïveté}, 또 현대성의 특징으로 이해될 수 있다. 우리가 오른쪽 전경의 인물들의 관계를 알아볼 수 없거나, 구도의 중앙의 형태가——실크해트를 쓰고 서 있는 남자에게 음악 프로그램을 권하는, 자리에 앉아 있는 베일을 쓴 여인을 포함하여——결국 모호하게 파악되는 대중으로 귀착된다면 이것은 특정한 사회적 표지의 불확정성이 증가하고 있다는 징후가 될 것이다.

「튈르리 공원의 음악회」에 등장하는 인물의 다수는 신원을 확인할 수 있지만, 실크해트, 프록코트, 지팡이가 반복되는 경향 또한 있어 전반적인 동일함, '획일성'이 이 인물상들의 개성을 가린다. 보들레르는 이미 얄궂게도 인간의 패션의 역설을 관찰했다. "많이 남용되는 프록코트"는 당대의 미와 그 지방 특유의 매력을 전형적으로 보여 주는 동시에 "그 어깨에 어둡고 좁다란 영원한 애도의 흔적을 지고 다니는, 우리의 괴로운 시대의 피할 수 없는 유니폼"을 도입한다. 패션의 대상인 프록코트는 또한 "정치적 미, 즉 보편적 평등의 표현"을 과시했다("1846", p.105). 자신을 두드러지게 하고 싶은 사람은 색깔과 장식은 피하면서 마름질과 디자인의 미묘한 차이로 만족해야 한다("1846", pp.105~106). 그 때문에 사회적 차이가 표현될 수 있는 범위는 축소되었으며, 그것 자체가 보들레르에게는 애도의 이유였다. 그는 그 결과를 "기획자인 회장자, 정치적인 회장자, 부르주아 회장자의 거대한 행렬"에 견주었고 "우리 모두는 어딘가 장례식에 참가하고 있다"("1846", p.105).

아마도 외견상의 다양성과 집단성 내부의 사회적 획일성과 소외에 대한 인식에서 기인하는 더 뚜렷한 불안감은 대중의 초상을 그린 신인상주의자 조르주 쇠라^Georges Seurat의 다수의 작품들에 대한 고찰에서 드러난다. 「그랑드 자트 섬의 일요일 오후」^Un dimanche après-midi à l'Île de la Grande Jatte, 1884~1886, 「서커스의 퍼레이드」^Parade de Cirque, 1887~1888, 「서커스」^Le cirque, 1890~1891(그림 8.3)와 같은 그림들은 상품화된 구경거리를 가진 도시 세계 속의 대중적인 오락과 사회계급 간의 모호한 관계에 초점을 맞

그림 8.3 조르주 쇠라, 「서커스」(캔버스에 유채), 1890~1891, 파리 오르세미술관.

춘다. 이 그림들 각각은 공유된 즐거움의 상황을 그리는데 그것은 딱딱한 자세, 억압된 웃음, 인물의 편협성과 모순된다. 사회적 집합체가 여가 활동이나 제공된 동일한 오락거리에 참여하는 개인들의 모임이라고 암시된다면, 이 그림들은 계급의 혈통을 가로지르는 자발적인 응집력을 담은 설득력 있는 그림을 제공하는 데 실패한다. 쇠라가 자신의 그림을 구성한 점과 선과 마찬가지로, 그의 작품 속의 인물은 동질성을 통한 통일의 이상을 가리키지만 그러한 통일은 가까이 들여다보면 사라지는 붙잡기 힘든 광학 효과로서 오직 잠정적으로만 나타난다.

쇠라는 자신의 정치적 입장에 대해 분명하게 진술한 적은 없지만 그의 짧은 생애 동안 무정부주의자 서클과 친밀하게 교제하였다. 따라서 그의 작품은 일반적으로 그의 친구와 당대의 비평가, 후대의 해석자들에게까지 사회성과 무정부주의자로부터 영감을 받은 구경거리의 자본주의적 형태에 대한 비평을 표현하는 것으로 이해되었다. 가령 「서커스」는 화가의 작업실에서 가까운 곳에 위치한 페르난도 서커스에 대한 연구, 그리고 쥘 셰레Jules Chéret의 대중적인 포스터와 아마도 에밀 레노Emile Reynaud의 프락시노스코프 영화에서 보인 그림의 방식과 틀에 박힌 유형의 사람들에게서 끌어낸 장면을 묘사한다.[18] 이러한 원형들은 상업적인 시각 문화의 내부적 모순을 드러내는 그러한 언어의 사용에 관심이 있음을 시사한다. 셰레에 있어서 그것은 표준화된 내숭faux-naïf 양식이 모든 주체들에게 적용되는 것으로, 상품이나 오락물을 광고하면서 어린 소녀들과 그들의 남성 후원자들의 성적으로 매혹적인 덧없는 이미지들은 흥겨움을 유발한다.

페르난도 서커스는—당대의 호화롭게 설비를 갖춘 서커스에 속하지는 않았다—피갈과 몽마르트르 출신의 대다수의 노동계급과 프티부르주아 고객을 끌어들였고 특히 곡마사의 인기로 유명했다.[19] 「서커스」에

---

18 로버트 L. 허버트는 쇠라에게 있어 쥘 셰레의 포스터의 중요성과 많은 형상을 직접적으로 차용한 사실을 규명했다. Robert L. Herbert, "Seurat and Jules Chéret", *Art Bulletin*, vol.40, 1958, pp.156~158. 조너선 크레리는 에밀 레노의 프락시노스코프라고 불리는 광학 장치에 슬라이드 필름을 투영하는 주마등 장치를 또 다른 가능한 본보기로 확인했다. 프락시노스코프 극장을 위한 슬라이드 필름 중 하나는 「서커스」에서의 그들의 배열과 눈에 띄게 유사한 이미지로 광대의 곡예사 같은 움직임과 분산된 청중을 담아낸다. 크레리는 셰레와 레노가 현대의 대중문화의 전형과 관련이 있고, 셰레가 레노의 「빛의 판토마임」(Les Pantomimes Lumineuses, 1892~1898)을 위한 포스터를 제작했다는 점을 지적했다. Jonathan Crary, *Suspensions of Perception: Attention, Spectacle, and Modern Culture*, Cambridge, Mass.: MIT Press, 2001, pp.259~278을 보라.

19 페르난도 서커스—훗날 메드라노 서커스라 불리는—에 대한 역사적 논의에 대해서는 Catherine Strasser, *Seurat: Cirque pour un monde nouveau*, Paris: Éditions Adam Biro, 1991,

서 쇠라는 페르난도 서커스의 실제의 좌석 배열——다양한 층과 열을 차지하는 사람들의 유형을 통해 사회적 지위가 쉽게 드러나는——에서 보이는 계급적 차이를 보존하고 그 핵심을 보여 주었다. 첫번째 다섯 줄은 420석의 가장 비싼 좌석으로 붉은색의 벨벳 등받침이 있었다. 흰 장벽으로 분리되어 있는 두번째 계급은 세 줄로 630석으로 구성되었고, 세번째 계급의 1,000석이 뒤를 이었다(쇠라는 이들을 두번째 계급의 구역과 결합하였다). 더 멀리 있는 장벽 뒤로는 입석 관람자들을 위한 공간이 있었다. 비평가 조르주 르콩트는 1891년의 글에서, 「서커스」의 공연자들이 전하는 "강렬한 생동감"과 대조적인 청중의 정적인 특성, 그리고 쇠라가 그린 판에 박힌 유형의 사람들에게 주목했다. "쇼를 지켜보는 관람객들은 계속해서 완전히 무표정하다. 그들은 정형적인 얼굴과 자세로 특정한 유형과 계급을 나타낸다. 윗줄에 앉은 사람들은 부주의하게 따분한 듯이 난간 쪽으로 몸이 구부정해져 있다."[20] 멀리 있는 줄의 노동계급 관중은 무심코 (또는 따분해서) 난간에 기대 서지만, 앞줄의 부르주아 남녀들은 손을 무릎 위에 두거나 정중하게 박수를 치면서 더 딱딱하게 앉아 있다. 청중들 사이에 소통은 거의 발생하지 않고, 두세 명의 작은 그룹으로 앉은 사람들조차 서로 격리되어 있는 듯하다. 도식적인 얼굴의 대부분은 미소를 나타내는 V자 모양의 표시를 지니고 있지만 관객의 억눌린 신체 자세와 몸짓은 어떤 유쾌함의 인상도 상쇄한다. 르콩트가 말했듯이 쇠라는 공연자의 활력과 위를 향한 움직임, 그리고 강력한 수평선으로 지배되는 층층의

pp.10~12; Michael F. Zimmermann, *Seurat and the Art Theory of His Time*, Antwerp: Fonds Mercator, 1991, pp.380~382를 보라.

20 Georges Lecomte, "Le Salon des Indépendants", *L'art dans les deux mondes*, March 28, 1891. Zimmermann, *Seurat and the Art Theory of His Time*, p.380에서 재인용.

장소에 소속된 수동적인 청중 사이의 분명한 대조를 확립한다.

쇠라는 샤를 앙리Charles Henry, 오그던 루드Ogden Rood, 움베르트 드 쉬페르빌Humbert de Superville 등의 이론에 기대서, 특정한 색과 선의 사용을 통해 감정의 특성이 과학적으로, 그 결과 보편적으로 전달될 수 있다고 믿었다.[21] 모리스 보부르에게 보내는 1890년의 편지에서 그는 설명했다.

> 예술은 조화다. 조화는 색조, 색, 선의 대조적이고 유사한 특성과 같으며, 무엇이 우세한지와 관련되고, 행복하고 침착하거나 슬픈 조합의 조명을 어떻게 설계하는지의 영향을 받는 것으로 생각된다. ……
> 색조의 유쾌함은 빛을 내는 것에서 만들어지며, 색의 경우에는 따뜻한 것에서, 선의 경우에는 수평선 위의 각도에서 기인한다. ……
> 색조의 차분함은 빛과 어둠의 균형에서 만들어지며, 색의 경우에는 따뜻함과 차가움의 균형에서, 선의 경우에는 수평선에서 기인한다.
> 색조의 슬픔은 어두운 것에서 만들어지며, 색의 경우에는 차가운 것에서, 선의 경우에는 수평선 아래의 각도에서 기인한다.[22]

상승하는 선과 몸짓, 심지어 헤어스타일, 그리고 반짝이는 빨간색과 노란색을 두드러지게 사용하여 공연자들을 묘사한 것은 유쾌함과 에너지의 제한되지 않은 확장을 표현하기 위한 것이다. 덜 밝은 색조로 그려

---

21 이 이론가들과 다른 이들의 작업에 대한 쇠라의 지식과 이용에 대한 분석은 Herbert, "Seurat and Jules Chéret"; Zimmermann, *Seurat and the Art Theory of His Time*; Crary, *Suspensions of Perception*을 보라.
22 Georges Seurat, "Letter to Maurice Beaubourg", August 28, 1890. Richard Thomson, *Seurat*, Oxford: Phaidon Press, 1985, p.225에 번역 출간.

지고 눈에 띄게 그들의 좌석에서 꿈쩍 못하는 관객들은 자기 안에 몰입하고, 차분하고 내성적이고, 어떤 경우에는 산만해진 것으로 묘사된다. 그러나 구성요소들의 납작하고 장식적인 처리, 원시적인 색깔의 반복, 어디에나 있는 점들로 확립되는 어떤 통일성은 두 영역을 결합한다. 관람객의 미소를 억압된 찌푸린 얼굴로 전환하는 도식화는 공연자의 자세와 과장된 미소에서도 나타나는데, 그들에게 있어 웃음과 유쾌함의 수행은 전문적인 기술이다. 진정한 유쾌함이 존재하는지, 아니면 우리는 단지 그것의 '보편적인' 표시의 상업적인 가장을 목격할 뿐인지 파악하기가 어렵다.

도식적인 미소, 관람객의 얼굴(콧수염과 눈썹)과 옷에서 보이는 상승하는 대각선은 공연자들의 것들을 거울로 비춰 주는 듯하며, 그로써 타르드의 '모방의 법칙'을 전형적으로 보여 준다. 타르드는 1880년대 말기와 1890년대에 자신의 사회 이론을 발표했는데, 그에게 "사회는 모방이나 역모방counter-imitation으로 생기는 많은 유사점들을 보여 주는 사람들의 집단이다"(*LI*, p.xvii). 그 같은 모방은 완전한 근접성의 결과로 발생할 수 있지만 다른 소통의 양식, 즉 그가 전염이나 전자기적 진동의 영향에 비유했던 과정을 통해서도 확산될 수 있다. 어느 경우이든 그것은 개인들의 자연스런 암시감응성suggestibility에 의존하며, 이들은 겉으로는 자신의 의식적인 선택으로 보이는 것들 대부분이 사회적으로 명령된, 기계적인 선택이라는 사실을 여전히 알지 못한다. 그러한 흉내는 행위와 사고가 대부분 무의식적인 것의 명령을 받고, 심지어 명백하게 대중이 형성되지 않을 때도 존재한다는 사실을 시사했다. 타르드의 핵심을 찌르는 요약에서 "사회는 모방이고 모방은 일종의 몽유병이다"(*LI*, p.87). 몽유병──타르드는 훗날 이 용어를 최면으로 대체했다──은 강화된 암시감응성의 몽환적인 상태를 암시하는데, 그것은 상호적일 수 있지만 대개 일방적이다

(*LI*, p. 77). 최면술사 ^magnétiseur^는, 현대의 세속적인 시대에조차, 마음을 빼앗는 힘을 갖고서 이미지와 환영의 효과적인 사용을 통해 모방을 야기하고 복종을 명령하는 것처럼 이따금씩 보일 것이다. "최면술사는 자신이 매료시킨 대상의 눈먼 믿음과 수동적인 복종을 확보하기 위해 거짓말하거나 무서워하게 만들 필요가 없다. 그는 위신이 있다. 바로 그것으로 설명된다"(*LI*, p. 78). 조너선 크레리가 주장한 것처럼, "신경의 활동을 자극하는" 요소들(상승선, V자 모양의 입과 머리털)로 그림을 구성함으로써 쇠라는 그가 관람자에게 이와 유사하게 전염적인 감정적이고 정신운동적인 영향을 준다고 믿었던 그림의 언어를 사용했다.[23]

쇠라는 그의 캐리커처 중 몇몇을 알려진 인물에서 얻어 냈다. 그의 친구인 화가 샤를 앙그랑^Charles Angrand^은 앞줄에서 실크해트를 쓰고 홀로 앉아 있다. 눈에 띄는 그의 감상 위치는 그가 사회적 관찰자와 참가자로서 화가의 대리인이라는 사실을 나타낸다. 우리를 위해 장면의 베일을 벗겨 주는 전경의 광대는 스페인의 유명한 광대인 '붐붐' 메드라노^Medrano^를 바탕으로 한 듯한데, 그는 1889년까지 페르난도 서커스와 관련이 되었다가 훗날 그 시설을 사들여 메드라노 서커스로 이름을 바꾸었다.[24] 여기서 그는 또한 최면을 거는 지도자의 모습을 나타내는데 그는 꿈의 세계와 같은 구경거리로 관중을 흡수하며 그들을 장악한다.[25] 모방한 미소를 짓는 이상하게도 무기력한 관중은, 그가 그들을 자신 앞에 펼쳐지는 주마

---

23 사회심리학과 인식의 이론들의 관점에서, 타르드와 르 봉을 포함하는, 쇠라의 「서커스」와 「서커스의 퍼레이드」를 다루는 조너선 크레리의 매혹적인 논의와, William James and Charles-Edouard Brown-Séquard, "dynamogeny", *Suspensions of Perception*, pp. 164~188, 230~247을 보라.
24 Strasser, *Seurat*, pp. 10~11, 22.
25 "위대한 최면술사"의 예로서의 「서커스의 퍼레이드」와 「서커스」의 "통제하는 인물"에 대한 논의는 Crary, *Suspensions of Perception*, p. 244를 보라.

등같이 변하는 환영 앞에서 멍해지는 집단적 대상으로 만드는 데 성공했다는 사실을 나타내는가? 아니면 그들의 수동적인 태도와 분산은 진정한 사회적 통일——조화에 대한 쇠라의 꿈——이 현대 자본주의의 오락을 통해서는 달성될 수 없다는 사실을 암시하는가? 마지막으로 우리는 서커스장 입구 위쪽의 거울의 존재에 주목하는데, 그것은 멀리 떨어진 흰 난간을 극단적으로 비추며 그림 앞의 공간적 범위의 확장을 암시한다. 우리는 서커스장의 다른 편의 줄에 앉아 계급과 유형으로 배열되고 얼굴에 도식적인 미소를 띠고서 색조와 선과 색의 언어에 기계적으로 반응하는 우리 자신의 모습을 상상하도록 초대되지 않았는가? 그러나 자신을 이 장면 속에 투영하거나 이 그림의 정형적인 관람객들과 감정이 이입된 관계를 수립하는 것은 어려운 일로 남는다. 마이어 샤피로가 말했듯이 "후기의 그림에 등장하는 인물들은 점점 더 인간미가 없어지고 말기로 갈수록 감정을 표현하는 데 있어 캐리커처의 단순함이나 괴기스러움을 보인다. 그들은 내적인 생명이 없고, 그의 예술 이론이 캔버스에 전체적으로 투영하는 단 세 가지의 표현——슬픔, 유쾌함, 특성 없는 고요함——만이 가능한 마네킹이다."[26]

그와 같은 인간 감정의 범위의 기계적인 축소로 쇠라는 자기 자신과 동시대인들에게 제공된 구경거리에 대한 반응을 진단했다. 구경거리는 그들이 수동적으로 소비하도록 되어 있고, 자극은 (개별적이기보다는) 통계적인 효과를 달성하도록 설계되어 있다.[27] 그러나 그의 각성은 유머와

---

26 Meyer Schapiro, "Seurat", *Modern Art: 19th and 20th Centuries*, New York: George Braziller, 1978(1958), p.108.
27 *Ibid.*, p.109.

혼란의 특정한 순간을 가능하게 하는데, 이를 테면, 분명 공연자들을 위해 준비했을 오렌지를 들고 있는 넷째 줄의 어린 소녀나 말 등에 탄 무용수를 위해 준비했을 꽃을 들고 앉아 있는 두번째 계급의 젊은 남자를 포함한 것처럼 말이다. 그럼에도 불구하고 그러한 인물들은, 또 나름의 캐리커처들은, 쇠라의 그림에서 핵심을 이루는 관찰과 도식화의 상호 관통의 증거가 될 뿐 아니라, 유쾌함의 이미지와 아노미의 이미지 사이에 정확한 선을 그리는 것의 어려움과 그 자체로 사회적 혼란과 쇠락의 징후인 곤경의 증거가 된다. 1891년 쇠라의 죽음을 애도하며 그의 추종자이자 친구인 폴 시냐크Paul Signac는 "쇠퇴기의 즐거움의 종합적인 재현은 댄스홀, 샤위춤chahuts, 서커스이며, 화가 쇠라가 그것들을 그린 것처럼 그는 우리의 과도기적인 시대에 진행되는 타락에 매우 강렬한 감정을 품었다"라고 언급했다.[28]

쇠라는 수 세대에 걸쳐 화가들에게 강력한 영향력을 발휘했는데, 그들은 그의 예술에서 당대의 도시 세계의 변형을 묘사하는 것에 대한 몰두, 그리고 과학에 대한 신뢰를 바탕으로 한 확고하게 근대적이고 객관적으로 보이는 기법을 발견했다. 그러나 상대적으로 그런 강도로 대중 현상과 상품화된 구경거리의 집단적인 관객성에 초점을 맞춘 예술가들은 드물었다. 그중 하나는 이탈리아의 미래주의자 움베르토 보초니로, 그는 자신의 스승인 자코모 발라Giacomo Balla를 통해 쇠라의 신인상주의 양식을 습득했다. 쇠라와 마찬가지로 그도 젊은 시절 무정부주의자와 사회주

28 Anonymous(attributed to Paul Signac), "Variétés: Impressionnistes & Révolutionnaires", *La révolte*, June 13~19, 1891, pp.3~4. T. J. Clark, *Farewell to an Idea: Episodes from a History of Modernism*, New Haven, Conn.: Yale University Press, 1999, p.108에서 재인용.

의자 서클과 교제하였고 그의 초기 작품은 밀라노 교외의 공장과 노동자들을 묘사하였다. 그러나 1909년 이탈리아 미래주의 운동을 창설한 F. T. 마리네티의 수사에 고무된 보초니는 도시 자체에 대한 그의 관심을 특히 군중, 도시의 건설, 그리고 근대성에 필수 불가결한 대중오락으로 전환하였다.

보초니의 1910년작 「아케이드에서의 싸움」Rissa in galleria은 "노동과 즐거움과 소요로 흥분한 위대한 대중을 노래할 것이다"라고 선언하는 마리네티의 「미래주의의 기초와 미래주의 선언」에 직접적으로 대응하는 듯하다.[29] 그것은 보초니가 미래파 운동에 합류한 뒤 처음으로 창작한 그림으로 밀라노의 중심부인 비토리오 에마누엘레 아케이드에서 발생한 소요를 묘사한다(그림 8.4). 그러나 보초니는 정치적 시위라기보다는 (아케이드는 밀라노 성당 앞의 광장으로 이어지는데, 그곳에서는 많은 시위가 발생했다) 밤에 여러 개의 눈부신 전기등 아래서 멋지게 차려입은, 아마도 창녀인 듯한 두 여인 사이의 다툼을 보여 준다.[30] 여자들 앞에서 두 남자가 서로 공격하고 세번째 남자는 그들을 떼어 놓으려고 하는데, 그 폭력이 성적인 분쟁, 모욕과 질시의 결과로 분출됐음을 나타낸다. 그러나

---

29 F. T. Marinetti, "The Founding and Manifesto of Futurism", Le Figaro, February 20, 1909; F. T. Marinetti, Let's Murder the Moonshine: Selected Writings, ed. R. W. Flint, trans. R. W. Flint and Arthur A. Coppotelli, Los Angeles: Sun and Moon Classics, 1991, p.50.

30 이 그림은, 에스터 코엔(Ester Coen)이 보여 주듯이, 원래 1910년 말과 1911년 초에 「소동」(Una Baruffa)이라는 표제로 전시되었다. Umberto Boccioni(ex. cat.), New York: Metropolitan Museum of Art, September 15, 1988~January 8, 1989, p.93을 보라. 이 작품은 오늘날 「습격」(Raid)이라는 표제를 단 창녀의 체포를 그린 또 다른 그림과 관련된다. 이 후자의 작품은 1911년 「창녀에게」(Care puttane)라는 표제로 전시되었다. 군중 이론에 대한 미래주의자의 전용이라는 맥락에서 이 작품들을 더 깊이 논의한 것은, Christine Poggi, "Folla/Follia: Futurism and the Crowd", Critical Inquiry, vol.28, no.3, Spring 2002, pp.709~748을 보라.

그림 8.4 움베르토 보초니, 「아케이드에서의 싸움」(캔버스에 유채), 1910, 밀라노 브레라미술관.

보초니는 다툼의 원인보다는 그 결과를 드러내는 데 더 흥미를 가진 듯하다. 개인들의 물결은 마치 아케이드에서 먼 구역까지 미치는 자기력에 의해 억지로 끌려오는 것처럼 여인들을 향해 쇄도한다. 앞쪽으로 몸을 던지고 팔을 뻗은 자세가 구성물 전체에서 반복되면서, 이 개인들은 마치 전염이나 전류에 의한 것처럼 감정의 증식을 전형적으로 보여 준다. 타르드의 아이디어에 기대어 시겔레 또한 암시와 모방에 대한 군중의 취약성에 대해 썼다. "한 사람의 외침과 몸짓은 군중을 열정 혹은 분노의 무아경으로 선동할 수 있고, 그들을 몹시 나쁜 것이나 영웅적인 것으로 만들 수 있다."[31] 이 모방의 효과는 그것들이 그림의 관찰자조차 둘러싸고 '끌어들일' 때까지 확장되도록 정해져 있는 듯하다. 실로 전경의 중앙에서 팔을 위쪽으로 뻗은 남자는 그림의 가상적 공간을 넘어서 앞쪽으로 떨어지는 것처럼 보이도록 잘려 있다. 그는 마치 그림 자체가 전염의 힘을 발휘하는 양, 우리가 그려진 광장 안쪽으로 돌진하는 것을 막기 위해 몸짓한다. 그 주제와 형식적 구성 속에서 「아케이드에서의 싸움」은 군중심리에 대한 보초니의 이해에 의존하는데, 그것은 "관람객을 그림의 중앙에"[32] 놓으려는 미래주의의 목표를 달성하기 위한 것이다. 그러나 그가 취한 높은 위치는 또한 보초니가 위에서 마치 댄디처럼 최면 효과와 폭력 행위에서 멀리 떨어져 대중을 살피는 것을 좋아했다는 사실을 암시한다. 이와 유사한 높은 곳에서의 관점은 20세기의 그림, 사진, 영화, 그리고 대중의 많은 이미지들의 특징을 이루고, 관찰자에게 전지전능함과 권력의 자릿자릿한 감정을 수여하는 유사 파노라마적 렌즈의 구체적인 예들을 보여 준다.

중앙의 두 명의 난폭한 여인을 통해 보초니의 「아케이드에서의 싸움」은 또한 대중이 흥분성과 비합리성, 범죄에 대한 기질에 있어 본질적으로 "여성적"이라는 당시 유행하던 견해를 따르고 있다. 르 봉에게 "군중은 여성적 특징이 두드러지는 곳이라면 어디든 존재한다"(C, p. 39). 마찬가지로 시겔레에게 "군중은——여자와 마찬가지로——극단적인 심리

---

31 Sighele, *L'Intelligenza della folla*, p.7. 시겔레는 민족주의 운동과의 협력관계로 인해 미래주의 집단에서 잘 알려져 있었다. 1911년 그는 마리네티와 함께 리비아 전쟁 현장으로 갔다.

32 Umberto Boccioni, Carlo Carrà, Luigi Russolo, Giacomo Balla and Gino Severini, "Futurist Painting: Technical Manifesto", ed. Umbro Apollonia, *Futurist Manifestos*, Boston: MFA Publications, 2001(1910), p.28. 이 텍스트는 주로 보초니가 썼다.

를 가지며 모든 난폭한 행동이 가능하고 아마도 오직 난폭한 행동만이 가능하다".[33] 마네의 튈르리 공원과 쇠라의 서커스와 마찬가지로 아케이드는 근대적 구경거리의 공간이고 계급과 상품 소비의 표지들이 순환한다. 우리가 퇴폐적인 기쁨과 소비주의와 관련된 환경에서 벌어지는 소요를 목격하는 한 그곳에 모이는 군중은 더 여성화된다.

현장을 비추는 눈부신 인공 전등은 각 개인을 서로에게 연결시키며 대중 속을 흐르는, 대중에 대한 논의에서는 매우 흔한, 전류의 은유를 활성화한다. 얼룩덜룩하고 거칠게 칠해진 보색으로 인물들이 하나의 흔들리는 광장 속으로 용해되어, 개개의 얼굴과 사지는 종종 가까운 곳의 얼굴과 사지, 그림의 바탕색과 구분되기 어렵다. 다수의 인물은 또한 손과 발의 뚜렷한 윤곽이 없고, 그들이 통제할 수 없는 힘에 휘몰려 거친 바다 속에서 떠다니는 듯하다. 쇠라에게 있어 그림에 점묘법을 적용하는 것이 예술가의 기량의 개별적인 번영을 부정함으로써 전문적 기술의 대중화를 꾀하기 위한 수단이었던 반면, 보초니에게 그것은 대중의 육체적이고 정신적인 통일성의 형식적인 등가물로서 반짝이고 빛나는 표면을 창조하는 데에 주로 기여한다.

보초니와 마찬가지로 소니아 들로네Sonia Delaunay 또한 야간의 도시 환경 속 전기 조명의 광학적이고 심리적인 경험에 매혹되었다. 1885년 우크라이나에서 사라 슈테른Sarah Stern으로 태어난 들로네는 카를스루에 미술학교Karlsruhe Academy에서 2년 동안 미술을 공부한 뒤 1905년 파리

---

33 Sighele, *L'intelligenza della folla*, p.4. 시겔레에 따르면, 여기 인용된 구절은 이미 Scipio Sighele, *La coppia criminale: Psicologia degli amori morbosi*(2nd ed.), Turin: Fratelli Bocca Editori, 1897에서 발표된 생각들을 나타낸다.

그림 8.5 소니아 들로네, 「대중 습작품, 생미셸 거리」(모눈종이에 크레용), 1913, 파리 퐁피두센터 국립현대미술관 ©L&M Services B. V. Amsterdam 20051204.

로 이주했다. 그곳에서 그녀는 곧 근대적 삶의 상징적인 현상에 매혹되고 세잔과 반 고흐와 고갱의 생생한 색깔과 쇠라의 점묘 기법에 고무된 젊은 예술가와 시인 그룹과 교제를 시작했다. 1910년 그녀는 로베르 들로네Robert Delaunay와 결혼하고 그들은 함께 파리의 도시와 그 구경거리에 대한 그림의 탐험, 즉 에펠탑과 뷜리에 무도회장, 블레리오의 영국해협 횡단, 창문의 굴절 프리즘을 통해 본 파리의 전망을 포함하는 탐험을 시작했다. 1912년경, 로베르 들로네의 「도시의 창」Windows on the City 연작은 대비되는 색의 영역을 병치해서 얻어지는 운동성과 깊이감을 토대로 유사 추상적인 그림을 창조하게 한다. 동시성Simultanism이나 오르픽 큐비즘Orphic Cubism(기욤 아폴리네르Guillaume Apollinaire가 칭한 것처럼)으로 알려지게 된 양식에 대한 들로네의 기여는 덜 알려져 있지만 똑같이 흥미롭다. 그녀의 잘 알려지지 않은 1913년 봄과 여름의 열두 개의 대중 습작품

연작은 모눈종이로 된 스케치북과 다양한 다른 자투리 종이에 제작되었고, 생미셸 거리에 최근 설치된 전기 조명 아래서 보이는 파리 대중의 주마등 같은 현상에 대한 서정적인 반응을 드러낸다(그림 8.5).

이 새로운 아크등은 오스망화의 현대적 영향의 하나로 볼 수 있는데 광대한 새 대로——생미셸 거리도 포함된다——는 오래된 파리의 좁은 거리를 헤치고 나가 거리를 더 거대한 순환과 새로운 형태의 시각성과 구경거리의 생산에 개방시킨다. 볼프강 시벨부슈가 언급하듯, 아크등은 빛의 스펙트럼과 유사한 스펙트럼을 지닌 작은 태양과 같았다. 그것이 대체한 가스등과 대조적으로, 아크등은 현저하게 밝았고 똑바로 쳐다볼 수 없었다. 결과적으로 아크등은 기둥의 훨씬 더 높은 곳에 고정되어야 했고 시야에 보이지 않았다. 가스등이 비추는 흐릿한 옆 골목에서 아크등이 비추는 환한 장소로 들어오는 사람에게는 변화는 극적일 수 있다.[34] 들로네의 회고록은 그녀가 경험한 그 현장의 현대성, 그리고 '광기'를 유발하는 아크등이 창조한 눈부신 색깔과 혼란스런 공간 감각을 떠올린다.

나는 전기를 좋아했다. 공공조명은 진기한 것이었다. 우리는 밤에 걷는 동안 서로 팔짱을 끼고 빛의 시대로 들어갔다. 생미셸 분수에서의 만남. 시 당국은 오래된 가스등을 전기등으로 대체하였다. '미셸 거리', 새로운 세계로 향하는 고속도로는 나를 매혹시켰다. 우리는 인근의 광경을 보며 감탄할 것이다. 마치 정체불명의 물체가 우리의 광기를 부르며 하

---

34 아크등의 문화적이고 과학적인 역사에 대해서는 Wolfgang Schivelbusch, *Disenchanted Night: The Industrialization of Light in the Nineteenth Century*, trans. Angela Davies, Berkeley: University of California Press, 1988, pp.52~57, 114~120.

늘에서 떨어지는 것처럼, 후광은 색깔과 그림자가 우리 주변에서 소용
돌이치고 진동하도록 만들었다.[35]

블레즈 상드라르Blaise Cendrars는 이 시기 들로네가 공동작업했던 시
인으로, 자신의 시 「대비」Contrastes에서 이와 유사한 "비 오듯 쏟아지는 전
등"의 경험을 떠올린다.[36] 들로네의 두 그림에서 색깔의 동시적인 대비가
사용되는 데 고무된 그는 눈부신 색깔과 소리, 움직임의 순간적인 형태
로 이해되는 파리에 관해 쓴다. 이것은 또한 상업과 오락, 비스트로, 광고,
신문, 패션, 교통의 세계이다. 그리고 그것은 이미 라이노타이프 인쇄와
컬러 스텐실 기법——1913년에 또한 상드라르와 들로네가 공동으로 창
조한 「시베리아 횡단철도와 프랑스 소녀 잔의 산문」에서 이용된 것과 같
은——을 통해 시와 예술로 변형되는 과정에 있다.

내 시심詩心의 창문은 활짝 열려서
대로와 상점 창문에서
빛난다

35 Sonia Delaunay, *Nous irons jusqu'au soleil*, Paris: Editions Robert Laffont, 1978, p.43;
   Sherry A. Buckberrough, *Sonia Delaunay: A Retrospective*(ex. cat.), Buffalo, New York:
   Albright Knox Art Gallery, 1980, p.29에서 재인용.
36 1913년에 들로네와 상드라르는 첫번째 '동시주의자의 시'인 「시베리아 횡단철도와 프랑스 소녀 잔
   의 산문」("La Prose du Transsibérien et de la Petite Jehanne de France", 1913)을 완성했다. 이
   시는 상드라르의 텍스트와, 동시에 읽히도록 의도된 스텐실로 찍은 색깔 있는 형태들로 구성되었다.
   이 작품의 다큐멘터리적인 역사에 대해서는 Antoine Sidoti ed., *La Prose du Transsibérien et de
   la Petite Jehanne de France: Genèse et dossier d'une polémique*, Paris: Lettres Modernes,
   1987을 보라. 또한 Marjorie Perloff, *The Futurist Moment: Avant-garde, avant guerre, and the
   Language of Rupture*, Chicago: University of Chicago Press, 1986, chap.1.

보석같이 귀중한 빛

리무진의 바이올린 소리와 라이노타이프의 실로폰 소리에

귀를 기울여라

스텐실 인쇄공은 하늘의 수건 속에서 몸을 씻는다

모든 것이 색채의 장소다

그리고 지나가는 여인이 쓴 모자는 밤의 불빛 속의

혜성이다……

그것은 비 오듯 쏟아지는 전구다

몽트루즈 동역 노르 쉬드 지하철 센 강의 세계의

유람선

모든 것이 원광圓光이고

심연이다[37]

생미셸 거리의 분수에 모이는 밤의 대중에 대한 들로네의 스케치는 파리를 '빛의 시대'에 접어들어 양식과 리듬이 변화한, 다양한 색과 불협화음의 대도시로 바라보는 이러한 상상을 공유한다. 스케치에서 거친 획들로 빠르게 제작된 각각의 대중은 주로 원색의 영역으로 구별된다. 그러나 획들 또한 운동감에 기여하고, 수직선과 대각선의 배열 속에서 그것들은 자세와 몸짓을 넌지시 암시하기조차 한다. 부분적으로 겹치고 분명한 가장자리나 경계가 없는 색깔의 패치는 형성과 이산의 과정에 있는 단지 잠정적인 사회적 집단화를 암시한다. 일부 그림에서 시트의 가장자리에서 인물이 잘리는 것은 또한 덧없는 인상이나 보이지 않는 곳에서 지나가

---

37 Blaise Cendrars, *Poésies complètes*, Paris: Éditions Denoël, 2001, vol.1, pp.70~71.

는 낯선 이에게 고유한 현대적인, 보들레르적인 미적 감각을 가리킨다.[38] 종종 실크해트와 검정색 타이, 부츠나 뻗은 팔은 사람의 형태를 알아볼 수 있게 하고 패션을 통해 드러나는 성별과 사회계급의 간략한 표시를 제공한다. 인물에 인접한, 또는 위쪽의 다른 색깔로 된 면들은 환경 속의 요소들, 근처 빌딩의 포스터나 광고, 또는 머리 위의 아크등에서 나오는 빛의 흐름을 함축하는 듯하다. 이 색깔의 패치는 또한 인물과 광장을 통합하는 데 이바지하는데, 대중과 환경을 융합하여 불안정한 색의 관계로 이루어진 총체적인, 거의 추상적인 장을 창조한다.

보초니의 「아케이드에서의 싸움」에서처럼 대중의 (전염적인) 통일감을 전하기 위한 노력으로 개인들은 서로서로 그리고 바탕색과 연결된다. 그러나 들로네에게 원색 관계의 탁월함은 또한 아직 완전히 뚜렷하게 분리되는 주제와 객체로 고정되지 않은 시각적 감흥의 직접성을 나타낸다. 이 같은 시각적 경험으로 유발된 개방성, 유동성 그리고 정확한 자아 경계의 부재는 들로네가 대중 속에 활기를 불어넣는 것으로 여긴 특성과 일치한다. 이것들은 또한 쥘 로맹의 위나니미즘unanimiste인 시에서도 포착되는 특성인데, 이 시는 불과 몇 년 일찍 쓰였고 들로네도 알고 있었으며 그녀는 자신이 가진 그의 책에 콜라주 표지를 달았다.

도시는 분출하길 바랐을 것이다
불꽃놀이처럼, 폭동으로 불꽃을 일으키는 사람들

---

38 가령 Sonia Delaunay, "Light Study, Boulevard Saint-Michel, Paris", 1912~1913, no.205; "Light Study, Boulevard Saint-Michel, Paris", 1912, no.208; Jacques Damase, *Sonia Delaunay: Rhythms and Colours*, Greenwich, Conn.: New York Graphic Society, 1972, pp.70~71을 보라. 숫자는 들로네의 개인적인 목록을 나타낸다.

도시는 수천 개의 풍선을 날려 보내기를 바랐다

모든 사람들을 그들의 작은 비행선에 싣고 데려갈 것이다

도시는 해산되지 않고 확장하길 원하며,

공간과 바람이 집들과 섞이기를 원하며,

하늘을 확장된 거리로 흘러가게 하고,

변함없이 하나이고 무한하게 한다.[39]

이처럼 도시에 대한 행복한 관점──통일성을 유지하면서 다양한 거주자들을 모두 포용할 수 있는 강력하고 살아 있는 존재로서──은 그것의 눈부신 색깔과 빛, 리듬에 대한 미적 관점에 의존한다. 이와 유사하게 들로네에게 모든 물체는, 그것들의 고유한 물질적 특성과 용도에도 불구하고, 계층적이지 않은 그림의 장을 통해 흩어지는 대비되는 원색의 영역으로 인식될 수 있었다. 들로네는 생미셸 거리의 분수, 교차로, 또는 그녀가 칭하듯 "고속도로" 근처에서 이러한 근대적인 시각 양식을 경험했는데, 그곳들은 도시의 상업적인 구경거리와 거주민과 방문객의 순환이 특히 두드러졌다. 그녀는 떠올리길, 가서 "인근의 광경을 찬양하곤" 했는데 소용돌이치는 전기 조명이 그것을 마치 "정체불명의 물체들이 하늘에서 떨어지는" 것처럼 보이게 했다. 짐멜에 따르면 대도시의 화폐경제는 모든 물체들의 질적인 등가──즉 차이가 오직 양으로만 나타날 수 있는──와 상관관계가 있을 수 있다.

화폐가 그 중립성과 무차별적인 특성으로 모든 가치의 공통분모가 될

39 Jules Romains, *La vie unanime: Poème 1904-1907*, Paris: Gallimard, 1983, p.98.

수 있는 한, 그것은 끔찍한 평등화가 된다. 그것은 사물의 핵심과 특이성, 구체적인 가치, 그것들의 고유성과 비할 데 없는 뛰어남을 돌이킬 수 없는 방식으로 도려낸다. 그것들은 모두 끊임없이 움직이는 화폐의 흐름 속에서 그와 동일한 분명한 중력을 갖고 떠다닌다.[40]

들로네가 불안정을 유발하는 전기 조명의 영향에 놓인 대중을 스케치한 것은 이러한 평등화에 대한 대응으로 이해될 것이고, 그것은 사람과 사물 모두에 작용한다. 이 작품들은 화폐경제 내에서 차이가 감소하고 있다는 사실을 인정하지만 세상에 '색'을 되찾아 주려고 한다. 그러나 그것은 이제 인위적으로 만들어 낸 색깔이고, 사물의 재료적인 특수성과 무게, 공간적 위치와 용도를 전달하려고 했던 전통적인 재현의 양식을 대체한다. "빛과 채색된 평면의 탄생에 의한 물체와 형태의 분열은 새로운 그림의 구조에 이르게 했다.…… 색깔은 해방되고 그것은 그 자체로 주체가 된다."[41]

제1차 세계대전 후에, 도시와 그 안에 거주하는 대중들을 그리는 이러한 유사 추상적인 접근은 구식이고, 심지어 퇴폐적인 것으로 보이게 된다. 전쟁 이전의 예술가들이 근대적인 구경거리와 오락과 관련된 환경 속의 도시 대중에 주의를 기울인 반면, 전쟁 후에는 많은 예술가들이 그 대신 정치적으로 조직된 대중——노동, 시위, 혁명과 관련된——에 초점을 맞추었다. 전쟁 후의 대중을 담은 다수의 이미지가 가진 구체적인 이데올

---

40 Simmel, "The Metropolis and Mental Life", p.330.
41 Dominique Desanti, *Sonia Delaunay, magique magicienne*, Paris: Éditions Ramsay, 1988, p.147에서 재인용.

로기적 기능을 고려할 때 복제 가능한 표현 매체——시사만화와 사진, 포토몽타주, 사진 벽화, 영화를 포함하는——가 그림보다 더 중요한 역할을 담당하는 것은 놀랍지 않다. 이러한 작품들에서 대중이 중요한 역할을 하고, 그 익명성과 동질화는 전후 시대에 나타난 새로운 사회공학의 형태, 즉 러시아의 사회주의, 이탈리아와 독일과 스페인의 파시즘과 상관관계가 있는 것으로 강조되는 경향이 있다. 개인이 등장할 때, 그들은 보통 특정한 노동자계급이나 사회적인(또는 인종적인) 이상을 대표하는 영웅적인 유형의 사람들이다. 익명의 대중과, 그들에게 정체성과 목적을 부여하는 지도자 사이의 계층적인 관계는 반복되는 주제를 제공한다. 흔히 위쪽에서 사진 찍히거나 그려진 대중들은 무한하게 증가하는 듯하고 그들의 수 자체는 원초적인 집단 권력이 증가하도록 특정한 주체성이 말소되는 것을 의미한다. 다른 한편, 지도자는 유일하고 카리스마 있는 인물인데, 타르드의 용어로 하면 '최면술사'다. 그의 이데올로기적인 기능은 인민의 의지——이제는 동일하고 교환 가능한 요소로 축소되었고 자본주의의 화폐경제보다는 전체주의의 정치적인 필요에 의해 평등해진——에 활기를 불어넣고 구체화하는 것이다. 파시즘과 사회주의하의 대중의 이미지는 그것들이 국가의 선전, 특히 새로운 대중 주체성의 구성과 그것과 지도자 숭배와의 관계에 대해 드러내는 부분들이 대단히 흥미롭다. 그러한 모습은 대중을 재현할 뿐 아니라 어떤 의미에서는 군중심리의 지배적인 해석과 일치하는 방식으로 그들을 호명하려고 한다.

이탈리아가 제1차 세계대전에 참전하기 전인 1915년 초, 미래주의자인 자코모 발라Giacomo Balla는 애국적인 대중을 팽창하는 물결의 형태로 재현한 여러 반半추상적 작품을 그렸다. 이 대중들은 전쟁에 개입할 것을 요구하며 사보이 왕가나 이탈리아 국기의 상징물 앞에 모였다.[42] 다수의 미래주의자들과 마찬가지로 발라는 전후에 파시즘을 끌어안고서 전쟁으로 피폐해진 이탈리아의 개건을 담당할 영웅적인 체제상을 구성하려고 이미지를 만들어 냈다. 1923~1927년 동안의 권력 공고화 시기에 그의 선전적인 그림들은 미래주의-파시스트적 신문인 『제국』$^{L'Impero}$에 정기적으로 등장했다. 이전에 발라가 보여 줬던 노동자 개인의 사회적-인도주의적인 재현을 생각할 때, 잘 알려져 있지 않은 이 그림들은 일 두체[무솔리니]에 대한 완전한 열광, 그리고 사람들을 국가라는 기계의 익명의 톱니로 묘사한 점이 충격적이다.[43]

「이탈리아를 위해 모든 국가적 힘을 두체에게로!」$^{Tutte\ le\ forze\ nazionali\ verso\ il\ Duce\ per\ L'Italia}$는 1923년 8월 『제국』에 재간된, 발라의 역동적이지만 매우 판독하기 쉬운 조형 양식의 좋은 예이다(그림 8.6). 이탈리아의 별을 왕관으로 쓰고 이마에는 불꽃 모양을 한 무솔리니가 전경에 크게 나타나고, 마치 그의 지배적인 존재가 너무 거대해서 다 담아내지 못한다는 듯이, 들어 올린 손과 아래쪽의 다리는 이미지의 가장자리에서 잘려 있다. 전경의 오른쪽 아래에는 파스케스가 있고 그것의 도끼는, 적어도 내가 이해하기로는, 바로 위에 밀착되어 있는 노동자들을 위협하는 것처럼 보인다. 그들의 작은 규모, 도식적으로 그려진 신체, 그리고 반복된 몸짓은 마음과 신체의 완벽한 동질성이라는 이상을 나타낸다. 그들은 마치 하나의 유기체의 일원인 것처럼 팔을 들어 올려 인사하며 두체를 위해 분투한다. 그들 뒤로는, 'lavoro'(노동)라는 반복되는 단어가 공장 굴뚝의 연기처럼

---

42 Poggi, "Folla/Follia", pp.736~742를 보라.
43 가령, 다양한 거리의 노점 상인을 그린 1898년 발라의 연작 「로마의 풍경」(Macchiette Romana)이나, 여가 시간의 노동자들을 보여 주는 1904~1905년의 「노동자의 하루」(A Worker's Day)를 보라.

그림 8.6 자코모 발라, 「이탈리아를 위해 모든 국가적 힘을 두체에게로!」(종이에 잉크), 1923, 분실됨(L' impero, anno.1, no.133, 14 August 1923, p.1에 재간).

내뿜어지고 더불어 그 말로서 생산성의 지표를 나타낸다. 집단 노동으로 피어오르는 '연기'는 위의 하늘에 구름을 발생시키며 이탈리아의 윤곽을 표현한다. 국가는 인민의 규율 잡힌 산업노동을 통해 결국 전능한 지도자의 인도를 받아 구성될 것이라고, 이미지가 우리에게 말한다.

'lavoro'라는 단어의 반복은 이 이미지를 르 봉이 조언한 대로 끈질기게 주입하는, 수사적인 '확언'으로 특징짓는다. "군중의 마음을 사상과 믿음으로 가득 채우기" 위해 르 봉은 "확언, 반복, 전염"을 추천했다. 확언은 가능한 한 간결하고, 증명 없이, "가능한 한 동일한 용어로, 끊임없이 반복해야" 한다. 마침내 확언된 사상은 무의식 속에 깊이 새겨져 입증된 진리로 받아들여지고 전염을 통해 선전되는 믿음의 조류를 형성할 것이다(*C*, pp.124~126). 반복된 'lavoro'의 슬로건은 이와 유사하게 확언으로 궁극적으로는 명령으로 기능한다. 그것은 그 메시지를 수용하고 그림 속의 노동자 반응을 모방하게 되어 있는 이미지의 관람자들에게 지시된다.

1923년 10월 『제국』에 발행된 관련된 그림은 르 봉이 장려한 또 다른 기법을 채택한다. 그것은 사상을 단순하고 강제적인 이미지로 압축하는 것이다.[44] 발라는 거대한 무솔리니의 근엄한 이미 위에 'Obbedire'(복종)라는 하나의 단어를 새겨 넣고 대중은 무솔리니와 그가 손을 기댄 우뚝 솟은 파스케스를 향해 떼 지어 간다. 이러한 그림들은 반복과 쉽게 파악되고 크게 고양되는 이미지와 상징들을 통해 대중을 다룬다. 르 봉이 설명했듯이, "어떤 사상이 군중에게 암시되든, 오직 절대적이고 단호하며 단순한 형태라는 조건하에서만 효과적인 영향력을 발휘할 수 있다. 그것들은 자신을 이미지로 가장하며 오직 이런 형태로만 대중에게 접근할 수 있다"(*C*, pp.61~62). 르 봉의 글을 읽었던 무솔리니는 자신의 선전 운동에서 이러한 원칙들을 많이 사용했다고 인정했다.[45]

혁명 후의 구소련에서 활동한 예술가들도 집단 노동의 이미지를 창조하기 위한 효과적인 시각 기법을 추구했다. 발라의 그림에서와 마찬가지로, 캡션과 슬로건은 흔히 시각적인 기록과 언어적인 기록을 연계시킴으로써 이미지에 더 큰 명료함과 정확성을 부여한다. 1930년 발렌티나 쿨라기나Valentina Kulagina가 세계 여성 노동자의 날을 기념하기 위해 디자

---

44 이 그림의 재간행에 대해서는 Giovanni Lista, *Giacomo Balla, Futuriste*, Lausanne: L'Age d'Homme, 1984, p.224, no.1219를 보라.
45 Pierre Chanlaine, *Mussolini parle*, Paris: Tallandier, 1932, p.61; Serge Moscovici, *The Age of the Crowd: A Historical Treatise on Mass psychology*, trans. J. C. Whitehouse, Cambridge: Cambridge University Press, 1985, p.63에서 재인용.

그림 8.7 발렌티나 쿨라기나, 「세계 여성 노동자의 날」 (석판인쇄), 1930, 개인 소장.

인한 포스터는 당대에 논의 중이던 포토몽타주의 전략들을 다수 채택한다(그림 8.7). 포토몽타주는 전쟁 이래로 독일과 러시아에서 전위적인 관행으로 존재해 왔지만 포토몽타주의 사용은 지나치게 형식적이거나 통일감과 가독성이 부족하다는 이유로 종종 비판을 받았다. 1928년 사진가, 미디어 디자이너, 영화제작자, 비평가들은 예술과 삶을 통합하는 생산주의적 접근을 촉진하기 위해 10월 협회October Association를 구성했다. 쿨라기나의 남편인 구스타프 클루치스Gustav Klucis는 1931년 이에 찬조하여 "포토몽타주는 새로운 유형의 선동 예술"이라는 기사를 게재하며 정치적·경제적인 메시지를 전달하는 데 있어 포토몽타주의 성과를 지지하는 주장을 했다.[46] 사실주의적인 그림이나 전통적인 다큐멘터리 사진으로의 복귀를 지지한 사람들과 달리 클루치스와 쿨라기나, 그 동료들은 분열과 규모의 다양성, 특이한 관점, 그리고 타이포그래피, 사진, 서로 다른 매체를 하나의 이미지 속에 결합하는 방식을 받아들였다. 10월 협회 내의

---

46 Gustave Klutsis, "Fotomontazh kak novyy vid agitatsionnogo iskusstva", ed. P. Novitskii, *Izofront: Klassovaia bor'ba na fronte prostranstvennykh iskusstv: Sbornik statei ob'edineniia Oktiabr'*, Leningrad: IZOGIZ, 1931, p.124; Margarita Tupitsyn, *The Soviet Photograph, 1924-1937*, New Haven, Conn.: Yale University Press, 1996, pp.114~119에서 논의됨.

사진가 부류는 또한 1931년 발표된 에세이에서 자신들의 프로그램을 분명하게 표현했다.

우리는 사회적으로 기초가 단단하고 기술적으로 준비가 된 혁명적 사진을 지지하는 유물론자이며, 우리 자신에게 사회주의적 삶의 방식과 공산당의 문화를 선전하고 선동하는 목표를 부과한다. …… 우리는 반대한다. …… 분출하는 높은 굴뚝과 똑같은 노동자들, 망치와 낫이 있는 형태의, 지지의 깃발을 흔드는 애국심에, …… 우리는 그림 같은 사진과 낡은 부르주아 양식의 페이소스에 반대한다.[47]

쿨라기나의 포스터 「세계 여성 노동자의 날」International Working Women's Day, 1930은 전위적 기법을 혁명을 위한 작품에 표현하려는 이러한 노력을 잘 보여 주는 예다. 그의 이미지는, 일부에서 요구하듯, 현실을 반영하려고 의도하지 않고 뚜렷하게 석판인쇄, 포토몽타주, 타이포그래피로 구성된다. "분출하는 높은 굴뚝과 똑같은 노동자들"(발라의 시사만화에서처럼)을 피하려고 한 쿨라기나는 각각의 머리 사진들로, 일부는 이중 인화된 붉은 스카프를 두른 여성의 무리를 구성했다. 쿨라기나가 역동적인 대각선을 따라 관람자를 향해 행진하는 노동자들의 가상 행렬을 조합할 때 각각의 얼굴은 특성을 드러낸다. 전경의 얼굴들은 가장 크고 우리의 상호적인 응시를 구하는 듯하다. 행렬에 직교하는 수선을 따라 뒤쪽으로 들어가면 손으로 당기는 형태의 기념비적인 직물기계가 서 있다. 근접

---

47 Novitskii ed., *Izofront*, p.150; Tupitsyn, *The Soviet Photograph, 1924-1937*, pp.100~101에서 재인용.

해서 들여다보면 우리는 오직 그 조각들만을 볼 수 있고, 능률화되고 반복되는 기계 부품들은 거의 추상적이고 기하학적인 양식을 창조한다. 기계는 두 영웅적인 여성에 의해 작동하는데 그 여성들은 어떤 특수성도 없다. 프롤레타리아 유형으로서 그들은 힘과 기술, 직물 노동자들의 헌신을 상징한다. 중요한 점은 쿨라기나는 이 인물들과 그들의 기계를 석판인쇄라는 표현수단으로 재현하기로 선택했다는 것인데, 이는 유형의 창조를 위해 필요한 일반화를 감안한 것이다. 데생과 색의 도포는 수수하고 능숙하지만, '부르주아적' 관행에서 흔히 그렇듯이, 매혹적이거나 명백하게 개인적이지는 않다. 이렇게 쿨라기나는 자신의 예술적인 기량을, 자신의 장인적인 기교와 진보적인 기술을 통합하는 영웅적인 여성 노동자/기술자의 기량과 동일시한다. 이와 대조적으로 그녀는 사진이라는 표현수단을 통해 행진하는 여성들을 재현하여 그들의 특성을 강렬하게 유지한다. 그러나 쿨라기나의 행렬은 다큐멘터리적인 이미지라기보다는 분명 만들어진 이미지이기도 하다. 가까이에서 관찰하면 그것은 개인이나 집단으로 이뤄진 여성들의 사진을 잘라 내 구성한 것이고, 그 잘린 사진들은 몽타주에 (다른 비율로) 두루 반복되고 재분포된다. 무작위로 배치한 붉은 스카프는 행진하는 사람들을 그들의 더 큰 이상적인 유형으로 연계하는 데 기여하지만, 또한 그들의 얼굴이 사진에서 반복되는 것을 감추는 효과를 낳는다.

쿨라기나의 행렬자들에게는 망치와 낫 대신에 두 개의 작은 붉은 현수막과 전경의 더 큰 주황색 현수막이 동반되는데 그것은 그들에게 포스터의 메시지를 분명하게 말하고 있다. [앞에서 세번째인] 붉은 현수막(오른쪽과 왼쪽의 긴 붉은색의 띠에서 그 텍스트가 반복된다)은 "세계 여성 노동자의 날"을 선언하고 [앞의 두 개의] 주황색 현수막은 "사회주의의 경쟁을 지켜보는 날"을 언급한다. 관련된 포스터에서 쿨라기나는 '충격적인 사건'과 '파업 노동자'라는 용어——당시에는 흔한 어법이었다——를 (전격적인 파업에서처럼) 사용하며 규율과 생산성 증가라는 애국적인 대의명분에 대한 헌신과 같은 정력적인 이상을 강조한다.[48] 그러나 행렬하는 여성들을 조직화된 대형으로 동화시키는 일은 그들의 이질성과 무질서한 횡렬, 풍성한 웃음에 의해 부분적으로는 완결되지 않는다. 이러한 특성들은 여성 노동자들이 "엄격한 학교교육에도 불구하고 자신의 여성성을 보존하고" 있다는 사실을 입증하는 데 기여할 것이다.[49] 나는 대량 배포를 의도한 이런 포스터들이 여성 관람자들에게 어떻게 받아들여졌을지 궁금하다. 쿨라기나의 포스터는 이전의 생산주의적 모델——즉 기술자/발명가로서의 예술가가 미래에 대한 이상적인 제안을 구성했던——과 전체주의 국가의 단순한 홍보 담당자로서의 예술가의 부상하는 역할 사이에 위치해 있는 듯하다. 후자의 역할에서 예술가들은 사회공학을 위해, 쉽게 소비되는 이미지와 슬로건을 제공하도록 요구받았다.[50] 파시스트의 형상화에서 드러나듯, 대중이 국가의 화신으로서의 지도자에게 복종하는 일은 점차 강조되었다. 1932년부터 쿨라기나는 공산당의 중앙위원회로부터 작품을 자주 거부당했다.[51]

---

48 그 사회적 맥락에 대한 러시아어 텍스트와 설명을 번역해 준 일리야 비니스키(Ilya Vinitsky)와 마샤 코웰(Masha Kowell)에게 감사한다.

49 1934년 8월 24일 쿨라기나의 다이어리에서. 쿨라기나는, 달콤하게 웃고 있는 여성을 그의 포스터 중 하나의 전경에 놓고, 용맹한 남자를 배경에 두었다고 클루치스를 비판하자 그가 이렇게 대응했다고 인용한다. Tupitsyn, *The Soviet Photograph*, pp.164~165를 보라. 쿨라기나의 다이어리에서 그녀는 더 나아가 클루치스가 자신보다 정부 위원회로부터 다섯 배 많은 대가를 받았다고 불평한다.

50 소비에트의 예술 관행 안에서 일어난 이러한 이행의 분석은, Benjamin Buchloh, "From Faktura to Factography", *October*, vol.30, Fall 1984, pp.82~119를 보라.

51 1934년부터 일기 내용에 쿨라기나는 그녀의 포스터 제작에 관한 이러한 변화들을 언급하는데, 그것

그림 8.8 작자 미상, 「카메라」 전시홀(베를린, 사진 벽화와 텍스트), 1933.

포토몽타주, 그리고 그와 관련된 그래픽 기법은 또한 그들의 좌파적이고 근대적인 기원과 '퇴폐적인' 협회에도 불구하고, 국가사회주의적인 독일의 포스터와 벽화, 인쇄 매체, 전시 디자인에서 중요한 역할을 담당했다. 1933년 대중적인 표현수단으로서의 사진의 중요성은 나치의 성공적인 첫 선전 전시회인 「카메라」*Die Kamera*에서 강조됐다. 아마추어와 상업사진작가 연합은 모두 요제프 괴벨스*Joseph Goebbels*의 신조의 비호를 받으며 참가했다. "오로지 카메라 덕분에 개인의 경험은 인민의 경험이 되었다."[52] 전시홀은 16개의 광대한 사진 벽화로 특징지어졌는데, 각각은

은 부분적으로 승인을 얻기 위해 IZOGIZ(1930년대에 세워진 모스크바의 출판사로, 원래는 포토몽타주 포스터, 책, 예술 잡지 등을 의뢰하는 역할을 했다)보다는 중앙 위원회에 포스터 디자인을 보내는 새로운 정책의 결과이다. "(8월) 21일 현재, 아직 포스터가 하나도 제작되지 않았다. (그것들은) Tsk(공산당 중앙 위원회)로 보내졌다. 당연히, 내 것 두 개가 거절당했다. 여기서 열심히 일해 보자! (포스터가) IZOGIZ를 통과하지만, 너무 많은 어려움이 존재한다"(Tupitsyn, *The Soviet Photograph*, p.161에서 재인용).

히틀러의 개인 사진작가인 하인리히 호프만[Heinrich Hoffmann]이 찍은 대중 행진이나 국가사회주의독일노동자당(NSDAP)의 회의 모습을 담은 확대된 언론사진들이었다(그림 8.8). 그러한 사진 벽화는 바로 그해에 새로운 확대 기법의 발명의 결과로 가능해졌다. 호프만은 높은 위치에서 현장의 깊이와 상승한 지평선을 강조한 원본 사진을 찍었다. 이것은 와글거리는 대중과 가득 찬 행렬자들의 횡렬을 사진의 틀과 건축적인 맥락 안에 꽉 차 보이게 한다. 또는 일부의 경우에는 사진의 경계를 넘쳐흐르는 것처럼 보이게 한다. 지평선이 위로 올라가게 카메라를 기울여 찍은 것은 또한 전경이 실제의 지면과 가깝게 보이도록 해 그것이 마치 관람객들 앞에 펼쳐지는 것처럼 느끼게 했다.

전시회 디자이너인 건축가 빈프리트 벤트란트[Winfried Wendland]는 사진 벽화를 전시홀의 벽 위쪽에 높게 설치함으로써 이러한 효과를 이용했다. 사진 벽화는 방문객들의 위쪽을 향하는 응시와 상승하는 직각의 이미지를 나란하게 만들어 그 광경 속으로 입장하라고 요청하는 것처럼 보였다. 이렇게 방문객들은 겉보기에는 모순되는 두 개의 관점을 사실로 추정하도록 장려된다. 전시홀의 실제의 자신의 위치라는 관점(아래쪽에서 보는), 그리고 호프만의 파노라마적인 시각을 통해 제공되는 관점으로, 그것은 총통[히틀러][Führer]의 관점(위쪽에서 보는)으로도 이용된다. 멀리 있

---

52 Ulrich Pohlmann, "El Lissitzky's Exhibition Designs: The Influence of His Work in Germany, Italy, and the United States, 1923-1943", ed. Margarita Tupitsyn, *El Lissitzky: Beyond the Abstract Cabinet: Photography, Design, Collaboration*(ex. cat.), New Haven, Conn.: Yale University Press, 1999, p.61에서 재인용. 괴벨스의 연설과 나치스의 선전으로서의 「카메라」의 역할에 대한 더 깊은 논의는 Rolf Sachsse, "Propaganda für Industrie und Weltanschauung", eds. Klaus Behnken and Frank Wagner, *Inszenierung der Macht: Ästhetische Faszination im Faschismus*, Berlin: NGBK, Nishen, 1987, pp.274~281을 보라.

는 벽의 중앙 화판이 이러한 이중적인 관점을 만드는데, 그것의 이데올로기적인 암시는 분명하다. 연작의 유일한 수직적인 화판은 거의 바닥에 닿을 정도로 다른 사진들보다 아래쪽으로 떨어져 있다. 방문객들은 자신들 앞에 펼쳐진 광경 속으로 들어가서, 양옆으로 애국적인 대중들이 늘어선 가운데 거대한 연병장의 중앙을 행진하는 당 관계자들의 뒤를 따라가는 상상을 하도록 요청받는데 그와 동시에 높은 곳의 유리한 전망을 획득하게 된다. 만일 여기서 방문객들이 고독하고 영웅적이며 전능한 개인으로 칭해진다면, 군중과 대중 행렬을 찍은 주위의 사진 벽화는 당의 노동자들과의 동일시와 집단적인 의식에 대한 참여를 고무한다. 사진 벽화 속의 널리 퍼진 하켄크로이츠 무늬 깃발과 아래쪽의 프리즈[띠 모양 장식] 둘레를 빙 둘러 적힌 캡션(각각의 당 행사의 날짜와 장소를 식별해 준다)은 이데올로기적인 메시지를 강화한 상징적인 프레이밍 장치를 제공했다. 사진 벽화가 빈틈없이 연결되기보다는 나란히 놓인 별개의 이미지로 보이지만, 전시회 디자이너는 파노라마를 포괄적인 경험에 가까워지게 하려고 노력했다. 사진 벽화를 적절하게 벽의 위쪽에 놓음으로써 벤트란트는 다른 전시 공간으로 향하는 문과 입구가 방해하지 않도록 했다. 결과는 상승된 관점, 대중 광경의 반복, 깃발과 현수막, 캡션의 반복을 통해 통합되는, 관련된 이미지의 연속적인 흐름이다.

헤르베르트 바이어Herbert Bayer는 성공적인 화가, 상업 예술가, 사진가로 「카메라」의 브로슈어와 1936년의 「독일 전시회」Deutschland Ausstellung의 카탈로그도 디자인했을 뿐 아니라 베를린 올림픽 경기대회의 행사를 조직했다. 그는 한때 바우하우스──나치스가 1933년 폐쇄했다──의 학생이었고 이후 타이포그래피와 광고를 지도했지만 분명히 국가사회주의의 공공서비스를 위해 자신의 기량을 펼치는 것을 모순되게 생각하지 않았다.[53] 「카메라」의 사진 벽화가 엄격한 팍토그라피[회화나 조각적 구성물보다 더 직접적인 방식으로 현실을 재현]factographic의 형식을 채택——단하나의 통일된 다큐멘터리 이미지를 강조했다——한 반면 바이어의 브로슈어는 이러한 기법을 포토몽타주의 요소와 결합하였다. 「독일 전시회」목록을 담은 브로슈어는 다수의 저명한 예술가들과 사진 에이전시의 사진, 판화, 그래픽아트를 이용한 28개의 몽타주로 구성되었다. 외견상으로는 순수해 보이지만, 사실 그것은 목가적인 농지, 행복하고 번영한 시골의 주민들, 소도시 생활의 평화로운 경관, 다양한 독일 건축 양식의 전형적인 본보기들, 바흐·베토벤·괴테·칸트·구텐베르크와 같은 저명한 문화적 명사들의 초상화를 그린 이미지를 통해 독일의 문화적이고 경제적인성공을 기념하고 있었다. 그러나 국가사회주의자 집회의 광대한 대중을담은 두 페이지짜리 사진은 더욱 분명한 이데올로기적인 내용을 제공했다(그림 8.9). 그림의 영역의 한계를 넘어서서 확장하는 대중의 빽빽한 이미지 위로 바이어는 하켄크로이츠 무늬를 지닌 독수리의 모티프와 크게확대시킨 농부, 노동자, 군인의 확대된 머리, 텍스트가 담긴 펼쳐진 책을다중인화했다. 세 인물은 국가사회주의자의 남성다움의 영웅상을 구현하며 각자가 인민을, 그리고 히틀러에 대한 인민의 충성을 재현한다. 그들의 특성으로 인해 그들은 정력적이고 진취적이며 자신의 지도자의 말에 주의를 기울이는 것처럼 보이고, 아래쪽의 와글거리는 대중들 가운데

---

53 청소년으로서, 바이어는 오스트리아 청소년 운동에 참여했다. 1928년 그는 타이포그래피와 광고를 가르쳤던 바우하우스를 떠나 베를린의 돌랜드(Dorland) 광고대행사에서 미술과 디자인 디렉터가 되었다. 바이어에 대한 대부분의 책들은 국가사회주의자를 위해 일한 그의 작품에 대해서는 전혀 언급하지 않고, 대신 그를 나치스에 용감하게 저항한 것으로 그린다. 가령, Alexander Dorner, *The Way Beyond 'Art': The Work of Herbert Bayer*, New York: Wittenborn, Schultz, 1947을 보라.

그림 8.9 헤르베르트 바이어, 「독일 전시회」 목록을 담은 브로슈어의 두 페이지짜리 사진(베를린, 포토몽타주), 1936 ©2005 Artists Rights Society(ARS), New York / VG Bild-Kunst, Bonn.

서, 그들은 합쳐져서 지도자의 뜻의 단순히 장식적이고 여성화된 수단을 형성한다. 펼쳐진 책의 텍스트는 (독일어, 영어, 프랑스어, 스페인어로) 선언했다. "총통이 말한다! 수백만의 사람들이 경청한다. 자유를 되찾은 노동 인구, 농촌 공동체, 군인들은 국가사회주의 독일의 기둥이다."[54] 이 모토가 필요로 하는 "수백만"의 이미지를 만들어 내기 위하여 바이어는 두 페이지 모두에 동일한 대중 이미지를 재현(사람들이 깃발을 들고 있는 아래쪽 가장자리에서 특히 알아볼 수 있듯이, 오른쪽 페이지를 좀더 높게 크로핑했다)하고서 또한 아마도 틈새를 제거했을 것이다.

이 포토몽타주에는 없지만, 히틀러가 강력하게 암시된다. 그의 기념비적인 모습은 대신 「독일 전시회」의 명예의 전당으로 들어가는 입구의

---

54 Pohlmann, "El Lissitzky's Exhibition Designs", pp.62~63에서 재인용. 브로슈어 각각의 페이지의 재발행에 대해서는 Behnken and Wagner eds., "Inszenierung der Macht: Herbert Bayer, Kataloggestaltung", *Inszenierung der Macht*, pp.285~296을 보라.

홀 앞에 있는 광대한 포토몽타주의 전경 속에 나타났다(그림 8.10). 히틀러는, 오른쪽에는 당원 한 명과 근육질의 가슴을 내놓은, 분명 아리아인의 이목구비를 가진 두 노동자가 있고 그의 왼쪽에는 제복을 입은 군인들이 서 있는 가운데, 전시의 방문객들 앞에서 경례의 표시로 오른손을 들어 올린다. 그의 뒤쪽 대중집회 장면은 공간을 빈틈없이 채워서 포토몽타주의 가장자리 너머로 넘쳐흐르는 것처럼 보일 정도다.

그림 8.10 작자 미상, 「독일 전시」의 명예의 전당으로 들어가는 전시홀(베를린, 포토몽타주), 1936.

이 대중은 'Volk hone Raume'(빈 곳 없이 꽉 찬 사람들)이라는 모토를 형태로 나타내며 히틀러의 무자비한 팽창주의적 정책을 정당화하려고 한다. 숭배의 대상이 되는 지도자, 그리고 그와 대중의 계층적인 관계를 이와 유사하게 재현한 모습은 이탈리아에서 발라의 무솔리니를 묘사한 시사만화에서처럼, 크산티 샤빈스키Xanti Schawinsky의 포스터나 대중적인 파시스트 잡지의 접이식 페이지에서 발견될 수 있다.[55] 러시아에서는 레닌과 스탈린을 영웅화하는 다수의 포스터와 그림, 또는 (스탈린의 의뢰를 받은) 세르게이 예이젠시테인의 영화

---

55 일반적으로 대중 파노라마에 대한 논의와, 그리고 특별히 이탈리아 파시스트 월간 기관지인 『이탈리아 민중의 일러스트 잡지』(La rivista illustrata del popolo d'Italia)에서의 군중을 재현하는 대규모의 접이식 페이지의 분석에 대해서는, Jeffrey T. Schnapp, "The Mass Panorama", Modernism/Modernity, vol.9, no.2, 2002, pp.243~281을 보라.

「폭군 이반」Ivan Grozny, 1945 1부의 유명한 최후의 장면에서 발견되는데, 이 영화에서 차르의 머리를 근접촬영한 모습은 자신들을 통치해 달라고 그에게 간청하러 오는 사람들의 구불구불한 행렬 위로 나타난다.

이와 유사한 기법은 미국의 선전 목적에도 적절했고, 바이어는 1938년 미국으로 이주했다. 국가사회주의를 위한 그의 작품에도 불구하고 사진과 광고, 전시 디자인에서의 그의 재능은 높이 평가됐다. 에드워드 스타이컨Edward Steichen의 1942년 전시인 「승리의 길: 전시의 국가를 담은 사진 행렬」에 대한 그의 유명한 설치미술 디자인은 미국 정부의 의뢰를 받아 뉴욕 현대미술관에 전시되었다.[56] 미술관의 2층 전체를 차지하고 하나의 출입구만을 이용한 이 설치미술품은, 열한 개 위치에 배열된 150장 사진의 '행렬'을 재연했다. 바이어는 다양한 각도로 벽, 또는 바닥 위에 독립된 요소로 배치한 커다란 사진 벽화를 이용함으로써 관람자들의 경험을 활동적으로 만들려고 노력했다. 스타이컨이 상상했듯이, 이 전시는 주로 사진과 벽 위의 칼 샌드버그Carl Sandberg의 짧은 텍스트를 통해 미국인의 명백한 운명에 대한 단순하고 신화적인 이야기를 전달했다. 이야기는 "처녀지"와 그곳에 거주하던 "붉은 인디언"의 사진에서 시작한다. 그것은 "영토 확장열을 가진 무한한 수의 백인의 끝없는 물결"의 도착으로 계속되고 "서부 해안의 긴 저녁노을"에 이를 때까지 대륙을 가로질러 뻗어 나간 개척자들로 옮겨 간다. 산업과 농업에서의 다양한 업적들이, "떡갈

---

56 설치 계획과 벽의 텍스트, 설치 사진을 포함하는, 전시에 대한 묘사는 Edward Steichen and Carl Sandburg, "The Road to Victory: A Procession of Photographs of the Nation at War", *The Bulletin of the Museum of Modern Art*, vol.9, nos.5~6, June 1942, pp.1~21을 보라. 이 전시는 1941년 10월로 계획되었지만, 미국이 참전하면서 새로운 중요성을 띠게 되었다. 대부분의 사진은 정부 부서와 단체로부터 제공받았다.

나무처럼 단단하고 강인하게 헤쳐 나가는 남자들 ──풍성한 몸매의 여성들"의 영웅적인 이미지와 함께 재현되었다. 이 "아버지와 어머니들"을 찬양한 후에 전시회 벽의 텍스트는 "내일은 후손들의 세상이다"라고 선언했다. 독일이나 이탈리아의 파시스트, 또는 유럽의 전쟁에 대해서는 전혀 언급되지 않았고 진주만 폭격만이 미국의 전쟁 선언에 있어 유일한 원인인 듯 보였다. 설명되지 않은 재앙이었고 국민의 확고한 의지로 맞닥뜨려야 하는 것이었던 그 전쟁 말이다. 육해공군의 무장을 보여 주는 이미지들인 「전쟁터의 소년들」과 태평양과 바탄 주의 첫번째 전쟁 사진이 뒤를 이었다. 연속되는 차분한 흑백사진은 바닥에서 천장까지 이르는 곡선의 거대한 벽화로 완결되는데 그것은 새뮤얼 H. 고초$^{Samuel\ H.\ Gottscho}$가 찍은 열 맞춰 행진하는 군인들의 사진이 경계가 보이지 않게 반복되며 구성된 것이다(그림 8.11). 이 사람들의 한결같이 무표정하고 멍한 모습 ──그들의 개성은 헬멧과 무기로 감춰진다 ──은 의심할 나위 없이 미군의 수그러들지 않는 힘을 나타내려는 의도였다. 이 행진하는 군인들의 해일은, 연속적인 독립된 요소로서 커다란 배경 화판에 붙여지거나 앞에 놓인 여섯 장의 작은 사진 벽화의 삽입을 통해 긴장감이 완화되었다. 고초의 사진은 군인들의 아버지와 어머니를 평범하게 ──전형적인 백인 미국인이기만 하다면──묘사하면서, 그들이 물막이 판자를 붙인 집 앞에서, 현관에서, 벽난로가 있는 내부에서, 또는 야외를 배경으로 포즈를 취하게 한다(분명 워커 에번스$^{Walker\ Evans}$와 앤드루 와이어스$^{Andrew\ Wyeth}$의 이미지를 모방한 것이다). 아버지와 어머니들은 ──이용할 수 있는 모든 진부한 애국적인 모습을 예로 보여 준다──건강하고 근면하고 도덕적이며, 땅과 그 자연의 풍요로움과 관련되어 있는 것으로 나온다. 쿨라기나와 클루치스, 엘 리시츠키의 포토몽타주가 대중 속에서의 개성을 보존하려고 노력

그림 8.11 헤르베르트 바이어, 「승리의 길: 전시의 국가를 담은 사진 행렬」의 전시 디자인(포토 몽타주와 벽의 텍스트), 1942, 뉴욕 현대미술관. 사진: 바우하우스-아키브 미술관 ©2005 Artists Rights Society(ARS), New York/VG Bild-Kunst, Bonn.

하고 그들의 이미지의 물리적인 구조를 밝힌 반면, 바이어는 대개 하나의 관점, 경계를 없앤 이미지, 광범위한 곽토그라피적인 '증거'를 이용했다. 이미 정형화된 고초의 사진들로 작업하면서 그는 40인치 너비의 가느다란 인화지로 확장된 사진 벽화를 만드는 과정에서 야기되는 연결부위와 왜곡을 감췄다. 접합선에는 부드럽게 에어브러시를 뿌리고 불완전한 부분은 손으로 수정하며 마지막으로 인화지의 표면에서 유발되는 반사를 모두 제거하기 위해 벽화 전체에 무광 바니시를 바른다.[57] 이질적인 몽타

---

57 벽화를 끼우는 과정에 대한 구체적인 묘사는, Steichen and Sandburg, "The Road to Victory", p.19.

주 요소들이 관람자의 주목을 끌기 위해 경쟁하거나 변증법적인 해석의 과정을 장려하기보다, 사진의 삽입과 독립된 화판이 익히 알려진 진부한 모습을 환기시키며 피상적인 다양성과 운동성을 창출한다. 친숙한 주제를 영웅적이고 기념비적인 용어로 묘사함으로써 이 전시회의 관람자들에게 대지와 그 위의 사람들, 그들 상호 간의 약속에 대한 동일시, 그리고 결국엔 '전시의 국가'에 대한 지지를 주입한다. 벤저민 부흘로와 울리히 폴만이 언급했듯 바이어는 독일의 다다이스트와 러시아의 구성주의자들이 비판적이거나 해방적인 기능으로 처음 발명한 포토몽타주와 역동적인 전시 디자인의 형식적인 전략을 파시즘의 이데올로기적인 요구로, 종내에는 자본주의 문화와 선전의 이데올로기적인 요구로 전환시켰다.[58]

혁명과 전쟁, 또는 특정한 국가 이데올로기를 지지하는 대중의 그러한 영웅적인 선전 이미지는 전후에 점차 회의론에 맞닥뜨리게 되지만, 그때에도 그러한 이미지가 생산되었다(구소련에서 스탈린 숭배와 함께 계속됐다). 대중을 밀려드는 힘으로 재현하는 것은 전쟁과 홀로코스트의 엄청나게 파괴적인 영향, 그리고 전체주의 체제와의 연관성으로 인해 위태로워졌기 때문에 그것은 오로지 지도자나 개인을 기념하기 위한 퇴색된 대의명분에만 바쳐졌다. 게다가, 냉전의 수사는 서양의 개인주의를 소비에트 블록의 순응성에 대항시켰고, 미국의 애국주의와 정치적 순응성, 소비주의에 대한 강조는 상대편이 허위라는 사실을 보여 주었다.

콘서트장, 해변가, 집회와 정치적 시위, 대중행진 속 군중의 형태로 나타나는 사람들의 이미지는 1960년대에 되살아났지만 어느 정도는 구

---

58 Pohlmann, "El Lissitzky's Exhibition Designs", pp.59~64; Buchloh, "From Faktura to Factography", pp.82~119를 보라.

성주의자와 파시스트적인 원형을 피해 갔다. 미국의 팝아트 작가인 앤디 워홀은 분명한 정치적 입장을 주장하기보다 단순히 전후의 대중 주체성과 대중매체 문화가 가진 어리석게 만드는 효과를 재현하였다. 1950년대의 매카시즘과 자유주의와 공산주의 세계 사이의 만연한 대립에 뒤이어, 워홀은 얄궂게도 소비에트와 미국의 이데올로기의 수렴으로 관심을 끌었는데, 그는 침착하게 "나는 모든 사람이 서로 비슷하게 생각하기를 바란다. 러시아는 그것을 정부 주도하에 하고 있다. 그러한 일이 여기서는 저절로 일어나고 있다"라고 말했다.[59] 워홀은 특히 미국적인 유형의 평등을 생산수단의 민주화가 아닌 일상의 소비자 상품과 대중매체에 대한 균등한 접근과 결부시켰다. 그가 설명했듯이 "미국이 위대한 것은 이 나라가 가장 부유한 소비자가 가장 가난한 자와 근본적으로 동일한 것들을 구매하는 전통을 시작했다는 점이다. 당신은 텔레비전을 통해 코카콜라를 볼 수 있고, 대통령도 콜라를 마시고 리즈 테일러도 콜라를 마신다는 사실을 알 수 있고, 놀랍게도 당신 역시 콜라를 마실 수 있다". 게다가 동일한 광고와 신문, 영화, 라디오, 텔레비전 쇼를 모두가 이용할 수 있다. "부유한 사람들이라고 해서 「트루스 오어 컨시퀸시스」Truth or Consequences[미국의 퀴즈쇼]의 더 우스꽝스러운 버전을 볼 수 없고 「엑소시스트」의 더 무서운 버전을 볼 수도 없다. 당신은 그들과 똑같이 불쾌해질 수 있다―당신은 똑같은 악몽을 꿀 수 있다. 이 모든 것이 진정으로 미국적인 것이다."[60] 대중 경험의 이러한 확산으로 우리 모두는 동일한 욕망을 공유

59 Gene R. Swenson, "What is Pop Art? Answers from 8 Painters, Part 1", *Art News*, vol.62, November 1963, p.26에서 재인용.
60 Andy Warhol, *The Philosophy of Andy Warhol: From A to B and Back Again*, New York: Harcourt Brace Jovanovich, 1975, pp.100~101.

하고 동일한 상품을 소비하며 동일한 생각을 하고 "똑같은 악몽을 꾼다". 표준화된 소비는 반복(당신은 매일 코카콜라를 마실 수 있다)과 예측 가능하고 자동적인 반응들, 감정의 부재처럼 보이는 것으로 이끈다. 워홀은 자신의 개성을 다시 분명히 하려고 노력하기보다는 비어 있고, 피상적이며 동질적인 대중 주체를 잘 보여 주려고 하긴 하지만, 그의 작품과 용모는 매우 과장된 수준으로 고정되고 중립된 위치를 차지하기를 거부한다. 위홀이 기계가 되고 싶고 매일 캠벨 수프를 먹는 것을 좋아한다고 주장하더라도 그 또한 관음증처럼 대중을 관찰할 때 귀족적인 거리를 유지하는 보들레르의 댄디의 역할을 수행하기 때문이다. 그는 매체 세계의 양쪽 면에서 모두 작용한다. 숭배의 대상이자 팬으로서, 생산자이자 소비자로서 말이다.[61] 댄디처럼 그는 멋지고 거리를 두는 태도를 함양하는데, 그러한 태도는 욕망과 고통의 감정뿐 아니라 사회적 평등과 자유라는 아메리칸 드림의 실패에 대한 예리하고 분석적인 의식을 감춘다.

위홀의 그림은 두 가지 구성의 유형을 보이는 성향이 있다. 전체적으로 균질한 패턴을 보이는 기계적으로 반복되는 모티프들, 그리고 고립된 중앙의 모티브인데 그것은 단 하나의 미화된 대상이라는 지위로 상승한다. 이 미학적인 전략들——주관적인 선호에 대한 증거를 제공하는 것을 회피하도록 디자인된——은 또한 **개인**과 **대중**의 관계와 상관관계가 있는 것으로 기능한다. 이와 유사하게 주제의 관점에서 위홀의 「캠벨 수프 캔」은 개인 소비자를 상정하고 그의 「200개의 캠벨 수프 캔」은 대중에 상응한다. 그러나 보들레르에서와 마찬가지로 개인과 군중이라는 용어 사이

---

61 위홀과 미디어 문화의 관계, 그리고 그의 대중 주체의 재현에 대한 통찰력 있는 분석은 Hal Foster, "Death in America", *October*, no. 75, Winter 1996, pp.53~58.

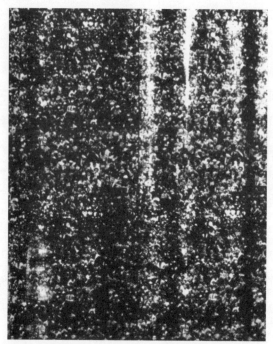

그림 8.12 앤디 워홀, 「군중」(캔버스에 실크스크린), 1963 ©2005 Andy
Warhol Foundation for the Visual Arts/ARS, New York.

에는 상호적인 관계가 존재한다. 이 예술가는 언젠가 "왠지 모르겠지만,
삶이 작동하는 방식에 따라, 사람들은 보통 혼잡한 지하철이나 엘리베이
터, 또는 커다란 공간에 저절로 모이게 된다. 모든 사람은 자신이 갈 수 있
는 커다란 공간이 있어야만 하고 모든 사람은 또한 혼잡한 지하철을 타야
만 한다"라고 언급했다.[62] 워홀이 말하길, 우리 모두는 홀로이든 대중 속
이든 다른 모든 사람들이 하고 있는 것을 해야만 한다. 눈에 띄게 빠져 있
는 부분은, 의미 있는 집단성이나 진정한 공적 영역의 가능성이다.

62 Warhol, *The Philosophy of Andy Warhol*, p.154.

위홀의 많은 이미지가 기법과 상품, 그리고 상품화된 구경거리 문화의 영향을 나타낸다 하더라도 분명한 대중 그림도 존재한다. 그것은 「인종 폭동」Race Riots, 1964의 광학적으로 채색된 버전들과, 같은 해에 단순히 「군중」The Crowd, 1964이라는 제목을 단 (두 버전의) 작품을 포함한다(그림 8.12). 제프리 T. 슈나프가 언급했듯이, 두 실크스크린 모두 1955년 11월 4일의 날짜가 찍힌, 한 장의 UPI 통신사 출처의 흑백사진에서 비롯된 것이고 그것은 "로마, 성 베드로, 그리고 군중: 성 베드로의 거대한 조각상은 부활절에 교황의 축복의 기도를 듣기 위해 성 베드로 광장에 모인 군중을 온화하게 내려다보는 듯하다. 엄청난 무리를 정확하게 추산하는 것은 불가능했지만 30만에서 50만에 이를 것으로 추측된다"라는 캡션이 달렸다.[63] 그러나 최종적인 작품들은 수녀와 신부들의 존재가 발견됨에도 불구하고 교황이나 성 베드로에 대한 언급을 유지하지 않는다. 그들은 분명 잘 차려입은 질서 정연한 대중이지만, 크로핑되고 실크스크린 기법으로 처리되어 이 집결한 대중의 목적을 이해하기 어렵다. 따라서 그것은 시민권을 요구하기 위해 행진하거나 폭동을 일으키는 현대의 대중과 다르며 아마 현대 대중의 중립적이고 자기 만족적인 대응물을 나타낼 것이다. 그러나 이 이미지는 여전히 당대에 반향을 불러일으키며, 당대의 신문과 잡지의 더 떠들썩한 많은 대중 이미지들로부터 상징적인 지위를 얻는다.

한 버전에서 「군중」은 중첩된 쌍들로 배열된 네 개의 동일한 직사각형의 실크스크린으로 구성되는데, 그것으로 그 소재에 내재되어 있다고 여겨지는 모방과 증식의 성향을 전형적으로 보여 준다. 그러나 위홀은 반복되는 사분면들을 미묘하게 비뚤어뜨렸기 때문에 그것들은 한가운데서

---

63 위홀의 두 버전의 「군중」에 대한 논의는 Schnapp, "The Mass Panorama", pp.276~278을 보라.

만나지 못하거나 매끈한 둘레를 만들지 못한다. 다른 버전은 대중이 (잘못) 그려진 특성을 한층 분명하게 만든다. 여기서 반복된 이미지는 크기와 범위가 각기 다르다. 접합점은 한가운데에서 벗어났고 더 뚜렷한 틈새가 실크스크린들 사이에 존재하는데 워홀은 그것을 대충 연필 자국으로 때운다.[64] 두 버전에서 이미지의 입자가 거친 특성은 조잡한 신문의 사진을 연상시키는데, 그것의 복제는 더 나아가 일정하지 않게 선명도가 악화되도록 했다. 흐릿한 형체는 사라지지 않던 개인의 주체성의 잔재가 말살되었음을 암시할 수도 있다. 바이어의 끝없이 행진하는 군인들의 사진 벽화와 달리 여기서는 모든 것들이 통일성을 방해하고 디테일과 전체적인 선명함을 축소하기 위해 행해졌다. 「인종 폭동」은 역사적으로 구체적이고 폭력적이지만 이 대중은 백인이고, 중산층이며, 수동적이고, 외견상으로 조직화되어 있지 않다. 또 「인종 폭동」이 붉은색과 푸른색, 겨자색(머스터드 가스[화학전에 쓰이는 독가스]?)으로 달아오르는 반면 「군중」은 밝지 않은 흑백으로 나타난다. 그럼에도 불구하고 워홀의 군중들——1920년대 이후의 수많은 군중 장면들처럼 위에서 찍혀진——은 대중을 영웅답지 않은 형태로, 내적인 응집성이나 의미 없이 구성된 표면의 패턴으로 재현한다는 점에서 확립된 규범들과 차이가 있다. 반복과 인물들의 부분적인 융합은 대양의 전체성을 창조하는 것이 아니라 단순히 추상화된 장식이 된다. 벽지로서의, 배경의 소음으로서의 대중이다.

제2차 세계대전 이후의 예술가 중 오직 독일인 예술가이자 정치적 활동가인 요제프 보이스Joseph Beuys만이, 자신의 예술과 삶을 결합한 페르소나를 창조하는 능력을 가졌고 수많은 추종자와 '신봉자들'의 숭배가

---

64 이 버전은 Schnapp, "The Mass Panorama", p.277에서 재발행된다.

일어나도록 조성했다는 점에서 워홀에 필적했다. 또한 워홀처럼 보이스는 전쟁의 트라우마, 그리고 소외감을 유발하는 현대 기술과 대중 소비의 영향으로 발생한, 사회의 벌어져 있는 상처에 마음이 끌렸다. 그가 실행한 '행위'와 다른 웅변적인 행사들에서 그는 강력한 카리스마적 존재감과 신비로운 아우라를 보여 주며 대중의 주인임을 입증하였다. 라디오와 텔레비전, 그리고 다른 근대적 형태의 소통 수단에 대한 그의 거부에도 불구하고(칠판에 글을 쓰고, 동물 소리를 내며, 청중에게 직접 이야기하고, 오랜 기간 계속 침묵하는 것을 선호하였다) 미디어를 이용한 사람 중 그만큼 그렇게 성공적으로 자신의 리셉션을 기획한 예술가도 거의 없었다.

그의 작품에서 중심적인 것은 대중을 정치적인 과정으로 다시 통합하고 더 유기적인 공동체를 형성하는 프로젝트였다. 일부 사례들에서는 동물 집합체(벌과 같은)와 심지어는 원시적인 단계의 무리가 협동하는 민주주의의 모델을 제공하거나 단순히 대재앙 시기의 집단 생존에 대한 희망을 주었다. 이 작품들 중에서 가장 눈을 뗄 수 없는 것 중 하나는 1969년의 「무리」Das Rudel라는 제목의 설치미술품이다(그림 8.13). 그것은 차 뒤쪽으로 세 줄로 배열된 24개의 동일한 썰매를 쏟아 내는, 극심하게 비바람에 시달리고 녹슨 폭스바겐 버스로 구성된다. 각각의 썰매는 보이스가 생존에 필수적이라고 여긴 요소들로 갖춰진다. 온기를 위한 펠트 두루마리와 영양분을 위한 지방 덩어리, 손전등이다. 재료들의 기이한 사용과 비상사태와 도주라는 토포스topos는 보이스가 나치 전투의 조종사로 보낸 시절에서 유래한다. 이 예술가는 자신이 1943년 중립국인 크림 자치공화국에서 러시아인들의 총에 맞아 쓰러졌을 때 타타르인들이 자신의 몸을 펠트와 지방으로 싸서 구하고 자신을 같은 유목민으로 받아들여 주었던 일을 상기했다. 그의 사고와 거의 죽음에 이르렀던 경험은 이 예

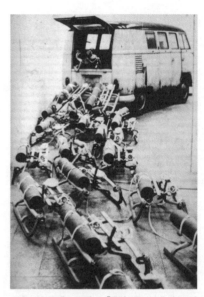

그림 8.13 요제프 보이스, 「무리」(폭스바겐 버스, 펠트 두루마리와 지방, 손전등을 갖춘 24개의 썰매), 1969, 카셀 노이에갤러리 ©2005 Artists Rights Society(ARS), New York/VG Bild-Kunst, Bonn.

술가의 (부분적으로는 허구적인) 자서전에서 신화적인 지위를 차지하고, 부활을 통해 그가 완전히 바뀔 수 있도록 허용했다.[65] (이 예술가는 자신의 경력을 통해 계속해서 무당, 양치기, 프롤레타리아 계급, 교육자, 정치적 활동가, 순교자를 포함하는 복합적이고 중첩되는 정체성을 띨 것이다.)

「무리」는 위기와 그것이 유발하는 비행의 두려움을 표현하며 전쟁에 대한 개인적인 트라우마를 집단의 용어로 재구성한다. 보이스는 이러한 시나리오를 제공했다. "이것은 비상용 물건이다. 무리에 의한 침략. 비상

상태에서 폭스바겐 버스는 한정된 유용성을 가지며 더 직접적이고 원시적인 수단이 생존을 보장하기 위해 이용되어야 한다. 지면 위의 가장 직접적인 종류의 움직임은 썰매의 철로 된 날의 미끄러짐이다."[66] 폭스바겐 버스는 물론 독일에서 매우 상징적이다. 사람들[volk]의 운송수단으로서 그것

65 사고에 대한 증거 자료로 보이스는 사진을 제공했지만, 그 유효성에는 의문의 여지가 있다. 사고에 대한 설명은, Heiner Stachelhaus, *Joseph Beuys*, trans. David Britt, New York: Abbeville Press, 1987, pp.21~23을 보라. "부활"의 효과는 틀림없이 지연되었을 것인데, 왜냐하면 보이스가 충분히 회복된 후에 그는 재배치되어 네 번 더 부상을 당했고, 마침내 영국의 전쟁포로가 되었기 때문이다. 그러나 사고 이야기의 정확성과 상관없이, 보이스의 전쟁 경험이 트라우마를 남겼고, 그가 1954년에서 1957년 사이에 신경 쇠약과 심각한 우울증을 앓았다는 것은 의심의 여지가 없다.
66 1978년, 보이스와 캐롤라인 티스탈과의 인터뷰. Caroline Tisdall, *Joseph Beuys*(ex. cat.), New York: Solomon R. Guggenheim Museum, 1979, p.190에서 재인용.

은 대중을 대리하지만 또한 독일의 기술과 그 한계의 상징으로서 기능한다. 이 버려진 버스의 심각하게 부식된 표면, 먼지 쌓인 창문, 해진 앞 좌석은 그것의 부패와 몰락을 의미한다. 그에 대한 당대의 비평가 중 한 명은 보이스가 현대의 기술을 도덕적 퇴폐의 원천으로 간주했다고 지적했다. "두려움은 그의 주요 동기인 듯하다. 그것은 그의 마음속 깊이 어디에나 존재한다. 기술은 악이고, 현대는 악이며, 자동차는 끔찍하고, 컴퓨터는 비인간적이고, 텔레비전도 마찬가지이며, 로켓은 무시무시하고, 원자를 쪼개는 것은 세계를 파괴한다."[67] '보이스'라는 이름은, 십자가와 함께 버스의 운전자 쪽 측면과 뒤쪽의 판금에 브라운크로이츠[보이스가 직접 명명한 따뜻한 갈색][braunkreuz] 색으로 새겨졌는데, 그것은 이 예술가에 의한 동종요법[homeopathic]적인 전유를 특징짓는다. 브라운크로이츠는 공업용 녹 방지액을 결합한 철장액으로 만든 불투명한 적갈색 페인트로서 피와 치유와 연관되고, 십자가가 그렇듯이 기독교의 십자가와 적십자를 모두 연상시키는 공명과 연관된다.[68] 이렇게 보이스는 그의 폭스바겐 버스를 일종의 구급차로 전환시키는데, 5년 뒤 그는 그의 전시가 열리는 뉴욕의 블록 화랑[Block Gallery] 현장으로 그를 데려다 줄 운송수단으로 그 버스를 선택한다. 의미심장하게 오직 운전석만 이 버스에 남아 있고, 다른 좌석은 썰매의 자리를 만들기 위해 모두 꺼내졌다. 한 사람은 집단 도주와 방어의 상황에서도 여전히 무당/지도자의 역할을 담당해야 하는 듯하다.

---

67 Nerbert Kricke's Statement, *Die Zeit*, December 20, 1968. Stachelhaus, *Joseph Beuys*, p.94 에서 재인용.
68 브라운크로이츠와 그것의 "서명" 재료로서의 역할에 대한 논의는 Ann Temkin, *Thinking is Form: The Drawings of Joseph Beuys*(ex. cat.), Philadelphia; New York: Philadelphia Museum of Art; Museum of Modern Art, 1993, pp.37~46을 보라.

개인적인 공명을 넘어서서, 보이스의 「무리」는 엘리아스 카네티의 유명한 『군중과 권력』에 나타나는 유형 체계를 통해 해석될 것이다. 이 책의 많은 장들이 보이스의 관심을 끌었을 것이고, 특히 "살아남은 자", "명령", "군중결정체", "도주 군중", "무리"에 초점을 맞춘 장들이 해당될 것이다. 카네티는 '모이터'(사냥개, 패거리, 폭도의 무리)$^{die \, Meute}$라는 용어를 사용하지만 보이스는 더 평화적인 용어인 '루들'(떼나 무리)$^{das \, Rudel}$을 사용하는데, 둘 다 동물 무리와 유사성을 갖는 기원 집단을 암시한다. 카네티에게 있어 현대의 군중은 궁극적으로 모든 사회적 구성단위 중 가장 오래된 형태인 무리에서 유래하며, 그것을 그는 공동체적인 흥분 상태에서 배회하는 사람들의 작은 무리로 정의한다.[69] 제한된 크기와 취약성 때문에 무리는 언제나 더 큰 밀도와 성장을 갈망한다. 그러나 무리 내에는 강력한 평등의식과 애도와 사냥 같은 공유된 구체적인 목표가 존재하며 그것은 움직임과 행동으로 이어진다. 사냥 무리와 유사한 것은 전쟁 무리이며, 그들은 다른 두번째 무리, 그리고 적어도 그것에 대한 두려움을 상정한다. 적들은 서로 크게 다르지 않지만, 틈새는 확고하며 감지되거나 실재하는 위협이 존재하는 한 지속된다(*CP*, pp. 27~31).

「무리」는 도주 군중과 전쟁 무리의 요소를 결합하고, 도피와 생존의 목표는 반격의 목표를 포함한다. 동일한 표준화된 식량을 갖춘 썰매에는 개성을 부여하는 요소가 없어서 군대 형태의 동질화와 규율을 시사하지

---

69 Elias Canetti, *Crowds and Power*, trans. Carol Stewart, New York: Viking Press, 1962, pp.93~96. 이후부터 *CP*로 축약한다. 윌리엄 트로터는 이와 유사하게 사회적 유기체의 전형으로서의 원시적인 동물의 무리에—자기방어를 위해서 또는 추격이나 공격에서 힘을 증가시키기 위해 형성된—주의를 환기시켰다. 트로터는 그들을 하나로 행동하게 하는 무리의 동질성과, 부차적으로, 빽빽한 군집이 제공하는 온기와 안보의 관련성도 강조한다. William Trotter, *Instincts of the Herd in Peace and War*, London: T. Fisher Unwin, 1916, pp.27~31을 보라.

만, 무기와 심지어 사냥 장비의 부재는 비폭력적이고 순수하게 방어적인 상태를 표시하는 것으로 보인다. 두려움에 몰려, 영토화되지 않은 열린 공간을 항상 빠르게 움직이는 이 닫히고 획일적인(획일화된) 집단의 일원들은 (지도자가 여전히 암시됨에도 불구하고) 원시적이고 공동체적인 사회질서로 후퇴한다. 그들의 생존은 함께 뭉치고 서로 알고 지내는 것에 달려 있다. 대중매체의 결과로서 시공간에 흩어져 있을 근대의 군중과 달리 무리는 자신의 목적과 세력을 물리적인 근접성, 즉각적인 공동행동, 공통된 방향과 속도에서 얻는다. 그것은 자족적이고 자율적이며, 정의상 그것의 닫힌 경계 너머에 있는 다른 집단으로부터 어떤 도움도 필요로 하지 않는다. 「무리」를 통해 보이스는 가장 구식의 사회적 대형과 보호와 에너지, 움직임의 가장 근본적인 원천으로의 회귀를 통해서만 견뎌 낼 수 있는 갈등과 공격성의 세상을 환기시킨다. 그는 또한 동물과 자연과 조화를 이루고 오직 근대적인 기술과 전투의 격리와 폐기를 통해서만 가능한, 더 단순하고 서로 얼굴을 맞대는 공동체의 삶에 대한 향수를 드러낸다.

보이스가 카네티의 『군중과 권력』에 관심을 가졌다는 것은 추측으로 남지만 캘리포니아의 개념미술작가인 존 발데사리는 1984년 이 책을 읽었다는 사실을 인정했고, 그것이 그해에 시작된 자신의 군중을 재현한 연작을 촉발했던 것을 기억한다. 그는 군중을 다룬 프로이트도 읽었고 아마 다른 이론가들의 책들도 읽었을 것이다. 발데사리는 계속해서 군중이 현대 예술에서 드문 주제라는 사실에 강한 흥미를 느꼈고, 그는 이것이 우리 문화에서 개인주의가 강조되기 때문일 것이라고 추측했다.[70] 1984~1985년의 「근거가 누락된 형태의 군중」Crowds with Shape of Reason Missing 연작은 역사적 사건을 찍은 사진과 영화 스틸사진에 의존한다. 이 예술가는 이 사진들을 크로핑하고 흰색의 기하학적 형태를 중심인물들과 그들이 차지하는 공간에 겹쳐 놓아 대중의 존재 이유를 보이지 않게 만들며 변화시킨다. 이렇게 중심점을 감추는 것이 의미를 제거한다기보다는 그 특수성을 감추는 것이며, 동시에 관심을 공간, 즉 권력의 형식적인 배열로 향하게 한다. 각 이미지에서 그려진 대중의 유형은 분명하게 남아 있다. 군중이 (카네티의 용어를 사용해서) 열려 있든 닫혀 있든, 느리든 빠르든, 정체돼 있든 방전의 순간에 있든 말이다.

1984년 「(근거가 누락된 형태의) 두 군중」Two Crowds (With Shape of Reason Missing)에서 발데사리는 군중의 특성과 그 수행적인 기능을 다량으로 드러내는 분명하고 강렬하게 시각화된 형태성gestalts를 가진 이미지를 선택했다(그림 8.14). 원본 사진은 최종 작품과 나란히 출판되어, 예술가의 크로핑과 삭제의 효과를 판단할 수 있도록 한다.[71] 첫번째 이미지는, 아마도 영화 스틸사진으로 대성당에서의 의례, 아마 대관식이나 국혼(따라서 교회와 국가의 동맹을 담은 이미지이다)을 주제로 한다. 갑옷을 입은 기사들은 두 줄로 중앙의 긴 통로의 양옆에 늘어서 있다. 그들 뒤로 신자들이 역시 의례용 복장을 입고 서 있다. 이 군중은 닫혀 있고, 계층적인 대형으로 특징지어지며 모든 눈은 통로를 따라, 제단에서 의례를 행하는 인물들에게로 향해 있다. 최후의 버전에서 발데사리는 제단을 잘라 내고 통로를 흰색의 사선 형태로 가린다.

두번째 이미지는 1914년 8월 1일 베를린에서의 전쟁 선포를 말해 준

---

70 2003년 9월 12일, 발데사리와의 전화 인터뷰에서. 또한 Coosje van Bruggen, *John Baldessari*, New York: Rizzoli, 1990, p.163을 보라.

71 원본 사진은 John Tagg, "A Discourse(With Shape of Reason Mission)", eds. Stephen W. Melville and Bill Readings, *Vision and Textuality*, Durham, N.C.: Duke University Press, 1995, p.95에서 재발행된다.

다.[72] 역시 목격자들 무리는 군인들에 의해 통제되는데, 그들은 중앙의 발표자를 에워싸며 사건에 의례상의 중요성을 부여한다. 그들은 군대의 대표자들로서 독일의 국가적인 대중의 상징을 구현하는데, 독일인들이 스스로 통합되었고 천하무적이라고 느끼게 만드는 신화적인 힘이라고 카네티는 믿었다(CP, 173~174). 실제의 군대는 닫혀 있고 고도로 조직화된 대중이지만 상징으로서의 군대는 (종종 숲이 연상되는) 열려 있고 이질적인 시민 집단에 포괄된다. 이러한 상징과의 동일시는 국가의 전쟁에 대한 열광에 있어 필수적인 역할을 담당했다. 카네티는 발데사리의 사진에 그려지는 바로 그 사건을 묘사했다.

그림 8.14 존 발데사리, 「(근거가 누락된 형태의) 두 군중」(젤라틴 실버 프린트), 1984, 개인 소장. 사진: 존 발데사리 제공.

제1차 세계대전이 발발하자마자 온 독일인은 하나의 열린 군중이 되었다. 그 시절의 열광은 종종 묘사되어 왔다. 다른 국가의 많은 사람들이 사회민주주의자들의 국제주의를 확신해 왔고 그들이 행동을 취하지 않은 것에 경악했다. 그들은 사회민주주의자들 또한 자신의 국가의 이러한 숲-군대의 상징을 자신 안에 지니고 있다는 사실을 잊고 있었다.

72 *Ibid.*, p.92. 태그는 또한 카네티의 『군중과 권력』을 고려하여 이 작품을 분석한다.

······ 그러나 1914년 8월의 초순은 국가사회주의가 야기된 날이기도 했다. 히틀러 자신이 이것에 대한 우리의 전거다. 그는 훗날, 전쟁이 발발하자 자신이 어떻게 무릎을 꿇고 신에게 감사했는지를 묘사했다. 그것은 그의 결정적인 경험이었고 그 자신이 정말로 군중의 일부가 된 한 순간이었다. (*CP*, p.180)

사진 속에서, 에워싼 관찰자들은 그들 앞의 얼굴들에서 자신이 반영되고 증식되는 것을 지켜보고, 그렇게 함으로써 모든 외부자들이 배제되는 자기 반영적인 세상을 구성한다. (이 대중의 소수의 일원은 그들 뒤의 사람들이나 사진가를 향해 얼굴을 돌리는데, 그들이 이 사건으로 고취되는 집단적 동일시의 감정에 완전히 빠져들지 않았다는 것을 암시한다.) 이들은 조밀하고 열린 군중으로서 더욱 수가 늘어나 그것의 통일성과 권력에 기뻐하게 되기를 소망한다. 그들이 추구하는 방향과 방전은 이제 약속되었다. 발데사리는 대중이 더욱 대칭적이 되고 발표자를 둘러싼 공간이 더욱 이미지의 중심이 되도록 이 사진을 크로핑한다. 그러고는 연설자와, 그를 대중으로부터 멀어지게 하는 공간에 흰색의 타원 형태를 다중인화한다.

발데사리의 사진은 얄궂게도 대중의 등장이나 그들을 움직이게 한 의례행사나 명령의 '근거'를 감추지만, 또렷한 기하학적 구조와 반사적 대칭, 지도자나 의례에 대한 계층적인 관계로 특징지어지는, 권력의 추상적인 '형태'를 보존한다. 대다수 이론가들은 대중이 논리적인 담론을 통해서가 아니라 공유된 무의식적인 욕망과 '매혹하는 것'magnetizer이나 신화적인 이상과의 동일시를 통해 결속되는 대형이라는 데 동의한다. 르 봉과 (르 봉에게 많이 빚진) 프로이트, 카네티와 같이 다양한 이론가들이 군중이 지도자·목표·방향을 필요로 한다고 강조해 왔다.[73] 군중은 형태의 부과를 필요로 하지만, 단 그것은 그들의 잠재적인 정서와 신화를 충족시키는 것이어야 한다. 이 '근거의 형태'를 감추고서 발데사리는 그것의 비이성적이고 환영 같은 논거를 드러낸다. 각각의 이미지의 군중은 뚜렷하게 윤곽이 그려진 빈 공간 앞에서 엄숙하게 차렷 자세로 서 있다. 그러나 이 빈 공간은——이 숨긴 자국은——군중을 형성하고 그들에게 연설하고 그들의 열정과 권력의 환영을 불러일으키는 힘이 있다. 흰색의 형태는 군중을 일어나게 하고 군중의 투영된 환상을 위한 빈 화면을 제공한다.

발데사리의 「(근거가 누락된 형태의) 두 군중」은 또한 군중$^{the\ crowd}$과 공중$^{the\ public}$——군중의 특징을 일부 띠고 있지만 동일하지는 않다——의 관계에 대해 질문을 던진다. 이미 1895년에 르 봉은 여론의 선전에 있어 신문의 중요성을 인식했다(C, pp.149~154). 더 나아가 타르드는 이 개념을 발전시켜서 "인쇄술의 발명은 매우 다른 유형의 공중이 등장하도록 유발했는데, 공중은 결코 성장을 멈추지 않고 그것의 무한한 확장은 우리 시대의 가장 분명하게 나타나는 특성 중 하나다"라고 주장했다. 그는 이 공중을 "순수하게 정신적인 집단성, 물리적으로 분리되어 있고 그들의 응집은 완전히 정신적인, 개인들의 분산"으로 정의 내렸다.[74] 타르드에게 있어 인쇄술과 철도, 전신을 통해 상당히 먼 거리를 지나 외견상 즉각적으로 이루어지는 생각의 전송은 군대의 이동보다 더 강력한 것으로 판명

---

73 프로이트는 Sigmund Freud, *Group Psychology and the Analysis of the Ego*(reprint), ed. and trans. James Strachey, New York: Norton, 1959(1921)에서 르 봉의 『군중심리』의 긴 구절을 승인을 받아 이용한다. 르 봉처럼, 그는 군중이 "충동적이고, 바뀔 수 있고, 성마르며, 그들이 거의 무의식적인 것에 의해 배타적으로 이끌린다"고 믿는다(*Ibid.*, p.9). 또한 "무리 본능"에 대한 논의도 보라(*Ibid.*, pp.49~53). 흔히 지도부로부터 발표되는, 명령에 대한 군중의 갈망에 대한 논의는 *CP*, pp.29, 303~304, 310~311을 보라.
74 Tarde, "The Public and the Crowd", p.277.

되었다. 동일한 신문을 읽은 독자들 사이에 형성된 유대는 그들의 공유된 신념과 열정, 그리고 통합된 대중을 형성하는 것에 대한 의식에 있었다.[75] 신문이 보급되기 전에 소신은 별개의 분리된 공동체에서 대화를 통해 발전하고 선전되었다. 이제 "언론은 대화를 통합하고 활성화하며 그것들을 모든 공간에서 획일적으로, 그리고 시간대별로 변화하도록 만든다. 매일 아침 신문은 그들의 공중에게 그날의 대화거리를 제공한다"라고 타르드는 주장했다. 그 결과는 대중 주체성의 등장이었다. "그 어느 때보다 가장 방대한 지리적 영토에서 동시에 발생하는 대화의 유사성이 증가하는 것은 우리 시대의 가장 중요한 특성 중 하나이다."[76] 신문을 읽지 않는 사람조차 신문을 읽는 사람과 이야기를 나누기 때문에 "그들이 다른 데서 얻은 생각들의 관례를 따르도록 강요된다"("OC", p. 304). 타르드는 계급과 지역 전통, 직업과 종교에 기반을 둔 작고 다양화된 대중보다는, "신문이 거대하고 추상적이며 최고의 권력을 가진 대중을 창조하고, 신문은 그것을 여론이라고 명명할 것"이라고 이해했다("OC", p. 318).[77] 또한 르 봉이 인식했듯이, 소신은 보통 분석되기보다는 받아들여지는 것이다. 낡은 믿음과 전통이 영향력을 상실할 때 순간적인 여론의 힘은 정부의 힘을 대신할 때까지 커져서, 정부는 이제 여론의 관찰자이자 하인이 되었다(C, pp. 149~154).[78]

---

75 Tarde, "The Public and the Crowd", pp.278~281.

76 Gabriel Tarde, "Opinion and Conversation"(1898), *On Communication and Social Influence*, p.312. 이후부터 "OC"로 축약한다.

77 더 작은 공중에 대한 논의도 보라. 그들 각각은 자신의 신문을 보유하려고 노력한다. "OC", pp.284~287.

78 타르드는 독자—그 신문을 읽으려고 선택한 사람들—를 동요시키는 저널리스트의 힘을 강조한 반면, 르 봉은 언론을 군중의 힘 앞에서 보잘것없는 것으로 보았는데, 언론은 그저 군중의 여론을 반영할 뿐이다. 또한 Moscovici, *The Age of the Crowd*, pp.195~215에서의 논의도 보라.

공중의 구조와 특성을 결정하는 데 있어서 소통의 수단이 수행하는 중요한 역할과 그것이 대중 주체성을 만들어 내는 방식에 대한 타르드의 인식은 오늘날 점차 적절해지고 있다. 정보와 소신이 텔레비전과 라디오, 팩스, 인터넷을 포함하는 새로운 전자 미디어를 통해 전송될 수 있는 속도는 타르드가 상상했던 어떤 것도 능가한다. 이 매체들은 지역과 국가의 경계를 초월한 분산된 공중을 만들어 냈고 뉴스 가치가 있는 것으로 여겨지는 사건과 이슈에 대한 동시적인 지식과 그에 대한 반응을 가능하게 만들었다.

독일인 사진가 안드레아스 구르스키[Andreas Gursky]의 「증권거래소, 도쿄」[Stock Exchange, Tokyo, 1990]는 이러한 현상과 그것이 1980년대 후반과 1990년대에 시장 경제에 미친 영향에 초점을 맞춘다(그림 8.15).[79] 여론의 지표로서, 증권거래소는 그날의 뉴스와 최근, 그리고 미래에 추정되는 경제 동향에 투자자들이 끊임없이 변동하며 반응하는 모습을 전형적으로 보여 주는 예가 된다. 구르스키의 사진은 조감을 통해 증권 중개인의 활동을 특징짓는 산만함과 집단적 광란의 조합을 파악할 수 있게 해준다. 작은 무리가 형성되고, 열정이 상승했다 추락했다 하고 (오른쪽 전경의 팔을 들어올린 조밀한 집단에서 관찰되듯이) 거래는 체결되거나 불발로 끝이 난다. 홀 전체 어디에나 있는 컴퓨터는 (산업적이거나 재정적이기보다는) 상징적인 자본주의의 생산에서 전자 매체가 차지하는 역할을 암시한다. 이 이미지에 집중되어 있지만 그 효과는 세계적으로 확산되고 새로운

---

79 이 사진은 도쿄 증권거래소를 담은 뉴스 사진에서 영감을 받은 것이다. 구르스키는 자신의 작품이 포함된 전시회가 개최될 무렵인 1990년에, 도쿄에 여행할 계획을 세우는 동안에 이 이미지를 보았다. Peter Galassi, *Andreas Gursky*(ex. cat.), New York: Museum of Modern Art, 2001, p.28.

그림 8.15 안드레아스 구르스키, 「증권거래소, 도쿄」, 1990, 뉴욕 매튜마크스갤러리·쾰른/뮌헨 슈프뤼트마거스갤러리 제공 ©2005 Andreas Gursky/Artists Rights Society(ARS), New York/VG Bild-Kunst, Bonn.

유형의 대규모 사이보그를 양산한다. 「홍콩 증권거래소, 2면화」Hong Kong Stock Exchange, Diptych, 1994라는 제목을 단 다른 사진들에서, 남녀 증권 중개인들은 더 이상 집단을 형성하지 않고 똑같은 붉은 조끼를 입고서 자신의 컴퓨터 화면 앞에 줄 맞춰 앉아 있다. 그것에 대응하는 사진은 「시카고 거래소 II」Chicago Board of Trade II, 1999이다. 여기서 증권 중개인의 수는 방대하게 증가하고 바닥은 종이로 어지럽혀져 있지만(자료의 급속한 구식화의 표시다) 대부분이 동일한 이미지를 보여 주는 구석구석 퍼져 있는 전화기와 컴퓨터 화면의 존재는 우리에게 획일적이고 즉각적인 정보의 전파와 그것이 주체성에 미치는 영향에 대해 주의를 환기시킨다. 이제 대중으로부터 구분이 안 되는 개인은 자신의 속도를 시장과 미디어의 흐름에 맞게 조정해야 한다. 직접적인 대화는 서로 알지 못하는 흩어져 있는 사람들 사이에서 전자 미디어를 통해 중개되는 거래로 대체된다.

구르스키의 증권거래소 사진들은 동시대의 그의 다른 사진들처럼, 디지털 방식으로 스캔하고 몽타주한 뒤 생생한 디테일의 풍부함과 농도를 높이고 벽화 크기의 판형에서 동일한 요소들을 급증시키기 위해 통상 확대된 네거티브를 인화한다. 이렇게 처리된 이 사진들은 뒤셀도르프의 구르스키의 스승인 베른트Bernd와 힐라 베허Hilla Becher가 찍은 전형적인 공장건축의 아무런 감정 없는 전면 사진들처럼 보이지만, 그들의 연작 형식은 거부한다. 또는 구르스키는 연속성과 격자무늬 구조를 이미지에 내재하게 만들었다. 종종 언급되는 것처럼 사실적이면서 환상적이고, 일상적이면서 숭고한 것으로 보이는 그의 사진들은 극미한 입자뿐 아니라 크고 전체적인 패턴에 주목한다는 점에서, 둘 다 인간의 시각적 능력을 넘어서는 것이다. 한 비평가는 "마치 우리가 쌍안경과 현미경으로 동시에 응시하는 것 같다"라고 말한다.[80] 그렇게 함으로써 그가 구성하는 초현실주의——충분히 강렬한 색깔과 기념비적인 규모로 강화된다——는 세계적인 거래소의 세상과 소통망, 광고, 그리고 상품화된 구경거리를 상세하게 기록하려고 하기보다는 그것의 시각적 등가물을 찾으려고 시도한다. 그의 증권거래소 이미지들은 과다하게 비축된 상점 선반, 무질서하게 뻗어 나간 주차장, 떼 지어 몰려든 자동차 쇼, 교통체증의 이미지들처럼 우리가 창조한 환경 속에서 점차 탈개인화되는 자신을 살펴볼 수 있는 거울을 제공하며, 그것들은 이상한 동시에 묘하게 친숙한 것이 되었다.

---

80 Katy Siegel, "The Big Picture: The Art of Andreas Gursky—Consuming Vision", *Artforum*, vol.39, no.5, January 2001, p.105.

우리는 또한 제니 홀저의 「진부한 문구」Truisms가 우리 시대의 집단적인──모순적일지라도──견해와 신조들의 반영이라고 생각할 수도 있다. 홀저의 「진부한 문구」(1977~1979년에 쓰였다)는 스티커와 티셔츠, 포스터, 주로 공공장소에 설치된 LED 표지판의 형태로 대중적인 상투적 문구를 재유통시킨다(그림 8.16).[81] 우리는 "권력의 남용은 전혀 놀라운 일이 아니다"[81], "상류층은 불가피하다", "분노와 증오는 유용한 동기가 되는 힘이다", "돈이 취향을 만든다", "모든 과잉은 비도덕적이다", "도덕은 힘없는 사람들을 위한 것이다", "대다수의 사람들은 자신을 지배하기에 적당하지 않다" 등등을 읽는다. 이 「진부한 문구」 중 많은 수가 세기 전환기의 군중 이론가들이 제기한 상투적인 표현을 연상시키는 것은 놀랍지 않은데, 그것들 또한 얄궂게도 간결하고 선언적인 형식으로 존재했었다. 홀저의 「진부한 문구」는, 사람들을 매료시키는 지도자의 수사와 익명의 군중의 신념들을 모방한 것으로, 순전한 확언의 형태를 취하고 설명이나 분명한 기원은 없다. 그것들은 단순하고 생기 넘치며 직접적이고 그래서 쉽게 반복되고 기억된다. 그것만으로, 그것들은 기계적인 생각을 하는 문화 속에서 신념과 편견을 확인할 염려 없이 진실로 통한다. 1970년대 후반의 포스터에서 홀저는 중립적인 알파벳 순서로 열거된 서로 모순되는 40개 또는 그 이상의 「진부한 문구」를 포함시켰는데, 그렇게 함으로

---

81 홀저는 「진부한 문구」를 저자로서의 자신의 지위와 혼동될 수 없는, 개인적이지 않은 목소리로 썼다. 그녀는 "나는 그것들이 수백 년 동안 말해진 것처럼 들리도록 하기 위해 다듬으려고 했지만, 그것들은 내가 만든 것이다. …… 양질의 진부한 문구를 쓰기 위해서는 뭔가 새로운 것을 내놓아야 한다"라고 언급한다. 그러나 그녀는 「진부한 문구」가 매우 많은 텍스트들에 대한 해석을 토대로 한다는 점을 인정한다. 우리가 이러한 관점을 인지하는 한, 홀저는 그것들의 공포자이지 그것들의 '저자'로 보일 수는 없고, 또한 표현된 관점들은 압축된 형태로 다시 쓰인 것이지 '새로운' 것은 아니다. 홀저의 말은 Jeanne Siegel, "Jenny Holzer's Language Games: Interview", *Arts Magazine*, vol.60, December 1985, p.65에서 재인용.

그림8.16 제니 홀저, 「진부한 문구」에서 발췌(뉴욕 타임스스퀘어 스펙타컬러 광고판, 뉴욕 공공미술기금에서 후원), 1982 ©2005 Jenny Holzer / Artists Rights Society(ARS), New York.

써 관람자들이 자신의 일관성 없고 비이성적인 견해^{doxa}에 직면하게 만든다. 뒤따른 LED 표지판은 「진부한 문구」를 움직이게 하며 광고나 뉴스 발표의 (그리고 그것들의 혼란의) 속도, 쉬이 사라짐, 그리고 현란함을 흉내낸다. 하나의 「진부한 문구」를 읽자마자 다른, 그리고 또 다른 문구가 뒤따른다. 필라델피아 증권거래소와 라스베이거스 매캐런국제공항의 수하물 컨베이어벨트, 타임스스퀘어의 스펙타컬러 광고판, 구겐하임미술관의 나선계단의 난간에 LED 표지판으로 전시된 그녀의 표지판들은 산만해진 대규모의 대중——대개 이질적이고 이미 움직이고 있는——에 초점을 맞춘다. 이렇게 구성된 순간적인 대중은 곧 공간적으로 흩어지고 시간적으로 동시에 존재하지 않게 될 것이다. 그러나 우리의 견해와 열정이 대중매체를 통해 생산되고 전파되는 방식을 시야에 보이게 함으로써 홀저의 「진부한 문구」는 그것들의 절대론의 기반을 약화시킨다. 그 문구들은 비판적인 생각, 아마 진짜 공적인 영역까지도 생산하려고 한다.

남아프리카공화국의 예술가 윌리엄 켄트리지의 애니메이션들은 '움직이는' 대중에 대한 정치적으로 고조된 관점을 제공하는데, 그 안의 대중의 이미지들은 비참하기도 강력하기도 하고, 억압을 받기도 해방의 시발점에 놓이기도 하는 것으로 보인다. 리투아니아계 유대인 혈통의 남아프리카공화국 사람으로서, 켄트리지는 자신이 사회 속에서 주변적인, 그러나 결코 중립적이지 않은 위치를 차지한다고 생각한다.[82] 그는 "우리 역사의 압제"와 "그것에서 유발되는 도덕적으로 긴요한 일"을 의식하였고[83] 또한 유토피아적인 예술이 아직 가능했던 앞선 순간(러시아 혁명과 그때의 구성주의 예술로 전형적으로 예시되는)에 대한 향수에 빠지지 않으려고 노력했다. 이 예술가가 설명하였듯이 "나는 정치적인 예술, 다시 말해 애매모호함, 모순, 미완성의 몸짓과 불확실한 결말의 예술에 흥미를 갖는다. 낙관주의가 억제되고 허무주의가 궁지에 몰리는 그런 예술 (그리고 정치)".[84]

대중의 이미지는 켄트리지의 드로잉과 영화 속에서 매우 빈번하게 발견되는데, 때로는 「조수의 간만표」[Tide Table, 2003]에서처럼 차오르는 조수와 홍수의 저항할 수 없는 힘과 결부되거나, 「광산」[Mine, 1991]과 「호형弧形의 행렬」[Arc Processions]의 여러 그림에서처럼——몇몇은 자신의 짐을 등에

---

82 켄트리지는 자신의 지위를 이렇게 설명한다. "나의 지위의 이례성을 알고 있고 그것으로부터 자양물을 뽑아 낸다. 거대한 사회적 격변의 가장자리에 있고, 게다가 그것들로부터 내쫓긴다. 이러한 격변의 일부일 수도 없고, 그것들이 존재하지 않았던 것처럼 일할 수도 없다." Carolyn Christov-Bakargiev, *William Kentridge*(ex. cat.), Bruxelles: Palais des Beaux-Arts, 1998, p.56.

83 *Ibid.*, p.75에서 재인용.

84 Neal Benezra, "William Kentridge: Drawings for Projection", *William Kentridge*(ex. cat.), Neal Benezra, Staci Boris and Dan Cameron(curators), New York: Abrams, 2001, p.15에서 재인용.

메고 다니는, 부조화스러운 부랑자들의 집단을 호형弧形의 프리즈에 그렸다——인간성을 말살시키는 광산의 노동과 연관된다. 켄트리지의 1990년의 영화 「기념상」Monument은 자신의 관심사의 대부분을 구체화하는데, 개인적인 기억을 엮어 3분짜리 이야기를 만들고, 그 안에서 정치적인 위기의식과 예술가로서의 자신의 역할에 대한 복잡한 감정을 연결시킨다 (그림 8.17). (예술가의 할아버지와 얼마쯤은 그 자신을 본뜬) 주인공인 자본가 소호 에크슈타인은 자신의 광산에서 일하는 대중들에게 기념상을 만들어 줌으로써 자신의 죄책감을 면하려고 한다. 시민의 후원자를 가장하며 나타나는 에크슈타인은 자신을 에워싼 많은 마이크에 대고 알아들을 수 없는 말들을 중얼거리고, 대중들은 폐허가 된 풍경 속에서 장막으로 덮인 그의 선물 앞에 모인다. (새장 같은 비계飛階 속에 들어 있는) 기념상을 덮은 장막이 벗겨졌을 때 그것은 익명의 인부의 석상임이 드러나는데, 그는 영화의 앞부분에서 등에 거대한 짐을 들고 도시의 교외를 지나가다가 풍경 속으로 사라졌었다. 댄 캐머런은 이 인부가, 흉물스러운 땅과 관련되어 있는, 에크슈타인의 채광 제국의 중심에 놓여 있는 도덕적인 딜레마를 상징한다고 말한다. 에크슈타인은 노동자들에게 경의를 표하는 기념상을 건립함으로써 그들에게 감사를 표하기를 바라겠지만 그들의 인간다움을 완전하게 인정하면서 자신의 권력과 부를 유지할 수는 없기 때문이다.[85] 대신 기념상은 노동자들에 대한 에크슈타인의 억압을 더욱 실체화하는 데 이바지하며, 그들은 자신들의 구상화된 이미지를 응시하기 위해 모였다. 여전히 자신의 짐을 들고 있는 인부는 주춧돌에 사슬

---

85 Dan Cameron, "A Procession of the Dispossessed", *William Kentridge*, London: Phaidon Press, 1999, pp.56~57.

그림 8.17 윌리엄 켄트리지, 「군중과 덮혀 있는 기념상 1」(영화 「기념상」을 위한 드로잉, 종이에 목탄), 1990, 요하네스버그 아트갤러리.

로 묶여 있다. 그러나 영화의 최후의 순간에 그는 머리를 들어 올려서 고통스러운 눈을 뜨며 어느 정도의 존엄과 저항력이 남아 있음을 시사한다.

켄트리지의 다른 애니메이션과 마찬가지로 「기념상」은 일련의 목탄 드로잉을 토대로 하는데, 이 예술가는 그것을 삭제와 새로운 형체 부여의 과정을 통해 변형시켜 카메라로 한꺼번에 한 장면에 담는다. 그 결과 전통적이고, 저차원적 기술의 정적인 표현수단이 종합되고, 영화를 통해 움직임이 가능해진다. 로절린드 크라우스가 강조하듯이 기법 자체가 드로잉과 카메라 사이를 오가는, 끊임없는 왕복을 필요로 하며, 강렬한 순간적 중재와 사색할 수 있는 거리감을 이미지를 만드는 과정에 도입한다.[86] 「기념상」에서 이 다층적인palimpsestic 구조는 예기치 못한 은유의 길, 즉 도입부의 지친 인부의 이미지에서부터 광고판, 가로등, 마이크와 정치적 연설의 다른 흔적들로 뒤덮인 착취된 풍경과 이 파괴된 지역의 대중, 그리고 에크슈타인, 기념상 등에 대한 생각이 뒤따르도록 허용한다. 불안정성과 임박한 변화가 이 층층의 반복되는 모티프들에 속속들이 스며 있으며, 고정된 이미지에서는 더 희박했을지도 모를 어느 정도의 역사적인 가능성을 부여한다. 켄트리지의 열린 결말의 대중영화들은 1980년대 후반과 1990년대 초반에 남아프리카공화국에서 발생한 획기적인 민주화에 응답한다. 1989년, 저항하는 대중이 붉은 깃발을 들고 슬로건과 구호에 맞춰 행진하면서 비상사태는 4년째로 연장되었다. 다음 해에 넬슨 만델라는 석방되었고 드 클레르크Frederik Willem De Klerk는 새로운 헌법의 초안을 작성하기 위해 상대편의 흑인들과 협상하겠다는 의견을 발표했고 마침내 비상상황을 타개했다. 켄트리지는 자신의 초기의 네 영화의 대중에 대해 언급하면서 "그들은 더 전적으로 정치적인 대중이다. 이런 대중의 이미지가 내 작품에서 1989년에, 즉 남아프리카공화국의 정치적인 해빙기가 시작된 해에 등장했다는 사실을 언급하는 것은 흥미로울 수 있는데, 그때 내가 기억하기로는 처음으로 거대한 정치적 행렬이 거리로 밀려들었다"라고 말했다.[87]

켄트리지의 애니메이션은 대중을 고도로 중개된 현상으로 보여 주는데, 그들은 핸드마이크와 확성기, 광고판, 라디오를 통해 창조되고 이것을 포함한 다른 기법들에 의해 호명되며, 마지막으로 신문과 사진, 포

---

86 Rosalind Krauss, "'The Rock': William Kentridge's Drawing for Projection", *October*, vol.92, Spring 2000, pp.4~9 외 곳곳에서.

87 William Kentridge, "'Fortuna': Neither Programme nor Chance in the Making of Images" (extract, 1993), *William Kentridge*, London: Phaidon Press, 1999, p.117.

스터, 텔레비전, 드로잉, 영화를 통해 재현된다. 그의 주인공을 고의적으로 시대에 뒤떨어지고 상대적으로 저차원적인 기술의 형태에 집중하게 만드는 어디에나 존재하는 확성기와 핸드마이크, 광고판은 앞선 20세기의 정치 연설의 상징을 나타낸다. 켄트리지는 러시아 구성주의자들의 포토몽타주와 막스 베크만의 그림들 속에서 비슷한 장치들을 보았던 것을 기억한다.[88] 그러나 그는 더 이상 그 시절의 유토피아적인 낙관주의가 옳다고 생각할 수 없다. 다른 동시대의 예술가들처럼 그의 대중은, 때로 거리를 가득 메우고 황폐한 풍경 속을 행진하지만, 영웅적이지도 대양적이지도 않다. 그들은 자신들의 억압의 현실을 이해하고 변화에 대한 구체적인 요구를 하지만, 켄트리지는 미래에 대한 순진한 낙관주의의 이미지를 제공하는 일을 삼간다.

켄트리지의 작품은 남아프리카공화국의 아파르트헤이트의 최후의 폭력적인 시절에 발생한 특정한 역사적 순간에 근거하지만, 동시대의 사회적이고 정치적인 과정에서의 대중의 역할이라는 더 큰 문제에 영향을 준다. 현대의 대중은 언론과 텔레비전을 통해서든 최근의 플래시몹 현상처럼 인터넷상의 소통을 통해서든 점점 더 공공연한 동원의 결과가 되고 있다. 하나의 시공간 내의 대중의 물리적인 존재는 흔히 구체적인 대의명분에 대한 지지를 보여 주고, 대중매체의 보도를 위해 계획되며, 그에 따라 더 큰 가상의 대중이나 공중을 향한 연설을 암시한다. 새 선거를 요구했던 우크라이나 대중의 최근의 깜짝 놀랄 만한 성공은 단순히 그들의 집

---

88 켄트리지에 따르면, 확성기는 "존 윌렛(John Willett)의 『새로운 엄숙함』(*The New Sobriety. 1917-1933*, New York: Pantheon Books, 1978)에서 보았던 확성기로 연설하는 레닌의 사진"에서 비롯된 것이고, "또한 그 흐름을 종종 막스 베크만(Max Beckmann)의 그림들에서 볼 수 있다"(Benezra, "William Kentridge", p.15에서 재인용).

단적인 존재와 용감한 행동에서 기인한 것이 아니다. 그것은 우크라이나 텔레비전과 국제적인 미디어의 존재, 그리고 해외의 강력한 시위로부터 지지를 받았다.

현대의 대중의 행동은 점점 더 공중──즉 시공간 속에 흩어져 있지만 공유된 매체망을 통해 연결된 집단──으로 수렴되는 것으로 보인다. 그러나 그러한 공중이, 미디어가 단지 불가사의한 전염의 과정을 통해 정신적 통합을 조성하는 데 이바지한다는 타르드의 논지에 항상 부합하는 것은 아니다. 때로 대중매체는 토론과 논쟁, 심지어 공적 영역의 등장까지도 촉진할 수 있다. 대중으로서 모이는 것의 진상이 어떤 정치적인 작용을 유지하고 있는지의 여부는 구체적인 역사적 상황에 달려 있으며, 대중의 잠재적인 구성원을 호명하고 발상과 이미지를 순환시키며 대중의 가상적이거나 물리적인 실행과 행동을 재현하는 역할을 하는 대중매체와 대중의 관계에 따라 결정된다. 현대의 대중 이미지는 이런 재현의 과정을 끌어들이며, 우리 시대의 사회적인 응집의 방식과 분산의 특징을 일별하게 한다.

Mob: 영어

마리아 수 왕(Maria Su Wang)

Mob이라는 용어처럼 언어학적 계보가 풍성하고 다양한 단어의 의미론적 역사를 추적하는 일은, 거슬러 올라가 다소 중간에서 시작하여, 이후 다시 시간을 따라 나아가도록 한다. mob은 mobile의 단축된 버전으로, 그것은 mobile vulgus라는 별칭에 속하고, 문자 그대로 '격하기 쉽고, 변덕스러운 군중'으로 번역된다. mob이라는 용어의 라틴어 어근을 알아내기 위한 출발점으로 mobile vulgus를 이용하고, 뒤이어서 그 용어가 현대적 형태로 진화하는 과정을 나타내고자 한다.

Mobile vulgus는 moveo, mobilis, vulgo와 같은 라틴어의 언어학적 조상들로부터 비롯된다. ①움직임이 빠른, 민첩한, 활동적인 ②움직여질 수 있는 ③변하는, 바뀔 수 있는, 이동하는; 수정될 수 있는, 잘 변하는 ④일정치 않은, 변덕스러운, 쉽게 동요되는.

Vulgo는, vulgus의 주요 어근으로 다음의 의미를 지닌다. ①많은 인구가 사용할 수 있도록 만들다, 모두에게 공통되게 만들다; 일반적으로 적용하다; 몸을 팔다 ②널리 흩어지다, 멀리 퍼지다 ③널리 알게 하다, 보도를 퍼뜨리다, 공표하다, 드러내다. Vulgus는, 대규모의 보급과 일반적인 적용이라는 발상에 의존하여, 평범한 사람들이나 일반적인 대중, 구분되지 않거나 일상적인 많은 사람들, (동물의) 무리, 특정한 계급이나 범주의 전체로서의 일원들을 나타내게 된다.

Moveo와 mobilis는 둘 다 영어 단어인 move에서 그 흔적이 발견되는데, 그것은 14, 15세기에 '위치를 바꾸거나 이동하다, 어떤 사람이나 물건을 맡거나 쫓아내다'라는 의미로 사용됐다. 16세기에 move는 또한 해결책의 적용이나 집행, 그리고 공직으로의 승진과 출세를 나타낼 수 있었다. 이 모든 의미들은 운동과 움직임이라는 동일한 요소를 포함한다. movable은 move의 형용사형으로, mobile의 주요한 조상이다. movable은 움직임이 준비되어 있거나 그런 기질을 갖고 있다는 뜻이지만, 또한 mobilis의 함축을 상기시키는 '변덕스러운', '일정치 않은', '바뀔 수 있는'을 의미하게 된다.

Mobile이 영어 단어로 나타나면서, 우리는 처음으로 mob의 근대적 의미에 다가선다. mobile은 16, 17세기에 원래 Primum Mobile(처음으로 움직이는 것)과 같은 구에서 그 의미가 비롯된다. Primum Mobile은 중세에 프톨레마이오스의 천문학 체계에 추가된 가장 먼 천구를 나타낸다. 이 천구는 (8~9개의) 포함된 구들을 데리고서, 24시간 동안 동에서 서로 지구를 회전한다고 추정되었다. 크리스토퍼 말로는 그의 희곡 『파우스트 박사』^{Doctor} $^{Faustus, 1604}$에서 루시퍼와 협정을 맺은 후의 파우스트의 성격과 관련하여 mobile과 Primum Mobile을 사용한다. 파우스트의 하인은, 자신의 주인을 묘사하며, "그는 자연의 몸이 아닙니까, 그러니 마음대로 움직이지^{mobile} 않겠습니까?"(Act 1, Scene 2)라고 말하며, 자유롭게 돌아다니는 파우스트의 능력이 인간 조건의 속성이라는 사실을 암시한다. 파우스트는 매우 이동하기 쉬워서 그는 심지어 '처음으로 움직이는 것'$^{Primum\ Mobile}$에 이를 수 있는데, 그것은 두번째 합창단이 증언한다.

> 박식한 파우스트는, 천문학의 비밀을 발견하기 위해,
> 주피터의 고귀한 하늘에 대한 책을 아로새기고,
> 자신을 올려 올림포스 산의 정상에 올랐다.
> 그곳에서, 밝게 타오르는 전차에 앉아,
> 멍에를 씌운 용의 목의 힘에 이끌려,

그는 구름과, 행성과, 별과,

뿔이 있는 달의 밝은 원에서,

Primum Mobile의 절정까지 본다. (Act 4, Scene 1)

17세기에, Primum Mobile은 또한 활동이나 움직임의 원천이나 주된 원인을 나타내는 비유적인 용어로, 원인原因의 박식한 유의어였다. 17세기 초기, mobile은 처음에 보통 사람들이나 민중을 나타내는 용어로 사용되었다.

17세기에 mobile의 발전과 함께 mob은, mab(16세기에 '행실이 나쁜 여성'을 의미했다)으로부터 유래했던, 문란한 여성이나 네글리제[여성용 가운] 복장을 나타내기 시작한다. 제인 오스틴의 『맨스필드 파크』*Mansfield Park*, 1814 에서 톰 버트럼은 패니 프라이스에게 그들의 연극에서 시골집에 사는 사람의 아내 역할을 하라고 권하면서, "너는 갈색 가운과 하얀 앞치마, mob cap을 써야 돼. 그리고 우리가 너한테 약간의 주름과, 눈의 귀 쪽을 향한 부분에 눈초리를 조금 만들어 줘야 해. 그러면 너는 매우 제대로 된, 작은 노부인이 될 거야"라고 말한다. mob cap은 18세기와 19세기 여성의 실내용 모자였고, 평상복으로 입는 의류라는 함축을 유지한다.

Mob의 이런 의미들은 그 다음의 동사로서의 용법에서 입증되는데, 그것은 '단정치 못하게 옷을 입다', '알아보지 못하게 가장하고 가다', 또는 '불량배들과 어울리다'라는 의미다. mob의 이러한 함축은, 행실이 나쁘거나 난잡한 성격과 행동에 관련되어, 17세기 후반에 vulgus와 결합하여 흥분하기 쉬운 보통 사람들이라는 의미를 만든다. 『자유론』*On Liberty*, 1859에서 존 스튜어트 밀John Stuart Mill은 "곡물 중개인의 집 앞에 집합한 흥분한 군중mob"이라고 언급하며, 이 용어를 라틴어 기원의 의미로 활용한다.

Mobile vulgus는 18세기 초반에 버넷Burnet의 『역사』*History*에서 처음

으로 mob으로 단축되었고, 1711년에는 애디슨^{Addison}의 『스펙테이터』^{The} Spectator, No.135에서 스위프트로부터 견책과 비난을 받게 되었다. mob은 이제 평범한 많은 사람들, 특히 교양 없는 문맹의 계급을 나타낸다. 토머스 페인 Thomas Paine 은 『인간의 권리』^{The Rights of Man}, 1791에서 이런 맥락으로 mob을 사용하며, "천박하고, 또는 무지한, 폭도^{mob}에 대한 명칭으로 구별되는, 이 거대한 인류의 계급들이 모든 오랜 국가에서 이토록 많은 것은 어찌된 일인 가?"라고 쓰고 있다. 18세기가 진행되면서 mob은 다양한 의미를 획득하는 데, 폭도들의 집합이나 떠들썩한 군중, 개인적으로 중요하지 않은 것으로 여 겨지는 사람들의 집단, 또는 이질적인 무리가 포함됐다. 오스틴은 아마 『맨 스필드 파크』에서 마음속으로 후자의 함축을 품었던 것 같은데, 거기서 에 드먼드 버트럼은 "성직자는 형편이나 패션에서 고귀할 수 없다. 그는 폭도 ^{mobs}를 이끌어서도 안 되고, 옷을 세련되게 입어서도 안 된다"라고 밝힌다.

스위프트의 비판 이후에, 새뮤얼 존슨^{Samuel Johnson}은 자신의 『영어사 전』_A Dictionary of the English Language, 1755에서 mob을 "군중; 떠들썩한 무리"라 고 정의함으로써 그 용어의 근대적 의미를 확정 지었다. 존슨의 정의와 동시 에, mob은 18세기 영국에서 동사로 유통된다. 그것은 이제 무질서한 군중 이 수행하는 공격을 가리키게 된다. 운집하고 괴롭히거나 짜증나게 하는; 과 도하게 밀고 나가는; 밀어닥치는; 무리^{mob}나 무질서한 군중으로 집합하는. 에드먼드 버크는 mob을 자신의 『프랑스 혁명에 관한 고찰』^{Reflections on the} Revolution in France, 1790에서 이러한 의미로 사용하는데, "그들의 기관인 국민 의회는 그들 앞에서 자유에 걸맞은 예절을 거의 갖추지 않고 토의하는 소극 을 행한다. 그들은 정신없이 떠드는 청중 앞에서 장터의 코미디언처럼 연기 한다. 그들은 흉포한 사람들로 혼합된 무리^{mob}의 떠들썩한 고함 속에서 연 기한다"라고 쓰고 있다. 페인은, 『인간의 권리』의 또 다른 부분에서, 동일한 함축으로 mob을 사용한다. "모든 유럽 국가들에, 영국에서 mob이라고 불리는 그런 종류의 커다란 계급의 사람들이 존재한다. 이 계급에, 1780년 런던에서 방화와 파괴를 저지른 사람들이 있고, 이 계급 안에 파리에서 머리를 쇠못 위로 가져간 사람들이 있다."

19세기에, mob은 한 패거리로 일하는 도둑과 소매치기 일행이나 패거리를 가리키는 속어가 된다. 이 함축은 결국 20세기의 mob의 의미에 도달하는데, 그것은 폭력적인 범죄자의 거의 영구적인 연합——폭력단으로도 알려진——을 의미한다.[89]

부록2 **대중의 글**
아르만도 페트루치(Armando Petrucci)

1966년 9월, 이탈리아 역사학자 델리오 칸티모리Delio Cantimori는 역사 연구의 특정한 임무를 지적했는데, 그것은 '장기간의 행위, 그리고 의식적이고 특이한 행동이나 현상의 흐름'(그런데도 구체적이고 기록할 수 있는)을 연구할 임무다.

내가 여기서 검토하려는 현상은 과거에도 나타났고 오늘날에도 계속해서 나타나고 있는 일련의 다양한 상황들을 떠올리게 만드는 것으로, 그것은 바로 도시의 현실 안에서 존재하고 활동하는 대중이나 군중이 공개적으로

---

89 모든 라틴어 정의는 P. G. W. Glare ed., *The Oxford Latin Dictionary*, Oxford: Clarendon Press, 1997에서 가져온 것이다. 모든 영어 정의는 J. A. Simpson and E. S. C. Weiner eds., *The Oxford English Dictionary*(2nd ed.), Oxford: Clarendon Press, 1989; OED online(http://www.oed.com/)에서 가져온 것이다.

글을 전시하여 텍스트를 표현하는 방식이다.

다소 불완전하게 글을 읽고 쓸 수 있는 사회들에서는 남녀로 이뤄진 다소 많은 조직화된 대중이 멀리서도 읽을 수 있고 다양한 방식으로 사용되는, 글로 표현된 텍스트들로 뒤덮인 물건들을 가지고서 개인적으로나 집단으로 공적 행사에 가담하거나 참석하는 상황이 존재하며 항상 그래 왔다.

지금까지는 학자들의 관심이 특정한 공적 장소, 벽이나 기념물에 안정적인 방식으로 부착되거나 새겨진, 움직이지 않는, 일명 전시된 글들에 집중되어 왔다. 폼페이에서 뉴욕에 이르는 도시 공간을 차지해 왔고 또 차지하고 있는, 이야기를 전달하고 정치적·광고적인 성격을 띠는 그들이 존재함에도 불구하고, 그런 경향은 이제까지 존재해 왔고 앞으로도 계속 그럴 것이다. 그러나 지금까지, 완전히 다른 현상이 조사되어 온 것으로 보인다. 그것은 자율적으로 전시된 글이라는 현상으로, 그러한 글들은 자발적으로 생산되어 움직이는 대중에 의해 보란 듯이 전시되고, 사람이 살고 있는 공간을 가로지르거나 광장, 경기장과 같은 열린 공간이나 심지어 충분히 큰 방과 같은 밀폐된 장소에 서 있다.

독자들에게 내가 자세히 설명하려는 시나리오를 분명하게 하기 위해서, 나는 즉시, 한편으로는 행진과 가두 행렬, 시위와 같은 공개적 행사를, 다른 한편으로는 스포츠 행사나 의식과 관련되거나 정치적인 모임을 생각하고 있다고 말할 것이다. 이 행사들의 참가자는—엘리아스 카네티가 그의 시대에 기술한 해설적인 범주에 의지하자면—가령 밀폐된 광장, 경기장, 방에 집중된 이들인 '정지한 대중'과 느리거나 빠른 '움직이는 대중'이다. 첫번째 사례에서 '정지한 대중'은, 그렇게 남아 있음에도 불구하고, 전시된 글을 다소 율동적으로 움직일 수 있고, 두번째 사례에서 '움직이는 대중'은 공격성으로 가득 찬 그들의 움직임과 행진을 변형시킬 수 있는데, 실제로 전시된 글의 지지물(막대기, 기둥, 막대, 곤봉) 그대로를 그들을 방해하고 중단시키려고 하는 반대편 대형(정치나 스포츠의 반대편과 경찰)에 맞서는 뭉툭한 무기로 사용한다.

우리가 주로 19세기에서 오늘날에 이르는 현대 시기를 검토한다면 우리는 또 다른 구별로 나아갈 수 있을 것 같은데, 그것은 '기념하는 대중'과 '시위하는 대중' 사이의 구별로, 두 사례에서 매우 다른 참가자들의 태도가 전시된 글들의 사용과 특성을 근본적으로 수정한다는 점에서 그러하다. 기념하는 대중은 종교적인 행진이나 공식적인 행진(가령, 과거에는 왕과 교황, 대사의 도시 '입장')에서 존재하며, 다른 사람들이 심지어는 물질적으로 구성하고 준비한 글들을 전시한다. 이 글들은 의식儀式의 상황의 진정한 '지배자들'이 그들에게 제공하고 강요한 것이다. 가령, 완전히 의식화되고 군국화된 독재 정체하에서의 공개행진을 생각해 보라. 그 안에서, 행동의 전개는 정확한 안무로 처음부터 끝까지 조직화되고 통제될 뿐 아니라, 아마 무엇보다도, 형상이나 글로 보이는 상징은, 불변의 계획에 따라 엄격하게 고안된다.

이런 관점에서 볼 때, 시위하는 관중이 전시하는 글의 특성은 기념하는 대중이 전시하는 글의 특성과 전적으로 반대되지는 않더라도, 완전히 다르다. 시위하는 대중은 자신이 직접 쓴 제작물을 전시하는데, 대개 그것들은 참가자들 스스로가 행사를 위해 합친 것으로, 명백하게 공격적이고 강력하게 개별화된 방식으로 이뤄지고, 행진의 각기 다른 부분을 차지하는 서로 구분되는 참가 집단들에 상응한다. 그러므로 첫번째 사례에서 우리는 대중을 위해 합쳐진 글들의 전시와 마주치고, 두번째 사례는 정반대라는 것을 말할 수 있다. 그것은 대중에 의해 합쳐진 글들이다.

내가 검토하고 싶은 마지막 측면은 이러한 글들의 영향력의 측면인데, 이것은 참가자들이 가로지르는 공개적인 장소(도시의 거리 또는 광장)에서 그들이 대개 집요하게 큰 소리로 반복해서 말하는 텍스트다. 일반적으로 이 곳들은 가장 귀족적이고 중요하며, 사람이 거주했던 유일한 중심지인 고대의 지역으로, 이곳에서 '권력의 건축물', 즉 가장 중요한 역사적이고 종교적인 기념물이 발견되고, 이것들은 전통적으로 오후의 산책에서 구경거리 참석, 쇼핑에 이르는 기관들과 지배계급의 공개적인 의식을 위해 마련된 것이다. 의심할 나위 없이 이러한 텍스트가 주는 영향은 적대적이며, 심리적으로 가상의 적을 위협하고 또한 '무장'하고서 횡단하는 물리적인 행동을 통해 압도적인 힘의 공포감을 전달하려는 의도이고, 그것은 상징적으로 명백한 폭력 행동처럼 설정된다. 따라서 횡단이라기보다는 '관통'이고, 전시되고 과시된 글들은 상징적이고 선언적인 의미가 된다.

또 다른 매우 현대적인 현상은, 이런 관점에서 볼 때 이전의 논의들과 따로 검토되어야 하는데, 그것은 조직화된 스포츠팬들로 구성된──대개 그러한 행사를 위해 선정된 장소 내에 자리한(경기장, 체육관, 필드)──대중이 전시하는 글들이다. 이 현상은 이 글들이 자발적으로 쓰인 정치적 성격의 창작품과 형식적으로 연속되어 있고, 또한 참가자들이 거의 모두 젊기 때문에 따로 검토되어야 한다.

이 고도로 의식화된 상황에서, 단단한 카드 또는 크거나 심지어 거대한 천으로 된 현수막에 나타난 글들은 익명의 예술가들, 또는 더 좋게는, 집단이 만든 현실적이고 진정한 예술작품이 되는데, 그 언어는 강하게 표현적이고 공격적이며, 은어적인 자기 표현, 섹스, 폭력이 가미된다. 참가하는 대중은 스포츠 행사가 발생하는 장소에 속박되기 때문에, 그 행사에서는 대중이 관중이고 참가자다. 이 글들은 한 목소리로 노래하고 외치는 슬로건과 함께 움직이고 들어 올려지고, 내려지고, 둘둘 말리고 펼쳐지는 실체이며, 실제의 전사의 춤의 형태로 쇼 안의 쇼가 구성되고, 그 뒤에 흔히 마지막 폭발의 순간에, 공연을 종결하는 심각한 물리적 충돌이 뒤따른다.

나는 바로 이 가장 최근의 유형의 상황이, 스포츠와 폭력의 명백한 혼합 속에서, 수백만의 몸과 수백 개의 글들이 율동적으로 움직이는 것을 통해 도시 군중의 글들의 전시가 새롭고 독창적으로 사용되고 있는 것이라고 단언한다.[90]

---

90 첫번째 인용은 Delio Cantimori, "Galileo e la crisi della Controriforma", *Storici e storia*, Turin: Einaudi, 1971, p.637ff; Elias Canetti, *Masse e potere*, Milan: Rizzoli, 1972, pp.27~41에서 가져온 것이다. 일반적으로는, Armando Petrucci, *La scrittura: Ideologia e rappresentazione*, Turin: Einaudi, 1986; Antonio Pinelli, "Feste e trionfi: Continuità e metamorfosi di un tema", ed. S. Settis, *Memoria dell'antico nell'arte italiana: II. I generi e i temi ritrovati*, Turin: Einaudi, 1984~1986을 참고. 이탈리아 스포츠의 글들은 Antonello Ricci, *Graffiti: Scritt di scritti: Dalle epigrafi fasciste alla bomboletta spray*, Manziana: Vecchiarelli, 2003을 참고했다.

9장

대중의 귀환,
또는 어떻게 사회학은 근심을 거두고
대중을 사랑하기로 결정했을까

존 플로츠

사회과학의 가장 무미건조한 구역에 머물며 과장된 이야기를 주시하고 있다면, 그보다는 대중을 다룬 사회학 저작물을 정독하는 편이 현명한 일일 것이다. 많은 사람들의 파토스는 대중이 우리 시대의 스핑크스이며 우리를 휩싸기를 원한다는 귀스타브 르 봉의 지독한 경고 안에서 존재한다. 그것은 '집단'이 그들의 자아 이상ego-ideal인 지도자를 향해 정확히 자아를 약화시키는 숭배의 형태로 존재한다는 지그문트 프로이트의 근심에서 더욱 커진다. 그리고 그것은 정치적 폭동이 '문명의 표층이 매우 얇다'라는 사실을 증명할 뿐이라는 세르주 모스코비치의 유사과학적인 공표에서 여전히 강렬하게 타오른다. 21세기에도 여전히 아래로부터의 대중 행위가 사회질서를 격하게 만들까 봐 우려하는, 토머스 칼라일이나 조제프 드 메스트르와 같은 프랑스 혁명 이후의 반동분자들이 신탁과 같은 어조로 공명하는 소리를 들을 수 있다.

* 이 글의 이전 원고에 대해 나와 대화를 나누고 통찰력 있는 비평을 해준 린다 슐로스베르크(Linda Schlossberg), 숀 맥칸(Sean McCann), 알렉스 스타(Alex Star), 데이비드 커닝햄(David Cunningham), 피터 나이츠(Peter Knight), 제프리 T. 슈나프(Jeffrey T. Schnapp), 매슈 튜스(Matthew Tiews)에게 감사한다.

미국——거의 틀림없이 대중이 유발했고, 민주적으로 집결한 시민들의 소요로 탄생했을——에서 19세기에 대중에 대한 두려움은 훨씬 잠잠했었다. 그러나 매카시 시대에는 예측할 수 있는 정점에 도달했다. 1950년대에 어떤 이는 과장스럽게 시민들이 "자신의 생각과 삶은 타인의 것만큼이나 흥미롭다거나 바닷물을 마셔서는 갈증을 해소할 수 없다는 사실을 깨닫듯이, 많은 동료들 속에서 자신의 외로움을 달랠 수는 없다는 사실을 발견할" 때에야 비로소 이 세대는 대중적인 생각으로부터 구제될 수 있다고 썼다.[1]

한나 아렌트Hanna Arendt의『전체주의의 기원』The Origins of Totalitarianism, 1951에서 가장 능숙하게 표명되었던 전체주의에 대한 불신에서 대개 유래되었을 20세기 중반 사회과학자들의 '대중 비평'은 나치즘과 스탈린 공산주의가 가진 최악의 것인 '사회적인 것'이라고 불리는 주로 강압적인 힘에서 추론되었고, 그것은 이제 독일과 러시아뿐 아니라 다른 외피를 띠고 미국마저 공포에 떨게 하는 듯하다. 한나 피트킨이 '사회'가 정돈된 정치 영역에 가하는 위협을 연구한 뛰어난 이론가인 아렌트를 설명하는 자신의 연구를 '대중의 공격'이라고 칭한 것은 놀랍지 않다. 아렌트에게 사회적 삶——사생활을 전멸시키고 공적 영역을 붕괴시켜 그것을 감시되고, 사회를 정부가 관리하는 우리로 만드는 경향이 있다——은 인간의 문화의 한 양상이기를 멈추고 인간 자유에 대한 위험하고 근원적인 공격이 된다.[2] 아렌트와 같은 저자들——그의 무리에는 찰스 라이트 밀스, 테오도

---

1 David Riesman, Nathan Glazer and Reuel Denney, *The Lonely Crowd: A Study of the Changing American Character*, New Haven, Conn.: Yale University Press, 1989(1950; abridged and revised 1961), p.307. 이후 *LC*로 축약한다.

어 아도르노, 엘리아스 카네티, 리처드 호프스태터와 틀림없이 젊은 위르겐 하버마스까지 포함되었다[3] ──에게 적은 그 묘함uncanny, 즉 우리의 익숙한 자아의 측면이 갑작스럽게 외부적인 습격자의 일부로 인식된다는 사실 때문에 더욱 겁나는 것이었다.

우리는 그러한 대중 비평 저자들의 중심적인 근심이 대중이 할 수 있는 일에 대한 극심한 공포라고 재빨리 인식하지 못할 수 있는데, 그것은 그들이 일반적으로 자신들이 맹렬히 비난하는 것으로 묘사한 것이 그것 대신에 '사회'나 '사회적인 것'이었기 때문이다. 존 스튜어트 밀John Stuart Mill의 유산은 그들의 말을 주로 자신의 행동에 대한 통제의 부족함을 성찰적으로 우려하는 것으로 보도록, 즉 대중 통제의 규약이 아닌 것으로 보도록 훈련한다. 그러나 이 저자들에게 대중의 억제되지 않고 음란하며 단호하게 평등주의적인 위험에 대한 우려는 결국 '사회적인' 것이 가시화되는 (그로 인해 취약해지는) 방식이다.

리처드 H. 펠스는 1950년대의 지배적인 지적 자유주의를 앞선 시기와 구분되게 만드는 것이 무엇인지 설명한다. "1930년대의 저자들이 '공동체'로 불렀던 것에 전후의 지식인들은 '순응성'이라는 꼬리표를 붙였다. 협동은 이제 '타인지향'other-direction이 되었다. 사회적 의식은 '집단주의'로 변했다. 다른 사람과의 연대는 사생활의 침입을 암시했다. '집산주

---

2 Hannah Pitkin, *The Attack of the Blob: Hannah Arendt's Concept of the Social*, Chicago: University of Chicago Press, 1998.
3 하버마스의 『공론장의 구조변동』은 그것이 인정하는 것보다 훨씬 더 아렌트의 '사회적인 것'과 '공적인 것'에 대한 작업에 빚지며, 놀랍게도 '사회적인 것'을 비위에 거슬리는 내부의 적으로 여기는 존 스튜어트 밀의 두려움과 기꺼이 보조를 같이한다. Jürgen Habermas, *The Structural Transformation of the Public Sphere: An Inquiry into a Category of Bourgeois Society*, Cambridge, Mass. : MIT Press, 1989.

의'는 '대중사회'mass society를 도입하게 했다. 이데올로기는 이미지로 바뀌었다. 경제적 착취는 관료주의적 조종으로 양도되었다. 급진적 활동가는 또 다른 조직인에 불과했다."[4] 윌리엄 H. 화이트의 1956년의 『조직인』에서 집단 자체는 자신의 관념화된 동기 부여를 가진 집단 명사로 실체화된다("조직은 결정권자가 될 것인가? 조직은 자신의 이익을 고려할 테지만, 개인의 이익에 대해서는 단지 **조직이 해석하는 것으로만** 생각할 것이다").[5] 또한 데이비드 리스먼의 『고독한 군중』에서 근본적인 강조점은 군중의 동질화하는 야만으로부터 개인의 차이를 보호하여 민주주의를 구제하는 것이다. "인간이 자유롭고 평등하게 창조되었다는 생각은 진실인 동시에 호도된 것이다. 인간은 다르게 창조된다. 그들은 서로 비슷해지려고 하면서 자신의 사회적 자유와 개인의 자율성을 잃어버린다"(LC, p. 307).

의혹을 품는 1950년대가 1930년대의 집산주의자 또는 적어도 대중에 환호하는 정신에서 얼마나 크게 벗어난 이야기인지를 잠시 생각해 보라. 가령 킹 비더King Vidor의 1928년 작 「군중」The Crowd에서 영화의 시각적 즐거움의 대부분은 응집체 장면에서 나온다. 퇴근 시간에 빌딩을 나서거나 회전문을 통과하면서, 또는 함께 코니아일랜드의 놀이기구를 타면서 수다 떠는 여인들의 행렬. 이 와글거리는 대중 가운데에 가끔 보이는 편차는 대개 재난을 당한 경우였는데, 거리에서 쓰러진 한 남자는 그의 주변에 몰려드는 군중과 구분된다. 행복한 커플을 고른다면, 그들은 그들의 주변에 완벽하게 순응하는 순간에 박수를 받는다. 그것은 평범한 영웅

---

4 Richard H. Pells, *The Liberal Mind in a Conservative Age: American Intellectuals in the 1940s and 1950s*, Middletown, Conn.: Wesleyan University Press, 1989(1985), p.247.
5 William H. Whyte, *The Organization Man*, New York: Simon and Schuster, 1956, p.397. 강조는 원문. 이후 *OM*으로 축약한다.

이라는 1930년대의 꿈이었지만, 1950년대에 화이트와 리스먼의 작품에서는 정체와 몰입의 악몽으로 재등장한다.

일반적인 사회학이 사회적인 것, 특히 대중행동으로 나타나는 사회적인 것을 두려워하는 패러다임에 의존했던 짧은 역사를 보여 주는 것은 세기 중반 사회학 이론의 핵심적인 요소를 빠뜨리는 것처럼 보인다. 특히 사회학이 '자연'과학에 일시적으로 관심을 보인 사실을 말이다. 결국 탤컷 파슨스Talcott Parsons가 이미 1937년에 『사회적 행위의 구조』The Structure of Social Action의 출판과 함께 개시한 것은 전문적인 사회학계 내에서 거대한 영향력을 행사하고 있는 기능주의 또는 그의 '구조적 기능주의'가 아니었던가? 이것이 사실이지만, 아렌트와 리스먼의 작품처럼 그렇게 의지주의적이고 도덕적·정치적으로 규범적인 작품이 얻었던 놀랄 만한 인기는 기능주의자 모델의 학계를 넘어선 호소력이 제한적이었다는 사실을 암시한다.[6]

만일 세기 중반의 미국에서, 단호하게 남의 시선을 의식하지 않는 과학적 사회학의 우세가 "성찰이 지적인 공동체의 자연스런 특징"이라는 "규칙에 대한 예외"였다고 제안하는 토드 스틸먼이 옳다면, 아마도 아렌

---

6 아래에서 논의하듯이, 세기 중반에 학계의 사회학을 지배했던 기능주의는 어빙 고프먼(Erving Goffman)의 대응과 같은 매혹적인 가치중립적 지향의 대응뿐 아니라 해럴드 가핑클의 확고하게 미세구조적인 '민속방법론'을 배출했는데, 후자는 Anne Rawls, "Harold Garfinckel", ed. George Ritzer, *The Blackwell Companion to Major Contemporary Social Theorists*, Oxford: Blackwell, 2003, pp.122~153에 유용하게 요약되어 있다. 나는 파슨스가 가졌던 영향력을 과소평가하려는 것이 아니라, 단지 우리가 아렌트와 리스먼과 같은 저자들의 역사주의적이고, 행위자 위주의, 그리고 확고하게 설교적인 사회학—그들에게 있어, 개인의 자율성을 파괴하는 사회적 힘의 문제는 모든 지적인 시도에서 흘러나왔다—을 도외시한다면 사회과학에 있어서의 1950년대에 대한 우리의 설명은 근본적으로 불완전하다는 것을 말하려는 것이다.

트와 같은 저자의 작품은 인상적인 성찰의 조치로, 그리고 분과 학문 자체의 용어가 얼마나 크게 그 시대와 장소에 의해 형성되는지에 대한 판단을 분과 학문에 되찾아 준 것으로 보일 수 있다.[7] 그렇다면 과학적인 사회학 규범에 대한 이러한 예외들(데이터 세트를 혐오하여 해럴드 가핑클이 경멸적으로 '파슨스의 총회'라고 칭한 것——즉 사회를 거시적으로 완전하게 배치할 수 있다는 가설——을 공공연하게 거부한)의 인기는, 심지어 1950년대에도, 사회에 대한 '객관적인' 설명이 아니라 강렬하고 고무적인 설명을 갈망하는 대중의 욕망과 일치할 것이다.

한나 아렌트가 위협적이었던 것만큼이나 화이트와 리스먼이 그들의 세대에게 결국 고무적이었다는 사실은 분명하다. 화이트와 리스먼의 책이 가진 분명한 호소력을 보라. 그것들은 시간이 흘러도 중상층과 식자층 사이에서 화제에 오른 책이었다. 마이클 셔드슨은 그것들을 사회학적인 지각이 있던 자신의 어린 시절의 두 개의 성경으로, 그 지위를 의심할 수 없는 두 권의 고전으로 묘사한다.[8] 둘 다 1960년대 세대의 형성에 중요한 책이다——또 하나의 영향력 있는 책으로는 여성혐오자들의 교외의 생활 양식을 지지하는 타락한 사회 세력에 대해 느끼는 똑같은 불안감을 분명하게 공유한 책인 베티 프리단[Betty Friedan]의 1963년 작 『여성의 신비』[The Feminine Mystique]가 있다.

이 세대의 반사회적인 선언문의 흥미로운 점으로 남아 있는 것은 그들의 적이 얼마나 분명한가가 아니라, 얼마나 이해하기 힘들고 분명치 않

---

7 Todd Stillman, "Introduction: Metatheorizing Contemporary Social Theorists", *Ibid.*, pp.1~11.
8 Michael Schudson, *The Good Citizen: A History of American Civic Life*, New York: Martin Kessler Books, 1998.

으며 혼란스러운가 하는 점이다. 리스먼과 화이트는 모두 개인들이 각각의 자유의지보다 더 큰 체계로 모아질 때 생성되는 종합된 실체화된 존재를 적으로 상정한다. 화이트에게 이것은 '조직'으로, 리스먼에게 그것은 '타인지향적인 인간'이 되는 것으로 언급된다. 이것이 그들이 대중의 중심적인 특징으로, 즉 피할 수 없고 출구가 봉쇄된 사회적 힘으로 각각의 사람에게 부자연스럽고 획일적인 대답의 방식을 강요하며 개인을 압박하는 피할 수 없는 사회적 현상으로 지적한 것이다.

그러나 화이트도 리스먼도 이 혼잡한 상황에서의 탈출로 향하는 방법을 찾지 않는다. 두 작가에게, 참여자들이 대중을 그로부터 탈출해야 하는 무언가로 볼 수 없는 것은 그러한 대중 상황이 지닌 재귀적인 특징 때문이다. 따라서 혼잡함은 독자로서만(그때조차 아닐 수도 있다) '깨달을' 수 있다. 대중에 갇힌 사람은 정의상 그러한 사실을 잊어버리게 된다. 그들이 단지 빅브라더에게 붙잡혔다든지 심지어 단순하게 빅브라더를 선호하게 되었다든지 하는 것이 아니다. 그들 스스로가 그들의 자유를 축소하고 위태롭게 하는 데 몰두하는 바로 그 조직의 중심부를 구성하기 위해 변화한다. 그들은 빅브라더에게서 도망가지 않고 스스로 신이 된다.

그러므로 이 에세이의 한 가지 목적은 이 정말로 있음직하지 않고 거의 마조히즘적인 대중의 승리에 대한 설명이 왜 1950년대에 그토록 성공했는지를 탐구하는 것이다. 왜 그렇게 오랫동안 사람들은 자신들의 행동을 설명하는 패러다임을, 은연중에 한편으로는 사회적 힘에 대한 그들의 묵종을 탓하면서 다른 한편으로는 그들의 묵종과 저항이 대체로 그들 자신이 통제할 수 없는 것이라고 상정하는 듯한 패러다임을 선택했는가?

나는 또한 어떤 사교적인 대중에 대한 뜻밖의, 꽤 곤란한 종류의 애착으로 되돌아가는 사회학적 추의 변화를 탐구하고 싶다. 어떻게 지난 10

년간 사회학은 사교성을 한때 가장 그것의 '대중다운' 측면인 듯했던 것 속에 수용하게 되었을까? 이런 맥락에서 리스먼의 작품을 다시 논의하게 만드는 것은 그것이 오늘날의 대중적인 사회학의 어떤 곤란한 경향을 완벽하게 뒤집어 놓는다는 데 있다.

만일 우리가 점점 더 여러 가지 면——시민적 자유의 축소와 사회의 시위운동에 대한 불신, 일정 종류의 종교적 화합을 가치 있게 생각하는 것——에서 매카시적인 미국으로 되돌아가는 것처럼 보이는 시대에 살고 있다면 한 가지 확연한 차이가 남는다. 오늘날 대중적인 사회학이 '대중' 이나 더 일반적으로는 '사회적인 것'의 두려움을 설파하는 데 관심이 없다는 사실은 분명하다. '사회적 자본'은 오늘날의 질서이고, 크리스토퍼 래시Christopher Lasch에서 앨런 울프Alan Wolfe, 그리고 로버트 퍼트넘Robert Putnam에 이르는 사회학자들은——마이클 샌델Michael Sandel과 아미타이 에치오니Amitai Etzioni와 같은 좌우의 공동체주의자들과 함께——우리에게 교회와 사친회Parent-Teacher Association로 돌아가라고 단단히 재촉하기가 어렵다. 오늘날, 동질적인 사회를 사랑하는 것까진 아니더라도, 적어도 그런 사회를 증오하라고 말하는 사람을 증오하고, 또 두려움에 떨며 그런 사회에서 물러나길 원하는 사람을 두려워하는 것이 관례적이다. 더 이상 단지 대중이란 이유로 대중을 두려워하는 것은 징상적이지 않으며 도시 교외의 생활방식을 아무 생각 없는 순종으로 비판하는 것은 타당하지 않다.

이제 사회과학자들은 도시 교외의 생활방식의 공허함과 '결합 기능의 사회적 자본'의 부족이나 그것의 '해산'과 '회피'를 말한다. 적은 지그문트 바우만이 '글로컬리제이션'glocalization이라고 부른 것으로, 거기서 특권을 가진 자와 궁핍한 자가 받는 이중 형벌은 쫓겨나 상실감에 빠진 부자가 공허하게(고독하게) 살아가는 것이거나, 가난한 사람이 세계의 진짜 중심지에서 멀리 떨어져 궁핍함 속에 갇혀 사는 것이다.[9] 이제 우리의 교외는 문제이기까지 하다고 사회학자들은 전하는데, 그것은 그들이 (리스먼이 우려한 것처럼) 우리를 세뇌시키기 때문이 아니라 당최 우리에게 압력을 가하지 않기 때문이다.

언제나 이와 같지는 않았다. 1950년대 후반과 1960년대에 에드먼드 윌슨Edmund Wilson과 존 치버John Cheever와 같은 교외의 연대기 작가들은 루이스 멈퍼드Lewis Mumford가 '사적인 삶을 살려는 집단적인 노력'이라고 비난한, 사적인 삶의 이상한 동시성을 우려했다. '고독한 군중'처럼 이 구절은 모순어법적으로 집단 속에서 서로에 대한 우리의 새로운 노출이, 떼려야 뗄 수 없고 우울하게도, 서로에게서의 소외와 연결되는 방식을 강조한다. 우리가 (물리적·사회적으로) 서로에게 가까워질수록 우리는 (도덕적·정치적·민족적으로) 서로에게서 더 멀어진다. 그것은 워즈워스의 『서곡』The Prelude, 1805년경 이래로 계속된 흔한 한탄이었지만 1950년대 교외 생활양식의 공황은 그것을 새로운 단계로 이동시켰다.

그렇지만 1990년대 후반 도널드 J. 월디의 『성지』에는 오직 공허한 광장과 식어 버린 양심, 참석자가 드문 지역제 공청회를 위한 중간 기착지에 지나지 않는 시청만이 존재한다. 볼링장은 버려지고 소프트볼팀은 해체되고 말이다.[10] 마리 P. 바움가르트너는 당시(1988년) 『교외의 도덕적 질서』가 리스먼이 두려워한 과도하게 타인지향적인 공동 거주가 아니

---

9 Zygmunt Baumann, "On Glocalization: Or Globalization for Some, Localization for Some Others", *Thesis Eleven*, issue 54, 1998, pp.37~49.

10 Donald J. Waldie, *Holy Land: A Suburban Memoir*, New York: Norton, 1996.

라 에스키모인과 서아프리카의 보통의 유목민들이 사용하는 유형과 동일한 "회피", 즉 폭력도 없고, 분쟁에 대한 판정도 없고, 대립도 없는 특징을 갖는다고 말한다. 단지 사회적 무질서가 세상에 흩어져 있을 뿐이라고 말이다.[11]

공상과학소설의 이야기도 마찬가지다. 『신체강탈자의 침입』*Invasion of the Body Snatchers, 1955*과 『스텝포드 와이프』*The Stepford Wives, 1972*(1970년대에 대한 1950년대의 공포스런 공상)의 시절은 이제 끝났다.[12] 이 장소들에서 「아이스 스톰」*The Ice Storm, 1997*에 나오는 이안 감독의 성공적인 세기말 논리는 교외가 텅 비었기 때문에——얇고 치명적인 얼음판으로 인해 모든 인간적인 접촉이 금지된다——교외의 코네티컷 주가 악몽이 되었다는 주장을 수반한다. 레이 브래드버리*Ray Bradbury*의 화성의 전원(『화성 연대기』*Martian Chronicles, 1950*)에서 소도시인 오하이오는 화성에 그 도시를 소름 끼치게 재건할 만큼 항구적인 공동체로 그려진다. 그렇지만 지난 50년 동안 우려됐던 적은 너무 화합된 공동체나 숨막힐 듯한 사회적인 삶이 아니라 사교성의 부재다. 「매트릭스」*The Matrix, 1999*에서 일요일의 피크닉은 무한히 넓고 텅 빈 하늘과 공허한 마음으로 대체되었다. 컴퓨터 세뇌만이 모든 사람이 어딘가에서 통 안에 홀로 누워 있다는 사실을 은폐한다. 악몽은 우리가 꿈의 세계에 집단적으로 삽입되었다는 것이 아니라 그 꿈 같

---

11 Mary P. Baumgartner, *The Moral Order of a Suburb*, New York: Oxford University Press, 1988.

12 실제로는 『스텝포드 와이프』의 현대판의 형태인, 1996년의 텔레비전 영화 「스텝포드 허스번드」(Stepford Husbands)는 효과적으로 원본의 논리를 뒤집는데, 바로 여성들이 그들의 남편을 무력화된 감금 상태로 만들기를 원하기 때문에 그녀들이 오싹하게 느껴진다. 다른 말로 하면, 교외의 공포는 그것이 사람들을 그들의 보통의 사회적 활동의 일과로부터 떼어 낸다는 것이다. 그것은 그들을 가정 속에 가둬 놓는다. 원본에서는, 남성들이 바로 여성들을 믿을 만한 사교적 존재, 골프와 바느질 클럽의 일원에 지나지 않게 만들려고 그녀들을 로봇으로 만들고 있었다는 발상 안에 공포가 존재했다.

은 정경 아래에서 우리가 '실제로' 고독으로 무기력하다는 사실이다. 홀로 꿈을 꾸는 것은 모든 망상 중에서 최악이다.

우리는 사회학의 가장 인기 있는 서적이자, 현재 리스먼의 사회학적인 베스트셀러에 대한 유일한 도전자인 퍼트넘의 『나 홀로 볼링』이 리스먼이 우리에게 경고했던 일종의 모두를 아우르는 집단 활동에 찬사를 보내는 그런 시대에 진입했다.[13] 권고적인 사회과학 글들은 이제 우리에게 간친회와 파티 모임, 볼링 리그에 귀를 기울이고 흥미를 갖고 참석하라고 경고한다. 다시 활기를 되찾은 사회적 삶을 살면서 우리는 근접성의 강제적이고 임의적인 성질을 인정하고 그것을 소중히 여기게 된 듯하다. 50년 전 우리를 괴롭히던 대중은 오늘날에는 아주 매력적으로 보인다.

『고독한 군중』의 대중

1950~1965년 사이에 '대중사회' 비평을 이끌던 추동력은, 아렌트의 영향력 있는 『전체주의의 기원』에서 카네티의 기억에 남을 『군중과 권력』까지 대중에 대한 공포증을 가진 수많은 저작물의 원동력이기도 했다. 아이젠하워 정부의 차분한 공화당 정책, 과격한 매카시즘과 동시에 일반적인 사회세력의 행동에 대해 거의 편집증에 가까운 의심을 보이는 사회 비

---

13 Robert Putnam, *Bowling Alone: The Collapse and Revival of American Community*, New York: Simon and Schuster, 2000. 이후부터 *BA*로 축약한다. 루이스 펠트슈타인(Lewis Feldstein)과 도널드 코언(Donald Cohen)과 함께 작업한 퍼트넘의 『함께해서 좋은』(*Better Together: Restoring the American Community*, New York: Simon and Schuster, 2003)은 UPS에서 크레이그 리스트(CraigsList.org), 보스턴 연합(Boston union)의 범위에 이르는 '복원된 미국 공동체'에 관한 열두 개의 사례 연구를 통해 『나 홀로 볼링』의 논리를 이어 간다. 각각의 사례에서 찬양은, 단지 뭉치고 싶어서 뭉치기로 결정하는 사람들—점심을 먹기 위해 만나는 UPS 밴들, 예배뿐 아니라 커피숍을 제공하는 교회—을 위해 준비된 것이다. 자기 자신을 위한 결합이 가장 중요하다.

평이 갑자기 나타났다.

분명 온건한 유형의 사회 비평도 존재했다. 그렇지만 펠스는 순응주의자의 "잘못된 의식"에 대한 대부분의 비평이 두 마리 토끼를 잡으려고 분투했던 방식을 강조한다. "자신의 비판적인 관점을 유지하려고 노력했던 대부분의 지식인들은 …… 부유한 중산층의 심리적이고 문화적인 비용, 또는 자신의 동료들의 태도와 기대를 기꺼이 받아들이려는 개인과 관련된 도덕적인 타협을 무시할 수 없었다. 그래서 그들은 사회의 기본 구조를 인정하긴 했지만 시민 개인은 물질적 안락함의 유혹과 순응의 압력에 어떻게든 저항해야 한다고 믿었다."[14] 그러나 리스먼과 화이트는 펠스가 묘사한 주류보다 몹시 비판적이었고―또 그들이 당시 더 성공적이었던 것은 분명 그들의 극단성 때문이었던 듯하다―오늘날까지 널리 읽힌다. 사실 펠스 자신이 당시 비평의 지배적인 양식이 화이트의 "1930년대의 집산주의적 정서에 대한 간신히 감춘 적대감"과 리스먼의 "크게 찬양된 자발적인 협회가 '충분히 자발적이지 않았다'"는 (극단적이지만 이례적이지는 않았던) 주장에 의해 제시되었다는 점을 인정한다. "그들은 '모든 개인에게 **합류**하여 무리―어떤 무리든 간에―속에 몰입하라는 압력'을 강화했다"(LC, pp. 233~234, 244).

여기서 강조할 가치가 있는 요점은 단순히 특정한 종류의 사회적 집단이 개인의 정체성을 덮어 버릴 것이라는 널리 퍼진 두려움이 아니다. 오히려 돌이켜 생각해 봤을 때 극단적인 인상을 주는 것은 사회적 삶에 대한 두려움이 가진 포괄성이다. 리스먼의 설명에서 무인화^{dronification}는 그야말로 집단이 하는 것이다. 화이트와 마찬가지로 리스먼은 조직들, 또

---

14 Pells, *The Liberal Mind in a Conservative Age*, p.232.

는 조직들의 유형 사이의 표면적인 차이를 무시한다. "어떤 무리든 간에"라는 그 구절이 리스먼의 어조를 완벽하게 만든다. 리스먼의 설명에서, 집단의 자발적인 성질이라고 추정되는 것은 어딘가에 등록하라는 압력이 매우 강하여 철회와, 의미 있는 반대의 유일한 존재 형태인 무관심을 드러낼 수 있는 견인력이 상실된다는 사실을 감춘다.

가령 리스먼의 설명에 따르면 시민적 자유의 집단에 가입하는 것조차 시대의 반자유화에 대한 실질적인 저항이기보다는 또 다른 형태의 집단사고의 순응성이다.[15] 「맨츄리안 캔디데이트」The Manchurian Candidate는 제작자들이 알고 있던 것보다 더 옳은 것으로 판명된다. 위험한 것은 단지 공산당의 첩보원을 숨기는 변장 파티가 아니다(안젤라 랜스베리는 하트 에이스로 변장했다). 모든 변장 파티는 상황 악화의 일부이다. 카드로 변장한 사람은 모두 부패의 일부이다. 때로는 자유롭게 수행되는 사회적 상호작용의 기색이 약간만 보여도 리스먼을 분노로 몰아넣기에 충분했다. 우리는 그가 최고의 어린이책에 수여하는 메달을 비난하고 『요리의 기쁨』The Joy of Cooking을 혐오한 사실을 상기해야 한다. 그가 생각하기에 이 책은 식사시간에 대한 자유로운 사회적 태도를 고무하고 식사가 "즐거운 것"이어야 한다는 생각을 널리 알린 죄가 있었다(LC, p.142).[16]

개인의 주체가 상실되었다는 믿음과 관련된 과장법이 1950~1960년대의 사회과학의 악명 높은 특징이다. 제2차 세계대전의 끔찍한 파편을

---

15 토드 기틀린(Todd Gitlin)은 『고독한 군중』 2001년 예일판의 서문(pp.xi~xx)으로 덧붙여진 감동적인 회고록에서, 리스먼의 만년은 바로 그러한 대립되는 집단의 형태를 양성하는 데 바쳐졌다고 주장한다. 그러나 『고독한 군중』의 언어는 조직에 반대하는 어떤 조직화도 불신하는 것이 분명하다.

16 리스먼은 또한 에인 랜드의 『근원』(Ayn Rand, The Fountainhead, 1943)이 개인들을 충분히 찬양하지 않았다고 불평한다. 어쨌든 그는 이것이 과도하게 사회화된 현재에 건축가가 실제로 갖는 자유를 과장한다고 믿는다. "아마 독자들은 찬양하겠지만 모방하기에는 너무 연극적이다"(LC, p.156).

내다보며 하이데거에서 클린턴 로시터에 이르는 저자들이 본 것은 놓쳐
버린 삶이라기보단 잃어버린 의미였다.[17] 리스먼은 "우리가 두려워하는
것은 총체적인 파멸이라기보단 총체적인 무의미함이다"라고 썼다.[18] 여
기서 중대하게 전개된 국면은 삶의 대중적인 형태가 세력을 확대하면서
우리에게서 개인의 주체, 그리고 의미 있는 숙고와 성취의 기회를 박탈했
다는 느낌──민주주의도 우리에게서 이것들을 박탈했을 것이다──인
듯하다. 자유주의의 열린 창공처럼 보이는 것이 사실은 고정된 비행경로
이다. 손에 만져질 듯한 소망의 달성은 사실 우리에게 기여하는 듯하지만
엄밀히는 우리가 우리를 지배하는 기계에 연루된 것을 나타낸다.[19]

　이것은 화이트와 리스먼 모두가 리스먼의 표제와 같은 일련의 유익
한 역설을 받아들이게 한다. 고독은 실제로 혼잡함이고, 소비하는 것은
실제로 소비되는 것이며, 움직이는 것은 실제로 한 장소에 (공동의 사슬
에 묶여) 고정되는 것이다. 이 역설들은 자주 서로 모순되고 긴장관계에
있다. 그것들의 손에 잡힐 듯한 기묘함은 리스먼과 화이트, 그리고 다른
이들이 완벽한 사회적 몰입이라는 자신들의 진단을 얼마나 심각하게 받
아들였는지 명확하게 하는 데 일조한다. 가령 화이트는 "조직"의 중견 간

---

17 Clinton Rossiter, *Constitutional Tyranny: Crisis Government in the Modern Democracies*,
　Princeton, N.J.: Princeton University Press, 1948은 공산국가든 이곳 국내에서든, 미쳐서 날뛰는
　'사회적인 것'에 대한 두려움을 가진 시대의 전형적인 저작물이다.
18 Kim Phillips-Fein, "The Lonely Crowd", *Dissent*, vol.49, no.4, Fall 2002, p.88에서 재인용.
19 이러한 두려움을 드러내는 것이 사회과학에 한정된 것도 아니다. 많은 최근의 역사물들, 그중에서도
　티머시 멜리의 『음모의 제국』(Timothy Melly, *Empire of Conspiracy: The Culture of Paranoia in
　Postwar America*, Ithaca, N.Y.: Cornell University Press, 2000)은 1950년대와 1960년대의 대중문
　화에서는 이질적인 침입과 정신적인 흡수의 이미지가 쏟아졌다고 주장했기 때문이다. 그 시대의 완전
　히 주류였던 공상과학 글과 영화들의 편집증적인 절정과 비교할 때, 필립 K. 딕(Philip K. Dick)의 흥
　분한 외침은 온건하게 들린다.

부가 한 소도시에서 다른 소도시로 끊임없이 이동하는 것을 그들의 원자화가 아닌 기계의 갈망에 대한 그들의 궁극적인 동조의 증거로 지적한 적이 있다(*OM*, pp. 268~273). 그러한 이동은 전국적이고 예상대로 다른 경영자들에 의해 복제되기 때문에 그들 모두는 서로 더 조화롭게 되고 집단 속에서 더──덜하게가 아니라──기능할 수 있게 된다. 원자화는 개인의 소외가 아니라 피할 수 없는 순응성을 야기한다. 고독으로부터 대중이 나온다.

최근 제이슨 코프먼은 미국의 자발적 결사체의 황금기(1890~1920년)에 리스먼이 오직 동질화 작용을 하는 것으로만 이해한 사회 집단이 사실은 정확히 그 반대되는 이유로 창설되었다고 주장했다. 바로 이질성이라는 대의명분에 기여하려는 목적에서다.[20] 즉 그런 집단들은 사회를 분해하는 편리한 방법인 민족적·직업적 분열을 표출하거나 실제로 유발하였다──분명 '대중화'나 사회적 동질성의 등장에 관여하지 않았다. 리스먼은 이 주장을 이해할 수 없을 것이다. 전체로서의 사회조직 내에서 의미 있는 민족적이고 국가적인 동질성의 존재는 『고독한 군중』에서 결코 가능한 것으로 등장하지 않는다. 리스먼의 생각에 사회적인 것은 항상 편재하는 대중의 또 다른 구현으로 돌아간다.

"강제되고 공허한 사교성"(『고독한 군중』의 머리말은 현재 이것이 우리의 최고의 적이라고 꼬리표를 붙인다)은 우리가 다른 미소에 답하여 발휘하는 미소다. 그리고 그것은 초등학교 4학년생이 특정한 만화책의 영

---

20 Jason Kaufman, *For the Common Good?: American Civic Life and the Golden Age of Fraternity*, Oxford: Oxford University Press, 2002.

웅이 바보 같다거나 구성의 전환이 '깔끔하다'라는 데 동의해 주기를 바라는 친구에게 묵묵히 보여 주는 동의다.[21] 점차 목록으로 나열된 단순한 사회적 강제가 점점 자극적이 되고 강해지면서——각각 그 자체로는 보통의 공손함 정도를 의미하지만——리스먼은 근대세계는 다른 사람들의 생각과 목소리, 가치가 나의 머릿속으로 흘러들어 오는 것을 막을 수 없다고 주장한다. 존 치버의 「기괴한 라디오」The Enormous Radio, 1947(이 소설에서 어떤 여성은 이웃의 대화를 엿듣는 데 빠져든다) 이야기처럼 리스먼의 "타인지향적"이고 마음으로 엿듣는 사람들은 다른 사람들에게 너무 귀를 기울여서 자신의 운항 체계가 멈춰 버린다.

독자들이 『고독한 군중』에서 기억하기 쉬운 은유는 "타인지향적인" 사람들이 갖췄다고 하는 "레이더"의 은유인데, 이것은 이전 세대의 "내부지향적인" 사람들이 가졌던 "자이로스코프"[항공기, 선박 등의 평형 측정기]와 정반대된다. 애로점은 레이더의 세계에서 만일 당신이 자이로스코프에 의지해 이동한다면 다른 모든 사람들과 충돌할 위험을 무릅써야 한다는 것이다.[22]

리스먼에게 적은 결국 이런 종류의 적응이다. 동일한 발상에 대한 랜들 재럴의 풍자적인 형태는 그 진정한 의미에 있어 리스먼과 흡사하다.

21　예들은 『고독한 군중』의 3장(「동료에 의한 심판」), 4장(「기술교사로서의 이야기꾼」), 6장(「타인지향형 인생: 보이지 않는 손에서 기쁨의 손으로」)을 포함한 다양한 장들에서 가져온 것이다.

22　'얼굴을 마주 보는 상호작용'의 궁극적인 형태로서의 도시 걷기에 관한 고프먼의 설명에 대한 매혹적인 비유가 여기 존재한다. 고프먼의 경험적인 주장은 이렇다. 도시의 보행자들은 다른 경우라면 통계적으로 피할 수 없는 충돌이 될 것을 피하기 위해 끊임없이 미세한 조정을 하고 있기 때문에 그들은 사실상 결코 서로 충돌하지 않는다는 것이다. 고프먼에게 이것은 우리가 얼마나 내재적으로 우리의 사회적 레이더에 의존하고 있는지를 보여 주는 것이며, 그것은 우리가 스스로를 '딴 데 정신이 팔렸' 거나 '따로 떨어져 있다'고 생각할 때조차 그렇다. 리스먼에게 그것은 타락의 또 다른 조짐일지도 모른다.

"로빈스 총장[재럴의 소설 『어떤 대학의 풍경』*Pictures from an Institution*, 1954의 등장인물——인용자]은 자신의 환경에 너무 잘 적응했기에 때로 사람들은 어느 것이 환경이고 어느 것이 로빈스 총장인지 구별할 수가 없었다."[23] 토드 기틀린은 특이하게 리스먼을 "사회에 조언을 하되 설교는 하지 않으려"는 것으로 묘사한다(*LC*, p.xiv). 그러나 조언과 사회는 리스먼이 가장 두려워했던 두 가지다. 조언은 "타인지향적인" 시대의 치료적인 문화를 함축했고, 그 안에서 완벽한 적응을 열망했다. 또 국가의 문화 전부를 가리키는 말로서의 **사회**는 정확히 그가 피하고 싶어 하던 포괄적인 사교성의 모델이었다.

오직 『디센트』*Dissent* 잡지만이 인색하게 그의 책의 사망 기사를 언급했기 때문에, 리스먼은 변호사로서 전문직 생활을 시작했고 "도시의 학교들에서 빨갱이를 검거하는 반공주의적인 럽-쿠더트 위원회*Rupp-Coudert Committee*를 위한 변론 취지서"를 작성했다.[24] 1940년대 초반에 젊은 자유주의자들이 반공주의적으로 느끼고 행동한 데에는 매우 많은 이유가 있었지만, 리스먼이 학교에서 일하는 공산주의자를 색출하는 데 전념한 사실은 훗날 그가 학교가 물질주의적인 자본주의의 서서히 진행되는 순응성에 영향받기 쉽다는 점을 비난한 사실과 섬뜩하게 공명한다. 각각의 경우에서 그가 두려워한 것은 우리가 부지불식간에 순응성과 대중다움으로 침식되는 것이었다.

---

23 Randall Jarrell, *Pictures from an Institution*(reprint), Chicago: University of Chicago Press, 1986(1952), p.11.
24 Phillips-Fein, "The Lonely Crowd", p.88.

허구적인 지식: 순응적인 소설의 이중생활

돌이켜 보면 리스먼의 예언에 대해서 눈에 띄는 점은 그것이 1950년대의 문화에 용감하게 저항했다는 점이라기보다는 그런 우울함과 불행한 운명이 당대에 얼마나 잘 들어맞는 것처럼 보였는가이다. 리스먼이 소수의 고독한 사회과학자들을 제외한 다른 모든 사람들이 완벽한 사회 통합을 시도하기 위해 정신없이 개성을 박탈당하는 세계를 그렸다면, 더 광범위한 문화 영역의 글들은 그의 우려가 공유되었고 그의 진단이 암묵적으로 공명되었다는 사실을 넌지시 드러냈다──리스먼이 최악의 순응성을 목격하고 있다고 믿었던 바로 그 영역에서조차 말이다. 단지 리스먼과 그에 동조하는 사회학적 부류의 발상이 주는 흥미로움보다 더 그들을 흥미롭게 만드는 것은, 더 광대한 대중문화 영역의 글들이 때로 그 대중문화 영역 자체에 가장 완벽하게 적용되는 듯한 바로 그 리스먼 식의 진단에 공명하는 방식이다.

윌리엄 화이트와 데이비드 리스먼이 옹졸한 순응주의의 전형으로 지목하는 바로 그 글들마저 옹졸한 순응주의에 반대하는 설교에 열을 올린다는 사실에 즉시 주목할 만하다. 현재의 우리에게 가장 구식이고, 매카시·지르박·세뇌 공포증의 우울한 시대의 가장 완벽한 전형으로서 느껴지는 것이 바로 이 글들이며, 이것들은 또한 리스먼과 같은 사회학자들이 가장 두려워한 바로 그 현상의 외견상으로 강렬하게 느껴지는 흔적을 나타낸다. 가령, 슬론 윌슨의『회색 양복을 입은 사나이』를 예로 들 수 있는데, 이것은 1956년 그레고리 펙이 주연을 맡은 영화로 유명해졌다.

이 책이 우리의 기억 속에 남아 있다면 그것은 그 시대의 사업에 동일한 방식으로 나타나던 순응성의 흔적과, 그리고 그 체계에 저항해서 이긴 영웅의 능력에 대한 칭찬이다. 그렇다면 왜일까? 화이트는 이 소설을 '신성한 체하는 물질주의'의 정점이라고 칭하는데, 한 영웅이 일을 그만 두고서 박애 활동의 차원에서 야심 찬 기업인을 위해 일하고, 창업 업무를 해결해 주며, 상관에게 그가 갈망하는 전국적인 지명도를 가져다준다는 설정을 고려할 때 그것은 완벽하게 이해되는 비난이다. 비평은 어느지점에서 가능할까?

그것은 외견상 저자와 주인공이 비잔틴 양식으로 감긴 기계를 내려다보는 태도에 있다. 이 책은 알려진 것처럼 부분적으로 자전적 요소를 지니고 있다. 그 후속작인, 응당 잊혀진 『회색 양복을 입은 사나이 2』는 완전히 회고록이며, 회사 서열에서 승진하면서 동시에 그 체계를 살짝 흔들어 놓는 데 성공한 영웅에게 드러내 놓고 하는 칭찬이다. 아무튼 소설의 주인공과 아침 9시부터 오후 5시까지 일하며 분투하는 일반 사무직의 평범한 세계와의 애증관계는 이 책의 저자와도 공유되는 듯하다. 그러나 소설을 좀더 가까이에서 들여다보면 이것이 어째서 윌슨의 한때의 무수한 독자들에게 그렇게 큰 혼란과 기쁨을 주었는지 드러난다. 이 소설은 동시에 두 가지를 하고 있는데, 당시의 사업의 순응적인 정신과 그 '조직'의 가장 취약한 부분을 아주 빠르게 비판하는 동시에, 일단 사회 환경에 적절하게 조화를 이루면, 그렇게 물질주의적이고 직업적인 세계에서 얼마나 우연하게 손쉬운 성공이 가능할 수 있는지를 보여 주는 것이다.

아마 소설 전체의 관심사를 가장 잘 요약해 주는 부분일 이어지는 연관된 두 장면에서 윌슨은 당시 사회의 폐단의 징후를 선언한다. 그러고 나서 그가 비판하는 바로 그 현상에 그 스스로가 의존적이라는 사실을 드러낸다. 그것은 회사의 젊은 간부이자 주인공인 톰 래스가 자신의 상관을 만나 정말로 자신의 신념에 대해 어떻게 생각하는지 말할 기회가 생겼을 때 시작된다. 래스는 아내에게 이 만남이 어빙 고프먼이 (1957년의 글에서) "체면 유지를 위한 상호작용"이라 칭하게 될 것에 해당하는 속이 뻔히 들여다보이는 활동이라고 신중하게 설명한다. 그러나 만일 고프먼에게 (우리가 다음에서 보게 되듯) 체면 유지를 위한 상호작용이 단순히 곤란한 상황을 피하기 위해 우리가 항상 하는 것이라면, 이후의 윌슨의 설명에서 그러한 상호작용과 관련된 신중한 사회적 묵종은 회사의 고위층이 부하직원에게 요구하는 특별히 굽실거리는 굴종과 어울린다. 래스는 아내에게 그가 상관을 만나러 들어갈 때 무슨 일이 생길지를 설명한다.

> 이런 종류의 일에는 일반적으로 작동하는 절차가 있어. …… 운세 읽는 거랑 비슷한 데가 있지. 아주 훌륭하지만 모순되는 많은 주장들을 한 다음, 그의 얼굴에서 눈을 떼지 말고 어느 것이 그를 기쁘게 하는지를 보는 거지. 이런 식으로 조심조심 해나갈 수 있는 것이고, 영리한 사람이라면 항상 결국 정확히 그가 듣고 싶어 하는 말을 하게 될 수 있어. …… 예를 들어서 나는 이렇게 말하면서 시작할 거야. "이 연설은 몇 가지 점에서 훌륭했습니다. ……" 홉킨스가 기뻐하는 것 같으면 나는 그 문장을 이렇게 말하며 마무리 짓지. "제가 제안할 것은 정말 사소한 개선사항일 뿐입니다." 그런데 만일 그가 훌륭했다는 말에 약간 놀라는 것 같으면 나는 이렇게 문장을 끝낼 거야. "그러나 총괄해서 말하자면 성공할 것 같지 않습니다. 중대한 수정이 필요할 거라는 생각입니다. ……" 말했듯이 이게 일반적인 작동 절차이고 젊은 간부가 맨 처음 배워야 할 것이야.[25]

이 냉소적인 구절은 등장인물뿐 아니라 윌슨을 '대중사회' 비평가들과 나란하게 만드는 듯한데, 그것은 조직이 자기 자신의 자아와 개인의 자존심을 희생하고서 출세를 위해서 어김없이 따라야 할 나름의 포괄적인 논리를 가지고 있다고 암시하기 때문이다. 톰의 부인인 베치는 톰의 월급을 늘리기 위해서 그가 전심으로 (그래서 기꺼이) 회사에 들어가야 한다는 것을 알기 때문에 톰의 냉소주의를 질책한다. 대결은 분명한 듯하다. 톰은 사회적 순응성에 대한 리스먼 식의 심한 비난을 상징하고, 그의 아내는 본격적으로 나서서 사회가 요구하는 행동을 한다.

자신에게 무엇이 필요한지에 대한 톰의 분석을 고려할 때 상관과 그의 최후의 결전이 재난 또는 수동적인 묵종으로 끝나고, 그것이 그의 비평이 요구하는 듯한 솔직한 저항 속에서 또는 그의 아내가 그에게 지불수표를 만질 수 있는 최선의 방법이라고 설득한 강한 동의 속에서 이뤄질 것이라고 기대할 것이다. 그러나 이 소설이 인상적인 것은 어느 쪽도 일어나지 않는다는 점에서다.

오히려 톰이 아내에게 묘사했던, 신중하게 인도된 아첨이 다시 발생하는데, 단 이런 차이가 있다. 톰은 자신이 아첨꾼이라고 느끼지 않는 것이다. "체면 유지를 위한 상호작용"에서 그는 스스로 자기 자신이라고 느끼면서 굽실거리는 방법을 발견한다. 톰이 이야기를 하려는 찰나, 소설은 우리에게 그의 사고과정과 행동에 대해 이전보다 더 큰 직접성을 제공하는 자유로운 간접화법을 시작한다. 이 진입으로 그는 **생각**하는 것과 세상에서 실제로 **행동**하는 것 사이에 벌어진 틈을 스스로 문득 인식하게 된다. 톰은 자신이 주변 상황에 몹시 예민하게 귀를 기울이고 있고, 인간의 그

---

25 Sloane Wilson, *The Man in the Gray Flannel Suit*, New York: Simon and Schuster, 1955, pp.204~205.

리고 조직의 만남으로서의 현재의 순간에 지나치게 몰두하였다는 사실을 발견하며, 그가 말하는 것 모두가 자신의 상관이 그에게 행사하는 자석 효과와 관련이 있고 실제로 만나기 전에 그가 말하기로 계획했던 것과는 상관이 없다는 사실을 깨닫는다. "진절머리 나는군, 톰은 갑자기 생각했다. 분명히 그런 생각이 들었기에 그는 자신이 했던 말을 부분적으로 생각했다. 밑져야 본전이다. 무슨 일이 일어나는지 지켜보는 것도 재밌을 거야. 자신의 목적을 무시하고서 그는 눈에 띄게 격식을 차리지 않은 목소리로 크게 말했다. '홉킨스 씨, 솔직히 말씀드리자면 저는 당신의 최근 연설문을 읽었는데, 유감이지만 아주 진지하게 의문을 갖고 있습니다.'"[26] 물론 **그것**(자신만만하게 제안하고 해결책을 제시한 톰의 가벼운 비평)은 정확히 상관이 듣고 싶어 하는 것이다. 자유로운 간접화법은 이 시점에서 톰의 의식적인 마음은 자신이 무엇을 해야 하는지 안다는 것을 모르지만 몸은 분명하게 그것을 알고 있다는 사실을 전달하는 것을 가능하게 한다. 톰의 사회적인 존재는 전적으로 교환을 위해 중요해졌다. 그는 기계의 톱니가 되었다. 그러나 자발적이어서 그의 행동은 기계적이라고 느끼지도 못하는 그런 톱니였다. 이것은 소름 끼치는 순간이 아니다(내 몸이 나 없이 움직이고 있다!). 대신에 그것은 사업계가 톰에게 마련해 준 약속의 수행이다. 회사를 통해 그는 자신보다 큰 무언가의 일부가 될 수 있을 뿐 아니라 사회적인 명령이 그를 설득한다는 사실을 의식적으로 이해할 필요 없이 그것의 지도를 받아 자아를 발견할 수도 있다.

『회색 양복을 입은 사나이』는 그 시대의 소설들이 사회적 순응이 발생하는 방식에 대해 한탄할 수 있었다는 사실을 암시한다. 그렇지만 동시

---

26 *Ibid.*, p.210.

에 그러한 순응성의 가장 완벽한 예가 되는 효과적이거나 매력적인 바로 그 행동방식을 보여 줄 수도 있다. 그러나 윌슨에 대한 주장은 더 심화된다. 왜 이 세대는 리스먼이 비판하는 종류의 행동과 연관되는 동시에 그러한 행동을 비판하는 것과도 연관됐을까? 왜 타인의 의견의 강력한 힘과 자신을 둘러싼 신체적 강압이 자신의 사회적 행동을 지도하기를 원하고 동시에 그렇게 하는 사회의 경향에 대해 한탄할까?

사람들이 옹호하는 바로 그것들을 분석하고서 분명한 개인과 사회의 가치들을 침식시킬 때 얻는 기쁨은 무엇일까? 리스먼과 그에 동조하는 부류가 분명 그렇듯이, 사회의 각각의 일원들이 품은 의지와 주체, 관점과 이데올로기를 붕괴시켜 더 큰 사회적 관점으로 만드는 설명에 특별히 전념한다면 어떨까. 다른 말로 하면, 만일 우리가 모두 우연하게 동질화된 사회의 공유된 추정 아래 작동하고 있다면 우리 자신의 삶을 채찍질하고, 우리가 지지할 뿐 아니라 실제로 실천하기도 하는 그 동일한 행동을 근엄하게 오류로 묘사할 때 어떤 기쁨이 가능할까? 과연 이들은 자신이 병적 측면을 가진 것을 즐기는 것과 거의 마찬가지로 자신의 병적 측면을 듣는 것을 즐겼던 세대였을까?

어빙 고프먼의 '얼굴 마주 보기'

> 개인들이 서로 가까이에 존재할 때 많은 말과 몸짓, 행동, 작은 사건들이,
> 바라든 바라지 않든 가능해지고 이것을 통해 참석한 사람들은
> 의도적으로 또는 무심결에 자신의 성격과 태도를 상징할 수 있다.
> ―어빙 고프먼, 『상호작용 의례』(1967)

만일 그렇다면 그들은 분명 어빙 고프먼 때문에 매우 당황한 세대였을 것

이다. 기쁨은 다른 사람들의 자율성이 사라지는 것을 지켜보거나, 또는 우리의 선조들이 가졌던 소중한 자유의 힘을 교외나 공산주의자로부터 되찾는 방법을 생각하는 데 있을 것이다. 그러나 사회적 힘 이후에 존재한다는 개인의 주체라는 바로 그 개념 자체가 환상이라고 할 때 어떤 기쁨이 존재할 수 있을까? 당연하게 순응하지 않으면 행동하거나 심지어 공개적인 자리에 존재할 길이 없다는 주장이 순응과 싸우는 전사들에게 어떤 만족을 줄 수 있는가? 그런 설명에서 개인주의자의 윤리와 정치는, 대중에 대한 두려움과 함께 불쑥 사라진다. 만일 대중이 다른 어떤 종류의 사회적인 상호작용과도 차이가 없다면 두려워할 것이 무엇인가. 또한 공격받는다고 간주되는 우선하는 자아가 존재하지 않는다면.

고프먼에 대해서 블랙웰 출판사는 최근 펴낸 『주요 사회학 이론 안내서』에서 "사회학 사상의 특정한 학파 안에 쉽게 들어맞지 않음"에도 불구하고 "분명 20세기의 가장 영향력 있는 미국인 사회학자"라고 칭했는데, 그는 리스먼의 비관주의와 퍼트넘의 팡글로스적인 낙관주의 사이에서 사회적 영역의 매력과 불안을 다시 생각하는 가장 획기적인 방식을 제공한다.[27] 그러나 그는 사회적 영역과 연관된 도덕적 오명이나 도덕적 가치가 존재할 수도 있다는 생각, 그리고 사회적인 영역과 정치적인 영역이 서로 분리될 수도 있다는 생각을 완벽하게 전부 거부함으로써 그렇게 한다. 정말로 '사회화'라고 불릴 수 있는 이상적인 상태가 존재하긴 하지만 자신을 그 상태로 향하게 또는 맞서게 한다는 것은 이치에 맞지 않는다. 그것은 그야말로 인간이 머무르는 장소다.

---

27 Gary Alan Fine and Philip Manning, "Erving Goffmann", *The Blackwell Companion to Major Contemporary Social Theorists*, p.34.

고프먼이 미국 사회학에 지속적으로 기여한 것은 "체면 유지를 위한 상호작용"——고프먼의 설명에서 "체면 지키기"에 대한 보편적인 관심, 그리고 모든 의미 있는 인간의 상호작용이 "얼굴을 맞대고" 발생한다는 역시나 보편적인 관념을 융합한 구이다——이 수행하는, 거의 저항할 수 없는 사회적 역할에 대한 그의 설명이었다. 이것은 고프먼의 "사회적인" 것의 개념을 직접성과 친밀함의 숙고라는 행복한 결합으로 만든다. 애덤 켄든이 지적하듯, 고프먼의 지속되는 관심사는 '공존'이나 상호관계의 문제다. 고프먼에 따르면 동일한 물리적 공간(그러나 대략적으로 정의된)을 공유하는 사람들은 언제나 서로의 관계에서 "목적이 뚜렷한" 또는 "목적이 불분명한 만남"을 갖는다. 거리를 지나가는 보행자조차 각각이 신호(가령 손을 흔들거나, 혹은 고개 숙여 인사하는 것을 미루는 것)를 "건네고" 또 행동(가령 의식적으로 속도를 높이는 것)에 대한 의도하지 않은 정보를 "발산"하면서 목적이 불분명한 상호작용을 한다.[28]

고프먼에게는 심오한 주체의 여지가 거의 없거나 전혀 없다. 오히려 정교한 사회구조는 부르디외가 아비투스라고 부르는 것 내에서 일종의 피상적인 동인으로 환원되는 그림자를 드리운다. 사람들은 잔존하는 질서 내에서 기꺼이 행동한다는 부분에서 중요하다. 그들이 프로그램대로 진행되거나 자유를 박탈당했기 때문이 아니라 이러한 규칙의 제정 외에는 인간 주체랄 것이 별로 없기 때문에 미리 운명 지어진 부분이었다. 고프먼의 설명에서 "상호작용의 질서"는 매우 엄격하고 잘 발달된 기본 구

---

28 Adam Kendon, "Goffman's Approach to Face to Face Interaction", eds. Paul Drew and Anthony Wootton, *Erving Goffman: Exploring the Interaction Order*, Oxford: Polity Press, 1988, pp.14~40. 또한 Drew and Wootton, "Introduction"; "Goffman as a Systematic Social Theorist", *Erving Goffman*, pp.1~13, 250~279.

조를 제공하기 때문에 개인 행위자가 그 안에서 자신의 역할을 하기 위해 필요한 것은 거의 없었다. "일련의 상호작용들은 여러 위치들을 확립시키고 그 위치들은 무엇이든 가능한 것들로 효과적으로 채워질 수 있다. 만일 마땅한 문장이 없다면 끙 하고 앓는 소리가 훌륭하게 도움이 될 것이고, 만일 그런 소리를 낼 수 없다면 실룩거림이 도움이 될 것이다."[29]

고프먼의 접근은 분명 리스먼의 접근과 근본적으로 다르다. 리스먼의 경우처럼 자아가 상호작용의 질서에 몰두하고 그 뒤에 그 질서가 틈새로부터 자아를 구성했던 것과 달리, 자아는 상호작용의 질서를 선행하고 그 질서 안에서 어떻게 해야 할지 영구적으로 모를 위험에 놓인다. 프레드릭 제임슨은 고프먼이, 자유분방하고 너무 실존주의적이었던 1960년에 부응하기 때문에 자아가 사회적인 부분들의 형식적인 재조합을 통해서만 생겨난다고 상상할 수 있었다고 틀리게 주장하지만(고프먼의 얼굴에 대한 저작물들은 1950년대에 처음으로 출판됐다), 사회의 구성적인 힘을 참조하지 않고서 자아를 발전시키거나 유지할 수 있는 방법을 추정하는 어떤 방안——정치적·사회적, 또는 윤리적인——에 대해서도 품었던 깊은 회의주의를 고프먼에게서 포착한 것은 옳았다.[30]

리스먼과 고프먼 사이에 벌어진 공간은 주로 주체가 어디에 머무는지에 대한 이러한 불일치에서 분명히 나타나는 듯하다. 리스먼은 포함할 수 있는 자유로운 주체라는 모순되는 관념을 갖고 있다(우리는 자유로웠

29 Kendon, "Goffman's Approach to Face to Face Interaction", p.36에서 재인용.
30 Fredric Jameson, "On Goffman's Frame Analysis", *Theory and Society*, vol.3, Spring 1976, pp.119~133.

고, 이후에 대중/사회가 그것을 우리로부터 빼앗았다). 고프먼은 (기든스가 주체에 대한 진정한 논의라는 복잡한 문제를 회피한다고 비판한 그의 그런 움직임 속에서) 외부의 사회적 세계는 결정이 머물고 발생하는 곳이며 자신이 사회적 영역의 후방에 있다고 느끼는 사람들은 스스로 생각하는 것보다 훨씬 덜 중요하다고 말한다. "그러니까 인간이 있고 그들의 국면이 있는 것이 아니다. 오히려 국면이 있고 그로 인한 인간이 있는 것이다."[31]

　(미국의 사회학자로서는) 급진적인 이 주체에 대한 설명의 결말은 '정치적인 영역'과 '사생활' 모두가 사회적인 모체라고 불릴 수 있는 것 속으로, 또는 더 적절하게는 편재하는 대중 속으로 사라지는 것이다. 간단히 설명하면 고프먼에게는 무엇도 대중이 아닌 것이 없다. 고프먼은 보행자의 상호작용(목적이 불분명한)과 일상 대화에서 쓰이는 체면 유지를 위한 상호작용(목적이 뚜렷한)을 구별하려고 열심히 노력하지만, 또한 사회적 행동에는 명백한 구분이 존재하지 않는다는 사실을 분명히 한다. 고프먼에게 물리적인 공존은 사회적인 장면(따라서 실제로 대중)을 만들기에 충분하다. 어떤 대리적인 접촉도 그것을 대신할 수 없으며 어떤 회피도 그 사실성을 없앨 수 없다. 고독은 잠자코 동의하는 막간일 뿐이다.

　나는 사람들이 어떻게 버스에서 자리를 나눠 앉거나 실패하는지에 대한 고프먼의 예리한 관찰을 처음 읽었던 때를 생생하게 기억한다. 고프먼은 그 설명에서 의식을 지우는 것이 아니다. 사실 그는 사람들이 선택한 자리를 양보하거나 양보받을 때 어떻게 느끼는지에 대한 적절한 설명을 포함하기까지 한다. 그런 감정들조차 고프먼에게는──그것들이 선물

---

31 Erving Goffman, *Interaction Ritual: Essays in Face-to-Face Behavior*, Garden City, N.J.: Doubleday, 1967, p.3.

에 대한 마르셀 모스$^{Marcel\ Mauss}$의 설명에서 그랬던 것처럼——어떻게든 사회적 관행에 선행하거나 거기에서 유래하는 개인적이고 특별한, 또한 촉발 요인이라기보다는 사회적 과정의 부수 현상이었다는 것이다. 톰 래스가 갑자기 상관에게 그의 연설에 대한 '진실'을 말하게 되었다고 생각할 수도 있다. 자신의 생각보다 먼저 일어나는, 또는 자신의 이전의 판단에 반대되는, 이런 종류의 행동이 바로 고프먼이 체면 유지를 위한 상호작용이 초래할 일로 예측한 것이다. 국면이 그로 인한 사람을 만드는 것이지, 그 반대가 아니다.

궁극적으로 고프먼의 생각은 작은 것들을 가장 소중히 여기며, 사소한 것에 쉽게 상처받고, 많은 사람들에게 완전히 가벼운 사회적 거래라는 인상을 줄 수 있는 재산의 매매에도 쉽게 매료된다. 이러한 것들은 리스먼에게는 단순히 강압적인 사회에 대한 묵종이라는 인상을 남길지도 모른다. 가령 이것이 우리가 버지니아 울프의 댈러웨이 부인에 유용하게 견줄 수 있을지 모르는 한 등장인물의 슬픈 운명을 고프먼이 상상하는 방식이다.

> 작은 사교적인 모임에서 여주인은 그녀의 손님과 어울리고 그들의 지속적인 대화에 자발적으로 참여할 것이라고 예상되지만 동시에 그 행사가 순조로이 진행되지 않는다면 다른 사람들보다 그녀가 그 실패에 대해 책임을 지게 될 것이다. 그 결과로 그녀는 때때로 행사의 사회조직과 저녁 행사가 전체적으로 어떻게 진행되어 가는지에 지나치게 관심을 가져서 자신의 파티에 몰두하는 것이 불가능해진다.[32]

32 *Ibid.*, p.120.

고프먼에게, 사회적인 상호작용에 "몰두하는" 순간은 절정이고 세계의 빛인데 그것은 바로 그가 얼굴을 맞댄 상호작용과 다르게 발생하는 모든 종류의 정신적 활동을 할 시간이 부족하기 때문이다. 댈러웨이 부인도 마찬가지다. 그러나 울프의 소설에서 사회적 삶에 대한 그녀의 몰두가 보여 주는 오싹함은 젊은 청년인 셉티머스의 자살이 그녀에게 "그 모든 것의 재미를 느끼도록" 만들게 한 요인이라는 사실로 나타난다. 울프는 댈러웨이 부인을 분석하고 그녀의 기반을 약화시키는데, 그녀의 삶 전부가 사회적인 목표의 "재미"를 언급하면서 경험되기 때문에 그녀의 삶이 얼마나 제한적인지를 보여 준다. 고프먼에게 그런 목표들은 정말로 삶에 대해 존재할 수 있는 모든 것들이다. 고프먼이 상호작용학을 공부하는 학생에게는 더 수월한 사례로 여겨질 수 있는 것을 다룰 때 상당한 어려움을 겪을 수도 있다는 사실에 주목하는 것은 의미가 있다. 즉, 다른 문화와의 만남이 그것이다.[33] 고프먼에게는 분명 규범적인 사회적 행동과 일탈적인 사회적 행동이 언제나 존재할 것이다.

33 어느 뜻밖의 순간에 고프먼은 자기 방식을 벗어나 서로 다른 문화의 사람들이 만날 때 어떤 사람이 대화 속으로 들어가는 것에 관한 각양각색의 사회적 양식이(자기 자신에 대해 말하며, '나' 등을 이야기하는 것) 대화에서의 어색한 단절을 이끌 것이라고 설명한다. 그리고 나서 고프먼은 재빨리 옮겨 가 우리가 그러한 상호작용을 외국문화 구성원들의 인격을 대표하는 것으로 대하지 않고, 온전히 문화적 관행에 의해 결정되는 것으로 대한다고 주장함으로써 그러한 문화적 혼돈의 순간을 그럴싸하게 설명한다. "그 사람들의 부적절한 행동을 설명하려고 애쓸 때, 그들과 우리는 (최소한 처음엔) 마침 함께하고 있고, 우리는 비난의 원천을 위반자의 성격 안에서 찾으려고 하지 않는데, 우리가 처음으로 생각해 봐야 하는 것이 바로 표현의 관행에 있어서의 이러한 차이들이다"(Goffman, *Interaction Ritual*, p.125). 이 뜻밖의 구절은 고프먼의 뿌리 깊은 개인적 특성을 완벽하게 보여 주는 전형이다. 그는 차이를 발견하면, 그것이 자기 자신과 다르기 때문에 다른 사람의 행동이 '부적절하다'는 판단으로 필연적으로 이어질 거라고 가정한다. 이것은 암시적으로 윤리적인 가치인데, 고프먼이 그 문화에—그 사람이 아니라—책임이 있다고 말하는 것으로 옮겨 감으로써 이것을 중립화한다.

사회적 삶, 그리고 대중이 미국인의 자율성에 제기하거나 혹은 제기하지 않는다고 느껴지는 위협에 대한 리스먼의 설명이 약화될 때 고프먼은 어떤 빛을 비춰줘야 할까? 여기서 가장 두드러진 점은 당대인들을 동요시키는 데 있어 고프먼의 관점은 상대적으로 성공적이지 못했다는 점인 것 같다. 인정하건대 50년 동안 무척 많이 변했고 정확히 주체와 사회적 결정의 문제를 둘러싸고 몇몇의 개념적인 혁명을 겪은 분야를 너무 대략적으로 이론화하는 것은 위험한 일이다. 그러나 모든 사회적인 상호작용 속에 편재하는 대중의 사고방식이 갑작스럽게 등장한 것을 혐오스러운 것이나 자유의 상실이 아니라 반박할 수 없는 삶의 일상적인 사실로 판단할 수 있도록 고프먼이 만들었다고 말하는 것은 타당하다.

고프먼 자신은 결코 어떤 종류의 일반 관중에도 가까워진 적이 없지만 몇몇의 완전히 예기치 못한 방식으로 부유층의 돈을 서민층으로 흘러가게 하거나 흘러가게 하는 결과를 가져왔다. 거의 동시에 발생한 해럴드 가핑클의 '민속방법론'도 그랬는데, 그것——고프먼보다 재기 넘치는 측면은 덜했지만 이론적인 보편성에 대해서는 더 광범한 권리를 갖는——은 또한 우리가 실수로 자율적인 것으로 보고 싶어 할 수도 있는 대인관계와 관련된 행동을 지배하는 법칙을 이해하기 위해서 대중 속에서의 일상적인 행동을 연구할 것을 제안했다. 고프먼과 가핑클 모두에게 두드러지는 것은 사교성이 순전히 어디에나 존재하기 때문에 그것을 받아들이는 것, 또는 그것을 받아들이지 않는 것은 윤리적인 상호작용력을 전혀 갖지 않는다는 관념이다. 적절히 사회화되지 못한 사람들에 대한 고프먼의 연구는 그의 가장 유명한 책, 『정신병원』에 주로 포함되었는데, 그 사실은 보편적으로 동의된 규칙에 따라 행동할 필요성을 부정한다는 것이 무엇을 의미하는지에 대한 고프먼의 설명을 충분히 전해 준다.[34]

아렌트와 리스먼과 같은 저자들이 주체에 대해 윤리적 부담을 부과하고, 그것을 거의 편집증적으로 설명하는 것을 고프먼이 거절함으로써 한 가지가 뒤따르게 되었는데, 이 분야에서 매우 흥미로운 종류의 윤리적 도치의 길이 열렸다. 체면 유지를 위한 상호작용은 단지 우리가 매일의 사회적 삶에서 행하는 것이라는 이유로, 20세기가 끝나 갈 무렵의 점차 증가하는 사회과학자들 사이에서, 그저 발생하는 것이 아닌 갈망되는 것으로서 인간 문화의 실제적인 목적telos이 된다.

1950년대에서 현재까지의 움직임은 이렇게 단순화될지도 모른다. 리스먼은 우리가 자신을 자율적인 섬으로 정착시키려고 노력하는 것이 더 나았을 때, 우리가 대중으로 한데 묶이고 있었다고 말했다. 그와 더불어 고프먼은 어떤 인간도 섬이 아니었다고 선언했다. 퍼트넘은 우리가 섬이 되는 걸 그만둔다면 더 나은 인간이 될 것이라고 도덕적으로 의견을 밝혔다. 고프먼의 입장이 결코 리스먼보다 퍼트넘에 가깝지 않은데, 그것은 고프먼이 설명하려고만 노력하는 사회적 삶의 현상에 대해 리스먼과 퍼트넘은 모두 처방을 내리고 있기 때문이다. 그러나 사교성의 역할이라는 뜨거운 쟁점의 주제에 대해 고프먼이 검토한 가치중립성이 퍼트넘의 사상의 장을 여는 데 어떻게 기여하는지 확인하는 것은 쉬운 일이다. 1950년대에서 1980년대로 넘어가며 화이트의 생각에서 나타난 현저한 진화는 어떻게 사회공포증sociophobia에서 사회에 대한 사랑sociophilia으로의 점차적인 전환이 발생하는지를 보여 주는 최고의 선례일 것이다.

---

34 Erving Goffman, *Asylums: Essays on the Social Situation of Mental Patients and Other Inmates*, Chicago: Aldine, 1961.

사랑스러운 사교적 요소: 달라지는 윌리엄 화이트의 연구

대중사회 비평의 몰락이 분명하게 두드러지는데, 많은 사람들이 그러듯이 그것을 1960년대의 반권위주의적인 정치적 무질서의 급진적인 실험 때문이라고 본말을 전도해서 생각할 수 있다. 고프먼에게서 매우 분명하게 나타난다고 내가 주장했던 분과 학문의 논리의 변화는 1960년대의 가장 격정적이었던 시기보다 선행하는 것으로, 그리고 1970년대와 1980년대를 통해 더 천천히 그리고 완전하게 펼쳐진 것으로 보일 수 있다. '대중사회'에 대한 1950년대의 우려와 동질적인 사교성이 미덕이 되는 사회로의 귀환을 도표로 그리는 한 가지 방법은 화이트의 연구의 진화를 도표로 그려 보는 것이다.

화이트는 리스먼의 생각을 일찍이 받아들인 사람으로 대중사회학계에서 가장 뛰어난 학자에 속한다. 사실 『고독한 군중』보다 불과 6년 후에 출판된 그의 『조직인』*The Organization Man,* 1956은 리스먼의 이름을 오직 두 번 인용할 뿐이고 그중 한 번만 '타인지향적'이라는 구를 포함한다. 그러나 그 영향이 분명 곳곳에 배어 있다. 화이트는 집단심리를 가진 교외거주자의 절정인 실체화된 조직, 그리고 "우리의 시대를 규정하는" 집단의 생활방식을 개인들이 소중히 여기도록 만드는 "도덕적 명령"을 두려워한다(*OM*, pp. 393~394). 화이트의 정확한 표현에 따르면 "기술자 세대"는 기계의 세대가 될 위험이 있다. "그들은 우리 사회에서 교체 가능한 것이 되고 있고 그들은 이해심을 갖고 그 역할을 기꺼이 받아들인다"(*OM*, pp.594~595). 1956년 화이트의 논리는 여러모로 완벽하게 리스먼의 논리를 반영한다. 그가 리스먼보다 적극적으로 사회적 영역의 보이지 않는 적을 실체화하고 그것을 "조직"이라고 부른다는 사실을 제외하고 말이다.

그래서 30년 이상이 흐른 뒤 화이트의 병약한 『도시: 중심지의 재발견』과 그와 동반된 영화 「작은 도시 공간의 사회적 삶」The Social Life of Small Urban Spaces, 1980을 발견한 것은 더욱 인상적이다. 『도시』——뉴욕의 도시 세계에서 주요한 대중 친화적인 변화를 촉발한다——는 거리 생활에서 가장 절실하게 요구되는 것으로 '사교적인 요소'를 말하고, 사람들이 두세 명씩 함께 모일 수 있게 하는(또는 더 유용하게는, 실제로 강요하는) 공원 벤치와 같은 것을 칭찬한다.

화이트는 또한 모퉁이 주변과 왕래가 많은 다른 장소의 거리 통행의 움직임을 조사한 주목할 만한 상세한 연구에서, 사람들이 보행자의 흐름에서 벗어나기보다는 상호작용을 위해 왕래가 많은 지역을 찾아낸다는 것을 보여 준다. 즉 자신의 믿음을 의심한 사람들은 대중을 싫어한다고 보고하겠지만, 그들이 무심결에 "100퍼센트 입지인 모퉁이"에서 벌어지는 보행자의 통행의 흐름 속에 잠기려는 목적을 갖고 그쪽으로 이동하는 모습이 목격될 것이다. 쇼핑센터에서 시간에 맞춰 발생하는 상호작용을 내려다보며, 누군가가 언제 점심을 마치고 떠날지, 다른 누군가가 대화를 나누려고 언제 거리의 쇼핑센터로 이동해 올지 예측하는 것이 얼마나 쉬운 일인지를 발견하면서 화이트는, 그가 『조직인』에서 그랬던 것처럼, 규칙적인 패턴에 대해 한탄하지 않는다. 오히려 그는 예측 가능성과 보행자들에 대한 지식——그들 스스로의 자기 이해보다 더 깊은——으로 기뻐한다. 화이트의 의견은 도시의 거주자들이 그들의 거리로부터 원하는 (스스로는 모르지만) 일종의 응집과 일시적으로 갇힌 상태에 적합하도록 모두 맞춰져 있다. 우리가 자신을 어떻게 생각하든, 화이트는 "우리가 도시에서 탈출하기 위해서가 아니라 도시에서 함께 어울리기 위해 녹지에 간다"라고 설명한다.[35]

화이트의 책은 틀림없이 제인 제이콥스의 1961년의 권위 있는 저서인 『미국 대도시의 죽음과 삶』에서 "유용한 미국 대도시의 다양성"의 불가결한 필요성에 대한 강렬한 찬가로 기념된다. 제이콥스의 설명에서 다양한 자발적인 협회의 존재와 그런 조직들을 연결하는 "근거리의" 도약이 부과하는 약한 구속은 도시의 골격을 결속시키는 힘이고 계속 반복되는 보행자의 상호작용은 도시의 생명선이다. 제이콥스가 도시의 지역 생활에서 없어서는 안 되는 것으로 여기는 "다양성을 발생시키는 것" 네 가지 중에서 아직도 우리의 눈을 끄는 것은 "③ 대다수의 구역은 거리가 짧아야 한다. 즉 거리와 모퉁이를 돌 기회가 자주 있어야 한다"이다.[36] 어떤 의미에서 화이트의 책 전체는 이 단정적인 위상기하학적인 통찰력의 탁월함을 기반으로 추론하려는 노력이다.

하지만 제이콥스의 연구만으로는 화이트가 융성하고 유기적인 도시의 거리 생활의 근본적인 예측 가능성을 강조한다는 사실을 충분히 설명하지 못한다. 제이콥스의 진언mantra은 도시의 다양성이었고, 주안점은 복잡성이었으며, 그녀의 서술과 처방은 모두 사회학적으로 동질한 협회와 내재적으로 다양한 형태를 한 도시의 상호작용 사이의 구분에 의존한다.

제이콥스의 연구는 도시의 다양한 용도로의 개방성——동시적이고 겹쳐졌기 때문에, 때론 시간이 흘러도 마찬가지로, 사람들은 직업과 생활을 완전히 바꾼 후에도 동일한 이웃 속에서 살 수 있었다——을 근거로

---

35 또는, 그가 『도시』에서 설명하듯이, "사람들을 가장 끌어들이는 것은 다른 사람들이다. 많은 도시 공간들이 마치 그 반대가 사실인 것처럼 설계되고 있고, 사람들이 가장 좋아하는 것은 그들이 따로 떨어져 있는 장소다"(William Whyte, *City: Rediscovering the Center*, New York: Doubleday, 1988, p.9).

36 Jane Jacobs, *The Death and Life of Great American Cities*, New York: Random House, 1961, pp.14, 135, 150.

도시의 성공을 예측했다는 점에서 혁명적이었고 도시의 재설계에 도움이 되었다. 그것은 사람들이 지리 외에는 공통점이 없는 사람들 사이에서 생활하고 도시 생활의 미덕—부정이 아니라—에 이르는 어떤 긍정적인 동맹도 느끼지 못한 다른 사람들과 생활하는 다양한 방법을 발견하게 했다. 시간이 흐르면서 우리의 직업과 삶의 관심사가 바뀐다는 바로 그 사실—그래서 우리는 심지어 더 젊은 자신의 모습과 이야기하고 싶어 하지 않고 그러려고 노력하지 않을지 모른다—이 바로 제이콥스가 도시가 최고의 생활공간이라고 주장하는 이유가 된다. 우리는 동일한 구역을 떠나지 않고도 이런 변화들을 만들고 모든 다른 이웃의 무리들과 상대하지 않을 수 있다.

그러나 제이콥스의 연구는 화이트의 『도시』의 렌즈를 통해 우리에게 알려질 때, 통계적으로 예측 가능한 보행자의 흐름이 어떻게 조작되거나 개선될 수 있는지에 대한 제이콥스 특유의 묘사를 지지하는 다양성과 복잡성에 대한 설명이 사라진다. 제이콥스에 대한 이러한 선택적인 이해는 제이콥스가 궁극적으로 균질화할 수 있는 공동체의 개념을 지지한다고 말하는 『나 홀로 볼링』에서의 퍼트넘의 잘못된 주장보다는 분명히 낫다. 그러나 화이트는 여전히 제이콥스가 결코 의도하지 않았던 지점에서 그녀를 '따르고' 있다. 나는 화이트가 이런 식으로 제이콥스를 잘못 해석한다고 믿는데, 그것은 '사회적 요인'이 이미 공공생활의 훌륭하고 통합적인 부분으로 이해되고 좌우파 정치인들 모두가 단란함의 수사를 모색하는 시대에 『도시』가 출판됐기 때문이다. 조정의 시기가 돌아왔다. 그것은 아마도 고프먼이 성공적인 조정이 아닌 행동도, 실패한 시도가 아닌 행동도 없었다고 말했기 때문이거나, '자기중심주의 시대'the Me Decade에 대한 짜증, 또는 자신의 회사를 포괄적인 공동체의 지도자로 묘사하는 데 성공한 성공적인 기업의 힘 등과 관련되는 여러 원인들이 모두 합쳐졌기 때문일 것이다.

돌이켜 보면 화이트의 책은, 인과관계의 사슬이 무엇이든 간에 제인 제이콥스가 사회적 복잡성과 보도의 접근성을 특성으로 하는 도시에 내리는 처방의 다른 수단들의 연속은 아닌 것처럼 보인다. 이 기본적인 처방만큼이나 매력적이고, 화창하고, 그늘진 거리에서의 행동을 담은 화이트의 단편영화만큼이나 호감을 주는 책『도시』는 여전히 내게 공동체주의자 자체가 되지 않고서도, 단순히 다른 사람들과의 사회적인 활동에 관련되는 것이 활동의 종류와 상호작용의 성질에 상관없이 그것 자체로 절대선이라는 관념을 훌륭한 것으로 인식되게 만든 일련의 책들 중에서 예기치 못했던 초기의 것으로 떠오른다. 그리고 그것은 체면 유지를 위한 상호작용에 대한 고프먼의 분명한 지지에서 토양을 발견했을 수도 있는 사상의 계보다. 그러나 퍼트넘이 '나 홀로 볼링' 현상을 먼저 기사로, 다음엔 책으로 발표하기 전까지는 그러한 상호작용의 주제로 가장 거침없고 대단하게 인기를 끈 주창자를 발견할 수 없었다.

대중에 대한 퍼트넘의 열정

퍼트넘의『나 홀로 볼링』은 사회학의 모든 경쟁서보다 월등히 높은 140만 권의 판매량을 보인『고독한 군중』과 동일한 소매 수준에는 아직 진입하지 못했을 수도 있다.[37] 그러나 처음 세 해 동안의 5만 부 이상의 판

---

37 아마도『공산당 선언』(Karl Marx and Friedrich Engels, *Manifest der Kommunistischen Partei*, 1848)—만일 그것이 사회학으로 간주되고 판매 수치를 이용할 수 있다면—을 제외하면 말이다.

매량은 그 책의 영향력을, 그리고 그것으로 퍼트넘이 '사회적 자본'을 열광적으로 유행시키기 시작한 '나 홀로 볼링'을 다룬 1995년의 신문 기사의 영향력을 측정하는 유일한 방법이 아니다. '나 홀로 볼링'은 퍼트넘의 기사가 나온 1995년 이래로 주류 신문의 기사에서 무려 650번이나 나타났다. 마찬가지로 '사회적 자본'(퍼트넘이 만든 것은 아니지만 대중화시킨 구절)[38]은 주요 신문에서 지난해[2005년]에만 244번, 지난 10년간은 천번 이상 등장했고, 주요 저널에서 411번 나타났다.[39] 벤저민 바버Benjamin Barber의 회고록인 『권력의 진실』The Truth of Power, 2001은 퍼트넘이 빌 클린턴의 재임 기간 동안 분명한 영향력을 행사했다는 것을 입증한다. 유럽의 잉글랜드와 아일랜드 그리고 동쪽으로 더 멀리 떨어진 장소들에서의 일련의 유명한 등장은 퍼트넘이 해외에서도 '사회적 자본'의 편력 기사였다는 사실을 보여 준다.[40]

퍼트넘의 생각과 조어가 그의 발상에 대한 결연한 반대의 형태마저 얼마나 완벽하게 형성했는지 주목하는 것은 중대한 일이다. 반론자들이 퍼트넘(하버드대학교의 공공정책 교수)을 공격할 때 그들은 여전히 "함께 발차기"kicking together처럼 명백한 퍼트넘 식의 용어로 말하게 된다. 지역 활동가의 혁신적인 집결지로서 분명 공동체주의의 경향에 반대하는 웹

---

38 이 표현은 다양한 사람들에게서 기인했는데, 가장 평판이 좋은 것은 글렌 라우리(Glenn Loury)이며, 이 개념은 분명 경제학자들 사이에서 상당한 지적인 원동력을 갖고 있다. 특히 게리 베커(Gary Becker)와 제임스 콜먼(James Coleman)이 그것을 독자적으로 사용해 왔다.

39 모든 숫자는 렉시스넥시스(LexisNexis)에서 나온 것이다. 흥미롭게도 '고독한 군중'은 지난 10년에 걸쳐 저널과 신문에서 212번 사용된 것으로 기록되었는데, 50년 된 표현 치고는 상당히 존경할 만한 성적이다.

40 바버의 회고록을 말해 준 것에 대해 알렉스 스타(Alex Star)에게 감사한다. 전하는 바에 따르면 가장 유명한 유럽에서의 논란은, 토니 블레어의 노동당 정권의 비내각 장관이 세간의 이목을 끄는 영국 수상 관저 방문에서 퍼트넘을 공개적으로 비판한 것 때문에 강등된 사건을 포함한다.

사이트(Meetup.com)마저도 『나 홀로 볼링』을 철학적인 영감을 주는 것으로 언급한다.[41]

그를 사랑하는 사람과 증오하는 사람, 좌파와 우파 모두를 위해 퍼트넘은 문제——볼링 리그와 유사한 협회의 부재——뿐 아니라 논란의 여지가 있는 해결책의 범위까지 분명하게 설명했다. 어떤 해결책은 그의 작업에서 분명하고——당신의 텔레비전을 꺼라! 노스다코타 주를 모방하라! 남부 지역의 말을 듣지 마라!——다른 해결책은 단지 함축적이다. 자원봉사할 시간이 충분한 주부가 힘들게 일하는 전문직 여성들보다 더 나을 수 없는 것인가? 젊은이들이 대공황 세대를 모방할 수는 없는가?

퍼트넘의 믿음이 일반적인 '사교성'보다는 구체적으로 '사회적 자본'——규범을 공유하고 타자의 윤리적 태도에서 예측 가능한 동질성을 상정하는 데서 부분적으로 가치를 끌어내는 것을 의미한다——에 대한 것임은 사실이다. 그러나 그의 연구에 대한 반응은 분명 사교적인 방향으로 기울어져 있다. 비평가들과 팬 모두, 학계 중심부의 소수의 다른 의견을 예외로 하고,[42] 사회적 자본이 사교성을 긍정적인 것으로 여기고 있고, 모임을 증가시키기 위해 우리가 할 수 있는 일은 모두 분명 그 자체로 좋은 일이라는 데 동의한다. 시카고 학파의 합리적 선택 이론가들에게서 분명히 고무된 대중적인 저자들조차 자유시장경제의 열렬한 옹호자인 제임스 서로위키[James Surowiecki]가 '대중의 지혜'라고 부르는 것을 가치 있게

---

41 또한 상당한 수의 벤처회사와 젊은 기업가 조직이 '사회적 자본'이라는 표현을 다양하게 변형하여 제목으로 이용하는 듯하다. 구글로 이 표현을 검색하면 퍼트넘 자신의 사이트(BowlingAlone.com)로 연결되는 것을 넘어서 가령, 캐나다의 '사회적 자본' 회사(SocialCapitalPartners.ca), 그리고 다른 많은 유사상업적인 기업들이 나온다.

42 *American Prospect*, Winter 1996, special issue를 보라.

생각하는 이데올로기와 운명을 같이할 이유를, 때로는 불가사의한 이유를 발견한다. 서로위키는 시장을 기반으로 한 개인주의가 분명히 국가를 지배하거나 경제를 운용하는 가장 훌륭한 방법이라고 역설하는 데 힘쓰지만, 자유시장경제의 최대치를 일종의 대중을 기반으로 한 바람직한 사회적 결합과 맺어 주는 방법으로서 집단으로 (자신의 이익을 위해) 움직이는 개인들의 집단적 능력에 대해 독창적으로 논의한다.[43]

퍼트넘의 주장의 실마리는 그가 어떤 종류가 됐건 그 자체로 무결점의 선이 아닌 사회적 집합을 상상하는 것이 거의 불가능하다고 생각한다는 사실이다. 가령 그의 1995년 기사에 대한 비평가는 퍼트넘의 논리에 따르면 폭력적인 거리의 갱들은 좋은 것이 될 거라고 지적했다. 『나 홀로 볼링』에서 퍼트넘은 그것에 동의하며 대답한다——폭력적인 갱들은 좋은 것이다! 그러한 갱들은 사회적으로 엄청난 이득이 될 것이다(동지애를 증가시키고, 서로를 보살피며, 강렬한 공동체 의식을 발달시킨다). 그는 이어서 애석하게도 그렇게 명백한 이득보다 갱들의 폭력과 교육적·경제적인 기회의 중단 등이 더 영향력이 크다는 사실을 인정하기 시작한다.

퍼트넘의 진단의 중심에는 자발적인 연합주의가 절정을 이루던 1950년대에 우리 사회를 한데 모으던 사회적 가치가 침식됐다는 통찰이 있다.[44] 뒤따를 저서의 초석을 마련한 1995년의 기사인 「나 홀로 볼링」은

---

43 James Surowiecki, *The Wisdom of Crowds*, New York: Doubleday, 2004.
44 퍼트넘은 1950년대와 1890년대의 차이를 교묘하게 처리하는데, 후자는 제이슨 코프먼에 따르면, 그러한 연합의 진정한 최고 수위를 나타냈다. 코프먼의 설명에 따르면 1890년대에 실질적으로 그러한 모든 조직들은 명백하게 민족적으로 분리되었다. 연합주의가 20세기 초에 쇠퇴하고 상호보험이 클럽에 가입하는 덜 중요한 이유가 됨에 따라, 회원신분은 민족성보다는 계급에 의해 분명하게 분리되었다. 이런 이유로 퍼트넘이 1950년대에 보는 것은, 코프먼의 논리에 따르면 50년 전의 위대한 홍수와

요컨대 볼링 리그의 축소가 미국의 시민적 삶의 보편적인 축소를 보여 주는 선두적인 징후였다고 주장하며 시작했다. 우리가 놀이——리스먼이 예전의 자율적인 개인들을 완전히 동화시키는 것으로 보았던 바로 그 영역으로서의 놀이——로 서로 연합하는 데 실패했기 때문에 우리가 공유한 정치적·사회적 삶의 의미 있는 모든 중요한 사건들에 참여하는 데도 실패할 것이다. 투표하고, 서로 곤경에 처했을 때 도와주고, 이웃이 필요로 하는 것에 도움이 되는 데 실패한다. 우리의 다른 모든 고민들이 바로 광범위하게 정의된 공적 영역, 즉 사회적인 동시에 정치적인 영역의 유기에서 시작된다고 말할 수 있다.

퍼트넘은 리스먼이 두려워했던 바로 1950년대의 특징을 환영한다. 퍼트넘이 볼 때, 연합주의가 이상적으로 발달한 시대에 사회적인 세계는 실지로 정치적인 영역이 되고 좋은 것이 된다. 단순히 작은 사회 집단이 미국인의 정치적 기술을 가르쳐 준 것이 아니다. 그들은 실제로 볼링장과 키와니스 클럽^{Kiwanis}[1915년 창립된 세계적인 봉사클럽]의 바에서 정치적으로 활기가 넘치는 일종의 제퍼슨 식 자유보유권^{freehold}과 같은 영역을 구성한다. 그때는 퍼트넘이 "모든 유형의 중도파"라고 부르는 이들이 실제로 지역의 정치적 모임을 시작하던 시대였고 그 결과 "극단주의자"들은 지역의 조직을 지배하지 못했다(BA, pp. 339~341).

1950년대의 대중에 대한 퍼트넘의 기우와 직접적으로 연결되는 것을 이해하는 첫번째 실마리는 퍼트넘이 리스먼과 그 동료들(고프먼과 같

달리 단지 미미한 트리클 다운(Trickle Down)이다. 그리고 사실상 이것은 계급에 의해 분명하게 분리되는데, 이러한 사실은 계급과 이웃이 완벽하게 일치하기 때문에 숨겨진다. 퍼트넘은 그것을 일반적인 전국적 현상으로서 이웃의 분류라고 칭할 수 있겠지만, 또 다른 해석에 따르면, 그 숫자는 연합들이 여전히 계급의 신분에 의해 사람들을 분류하는 데 전념한다는 것을 드러낸다.

은)처럼 모든 종류의 사회조직과 그보다 큰 '대중' 사이의 구분을 사실상 무너뜨린다는 사실에 주목하는 것이다. 사회적인 것은 단순하게 대중 생활의 형태로, 더 큰 세상으로 나가 다른 모든 사람들과 스치고 적절한 때에 판단을 공유하도록 만든다. 퍼트넘은 자신이 지역 조직을 좋아하는 이유를 여러 가지 내놓는데 이것들은 결국 두 가지 중 하나에 속한다. 한편으로 그는 그러한 협회의 일반화될 수 있는 특징, 즉 그것들이 국가 구조에 매끄럽고 적절하게 들어맞는 방식을 칭찬한다. 다른 한편으로 그는 국가의 집단성이 지역적으로 나타나는 것이 적절히 강제적인 물리적 모임이 항상 발생할 수 있도록 만들어 주는 유일한 수단이라고 받아들인다. 다시 말해서 인간은 오직 지역적으로만 적절하게 강제된 대중의 일부가 될 수 있기 때문에 지역적인 것은 말하자면 감탄할 만한 것이다.[45] 이것은 퍼트넘의 가장 특이한 묘안일 것이다. 즉 그는 인간이 자신의 주위에 있는 이 (선택되지 않은) 타인들을 떠날 수가 없기 때문에 지역적이 되는 것을 좋아한다. 우리 모두가 아무 데도 가지 않을 것이기 때문에 부득이하게 우리 모두는 잘 지내야만 한다.[46]

이것은 퍼트넘을 몇몇의 아주 특이한 주장들로 이끈다. 그는 컴퓨터상의 교제를 싫어하는데, 그것은 단지 그것과 연관된 너무 많은 자유

45 William A. Schambra, "All Community is Local: The Key to America's Civic Renewal", *Community Works: The Revival of Civil Society in America*, Washington, D.C.: Brookings Institution Press, 1998은 에드먼드 버크의 품위 있는 지역 사람들 개념을 지지한다. 버크는 우리 인근의 소집단에 대한 충성을 통해서만 우리는 세계에 대한 우리의 충성을 이해한다고 쓰는데, 이것은 소집단에 의해 중재되지만 궁극적으로는 국가적인 차원에서 잠재적으로 획일적인 사회적 삶에 대한 퍼트넘의 설명에 잘 공명되는 추론 체계이다.

46 따라서, 가령, 퍼트넘은 바움가르트너의 『교외의 도덕적 질서』를 칭찬하는데, 그것은 교외가 갈등을 해결하기 위해 작은 소도시나 제대로 기능하는 도시 이웃들이 수행하는 칭찬할 만한 대안인 싸움이나 법적인 개선 대신, '회피'의 메커니즘을 갖고 있다고 비판한다.

가 존재하기 때문이다. 사람들은 게시물을 올리고 달아날 수 있고 다른 BMW 차량 소유자들하고만 대화하기로 결정할 수 있으며, 멀리 떨어져 있는 정신적인 동질감을 느끼는 사람을 찾아내며 이웃 사람을 피할 수도 있다. 그는 이전 세대가 집단 단위로 국가를 분리시키는 유용한 방식을 사용했다고 주장하는데, 그것은 집단 내의 위안이 되는 동일성을 감안한 것이다. 그러나 우리는 오늘날 불운하게도, 신분이 사라지고 순수한 자유의지가 군림할 수 있는 공간이 가능하도록 만드는, 보편적으로 접근 가능한 매체(인터넷)를 갖고 있다. 『뉴요커』*New Yorker*의 시사만화는 그것을 "인터넷상에서는 누구도 당신이 개라는 사실을 알지 못한다"라고 표현한다.[47] 퍼트넘에게 있어 다른 사람들과 함께 모일 의무는 바로 1950년대의 집단(볼링치는 사람에서 구독자까지)을 바람직하도록 만든 요인이며, 오늘날의 사회 연결망의 실패로 정확히 그들은 지나치게 내부지향적 inner-directed이 되었고 개인들은 자유롭게 텔레비전을 켜게 되었다.

텔레비전은 퍼트넘이 개인의 나쁜 선택의 전형으로 제시하는 것인데, 테오도어 아도르노와 같은 앞선 비평가들이 말했듯이 그런 매체의 소비가 개인을 고독한 대중의 다른 일원들과 동시에 움직이도록 만들 것이

---

47 퍼트넘은 매체의 내재적인 자유방임과 잠재적으로 자유로운 입장과 퇴장을 극복하기 위해 시도하는 인터넷 실험을 교훈으로 삼고 싶어 할지 모른다. MIT 미디어 연구소의 주디스 도나스(Judith Donath)는, 챗서클(Chat Circles)이라고 불리는 것을 도입했고, 이 웹사이트(http://alumni.media.mit.edu/~fviegas/projects/chatcircles/)는 웹상의 모든 사람들에게 균등하게 개방된다. 어떤 종류의 대화 주제나 아바타도 지시하지 않고, 파티의 주방이나 회의장과 같은 실제의 대화 공간에 모인 사람들의 혼잡함을 복제하는 기술적인 방식을 소규모로 시도하고 있다. 그러나 챗서클은 성공하지 못했는데, 아마도 그것이 자신의 '서클'을 통해 물리적으로 움직이는 것을 의도적으로 어렵게 만들기 때문이고, 또한 아마도 그것이 구성원들이 논의할 BMW와 같은 주제를 제공하지 않기 때문이다. 그러나 정반대로 인터넷에서 가장 확실하게 성공적으로 인기를 끌었던 것은 10대들 사이의 인스턴트 메시지였는데, 그들의 대화는 그들이 자신의 학교 급우들과 구성하기로 결정한 챗서클로 자발적으로 제한되었고, 인터넷 양식의 기술적인 원조는 없었다.

기 때문이 아니라, 텔레비전이 우리를 어떤 식으로든 동시에 움직이게 만들지 않는 하나의 사회적 활동이기 때문이다. 텔레비전은 퍼트넘이 매우 가치 있게 생각하는, 힘들지만 필요한 사회적 체면 유지를 위한 상호작용에 자신을 쏟아붓기를 요구하지 않는다. 리처드 호가트의 『교양의 효용』에서 정확히 동일한 쇼에 의해 각각 프로그램되는 수많은 고독한 시청자들을 그린 가슴 아픈 묘사와 비교될지도 모른다.[48] 퍼트넘에게서 가장 좋은 것은 호가트에게서 가장 나쁜 것이다. 그것은 사회화이며, 방대하고 비자발적인 집단, 즉 모두가 하나로 합쳐진 국가로 동화되는 것이다.

사회적 활동으로서의 텔레비전의 최근 역사를 지켜보면 텔레비전이 아노미를 유발한다는 퍼트넘의 비평에 전 국민이 근본적으로 동의하고 있다고 암시되는 듯한데, 우리가 집단적인 텔레비전 시청 양식의 놀랄 만한 급증을 목격하고 있기 때문이다. 이러한 변화는 텔레비전학 분야에서 반드시 뚜렷하지는 않은데, 그것은 언제나 (심지어 그것이 하나의 분야로 기술되기 훨씬 전인 1960년대에도) 미학적이 아닌 사회학적인 성향을 보였고 이런 이유로 매체로서의 텔레비전에 대한 일반화할 수 있는 '집단적 반응'의 의미를 지나치게 연구하고 과대평가하는 경향이 늘 있어 왔다. 그러므로 텔레비전이라는 주제에 대한 대부분의 학계 연구가——로버트 앨런이 1970년대에 '대중적인' 문화 양식이 높게 평가되기 시작했고 그에 따라 텍스트로서의 텔레비전 쇼에 대한 해석과 분석적 전략이 개발되는 방향으로 전환되었다고 확인해 주었음에도 불구하고——일반적으로 시청자의 경험을 강조하고 텔레비전의 '내용'보다는 '영향력'에 훨씬 무

---

48 Richard Hoggart, *The Uses of Literacy: Aspects of Working-Class Life with Special Refer-ences to Publications and Entertainments*, London: Chatto and Windus, 1957.

게를 둔다는 사실은 놀랍지 않다.[49]

이런 지향성에도 불구하고 학자들은, 안나 매카시와 같은 소수의 칭찬할 만한 예외가 있긴 하지만, "함께 텔레비전 보기"라고 칭해질 수 있는 것의 최근의 폭발적인 증가를 깊이 생각하지 않는 듯하다.[50] 텔레비전을 많이 보유하지 못한 이웃들에게 마련되거나 슈퍼볼과 「매시」 M*A*S*H[한국전쟁 때의 야전병원을 배경으로 한 미국 드라마]의 마지막회와 같은 구경거리로 알려진 사건들에 예정된 일종의 집단적인 텔레비전 시청은 오늘날에는 많은 사람들의 삶에서 매주 발생하는 부분이다. 가령 「서바이버」Survivor[미국의 리얼리티 게임 쇼]의 마지막회처럼 약간 독특한 쇼를 보던 일행의 모습은 이제 그저 매주 「뱀파이어 해결사」Buffy the Vampire Slayer나 「소프라노스」The Sopranos를 집단적으로 소비하는 관행으로 대체됐다. 혼자 텔레비전 보는 것은 나쁘다. 그렇다면 함께 확인해 보자.『회색 양복을 입은 사나이』와 마찬가지로 우리는 다시 대중적인 사회학에서 나오는 명령과 정확히 동일하게 인상적인 방식의 문화를 목격할 수 있다. 이건 마치, 사람들이 퍼트넘을 읽고 있었고, 퍼트넘이 그것이 얼마나 염려스런 경향인지를 우리에게 말하자 캘리포니아 주에서 메인 주에 이르는 지역의 집단들이 '혼자 텔레비전 보기' 진단과 맞서 싸우기 위해 동원된 것처럼 보인다.

---

49 Robert Allen, "Frequently Asked Questions: A General Introduction to the Reader", eds. Robert Allen and Annette Hill, *The Television Studies Reader*, London: Routledge, 2004, p.7. Toby Miller ed., *Television Studies*, London: BFI, 2002를 참고하라.

50 Anna McCarthy, *Ambient Television: Visual Culture and Public Space*, Durham, N.C.: Duke University Press, 2001은 대규모로 텔레비전에 방송되는 구경거리에 참석하는 현상에 대해 능숙하게 논의하는데, 가령 다른 곳에서 진행되는 경기를, 거대한 화면으로 보기 위해 경기장에 가는 것을 예로 들 수 있다.

그러나 이 같은 동시성은 유행을 선도하는 퍼트넘의 능력을 나타내
는 게 아니라 그것들을 정확히 표현하고 단순히 퍼트넘 자신보다 훨씬 많
은 사람들을 괴롭혀 왔던 미국의 양심의 부담을 덜어 주는 능력을 나타낸
다. 우리가 단지 함께 참여하는 것에 동의한다면 '어째서 60분 동안의 암
흑가의 가벼운 농담이 요란한 소리를 내는 볼링핀보다 더 나쁘게 연합한
다고 추정하는가?' 하고 퍼트넘에게 질문할지 모른다. 또는 아직 볼링 리
그나 사친회에 가입하지 않았지만 이런 사회적 자본화 집단에 기꺼이 가
입하겠다고 서명하는 점차 증가하는 사람들에게 물을 수도 있다.

체면 유지를 위한 상호작용 만세!

퍼트넘이 현재의 사회적 아노미에서 벗어나는 길로 강제성을 찬양하는
것—만일 온 아파트 단지가 참석하도록 요구된다면 퍼트넘은 텔레비
전 보는 단체도 좋다고 말할 것이라고 생각되기도 한다—은 정확히 그
가 고프먼에게 진 빚을 무엇으로 생각하는지를 분명하게 해준다. 퍼트넘
에게 고프먼의 상호작용학의 결말은 단순하다. 얼굴을 마주 보며 만나는
것은 사교성의 좋은 유형이지만 바로 인근보다 멀리서 소통할 수 있게 하
는 기술적인 중재는 나쁜 것이다. 고프먼에 대한 퍼트넘의 각주는 다음
의 주장에 첨부되었다. "얼굴을 맞댄 소통과 컴퓨터로 중재된 소통을 비
교하려는 시도는 소통의 매체가 더 다채로워질수록 사적이고 신뢰가 있
고 다정한 만남이 더 사교적인 것이 된다는 것을 보여 준다"(*BA*, p.176).
퍼트넘은 컴퓨터를 경멸하지 않는다. 대신 그는 '사이버상의 분할'[51]을 혐

---

51 인터넷의 영향이 시청자를 분할하는지의 여부가 더 최근에 논쟁이 되고 있는 주제다.

오하는데, 그가 철저한 이익 중심의 대화가 온라인에서 지속될 수 있다는 생각을 몹시 싫어하기 때문이다. (외로운 어린 학생을 진정 자신처럼 생각하는 타인들과 연결해 주는 바로 그런 매체가 가능할 것이라고 리스먼이 공상한 것은 놀랍지 않다.) 퍼트넘은 사람들이 우리의 가장 절박한 관심사를 통해 함께 모이는 것을 두려워한다. "BMW 채팅 무리에서 포드의 선더버드에 대한 언급은 '주제에서 벗어난' 것으로 욕설을 들을 각오를 해야 한다. 반대로 볼링팀이나 주일 학교 수업의 일원이 가벼운 화제의 대화를 주제에서 벗어난 것이라며 허용하지 않으려고 할 때 터지는 큰 웃음을 상상해 보라"(*BA*, p.178).

퍼트넘의 주장은 단순히 잘못 생각하는 것 이상이다. 그것은 흥미롭게도 완전히 틀렸다. 내가 만일 주일 학교 수업에서 선더버드를 화제로 꺼내면, 영원한 지옥살이는 아니더라도 결국 적어도 강력한 반감을 각오해야 할 것이다. 왜 퍼트넘은 그것을 생각하지 못했을까? 그것은 사회적 상호작용을 위한 그의 이상적인 모델이 사회적 보편성의 모든 비용을 포함한 형태이기 때문인데, 거기서 모든 집단은 어떤 이름이고 무엇을 하든 간에 단지 동일한 유형의 얼굴과 마주하는 상호작용, 그리고 동일한 종류의 대화를 특징으로 할 것이다. 그는 자신의 젊은 시절의 자발적인 협회들이 리스먼이 주장한 것과 정확히 대조를 이루며 강제적인 보편적 공동체의 칭찬받을 만한 모델이라고 믿고 싶어 한다. 필립 라킨은 1974년의 시를 매력적이지 않은 초대로 시작한다.

> 아내와 나는 형편없는 많은 친구들에게
> 와서 그들의 시간과 우리의 시간을 낭비하라고 청했다.[52]

퍼트넘의 세계에서는 이것보다 더 멋진 유형의 초대나 미래의 행복에 대한 더 나은 약속이 있을 수 없다. 바로 상호 간의 낭비.

대중을 거부한다

물론 현대 미국의 불안감에 대한 이러한 토크빌적인 해석이 퍼트넘에 국한된 것은 아니다. 공동체의 자기 감시를 지지하는 사람들의 눈에 띄는 부활이 있었다. 보통은 아미타이 에치오니의 연구에서처럼, 개인의 권리가 전반적인 사회적 예절의 방향을 방해하는 것이 당연하다고 느끼지 않았다. 실제로 국가의 약탈과 경제적인 압력 모두로부터 우리를 구할 '시민 공동체'나 (동유럽에서 가장 유명하게) '시민사회'를 이모저모로 기대하는 사회학적인 사상의 주류가 현재 존재한다.[53] 게다가 좌파 사회학의 넓은 범주는 이전에 경제적인 생존이나 사회적 포함을 보장했던 오래된 낡은 네트워크와 '약한 유대'의 쇠퇴의 증거를 제공하는 데 두드러지게 주안점을 두어 왔다.

---

52 Philip Larkin, "Vers de Société", *High Windows*, New York: Straus and Giroux, 1974. Frank Bidart and David Gewanter eds., *Collected Poems*, London: Faber and Faber, 2003, p.147에 재수록. 공정하게 말하면, 이 시는 이어서 혼잣말을 하기 시작한다. "우습군, 홀로 있다는 게 얼마나 힘든 일인가." 그리고 그것은 끔찍한 초대를 거의 받아들이는 것처럼 끝난다. "불빛 너머로 실패와 회한이 있다/나는 속삭인다. 윌록 윌리엄스 씨께: 물론입니다—"

53 나는 곧 출간될 필립 조지프의 저작(Philip Joseph, *Local Grounds*)이 시민사회 논쟁에서의 매우 중요한 목소리들에 대해 주목할 만한 설명을 한 것에 빚지고 있다. 그 목소리들은 Michae Walzer, Michael Schudson and Benjamin Barber, *A Place for Us: How to Make Society Civil and Democracy Strong*, New York: Hill and Wang, 1998; Michael J. Sandel, *Democracy's Discontent: America in Search of a Public Philosophy*, Cambridge, Mass.: Harvard University Press, 1996; Andrew Arato and Jean Cohen, *Civil Society and Social Theory*, Cambridge, Mass.: MIT Press, 1997과 같은 것들이다.

가령 에릭 클라인버그의 『열파』가 전국적인 명성(그리고 『뉴요커』의 논평)을 얻은 것은 퍼트넘이 한탄하는 바로 그 시민 접속점의 상실의 증거를 제공했기 때문이다. 여기서, 1995년 여름 시카고에서 폭염으로 많은 노인들이 사망하도록 용납한 것은 바로 이웃의 사회적 구조의 쇠퇴였다. 또 저명한 젊은 사회학자인 미첼 더니어의 『인도』는 한 바퀴를 돌아 똑같은 통찰로 결론을 내린다. 뉴욕의 거리에서의 성공과 실패의 핵심적인 차이는 얼마나 많은 이웃들이 노숙자들을 "우리의 일부"로서 규정하기로 선택하는가, 얼마나 많은 잠재적인 사회적 자본——즉 노숙자들이 욕실을 사용하게 허용하는 것과 같은 신뢰의 활동이 계속될 수 있도록 해주는——이 준비되었는가이다.[54]

요약하면 '사회적 자본'의 영광스런 시절로 돌아가자는 퍼트넘의 요구에 1960년대의 자율성과 사회로부터 개인을 분리하자는 주장에 의해 파인 구멍(많은 사람들이 그렇게 믿었던)으로부터 올라오는 방법을 찾고 있는 좌파와 우파의 사람들이 공명을 느낀다. 우리 자신을 대중 속에서 떼어 놓자는 주장을 포기하고 세계로부터 분리되었다고 추정되는 우리의 가장 실존주의적인 순간에도 활기찬 대중이 우리 어깨 너머에서 소리 없이 활짝 웃고 있었다는——또는 그랬을 것이라는——사실을 인정하라고 말하는 사람들이 사회학자들만은 아니다.

피트킨은 단순히 '정치적인', '공공의', '사적인'과 같은 형용사보다도 '사회적인 것'이 대중의 모습을 한 적이고, 또 그것이 초인적인 주체성을 부여받고 주제넘게 개인들의 삶과 주체성을 포괄할 수 있는 대중이라

---

54 Eric Klineberg, *Heat Wave: A Social Autopsy of Disaster in Chicago*, Chicago: University of Chicago Press, 2002; Mitchell Duneier, *Sidewalk*, New York: Straus and Giroux, 1999.

고 가정하는 것과 관련되는 오류를 지적하기 위해 『대중의 공격』을 썼다. '정치적인' 것과 '사회적인' 것을 서로 지나치게 엄격하게 분리하려는 아렌트의 시도에 대한 피트킨의 비평은 화이트(1956년경)와 리스먼에게도 똑같이 잘 적용된다. 우리는 운 좋게도 더 이상 그런 눈가리개를 통해 세상을 보지 않는다.

아직도 반대편의 극단을 받아들일 필요는 없다. 사회적 세력으로서 잠재적으로 전국적인(또는 세계적인) 영향력을 박탈당하지 않고 더 작은 (강제적인) 무대로 구획되는 일반적인 미국인의 사회적 삶에 대한 로버트 퍼트넘의 달콤한 칭찬은 아렌트에 대한 피트킨의 비평만큼이나 포괄적인 것으로 평가될 자격이 있다. 이제 도전은 피트킨이 '사회적인 것'의 적들을 명백하게 설명한 것처럼 퍼트넘과 대중의 열렬한 지지자들을 그렇게 명확하게 설명하는 일이다.

몇 가지 질문이 발생한다. 매우 동시대적인 것에 대한 공격이 타당한가? 피트킨은 결국 아렌트의 결점을 정확히 집어내기 위해 그녀가 사망하고 30년이 될 때까지 기다렸다. 어쨌든 최대한 힘을 발휘하여 사회적 자본을 공격하는 것에 누군가는 합리적으로 반대할 수 있다(공동체주의자들과 마이클 샌델의 추종자들은 분명 반대할 것이다). 결국 자유의 방어에 있어서의 그런 극단주의가 리스먼과 반사회주의자들을 처음부터 그런 곤경에 처하게 만든 약점이 아니었던가?

우려는 잘못된 것이다. 50년 전 리스먼과 화이트가 정반대의 실수에 빠졌다는 사실로 퍼트넘의 오류가 더 작아지지는 않는다. 내가 스케치한 계보학도 퍼트넘을 무죄로 밝혀 주지는 않을 것이다. 완전한 사회적 참여를 앞으로의 유일한 윤리적인 길로 만들려는 퍼트넘의 진심 어린 시도는 사회적이 되는 것은 피할 수 없는 일이라는 고프먼의 관념에서 간접적으로 파생된 것이다. 그러나 그것은 심각하게도 그를 잘못 인도한다. 최악의 경우에 고프먼은 운명론적으로 우리가 하는 모든 것이 우리 자신이 인지한 의도가 아니라 사회적 순응이나 '곤란한 상황의 회피'를 지향한다고 넌지시 말한다. 고프먼의 결정론은 사회적 활동의 연속에 더 휩쓸리게 되는 것을 긍정적으로 보증하는 것으로 해석될 수 없다. 우리가 어디를 가든, 텔레비전 앞이든 (혼자서 또는 함께) 볼링을 하든 우리는 자신에게로 사회적 에너지를 가져온다. 더 직접적으로 강압적이고 강제적인 그러한 행동의 전면적인 수용을 좋은 것으로 선언하기 시작하는 것은 리스먼처럼 그것을 나쁜 것으로 선언하는 것만큼이나 잘못 인도되는 것이다.

퍼트넘의 세계관은 우리 모두에게, 그러한 집단화의 정치적이거나 윤리적인 결과가 무엇이든 개의치 말고 우리 주변의 사람들과 사회적인 연합을 형성하기 위해 최선을 다하라고 요구하는 세계관이다. 퍼트넘은 결코 사회적 자본을 그가 '대중의 영역'을 지지하고 싶어 하는 것으로 묘사하지 않는다. 그러나 그게 사실일 수도 있는데 그가 숭배하는 것이 개인들로 하여금 연합의 유형이 서로 어떻게 다른지 판단하는 것을 막는, 사회적 집합체의 구분되지 않은 공간이기 때문이다(그는 심지어 어떤 집단이든 회원이 되는 것은 남아 있는 수명을 두 배로 만들 수 있다고 주장하는 통계를 만들어 낸다. 그리고 두번째 집단에 가입하는 것은 또 그 절반을 더할 것이다).

퍼트넘은—리스먼처럼—한 형태의 사회적 삶이 정확히 다른 형태의 사회적 삶과 같은 가치를 갖는다고 추정한다. 그러므로 그는 아렌트가 '연대'라고 부른 중대한 정치적 범주를 잊어버리거나 의도적으로 피한다. 아렌트에게는 우리의 동료를 돕기로 결정하는 두 가지 방식이 존재하는데, 하나는 얼굴을 마주하는 접촉을 필요로 하고 다른 하나는 그런 접촉이 있든 없든 똑같이 효과적이다. 전자인 '연민'은 다른 사람의 감정을 공유하거나, 그들이 사회적으로 필요로 하는 것에 마음이 흔들리거나, 심지어 그들이 바로 옆에 존재해서 마음이 뭉클해지는 기회가 생길 때 곤란함을 피하려는 욕망에 의해 발생한다. 반대로 최고의 유형의 정치적인 '연대'는, 아렌트의 믿음에 따르면, 바깥의 바이케이드에서 달성되는 만큼이나 방에 혼자 앉아서도 달성될 수 있다.

아렌트는(카토^{Cato}를 인용해서) "나는 혼자일 때 가장 덜 고독하다"라고 썼는데, 그것은 사색이 인간을 바로 주변의 상황으로부터 주의를 돌릴 수 있게 하고 그 결과 그는 자신과 가장 가깝고 흥미롭게 동조되는 생각을 가진 사람과 가장 잘 연결될 수 있기 때문이다. 연대가 고독 속에서 발생할 필요는 없다. 그것은 적절하게 정치적인 영역에서 발생할 수 있는데, 그곳에서 우리는 전체로서 빚진 종의 특별하고 대체될 수 있는 일원으로서 다른 사람들과 만난다.[55] 그러나 혼자이든 함께이든, 우리는 다른 사람들에게 관대하게 대하는 연대에 의해 가슴이 뭉클해질 것이다. 그것을 위해 우리는 다른 사람과 볼링을 치거나, 그들과 민족적인 집단을 공

---

[55] 『연대, 고독』(Adam Zagajewski, *Solidarity, Solitude: Essays*, trans. Lillian Vallee, New York: Ecco, 1990)으로 번역된 도발적인 에세이들에서 폴란드의 시인 아담 자가예프스키는 가장 사회적으로 의식적이고 집단에 관심이 있는 사상가는 연대의 힘에 가장 잘 기여하기 위해 고독 속으로 물러설 의무가 있다고 주장한다. 자가예프스키의 공식화는 아렌트의 것과 약간 다르지만 똑같이 자극적이다. 아렌트에게 있어, 우리가 다른 사람들의 말과 생각을 적절하게 이해하는 것을 통해 가장 잘 "그들을 설명할" 수 있는 것은 바로 고독한 사색을 추구하는 행위 속에서다. 자가예프스키에게 있어 "집단성은 주체일 필요가 없고, 또한 감정이나 비전을 가진 엄하고 즉각적인 심판일 필요가 없다. 그것은 결국에는 혼자이고 고독한(이 단어를 사용하는 데 있어 나는 실존주의가 제공하는 삐뚤어진 이상화를 허용하고 싶지 않다) 개인들로 구성되는데, 그들이 영적인 탐색에 의해 몰두한다면, 그들을 사회의 나머지 부분에 속박하는 구속이 존재하는지 보려고 매 순간 확인할 필요가 없다"(*Ibid.*, p.88). 그렇다면 자가예프스키에게 있어 우리의 연대를 나타내는 것은 돌아가서 '집단성'을 말하는 것뿐이다. 그러나 두 사상가에게 있어, 사회적인 것은 개인적인 충동을 그것에 희생시키는 것에 의해서가 아니라, 적절한 단절 이후에 개인들이 사회적 활동으로 돌아갈 수 있는 틀을 찾는 것에 의해 회복된다.

유하거나, (리스먼에 대한 반박으로) 우리의 방이나 마음속의 만져질 듯한 그들의 존재로부터 우리를 보호할 필요도 없다. 적절한 틀의 만남이 주어질 때 우리는 고독의 전율과 대중 속에 있다는 사회적인 흥분 모두에 우선하는 개인적 판단을 수행할 수 있다.

플로렌스 나이팅게일의 「카산드라」는 빅토리아 시대의 젊은 숙녀가 결국 진정으로 자신의 관심을 끄는 것을 추구하기(개인적으로 또는 서신으로) 시작할 때 느끼는 섬뜩한 감정에 대해 언급한다. 그녀는 가족과 친구들 사이에 나타나야만 하고 '상상력'의 가능성과 식사시간에 대한 '통제력'을 상실하게 된다. "만일 그녀가 하루 중 세 시간 동안 손에 나이프와 포크를 들고 있다면 펜과 붓을 들 수 없다. 저녁식사는 이날의 가장 신성한 의식이고 가장 위대한 성례다."[56] 침실은 (거리처럼) 우리가 잠재적으로 모든 종류의 상호 주관적이거나 개인적인 행동을 수행할 수 있는 은신의 장소이고 추상작용의 현장이며, 저녁식사는 일종의 '유쾌'하고 강제적인 사회적 공간이며(강제적이기 때문에 칭찬받을 만하다는 사실을 기억하라) 퍼트넘이 우리 모두를 위해 처방하고 싶어 한다.

공동체주의와 이에 동조하는 부류는 우리의 지적인 해방의 의미 있는 측면을 침해하기 시작하는 '공동체의 윤리적인 기준'을 명령하기까지 할 필요는 없다. 퍼트넘은 우리의 창의적인 진출──혼자서 또는 인터넷이나 문서상의 추상화된 제휴를 통해 추구되는──이 함께 시간을 낭비하는 데 전념하는 것보다 덜 가치 있다는 사실을 우리에게 설득하기 위해 반복해서 노력한다. 그가 그렇게 할 때마다 우리는 회원 신분과 장수에

---

56 Florence Nightingale, "Cassandra", ed. Mary Poovey, *Cassandra and Other Selections from Suggestions for Thought*, New York: NYU Press, 1992, p.210.

대한 그의 인상적인 통계 뒤에 숨은 우리의 팔을 꼭 잡는 이전 시대의 순응성의 압박을 느껴야 한다. 우리의 이익 집단, 우리의 주장, 우리의 파업은 정말로 볼링 리그와의 유사성을 통해 가장 잘 관찰될까? 이러한 것들 속에서 우리가 무엇을 말하고 행동하는가는, 그것들이 마치 빅토리아 시대의 저녁 파티처럼 우리의 일주일을 구체화하고 우리의 상호 주관적인 행동을 명령하기 위해 존재한다는 사실보다 덜 걱정스러운 문제일까?

BMW에 대해 함께 논의하고 원하는 시간 만큼 BMW에 대해서만 논의할 수 있는 BMW의 다른 열광적인 지지자를 찾는 것에 지나지 않는 것을 하려고 인터넷을 사용하는 행동을 퍼트넘이 경멸한 것은 아마 옳을 것이다. 그러나 소설과 텔레비전 쇼, 또는 인터넷 검색을 통해 이뤄지는 정신적 이탈도 프루스트가 『잃어버린 시간을 찾아서 1: 스완네 집 쪽으로』의 첫 페이지에서 묘사하는 그 공상적인 특징을 가질 수 있다. "나는 내내, 잠든 동안, 내가 방금 읽은 것들을 생각하고 있었지만 내 생각들은 그것들 스스로의 경로와 우연히 마주쳤고 나 자신이 실제로 내 책의 주제가 되는 듯할 때까지 계속됐다. 교회, 4중창곡, 프랑수아 1세와 카를 5세 사이의 경쟁."[57]

리스먼의 편집증에 가까운 모습은 분명 사회적 관행이 창의적이고 합리적이며 물리적인 삶의 핵심에 있으며, 우리는 위험을 무릅쓰고 우리

---

57 Marcel Proust, *Remembrance of Things Past*, vol.1: Swann's Way, trans. C. K. Scott Moncrieff, New York: Random House, 1934, p.3. 인터넷이 책이 하는 것과 동일한 종류의 정신적 이동을 수행할 수 있는지의 문제와 관련해서, 자신들의 생각과 마음이 하나의 웹페이지에서 다른 웹페이지로 '서핑'되고 있는 것을 확신한다고 보고하는 정신분열증 환자에 대한 최근의 설명을 언급하는 것은 흥미로운 일이다. 그들은 그러한 움직임을 자신들에 의해서가 아니라, 다른 누군가의 인터넷 브라우저에 의해 지배되는 것으로 묘사한다. 장거리 조종에 대한 이러한 편집증적 환상은 극단적 상황에서 월드 와이드 웹을 통해 발생할 수 있는 일종의 상상적인 정신 여행을 보여 준다.

의 사회적 존재를 무시하고 있다는 사실을 상기시킨다. 그러나 마찬가지로 퍼트넘은 고프먼이 결코 전적으로 인정하지 않았던 뭔가를 상기시키는 입장에 있을 수 있다. 즉 우리 인생에는 주변 사람들과의 단순한 연합이 설명할 수 있는 것 말고도 우리의 생각 속에서 계속되는, 더 많은 것들이 존재한다는 것이다.

내가 이 글을 쓸 때 나는 도서관 열람실의 다른 모든 이용자들과 완전하지 않은 상호작용에 얽혀 있는데, 그것은 우리 자신의 컴퓨터와 문서, 문고본이 가능하게 하는 특유의 안식처라면 어디든지 방문하도록 서로 허용하는 다정한 동의다. 나는 부질없는 공상에 잠길 때 다른 사람의 이목을 끄는 것을 피한다. 그들은 참고도서를 찾아볼 때 나와 우연히 마주치지 않기로 합의한다. 우리는 고프먼이 제시하는 일종의 구속하지 않는 사회적 상호작용을 하고 있는 것인가? 나는 그렇다고 생각한다. 그러나 우리는 또한 프루스트의 독서가처럼, 잠재적으로 누구나 될 수 있고 어디에나 있을 수 있다. 퍼트넘은 왜 이를 위해 우리가 앞서 말한 주기적인 재활용 위원회 모임을 포기하는 것을 비난해야 하는가? 우리 중 일부는 그 위원회에서 가장 완벽하게 세상과 접속할 것이다. 또 다른 일부는 어두운 거리를 홀로 배회하며 더 잘 접속하고 더 자유롭게 느끼며 그들의 이웃을 더 잘 알게 될 것이다.

Foule/Folla: 프랑스어/이탈리아어

존 B. 힐(John B. Hill)

Foule와 folla의 중심부에는 압력pressure이라는 발상이 있다. 이 단어들의 기원인 라틴어 fullo, fullonis는 직물을 깨끗하게 하거나 촘촘하게 하려고 그것을 밟거나 두드리는 사람이었다. 프랑스에서 그것은 처음에 발밑에서 **촘촘해지는**fulled 직물이었고, 나중에는, 유추하자면 포도와 밀이었다. 일정 기간 동안 고대 프랑스어 foule은 직물을 두드리는 장소와 동시에 가을의 수확물을 압축하던 계절을 가리켰다. 그러나 foule은 영어의 대응어인 full보다 훨씬 빨리 다양한 범위의 비유적 사용을 발달시켰다. 이미 크레티앵 드 트루아Chrétien de Troyes의 『페르스발』Perceval, 1190년경에서는, 동사 fouler가 정신적으로 억압한다는 것을 의미할 수 있었다. "적기사, 그는 어떤 압박도 느끼지 않았고, 열정적으로 싸웠다"Le rouge chevalier qui ne se fouloit point/Faisoit tant d'armes. 적기사는 압박을 받지 않고 자신만만하다, 지나칠 정도로. 왜냐하면 페르스발이 몇 행 뒤에 그를 패배시키기 때문이다. 르네상스 시기에 발로 차서 문을 여는 행동은 자주 fouler로 표현되었지만, 누군가의 명성을 훼손하는 것도 그렇게 표현되었다. 그래서 외교관이자 회고록 집필자인 필리프 드 코민Phillippe de Commynes은 노래가 "승리자를 찬양하고 동시에 패배자를 짓밟기 위해"a la louenge des vainqueurs et a la foulle du vaincu; 1490 사용될 것이라고 쓴다. 누군가의 명예를 훼손하고 평판을 떨어뜨리는 것은 그들의 명성을 짓밟는 것으로 생각됐다. fouler가 표현할 수 있었던 또 다른 형태의 압력은 경제적이고 정치적이었다. 파스키에Pasquier의 왕정주의적 선전에서 그는 "우리의 왕들은 그들의 현재의 위대함에 도달했다. …… 그들의 백성을 탄압하지 않고서"Nos roys sont arrivez a cette grandeur …… sans foule et oppression de leurs subjects;

1555년경라고 쓴다. 프랑수아 드 라 누^{François de la Noue}는 1587년에 "이러한 탄압은 많지 않은 것 같지만, 나는 그것이 증가하고 있다고 생각한다. …… 해마다"il semblera peut estre que ceste foule soit petite; mais je pense qu'elle se monte …… par an라고 쓸 때 다른 정서였다. 그는 물론, 새로운 조세를 언급하고 있다.

Fouler가 자주 많은 사람들뿐 아니라 많은 사물들의 작용을 가리키기 시작하는 것도 비슷한 시기이다. 몽테뉴는 자신의 『수상록』^{Essais, 1580}에서 1등이 되려고 몸부림치는 사람들이 일상적으로 발생하는 것에 대해 쓴다. "1등을 차지하려고 압력을 가하는 사람들"les ames [que] seroient a se fouler a qui prendroit place la premiere. 한 세기 후에 라신의 희곡 『아탈리』^{Athalie, 1691}의 도입부에서 아브넬^{Abner}은 많은 예배자들을 이렇게 묘사한다. "많은 수의 독실한 사람들이 교회의 현관 지붕을 가득 채웠다"le peuple saint en foule inondait les portiques. 어떤 사람은 여기서 다중의 대립되는 두 이미지에 주목한다. 몽테뉴의 예에서처럼 정체, 또는 라신의 예에서처럼 힘이었다. fouler는 발을 동동 구른다는 것을 의미할 수도 있긴 했지만——신선한 털이나 포도를 밟는 데 사용되는 동일한 행동——그것은 결코 앞쪽으로 움직이는——즉 마구 쏟아 내거나 흘러나오는——의미를 발달시키지는 못했다. 직물이나 수확물의 이미지와 전적으로 다른 또 다른 이미지들이 (그리고 종종 진부한 문구들이) 덧붙여져야 한다.

이탈리아어에는 동일한 라틴어 기원에서 나온 follare와 folla와 같은 단어가 있는데, 그것은 직물 공장과 포도 짜는 기구로부터 거리street에 이르기까지 유사한 방향을 취한다. 그러나 프랑스어와 이탈리아어에서 명사의 형태는 서로 갈리는 역사를 갖는다. 프랑스어에서 foule는 이미 13세기에 한 장소의 많은 사람들을 나타내기 위해 사용되었는데, 더 빈번하게 그것은 '억누르는', 문자 그대로 또는 비유적으로, 행동이 발생한 장소를 의미하기 위해 사용되긴 했지만 말이다. 그러나 이탈리아어는 17세기까지 folla에서 동일한 의미를 만들어 내지 않는다. 현대의 사전들은 항상 예수회 연설가인 파울로 세녜리Paolo Segneri의 예를 인용하는데, 그는 1673년의 저작에서 "또 다른 군중에게서 무슨 일이 일어나는지 모르겠는가? 어떤 사람이 아무리 힘들게 교회에 들어가려고 애쓴다고 하더라도, 뒤에 오는 군중의 힘을 향해 움직이는 것을 단념하는 게 훨씬 쉽다"Non vedi tu ciò che accade in un'altra folla? Quanto entra in chiesa chi allor fa forza ad entrarvi, tanto pur v'entra chi lascia in essa portarsi dall'impeto della calca, che gli vien dietro라고 쓴다. 여기서 folla는 단지 압력을 받는 많은 물건들이 아니라 특별히 많은 사람들을 묘사하기 시작한다. 세녜리 이전에, 그리고 얼마의 시간이 지난 후에, 과도기적인 화법은 'folla di gente' 또는 'folla del popolo'(많은 사람들)였다.

프랑스어와 이탈리아어 모두에서, 라틴어 fullo에서 물려받은 압력의 발상은 군중에 구체적으로 적용된다. 그러나 18세기 말 프랑스에서는 거기에 또 다른 방식이 존재한다. 압력의 발상은 한 쌍의 refoulement와 defoulement에서 내면화되는데, 이것들은 각각 억압과 해방의 개념을 표현한다. 20세기 초에 프로이트의 저작이 프랑스어로 번역되었을 때, 이 단어들은 공식적인 정신분석학 용어가 되었다.

부록2 **나의 고독한 여름**

데이비드 험프리(David Humphrey)

1976년의 뉴욕은 현재보다 훨씬 어두웠고, 특히 시내가 그랬다. 그때의 검정 옷은 더 검었던 것 같다. 시의 행정은 중단되었고, 나의 이웃의 밤은 버려진 빌딩과 분해된 차량의 주기적인 방화에 의해 불이 밝혀졌다. 나는 그 가혹하게 춥던 겨울에 그 도시로 이주했는데, 크고 새로운 산업 공간에서 새로운 예술을 만들고 있는 사람들의 활동에 눈이 부시는 듯했다. 나는 스무 살이었고 내가 집단으로 이뤄지는 고독이라고 생각한 것에 매혹되었다. 그것은 도시의 예술가/외톨이에 대해 내가 갖고 있던 실존주의적/낭만적 관념이었다. 나는 매일 작업에 묶인 사람들의 단호한 물결 속으로 들어갔던 것을 기억하는데, 몇 달 뒤에 나는 내가 이전에 지나쳤던 사람들을 단 한 명도 결코 알아보지 못했다는 것을 깨달았다.

그해의 독립 기념일은 200주년이었다. 뉴욕은 섬의 맨 아래에서 웅대하고 화려한 디즈니/메이시Disney/Macy 기념행사를 불꽃놀이와 함께 열었다. 목적 없는 호기심과 외로움이 그날 나를 이스트 빌리지의 나의 집에서 브로드웨이 아래쪽의 뒤덮인 먼지 속으로 몰아 댔다. 느리고 가늘게 이어지던 사람들이 남쪽으로 향하는 각각의 블록에서 굵어져 최근 완공된 세계무역센터에서는 우글거릴 정도로 빽빽해졌다. 가로등이 작동하고 있었다고는 생각하지 않는다. 나는 그 공간이 점점 더 식별할 수 없고, 조금 방향감각을 잃게 하고, 위협적이기조차 한 곳이 되었다는 것을 기억한다. 수천 명의 우리는 끝내 고층빌딩 바로 아래의 어둑한 협곡 같은 곳에서 꽉 끼어 완전히 멈춰섰다. 불꽃놀이의 첫번째 굉음이 우리를 가볍게 해치웠을 때 집단적인 좌절감이 거의 끓어 넘치려고 했다. 앞쪽으로 느리게 밀려들면서 이미 포기되었다고 생각했던 개인 공간을 계속 압박했다. 벗어날 수 있는 방법도 없었고, 업무 시간이 끝난 고층 빌딩의 위쪽 창문에서 깜박거리는 모습 외에는 쇼를 볼 다른 방법도 없었다. 전국의 텔레비전 시청자와 항구를 생각하며 환호하는 대중과의 기대했던 황홀한 융합은 결코 일어나지 않았다. 우리는 역사상 가장 거대했던 불꽃놀이 파티의 발작적인 감정을 놓쳐 버렸다. 해안가의 수십만의 사람들과 마찬가지로 바다에서 지켜보던 거대한 대형 범선의 전 함대에 만 개의 유람선이 합류했다. 해병대와 해안 경비대, 육군 공병단은 무역센터의 남쪽 빌딩의 사령부에서 지시를 받았다. 우리, 봉쇄된 사람들은 바지선과 섬들에서 발사하는 무수한 포탄과 박격포의 연속 사격을 들을 수만 있었다. 다음날의 신문은 우리가 또한 애국적인 노래와 유명인사의 낭독회, 그리고 창공을 가로지르며 거대한 깃발을 끌고 가는 헬리콥터를 놓쳤다는 사실을 알렸다. 그 동일한 신문은 또한 거의 동시적으로 이스라엘 특공대가 우간다의 엔테베Entebbe 공항에 억류된 인질들을 해방시키기 위해 습격했다는 소식도 포함했다.

수천 명의 우리들은 화면에서 잘려 있었다. 우리는 실패한 목격자였고, 서로 엉겨져 고여서는 가정의 안전하고 여유로운 텔레비전 시청자를 위한 배경으로 의도된 빌딩에 가려 보이지 않았다. 우리가 바로 우리의 좌절의 원인인 것을 배경으로 해서 지워진다는 것은 모욕적인 일이었다. 우리는 서로에게, 그리고 대중 통제 당국에게 불편한 사람이었다. 나는 순진하게도 그 사람들을 증오했다. 그들은 타인들이었고, 예술은 기꺼이 그들의 비위를 건드렸고 그들을 혼란스럽게 만들었다. 그들은 우리 예술가들이 우리의 터무니없는 특이성을 표현하기 위해 필요로 했던 특성 없는 사람들이었다. 그러나 나의 이러한 예술세계인 '우리'의 개념은 환상이었는데, 그런데도 나는 가장 사소한 환경이라도 차지해야만 했기 때문이다. 나는 그 독립 기념일의 대중만큼이나 잘려 나가 있었다. 나의 목표는 내 머릿속에 스튜디오를 세우고 세계를 환영으로 다루는 것이었다. 나는 나 자신이 사회적으로 통합되지 않았다고 생각하는 것이 자랑스러웠다.

대중과 나는 불행하게 융합되어 투덜거리고 있는 소모되는 무리——무의식적으로 모호한 명령에 복종하는 배고픈 양이었다. 우리는 거대한 쇼를 원했지만, 우리의 좌절은 우리를 맥 빠지고 정체되게 만들었고, 우리는 다음 해 여름 정전 사태 후의 폭도들이나 2002년의 반전 시위자들, 내가 10대 때 즐겁게 융합했던 록의 관중들처럼 격하기 쉬운 상태가 아니었다. 우리는 마침내 혐오감과 낙심의 썰물 속으로 흩어졌다. 그러나 먼 길을 걸어 집으로 오는 중에 무리는 같은 뉴욕 시민으로 원자화되었다. 그들은 매력적이고, 별나며, 의욕이 넘치는 사람, 이웃, 원래의 친구, 동료, 연인들이었다.

10장

군중심리학에서 인종위생학까지

극우파의 의료화와 신新스페인

호안 라몬 레지나

우리는 민족적으로 개량되고
정신적으로 완벽한 스페인의 상위 계급을 옹호한다.
―안토니오 바예호 나헤라, 『인종위생』(1934)

질료가 주형에게 반역하다

『사회과학과 행동과학 국제백과사전』의 '대중사회'의 표제항에서 살바
도르 기네르는 호세 오르테가 이 가세트의 『대중의 반역』을 "그러한 현상
에 대한 최초의 완전한 해석"으로 묘사한다.[1] 대중사회에 대한 정의에서
오르테가가 가장 중요한지는 논란의 여지가 있지만,[2] '대중' 현상에 대한
이론가로서의 그의 중요성은 부정할 수 없다. 그 책의 독창적인 부분은
조금밖에 없지만 19세기 군중심리학의 요소들과 그의 귀족적인 역사관
을 결합함으로써 그는 스페인과 라틴 아메리카 정치에 모호하기는 하지
만 영향력 있는 유산을 남겼다.

모호함은 이 현상에 대한 오르테가의 묘사에서부터 시작되는데, 그

---

1 Salvador Giner, "Mass Society: History of the Concept", eds. Neil J. Smelser and Paul B.
Baltes, *International Encyclopedia of the Social and Behavioral Sciences*, vol.14, Amsterdam:
Elsevier, 2001, p.9370.
2 가령 파울 라이발트는 테오도어 가이거의 책 Theodor Geiger, *Die Masse und ihre Aktion*,
Stuttgart: Ferdinand Enke, 1926을 "최초로 시도된 대중사회학"이라고 부른다(Paul Reiwald, *Vom
Geist der Massen: Handbuch der Massenpsychologie*, Zürich: Pan-Verlag Zürich, 1946, p.306. 따
로 명기되지 않았으면 모든 번역은 인용자의 것이다).

는 처음에는 이 현상을 양적인 측면으로 이해한다. 그의 '대중'에 대한 개념은 다중(또는 군중)의 선先정치적인 개념과 공간적인 집합체의 교차점에서 나타난다. 그러나 그는 곧 다중과 그것이 책임감을 느끼지 않고 이용하는 문명을 예리하게 구별하면서 질적인 정의로 이동한다. 갑작스럽게 그리고 예기치 않게 자신의 공간에 거주했던 사람들과 집단이 그곳을 이탈하여 유입되면서, 다중이 불쑥 생겨났다. 온통 뒤죽박죽이고 사납게 날뛰는 대중은 사회적 공간을 차지하면서 가시화되었다. 그 어떤 공간이 아니라, 이전에는 소수의 특권층을 위해 마련되었던 최상의 장소들이다. 오르테가가 대중의 양적이고 시각적인 측면이 아니라 그 사회적이고 도덕적인 측면을 강조하며 '대중의 반역'으로 묘사한 것은 바로 이러한 제자리에 있지 않음이다.[3] 이제 대중이 최상의 공간을 차지한다면 그들이 사회적 권력에 올라 사실상 새로운 패러다임의 결정자가 되는 일이 뒤따를 것이다. 오르테가는 이것을 인정하기는 하지만(*RM*, p.11) 대중의 정통성, 아니, 새로운 공존의 원칙을 창조할 그들의 능력에 이의를 제기한다.

오르테가는 베르너 좀바르트에게서 대중을 비정형의 양적인 축적과 활기 없는 무리로 보는 발상을 발견했다. 1924년에 좀바르트는 "사람들은 '대중'을 근대 대도시의 서로 관련이 없고 비정형인 인구의 집합체로 묘사하는데, 이들은 내적인 연계가 전혀 없고 정신, 즉 신에게서 버림받고서 순전한 단위들의 활기 없는 무리를 형성한다"라고 썼다.[4] 또 한편으로는 초기의 대중심리학자들은 대중을 원시주의의 폭발로 보는 오르

---

3 José Ortega y Gasset, *La rebelión de las masas*, Obras completas, vol.4, Madrid: Revista de Occidente, 1957, pp.141~310. 영문판은 익명으로 번역되었다. *The Revolt of the Masses*, New York: W. W. Norton, 1932, p.13. 이후부터 *RM*으로 축약한다.
4 Werner Sombart, *Der proletarische Sozialismus*, vol.2, Jena: G. Fischer, 1924, p.99.

테가의 견해를 제시했었다. 가령 스키피오 시겔레^{Scipio Sighele}는 1891년에
대중 안에서 "원시적인 성향이 수세기에 걸친 교육의 축적된 결과에 대
해 승리를 거둔다"라고 썼다.[5] 오르테가는 이 초기의 대중 비평가들에게
서 두드러지게 아이디어를 얻었는데, 특히 귀스타브 르 봉에게서 그랬다.
『군중심리』에서 르 봉은 엄선된 소수의 문명화 역할과 군중의 파괴적인
행동을 모두 강조했다.[6] 시겔레와 마찬가지로 그는 군중의 퇴행적인 성
격을 언급하고 그들의 역할을 문명의 역사에서 야만적인 측면, 본능이 우
세한 측면으로 묘사했다. "더욱이 단지 인간이 조직된 군중의 일부를 형
성한다는 사실만으로도 개인은 문명화의 사다리에서 여러 단계 하강한
다. 고립되어야 그는 문명화된 개인일 것이다. 군중 속에서 그는 야만인,
즉 본능에 따라 행동하는 사람이다"(C, p. 32). 게다가 군중은 즉각적인 희
열을 요구하기에 사회적 중재의 노력을 불가능하게 만든다. "미개인처럼
(군중은) 그들의 욕망과 그들의 달성 사이의 방해물을 허용하지 않는다."[7]
오르테가는 훗날 야만인의 수직적인 쇄도의 개념에서 르 봉의 "문명화
된" 야만인을 적용하면서, 군중의 조바심을 무정부주의의 직접적 행동의
원칙과 연계한다. 오스발트 슈펭글러^{Oswald Spengler} 또한 『서구의 몰락』^{Der}
^{Untergang des Abendlandes}, 1918~1922의 말미쯤에서 이러한 생각을 표현했는데,
거기에서 그는 문명의 기반이 '아래로부터의 야만인'에 의해 약화되는
'대중의 시대'를 이야기한다.

5 Helmut König, *Zivilisation und Leidenschaften: Die Masse im bürgerlichen Zeitalter*, Reinbek
  bei Hamburg: Rowohlt, 1992, p.145에서 재인용.
6 Gustave Le Bon, *The Crowd: A Study of the Popular Mind*, New York: Viking Press, 1960, p.18.
  이후부터 C로 축약한다.
7 König, *Zivilisation und Leidenschaften*, p.147에서 재인용.

그러나 르 봉의 견해에 따른다면 개인은 군중에 합류하자마자 야만인이 되지만, 오르테가는 그 순서를 전도시켰다. 그에게 있어 대중에 대한 사회학적 문제는 대중이 개인들로, 모든 계급으로 거슬러 올라갈 수 있는 한 실재적인데, 그들 자체가 그들이 언제 군중에 합류했는지와 상관없이 '대중' 심리의 특성을 드러낸다. 오르테가의 지속적인 개인주의를 드러내는 질적인 관점은 '대중'의 양적인 경계를 무디게 만들었다. 그의 대중적 인간의 개념은 일정한 상황 속에서 군중이 그들 자신의 형성에 선행할 수 있다는 르 봉의 언급에서 뒷받침된다.

> 의식적인 인격의 소멸과 감정과 생각의 다른 방향으로의 전환은, 막 조직화되려는 군중의 주요한 특징으로, 한 장소에서 다수의 개인들의 동시적인 존재와 항상 관련되는 것은 아니다. 고립된 수천 명의 개인들은 특정한 순간에, 어떤 폭력적인 감정의 영향을 받아서—가령 거대한 국가적 행사에서—심리적인 군중의 특징을 획득할지도 모른다. 그런 경우에 단순한 기회가 그들을 한데 모아 그들의 행동이 즉시 군중의 행동에 고유한 특성을 띠게 만들기에 충분할 것이다. (C, p. 24)

"특정한 순간에, 어떤 폭력적인 감정의 영향을 받아서", "~지도 모른다"와 같은 수식어구들로 르 봉은 특별한 상황들이 때때로 그 외에는 완전히 이성적인 개인들을 군중으로 형성하게 만들 수 있었다고 조심스럽게 말한다. 르 봉이 특이한 순간이라고 말한 상황과 관련하여 오르테가는 지속적인 기질을 가정했다. "엄격히 말해서, 심리적 실재로서의 대중은 개인들이 대중의 대형으로 나타나기를 기다리지 않고도 정의될 수 있다. 개인의 존재에서 우리는 그가 '대중'인지 아닌지를 결정할 수 있다"(RM, p.14). 범주의 판단 가능성에 대한 그러한 믿음은 사회적 미래상보다는 존재론적 미래상을 만든다. 뿐만 아니라 오르테가의 사회적 경험세계는 공들인 사회학적 또는 심리학적 연구보다는 경험에 근거한 규칙에 의해 도출된다. 그저 그 사람 앞에 서 있는 것만으로도 우리는 그에게 사회의 적소, 즉 영웅들이 머무는 올림푸스나 일반 대중이 머무는 하데스를 할당할 수 있다고 오르테가는 생각한다. 마지막 분석에서 대중은 거대한 수의 문제이기를 멈추고 자기 고양의 문제가 된다.

> 그렇다면 나에게 있어 고귀함이란, 자신이 임무와 의무로 세워 놓은 것으로서의 자신의 모습을 넘어서기 위해 늘 자신을 능가하려고 애쓰는, 노력하는 삶과 아주 밀접하다. 이런 방식으로, 고귀한 삶은 외적인 힘이 그를 자기 자신으로부터 나오도록 강제하지 않으면 통계적으로 스스로에게 의지하고, 영속적인 부동 상태에 있게 되는 평범하거나 활기 없는 삶에 저항한다. 이런 이유로 우리는 대중이라는 용어를 이런 종류의 인간에게 적용하는데, 이는 그의 다수성 때문이라기보다는 그의 무력감으로 인한 것이다. (*RM*, p.65)

타율성은 오르테가의 대중적 인간을, 어떤 영향을 받지 않으면 꼼짝도 하지 않을 사람으로 정의한다. 대중은 역사의 무거운 짐이다. 그러나 이것은 역사를 전진하게 만드는 "자발적이고 풍부한 노력"un esfuerzo espontáneo y lujoso을 통해 자율적으로 움직일 수 있는 사람은 바로 희귀한 개인이라는 사실을 의미한다. 이와 대조적으로 대중은 소수의 사람이 형태를 만드는 행동을 기다리는 재료이다. "대중의 광경은 귀족의 진정한 사명감을 가진 사람이라면 누구라도 자극하고 흥분하게 만든다. 처녀 대리석의 모습이 조각가를 그렇게 만들듯이"(*RM*, p. 20). 오르테가의 거들 먹거리는 질료 형상론은, 미리 결정된 사명이라는 발상에 의해 정의되는 기이한 사회학적 범주를 이루는 계급 분할과 혼합된다.

그러나 주체성을 대중의 속성으로 돌리는 것에 의해, 오르테가는 대중의 시대가 그가 소수의 지배자와 결부시키는 바로 그 가치들의 절대적인 승리를 암시한다는 사실을 뜻할지도 모른다. 페터 슬로터다이크가 언급하듯이, 이 시기에 "귀족의 형이상학적인 특권——의지·지식·영혼——은 이전에는 단지 물질처럼 보였던 것에 침투하고, 예속되고 의식되지 않은 부분이 반대편의 명예가 될 권리가 지지된다".[8] 자신들이 '속하지 않는' 공간을 가득 채운 대중의 광경 속에서, 오르테가는 형태를 만드는 영혼의 반박의 여지가 없는 영광이 소수에게서 지금까지 물질적 실체 res extensae의 지위로 격하됐던 훨씬 큰 집단으로 넘어가는 것으로 인식했어야 한다.

대중을 그들이 마지막으로 나타났던 장소로 데려다 준 것은 분명 주체성에 대한 그들의 의지였다. 대중이 자신들을 움직이고 살아 있는 것으로 자각하게 될 수 있었던 극장과 포럼과 공적 장소로. 대중은 자기 존재를 통해 자기 매혹의 현기증을 경험할 수 있었다. 그리고 스스로에게 광경이 됨으로써, 대중은 그 매혹을 구현할 누구든 혹은 무엇이든 그것에 경의를 표하며 스스로에 대한 매혹을 객관화할 수 있다. 르 봉은 군중이 강력한 권위에 복종하는 것만큼 강렬하게 욕망하는 것이 없다고 주장했다. "자기 자신에게 내맡겨진 그들은 곧 무질서에 싫증을 내고 본능적으

---

8 Peter Sloterdijk, *Die Verachtung der Massen: Versuch über Kulturkämpfe in der modernen Gesellschaft*, Frankfurt am Main: Suhrkamp, 2000, pp.9~10.

로 노예 상태에 의존한다"(C, p. 55). 그리고 오르테가는 덧붙여서 예측한다. "머지않아 온 세상에서 무수한 개들의 울부짖음처럼 별까지 도달하고, 누군가에게 혹은 무엇인가에게 지휘를 맡기며 직업과 임무를 부과해 달라고 요구하는 어마어마한 비명을 듣게 될 것이다"(RM, p.136). 오르테가의 예언은 분명 실현되었지만, 그것은 결코 한 가지가 아니었다. 권위주의적인 정체가 이미 자리 잡았고——소련과 이탈리아, 스페인——오르테가는 그것들을 당연히 대중의 지배의 표현들로 이해했다. 그러나 오르테가의 자유주의는 평등주의적 민주주의와 거의 관계가 없었다. 그는 미국 사회에서 그가 맹렬히 비난한 문명의 위기의 패러다임을 보았다. "미국은, 어떤 의미에서 대중의 천국이다"(RM, p.116).

오르테가에게 핵심적인 정치적 문제는 어떻게 사회를 구성할 것인지가 아니라 어떻게 다수가 소수의 권위를 인정하도록 설득할 것인가였다. 르 봉은 대중이 비이성적이기 때문에 그들이 단순한 메시지의 반복과 생생한 상징적 언어, 필요하다면 속임수와 같은 최면적인 수단에 의해 영향을 받을 수 있다고 생각했다. 그는 최면 상태에 대한 당대의 연구로부터 선전적 사용을 도출한 첫번째 사람이었다. 그것의 잠재적인 정치적 적용에 있어 특별히 흥미로운 것은 최근에 발견된 **감응**fascination의 현상인데, 군중을 매료시킨 벨기에인 알프레트 돈트Alfred d'Hont, 일명 도나토Donato가 그의 최면 기법을 그렇게 칭했다. 매혹과 최면은 도나토가 한동안 토리노의 극장 무대에 출연했을 때 일어났다. 그의 공연에서 무엇이 그토록 특별했을까? 그의 많은 전임자들과 달리 도나토는 동원의 힘이나 예언적인 힘을 가졌거나, 몽유병 상태를 통해 그의 대상들에 영향을 미쳤다기보다는, 외부의 영향을 쉽게 받는 개인들의 신경 체계에 갑작스러운 접촉을 유도함으로써 충격을 줄 수 있는 날카로운 시선을 가졌다고 주장하였다. 그의 시선은 단지 촉매제로서 작용했기 때문에, 최면의 상태가 최면술사의 어떤 비밀스런 재능이 아니라 최면 당하는 대상들 자신의 특별한 나약함에 의해 유발됐다는 사실이 분명해졌다.

그러나 모든 대상들이 암시에 반응한 것은 아니었고 이 초자연적인 기이함은 곧 당시 최면술을 배우는 학생이었던 엔리코 모르셀리[Enrico] Morselli가 암시에 걸리기 쉬운 개인들의 병리화로 묘사한 것이 되었다. 이 사람들은 이제 자유의지가 부족한 것으로 보였다.[9] 내재적으로 의지가 가득 찬 사람과 선천적으로 의지가 없는 사람 사이의 이 새로운 구분의 정치적 결과는 쉽게 인지할 수 있었고, 모르셀리는 도나토의 최면의 광경을 그가 유럽 중심부의 정치적 위기로 본 것과 연계하였다.[10] 자유민주주의의 위기에는 물론 다양한 원인이 있었지만, 사회적 대변동이 이제는 자유의지를 무효화한 강력한 결정론에 의해 붕괴된 이성적인 주체의 위기에 의한 것이라고 밝힌 사람이 모르셀리뿐은 아니었다. 도나토의 공연과 같은 것들은 개인의 자율성이 얼마나 빈약하고 인격이 강력한 주체의 지배에 얼마나 취약한지를 보여 주었다. 도나토 공연의 목격자에게 가장 인상적이었던 것은 도나토가 그들에게 지시한 방심하지 않는 상태와 가장된 역할에도 불구하고 그의 대상들은 너무 쉽게 그들의 행동에 대한 제어력을 잃었다는 것이다. 심리학은 정치적 권력의 원천이 되었다. 이제부터는 지배가 암시의 형태로 드리워질 것이다.

모르셀리보다 33년 뒤에 쓴 오르테가의 책은 유럽이 어느 국가나 문

9 Suzanne R. Stewart-Steinberg, "The Secret Power of Suggestion: Scipio Sighele and the Post-Liberal Subject", *Diacritics*, vol.33, no.1, Spring 2003, pp.60~79.
10 *Ibid.*

화도 경험할 수 없었던 가장 심각한 위기를 겪고 있다는 주장으로 시작한
다(*RM*, p.11). 오르테가는 이 위기를 가리키는 "대중의 반역"이라는 용어
가 오로지 또는 주로 정치적인 것을 의미하는 것이 아니라 더 개괄적으로
사회적인 현상을 나타낸다고 경고했다(*RM*, p.11). 이 책의 뒤쪽에서 그는
"이 페이지들에서 내가 추구하는 주제는 정치적으로 중립적인데, 그것이
정치와 그 알력의 공기보다 훨씬 풍부한 공기를 호흡하기 때문이다"라고
주장했다(*RM*, p.96). 그러나 책이 진행되면서 오르테가의 성찰은 정치
에 대한 놀라운 존재론적 요구라고 할 수 있을 정도로 오해의 여지가 없
는 정치적 지평을 드러낸다. "정치는 과학적이기보다 훨씬 현실적인데,
인간이 의도하든 의도하지 않든 그것은 인간이 갑작스럽게 잠기게 되는
특별한 상황들로 구성되기 때문이다. 이런 이유로 그것은 누가 분명한 우
두머리이고 누가 기계적인 일만 하는 사람인지 더 잘 구별하게 하는 시험
이다"(*RM*, p.158). 그렇다면 정치는 피할 수 없는 것일 뿐 아니라 사회적
위계에 대한 오르테가의 인류학적 접근의 궁극적인 시금석이 된다.

오르테가는 그의 사회적 범주와 계급의 이분법 사이의 어떤 중첩도
부정한다. "사회를 대중과 엄선된 소수로 분할하는 것은 사회계급이 아
닌 인간의 계급으로 분할하는 것이며 '상층'과 '하층' 계급의 위계적 분리
와 일치할 수 없다"(*RM*, p.15). 그럼에도 불구하고 그의 용어들에서 각각
의 범주는 정치적인 것의 중심부에서 구체적으로 실현되는 것이 사실이
다. 그리고 다음 행에서 오르테가는 탁월한 소수가 지배적인 집단으로 결
정화되는 경향이 있다는 사실을 인정한다. 그는 귀족적인 원칙을 기초적
인 것으로 여기고 르 봉과 이 의견을 공유하는데, 르 봉에 따르면 "일정한
수의 살아 있는 존재들이 함께 모이자마자, 그들이 동물이든 사람이든,
그들은 본능적으로 자신들을 지배자의 권위 아래 둔다"(*C*, p.117). 오르

테가에게 "인간 사회는 언제나 의도하든 의도하지 않든 본질상 귀족적이며 극단적으로는 귀족적인 정책을 취할 때가 바로 사회이고, 귀족적이기를 멈출 때 사회이기를 멈춘다"(RM, p. 20). 사회는 자동적으로 최고에 의한 지배를 확립한다. 수직적인 구분이 없는 사회는 존재하지 않는다. 이것은 대중이 소수의 구성 의지를 인정하기를 거부함에 따라 사회의 토대가 위협받는 대중의 시대에도 진리로 남는다. 오르테가가 이 근본적인 법칙의 붕괴로 인한 정치적 결과에 이름 붙인 '무척추'invertebrate는 대중이 사회체가 되는 것을 가리키는 정치적 용어였다.

오르테가의 귀족은 단지 창조적인 개인이 아니라 대중을 형성하고 지휘하는 개인이다. 그는 사회 분야에서의 도나토에 해당한다. "초자연적인 매력의 힘을 기반으로 삼지 않은 귀족은 존재하지 않고 여태까지도 그래 왔는데, 그것은 순종적인 개인들이 본보기를 따르도록 이끄는 일종의 정신적인 만유인력 법칙이다"라고 그는 『척추 없는 스페인』에서 주장했다.[11] 자율성이 전혀 없는 대중은 그곳에서 엄선된 소수에 의해 "지휘되고, 영향을 받고, 대변되고, 구성된다"(RM, p.115). 이것이 대중의 운명이기 때문에, 그들이 은밀하게 외부의 의지에 의해 자신이 예속되는 것을 가장 욕망한다고 해도 놀라운 일이 아니다. 대중이 예속을 갈망한다는 르봉의 이해는 오르테가에 이르러서도 없어지지 않았는데, 그의 사회적 통합에 대한 공식은 집단 최면의 형태를 기초로 했다. 그의 "공동의 삶을 위

---

11 Jose Ortega y Gasset, *España invertebrada*, vol.3, Obras completas, Madrid: Revista de Occidente, 1957, p.105. 이후부터 *EI*로 축약한다. 영역본은 다음의 표제로 출간되었다. *Invertebrate Spain*, trans. Mildred Adams, New York: W. W. Norton, 1937. 이후부터 *IS*로 축약한다. 나는 때때로 『척추 없는 스페인』의 영역본을 수정하였고, 그것이 몇몇 구절을 삭제했거나 원문에서 크게 벗어났을 때는 참고하지 않았다. 그러한 경우 나는 스페인어판을 언급함으로써 원본을 참고했다는 점을 명시하였다.

한 암시적인 계획"proyecto sugestivo de vida en común(ES, p. 56; 애덤스의 적절하지만 잘 감지되지 않는 번역인 "고무적인 계획"[IS, p. 25]보다 더 직역이지만 더 정확한 번역)은 결코 그것 자체가 목표가 아니고 사회의 '자연스러운' 위계를 확보하고 보존하기 위한 수단이다. 이것은 사실상 본질적으로 이 계획이 일반적인 것이라는 사실을 의미한다. 중요한 것은 그것이 대중을 유인하는 데 성공한다는 사실인데, 도나토가 그의 대상들에게 부과한 역할이 무대 위에서 그들을 통제하려는 의도에 부수적이었던 것과 같다. 다시 한번, 오르테가는 르 봉이 명쾌하게 표현한 발상을 발견했다.

군중은 인민이 되었고, 이 인민은 야만적인 국가에서 출현할 수 있다. 그러나 인민은 오랜 노력과 필연적으로 반복되는 투쟁, 그리고 무수한 재개 후에 이상을 획득할 때에만 국가에서 완전하게 출현할 것이다. 어떤 유형의 이상인가는 그다지 중요하지 않다. 그것이 로마에 대한 숭배이든, 아테네의 힘이든, 알라신의 승리이든, 그것은 형성되고 있는 인종의 모든 개인들에게 정서와 생각의 완벽한 통일을 부여하기에 충분할 것이다. (C, p. 205)

"정서와 생각의 완벽한 통일"은 국가에 대한 오르테가의 생각에 밀접하게 대응한다. 인종, 혈통, 지리, 사회계급은 그에게 있어 시민권을 결정하는 요소가 아니다. 바로 국가의 계획에 대한 신봉이 시민권을 결정한다(RM, p.171). 이제 왜 오르테가가 국가의 대규모 사업과 기꺼이 공동으로 작업해야 한다는 사명과 조건부의 시민권·정치적 주체의 권리의 측면에서 국가를 생각했는지가 분명해진다. 국가의 대규모 사업에 대한 대중의 전원일치의 참여가 집단적인 암시의 형태를 전제로 하기 때문에, 국가의 계획이 "암시적"이어야 한다는 오르테가의 중요한 단서는 일정한 형태의 '빵과 서커스'panem et circenses를 시사한다. 통합적인 계획은 대중의 소리로 가득 차야 하지만 무슨 일이 있어도 그것은 대중 자체에 의해 결정되어서는 안 된다. 대중은 선천적으로 자기 결정적일 수가 없고, 그들을 그의 상상의 본질로 유혹할 역사적인 천재를 항상 기다린다.

오르테가는 르 봉으로부터 카이사르——오르테가는 그를 "가장 위대한 상상의 산물"로 칭한다(RM, pp.155~156)——가 대중의 지도자의 전형적인 예라는 생각을 빌려 온다. 르 봉에게 있어 "군중에게 소중한 영웅의 유형은 항상 외관상 카이사르의 모습이다. 그의 휘장은 그들의 마음을 끌어당기고 그의 권위는 그들을 위압하며 그의 칼은 그들에게 두려움을 불어넣는다"(C, pp.54~55). 이것이 바로 오르테가의 "암시적인 계획"이 제국적인 계획으로 판명되는 이유이다. "삶의 일정표가 없는 제국은 존재하지 않는다. 더 정확히는, 제국적인 삶의 일정표가 없는"(RM, p.144). 국가는 그것의 확장 능력에 따라 존속하거나 멸망한다. 분명한 침체기에도 국가는 항상 "다른 민족을 정복하고 식민지를 세우며, 다른 국가와 연합한다. 즉, 매 시간 그것은 그 통일체의 중요한 원칙으로 보였던 것을 넘어서고 있다"(RM, p.163). 그 과정이 역행될 때, 국가는 분열의 시기에 진입하고 불가피하게 쇠퇴한다. 오르테가의 '무척추' 개념은 인민이, 그들이 형성하는 이상을 소모해 버리고서, 전형적인 군중의 아노미 상태로 떨어지는 국면에 대한 르 봉의 묘사에 공명한다. "인민과 통일체, 전체를 구성했던 것은 결국 응집력을 잃고 한동안 전통과 제도에 의해 인위적으로 결합되는 개인들의 집합체가 된다"(C, p.206).

오르테가에 있어 역사의 큰 무대에서 대중과 엄선된 소수의 사회적 구분은 대중적 인간과 역사의 활기 없는 질료에 작용하는 위대한 국가들 사이의 제국적인 구분으로 변형된다(*RM*, p.134). 제국은 필연적으로 역사상의 천재에 의해 움직이게 되는 거대한 대중의 결과이기 때문에 이러한 움직임에 대한 오르테가의 지지는 대중에 대한 경멸을 기초로 하는 대중운동에 대한 생각의 일부가 된다. 곧 이러한 생각은 파시즘으로 결정화될 것이다. 오르테가의 역설은 그가 파시즘을 대중사회의 구현으로 비난하면서도, 그것의 이데올로기적 체계의 본질에 동의했다는 데 있다. 이와 동일한 모호함이 그의 국가에 대한 개념을 특징지었다. 한편으로 그는 그것을 위대한 개인의 자율성에 대한 가장 큰 위험으로 간주했다. 다른 한편 그는 그것을 위대한 인간의 의지의 가장 분명한 구현으로 간주했다.

독자들이 『대중의 반역』의 카이사르적인 함축을 고려 대상에서 제외하는 것은 항상 가능할 것이다. 그럼에도 불구하고 '암시적인 계획'에 대한 더 냉담한 관점은 『척추 없는 스페인』을 특징짓는데, 이 책은 스페인의 응집력 부족은 공공연하게 그것의 확장적인 이상의 소멸 때문이라고 말한다. 오르테가가 『대중의 반역』에서 이 이전의 작품을 반복해 언급하는 것은 그가 그것을, 계속해서 그의 마음에 자리 잡았던 권위와 국가의 형성, 대중 통제의 문제에 대한 유효한 서두로 간주했다는 사실을 나타낸다. "우리는 민족 국가의 비결을 생물학적이거나 지리적인 특성을 가진 외부적인 원칙들 속에서가 아니라 국가로서의 특별한 영감, 그리고 그 자체의 고유한 정책 속에서 탐색하기로 결정해야 한다"(*RM*, p.169)라는 그의 주장에도 불구하고, 『척추 없는 스페인』의 니체 철학적인 함축은 계속해서 대중을 통해 국가를 나타내는 그의 접근법을 특징짓는다. 두 책 모두 19세기 말 이후의, 즉 유럽의 보수주의자들이 대중의 존재를 위험으로 느끼기 시작한 때에, 군중의 규제에 전념했던 다수의 다른 저작들과 같은 태도를 취했다.

오르테가는 미국인 번역가가 불필요한 것으로 여겼던 역사적 일화에서 자신의 대중에 대한 관점의 정수를 드러내었다. 1759년 찰스 3세의 선언을 기념하는 안달루시아 니하르 지방의 사람들은 군주제의 광란에 사로잡혀 지역의 곡물 창고와 식료품점, 결국에는 모든 사적인 소유물까지 파괴하였다. 오르테가는 그의 자료가 사제 무리가 여성들에게 가정의 모든 물건을 제물로 바치도록 강요했다는 것을 보여 줌에도 불구하고, 이 지역의 거대한 포틀래치[축하연]의 원인이나 권력 구조를 분석하지 않는다. 그는 단지 비꼬는 투로 "훌륭하다 니하르! 미래는 당신들의 것이다!"라고 언급한다.[12] 그러나 오르테가는 이 기이한 집단행동의 배경을 규명하지 않았지만, 이 안달루시아의 시골에서 박봉과 식료품의 높은 가격으로 인해 20세기까지 계속해서 대중의 분노가 폭발한 것이라는 사실을 알고 있다. 이 일화는 모순적이게도 오르테가가 배고픈 주민들이 빵집을 파괴하며 종종 반역을 일으킬 것이라고 언급하는 구절에 덧붙여져 있다.

그는 대중을 육체적으로 활성화시키는, 미쳐 날뛰며 재산을 때려 부수는 대중의 전형적인 가치에만 관심이 있기 때문에 다음의 사리에 맞는 에피소드를 들려주지 않는데, 거기서 군대는 부대 간 거리를 회복하기 위해 이 지역으로 행군하여 잔혹한 진압을 통해 대중의 수를 줄였다. 오르테가에게 있어 이 두 형태의 파괴는 너무 달라서 서로 비교되지 않는데, 그럴 만한 이유가 있다. 폴 코너튼이 지적하듯이 "대중의 파괴성은 군대의 그것과 같지 않은데, 후자는 유용하게 적의 타도를 목표로 한다".[13] 코너튼의 의견은 프로이트가 군대를 대중 형성의 전형으로 사용하는 것에 이의를 제기하기 위한 것임에도 불구하고 그것은 군대가 폭력에 마구가

12 Ortega y Gasset, *La rebelión de las masas*, p.179n1.

채워지고 조정된 대상에 맞서도록 방향이 바뀐 대중이라는 사실을 부각시키는 가치가 있다. 이런 견지에서 볼 때, 오르테가가 대중을 폭동을 일으키는 사람들에 견주는 것은 공동의 행동을 위한 '암시적인 계획'의 암시가 대중을 계급으로 만들려는 전략이라는 점을 드러낸다. 이 지점에서, 그의 유기체적인 은유는 새로운 의미를 띠게 되는데, 대중과 관련된 육체의 재현이 최대한의 접근성에 근거하기 때문이다. 그 근접함 속에서 모든 장소는 교환될 수 있는데, 누구도 다른 누구의 위나 아래에 서지 않고 누구도 접촉이 불가능하지 않기 때문이다. 이와 대조적으로 군대는 권위의 축을 따라 척추골이 서로 떨어져 있게 하는 '척추동물'이다. 꼭대기에 있는 머리는 지도자의 예지력 있고 최면적인 권력을 나타낸다. 육체의 은유를 지형적으로 변형하면 머리는 바로 종족적인 의미를 갖는다. 오르테가는 "오직 카스티야인의 머리만이 통합된 스페인의 커다란 문제를 이해하는 데 필요한 특별한 기관을 담고 있다"라고 말한다(*EI*, p. 61).

오르테가는 헤겔의 귀족과 노예 사이의 투쟁의 개념을 대중과 엄선된 소수의 갈등으로 변형했다. 그러나 이러한 변증법이 그가 독일의 낭만주의 사상을 수정한 것의 전부가 아니다. 루마니아를 잡종이고 약화된 독일 정신의 영토로 보는 피히테의 개념을 따라서(*IS*, pp. 70~71) 오르테가는 6세기 이베리아 반도에 들끓던 서고트족 무리를 쇠퇴기의 독일(*IS*, pp. 75~76), 그러나 여전히 스페인의 "수직적인" 통합의 대장장이로 묘사했다. 정복자와 정복당한 자 사이의 원초적인 구분은 오르테가에게 근대

---

13 Paul Connerton, "Freud and the Crowd", eds. Edward Timms and Peter Collier, *Visions and Blueprints: Avant-Garde Culture and Radical Politics in Early Twentieth-Century Europe*, Manchester: Manchester University Press, 1988, p.202.

유럽 국가들의 영속적인 구조로, "그들의 역사적인 생물학의 일반적인 특징"으로 보였다(*IS*, p. 75). 또한 생물학적 법칙에 따르면 다수의 패배한 자들을 형성하는 것은 정복자의 특권이었다. 이런 이유로 오르테가는 서구 규범의 불완전한 실현을 스페인 정복자의 불충분한 의지 탓으로 돌렸다. 그들의 철저한 로마화로 인해 생긴 부드러움은, 원심적인 개별주의가 강조하는 선들로 이뤄진, 십자형으로 얽힌 국가 조직의 잘못된 토대가 발생한 원인으로 여겨질 것이었다. 스페인은 인종적으로 건강했던 적이 결코 없었기 때문에 타락했다고 말해질 수 없었고 그것의 만성적인 질병의 징후는 수직적으로는 카스트 사회로서,[14] 수평적으로는 카스티야 중심지에 위치한 최고 기관에 의해 지배되는 방사상의 영토로서 충분히 위계화되지 못했다는 점이었다. 궁극적으로 오르테가에게 있어 권위는 핵심적인 정치적 문제였고 사회의 특성에 대한 최후의 시험대였다. "누가 지배해야 하는가? 게르만인의 대답은 매우 단순하다. 할 수 있는 사람이!" 그리고 그는 분명하게 말한다. "나는 권리를 힘으로 대체하려는 것이 아니고, 자신의 의지를 타인들에게 강요할 수 있다는 점에서 그가 다른 사람들보다 가치 있고 그러므로 지배할 자격이 있다는 반박할 수 없는 징후를 파악하는 것이다"(*EI*, p. 115; 영역본에서는 삭제된 구절이다). 그렇다면 힘은 인간의 의지에 찬 결정에 의해서가 아니라 논쟁의 여지가 없는 상황의 힘에 의해서 생기는 권리다.

---

14 오르테가는 그가 귀족주의와 대중이라는 단어를 사용하는 것이 반드시 계급의 구분을 함축하는 것이 아니라고 주장한다. 그가 생각하는 것은 불안정한 근대의 계급 범주보다 훨씬 덜 유동적인 것이다. 그의 대중적인 인간과 상류층의 인간은 타고난 특성이며, 그것은 불변의 우주의 법칙에 따라서 그 일원들에게 지도나 복종의 운명을 예정한다. 그들 사이의 거리에는 다리가 놓일 수 없고 사회적 문제는 그러한 거리를 삐뚤어지게 부정하여 생기는 결과다.

오르테가의 '프로이센주의'는 거의 분명히 좀바르트의 『상인과 영웅』에 대한 '애국적인 성찰'과 특별히 『부르주아』의 영향을 받았는데, 그곳에서 좀바르트는 자본주의의 역사를 영웅적인 것의 점차적인 소멸과 대중의 증가하는 우위로 묘사한다. 영웅주의를 소수의 미덕으로 본 좀바르트의 개념은 상류층에 대한 오르테가의 정의와 유사하다. 또한 오르테가의 대중에 대한 정의가 전개될 방향을 안내하는 것은, 이전에는 제한적이었던 제도(자본주의와 같은)의 법칙이 필연적으로 대중의 본능과 능력으로 이양된다는 좀바르트의 생각이다.[15] 좀바르트에게 군사 조직은 대중을 거대한 행진 행렬로 만듦으로써 대중의 무서운 모습으로부터 사회를 구하는데,[16] 이것은 우리가 이미 오르테가의 국가 대중을 위한 "암시적인 계획"에서 접한 생각이다. 좀바르트는 상업을 병리화하여 영국 사람들을 상업적인 정신의 구현으로 거듭 비난하는 반면, 독일 사람들을 "영국의 질병"[17]에 일시적으로 전염되었지만 전前 자본주의적인 군사적 이상에 충실한 것으로 보았다.[18] 그리고 오르테가는 "산업의 윤리는 …… 전사의 윤리에 비해 도덕적으로 그리고 생명상 열등하다"라고 주장하며 인민의 "역사적인 특성"을 전쟁에서 그들의 군대의 수행으로 측정한다(EI, pp. 57~58; 둘 다 영역본에서는 삭제되었다).

뿐만 아니라 오르테가는 좀바르트의 자본주의와 전 자본주의의 이분법의 민족주의적 투영을 이베리아의 상황으로 변형시켰고 스페인의

---

15 Werner Sombart, *Der Bourgeois*, München: Duncker and Humblot, 1913, p.461.
16 Werner Sombart, *Händler und Helden: Patriotische besinnungen*, München: Duncker and Humblot, 1915, pp.107, 120.
17 *Ibid.*, p.99.
18 König, *Zivilisation und Leidenschaften*, p.186.

통합이 카스티야의 우월한 역사적 특성 덕분이라고 말한다. 매파의 카스티야는 스페인의 건강의 보증인이었고 산업적인 카탈루냐는 국가 조직 전체에 퍼질 조짐을 보이는 개별주의적인 무질서의 초점이었다. 오르테가는 좀바르트의 발자국을 따라서 문화적이고 사회경제적인 격차를 다양한 반도의 사람들 사이의 인종적인 활기의 정도의 차이로 변형시켰다. "카스티야가 스페인을 만들었고 카스티야가 그것을 다시 원상태로 되돌렸다"(IS, p. 38). 그러나 카스티야는 국가적 에너지를 깨우고 스페인의 사명을 되찾을 임무가 아직 남아 있다. 타락의 원인이 스페인의 "역사적인 생물학"(IS, p. 80)에 대한 독일의 투입이 미약하다는 데 있다고 진단하며 오르테가는 합스부르크 왕가의 제국주의를 인종적인 미덕과 동일시하는 지형을 만들었다. 또한 그가 악명 높게 물리력을 "위대한 역사적 수술"la gran cirujía histórica(EI, p. 57)이라고 부를 때, 의학적 은유의 사용을 통해 곧 주변부의 민족을 향해 분출할 민족주의적인 폭력을 사전에 정당화했다. 대중이 그들의 최면술사를 열광적으로 따르지 않을 때 물리력이 암시의 작업을 수행하기 위해 개입한다. 오르테가는 설득력 있는 이유들을 통해 저항을 제거하려고 노력하는 것은 헛된 일이라고 말한다(EI, p. 57). 우리는 왜 그런지를 알고 있다. 대중은 영원히 몽유병적인 상태에 살고 있고 표면적인 주장에 복종한다. 마찬가지로 외국에 의해 그들에게 부과된 멍에를 거부하는 사람들은 "대중적인 영혼의 표면에 있는 집단적인 편견"에 의해 지배된다(IS, p. 26).

오르테가의 스페인 독자층은 그가 마음속에 소위 카탈루냐의 문제를 갖고 있었다는 것에 의심을 품지 않았을 것이다. 개별주의는 스페인의 해체 이유였고, 그것은 온 국가가 척추 없는 대중이 되는 것을 막기 위해 수술의 개입이 필요할 것이라는 주장에 이른다. 르 봉은 왜 국가적 단위가 쇠퇴하고 무너지는지를 설명했다. "그들의 이상의 점진적인 소멸로 그 인종은 점점 더 그들에게 응집력과 통일성, 힘을 부여했던 특성들을 잃어버린다"(C, p. 206). 스페인의 병폐에 대한 오르테가의 진단 메시지는 그에게 꼭 어울린다. (언제나 유기적인 전체의 종속된 일원으로 필연적으로 이해되는) 주변부의 부상은 오해의 여지가 없는 붕괴의 징후이자 통합적인 의지 약화의 징후였다. 하지만 오래된 제국의 이상은 소생될 수 없었고 새로운 이상이 발견되어야 했다. 그러나 오르테가는 일종의 카스티야의 머리들만이 만들어 낼 수 있는 계획을 처방하였으므로, 공동의 삶을 위한 그의 암시적인 계획은 과거에 대한 동경으로 인해 계획이 수포로 돌아갈 위험을 무릅쓴 것이었다.

그렇다고 해도 만약 이 계획이 성공하지 못하고 모든 사람을 유혹하지 못한다면 카스티야의 위엄 있는 미덕에 의존할 수 있을 것이었다. "공동의 삶을 위한 암시적인 일정표를 발명할 수 있는 천재는 항상 어떻게 이 일정표의 효과적인 상징이자 가장 큰 홍보가 되는 모범적인 군대를 구축해야 하는지를 알고 있다"(EI, p. 59; 영역본에서는 삭제됐다). 계획을 강요할 수 있는 군대를 구축할 수 있는 능력은 상류층의 우월한 생명력의 궁극적인 증거였다. 그의 생물학적인 비유를 계속하면서 오르테가는 "생명력"을 정의하길 "건강한 세포가 다른 세포를 생기게 하는 힘이고, 생명력 역시 위대한 역사적 제국을 창조하는 신비한 힘"이라고 했다(IS, p. 76; 번역이 조금 수정되었다). 인종의 건강은 국가 조직의 독일적 세포의 전이적인 힘에 의존적이었지만, 그것은 또한 세포의 혈장에게 모범적인 군대를 명하는 신비로운 힘에도 의존적이었다.

별 노력 없이 계급 없는 실력주의의 개념이 되어 버리는 모호한 귀족주의를 향한 오르테가의 간청은 그가 스페인의 자유주의자들 사이에서 상당한 정치적·철학적 힘의 원천을 유지하도록 도와주었다. 그러나 이러한 모호함은 그의 대중에 대한 비평과 제국주의에 대한 그의 철학적-역사적 지지가 가장 반동적인 경향의 스페인 사상을 충족시키는 것을 막지 못했다. 반자유주의적인 지식인들은 오르테가가 대중의 반역으로 이해되는 대중사회에 대해 갖는 악의와 국가 간의 경계의 영속적인 극복을 토대로 하는 그의 과도한 민족주의를 강화하였다. 전前 부르주아적인 이데올로기와 혼합하여 이 생각들은 퇴행적인 재탕으로 결합되었는데, 이것을 우익의 새로운 지식인들은 지도자 숭배라는 벽난로 장식과 부르주아 사회에 대한 깊은 증오로 장식했다. 르 봉은 부르주아지를 지도력이 없는 무가치한 것으로 인식했고 그 역할을 담당할 카이사르 같은 인간을 요구했다. 마찬가지로 오르테가는 대중의 제국으로 부르주아 지배를 무너뜨렸다(*EI*, pp.126~127; 영역본에서는 삭제된 구절이다).

스페인의 파시즘은 오르테가의 국가적인 역사 철학에 크게 빚졌다. 프랑코는 그 자신이 영화 「인종」*Raza*, 1941의 대본에서 오르테가에게 공명하는 것으로 보이는데, 이것은 독재자가 상류층의 일원으로 선발되는 상황의 각색된 이야기를 묘사한다. 영화 속에서 프랑코는 스스로 영웅적인 (그리고 광적인) 지휘관인 호세 추루카 역을 맡았다. 스페인과 마찬가지로 추루카 가문은 호세의 군사적 이상과 그의 형의 부르주아적 가치관 사이에 존재하는 가치관의 갈등으로 양극화되어 있다. 그의 형이 카탈루냐 공화국——제멋대로인 대중의 수호자로 종종 드러나는——에서 공직을 맡고 있기 때문에 이 갈등은 영토적인 차원을 띤다. 폴 프레스턴은 영화의 제목이 나치즘에 대한 프랑코의 심취를 반영했다고 믿지만,[19] '인종'

---

19 Paul Preston, *Franco: A Biography*, New York: Basic Books, 1994, p.418.

la raza에 대한 망상은 오랫동안 스페인의 보수적인 사상에 널리 퍼져 있었다. 오르테가가 산업 윤리보다 군사 윤리의 지위를 높인 것은 프랑코와 같은 직업장교의 비위를 맞출 수 있었고, 힘에 대한 의지의 인종적 원천은 프랑코에게 주목을 받지 않을 수 없었다. 오르테가는 전통적인 상태를 개혁하려는 부르주아지의 노력은 헛된 것이라고 선언했는데, 그의 견해에 따르면, 부가 사회를 주도하는 것으로 보이는 시기는 과도기적이고, 그들의 평등주의적인 이상은 곧 새로운 위계적 충동에 의해 대체되기 때문이다.[20] 미겔 프리모 데 리베라Miguel Primo de Rivera의 독재 정부 시기인 1927년에 쓰인 이 말들은, 카탈루냐 부르주아지의 부상하는 영향력과 이에 수반하는 조직화된 노동의 부상으로 특징지어지는 시기가 종료되는 시점에서의 그의 안도를 드러냈다. 이것은, 그의 방식대로 설명하면 반역적인 대중이 정치 무대에 오른 시기였다.

스페인의 파시즘은 대중의 저급한 가치관과 개인주의를 융합하였고 오르테가가 그 나라에서 그리워했던 위계적 척추를 기꺼이 제공하였다. 대중사회에 대한 오르테가의 생각의 대부분이 유래했던 중앙 유럽과 유사하게 스페인의 반동적인 사상은 정치적 삶에서 가장 공격적인 개입을 정당화하기 위해 대중을 병리화하고 사회를 의료화하는 의학적이고 생물학적인 용어를 효율적으로 사용했다.

1870년대와 제1차 세계대전 사이의 제국주의적인 풍조에서 특히 번영했던 생물학적인 은유에 대해 군중심리학은 특정한 집단과 범주들의 '허약한 주체성'에 대한 은유로서의 심리적 전염, 감정적인 감염의 발상

---

20 Ortega y Gasset, "Los escaparates Mandan", *España invertebrada*, vol.3, Madrid: Revista de Occidente, 1957, p.461.

을 통해 기여했다. "군중의 견해와 믿음은 결코 추론에 의해서가 아니라 전염에 의해서 특별히 선전된다"라고 주장한 사람이 르 봉만은 아니었다 (C, p.128). 스페인에서 이 원칙은 공산주의나 생디칼리슴과 같은 정치적 형태의 '대중의 반역'이 개인들을 체질상의 심리적 허약함으로 시달리게 만드는 대중 전염의 사례들이었다는 믿음을 유발하였다.

'대중' 개념이 언제나 경멸적이었다면 이제 특정한 대중들의 탓으로 돌려지는 병리학은 "건강하"고 유순한 대중들의 존재를 암시했다. 반역적인 대중에 대한 그의 유명했던 통렬한 비판이 있기 수년 전, 오르테가는 단도직입적으로 그들의 실존주의적인 과제는 지도자를 인정하는 것이라고 정의했다. "대중의 임무는 다름이 아니라 바로 그들보다 더 나은 사람들을 따르는 것이다"(EI, p.126; 영역본에서는 삭제된 구절이다). 대중의 극복하기 어려운 고분고분함을 발견하면서 파시즘은 자신의 존재 이유를 찾아냈다. 비정형의 길들여지지 않은 대중으로부터 파시즘은 자기 억제와 권리 포기를 특징으로 하는 국가 조직을 만들어 내야 했다. 질료는 형상을 기다렸고, 우생학 원칙이 요청에 응하며 떠올랐다.

인종우생학

유전학이라는 용어가 영국 귀족이자 찰스 다윈의 조카인 프랜시스 골턴 Francis Galton에 의해 1880년대에 만들어진 순간부터, 그것은 사회적 다윈주의로 알려지게 된, 생물학의 영향을 받은 사회관과 관련되었다. 새로운 '과학'은 경제적 근대화의 경쟁적인 인생관에 동의한 사회들에 빠르게 침투했다. 세기 전환기부터 1930년대까지 우생학은 북아메리카, 유럽, 그리고 세계의 다른 지역들을 통해 퍼져 나갔다. 국가들은 선택된 계급의 출생률을 높이고 부정적인 대상으로 겨냥된 집단의 생식 작용을 좌절시키거나 완전히 막기 위해 우생학 정책을 발전시켰다. 제1차 세계대전이 일어나기 직전 브루노 라퀴어Bruno Laquer는 대중적 저널 『신경과 정신적 삶의 연구 분야에서의 문제: 모든 계급의 교육받은 사람들을 위한 개인 연구 발표』Grenzfragen des Nerven und Seelenlebens: Einzeldarstellungen für Gebildete aller Stände에 게재된 자신의 글 「우생학과 열생학」Eugenik und Dysgenik, 1914에서 이 원칙의 목표를 나타냈다. 공익을 위해 이야기하면서, 라퀴어는 상류층에게 새로운 과학이 "당분간은 우생학의 원칙에 따라서 개인의 배우자를 선택해야 하는 의무를 교화시킨다는 의미에서만" 존재한다는 점을 단언하는 것으로 결론 내렸다. 그러나 낮은 계층에게 그것은 "그리 멀지 않은 미래에 제한적이고 수세대에 걸칠 우생학의 구성"을 의미할 것이다. 저자에 따르면 이 정책은 "나쁘고 부적절한 종자를 기반으로 하여 유전적으로 발달하는 반사회적인 혈통을 제거하는 것"을 수반한다.[21]

초기에, 우생학은 알프레트 플뢰츠Alfred Ploetz가 자신의 책인 『우리 인종의 건강과 약점의 보호』Die Tüchtigkeit unserer Rasse und der Schutz der Schwachen, 1895에서 만든 용어인 인종위생학이라는 발상과 같은 것을 의미하게 되었다. 내과의사이자 경제학자인 플뢰츠는 사회적 다윈주의의 발상을 인종적인 사고의 지형에 도달하게 했고, 인종적인 위생학을 독일의 인종적인 순도와 더 높은 수준의 "국가의 건강함"을 위한 전제 조건으로 제시했다.[22] 인종위생학이라는 용어는 뮌헨의 의사인 빌헬름 샬마이어

21 Till Bastian, *Furchtbare Ärzte: Medizinische Verbrechen im Dritten Reich*, München: C. H. Beck, 1995, p.24에서 재인용. 강조는 인용자.
22 *Ibid.*, pp.22~23에서 재인용.

Wilhelm Schallmayer가 1916년에 발표한 책의 제목에서 다시 나타났다. 바로 『우리에게 인종위생학이 필요한가?』*Brauchen wir eine Rassehygiene?*이다. 샬마이어는 "인종의 번영에 결정적인 것은 자손의 양뿐 아니라 그들의 질, 인종적 건강함이다"라고 진술했고 "열등한 생식 세포는 민족의 번식과 관계가 없어야 한다"라고 결론지었다.[23] 세기말과 퇴폐의 관련성으로부터, 국가들 사이의 경쟁에서 성공하려는 목적에서 사회의 생물학적인 동원이 생겨났다. 의사들은 자신들을 이 비정한 진화론적 전쟁을 위한 전략의 설계자로 지명했다. 부인과 의사들은 특히 유전학자가 규정한 원칙들의 집행자로 이해되었다. 이미 1894년에 알프레트 헤가[Alfred Hegar]는 자신의 책 『성적 본능』*Der Geschlechtstrieb*에서 "열등한 자들", 즉 정신 장애자와 농아, 맹인을 포함한 계급뿐 아니라 "본능적인 범죄자"로 간주되는 사람들 사이의 결혼을 차단할 것을 제안했다. 그리고 1913년에 막스 허쉬[Max Hirsch]는 인종위생학을 부인과 의학에 적용하는 연구에서 이른바 유전적인 질병을 가진 여성을 영구적으로 불임이 되게 만드는 것을 옹호했다. 그의 생각에 다양한 정신병들뿐 아니라 알코올 중독, 폐결핵 후기, 매독, 빈혈증도 유전되는 것이었다. 그는 의학이 본능을 인도할 수도 있다고 희망하는 것으로 결론을 내리는데, 그 결과 사람들은 "더 건강한 자손의 증식을 위해 육체적으로 그리고 정신적으로 열등한 사람들을 거부하고 …… 일종의 열등한 일원들을 쫓아낼" 것이다.[24] 점차 확장되는 인종의 의료화에 참여했다는 사실이 1933년 이후에 비유대계 백인이 아니라는

23 *Ibid.*, p.23에서 재인용.
24 Peter Schneck ed., *Medizin in Berlin an der Wende vom 19. zum 20. Jahrhundert: Theoretische Fachgebiete*, Husum: Matthiessen, 1999, p.121.

이유로 그가 박해받고 추방당하는 것을 막지는 못했다.

제1차 세계대전 무렵, 의학은 의학 외적인 가치관으로 형성된 세계관에 복종하였고 국가에 대한 비공식적인 자문의 역할을 확보하였다. 위기에 시달리는 바이마르 공화국에서 의사들은 우생학 논쟁의 분위기를 고조시켰고 의무적인 불임 시술과 "선천적으로 열등한" 사람들의 감금을 요구했다. "독일 국민의 사회적 질병"[25]을 야기하는 위험한 유전자를 보유한 일부 개인들은 국민의 삶에 생물학적으로 참여할 자격이 있는 사람과 없는 사람으로 구분되었다. 나치 정체의 공고화 이후에 "사회적으로 이채를 띠는 것"은 유전적인 것으로 진단되었고, 함부르크에서 1939년 8월 31일의 "유전의 관리"[Erbpflegeverordnung] 조례는 고아들을 "교육에 저항하는" 어린이, 불임 시술을 받을 수밖에 없는 기소될 수 있는 사람, 매춘부, 일부 재소자 들로 표현했다. 또한 불임 시술의 조례에 포함되는 이들은 특별한 기술이 없거나 반숙련의 노동자로 일하는 기능 장애의 개인, 만성적으로 아픈 사람, 지적 장애아, 장애인들이었고, 완전한 생산력이 없는 것으로 여겨지는 사람은 누구든지, 또한 그러한 상태로 빠지기 쉬운 것으로 인식되는 사람은 누구라도 포함됐다. 질병에 걸린 사람들은 대개 낮은 계급의 사람들이었다.[26]

20세기 초반 이후에 독일 의학의 점차 권위주의적이고 인종적으로 기울어진 특성을 고려할 때 처음부터 의사들이 히틀러의 추종자들 사이에서 과도하게 대표되었다는 사실은 놀랍게 다가오지 않는다.[27] (허약한)

25 Christiane Rothmaler, "Zwangssterilisationen nach dem 'Gesetz zur Verhütung erbkranken Nachwuchses'", eds. Johanna Bleker and Norbert Jachertz, Medizin im 'Dritten Reich'(2nd ed.), Köln: Deutscher Ärzte-Verlag, 1993, p.137.
26 Ibid., p.143.

인간의 육체를 돌보는 일에서 국가 조직 또는 정치체Volkskörper의 자칭 관리인으로서 행동하는 것으로의 이행을 수월하게 해준 것은 당시 만연했던 두드러진 사회적 은유의 유기체론이었다. 그러나 의사들이 우생학을 신봉한 열정은 과학적인 증거보다는 국가적인 임무라는 발상에 대한 메시아적인 믿음으로부터 비롯됐고, 그것은 1920년대의 정치적·경제적 불경기에서 비옥한 토양이 발견된다. 제국주의의 부상과 항상 동반했던 섭리주의providentialism는 이제 국가적 운명이 되었다. 그리고 1924년 『민족적 임무의 의미』*Der Sinn der völkischen Sendung*라는 제목으로 발표한 소책자에서 국가의 사회주의적인 발상에 메시아적인 기독교 신앙을 불어넣은 것은 내과의사인 구스타프 손더만Gustav Sondermann이었다.[28]

우리가 보았듯이, 오르테가는 대중이 예정된 사명을 갖고 있다는 생각을 이미 밝혔는데, 그것은 국가적 삶을 위한 '암시적인 계획'이 엄선된 소수에 의해 확립되는 것이라고 열렬하게 받아들이는 데 있다. 본질적으로 '암시적인 계획'은 인종적 대표를 수반할 필요가 없다. 공동의 목표를 이용하여 국가적 대중을 주조한다는 발상은 피히테의 『독일 국민에게 고함』에서 전개된 문화적 민족주의의 중심부에 존재한다. 첫번째 연설에서 피히테는 공동의 문화적 목표를 민족성을 위한 토대로 제안했다. "새로운 교육을 이용해 우리는 독일인을 공동의 조직으로 주조하기를 원하고, 그것은 공동의 이익에 의해 모든 각각의 일원들 안에서 자극되고 활기를 띠게 될 것이다."[29] 피히테가 민족적 우월성의 보고로서 문화와 무엇보다

27 Hans-Henning Scharsach, *Die Ärzte der Nazis*, Wien: Orac, 2000, p.16.
28 *Ibid.*, p.18.
29 Johann Gottlieb Fichte, *Addresses to the German Nation*, trans. R. F. Jones and G. H. Turnbull, New York: Harper and Row, 1968, p.12.

언어에 의존한 것은[30] 프랑스의 정복자들에 의해 독일이 정신적으로 흡수되는 것을 막기 위한 것이었다. 그러나 이 생각이 오르테가에게 이를 무렵에는, 독일의 민족주의적 사상이 니체의 대중에 대한 경멸을 전유했고 강자에 대한 다윈적인 정당화와 인종적 우월성의 원칙과 결합됐다.

따라서 '인종'의 개념——'대중'이라는 사회학적 개념에 대한 생물학적 등가물——은 스페인의 파시즘 담론에서도 특징을 이루었다. 그러나 스페인에서 인종이라는 단어는 생물학 이전의 의미를 유지했고, 과학적인 세계관이 국가에 침투하기 어렵다는 것을 드러내었다. 그런데도 나치스가 우생학을 인종적 정화의 프로그램으로 바꿔 놓고 있던 1930년대에 몇몇의 스페인 의사들이 우생학을 채택하면서, 유사과학과 전통주의의 기이한 혼합이 생겨났다. 정신과 의사이자 자신의 책 중 하나를 '영예로운 스페인 군대'에, 또 다른 책을 '무패의 제국의 카우디요Caudillo'에게 헌정한 스페인 국민운동의 열광적인 추종자인 의사 안토니오 바예호 나헤라는 스페인의 '인종'을 재건할 목적으로 광범위하게 독일의 우생학을 차용했다. 오르테가가 바예호의 인종적 사상에 미친 영향은 바예호가 인구의 유전적인 '다수'에는 냉담하면서 엄선된 소수의 생물학적 조건은 흡수한 데서 발생한다. 그러한 깊은 보수주의는 스페인의 파시즘이 '국가적 혁명'을 수행하는 데 실패한 것을 설명해 준다. 나치 이데올로기는 스페인 파시즘을 근대화의 수사로 장식했지만, 스페인은 대중의 넘쳐 오르는 근접성에 대한 오르테가의 공포와 사실상 관련시킬 수 있는 자본주의적 발전 단계로부터 여전히 멀리 있었다.

---

30 Antonio Vallejo Nágera, *Higiene de la raza: La asexualización de los psicópatas*, Madrid: Ediciones Medicina, 1934, p.8. 이후부터 *HR*로 축약한다.

'과학'과 민족적인 의미의 단어인 **인종**을 조화시키려는 시도에서, 바예호는 우생학과 인종위생학 사이의 구분을 나치스에게서 가져왔다고 말했다. 우생학은 아마도 생식의 관례에 개입함으로써 전 국민의 유전적인 건강을 보존하려고 했던 것으로 보인다. 인종위생학은 우월한 개인을 강화하려는 것으로, 유전학자의 도움보다는 사회적 원동력의 도움을 지원을 필요로 하는 출산 후의 목표였다. 그러나 바예호는 어떤 개념에도 등을 돌리기를 꺼렸던 것 같은데, "우리는 생물학에서 양이 질을 배제한다는 것을 믿지 않기 때문에, 엄선된 개인들의 번식력을 자극하는 것에 토대한 긍정적인 우생학을" 장려한다.[31] 그와 초인Übermensch을 옹호하는 다른 스페인의 주창자들이 생물학에 살짝 접근하긴 했지만, 그들은 인종적 투쟁의 중심지로서의 스페인 역사의 도덕적·문화적·형이상학적 특성을 강조하면서 사회적 다윈주의를 전통적인 권위주의에 맞게 각색했다. 그들이 나치스의 더 세속적인 인종주의를 피한 것은 스페인 문화에서 인도주의적인 계층이 지속되었던 덕분이라고 종종 말해진다. 더 설득력 있게는 근대 스페인의 인종주의가 무기력과 향수에서 생겨났다는 사실 때문이며 이 상황들은 그들이 고상한 이상주의에 머물도록 만들었다.

　나치 독일과 파시스트 스페인의 비교를 통해서, 유사한 이데올로기가 다른 문화에서 얼마나 다른 결과를 가져올 수 있는지를 알 수 있다. 이 두 운동 모두 역사적 의고주의에서 정당성을 추구했지만, 정반대 방향으로 그렇게 했다. 나치스가, 묄러 판 덴 브루크Moeller van den Bruck가『제3제국』Das dritte Reich, 1923에서 선언했던 세번째 제국을 창조함으로써 현재와 신성로마제국과 1918년 이전의 독일 제국의 '연속성'을 보존하려고 분투

31 *Ibid.*, p.60.

했다면, 팔랑헤당^{Falange}의 당원들은 유토피아적 상상력이 부족하긴 했지만 역시 자신들의 원칙을 제국적인 정비라는 몽상으로 채웠다. 그들의 파시스트 복장은 도시의 대중들을 끌어들이지 못했고, 그들의 사회적 기반은 여전히 카스티야의 지방 소도시의 발전이 더딘 프티부르주아였다. 그들이 가진 것은, 흩어져 사라진 영광과 함께 꿰매진 시대착오적인 제국이었다. 그것은 세계 지배에 대한 향수로 이루어졌고, 지방의 소수의 지식인들이 근대화에 대한 그들의 분개를 가라앉히기 위해 의존했던 기괴한 망상이었다. 도시의 대중과 그들을 탄생하게 한 산업보다 근대성을 더 잘 상징하는 것은 없었다. 나치즘 또한 천년왕국설의 믿음에 기댔지만, 스페인의 상상력과 다르게 그것은 기술적인 후진성을 정신적 우월성으로 변형시키지는 않았다.

독일에서 인종주의는 육체에 관심을 '가져야만' 했는데, 근래에 통일된 여전히 확장적인 국가는 민족적인 독일 대중이 거주할 대지의 병합을 고대했기 때문이다. 정치체^{Volkskörper}에서 민족정신^{Volksgeist}을 구현하는 것은 구체적으로 제국^{Reich}의 물리적인 확장에 의해 측정될 수 있었다. 독일에서 독일 정신^{Deutschtum}의 개념은 한스 그림이 1926년에 '영토 없는 민족'이라고 칭한 사람들의 거주지의 확장과 불가분하게 연계되었다.[32] 이와 대조적으로 스페인에서 인종주의는 확장적인 국가 조직에 의존할 수 없었다. 오르테가는 스페인을 침식하는 대중들을 비난했고, 또한 적응하지 못한 뼈대만 스페인에 남긴 국가적 타락을 비난했다. 적절한 구현이 이루어지지 않자 스페인의 인종주의가 이상화되었지만, 제국의 도랑은 역사적으로 저지되고 있었다. '스페인성'^{Hispanidad}은 '독일 정신'과 마찬

32 Hans Grimm, *Volk ohne Raum*, München: Albert Langen, 1926.

가지로 생물권의 인종적인 통제를 수반했다. 그러나 제국의 물리적인 토대를 되찾는 것이 불가능했기에 스페인의 인종주의는 육체보다는 영혼에 대한 권리를 주장했다.

히스패닉계의 육체를 정치적으로 재결합할 수 있다는 희망 없이, 스페인의 파시즘은 애니미즘적인 등가물을 얻으려고 분투했다. 제국의 육체가 이제 도달할 수 없는 것이었기에, 히스패닉계의 인종은 정신에서 위안을 구했다. "인종은 정신이고, 스페인은 정신이며, 히스패닉 세계는 정신이다"라고 바예호는 내전으로 이어지는 의기양양하던 시절에 주장했다.[33] 질료로부터 단절된 오르테가의 대중은 그들에게 지정된 역사적 사명으로 그들의 '대중적' 특징을 만회하였다. 히스패닉계의 이상 때문에 그들은 형이상학적 실체의 영역에 존재한다. 이제부터 군중은 야만스러운 자연 상태로부터 벗어나 국민이 될 것이다. 바예호의 언어는 오르테가의 언어보다 훨씬 더 격렬했지만, 특정한 모티프를 유지한 것은 틀림없다. 오르테가가 대중에게 처방한 '암시적인 계획'은 다름 아닌 1898년 이래로 스페인의 영혼을 맴도는 유령 같은 제국이었다.

스페인의 파시즘은 오르테가의 대중과 정신적인 소수의 구분을 확장했고, 세계를 물질적인 관심사에 의해 지배되는 국가, 소위 부르주아 민주주의와 축의 권력에 의해 지배되는 국가로 나누는데, 후자는 새로운 카이사르의 의지에 의해 형성된 대중이 제공하는 광경에서 정신성이 발생한다. 그러한 정신의 위업은 건강한 인종에 의해서만 달성될 수 있고, 바예호는 1934년에 인종위생학 정책을 요구하며 바로 오르테가의 '암시

---

33 Antonio Vallejo Nágera, *Eugenesia de la hispanidad y regeneración de la raza*, Burgos: Editorial Española, 1937, p.114. 이후부터 *EH*로 축약한다.

적인 계획'을 스페인 사람을 척추 없는 대중에서 국민으로 전환시킬 수 있는 이상으로 처방했다.

> 우리 스페인 사람들은 우리의 역사적 발전에서 인종의 미래를 향해 극도로 허약하고 위험한 단계에 이르렀다. 우리는 세계의 가장 위대한 지역을 지배하는 실증주의적이고 유물론적인 흐름이 우리를 휩쓸어 가도록 허용하거나, 아니면 독일과 이탈리아 국민에 합류하여 우리가 거대한 영토를 문명화하는 것을 가능하게 했던 인종적이고 정신적인 가치관의 회복을 요하는 무대로 돌아갈 것인데, 이 영토는 한 세기 동안의 실질적인 독립 이후에도 여전히 인종적이고 문화적인 유대에 의해 모국인 스페인에 소속되어 있다. (*HR*, p.1)

유물론에 대한 비난은, 오르테가의 말처럼 카이사르의 제국이 엄청난 환상의 과시였다는 것과 마찬가지로 스페인의 제국이 이타적인 사업이었다는 기이한 주장의 일부였다. 그것은 미개한 땅의 원료에 영향을 주는 순수한 정신이 된다는 것인데, 스페인이 세계 역사상 국가들의 가장 독점적인 클럽의 회원이라는 것 이상의 증거가 있을까? 아메리카 원주민을 정복한 시기 이래로, 기독교의 전도라는 발상은 백인의 책무에 대한 스페인적인 해석이었다. 파시즘은 이 이데올로기를 인계받았지만, 스페인은 정치적 헤게모니를 상실하였기에 정신을 과도하게 강조하였다. 무슨 희생을 치러서라도 제국을 되찾아야만 한다. 물질적으로 안 된다면 관념적으로라도 말이다. 스페인은 대륙 전체의 대중들을 하나의 인종으로 형성하면서, 여전히 그들에게 정신적인 지도력을 행사할 수 있었다.

우리의 애국주의, 국민운동^{Movimiento Nacional}을 촉구한 애국주의는 히스패닉적 생각의 보편적인 가치관을 세계적 규모로 소생시키려는 욕망 때문에 더 강해진다. 우리의 애국주의는 히스패닉적인 생각이다. 우리는 이제 히스패닉적 생각을 위해 교전 중이고, 우리가 평화를 달성할 때 우리는 히스패닉 정신에 몰두하고 그러한 정신을 확장하려는 열의를 가진 신스페인을 세울 것인데, 이것이 우리 제국주의의 본질이기 때문이다.[34]

세계가 스페인이 집착한 전근대의 가치를 인정하도록 만들어야 한다. 그 이전의 미겔 데 우나무노^{Miguel de Unamuno}처럼 바예호는 부르주아 민주주의의 우월한 물질문화를 퇴폐의 징후로 재평가했다. 『스페인 세계의 우생학』에서 그는 노골적으로 근대사회를 공격했다. "유아기부터 인간은 근대 사회가 토대로 하는 산업 문명의 도그마와 유물론적 원칙으로부터 해방되어야 한다"(*EH*, p. 97). 이유는 분명했다. 산업화는 대량 판매 시장을 필요로 하기 때문에 평등주의적인 원칙을, 장기적으로는 민주주의 국가를 전제로 했다. 분명 독일의 산업적 힘은 그들의 군사적 힘의 전제 조건이었고, 아우토반과 폭스바겐을 가진 히틀러는 바예호의 과격한 반모더니즘을 결코 지지하지 않았다. 그러나 히틀러는 독일의 산업 부르주아지를 구속하고 재정적인 과두제를 억제한 기사로 보일 수 있었다. 바예호에게 있어, 물질주의를 예시한 것은 독일이나 이탈리아가 아니라 앵글로색슨 '인종' 그중에서도 특히 거만한 양키였다. 오르테가는 미국을

---

34 Antonio Vallejo Nágera, *Sinfonía retaguardista: Conferencias en retaguardia*, Valladolid: Talleres Tipográficos Cuesta, 1938, p. 13. 이후부터 *SR*로 축약한다.

"대중의 천국"이라 불렸고, 바예호는 대중적 인간을 현대판 야만인이라 칭한 오르테가의 정의를 이용하면서 "부분적으로 문명화된 양키 사회"가 그들의 조상인 부족의 본능에 의해 만들어졌다고 단언했다(*HR*, p.8).

이러한 심리적 성질 때문에, 이 가장 정신적이지 못한 국민은 처음으로 불임법에 의한 인공적 선발을 도입했고 이렇게 하여 자신의 퇴락을 개시했다(*HR*, p.121). 독실한 가톨릭교도였던 바예호는 산아 제한을 잘못으로 여겼다. 그는 인종적 선발에는 반대하지 않았지만 그의 제국주의는 인구의 증가를 필요로 했다. 그래서 그는 인구의 생식기에 개입하기를 꺼렸는데—생식 양식에는 그렇지 않았지만—그는 자신의 "완전한 차별"의 원칙을 통해 그것을 수정하려고 했다.

히스패닉 사상가 집단—미겔 데 우나무노와 멕시코인 호세 바스콘셀로스José Vasconcelos, 그리고 오르테가 자신—과 조화를 이루어, 바예호는 근대성의 고갈 속에서 스페인의 세계관이 입증될 것이라고 예측했다.『스페인 세계의 우생학』에서 그는 중남미 국가들에게 미치는 영향력에 있어 스페인의 경쟁 상대인 국가는 곧 타락할 것이라고 주장했다. "물질주의의 실패는 거대한 북미 국가에서 두드러지게 보이는데, 그 국가는 모든 국가 중에 가장 부유하고, 가장 민주주의적이고, 군사적으로 가장 강력하며, 그 국가의 세계관과 행복에 대한 생각에서 나오는 수렁 속으로 막 가라앉으려고 한다"(*EH*, p.97). 르 봉은 대중적 민주주의와 물질적인 허식을 국가의 몰락의 분명한 징후로 여겼다. "대중들이 최고의 권력을 지니고, 야만이 서서히 증가한다. 문명은 표면상의 위장, 오랜 과거의 성과를 갖고 있기 때문에 여전히 훌륭한 것으로 보일 수 있지만, 실제로 그것은 서서히 무너져 폐허가 되고 있는 체계이며, 떠받치고 있는 것이 없고, 폭풍우가 한 번 불면 몰락할 운명이다"(*C*, p.207). 그래서 스페인의 우익들은 민주주의의 역사적인 종말에 전적으로 희망을 걸었고, 완전히 정신이 나가서, 파시즘에서 새로운 우주의 패러다임을 보았다. 의사인 안토니오 데 라 그란다와 에두아르도 이슬라가 쓴 『생명정치』에서 발췌한 다음 인용구는 이전 시기에 오르테가에게서 방향을 제공받았고 이제는 극우파가 마음대로 이용할 수 있게 된 많은 아이디어들로부터 만들어졌다.

다시 한번 우리는 헬레니즘과 고대 로마의 정신과 대면하는데, 부상하는 독일-로마 세계는 권력에 대한 의지와 활력의 변증법적 종합을 보유하고, 러시아-앵글로-색슨 세계는 물질주의적 합리주의를 갖고 있다. 전자의 승리는 그들이 역사의 변증법적인 인식을 대변한다는 사실에서 보장된다. 합리주의적 대립에서 활력의 변증법적 종합으로의 이행은 인간과 국가의 계속되는 정신적 변형과 일치한다. 합리주의, 고상한 개인주의, 자유와 민주주의, 자연과학의 전능함 …… 이 모든 것들은 낡고, 불완전하고, 무능한 것 같다. 다소 강렬하게 새로운 공통된 정서가 서유럽 사람들을 동요시킨다. 이 정서는 다시 한번 삶과 믿음을 마음대로 이용할 수 있는 철학과 과학이 더 나은 운명에 있게 한다. 그것은 교회와 국가 사이의 진심 어린 결합을 촉진한다. 그것은 피, 인종, 가족의 중요성을 강화하고 다양한 사람들을 모아서 하나의 사명을 가진 제국으로 조직한다. 순수 이성은 의지에 굴복하고 국가들은 세계를 정복할 각오를 한다. 제국, 카이사르, 효율적인 현실정치Realpolitik는 모든 사람들이 느낄 수 있고 모두가 성마른 희망을 품고서 갈망하는 것이다.[35]

---

35 Antonio de la Granda and Eduardo Isla Carande, *Biopolítica: Esquema dialéctico de la historia*, Madrid: Ediciones Patria Hispana, 1942, pp.434~435. 이후부터 *B*로 축약한다.

데 라 그란다와 이슬라는 바예호의 인종 타락 이론에 공명했다. "국가가 자신의 본질과 자신의 생물학적 기질에 맞지 않는 관습을 받아들일 때, 그것은 치명적으로 퇴락하"(B, p. 354)며 선언된 민주주의——다수의 독재 정부——는 "생물학적으로 받아들일 수 없다"(B, p. 277). 또한 바예호에게 인종적 선별의 유일하게 신뢰할 수 있는 형태는 과두정 또는 귀족정의 "자연스러운" 결과뿐이었다(HR, p.118). 르 봉과 오르테가로부터 그는 대중이 엄선된 소수의 창조적인 노력을 통해서 인종으로 격상될 수 있다는 것을 배웠다. 오르테가 자신이 "인종의 개량"을 유발하기 위해 "선별의 긴급한 과제"에 호소했다(EI, p.128; 영역본에서는 삭제되었다). 그에게 그러한 긴급 과제는 "인종 정화와 개선"을 위한 유일하게 신뢰할 수 있는 방법이었다(IS, p.87). 오르테가의 단서를 따라, 바예호는 생물학적인 우생학보다 개별적으로 지도하는 '인종 관리'를 더 원했다. "진정한 인종위생학은 선별된 개인들을 창조하는 것을 장려하는 데 있다." 세계는 자연적으로 대중과 소수로 구분되기 때문에, 인종위생학은 오로지 둘 사이의 상관관계를 보존하는 것을 지향해야 한다. 바예호는 민주주의가 종의 열등한 일원들이 자신의 길을 찾아 정상에 오르게 될 위험성을 제시하기 때문에 민주주의를 혐오했다(EH, p.127). 그는 민주주의가 경쟁을 자극함으로써 선별을 강화할 가능성이나 위계적 사회가 침체될 가능성은 생각하지 않았다.

스페인은 침체된 사회의 명백한 사례였고, 바예호는 스페인의 영향력이 부족한 것을 인종적 악화의 확실한 징후로 보았다. 그는 "저능함"이 증가하고 있고 스페인 인종은 소멸할 지경에 있다고 여겼다(EH, p.7). 스페인 인종은 합스부르크 왕조의 최후 이래로 몰락해 왔고 신생의 민주공화국하에서 빠르게 종말에 다가가고 있는 중이었다. 이 기간 대부분 동안 스페인에 절대적인 통치자가 있었다는 사실은 중요하지 않다. 정부의 구조는 옳았을지 모르지만, 국가의 지배자 자리를 침략한 부르봉 왕가라는 외국의 물결에 의해 국가 조직이 감염되었다. 바이러스처럼, 이 이질적인 피는 스페인의 피보다는 오히려 인종적 미덕의 근원인 스페인의 사상을 타락시켰다(*EH*, p.109). 주의 깊게 보면, 민주주의적 발상의 확산이 스페인성이 자신의 존재론적 임무를 배신한 것의 원인임이 드러난다. "지난 2백 년 동안 우리는 우리가 동원할 수 있는 모든 힘을 갖고 우리 자신이 되려고 노력하는 대신, 우리가 아닌 것이 되려고 노력함으로써 우리의 정신을 잃어버렸다"(*EH*, p.112). 다른 말로 하면, 스페인성은 아메리코 카스트로가 훗날 "자신의 삶을 망치면서 사는 것"이라고 칭한 존재적 태도가되어 있었다.[36]

그보다 수십 년 전 미국과 스페인 사이의 전쟁이 발발하기 전날 앙헬 가니베트는 스페인이 운명 지어진 방향을 일탈했다는 견해를 밝혔다. 『에스파냐 정신고』에서 가니베트는 국가적 삶의 집중을 통해 이러한 역사적 일탈로부터 구제되어야 한다고 요구했다. 그는 또한 스페인을 정신적인 파탄에서 구하기 위해서 독재자를 요구했고 "백만 명의 스페인인을 늑대에게 던질" 필요가 있다고 표현했다.[37] 가니베트와 특별히 라미로 데 마에스투의 뜻을 따라서, 바예호는 그들의 견해에 의학적 박식함의 외관을 부여했고 반동의 과학적 변명을 제공했다. 그는 "생물학적인 이유로, 내전 기간 동안 우리는 독재 정치와 통일된 명령을 원한다"라고 썼다.[38]

인종적 타락에 대한 바예호의 처방은 그의 진단의 결과이다. 스페인

36 Américo Castro, *La realidad histórica de España*, México: Porrúa, 1982, p.63.
37 Angel Ganivet, *Idearium español: El porvernir de España*, Madrid: Espasa-Calpe, 1957, p.30.

은 종교적인 믿음의 기반과 제국적인 의지를 되찾아야 한다. 조제프 드 메스트르와 도노소 코르테스^{Donoso Cortés}, 칼 슈미트^{Carl Schmitt}와 같은 보수주의자들과 함께 반공화적이고 독재적인 바예호는 모든 것을 권위의 문제에 걸었다.

> 우리는 히스패닉 인종을 부패시키고 가장 비참한 타락으로 이끄는 유해한 세균에 대해 위생 전쟁을 시작해야 한다. 요점은 단순히 15세기나 16세기의 인본주의적 가치관으로 돌아가자는 것이 아니다. 우리는 그것들을 인민의 사상과 습성·행동 안에 재도입해야 하는데, 도덕적 환경을 정화하고 유전자형이 타락하지 않도록 보호하기 위해 표현형을 심리적으로 강화하려는 목적에서다. 인종 정치는 생물학과 위생학이 가르치는 모든 것을 포함하지만, 가장 높은 목표는 철학에 근원을 둔 문명을 획득하고, 위생학을 인민을 위한 건강한 도덕성으로 바꾸는 것이다. (*EH*, pp.109~110)

바예호의 담론은 의사 치곤 기이한 것이었다. 그는 의학적 용어를 공격적인 이념소^{ideologeme}에 비유하는데, 그것은 결국 대중을 위한 충격적인 치료법을 제안하는 것에 이른다. 전통의 지속성에 유념하는 르 봉은 유전을 사회적인 수정의 신뢰할 수 있는 유일한 수단으로 강조했다(*C*, p.82). 이것은 대중을 생동감 있게 만들려는 이상을 위해서 그것이 국가

---

38 Antonio Vallejo Nágera, *Psicopatología de la conducta antisocial*, San Sebastián: Editorial Española, 1937, p.52. 이후부터 *PCA*로 축약한다. Ramiro de Maeztu, *Defensa de la hispanidad*, Madrid: Editorial Fax, 1934를 보라.

적으로 축적된 과거에 공명해야 한다는 것을 뜻한다. 혁명적인 변화는 오직 사회적 유기체를 손상시킬 수 있을 뿐이었다. 그러므로 과거의 보수적인 제도화가 인민에게 가장 잘 봉사했다(C, p.83). 오르테가는 영국이 군주제를 보존하고 혁명에 대한 연속성의 원칙에 반대한다고 칭찬했을 때 정확히 똑같은 주장을 했다.[39] 그에 맞춰 스페인의 팔랑헤당은 스페인성을 제국적인 제도와 다시 연결하려고 시도했고, 오르테가가 주장했듯이, 연속성이 인민의 **모든** 과거의 보존을 암시한다는 사실을 간과했다.

바예호는 전통적인 카스티야 가치관의 위생적 혜택에 대해 매우 확신하여 그것을 보편적으로 주목하지 않을 수 없는 것으로 만들기를 희망했다. 그는 그것을 공산주의의 위협을 피하는 유일한 수단으로 제시했는데, 덧붙여 말하자면, 그것은 훗날 프랑코가 미국의 비위를 맞추기 위해 취한 입장이다. "동양과 서양의 충돌을 피하려면 우리는, 연장자와 아직 덜 성장한 사람을 구별하긴 하지만, 모든 인간을 형제로 여긴 저 스페인 정신을 긴급하게 행성 전체에 소생시키고 확산시켜야 한다"(EH, p.112). **형제애**fraternité, 아니 그뿐 아니라 **평등**égalité에 대해서도 의심의 여지가 없었다. 대중과 엄선된 소수의 구분은 인종의 건강에 결정적이었다. 자유에 대해 말하자면 그것은 오직 소수의 지도와 기꺼이 따르는 대중의 마음 사이의 관계였다. 민주주의는 그 자체로 사회의 병적 상태의 근원이었다. "민주주의는 모든 나라에서 병적인 경향을 해방시켰고, 우리가 국가의 민주주의적 지수라고 부를 수 있는 것과 정확하게 비례하여 범죄를 증가시켰다"(EH, p.129).

---

39 Ortega y Gasset, "Prologue for French Readers", *La rebelión de las masas*, pp.137~138. 영역본에는 포함되지 않았다.

처음에 스페인의 파시즘은 공산주의와 민주주의에 똑같이 적대심을 할당했다. 둘 다 대중의 승리를 상징했다. 둘 다 사회의 전통 구조를 무효화하고 세습된 위계질서를 시대에 뒤떨어지는 것으로 선언했다. 이 '비유들'에도 불구하고 최고의 인종적 위험에 대한 바예호의 인식은 내전 동안에 바뀌었는데, 소비에트의 무기 판매와 국제적인 대군의 존재를 통한 스페인 공산당의 활성화는 그로 하여금 인종적 발병에 대한 자신의 판단을 재평가하도록 했다. 전쟁 이전에 대중적 민주주의—스페인 보수주의에 대한 더 직접적인 위협—는 사회의 병적 상태의 책임을 갖고 있었지만, 서양의 민주주의가 스페인에게 등을 돌리고 공화정이 소련에 의존적이 되자 바예호는 자신의 표적을 조정했다. 전시에 쓰인 그의 책인 『반사회적 행동의 정신병리학』*Psicopatología de la conducta antisocial, 1937*에서 그는 혁명이 최고의 인종적 위협이었다고 주장했다. 그 증거로 그는 지도자와 영감을 주는 사람들의 병적인 심신의 기질을 지적했다.

프랑스와 러시아 혁명의 선동자와 지도자의 병적학^{病跡學} 연구는 루소, 로베스피에르, 마라, 에베르 등의 광기와 타락을 증명한다. 니체와 레닌은 전신마비를 앓았다. 알코올 중독으로 인한 타락은 러시아 인민 사이에서 매우 흔했다. 인간을 혐오하고 짜증을 잘 내며, 폭발하기 쉽고, 편집증적이며, 정신의 무력증일 뿐 아니라 거짓말쟁이에 동성애자인 사람들은, 특정한 역사적 순간에 권력을 장악해 대중에게 영향력을 행사할 수 있었고 국가 전체를 유혈의 혼돈으로 밀어 넣었다. 스페인의 맑스주의 혁명의 주창자가 가진 정신병리학적인 특징은 다른 혁명의 행위자들과 크게 다르지 않다. (*PCA*, p. 53)

이것들은 바예호에게 있어 대중의 반역의 결과였다. 대중이 자신의 주체성으로 향하게 하는 지름길이기는커녕 혁명은 비사회적인 개인들이 대중을 유혹할 수 있었던 역사의 일탈적인 순간을 특징지었다. 혁명이 발생하는 곳이라면 어디서든지 형태가 없고 기능 장애가 있는 사회조직이 발견된다. 그러나 타락은 인종적 혼란의 결과였던 만큼이나 원인이었다. 바예호에 따르면, 전복이 부정적인 인종적 요인으로 시달리던 국가를 장악했다. 혁명적인 이상과 인종적 타락은 항상 공존했는데, 둘은 서로의 결과였기 때문이다. 그렇다면 스페인의 쇠락은 혁명의 영광을 가져왔다. 그러나 이러한 예후는 인종위생학 일정표를 통해 피할 수 있었다.

우생학은 부정적인 인종적 요인을 제거해야 한다고 주장했지만, 바예호는 인종이 유전자가 아닌 전통에 근거한다고 믿었기에 엄선된 생식의 관행에 찬성하지 않았다. 그런데도 그는, 인종의 영성에 대해 주장했음에도 불구하고 관상학적 해석에 빠져들었다. 그는 몸의 형태와 심리적 기질의 관계에 대한 에른스트 크레치머Ernst Kretschmer의 이론을 거리낌 없이 바꾸었고, 육체적 외양과 이데올로기적 경향의 상관관계를 보여주었다. 결국에는 인종의 타락은 틀림없이 몸에 나타나고, 그래서 엄선된 천재들을 대중적 인간으로부터 구별하는 것은 분명 가능하다. 프랑코의 몸은 그에게 인종적 미덕의 본보기인 듯했지만, 아사냐Azaña는 반사회적인 행동의 경향을 나타냈다(SR, p. 21). 관상학자의 명민한 눈에는 이 각각의 몸이 경쟁적인 인종적 힘의 특성을 드러냈다. 상상력을 발휘하여, 바예호는 어떻게든 땅딸막한 카우디요에게서 고전적인 조화의 서사시적 이상을 보았지만, 공화국의 못생기고 안경을 쓴 인물은 반역적인 민중의 가장 저급한 열정을 나타냈다.

이 모든 것에도 불구하고 바예호는 미학보다는 장식에, 육체적인 아름다움보다는 사회적 질서에 관심을 가졌다. 유전학의 불확정성을 감안하면, 우생학자의 임무는 열등한 유전자를 제거하는 것이 아니라 계급의 비율은 고정되게 하면서 출생률을 증가시키는 것이다. 1932년에 그가 불임의 관행에 반대하는 글을 썼을 때, 그는 가장 커다란 인종적 위험은 상류층의 불충분한 생식에 도사리고 있다고 주장했다. "인종에 대한 위협은 퇴보한 개인들의 생식에 있는 것이 아니라 건강하고 재능 있는 개인들의 생식이 부족한 것에 있다. 인구는 모든 계급이 균형적으로 생식할 때 퇴보하지 않는다."[40] 그의 균형 잡힌 사회적 생식 이론에 따르면, 히스패닉 집단은 그것이 위계질서를 위험하게 두지 않을 때만 더 강해질 것이고, 그리고 이것은 내적인 항상성이 외적인 확장의 균형을 잡아 줄 때만 보장될 수 있었다(EH, p.117). 대중은 인종에 극히 중대했고, 인종의 건강은 그들이 인종적 가치에 기여함으로써 긴급한 선별의 과제에 복종하는 것을 필요로 했다. 그러한 목적에 도달하기 위해서는 유전적으로 손보려고 하는 것이 아닌 교화가 성공의 가능성을 드러냈다. 군중심리학은 바예호에게 대중이 감정의 조종을 당하기 쉽다는 사실을 가르쳐 주었다. 그 결과 그는 집중적인 선전을 권고하였고, 그것은 실제로 전쟁 후의 수십 년 동안 만연하게 되었다(SR, p.9).

오르테가의 반역적인 대중과 엄선된 소수의 이분법은 헤겔의 귀족과 노예의 우화를 비변증법적으로 각색한 것이다. 헤겔의 노예는 속박을 통해 뛰어난 의식을 발전시키지만, 오르테가의 대중은 합리적인 주관성을 획득하지 못하고 사려 깊은 의식으로 수립되는 어떤 행동에 대해

---

40 Antonio Vallejo Nágera, "Ilicitud científica de la esterilización eugénica", *Acción Española*, tomo.1, no.3, 1932, p.262.

서도 여전히 엄선된 소수에게 신세를 지는데, 이는 정확히 군대와 같다. 이에 반해 상류층은 자아 인식을 위해 대중을——그리고 대중과의 거리를——필요로 한다. "지휘하는 사람의 사회적 가치는 대중이 지닌 열정을 포용하는 능력에 달려 있다"(*IS*, pp. 61~62). 스스로의 인식을 통해 엘리트를 선언하는 것은 궁극적으로 대중들이다. 열정은 매혹과 유사한 비합리적인 상태로, 대중의 특성을 나타낸다. 그러나 그들의 본질은 여전히 그들의 수적인 힘이며, 그것은 소수의 인종적 합목적성에 매우 중요하다. 숫자에 대한 제국의 의존성은, 스페인의 낮은 인구통계에 의해 악화된 바예호가 불임에 대해 느끼는 혐오감과 '진정한' 인종 정치가 유전학자에 반대되는 것이라는 그의 주장을 설명해 준다. 사회적이고——생물학적 선발이라기보다는——그리고 특히 오랜 제국적 가치의 주입은 우수한 '생물형'이 다시 한번 번성할 것이라는 사실을 보증한다.[41]

바예호는 도덕적인 것과 생물학적인 것 사이에서 갈팡질팡했다. 나치의 위신은 스페인 파시스트들 사이에서 고조되었고, 그는 '인종적 오염원'을 확인하기 위해 권위가 떨어진 의학적 개념을 사용하는 데 몰두했다. 나치스가 그들의 선진의 암 연구를 그들이 원치 않는 사회적 집단에 대한 치명적인 은유의 원천으로 사용했고, 괴벨스가 반복해서 공산주의의 '암 종양'을 공격했다면,[42] 바예호 또한 히스패닉 집단의 건강을 밝히기 위해 '혈액 검사'를 수행했다. 1938년에 발행된 광란의 글에서, 그는 합리주의와 유물론에서 계급투쟁과 맑스주의, 스페인 공화국과 콘베르

---

41 Antonio Vallejo Nágera, *Política racial del Nuevo Estado*, San Sebastián: Editorial Española, 1938, pp.11~12. 이후부터 *PR*로 축약한다.
42 Samuel S. Epstein, "Critique of the Nazi War on Cancer", *International Journal of Health Services*, vol.33, no.1, 2003, p.172.

소^{conversos} ── 축출되지 않고 남모르게 기독교 문명과 서양 문화에 대항
해 활동하는 기독교로 개종한 유대인 ──에 이르는 모든 근대의 악을 추
적했다.[43] 다행스럽게도, 그는 같은 해의 다른 텍스트에서 유대인의 동족
결혼이 셈족의 피가 인종의 주류로 주입되는 것을 막았다고, 그러나 몇
방울은 허용했다고 주장했다. 무어인 '혈구'의 유입이 다소 높았지만, 스
페인 인종을 만들었던 혼합인 로마-히스패닉-고트족, 또는 현대 용어로
는, 이탈리아-스페인-독일을 바꾸기에는 충분치 않았다(PR, p.16). 그러
나 모든 것이 만족스럽지는 않았는데, 열등한 인종집단이 스페인의 혈통
을 해치지는 않았을지라도 그들이 스페인성의 '생물학적-정신적' 특성
을 해쳤기 때문이다. "인종을 짓누르는 원한과 분개, 열등함의 콤플렉스
는 먼저 유대인에 의해, 그 다음에는 무어인에 의해, 그 뒤에는 외국의 발
상에 매혹된 계몽사상가들과 합리주의자들의 영향에 의해 그 씨가 뿌려
졌다"(PR, p.18). 제국의 상실로부터 근대의 계급투쟁에 이르기까지, 유
대인, 무어인, 프랑스인 모두는 스페인의 불행에 대한 책임이 있었다.

전쟁이 일어나는 동안에, 바예호는 군대의 정신의학 서비스의 지휘
를 맡았다. 1938년 8월 23일에 그는 심리학 연구를 위한 밀실을 만드는
것에 대한 프랑코의 인가를 받았는데, "그것의 중요한 목적은 맑스주의
의 정신적-물질적 뿌리를 연구하는 것이 될 것이다". 바예호는 전쟁 포로
의 "생물학적-심리학적" 구성과 "맑스주의자의 정치적 광신" 사이의 관
계를 조사하려고 했다.[44] 그가 마음대로 처분할 수 있는 많은 수의 죄수들

43 Antonio Vallejo Nágera, "Maran-Atha", *Divagaciones intrascendentes*, Valladolid: Talleres
   Tipográficos Cuesta, 1938, pp.96~97.
44 Antonio Vallejo Nágera, *La locura y la guerra: Psicopatología de la guerra española*,
   Valladolid: Librería Santarén, 1939, pp.51~52.

은 바예호 대령에게 정신병리학과 맑스주의 사이에 관련성이 존재한다는 자신의 오랜 신념을 실험할 특별한 기회를 제공했다. 인체측정학의 도움을 받아서 그는 맑스주의의 '단순함'이 주로 정신적으로 지체된 사람들의 저급한 열정을 물질적인 충족의 가망성으로 재촉하여 유혹했다는 사실을—이것은 공산주의와 민주주의와 공유했던 전략이다—증명하는 일에 착수했다. 군중의 비합리성은(그리고 오르테가에 따르자면, 공산주의는 전형적인 대중주의였다) 오직 지적 장애자만을 끌어들일 수 있었다. 그리고 대중은 정의상 타성적이었기 때문에—더 나쁘게는, 암의 문제였기 때문에—그것은 강화된 물질적 생활에 대한 희망을 통해 퍼져나갔다.

이 가설에 대한 증명은 맑스주의자의 질환에 걸릴 경향이 있는 개인들을 조기에 탐지하는 것을 용이하게 할 것이고, 그들을 어린 나이에 분리하는 걸 가능하게 할 것이다.[45] 이 오싹한 제안은 주의를 끌지 못했다. 전후에 새로운 국가는 공화국 수감자의 자녀들에 대한 법적인 양육권을 행사했고, 그들에게 엄격한 인종적 가치를 재교육받도록 했다. 본국으로 송환된 아이들은 흔히 가족에게 가는 도중에 유괴되었고 친척에 의해 교정되는 것을 막기 위해 이름이 바뀌었다. 이 정체는 심지어 외국의 난민 아이들을 위탁 가정에서 납치하기까지 했고, 이 어려운 과제는 독일 군대가 망명 국가들을 점령한 후에 매우 간단해졌다.[46]

삶에서 자신의 위치를 배우도록 아이들을 재교육하는 것은 그들 부

45 *Ibid.*
46 Ricard Vinyes, Montse Armengou and Ricard Belis, *Los niños perdidos del franquismo*, Barcelona: Plaza y Janés, 2002.

모의 혁명적인 성향에서 분명히 드러나는 인종의 타락을 시정할 것이다. 자신의 위치를 배우는 것은 오르테가가 대중들에게 할당한 임무였고, 그들의 반역은 정확히 소수들에게 마련된 공간을 그들이 잠식하면서 시작되었다. 바예호는 16세기의 후안 우아르테 데 산 후안Juan Huarte de San Juan 박사의 '기질'의 교리를 직업의 선택을 규제하는 기준으로서 부활시켰다. 이러한 유사과학적 형태의 진로 상담을 밀어붙이면서, 그는 노동계급의 아이들과, 또한 그들 고용주의 아이들의 더 높은 교육에 대한 접근을 막으려고 했다. "상인이나 기업가의 아들이 자유업을 수행한다면 그것은 국가와 사회에 위험한 일인데, 왜냐하면 그가 그것들을 상업화시키기만 할 것이기 때문이다"(PR, pp. 28~30). 산업 윤리가 전사의 윤리보다 도덕적으로, 그리고 생물학적으로 열등하다는 오르테가의 주장을 뒤이어서, 바예호는 부의 창조와 물질적 개선이 인종의 엘리트에게는 어울리지 않는 것으로 여겼다. 오르테가가 생물학적이고 의학적인 은유를 사용하는 데 몰입했기 때문에, 그의 국가적 구원의 철학에 의해 영감을 받은 의사가 자신의 모든 범위의 전문적인 용어를 스페인의 역사적 과제를 위해 사용한 것은 그에 합당한 일이었다.

인종적 가치와 국가 안보의 미명하에, 바예호는 계급뿐 아니라 민족적 차별의 정책을 요구하고 있었다. 18세기 이래로 스페인 사람들은 무역과 공업을 카탈루냐와 관련시켰고, 그 지역은 정치적 힘으로부터 완전히 차단당했다. 19세기 말 무렵, 산업적 성장과 근대화는 카탈루냐에게 정치적 자신감을 주었고 그것은 중앙 정부의 더 공정한 대우(1885년의 진정서 Memorial de Greuges)와 어느 정도의 자율행정(1892년의 만레사의 기본 지침 Bases de Manresa)을 요구하는 것으로 변형되었다. 이 과정은 1932년 카탈루냐의 자치법령 확립으로 절정에 달했는데 이것은 곧 스페인 보수주의의 혐오의 대상이 되었고 그들이 내전을 개시한 주요한 이유 중 하나가 되었다. 전쟁 도중에 글을 썼지만 이미 승리를 확신했던 바예호는, 카탈루냐에게 무슨 일이 닥쳐올지를 알고 있었다. 이 지역은 인종적 타락을 야기한 열등한 윤리로 오염되었기 때문에 그것은 신스페인의 정치적인, 심지어 직업적 지도력에 관여해서는 안 된다. 바예호는 스페인의 전통적 특권의 원천——토지를 소유한 귀족과 작은 토지의 소유자, 군사 기관, 국가 관료제, 자유업의 각각의 집단은 엄격한 카스트 제도 같은 사회적 안전지대 속에서 다른 집단과 혼합된다——바깥에서 태어난 아이들에게는 대학의 문을 잠가야 한다고 충고했다. 그는 대학의 연구에 적합하지 않은 프로젝트는 종종 폐결핵과 약물중독 형태의 물리적 피해가 생기게 했다고 경고했다. 만일 그러한 끔찍한 전망이 그 부적당한 일을 단념하게 하지 않는다면, 우생학은 결정적 발언을 해야 하는데, 직업의 실패와 질병의 시작은 개인적인 문제가 아니라 인종의 문제였기 때문이다(*PR*, p. 32).

바예호는 유사과학적인 근거로 독재권을 제공했다. 민주주의에 대하여 그는 저열한 본능에 영합함으로써 그것이 정신이상자들과 저능한 사람들, 타락한 사람들에게 사회적 평등을 주었다고 말했다. "사회적으로 저능한"social imbecile 것은 바예호가 연구했던 전쟁 포로들을 분류했던 범주 중 하나였다. 또 다른 것은 "신비적-정치적 정신분열증을 가진"이었다. 그는 **사회적으로 저능한** 범주를 "교육받지 못하고, 다루기 힘들고, 영향을 받기 쉬운 다수의 존재들이고, 그들은 자발성과 진취성이 부족하며, 집단을 좋아하는 많은 익명의 사람들에게 가장 크게 기여한다"고 정의했다.[47] 이 집단에서 분명하게 인식할 수 있는 것은 도나토가 무대 위에서 조종했던, 영향을 받기 쉬운 사람들이다. 사회심리학자들에 의해 개인들의 모든 일시적인 집합의 주요한 특성으로 전환된 타율성은 훗날 오르테가에 의해 더 이상 군중 속으로 들락날락하지 않지만 대중의 영원한 범주가 된 인간의 내재적인 조건으로 변형되었다.

바예호에 따르면, 얼굴 없는 익명 대중의 자기통제를 허용하는 정치질서인 민주주의는 자연스러운 사회질서를 어지럽히고 인종을 위태롭게 한다. 이런 이유로 투표권의 적용은 제한되어야 하며 최소한 상류층에게로 한정되어야 한다. "보편적 참정권은 대중을 타락시켰고, 대중은 정신적 결함과 정신병으로 가득 차 있기 때문에, 엄선된 개인과 바람직하지 않은 개인들의 투표를 동등하게 만드는 것은 대중이 중요한 위치에서 우위를 차지하고 인종의 미래에 커다란 피해를 야기할 것이다"(*EH*, p.129). 대중은 단지 반역적일 뿐 아니라, 오르테가가 주장한 것처럼, 또한 병적이기도 했고, 보편적 참정권은 그들에게 정치적 평등을 조장함으로써 그들을 타락시켰다. 대의민주주의에서 대중의 정신적인 박약은 전 사회를 넘어섰고 우리 인종에게 고통을 주었다. 바예호는 분명히 군중심리에 대한 르 봉의 면밀한 분석보다는 '대중'을 자연적인 것으로 보는 오르테가의 정의를 염두에 두었다. 오르테가가 '대중적 인간'을 질적으로 정의했음에도 불구하고, 이런/저런 개인의 조건으로서, 그는 분명하게 사회를 두 개의 비교할 수 없는 집단으로 분류하였다. 대중적 인간의 거대한 다수와 엄선된 개인의 적은 소수로. 이와 반대로 르 봉은 개인의 정신적 특성을 군중의 정신적 특성으로부터 분리하여 생각했고, 그에 따라 "그들이 군중의 일부를 형성하는 순간부터 박학한 사람들과 무지한 사람들은 똑같이 판단을 할 수 없게 된다"(*C*, p.42). 오르테가는 자유민주주의를 매

---

47 Antonio Vallejo Nágera, "Psiquismo del fanatismo marxista", *Semana Médica Española*, tomo.1, no.6, 1938. Vinyes et al., *Los niños perdidos del franquismo*, p.236에서 재발행되었다.

우 좋아했는데, 그것이 19세기에 이해된 것이기 때문이다. 바예호는 민주주의를 대중 현상으로, 투표를 그 촉매제로 여겼다. '엄선된' 사람을 '바람직하지 못한' 사람과 연결시킴으로써 투표는 르 봉이 군중의 형성에서 감지했던 정신적 동등화를 유발했다.

바예호는 민주주의를 '사회적 범죄'와 동일시했고, 민주주의적 기준을 옹호하여 인종의 법을 위반한 수많은 사람들에게 사형을 내리는 것을 심리적으로 지지했다. 실제로, 그는 군법회의에서 사형을 선고받은 사람들의 사법상의 책임을 과학적인 보고서로 만들어 내는 것을 담당한 유일한 육군 장교가 되었다. "사회적 범죄는 그것의 신봉자가 있으며 그들은 바로 법계로부터 사형을 추방한 사람들과 동일하다. 엄선된 인종은 그럼에도 불구하고 일정한 방식의 반사회적인 민주주의의 침입에 대응할 수 있다. 더 박약한 인종은 우리처럼, 정신병에 걸린 사회적 경향의 우세에 의해 뒤덮일 심상치 않은 위험에 놓여 있다"(*EH*, pp.129~130). 바예호는 입법과 법학에 대한 자유로운 의학의 영향을 없애기로 단단히 결심했다. 1890년, 바르셀로나대학교의 의학 교수 호셉 데 레타멘디[Josep de Letamendi] 박사는 유행하는 체사레 롬브로소[Cesare Lombroso]의 범죄인류학파가 범죄자의 종을 자연법칙에 따라 설명하고 사회적 선별의 수단으로서 사형에 의존했다고 비판했다.[48] 사형에 반대한 레타멘디는 특정한 피고인들이 의지의 엄격한 제약을 겪었다고 추정하며 오명의 여지를 줄이기 위한 정신병리학에 호소했다. 이와 반대로 바예호는 사회적 주변성과

---

48 Tomás Carreras y Artau, *Estudios sobre Médicos-Filósofos Españoles del siglo XIX*, Barcelona: Consejo Superior de Investigaciones Científicas, Instituto Luis Vives de Filosofía, 1952, p.305.

육체적 타락의 원인을 도덕적 과실로 돌리기 위해 어떤 일도 서슴지 않았다. 전후의 시대에 그는 강렬한 보복적 분위기를 옹호했는데, 그 속에서 법정이 무고하다고 선언한 사람들조차 영원히 사회적 불명예를 견디어 내야 할 것이다.[49] 그의 예후는 너무나 정확한 것으로 입증되었는데, 부분적으로는 새로운 정체에서의 바예호의 위신 때문이었다. 정치적 불만에 대한 그의 의학적 접근은 전후에 형벌 기관에서 직책을 받아들였거나 범죄연구학교에서 바예호의 특별 워크숍이나 강좌에 참여했던 의학박사들 집단에 큰 영향을 미쳤다. 그의 영향력은 바예호의 제자 중 한 명인 프란시스코 마르코 메렌시아노Francisco Marco Merenciano에게서 분명하게 보이는데, 그는 자신의 스승이 논리적인 결론을 내려 맑스주의를 질병으로 본 것을 받아들였다. 마르코가 1942년에 고위급 팔랑헤당 관료들로 이뤄진 청중에게 말하기를, 의사들은 맑스주의자 콤플렉스의 존재를 사람의 태도로부터 추론할 수 있었다. 설사 만일 그 사람이 자신의 맑스주의자의 조건을 깨닫지 못했을지라도 말이다. "많은 분개하는 개인들이 자신들이 진정한 맑스주의자라는 사실을 알지 못하는 것은 중요하지 않다. 우리가 그 질병을 치료하기 위해 그것을 아는 것만으로 충분하다."[50]

단순히 새로운 정체를 위한 열정의 부족이 질환으로 인식되고 다뤄질 수 있었다. 바예호는 이미 사회적 실패와 주변성이 존재의 비난할 만한 형태라는 사실을 보여 주었다. 그에 따르면, 비록 창녀들의 50퍼센트 이상이 정신지체이긴 하지만, 그들은 잘못된 도덕적 선택의 결과로서 그랬던 것이다. 빈곤, 알코올 중독, 부모의 학대, 강간 그 무엇도 여성이 매

49 Antonio Vallejo Nágera, "La ley del talión", *Divagaciones intrascendentes*, p.70.
50 Vinyes et al., *Los niños perdidos del franquismo*, p.42.

춘에 의지하는 데 있어 중요한 보조자가 아니었다(*EH*, p.133). 더욱이, 여성의 심리적 기질은 그녀를 탁월한 대중적인 사람으로 만들었다. 여성은 남성보다 자제력을 잃고 폭력적인 혁명적 행동에 참가하기 쉬웠다.

> 맑스주의자의 혁명에서 여성이 대단히 활동적으로 참여하는 것을 이해하기 위해 여성 특유의 정신적 허약함, 나약한 마음의 균형, 외부의 영향에 대한 열등한 저항, 인격에 대한 낮은 통제를 떠올리는 것으로 충분하다. …… 여성을 사회적으로 제지하는 억지력이 사라지고 그녀의 충동을 방해하는 억제가 해제될 때, 잔인한 본능이 여성에게서 눈뜨고 모든 상상할 수 있는 가능성을 초월하는데, 그것은 그들에게 지적이고 논리적인 억제가 없기 때문이다.[51]

공화국의 여성 수감자들에 대한 자신의 연구로부터 경험적인 증거를 고른 체했음에도 불구하고, 바예호는 반동적인 지성의 뿌리 깊은 편견을 되풀이하고 있었다. 세기의 전환기 이래로, 대중심리학자들은 여성들이 특별히 사회적 격변기에 활동적이었다고 주장했다. 가브리엘 타르드는 여성으로 이루어진 군중이 남성 군중보다 더 타락했다고 주장했다. 다행스럽게도 여성들은 가정에 혼자 있고 상대적으로 고립되었기에 다른 성보다 범죄율이 낮았다. 그러나 그들의 비합리성과 심리적 불안정은 그들을 더욱 위험하게 만들었다. 실제로, 군중 자체가 여성과 같았고, 그것

---

51 Antonio Vallejo Nágera, "Psiquismo del fanatismo marxista: Investigaciones psicológicas en marxistas femeninos delincuentes", *Revista Española de Medicina y Cirugía Guerra*, tomo.2, no.9, 1939, p.399. Vinyes et al., *Los niños perdidos del franquismo*, p.257에서 재발행되었다.

이 완전히 남성으로만 구성되었을 때도 그랬다.[52] 장래에, 대중에게 성적 특성이 부여되는 것은 과장된 남성성을 보여 주는 대중 지도자의 출현으로 이어졌고, '암시'의 심리적 힘 위에 성적인 유혹의 힘을 덮어씌웠다. 이렇게 대중의 정체인 민주주의는 여성의 비합리성에 의해 오염되었고 제도는 여성의 가장 포착하기 어렵고 위험한 병으로 시달렸다. 시겔레에게 있어 "심리적 관점에서 숙고한 후의" 의회는 "여성, 종종 히스테리에 걸린 여성"이었다.[53] 성적 특성이 부여된 정체인 민주주의는 그러한 징후를 잠재울 남성다운 지도자를 절실히 필요로 하고 있었다. 그래서 1920년대와 1930년대의 세기 초부터 보수적 경향은 히스테리에 걸린 대중을 소극적으로 돌아가게 할 남성을 계속해서 강력히 요구했다.

바예호의 여성혐오증은 반근대주의와 결합하여 가정에서 혼자 있는 상태를 떠난 여성들에게 인구통계의 감소에 대한 책임을 지도록 했는데 그러한 감소를 그는 스페인의 퇴락과 관련시켰다. "우리는 인구감소의 폐해를 근대 여성의 반역 때문이라고 여겨야 한다. 이 근대의 여성은 스포츠와 음주, 흡연, 문학이나 예술적인 환상, 카드놀이, 국내영화 비평, 또는 요람에서 그녀의 아이들을 살살 흔들어 주는 것을 제외한 모든 종류의 즐거움에 빠져 있다"(*EH*, p. 72). 바예호만이 종의 행복과 생식력을 결부시키는 보수적인 의학과 관계되었던 것은 아니다. 1932년 페르난도 엔리케스 데 살라망카 박사는 높은 출산율 정책에 대한 근거를 제시했고, 이 정책은 전후에 시행되었다. 유전적이기보다는 사회적인 선택성은

---

52 Gabriel Tarde, "Foules et Sectes au point de vue criminel", *Revue des deux mondes*, tomo.120, 1893, p.369.

53 König, *Zivilisation und Leidenschaften*, p.165에서 1898년의 시겔레 재인용.

통제된 인종의 개량을 가능케 할 것이고, 가치 없고 바람직하지 않은 것을 버리는 것을 가능하게 할 것이다. "인종이 소수의 보잘것없는 존재를 세심하게 배려하는 것은 바람직하지 않으며, 그중에서 선택할 수 있는 풍부한 자손을 갖고, 결점이 있는 것은 교육을 통해 개선하는 것이 바람직하며, 보존될 가치가 없는 것을 보존하겠다고 우겨서는 안 된다."[54] 엔리케스 데 살라망카와 같은 내과의사와 바예호와 후안 호세 로페즈 이보르 Juan José López Ibor와 같은 정신과 의사들은 가톨릭이 고무시킨 피임 금지에 대한 '과학적인' 근거를 제공했는데, 그것은 수십 년 동안 성적으로 미숙하고 생식에 과민한 사회를 초래했다. 국가가 규정하는 성생활의 목표는 다음에 나오는 복잡한 구에서 확실해 보이는데, 여기서 바예호는 **생물학적 법**biological laws이라는 용어를 생식을 촉진하지 않는 모든 형태의 성생활과 남녀 관계에 반대하는 국가의 개입을 의미하는 암호 용어로 사용한다. "인종의 관점에서 볼 때, 성인이 성적인 성숙에 도달한 후에는 이성과의 성관계는 생물학적 법에 따라서 규정되어야 한다"(EH, p.131). 성적인 규범성이 필요로 하는 것은 새로운 국가에서 시민권에 대한 그의 훗날의 정의에서 더 명백해졌다. "신스페인의 모범적인 시민은 결혼하고 다산할 것이다"(PR, p.55).

바예호는 사회적 삶과 사생활의 구석구석에서 전체주의적으로 개입하기를 기대했다. "환경이 유전자형에 미치는 영향을 의식하고서, 인종위생학자는 물리적·심리적·경제적·전문적·교수법적·문화적·정치적·도덕적, 그리고 종교적인 환경에 영향을 주어야 한다"(EH, pp.137~138). 분

---

54 Fernando Enríquez de Salamanca, "La limitación de la natalidad", *Acción Española*, tomo.2, no.8, 1932, p.136.

명, 그러한 프로그램은 의학계로서는 너무 야심에 찬 것이었다. 이 프로젝트를 수행하는 것은 광범위하고 널리 퍼져 있는 명령계통을 따라 그것의 의지를 발휘할 수 있는 권위를 필요로 했다. 인종위생학자는 분명한 힘의 독점으로 가부장주의 국가의 키를 잡고 있을 때만 그러한 각각의 영역들에 작용할 수 있었다. 모든 환경적 요소가 참작될 때, 오직 권한을 가진 카우디요만이 그 단어의 완전한 의미에서의 인종적 위생학자가 될 수 있었다. 이러한 유일한 특권과 대응되는 것은 인종 정치를 추구할 지도자의 의무였다. 바예호가 설명하길, 그러한 의무는 또한 자기 보호의 형태였는데 새로운 전체주의적이고 제국주의적 국가——그의 말이다——가 그렇게 하지 않는다면 곧 인종의 타락을 통해 파멸할 것이기 때문이다 (*PR*, p. 21).

르 봉——그에게 있어 "문명은 확고한 규칙과 규율을 포함한다"(*C*, p. 18)——과 오르테가——그의 "선별의 긴급한 과제"는 끊임없는 훈련을 특징으로 한다(*RM*, p. 183)——로부터 바예호는 특별히 엄격한 교육만이 오르테가의 "제국적 삶의 일정표"를 보장했다는 발상을 얻었다. 1930년대의 파시스트적 맥락에서 대중이라는 나약한 민간인 개념은 조직화된 군단으로 단단해지기 시작했다. 스파르타 식으로 새로운 제국주의적 국가는 군대와 민간인 교육 사이의 구분을 폐지할 것이다. 교사들은 인종의 돌격대원일 것이다. "우리는 군사적 규율을 학교로 가져가야 한다. 학생들은 상류사회 사람들보다는 군복을 입은 교수들을 존경해야 한다"(*RM*, p. 25). 나치의 나폴라^{Nationalpolitische Lehranstalt}를 연상시키는 이 일정표는 공립학교에서 직업 교사를 팔랑헤당 당원과 파시스트 참전 용사로 교체하고 고아원과 보호소에 엄격한 환경을 널리 퍼뜨림으로써 거의 실현되었다. 인종 정치는 전쟁 정신이 평화 시기에도 잘 지속되기를 요구했는데, 승자들이 자신의 인종적 특성을 토대로 구축할 새로운 사회에서 그들은 널리 퍼져 있고 우위를 차지할 것이다. "수년 동안 최전선의 정신은 사회적 환경 속에서 진동해야 하고, 그것은 고귀한 정서, 형제애, 희생의 정신이다. 평화 시기에, 전투에서 만들어진 엄선된 사람들인 전쟁 영웅은 전쟁 동안 선봉에서 빛났던 미덕을 사회 환경에 스며들게 해야 한다"(*PR*, p.100). 그 미덕은 행진하는 군대의 냉혹한 규율로 유지됐었던 엄격한 위계질서와 혼합되었다.

엄선된 소수와 대중의 구분은 전쟁기구의 조직에서 탄생한 고도로 계층화된 상태로 나타났다. 그 이후로 오랫동안 대중은 실패자의 집단으로, 상류층은 더 고귀하고 우세한 의지의 표현으로 이해되는 제국적 복구주의의 전위파가 될 것이다. 내전으로 탄생한 신스페인에서, 세계지배에 대한 향수는 군중심리에서 새로워진 정당화를 발견하였다. 스페인의 세계 역사적 과제를 소생시킬 히스패닉 연합의 영원한 꿈은 이번에는 제2차 세계대전 동맹과 그들의 이질적인 정치 체계에서 구체적으로 나타난 대중에 대한 두려움과 융합했다. 이후 50년간 세계를 재형성할 사상의 흐름을 다시 한번 외면하면서 스페인의 전제주의는 세기 전환기의 최면과 암시의 실험에 대한 기억에서 떠나지 못했다. 바예호 나헤라 박사가 이끌었던 정신의학은 스페인의 느리고 주저하는 근대화를 타율적인 법칙에 의해 끌려가는 대중적인 국가의 상황으로 가라앉는 것과 동일시했다. 그와 동료들은 질환의 원인을 증명했을 뿐 아니라, 인종에 대한 환경적 위협에 맞서 정신적인 방어를 제공해야 한다고 느꼈다. "평화의 시대가 오면, 에워싸는 맑스주의, 자유주의, 민주주의에 반대하는 적절한 심리적 기질을 통해 히스패닉 제국을 재정복할 것이다"(*SR*, p.7).

대중의 제국이라는 오르테가의 황량한 미래상에 반하여 파시즘은

히스패닉 제국——오르테가가 스페인 대중의 마음을 가장 잘 사로잡고
그들을 자신보다 더 낮게 태어난 사람들의 유순한 추종자로 가장 잘 바꾸
어 놓을 것 같다고 생각했던 기획——에 반대했다. 히스패닉주의는 산업
혁명에서 탄생한 혐오스러운 철학적 함정들——제각기 각자의 방식으로
대중의 승리를 선포하는——에 대한 대안이 되었다.

부록 1 ## Gente: 스페인어

헤로니모 에르네스토 아레야노(Jeronimo Ernesto Arellano)

Gente라는 단어는 스페인 왕립학술원^{Real Academia Española}에 의해 '집단이나
다수의 사람들'로 정의된다. pueblo나 masa와 달리 gente는 '몇몇 사람들
과 모임을 갖다'^{quedar con la gente}와 같은 현대의 여러 구어적인 표현에서 보
이는 것처럼, 단독으로 사용될 때 정치적으로 중립적인 용어로 나타난다. 그
러나 '저급한 군중'^{gente baja}에서 나타나는 것처럼 합성 구절의 일부로 사용
될 때 gente는 인종적이거나 사회경제적인 차이의 표시를 암시하며, 그것은
그 단어의 의미론적인 역사에 관한 유리한 위치를 제공한다.

　　Gente는 일반적으로 '인종', '국민' 또는 '가족'으로 정의되는 라틴어의
gens에서 유래한다. '갈색 피부의 사람들'^{gente fosca}과 '신성하지 않은 사람
들'^{gente non sancta}과 같은 고대의 스페인어의 구어적 표현은 바깥에서 집단의
특징을 묘사하는 관찰자의 거리를 암시한다. 그렇다면 크리스토퍼 콜럼버
스가 탐방기에서 카리브해의 토착 공동체를 묘사할 때 반복적으로 gente를
사용하는 것이 놀랍지 않을 것이다. 콜럼버스가 카리브의 섬에서 구리를 발

굴하기 위해 여행하기가 어려울 것이라고 언급하는 것은, 가령, "(그곳의) 사람들이 인육을 먹기 때문이다"puesto que sera dificultoso en carib por q aqll gente diz que come Carne humana. 최초의 연대기 작가들의 텍스트에서 gente는 스페인 군대에서 복무했던 토착 병력을 가리킨다. 사실 이것은 대략 15세기에서 17세기까지 스페인에서 병력을 의미하는 단어로 흔하게 사용되었지만, 신세계의 정복과 식민지화의 과정이 진행되면서 gente는——아마도 16세기의 초기 수십 년 동안——아메리카에서 hueste라는 용어로 대체된다. gente로 알려진, 보다 느슨하게 조직된 병력과 대조적으로 hueste는 위계적인 군대 구조를 수반한다.

종교적인 영역에서 유사한 변화가 발생한다. 콜럼버스가 이상적인 개종의 대상으로 여겼던 벌거벗은 사람들gente desnuda은——옷을 입지 않은 것을 어린애 같은 천진난만함이나 영혼의 '공백'으로 이해하였다——16세기의 선교사의 설명에서 기독교 군중(라틴어 populus에서 나온 pueblo)으로 서술된다. 여기서 huestes의 구성과 비견될 만한 방식으로, pueblo라는 용어의 등장은 사회적 집단을 제도적으로 규제되고 계층화되는 구조로 재형성하는 과정을 반영한다.

17세기 초기 몇 십 년간 네덜란드 법학자 흐로트Groot와 스페인 법학자 프란시스코 수아레스Francisco Suárez는 iure gentium이나 jus gentium으로 알려진, 스페인어로 derecho de gentes(국제법)라고 번역되는, 법의 이론을 발전시킨다. 이 이론은 서로 다른 gens——종종 기독교인 대 야만인——에 속하는 군대 사이의 교전의 규칙을, 고대의 '가족', '인종', '국민'의 의미를 떠올리게 하는 지난 세기의 군사 교범에 묘사된 것으로 이해하고 묘사한다. 그러나 국제법의 규율이 jus gentium의 이론으로부터 나오기 시작할 때 gens라는 용어는 완전히 빠지는데, 그것은 아마도 이 용어가 새로운 개념의 형성을 필요로 하는 정치적으로 조직화된 군중에 관하여 고문체가 되기 때문이다. 따라서, 시몬 볼리바르^{Simón Bolívar}가 그의 『자메이카에서 보낸 편지』^{Carta de Jamaica, 1810~1815}에서 호르트가 법의 평등한 원칙이 모두에게, 심지어 이교도와 야만인에게도 적용되어야 한다고 제안한 것을 칭찬할 때 gente라는 용어는 그의 이야기에서 완전히 빠져 있다. 그보다 볼리바르는 분명 루소의 정치 철학에서, 그리고 아메리카로 간 초기의 기독교 전도단이 발전시킨 대중의 무리라는 개념에서 영향을 받은 pueblo라는 개념을 이용한다.

이 서로 매우 다른 기획――복음 전도와 국가 주권――사이의 비교의 핵심은 아마도 실제의 조직과 상징적인 권력의 면에서 모두 군중의 에너지를 다루기 쉬운 단위로 결정화하려는, 그리고 나서 특정한 의제에 맞게 재배열하려는 욕망일 것이다. 그렇다면 gente라는 단어의 중심부에서 확인한 공동체 사이의 차이는 사회공학의 여러 가지 과정을 촉진하도록, 하다못해 산만하게라도, 동원되고 구체화되는 것으로 보인다. 따라서 일상적인, 그리고 어느 정도까지는 현대 스페인의 다수의 사람들을 가리키는 중립적인 용어로서의 gente의 현재의 지위는, 근대국가의 어휘에서 pueblo라는 단어의 점진적인 부상을 예고하는 집단적인 것의 개념에 일어난 일련의 변형의 결과일지 모른다.[55]

---

55 참고문헌: Francisco López Estrada ed., *El Abencerraje*, Madrid: Cátedra, 2002; Alberto Montaner ed., *Cantar del Mío Cid*, Barcelona: Crítica, 2000; Roque Barcia, *Primer diccionario general etimológico de la lengua española*, Barcelona: Seix, 1902; Miguel Alonso Baquer, *Generación de la conquista*, Madrid: MAPFRE, 1992; Simón Bolívar, *Fundamental*, Caracas: Monte Avila Editores, 1993; Sebastián de Covarrubias Horozco, *Tesoro de la lengua castellana o española*, Madrid: Turner, 1979; Christopher Columbus, *The Diario of Christopher Columbus's First Voyage to America, 1492-1493*, eds. and trans. Oliver Dunn and James E. Kelley Jr., Norman: University of Oklahoma Press, 1989; Real Academia Española, *Diccionario de la lengua española*, Madrid: Espasa Calpe, 2000; Sergio

받아들여!

앤 와인스톤(Ann Weinstone)

열세 살 때 로저와 나는 그의 부모님의 침실이 세 개인 단층집 앞뜰에 있는
나무 아래서 결혼했다. "퀘이커교도는 사람들과 결혼할 수 있어"라고 로저
는 내게 말했다. 그는 퀘이커교도였고, 그래서 자연스럽게 우리는 그렇게 하
기로 결정했다.

　우리 중 누군가가 분명히 이 신성한 사건에 대해 자랑했을 것이다. 우리
부모님과 로저의 부모님, 그리고 학교 직원 몇몇은 신혼부부에게 긴급 모임
에 참석하라고 지시했다. "이 결혼이 정확히 무엇을 뜻하는 거지?" 나의 아
버지가 로저에게 물었다. 로저는 천진난만한 아이였다. 나는 나의 아버지가
정확히 무엇을 알기를 원하는지 이해했다. 절차란 것은 뭐든 나를 넌더리 나
게 만들었다. 나의 부모님의 관계는 법적인 결혼생활의 개념을 진지한 일로
생각하도록 나에게 주입하지 않았다. 우리라고 그런 흉내를 내면 안 되나?

　그해의 훗날 로저와 록 콘서트에 갔다. 결혼이 먼저, 록 콘서트가 나중이
었다. 우리는 자연의 질서를 뒤엎기로 약속했다.

　나는 브라나 속옷 없이 흰색의 멕시코 식 웨딩드레스를 입었다. 십대의
분홍색 살결의 반점들이 레이스 달린 면 아래서 드러났다. 그리고 나는 드레
스를 짧게 했다. 아주 많이.

　우리는 장발에 민속풍의 상의를 입은 표 구매자들 무리와 함께 콘서
트장의 아치 모양의 입구 통로를 향해 이동했다. 나는 내 앞에서 흘러가는

전경의 끝을 잘라, 그것이 2차원의 캔버스——활기를 띠는 거대한 브뤼헐 Brueghel의 그림처럼——로 보이도록 눈을 가늘게 떴다. 그러고서 나는 그 광경 속으로 발을 들였다. 이것이 내가 경험의 직접성을 강화하는 방식이었다. 바로 모든 것을 하나의 평면에 놓고 그것들 모두를 동시에 보는 것이다.

그러나 이러한 대중 강화 기술은 오직 보조 역할만을 하였다. 진짜 드라마는 앤과 대중의 이야기에 관한 나 자신 내부의 내레이션으로부터 나왔다.

앤과 대중의 이야기

앤이 몸과 소리, 색깔의 대양을 통과해 활주한다. 그녀는 예민하고 인간의 표현의 변화하는 패턴을 감지하고 정확히 서술할 수 있다. 흘끗 보아도 그녀는 비밀스런 동맹, 개발되지 않은 잠재력, 그리고 미래의 재앙을 파악할 수 있다. 정교하게 생명을 지각하는 테러리스트의 무기와 같은 것을 이용하여 앤은 당신을 환영 같은 잭슨 폴록Jackson Pollock의 얼룩으로 변형시킬 수 있다. 유전자 물질을 얻으려고 행성을 비밀스럽게 찾아다니는 방문 중인 외계인, 또는 짓궂게, 당신에게 실제로 예정되어 있는 따분한 95세 노인으로.

보헤미안 성향의 부모님은 내게 결혼의 존엄성에 대해 많이 가르쳐 주지 않았지만, 떠돌이의 지위로 사는 방법에 대해서는 가르쳐 주었다.

나는 내가 콘서트장의 가파르게 경사지고 캄캄해진 내부에 발을 들여놓았던 순간을 기억한다. 젊은 떠돌이에게 개성 있는 극단적인 변신의 기회를 제공했던 바깥의 사람들이 지금은 하나의 물결치는 대중을 이루었다. 형태가 변화하는 미로 같은 인간들의 모습이 머리 위로 높게 달린 곳에서 나오는 빛기둥을 지나갈 때, 그곳에서 하나의 얼굴이 나타났다 갑자기 빛을 잃었다.

로저와 나는 격렬하게 뛰어들었다. 우리는 더 높은 곳에 좌석 예약을 해 두었다. 물론 진짜 특명은 훨씬 아래쪽 타원형의 콘서트 플로어의 고동치는 별과 보석으로 장식된 무대의 한쪽 끝에 도달하는 것이었다.

흥을 돋우기 위한 밴드가 육중한 소리의 로커빌리 리듬을 쿵쾅거리며 연주했다. 무언의, 프로그램된 소체처럼 우리는 콘서트라는 몸의 끊임없이 수축하는 동맥을 눌렀다. 밴드는 펌프 체계처럼 작용해서 세차게 진동하는 소리를 보내 우리를 하나의 진정한 목표로 데려다 주었다.

일어나는 사람들을 콘서트 플로어로부터 분리시키는 허리 높이의 물결 모양 벽에서 경비는 우리가 더 나아가는 것을 저지했다. 그가 우리에게 티켓을 보여 달라고 요구했다. 논쟁이 일어났다.

입씨름이 벌어지는 동안 로커빌리 밴드가 퇴장했다. 무대 스태프가 다음 공연자를 위해 준비할 때 불이 켜졌다. 이제 우리는 대중의 왁자지껄한 대화를 듣고 어지럽혀진 콘크리트 바닥을 볼 수 있었다. 이 모든 것이 지극히 평범한 것으로 보였다. 나 자신의 실망을, 나는 공연장 전체의 활기의 저하로 표현했다. 로저와 나는 슬그머니 도망쳐 칸막이를 따라서 경비가 좀 허술하리라고 기대하는 곳으로 향했다.

조명이 다시 희미해졌다. 음악이 연주되기 시작했다. 로저와 나는 우리 자리를 지켰다. 나는 여러분에게 그 연주곡들에 대해 얘기할 수 있기를 바란다. 나는 그 노래들이나 특별한 순간을 기억하기를 원한다. 우리는 조 카커Joe Cocker를 사랑했지만, 이제 내가 생각해 낼 수 있는 모든 것은 스포트라이트를 받으며 씰룩씰룩 움직이는 카커의 저능아 같은 몸이 담긴, 시간이 멈춰진 듯한 롱숏이다.

우리는 겨우 열세 살이었다. 아마도 그것이 설명해 줄 것이다. 우리는 카커가 그의 앙코르를 연주하고서 무대를 떠났을 때 콘서트가 끝났다고 생각했다. 그러나 곧 다른 누구도 떠나지 않는다는 것을 알아차리고 난 뒤, 또 다른 로커빌리의 블루스적인 리듬의 중간부가 관중의 취향을 만족시켰다. 이번에 나는 거의 쳐다보지 않았다. 나의 유일한 관심은 무대에 다다르는 것이었다. 단지 그곳에 도달하는 것뿐이었다. 이것은, 결국 앤이 무대에 다다르는 이야기였다.

나는 로저의 팔을 끌어당겨 벽에 걸터앉았다. 경비가 손을 내 드레스로 올렸고 살을 한 움큼 잡았다. 이것이 나를 늦추지는 못했다. 절대로. 나는 콘서트 플로어에 착륙했고 어둡고 진동하는 미로를 뚫고서 계속 나아갔다.

한 여자가 노래하고 있었다.

나아 나 나 나 나 나 나.

내 머리는 전투대형으로 저자세를 취했다. 우리가 무대에 가까워졌을 때 수많은 몸들이 앞쪽으로 밀어닥쳤다. 나의 청소년기다운 혈기 왕성한 자기도취는 내 주변에 나타나기 시작하는 염력 같은 광란으로 합선을 일으켰다. 오직 두세 사람만이 우리를 앞쪽의 무대 방어벽으로부터 갈라 놓고 있었다. 나는 더 이상 움직일 수 없었다.

나우 너어 나우 너어 나우 너어 나우.

나는 로저에 대한 자각을 완전히 잃었다. 무대를 쳐다보는 대신 나는 몸을 돌려 대중과 대면했다. 한 어깨는 다른 어깨를, 한 얼굴이 다른 얼굴을 죄었다. 얼굴들로 이뤄진 벽이 사방에서 좋은 위치를 노리고 있었다. 나는 불현듯 부모님의 서재에 있는 책에서 본 내가 가장 좋아하는 사진을 떠올렸다. 바로 위지^{Weegee}가 1940년대 뉴욕 시나트라 콘서트에서 찍은 소녀 대중들을 담은 것으로, 가장자리를 이어 붙인 이미지였다. 지금 이곳에서는 대부분의 얼굴이 남성이고, 그들은 욕망으로 가득 찼다.

나는 남성들의 욕망을 본 적이 있고 그것을 매혹적이고 무서운 만취 상태로 표현했었다. 이것은 달랐다. 이것은 욕망과 놀라움이었다. 또는 욕망과 천진함이었다. 또는 욕망과 트라우마였다.

그것을 묘사할 수 없었다. 나는 놀라움으로 압도당했다. 나는 무장해제된 떠돌이였고, 해석을 제공하는 모든 무기는 비활성화되었다.

무대에서 소리치는 여성을 쳐다보았다.

내가 우우우우~ 울 때 들어 봐요!

그녀는 심하게 땀을 흘리고 있었다. 그녀가 큰소리로 노래했을 때 그녀의 얼굴은 나의 어린 시절 친구인 케이티 오브라이언이 그녀의 아버지가 술에 취해 고함을 지를 때 얼굴이 일그러졌던 것처럼 그렇게 일그러졌다.

머리카락이 그녀의 얼굴 위로 아무렇게나 길게 늘어졌다. 그녀는 마이크 쪽으로 몸을 구부렸고 주먹은 허벅지 사이로 파묻었다. 그녀는 추했거나, 혹은 나에겐 그렇게 생각되었다. 그리고 그녀는 소리치고 있었다. 진짜 비명. 진짜 고통.

내가 고통을 참을 수 없다고 스스로에게 말할 때마다, 하지만 당신이 나를 끌어안아 준다면 나는 다시 한번 노래할 거예요!

나는 옆의 남자에게 가수가 누구냐고 물었다. 그는 내가 모르는 이름을 댔다.

자, 이리 오지 않겠어요······ 이리 와요······

나는 그녀를 보았다. 나는 대중을 보았다. 나는 이해하지 못했다. 소리치는 격렬한 여자. 욕망의 얼굴들. 그러나 나는 느꼈다. 그것이 내가 그 콘서트에 대해 가장 잘 기억하고 있는 것이다. 그 사운드의 진정한 고통과 기쁨, 그리고 소년들의 얼굴 위에 있던 미친, 노골적인 강렬함.

이리 와요!

이리 와요!

자 이제, 받아들여요!

11장

중국의 대중과 수

혼 소시

황금색 가운을 입은 우울한 문법학자들……
—월리스 스티븐스, 「구름을 다루는 방식에 관하여」(1921)

대중에 관한 지적인 문제는 부분전체론^{mereology}의 주제에 해당한다. 부분과 전체, 그리고 그들의 관계를 다루는 존재론의 한 부분인 것이다.[1] 대중은 존재하는가, 아니면 '대중'이라는 표현은 그저 가치 판단을 전달할 뿐인가('두 명은 일행, 세 명은 대중'인 것처럼)? 대중의 존재 방식은 무엇인가? 대중은 (그렇게, 단지) 그것을 구성하는 개인들의 합으로서 적절하게 설명되는가? 혹은 그것은 그것의 어떤 참여자의 의도도 초월하는 방식으로 행동하는 집단적인 주체인가? 그것은 결함 있는 주체들의 집합으로, 그들은 선택의 힘이 무력하게 사라진 개인들이어서 그들을 조종하는 한 명의 아마도 온전한 개인의 거대한 노리개가 되는 것인가? 그들은 개인의 집합으로서, 각각은 개인으로서 늘 하는 행동을 하고 또 보지만, 그들의 전체적인 힘은 어쨌든 그것의 부분의 합보다 큰 "새롭게 나타나는 행동"의 예인가?[2] 대중이 무엇인지 결정하는 것은 환원주의의 또 다른 투

---

1 최근의 부분전체론에 관한 논문은 Barry Smith, "Les objets sociaux", *Philosophiques*, vol.26, no.2, 1999, pp.315~347; Roberto Casati and Achille C. Varzi, *Parts and Places: The Structures of Spatial Representation*, Cambridge, Mass.: MIT Press, 1999.

쟁의 장, 즉 생각의 기록과 두뇌 활동의 기록의 정의에 관한 논쟁으로서의 복잡성을 띤다.[3]

이 논쟁에서 우위를 차지하는 것의 대부분은 전$_{前}$ 이론적이다. 언어는 그렇게 한다는 것을 인식하지 못한 채 우리에게 어느 한편을 두둔하도록 한다. 많은 부분이 글과 대문자, 쉼표에 달려 있을 수 있다. 어려움은 제프리 하트먼의 첫번째 책인 『앙드레 말로』의 한 문장에서 이해될 수 있다. 거기서 그는 말로의 마지막 소설 『알텐부르크의 호두나무』$^{Les\ Noyers}_{de\ l'Altenburg,\ 1943}$를 "나치스^{Nazis}에 의해 파괴된 더 위대했을 작품"의 살아남은 부분으로 묘사한다.[4] 더 관례적인 단어 선택일 "'the Nazis'에 의해 파괴된"이 아니다. 이 정관사 'the'는 12년 동안의 국가사회주의의 테러와 전쟁의 경험을 두드러지게 하고, 나치즘에 적절한 명사의 특성을(한정, 공개적인 악명, 집단적 성격을) 부여하는 역할을 한다. 더 정확히 말하면, 의도적이었든 탁월한 인쇄상의 잘못에 의한 것이든, 하트먼이 'the'를 빠뜨린 것은 나치스를 익명의 무리, 메뚜기와 건부병, 홍수와 같은 주기적인 우연한 사건의 상황으로 축소시킨다. 마치 '나치스에 의해 파괴된——이것은 으레 일어나는 일들의 하나다'라고 말하는 것처럼. 명백한 논의를 피하며, 글과 약간의 구두점, 한 쌍의 주어와 동사는 (대중과 같은) 집단성을 이런저런 유형의 지속과 일관성, 작용과 목적을 가지는 것으로 나타낸다.

대중 이론의——폭민학?——이러한 고전적인 문제들은 아시아 연구

---

2 개관을 위해서는 Steven Johnson, *Emergence: The Connected Lives of Ants, Brains, Cities, and Software*, New York: Touchstone Books, 2001.

3 가령 Daniel C. Dennett, *Consciousness Explained*, Boston: Little, Brown, 1991을 보라.

4 Geoffrey Hartman, *André Malraux*, London: Bowes & Bowes, 1960, p.95.

의 고전적인 몇몇 입장을 따르는데, 아시아가 인류의 다수의 근거지라면 아시아의 많은 인구는 단순히 개성이 없는 다수, 제국의 왕권으로부터 명령을 기다리는 수동적인 노동의 힘의 저장소로 묘사되어 왔기 때문이다. 즉 '결함이 있는' 유형의 대중으로, 자신들을 목적의식이 분명한 역사적 운동(기독교·진보·자유의 변증법 등)의 일원으로서 간주하는 개인들이 따르는 대중으로서 말이다.[5] 아시아가 개체 이전의 혼돈의 상황이고 그곳으로부터 (그리고 그것과 대비되어) 유럽의 개성이 발생했다고 보는 몽테스키외, 헤르더, 헤겔의 이해는 결국 부분전체론의 심리학적 적용과 훗날의 대중 연구에 대한 예견이 된다.

> 중국의 **정신**[Geist]은 …… 동일한 보편적 원칙으로부터 나타나는데, 즉 물질적인 정신과 개인의 정신의 즉각적인 통합이다. 그리고 그것은 가족의 정신이고 또한 이 가장 인구가 많은 대지로 확장된다. 주체성의 순간, 즉 물질(개인을 억압하는 힘으로 보인다)에 맞서는 개인의 의지의 자기 반영, 또는 이러한 힘을 개인 스스로의 본질로 받아들여 스스로를 자유로운 것으로 인식할 수 있게 하는 것은 **존재하지 않는다.** 보편적 의지는 개인을 통해 즉각 작용한다. 후자는 자신을 물질로부터 구분되는 것으로 이해하지 **못한다.** …… 여기 중국에서 보편적 의지는 직접적으로

5 Charles de Secondat, baron de Montesquieu, "L'esprit des lois et la guerelle de l'esprit des lois", *Œuvres complètes*, Paris: Seuil, 1964; Johann Gottfried Herder, *Ideen zur Philosophie der Geschichte der Menschheit*, Wiesbaden: Fourier, 1966; Georg Wilhelm Friedrich Hegel, *Vorlesungen über die Philosophie der Geschichte*, Werke, vol.12, Frankfurt am Main: Suhrkamp, 1980; Karl Marx, "The British Rule in India"(1854), *On Colonialism: Articles from the New York Tribune and Other Writings*, New York: International Publishers, 1972, pp.35~41을 보라.

개인이 전적으로 성찰이나 자아가 없이 무엇을 해야 하고, 무엇에 따르고 복종하는지를 말한다.[6]

19세기의 사회학자들이 군중의 시대의 도래를 선언했을 때 헤겔의 묘사와 같은 것들은 예언을 매우 위협적인 것으로 만든 것 중 하나다. 그러나 이러한 것들은 단지 멀리 떨어진 제국에 대한 외부자의 설명일 뿐이다. 이 관찰자들이 아시아 군중의 내적인 차이를 감지할 수 없었다는 사실은 단지 관찰자의 통찰력 부족을 나타낼 뿐이다. 아시아의 관찰자들에 의해 그리고 그들을 위해 쓰인 텍스트에서 대중은 무엇을 하고, 대중은 어떻게 언어적 표현을 획득하는가? 어디서부터 조사를 시작해야 하는가? 어느 시기와 어떤 국가를 고려할 것인가? 주로 아시아 문명 내부에서 계승된 기록을 남겼을 보고자들의 특정한 위치(관리·역사학자·도덕주의자)를 어떻게 보상할 것인가? 종합적인 검토는 불가능할 것이고, 각각이 실험실의 슬라이드만큼이나 얇은, 그러나 의심할 나위 없이 그만큼 흐릿하지는 않은 표본 목록만이 존재할 뿐이다.

매체로서의 대중

중국에서 글이 존재해 왔던 오랜 기간만큼 거의 '인민'[民], 또는 다양한 유형이나 집단의 사람들(전쟁 중인 부족, 충성스러운 경작자, 왕의 군대, 전

---

6 Hegel, *Vorlesungen über die Philosophie der Geschichte*, p.152(강조는 인용자). 주체성을 돋보이게 하는 아시아의 역할에 대한 긴 역사는 Haun Saussy, *Great Walls of Discourse and Other Adventures in Cultural China*, Cambridge, Mass.: Harvard East Asia Publications, 2001을 보라.

쟁포로들)에 대한 진술이 존재해 왔지만, 거기서 대중행동 이론을 찾아보는 것은 거의 의미 없는 일이다. 이 텍스트들은 대중을 왕의 관심과 칭찬, 위협과 불만의 수령자의 역할에 들어맞게 하는 그러한 통치의 사고방식에 의해 완성된다. 제한된 영토에서 집중적인 농사의 개발을 토대로 한 국가가 부상하면서 노동자는 관심의 초점이 되는데, 불만을 품은 이들이 결국 짐을 꾸려 훌쩍 떠날 수 있었고 또 실제로 그랬기 때문이다. 그래서 정치적 조언자들은 통치자와 통치받는 자 사이의 관계에 대한 온정주의적이고 자애로운 이론을 만들었다.[7] 그러나 또한 전국시대(기원전 403~221년)의 연대기와 논쟁들은 계속해서 '인민'을 영속적인 군인, 농사짓는 노동력, 상속이나 정복에 의해 영토와 함께 양도될 번호가 붙은 노예로 나타낸다. 공식적으로 '황제'皇帝라 불릴 첫번째 통치자인 진나라(기원전 221~209년) 첫번째 황제는 그의 궁전과 방어벽을 세우기 위해 거대한 수의 기결수와 부역 노동자들을 징집했고, 그에 상응하는 수당 없이 착취하였기에 그의 무능한 아들인 이세황제의 재임 기간 동안 일련의 반란이 일어나게 했다. 백 년 뒤에 궁정의 필경사이자 점성술사인 사마담(?~기원전 110년)과 사마천(기원전 145~86년?)은 그들의 『사기』史記에서 진나라를 몰락에 이르게 하는 사건들을 이야기하면서 권세를 부리는 통치자와 권력에 굶주린 각료들이 주민을 멀리한 것을 탓했다. "이세

---

7 중국의 초기 '포퓰리즘'의 형태와 결정 요인에 관해서는 E. Bruce Brooks, "Intellectual Dynamics of the Warring States Period", *Studies in Chinese History*, vol.7, 1997, pp.1~32; "Evolution Towards Citizenship in Warring States China", Paper presented at the European-North American Conference on 'The West and East Asian Values'(Victoria College, University of Toronto, 31 July-2 August, 1998), p.6; "Competing Systems in Pre-Imperial State Formation", Lecture at First International Conference on 'Chinese History'(Waseda University, 14-18 September, 2000)를 보라.

황제는 [그의 최고 궁정 사무관인——인용자] 조고趙高와 음모하며 말한다. '나, 군주는, 아직 젊고 막 왕위에 올랐으며, 아직 머리가 검은 사람들[평민commoner——인용자]은 나에게 포섭되지 않았다.'" 조고는 세습 귀족과 최고의 각료들을 몰살시키라고 권고하는데, 저항 없는 이세황제의 장악을 보여 주기 위해서다. 더 상세한 이야기를 위해 선택된 것은 이세황제의 아들인 장려將閭 왕자의 운명이다.

장려는 위를 올려다보며 하늘에 세 번 외쳤다. "오 하늘이여! 나는 죄가 없습니다!" 그의 세 명의 형제들은 울며 자신들의 칼을 뽑아 자살했다. 왕가의 일원들은 공포에 질렸다. 황제에게 항의했던 관리들은 그를 중상모략하고 있는 것으로 간주됐다. 위대한 각료들은, 자신들의 봉급을 유지하며, 처신을 바로 했다. 머리가 검은 사람들은 공포에 떨었다.[8]

여기서 "머리가 검은 사람들"은 그들의 소유물이 성공적인 왕위의 보편적 조건이 되는 실체이거나 그들의 반응이 조고의 정책의 효과를 감시하는 척도가 되는 기능적인 집단(왕가·관리·각료·인민)의 일원이다. 그들은 행위자라기보다는 작용을 받는 사람이다. 실제 반란이 발생할 때, 책임은 유명한 행위자들이 지게 된다. "일곱번째 달에 진승陳胜과 다른 이들은 반란을 일으킨 수비대 군인이 되는 중이었다. …… 진승은 스스로

---

8 司馬談·司馬遷, 「秦始皇本紀6」, 瀧川龜太郎著 編, 『史記會注考證』(再版), 臺灣: 洪氏出版社, 1982(1934), 129쪽; Qian Sima, *Records of the Grand Historian: Qin Dynasty*, trans. Burton Watson, New York: Columbia University Press, 1993, pp.64~66에서 수정된 번역이다. 그리고 Qian Sima, *The Grand Scribe's Records, vol.1: The Basic Annals of Pre-Han China*, ed. William Nienhauser, Bloomington: Indiana University Press, 1994, pp.156~157.

주나라의 왕위에 올랐다. 산의 동쪽에서 정부의 지역 의석을 차지하고 있는 젊은이들은 진의 관리들 아래서 고생하였기 때문에 그들의 통치자와 지휘관, 지사와 보좌관들을 모두 죽이고, 진승에 응하여 반란을 일으켰다."[9] 이렇게 『사기』에는 대중이——서사학적으로——행위자가 아니라 행위자가 영향을 미치는 매체나 물질로서 정의된다. 대중의 어떤 부분이 행위자의 역할을 맡는다면, 그것은 개별화되고, 개성과 원동력이 주어질 필요가 있다(봉기하는 진성이 다른 사람들에게 봉기하라고 선동할 때처럼).

약 150년 뒤에 또 다른 궁정 역사학자인 반고班固, 32~92는 전한 시대——사마담과 사마천이 살았던 왕조——의 역사를 쓰며 적극적이고 목소리를 내는 대중의 지지가 필수적이었던 집권을 이야기한다. 왕망王莽은, 무능했거나 미성년인 여러 왕들의 재상이었는데, 아마도 자기 자신을 위하여 편지 쓰기 운동을 동원한 중국의 첫번째 정치인이었을 것이다. "많은 평민들, 유교의 대가들, 귀족들, 하급 관리들, 그리고 더 높은 지위의 사람들, 위의 사람들은 대 황태후에게 편지를 바치기 위해 궁전의 입구에서 기다리게 되었고 매일 천 명이 넘는 수를 이루었다. 각료와 고위층의 일부는 제1궁전의 한가운데로 갔고 몇몇은 안쪽 방의 문 바깥에서 엎드리며" 그들 모두는 황제의 배우자로서의 최고의 선택으로 왕망의 딸을 지지했다. 훗날의 연대기 작가의 눈에 이것은, 왕망에게 어떤 목적도 달성하게 하지 못했던 여론의 조작이었다.[10] "[효문孝文 황제의——인용자]

---

9 司馬談·司馬遷, 「秦始皇本紀 6」, 129쪽; Sima, *Records of the Grand Historian*, p.67; Sima, *The Grand Scribe's Records*, p.158.

10 班固, 「王莽」, 『漢書』, 第1卷, 北京: 中華書局, 1969, 4052쪽. 영역본은 다음의 표제로 출간되었다. *The History of the Former Han Dynasty*, vol.3, trans. Homer H. Dubs, Baltimore, Md.: Waverly Press, 1938~1955, p.156.

4년째 되는 해에 왕망의 딸은 황후의 지위에 올랐다. 제국 전역에서 일반 사면이 이뤄졌다(天下大赦)."[11]

두번째 문장의 동사는(만일 동사라면 말이다. 명사라고 해도 괜찮기 때문이다) 비인칭 자동사인데, 다수의 사람들(범죄자와 용의자)이 사면을 받고 있는 것이라고 해도 고귀한 혈통이 내린 명령에 걸맞은 지령과는 거리가 멀기 때문이다. 동일한 장의 뒤쪽의 유사한 구에는 "세번째 해의 봄에 지진이 일어난다. 제국 전역에서 대규모 사면이 있었다"라고 쓰여 있다.[12] 그것을 시대에 맞지 않게 설명해 보면, 그것은 마치 제국의 상황실에 '사면'이라고 적힌 버튼이 있었던 것 같다. 주민들은 그것의 의미를 어떤 상황, 즉 국가의 경사나 애도에 적합한 일반 사면의 상태로 생각한다.

얼마 뒤, 왕조에서 복무하던 중에 왕망은 땅을 증여받으라는 명령을 받지만, 그는 그것을 겸손하게 거절한다.

이때 왕망이 신야新野의 경작된 들판을 받아들이지 않았기 때문에 황제에게 편지를 보낸 관리들과 평민들은, 이전과 훗날을 포함해서 모두 487,572명이었다. 게다가 속국의 왕들과 최고위층 각료들과 모든 후작 부인들, 그리고 황실의 일원들은, 알현을 할 때 모두 고두叩頭의 예를 올리며, 왕망에게 즉시 포상을 내리는 것이 적절할 것이라고 말했다.

한참 후에 대 황태후가 왕망에게 행한 수여식은 다음과 같은 의견을 포함한다.

---

11 班固, 「王莽」, 4066쪽.
12 같은 책, 4089쪽.

진정으로 재상, 당신의 업적과 고결한 행동은 제국에서 가장 훌륭하다. 이런 이유로 속국의 왕들과 최고위층 각료들과 모든 후작부인들, 그리고 황실의 일원들, 다양한 대가들, 하급 관리들과 평민들은 모두 일치하여 똑같은 것들을 말했다. 그들은 문루와 대궁전에서 계속 기다렸고, 이런 이유로 그들의 편지는 훌륭한 관리들에 의해 황제에게 보내졌다.[13]

이 모든 것들은 다소 민주주의적으로, 또는 적어도 반응을 보이는 것으로 들리는데, 이것은 우리가 대개 중국의 황제들과 결부하는 방식은 아니다. 왕망은 분명 거대한 중국 제국 전역에 널리 분포되어 있는 양방향의 의사소통망과 읽고 쓸 줄 아는 능력을 전제 조건으로 하는 대중적 인기의 경쟁에서 높은 자리에 오르고 있었다. 50만의 청원서는, 당시의 인구와 읽고 쓰는 이의 수치가 어느 정도였든 인상적인 숫자이다. 그것은 거리에서 시위하는 것보다는 글로 쓰인 청원서를 발송함으로써 그 의지를 나타내긴 했지만, 여기에는 대중이, 적극적인 대중이 존재한다. 그러나 이것은 훗날 태어난 역사학자 반고가 결코 왕망을 지지하거나 그에 대한 대중의 신임을 좋게 본다는 사실을 가리키지 않는다. 그렇다고 왕망의 사면과 그가 의례와 고대의 도덕률에 대해 유별나게 격식을 차려 준수한 것, 또는 유교의 이상향을 법률로 존재하게 하려던 그의 시도가 역사의 눈으로 볼 때 그에게 도움이 되는 것도 아니다. 오히려 정반대다. 철저한 정통주의자인 반고는 한 왕조에 군림한 유씨 가문을 무색하게 하고 그의 여러 선행을 통해 여론을 조작했다며 왕망을 비난한다. 정통주의자의 관점에서 볼 때, 대중을 만족시키는 것은 필연적으로 그들을 타락시키는

13 班固, 『漢書』, 第1卷, 4070~4071쪽; The History of the Former Han Dynasty, vol.3, pp.197~201.

데, 그가 '인민의 아버지와 어머니'로서 행동할 자격이 있는 사람이 아니라면 말이다. 그리고 기원전 9년에 왕망이 마침내 자신의 섭정의 직함을 치우고 스스로 왕위에 오르는 것은 불가피한 것으로 보인다. 그리고 적극적으로 행동하는 대중은 뭔가 대단히 잘못되고 있다는 징후다.

그들의 예와 분석은 우리에게 대중에 대해서는 아무것도 말해 주지 않으며 단지 관점과 대중에 대해 쓰는 기술에 대해서만 말해 준다고 볼 수 있다. 대중 자신, 그들이 무엇을 하고 그들이 무엇을 원하는지는 그림자로부터 거의 나타나지 않는다. 그렇다. 대중의 문제는 재현의 가능성의 문제와 떨어질 수 없다.[14] 글로 쓰인 언어와 같은 매체는 대중을 직접적으로 표현할 수 없고, 그것을 보여 주는 장치를 만들 뿐이다. 그 장치는 대중 자신으로부터 조금 거리를 두고 있는 요인들로부터 속박을 받는다(그것들에는 문법적 특징, 이데올로기적 선택, 독자의 고려가 포함될 것이다). 초기 중국의 역사적 텍스트에서 **재현된** 대중은 사람들이 원하는 대로 수동적이며, 활기가 없고, 생각이 모자랄 수 있지만, 이것은 초기 중국의 대중 자신이 필연적으로 나타내는 특성이라기보다는 재현하는 사람(이 경우에는 왕조의 후원을 받는 역사학자들)의 목표와 독자, 제약, 능력에 관한 사실로 여겨져야 한다. 이 폭민학, 또는 대중 이론은 그것이 어떤 가능한 독자도 채택할 수 있게 만들 공식적인 역사의 관점에 적절하도록 갈망과 무분별을 표현한다.

---

14 이 프로이트적인 생각—이것의 모형에 대해서는 Sigmund Freud, *Die Traumdeutung*, chap.6.D, Leipzig: F. Deuticke, 1899, pp.229~236에서 제공된다—에 대해서는, Étienne Balibar, "Fascism, Psychoanalysis, Freudo-Marxism", *Masses, Classes, Ideas*, trans. James Swenson, New York: Routledge, 1994, pp.177~189를 보라.

소설을 통해 '대중 통치하기'

양방향 페이저, 인스턴트 메시지, 휴대폰이 21세기의 '스마트몹'을 창조하겠지만, 그 이름에 어울릴 법한 어떤 대중도 어느 때고 완전히 '바보 같은' 때는 없었다. 만일 우리가 '바보 같은'을 방향성과 자기인식, 집단의 목표가 없는 것의 의미로 사용한다면 말이다.[15] (목표의 부재가 아니라 오히려 목표의 격렬함이 귀스타브 르 봉 이후의 대중 이론가들을 걱정시키는 요인이다.) 대중은 자신을 대중으로서 이해한다. 모든 일원들은 외침, 밀침, 몸짓, 냄새, 그리고 대중 속에 잠기는 것^{bain de multitude}의 다른 모든 구성 요소들로부터 반응을 얻는다. 배달되는 가득한 편지 속에서만 '만나는' 상상 속에만 존재하는 대중들이라도, 왕망의 지지자들처럼, 어떤 상호 간의 인식의 수단을 가져야 한다. 새로운 매체는 그러한 인식의 새로운 수단을 의미한다. 식자와 값싼 인쇄의 확산과 함께, 발터 벤야민은 "대중은 고객이 되었다. 그들은 자신이 당대의 소설에서 그려지기를 바랐는데, 후원자들이 중세의 그림에서 그랬던 것과 같다"라고 말한다.[16] 대중의 모티브가 문화사에 속하는지 아니면 의사소통 기술의 역사에 속하는지는 아직 미결 상태에 있다.

기술(여기서는 배부의 메커니즘)과 무의미하거나 하찮은 내용의 관계도 마찬가지다. 중국 제국의 긴 이력(기원전 221~기원후 1911년)의 마지막 무렵에, 공식적인 역사적 글쓰기 체계의 틈새에서 나온 장르인 '소

---

15 Howard Rheingold, *Smart Mobs: The Next Social Revolution*, Cambridge, MA.: Perseus, 2002.

16 Walter Benjamin, "On Some Motifs in Baudelaire", ed. Hannah Arendt, *Illuminations: Essays and Reflections*, trans. Harry Zohn, New York: Schocken, 1969, p.166.

설'은 그것이 다른 더 신성시되고 심오한 종류의 글쓰기보다 빠른 결과를 낳는다고 생각되었기 때문에 특별한 중요성을 띠었다. "무엇도 소설만큼 사람들의 가슴과 마음을 움직이고 그들의 길을 바꾸도록 유발할 수 없다"라고 선교사이자 출판인인 존 프라이어는 사회 변화의 필요성을 극적으로 표현할 새로운 소설을 간절히 원하며 광고에서 그렇게 썼다. "폭넓고 빠른 순환을 통해 소설은 짧은 기간 내에 모든 사람들에게 알려질 수 있고, 어려움 없이 현재의 관행을 개혁하는 것을 가능하게 만든다."[17] 시와 두서없는 에세이, 역사와 같은 상류층의 장르와 달리 신문의 소설 부록은 알고 있는 인물의 목록이 적은 사람들도 따라갈 수 있고 큰 소리로 읽으며 즐길 수도 있었다. 량치차오梁啓超는 유교의 고전『대학』大學의 첫 구절을 암시하면서 "국가의 인민을 새롭게 하려면 반드시 그 국가의 소설을 새롭게 하는 것에서 시작해야 한다"라고 말했다. 소설은 사람들을 다른 세계로 데리고 갔다. 그들이 자신과 다른 사람들의 관점을 채택하도록 만들었고, 그들이 옳고 그른 선택의 결과를 관찰하도록 안내했다. 량치차오가 자신의 1902년의 에세이「소설과 대중 통치의 관계에 대하여」에서 설명하듯이, 사람들은 그들이 읽는 소설로부터 그들의 감정과 욕망, 믿음을 얻어 갔다. 그들은 바로 그들이 소설에서 읽은 사람들이 되었다.[18]

---

17 John Fryer, "Qiu zhu shixin xiaoshuo qi"(1895), trans. in anonymous, "The New Novel Before the New Novel: John Fryer's Fiction Contest", eds. Judith T. Zeitlin and Lydia H. Liu, *Writing and Materiality in China: Essays in Honor of Patrick Hanan*, Cambridge, Mass.: Harvard University Asia Center, 2003, p.324(강조는 인용자). 그의 진술의 첫 부분에서, 프라이어는 고대의 『효경』(孝敬)의 한 문장을 이용한다. "관습을 바꾸고 습성을 변경하는 데는 음악만 한 것이 없다."

18 이렇게 대중 문학 장르에 대한 중국의 사상은 프랑스 군중심리의 또 다른 측면, 즉 전염적인 행동의 이론과 재결합한다. Gabriel Tarde, *Les lois de l'imitation: Étude sociologique*, Paris: Alcan, 1890을 보라.

어떻게 중국인들은 공직 시험에 합격한 학자와 재상을 그토록 추앙한다는 관념을 발전시켰을까? 그것은 소설로부터 유래한다. 아름다운 숙녀와 재능 있는 학자에 대한 중국인의 집착의 기원은 무엇인가? 그것은 소설 속에 존재한다. 강과 호수에 몸을 숨긴 강도와 도둑에 대한 중국인의 동정은 어디에서 비롯되는가? 그것은 소설에서 비롯된다. …… 아아, 소설이 그렇게 개탄스러울 정도로 대중을 함정에 빠뜨리고 익사시키는구나! 위대한 현자와 철학자들의 수많은 말들은 대중을 가르치지 못한다. 그러나 경박한 학자와 시장의 상인들이 쓴 한두 권의 책은 우리 사회 전부를 파괴하고도 남는다. …… 소설의 성격과 지위가 삶에 불가결한 공기와 음식에 필적하는 것처럼, 경박한 학자와 시장의 상인들은 사실상 온 국가를 통제할 권력을 갖고 있다.[19]

이런 이유로 소설과 대중 행동 사이에는 강렬한 연계가 존재했다. 량치차오는 지금이 학자들과 사회 개혁가들이 지금까지 높게 평가되지 않은 이 장르를 기꺼이 받아들이고 인민을 그들의 모습이 아닌 모습으로 대하기 시작할 시간이라고 말했다. 대중을 위해 글을 쓸 시간이라고. 사람들 앞에 좋은 모델을 보임으로써 소설가들은 모방과 '개선'을 선동할 수 있었다. 프라이어의 발언은 이 변형된 장르의 기술적인 전제 조건을 암시한다. 증기로 움직이는 인쇄기는 새로운 작품 수천 부를 몇 시간 안에 새

19 Liang Qichao, "On the Relationship Between Fiction and the Government of the People", ed. Kirk A. Denton, *Modern Chinese Literary Thought: Writings on Literature, 1893-1945*, trans. Gek Nai Cheng, Stanford, Calif.: Stanford University Press, 1996, pp.80~81. 원래의 텍스트는 梁啓超, 「論小說與群治之關係」(1902), 郭紹虞·王文生 編, 『中國歷代文論選』, 第3卷, 上海: 古籍出版社, 1976, 405~409쪽.

롭게 도시화되고 종종 새롭게 식자층이 된 대중의 손으로 보내는 것을 가능하게 만들었다. 이전의 서사적 장르와는 달리 그것은 낭송과 사본, 목판 인쇄된 책의 형태로 유통되었고, 19세기 말의 새로운 중국의 소설은 일간 신문의 연재를 통해 독자를 구했다. 저널리즘과 소설 사이의 경계는 아슬아슬했다. 오견인의 교양소설 『20년간 내가 목격한 괴이한 일들』은 1903~1910년에 연재되었는데, 세상에서 자신의 길을 찾는 천진난만한 젊은 남자에게 가장 중요한 역할을 주었고 그렇게 독자가 증기선과 매판, 조약항의 새로운 시대에 대해 점진적으로 익숙해지게 했다.

나는 말했다. "그들이 사용하는 비밀스런 암호, 그건 어때? 네가⋯⋯" 나는 갑자기 하늘이 무너지는 것처럼 거대하게 '쿵' 하는 소리가 들려 말을 끝내지 못했고, 굉음이 이어지며 창유리가 창틀에서 달가닥거리고 찻잔과 젓가락이 테이블 위에서 춤췄다. 우리는 모두 제 자리에서 뛰어 올랐다. ⋯⋯ 그 시끄러운 소리는 곧 잊혀졌다. 바로 그때 거리의 사람들이 우르르 몰려들어 나를 기겁하게 만들었기 때문이다. 수능은 일어나서 말했다. "가서 보고 오자!" 그렇게 말하면서 그는 나를 문밖으로 끌고 갔고 거리를 쭉 걸어가면서 말했다. "오늘 어뢰 훈련을 하고 있는 거야. 오늘 그중에 세 개를 발사한다고 들었어. 서두르면 제때 어뢰가 출발하는 것을 볼 수 있을 거야." 그때 나는 이해했다. 알다시피 중국과 프랑스의 전쟁이 여전히 진행 중이었다. 며칠 전에 우리는 타이완을 잃었다는 소식을 들었다. 프랑스인은 지룽에 도달했다. 장난의 무기고에서는 사람들이 유별나게 긴장하였기에 지휘관이 열의를 과시하며 그들에게 어뢰 훈련을 실시하라고 명령했고, 그 정해진 날짜가 오늘 밤이었다. 수능과 내가 강둑에 도착했을 때는 해가 저물고 있었고 비가 막 들고 있었다. 밝은 달이 동쪽에서 떠올랐고 빛줄기가 마치 만 마리의 황금색 뱀처럼 강 위에 잔물결 모양을 일으켰다. 술을 몇 잔 하고서 우연하게 이 광경과 마주쳤다면 아주 기뻤을 것이다. 하지만 불행히도 많은 사람들이 어뢰 훈련을 구경하고 있었다. 그곳이 완전히 꽉 차지는 않았지만 우리는 분명 대중 속에 서 있었다. 갑자기 우리는 커다란 굉음을 들었고 네 번의 메아리가 뒤따르고 물줄기가 마치 벽처럼 200미터가 넘게 솟아올랐다. 슈욱 하고 소용돌이치는 소리가 지나가고 그 여세로 소나무가 쓰러지는 요란한 소리가 들렸다. 산과 계곡에서 들려오는 메아리 소리가 잦아들지 않는 동안 두 가지 소리가 만나 충돌했다. 그곳에 서 있던 사람들은 놀라움에 숨이 멎었다. 살아생전에 내 귀는 저런 소리를 들어 본 적이 없었다. 그때 그들은 또 다시 어뢰를 발사했다. 그것은 분명 '신성한 황홀감과 영혼의 행복'은 아니었지만 틀림없이 듣도 보도 못 했던 진기한 것이었다. 모두 끝이 났을 때 수눙과 나는 돌아와서 컵을 부시고서 또 한 잔 했다.[20]

오견인의 화자, 즉 강둑에 서 있는 나머지 대중들과 같은 호기심 강한 도시의 관중은 신기술의 경이로운 업적에 매력을 느낀다. 폭발은 그들을 동요시켜 함께 놀라움의 소리를 내도록 했다. 연재물 형태의 이 사건에 대한 묘사는 더 광범위하게 그것을 전달하며 수많은 독자들이 그 이후로 공통으로 겪게 될 경험이 되게 하는데, 이것은 이러한 목격담을 담은 소설 장르가 가진 매력의 결코 작은 부분이 아니다. 도시성, 기술, 관객성의 주제를 중심으로 합치고 종종 대중의 활동을 포함하는 '뉴스 문화'는

20 吳趼人, 『十年目睹之怪現狀』, 第1券, 香港: 廣智書局, 1989, 55~56쪽.

1900년 세대의 영속적인 발명 중에 하나이며, 그것은 20세기 내내 중국에서 계속해서 대중적인 글쓰기를 지배했다.[21]

대중은 또한 흔히 목격의 방식으로 이해되는 또 다른 소설의 한 장면을 채울 것이다. 그것은 이백원李伯元의 『문명소사』文明小史, 1903~1905이다.

전쟁 기술 시험을 보려고 기다리며 마을에서 야영하던 사관생도들은 쉽게 나쁜 길로 빠지는 많은 수의 나태한 청년들이었고, 말썽에 휘말리기를 좋아하는 그런 유형의 젊은이들이었으며, 게다가 먀오족苗族 구성원들과 그들 중의 한족漢族은 끊임없이 이런저런 일들로 서로를 비난하고 있었다. 만일 그들이 어떻게 그들을 진정시키는지 알고 있는 총명한 지역 관리와 마주친다면, 모든 일이 괜찮겠지만, 만일 그가 그들을 화나게 할 어떤 행동이라도 한다면, 중요하든 대수롭지 않든, 그후 영원히 문제의 그 관리의 흠을 잡을 것이고 그를 전혀 존중하며 대하지 않을 것이다. 이 소도시 사람인 류 지방관은 신학문의 옹호자로 알려졌고 많은 외교를 성공적으로 이끌었다. 그는 귀중하고 믿음직한 관리였다. 그러나 그는 외국인들을 달래기 위해 지나치게 열심히 노력했고, 지금은

21 David D. W. Wang, *Fin-de-siècle Splendor: Repressed Modernities of Late Qing Fiction, 1849-1911*, Stanford, Calif.: Stanford University Press, 1997; Eileen Cow, *Spectacular Novelties: Urban Entertainments, Zhang Henshui, and 'News' Culture in Republican China*(출간 예정). 5·4 운동에 대한 글의 등장을 이야기하는 데 있어, 루쉰이 일본에서 공부할 때의 일화에 대한 이야기를 다시 말하는 것은 거의 의무적인데, 루쉰은 포위됐을 때 참수되는 중국인 수감자들의 슬라이드 쇼를 보았다. 그가 받은 인상은 이 사건을 지켜보며 서 있던 중국 대중의 무관심과 수동성이었다. 루쉰은 이 일별이 그를 의학에서 글쓰기로 바꾸어 놓았다고 말했다. 魯迅, 「序文」, 『吶喊』, 北京: 人民出版社, 1973, 4~5쪽. 이렇게 관객성의 문제는 현대 중국 문학의 세대(제국 말기 세대 대 5·4 운동 세대)와 그 장르(대중적 소비를 위해 쓰인 글 대 진지하고 학문적이거나, 국제적인 독자를 위한 글)를 구분한다.

독단적으로 군사 훈련을 연기하여 생도들은 집에 돌아가지 못해 자연히 자신들이 부당한 대우를 받고 있다고 느꼈다. 그리고 생도들은 모두 한 장소에 머물고 있었으므로, 삼삼오오의 무리로 모여 찻집과 포도주 전문 술집에 가기 시작했고 소문을 퍼뜨리고 문제를 일으켰다. 그다지 심각하지 않은, 장난삼아서 무슨 일이 일어나는지 보려는 사소하게 일으키는 소란이었다.

그날, 그들 중 열 명 정도가 찻집에서 차를 마시고 있을 때 갑자기 동료 생도 중 한 명이 소리를 지르며 들어왔다. "정말 참을 수가 없어!" 그가 너무 이성을 잃은 것처럼 보여서 모두 일어나 무슨 일이냐고 물었다. 그가 말했다. "법원 근처에서 그냥 서성거리고 있다가 그들이 나와서 벽에 전단을 붙이기 시작하는 것을 봤어. 많은 사람들이 보려고 모여들었지. 어떻게 읽는지 아는 한 노인이 모두에게 말했어. 여기 게시된 류 지방관이 이 행정구역의 모든 산들을 광산을 원하는 어떤 외국인들에게 팔 것이라고. 이제 생각해 봐. 우리 중에서 산 속에서 살지 않는 사람이 누가 있어? 그 사람이 그것들을 외국인에게 팔아 버리면 우리는 머리 둘 곳이 없는 거잖아. 그런데도 참을 수 없는 일이 아니란 말이야?" 그는 또 다른 생도가 뛰어들어 왔을 때 말하기를 끝내지 않고 똑같은 이야기를 했다. 금세 똑같은 이야기를 갖고 있는, 서너 명의 다른 사람들이 도착했다. 이제 그곳에서 소리치는 2백 명 또는 그 이상의 사람들이 존재했고 그들 중 몇몇이 말했다. "우리 집은 산 속에 있어요. 그리고 그들이 우리 집을 허물어 버릴 겁니다!" 다른 이가 말했다. "난 산 속에 밭이 있어요. 그들이 그것을 나한테서 뺏어 갈 겁니다!" 또 다른 이가 말했다. "내 조상은 수백 년 동안 산 속에 묻혀 있었습니다. 그것들을 모두

파헤쳐서 관을 억지로 열어서, 뼈를 모아 어디 다른 장소로 옮겨야 합니까?" 그리고 다른 사람이 말했다. "난 산 속에 살지는 않지만 산기슭의 골짜기에 살고 앞문으로 바로 산을 내다봅니다. 그들이 땅을 파서 옮기기 시작하고 그것들을 모두 한쪽으로 기울어지게 놔둔다면 그것이 내 좋은 풍수를 망치지 않겠습니까? 그들을 멈출 방법을 찾아야 합니다!" 그리고 이렇게 말한 사람들도 있었다. "가서 법원을 허물어 버리고 저 해로운 관리들을 때려 죽입시다. 그러고 나서 그들이 여전히 우리 땅을 외국인들에게 팔고 싶어 하는지 두고 볼 것입니다! 우리는 시험을 치르지 않을 거니까, 지금 전력을 다해서 이런 식으로 그만두게 합시다!" 왔다 갔다 하며 소리치고 서로 논쟁을 벌이는 사람들로 그곳은 들끓어 오르고 있었다. 점점 더 많은 사람들이 무슨 일이 일어나고 있는지 보려고 거리에서 멈춰 섰다. 처음에 그들은 주로 시험의 응시자들이었지만 나중에는 시험과 관계없는 사람들을 끌어모았다. 소음이 절정에 달했을 때 도시에서 바로 최악의, 가장 개탄스러운 학위 소유자가 들어왔다. 군중을 뚫고서 그는 찻집으로 뛰어들어 와서 도대체 무슨 일이냐고 물었다. 모두가 재빨리 설명하기 시작했다. 이랬다, 아니, 이랬다, 이렇게, 저렇게, 이야기가 다 말해질 때까지. 이 학위 소유자는 그의 전 생애를 통해 소문을 퍼뜨리고 비난한 것 외에는 아무것도 한 일이 없고, 이런저런 관리들에게 영향을 미치려고 노력했다. 그는 어떤 일에도 몸을 굽혔고 그의 명성은 역겨웠다. 그가 그 이야기를 들었을 때, 그는 자신이 빛날 수 있는 기회라고 여기고서 말했다. "믿을 수 없는 일입니다! 이 해로운 관리는 누구에 대해서도 개의치 않습니다. 그는 자기가 우리의 소중한 용순현의 산지를 헐값에 팔아 치우고 용순의 훌륭한 현 주민들을 전멸시킬 수 있을 거라고 생각합니다. 따라서 이 중대한 문제는 이 찻집보다 더 적합한 토론회에서 논의되어야 마땅합니다. 모두 화합의 전당으로 자리를 옮겨 그곳에서 계획을 생각해 냅시다. 자, 왜 이 주변에 서 있는 것입니까?" 그가 사람들에게 헛된 망상을 품게 하자, 그들은 고함을 지르며 자리를 떴고 그 수가 이미 적어도 천 명은 되었다. 찻집의 주인들은 지불받지 않은 찻값 계산서를 손에 쥔 채 남겨졌고, 수많은 깨진 찻잔은 말할 것도 없었다. 화가 났지만 탓할 사람도 없이, 그들은 그저 사람들이 행진해서 가는 모습을 노려볼 수 있을 뿐이었다. 그들이 건물을 폭발시키지 않은 것으로 운이 좋다 생각해야지, 불평해 봐야 아무 소용 없었다.[22]

이백원의 묘사는 이전의 일련의 상황들로부터 대중이 출현하는 것을 추적한다. 이상한 장소에 머물러 있어야 하는 들썩이는 젊은이들, 그들을 거기에 지체시킨 관리에 대한 분개, 중국을 '낚아채고 있는' 외국인들에 대한 증오와 불신, 이 모든 불만을 결정화하는 소문, 그 순간을 놓치지 않고 지도자가 되려는 사람. 대중 속의 익명의 얼굴들은 모두 행진에 합류하는 저마다의 동기가 있고, 바로 자신의 동기를 표현함으로써 스스로 비슷한 위치에 있다고 여기는 새로운 일원들을 모집한다. 소용돌이는 그 페이지를 넘어 계속되는데, 산지에 대한 대중의 걱정이 그의 소설이 인쇄된 동일한 신문에서 국제 뉴스를 읽는 이백원의 독자층이 가질 법한 불안으로 쉽게 연결되기 때문이다. 다음 회에서는 외국인들이 의심했

---

22 李伯元, 『文明小史』, 北京: 通俗文艺出版社, 1995, 11~13쪽. 필자가 번역했지만, *Modern Times: A Brief History of Enlightenment*, trans. Douglas Lancashire, Hong Kong: Renditions/ Research Centre for Translation, 1996, pp.25~27의 훌륭한 번역을 보라.

던 것보다 덜 위협적이라는 것을 보여 주더라도(막상 닥쳐 보니 그들은 현 정부로부터 초청을 받아 자원을 탐사하려는 지질학자 무리일 뿐이다) 이백 원의 대중 연출은 마치 상자 안쪽에 거울로 막을 형성한 것과 같은 중국 사회의 축소 버전으로서, 조작을 통해 그것이 상징하는 몸으로 이동할 수 있는 마술 인형으로서의 소설에 찬성한다. 대중에 대한 묘사는 그 이동의 에너지를 위한 운반 매체를 제공했다.

1900년 이후의 중국 역사는 어떤 시대가 그 이름의 자격이 있다면, 대중의 시대였고, 대중 에너지의 폭발이 간간이 있었다. 의화단 운동(이 것에 대해 이백원은 서사적인 민요『경자국변탄사』庚子國變彈詞, 1901~1902를 썼다), 5·4 운동, 1927년의 상하이 공격, 중일전쟁(1937~1945년) 시기에 우왕좌왕하던 난민들의 흐름, 국공내전(1945~1949년), 백화제방(1956 년), 1976년과 1989년의 톈안먼 사건 ──이 결정적 사건들 가운데 대중 매체의 제작물로 방향을 이끌었던, 단순히 기록했던 것이 아닌, 유일한 사건인 문화대혁명(1966~1976년)을 잊지 말자.

서예의 대중

사마천, 반고, 오견인, 이백원, 그들 각각은 행동하는 대중의 이미지를 구 성하는 자신의 기법을 갖고 있고 각각의 기법은 대중이 무엇이고 무엇을 할 수 있는지에 관한 이론을 표현한다. 기법은 암묵적인 문법의 순간적인 적용이다. 문법은 지나치게 구체적인 용어일지도 모른다. 서술이 문장들 로 구성되고 이것들은 필연적으로 능동형이나 수동형, 단수형이나 복수 형, 주격이나 대격과 같은 (문제가 되는 언어에서 의미론적 대안을 이용할 수 있는 것이라면 무엇이든) 값을 통해 사건을 표현한다는 점에서 서술하

그림 11.1 "'옌안 회담'을 무기로 삼아서 반혁명적인 문학적 수정주의의 반동적 노선을 철저히 파괴하자." 이 장의 모든 이미지는 스탠퍼드대학교 후버연구소의 허가를 받아 사용한다.

기에서 행위자가 그를 행동할 수 있게 해주는, 그를 묘사하는 문장의 문법으로서만 행동할 수 있다고 말하는 것은 분명 동어반복적이다. 기법은 구체적이다. 그것들은 역사가 있고 발전하며 매체의 속성에 의해(이 경우에서는 200년이 넘는 기간 동안의 중국의 문학 언어의 자원이다) 제한된다. 따라서 더 보편적인 방식으로 기법과 내용의 문제에 접근하려면 아마도 대중이 비언어적인 매체에서 나타나는 방식을 검토하는 것이 적절할 것이다.

광고와 마찬가지로 선전 예술은 군중이나 대중에 대한 두 가지 관점, 두 가지 기법적인 형상화 사이의 공간을 차지한다. 선전을 통해 자신을 표현한다고 하는 대중에 대한 관점과 선전의 관중인 대중에 대한 관점이다. 수취인이 자신의 욕망이 도판에서 표현되었다고, 또는 예견되었다고 인식할 때만이 완벽한 회로가 확립된다. 적절한 대답은 '맞습니다!'이다. 프로이트의 『집단심리학과 자아분석』*Massenpsychologie und Ich-Analyse, 1921* 이래로 우리는 영웅이나 대중의 지도자에게서 '자아 이상'의 시대적 표상을 알아보는 것을 배웠고, 그것은 우리 안에서 권위의 목소리로 말하는 (프로이트에게는) 아버지의 확장된 재현이다. 만일 관중이 완벽한 정치적 예술작품을 보고서 동의한다면 두 가지의 내포된 관점은 하나로 붕괴되고, 자아와 자아 이상의 통일을 확정한다. 이 거울처럼 반영하는 기능은 (두 가지 자아 형상화의 대결에 어울리지 않는 것은 무엇이든 희생시켜서 달성된) 20세기 선동과 선전의 예술사적 추이를 설명할 수도 있는데, 거기에는 모방적인 재현의 원리에서의 일탈이 산재해 있지만, (구성주의와 서사 연극에서와 마찬가지로) 예

그림 11.2 "마오쩌둥 사상의 위대한 적기를 높이 들고, 프롤레타리아 문화대혁명을 완료하자."

술이 대변한다고 주장하고 그것의 원리를 강화하는 사회질서로서의 원리로 항상 되돌아간다. 장 자크 루소는 사람들이 환상과 비현실적인 형상화에 흥미를 잃고 대신 공동의 장소에 함께 앉아 스스로를 보는 것에서 즐거움을 찾을 때 완벽한 정치조직체에서의 연극은 폐기될 것이라고 생각했다.[23] 대중은 어떻게 대중에게 제시된 대중의 재현 속에서 자신을 인식할까?

중국의 선전 포스터는 이 문제를 다양한 방식으로 해결한다. 관중이 되는 대중이 모방하도록 촉구되는 행동을 수행하는 전형적인 대중의 그림이 있는데, 그렇게 인식되는 것은 어떤 얼굴도 특정한 누군가의 얼굴이 아니기 때문이다(그림 11.1과 11.2). 전체로서의 인민이 익명의, 그러나 인지할 수 있는 '기능적인 지지층'을 통해 표현되는 이미지가 있다. 독특하

23 Jean-Jacques Rousseau, "Lettre à d'Alembert", ed. Bernard Gagnebin, Œuvres complètes, vol.5: Ecrits sur la musique, la langue et le théâtre, Paris: Gallimard, 1995, p.115.

그림 11.3 "마오쩌둥 사상의 햇빛은 프롤레타리아 문화대혁명의 길을 밝게 비춘다."
그림 11.4 "위대한 1월 혁명의 승리 만세!"

게 차려입은 민족적인 인물 집단(그림 11.3), 또는 각자 자신의 일에 알맞은 복장을 한 전문적인 집단(가령 군인, 선원, 비행사, 농부, 과학자)이다(그림 11.4). 구현의 알레고리의 변형으로 이 이미지들은 또한 (안으로부터의) 그 장르가 가진 한계를 드러내는데, 그것은 익명의 인물들 — '한족'이나 '후난성 주민'의 대표자로서가 아닌, 개인으로서 — 이 의장인 마오를 환영하기 위해 나타났을 때이다. 이렇게 이름 없는 보편적인 대표자

들은 자주 — 모든 훌륭한 중국인의 이름하에 — 위신이 추락하였고 그래서 말소되어야 하는 일그러지고 벌레 같은 개인들과 싸운다(그림 11.5와 11.6). 이렇게 인간의 이미지에는 세 가지 가능성 — 고귀한 개성(지도자의 지위), 고귀한 대다수(구현), 타락한 개성(범죄자) — 이 지정된다. 대중으로 이뤄진 관중은 자신을 중간의 위치에서, 즉 고귀한 대다수의 이미지와 함께하는 것으로 보아야 한다.

대상의 위치와 인식의 또 다른 문제에 대한 해결책은 원근법에 의해 제공된다. 의장은 (전경의) 사열대에서 톈안먼 광장에 군집한 백만 명

가량의 중국인 동지들에게 손짓한다
(그림 11.7). 보는 사람이 마침 의장이
아니라면 그는 자신을 환호하는 인파
속의 작은 입자로 인식할 것이다. (이
러한 인식은 그림의 표제에 의해 촉진
되는데, 그것은 대중 스스로의 거대한
목소리로 지도자를 환영한다.)

그림 11.5 "군인·국민이 단결하여, 혁명을 위한 위대한 비판을 하는 가운데 새로운 공적을 세우기를!"

　　대중의 이미지가 사진에 의해서
가 아니라 인간의 손에 의해 만들어
질 때, 재현의 위험은 약간 달라진다.
화가는 어떻게 많은 사람들의 거대한
다양성을 표시할 것인가? 질산은 필
름과 광학렌즈에 의해 달성할 수 있
는 세부적인 수준은 화가의 능력을
넘어선다. 몇몇의 선택이 이뤄져야 한다. 그래서 대중 속의 사람들은 단
축된 서예의 획이나(머리는 원으로, 몸은 재빠른 휘두름으로 필요한 만큼
반복한다) 다채로운 번진 흔적으로 축소될 것이고, 그들의 휴일의 분위기
는 높이 떠 있는 약간의 풍선과 깃발을 통해 표현될 것이다(그림 11.8과
11.9). 또는 몇몇의 얼굴들은 행진하는 육체들로 대충 그려진 배경 위에
허둥지둥 스케치될 것이다(그림 11.10). 이 장치는 관련성의 위계를 나타
내는데, 전경의 커다란 명사가 훨씬 더 예술적인 작업으로 득을 보기 때
문이다. 그것 때문에 대중의 관심은 문제의 거대한 인물에 초점을 맞추고
배경에 흩뿌려진 단역들은 대충 건너뛴다──개인으로서는 교환 가능한
것이고, 대중으로서는 필수 불가결한 것으로. 화가가 대중의 표현에 제공

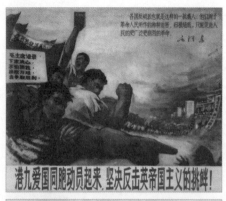

그림 11.6 "홍콩과 주룽의 애국동포는 전시 체제화하여 영국 제국주의의 도발에 결연하게 저항하라!"
그림 11.7 "우리의 위대한 지도자, 위대한 영수, 위대한 통솔자, 위대한 조타수인 마오 주석이 문화대혁명의 대군을 사열한다."

하는 '인상주의'의 정도는 연대와 익명이 유발하는 변화의 효과를 드러내는데, 시민이 하나의 실체로 녹아들기, 또는 녹는 것으로 생각되기 때문이다(그림 11.4). 이 실체로부터 궁극적인 '대중 장식'이, 외국의 침략에 저항할 수 있는 새로운 만리장성이 주조될 수 있다(그림 11.11).

그렇다고 하더라도 기법은 비기술적인 암시를 갖는다. 재현이 이러이러한 기법에 의해 만들어진다고 말하는 것은, 그리고 더 이상 말하지 않는 것은, 그 기법이 관중에게 미치는 영향이나 효과를 고려하지 않는 것이다. 선전 그림은 거의 운에 맡기지 않는 장르다. 방식과 내용, 모티브가 이데올로기적 필요성에 의해 결정되고, 위원회에 의해 심사되고, 정책 변경에 의해 버려진다. 수백 개가 넘는 예시와 가능성의 문법, 그리고 상호 간의 암시가 나타나는데, 그것들은 초기의 궁정 역사학자들에게서 나타났던, 대중의 움직임을 개인의 행동과 서로 다른 유형의 기능으로 격하시키는 문법과 아주 유사하다. 그것은 주로 대중에 대한 욕망의 문법이고, 정치적이고 서사적인 필요에 부합할 역사적인 행동을 할 수 있는 능

력을 가진 이미지로 대중을 표
현하고자 하는 시도이다. 외부
에서 유럽과 북아메리카의 당
대의 격변과 견주어 볼 때, 문
화대혁명은 기이하게 순종적
인 청년 운동으로 보인다. 거대
한 10대 무리는 70대 지도자와
그의 최근의 '혁명 노선'에 충
성을 선언한 것으로 밝혀졌고,
혐의를 받는 '계급의 적'을 색
출하고 굴욕감을 주고, 때로는
살해했으며, 상부로부터의 명
령을 무조건적으로 경청했다.
그려진 이미지를 더 분명히 해
주는 것으로 보이는 혁명이다.

그림 11.8 "우리는 국가의 대사에 관심을 기울이고, 프롤레타리
아 문화대혁명을 완수하고야 말 것이다."(부분)
그림 11.9 "마오 주석의 위대한 전략적 지휘를 바싹 뒤따르고,
연대하고 용기 내어 전진하라!"(부분)

그러나 그 시절의 개인적인 서술은 기회주의와 이상주의, 의심과 배신 등
의 더 익숙한 이야기를 말해 준다. 아마도 대중은 대중인 척하고 있었던
것뿐일까?

이 예들——대중이 중국의 문화적 어휘에서 차지했던 단지 약간의
형상들이다——은 대중이 대중으로 인식되는 그들의 존재로부터 (또는
대중의 모든 일원들의 동시적인 자기 인식으로부터) 떨어져서 존재하는가
의 유명론의 문제와 관련된다. 허버트 스펜서Herbert Spencer는 언젠가 언어
를 종의 감각기관이라고 불렀는데, 그것은 공간이 신의 감각기관이라고
말한 뉴턴의 제안을 수정한 것이다. 여기서 우리는 언어가 새로운 대상을

발견하고 낡은 대상을 새롭게
이야기하기에 알맞은 것으로
만드는 것을 본다. 대중을 묘사
하는 수단은 독자를 대중의 관
찰자라고 부르고 개인을 대중
의 일원이라고 부르고, 심지어
대중을 그 엄밀한 의미로 부르
는 의사소통 기법과 보조를 맞
춘다.

　여기 논의된 그 같은 장치
들은 모든 국가에서 발견된다.
이 예에서 구체적이고 역사적
인 것은 재현의 기술을 통한 의
미론적 범주와 사회적 질서의,
매번의 상호작용이다. 사마천
은 우리와 같은 의미로 대중을
인식할 수 있었을까――즉, 우
리가 대중이 그렇게 하고 있다
고 생각하는 것들을 할 수 있는
사람으로 인식했을까? 문화대
혁명 선전 포스터는 그것을 보
는 사람에게 혁명적 행동의 흐

그림 11.10 "당내의 자본주의의 길을 받아들이는 최고의 파벌
을 향해 맹렬하게 공격을 개시하자!"(부분)
그림 11.11 "위대한 만리장성"

름에서 작은 알갱이가 되는 영광과 고상함을 납득시켰을까, 아니면 그들
의 과장법은 언제나 분명했을까? 대중을 단순한 마음속의 명칭으로 만들

유명론은 '말로 많은 일들을 하는' 언어의 마술과 연결되는데, 대중을 묘사하는 것이 환영적인 방식 이상으로 그들을 호출하는 것이기 때문이다.

衆: 중국어

야우 카-파이(油嘉輝)

'군중'을 가리키는 다른 많은 합체자^{合体字}의 일부분으로서든 독체자^{獨体字}의 단순한 단어로서든 중국어 단어인 衆(무리)은 중국어에서 의미의 심연을 분명하게 밝힌다. 고대 형태로부터 근대까지 중국 본토에서 사용된 간체 众(그림 11A.1)은 기본적으로 세 개의 人(그림 11A.2)을 합쳐서 형성된다. 이것들 각각은 외관상으로는 사람을, 상징적으로는 일반적인 인류를 시각화하는 상형문자이다.

그림 11A.1 衆의 간체

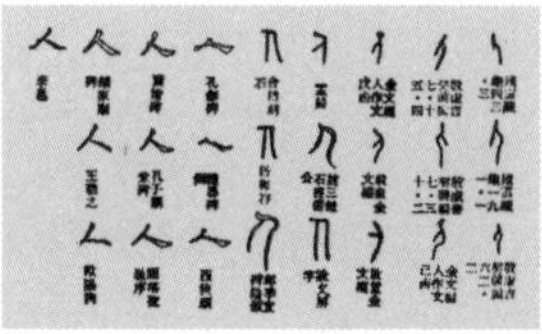

그림 11A.2 人의 다양한 글씨

허신^{許愼: 30~124}은 衆을 회의^{會意}로 분류한다. 즉, 새로운 의미를 만들기 위해 다른 의미의 요소들을 결합하는 것이다. 어떤 이는 세 사람을 상징적으로 함께 보는 것이 사실상 군중의 상형문자적인 재현이라고 주장할 수 있다. 衆의 상형문자적이고 의미론적인 차원을 형성하는 것은 이 세 사람의 결합일 뿐 아니라 그들 사이의 틈새와 충돌이다.

그런데 왜 세 명인가? 『국어』^{國語}는 "세 사람이 군중을 만든다"라고 설명한다 (『국어』 용어색인 2). 그러나 왜 둘이나 넷, 또는 그 이상이 아닌가? 몇몇의 불교 고전에서 衆은 넷 이상, 수백, 수천, 무한까지(『천태관경소』^{天台觀經}

疏), 넷 이상에서 만 2천까지(『법화의소』^{法華義疏}), 단순히 셋 이상(『법화현찬』
^{法華玄贊})으로 정의된다. 그러나 3이라는 숫자는 다른 많은 문화에서와 마찬
가지로 중국 문화에서 특별한 함축을 갖고 있지 않다: 노자에게 3은 모든 것
으로 향하는 길이다. 『설문해자』^{說文解字}는 3이 "하늘과 땅, 인간의 길"이라고
설명한다(叙, 15). 동시에 人을 일부분으로 구성하고 있는 다른 고전 문자는
군중의 형성과 무관한 의미를 갖는다. 預(豫)는 '예측하다' 또는 '준비하다',
盜는 '훔치다' 또는 '강탈하다'는 의미다.

진나라 이전(기원전 221년 이전) 『시경』, 『논어』, 『예기』 같은 역사적·문
학적·의례적·철학적 저작들에서 '풍부함'과 '다수'를 의미하는 衆은 이미
사람들과 관련되어 나타난다.

사람과의 관련은 그렇다 치고 衆은 또한 동물과 사물들과 관련하여 사
용될 수 있다. 장자의 『제물론』에서 衆은 또한 원숭이를 가리키는 형용사일
수 있다(그들이 단순히 인류의 조상으로 여겨지지 않더라도 말이다. 『제물론』,
54). 사물에 관하여 衆은 『예기』의 「중니연거」^{仲尼燕居} 편에서처럼 단순히 '많
은 것들'을 가리키는데, 거기서 사회 질서와 무질서는 "모든 것들^衆의 움직
임"과 연결된다(『예기』 용어색인 137; 번역은 인용자).

훗날 중국의 불교 용어인 衆은 불자들과 일반적인 인류를 모두 가리킨
다. 『대승의장』^{大乘義章}에서 '다수'와 '모든 사람'을 의미하는 衆은 불교 수도
승을 가리키는 용어인 화합중^{和合衆}의 구성 요소가 된다. 『사원』^{辭源}은 '대중'
^{大衆}이라는 용어가 이러한 사용에서 비롯된 것이라고 여긴다(2215). 衆은 일
반적인 보통 사람들과 특별한 어떤 (유형의) 사람들 사이에서 어슬렁거린다.

중국의 국민성에 대한 비평에서 근대 작가인 루쉰^{魯迅, 1881~1936}은 중국이
서양의 도전, 근대성, 그리고 근대화에 직면하고 있었을 때 국가적 맥락에
서 衆이 가리키던 일반적인 사람들이라는 의미를 비튼다. 그의 단편소설 제

목인 '시중'示衆(조리돌리기)에서 衆이라는 단어는 '다수의 관중', '청중', 그리고 '군중의 역할을 하는 행위자들의 모임'을 뜻하는 영어 단어인 'crowd'에 해당한다(『옥스퍼드 영어 사전』). 이 이야기는, 러일전쟁 동안 러시아인을 위해 스파이 활동을 한 혐의로 일본인에 의해 고발된 한 남자 주변에 냉담하게 서 있는 중국인 대중을 암시하는데, 관중에게 초점을 맞추어 지나가는 사람이 사납게 그리고 호기심을 갖고 그가 거의 알지 못하는 광경을 보기 위해 더 좋은 위치를 찾으려고 애쓰는 방식을 스케치한다. 이야기의 제목 '시중'은 이중적인 의미를 갖는다. 그것은 '군중에게 뭔가를 보여 주다'를 의미('斬首 示衆'[목을 베어 공중/군중에게 보여 주기]과 같은 말에서처럼)하는 동시에 '군중을 하나의 광경으로 나타내는 것'을 의미하기도 한다('展示群衆'[군중을 드러내기]).

합성어 示衆에서 나타나는 드러냄과 군중 사이의 이러한 관련성은 강력하다. 어떤 것들이 드러나는 것을 구경하는 군중과 자신이 드러나는 군중과 마찬가지로, 앞에서 언급되었던 의미의 심연 또한 드러내고 드러난다.[24]

24 참고문헌: 劉殿爵·陳方正 編, 『國語逐字索引』, 香港: 商務印書館, 1999; 劉殿爵·陳方正 編, 『禮記逐字索引』, 香港: 商務印書館, 1992; 王同億 編, 『新現代漢語詞典』, 海南: 海南出版社, 1992; Chuang-tzu (Zhuangzi), Chuangtzu: The Seven Inner Chapters and Other Writings from the book "Chung-tzu", trans. A. C. Graham, London: George Allen & Unwin, 1981; 商務印書館編輯部 編, 『辭源』, 第3卷, 商務: 商務印書館, 1979; Confucius, The Analects, trans. David Hinton, Washington, D.C.: Counterpoint, 1998; '大成一丈'(大乘教義), http://www.bya.org.hk; 湖北省編輯部 編, 『漢語大字典』, 第5卷, 武漢: 湖北辞书出版社, 1986; David Hawkes, A Little Primer of Tu Fu, Oxford: Oxford University Press, 1967; Lu Xun, "A Warning to the People", trans. William A. Lyell, Diary of a Madman and Other Stories, Honolulu: University of Hawaii Press, 1990; The Oxford English Dictionary(http://www.oed.com); 許愼, 『說文解字注』, 段玉裁(註釋), 上海: 上海古籍出版社, 1981; 中文大辭典編纂委員會 編纂, 『中文大辭典』, 40卷, 臺灣: 中國文化研究所, 1962.

대중 통제

데이비드 테오 골드버그(David Theo Goldberg)

대중은 동일시와 소속감을 조장하고, 개인적인 억압이 금지할 수 있는 행동을 할 가능성을 촉진한다. 그러나 그것들은 똑같이 두려움과 혐오, 회피와 도피를 유발한다. 대중의 쇄도는 신나게 만들 수 있지만 또한 두렵게 만들기도 한다. 큰 스포츠 행사나 정치적 집회에 모인 대중은 팀이나 대의명분, 활력을 주는 행동에 대한 지지를 암시한다. 그러나 그것은 또한 수중에서 벗어나 소용돌이치고 폭력을 부채질하고 감시와 사실상의 대중 통제를 불러일으킨다. 사르트르 식의 명확한 문구를 사용하여, 융합한 집단은 재빨리 대중으로 성장할 수 있으며, 이것은 적어도 한정된, 다소 잘 정의된 목표를 가진 내부적으로 일관성 있는 집단이다. 그러나 집단은 그러한 목표 없이도 수립될 수 있고 그 경계는 감독과 명령의 목표를 위해 강요된다. 전자의 논리는 스포츠 행사나 콘서트의 대대적인 환영을 목격했거나 집회를 통해 겪어 본 사람이라면 잘 알 것이다. 여행하면서 겪은 최근의 경험은 후자를 더 분명하게 예시하는 데 적합할 것이다.

　이스라엘은 우리가 유용하게 대중의, 또는 대중 속의 혼돈에 대한 통제라고 칭할 것에 대한 거의 절대적으로 예측된 감시를 수행하는 안보 장치를 완성한 것으로 보인다. 핵심은 주민들이나 대중 가운데 공황을 조장하고 동시에 다중의 일원들이 보이는 반응을 관찰하는——그것에 대한 통찰력을 얻는——것이다. 공공장소에 대한 마구잡이의 공격, 침입, 예고 없는 수색, 명백히 목표물을 놓치는 폭탄, 공공장소에서의 고의적인 부차적 피해. 이상의 것들은 고유한 것으로 여겨지는 습관과 행동 성향, 문화적인 표현을 드러내어 인종적이고 민족적으로 뚜렷이 다르다고 추정되는 사람들——아마 이미

용의자일 것이다——을 찾아내어 처벌하였다. 밀집된 공간에 통제된 혼돈을 창조하는 것의 핵심은 그들의 문화적 습관과 숨겨진 차이를 분명히 드러나게 하고 그들의 숨겨진 행동강령을 폭로하여 그곳에 존재하는 사람들이 '자연스런 본능'에 의지하게 하고, 그 안에서 공포심을 유발하는 행동을 실행하려고 하는, 뒤섞여 있는 사람들을 쫓아내는 것이다. 대중 통제는 극적으로 예측 불가능한 가능성에 직면하여 나타내는 확률적인 반응에 대한 반응 능력을 확인하는 문제가 된다.

최근의 이스라엘 방문에서 우리는 새벽 3시에 공항에 체크인해야 하는 불가능하게 이른 아침 비행이 잡혔다. 어두컴컴한 고속도로를 가로질러 운전했던 것과 따로 떨어져 있는 텔아비브의 반짝이는 빛이 고다르Jean-Luc Godard의 「알파빌」Alphaville, 1965에서의 고립을 떠올리게 했다면, 공항에 도착하는 것은 「잃어버린 아이들의 도시」La cité des enfants perdus, 1995에 오히려 더 가까웠다. 우리는 공항이 상대적으로 나른할 것이라고 기대했지만, 러시아워의 절정에 있는 어떤 세계적인 공항보다 더 분주한 터미널을 보며 충격을 받았다. 탑승할 때까지 입구에서 공항까지 이어지는 공식적인 보안 통로의 일고여덟 개의 층에 밀착된 것은 밀고 당기는 사람들의 불규칙한 줄로서, 자신이 어느 줄에 선 것인지 또는 그 줄이 무슨 줄인지, 자신이 어디를 향하고 있는지, 얼마나 걸릴 것인지에 대한 불확실성이 스트레스를 주었다. 졸린 상태와 고독함은 재빨리 수면 부족과 극심한 불안감에 길을 내주었다. 공황이 경험 많은 여행자들의 자신감을 대체했다. 비행기를 놓칠 무시무시한 가능성에 가까워지자 시간이 가는 똑딱 소리가 점차 커졌다.

이 모든 임의적인 것으로 보이는 혼돈을 지켜보는 것은 한발 더 나아가 모든 것을 보고 있는 무리로서, 그들 중 일부는 쉽게 대중 속에 섞였고 다른 이들은 머리 위에서 공황을 골라내고, 수면 부족 상태의 활동에서 차이를 구별해 냈다. 너무 빠른 움직임, 도망자의 생김새, 이마 위의 땀, 입가의 거품, 섞이려는 너무 명백한 시도, 서로 다른 이름으로, 그리고 다른 출신지——융탄 폭격을 가하는 바그다드에 상당하는 국가라고들 할지 모른다——를 나타내는 서로 다른 국가의 여권을 갖고 여행하는 혼합된 커플. 불안은 불안하게 만드는 규범을 통해 명백하게 드러난다. 안도감은 극심한 불안에 입각하고, 가장자리로 조금씩 움직이는 친숙한 대중의 열기는 낯설어지고 기괴해진unheimlich 대중의 열기에 입각한다. 소속되는 것, 존재하기를 바라는 열망——이 경우에는 무엇인가의 일부로——은 항상 뚜렷이 구별되는 부재와 본질적인 외부(자)에 입각한다.

거리의 판단력이 중요해지는데, 그것은 비행기 여행의 시대, 그리고 '사랑으로 가득 찬 장갑차' 사이로 길을 가는 반아파르트헤이트 거리 시위,——윌리엄 켄트리지가 아파르트헤이트의 장갑차를 아주 적절하게 특징지은 것처럼——그리고 다이애나 로스와 같은 부류를 특징으로 하는 센트럴 파크의 여름 팝 콘서트의 시대를 맞이하며 최근에 발생한 직관의 산물이다. 쇄도하는 대중은 폭발하는 최루 가스통과 날아가는 덤덤탄, 낚아챈 보석, 그리고 수십 년의 기간 동안 최고의 위치를 차지하려는 획책을 통해 만들어졌다. 1970년대 대중의 정치적 쇄도, 1980년대 대중문화의 갑작스런 등장, 1990년대 자유지상주의의 민영화에 대한 순종은 다시 태어난 눈앞의 낯선 사람, 그리고 바빌론의 경계를 무너뜨리는 눈앞에 나타난 대중——그들의 일원은 빌딩에 곤두박고 몸과 함께 꿈도 폭파시킨다——에 대한 편집증에 길을 내주었다. 이 형제의 대중은 그렇지 않았으면 익명의 파편화됐을 모든 사람들을 떠받치는 가상의 지지대다. 할리 데이비슨 랠리——내 창문 바깥의 암스테르담의 일요일의 거리에 약 백 대의 스쿠터가 있고, 내가 이것을 쓰고 있을 때 그들의 집단적인 매연과 격렬한 모터가 달린 따분함이 내 생각

속으로 침입하고, 이런저런 집단의 이런저런 명분 또는 순전한 즐거움, 또는 그렇지 않으면 외로운 주말을 그럭저럭 보내기 위한 행진――이것은 덜 사려 깊고, 자기를 의식하지 않고, 무비판적이기 때문에 더 은밀하고 더 위협적인 뭔가의 씨앗을 품는, 또 심지어는 때때로 촉진하는 것이다.

안전성은 방어적인 사회, 안보 상태에 길을 내준다. 항의하는 대중의 쇄도는 이제 내부의 위협, 외국의 테러리스트와 유사한, 한통속이 아니라면 비애국적인 행동으로 간주된다. 대중 통제는 단지 행동뿐 아니라 믿음까지 확보한다.

시장의 대중

우어스 슈테헬리

1967년 유명한 경제부 기자이자 전 포트폴리오 매니저인 조지 굿맨^George Goodman(일명 '애덤 스미스')은 "시장은 정말로 군중인가?"라고 물었다. 그러고서 그는 주저하지 않고 금융시장의 군중심리를 이야기했다. "**시장은 군중이다. 그리고 여러분이 르 봉의 『군중심리』를 읽었다면 군중이 복합적인 존재라는 사실을 알 것이다.**"[1] 그의 베스트셀러인 『머니 게임』에서 굿맨은 군중심리를 시장을 움켜잡는 중요한 수단으로 언급한다. 게다가 그는 단순히 시장에 대한 논쟁적인 묘사만 목표 삼지 않고 시장에서 성공하기 위한 실질적인 조언도 제시한다. '애덤 스미스', 그리고 금융시장이 군중심리라는 수단으로 가장 잘 묘사되고 분석될 것이라는 그의 말은 예외적인 것이 아니다. 르 봉의 군중심리에서 발췌된 내용은 투자 이론 모음집에서 자주 재판된다.[2] 또 2002년 골드만삭스의 상무이사인 로버트 멘셜은 『시장의 유혹, 광기의 덫』이라는 표제의 대중과 시장에 대

---

1 Adam Smith(George Goodman), *The Money Game*, New York: Random House, 1967, p.23. 이후부터 *MG*으로 축약한다.
2 Charles D. Ellis and James R. Vertin, *The Investor's Anthology: Original Ideas from the Industry's Greatest Minds*, New York: Wiley, 1997.

한 온전한 선집을 출간했는데, 역시 르 봉과 다른 군중 이론가들의 재간^再^刊을 포함한다.[3] 추가적으로 스스로를 "행동경제학"[4]이라 칭하며 르 봉을 그 창시자로 언급하는, 경제학 내의 완전한 하위 분야가 나타났다. 르 봉은 사회학이나 정치학 같은 다른 사회과학에서는 추방되었지만, 우리는 투자 이론과 금융 안내서 속에서 군중심리의 부활을 목격할 수 있다.[5]

금융시장이 종종 현대사회의 가장 합리적이고 능률적인 특징으로도 보이기 때문에 이러한 사실은 더욱 놀랍다. 1931년, 뉴욕증권거래소의 전임 회장이고 나중에 금융사기로 수감된 리처드 휘트니^{Richard Whitney}는 증권거래소를 "능률적인 제도"라고 찬미했다.[6] 호모에코노미쿠스^{Homo economicus}[경제인]의 위대한 경제적 상상이 발견한 이상적인 활동 무대가 바로 증권거래소다. 주식시장은 거의 완벽한 가격 형성과 최소한의 비용을 약속한다. 자율적이고 합리적인 경제적 개인을 성립시키는 전제 조건들이 완벽하게 충족된 듯하다. 그렇다면 경제적 인간의 이 모범적인 영역이 어떻게 대중 시장의 악몽으로 변하는 것일까? 금융시장을 묘사하는 데 있어 대중의 의미론^{semantics}은 왜 그렇게 매력적인가?

3 Robert Menschel ed., *Markets, Mobs and Mayhem: A Modern Look at the Madness of Crowds*, New York: Wiley, 2002.

4 Robert Shiller, *Irrational Exuberance*, Princeton, N.J.: Princeton University Press, 2000; Richard Thaler, *The Winner's Curse: Paradoxes and Anomalies of Economic Life*, New York: Free Press, 1992.

5 가령 James Dines, *How Investors Can Make Money Using Mass Psychology: A Guide to Your Relationship to Money*, Belvedere, Calif.: James Dines, 1996; Laurence A. Connors and Blake E. Hayward, *Investment Secrets of a Hedge Fund Managers: Exploiting the Herd Mentality of the Financial Markets*, New York: McGraw-Hill, 1995; Charles D. Ellis, *Winning the Loser's Game: Timeless Strategies for Successful Investing*, New York: McGraw-Hill, 2002를 보라.

6 John Steele Gordon, *The Great Game: The Emergence of Wall Street as a World Power, 1653-2000*, New York: Scribner, 1999, p.238에서 재인용.

언뜻 보면 대중에 대한 담론과 금융시장에 대한 담론은 거의 유사점이 없거나 연결 지점이 희미해 크게 구별되는 듯하다. 세기 초에 군중심리학은 린치를 가하는 폭도, 집단적 범죄, 선동적인 정치 지도자에게 현혹되는 대중, 그리고 군중행동의 불합리성으로 예증되는 근대성의 어두운 이면을 이해하려고 노력했다. 군중심리학이 근대 서양사회의 낙관적인 이상과 관련된, 그러나 일치하지 않는 것을 설명하려고 노력했던 것은 바로 이러한 맥락에서였다. 합리적인 개인이 의식 없고 격렬한 대중의 요소가 되고, 민주주의는 계몽된 시민에 의해 통치되지 않고 잔혹한 "악마 중의 악마"에 의해 지배된다.[7] 요약하면, 진단은 분명한 듯하다. 합리성은 불합리성으로 대체되었고 근대성의 프로젝트는 위험에 빠졌다.

대중의미론은 이러한 근대성의 위기를 진단하고 해결하기 위한 추론적인 수단으로 도입되었다. 르 봉은 20세기의 출현과 함께 "군중의 시대"가 도래했다고 외쳤다.[8] 군중은 전형적으로 근대적인 현상에 어울리지만, 그것이 단지 도시처럼 근대성을 상징하는 장소와 시설에서 등장하기 때문만은 아니다. 그것은 또한 근대사회의 이상──보편주의와 평등──이 급진적이 되고, 군중심리학자의 관점에 따르면, 필요 이상으로 확장될 때 무슨 일이 일어나는지를 보여 줌으로써 근대성에 대한 비평을 암시한다. 이제 근대의 보편주의는, 일반화된 투표권으로 가장 잘 예증되는 대중의 횡포로 변하고, 평등의 이상은 바이러스 전염병을 닮아 가

7 Boris Sidis, *The Psychology of Suggestion: A Research into the Subconscious Nature of Man and Society*, New York: Appleton, 1898.
8 Gustave Le Bon, *The Crowd: A Study of the Popular Mind*(reprint), New York: Macmillan, 1896(1895), p.xv. 돈 드릴로의 소설 『마오 2』는 군중을 미래의 모습으로 이해한다. "미래는 군중의 것이다"(Don DeLillo, *Mao II*, London: Jonathan Cape, 1991, p.16).

기 시작한다. 그러나 대중의미론은 근대성에 대한 보수적인 비평을 표현할 뿐 아니라, 더 이상 계급과 성별과 같은 계층화된 정체성에 토대하지 않는 사회적 분류에 대해 숙고할 수 있는 추론적 영역을 준비한다. 이 같은 대중의미론의 근대성은 종종 간과되지만, 그것은 대중의미론의 성공을 이해하는 데 있어 결정적이다. 다음 장들에서 나는 우선 찰스 맥케이의『대중의 미망과 광기』(1852년 초판)를 논의할 것인데, 이 책 역시 군중심리학이 출현하기 전의 투기적인 "시장 대중"을 다루고 있다.[9] 맥케이의 글을 해석하며 나는 대중의 의미론이 왜 금융 투기를 묘사하는 데 있어 그렇게 매력적인 것으로 판명되는지를 보여 주려고 노력하였다. 맥케이는 대중을 근대적 현상으로 이해하는 데 있어 결정적인 요소를 입증하지만 대중을 어떻게 다룰 것인가의 질문은 다루지 않는다. 이 논문의 두번째 부분에서 나는 역투자가[Contrarians]의 투자 철학이 어떻게 군중심리학의 덕을 보았는지를 보여 주고 싶다. 군중심리학이 이상적인 투기꾼을 구성하는 수단이 되는 것이 바로 이 지점이다.

투기의 광란: 금융의 망상에 대한 찰스 맥케이의 묘사

1841년 스코틀랜드의 시인이자 기자인 찰스 맥케이는 대중의 미망과 광기를 주제로 한 기념비적인 연구의 제1권을 출판했고, 이는 1852년에 완성되었다.[10] 이 책에 이론적인 야망은 담겨 있지 않다. 오히려 그것은 마

---

9 Charles Mackay, *Extraordinary Popular Delusions and the Madness of Crowds*(rev., 1852; reprint), New York: Three Rivers Press, 1980(1841). 이후부터 *EPD*로 축약한다.
10 금융 투기를 다루는 모든 장은 첫번째 책의 일부분이다.

법, 연금술사, 턱수염 패션에서 투기 광란에 이르기까지 이질적인 사건을 수집하는 공통분모로서 대중의 의미론을 사용한다. 처음 세 장——투기의 열광을 보여 주는 세 가지 역사적인 사례——은 '투기 망상'의 전형적인 사례에 초점을 맞춘다. 네덜란드의 튤립 파동^{tulipo mania}, 프랑스의 존로^{John Law}의 미시시피 계획, 영국의 남해 버블 사건이다. 맥케이가 금융광기를 묘사할 때 (상세한 역사적인 설명을 언급하지 않고) 어떻게 대중의 의미론을 사용하는지에 대해서만 간단하게 지적하려고 한다. 맥케이는 돈과 금융 투기를 "대중의 광기"의 주요한 원인으로 소개한다. "또 돈은 종종 대중의 망상의 원인이었다. 분별력 있는 국가들이 돌연 한꺼번에 필사적인 도박꾼이 되었고 종이 한 장 사고파는 것에 거의 자신의 존재를 걸었다. …… 여러분, 충분히 말했으니 집단으로 생각해 보길. 그들이 집단으로 미쳐 가는 모습을 보게 될 것이고 그들은 다만 자신의 감각을 천천히, 한 사람씩 회복할 것이다"(*EPD*, p.xviii). 맥케이는 시장의 역학과 실패에 관심 있는 경제학자의 관점이 아니라 "온 국가들"이 도박꾼으로 변하고 있다고 언급하는 정치적 관찰자의 관점에서 논의한다. 그런데 그는 어떻게 영국인과 프랑스인을 금융 폭도와 대중과 관련시킬까? 그것은 불합리한 집단으로 변하는 이상한 변형——인간의 내재적 논리로는 설명될 수 없는 변형——을 설명하는 **망상**의 과정이다. 국가는 이미 병적이기 때문에 미쳐 가는 것이 아니라,¹¹ 그것을 망상에 빠지게 만들 외부적인 촉진제——돈——를 필요로 하는 것이다.

---

11 르 봉의 다방면에 걸쳐 있는 군중심리학도 이러한 주장을 이용하는데, 그것은 그가 왜 **특정한** '인종'이 다른 인종보다 더 자주 대중 현상의 희생자로 전락하는지 설명하기 위해 민족심리학(Völkerpsychologie)을 언급할 때다.

맥케이는 대중의 등장을 사람을 미쳐 가게 만드는 과정으로 묘사하지만 대중의 불합리성으로 인해 그 의미가 고갈되는 것은 아니다. 오히려 그의 대중에 대한 묘사는 그 불합리성과 동시에 전례 없는 근대성 사이에서 추처럼 진동하기 시작한다. 내 주장은 맥케이가 공동체에 대한 소속이라는 오래된 관념과 뚜렷하게 대조를 이루는 전형적으로 근대적인 집단성의 형태를 묘사하기 위해 대중의미론을 사용한다는 것이다. 따라서 대중의미론은 단순히 반항적인 민속 문화의 잔재도 아니고 영국의 문화 연구가 주장하는 것처럼 "대중적인" 것에 대한 엘리트주의적인 비난도 아니다.[12] 그것은 평등과 포함이라는 근대적 이상이 갖는 모든 결과들을 그려 보려고 노력한다. 이것은 우리가 어떻게 대중의미론이 의미를 구성하는지 확인하려고 할 때 가장 분명해진다. 우리는 결정적인 변형을 겪은 의미의 세 가지 다른 차원을 구별함으로써 그렇게 할 수 있다. 바로 의미의 사회적 차원, 일시적 차원, 그리고 사실의 차원이 그것이다.[13]

사회적 차원은 자아와 분신[alter ego] 사이의 관계를 어떻게 생각할 것인지의 문제를 다룬다. 대중이라는 개념은 분신의 익명화를 논하려는 시도다. 이 의미론은 서로 다른 계급과 사회문화적 정체성으로 구분되는 계층적 조직에 집중했던 사회의 오래된 관념에 대한 커다란 도전이다. 대중의미론은 봉건 제도와 같은 계층화된 차별의 형태가 몰락하는 것을 설명하고 그것을 익명의 사람들로 이루어진 계급 없는 회중의 모습으로 대체한다. 대중의미론의 가장 위대한 추론적 이점은 바로 사회의 특정 계층이

---

12 가령 John Carey, *The Intellectuals and the Mass: Pride and Prejudice among the Literary Intelligentsia, 1880-1939*, London: Faber and Faber, 1992를 보라.

13 Niklas Luhmann, *Social Systems*(reprint), trans. John Bednartz Jr., Stanford, Calif.: Stanford University Press, 1995(1984), p.75ff.

나 무리에 국한되지 않는 집단적인 변형에 대해 이야기할 수 있다는 것이다. 투기적인 대중의 일부가 되고 싶은 소망은 보편적이다. "모든 멍청이는 악당이 되기를 열망한다"(*EPD*, p. 55). 투기 광란에 사로잡힌 대중이 단순히 사회의 낮은 계층은 아니었다. 모든 사람이 사람을 미쳐 가게 만드는 이 과정의 희생자가 될 것이다(*EPD*, pp. 21, 55, 59, 97을 보라). 그렇다면 대중은 사회적·문화적·성적 정체성의 평등화를 나타내는데, 모든 사람이 그 일원이 될 수 있기 때문이다. 맥케이는 종종 투기적 대중을 폭넓고 다양한 사회적·문화적 혈통을 지닌 혼란스러운 인간 집단으로 묘사한다. 투기적 대중은 "사회의 모든 계급" 또는 단순히 "모든 사람들"로 구성된다(*EPD*, p. 55). 맥케이를 (그리고 그의 당대인들을) 매혹하는 것이 바로 대중의 이러한 포괄적이고 평등화하는 힘이다. 이렇게 투기적 대중의 설명은 종종 대중의 이러한 사회적 이질성, 그리고 계급과 직업과 성별의 이 같은 가장 있을 법하지 않은 혼합을 암시한다. 투기적 대중은 "주방 하녀와 남자 하인"(*EPD*, p. 20)뿐 아니라 "저명한 남녀 인사들"(*EPD*, p. 59)을 포함했다. 가령 네덜란드의 튤립 파동의 영향을 받은 대중은 이질적인 신원 명부로 설명된다. "튤립에 잠시 손댄 귀족, 시민, 농부, 숙련공, 선원, 하녀, 그리고 굴뚝 청소부, 헌옷장수 여인"(*EPD*, p. 97). 맥케이가 이 대중들을 목록과 일람표를 이용해 설명하는 것은 우연이 아니다. 공통의 토대를 제공할 수 있는 미리 주어진 어떤 정체성도 존재하지 않는다.

대중은 그 안에서 단일한 요소가 특유의 정체성을 잃어버리는 일람표이고, 지나치고 병리적이라고 진단되는 것 또한 이처럼 평등화하고 몰개성화하는 논리다. 대중이 유발한 평등은 어떤 한계도 알지 못한다. 투기 대중에게 접근하는 모든 사람들은 그 자신이 곧 망상에 빠진 투기꾼이 된다. 군중심리학이 전염과 암시라는 어휘를 연상시키기 전부터 맥케이는 군중의 사회적 논리를 이미 존재하는 사회적 차이를 무시하는 전염적인 정신병리학('광란', '열광', '공황', '망상')으로 묘사한다. 확립된 모든 통제 전략은 사회의 사회계층에 의존적이기 때문에 대중의 행동은 규제될 수 없다. 투기 대중에 대한 설명은 카니발에 대한 묘사를 닮아 가기 시작한다. 프랑스의 미시시피 계획이 절정에 이르렀을 때 투기꾼과 장래의 투기꾼으로 이루어진 거대한 대중은 존 로의 대저택 앞에서 집결한다. "그들의 다양한 피부색, 그들에게서 나부끼는 화사한 리본과 현수막, 계속해서 들락날락하며 지나가는 바쁜 대중들——끊임없이 와글와글하는 소리, 떠들썩함, 음악, 무리의 표정에서 나타나는 업무와 즐거움의 묘한 혼합, 이 모든 것들이 결합하여 그 장소에 파리 사람들을 몹시 열광시키는 황홀함을 가져왔다"(*EPD*, p.17). 대중의 다양성은 그 떠들썩한 특성으로 가장 잘 예증되는데, 떠들썩함은 단지 성가신 것이 아니라 대중의 혼돈스럽고 평등화하는 논리를 축하하는 의식이다.[14]

그렇다면 투기 대중 내의 이러한 묘한 평등은 어떻게 생성되는가? 의미의 **"사실의 차원"**Sachdimension이 중대해지는 것이 바로 이 지점이다. 대중은 지도자와의 동일시로 모인 것이 아니라 보편적인 목표를 갖고 함께 모인 것이다.[15] 투기하는 대중은 "무한한 부의 이상"으로 하나가 된다 (*EPD*, p.15). 대중의 공통된 '생각'은 아주 개별화된 허구라는 점을 유념하는 것이 중요하다. 그래서 '무한한 부' 개념은 투기꾼 공동체의 부(즉,

---

14 Urs Stäheli, "Financial Noise: The Popularity of Noise", *Soziale Systeme*, vol.9, no.2, 2003, pp.244~256.

15 이것은 지도적인 인물이 결정적이 되는 르 봉의 군중심리학과의 중요한 차이다. 맥케이 또한 존 로와 같은 지도적인 인물을 이용하지만, 군중을 통합하는 것은 손쉬운 돈에 대한 집단적인 망상이라는 점을 이해하는 것이 중요하고, 존 로와의 동일시는 단지 부차적인 문제다.

공동선)가 아니라, 대중 개개의 일원이 열망하는 부다. 역설적이게도 개별화하는 집단적인 망상의 원인이 되는 것이 바로 이러한 공통된 생각이다. 흥미로운 점은 이 망상의 영향이 주로 그 공통된 생각의 허구성에 기초한다는 사실이다. 부는 아직 실현되지 않았지만 미래에, 흔히 지리적으로 멀리 떨어진 식민지의 상상 속의 이국적인 장소에서 실현될 수 있다.[16] 따라서 투기 광란의 붕괴는 몽상에서 벗어나는——즉 현실로 돌아가는——것으로 묘사된다. 남해 버블 사건은 "전 유럽의 주목과 기대를 받았지만 사기이고 환상이며 경솔함과 한순간의 홀림이었던 이러한 건립은 중역들의 교활한 경영이 밝혀지자 완전히 실패로 끝났다"(*EPD*, p. 73). 맥케이가 허구성의 의미론과 연결시키는 것이 대중의 의미론이다. 허구는 망상의 원천이 되고 망상은 분별 있는 국가——혹은 유럽마저——를 투기 대중으로 변형시키는 메커니즘이다. 그렇다면 대중 현상은 그 '생각', 그 불안정의 허구성을 공유한다. 무한한 부의 환상이 붕괴되자 대중은 해산하기 시작한다.

투기 대중의 허구적인 '생각'은 불안정할 뿐 아니라 중독성이 있다. 투기는 "상상 속의 부에 대한 기대로 …… 그들에게 돈을 치르게 함으로써, 자신의 파멸을 경계하지 않는 사람들을 꾀어내는 위험한 미끼를 제공할 것이다"(*EPD*, p. 53). 투기와 대중의 결합은 상상적인 것의 역할에 의거한다. 투기는 상상 속의 가치를 통해 작용하는 경제적인 소통인데, 다른 말로 하면 그것은 일과 생산으로 정의되는 '실물' 경제와 대조된다. 대중은 대개 현실성의 상실로 간주된다. 이것이 깊이 있는 추론과 합리성의 상실이든 단순한 현실 감각의 상실이든, 호소력 있게 제시되면 대중은 가

16 이렇게 투기의 상상은 공간적 거리(식민주의)와 잠정적 거리(미래의 수익)를 연결시킨다.

장 사실이 아닌 것 같은 제안조차 믿어 버리기 때문이다. 이렇게 투기라는 매우 허구화된 경제적 관습은, 허구성과 같은 공통의 개념으로 결합되는 대중 속에서 관련성이 발견된다.

이제 의미의 일시적 차원을 다루려고 한다. 투기 대중은 다른 대중 현상에서도 공통적으로 나타나는 시간 구조가 특징적이다. 그들은 일시적인 불연속이 특징인데, 투기 대중은 천천히 나타나지 않고 갑작스레 등장하기 때문이다. "우리는 전 공동체가 갑자기 자신의 마음을 하나의 목표에 집중시키고 그것을 추구하는 데 미쳐 가는 것을 발견한다. 수백만의 사람들이 일제히 하나의 망상에 동요되는 것을"(*EPD*, p.xvii). 그후에 대중은 긴 역사를 갖지 않지만, 그 초석을 제공한다. 마치 국가의 역사처럼. 이렇게 대중의미론은 역사를 갖지 않는 집단성——갑작스런 등장으로 문화적이고 역사적인 전통을 대체하는 집단성——을 파악하려고 시도한다.

대중의 현재와 미래가 대중의 정의를 위해 중대해지는 것은 바로 대중의 공통된 과거가 존재하지 않기 때문이다. 여기서 다시 대중과 투기는 서로를 이상적으로 보완한다. 우리가 이미 살펴보았듯이, 허구적인 선인 '무한한 부'는 시간적으로 매우 한정된 선이다. 그것은 망상의 현재적 효과를 창조하는 미래의 부다(즉 부에 대한 기대이다). 투기의 장래성은 우연성에 대한 축하의식에서 비롯된다. 아직 눈에 보이지 않는 미래의 가능성이 존재하는 것이다. 이렇게 투기는 '아직 아닌' 것 속에 감춰진 미래의 가능성에 근거한다. 더 나아가서, 그 허구적인 지위에 자격을 부여하는 것이 이런 관점이다. 현실에 구애하는 것이 허구다. 그것의 존재 이유는 바로 현실적인 허구가 되는 것이다. 일이 진행되는 방향에 의해 그 현실성이 판단되는 허구다. 그것이 투기 광란의 끝이 종종 환상의 몰락, 현실로의 귀환으로 묘사되는 이유다. 금융 투기의 허구적 특성에 대한 이 같은 강조는 20세기의 투기에 대한 담론에서 중대한 주장이기도 하다. 모든 성공적인 주식 중개인은 일종의 '투기 환상'을 발전시켜야 할 것이다. 그러나 그 망상의 미끼에 압도되지 않으면서 말이다. 이렇게 금융시장에서의 성공은 현실과 허구의 구별되는 특징을 능숙하게 다룰 줄 아는 역량으로 판가름 날 것이다.

지금까지의 주장을 간략하게 요약해 보겠다. 맥케이는 대중을 위협적이고 근대적인 현상으로 이해한다. 투기 대중은 첫째, **평등주의적인 대중**이다. 그리고 이 평등주의는 성공적이어서 모든 확립된 한계를 기각한다. 모든 사람들은 투기를 통해 쉽게 돈을 벌기를 희망하고 기대에 부푼 투기꾼의 이질적인 대중에 합류한다. 이렇게 투기 대중은 오래된 사회적이고 인종적인, 그리고 성별의 구별을 존중하지 않는다. 둘째, 투기 대중은 막연한 **허구의 목표**로 통합된다. 바로 미래의 부에 대한 희망이다. 요컨대 그것은 미래의 가능성과 선택권을 생각하는 것을 축하하는 의식이며, 전통의 힘과 뚜렷하게 대조된다. 셋째, 이것은 투기 대중이 공유된 과거 (그들이 갖고 있지 않은)가 아닌 **미래**의 성공의 관점에서 자신들을 정의하는 이유이기도 하다. 투기 대중이 **공동**의 미래의 선이 아닌 개인의 성공을 믿고 있다는 사실을 이해하는 것이 가장 중요하다. 다르게 말하면, 허구의 목표는 매우 개별화되고, 모든 투기 대중의 일원이 공유하는 것이 바로 이러한 개별화다.

시장의 심리로서의 군중심리

맥케이가 초기의 투기 대중에 대한 밀도 있는 설명을 제공하지만 그들은 여전히 사회의 정상적인 작용의 예외로 다뤄진다. 투기 대중은 갑자기 등장하고 얼마 후에 사라질 질병과 같다. 이러한 사실은 그의 책의 구성에서도 나타나는데, 진기한 것들의 모음집을 닮아 있다. 즉, 조금 겁나지만 무엇보다 재미나고 기묘한 현상들이다. 투기 대중을 그토록 매력적으로 만드는 것은 그들의 카니발 같은 구조다. 그들은 사회가 다르게 구성될 수도 있다는 놀라운 가능성을 암시한다. 계층제가 아닌 묘한 평등의 형태로 지배되는 사회 말이다. 우리가 본 것처럼, 맥케이는 이 평등의 새로운 형태와 자기조직화를 긍정적으로 묘사하지 않는다. 오히려 그는 이 대중의 불합리성, 무도덕성amorality과 위협을 강조한다. 그래도 우리는 맥케이의 비판적인 묘사조차 대중 현상의 근대성을 넌지시 말하고 있다는 점을 잊어서는 안 된다. 대중의 의미론이 근대성의 "위기의 의미론"이 되는 것이 바로 이러한 인식 속에서다. 그것은 가장 일반적인 수준에서, 계층화된 사회가 기능적으로 분화되는 사회로 변형되는 것을 다루려고 시도하는 의미론이다.[17]

그것은 또한 시장과 대중의 의미론 사이에 유사점이 생기는 이유다. 둘 다 최소한 자기 기술에서는, 평등의 급진적인 형태를 암시한다. 시장의 논리는 더 이상 포함과 배제의 계층화된 규칙에 의해 지배받지 않는데, 왜냐하면 적어도 원칙적으로는, 필요한 금융 수단(또는 신용)을 보유한 사람이라면 누구나 마음대로 시장에 참여할 수 있기 때문이다. 이와 유사하게 대중의 의미론은 그 역학이 개인의 특수성을 지우기 때문에 모두가 대중의 구성 요소가 될 수 있다는 점을 강조한다. 사회의 전 영역에 스며들며 보편주의가 증가하고 있다는 근대의 낙관론에 반하여 대중의

---

17 Niklas Luhmann, *Die Gesellschaft der Gesellschaft*, 2 vols., Frankfurt am Main: Suhrkamp, 1997.

의미론은 이 보편주의의 한계를 논쟁적으로 보여 준다. 20세기 초 대중 심리학의 출현과 함께, 이러한 회의론은 보편적인 접근의 가능성과 포함될 사람의 능력을 병치하며 논의를 시작한다. 이러한 관점에서 볼 때 정치 체계의 보편적인 투표권 원리, 시장에 대한 자유로운 접근과 같은 근대의 보편주의의 기본적인 개념은 본질적으로 결함이 있는 것으로 보인다. 종종 이러한 문제 제기는 새로운 사회구조의 등장에 대한 보수적인 반응으로만 이해된다.[18] 이러한 회의론은, 이 입장 역시 이러한 긴장을 보편주의 내에서 다루려고 시도한다는 사실을 무시하는 경향이 있음에도 불구하고, 분명히 정당한 해석이다. 다르게 말하면, 평등과 보편주의의 수사법은 이러한 개념들이 마치 한계가 없는 것처럼 묘사하지만, 대중의 의미론은 모더니즘의 다른 면을 정확하게 지적한다. 이어지는 부분에서 나는 초기의 보수적인 표명에도 불구하고 대중의 개념이 포함의 방식을 관찰하고 구성하는 기능적인 체계에 이용된다는 점을 주장하고 싶다. 이러한 재표명은 더 이상 대중을 근대사회의 영역들에 부수적인 것이 아니라, 이 영역들의 특성에 본질적으로 연결된 것으로 이해한다는 점에서 맥케이의 주장을 능가한다.

금융 투기의 맥락에서 이것은 무엇을 의미할까? 먼저 투기 대중은 더 이상 일시적인 전염병이 아닌 경제의 과정에서 발생하는 병리학으로 이해된다. 그것은 더 이상 위기에 처한 국가의 운명이 아니라 경제 체계

18 나는 이 문제들을 다룰 기법을 발전시키기 위해서, 푸코적인 의미에서의 문제화를 추론적인 구성의 우발성을 보여 주는 것으로 이용한다. "이렇게 질문으로 발전시키는 것, 이렇게 여러 장애물과 어려움을 다양한 해결책들이 대답을 내놓으려고 하는 문제로 변형시키는 것, 이것이 바로 문제화의 지점과 구체적인 숙고의 작업을 구성하는 것이다"(Michel Foucault, "Polemics, Politics and Problematizations"[interview], *Ethics: Subjectivity and Truth: The Essential Works of Michel Foucault, 1954-1984*[reprint], vol.1, New York: New Press, 1997[1984]).

의 미래다. 근대의 대중의 개념은 종종 무능력한 투기꾼의 숫자가 늘어나고 있다는 사실에 대한 되풀이되는 한탄을 나타낸다. 1908년 회고록에서 전 주식 트레이더인 헨리 클루스는 "돈을 가진 사람이라면 누구도 투기를 할 수 있다"라는 믿음을 비판한다. 그 이유는 "사람들이 투기 업무가 특별한 훈련을 필요로 한다는 사실, 그리고 수백 달러를 가진 바보는 결코 주식 매매를 시작할 수도 없고 부자가 될 수 없다는 사실을 잊어버리기" 때문이다.[19] 클루스는 대중의 수사법에 의존하지 않지만 대중의 개념이 설명하려고 하는 문제를 명확히 말한다. 금융시장에 대한 접근의 확장은 더 이상 가장 기본적인 형태의 경제적 능력과도 조화되지 않는 투기의 대중성을 가져왔다. 다른 말로 표현하면 금융시장은 경제적 합리성의 관점에서, 이 시장이 어떻게 작동하는지 전혀 알지 못하는 사람들에게조차 개방되었다. 이와 유사한 방식으로 증권업자인 M. C. 브러시[M. C. Brush]도 "이 이야기는 비공개로 남겨 두길 바란다. 정말로 솔직하게 말해서, 보통 사람들이 주식을 사는 것은 형편없는 근거를 통해서다"라고 언급한다.[20]

　매우 무능력한 투기꾼을 포함시키는 결과를 낳는 과도하게 확장된 보편주의라는 이러한 진단이 늘 반드시 문제가 있는 것으로 보이지는 않는다. 주식 투기에 대한 저명한 초기 이론가 중 한 명인 찰스 에머리[Charles Emery]도 대중을 포함하는 것의 긍정적인 영향을 인정한다. 불운한 소규모의 투기꾼에게 투기는 비극이 되고 도덕적으로 용인되지 않기까지 하겠지만, 시장의 확장은 안정화로 보인다.[21] 또는 온라인 중개회사인 인스티

---

19 Henry Clews, *Fifty Years in Wall Street* (reprint), New York: Arno Press, 1973(1908), p.35.
20 James Alexander Ross, *Speculation, Stock Prices, and Industrial Fluctuations*, New York: Ronald Press, 1938, p.59에서 재인용.

넷instinet.com의 새로운 구호처럼 말하자면 "대중이 많아질수록 성과가 좋아진다".[22] 무능력한 대중의 포함이 거시경제 수준에서 문제가 있는 것으로 보이든 아니든 간에, 그것은 개인 투기꾼에게 문제가 된다. 대중의 총체적인 영향이 유동성을 증가시킬지라도 개인 투기꾼은 개인으로서 성공하기를 원한다. 군중심리(맥케이가 예증한 보다 일반적인 대중의미론뿐 아니라)의 이용이 시장에서의 생존을 위한 수단을 약속하기 때문에 대중심리가 중요해지는 것은 바로 이 지점이다. 따라서 대중은 이제 모든 투기꾼이 직면하는 문제로서 공식화되고 있다. 그리고 군중심리학은 시장 대중의 심리를 파악함으로써 시장에서의 성공 수단을 제공한다.

그것은 대중을 규제하고 통제할 다양한 전략을 발전시킬 추론의 지평을 여는 문제로서 대중을 공식화하는 것이다. 이러한 관심사의 변화는 맥케이의 모음집의 최근판 서두에서도 나타나는데, 그것을 마치 이미 시장의 심리인 것처럼 해석하고 있다. 이제 맥케이의 책은 시장에서 성공하기 위한 안내서로 변한다. 가령 재무 관리자인 론 배런Ron Baron은 맥케이의 책을 자신의 모든 고용인에게 무료로 배포한다.[23] 게다가 전설적인 재정가이자 투기꾼인 버나드 바루크는 맥케이의 재판再版의 그의 서문을 대중의미론의 일반화로 시작한다. "모든 경제의 움직임은, 자신의 그 특성상, 군중심리로 동기가 부여된다. …… 대중의 생각(종종 대중의 광기로 보이는)을 충분히 인식하지 않는다면 우리의 경제학 이론은 많은 아쉬움

---

21 Henry Crosby Emery, *Speculation on the Stock and Product Exchanges in the United States*(reprint), New York: Greenwood, 1969(1896), p.191.

22 *Business Week*, 8 January 2001.

23 Justin Fox, "Bubbles, Delusions, and the 'New Economy'", *Trends in Futures 10*, no.40, 2001.

을 남길 것이다."[24] 맥케이가 다룬 문제 ——표면적으로만—— 가 등장하는 것은 이러한 일반화와 함께다. 위기의 시기에 경제와 군중심리의 본질적인 결합이 존재할 뿐 아니라, 이러한 결합은 재정 경제의 정상적인 상태라는 것이다.

대중의 의미론의 이 같은 정상화는 대중을 다루는 여러 가지 방식을 필요로 한다. 대중은 더 이상 일시적인 현상으로 이해되지 않으며, 그것이 바로 대중이 금융시장의 정상적인 특징으로 인정되어야 하는 이유다. 그래서 시장에 참여하는 사람들은 시장을 이해하기 위해 군중심리를 알아야 한다. 대중에 대한 맥케이의 설명과 대조를 이루어, 이제 자동적으로 대중의 분석은 어떻게 시장이 작동하는지에 대한 분석이다. 이렇게 시장의 '대중'의 정의를 진지하게 받아들이는 것은 르 봉의 군중심리학을 상당히 매력적인 것으로 만든다. 그 이유는 그것이 대중행동의 심리적 법칙을 보여 줄 뿐 아니라, 더욱 중요한 것은, 또한 대중에 맞서는 요소로서 지도자를 제시하기 때문이다. 르 봉이 정치 지도자의 권력 기술로 그린 것은 어떻게 대중을 이길 것인가에 대한 관리자의 담론으로 변형된다.

1920년대와 1930년대 초에 군중심리학은 '역투자가들'이 가진 투자 철학의 지적인 토대가 되었다. 종종 역투자가의 창시자 중 한 명으로 이해되는 험프리 닐은 맥케이와 르 봉에 크게 의존한다.[25] 이어지는 부분에서 닐의 입장에 초점을 맞출 테지만, 군중심리학적 사고의 구성 요소들이 버몬트 주의 다소 잘 알려지지 않은 역투자가들에게 고유한 것은 아니라

---

24 Bernard Baruch, "Introduction to 'Extraordinary Popular Delusions and the Madness of Crowds' by Charles Mackay"(1932), *Markets, Mobs and Mayhem*, pp.37~38.
25 역투자주의의 영향을 받은 다른 저자로는 프레드 켈리(Fred Kelly), 제임스 프레이저(James Fraser), 존 맥기(John Maggee), '애덤 스미스'가 있다.

는 사실을 언급하는 것은 가치 있다. 행동경제학을 전문적으로 다루는 완전한 학문 분과가 존재하며, 그것 역시 시장의 역할을 이해하기 위해 르봉을 참고한다.[26] 그러나 누구도 투자 이론에서의 대중의 역할을 존 메이너드 케인스보다 잘 설명하지는 못했다. "오늘날 가장 숙련된 투자의 실제적이고 비공식적인 목표는, 미국인들이 아주 잘 표현했듯, '부정 출발하는 것'으로 대중의 허를 찌르고, 불량스럽거나 가치를 하락시키는 반크라운half-crown[영국의 구 화폐 단위]의 경화를 다른 동료에게 넘겨주는 것이다."[27] 케인스에게 있어 경제 체제에서 대중의 생각은 "당대의 미개한 세력가와 무지"를 좌절시키기는커녕 경제의 불합리성을 용인하는 수치스러운 것이다. 그렇다면 숙련된 투기꾼은 투자 대상의 '진정한' 경제적 가치를 깊이 있게 판단하기보다는 대중의 판단을 연구하고 어쩌면 부분적으로 순응해야만 한다. 이렇게 시장 대중을 가득 채운 치욕은 경제적 합리성이 사람들에게 대중의 불합리성에 적응하라고 요구한다는 점이다. "그것은 사건의 실제 흐름보다는 대중의 심리를 예견하고, 미리 상상해서 불합리를 흉내 내는 가장 현명한 사람에게 이득이 될 것이다."[28]

케인스가 역투자가의 투자 철학에서 대중과 지도자 사이의 구분을 다시 분명하게 설명하는 토대가 되는 시장의 '대중심리'로서 칭한 것이 바로 이러한 관계다. 가장 중요한 질문은 시장에서 어떻게 행동할 것인가이며 그것은 대중의 논리로 지배받는다. 그리고 역투자가들에게 모든 금

---

26 특히 Shiller, *Irrational Exuberance*; Thaler, *The Winner's Curse* 참조.
27 John Maynard Keynes, *The General Theory of Employment, Interest and Money*(reprint), The Collected Writings of John Maynard Keynes, vol.7, London: Macmillan, 1973(1935), p.155.
28 John Maynard Keynes, *The Applied Theory of Money*(reprint), The Collected Writings of John Maynard Keynes, vol.6, London: Macmillan, 1971(1930), p.323.

융시장은 결국 이러한 논리에 토대한다. 목표는 시장을 패배시키는 것 또는 대중을 주시함으로써 그들을 능가하는 것이다. 이러한 투자 철학의 토대와 정당화는 대중의 판단의 특성에 대한 선험적 지식이다. "대중은 항상 잘못 생각하기 때문에 항상 패한다. 그들이 잘못 생각하는 것은 그들이 정상적으로 행동하기 때문이다."[29] 또는 간단하게, "대중은 대개 잘못 생각한다".[30] 투기의 기회를 만들어 내는 것이 바로 이 "정상적인 거짓" normal falsity이다. 소수의 투자자들을 지능적으로 행동할 수 있게 해주는 것이 바로 "다수의 어리석음"이다(*WYWL*, p. 21). "대중은 언제나 시장에 관해서는 75퍼센트 잘못 생각한다. 만일 그렇지 않다면 시장은 내부자에게 수익을 가져다주지 않을 것이다."[31] 그러면 투기는 제로섬 게임으로 보인다. "투기는 오직 소수가 다수의 어리석음을 이용하고 있을 때만 가치 있을 수 있다"(*WYWL*, pp. 174~175). 따라서 역투자가의 투기의 기본적인 생각은 좋은 투자 결정에 이르기 위해 대중과 반대되는 자리에 있는 것이다. "반대로 사고하는 기술은 일반적인 대중의 견해에 반대되는 방향으로 숙고하도록 생각을 훈련하는 데 있다. 그러나 인간 행동의 현재의 징후를 감안하여 판단을 저울질해 보아야 한다."[32] 이미 이 인용문이 나타내는 것은 대중에 반대하는 것만으로는 충분하지 않다는 사실이다. 투자자

---

29 Fred C. Kelly, *Why You Win or Lose: The Psychology of Speculation*, New York: Houghton Mifflin, 1930, p.21. 이후부터 *WYWL*로 축약한다.

30 Humphrey Neill, *Tape Reading and Market Tactics: The Three Steps to Successful Stock Trading*(reprint), New York: Fraser, 1960(1931), p.2. 이후부터 *TR*로 축약한다.

31 William C. Moore, *Wall Street: Its Mysteries Revealed, Its Secrets Exposed*, New York: Moore William, 1921, p.113. 매우 유사한 단어로, 제임스 프레이저는 "군중은 단지 정상적으로 행동한다는 점에서 틀리다"라고 언급한다(*WYWL*, p.vii에서 재인용).

32 Humphrey Neill, *The Art of Contrary Thinking*(reprint), Caldwell, Idaho: Caxton Printers, 1967(1954), p.5. 이후부터 *ACT*로 축약한다.

는 구체적인 상황을 참작해야 한다. 역투자 발상은 단지 순수한 "역모방"이 아니다. 그 또한 "주관적인 종합"(*ACT*, p.143)을 필요로 하며, 그것은 대중을 지배하는 감정의 논리에 비추어 생각하는 능력을 다시 도입한다.

이렇게 역투자가들은 시장이 군중 또는 대중의 시장이라는 사실을 완전히 받아들이는데, 또 이러한 진단을 통해 얻을 수 있는 결과는 오직 하나뿐이다. 그것은 시장을 더 합리적으로 만드는 것(이론상으로, 케인스가 원했을)이 아니라, 오히려 대중을 견뎌 내고 이용할 수 있는 투기꾼을 구성한다. 르 봉은 시장을 통제하는 데 여전히 관심을 갖고 있었던 반면, 역투자 투기꾼은 이러한 희망을 포기했다. 그것에는 타당한 이유가 있다. 그는 대중의 광기와 실수로부터 수익을 얻는다. 역투자를 하는 투자자는 그가 주식을 소유한 어떤 회사가 어떻게 발전하는지 또는 특정한 분야의 경제 전망이 어떤지에 대해서는 관심을 갖지 않는다. 그는 다른 투자자들의 판단과 관찰에 관심이 있을 뿐이다. 역투자의 발상이 경제적 현실의 의미를 바꾸는 것은 바로 이러한 이유에서다. '실물' 경제의 동향을 무시하는 것에 대해 케인스는 실망했던 반면 역투자가는 관찰의 현실을 기꺼이 강조한다. "인간의 행동도 본질적인 것이 아닌가?"(*ACT*, p.58) 그러니까 역투자가는 충실한 2차 관찰자가 되어야 한다. 그는 경제가 어떻게 발달하는지 관찰하지 않고 경제가 어떻게 다른 투기꾼들에 의해 관찰되는지를 관찰한다. 그리고 그는 다른 사람에 대한 자신의 관찰을 투자 결정의 근거로 삼는다.

그러나 이렇게 서로 관찰하는 시장 참여자라는 면에서 경제적 현실을 정의하는 것이 이야기의 전부는 아니다.[33] 역투자가들에게 그것은 단지 이상적인 투기꾼의 구성을 위한 지형을 마련할 뿐이다. 역투자가의 투자 철학이 개시를 알리는 것은 투기꾼을 확고하게 대중에 맞서게 훈육하고 개별화하는 온전한 프로그램이다. 그의 정체성을 지속시키고 수익의 가능성을 확보하기 위해 그는 항상 소수의 입장에 있어야 한다. "역투자 가는 영구적인 소수로서, 차분하게 받아들여지는 사회적 통념이나 많은 공황 상태의 자기 기만에 분명하게 반대함으로써만 편안함을 느낀다."[34] 이 어려운 입장을 유지하는 것은 어떻게 가능할까? 투기꾼은 어떻게 대중의 망상에 맞서 자신을 보호할까? 지도자와 군중에 대한 르 봉의 구분이 중대해지는 것이 이 지점이다. 그러나 역투자가들은 지도자에 대한 르 봉의 생각을 단순히 모방하지 않고 오히려 중요한 방식으로 다시 분명하게 설명한다. 르 봉은 군중을 지배하는 가능성에 대해 회의적이었지만 여전히 최소한 지도자로서의 정치인과 군중 사이의 바로 그 구분을 유지하도록 도와줄 불안정한 통제방식이 확립될 수 있을 것이라고 기대했다. 르 봉은 군중을 유혹하고 통제하는 데 도움을 줄 몇 가지 기술을 제안했다. 시장 대중에 대한 역투자가의 생각 속에서 지도자의 모습은 간단히 모방되지도 폐지되지도 않는다. 투기꾼은 지도자의 역할을 맡겠지만 대중을 지배하고 통제하려는 목표는 없다. 더 이상 한 사람이 맡을 수 없는 지도자의 모습을 아주 다른 두 가지 기능으로 나눌 필요성을 제기하는 것이 바로 이러한 차이다. 유혹과 통제의 기능은 상당히 비인격화된다. 금융 대중은 시장의 외부에 존재하는 동일시할 인물을 필요로 하지 않고,[35] 유혹을 담당하는 것은 시장 그 자체다.

---

33 새로운 경제사회학의 주요한 논문 중 하나도 시장이 기본적으로 상호적인 관찰의 방식이라고 강조하는 것은 흥미롭다. Harrison White, "Where Do Markets Come From?", *American Journal of Sociology*, vol.87, issue.3, 1981, pp.517~547.

34 Menschel ed., *Markets, Mobs and Mayhem*, p.xi에서 새파이어 재인용.

35 Jean-Pierre Dupuy, *La Panique*, Paris: Delagrange, 1991과 비교해 보라.

그것은 어떻게 이 과업을 완수할까? 닐은 투자자를 끌어들이고 유혹하는 것은 가격의 변동이라고 설명하며 이 문제를 언급한다(TR, p. 35). 비슷한 방식으로 프레데릭 드루 본드는 대중적인 투기꾼은 정보와 "자신의 눈앞에서 올라가는 가격" 때문에 사는 것이라고 주장한다.[36] 가격이 지도자를 대체한다는 생각은 크게 성공하게 되었고 보다 최근에는 그것 역시 다른 생각으로 대체되었다. 마켓 매스터스[Market Masters][투자 자문 회사]의 전문적인 트레이더이자 관리자인 닐 A. 코스타는 지도자의 이러한 변형에 대해 명쾌하게 언급한다. "주식 매매에 관해 말하자면, 대중의 지도자는 '가격'이 된다."[37] 분명 이전 방식의 지도자도 존속했다. 지도자의 역할을 하며 예측을 통해 시장 대중을 지배하는 투자 스타와 애널리스트들도 존재한다.[38] 그러나 스타 트레이더에만 초점을 맞추는 것은 지도자의 기능이 대체로 비인격화되면서 엄청난 변형을 겪었다는 사실을 무시하기 쉽다. 여전히 살아남은 것은 대중이 오직 분명하고 쉽게 이해할 수 있는 신호에만 반응한다는 생각이다. 대중을 끌어들이는 것은 가격의 경미한 변화가 아니라 "매우 분명한 변화"[39]이고, 그것은 특히 대중의 관심을 끌 빠른 변동의 감각적인 현상이다.

이러한 변동은 투자자가 변화를 초래하는 메커니즘을 이해할 필요가 없도록 시장 변동성의 복잡성을 분명한 신호로 축소한다. 빠른 변동은

36 Frederick Drew Bond, *Stock Movements and Speculation*, New York: Appleton, 1928;
   WYWL, p.60 참조.
37 Neil A. Costa, "The Temple of Boom", Presentation at the Australian Technical Analysts
   Association, Sydney, 2000(www.marketmasters.com.au/46.o.html).
38 Karin D. Knorr Cetina and Urs Bruegger, "The Market as an Object of Attachment: Exploring
   Postsocial Relations in Financial Markets", *Canadian Journal of Sociology*, vol.25, no.2,
   2000, pp.141~168.
39 Costa, "The Temple of Boom".

소규모 투자자들의 관심까지 끄는 명백한 신호를 닮기 시작한다. 게다가 그것은 지도자의 기능을 민주적인 것으로 만든다. 그런 변동을 주시하는 소규모 투자자들은 그것을 다른 대중의 일원들이 창출해 냈다는 사실을 알고 있다. 한때는 대중의 일부였다가 이제는 떨어져 나와 동일시의 인물이 된 지도자의 구호를 모방하는 대신 시장 대중은 대중 자신을 모방하기 시작한다.[40] 투자자는 자신이 가격 변동에 말려들었을 수도 있다는 것뿐 아니라 그것으로 수익을 얻을 수도 있었다는 사실도 알고 있다. 너무 늦기 전에 그가 대중에 합류하고 싶도록 만드는 것이 바로, 아마도 놓쳤을 기회에 대한 이 같은 관찰이다. 좀더 격식을 차려 말하면, 시장은 가격을 발생시킴으로써 자신을 관찰한다.[41] 그리고 지도자의 역할을 떠안는 것은 이러한 자기 관찰이다.

그러나 나는 지도자의 고전적인 기능이 이러한 비인격적인 가격 메커니즘에 의해 완전히 흡수되지 않았다고 말했다. 고전적인 지도적 인물의 두번째 기능은 대중을 통제하는 것이었다. 빠르게 변화하는 가격은 대중을 유혹하겠지만 대중을 통제하지는 않는다. 따라서 군중심리의 통제 기능은 그 참조 대상이 변화하기 때문에 크게 달라지게 된다. 통제되어야 하는 것은 더 이상 대중이 아니다. 역투자를 하는 투자자는 어떻게 **자신**을 통제할지를 배워야 한다. 매우 간단하게 말하면 역투자를 하는 투자자는 시장 대중에 **맞서서** 자리를 잡아야 한다. 이렇게 하기 위해 그는 어떻게 자신의 개성과 자율성을 유지할지를 알아야 한다. 특히 그는 다수로부

---

40 이것은 정확히 더 최근의 금융 이론의 '노이즈 트레이더'(noise trader)의 논리다.

41 Niklas Luhmann, *Die Wirtschaft der Gesellschaft*, Frankfurt am Main: Suhrkamp, 1988, p.72ff.

터 자신의 자리에 대한 승인을 받을 수 없기 때문이다. 투자 성공을 위해 가장 중요한 것이 바로 위치를 잡는 것이다. 지도자와 마찬가지로 투자자는 자신과 대중 사이의 구분을 유지해야 한다. 그러나 지도자와 대조적으로 역투자를 하는 투자자는 대부분의 경우에 대중에게 보이지 않는다. 그는 자신의 소수 전략을 위협하기 때문에 이러한 투자 결정이 본보기로 주시되지 않는 것을 선호한다. '다수의 어리석음'을 이용하는 데 있어 그 자신이 다수의 일부가 되어서는 안 되기 때문이다. 이 불가지론적인 위치에 대한 쉬운 해결책은 존재하지 않으며 그것은 일반적인 투자 슬로건으로 가장 잘 묘사된다. 투자자는 **시장을 패배**시켜야 한다. (누군가 덧붙인다면) 인기 있는 영웅이 되지 않으면서.

이렇게 지도자는 자신의 결정이 이러한 관찰에 근거하는 2차 관찰자로 변형된다. 그러나 역투자를 하는 투자자는 두 개의 매우 다른 일들을 달성해야 하기 때문에 그에게 많은 문제를 초래한다. 한편으로 그는 대중을 관찰해야 하고 다른 한편으로는 단순히 시장을 관찰해서는 안 되고 독립적인 투자 결정도 내려야 한다. 그러면 지도자의 의미론은 이 문제를 해결하려고 노력한다. 지도자는, 정의상 대중과 다르다. 대중은 그의 적수다. 이렇게 대중의 의미론은 시장에 대한 그의 관찰을 구성할 뿐 아니라 그가 대중으로부터 분리되는 거리를 유지하는 데 도움을 주기도 한다. 다르게 설명하면 대중의 의미론은 역투자를 하는 시장 관찰자의 인식론적 문제에 대한 해결책을 만들어 내려고 노력한다. 대중의 일원이 되지 않으면서 시장을 관찰할 수 있는 방법.

대중의미론을 완벽하게 다시 설명하는 것이 확실해진 것은 단지 요즘에 와서다. 그것은 단지 고전적인 지도자를 가격이나 역투자를 하는 투자자로 은유적으로 대체하는 것이 아니다. 역투자를 하는 투자자는 대중의미론을 대중을 통제하기 위해 사용하지 않는다. 그는 그러한 생각을 버렸다. 게다가 투자 기회를 만들어 내는 것은 바로 대중의 불합리성이다. 대중을 통제하는 대신, 대중의미론은 투자자들이 그/그녀를 개별화하고 통제하는 것을 돕는다. 개별화되는 것은 대중이 아니라 역투자를 하는 투자자이며, 그는 시장 대중의 유혹을 견뎌 내기 위해 강력한 독자성을 발전시켜야 한다. 모든 투기꾼에 대한 시험대는 "대중이 다른 방향으로 요란스럽게 달려갈 때 당신은 어떻게 행동할 것인가(이며) …… 알 수 없는 오스트랄로피테쿠스인 대중은 여전히 대체로 알려지지 않은 사람들이고, 대중심리를 이용하는 일은 아직 달성되지 않았다"(*MG*, p. 41).[42] 역투자가와 시장 대중의 관계는 경쟁일 뿐 아니라 잠재적인 유혹의 상황이다.[43] 역투자가가 다수에 합류하는 안락한 즐거움을 견뎌 내고 자신을 적당한 위치에 놓으며 맞서야 하는 대중의 유혹. 그것이 바로 '애덤 스미스'가 안정적인 개인의 정체성이 성공적인 투기의 전제 조건이라고 강조한 이유다. "당신이 누구인지 스스로 알지 못한다면 이것이 바로 알아내야 할 비싼 장소다"(*MG*, pp. 26, 80). 그러나 이 문제의 해결책은 많은 역투자 안내서들이 증명하는 것처럼 그렇게 쉽지 않다. 그것들은 관찰의 도구뿐 아니라 자신이 누구인지 계속 의식하는 방법에 대한 안내서도 제공하

---

42 대중에 맞서는 영웅적인 개인의 대립은 암시적으로 미국의 개인주의에서, 특히 랄프 왈도 에머슨에서 도출된 것이다. 자주 인용되는 그의 자립에 대한 에세이에서 에머슨은 어떻게 개인의 정체성을 유지할 것인가를 논의한다. 에머슨에게 궁극의 시험은 "대중의 한가운데서" 자신을 유지하는 것이다. Ralph Waldo Emerson, "Self-Reliance", *Essays and English Traits*(reprint), vol.5, New York: Collier, 1909~1914(1841).

43 투자자와 시장 대중을 주제로 한 담론은 고도로 성적인 담론이며, 이성애적인 기반에 견고하게 내재해 있고, 대중과 여성성 사이의 추론적인 표명으로부터 도출된다. Urs Stäheli, *Spectacular Speculation: Thrills, the Economy, and Popular Discourse*, trans. Eric Savoth, Stanford, Calif.: Stanford University Press, 2013을 보라.

는 것을 목표로 삼는다. 시장 대중의 위협은 바로 그것이 개인을 탈개인화된 감정의 흐름으로 변형시킨다는 것이다. 대중에 대한 투쟁은 내면화된다. 그것은 가장 안정적이고 자성적인 정체성 내부에도 숨겨져 있다.

투기꾼 훈련시키기

그리하여 대중의미론은 개별화하는 기술을 발전시키고 사용하는 지형을 열어 놓는다. 밀접하게 관련된 적어도 네 개의 기술이 존재한다. 관찰의 기술, 시간 경영의 기술, 감정 통제의 기술, 그리고 고립의 기술이다.

관찰의 기술

역투자 투기꾼의 개별화는 자기 관찰의 가장 중요한 특정 방식이다. 투기꾼은 "사적인 것이 개입되지 않은 관점"(*TR*, p.64)을 채택함으로써 자신의 개성을 다시 분명히 해야 하며 그것은 그가 자신을 "객관적으로" 관찰하도록 도와준다. 이 관찰의 방식은 자신을 향한 고도로 유연한 태도와 밀접하게 관련되어 있다. 과거의 결정이 반드시 옳은 결정은 아니며 자신의 결정에 대한 영속적인 점검으로 역투자가들은 시장의 상황에 맞게 자신의 결정을 조정하도록 해야 한다. 이때 요구되는 것은 "의견을 바꾸는 능력, 수정의 힘"이라는 의미에서의 "유연성"이다.[44] 그러나 이 유연성은 자신의 의견을 대중의 의견에 따라 조정한다는 뜻은 아니다. 반대로 이 과정의 한계 요인은 세심한 자기 관찰의 과정을 통해 만들어진다. 그리고 결정 과정의 방향 전환을 안내할 수 있는 것은 오직 이러한 관찰뿐이다.

---

44 Harry John Wolf, *Studies in Stock Speculation*(reprint), Wells, Vt.: Fraser, 1966(1924), p.71.

분명해지는 사실은 이상적인 투기꾼이 현재와 미래의 인물이라는 것이다. 그는 과거의 견해doxa를 완화하기 위해서가 아니라 자신의 결점을 비판적으로 평가하기 위해서만 과거의 결정을 이용한다. 투기꾼은 자신의 성공적인 결정마저 단지 "기량이 아니라 운"일 수 있다는 사실을 잊지 말아야 한다. 투기꾼에게 긴요하게 필요한 것이 "당신의 모든 거래를 분석하라!"인 이유가 바로 그것이다.[45] 자기 관찰의 특정한 방식은 자신의 투자 결정에 초점을 맞추어 자신을 분석하는 것이다. 역투자가는 자신의 결정을 위한 맥락이 늘 변한다는 사실을 알기 때문에 자기 분석은 언제나 자신의 성공과의 지나친 동일시를 피한다는 것을 또한 의미한다. "의견에 대한 자부심과 성급함은 당신의 가장 큰 적이 될 것이다"(SSM, p.125). 이러한 자기 관찰의 목표는 투기꾼의 결정 능력을 미래를 향한 능력으로 만들어 내고 유지하는 것이다. 누군가를 성공적인 투기꾼으로 정의 내리는 것은 과거가 아니라 그가 미래의 도전에 대처하는 방식이다. 동시에 역투자 투기꾼을 취약하게 만드는 것은 이러한 현재와 미래의 방향인데, 그의 정체성에 확고한 토대가 부족하기 때문이다. 미래의 사람으로서 그는 언제나 자신을 새로 증명해야 한다. 그리고 그는 언제나 자신을 대중으로부터 분리해 주는 거리감을 재확립해야 한다. 예술가는 자신을 대중으로부터 구별해 주는 자신의 예술 작품과 동일시하겠지만 투기꾼은 언제나 자신의 생존에 결정적인 이 거리를 재확립해야 한다.

그런데도 동시에 그는 자기 자신에게만 집중해서는 안 된다. 대중에 비추어 자신의 자리를 잡기 위해 그는 대중을 알아야 한다. 이렇게 자

---

45 Sloan J. Wilson, *The Speculator and the Stock Market*, Palisades Park, N.J.: Investor's Library, 1963, p.125. 이후부터 *SSM*으로 축약한다.

기 관찰은 '대중의 관찰'의 도움을 받지만, 내가 보여 주려고 노력했듯이, 역투자가는 대중을 통제하거나 조종하는 데는 관심이 없다. 대중의 실수는 그의 투자 기회가 되기 때문에 이것은 극도로 자기 이익만을 생각하는 것이다. 시장 대중을 관찰하는 것은 그가 공유하지 않을——그와 반대될——의견을 발견하는 것이다. 이러한 시장 관찰의 목표는 바로 부정 출발하는 것이다.[46] 고전적인 군중심리는 대중과 지도자의 관계를 공개적인 구경거리(적어도 르 봉의 책에서는)로 생각했지만 이제 외로운 역투자가와 대중 사이의 전투는 사적인 것이 된다. 싸움터는 대중에 대한 반대와 대중의 동력에 끌리는 것 사이에서 고투하는 역투자 투기꾼의 정체성으로 전환된다. 대중에 맞서 스스로 자리를 잡는 것은 자신과 대중을 영원히 구별하도록 요구하기 때문에 힘든 일이 된다. 그것이 바로 역투자가가 자아의 관찰과 타인의 관찰을 반드시 정확하게 구별해야 하는 이유다. "이것이 정말로 일반화된 관점인가, 아니면 '거울'이 그것을 대중의 것이라고 생각하도록 나를 잘못 안내하는 자신의 관점의 합성물인가?"(*TR*, p.157) 문제는 시장을 아는 방법만이 아니다. 그것은 또한 투기꾼의 주관성에도 영향을 미친다. 시장을 알기 위해 그는 틀림없이 자기 자신이어야 한다. 이것 또한 역투자가가 이 관찰의 기술이 중요하다고 강조하는 이유다. 자신에 대한 영구적인 감시는 시장을 관찰하기 위한 전제 조건이다. 그러나 동시에 역투자가는 전혀 독립적이지 않다. 오히려 그는 자신을 시장 대중과 관련시켜 정의내려야 한다. 그리고 위험해 보이는 것은 바로 이런 관계다. 역투자가와 시장 대중의 구별은 전혀 안정적이지 않다.

---

46 Keynes, *The General Theory of Employment, Interest and Money*, p.155 참조.

시간 경영의 기술

이러한 불안정성의 한 가지 이유는 그가 항상 대중에 맞서서 확고하게 자신의 자리를 잡을 수는 없다는 사실이다. 그것은 단지 대중의 의견을 정확하게 발견하는 것이 어렵기 때문만이 아니라 가끔은 대중도 옳기 때문이다. 이것은 닐이 자신의 중심적인 사상을 상대적으로 생각해야 하는 이유이기도 하다. "'대중은 대개 잘못 생각한다'——적어도 사건의 **타이밍**에 있어서는"(*ACT*, p. 2). 이렇게 그는 시장 대중의 동향 속에서 길을 잃지 않으면서 부분적으로 참가해야 한다. 독단적으로 대중에 반대하는 것은 진행 중인 추세에서 수익을 얻을 수 없다는 것 또한 의미하기 때문에 이익이 되지 않는다. 어려운 것은 대중을 부분적으로 따르면서 동시에 확실한 거리를 유지하는 것이다. 닐이 제안한 이 문제에 대한 해결책은 자극에 따라 움직이는 대중과 분별력 있는 개인을 구별하는 것이다. 암시를 강조한 르 봉을 따라 닐은, 대중은 생각할 수 없고 정서적인 자극을 받을 수만 있을 뿐이라고 언급한다.[47] 가장 중요한 자극의 하나는 위에서 언급된 빠른 가격 변동이다. 그러한 자극에 대한 의존성 때문에 심사숙고를 전혀 필요로 하지 않는 대중은, 언제 대중에 맞서 행동할지 알기 위해 필수적인 시간에 대한 의식을 발전시키지 않는다. 이렇게 대중의 주요한 실수는 그들이 단지 잘못 생각한다는 것이 아니라, 그들의 결정이 항상 너무 이르거나 너무 늦다는 것이다. 시간에 대한 의식은 관찰자로서의 능력과 밀접하게 관련된다. 충동을 받아들이게 할 뿐 아니라 그것을 **판독**하고 더 큰 경제 동향의 요소로 이해할 수 있게 만들어 주는 것은 '사고'뿐이다. 물론

---

47 그의 최면술과 암시, 시장 심리에 대한 논의는 David A. Zimmerman, "Frank Norris, Market Panic, and the Mesmeric Sublime", *American literature*, vol.75, no.1, 2003, pp.61~90 참조.

투기의 일시성을 재귀적으로 다루는 것에는 치러야 할 비용이 있다. 투기꾼은 충동에 즉각 반응할 수 없기 때문에 침착해지지만 그것을 판독하고 심사숙고하는 데 시간을 투자해야 한다. 여전히 대중과 개인 투기꾼이 구별될 수 있는 것은 바로 투기의 일시성과 관련되는 서로 다른 방식을 통해서다.

감정 통제의 기술

그러나 역투자를 하는 투자자로서의 정체성을 유지하는 것은 인식의 기술에만 토대하는 것은 아니다. 그것은 또한 감정을 통제하고 구성하는 것과 관련된다. 역투자자는 고전적인 군중심리학에서 도출하여, 시장 대중을 고도로 감정적이고 전염적인 것으로 묘사한다. 시장의 이러한 정서가 경제적인 인간의 이상과 충돌하겠지만 그것은 시장 그 자체에서 발생한 정서로 보인다. "주가가 단지 손익의 희망과 두려움에 근거하는 시장 행동의 결과라는 진술은 너무 평범해서 그다지 강조할 가치가 거의 없는 것으로 보일 것이다."[48] 대중을 매력적인 것으로 만드는 것은 그 의견의 힘일 뿐 아니라 그 정서적인 구조다. 군중심리학은 대중의 한 일원으로부터 다른 일원으로 감정이 그렇게 쉽게 이동하는 것에 매혹되고 두려워했다. 이때 대중의 의미론은 시장을 열광과 우울함을 야기하는, 희망과 두려움 사이의 싸움터로 묘사한다. 역투자를 하는 투자자의 투쟁은 보통의 투기꾼보다 훨씬 힘들다. 그는 의도적으로 대중에 맞서 자신의 자리를 잡기 때문에 다른 사람들 속에서 지지의 위안을 찾지 않는다. 그가 직면한 전염적인 감정에 더하여 그는 대중을 따르지 않는 소수에 속해야 하는 도전

48 Bond, *Stock Movements and Speculation*, p.13.

에도 노출된다. 그것이 바로 역투자가가 된다는 것이 독립적이고 지적인 위상뿐 아니라 굳은 마음의 결정을 필요로 한다고 강조되는 이유다. 역투자가는 "인간의 인내력에 대한 가장 영웅적인 시험 앞에서 자신의 충동, 감정, 야망을 완벽하게 장악하는 것"이 필요하다.[49] 역투자가의 문학은 심리적인 자세와 매우 반심리학적인 자세를 결합한다. 한편으로 그것은 기본적으로 군중심리학으로 이해되는 '인간적' 요소로 시장 역학을 설명한다. 다른 한편 이상적인 투기꾼은 자신의 심리를 제거하려고 애쓴다. 또는 적어도 그가 통제할 수 없는 그런 심리의 범위를 제거하려고 말이다. 대부분의 투기꾼의 실수는 심리적인 실수로 보인다. 자신을 완벽하게 장악하는 데 실패한 것이다.

고립의 기술

감정 통제는 자기 규율뿐 아니라 고립의 기법을 토대로 한다. 푸코는 죄수의 개별성이 다른 죄수로부터의 건축적인 고립에 의해 발생한다는 것을 보여 주었다.[50] 고립의 기법은 개인을 만들어 내고 혼란스런 대중의 위협을 극복하는 주요한 수단이다. 역투자가가 칸막이 안에 들어가는 것은 아니지만 그는 여전히 고립의 물리적인 기법에 의존해야 한다. 역투자가는 독립적인 의견과 자기 규율의 인간일 뿐 아니라, 또한 자신을 다른 투기꾼으로부터 분리시켜야 한다. "홀로 거래하라! …… 다른 사람들의 의

---

49 Henry Howard Harper, *The Psychology of Speculation: The Human Element in Stock Market Transactions*(reprint), Wells, Vt.: Fraser, 1966(1926), p.106. 닐은 비슷한 말로 역투자가의 목표를 표현한다. "자기 자신에 대한 지배에 도달할 것: 인간 본성을 만드는 자신의 기질, 감정, 그 외의 다른 변수에 대해서"(*TR*, p.1).

50 Michel Foucault, *Discipline and Punish: The Birth of the Prison*, trans. Alan Sheridan, London: Allen Lane, 1977.

견에는 마음을 닫아라. 바깥에서 영향을 미치는 것에는 주의를 기울이지 마라. 보고서와 소문, 중역 회의실의 한가로운 수다를 무시하라. …… 차분하고 불친절한 냉소적인 사람이 돼라"(*TR*, p. 44). 그러나 바로 다른 투기꾼의 의견을 관찰함으로써 역투자자의 위치를 확립하라고 권한 사람도 널이었다. 완벽한 고립은 불가능하지만 그럼에도 불구하고 고립은 정체성을 만들고 유지하기 위한 강력한 기법이다.

시골의 외로운 투기꾼이 역투기 투자의 전형적인 예가 되며 인기 있는 인물이 된 이유가 바로 그것이다. 찰스 다우$^{Charles\ Dow}$——다우존스 지수 창시자——는 "도시 바깥의 트레이더"의 이점을 가리켰다. "가격과 시장의 상황을 현명하게 연구하고 여섯 명만큼의 인내심을 발휘할 아웃사이더는 주식에서 수익을 얻을 것이다."[51] 초기의 주식시장 심리를 다룬 저자 중 한 명인 S. A. 넬슨도, 특히 시장의 역학이 활발할 때는, 뉴포트나 새러토가와 같은 좁은 장소로 빠져나가라고 권한다.[52] 공간적인 고립은 시장이 치열할 시간 동안 투기꾼이 자신의 자율성을 지키도록 도우며 그를 진정시킬 것이다. 그런데도 이 기법은 무엇이 만들어질지를 예상하기 때문에 역설적이기도 하다. 바로 고도로 자기를 규율하는 투기꾼이다. 직설적으로 말하면 "시장에서 떨어져 있는 것은 자기 규율을 의미한다"(*SSM*, p.122). 오직 주식시장에 중독되지 않은 투기꾼만 잠시 그곳에서 물러나 있을 수 있다. '풋내기'——순진한 소규모 투자자는 이렇게 불린다——는 이러한 규율이 없고 시장의 정서와 소문의 손쉬운 희생자가 된다.

---

51 *SSM*, p.122에서 재인용.
52 S. A. Nelson, *The ABC of Stock Speculation*(reprint), Wells, Vt.: Fraser, 1964(1903), pp.66~67.

그러나 공간적인 고립이 유일한 제안은 아니었다. 여러 이유에서 그 효율성은 단지 제한적인 것으로 보인다. 무엇보다 그 역설적인 특성——자기 규율을 발휘하기 위해 자기 규율을 필요로 하는——은 그 활용을 제한했다. 게다가 시장을 벗어난다는 것이 그렇게 쉽지 않았다. 미국의 외딴 지역에서조차 최신 시세를 보여 주는 주식 시세 표시기가 갖춰진 중개인 사무소가 있었다.[53] 뉴미디어 기술의 등장으로 시장은 도처에 존재하기 시작했다. 소규모 대중은 중개인 사무소에 모였고 식당은 주식 시세 표시기가 갖춰졌다. 이렇게 공간적인 고립이라는 생각은 통신의 고립이라는 한결 추상적인 생각으로 보충되었다. 이 기법은 투기꾼이 시장에 있도록 허용하지만 자신을 주위의 대중으로부터 분리되게 한다. 그렇게 하기 위해 그는 소문——소통에 있어서 전염적인 감정에 상당하는 것——에 무관심해져야 한다. 여기서 권장되는 것은 투기꾼이 '한가로운 대화'에 참여하거나 그것을 듣는 것을 삼갈 뿐 아니라 시장의 구두 문화에서 적극적으로 빠져나오는 일이다. 닐은 절대로 메모지와 연필 없이는 시장에 참여하지 말라고 권장한다. "메모지와 펜이 당신의 마음을 차지하므로 그것을 사용하고 주의를 집중하라. 시도해 보라. 수다를 떠는 동시에 거래를 파악할 수는 없는 것이다"(*TR*, p. 44). 필요한 고립은 이제 보다 정제된 방식으로 초래된다. 위험하고 전염적인 구두 문화는 글을 쓰는 것으로 대체된다. 말하기와 시각은 대중의 표현수단으로 보이지만 글쓰기는 개인의 것이다. 이런 의미에서 역투자 투기꾼은 반드시 인적이 드문 장소로 도피하는 것이 아니라 글쓰기라는 표현수단을 이용한 기법으로

53 Urs Stäheli, "Der Takt der Börse. Inklusionseffekte von Verbreitungsmedien am Beispiel des Börsen-Tickers", *Zeitschrift für Soziologie*, vol.33, no.3, 2004, pp.245~263.

자신을 대중으로부터 분리시킨다. 이때 글쓰기는 두 개의 매우 다른 목적을 분명하게 표현한다. 그것은 시장의 영구적인 관찰과 투기꾼의 개별화를 결합한다. 글쓰기는 시장의 소음, 그리고 소문과 정보의 끝없는 유통 속에서 자신을 잃지 않고 지키는 기법으로 묘사된다.

이 네 가지 포함의 기법은 시장의 싸움터에서 스스로를 증명해야 하는 외로운 투기꾼을 위한 생존기법이다. 대중과 시장 심리의 관점에서 투기꾼이 되는 것은 역투자가의 주관성과 깊이 관련된, 끝이 없는 시험과 자기 평가가 된다. 대중의 유혹과 다수의 안락함은 '인간의 인내력'의 순간에, 즉 그가 자신의 감정뿐 아니라 투기 대중과 떨어져 냉소적인 관찰자로의 역할로도 고투해야만 할 때 역투자가의 관심을 끌 것이다.

처음의 질문으로 돌아가겠다. 대중의 의미론은 시장을 묘사하는 데 있어 왜 그렇게 성공적이었을까? 첫번째 대답은 그것이 불합리한 것, 즉 시장의 공황, 행복감, 망상에 빠진 투기꾼, 그리고 모방적인 매매를 합리화하려고 노력한다고 제시할지 모른다. 그러나 그러한 대답은 재정 경제를 위한 대중의미론의 기능을 실제로 다루지 않고, 그것은 단지 세계적인 금융 자본주의의 본질적인 불합리성을 합리화하는 이데올로기로서 대중의미론을 다룬다. 나의 주장은 두 개의 다른 질문을 다룸으로써 대중의미론의 그와 같은 이해에서 벗어나려고 노력했다. 첫째, 르 봉이 우리가 '군중의 시대'로 들어가고 있다고 썼을 때 나는 그를 진지하게 받아들이려고 노력했다. 물론 내 의도는 군중심리학의 부활을 주장하는 것이 아니라 오히려 어떻게 근대성과 군중심리 사이의 그러한 연결이 수립되었는지를 묻는 것이었다. 그렇게 하기 위해 나는 군중심리의 가장 중요한 출처가 되는 저서 중 하나인 맥케이의 『대중의 미망과 광기』로 돌아갔다. 맥케이에 대한 나의 이해는, 대중에 대한 맹렬한 비난에도 불구하고, 대중은 또한 매우 획기적인 의미론을 나타낸다는 점을 보여 주려고 노력했다. 그 이유는 그것이 잘 확립된 사회적 집단의 형태와 근본적으로 다른 사회적 '집단성'의 형태를 설명하는 어휘를 발전시키려고 노력하기 때문이다. 투기의 (그리고 다른) 대중은 모두에게 개방된 사회적 형태로 나타난다. 대중은 계급, 성별, 민족성과 같은 계층화된 사회의 일반적인 정체성과는 무관한 것으로 판명된다. 분명 대중은 종종 프롤레타리아 계급이고 여성스러우며,[54] 아프리카인이 아니라면, 남부 유럽인으로 특징지어진다. 그러나 이러한 성격 묘사가 대중의 놀라운 역학을 바꾸지는 않으며, 대중은 모든 계층과 직업, 모든 성별과 민족성을 지닌 사람들을 포함한다. 대중 의미론은 보편적인 용어를 통해 정치와 경제와 같은 사회적 영역으로의 포함을 다루는 의미론을 발전시키려는 시도이다. 물론 그것은 이러한 보편적인 포함을 위기로 나타내지만 그것은 또한 새로운 방식으로 포함을 숙고하는 추론적인 지형을 준비한다. 내 주장은 그것이 바로 자유로운 시장의 의미론——이것 역시, 적어도 원칙적으로는 필요한 금융 수단이나 신용을 가진 모든 사람을 포함한다고 상정한다——과 상호 보완되는 의미론의 혁신이라는 것이다. 이렇게 대중의 개념은 보편적인 포함이라는 새로운 방식을 묘사할 수 있고 동시에 그것을 비판할 수 있다.

그러나 맥케이의 투기 대중에 대한 현상학은 근본적으로 설명적이다. 그것이 완전하게 금융시장의 작동으로 통합될 수 있었던 것은 비로소 군중심리학이 출현하여 경제학에 대한 재표명을 했을 때이다. 이제 대

---

54 Andreas Huyssen, "Mass Culture as Woman: Modernism's Other", ed. Tania Modleski, *Studies in Entertainment: Critical Approaches to Mass Culture*, Bloomington: Indiana University Press, 1986, pp.188~208.

중은 재정 경제의 작동을 적절하게 묘사하는 것으로 보일 뿐 아니라 이상적인 투기꾼을 구성하기 위한 도구로 변형되었다. 맥케이가 대중을 근대 사회의 이상한(비록 획기적일지라도) 병리학으로 묘사했음에도 불구하고 군중심리학은 대중을 두 가지 방식으로 '정상화'한다. 첫째, 시장 대중은 단지 그게 아니라면 합리적이었을 경제의 이상한 생성물이 아니라 시장의 정상적인 논리다. 둘째, 이것은 정상화 과정을 위해 군중심리학의 이용과 관련된다. 대중의미론은 위기의 의미론으로서 배타적으로 작동하기를 멈추고 포함의 과정을 구성하는 수단이 된다. 유럽(특히 프랑스와 독일)의 경우 대중의미론은 주로 시장에서 소규모 투기꾼을 배제하는 데 이용되는 데 비해, 미국의 역투자가의 투자 철학은 재정 시장으로의 보편적인 포함을 인정하고 역투기를 하는 투기꾼——시장 대중의 유혹을 견뎌 낼 수 있는 투기꾼——을 구성하는 수단이 된다. 그렇게 하기 위해 적어도 한 가지 중대한 면에서 르 봉의 군중심리학을 다시 분명하게 표현하는 것이 필요해졌다. 시장 대중은 모방, 암시, 감정을 토대로 하지만 지도적 인물의 위치는 근본적으로 변했다. 이제 지도자는 시장 대중의 동일시의 지점으로 기능하기를 멈추기 때문에 정말로 외로운 인물이 된다. 그렇지 않았다면 그는 시장 대중의 잘못된 판단으로 이익을 얻을 수 없었다. 이것과 긴밀히 관련되어 통제의 개념에 대한 중대한 재표명이 이어진다. 고전적인 군중심리학은 대중을 통제하려고 노력했지만(성공 가능성에 대한 회의주의에도 불구하고), 이제 자신을 통제해야 하는 것은 바로 역투자가다. 이렇게 통제의 대상은 대중에서 과거의 지도자로 이동하였다. 이 '시장 군중심리학'의 독창성은 그것이 시장 대중을 관찰하는 기술과 동시에 역투자 투기꾼을 통제하는 기술을 제공한다는 점이다. 관찰되는 대중과 투기꾼의 자기 관찰 사이의 영구적인 구분의 필요성은 생성의 원칙이다. 역투자를 하는 투기꾼은 끝없는 시험 속에 놓인다. 그의 투자 결정이 경제적으로 올바른지에 대한 시험일 뿐 아니라 그가 여전히 자기 자신인지 아니면 이미 대중에 합류했는지에 대한 시험이기도 하다. 군중심리학은 이상적인 투기꾼을 개별화하는 기법이 되었다. 언제나 개인주의의 종말에 대한 한탄이기도 한 대중의 의미론은 역설적으로 여기서 투기꾼을 '호모에코노미쿠스'로 구성하는 기법으로 쓰인다.

부록1 Ochlos: 고대 그리스어

세바스티안 드 비보(Sebastian De Vivo)

그리스어에는 군중의 개념에 대한 풍성하고 다양한 용어들이 있다. 이것은 거의 놀랍지 않은데, 소위 암흑기(기원전 8세기까지)의 말기에 그리스의 도시국가들이 그들을 휩쓸었던 정치 영역에 끈질기게 몰두했다는 사실을 고려하건대 그렇다. 그리스 르네상스의 소란으로 폴리스polis가 출현했고 지역 간 무역과 사업에서 혁신이 일어났으며 정치권력이 폭군과 압제자에게서 시민 집단으로 이동했다. 그리스인은 '인민'을 압제적인 지도자와 엘리트주의자의 과두정과 대조적인 도시국가의 시민 집단 전체로, 그리고 고도로 가시적인 정치적이고 군사적인 집단의 필수적인 참여자로 개념화하기 위해 복잡한 어휘들을 발전시켰다.

　　그리스 말인 ochlos ὄχλω의 표준적인 정의는 '군중, 무리'이다. 이로서 그것은 '운집한 군중, 사람들의 무리'라는 의미의 homilos, '군중, 폭도' 문자 그대로 '이끌리는 군중'이라는 의미의 ochlagogeo와 긴밀하게 상응하고,

12장 | 시장의 대중 693

'인민, 민중'을 뜻하는 laos, '조국, 땅, 시민들'을 뜻하는 demos와 같은 더 광대한 정치적 함의를 갖는 유사한 용어들과는 대조된다. 표준적인 의미에서 ochlos는 종종 군대와 군인, 그들의 종군 민간인과 관련되어 사용된다. 그것은 또한 집단이나 군중을 가리킬 때 정말로 특색이 나타나지 않는 방식이다.

Ochlos라는 용어는 또한 '민중, 폭도'와 같은 정치적 함축을 지닌다. 플라톤에게 있어 ochlos는 대중적인 집회를 가리킬 수 있고, 과두정의 철학자에게 이 용어는 분명 부정적인 암시를 지녔다. 『고르기아스』*Gorgias* 대화편에서 소크라테스는 "수사학자들의 업무는 법정이나 공적 모임^{ochlos}에 옳고 그름의 문제를 가르쳐 주는 것이 아니라, 단지 그들을 믿게 만드는 것이다. 내 생각에, 단시간에 그렇게 많은 사람들^{ochlos}에게 매우 중요한 문제를 가르쳐 줄 수는 없었기 때문이다"(455a).

플라톤의 제자 아리스토텔레스에게 이 용어는 마찬가지로 정치화되었다. 『정치학』*The Politics*에서 그는 데마고그의 역할을 하고 권력을 잡으려고 폭도의 비위를 맞추는 과두제 집권층에 대해 언급한다(1305b). 이로써 그는 위대한 아테네인 입법자 솔론^{Solon}에게 직접적으로 빚지는데, 그는 애가^{哀歌}체의 시에서 아테네 시민에게 압제자인 피시스트라투스^{Pisistratus}에 대한 그들의 분별없는 지지에 대해 열변을 토했고, 자주 반복되는 군중의 개념을 카리스마 있는 연설가에 의해 휩쓸리고 그들의 최고의 이익을 보거나 깨달을 수 없는 분별없는 존재로 결정화했다.

이 단어는 그리스어의 주요한 코퍼스에서, 즉 비극시와 희극시부터 위대한 철학자 플라톤과 아리스토텔레스, 그리고 신약성서에 이르는 곳에서 641번 등장한다. 이 용어는 '폭민 정치'를 의미하는 헬레니즘 시대의 조어인 ochlokratia에서 유래한 '민중에 의한 정부'를 의미하는 중세 프랑스어 ochlocratie와 '폭민 정치, 평민의 정치'를 의미하는 현대 이탈리아어 oclocrazia로 존속되었다. 이것은 곧 '민중과 폭도의 정치'라는 의미의 ochlocracy로 영어에 등장하였고, 이 용어는 1991년 『옵저버』*Observer*가 러시아 신문인 『프라우다』*Pravda*가 보리스 옐친의 대통령 후보 출마가 폭민 정치에 의해 뒷받침됐다고 주장하는 것을 인용할 때 사용되었다.

부록2 **바니스 뉴욕: 창고**

제시카 버스타인(Jessica Burstein)

> 반짝이는 모든 것은 금이다.
> ─스매시 마우스, 「올스타」

> 세 가지 자명한 이치:
> 물건을 살 때는 홀로, 친구들이랑은 술집에 간다.
> 선의가 예술작품을 만들지 않는다.
> 아무리 많은 풍자도 쇠오리를 구하지 못한다.
> ─귀스타브 플로베르

당신은 일찍 도착해 배낭과 아마도 자기 자신을 내려놓은 후 방으로 걸어 들어간다. 걷는다는 것은 완곡한 표현이다. 당신은 줄을 서서 참을성 없이 발을 동동 구르다가, 일단 금속 탐지기를 지나면 갑자기 저자세로 전력질주하기 시작한다. 당신은 일찍 숨이 차기를 바라지 않는다. 가볍게 여행한다. 이것은 중대한 일이기 때문이다. 당신이 영리하다면 쉽게 신었다 벗었다 할 수 있는 신발을 신었고, 소매 없는 또는 등이 깊게 파인 멋진 드레스를 찾을 경우에 대비해 브라는 하지 않고, 단추로 잠그는 옷도 입지 않았다. 지퍼가 최고다. 영리하고 대범한 사람들은 수영복을 입어서 주기적으로 매무새를 바로잡는 데 소모하는 시간을 피한다. 필수적이지는 않더라도, 이전 주에 다이어트를 하는 것이 권장되는데, 이것이 당신이 더 가치 있고 무자비하다고 느끼게 만들어 줄 것이기 때문이다. 후자의 특징은 특별히 도움이 될 것이다.

바니스 뉴욕에는 네 가지 형태가 있는데, 그것들 모두에 군중이 갖춰진다. ①백화점 ②아울렛, 최고의 것은 캘리포니아에 있다(LA에서 30분 정도 외곽에 있는 카마릴로이고, 갈 만한 가치가 있을 만큼 LA에 가깝다) ③바니스 창고 세일 행사, 반년마다 열린다 ④사이먼 두난[바니스 뉴욕 크리에이티브 디렉터]과 점심 먹기. 여기서 나는 창고 세일에 초점을 맞출 것이다.

오직 디자이너 의상들만 있는 선반으로 가득 채워진 커다란 방에 들어가는 것만큼 좋은 것은 없다. 그 사이로 큰 무리의 여성들이 자신의 옷을 벗어 던지고서 나체로 혹은 거의 그 수준으로 통로에 서 있으며(만일 당신이 여성과 자는 사이라면 이것이 주는 인상은 아찔할 수 있다. 그러나 경쟁은 몰두하는 이에게 주어진다. 당신의 일에 전념하라) 꿈틀대면서 빅터 앤 롤프를 입었다 벗었다 한다. 이 스냅은 어떻게 채워지지? 이건 벨크로인가? 이건 허리 주변에 두르는 건가, 아니면 그냥 얇고 가벼운 천인가? 레이 가와쿠보는 뭘 생각하고 있었을까? 당신은 스냅을 채우고 버튼을 잠그거나, 심지어 토글[나무 단추]을 채울 시간조차 없으며, 헴라인에 대해서는 잊어라. 입어 보고 맞으면 잡아채서 자리를 떠라. 이것이 맬서스의 법칙이라는 거란다. 나를 방해하지 말아라. 당신은 어퍼 이스트 사이드에서 온 아주 작은 한니발 렉터처럼 800달러짜리 부가부[유모차 회사] 안에 채워져 소리치는 아기가 손에 쥐고 있는, 저 칵테일 젓는 막대에 주목하기로 결정할 수도 아닐 수도 있다. 당신이 관광을 위해 거기 간 것이라면 그녀 또는 그녀의 휴대폰이 더 체지방이 많은지 궁금해하는 데 시간을 낭비할 수 있지만, 당신이 진짜 동기를 갖고 간 것이라면 아우성치는 아이를 넘어서 헬무트 랭을 낚아채고, 저 칵테일 젓는 막대가 이제 그녀가 그것을 먹어 보려고 할 것이라고 당신에게 소리친다는 사실을 무시해라. 그녀가 소리칠 때 보톡스가 그녀의 얼굴을 이상하게도 표정 없게 만들고, 이것은 나중에 당신이 마티니에 대해 재밌어 할 사실이다. 그럼에도 불구하고 그때, 이것은 단순히 시끄러운 바탕화면이다. 그녀는 천천히 움직이고, 그녀는 순하다, 그녀는 필라테스를 하고 있었다, 제발. 자, 두 발 차기를 백 번 한다고 그 애 엄마가 이 작은 펠트 드레스에 더 가까워지게 하진 않을 것이다. 자매여, 그러니 그냥 그것을 지나쳐 경기를 해라. 아이들에게 시간을 낭비하지 않았으니 당신은 감정이입에서 벗어난 것이다.

짐멜이 대도시의 만남의 심드렁한 외관 아래 잠복해 있는 것으로 확인한 분노는 창고 세일에서 발가벗겨진다. 다른 사람들의 몸은 공간을 잘 빠져나가는 데 장애물로서 세워진 것으로만 보인다. 수백 명의 모델 지망생들이 있고, 그들은 거리에서 좋은 광경에 기여하지만 지금 당장은 나의 시야가 빈번하게 방해받는다는 것을 의미한다. 당신은 선반을 보고, 그들 사이로 사람이 돌아다닌다. 당장 가격을 보지는 마라, 나중에 쭈그리고 앉아 선별 작업을 할 수 있다. 지금 당장, 당신은 잠재 내용 없이 삶을 살아라.

만일 누군가 당신으로부터 뭔가를 낚아챘다면, 실제로 그들을 공격하기 전에 물어봐야 할 질문들이 있다.

① 그것이 당신 손에 있었는가? 그렇다면 당신은 그것을 다시 낚아챌 수 있고 그래야 한다.
② 그것이 실제로 당신 손에 있지 않고, 등에 불행히도 주름 장식이 있는 것으로 드러난 정말 흥미로운 코르셋 같은 이브닝 재킷 옆의 선반 위에 있었다면, 당신이 셜리 템플의 자살 폭탄의 후유증을 겪고 있다는 사실을 깨닫고, 에티켓은 당신에게 당신의 차례를 기다리라고 명령한다. '당신의 차례를 기다리는 것'은 당신보다 먼저 지금의 욕망의 대상을 입수

한 여인을 응시하는 짧은 간격으로 이뤄진다. 계속 이어서 뒤져라, 그렇지만 눈은 그녀가 현재도 그렇고 결코 0 사이즈였던 적이 없다는 사실을 알아내는 순간을 향해라.

③ 그것은 올리비에 테스켄스[니나리찌 아트디렉터]가 만든 것인가? 그렇다면 모두 백지화시켜라. 무자비하게 공격하라. 색깔이 그녀에게 어울리지 않는다고 말하라. 당신이 이미 그것의 값을 지불했다고 주장하라. 그녀에게 아이 이름이 무엇인지 묻고, 당신이 브렐리 학교의 신입생을 모집하고 있고 그렇게 분명한 아이의 아름다움과 지능에 매료된다고 말하라. 당신이 그녀에게 당신의 사무실 전화번호를 알려 줄 수 있도록, 그녀가 자신의 블랙베리를 잡으려고 손을 내밀 때 테스켄스 옷을 낚아채 달아나라.

당신은 종종 여자친구와 아내, 친구와 고객을 돕는 남자들과 마주칠 것이다. 이 남자들은 관목에 해당한다. 그들 앞에서 옷을 벗는 것을 부끄러워하지 말라. 그들은 홀로그램이다. 비록 스스로 즐기고 있는 것으로 보이는 홀로그램이긴 하지만 말이다. 어떤 상황에서도 시선을 마주치지 마라. 그들이 스콧 피츠제럴드와 얀 스벤크마예르의 생활방식의 혼합처럼 보이는 희미한 분홍색 실크 드레스 위에 걸치도록 만들어진, 허리가 높고 완전히 달라붙는 7부 소매의 저 놀라운 로샤스 더블 버튼의 오이스터 그레이색의 실크 코트를 지키고 있는 것을 본 경우 외에는. 그럴 경우 깊고 의미 있는 시선의 마주침이 요구된다. 그렇지 않다면, 아니다. 그러나 만일 그들이 당신의 의상 선택에 대해 의견을 제공한다면 당신은 마음껏 그들과 하고 싶은 것을 해라. 그러나 기억해라. 남의 가슴을 찌르는 말을 하는 데 보내는 매 순간이 드리스 반 노튼과 함께 보내지 않는 시간이다.

인정사정없는 것이 당신을 위한 것이긴 하지만, 상호 간의 인간애나 심지어 정중함을 지닌 이상한 행동과 마주치는 것이 드문 일은 아니다. 당신이 그것이 자신의 스타일이 아니라는 것을 확인한 뒤에 그것을 쥐고 있는 사람에게는 아마 잘 어울릴 때, 상대가 보여 주는 고마움의 표현. 오스카 드 라 렌타 슈트 재킷으로 보이는 것을 감시요원에게 흔들며 그녀 사이즈도 있냐고 묻고 있는 제3자를 보며 함께 나누는 눈의 찡긋거림. 당신이 구찌를 벗을 때 다가오는 저 놀라운 흑인 영계의 사악한 기쁨, 그리고 당신이 슬프게 물건을 그녀에게 넘겨줄 때―엄청나게 긴 시간이다―그녀는 말한다. 괜찮은 끈 팬티네요. 당신은 말한다. 그렇죠, 라 필라니까. 단순한 사람들에겐 단순한 기쁨이 있다.

현 상황에서는 믿을 수 없지만, 상점 좀도둑은 여전히 존재한다. 이것은 어리석은 취미고, 절도광들에게조차 그렇다. 당신이 받은 형편없는 가정교육에도 불구하고, 거기에 참여하지 마라. 당신이 하는 모든 것이 감시되고 기록되고 도청된다. 당신의 맥박수는 잘 알려진 요인이고, 질 내부 검사는 별로 친밀하지 않을 것이다. 그럼에도 불구하고 당신은 때때로 칵테일 드레스를 자신의 양말 속에 쑤셔 넣느라 바쁜 위노나 라이더를 흉내내는 팬을 발견할 것이다. 페미니즘은 당신이 계속해서 걸어가는 것을 의미한다.

군중은 빠졌다 넘쳤다 한다. 너무 빽빽하게 함께 밀려든 스물세 명의 다른 여성들에 의해 달성되는, 에티엔 쥘 마레 풍의 검정색의 연속 시선들로 이뤄진 프라다의 조형 드레스를 어떻게든 입으려고 보낸 시간이 있을 텐데, 몇 초가 흘러갈 동안 당신은 당신이 드레스 소매에 무심코 집어넣은 것이 누구의 왼팔인지 알아낼 수가 없는데, 그것이 당신의 것으로는 보이지 않기 때문이다. 로버트 벤츨리는 도로시 파커와 함께 공유했던 사무실에 대해서, 그게 조금이라도 더 작았다면 그것은 불륜이었을 것이라고 말했다. 군중 에티켓은 무엇도 기분 나쁘게 받아들이지 않는 것을 포함한다. 올려다보지 않기, 제 위치를 벗어난 팔다리 치우지 않기, 엉덩이와 어깨를 흔들며 빠져나올 수 있도록 엉덩이를 이용해 몸소 작은 틈새를 만들지 않기다. 지금쯤 선반은 중심을 벗어나 미끄러져서 옷과 아이팟, 지갑, 핸드폰——그리고 저것은 피임용 질 격막인가?——으로 어지럽게 뒤섞였고, 바닥에는 길을 잃은 아이가 울부짖고 아름다운 여인은 손과 무릎으로 헬무트 뉴턴의 삭제된 난교 파티 장면마냥 기어 다닌다. 점잔을 떠는 격자무늬 주름의 샤넬 드레스는 이제 그 위에 커다란 발자국이 있다. 많은 이들이 쓰러졌지만 가장 강한 자는 살아남는다. 고통은 당신의 몸을 떠나는 나약함일 뿐이다. 당신은 문득 텅 빈 공간의 작은 안전지대 안에 있는 자신을 발견할 것이다. 이 시간을 산소를 비축하는 시간으로 받아들여라. 그러나 이 시간을 손 안의 옷의 품질이 어떤지 미심쩍어하는 데 낭비하지 마라. 군중은 이성이 없다. 정확히 그렇다.

[영국 온라인 명품숍] 육스(Yoox.com)는 바니스 창고 세일에 수반되는 광란을 소멸시키는 데 크게 기여했고, 따라서 이것은 역사적인 일일 것이다. 그러나 온라인 쇼핑은 바니스가 발명된 이유를 당신에게서 빼앗는다. 군중의 극복——즉각적인 욕구 충족으로 중단된다——또는 전문적인 산업 용어로 '쇼핑을 통한 기분 전환'retail therapy. 게다가 당신이 제대로 이해했다는 것을 아는 기쁨을 빼앗는다. 당신은 나중에 요지 야마모토의, 밑단에 이상한 지퍼가 달린 소매 없는 블라우스가 실제로 작은 지갑으로 변형된다는 사실을 알아낼 때의 기분을 아는가? 따라서 당신은 하나의 가격으로 두 개를 얻은 것인가? 오오, 당신은 짐작도 못할 것이다.

13장

WUNC

찰스 틸리

알래스카 주의 호머^{Homer}에서 쿡 만^{Cook Inlet}은 알래스카 만^{Gulf of Alaska}과 만난다. 그곳의 상공회의소에 따르면 4천 명으로 이루어진 이 소도시는 케나이^{Kenai} 산맥이 보이는 카체마크 만^{Kachemak Bay}의 장관을 조망하는 위치에 있다. 한때 탄광 도시였던 호머는 이제 생계를 주로 상업적인 어장──풍부한 연어와 큰 넙치──과 관광객에 의존한다. 말코손바닥사슴, 곰, 에투퍼리카, 독수리, 돌고래, 범고래가 바로 가까이에 있어서 호머는 내가 사는 뉴욕 시와 정반대인 것처럼 보이며 방문할 가치가 충분하다.

호머의 거주자들은 매주 행해지는 그들의 관례가 1760년대 런던의 무절제한 선동 정치가의 폭력적인 영광에 빚지고 있다는 것을 알게 되면 놀랄 것이다. 정말로 그들은 빚지고 있다. 2003년 4월 온라인 「호머 뉴스」^{Homer News}에는 아주 흥미로운 이야기가 올라왔다.

월요일은 파이어니어 애비뉴와 레이크 거리의 모퉁이에서 전쟁 지지

＊ 이 에세이는 Charles Tilly, *Social Movements, 1768-2004*, Boulder, Colo.: Paradigm Publishers, 2004를 다듬은 것이다.

자와 평화 활동가가 동시적인 시위를 연출하는 날이 되었고, 지나가는 운전자들에게 경적 소리와 외침의 연발을——때로는 불경스런 말들을——유발한다. 한편 토요일은 앵커 포인트Anchor Point가 애국적인 집결의 중심지로서의 권리를 주장하는 날이 되었다.

90명 정도의 사람들이 이라크에서의 군사 행동에 대한 지지와 미군의 노고를 밝히려고 모였을 때 그곳에 참여한 평화 활동가는 없었다고 디나 체서는 말했다. 체서는 평화와 정의를 옹호하는 호머의 전 세계 네트워크의 분견대를 언급하면서, "우리 쪽에 '검은 옷의 여인들'Women in Black[반전 운동 여성단체]은 한 명도 없다"라고 말했다. 앵커 포인트 집회의 주최자는 토요일 오후에 음악과 스피커를 추가하여 한 번 더 행사를 진행할 계획을 세우고 있다. 최근 아들 다빈이 쿠웨이트에 파견된 체서는 훨씬 많은 이들이 집회에 참가하기를 기대한다고 말했다.

미국이 주도하는 이라크 전쟁에 지지의 뜻을 밝힌 사람들은 토요일마다 앵커 포인트를 독차지했지만 몇 주간은 파이어니어와 레이크의 모퉁이에서의 평화 활동가들과 합류하기 시작했다. 그 이전의 몇 주 동안 월요일 정오쯤 바깥을 지나가는 사람은 모퉁이를 차지하고 있는 조용한 침묵 시위를 보았을 텐데, 그곳은 호머의 참전 용사 기념비가 위치한 곳이기도 하다. 기념비 앞의 시위자의 존재는 일부 거주자들 사이에서 적의를 불러왔고, 또한 반대 시위를 시작해야 한다는 사명감을 불러일으켰다. "우리는 모퉁이를 다시 돌려받기를 원한다"라고 깃발을 흔드는 한 시위자가 말했다. '검은 옷의 여인들'이 자신들의 시위가 전쟁터에서 사망한 사람들을 기념하는 것이라고 주장하자 지나가는 운전자가 소리치면서 "당신들은 왜 이라크 사람이 아닌 우리 부대를 위해서는 기도하지 않는 겁니까?"라고 대응했다.

그러나 샤론 와이털은 참전용사 기념비 근처에 서 있기로 한 선택은 군사적 충돌에서 사망한 모든 사람들을 위한 배려를 상징한다고 믿었다. 와이털은 "우리들 대부분은 참전용사의 사망에 비통해하기 때문에 거기에 있는 것이 사실이다"라고 말하며 그 장소를 두 집단이 공유하게 하는 것 또한 강렬한 상징을 제공한다고 덧붙였다. 바로 자유가 작동하고 있다는 것이다.

두 집단 사이의 불쾌한 대화에 대한 보도가 있었음에도 불구하고 월요일에 백 명에 가까운 사람들이 침착하게 갈라져서 모퉁이에 서 있었을 때 그러한 기색은 거의 없었다. 깃발들을 흔들고 있는 이 집단은 인도의 전면에서 눈에 띄었고, 갓돌과 나란히 선 채로, 지나가는 운전자들이 경적을 울리고 손을 흔들 때 깃발들을 흔들고 환호했다. 그들 뒤로 약 14미터 떨어진 곳에 서서, 역시 검은 옷의 많은 남자들과 합류한 한 줄로 늘어선 검은 옷의 여인들은 자신들의 시위 기간 동안 침묵을 지켰다. 와이털은 "나는 그곳에 자신들의 마음을 표현하는 두 집단이 존재하는 것이 불쾌하지 않다"라고 말하며 미국 내 각지의 많은 시위에서 유행하는 슬로건을 담고 있는 표지를 언급했다. "이것이 민주주의가 가진 모습입니다."[1]

앵커 포인트는 단독으로 전쟁을 지지하는 기념 장소로서, 호머에서 스털링 고속도로를 따라 서쪽으로 약 26킬로미터 떨어져 있고 카체마크 만을 앵커리지Anchorage로 향하게 한다. 지역 내에는 초등학교가 하나밖

---

1 Sepp Jannotta, "War Prompts Street Demonstrations", *Homer News*, April 3, 2003(http://homernews.com/stories/040303/new_040303new005.shtml). 행간과 구두점은 편집되었다.

에 없어서 앵커 포인트의 청소년들은 고등학교 교육을 위해 스털링 고속도로를 따라 버스로 호머에 간다. 따라서 두 도시는 빈번하게 교류한다.

「호머 뉴스」가 호머의 전쟁에 반대하는 정서와 지지하는 정서를 이중으로 표현하여 보도한 그날, 매체는 또한 앵커 포인트에서의 파병 기사를 실었고 작은 도시를 가로지르는 나무들에 묶인 노란 리본을 묘사하였는데, 그것은 스털링 고속도로를 따라 발생하는 새로운 집회로 사람들을 초대하였다. 참가자들은 미국 국기와, 이라크 전쟁에서 복무 중인 가족의 사진을 가져와야 한다고 신문은 말했다.[2] 호머 내에 위치한 파이어니어와 레이크의 모퉁이에는——약 50명 되는 사람들의 두 무리가 각각 14미터 정도 떨어져 서 있었다——특징적으로 도시의 전쟁 기념비뿐 아니라 경찰서와 소방서가 있었다. 이 활동가들은 호머의 중심적인 장소 중 하나에서 평화로운 대치를 연출한다.

2003년 봄에 국내 뉴스와 국제 뉴스를 방심하지 않고 주시했던 사람이라면 누구라도 4월에 호머와 앵커 포인트에서 일어난 사건의 의미를 어렵지 않게 이해했을 것이다. 미국인들뿐 아니라 온 세계의 사람들도 이사건을 거리의 시위, 정치적 이슈에 대한 지지나 반대를 널리 알리는 표준적인 수단으로 쉽게 인식할 수 있었다. 이 사례에서 시위와 반대 시위는 미군의 이라크에 대한 개입을 지지하는지 반대하는지를 나타냈다. 앵커 포인트와 호머의 시민들이 거리로 나갔던 그 시절에 수백 명 규모의 거리 시위들이 세계의 다른 곳에서 발생하고 있었다. 그중 몇몇은 이라크 전쟁에 관한 것이었지만, 대부분은 다른 지역적으로 긴급한 문제들을 다

2 Mary McAnelly, "Pro-troops Demonstrators to Rally Again This Week", *Homer News*, April 3, 2003 (http://homernews.com/stories/040303/nei_040303nei001.shtml).

뤘다. 21세기 초 거리의 시위는 다목적의 정치적 도구로 보인다. 아마도 단기적으로는 매수나 군사 쿠데타를 하는 것보다는 덜 효과적이고, 대중의 입장을 말로 표현하는 방식으로서 선거와 여론조사, 편지 쓰기의 중요한 대안일 것이다.

호머와 앵커 포인트의 뉴스가 우리에게 그렇게 말해 주지는 않을지라도, 21세기의 시위는 실제로 두 가지의 주요한 변형이 있다. 첫번째 변형은 호머 스타일로, 참여자들은 상징적으로 영향력이 있는 공적인 장소에 모이고, 연설과 행동을 통해 명백한 대의에 대한 집단적인 지지를 표명한다. 두번째에서, 그들은 이와 비슷하게 지지를 나타내면서 공공도로로 나아간다.[3] 물론 종종 두 가지가 결합하는데, 활동가들이 유리한 집결 장소로 행진할 때나, 다양한 열의 사람들이 각기 다른 장소로부터 하나의 강렬한 상징적 도착지로 수렴될 때처럼 말이다.

가끔 호머에서처럼 반대 시위자들은 대립되는 관점을 지지하거나, 문제의 그 장소에 대한 시위자들의 권리에 이의를 제기하기 위해 나타난다. 흔히 경찰이나 병력은 행진의 열을 따라서 혹은 집회 장소를 둘러싸고 주둔한다. 가끔 경찰이나 병력은 시위자들이 중요한 장소, 건물, 기념비적인 건축물, 또는 사람들에게 접근하는 것을 막는다. 때로는 그들은 의도적으로 시위자들을 반대 시위자들로부터 분리시킨다. 호머에서처

---

3 그것이 일어났을 때, 프랑스의 학자들은 시위의 역사에 대해서 단연코 가장 광범위한 연구를 수행했다. 특히 Pierre Favre ed., *La Manifestation*, Paris: Presses de la Foundation Nationale des Sciences Politiques, 1990; Olivier Fillieule, *Stratégies de la rue. Les manifestations en France*, Paris: Presses de la Fondation Nationale des Sciences Politiques, 1997; Michel Pigenet and Danielle Tartakowsky eds., "Les marches", *Le mouvement social 202*, January-March 2003, entire issue; Vincent Robert, *Les chemins de la manifestation, 1848-1914*, Lyon: Presss Universitaires de Lyon, 1996; Danielle Tartakowsky, *Les Manifestations de rue en France, 1918-1968*, Paris: Publications de la Sorbonne, 1997.

럼, 지나가는 사람이나 구경꾼들은 종종 시위자들이 지지하고 있는 대의에 대해 찬성이나 반감을 표시한다. 거리 시위의 상징주의와 연출은 야구와 사교계 데뷔를 위한 파티에 견줄 만하다.

거리 시위에는 또한 알아볼 수 있는 동류들이 있다. 바로 시의 가두 행진, 전당 대회, 대규모 대회, 취임식, 졸업식, 신앙 부흥 운동, 선거 집회이다. 민주국가 대부분의 시민들은 그 차이를 알고 있다. 그러나 그러한 행사의 참가자들은 때로 시위의 형태와 강령에 마음을 쏟는데, 이를테면 과시적인 상징을 걸치거나 대의를 옹호하는 슬로건을 외치는 식이다. 또한 많은 동일한 원칙들이 적용된다. 구경꾼들로부터 참가자들의 분리, 대중을 봉쇄하기 위한 수비대의 존재 등이 그것이다. 전체로서 숙고될 때, 이 집회의 대열은 놀랄 만한 응집성과 체계적인 내부의 변형과 동시에 모든 장소와 프로그램, 참가자들에게서 유형별로 인상적인 통일성을 드러낸다.

호머와 앵커 포인트의 집회에 대한 또 다른 일별은 더 많은 것을 드러낸다. 그것은 참가자와 관찰자, 반대자가 비교 대상으로 삼는 암시적인 득점표다. 이 득점표는 WUNC——가치성Worthiness, 통일성Unity, 수Numbers, 헌신Commitment——를 측정한다. 이 용어가 친숙하지는 않겠지만, 그 아이디어는 그렇지 않다. WUNC 표명은 가치성, 통일성, 수, 헌신을 암시하는 진술과 슬로건, 호칭의 형태를 취할 수도 있다. 정의를 위해 연합한 시민Citizens United for Justice, 서약의 서명자들Signers of Pledge, 헌법 지지자들Supporters of the Constitution 등처럼 말이다. 그러나 집단적인 자기표현은 종종 지역의 관중들이 알아볼 수 있는 표현 양식으로 연출된다. 이를테면 다음과 같다.

가치성 거무스름한 옷, 성직자와 고위 관리들, 아이를 데리고 나온 엄마들의 존재

통일성 배지나 머리띠 착용하기, 열 지어 행진하기, 구호 외치기

수 거리를 채우기, 탄원서에 서명하기

헌신 궂은 날씨에 용감히 맞서기; 노인과 장애인의 눈에 띄는 참여

특별한 표현 양식은 환경에 따라서 매우 달라지지만, WUNC의 일반적인 의사소통은 그 표현 양식들을 연결한다. 사람들이 실제로 시위와 그 참여자들을 숫자로 나타내며 평가한다는 암시는 전혀 없지만, 우리는 평가 체계를 다음처럼 도식화할 수 있을지 모른다.

$$W \times U \times N \times C = 영향(impact)$$

네 값 중 하나라도 0으로 떨어진다면, 전체로서의 행동은 영향력을 상실한다. 전혀 가치가 없거나 전혀 헌신적이지 않은 참가자들은, 그 수가 많거나 혹은 통일되었는지에 상관없이, 어떤 시위든 그 영향력을 상당히 약화시킨다. 술에 취한 5천 명의 무용수들이 광장에 있다고 상상해 보라. 더 흥미로운 것은 한 구성 요소의 높은 값이 다른 구성 요소의 상대적으로 낮은 값을 보상한다는 점이다. 아주 적은 수의 고도로 가치 있고, 통일되고, 헌신적인 사람들은 큰 영향력을 창조할 수 있다. 검은 옷을 입은 여인들은 가치성, 통일성, 헌신이 있을 때에 적은 수라 해도 그들의 침묵 시위로 잠재적인 영향력을 예시한다.

시위를 둘러싼 논쟁은 흔히 득점표의 한 구성 요소나 다른 구성 요소를 중심으로 한다. 가령, 지지자들은 그들의 비판가들보다 시위 참여자

의 숫자를 더 높게 추정한다. 그러나 다른 세 가지 구성 요소에 대한 공개적인 불일치도 나타난다. 주최 측은 그들의 숫자를 부풀리거나 적을 위협하기 위해 평판이 좋지 않은 사람들을 참여시켰는가? 그곳의 모든 사람들은 실제로 동일한 대의명분을 지지하는가? 경찰관이 진격했을 때 거의 모든 사람들이 뛰었는가? 그러한 논쟁이 흔히 맹렬한 것은 이 득점표가 심각한 위험성을 나타낸다는 점을 보여 준다.

왜 그럴까? 주최자들의 자부심보다 더한 것이 위험에 처한다. 위험성을 보기 위해서는 한 걸음 물러나 시위를 정치적 맥락에 놓아야 한다. 시위와 WUNC 득점표는 모두 더 넓은 정치적 상호작용에 속한다. 그것을 우리는 사회운동이라 부른다. 1750년 이후 서양에서 사회운동이 발전했을 때, 그것은 세 요소의 획기적이고 필연적인 종합으로부터 등장했다.

① 표적이 되는 당국에 대해 집단적인 주장을 하는 지속적이고 조직화된 공개적인 노력, 이것을 **캠페인**이라고 부르자.
② 특별한 목적의 연합과 제휴의 창조, 공적인 집회, 행렬, 집회, 시위, 탄원운동, 대중매체를 대상으로 하거나 그 안에서 이뤄지는 진술, 팸플릿 배포와 같은 형태의 정치적 행동들을 결합하여 이용하는 것, 이러한 가변적인 수행의 총체를 **사회운동 레퍼토리**라고 부르자.
③ 참가자 자신 그리고/또는 그들의 지지자 편으로서, 참가자들이 합의한 WUNC에 대한 표현, 이것을 **WUNC 표명**이라고 부르자.

시위, 탄원, 선언, 대중집회와 달리 **캠페인**은 어떤 개개의 사건도 넘어서서 확장된다. 사회운동이 흔히 탄원과 선언, 대중집회를 포함하는 것과 대조적이다. 캠페인은 항상 최소한 세 부분과 연계된다. 바로 스스로 지명한 청구인 집단, 주장의 목적이나 목적들, 일정한 종류의 공중이다. 소수의 열성분자들이 밤낮으로 운동에 헌신한다고 하더라도, 대부분의 참가자들은 공적인 주장의 형성과 다른 활동——캠페인을 지속시키는 그날그날의 조직화를 포함하여——사이를 오간다. 호머와 앵커 포인트는 우리에게 진행 중인 두 개의 소규모 지역 캠페인을 보여 준다. 그러나 검은 옷의 여인들은 더 큰 캠페인과 연결되는 지역 캠페인과, 동시에 국내와 국제적인 규모에서 발생하는 더 장기적인 캠페인을 암시한다.

사회운동 레퍼토리는 다른 정치적 현상, 가령 노동조합 활동과 선거 캠페인과 같은 레퍼토리와 중복된다. 20세기에 특별한 목적의 연합과 제휴는 특히 전 세계에서 매우 다양한 정치적인 활동을 벌이기 시작했다. 그러나 이러한 수행의 대부분 또는 전부를 지속된 캠페인으로 통합시키는 것은 사회운동을 다른 다양한 정치와 구분 짓게 한다.

그것은 우리를 다시 WUNC로 데려다준다. 가치성, 통일성, 수, 헌신은 효과적인 시위를 특징짓지만 그것들은 또한 다른 효과적인 사회운동의 활동을 특징짓는다. 참가자들의 탄원, 언론 인터뷰, 팸플릿, 리본 묶기, 배지 달기, 깃발 전시, 그리고 그저 집회에 계속 참여하는 것.[4] WUNC는 중대한 정치적 메시지를 전달하기 때문에 정치적으로 중요하다.

사람들이 WUNC 표명을 통해 말하는 세 가지 유형의 정치적인 주장을 대략적으로 구별해 보자. 그것은 강령 주장, 정체성 주장, 입장 주장이다. **강령** 주장은 운동이 주장하는 목적에 따라 현실의 또는 제안된 행동에 대해서 지지나 반대를 진술하는 것을 포함한다. **정체성** 주장은 '우

---

4 Francesca Polletta, *Freedom is an Endless Meeting: Democracy in American Social Movements*, Chicago: University of Chicago Press, 2002.

리'——청구인——가 고려되어야 할 통일된 힘을 구성한다는 주장으로 이루어진다. 입장 주장은 다른 정치적 행위자들, 가령 배제된 소수 그리고 적절하게 구성된 시민 집단이나 정체성의 충실한 지지자들과의 유대나 유사성을 주장한다. WUNC 표명에 의해 한데 묶이고 지지되는 강령, 정체성, 입장 주장은 분명한 정치적 행위자가 현장을 향해 행진했다는 메시지를 전달한다. 이 행위자는 단순히 관리들이 관심을 기울여야 하는 공적인 양심을 나타낼 수도 있다. 그러나 제대로 된 상황에서 그것은 또한 투표 세력권voting bloc을 형성하고, 새로운 정당을 만들고, 보이콧을 조직하고, 봉기를 위한 힘을 제공하거나 그렇지 않으면 평상시처럼 정치를 방해할 수 있었다. WUNC는 말한다. "우리에게 관심을 기울여라, 우리는 중요하다."

내가 처음에 단언했던 무질서한 18세기의 영국인 선동가는 어떻게 관련될까? 그는 WUNC 역사의 시초의 순간을 나타내는데, 사회운동과 WUNC 표명이 공적 정치에서 막 입지를 획득하기 시작할 때였다. 1760년대 이전에 평범한 사람들은 때때로 대중의 반란의 순간에 장엄한 WUNC를 과시하였다. 그러나 정치적인 주장을 하는 두드러지고 유용한 방식으로 사회운동과 WUNC 표명 조직화가 처음 발생한 것은 불완전한 민주화가 이루어진 반세기 동안의 영국과 북아메리카에서였고——여기에는 미국 독립혁명이 포함된다——이곳에서는 노예제도에 반대하고 노동자의 권리에 찬성하며 대서양 전체의 시민의 자유를 지키기 위해 전례 없는 동원이 이뤄졌다.

런던에서 원인을 제공한 것은——또는 영웅은——존 윌크스John Wilkes였다. 윌크스는 선동자였지만 분명 평민은 아니었다. 자신의 돈과 젠트리에 가까운 자신의 지위를 이용하여 그는 1757년 하원의원이 되었다. 하원의원일 때 그는 토비아스 스몰렛$^{Tobias\ Smollet}$의 친정권 신문인 『브리턴』^{Briton}에 대응하여 대립되는 신문 『노스 브리턴』$^{North\ Briton}$의 편집장을 맡기 시작했다(1762년). 윌크스의 신문의 표제는 왕의 통치하의 스코틀랜드 사람들을 경멸하여 말하는 것이었고, 특히 왕의 총신인 뷰트 경 $^{Lord\ Bute}$을 겨냥했다.

『노스 브리턴』 45호(1763년)는 왕의 연설——각료가 쓴——을 비판했는데, 그 연설에서 왕은 7년 전쟁을 종결시킨 파리조약을 찬양했다.

이 국가의 1년 동안의 기록 중 지난 화요일에 있었던 **각료의 연설**에 필적할 만한 것은 없다. 나는 국왕의 부담이 더 클지 국민의 부담이 더 클지 의심스럽다. 이 국가의 모든 동포들은 너무도 위대하고 찬양할 만한 특성을 가진 왕자——영국은 그를 진정으로 뒤바꾼다——가 늘 진리와 명예와 오염되지 않은 미덕으로 유명했던 왕좌에 앉아 가장 끔찍한 정책과 가장 정당성 없는 공적 선언에 대해 자신의 성스러운 이름을 허가하게 될 수 있다는 사실에 통탄해야 한다.[5]

이 진술에 대해 왕권 변호사는 윌크스를 불경죄로 고소했다. 당시의 법적 환경에서는 국회의원조차도 왕이 거짓말을 했다고 공개적으로 암시할 수 없었다. 그것을 위반한 윌크스는 런던타워에서 형을 살았다. 그 다음의 법정 출두에서 윌크스는 왕의 관리가 그를 체포하고 그의 문서들을 압류했던 포괄적인 영장에 대해 이의를 제기했다. 그는 또한 분명하

---

5 George Rudé, *Wilkes and Liberty: A Social Study of 1763 to 1774*, Oxford: Clarendon Press, 1962, p.22.

게 자신의 개인적인 잘못을 보편적인 대의명분과 동일시했다. 민사 법원에서(1763년 5월) 윌크스는 "모든 귀족과 신사의 자유는, 그리고 나를 더 현저하게 감동시키는 것인 모든 중간 계급과 열등한 계급 사람들의 자유는——무엇보다 보호되어야 한다——오늘 나의 소송에서 마침내 결정될 것이다. 이것은 **영국의 자유**가 현실인지 그림자인지를 당장 결정하는 중요한 문제이다"라고 선언했다.[6] 그는 마침내 승소했고 정부로부터 그의 불법 체포와 문서의 압류에 대한 배상을 받았다. 그는 또한 연설의 자유도 호소하였고, 그것으로 법정과 거리에서 환호를 받았다. 그의 법정 연설은 "윌크스와 자유!"라는 구호를 독단적인 권력에 대한 저항의 운명적인 슬로건으로 진출시켰다.

그후 같은 해에 윌크스는 『노스 브리턴』 45호를 재발행했을 뿐 아니라 「여성에 관한 에세이」Essay on Woman라는 포르노그래피 팸플릿을 제작했다. 정부기관이 관련된 증거를 포착했을 때, 윌크스를 상대로 한 새로운 소송 절차가 시작되었고, 런던 주 장관과 교수형 집행인에게 치프사이드에서 45호를 공개적으로 불태우라는 임무가 부과되었고, 집결한 대중은 주 장관과 교수형 집행인의 손에서 신성한 텍스트를 구조하며 그들을 공격했다. 윌크스 자신은 기소를 피하기 위해 곧 영국해협을 건너 프랑스로 달아났다. 의회는 그를 제명했고, 법정은 그를 추방자로 선언했다. 그러나 1768년 그는 은밀히 영국으로 돌아왔고, 다시 한번 국회의원에 입후보하여 투표에서 이겼지만 자신의 이전 위반들로 재판을 받아 감옥에 들어갔고, 의회는 그를 의석에 앉히기를 거부했다.

---

6 John Brewer, *Party Ideology and Popular Politics at the Accession of George III*, Cambridge: Cambridge University Press, 1976, p.168.

1768년 3, 4월, 윌크스의 격동적인 선거 캠페인이 열리는 동안 수많은 그의 지지자들은 그와 함께 투표소까지 행진하여 거리의 차를 멈추게 하고 차에 탄 사람들에게 "윌크스와 자유!"를 외치도록 요청했다. 윌크스가 감옥에 간 뒤에 그의 지지자들은 감옥 주위로 모여들어 자신들의 영웅을 일별하려고 애썼고 여전히 윌크스와 자유를 큰 소리로 외쳤다. 1768년 4월 28일 윌크스가 감옥에 간 다음날 왕좌재판소 감옥^{King's Bench Prison} 주변의 거대한 윌크스 열광자들의 모임은 런던 사람들에게 그들의 창문을 밝히라고 요청했다. 그것은 왕과 여왕의 탄생일과 군사적인 승리, 이와 유사한 행사를 기념하는 표준적인 신호였다. 그러나 그들은 또한 자동차 트렁크와 스코틀랜드 사람들의 보닛을 불태우는 그들 스스로의 의식을 가졌다. 그들의 의례에서는 왕의 각료인 뷰트 경의 이름과 스코틀랜드 혈통을 이용해 말장난을 했다.

1769년 의회는 공식적으로 윌크스를 다시 한번 제명했다. 그러고 나서 의회는 그가 교도소 감방에서 얻은 이후의 세 번의 국회의원 당선을 거부했다. 윌크스는 대중의 영웅으로서 형기를 치르는 동안 충분한 언론의 관심과 저명한 방문객들, 전 세계에서 온 선물들을 맞이했다. 가령 소도시 스톡턴의 지지자들은 45개의 햄과 45개의 혓바닥, 에일 45다스를 그에게 보냈다.[7] 45라는 숫자는 애국적인 아이콘이 되고 있었다.

윌크스는 이어서 공직자와 저항의 목소리로 유명한 이력을 쌓아 가기 시작하였다. 1769년 그는 여전히 형기를 치르는 중에 런던의 시의원으로서 선거를 감독했다. 그는 1770년에야 석방되었다(굉장한 대중의 환호와 불꽃놀이, 조명, 45개 포탄의 일제사격이 있었다). 그는 1771년에 런던

---

7 Brewer, *Party Ideology and Popular Politics at the Accession of George III*, p.177.

의 주 장관이 되었고 곧 시의 최고 지위인 시장이 되기 위한 운동을 시작하였다. 실제로 그는 1772년 런던의 공직 투표에서 승리했지만, 시의원은 명예가 덜 더럽혀진 그의 경쟁자 제임스 타운센드를 선택했다. 그러자 삼천 명의 사람들은 시청(시장의 거주지)의 뜰로 들어가서 "악당 같은 시장아 저주를 받아라, 그가 윌스크의 권리를 가져갔다, 우리는 그를 쫓아낼 것이다"라고 외쳤다.[8]

한 번을 더 실패한 뒤에 윌크스는 1774년에 시장으로 당선되었고 마침내 그해 하원의원 의사당으로 다시 들어갔다. 그는 독립전쟁의 격렬한 기간 동안 미국의 명분을 대변하는 주요한 연사가 되었다. 그의 복역에도 불구하고 그의 소송 사건은 왕권의 행동을 포함하여 정부의 행동을 알리고 비판할 영국의 정기간행물의 법적 권리를 명확하게 수립했다. 그는 광범위한 대중적 지지(스피탈필드 견직공 출신의 활동가 무리를 포함하여)를 받았을 뿐 아니라 독단적인 왕권에 대한 평형추를 찾는 런던 상인과 관료들 사이에서 협력자를 발견했다. '윌크스와 헌법 지지자들'로서 시작한 상류층 연합은 곧 '권리 장전 지지협회'가 되었고, 이들은 의회 개혁의 중요한 세력이었다. 당시에는 누구도 **사회운동**이라는 용어를 사용하지 않았지만 이 연합은 영국의 공적 정치의 새로운 형태로서의 사회운동의 토대를 마련했다.

의회에 대한 윌크스의 견해를 지지하는 바로 그 과정에서 윌크스의 평민 후원자들은 혁신을 감행했다. 1760년대의 의회 선거에서 투표할 수 있는 노동자들은 거의 없었지만 노동자들은 윌크스와 투표소까지 동행하기 위해 무리 지어 나왔다. 윌크스가 1768년 3월 28일 브렌트퍼드에서

---

8 George Rudé, *Hanoverian London, 1714-1808*, London: Secker and Warburg, 1971, p.125.

처음 승리했을 때, 그의 추종자들은 상대편에 대한 공격과 더불어 환호를 요청하기 시작했고 이것들은 선거 내내 계속됐다.

폭도들은 하이드파크 모퉁이에서 매우 난폭한 방식으로 행동했는데, 그곳에서 그들은 시의 사법비서관의 아들인 쿡 씨에게 돌을 던지고, 그를 말에서 떨어뜨려서, 마차의 바퀴를 떼어 내고, 마구를 자르고, 유리를 박살냈다. 다른 여러 마차들도 크게 손상됐다. 그렇게 행동한 이유는 윌크스 씨의 적대자의 행렬 앞에 깃발 하나가 있었고, 거기에 "불경스러운 자는 안 된다"라고 쓰여 있었기 때문이다.[9]

장기적으로 윌크스 열광자들은 이전까지 허용됐던 공개 집회의 한계에 도전했다. 그들은 선거 행렬과 대중집회를 그들의 영웅을 지지하는 대규모 선언으로 확장했을 뿐 아니라 단순히 자신들의 유권자를 대표하여 겸손하게 연설할 소수의 위엄 있는 대표자를 보내는 대신 대표단과 탄원 행진을 거리를 채울 수 있는 기회로 바꾸었다. 그들은 지지자와 당국에 대한 공식적인 호소와 대중행동을 통합하는 길을 개척했다. 윌크스의 열광자들은 가치성의 공적인 표명보다 통일성·수·헌신에서 더 강했지만, 사회운동 레퍼토리와 WUNC 표명을 연결하는 데 기여했다.

1760년대가 되기 훨씬 이전에 보통의 영국과 미국의 사람들은 무리지어 공적인 주장을 할 수 있었다. 가령 공휴일과 장례식과 같은 공인된 공적 집회와 교구 집회는 사람들이 불만의 목소리를 내고 대중지도자에

---

9 R. & J. Dodsley ed., *The Annual Register or a View of the History, Politics, and Literature, for the Year 1768*, London: Printed for J. Dodsley, 1768, p.86.

대한 지지를 표명할 기회를 오랫동안 제공했다. 일정 수준 조직화된 장인들과 민병대 병사들은 그들의 휴일에 행진할 권리를 행사했고, 가끔씩 권력자나 억압적 강령에 반대하는 언명을 할 권리를 활용했다. 적절한 존중을 보여 주면서 그들은 또한 집단의 잘못을 교정하기 위한 탄원에 검소한 대표단을 보낼 수 있었다. 그들 자신의 공동체 내부에서 노동자와 소비자, 주택보유자들은 지역의 정의나 도덕률을 위반하는 사람들에게 되풀이해서 저항하고 앙갚음했다.[10] 대중적인 공적 정치를 암시하는 영국의 이론은 이런 식으로 쓰여 있다.

영국 국민은 법적으로 인정된 조직들, 가령 길드와 공동체, 종파로 분류되고 이러한 것들은 몇몇의 명시될 수 있는 집단의 권리들을 행사하는데, 가령 집회를 위해 지정된 장소에서 정기적으로 만날 권리와 같은 것들이다.

법은 그러한 집단의 권리를 보호한다.

지역 당국은 법을 집행하고 존중할 의무가 있다.

이렇게 인정된 조직의 선택된 대표자들은 집단의 요구와 불만을 공개적으로 표명할 권리──실제로 의무──가 있다.

당국은 그러한 요구와 불만을 숙고하고 그러한 요구와 불만들이 적절할 때 조치를 취할 의무가 있다.

이 틀 바깥에선 수립된 당국에 의해 소집되지 않은 어떤 이도 집결하고 요구나 불만을 진술하고 집단적으로 행동할 분명한 권리가 없다.

10 Charles Tilly, "Speaking Your Mind Without Elections, Surveys, or Social Movements", *Public Opinion Quarterly*, vol. 47, 1983, pp.461~478.

감히 이러한 제약 바깥에서 일반 인민을 대변하는 사람은 모두 의회의 특권을 불법적으로 침해한다. 사실상, 유권자조차도 일단 그들이 당선되면 의회의 대표자들에게 지시할 권리가 없다.

지역과 국가 당국은 지역 사람들이 복수와 승인, 통제의 관례를 작동시키며 이러한 원칙을 위반했을 때 종종 못 본 척했다. 그러나 당국은 대중의 행동이 지배계급의 재산을 위협하고 영향력 있는 구성원을 표적으로 삼거나 지역의 경계를 넘나들며 무리를 이뤘을 때 대개 위의 원칙을 적용했다. 가령 소요 단속령Riot Act에서 나타난 것처럼 말이다. 1640년과 1692년 사이에 영국 제도를 포위 공격한 것과 같은 반란과 내전의 주요한 사건들이 발생하는 동안 분명 대중들은 종교와 정치적 전통의 이름하에 빈번하게 급진적인 주장을 표명했다. 그러나 훗날 18세기 이전까지는 반란의 진압이 항상 그러한 위험한 형태의 대중적 표현을 중단시켰다.

그러나 대서양의 양쪽 편에서 지배계급의 구성원들은 주장을 펼치는 덜 위험한 방식이 있었다. 당국은 그들의 클럽, 저녁식사, 팸플릿, 그리고 때로는 떠들썩한 입법 의회를 용인했다. 의회, 특히 영국 의회에 당선되면 정말 멋진 자유의 기회가 제공되는데, 후보자들은 유권자들을 다룰 때나 그들에게 뇌물을 줄 때, 후원자들을 위한 사치스러운 공개 쇼를 벌일 때 그랬다(윌크스가 1757년 의회에 당선될 때 만 7천 파운드의 비용이 들었는데, 그때 런던 내륙지역의 농장 노동자는 1년에 운이 좋아야 30파운드를 벌었다).[11] 사회운동은 이러한 요소들 중 어떤 것이라도 발명함으로써가 아니라, 그것들을 대중의 요구의 표현을 위한 잘 통제된 수단으로

11 Rudé, *Wilkes and Liberty*, p.19.

전환시키고 확장함으로써 혁신했다. 똑같이 중요하게, 사회운동의 노력은 논쟁의 여지가 있긴 하지만 정말로 법적인 공간을 창조했고, 그 안에서 그들의 캠페인과 주장을 펼치는 수행, 그리고 WUNC 표명의 조합은 정치적 지위를 획득했다.

7년 전쟁(1756~1763년)은 이러한 종류의 정치적 혁신에 주요한 추동력을 제공했다. 1750년대 이전의 반세기 동안 프랑스와 그레이트브리튼은 유럽과 공해에서 아시아와 아메리카 대륙을 가로지르며 서로 간헐적으로 싸웠다. 프랑스는——이전에 루이지애나를 정복했고 그곳은 결국 캐나다 동부가 되었다——북아메리카에서 영국의 식민지 주민과 영국 군대 모두로부터 공격을 받았다. 식민지 주민과 군대는 똑같이 아메리칸 인디언의 정착지를 밀어내고 있었기 때문에 프랑스인들은 주요한 인디언 연맹 내에서 가능한 동맹자를 수월하게 모집했다. 그러므로 북아메리카 식민지의 거주자들에게 7년 전쟁은 프랑스와 인디언 전쟁이 되었다.

영국 편이 극적으로 승리했음에도 불구하고——가령 프랑스 사람들로부터 캐나다를 점령함으로써——유럽과 인도, 아메리카에서의 중대한 군사 활동은 영국의 금고를 고갈시키고 정부에 많은 부채를 남겼다. 북아메리카의 식민지에서 영국 당국은 그들의 재정적인 손실의 일부를 만회하고 엄청나게 확장된 군사 시설의 비용을 분산시키려고 노력했다. 그들은 세관 감시를 더 엄격하게 하고 광범위한 상업적·법적인 거래에 높은 인지세를 부과했다. 관세와 인지 조례Stamp Act에 대한 저항은 이전에는 결코 없었던 모습으로 식민지 주민들을 결합시켰다. 그것은 영국 수입품을 보이콧하고 캐나다의 식민지 일부를 위시하여 열세 개 식민지 도시들 사이에 대규모의 교류가 형성되도록 자극했다. 자유의 아들Sons of Liberty 지부들은 식민지 곳곳에서 보이콧을 조직화하고 강화했다. 인지 조례의 폐기(1766년)는 상인과 장인, 다른 도시 거주자들이 정밀한 저항 네트워크를 만든 뒤에야 행해졌다.

보스턴과 매사추세츠 주가 초기 활동을 이끌었지만 다른 식민지들이 곧 합류했다. 보스턴의 상인들은 1760년대 초에 무역장려협회를 조직했다. 그 협회는 과도한 조세와 규제에 대한 위엄 있는 반대의 중심이 되었다. 가령 이 협회는 1765년과 1766년에 인세 조례에 대한 상류층의 저항을 조직화했다. 동시에 노동자와 상당한 유대가 있는 소규모의 실업가 집단은 보스턴의 자유의 아들처럼 공개적으로 표명을 했고, 이렇게 하여 상업 공동체를, 형상을 불태우고 집들을 약탈하고 세무 관리를 공격한 거리의 활동가들과 연결시켰다.

미국의 제조업을 장려하고 영국 수입품에 대한 의존을 줄이기로 굳게 결심한 애국적인 연합의 확장되는 망은 1767년 말에 보스턴 거주자의 집회를 조직화했다. 『연감』은 다음과 같이 보고했다.

이 같은 결의들이 채택되고 이와 비슷한 것들이 체결된 것은 대륙의 모든 오래된 동부 13주들에 의해서다. 곧이어 매사추세츠 만 의회가 작성하고 의장이 서명한 회람이 북아메리카의 다른 모든 의회에 보내졌다. 이 서한의 의도는 최근 영국 의회법의 사악한 성향을 보여 주고 그것이 헌법에 위배된다는 점을 보여 주며 동부 13주 사이의 공동연합을 제안하는 것이고, 이 법의 영향을 막기 위한 모든 법적인 조치를 추구하고, 이 법의 폐기를 위해 그러한 법적인 조치를 정부에 적용하는 데 있어서 조화를 추구하려는 것이다. 이 서한은 또한 그들의 인간으로서의 자연권과 그들의 영국 국민으로서의 헌법상의 권리를 주로 상술했다. 이 모든 것들은 이 법에 의해 침해되었다고 간주된다.[12]

선두적인 상인들은 신중한 법적 행동으로 자신들의 계획을 추구했지만, 보스턴 선원과 장인들은 자주 법의 힘을 빌리지 않고 직접 나섰다. 그들은 강제 징집에 단호하게 저항했고, 군인의 숙사 할당을 방해했고 세관 직원을 공격했으며 영국 관료나 그들의 협력자를 1765~1766년의 인지 조례 위기 동안에 화약고였던 공유지 근방의 일명 '자유의 나무'Liberty Tree에 매달았다. 그들은 종종 직접 행동으로 상업적인, 그리고 공식적인 저항을 배가시켰다.

가령, 주지사와 (매사추세츠 주에서 왕권의 대변자로서의) 영국 정부와의 협상이 증오심에 불타게 되었을 때 보스턴의 민중이 합류했다. 1768년 5월에 영국 세관 담당자는 보스턴 상인 존 핸콕의 배 '자유호'가 경의를 표하지 않았다는 이유로 압류했고, 그래서 보스턴 시민은 다른 배에 승무원을 배치하고 압류된 배를 풀어 떠나보냈다. "민중은 이 상황에서 거대한 군중이 되어 집결했고 그들은 세관 위원들에게 돌을 던졌고 그들의 칼 하나를 부러뜨렸으며 어느 모로 보나 그 어느 때보다 격분하여 그들을 대하였다. 그후에 시민들은 그들의 집을 공격하고 창문을 깨뜨리고 징수원의 배를 공유지까지 끌고 가서 불태워 잿더미로 만들었다."[13] 세관 담당자는 처음에는 왕의 전함으로, 나중에는 보스턴 항구의 캐슬 윌리엄Castle William 으로 도망갔다. 저항을 위한 시 주민 회의는 보스턴 지역 도처에서 공식적인 인가 없이 소집되었다. 보스턴에서 질서를 되찾기 위해 두 연대가 아일랜드에서 오고 있고 또 다른 본대가 핼리팩스와 노바스코샤

---

12 Dodsley ed., *The Annual Register or a View of the History, Politics, and Literature, for the Year 1768*, p.68.

13 *Ibid.*, p.71; 세부적인 항목은 Dirk Hoerder, *Crowd Action in Revolutionary Massachusetts, 1765-1780*, New York: Academic Press, 1977, pp.166~168을 보라.

주에서 모이고 있다는 소식이 보스턴에 도달했을 때(9월 12일) 매사추세츠 만 의회 일원들은 식민지 전역에서 저항 위원회를 조직하기 시작했다.

매사추세츠 주의 애국자들은 재빨리 다른 식민지들 전역에서 동맹자를 모았다. 대부분 동맹은 상류층의 확립된 공적 정치의 형태—결의안, 청원, 엄숙한 회의—를 이용하며 시작됐다. 뿐만 아니라 논쟁을 불러일으키는 아메리카 다른 곳에서의 혁신적인 형태의 모임은 이전에 용인되었던 의회의 형태를 대개 개조하였다. 1768년 6월 사우스캐롤라이나의 찰스 타운(찰스턴)에서의 왕의 생일 기념식에 대한 이러한 설명을 생각해 보라.

동일한 것들이 이곳에서 기념되며, 가장 충성스런 국민이 나타낼 수 있는 모든 기쁨과 애정, 감사가 표현되었다. 벨이 울려 아침이 왔음이 알려졌다. 일출 때 요새와 선박은 자신들의 모든 색깔을 과시했다. 정오전에 왕의 군대의 분견대가 루이스 밸런타인 파이저 대위의 지휘하에 이곳에 배치됐다. 그리고 오언 로버츠 대위가 지휘하는 새롭고 매우 고상한 제복을 입은 포병대 병사, 제복을 입은 경보병대 병사, 그리고 존경할 만한 벡시 대령이 지휘하는 찰스 타운 민병대 대군의 다른 병사들이 각기 다른 장소에서 정렬했고 열병장까지 행진하여, 그곳에서 잘 정돈된 모습을 보여 주었으며 존경하는 부총독이 사열하였고 왕의 각료단과 관리 등이 참석하였다. 정오에 평상시처럼 대포 등이 발포되었고 부총독은 딜런 씨의 선술집에서 왕의 각료단과 의회, 민간과 군의 관리, 성직자 등으로 구성된 수많은 방문객을 가장 우아하게 환대했다. 다른 많은 충성스럽고 애국적인 건배와 함께 오후는 늘 마시던 것을 마시며 보냈고 저녁은 전등 축제 등으로 종결됐다.[14]

식민지 의회의 가을 선거와의 유사점에 주목하라. 이때 "찰스 타운의 정비공과 다른 거주자들"은 후보자를 선택하기 위해 리버티 포인트 Liberty Point에서 만났다.

이 문제가 해결되었을 때, 원한이나 부정不正이 전혀 없이, 사람들은 담백하고 풍성한 연회에 함께했고 이것은 이 모임으로 영속적인 명예를 얻을 몇몇의 사람들이 제공하였다. 5시경 일행은 모두 가장 고귀한 '라이브오크 나무'——매지크 씨의 초원에 있는 것으로 그들은 그것을 공식적으로 '자유'에 바쳤다——로 이동하여 그곳에서 충성스럽고 애국적이고 헌법을 따르는 많은 건배를 했는데 영광스러운 '92명'의 매사추세츠 만의 철회 반대자들과 함께 시작하여 앞에 말한 결의안을 철회하지 않겠다는 우리의 다음 의회의 일원들 사이의 만장일치로 끝이 났고, 각각 그 뒤에는 세 번의 만세를 외쳤다. 저녁에 나무는 45개의 등으로 장식되었고 45개의 혜성 같은 불꽃이 발포됐다. 8시경 모든 일행은, 그들 무리 중 45명이 앞장서서 같은 수만큼의 등을 들고, 정연한 행렬로 도시로 행진하며 킹 스트리트와 브로드 스트리트를 지나 로버트 딜런 씨의 선술집으로 갔다. 45개의 등과 45개의 펀치볼, 45개의 와인잔, 92개의 물컵이 함께 탁자 위에 놓인 그곳에서, 그들은 새롭게 한 차례 건배를 돌리며 몇 시간을 보냈고 건배 인사에서는 영국이나 미국의 유명한 애국자를 거의 빠뜨리지 않았다. 그리고 그날 내내 관찰됐던 훌륭한 질서와 규칙적인 패턴을 똑같이 지켰고, 10시에 그들은 자리를 떴다.[15]

---

14 *South Carolina Gazette*, June 6, 1768, p.3.
15 *Ibid.*, October 3, 1768, p.2.

인상적인 주랑에 더하여 찰스턴의 선거 후 의회의 정치적 요소와의 혼합은 놀라운 일이다. 일반적인 형태로 그것은 왕의 생일과 유사한데, 군대와 왕의 관리들의 눈에 띄는 부재를 제외하고서는 그렇다. 그러나 찰스턴의 자유의 나무는 보스턴 모델을 직접적으로 모방했다. 92명의 철회 반대자들(이들은 새로운 세금을 비난하고 식민지 전역에서 영국에 대한 통일된 저항을 요구한 1768년 2월의 강력한 회람을 철회하는 데 반대하는 투표를 한 매사추세츠 의회의 일원들이었다)을 위한 건배는 사우스캐롤라이나 주민을 매사추세츠 애국자들과 동일시했다. 45라는 숫자는 분명 존 윌크스의 유산을 나타냈다. 마찬가지로 불을 밝히는 것(이 경우에는 도시의 창문이기보다는 행렬이다)은 충성과 연대의 공적인 선언을 연출했다.

1768년 당시로선 독단적인 규칙에 반대하는 사람들 사이에서 아직 런던과 보스턴, 찰스턴에서의 WUNC 표명와 사회운동이 발명되지 않았다. 그럼에도 불구하고 그들의 혁신은 대중의 공적 정치를 사회운동 형태로 나아가게 했다. 그들은 장인과 선원과 같은 평범한 시민을 국왕의 정책에 대한 지속적인 반대 캠페인에 끌어들였다(보스턴의 소규모 상인들과 대조적으로 찰스턴의 자유의 아들은 주로 장인들로 이루어진 자발적인 소방대에서 확장되었다).[16] 그들은 특별한 목적의 연합과, 공적 모임, 행진, 탄원, 팸플릿 쓰기, 공공매체에 광범위하게 보도되는 진술을 결합했다. 어느 정도까지 그들은 WUNC 표명을 채용하기까지 했다. 『사우스캐롤라이나 가제트』는 "그날 내내 관찰됐던 훌륭한 질서와 규칙적인 패턴을 똑같이 지켰다"라고 말했다.

16 Pauline Maier, *From Resistance to Revolution: Colonial Radicals and the Development of American Opposition to Britain, 1765-1776*, New York: Vintage, 1972, p.85.

찰스턴의 "정비공과 다른 거주자들"은 충분히 왕의 관리를 공격하고 세관 직원에게 항의하며 지정된 적의 집을 약탈할 수 있었음에도 불구하고, 적어도 공식적인 행사에서 그들은 계획과 정체성, 지속적인 주장을 지지하며 직접 행동을 포기했다. "우리는 올바른 사람들이고, 목소리를 낼 자격이 있으며 독단적인 규칙에 단호하게 반대한다." 실제로 찰스턴의 장인들은 상인이자 애국자인 크리스토퍼 개즈던과 제휴하여 도시의 수입 반대 협정의 "선봉에 섰다".[17] 대중의 힘이 상류층의 반대 캠페인에 통합된 것은 지배계급을 분리시켰지만 공적 정치의 분명한 형태로서의 사회운동의 창조를 향해 중요한 발걸음을 내디뎠다.

사회운동은 영국과 미국에서 엄청난 정치적·경제적 변화의 배경에 반대하며 등장하였다. 네 개의 표어가 본질적인 변화에 꼬리표를 단다. 그것은 전쟁, 의회정치화, 자본화, 프롤레타리아화이다. 7년 전쟁의 영향이 이미 암시했듯이, 전쟁은 단순히 국가의 인구를 유동화한 것이 아니다. 그것은 국가 구조를 확장했고, 정부의 지출을 부풀렸으며, 정부에 종속된 인구로부터 자원을 뽑아내는 일을 증가시켰고, 새로운 부채를 야기했으며, 적어도 일시적으로 국가의 억압적인 기구를 강화했다. 영국의 입장에서 미국의 독립전쟁은 이 모든 점에서 7년 전쟁을 작아 보이게 만들었고, 프랑스 혁명과 나폴레옹의 대규모 전쟁과 비교하면 그것들은 보잘것없는 것으로 생각될 뿐이다.[18]

북아메리카에서 7년 전쟁의 여파는 큰 영향을 주었다. 영국인은 만

---

17 *Ibid.*, p.116.

18 John Brewer, *The Sinews of Power: War, Money and the English State, 1688-1783*, New York: Knopf, 1989; Michael Mann, *States, War and Capitalism: Studies in Political Sociology*, Oxford: Blackwell, 1988, p.106.

명의 평시의 군대를 주둔시켰고, 세관에 대한 통제를 더 엄격하게 했으며, 1765년의 인지 조례와 같은 일련의 세입 정책을 도입했다. 독립전쟁은 (열세 개의 저항하는 식민지에 알려지기를) 7년 전쟁 후 영국이 부과했던 것보다 비할 데 없이 많은 개인의 복무와 돈과 부채를 치르게 했다. 전쟁의 결과는 수십 년 동안 만연한 상대적으로 빈약한 민족국가 구조를 초래했다.

프랑스 혁명과 나폴레옹의 유럽 전쟁 기간 동안 새로운 미국은 처음에는 프랑스에 대한 조약의 의무를 회피했고, 이후에는 폐지했는데, 이 조약은 미국 독립혁명 기간 동안 미국의 대의에 중대한 지원을 제공했었다. 가벼운 예외를 제외하고는 미국은 1812년까지 유럽 전쟁에서 거리를 두었고 주로 서부와 남부의 변경에서 인디언과 전쟁했다. 그러나 1812년에 미국은 영국에 대한 전쟁을 선언하고, 캐나다를 침략하고, 영국과 연합한 것으로 여겨지는 인디언과 싸우고, 오대호와 대서양과 멕시코 만에서 일련의 해전을 지휘함으로써 5년 동안의 불안한 협의를 끝냈다. 그들은 또한 1814년 유럽 전쟁이 서서히 멈추기 전에 워싱턴 주의 방화와 메인 주에 대한 침략을 겪었다.

의회정치화는 전쟁을 치르는 것보다 더 미묘하게 발생했지만 공적 정치에는 더 적은 영향을 주었다. 거기엔 두 개의 연결된 구성 요소가 있는데, 의회 권력이 일반적으로 확장되고 왕으로부터 의회로 국가의 정치적인 투쟁이 이동한 것이다.[19] 전쟁이 주도한 과세와 부채는 의회 권력을 증대시켰고, 새로운 자금에 대한 정부의 요청이 있을 때마다 의회의 새로

---

19 Charles Tilly, "Parliamentarization of Popular Contention in Great Britain, 1758-1834", *Theory and Society*, vol.26, 1997, pp.245~273.

운 권리를 얻기 위한 투쟁이 시작되었다(세금에 대한 의회의 동의는 또한 과세에 대한 공개적인 반란을 감소시켰고, 이것은 18세기 프랑스와 미국의 식민지들과 대조적이었다).[20] 의회 권력이 증가했을 때 왕의 지원은 정치적 성공에서 덜 결정적인 것이 되었고, 의회는 공적 업무에 더 광범위하게 개입하였고, (선거권이 있든 없든) 전국의 유권자를 위한 의회 정책의 자금은 크게 증가했다. 미국인들은 왕을 상대적으로 나약한 행정부로 대체했고 국가와, 특히 주의 수준에서 의회의 권력에 많은 투자를 했다.

농업과 상업, 산업 자본의 범위가 모두 크게 증가하면서 자본화는 대서양 양편 모두에서 발생했다. 영국은 농업 생산의 규모가 극적으로 증가하는 동안 세계의 가장 큰 제조업과 무역 중심지가 되고 있었다. 아메리카의 식민지와 그들의 계승자인 미국은 주로 영국 경제의 속국이 되었지만, 그들 또한 1750년 이후에 농업과 상업, 산업의 중대한 확장을 경험했다. 지주도 분명 번창했고 제조업자들도 성공하기 시작했지만 상업 자본가들은 특히 영국과 미국 경제 내에서 영향력을 획득했다.

프롤레타리아화를 통해, 단순히 관례화된 공장 노동이 증가한 것이 아니라 (그것이 전례 없는 수준으로 발생했음에도 불구하고) 더 일반적으로 생존을 위해 임금 노동에 의존하는 인구의 비율이 증가했다는 사실을 이해하자. 영국 농업에서 토지 소유와 임차권 소유는 모든 경작자들 사이에서 임금 노동자의 역할을 크게 증가시켰다. 프롤레타리아화는 제조업에서 훨씬 더 빠르게 발생했고, 독자적으로 일하는 자영업자들은 상점과 공장, 그들 자신의 가정에서 임금에 의지하는 노동자들에게 기반을 내주었다. 북아메리카에서는 상황이 상당히 달랐는데, 그곳에서 노예는 남부

---

20 Brewer, *The Sinews of Power*, p.132.

농업의 모든 노동의 증가하는 부분을 수행했고, 프롤레타리아화는 영국의 상업과 제조업의 연안구역에서 발생한 그것과 유사했지만, 팽창하는 국경은 소규모 자작농과 소규모 상인에게 풍부한 기회를 제공했다.

무엇이 전쟁과 의회정치화, 자본화, 그리고 프롤레타리아화를 한쪽에 두고, WUNC와 사회운동의 증가와 다른 쪽으로 연결시키는가? 복잡한 문제를 도식적으로 설명하면 다음과 같다.

전쟁을 위한 유동화와 지불금은 동시적으로 보통 사람들의 복지에 대한 정부의 활동의 영향을 증가시켰고, 정부가 지주와 상인, 노동자, 군인, 선원, 그리고 다른 사람들이 집단적인 활동에 참여할 조건에 대해 협의하도록 관여시켰다.

빈약한 선거권에도 불구하고, 의회를 향한 권력의 이동은 모두의 복지에 대한 입법 조치의 영향이 크게 증가했다는 것을 의미했고, 대표제의 지리적 구성 때문에 영국과 식민지의 모든 사람들이 중대한 정치적 조치를 취하고 있던 사람들——선출된 국회의원들——과 더 직접적으로 연결되었다는 것을 의미했다.

대단한 지주들이 국가의 정치를 계속해서 지배했음에도 불구하고 자본화는 런던과 다른 곳에서 상인의 독립적인 영향력을 확대했고 이들은 점차 정부의 채권자와 자본 관리자가 되었다.

많은 사회 논평가들이 두려워한 것처럼, 프롤레타리아화는 특정한 지주, 주인, 다른 후원자에 대한 노동자의 의존성을 감소시켰고 그럼으로써 노동자들을 해방시켜 자력으로 정치적 삶에 진입하게 했다.

결합하여, 이 변화들은 (대부분의 지배계급에 맞서는 독립적인 행동을 하기에는 수가 부족했던) 반체제적인 귀족과 부르주아와 (후원자들이 제공하는 법적이고 사회적인 보호가 부족했던) 불만스러운 노동자들 사이의 우발적인 동맹을 촉진하였다.

그러한 동맹은 이번에는 노동계급과 프티부르주아에 의한 특별한 목적의 연합, 공적인 모임, 탄원 캠페인, 훈련받은 행진, 그리고 관련된 형태의 주장의 자유와 확장을 조장했고, 당국이 이러한 활동의 법적인 금지를 주장하는 것을 더욱 어렵게 만들었다.

그러한 동맹은 동일한 노동계급과 프티부르주아 활동가들을 주장의 수단으로서의 직접적이고 파괴적인 행동으로부터 떨어뜨려 놓았다. 이렇게 반체제적인 귀족과 급진적 부르주아지, 분개하는 프티부르주아, 그리고 노동자들의 연합 행동은 사회운동 조치를 위한 전례와 법적 공간을 창조하였고, 통용되는 캠페인과 동맹이 끝났을 때조차 그랬다.

물론 이러한 변화들이 별안간 발생한 것은 아니다. 1768년의 격변의 사건과 대서양 양편의 광범위한 행위자에게 사회운동의 정치가 분명 유용한 것이 되는 일 사이에 투쟁과 진화의 또 다른 반세기가 흘러갔다.

영국에서는 런던이 사회운동의 혁신을 위한 첫번째 주요한 환경을 제공했다. 런던 시는 1750년과 1800년 사이에 67만 5천 명에서 86만 5천 명으로 성장했는데, 유럽에서 가장 큰 도시, 즉 (베이징에 이어) 세계에서 두번째로 큰 대도시라는 지위를 두고 이스탄불과 경쟁했다. 그때쯤 런던은 유럽의 가장 큰 항구였고 엄청나게 영향력 있는 무역의 중심지였으며 은행업의 세계 중심지가 되었다. 런던의 금융업자들은 전 대영제국의 최신 동향을 파악하고 있었다.

그러나 런던 내에서 금융업자는 급진주의자가 되지 않았다. 반대로 윌크스와 그의 급진적 계승자들을 지지했던 부르주아지는 중간 상인들 사이에 불균형하게 집중되었다.[21] 그들은 궁중과 대자본가들 모두에게 반대하는 자세를 취하였다. 대중들 사이에서 그들에 대한 후원자는 특히 런던의 더 잘 조직화된 업계에 종사하는 노동자들에게서 나왔다. 바로 선원과 석탄 운반 인부, 견직공, 다른 많은 장인과 사무원들이었다.

런던의 모든 노동자들이 급진적인 대의를 지지했던 것은 아니었다. 가령 1780년 조지 고든 경의 반가톨릭적인 신교도연합Protestant Association에 동원된 수천 명의 사람들 또한 주로 런던의 노동계급에서 나온 것으로 보인다. 신교도연합의 일원들은 처음에는 고든 경과 함께 가톨릭의 권리에 조금 양보한 1778년 법률을 폐지하라는 탄원서를 제출하기 위해 의회로 행진했고, 그러고 나서 (압력을 받으며 협상하기를 의회가 거부하자) 집단으로 나뉘어 그중 몇몇은 이어서 가톨릭 예배당과 저명한 가톨릭교도들의 집, 가톨릭을 보호하고 있다고 평판이 난 관리의 집을 약탈하였다. 가톨릭 자산에 대한 공격에 참여한 죄로 체포되고 기소된 사람들은 "셋 중 두 명이 임금노동자, 장인, 견습생, 종업원, 가정의 하인과 노동자들이었다. 그보다 적은 수는 소규모 고용주, 공예가, 상인이었다".[22] 그럼에도 불구하고 대체로 18세기 후반 런던의 주요한 동원은 노동자-부르주아지 동맹을 전형적으로 궁중에 맞서는 태도를 취한 의회의 일부와 함께 자금과 궁정의 연합에 대항시켰다.

신교도 연합의 일시적인 부각이 암시하듯이, 대중을 일원으로 한 연합은 영국의 대중 동원에서 늘 중심적으로 두각을 나타냈다. 18세기의 가

21 Rudé, *Hanoverian London, 1714-1808*, pp.172~177.
22 *Ibid.*, p.226.

장 거대한 연합 활동이 쇄도한 것은 프랑스 혁명의 초기 몇 년 동안이었다. 그 기간 동안 20년간 활발했던 엘리트의 의회 개혁 요구가 클럽과 단체, 대중의 연합과 종교 신자들을 근거로 한 프랑스 식으로 이뤄졌던 대중의 민주화 요구와 짝을 이루었다. 혁명 단체와 합헌적인 단체, 그리고 그에 동반하는 단체들은 프랑스 혁명과 미국 독립혁명, 영국 자체의 1689년의 명예혁명을 판단의 기준으로 삼았다. 마찬가지로 교회와 왕의 옹호자는 세속적인 민주주의자에 반대하는 전문화된 연합을 통해 동원되었다. 1794년부터 나폴레옹 전쟁이 종료될 때까지 정부의 진압은 연합적 활동, 특히 노동자 쪽의 활동을 약화시켰다. 연합은 전쟁이 끝난 뒤에 엄청나게 폭발하며 되살아났다. 그때쯤, 여전히 불법적인 노동자들의 '조합'은 눈에 띄는 예외였고, 연합과 그들의 공적 모임은 대중적 표현의 표준적인 수단이 되었다.

그렇다면 어느 지점에서 우리는 사회운동이 공적 정치의 특유하고 연속적이며, 감지되고 널리 사용 가능한 형태가 된다고 합리적으로 말할 수 있는가? 우리는 권한에 대한 집단적인 주장을 하는 사람들이 자주 특별한 목적의 연합이나 이름이 있는 연합체를 형성했던 시간과 장소를 찾고 있다. 또한 공적 모임을 갖고, 이용 가능한 매체에 자신들의 계획을 전달하며, 행렬과 집회, 시위를 연출하고, 이 모든 활동을 통해 가치성과 통일성, 수와 헌신의 결연한 표명을 제공했던 그런 시간과 장소를 말이다. 만일 집합체가 선거 캠페인과 경영자-노동자 투쟁의 바깥에서 정기적으로 함께 발생한다면, 우리는 사회운동이 그 자신의 조건에 도달했다고 더욱 확신할 것이다. 우리는 18세기의 후반에 영국 공적 정치에서 존재했던 모든 독특한 요소들을 인정한다. 그러나 이러한 기준에 따르면, 영국의 정치는 나폴레옹 전쟁이 끝나고 나서야 사회운동을 제도화했다.

영국에서 곧 일어나는 전후의 세월은 결정적인 것으로 입증되었다. 1815년 이후에 곧 의회 개혁에 대한 전국적인 캠페인이 발생했다. 더 확장된 선거권, 유권자의 더 평등한 대변, 의회의 연례 모임, 종종 의회의 일원을 위한 비밀 무기명 투표와 수당과 같은——이것은 가난한 사람들도 재직할 수 있게 할 것이었다——추가적인 개선이 있었다. 동시에, 그리고 중복되는 활동으로, 전례 없는 활동들이 노동자들을 조직화해 자신들을 위한 의회의 조치를 요구하도록 하였다. 관리들은 종종 대중의 개혁가들이 공적인 건물에서 만나는 것을 허가하기를 거부했기 때문에 의회는 거리나 열린 장에서 반복해서 개최되었다. 따라서 그것들은 반은 모임이었고 반은 시위가 되었다. 게다가 대표단은 자주 의회의 장소로 행진했고, 그에 따라 시위와 짝을 이루는 형태들인 거리 행진, 공적 장소에서의 질서 정연한 집회와 연결되었다. 런던은 계속해서 중요한 역할을 했음에도 불구하고, 더 위대한 혁신이 영국의 북부 산업 지역에서 발생했는데, 그곳의 노동자들은 전후 몇 년 동안 정열적으로 조직화하고 행동하였다.

스톡포트^{Stockport}의 면화 제조 중심지에서 1818년 10월 '인간 행복을 촉진하기 위한 스톡포트 협회'가 형성된 것은 정치범의 구제와 의회 개혁을 위해 산업이 발달한 북부의 사람들을 동원하는 데 기여했다. 스톡포트 협회는 반복되는 개혁 모임을 후원했고 정치범을 위한 탄원을 조직화했으며 진정서를 발표하고 시위를 기획했다. 협회는 1819년 8월 16일 맨체스터의 성 베드로 광장에서 열리는 유명한 개혁 모임에 현수막을 들고 열을 지어 행진하는 천 4백 명의 남성과 40명의 여성을 내보냈는데, 그들은 맨체스터와 샐퍼드의 기마 농민 의용병에 의해 공격을 받았고 그때부터 피털루^{Peterloo}로 악명이 높아졌다. 대표단의 행진에서 맨체스터 상인 프랜시스 필립스는 전했다.

8월 16일 11시 무렵 나는 스톡포트 거리에 가까워졌고 맨체스터를 향해 전진하는 수많은 사람들을 만났는데, 그들은 제복을 입지 않았다뿐이지 연대聯隊의 매우 규칙적인 패턴을 보였다. 그들은 모두 대열을 이루어 행진하고 있었고, 주로 세 명씩 나란히 걸었다. 그들에게는 두 개의 현수막이 있었다. 옆쪽에는 사람들이 있었는데, 관리들처럼 행동하고 줄을 통제했다. 그 질서는 실로 아름다웠다.[23]

스톡포트 협회와 같은 특별한 조직은 시대에 따라 부침浮沈이 있었고 그것들은 계속해서 정부의 감시나 전면적인 탄압에 직면했다. 그러나 1820년대 무렵, 사회운동의 모든 본질적인 요소들——캠페인, 레퍼토리, WUNC 표명——이 영국에서 결합했고 그레이트브리튼의 조직화된 이익 단체들에게 광범위하게 이용 가능해졌다. 1820년대와 1830년대에 노동자의 권리와 가톨릭의 해방, 의회 개혁을 위한 거대하고 효율적인 동원은 이러한 요소들을 한 자리에서 맞물리게 했다.[24] 게다가 1830년대 무렵 사회운동 전략은 개혁가나 급진주의자뿐 아니라 영국의 가톨릭 해방에 대한 여러모로 유능한 반대자들과 같은 보수적인 활동가들에게도 이용 가능하게 되었다.[25]

23 Robert Glen, *Urban Workers in the Early Industrial Revolution*, London: Croom Helm, 1984, p.245.

24 John Belchem, *Industrialization and the Working Class: The English Experience, 1750-1900*, Aldershot: Scolar, 1990, pp.73~144; Charles Tilly, *Popular contention in Great Britain, 1758-1834*, Cambridge, Mass.: Harvard University Press, 1995, pp.240~319.

25 Wendy Hinde, *Catholic Emancipation: A Shake to Men's Minds*, Oxford: Blackwell, 1992; Fergus O'Ferrall, *Catholic Emancipation: Daniel O'Connell and the Birth of Irish Democracy, 1820-30*, Dublin: Gill and Macmillan, 1985; Charles Tilly, *Contention and Democracy in Europe, 1650-2000*, Cambridge: Cambridge University Press, 2004, pp.149~156.

1925년, J. 프랭클린 제임슨은 영향력 있는 연속 강연을 '사회운동으로 간주되는 미국의 독립혁명'The American Revolution Considered as a Social Movement에 할애했다. 혁명의 150주년 기념식이 시작되고 있을 때, 제임슨은 미국 독립혁명을 공부하는 학생들에게 프랑스 혁명 전공자들을 모방하여 정치사와 군대사에서 사회사로 확장해 가라고 요구했다. 그는 다음과 같이 주장했다.

혁명의 흐름은 좁은 제방 안에 갇힐 수 없고, 땅 위로 널리 퍼져 확산됩니다. 많은 경제적 욕망과 많은 사회적 열망은 정치적 투쟁에 의해 해방되었고, 식민 사회의 많은 측면들은 힘에 의해 완전히 바뀌었고 따라서 자유로워졌습니다. 사회계급의 상호관계, 노예제도, 토지 소유 체계, 사업의 추이, 지적이고 종교적인 삶의 형태와 정신, 이 모든 것들은 혁명의 변형의 손길을 느꼈고, 그 아래서 형성되어 나타난 모든 것들은 많은 것들의 수준을 우리가 알고 있는 것에 가깝게 향상시켰습니다.[26]

그는 "동일한 국가와 시대의 사람들의 모든 다양한 활동은 서로 친밀한 관계가 있고, 그것들을 다른 사람들과 따로 떨어뜨려 생각하면 그것들 중 어느 것에 대해서도 만족스러운 견해를 얻을 수가 없다"라는 그의 주요한 주장으로 강연을 끝마쳤다.[27] 제임슨에게 있어 '사회운동'은 구체적인 형태의 정치보다는 대규모의 사회변형과 같은 것으로 판명된다. 우

---

26 J. Franklin Jameson, *The American Revolution Considered as a Social Movement*, Boston: Beacon, 1956, p.9.
27 *Ibid.*, p.100.

리가 앞서 보스턴과 찰스턴을 살펴보며 기대할 수 있었듯, 그는 영웅적인 지도자와 혁명적 행동의 극적인 순간으로부터 관심을 돌려 1765~1783년의 투쟁에서의 식민지 주민의 폭넓은 참여로 관심을 집중시켰다.

그럼에도 불구하고 우리는 미국의 독립혁명을 사회운동이나 연쇄적 사회운동이라고 주장할 수 있을까? 우리가 런던과 보스턴에서 검토했던 동일한 시기를 고려하여, 시드니 태로는 정치 행동에서의 혁신을 지적한다. 형상을 불태우고 집을 약탈하며 보이콧과 수입 거부 협정을 준비하는 가운데, 장소에서 장소로 집단에서 집단으로 쟁점에서 쟁점으로 쉽게 이동할 수 있는 정치의 '모듈' 형태의 창조가 조짐을 알렸다.

> 그때 이후, 수입 거부와 보이콧은 미국인의 반란의 모듈 형태의 무기가 되었고, 보스턴 항구의 차에 대한 논쟁에서 가장 떠들썩하게 사용되었다. 이 전술의 효율성은 영국에서도 사라지지 않았다. 1791년 영국의 노예제도 반대 연합은 노예 무역을 폐지하라고 의회에 압력을 가하기 위해 서인도제도에서의 설탕 수입에 대한 보이콧을 이용했다. 대영제국의 주변부에서 새로운 세금에 대한 지역주의적 대응으로 시작된 보이콧은 그 중심부로 이동하였다.[28]

태로는 빠르게 움직이는 모듈 형태의 전술의 발명을 사회운동 활동의 특징으로 확인하고, 이것은 형상을 불태우고 집을 약탈하는 것을 포함한 지역 환경과의 더 지역주의적인 연결과 크게 대조된다. 이 전술들은

---

28 Sidney Tarrow, *Power in Movement: Social Movements and Cententious Pilitics*, Cambridge: Cambridge University Press, 1998, p.38.

WUNC 표명을 일반화했다. 그러나 모듈 형태의 전술의 등장은 미국의 독립혁명을 사회운동이 되게 하는가?

우리는 여전히 권한에 대한 집단적인 주장을 하는 사람들이 자주 특별한 목적의 연합이나 이름이 있는 연합체를 형성하는 시간과 장소를 찾고 있다. 공적 모임을 갖고, 이용 가능한 매체에 자신들의 계획을 전달하며, 행렬과 집회, 시위를 연출하고, 이 모든 활동을 통해 가치성과 통일성, 수와 헌신을 결연하게 표명하는 그런 시간과 장소 말이다. 동일한 시기의 그레이트브리튼과 마찬가지로, 대답은 분명하다. 모든 개별적 요소가 1783년의 새로운 미국에서 존재했지만, 그것들은 아직 공적 정치의 눈에 띄고 폭넓게 이용 가능한 형태로 응고되지 않았다. 그레이트브리튼과 마찬가지로 1765년 이후 상호 연결된 연합의 확산은 공적 정치를 변형시켰고 완전히 발달한 사회운동이 등장할 토대를 마련했다.

노예제도 반대를 위한 동원은, 태로가 암시하듯, 결정적인 예외가 될까? 1770년대와 1780년대에 그레이트브리튼과 북아메리카 모두의 법학자들은 노예제도의 합법성에 이의를 제기하는 판결을 내리기 시작했다. 1777년 버몬트 주의 헌법은 노예제도를 금지했고, 1780~1784년 사이에 펜실베이니아, 매사추세츠, 로드아일랜드, 코네티컷은 전면적인 해방을 향한 법적 조처를 취했다(뉴욕 주는 1799년까지 전면적인 해방을 향한 움직임에 합류하지 않았다). 그레이트브리튼과 아메리카 식민지에서 모두 조직화된 퀘이커교도들은 1770년대 동안에 노예제도에 반대하는 연합을 만들고 있었다. 대서양 양편의 프렌드파[Friends][퀘이커교도] 신도들은 당시에 자신의 노예를 해방시키기를 거부한 회원들을 제명하고 있었다.

1783년 영국 퀘이커교도는 의회에 노예무역의 폐지를 호소하는 그들의 첫번째 (그러나 결코 마지막이 아닌) 탄원서를 보냈다. 그러나 1787

년 노예무역에 반대하는 영국의 전국적인 캠페인이 대중의 탄원과 노예무역폐지협회Society for the Abolition of Slave Trade의 구성으로 시작되었다. 주도권은 런던이 아닌 산업이 발달한 북부, 특히 맨체스터에서 시작되었다. 1787년 12월 맨체스터 탄원서의 만 천 개의 서명은 서명할 자격이 있는 모든 도시 남자의 거의 3분의 2를 대표했다.[29] 게다가 태로가 말하듯이, 노예제도에 반대하는 활동가들은 또 다른 중대한 획기적인 것을 도입했는데, 노예 노동으로 키워진 설탕에 대해 전면적인 보이콧을 시행한 것이다. 여기엔 아마도 1791년과 1792년에 30만 가구가 참여했을 것이다.[30]

새로운 탄원 운동은 1806년부터 1808년까지 쇄도했고, 그 가운데에 그레이트브리튼(또는, 그보다는 1801년에 잉글랜드와 웨일스, 스코틀랜드에 공식적으로 아일랜드를 합친 영국United Kingdom이다)과 미국은 노예무역을 불법화했다. 다수의 동원 뒤에 영국 의회는 결국 1833년에 식민지 전역에 적용되는 해방령Emancipation Act을 통과시켰다. 미국은 이 사안을 두고 격렬하게 분리되었고 결국 그 문제를 두고 내전을 벌였다. 그러나 1830년대쯤 노예제 폐지는 미국의 거대한 사회운동의 핵심이 되었다. 이 연속될 일의 어떤 지점에서 우리는 완전히 발달한 사회운동이 성공하고 있었다고 합리적으로 말할 것인가?

우리는 반이나 찼는지 반밖에 안 찼는지의 고전적인 문제에 직면한다. 1787년의 맨체스터 탄원서와 1833년 대영제국에서의 노예제도에 대한 의회의 금지 사이 어느 지점에서, 캠페인과 레퍼토리, WUNC 표명의

29 Seymour Drescher, *Capitalism and Antislavery: British Mobilization in Comparative Perspective*, London: Macmillan, 1986, p.70.
30 *Ibid.*, p.79.

완전한 대형이 합쳐진다. 그것이 언제 일어났는가? 질문을 두 부분으로 나누자. 언제 노예제도 반대는 진정한 사회운동의 모든 실험과 마주치는가? 언제 노예제도 반대에 의해 나타나는 정치적 형태가 다른 종류의 주장에도 폭넓게 이용 가능하게 되었는가? 첫번째 부분에 대해서 우리는 1791년(설탕 보이콧)과 1806년(두번째 거대한 탄원 운동) 사이의 어느 시점에서 영국의 폐지론자가 캠페인과 레퍼토리, 그리고 WUNC 표명을 하나의 정치적 세트로 모았다고 대답할지도 모른다. 따라서 그들은 세계의 첫번째 사회운동이 된다고 주장할 어떤 자격이 있다.

그러나 두번째 부분에 대해서 우리는 또 다른 10년이 흐르도록 해야 한다. 그때 노예제도 반대로부터 매우 직접적으로 끌어낸 모델에서, 우리는 특별한 목적의 연합을 정기적으로 형성하고, 실내외에서 공적 모임을 개최하고, 슬로건과 배지를 쓰고, 행진을 벌이고, 팸플릿을 제작하며, 계획과 정체성, 정치적 관계에 관한 주장을 기획하는 노동자와 개혁가, 가톨릭 신자와 다른 사람들을 발견한다. 그토록 복잡하고 중대한 변화치곤, 1791년부터 1816년까지 4분의 1세기는 실로 매우 빠른 이행으로 보인다.

그렇다면 친프랑스파는 프랑스가 앞선다고 주장할 것인가? 1789년의 혁명이 계속되었을 때, 프랑스의 활동가는 분명 열광적인 속도로 정치 지향적인 연합을 형성했고, 그러한 연합들을 통해 결연한 주장을 했으며, 공적인 모임을 개최했고, 거리를 행진했으며, 슬로건과 배지를 사용했고, 팸플릿을 제작하고, 국가의 대부분에서 지역적인 혁명을 수행했다.[31] 만

---

31 Lynn Hunt, *Revolution and Urban Politics in Provincial France: Troyes and Reims, 1786-1790*, Stanford, Calif.: Stanford University Press, 1978; Lynn Hunt, *Politics, Culture, and Class in the French Revolution*, Berkeley: University of California Press, 1984; John Markoff, *The Abolition of Feudalism: Peasants, Lords, and Legislators in the French Revolution*,

일 그러한 동원이 1795년을 지나서 계속되었고, 그리고 그것들이 그후에 매우 다양한 주장을 위해 이용 가능하게 되었다면 우리는 아마 프랑스인을 사회운동의 창시자로 환영할 것이다. 또는 최소한 영국인과 공동 창시자로. 그러나 그것이 일어났을 때, 사회운동으로서의 그 모든 주장들은 프랑스에서 또 다른 반세기 동안, 1848년 혁명의 근방까지 영속성 있는 정치적 지속 기간을 획득하지 못했다.[32] 그때조차 루이 나폴레옹의 제2제정하의 탄압은 또 다른 20년 동안 국가의 많은 지역에서 사회운동의 정치가 완전히 수행되는 것을 지연시켰다.

더 예기치 못하게, 네덜란드의 18세기 활동가들 또한 사회운동을 적어도 일시적으로라도 제도화시켰다는 자격이 있을지 모른다. 네덜란드 역사가들이 4차 영국 전쟁(1780~1784년)이라고 부르는 것에서, 네덜란드의 군대는 미국 독립혁명의 전투에 간접적으로 합류했고, 우세한 영국의 해군 세력으로부터 크게 패배했다. 처참한 해군의 교전이 계속됐을 때, 일종의 팸플릿 전쟁이 네덜란드 안에서 발생했다. 오라녀 공^{Prins van Oranje}의 지지자들은 대립하는 애국파^{Patriots}(특히 홀랜드가 근거지였다)가 같은 방법으로 대응했을 때 암스테르담과 홀랜드의 지도자를 공격했다.

University Park: Pennsylvania State University Press, 1996; Peter McPhee, "Les formes d'intervention populaire en Roussillon: L'exemple de Collioure, 1789-1815", ed. Centre d'Histoire Centemporaine du Languedoc Méditerranéen et du Roussillon, *Les pratiques politiques en province à l'époque de la Révolution française*, Montpellier: Publications de la Recherche, Université de Montpellier, 1988; Isser Woloch, *Jacobin Legacy: The Democratic Movement Under the Directory*, Princeton: Princeton University Press, 1970; Isser Woloch, *The New Regime: Transformations of the French Civic Order, 1789-1820s*, New York: Norton, 1994.

32 Charles Tilly, *The Contentious French*, Cambridge, Mass.: Harvard University Press, 1986, chap.9.

양편 모두 국가의 위태로운 상황에 대해 서로를 탓했다. 명시적으로 미국의 사례에 의지하며, 애국파는 (가급적이면 평화로운) 혁명을 요구했다. 저지대 국가들Low Countries에서의 더 앞선 주장은 우리가 이미 잉글랜드와 아메리카에서 작동하는 것을 본 낡은 레퍼토리의 지역적 변형과 일치했다.[33] 그러나 1780년대 동안에 탄원 캠페인은 본격적으로 시작되었다. 먼저 그들은 존 애덤스John Adams를 경쟁이 벌어지는 독립체, 즉 미합중국의 법적 대표자로 인정할 것을 요구했고, 다음으로 그들은 국내의 일련의 모든 정치적 문제에 대한 해결책을 제시했다.

시민의 위원회(아마 미국의 위원회를 본떠 유사하게 만든)는 곧 홀랜드의 소도시 전역에서 도시의 의용군과 함께 구성되기 시작했다. 고도로 분할된 정치 체계에서 근교와 지방의 당국에 대한 끊임없는 압력은 실제로 작용하였다. 1784년과 1787년 사이에 애국파는 새롭고, 덜 귀족적인 헌법을 여러 네덜란드 도시에, 심지어 모든 지방과 오버레이설 주에까지 정착시켰다. 그러나 오라녀 공과 그의 추종자들은 여전히 두 가지 결정적인 이점으로 일의 추세를 결정지었다. 영국의 재정적 지원과 오라녀 공의 처남인 프러시아의 프레더릭 윌리엄 왕으로부터의 군사 지원이었다. 1787년의 훗날에 프러시아의 침입은 네덜란드의 애국파 혁명Patriot Revolution을 제압했다.[34]

33 Rudolf Dekker, *Holland in beroering: Oproeren in de 17de en 18de Eeuw*, Baarn: Amboeken, 1982; Rudolf Dekker, "Women in Revolt: Popular Protest and Its Social Basis in Holland in the 17th and 18th Centuries", *Theory and Society*, vol.16, 1987, pp.337~362; Karin van Honacker, *Lokaal Verzet en Oproer in de 17de en 18de Eeuw: Collectieve Acties tegen het centraal gezag in Brussel, Antwerpen en Leuven*, Heule: UGA, 1994; Karin von Honacker, "*Résistance locale et émeutes dans les chef-villes* brabançonnes aux XVIIe et VXIIIe siècles", *Revue d'Histoire Moderne et Contemporaine*, vol.47, 2000, pp.37~68.

그 다음번 침략 군대는 1795년에 도착했는데, 그때 프랑스의 혁명 세력은 부활한 애국파의 적극적인 지지를 받아 바타비아 공화국을 세웠다. 프랑스의 모델에 따르는 정부 교체였음에도 불구하고, 새로운 공화국은 곧 프랑스 방식의 중앙집권화 개혁의 옹호자와 네덜란드의 관습적인 연방주의의 옹호자 사이에서 교착상태에 빠졌다. 1798년에서 1805년까지 네 번의 하향식 쿠데타 —— 광범위한 대중 동원이 동반되지 않은 —— 가 주요한 정치적 변화를 유발했다. 공화국은 무너져 프랑스의 꼭두각시 왕국인 네덜란드 왕국(1806년)이 되었고, 그러고 나서 프랑스에 아예 합병되었다(1810~1813년). 나폴레옹 이후의 정착 과정은 명목상 두 갈래로 갈라진 왕국을 만들어 냈고 1839년에 네덜란드와 벨기에가 된다.

프랑스의 장악 이후로 네덜란드는 자율적인 지방의 전성기 때 만연했던 것보다 훨씬 더 중앙집권화된 행정구조를 띠었다. 1795년의 바타비아 공화국의 등장으로 위원회와 의용군, 그리고 애국파는 일시적으로 권력을 되찾았지만 새로운 종류의 정체로 빠르게 통합되었을 뿐이고, 프랑스의 감독관은 결코 멀리 떨어져 있지 않았다. 알아볼 수 있는 사회운동은 나폴레옹의 몰락 이후에야 네덜란드에서 광범위하게 발생하기 시작했다. 이렇게 반혁명, 반동, 그리고 정복이 사회운동의 창시자의 또 다른 가능한 후보자를 쓸어버렸다. 영국은 그들의 아메리카 식민지와의 친밀한 상호작용으로 우선권을 유지한다. 영미의 사회운동의 발명과 그들의 WUNC 표명 이래로 그 둘은 민주화와 희미한 민주주의와 함께 전 세계

---

34 Wayne Ph Te Brake, *Regents and Rebels: The Revolutionary World of the 18th Century Dutch City*, Oxford: Blackwell, 1989; Wayne Ph Te Brake, "How Much in How Little? Dutch Revolution in Comparative Perspective", *Tijdschrift voor Sociale Geschiedenis 16*, 1990, pp.349~363.

에 확산되었다. 둘 다 여전히 권위주의적인 정체보다는 민주적인 또는 민주화하는 국가들에서 주로 발생한다.

그렇다면 그것은 다른 식으로 전개될 수 있었음에도 불구하고, 알래스카의 호머의 훌륭한 시민들은 특별히 18세기의 영미의 투쟁에서 기원한 전 세계적 형태의 정치적 방송에 참여하고 있다. 지난 250년간 WUNC 표명과 사회운동은 시대에 따라 변해 왔다. 여전히 그것들은 인상적인 연속성을 보여 준다. 오랫동안 번영하길 기원한다.

부록1 Csőd, Tömeg, Csődtömeg: 헝가리어

다니엘 머르고치(Dániel Margócsy)

새로운 단어의 등장

19세기 초반에 수만 개의 헝가리어 단어가 헝가리어를 개혁하고 근대화하기 위한 목적으로 새로 만들어졌다. 낡은 헝가리어에서 군중에 해당하는 단어가 지닌 상대적으로 거대한 의미론적 장('다수', '많음'을 의미하는 sokaság, '사람들', '민중'을 의미하는 nép)과 대조적으로 19세기에 주조된 두 개의 새로운 군중과 관련된 단어인 tömeg와 csőd는 더 구체적인 의미를 나타냈다. tömeg는 '채우다'는 의미의 동사 töm으로부터 나왔고 csőd는 '함께 달리다'는 의미의 동사 csődül에서 끝이 잘린 형태다. csőd는 매우 빠르게 군중과의 연결을 상실했고 오직 더 대중적인 의미인 '파산'이나 단순히 '실패'의 뜻만을 유지했다.

『헝가리어 역사·어원사전』*A Magyar Nyelv Történeti-Etimológiai Szótára*, 1984에

따르면 tömeg는, 아마 헝가리 시인인 뵈뢰슈머르치^{Vörösmarty}가 처음 만들어 1828년 처음 사용되었고, 그것은 '한데 모인 많은 사람들'을 의미했다. 그것은 또한 '더미'와 '방대함'을 가리킬 수 있었지만 이러한 용법은 1840년대 초기 무렵 구식이 되었고 tömeg는 가장 흔히 '군중'을 나타냈다. néptömeg라는 표현은 토크빌의 『미국의 민주주의』^{Democracy in America, 1835} 번역가에 의해 사용되었다.

다른 의미들이 꽤 빠르게 중요해짐에도 불구하고 『헝가리어 역사·어원 사전』은 우리에게 csőd가 처음에는 군중의 의미를 가졌다는 사실을 알려 준다. 그러나 덜 빈번하게 사용됐던 csődület는 군중에 대한 함축을 유지했다. 1844년 너지^{Nagy}는 '도시의 질병'이란 의미의 csődületi betegség를 사용해 페스트 시의 먼지와 물의 부패하는 냄새가 미치는 해로운 효과를 묘사한다.

1840년대의 (그리고 아마도 모든 헝가리 문학의) 가장 성공적인 시인인 페퇴피 샨도르^{Petőfi Sándor}는 그 시대에 csőd가 하나의 단어로서, 그리고 도시의 관행으로서 지녔던 대중성의 또 다른 예가 된다.

így múlik éjünk s napunk,

Nincs híja semminek,

Mig végre csődöt nem kapunk,

Mi boldog pestiek.

그것은 우리의 낮과 밤이 어떻게 지나가는지 보여 주는 것이다,

우리는 어떤 것도 필요하지 않다,

우리가 파산할 때까지는,

우리는, 페스트의 행복한 시민.

—「행복한 페스트 시민」^{A Boldog Pestiek, 1844}

1846년 무렵 csőd는 '대중', '모으기', '함께 뛰기'의 함축을 갖지 않게 되는 것으로 보이는데, csődtömeg라는 용어가 파산한 회사를 포함한 동산을 묘사하기 위해 새로 만들어졌다. 퍼요르 이스트반^{Pajor István}은 1846년에 이 새로운 단어를 헝가리의 환어음법에 대한 그의 연구에서 사용했다.

세기 중반을 넘어서

19세기 말기 무렵 두 개의 새 신조어 중에 csőd가 군중을 의미하지 않게 되었고, tömeg가—'무게를 달 수 있는 덩어리'라는 과학적 의미를 또한 간직했음에도 불구하고—아주 분명한 군중의 개념을 가리켰다는 사실을 암시하는 증거들이 있다.

1873년에 나온 벌러기^{Ballagi}의 사전은 csőd를 군중과 어떤 관련이라도 있는 것으로 언급하지 않는다. 1902년에 언어학 저널인 『헝가리어』^{Magyar Nyelv} 2권은 그것이 "상냥한, 그리고 심지어 한데 모인 사람들을 의미했었다"라고 보여 준다.

이와 대조적으로 1900년대 초 tömeg는 과학적 맥락의 바깥에서 오직 지배적으로 하나의 의미를 갖는 것으로 보인다. 바로 '군중'. 헝가리의 시인 엔드레 어디^{Endre Ady}는 시에서 이 단어를 오직 이 의미로만 사용한다. 그에게 있어 tömeg는 다음의 행들이 암시하는 것처럼 긍정적인 의미가 아니다.

Parfümöt még Nietzsche sem izzadt

S a tömeg ma sem illatos.

니체조차 향기를 배출하지 않았고,

또한 오늘날 대중도 향기롭지 않다.

—「헨리크 경이 말을 몰다」^{Henrik úr lovagol, 1906}

『레바이 백과사전』*Révai Nagy Lexikona*은 오늘날까지 여전히 유효해 보이는 tömeg에 대한 정의를 1925년에 내렸다. 그것은 "공통의 느낌과 의도를 가진 사람들의 무리*sokaság*다. 우리는 종종 많은 사람들이 한 공간에 함께 있을 때 tömeg라고 부르지만, 그들이 유사한 정신적 특징을 보여 주는 것이 필요하다. 현대 민주주의에서 tömeg의 개념은 점점 더 중요해지는데, 그것의 정치적 중요성이 증가하기 때문이다. tömeglélektan 참고". 이 명백한 정의는 그러고 나서 tömeglélektan(대중심리, Massenpsychologie; néplélektan, Völkerpsychologie와 대조된다)이라는 제목 아래서 더 정교해지는데, 거기서 독지에게 르 봉의 작품들과 퇴니에스*Tönnies*의 『여론에 대하여』*Kritik der Öffentlichen Meinung, 1922*를 참조하게 한다.

1940년대 무렵 tömeg가 그 어원상의 기원보다 당대의 심리학 이론에 의해 더 영향을 받은 의미를 획득한 것으로 보인다. 그것은 오늘날까지 여러 뜻을 지닌 것으로 남아 있는 nép보다, 더 쉽게 그러한 함축을 차지했다. csőd는 더 이상 '군중'의 의미를 갖지 않고, sokaság는 점점 덜 빈번하게 이용된다.[35]

---

35 참고문헌: Ady Endre, *Összes Költeménye*(http://www.mek.iif.hu); Benkő Loránd ed., *A Magyar Nyelv Történeti-Etimológiai Szótára*, Budapest: Akadémiai, 1967~1978; Ballagi Mór, *A Magyar Nyelv Teljes Szótára*, Pest: Heckenast Gusztáv, 1873; Hungarian Historical Corpus(Website, http://www.nytud.hu/hhc); Katalin J. Soltész et al. eds., *Petőfi-szótár: Petőfi Sándor életművének szókészlete*, Budapest: Akadémiai, 1973~1987; *Révai Nagy Lexikona*, Budapest: Révai Testvérek, 1925; *Uj Idők Lexikona*, Budapest: Singer és Wolfner, 1942.

톰 셀리그먼(Tom Seligman)

당시 우리는 젊은이 특유의 '자주색 안개'ᴾᵘʳᵖˡᵉ ᴴᵃᶻᵉ[지미 헨드릭스의 노래 제목, 환각제 LSD의 자줏빛과 관련된다]에 싸여 있었다. 이제 나는 차후의 반추, 친구들과 공유된 이야기, 매체의 설명으로부터 기억을 가려내려고 하고 있다. 1964~1969년은 베트남전과 징병제에 반대하는 샌프란시스코의 젊은 주민으로서, 그리고 시민권과 사회형평법을 지지하는 활동가로서의 나에게 격변의 시기였다. 환각에 빠진, 그리고 마약의 광경은 만연했고, 반전과 시민권 시위——그중 몇몇은 폭력적이 되었다——, 골든게이트 공원에서의 우발적인 공연, '러브인'ˡᵒᵛᵉ⁻ⁱⁿˢ[1960년대 히피들의 사랑의 집회], 필모어와 애벌론에서의 콘서트, 해이트–에시버리 거리에서의 많은 행동들을 조직하는 일도 마찬가지였다. 어떻게 기억을 찾아 재구성할 것인가? 가장 강력한 것은 세상을 바꾸고, 전쟁을 멈추며, 사랑과 평화 속에 살아가고, 미국의 '기득권층'이 국내외에서 사회적·경제적 활동을 통제하는 방식을 근본적으로 변화시키려는 넘쳐 나는 욕망이었다. 이 기억에서 개인과 대중이 중요하다.

　내가 관련되었던 단 하나의 가장 강렬하고 아마 가장 중대한 대중행동은 1968년 봄, 워싱턴 D.C. 내셔널 몰의 점거였다. 전 부인과 나는 뉴욕에 살고 있었고 친구들과 함께 내셔널 몰에 지오데식 돔의 '부활 교실'을 세워 여름 동안 도심 지역의, 특히 아프리카계 미국인 아이들을 가르칠 교실 공간을 제공할 계획을 세우고 있었다. 우리는 우리의 폭스바겐을 타고 워싱턴에 가서 해질 무렵 도착했는데 희한하게도 도로에 차량들이 전혀 없었고 지평선 곳곳이 소방차와 연기로 차 있었다. 우리는 차에 라디오가 없어서 마틴 루터 킹이 암살되었다는 것도, 워싱턴 D.C.가 비상사태에 있었다는 것도, 또는 통행금지령이 시행되었다는 것도 전혀 알지 못했다. 교외에서 우리는 신호등 앞에서 멈춰 섰고 픽업트럭이 옆으로 다가와 섰다. 평복을 입은 남자가 우리에게 엽총을 겨눴다. 그는 우리에게 왜 차량을 운전하고 있는지 물었다. 우리의 이야기를 들은 후에 그는 멈추지 말고 워싱턴의 남동부에 있는 친구의 거처로 곧장 가라고 말했다. 우리는 안전하게 도착했고, 친구들과 다른 사람들이 그들의 아파트에 틀어박혀 있는 것을 발견했다. 밤새 탱크와 주 방위군 부대가 의사당 지역을 향해 거리를 질주했다. 격렬한 토론으로 잠 못 이루는 밤을 보낸 뒤에 우리는 무슨 일이 일어나고 있는지—무엇을 해야 하는지 알아내기 위해   , 그리고 무엇이 가능한지 파악하기 위해 내셔널 몰로 과감히 나섰다. 하루 이틀 뒤에 우리는 내셔널 몰에서 다른 수천 명의 사람들과 임시로 거주하며 음악을 만들고 부활 교실을 세우고 반전 시위를 수행했다. 우리는 내 또래나 나보다 어린 사람들이 갖고 있던 라이플총의 총열 안에 꽃을 넣음으로써 부대와 탱크의 존재에 항의했다. 폭동이 멈춘 뒤 며칠 동안 우리는 교실을 지었고 뉴욕으로 돌아갔다. 진이 빠져서, 동요하며, 어리둥절하고, 겁에 질려서.

왜 대중이 본질적이었는가? 그렇게 분명하고 본능적인 방식으로 느끼는 고독감과 소속감이 가장 중요한 이성이었고 가장 영속적인 감각이었다. 우리는 함께였고—낙관적이었다—우리는 우리의 수를 통해—공유된 대의를 위한 힘이었다—힘을 얻었다. 비와 흙투성이의 내셔널 몰, 부대, 탱크—고난은 우리를 더욱 가깝게 만들었다. 우리는 열심히 일했고, 열정적으로 믿었으며, 극단적으로 관심을 가졌고 그 결과, 우리는 동지였다.

또 다른 기억은 두려움이다. 제어할 수 없다는 두려움, 그리고 자제력을 잃은 대중에 대한 두려움, 무장한, 우리에게 총을 쏘는 똑같이 겁에 질린 젊은 군인들(나중에 켄트주립대학교에서 발생한 것처럼)에 대한 두려움, 그리고 폭동에 대한 두려움, 친구들과 내게 닥쳐올 심각한 부상에 대한 두려움.

희미해진 기억으로, 그후의 시간으로 걸러진 뒤에 내게 남은 유산은 무엇인가? 나는 사회적 행동이 성공적이려면 종종 대중의 행동이 필요하다는 것을 배웠다고 생각한다. 대중행동이 강력하긴 하지만, 대중과 사회적 행동은 그들의 목표로부터 타락할 수 있다. 정부와 전통, 무기력함은 변화에 저항하는 강력한 힘이다——따라서 변화가 올 때 그것은 천천히 온다. 나는 또한 내가 '쟁취한'(또는 입법된) 사회적 개선이라고 인식했던 것이 훗날 그것에 관심을 갖는 사람들이 지속적으로 경계하지 않을 때 파괴될 수 있다는 사실도 실감한다——남아 있는 활동가들. (나는 이러한 맥락에서 로 대 웨이드 사건을 생각한다.)

세 명의 남자아이를 둔 나는 내가 활동가라는 사실이 그들도 그럴 것이라는 것을 의미하지 않는다는 것 또한 이해했다. 베이비 붐 이전 세대로, 시민권과 베트남전 반대의 나날에 살았던 우리는 종종 1960년대 후반의 미화된 경험을 이야기함으로써 우리의 아이들과 그들의 친구를 지루하게 만든다. 그들은 우리를 향수에 젖어 있는 사람으로 본다. 그들은 2001년 9월 11일까지 자신들의 삶에 직접적으로 영향을 미치는 유사한 주요한 사안이 없었기 때문에 나의 아이들과 그들의 세대는 변화를 가져올 그들 자신의 공간과 시간을 필요로 한다——대중행동과 함께 또는 그것 없이.

14장

광기의 대중을 감감하게 바라보며

대중재현의 공간적 수사

앤드루 V. 우로스키

> 오늘날 높은 곳에서 조망하는 것은 그 어떤 물리력이나 핵무기보다 중요하다.
> —하룬 파로키, 「현실은 시작되어야 한다」(2001)

머리말: 대중을 세는 것

2003년 2월 21일 캘리포니아 북부의 가장 큰 신문인 『샌프란시스코 크로니클』*San Francisco Chronicle*[이하 『크로니클』]은 "샌프란시스코 집회 사진은 최대 65,000명"이라는 머리기사로 시작했다. 이 행사는 세계의 주요 수도를 가로지르며 "역사상 가장 대규모로 동시에 발생한 전 지구적 반대"로 전례 없는 집단 시위였다.[1] 그것은 9·11의 여파로 미국에 향했던 연민의 결정적인 종말을 예고했고 부시 행정부의 정책과 수사가 빠르게 유발한 몰이해와 두려움, 분노의 깊이를 드러내 보였다(그림 14.1, 14.2). 『크로니클』이 나타낸 특정한 숫자는 시위의 규모와 강도에 대한 표시라기보다는 오히려 그것의 부족함과 나약함으로 여겨졌다. 그 특정한 숫자, 그리고 그 아래에서 펼쳐지는 이야기는 대중이 모여 반응을 보이도록 유발한 그 상황이 아니라 대중 집결 그 자체의 상황과만 관련된다.[2]

---

1 Austin Bunn, "Them Against the World", *New York Times Magazine*, November 16, 2003. 번은 6백만에서 천만이라는 수로 추산하지만, 추정치는 크게 변경되었다.

2 물론 최소한 『크로니클』은 시위를 취재했다. 대부분의 미국의 뉴스 매체는 대규모 저항 시위를, 국내적으로든 국제적으로든, 약간은 했더라도 충분히 보도하지 않았다. 그렇게 함으로써 그들은 거리 위의 사

주최 측과 경찰이 똑같이 보고한 시위자의 수인 20만 명은 전 세계의 통신사로 전파되었다. 따라서 이 이야기는 대중의 상대적인 부족함(최소한 원래의 추정치에 비해)에 대한 것임에도 불구하고, 근본적으로는 시각적으로 대중을 재현하는 보다 일반적인 문제에 대한 것이다. 즉, 그 자체로 특별한 재현의 행동인 현상을 또 재현하는 문제다. 『크로니클』은 그렇게 하는 과정에서 무의식적으로 근대의 미술과 철학

그림 14.1~2 마드리드와 로마에서의 반전 시위(2003년 2월 15일)

내에서 긴 계보를 지닌 이 같은 '대중재현'이라는 문제 속에 놓였다. 이 전통은 시각적 재현이라는 특정한 문제로서의 대중을 다루는 동시에 대중재현이라는 이 특별한 문제가 20세기 시각 문화 내부의 보통의 의미의 대중재현이라는 보다 일반적인 문제를 대신하게 되는 방식을 다룬다. 당시 머리기사에서 재현된 65,000이라는 숫자는 주최 측과 경찰 모두가 훨씬 더 높은 숫자를 추정했다는 사실 때문에 충격적이었다. 1990년대를

람들을 집안의 사람들로부터 분리하고, 또한 미국의 사람들을 국외로부터 분리하는 적극적이고 결정적인 역할을 담당했다. 군중의 '재현'과 관련된 어떤 질문도 필연적으로 매체 합병과 규제완화의 더 큰 쟁점과 관련된다.

통해 다양한 집단들이 워싱턴 주에서 대규모 시위를 조직하는 데 능숙해 지면서 미국인들은 백만인 행진The Million Man March, 백만 어머니 행진The Million Mom March, 프라미스 키퍼스 집회The Promise Keepers Rally 등을 목격하 였다. 전형적인 미국의 초대형 시위 속에서 점차 규칙화되는 구경거리는 계속해서 미디어의 관심을 점점 덜 받게 되었다. 토드 기틀린Todd Gitlin에 따르면 대개 시위자와 경찰의 크게 다른 추정치를 절반씩 절충해서 합의 를 보는 관행은 결국 1990년대에 사라지고 단순하게 양쪽의 숫자를 모두 보고하는 방식이 지지되었다. 이러한 방식으로 재현의 어떤 불안정성이 인정되었다. 대중의 규모는 필연적으로 하버드 언론·정치·공공정책센 터의 알렉스 존스가 "사실의 사안이 아닌 감정의 사안"이라고 부른 것이 며, 그것은 바로 시위의 의의를 외견상으로 판결하여 시위가 표면상으로 반응을 보이는 바로 그 상황의 존재를 확인해 주거나 부정할 것이기 때문 이다.[3] 수만 명의 사람들에게 있어 '보이고, 들리고, 수로 계산되려는' 욕 망은 정부 정책과 다른 의견을 표명하는 것 이상이었다. 그것은 주체화의 주요한 예였다. 또한 종종 매스미디어의 전체주의화하는 렌즈를 통해 나 타나는 것으로서의 세계world-as-presented로부터 집단적으로 탈동일시하는 희귀한 순간이다.

　그러나 이 특정한 측량을 의뢰한 『크로니클』은 재현에 대한 매우 다 른 설명에 입각한 매우 다른 종류의 진리 주장truth-claim을 체계화한다. 이

---

3 "(군중 속의) 사람들의 수는 가공의 수이고, 지금 당신이 사실로 변화시킬 것이며, 그것은 환영받지 못 할 것이다. …… 저널리즘에는 오래된 격언이 있다. 사람들은 자신이 믿는 것을 볼 뿐이다. 이것은 감 정적인 쟁점이지만, 대부분의 사람들이 관련된 한에서는 사실을 기반으로 한 쟁점이다." 조안 쇼렌 스타인 언론·정치·공공정책센터(The Joan Shorenstein Center on the Press, Politics, and Public Policy, Harvard University) 이사 알렉스 S. 존스(Alex Jones)의 인터뷰. *Chronicle*, A6에서 재인용.

그림 14.3 "군중의 수 세기: 위에서 보는 세상은 거리의 관점에서 보는 것과 다르게 보인다. 지난 일요일의 S.F. 반전 행진을 담은 이 항공사진이 보여 주는 것처럼."

신문에서 나타난 시위의 재현은 분리되어 있고, 객관적인 관점의 진리로 보인다. 항공사진과 '과학적인' 절차라는 원천을 통해 얻은, 표면상으로 감정과 정치를 넘어선 진리. "위에서 보는 세상은 거리의 높이에서 보는 것과 다르게 보인다"라는 말은 여기서 "거리의 떠들썩함과 이해관계가 있는 정당의 강렬한 감정, 우리의 지각을 **왜곡하는** 모든 것들을 넘어서서, 분명하고 객관적인 관점——'분리되어 있고' 따라서 '진실한' 관점——이 발견된다"는 것을 의미한다(그림 14.3). 페이지의 위쪽 모서리의 '카메라' 라는 제목 아래에서 우리는 불필요해 보이는 기술적인 세부 사항들의 홍수에 직면한다. 가령 우리는 카메라의 조리개가 f4에 맞춰졌고, 셔터 스피드는 1/300초라는 사실과, 사용된 필름은 AFGA Pan 80이라는 사실을 알게 된다. 수사적으로, 이러한 세부사항은 전달되고 있는 전체적인 메시지, 즉 '이 측량은 훌륭한 것이다. 고도의 장비가 단련된 전문가들에 의해 사용되었다. 그 자체로 이 자료는, 아무리 논란이 많더라도, 객관적으로 정확하고 그것이 전달하는 메시지는 신뢰될 수 있다'에 필수적이다.[4] 광기의 대중에서 멀리 떨어져서——구체적으로 말하면 대중보다 훨씬 위에서——그러한 관점은 정확한 수치 이상을 제공하기를 갈망한다. 그것은 다양한 관련된 당사자들 사이의 일반적인 타협 바깥에서——시위자와 경찰, 구경꾼의 기억에 남아 있는 구체적인 관점의 바깥에서——사건의 진실된 계산을 제공할 것이다. 이 방법의 '중립성'과 '객관성'은 단순히 사건에 대한 특정한 관점이 아니라 우리가 구어적으로 '멀리서 본 관점'이라고 부르는 것——중세의 신의 눈의 관점에서 파생되었다——을 분명히 보여 줄 것이다. 그것은 단지 아무 관점이 아니라 특권화된 관점이며 주관적인 이미지를 객관적인 데이터 세트로 변형시킨다는 점에서 바로 대중의 존재가 도전에 놓이게 되는 사회적·정치적 정상화^{normalcy}를 보증할 것이다.[5]

『크로니클』의 '과학적인' 기법은, 특별히 개인적인 목격자의 증언이 갖는 불가피한 변덕과 비교할 때, 분명 대중집회에서의 숫자를 규명하는 더 정확한 수단을 제공하는 것처럼 보인다. 틀림없이 이 같은 기법은 조만간 거대한 시위를 측정하기 위한 확립된 관행이 될 것이다. 그러나 그것은 아직 관례로 굳어지지 않았기 때문에 대중에 대한 이 특정한 이미지

---

4 『크로니클』의 프로젝트는, 그것이 발전된 기술을 기초로 한 새로운 해법을 특별히 좋아한다고 하더라도 구식의, 따라서 신뢰할 수 있는 외형으로 나타난다. 완전히 컴퓨터화된 해법이 사용될 수 있었음에도 불구하고, 그들은 그보다는 세기 중반의 인간 분석 방법을 선택했다. 이러한 '인간미'는 어떤 용도에도 기여하지 않는 것처럼 보일 수 있는데, 분석이 점들의 정확한 계산에 불과했고 그것은 컴퓨터 스캐닝에 의해 더 효율적으로 행해질 수 있었기 때문이다. 그러나 그것의 수사적 용도는 분명했다. 그것은 기계의 '차가운 합리성'을 완화시키게 하는 인간의 주관성을 조장했다.

5 이러한 '멀리서 본 관점'이라는 환상은 점차, 새 천년에 자본 환경과 '건강한 국가경제'의 인식에 구속된다. 내가 쓰고 있는 것처럼, 2,400명의 시위자들이 정상적인 교통의 흐름을 방해한 죄로 샌프란시스코에서 재판을 받기로 되어 있다. 많은 기사들이 시위로 인한 '경찰의 초과 근무' 때문에 도시의 극적으로 증가한 비용을 강조하고, 시위자들이 그들의 행동에 책임을 지고 경제침체에 빠져 있는 도시에 보수를 지불해야 한다고 암시한다. 시위의 대의명분이나, 심지어 자유로운 결사의 권리로부터 주의를 딴 곳으로 돌리며, 매체의 보도는 어떤 맥락도 없이 '엄청난' 달러 액수를 이용했고, 그에 따라 공적인 시위는 미국이 견뎌 내기에 너무 많은 비용이 든다고 암시한다.

와 이미지 작용──분리되어 있고 객관적인 측정으로 이해되는 대중재현──은 여전히 묘하다는 인상을 줄 수 있다. 그러나 우리가 그러한 재현의 관행과, 그러한 관행에 대한 갈망이 무엇을 의미하는지 숙고하는 일을 잠시 멈춰야 하는 것은 바로 그것 때문이다. 무엇보다도 대중 시위와 같은 기이한 종류의 현상에 적용될 때 대중 시위가 당연히 그 자체로 그 용어의 시각적이고 정치적인 의미에서 재현의 예시이기 때문이다. 우리가 대답해야 하는 데이터의 타당성에 대한 기술적인 의문을 받아들이면서, 우리는 부지불식간에 특정한 대중의 재현뿐 아니라 재현 그 자체의 관행과 목표의 특정하게 협소한 개념을 받아들인다. 수사적인 중요성을 가진 이 '객관적인' 숫자들은 오직 특정한 사회적·문화적·정치적 맥락 내에서만, 그리고 다른 시간과 공간의 다른 숫자와 대조해야만 의미를 가질 수 있다. 그러한 측정이 표준화된다고 하더라도 너무 많은 변수들이 남아 있어서 모든 개별적인 사건의 역사적인 중요성에 대한 필요한 해석에 대수롭지 않은 영향만을 줄 것 같다. 그렇다면 이 기법의 과학적인 정확성보다 훨씬 중요한 것은 그러한 정확성에 대한 열망, 그리고 이러한 구체적인 종류의 측정과 객관화, 멀리서의 관점이 재현의 가장 적합한 양식이라는──보통은 의심되지 않는──관념이다.

멀리서 본 관점: 전망창에서 데이터 세트로

항공사진과 시야의 도구성의 겹쳐진 역사를 숙고함으로써 거리와 재현에 관한 이러한 질문들에 접근하기 시작할 수도 있다. 멀리에서 정보를 수집하기 위해 사진을 이용하기를 원한 것은 그 기구 자체의 사용만큼이나 오래된 일이다. 1858년 알브레히트 마이덴바우어는 비율 측정을 통해 우리가 현장에서보다 모든 것들은 아니더라도 많은 것들을 볼 수 있다는 사실을 경험이 증명했다고 썼다. 마이덴바우어에게는 독일 베츨라어의 대성당 정면을 측정할 임무가 주어졌다. 비계를 세우는 데 드는 시간과 비용을 절약하기 위해 그는 매달린 바구니를 이용해 건물의 길이를 횡단했다. 전하는 이야기로, 어느 날 저녁 그가 매달린 바구니에서 위쪽의 창문으로 곧장 올라가려고 할 때 갑자기 균형을 잃었고, 겨우 창문을 붙잡고 바구니를 발로 차 버려서 떨어지지 않고 자신을 구할 수 있었다. "내려왔을 때 그 생각이 떠올랐다. 손에 의한 측정을 사진의 이미지에 포착되는 원근법적인 시각의 역전으로 대체하는 것은 가능한 일이 아닐까? 빌딩을 측정하는 것과 관련된 개인적인 어려움과 위험을 제거한 이러한 생각은 비율 측정 기법의 기원이었다."[6] 마이덴바우어의 경험은 충격적인 것이었다. 그야말로 삶과 죽음 사이의 유예로부터 나온 것이었다. 그래서 사진은──이미 기념의 기술이고──추가적인 액막이의 역할이 주어지는데, 신체의 기억을 보존하는 것뿐 아니라 신체 자체를 죽음의 위협에 대비하게 만들고, 그 어느 시점부터 목격자에게 그가 측량하는 것으로부터의 물리적이고 일시적인 먼 거리를 제공하는 책임을 지게 된다.[7] 마이덴바우어의 텍스트에서 우리는 기하학적 정리의 정밀함을 통해 물리적인 위험의 경험이 제거된 것을 발견한다(그림 14.4). 그가 사진을 데이터

6 Albrecht Grimm, *120 Jahre Photogrammetrie in Deutschland: Das Tagebuch von Albrecht Meydenbauer*, München: Oldenbourg, 1978. Harun Farocki, "Reality Would Have to Begin", ed. Susanne Gaensheimer, *Imprint: Writings*, trans. Laurent Faasch-Ibrahim, New York: Lukas and Sternberg, 2001, p.188에서 재인용.

7 이러한 생각을 담은 중대한 역작으로는 Siegfried Kracauer, "Photography", ed. and trans. Thomas Y. Levin, *The Mass Ornament: Weimar Essays*, Cambridge, Mass.: Harvard University Press, 1995; André Bazin, "The Ontology of the Photographic Image", *What is Cinema*, Berkeley: University of California Press, 1970.

세트로 변형시키려고 시도하던 그
해에 가장 위대한 초상화 제작자인
나다르^{Nadar}(본명은 펠릭스 투르나
숑^{Felix Tournachon})는 원근법적 틀의
영역에 새로운 방향을 제시하고 있
었다. 프랑스의 비에브르 강 262피
트 상공에서 감광판을 성공적으로
노출시킨 단순한 행동으로 나다르

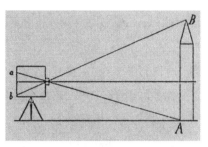

그림 14.4 마이덴바우어의 삽화. 파로키의 영화 「세계 이
미지와 전쟁의 비밀」에서 재현.

는 르네상스 이래로 시각적 재현을 지배해 왔던 콰트로첸토^{Quattrocento} 법
칙을 사진이 깨도록 했다. 그것은 100년 뒤에 레오 스타인버그가 1950년
대 후반과 1960년대의 로버트 라우션버그^{Robert Rauschenberg} 작품——이른
바 평판 화면——의 급진성을 유명하게 특징지은 것과 동일한 갑작스러
운 전환이다.

　　예술가들이 수세기에 걸쳐 발전시킨 "양식의 가장 극적인 변화"에
도 불구하고, 스타인버그는 예전의 대가들에서 미국의 추상적인 표현주
의까지 모든 서양의 예술적 재현을 하나의 원리가 한데 묶을 수 있다고
주장했는데, 이것은 "세계를 재현하려는 것으로서의 그림의 개념이다.
…… 직립한 인간의 자세와 유사한 화면에서 나타난다. …… 르네상스 세
계의 공간 개념이 거의 타파된 경우[조차도——인용자], 여전히 은연중에
시력의 작용과 실제로 본 뭔가를 상기시킨다". 그러나 스타인버그에게,
라우션버그의 급진성은 이 재현의 견해^{doxa}를 뒤집는 데 있으며 그것은
"급진적으로 새로운 방향이며, 그려진 외관이 더 이상 자연에 대한 시각
적인 경험이 아니라 작동하는 과정의 등가물이다. …… 나는 화면이 수직
에서 수평으로 기울어진 것을 예술의 주제에서의 가장 급진적인 변화, 자

그림 14.5 전망창에서 데이터 세트로의 관점의 방향 전환. 알베르티(왼쪽)와 아우슈비츠(오른쪽, 「세계 이미지와 전쟁의 비명」 스틸사진)

연에서 문화로의 변화를 보여 주는 것으로 여기며" 외관에는 "데이터가 입력되고 정보가 수용되고, 새겨지고, 이해될 것이다"(그림 14.5).[8]

스타인버그의 논의에는 공중의 관점의 역사에 대한 우리의 연구를 위한 여러 가지 중요한 주제가 포함되어 있다. "분류의 기준으로서, [평판 화면은─인용자] '추상적'과 '재현적'이라는 용어를 가로지른다"라고 그가 결론 내리듯이, 우리는 100년 전 항공사진 속에서 유사한 재현의 모호성을 찾아낼 수 있다. 그것은 시각적 데이터를 재현하는 이미지다─그러나 더 이상 자연 속에서 인간의 눈이 경험한 것으로서가 아니다. "추상적"이고─지크프리트 크라카우어가 틸러 걸Tiller Girls의 장식적인 대형에 대해 그렇게 말하곤 했다─그러나 여전히 참조적이고 유추적이다.[9] 그것은 인간 세계의 일부분인 이미지의 새로운 범주이고 인

---

8 Leo Steinberg, *Other Criteria: Confrontations with Twentieth-Century Art*, New York: Oxford University Press, 1972, p.82.

9 Kracauer, *The Mass Ornament*.

간사에 유용하게 작동하지만 더 이상 육체화된, 인간의 관점으로 세상을 재현하지 않는다. 오히려 그것은 세상의 형체를 만든다——기억되어야 할 정보와 분석되고 처리되어야 할 데이터로서.[10] 그러나 정보의 장소로서, 그리고 자연적인 시야보다는 데이터 처리의 장소로서 이렇게 새롭게 지향된 이미지는 마이덴바우어와 나다르 사이의 역사적인 결합 속에서 이미——라우션버그와 다른 사람들이 동시대의 예술에 대해 그것을 '재발견'하기 100년 전에——공표되었다. 그들의 동시적인 발명은 세기의 전환기에 점차 한데 묶여서, 인간의 신체와 20세기 시각 문화 속 이미지의 급진적으로 새로운 관계를 보여 주는 징조가 될 것이다. 추상적인 것과 정보적인 것으로 부를 수 있는 것들은 나다르가 프랑스 군대를 위해 사진 정찰에 착수하도록 요청받은 순간 한데 결합하게 되었다. 그는 거절했지만 1882년 무인의 사진 열기구——사진 로켓과 연, 심지어 메시지 전달용 비둘기가 곧 합류한다——가 이미 인간의 손을 벗어나 항공사진을 찍었다.[11] 윌버 라이트$^{Wilbur\ Wright}$가 1909년 비행기에서 첫번째 사진을 생산

<hr>

10 공중의 관점이 육체화된, 인간의 관점이 아니라는 사실을 암시하면서, 그럼에도 불구하고 나는 어느 정도 우리가 21세기에 이러한 유형의 시각을 자연스럽고, 일상의 상태인 것으로 느낀다는 것을 잘 알고 있다. 내가 이 에세이에서 묘사하고 진단하려고 하는 것은 이러한 '자연스러운 도입'이며, 이러한 자연스러운 도입은 우리가 주기적으로 소비하는 출판물, 텔레비전, 그리고 인터넷 매체에서의 사진적인 재현의 거대한 확산을 통해 영향을 받아 왔다. 그러나 우리를 난처하게 만드는 것은 어떻게 공중의 관점의 자연스러운 도입이, 세계의 다른 존재와 조우하는 우리의 인식에 내재해 있는 시각적 상호관계가 부정되도록 만들고, 이러한 상호관계의 결핍이 점차 자연스러워지고 익숙해지는가이다. 『지각의 현상학』에서 메를로 퐁티의 주요한 주장 중 하나는 현상계가 우리에게 '분류될 필요가 있는 것'으로 나타난다는 것이다. 우리를 가장 난처하게 만드는 것으로 보이는 것은 어떻게 이 공중 관점의 자연스러운 도입이 더 이상 분류될 필요가 없는 것으로 나타나는 세계, 점차 데이터로 마주치게 되는 세계, 스스로 이미 자명하여 더 이상의 '조사'가 필요하지 않은 정보와 관련이 있는 것으로 보이는가이다. 인류가 데이터로 환원되는 것이 더 이상 우리에게 겁을 주는 역(閾)의 경험으로서가 아니라 오히려 익숙하고 유용한 상태로 떠오를 때, 우리는 인간 지각에 대한 뭔가 윤리적으로 기초적인 것을 상실하려는 찰나에 있을 것이다. Maurice Merleau-Ponty, *The Phenomenology of Perception*, trans. Colin Smith, London: Routledge, 1962.

했을 때 항공 정찰의 잠재적인 가치는 매우 중요한 것으로 판단되어 불과 몇 년 뒤 허공에서 제1차 세계대전 때 매일 무려 만 장의 사진이 현상되어 현장의 사령관에게 전달되었다.

하룬 파로키는 마이덴바우어의 이야기를 자신의 「세계 이미지와 전쟁의 비명」$^{Bilder\ der\ Welt\ und\ Inschrift\ des\ Krieges,\ 1988}$에서 들려주는데 그의 서술자는 다음의 텍스트를 덧붙인다. "물리적으로 현장에서 버티는 것은 몹시 힘들고 위험하다. 사진을 찍고 나중에 책상에서, 악천후로부터 보호받으며, 그것을 감정하는 것이 더 안전하다."[12] 폴 비릴리오와 마누엘 데 란다의 작업과 마찬가지로 파로키의 영화는 거리 두기의 시각적 기술의 역사와 근대적 도구, 감시 정책과 전쟁의 겹쳐진 역사를 기술하려고 한다.[13] 대부분은 아니더라도, 많은 항공사진의 기술들이 군사적 사용을 위해 발전되었기 때문에 공격과 감시는 그것이 제공하는 관점으로부터 분리될 수 없는 것이 되었다. 그리고 멀리서 이뤄지는 이미징의 기술——제2차 세계대전 전투에서 영국 공군이 훨씬 규모가 큰 독일 공군을 물리칠 수 있게 해준 레이더 기술에서부터 세르비아와 아프가니스탄, 페르시아만에서 미국의 승리를 가능하게 했던 위성 이미징, 위성항법장치^{GPS}, 공군력에 이르기까지——은 군사 지상주의와, 더 나아가, 지난 반세기 내의

11 Lev Manovich, "Modern Surveillance Machines: Perspective, Radar, 3-D Computer Graphics, and Computer Vision", ed. Thomas Levin et al., *CTRL (Space): Rhetorics of Surveillance from Bentham to Big Brother*, Cambridge, Mass.: MIT Press, 2002에서 재인용; Manuel de Landa, *War in the Age of Intelligent Machines*, New York: Zone Books, 1991. 감시 열기구는 또한 남북전쟁의 양쪽 편에서 모두 사용되었는데, 사진 장비가 아직 이용되지는 않았다.

12 약간 수정된 공식화는 Farocki, "Reality Would Have to Begin", p.190에서 발견될 수 있다.

13 특히 Paul Virilio, *War and Cinema: The Logistics of Perception*, trans. Patrick Camiller, New York: Verso, 1989; de Landa, *War in the Age of Intelligent Machines*; Farocki, "Reality Would Have to Begin"을 보라.

그림 14.6 "보호하기 위한 사진과 파괴를 위한 폭탄—이 두 가지가 이제 함께 압박을 가한다. ……"(「세계 이미지와 전쟁의 비명」 스틸사진과 해설 텍스트)

세계화의 특징 속에서 가장 중요한 역할을 수행했다(그림 14.6).[14] 이 저자들은 이러한 시각적 기술과 군사적 기술의 연계가 단순히 역사적인 우연이 아니고, 근대의 재현의 인식론에서 변화를 야기할 기술인, 새로운 재현의 기술들의 심오한 겹침이라는 사실을 이해할 수 있게 도와준다.

비릴리오는 군국주의와 재현의 기술, 그리고 '전쟁과 영화' 사이의 중요한 역사적이고 문화적인 연계를 전개시키는 반면, 말하자면 파로키의 영화가 마르틴 하이데거의 작품과 나누는 대화 속에서 추적하는 데 관

---

14 그럼에도 불구하고 누가 위성을 소유할 것인지의 기본적인 질문—"누가 가장 높은 관점을 가졌는가"라는 유치한 게임이라고 할 만한 것으로 보일—은 미국 정부와 대사업가들이 그들이 조사하는 대다수의 세계에 대한 비할 데 없는 군사적이고 경제적인 지배를 가능하게 만들도록 한다.

심이 있는 것은 더 근본적인, 그리고 잠재적으로 더 충격적인 계보학이다. 그것은 그림이 되어 가고, 재현이 되어 가는 세계에 관한 이야기이고, 우리 앞의 세계를 그림으로, 안전한 거리에서 평가되어야 할 무엇인가로, 또는 파로키의 서술가가 설명하듯, "악천후로부터 보호받으며 책상에서 행해지는" 것으로 만드는 인간의 지각의 능력에 관한 이야기이다. 인간의 지각은 결정적으로 모호함과 사각지대, 그리고 무엇보다도 보는 사람과 보이는 것, 그리고 관찰자와 세계 사이의 상호성과 서로 간의 겹침과 연계되며, 이것들은 하이데거가 재현의 양식의 관행을 보호하고 숙달하는 것으로 칭한 것을 지지함으로써 유기된다. 그것은 구체화된 시야의 현상학에 근거하는 세계의 경험으로부터, 계산과 규제를 도구로 삼아 점차 중재되는, 우리가 '정보적'이라고 묘사할 수도 있는 시야의 경험과 인식론으로 데리고 가는 전환이다.

시야의 합리화

레브 마노비치의 최근 작업은 마이덴바우어와 나다르의 발명을, 콰트로첸토의 관점 체계와의 관계를 명료하게 하는 동시에 미래의 레이더와 위성 이미징의 개발과 연계하는, 더 긴 역사적 관점 속에 배치한다. 마노비치는 윌리엄 이빈스$^{William\ Ivins}$가 그의 영향력 있는 1939년의 책에서 '시야의 합리화'$^{the\ rationalization\ of\ sight}$라고 부른 더 큰 문화적 궤적을 다루는데, 특정한 재현의 양식이 — 그가 '시각적 명목론'$^{visual\ nominalism}$이라는 용어로 설명한 — 르네상스의 원근법 발명으로부터 나와 발달하기 시작했던, (저평가되었지만) 영향력 있는 전통의 원인이 되어 왔다는 설명을 제시한다. 그는 시각적 명목론을 "거리와 형태를 기록하여 각각의 물체와 공간의 정체성을 파악하기 위해 시야를 사용하는 것"으로 정의하며, 어떻게 "원근법적 시야의 합리화가 19세기를 통해 동시에 두 방향을 따라 나아갔는지"를 기술한다. "한편으로 원근법은 근대의 기술자와 건축가의 표준적인 시각 언어가 된 기술적이고 원근법적인 기하학의 기법이 발전하는 토대가 되었다. 다른 한편으로 사진 **기술**은 원근법적 이미지의 창조를 자동화했다."[15]

원근법적인 이미징 체계는 레온 바티스타 알베르티와 같은 이론가들과 다빈치와 같은 화가들에게는 단순히 인간에 의하고 인간을 위한 훨씬 복잡한 전형적인 그림 같은 재현의 관행으로 인정되는 작업을 할 수 있게 돕는 것으로 시작되었지만, 19세기에는 객관적인 데이터의 모든 재료를 취득하고 분석하기 위해 도구화되었다. 또한 시야를 자동화시키는 근대적인 기술들로 인해 인간의 지각과 이러한 시각적 데이터의 단순한 취득 사이의 차이점은 점차 공식적으로 표명되었다. 항공사진은 육체화된 시야와 단절되기 시작하는데, 점차 드물어지는 사례지만 인간 사진사가 직접 수행할 때조차, 그 사진이 만들어 내는 이미지가 더 이상 시각 세계의 공유된 경험과 일치하지 않기 때문이다. 마노비치는 레이더 기술을 이러한 전통의 정점으로 묘사하는데, 거기에서 신분과 위치의 필수적인 데이터가 인간 지각의 모든 다른 '관련 없는' 측면들로부터 완전하게 분리되기 때문이다.

그것이 보는 모든 것과 그것이 보여 주는 모든 것은 물체의 위치, 공간 속 지점들의 3차원 좌표들, 잠수함과 항공기, 새와 미사일에 상응하는

---

15 Manovich, "Modern Suveillance Machines", p.385.

지점들이다. 색깔과 질감, 심지어 형태조차 무시된다. 가시적인 세계의 완전한 풍부함을 향해 열려 있는 알베르티의 창문 대신, 레이더 조작자는 화면, 몇몇의 밝은 점이 있는 어두운 장을 바라본다. …… 그러나 그것은 이전의 어떤 원근법적인 기법이나 기술보다 (그것의 한계가 있는 기능을) 더 효율적으로 수행한다.[16]

마노비치는 라캉의 "기하학적인 원근법에서 쟁점이 되는 것은 시야가 아닌 단순히 공간의 지도를 만드는 것"이고 "지각을 둘러싼 고전적인 변증법의 …… 모든 속임수는 …… 그것이 기하학적인 시야, 즉 **본질인 시각적인 것이 아니라 공간 속에 배치되는 한에서의 시야를 다룬다는 사실에서** 비롯된다"라는 주장을 인용한다.[17] 만일 마노비치가 '시각적 명목론의 자동화'라고 부르는 것이 당대에 그러한 최고점에 도달했기에, 본다는 인간 행동의 재현의 전통적인 토대가 이제부터 그것의 작용에 불필요하고 불편하다면, 우리는 이 전통이 그토록 활발하게/공격적으로 배제하는 '본다는 것'의 그러한 측면들의 안부를 묻기에 유리한 위치에 있을 것이다.

파로키의 영화는 하이데거의 작품과의 연장된 대화를 통해 그렇게 하는데, 하이데거에 따르면, 그것은 세계가 "그림이 되는" 시대의 윤리적인 필연성을 숙고한 하이데거의 "기술에 대한 물음"Questioning Concerning Technology과 같은 종류의 결과를 가져온다.[18] 하이데거의 저작에서 우리는

---

16 Manovich, "Modern Suveillance Machines", p.386.

17 Jacques Lacan, *The Four Fundamental Concepts of Psychoanalysis*, trans. Alan Sheridan, New York: Norton, 1978, pp.86, 94.

18 Martin Heidegger, *The Question Concerning Technology and Other Essays*, trans. William Lovitt, New York: Harper and Row, 1977. 나는 여기서 독일어의 'Bild'를 전통적인 '그림'보다 '재현'으로 해석하는데, 헤겔이 '앞에 놓음'이라는 방식이라고 이름 붙인 것을 분명히 하기 위해서다.

구체적인 군국주의의 이데올로기를 오직 도구성의 광대한 영역 안에 놓아야 한다. 그것은 인간사의 복잡성을 분리된 과학적인 객관성을 통해 다룬다는 환상으로, 그 객관성은 20세기에 '진보'라는 모호한 개념을 통해 정당화되는 인간 행동의 가장 파괴적인 일에 자신을 제공했다. 특별히 표상Vorstellung, 혹은 '앞에 세움'으로서의 근대적인 재현 개념에 대한 하이데거의 비평은 실제로 지각의 문제 그 자체로서가 아니며, 지각의 작용에 선행하여 시야를 명령하고 확보하는 것의 문제도 아니다. 그보다는 지각이 나타내는 것을 지배하는 것과 필연적으로 관련되는 재현의 양식이고, 매우 자주 그렇게 되듯이, 파괴적인 힘의 작용에 있어 직접적으로 이용되지 않을 때에도 마찬가지이다.[19]

따라서 '위에서 보는 관점'의 비유——신의 눈의 관점의 근대적인 등가물——가 콰트로첸토 원근법 체계를 대체할 때, 그것은 피할 수 없는 모호함을 가져온다. 한편으로, 그것은 전체성에 대한 유일하고 포괄적인 관점을 나타내려고 하며 그것은 아래에 존재하는 모든 것을 측량하고 포함하는 지배적인 관점이다. 그러나 전통적인 콰트로첸토 체계와 달리 '위

---

19 아마도 "기술에 대한 물음"의 중대한 순간에 하이데거는 "인간은 결정적으로 닦달하는 도발적 요청에 집중하여, 이 닦달을 말을 걸어오는 것으로 알아듣지 못하고, 자신이 말을 건네받고 있는 사람이라는 것도 간과한다"라고 쓴다. 하이데거는 "위험한 것은 기술이 아니다"라고 확신하며, 심지어 위험한 것은 자연계 자체에 대한 "닦달"도, 이 체제가 야기하려는 재현적 사고의 체계를 **전체화**하는 것도 아니라고 나는 주장한다. 하이데거는 이러한 체계가 "지배하는" 곳에서는 "부품의 조종과 안정이 모든 탈은폐를 각인하고 있다"라고 주장한다. 이 특정한 탈은폐의 양식이 "다른 모든 탈은폐의 가능성을" 몰아내도록 작용하기 때문에 최고의 위험은 "자기 본래의 근본 특성마저도, 다시 말해 이 탈은폐마저도" 드러나지 않게 할 수 있다는 데 있다. 따라서 인간은 기술적인 업적의 스펙터클이 나타나고 그것이 영향을 미치는 마음의 세계에 대한 증가하는 조종이 자연스러운 것이 되는 가운데 이러한 "기술에 대한 물음"을 듣는 능력을 잃어버릴 것이다. Heidegger, *The Question Concerning Technology and Other Essays*, pp.7~28. 파로키의 영화 또한 하이데거의 같은 책 내 이전의 에세이(Heidegger, "The Age of the World Picture"[1938], *The Question Concerning Technology and Other Essays*)와 대화한다.

에서 보는 관점'은 더 이상 그 본질상 **인간을 위한** 관점이 아니다. 그것은 처음에 열기구나 비행기에 탄 대담한 개인들에 의해 추진되지만 거의 즉시 모든 종류의 무인 운송수단들로 대체되고, 즉 19세기의 최초의 연들과 무인 열기구로부터 21세기의 정지궤도를 도는 위성까지, 인간의 눈이 결코 독립적으로 파악할 수 없었던 사진 정보를 전달한다. 이렇게 마노비치가 체계의 뿌리를 르네상스 기법에서 찾는 것은 정확하더라도 당대의 시야의 기술을 위한 정교한 노력은 근본적인 궤적의 극적인 변화를 가져온다. 인간은 더 이상 자신이 측량하는 것의 기준이 아니다. 대신 세계는 데이터를 포함하기 위해 세워진 이전부터 존재하던 틀을 오직 뒷받침하거나 뒷받침하지 않을 수만 있는 매우 많은 데이터들——점차 IS[입력 스트림]와 OS[출력 스트림]만으로 이루어지는——이 되었다. 시야의 중심지를, 심지어 이론적으로도 차지할 수 없게 된 인간은 점차 보는, 심지어 해석하는 지각의 기술에 자신의 자리를 내주었고, 이런 이유로 컴퓨터화 속에서 '지각의 자동화'가 증가했다.

마노비치가 묘사하는 시각적인 명목론의 전통은 라캉이 말하듯이, 가시적인 것의 정수를 상실하는 것으로, 그 안에서 인간 지각의 경험의 중심부에 존재하는 보는 사람과 보이는 것 사이의 상호성은 거부된다. 알베르티는 보통 근대의 과학적인 원근법적 구성의 전통의 시원으로 간주되지만 고대인들 사이에 상당한 논쟁을 야기했던, 그가 "진정으로 어려운 질문"으로 칭한 것 즉, "이 광선들이 표면에서 나오는 것인지 눈에서 나오는 것인지"의 문제를 해결할 의도가 없다는 사실을 조심스럽게 언급했다.[20] 이 현상은 고대부터 여러 방식으로 다뤄지고 설명되었지만 현대에 그것은 메를로 퐁티에 의해 지각의 양방향성, 보는 사람과 보이는 것의 이가二價적이고 교차적인 뒤엉킴, 그리고 보는 자와 보이는 것 모두 하나의 겹쳐진 시계(視界) 속에 잠기는 것으로 가장 강력하게 제안되었다. 파로키는 "사진의 이미지는 점들로 채워지고 점들로 분해된다. 인간의 눈은 점들을 이미지로 종합한다. 기계는 형태에 대한 어떤 의식이나 경험 없이 이미지의 점들을 좌표 체계 속에 놓음으로써 동일한 이미지를 포착할 수 있다. …… 사진 이미지를 측량 장치로 생각하는 것은 이미지 세계의 수학성과 계산성, 마지막으로 '컴퓨터성'을 주장하는 것이다"라고 쓴다.[21] 사진은 점들과 데이터로 구성되기 때문에 분명 다시 기계의 계산을 통해 분해될 수 있다. 그러나 그렇게 할 때 이미지는 더 이상 이미지가 아니라 데이터 세트다. 그것은 하이데거가 말하듯이 '선행적으로 확보되어' 더 이상 진정한 마주침을 유발할 수 없는데, 명료성의 장이 이미 가시성보다 선행하여 상정되었기 때문이다. 이 이미지를 필요로 하는 정보는 그것의 가능한 작용의 한계를 정하는 기능을 한다. 미국의 감시로 포착된 아우슈비츠 강제 수용소의 사진 증거가 이미지를 조사하는 사람들이 그것을 뒤져 보도록 지시받지 않았다는 이유로 수십 년 뒤에야 인정된 것처럼 말이다.

파로키가 위의 구절에서 이미지와 형태라는 용어를 사용할 때 그것들은 단순히 인식의 영역이 아닌 정서적인 영역에서 기능하기 때문에, 합리화되고 자동화될 수 있는 일종의 '이미지 세계'와 반대되는 곳에 있다. 도입부의 『크로니클』의 이야기 속에서 기자는 군중의 크기가 '사실의 쟁점'이 아닌 '감정적인' 것이라는 존스의 주장을 찬성하며 인용했다. 이것은

---

20 Leon Battista Alberti, *On Painting*, trans. John R. Spencer, New Haven, Conn.: Yale University Press, 1956, p.40.
21 Farocki, "Reality Would Have to Begin", p.198.

어느 정도는 사실인 것을 공격하지만, 『크로니클』이 암시하듯이 꼭 그렇지는 않은데, 사람들이 자신의 감정에 사로잡혀 '실제로 존재하는' 것을 볼 수 없기 때문이다. 오히려 그것은 근본적으로 인간의 지각 자체가 항상 그리고 돌이킬 수 없게 정서적인 동일시를 가장하기 마련이고 또한 이러한 '진실'이 숫자로 된 데이터가 바꿀 수도 심지어 적절하게 다룰 수도 없는 것이기 때문이다. 그러면서도 인간의 지각은 우리의 응시의 불가피한 결과가 아니다. 정서적인 마주침의 가능성은 시각적인 상호성의 가능성과 밀접한 관련이 있고, 물체가 우리의 응시에 화답할 수 있는 정도다. 이러한 차원의 상호성 없이는 세계는——그리고 그 세계 안의 사람들조차——하이데거가 '부품'Bestand이라고 칭한 것, 즉 잠재적인 사용가치에 따라 분석되고 처리되는 단순한 데이터로 축소된다. 하이데거가 현대의 시각적 기술 내의 '가장 큰 위험'으로 간주한 것은 본다는 것 자체의 어려움과 인간 지각과 관련된 복잡성과 애매함이, 점차 자신을 정당화하고 있는 도구적 합리화의 장 내에서 모호해진다는 사실 속에 존재할 것이다.

파로키와 마노비치, 하이데거가 모두 현재의 재현적 시대의 지배적인 특징으로 묘사하는 '시야의 합리화'는 내가 시각적 상호성이라고 칭하는 것의 이러한 차원에 의해 항공사진의 멀리서의 관점과 결정적으로 관련된다. 그것은 단순히 타자가 돌아본다는 것을 뜻하지 않고 오히려 보이는 타자가 우선은 관찰자로, 응시에 화답할 수 있는 관찰자로 인식된다는 의미다.[22] 대중이 공간적으로 다른 위치에서——특히 높고 멀리서 분리

---

22 이것이 바로 라캉과 메를로 퐁티의 철학에서 응시가 타자뿐 아니라, 세계의 현장 자체에도 위치할 수 있는 이유다. 이것은 이 에세이의 범위를 넘어서는 복잡한 지점이다. 주요한 텍스트로는 Jean-Paul Sartre, *L'Être et le néant: Essai d'ontologie phénoménologique*, Paris: Gallimard, 1943; Jacques Lacan, *Les quatre concepts fondamentaux de la psychanalyse*, Paris: Seuil, 1973;

된 관점에서——바라보는 대중으로만 보일 수 있다면, 동일시와 탈동일시는 예측 가능하고 아마도 대중의 시각적 재현의 근절될 수 없는 심리적 상관물일 수도 있다.

분리된 관점과 도구화, 그리고 폭력 사이의 관계는 20세기 시각 문화의 수많은 형태 속에서 긴 역사를 갖는다. 가슴 아픈 영화의 예가 캐럴 리드Carol Reed의 「제3의 사나이」The Third Man, 1949의 중심이 되는 장면에서 발견되는데, 두 명의 중심인물이 그들이 측량하고 있는 놀이공원을 내려다보는 높이에서 회전식 관람차를 탄다(그림 14.7). 희석시킨 페니실린을 밀수하는 해리의 수익 높은 사업이 전후 빈Wien에서 많은 궁핍한 사람들의 죽음이나 정신이상을 유발했다는 사실이 밝혀진다. 그의 유년 시절 친구인 홀리가 해리에게 피해자들을 본 적이 있냐고 따져 묻자 해리는 그 질문이 극단적이라고 우긴다. 해리가 차량의 문을 열고 바깥을 내다보며 홀리에게 아래의 아주 작은 인물들을 내려다보라고 말한다. "만일 저것들 중 하나가 …… 영원히 움직이기를 멈춘 점들이라면 …… 정말 일말의 동정심이라도 느낄 텐가?"라고 해리가 묻는다. "만일 내가 멈춰 있는 모든 점마다 (25만 달러를) 자네에게 준다면, 이봐, 자네는 내게 돈을 그냥 가지고 있으라고 말할 텐가? 아니면 자네가 이러한 일을 겪지 않게 해줄 수 있는 점이 몇 개나 되는지 계산할 텐가?"[23] 나중에 (오손 웰스Orson Welles가 연기한) 해리는 자신의 생각을 근대국가의 관료제, 자본주의자,

Maurice Merleau-Ponty, *Le Visible et l'invisible, suivi de notes de travail*, Paris: Gallimard, 1964; Kaja Silverman, *World Spectators*, Stanford, Calif.: Stanford University Press, 2000이 있다.

23 장면의 느낌을 유지하도록 물가 상승에 맞춰 조정되었다. 원래의 수치인 2만 파운드는 오늘날 25만 달러를 훨씬 넘을 것이다.

그림 14.7 "만일 저것들 중 하나가 …… 영원히 움직이기를 멈춘 점들이라면 …… 정말 일말의 동정심이라도 느낄 텐가?" (『제3의 사나이』에서의 항공사진과 오손 웰스의 대사)

공산주의자 모두를 특징짓는 일종의 도구적 시야와 분명하게 관련시키며 "누구도 인류의 편에서 생각하지 않아. …… 정부도 그러지 않는데, 우리가 왜 그래야 하나? 그들은 '인민'과 '프롤레타리아트'에 대해서 말하고 나는 잘 속는 사람과 얼간이들에 대해 말하네. 같은 것이지. 그들은 그들의 '5개년 계획'이 있고 나도 그렇다네"라고 단언한다.

멀리서의 관점과 거의 항상 상관관계에 있는 것으로 나타나는 동일시와 탈동일시는 대중의 형상이 20세기 초기에 진보 정치의 매우 민감한 딜레마가 된 주요한 이유였을 뿐 아니라 예술가, 영화 제작자, 예술적 모더니즘의 이론가들이 ─커다란 집단을 사진으로 재현하고자 하는 거대한 열망과 상대적인 용이함에 불구하고─ 대중을 어떻게 현상과 사건, 주제로 재현할 것인지의 문제에 그렇게 많은 시간과 에너지를 기울인 이유였다고 말할 수 있다. 대중은 아마도 사회과학자와 정책입안자들이 재현을 통해 '수중에 넣는' 본질적인 대상이며, 그렇게 인정컨대 변덕스런 대상의 규칙성과 계산성이 보장될 수 있었다. 제프리 T. 슈나프와 다른 사람들이 주장했듯이 대중은, 계몽주의 시대의 진전을 통해 권위의 전통적인 표지가 흩어져 버린 후에, 근대국가의 권력과 정당성을 나타내게 되었다. 그러면서도 우리는 예술적인 모더니즘의 시각적인 수사와 이론적인 반영 속에서 어떻게 대중이 이러한 특정한 재현의 논리에 계속해서 저항하고, 내가 지금까지 묘사해 온 '그림 바깥'의 공간에 존재했는지를 숙고할 수 있다. 그것이 어떤 겉모습으로 나타나든, 집단의 주제는 재현이 붕괴되는 장소로서 등장하는 경향이 있다. 그것은 재현으로 얻어질 수 있는 것이 아니다. 이것이 예술적인 모더니즘의 전통 내에서 대중이 일종의 본질적인 양면성을 통해서, 그렇지 않으면 특별히 일종의 한계점에 놓인──순식간의, 실체가 없고, 덧없는──물체로서 나타나는 경향을 갖는 이유다. 그리고 그것이 바로 재현에 저항하는 것으로 보이기 때문에, 대중의 모습은 종종 관행과 인식론, 그리고 내가 묘사해 온 특정한 재현 양식의 지각된 한계를 대신하여 역할을 담당하게 된다.

근대적 대도시의 새로운 시야

전후의 미술에서 원근법적 관계의 급진적인 방향 전환에 대한 스타인버그의 논의에서 그는 '전망창'에서 '평판 화면'으로의 이러한 전환이 "세계를 다시 돌아오게 만드는 것이다. 날씨의 실마리를 창문 밖에서 찾았던 르네상스 시대의 사람의 세계가 아니라, 손잡이를 돌려 어떤 창문 없는 부스에서 전자적으로 전송된 '오늘 밤의 강수 확률은 10퍼센트'라는 녹음된 메시지를 듣는 사람의 시대다. 라우션버그의 화면은 **도시의 뇌 속에**

잠긴 의식에 대한 것이다"라고 결론짓는다.[24] 여기서 스타인버그는 우리가 '비정보적' 구조라고 불러 왔던 것을, 수직적으로 지향되는 지각의 새로운 양식뿐 아니라 특별히 도시——도시의 현대성의 경험으로 구조화되는 현대 의식에서의 변화——를 이용하여 그 위치를 밝힌다.

「대도시와 정신적 삶」Die Großstädte und das Geistesleben, 1903에서 게오르그 짐멜은 "대도시가 정신적인 존재의 성장을 위한 기회와 자극으로 나타나는 특유의 조건을 드러내"며 역사적으로 대중의 등장이——객관적인 사실로서 그리고 심리적인 조건으로서——분명 산업 도시의 성장과 결부되었다고 주장한다. 오직 19세기의 새로운 산업 경제의 등장과 함께 도시 주민의 극심한 밀도는 대중을 그렇게 문화적이고 정치적인 투쟁의 잠재적인 장소로 만든다. 따라서, 대중이 시각적이고 이론적으로 반영되어 그러한 시각성이 중요성을 띠게 되는 이 시기 동안 우리가 근대적 대도시의 공간적인 지형에 대한 수반되는 담론을 발견하는 것은 우연의 일치가 아니다. 둘 다, 어느 정도까지는 이러한 수직성과 고도의 토포스에 맞춰 구조화되는데 그것이 대중에게 시야의 새로운 신체적 질서와 새로운 수준의 가시성을 불러일으킨다고 이해되었기 때문이다.

소비에트 구성주의자인 알렉산드르 롯첸코는 새로운 도시 환경

---

24 Steinberg, *Other Criteria*, p.90. 강조는 저자의 것. 어떤 혼란도 미연에 방지하기 위해 나는 스타인버그의 분석을 인정함에도 불구하고 그것을 명확하게 할 필요가 있고, 나는 그의 수직적인 것과 수평적인 것의 용어를 뒤바꿀 것이다. 그것은 스타인버그가 이러한 '전환'을 물체가 만들어 내는 관객성의 양식의 면에서보다는, 사물로서의 캔버스의 공간적 위치의 면에서 묘사하기 때문이다. 그는 전통적인 '전망창'을 벽에 '수직적으로' 매달린 것으로 묘사하고, (이론적으로) 바닥을 따라 평평하고 수평적으로 있는 '평판 화면'과 반대되는 것으로 본다. 나는 이러한 방향에 의해 유발되는 관객성의 양식을 논의하고 있기 때문에, 나는 관람자의 관점에서 전환을 논의할 것이다. 이런 이유로 용어들은 도치될 것이다. 관람자는 자신 앞에서, 방을 가로질러, 전통적인 '전망창'의 수평선을 향해 보고, 그녀는 바로 위에 서서, '평판 화면'을 수직으로 내려다 보아야 한다.

의 특정 공간의 지각에 의한, 신체적인 경험과 결부된 "새로운 사진적 시야"의 필요성을 가장 소리 높여 주창한 사람 중 하나일 것이다. 그러나 그가 유일했던 것은 아닌데, 유럽 도처에서, 사진의 새로운 시각^{New} ^{Vision}——이 이름으로 알려지게 되었다——의 광범위하게 갈라질 수 있는 양식들을 통합한 요소 중 하나는 지금까지 검토되지 않은 대도시의 재현적 가능성과 특징에 대한 관심이었다.[25] 롯첸코의 1925년의 포토몽타주는 그의 시각적 질서에 계획적인 삽화를 제공한다(그림 14.8). 이 장면 속에서는 두 개의 근본적으로 다른 관점이 충돌하도록 강요된다. 롯첸코의 구성주의적인 프로젝트에서 관점^{perspective}이라는 단어는 시각적인 동시에 이데올로기적인 가치를 갖는 것으로 보일 수 있다. 시골 저택이 약간 조롱하듯이 중심부에 놓인다. 그것은 르네상스 시대의 톤도^{tondo}[원형 그림]의 틀에 넣어져 일종의 예스러운 그림, 기억의 흔적으로 표현되었다. 근대적인 아파트 빌딩이 빙 둘러서 솟아오르고 팔과 같은 벽들로 그 그림을 감싼다. 그것은 틀 없이 페이지의 가장자리까지 계속 이어진다. 작은 집은 전부 한 덩어리이고 다른 집들과 따로 떨어져 있는——멀리서 망원경을 통해 보이는 것처럼——전체의 이미지를 보여 주지만 아파트 빌딩은 필연적으로 불완전하다. 우리는 즉시 장면 위로 계속되는 구조를 느끼는데, 마치 이 이미지가 포착된 그 특정한 육체화된 관점——거리에서 목을 길게 빼고 보는——을 피할 수 없이 느끼는 것처럼 말이다.

이데올로기적인 메시지는 오해의 여지가 없다. 도시와 현대성의 공

25 Maria Morris Hambourg and Christopher Phillips eds., *The New Vision: Photography Between the World Wars: Ford Motor Company Collection at the Metropolitan Museum of Art*, New York: Metropolitan Museum of Art, 1989를 보라.

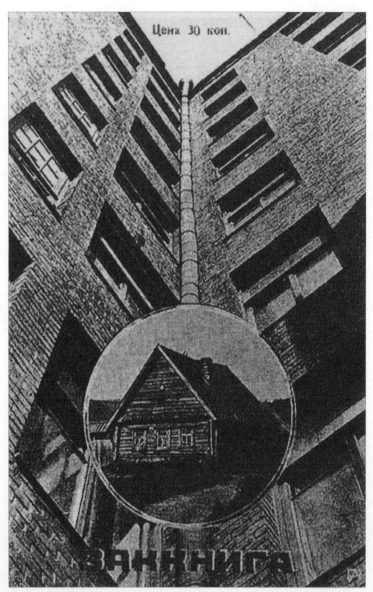

그림 14.8 기이함으로서의 도시의 수직성──국내의 중심부의 새로운 기묘함. 알렉산드르 롯첸코의 포토
콜라주, 1925.

간은 시골과 전통의 공간으로부터 근본적으로 이동되었다. 그것은 새로운 종류의 재현과 새로운 종류의 관중을 요구한다. 이미지 속에서 개별적인 가족의 고립은 사라지고 아파트 빌딩의 집단적인 대중이 등장한다. 전체적인 시야의 환상, 떨어진 곳에서의 조망은 분열되고 부분적인 관점으로 대체된다. 롯첸코는 '예술적인 사진'에 대한 스냅사진의 특권화, 유일하고 영원한 것에 대한 복합적이고 일시적인 것의 특권화를 통한 이데올로기적 프로그램을 주장한다. 그러나 그 또한 시야의 육체적 경험의 구체성을 전통적으로 분리되고, 일반적인 재현의 관행 속에 다시 끼워 넣음으로써 그렇게 한다.

시야의 육체적인 경험은 도시의 수직적 지형이 단순하게 주장하던 것이었다. 도시는 단순히 물체가 아니라, 짐멜이 경험했듯이, 전체적인 지각적이고 정신적인 환경이다. 그리고 그것의 가장 분명하고 인상적인 새로운 특징은 새로운 시각의 다수의 사진가들에게처럼 롯첸코에게도 그 지형의 뚜렷한 수직성이었다. 대도시의 복잡성과, 짐멜과 같은 사회학자들이 그것의 환경과 변화의 복합성을 설명하려고 시도하며 느꼈던 불가능성에도 불구하고 현대성에 대한 엇갈리는 희망과 두려움을 상징화한 하나의 건축적인 형태가 존재했는데, 그것은 자본주의와 공산주의 국가 모두를 그리고 전위적이고 대중적인 재현 모두를 가로질렀고, 전체로서의 근대적 대도시를 나타내는 제유법으로 부각되었다. 그 형태는 바로 미국의 마천루였다.

새로운 도시 환경에서 지내는 경험과 단순히 이러한 경험을 사진적으로 재생하는 것이 야기하는, 확실히 방향감각을 상실하게 하는 효과 사이의 근본적인 괴리 때문에 롯첸코는 고층에 대한 특유의 매력을 느꼈다. 우리는 단지 삶의 가장 작은 부분만을 30도 경사 위로 바라보는 데 시간을 보내기 때문에 그러한 '자연스러운' 지각의 재현은 일탈적인 것으로 코드화된다. 롯첸코는 이러한 각도에서 촬영하는 것에 대해 점차 '형식주의적인 왜곡'이라는 비난을 받게 되었다. 높은 빌딩은 충분히 역설적이게도, 수마일 떨어져서 사진을 찍어야만 자연스럽게 보이는 듯하다. 그러나 대도시 내에서, 미증유의 혼잡과 건축 양식의 수직성 사이에서, 그러한 멀리서의 관점은 더 이상 지각의 경험과 일치하지 않는다.[26]

다다이즘 작가인 라울 하우스만은 1921년 이래로 기술과 대도시가 함께 시각 문화와 감각 경험에서의 획기적인 전환을 유발했다고 주장해 왔고, 라슬로 모호이너지László Moholy-Nagy의 실현되지 않은 영화 대본인 「대도시의 원동력」Dynamik der Groß-Stadt, 1921~1922은 도시에 대한 다양한 급진적인 관점들을 필요로 했다.[27] 그러나 아마 이들 누구보다 더 영향력 있는 것은 독일의 건축가인 에리히 멘델존이 1924년 뉴욕에 여행 가서 찍은 새로운 미국의 마천루를 담은 다소 평범한 사진집일 것이다. 유럽도 소련도 당시에는 진정한 마천루가 없었기 때문에 멘델존의 이미지들은 뉴욕 마천루의 새로운 공간적 원동력을 1920년대 중후반의 유럽의 미학적 논쟁과 관행으로 가지고 왔을 뿐 아니라, 미국의 권력과 효율성·진보·자연을 넘어선 승리에 대해 유럽이 품은 커져 가는 집단적 환상을 키우는 데 일조하면서 영향을 미쳤다. 구성주의자인 엘 리시츠키의 이 책에 대한 논평에서 그는, 이 거대한 구조가 유발하는 놀라운 각도와 지

---

26 얄궂게도 건축 사진의 확립된 관행은 평행선이 수렴되는 것을 막기 위해 뷰카메라에서의 경사와 이동을 이용하여 원근법적인 눈을 왜곡시킨다. 그러한 재현은 그러한 현장에 대한 현상학적인 경험과 일치하지 않지만, 그럼에도 불구하고 우리에게 사진적 재현만큼 더욱 편안하고 '현실적인' 느낌을 준다.
27 Raoul Hausmann, "Die Neue Kunst", Die Aktion, vol.11, nos.19~20, May 12, 1921. Hambourg and Phillips eds., The New Vision, pp.80~81, n46에서 재인용.

각의 괴리에 너무 매혹되어 이 이미지들을 보는 유일하게 적절한 방식은 "그 책을 머리 위로 들고서 회전시키는 것"이라고 외쳤다. 특히 이 새로운 공간적 지형의 재현이 암시하는 듯한 육체적 차원을 인식했다.[28] 이와 대조적으로, 자이트빌더 Zeitbilder의 이 유명한 이미지는 우리가 크라카우어를 따라 공중의 관점의 '장식적' 차원——그것이 그리는 것을 탈현실화하는 경향——이라고 칭할 수 있는 것을 분명히 보여 준다(그림 14.9).[29] 이 이미지에

그림 14.9 새로운 시각의 공중의 관점——'장식'과 '데이터'로서의 세계. 자이트빌더, 「성 바오로 대성당, 런던」.

서 사진작가나 묘사된 세상 어느 것과도 어떤 동일시를 느끼기가 어렵다. 사진이 감당하는 극단적인 높이와, 가능한 위험에도 불구하고 우리는 롯첸코나 지가 베르토프Dziga Vertov의 촬영 기법에 존재하는 현기증이나 위

---

28 Erich Mendelsohn, *Amerika: Bilderbuch eines Architekten*, Berlin: R. Mosse, 1928에 대한 엘 리시츠키(El Lissitzky)의 리뷰는 최초에 *Stroitel'naia promyshlennost*, no.2, 1926에서 발표되었고 Hambourg and Phillips eds., *The New Vision*, p.58에서 인용되고 있다.

29 크라카우어의 텍스트는 주로 근대와 자본주의적 생산의 '연속성'과 버스비 버클리(Busby Berkeley)와 틸러 걸의 광경에서 육체의 '장식적인' 패턴 안에서의 그 구성의 묘한 반복이라고 칭해질 것과 관련된다. 그러나 이 에세이 전체에서 크라카우어는 단순히 새롭게 테일러화된 작업장과 함께 등장한 인간에 대한 대상화가 아니라, 대중이 공간적으로 나타나는 방식에 주의를 환기시킨다. 그는 "장식은 풍경과 도시의 항공사진을 닮아 있는데, 그것이 주어진 환경의 내부에서 나오지 않고, 오히려 그 위에서 나온다는 점에서 그렇다"라고 쓴다. 대중 장식은 이렇게 단순히 투명성이 아니라 동일시를 방해하는 것으로 이해될 수 있다. 지붕 없는 관람석 위에서 나온 대중은 자신을 경기장 쪽에 있는 것으로 이해하지 않는다. 사실상 장식적인 구조——이것을 통해 나는 단순히 기하학적인 모습의 대중적인 레뷔[버라이어티 쇼]가 아니라, 특정한 공간적 논리 안에서의 모든 대중재현을 언급하고 있는 것이다——는 수반되는 탈동일시를 유발할 것으로 보인다. 크라카우어에게 "비극적인 오인"은 대중이 자신을 장식으로만 볼 수 있다는 사실에 있는 반면, 그 아래에서 그것은 자신을, 역사적으로, 주체로서 드러내기 시작하고 있다. Kracauer, *The Mass Ornament*를 보라.

그림 14.10 대도시의 육체화된(육체에서 분리된) 경험—중심의 상실, 중력의 상실. 스텐베르크 형제, 「카메라를 든 사나이」 포스터, 1929.

태로움을 전혀 느끼지 않는다. 이렇게 극단적으로 먼 거리에서는 동일시할 수 있는 어떤 인간도 더 이상 존재하지 않는다. 인간 세계는 사진적으로 순수한 형태로 분해되었고 모양과 색조를 가진 추상적인 연속물이 되었다.

롯첸코의 공중의 관점은 육체적 경험에서 얻은 것은 아니지만, 단지 육체화된 지각에 호소함으로써 피할 수 없게 현기증 나는 것이 된다. 이런 방식에서, 그것들은 동시에 발생한 스텐베르크 형제 Stenberg brothers의 「카메라를 든 사나이」 Chelovek s kinoapparatom, 1929 포스터를 상기시키는데, 그 안에서 우리는 거리에 서서, 목을 길게 빼고 마천루의 아주 높은 정상을 올려다보게 된다(그림 14.10). 한 여성이 하늘에서 곧장 우리에게로 떨어지고 있는 것처럼 보인다. 그러나 이 멀어져 가는 빌딩들은 현기증을 일으키게 하는데, 그것들은 아래쪽으로 갈수록 확장되는 것처럼 보인다. 마치 우리가 한 마천루 끝에서 공중제비를 하면서, 공중을 통과해 떨어지고 있는 사람인 것처럼 느끼면서 말이다. 나선형을 그리는 텍스트는 이 현기증 나는 하강을 배가하고, 마천루의 수직성의 물리적이고 이데올로기적인 가치를 전도시킨다. 전통적인 주제가 영화 기술과 새로운 대도시의 역동적인 에너지에 맞서 온전하게 남아 있을 수 없다고 스텐베르크 형제의 포스터가 선언하는 것처럼 보이며, 그것은 공중에서 산산이 흩어진다. 그리고 베르토프의 명

작은 새로운 소비에트 도시와 새로운 소비에트 시민의 시각적이고 이데올로기적인 해체와 재건에 대한 것이 될 것이다.

위에서 보는 관점과 거리에서 보는 관점

항공사진은 제1차 세계대전에서 사용되고 나서야 시각 문화의 진정으로 널리 퍼진 양상이 되었고, 따라서 불과 몇 년 뒤인 1920년대에 새로운 운동이 도시 내에서 유발하던 새롭게 솟아오르는 구조물의 관점으로 이러한 '위에서 보는 관점'을 채용한 것은 놀라운 일이 아니다. 또 이 새롭게 높아진 관점은 사진가에게 불현듯 어떤 종류의 물체들을 보이게 만들었을까? 그것은 특이하고 외견상 재현할 수 없는 것으로 보이는 도시의 현대성이 나타내는 현상으로, 바로 엄밀한 의미의 대중이다. 위에서 보는 대중은 거리에서는 결코 가질 수 없는 견고함과 객관성을 더한다. 또한 그것은 사진적으로 재현될 수 있기 때문에——즉, 필름에 담기기 때문에——특정한 종류의 객관적인 존재를 얻는다(그림 14.11). 우리는 위에서 보는 관점이 가진 안전하게 확보하는 측면이 관람자에게 대중의 시각적 재현에 내재하는 불안정하고 모호한 면을 예방해 주는 결과를 낳을 수 있는 방식에 관심을 기울일 수도 있다. 매슈 튜스$^{Matthew\ Tiews}$는 멀리서의 재현에 대한 이러한 욕망이 어떻게 20세기의 영화와 사진의 시각적 수사 안에서 작동하기 시작하는지에 대한 숙고에 있어 여전히 결정적인, 19세기 대중의 문화사에서 전염의 수사의 중요성을 찾아냈다. 멀리서 보려는 욕망은 단순히 지배하려는 욕망이 아니라 예방하려는 욕망이기도 하다. 대중은 초기 단계에서 탈주체화의 조짐을 보이기 때문에, 개인주의적인 부르주아 주체의 관점에서 볼 때 그것은 두려움의 대상이다. 우리가 타르

그림 14.11 「카메라를 든 사나이」 스틸사진. 키노 인터내셔널(Kino International) 제공.

드와 르 봉과 다른 사람들을 통해 알고 있듯이, 이 탈주체화는 어떤 비이성적인 전염의 매개체를 통해 발생한다. 그것은 이성적인 논의와 개인의 선택이라는 계몽주의의 모델이 아닌, 동일시와 정서, 매혹의 어둡고 모호한 영역이다. "대중의 견해와 믿음은 특별히 전염을 통해 선전된다"라고 르 봉은 간결하게 선언했다. 따라서 항공의 관점의 '멀리서의 지배'와 구별되어 '거리'는 교통과 전염의 수사적인 중심지로서 나타난다. 재현하고 관리하고 통제하기가 특별히 어려운 장소로서.

20세기 초기 현대성의 시각적이고 두서없는 수사법 안에서, '위에서 보는 관점'과 '거리에서 보는 관점'은 단순한 공간적 관계를 훨씬 넘어선다. 스콧 부캣먼은 문제가 되는 것은 모더니스트들의 프로젝트의 경쟁하는 해석들이라고 넌지시 말한다. "아마도 르 코르뷔지에의 설계에서 전형적으로 나타나는, 효율적인 흐름의 이성적이고 계획된 도시"의 모더니즘과 "짐멜, 벤야민, 크라카우어에 의해 묘사되는 체계적이지 않고 이질적이고 거리 수준의 도시 경험인 …… 또 하나의 모더니즘" 사이의 본질적인 대립이다.[30] 미셸 드 세르토는 실체변화[성찬식 때 빵과 포도주가 그리스도의 몸과 피로 변화되는 신비를 뜻한다]의 의례와 '지식의 성애'erotics of knowledge의 면에서 뉴욕의 마천루 꼭대기에서 바라보는 특유의 즐거움을 기술한다. 관중은 들어 올려져 "도시의 통제를 벗어난다. 인간의 신체는 더 이상 익명의 규칙으로 신체의 방향을 돌리고 돌려보내는 거리에 의해 붙잡혀 있지 않다. 참가하는 사람으로서든 받아들이는 사람으로서든, 무수히 많은 차이들로 와글거리는 소리와 뉴욕 교통의 신경과민에 사로잡히지도 않는다. …… 거기서, 그는 작가와 관중의 모든 정체성을 획득하고 그것들을 자신 안에서 혼합시키는 대중을 뒤에 두고 간다. …… 그의 높이는 그를 엿보기 좋아하는 사람으로 변모시킨다".[31] 더 이상 필연적으로 신체를 '소유'하지 않은 그는 자신을 이렇게 놓아 둔다.

멀리 떨어진 곳에. 그것은 사람들을 자신의 눈앞에 존재하는 텍스트에 사로잡히게 만드는 넋을 빼놓는 세계를 변형시킨다. 그것은 사람들이 그것을 이해하고, 태양의 눈이 되며, 신처럼 내려다볼 수 있게 한다. …… 중세 또는 르네상스 시대의 화가들은 아직 눈으로 즐기지 못했던 관점에서 보이는 도시를 재현했다. 이 허구는 이미 중세의 관중을 천상의 눈으로 만들었다. …… 맨해튼의 기수로 사용되는 1370피트 높이의

---

30 Scott Bukatman, *Blade Runner*, London: BFI, 1997, p.61.
31 Michel de Certeau, *The Practice of Everyday Life*, Berkeley: University of California Press, 1984, p.92.

마천루는 독자를 형성하고, 도시의 복잡성을 읽기 쉽게 만들고, 명료한 텍스트에서의 불투명한 이동성을 고정시키는 허구를 계속 구성한다.[32]

드 세르토에게 마천루에서의 공중의 시각은 육체화된 관람자를 사회적 관계의 투명한 텍스트인 듯한 것을 읽을 수 있는, 육체에서 분리된 독자로 바꿔 놓는다. 짐멜과 벤야민, 크라카우어의 도시 거주자는 이와 유사하게 일종의 독자이지만, 공간의 텍스트—거리의 전망 좋은 곳에서 보이는—는 그 메시지에 있어 분명히 더 모호하고 여러 형태인 것으로 보인다.

1920년대 새로운 시각의 양상들은 마천루와 거리의 이러한 특정한 변증법에 대해 질문하는 것으로서, 그리고 근대 대도시의 공간적 지형이 어떻게 지각의 형식상의 특징뿐 아니라 시각적 상호성이 결정적인 역할을 하는 상호주관성과 동일시의 동력을 변형시켰는지를 분석하는 것으로서 생산적으로 이해될 수 있을 것이다.

「군중」

킹 비더King Vidor는 무성영화 시대의 명작 「군중」The Crowd, 1928에서 새로운 대도시 내부의 가시성과 동일시의 결합된 동력에 대해 특히 생생하게 표현했다. 무미건조한 제목에도 불구하고 비더의 영화는 군중을 기록되

---

32 de Certeau, *The Practice of Everyday Life*. 영적인 것, 감적인 투입, 지식, 그리고 '멀리서의 관점' 사이의 관계는 빔 벤더스(Wim Wenders)의 풍성하고 아름다운 「베를린 천사의 시」(Der Himmel über Berlin, 1988)의 복잡한 주제이고, 그것에 대한 적절한 논의는 불행히도 이 에세이의 범위를 벗어난다.

어야 할 객관적인 사실이라기보다는 분석되어야 할 심리적 기질로 여기는 복잡하고 설득력 있는 초상으로 그려 냈다. 영화는 존 심스라는 평범한 미국인의 출생과 유년시절로 시작하는데, 그는 어떤 특별한 탁월함도 입증하지 못하지만, 커서 "대단한 사람이 될 것"이라는 말을 되풀이해서 듣는데, 이것은 사실상 명령이었다.[33] 아버지가 돌연 사망하고 그가 성인이 된 후에, 존은 혼자 힘으로 생활하기 위해 뉴욕으로 이동한다. 그렇게 하는 중에 비더는 그가 시골의 수평적인 개방성과 과거를 미래의 도시의 수직적인 혼잡으로 교체하는 것으로 묘사한다.

대도시 안에서 비더는, 아버지의 명령을 감당할 수 있음을 증명하려는 존의 욕망을 수직성의 분명한 시각적 수사를 통해 그려 낸다. 영화 도처에서 이 수직성──승진하려 애쓰고 밑으로는 거리를 유지하려는 끊임없는 투쟁──은 주체화를 위한 존의 투쟁을 거리와 군중에 맞서야만 발생할 수 있는 것으로 조건 짓는다.

뉴욕을 처음으로 보고 난 뒤에 비더의 카메라는 이상하게도 영화의 디에게시스^{diegesis}[보이지는 않고 이야기로 설명되는 세계] 안에서 서술과 그리고 어떤 가능한 관점과도 계속 분리되어 있다. 우리가 이 분리되어 있는 위에서 보는 관점에서 모습을 드러낼 때 영화의 유일한 실제 군중 장면을 보게 된다. 그것은 모든 종류의 운송수단과 보행자의 통행으로 꽉 찬, 위에서 찍힌 혼잡한 뉴욕 거리의 이미지다. 그가 종종 전용한 표현주의 양식에 걸맞게 비더는 이 이미지들을 물질적 실재의 객관적 증거로서

---

33 비더의 주인공이 탁월한 사람이 될 운명이 아니라는 사실은 이미 그의 이름에서 이해될 수 있다. '존'(John)이 '무명인'(John Doe)에 대한 은유일 뿐 아니라, '심스'(Sims)는 라틴어의 '유사한'(similis)과 '얼간이 같은'(simia)과 모두 연계된다(둘은 영어 표현의 '흉내내다'[to ape]에서 결합된다) 존 심스는 평범한 사람이고, 단순히 군중의 한 사람이거나, 비더의 가제처럼 '폭도'(One of the Mob)이다.

가 아니라 심리적 실재의 주관적 증거로서 보여 준다. 이 대중 이미지들은 위에서 보는 관점과 관련되었음에도 불구하고, 분명한 프레이밍과 공공연한 조작을 통해 그 관점을 조롱하는 것으로 보일 것이다. 처음에 혼잡한 거리를 담은 두 개의 서로 다른 이미지가 서로 겹쳐져서, 알아볼 수 없는 시각적 불협화음을 만들어 낸다. 다른 겹침으로 넘어가서, 이번에는 붐비는 교차로인데, 그곳에서 유령처럼 붙어 다니는 자동차와 보행자들은 별 탈 없이 서로를 통과해서 지나가는 것처럼 보인다. 그러나 비더의 카메라가 오른쪽을 보여 주자 우리는 이 불협화음이 단순히 또 다른 거리의 상을 비추는, 거리들 사이에 존재하는 창유리의 결과라는 걸 알게 된다. 앞쪽의 거리는 상대적으로 깨끗하고 정돈되어 있으며, 지각된 혼돈은 단순히 사이에 존재하는 화면의 결과다.

비더가 다음 고층 이미지——이야기를 시작하는——를 우리에게 보여 줄 때 그것은 거리에서 본 관점이다. 리시츠키가 멘델존의 뉴욕을 특징지었던 바로 '육체화된 지각'의 발생을 분명히 보여 주는 것처럼, 비더의 카메라는 움직임을 포착하기 위한 그의 이전의 공중숏의 정지하되 고정된 거리와 거리 위의 사람의 관점을 포기하고서, 자신의 몸을 돌려 구조물과 마주 본다. 카메라는, 더 이상 멀리 있거나 추상적이지 않고, 갑자기 의심할 나위 없는 인간적 응시를 대신하는 것처럼 보이고, 아마도 그것 앞의 인상적인 구조물에 경탄하는 듯하다. 그러나 그 다음에 돌연 우리는 빌딩의 측면으로 날아오르고 있고, 점점 더 높이, 보아하니 구조물을 완전히 올라 넘어서려고 한다.[34] 꼭대기 근처에서 속도를 늦춰 빌딩의 표면을 향하여 들어가고, 기념비적인 형태의 통일성이 사라지면서 똑같

---

34 수년 뒤 만화 『슈퍼맨』이 '한번에 튀어 올라 높은 건물을 뛰어넘는' 환상을 명쾌하게 표현할 것이다.

은 창문의 연속된 배열이 나타나기 시작하고 그것들이 다시 사라지면서 똑같은 고용인이 앉은 책상의 연속된 배열이 나타난다. 존은 혼잡한 거리 위로 올라가는 것을 꿈꾸지만 이 높은 위치의 현실은 테일러화된 직장의 비인간화로부터의 탈출을 허용하지 않는다. 내가 멀리서의 관점을 특징 지었던 재현적 지배의 프로젝트는 우리가 거리보다 높은 존의 직장에 들어가자마자 비더의 극적인 관점의 사용에 의해 암호화된다. 책상은 최상의 감시를 위해 구조화되고 배열된, 완벽한 격자무늬 대형으로 시야를 완전히 덮는다. 그 장의 중심과 경계에서 심스는 갇혀 있고, 그 자신이 숫자로 축소된다. 그의 직업 — 끝없이 산출하는 계산 — 도 똑같이 오직 숫자와만 관계된다. 주인공을 깊은 원근법적 장의 소실점에 정확히 놓음으로써 비더는 분명히 콰트로첸토의 시야 구성과 데카르트의 시야의 합리화와 소외된 데이터의 생산을 결부시킨다.

『공간의 생산』에서 앙리 르페브르는 "마천루의 오만한 수직성은 …… 권위의 느낌을 각각의 관중에게 전달한다"라고 쓴다. 그러나 비더의 시각적 수사가 만드는 마천루의 기념비적인 성격과 창문과 책상의 연속성과의 동일시는, 이 권위가 어떻게 단지 관중과의 대결을 통해서만이 아니라 관중의 포함을 통해서도 발생할 수 있는지를 분명히 보여 준다. 개인들이 자신을 그것의 반복되는 구조와 관계하여 인지하게 함으로써 기념비적인 것은 연속되는 것을 벗어나 스스로를 세울 수 있다. 즉 개인이 더 위대한 어떤 것에 고용되도록 하고 그렇게 그 자신의 개인적 중요성을 확대하도록 할 수 있다.[35] 르 봉에 따르면 이 융합의 논리는, 대중심

---

35 "가령 '그 안에서 거주할 박스'의 많은 더미들로 구성되는 아파트 건물에서 관람자 겸 세입자는 부분과 전체의 관계를 직접적으로 파악한다. 게다가, 그들은 자신을 그러한 관계 속에서 인식한다. 사물

리의 기본 원칙 중 하나이고 모든 종류의 성공적인 회사에서 발견된다.[36] 그러나 심스의 비극은 이 환유적인 논리 안에서 자신을 인지하기를 꺼리거나 그럴 수 없다는 데 있고, 따라서 그는 차별화를 위해 끊임없이 분투해야 할 운명이다.

크라카우어의 작품에서 존은 그가 이때쯤 쓰고 있던 화이트칼라 사무직 노동자 중 하나로 여겨질 수도 있다.[37] 『회사원들』*Die Angestellten*, 1929에서 크라카우어는 이 급증하는 상대적으로 훈련받지 않은 사무직 노동자라는 종이 자신의 근무 환경에 있어서는 본질적으로 프롤레타리아트임에도 불구하고, 그에게 위쪽을 향한 이동성과 수반되는 아래쪽 사람들과의 탈동일시의 환상은 자신의 표면상의 중산층 지위의 근거였다. 존은 이와 유사하게 대중에게 혐오감을 느꼈다. 일을 끝내고 나오는 순간부터

의 규모를 끊임없이 확장함으로써 이러한 움직임은 각 거처의 애처롭게 작은 크기를 보상한다"(Henri Lefebvre, *The Production of Space*, trans. Donald Nicholson-Smith, Oxford: Basil Blackwell, 1991, p.98). 르페브르는 우리가 건물을 견고하고 기념비적인 구조로 나타내고, 그에 따라 아마도 그렇게 "봉인된" 구조가 무수한 힘들—전기, 전파 신호, 물, 하수, 소통, 창문, 출입구—에 의해 침투되고 관통되는 방법을 무시하는 방식에 대해 말한다. 벤야민은 완벽하게 혁명적인 주택은 투명할 것이라고 생각했고, 나는 벅 모스(Susan Buck-Morss)가 벤야민에 대한 논평에서 신경체계를 묘사한 것과 같은 식을 그가 의미하는 것이라고 생각한다—신경 체계가 자족적이지 않고 경험된 것으로서의 세계로 뻗어 나가는 것처럼, 세계로 더 커지고 모든 방향으로 뻗어 나가는 것으로.

36 이것은 또한 프로이트가 『인간 모세와 유일신교』(Sigmund Freud, *The Mann Moses und die monotheistische Religion*, Amsterdam: A. de Lange, 1939)에서 원시 무리의 신화를, 『집단 심리학과 자아 분석』(Sigmund Freud, *Massenpsychologie und Ich-Analyse*, Leipzig: Internationaler Psychoanalytischer Verlag, 1921)에서 그의 전반적인 주장 모두를 발전시키기 위해 사용하는 논리이기도 하다.

37 존의 아버지의 죽음과 그의 아들이 커서 '중요한 사람'이 될 것이라는 마지막 명령으로 영화를 시작하면서 비더는 개인의 주체화에 대한 프로이트 식의 묘사를 영화의 기반으로 삼긴 하지만, 미리엄 한센은 존의 개인적인 상황을 1920년대의 계급적 동일시와 탈동일시의 더 큰 사회경제적 조건에 유용하게 연결시켰다. 그녀는 정확하게 존을 지크프리트 크라카우어의 소설 『회사원들』이 포함하는 새로운 종의 '화이트칼라 사무직 근로자'의 예로 이해한다. Miriam Hansen, "Ambivalence of the Mass Ornament", *Qui Parle*, vol.5, no.2, 1992, pp.102~119를 보라.

그는 분리를 통해 자신을 구별하려고 애쓴다. 우리는 존이 마침내 더블데이트를 하도록 설득되었을 때, 처음으로 그리고 영화 안에서 유일하게 존이 대중과 함께 걷는 것을 본다.[38] 그러나 잠시 뒤에 두 커플이 2층버스의 맨 위로 올라가면서 이 유기적인 관계는 다시 한번 차별화에 열중한다. 버스는 대중에 대한 지각이 분명 상반되는 감정으로 남아 있는 뭔가 틈새의 공간이다. 그것은 대중의 위에 있고 대중에게서 떨어져 있지만──대중을 그 자체로 보이게 한다──그것은 여전히 거리 위에 있기 때문에 계속해서 상호작용의 가능성을 제공한다. 그것은, 공중의 관점처럼, 전적으로 분리되어 있지도 않고, 거리에서 보는 관점처럼 연루되어 있지도 않기 때문에 그것이 시각적 상호성을 방해하지 않는다는 점에서 이 경계에 놓인 공간은 아마도 동일시적인 변형에 더 개방되어 있다. 따라서 그것은 비더의 영화 안에서 결정적인 동일시적 변형의 장소가 된다.

앞줄의 그들의 좌석으로 올라탄 뒤에 존은 잠시 동안 그를 둘러싼 기념비적인 마천루에 대한 생각에 잠기고 그의 데이트 상대인 메리는 그의 원대한 포부에 매혹되는 것으로 보인다. 그러나 존의 결정적인 첫 시야는 그가 아래에 두고 온 대중이 보이는 시야다. "저 대중을 봐요!"라고 그들이 거리에서 방금 뒤에 남기고 온 사람들에 대해 그가 소리친다. "불쌍한 바보들, 모두 똑같이 판에 박힌 듯해." 그의 표현이──결코 그의 눈을 대중에게서 떼지 못하면서──경멸에서 침울한 인식으로 변하자 메리는 그를 이해하지 못하고 그저 바라본다.

"실크해트를 잘라 내라"는 친구의 충고를 들은 존은 그의 관심을 메

---

38 중요하게도, 이것이 존이 군중을 **배경으로가** 아니라, 군중과 **함께** 보이는 유일한 순간은 아니며, 이것은 또한 우리가 그를 '거리로부터' 보는 유일한 순간이다. 즉, 군중의 위치에서.

리에게 집중하며 "대부분의 사람들"이 자신에게 골칫거리만 안겨 주지만 "그녀는 다르다"라고 주장한다. 버스가 잠깐 멈춘 동안 거리의 광대가 그들의 눈을 사로잡고 존은 분명 이 시각적인 상호성으로 마음의 평온을 잃는다. 그는 자신의 동행에게 "가련한 얼간이, 내가 장담하는데 저 사람 아버지는 아들이 대통령이 될 거라고 생각했을 거야"라고 말함으로써 광대를 얼굴 없는 대중으로 다시 격하시킨다.[39] 동행들이 혐오감과 불신에 차서 구경할 때, 이번에는 메리가 조롱하는 웃음에 합류한다. 존의 마음을 얻기 위해 메리가 대중을 향해 버스 옆쪽으로 침을 뱉어 모두를 놀라게 한다. 확실히 천생연분인 그들은 곧 결혼한다.

객관적인 시각적 현상으로서의 '대중'*the crowd*이 비더의 영화에서는 거의 완전히 부재하다는 사실이 중요하다. 대신 우리는 존의 유아론적인 환상으로서 나타나는, 반어적이거나 노골적으로 모순되는 세계를 보게 된다. 영화의 남은 부분 내내 비더는 존의 대중과의 씨름을 그 자신과의, 자신을 지배하고 극복할 필요성과의 씨름으로, 더 나아가 항상 자신을 다른 것과 대조시킬 수만 있는 개체화가 발생시킨 고립과 사회적 아노미와의 씨름으로 묘사한다. 특별히 즐거운 순간에 존과 메리는 휴가를 얻어 해변에 가는데, 우리는 존이 우쿨렐레를 연주하며 "영광스럽게 홀로" 있는 것에 대해 노래하는 것을 본다. 카메라는 돌면서 사람들로 완전히 가득 찬 해변을 비추고 메리——휴가를 다소 덜 즐기고 있는——가 점심을 준비하고 불이 꺼지지 않게 유지하면서, 빽빽거리는 그들의 아이를 한 곳으로 모으는 일을 곡예 부리듯 동시에 하는 모습을 보여 준다.

39 따라서 광대와 무의식적으로 동일시하는데, 존의 아버지도 그에 대해 마찬가지로 있을 성싶지 않은 예언을 했기 때문이다.

우리가 할리우드의 이데올로기 안에서 기대하는 것처럼 모든 역경을 정복하기보다는, 비더는 존의 확고한 개인주의를 완강하고 심지어 병적인 것으로 묘사한다. 그는 자신을 대중으로부터 차단하려고 노력하지만 결국은 대중에게 완전히 흡수된다. 존의 정체성이 오로지 대중과의 탈동일시로만 이루어지게 되기 때문에, 그의 운이 무엇을 가져다주든, 그의 운명은 영원히 대중에게 매여 있다. 비더는 그의 순전하게 개인주의적인 에토스, 그리고 엄격한 분리와 자율성에 대한 갈망을 병적인 형태의 스스로 부과한 소외로 나타낸다. 비더는 행복과 심지어 자유를 위한 존의 유일한 진짜 기회를 포함하는 것은, 역설적이게도 대중을 통한 자유이지, 그가 꿈꾸는 대로 대중을 차치한 자유가 아니라는 사실을 암시하는 것으로 보인다.

마지막 장면에서 우리는 존이 거리에서 동전이나 벌어 보겠다고 저글링하는 사람으로 몰락한 것을 보는데, 이는 그가 자신의 결혼 생활을 시작할 때 조롱했던 광대의 거울 이미지다. 그의 아내와 아이는 결국 그와 관계를 끝내고 혐오하며 그를 떠났다. 그럼에도 불구하고 존은, 하루 저녁이라도, 그들을 극장에 데리고 가서 그들의 마음을 되찾기를 바란다. 거기서 존이 알지 못했던 일종의 사회적 상호성이 뒤따르는데, 그는 어떤 낯선 사람이 기침하는 것을 도와주려고 그의 등을 쳐 주고, 잠시 후에 그 낯선 사람은 쇼 프로그램에서 존이 광고를 따낸 것을 보고 축하해 준다. 그러나 바로 뒤에, 카메라는 천천히 크레인으로 위쪽과 뒤쪽으로 움직이기 시작하고, 줄지어 있는 사람들이 이제는 똑같은, 기계적으로 보이는 움직임으로 왔다갔다 하며 까닥거리는 것을 드러낸다. 크레인을 이동하여 더 멀어져—한계에 도달할 때까지 그리고 화면이 완전히 어두워지기 전에—깜박거리는 빛들로 이루어진 알아볼 수 없는 편성만 남게 되고, 평범한 재미로 보였던 것이 점차 기이하고 인간미 없는 것이 된다. 존과 메리, 그들 옆에 함께 있는 사람들에게 그 순간은 공유된 재미와 기쁨의 하나다. 그러나 우리의 전망 좋은 위치, 즉 위에서 그리고 떨어져서 보면, 우리는 개인들을 알아볼 수조차 없다. 단지 추상적이고 장식적인 패턴일 뿐이다. 대중이 사라지면서 빛과 어둠의 이진부호로 된 시각적 데이터가 점차 나타날 때, 우리는 도시에 대한 우리의 처음의 접근, 그리고 존의 역경에 대한 우리의 처음의 지각을 특징지었던, 위에서 보는 멀리 떨어진 관점으로 돌아간다.[40]

구성주의와 대중의 허깨비 같은 존재론

1920~1930년대 대중의 황금시대에조차 많은 위대한 사진작가, 영화제작자들은 대중이 각인되는 사회·정치적인 맥락과 상관없이, 대중을 구체적인 것으로 재현하는 것이 감정이 이입된 거리 두기를 초래할 가능성에 직면했던 것 같다. 이것은 왜 대중의 의식이나 대중의 행동에 대한 가장 위협적인 묘사조차 반드시 관람자들을 그들 자신의 상황의 어떤 구체적인 정치적 의식으로 동요시킬 필요가 없는지를 설명해 줄지 모른다. 혹은 크라카우어가 분석한 역사적인 희곡들의 경우는 정확히 이 반대다.[41]

---

40 불행하게도 이 효과는 단순히 산문으로 표현될 수 없다. 이 시퀀스는 영화의 끝으로부터 대략 10초 정도다. 게다가 이 연속물에는 비평가들이 이전에 언급하지 않았던 다섯번째와 여섯번째 이미지 사이의 일종의 분리가 있는 것으로 보인다. 화면이 마지막으로 검게 사라지기 전에 '장식으로서의 대중'의 마지막 이미지는 더 멀리 위에 있는 추가적인 카메라나, 아마도 완전히 다른 이미지를 포함하는 것으로 보인다. 내가 전개하는 주장에 있어서 그것은 기이한데, 이 기계적인 '분리'가 정확히 우리가 인식의 분리가 자연스럽게 나타나기를 기대하는 순간에 발생하기 때문이다. 끝에서 두번째 숏에서, 마치 대중이 여전히 비더에게는 충분히 작지 않아서, 우리가 이 깜박거리는 빛의 입자들 속에서 더 이상 사람들을 알아볼 수 없다는 것을 그가 전적으로 확신하기를 원했던 것 같다.

이 위치, 즉 대중을 마주 보는 관람자의 관점의 문제는 '대중재현'의 어려움과 씨름하려고 한 당대의 많은 시각 이론가들에게 결정적인 것으로 여겨졌다. 가령, 크라카우어는 그 외의 경우에는 특이한 것이 갖는 중요성이 분리성을 띤 몽타주의 원칙에 강렬한 영향을 준다고 단언하였음에도 불구하고, 대중은 특별한 종류의 영화적 대상이고 공간의 분열을 통해서만 적절하게 다뤄질 수 있다고 주장했다. 클로즈업과 롱숏를 번갈아 끊임없이 삽입하는 영화 몽타주만이 "관중이 거리의 시위를 정말로 파악할 수 있게 만드는 움직임으로 그를 내보내는" 능력을 갖는다.[42] 푸돕킨은 이와 유사하게 분리성을 띤 공간과 이동하는 관점이 혁명적인 대중을 영화적으로 보여 주려는 모든 시도에서 결정적이라고 여겼다. 그는 "관찰자는 …… 전체로서의 행렬에 대한 위에서 보는 관점을 얻고 그 차원을 판단하기 위해 집의 지붕으로 올라가야 한다. 그 다음에 그는 내려와서 1층 창문을 통해 바깥을 내다보며 시위자들이 들고 있는 글들을 봐야 한다. 마지막으로 참가자들의 외형적인 모습에 대한 인상을 얻기 위해 대중과 어우러져야 한다"라고 썼다.[43]

1930년대 파시스트의 대중적인 구경거리 이전에, 소비에트 구성주의는 아마 대중재현의 문제와 가장 분명하게 관련된 20세기의 미학적 움직임이었을 것이다. 그러나 그것을 대신하게 될 파시스트 미학과 다르

---

41 Kracauer, "Little Shopgirls Go to the Movies", *The Mass Ornament*를 보라. 이것은 고다르(Jean-Luc Godard)의 '정치적인 영화를 만드는 것'과 '영화를 정치적으로 만드는 것' 사이의 구분과도 일치할 것이다.

42 Siegfried Kracauer, *Theory of Film: The Redemption of Physical Reality*, Princeton, N.J.: Princeton University Press, 1997, p.51.

43 Vsevolod Pudovkin, *Film Technique and Film Acting*, New York: Grove Press, pp.53~54. Kracauer, *Theory of Film*에서 재인용.

게, 구성주의자의 사진 관행과 이론은 집단적인 것의 재현과 재현의 새로운 집단적 수단 모두를 계속 진행 중인 미학적·사회적·정치적 문제로 제시했다. 단순히 대중에 대한 예술 관행을 창조하기 위해서가 아니라 대중재현 자체라는 이 범주의 질문들과 문제들에 맞춰진 용인된 미학적 교리의 측면들에 의문을 갖고 재평가하기 위해서다. 구성주의 운동 안에서 베르토프와 롯첸코는 모두 예이젠시테인의 영화조차도 흔히 빠졌던 객관화의 유혹을 피했지만, 그들의 노력은 아마도 역설적이게도 그 자체로서의 재현을 어느 정도 거부함으로써만 완수됐다. 그들의 작품은 대중을——긍정적으로든 부정적으로든——이해되어야 할 것으로 나타내기보다는, 대중을 환기시키고 그들에게 일종의 사행적이거나 유령 같은 존재론을 가득 채웠다고 할지도 모른다.

베르토프의 「카메라를 든 사나이」의 고전으로 여겨지는 이미지에서 카메라맨은——대중과 유기적으로 합치되고 그들 안에서 둘러싸여 있으려는 그의 혁명적인 야망에도 불구하고——어쩔 수 없이 구조적으로 그것과 단절되어 있는 것으로 보인다(그림 14.11). 바로 이 위치가 그를 악의적으로 나타내는 듯하다——대중을 낮춰 보는 것으로. 두번째 카메라는, 조작자가 없이, 심지어 위에서 보는 순전히 분리되고 인간미 없는 관점을 예시한다고 할지도 모른다. 그러나 이미지는 이런 점에서 분명히 모호하다. 그것이 기획하는 구조적인 거리 두기에도 불구하고 그것은 또한 카메라맨과 그의 도구를 그저 유령 같고 투명하며 실체가 없는 독립체로 묘사하기 때문이다. 뿐만 아니라, 그들은 단지 분리되어, 대중 위를 떠도는 것이 아니라 오히려 그들 안에서부터 위로 올라간 것으로 보인다. 카메라맨은 대중과 함께 그리고 대중 위에 서 있지만, 어느 위치에서도 그는 확실하거나 단호하지 않다. 하나의 재현 또는 롯첸코가 비난하던 '포토픽처'

[하나로 완결된 사진]를 제공할 수 있는 살아 있는 행위자다. 오히려 이 유령 같은 카메라맨은 우리 자신의 조망 위치를 보여 주고, 영화의 프레임 안에서 아래쪽에 있는 대중에 대한 우리 자신의 관점을 근본적으로 복제하며 따라서 이 대중의 이미지를 그 자체로 우발적이고 잠정적인 구성으로 특징짓는다.[44]

그러나 베르토프의 가장 중요한 대중 이미지는 영화의 더 앞부분에서 일시정지의 역설적인 순간에 나타난다. 이미지 자체는 사진이 아니다. 오히려 그것은 우리가 사진에 대해 생각할 때 익숙한 시간과 방식, 소재로 입증되지 않는다. 이미지, 더 정확히는 연속된 이미지들은 사진적 순간 자체의 일시성——필름에 담는 것과 비평 모두——을 돌이켜 보게 하는 특정한 일시적 지속을 부여받는다. 촬영 행위를, 따라서 관중의 지각을 대중의 이미지에 새기면서 베르토프는——아마도「카메라를 든 사나이」의 중심적인 장면에서——우리에게 정지해 있으면서 동시에 움직이고, 시간 안에 있으면서 동시에 시간 바깥에 있는 대중의 이미지를 보여 준다. 이 시퀀스의 이미지들은 그것들의 포토그램이 이제 움직이는 풀프레임[실사영화처럼 1초에 24장의 그림을 사용]의 이미지로 대체되면서 활기를 띠는 것으로 나타난다(그림 14.12). 이 장면은 그것의 전형적인 반영성, 즉 "장면의 뒤에서가 아니라 이제 거리에서 다시 돌아와" 제작했기 때문에 베르토프의 영화에 대한 문헌에서 자주 언급되어 왔다.[45] 그러나

---

44 거의 베르토프의 영화와 동시대에 있는 크라카우어는 "역사상 처음으로 사진은 모든 자연스런 보호막을 드러내고 있다. …… 사진기록보관소는 의미로부터 소외된 마지막 자연의 요소들을 초상으로 모은다. …… 구성 요소로 분해된 자연의 비축된 이미지는 의식의 자유로운 처분을 위해 제공된다. 그들의 본래의 질서는 상실된다. …… 그들이 가정하는 질서는 필연적으로 잠정적이다. 그러므로 모든 주어진 외형의 잠정적인 지위를 확립하는 것은 의식의 의무이다"라고 주장한다(Kracauer, "Photography", *The Mass Ornament*, p.59).

그림 14.12 「카메라를 든 사나이」 스틸사진. 키노 인터내셔널 제공.

의미심장하게도 다른 시퀀스의 숏들과 다르게, 베르토프는 결코 대중 이미지를 셀룰로이드 포토그램으로 나타내지 않는다. 이전 숏들이 '풍부함'의 경험을 구성하도록 뒷받침하는 것의 적나라한 물질성을 드러냈던 반면, 대중 이미지는 풀프레임으로 두 번 보인다. 첫번째는 잠잠한 것으로, 다음에는 마술사에게 놀란 어린이들 장면을 끼워 넣어 움직이는 것으로. 이 생략의 가장 그럴듯한 이유는 굉장히 단순한 듯하다. 이미지가 너무 작아서 알아볼 수가 없었을 것이다. 포토그램으로 나타났기 때문에 그것은 그저 장식적인 패턴, 장식품으로 보였을 것이다. 그러나 이 단순한 현실성은 연속성 안의 중요한 단절을 가리킨다.

대중의 이미지──영화의 마술사가 마술을 부려 처음으로 다시 활

---

45 Garrett Stewart, *Between Film and Screen: Modernism's Photo-Synthesis*, Chicago: University of Chicago Press, 1999, pp.13~15.

그림 14.13 「카메라를 든 사나이」 스틸사진. 키노 인터내셔널 제공.

기를 띠게 만들 가장 눈에 띄는 자리를 차지할 정도로 명백하게 중요하다——는 전경의 영화 장치로부터 이와 유사하게 떨어져 있을 수가 없다. 이것은 대중의 이미지가 항상 이미 떨어져 있는 것으로 경험되기 때문이다. 그것의 공중의 관점은 거리 전체를 포함하지만, 단 그곳을 차지하는 사람들의 특수성을 포기해야 하는 비용을 치러야만 한다. 대중의 이미지와, 동시에 그 이미지의 제작의 이미지로서 베르토프의 재현 행위는 여기서 그 자신의 일시적인 분리성, 삶의 흐름에서의 인위적인 절단, 그것이 보여 주는 것의 고행(그림 14.13이 틀림없이 여전히 보여 주고 있을 고행)을 주장한다. 그것이 나타내는 대중은 잊을 수 없지만 즉시 사라진다. 잠시 뒤에 표를 편집하는 마술을 통해, 우리는 그것을 다시 보고, 이제 모든 각각의 점과 모든 개인이 움직거리거나 이동하기 시작하며, 전체가 활기로 가득 차기 시작할 것이다. 그러나 이 새로운 '활기'는 이 이미지가 방금 포함한 죽음과도 같은 정적을 계속해서 생각나게 한다. 이 새 이미지가,

그림 14.14 알렉산드르 롯첸코, 「시위를 위한 집합」, 1928~1930.

이제 움직이게 되었을지라도 **여전히** 포함하는 역설적인 정적이다.

　사진과 영화 사이의──정체와 동작 사이, 그리고 본질의 최종성 대일종의 유령 같은 존재론의──이 움직임은 물론 바로 대중에 대한 질문이며, 따라서 우리가 이 예술적 모더니즘의 고전으로 여겨지는 순간에 대중을 재현하는 문제를, 따라서 재현 그 자체의 문제를 대신하는 것을 발견할 수 있다는 사실은 놀라운 일이 아니다. 롯첸코의 「시위를 위한 집합」Assembling for a Demonstration은 하나의 스틸 이미지이지만 베르토프의 시퀀스처럼 일종의 지속을 너무 많이 새겨 넣는다(그림 14.14). 롯첸코는 만들어지고 있는 대형, 즉 아직 완전히 달성되지 않은 형태를 묘사한다. 잠재적인in potentia 동원, 그것은 바로 지금 펼쳐지고 있는 사건이다. 우리는 출현의 여명의 순간을 입증하고 있는 듯하다. 그것은 개인들의 무리로부터 형태로 출현하는 그 순간의 이 많은 사람들, 이 '대형'이다. 충분히 기이하게도 지면의 얼룩들──거리를 청소하는 중에 뿌려져서 오후의 태양 아래 점차 증발하고 있는 물로 예상되는데──은 형태로서 우리의 관심을 끌기 위해 대중과 경쟁한다. 명도 스펙트럼의 정반대편 양 끝에서 나타남에도 불구하고 둘 다 지면에 가깝게 납작해진다. 둘 다 지면의 특성을 띤다. 그것들은 심지어 거의 맨 윗부분에서 만나는데, 검정 옷의 사람──분명 운집하는 대중의 일부가 아닌──이 거의 완전히 사라져, 지면으로 용해되고, 우리의 특별한 전망 좋은 위치에서 보면, 그가 닮아 있는 것으로 보이는 물의 얼룩처럼 증발한다는 점에서 기이한 혼합이다.[46]

　이 모든 것은 물론 형태로서 보이는데, 그것은 우리가 그곳, 즉 지면

---

46 이것을 캐럴 리드의 「제3의 사나이」(그림 14.7)의 축제장소의 이미지와 비교해 보라. 거기서 그림자는 그곳으로부터 나오는 사람들보다 더 눈에 띈다.

에 있지 않기 때문이다. 그 경우에 대중, 즉 조직은 그 자체로서 보이지 않을 것이다. 둘러싸인 테라스에서 한 여인은 우리의 응시를 모방하며 우연히 아래를 내려다본다. 그녀의 존재는 이 장면의 공간적인 동력과 관중으로서 우리의 위치, 그리고 롯첸코의 시야의 편평함을 배경으로 한 장식품으로서 대중의 위치에 주의를 환기시킨다. 이 배가는 우리의 관객성의 행위를 시야에 새겨 넣는다. 두 여성——한 명은 아래를 내려다보고 다른 한 명은 눈길을 돌린다——은 일종의 지속을 이 바라봄의 과정에, 그리고 장식품으로서의 대중의 점차적인 등장에 각인하는 시퀀스를 형성한다.

　　대중의 복잡한 일시성, 반영성, 사행적인 지위는 롯첸코의 동시대의 「브후테마스의 마당」Courtyard of Vkhutemas과 견줄 때 더욱 극적으로 강조된다(그림 14.15). 거기에서는, 마치 아래쪽의 대중의 이미지에서 모든 움직임과 일시성을 의식적으로 빼낸 것처럼 보인다. 롯첸코는 크라카우어가 '장식품으로서의 대중'이라고 부르는 것을 유별하게 고집하고, 그것을 완전히 분리된, 공중의 관점으로 나타낸다. 외부적인 관람자의 중개 없이, 시야가 발코니 위의 우리 위치까지 이어지도록 하는 「시위를 위한 집합」의 경미한 각도도 없이, 「브후테마스의 마당」은 자신을 아래의 장면에 대한 고압적이고 분리된 관점으로 나타낸다. 지각의 과정에 내재하는 일시성으로부터 비롯된 이 관점은 지속적인 사건을 필름에 최종적으로 담길 수 있는 정적인 것으로 만든다. 동명사에서 명사로, 제목의 문법에 나타난 시간의 변화이다. 지극히 평범했을 것 같은 행사임에도 불구하고 이렇게 그려진 대중의 이미지에 대해서는 확실히 불길한 뭔가가 존재한다. 이전의 이미지에서 나타나던 형식적인 차원은 어느 정도의 균형을 잡아주는 인식이나 동일시를 받아들이지 않는다. 이전의 이미지에서, 물의 얼룩이 사람들의 그림자와 함께 혼합되는 반면, 그것은 여기서 사람들 자체

그림 14.15 알렉산드르 롯첸코, 「브후테마스의 마당」, 1928~1930.

와 더 직접적으로 동일시되는 것처럼 보인다. 선의 편성뿐 아니라 그림의 공간의 양쪽으로 나아간 선의 형식적인 연장은 정체를, 한가롭게 기다리고 있는 끝없는 지속을 환기시킨다.

「시위를 위한 집합」과 같은 항공사진에서, 위에서 보는 관점은 분리되지 않고, 오히려 신체의 지각의 중심지를 포함하는 동시에 거리에서의 그의 작업을 특징짓는 궁극성을 결핍한다. 이렇게 푸돕킨과 크라카우어가 대중의 재현에 대한 공간적 위치의 문제를 올바르게 지적했음에도 불구하고, 카메라에 의해 각인되는 관점은 단지 물리적인 공간에서의 카메라의 위치로 축소될 수 없다. 훨씬 큰 중요성은 이 관점이 어떻게 관람자에게 경험될 수 있는가이다. 그것이 동일시의 관행으로 이해될 수 있는 것이었든, 아니면 필연적으로 분리되고, 추상적이며, 비정보적인 것이었든 말이다.

재현을 넘어: 운동 안의/으로서의 대중

새로운 시각에는 분명, 동일시와 공간성 사이의 이 복잡한 상호작용을 특별히 중시하기보다는, 단순히 가능한 가장 급진적이고 충격적인 이미지를 포착하는 데 만족하는 측면이 있었다. 종종 이 관행은 이미지와 그것의 지시 대상 사이의——미학적이고 식별할 수 있는——완전한 분리로 이어진다. 산업화와 기계 문화에 대한 무비판적인 칭찬과 결합하여 이 이미지들은 소비에트의 새로운 시각과 1930년대의 독일 파시스트의 시각 문화의 공공연한 정치화를 위한 장을 마련한다. 그러나 이 대중재현의 문제와 씨름했던 사람들은 위에서 보는 관점의 권위주의적인 분리에 반대하면서 아포리아와 함께 남겨진다. 거리에서 보는 관점은 대중을 특성을 가진 것으로서, 직접적으로 재현하지 않았고, 시간적으로 한정된 과정과 사건인 것으로서, 간접적으로만 재현했다. 종종 서로 다른 전망 좋은 위치 사이의 움직임은 집단적인 주체의 이 역동적인 존재론을 풍자하는 작용을 했다.

수사적으로, 독일어인 'Masse'는 종종 영어인 'crowd'나 'mob'과 교환 가능하게 사용되는 경향이 있지만, 이 용어들은 이러한 움직임의 쟁점과 관련하여 실제로 매우 다르다. 'mob'(라틴어로 '이동하는 민중'mobile vulgus)은 활력뿐 아니라 느슨한 종류의 방향과 의도성을 암시한다. 이와 대조적으로 'Masse'는 상대적으로 기력이 없다. 외부의 힘에 의해 형성되고 주조되고 '동원되는' 것이다.[47] 대중(고전영어로 '압박하거나 몰아가

---

47 'Mass'의 어원은 불분명하다. 거트루드 코흐(Gertrud Koch)는 최근, 효모가 들어가지 않은 빵인 히브리어 'matzoh'와 마찬가지로, 'mass'도 히브리어 'mazza'로부터 비롯됐다고 제안했다. *Siegfried*

다('crudan')은 이 두 용어 사이의 중간의 자리를 차지하는데, 그것이 의도를 인정하지 않은 어느 정도의 움직임을 암시하기 때문이다.

새뮤얼 웨버는 벤야민이 'masse'라는 용어를 사용할 때마다 그가 그것을 움직임이나 활력과 관련시킴으로써 특별히 전통에 어긋나게 한다는 사실에 주의를 환기시켰다.[48] 따라서 웨버는 기술적인 복제 가능성 자체의 대중과 같은 특성이 분산Zerstreuung 상태의 수용/생산Aufnahmen 으로 이어지는 것이 벤야민에게 무엇을 암시하는지 궁금해하는데, 이는 단순한 산만함이 아니라 공간적으로 지향되는 흩어지고 확산되는 느낌이다.[49] 여기서 벤야민의 생각의 복잡성을 자세히 말할 수는 없지만, 우리의 의도를 위해서는, 대중재현의 간접적인 방식을 필요하게 만든 것으로 보이는 것이 바로, 부분적으로는 이 분산의 공간성이었다는 사실을 말하는 것으로 충분할 것이다. 벤야민 스스로는 어떻게 각각의 지나가는 여인passante 의 모습을 통해 대중이, 재현되기보다는 연상될 수 있는지를 분명히 보여

Kracauer: An Introduction, trans. Jeremy Gaines, Princeton, N.J.: Princeton University Press ,2000, p.27을 보라. 그런데, 「군중」을 제작하기 시작한 후에, 비더는 그의 가제인 '폭도'가 지닌 수사적으로 선동적인 함축을 이해하기 시작하고서 거부한다. 좋은 이유로—'폭도'가 집단의 응집과 방향을 근거로 하는 한, 존 심스는 분명 '폭도'의 일부가 아니고, 이것들은 정확히 존이 영화에서 맞서 싸울 대상이 되는 것들이다.

48 Samuel Weber, *Mass Mediauras: Form, Technics, Media*, Stanford, Calif.: Stanford University Press, 1996, p.84. 동일한 독일어 단어에 대한 세 가지 다른 번역에 대해서는, Freud, "Group Psychology and the Analysis of the Ego"; Kracauer, *The Mass Ornament*, 그리고 발터 벤야민의 삽화 에세이에서 해리 존(Harry Zohn)이 'massenweise'(문자 그대로 '대중 같은')를 영어로 'a plurality of copies'(무수한 복사본)라고 한 꽤 유려한 번역(Walter Benjamin, *Illuminations*, ed. Hannah Arendt, trans. Harry Zohn, New York: Schocken Books, 1986)을 보라.

49 Walter Benjamin, "The Work of Art in the Age of Its Mechanical Reproducibility", eds. Howard Eiland and Michael W. Jennings, *Selected Writings*, vols.3~4, trans. Edmund Jophcott et al., Cambridge, Mass.: Harvard University Press, 2002~2003을 보라.

주기 위해 보들레르의 시에 훌륭하게 의지한다. 웨버는 그녀의 '표면적인 개성'을 이렇게 묘사한다.

> 결코 개성적이라고는 할 수 없다. 그녀는 스쳐 지나감으로써만 존재하게 된다. 그리고 그렇게 하면서 그녀는 자신이 대중의 알레고리적인 상징이고, 타자 안에/로서, 덧없는 유령의 특이성 안에/으로서 존재하게 되는 것을 드러낸다. 대중운동——운동 안의/으로서의 대중——은 자신을 이러한 유령으로 생산하며, 그것은 1930년대의 정치적 운동의 형성되고 동원된 대중에 대한 대안을 제공한다.[50]

이 '운동 안의/으로서의 대중'이라는 대안적인 개념은——대중의 유령 같은 존재론으로 부를 수도 있는 것으로——벤야민의 저작에만 한정되지 않았고, 내가 보여 주려고 노력했던 것처럼, 이 결정적이지만 다루기 힘든 대중재현의 문제와 어느 정도는 분명하게 씨름했던 예술적 모더니즘의 시각 문화 도처에서 발견될 수 있다.

파로키와 리드, 비더의 영화가 대중에 대한 이러한 멀리서의 관점이 가진 매력과 위험을 모두 보여 주긴 하지만, 베르토프와 롯첸코가 떠올리게 하는 일종의 경계에 놓인 재현은 다소 다른 가능성을 분명하게 보여 주는데, 그것은 포Edgar Allen Poe와 보들레르에서 발견되는 대중의 일종의 유령 같은 존재론을 지속시킨다고 할 수도 있다. 여기서 대중은 그것이 복합적이고 유동적이거나 진보하지 않는 '존재'라는 그 이유 때문에——그것의 '존재함'은 견고하거나 실재하지 않고 비영구적이고 일시

---

50 Benjamin, "The Work of Art in the Age of Its Mechanical Reproducibility", p.97.

적이며 사행적이다──움직이는 것으로 재현된다. 이것이, 일반적인 재현의 문제, 그리고 특별히 대중재현의 문제와 진정으로 씨름하는 사람들에게 '대중'이 매우 자주 덧없고, 일시적인 어떤 것으로──재현되며 **존재**할 수 없는 어떤 것으로──재현되는 이유다.

하이데거와 비릴리오, 마노비치와 같은 저자들은 대중적인 시각 문화의 기술에서 기계적인 눈이 인간의 눈을 대체했듯이, 어떻게 기계의 눈이 중세의 '신의 눈'의 근대적 대체물이 되었는지를 보여 준다. 그것은 허구로부터 사실을 분리하고, 경쟁하는 두서없는 주장들을 자세히 살펴보고, 최종적인 형이상학적 '진리'를 수립할 수 있는 궁극적으로 분리된 관점이다. 이 재현의 양식이 집단성만큼 복잡하고 다면적 가치를 지니며 사행적인 어떤 것에 달려 있을 때, 그것은 자신을 지식의 대상으로 구성하기 위해 필연적으로 이러한 특성을 버린다. 그것은 시공간에서 한계가 정해지고, 견고하며, 제한되어, '대중'이 된다. 분석되고 연구되며, 무엇보다도 사회적·경제적·정치적인 계산으로 고려될 수 있는 어떤 것으로서 말이다. 그것은 결국 한때 살아 있던 창조물처럼 해부 테이블 위에 벌려질 때만 '등장한다'.

그에 반해서, 예술적인 모더니즘의 시각적이고 이론적인 담론 안에서, 여러 가지 방식으로 재현을 전적으로 거부하는 다른 종류의 재현이 존재했다. 재현을 위한 이러한 분투는 레오나르도 다빈치로 회귀된다고 할 수도 있는데, 그의 그림들은──그것들의 과학적 가치에도 불구하고──하이데거가 현재의 '세계상의 시대'를 진단한 방식인 과학적인 객관화의 반대편에 서 있다. 레오나르도에게 기술적인 정확성은 원근법적인 격자무늬의 객관성에 따르는 것을 필요로 하지 않았다. 그는 그의 학생들에게 그들이 재현하려는 것들 주변에 너무 짙은 윤곽을 잡아 주는 것을 삼가야 하고, 대신 지각하는 눈을 위해 존재하는 부드럽고 융통성 있는 것이 되게 해야 한다고 가르쳤다.

1920년대의 예술적인 모더니즘 안에서 그러한 관행은 대중을, 사람들이 멀리서 판단할 수 있는 구체적인 대상으로서가 아니라, 일종의 경계에 놓인, 식별할 수 있는 사건으로 나타낸다. 움직거리고 실재하지 않는 것으로 보이는 유령 같은 존재로, 그것이 바라보는 주체나 지각의 사건에서 떨어져 존재할 수 없기 때문이다. 집단성은 에너지와 의도, 특징이 변형되는 지속적인 경험으로서, 결국 주체로서도 대상으로서도 재현될 수 없고, 그 윤곽은 결코 진하지 않고 부드럽다. 레오나르도의 그림들처럼 그것은 정적인 동시에 움직이는 것으로서 등장한다.

지난 세기 초반에 도시의 지형이 재현의 상황의 변형을 미학적·사회적·정치적 연구의 중대한 문제로 만든 것처럼, 새로운 세기의 전자적 지형은 재현적 관행을 다시 한번 변형시키는 과정에 있다.[51] 늘 확장되고 있는 다국적 자본주의 네트워크와 세계화된 인터넷의 새로운 교류적 공간의 영향을 받은 세계화는 이와 유사하게 공간과 관계성의 진기한 변형의 징후이다. 이 변형이 우리의 재현적 관행에, 또는 미학적·사회적·정치적 문제의 새로운 공식화에 어떻게, 어느 정도 영향을 미칠지는 앞으로 두고 볼 일이다.

그러나 시각적 수사와 예술적 모더니즘의 담론 안에서 집단성의 재현은 결코 확실한 관행이 아니었고, 오히려 어렵고 늘 변화하는 연구 지형이었기 때문에, 우리는 이와 유사하게 형태와 은유로서의 대중이 계속

---

51 현재 이용 가능한 많은 설명들 중에 아마도 최고의 출발점은 William J. Mitchell, *City of Bits: Space, Place and the Infobahn*, Cambridge, Mass.: MIT Press, 1996이다.

해서 재현적 실패의 끊임없는, 파악하기 어렵더라도, 장소로서 그리고 미학적·사회적·정치적 쟁점으로서 순회할 것이라고 기대할 수 있다.

마이클 로긴(1937~2001)을 추모하며

Tolpa: 러시아어

더스틴 콘드런(Dustin Condren)

러시아어 명사인 tolpa는 크고 무질서한 사람들의 집합체로 주로 정의된다 (『현대표준러시아어사전』*Slovar's sovremennogo russkogo literaturnogo iazyka*). 현대 러시아어에서의 그 용법은 또한 다른 많은 언어들의 대응 단어와 혼돈과 개성의 상실, 예기치 못한 운동의 의미를 공유한다.

글에서 처음으로 tolpa가 사용되었다고 알려진 것은 11세기 후반 교회의 필사본인 『1097년 11월의 기도서』*Sluzhebnaia mineia za noiabr' 1097*에서인데, 이 텍스트는 대다수의 슬라브족 세계에서 성직자의 언어이자 초기의 문학 언어였던 고대교회슬라브어로 쓰였다. tolpa는 이 선집에서 12사도와 관련하여 사용되었고, 그때 이 용어는 오늘날 그것이 지니고 있는 대중과 혼돈의 요소 없이 단순히 사람들의 집단을 가리켰다는 사실을 암시한다.

그러나 라우렌티우스*Laurentius*의 『러시아 원초 연대기』*Povest' vremmenykh let*(이후부터 *PVL*로 축약한다)가 12세기에 등장했을 때쯤 tolpa는 이미 커다란 군중이라는 명시적 의미를 발전시켰던 것으로 보이며, 이 용어는 한 예에서 문 앞에 밀어닥치는 많은 사람들의 무리에 적용된다(*PVL*, p.6582). 또 다른 tolpa의 흥미로운 등장은 성인전인 『페체르스키 성인전』*Peterik pecherskii*에서 시작되는데, 거기에서 이사키Isakii는 군중들 속에서 다른 누구보다 밝은 한 얼굴을 구별할 수 있다. 이 순간은 tolpa라는 단어의 경계에 대한 정확한 지표를 제공한다. 군중은 집단적인 조직으로 존재하고 그들 속에서 사람들은 얼굴을 맞대게 될 것이고, 만일 이 집단의 어떤 일원이라도 집단의 전부와 충분히 크게 다르다면 이 개인은 동시에 그 안에 위치한다고 하더라도 군중과 독립될 것이다.

Tolpa를 찾을 것으로 예측할 수 있는 곳에서 등장하기 시작하는 또 다른 용어는 명사인 chern'이다. chern'은 또한 '군중'으로도 번역될 수 있겠지만, 그것은 특별히 일반인 군중에게 적용되었다──더 직접적으로는 검은 대중을 의미한다. chern'의 어원은 형용사 chernyi(검은)와 단단히 엮이는데, 이것은 역사적으로 일반인prostonarodie과 함께 쓰였다──가령 고대 노브고로드Novgorod 사회의 낮은 계급은 chernyi narod(검은 민중), chernaia sotnia(검은 중대), chernye liudi(검은 사람들)로 언급되었다.

Tolpa와 chern'으로 번갈아 사용되는 군중의 개념은 푸시킨의 1828년 시 「시인과 군중」Poet i Tolpa에서 생생하게 확립된다. 시인은 그의 말을 이해하지 못한 채 듣고 있는 "냉정하고 오만하며/신성하지 않은 사람들" *a khladnyi i nadmenyi/Krugom narod neposviashchennyi*과 직면한다. 시는 등장인물 chern'과 대화를 나누는 등장인물 '시인'과 함께 부분적으로 극적인 형식으로 구성되는데, 언급되어야 할 것은 chern'이 한 목소리로 이야기한다는 것이다. 시인은 이 chern'과 평범한 속세의 삶을 초월하지 못하는 그 일원들의 무능력에 대해 인정사정없이 질책한다. 그는 그들을 '분별없는 노예들'rabov bezumnykh이라고 부르고 chern'으로 말장난을 하며 군중을 cherv' zemli(지구의 벌레)라고 부른다. 이 군중은 오직 시(그리고 환유에 의해 고급문화를 나타내는 것)가 단조로운 일상생활에서 실용적으로 사용될 때만 시에 관심을 갖는데, 푸시킨에게 이것은 그들의 속물 근성의 핵심이고, 시의 영적인 가치에 대한 그들의 무지다.

Chern'의 사용이 거의 오로지 부정적이긴 하지만 tolpa의 함축은 용법에 달려 있고 주로 중립적인 것과 부정적인 것 사이에서 변화한다. 부정적인 함축은 주로 분별없음, 그리고 고귀한 생각과 느낌에 영향을 받지 않는 것과 관련되었기 때문인 것으로 보인다. 두 용어의 특별함은 특히 대중에 대한 맑스주의적 수사와 프롤레타리아트가 20세기를 지배하기 시작할 때 특히 중요하다. tolpa는 다소 바람직하지 않고 방향이 없는 것으로 남아 있는 반면, 프롤레타리아트 massa의 역사적으로 동기가 부여된 진보 운동은 군중의 개념이 이전에 tolpa와 chern' 모두에서 드러냈던 어휘적인 구체화로부터 완전히 벗어나 그 개념에 전적으로 새로운 해석을 제공한다.[52]

---

52 참고문헌: Vladimir Dal, *Tolkovyi slovar' zhivago velikorusskago iazyka*, Saint Petersburg: M. O. vol'fa, 1882; Maks Fasmer, *Etimologicheskii slovar' russkogo iazyka*, Moscow: Progress, 1973; Ipat'evskaia letopis', *Polnoe sobranie russkikh letopisei*, vol.2, Moscow: Iazyki Russkoi Kul'tury, 1998; N. M. Karamzin, *Istoriia gosudarstva rossiiskogo*, Moscow: Kniga, 1988; A. S. Pushkin, "Poet I tolpa", *Sobranie Sochinenii v piati tomakh*, Saint Petersburg: Bibliopolis, 1995; V. V. Vinogradov and S. I. Bernshtein, *Slovar' iazyka Pushkina*, Moscow: Gosudarstvennoe Izdatel'stvo Inostrannykh i Natsional'nykh Slovarei, 1961; *Slovar' sinonimov russkogo iazyka*, Leningrad: Izdatel'stvo Nauka, 1971; V. I. Chernyshev, *Slovar' sovremennogo russkogo literaturnogo iazyka*, Moscow: Izdatel'stvo Akademii Nauk SSSR, 1963; I. I. Sreznevskii, *Materialy dlia slovaria drevne-russkago iazyka po pis'mennym pamianikam*, Saint Petersburg: Tipografiia Imperatorskoi Akademii Nauk, 1903; D. N. Ushakov ed., *Tolkovyj slovar' russkogo jazyka*, 4 vols., Cambridge, Mass: Slavica Publishers, 1974.

대중. 나는 그들을 피하려고 한다. 가장 기억할 만한 경험? 영국이 트리에스 테를 점령하자 이탈리아인들이 시위를 벌였던 1954년의 로마에서의 정치 폭동. 나는 영국인 시민(또는 국민), 재산, 그리고 시설을 찾아 처벌하는 데 열중하는 대중을 우연히 발견했다. 나는 카프라니카 광장에서 비아 델 코르 소 거리를 향해 걸을 때 폭도가 격해지는 소리를 들었다. 그것은 가장 불안 하게 만드는 소음이었는데, 완전히 구체적인 방향이나 목표가 없는 벌이나 메뚜기 떼와 같았기 때문이다. 골목길로 녹아들어 가서 집을 향해 나아갔다. 나는 폭도들이 무슨 일을 할지에 대해 전혀 호기심을 느끼지 않는다. 나는 그들이 좋지 않은 일을 할 것이라고 확신할 수 있다.

그러고 나서는 1971년, 로스앤젤레스 UCLA 캠퍼스에서의 반전 시위 가 열릴 때의 경찰의 폭동. 경찰은 누군가(로스앤젤레스 경찰서의 정부 공작 원이었던 것으로 드러났다) 뭔가——돌멩이, 쓰레기통, 누가 알겠는가?——를 상점의 진열장 유리로 던질 때까지는 충분히 평화적으로 시위를 벌이고 있 던 대중을 진압하기 위해 호출되었다. 이것은 경찰을 격분시켰고 그들은 즉 시 UCLA 캠퍼스 전역에 흩어져 무차별적으로 사람들을 두들겨 패고 도서 관에 침입해 열람실의 탁자에서 작업하고 있는 사람들을 붙잡아 그들을 경 찰들이 하는 식으로 단단히 잡고서 심문을 위해 근처의 밴으로 호송했다. 머 리 위엔 경찰 헬리콥터가 있었고 최루탄 냄새가 사방에서 진동했고 모든 교 수진은 공황상태(그들은 폭도들이 와서 자신들의 귀중한 연구 기록을 파괴할 것이라고 곧 생각했다)였고, 이 사건에 연루된 주요한 학생 활동가들 사이에 서는 극적인 드라마와 기쁨의 느낌이 있었다. 나는 경찰관이 저지르는 범죄

(그는 내 강좌에 학생으로 등록하여 위장 근무를 하고 있었고, 그가 반전 선동가들에게 불리한 증언을 하기 며칠 전에 그의 위장이 들통 났다. 그는 반전 활동에 참가하고 있는 것으로 의심되는 교수와 학생들에 대한 자료 일체를 수집하는 임무를 맡았다)를 목격했고, 그리고 (어리석게도) 그것을 보고했다 …… 경찰에게! 그 결과, 나는 이 경찰관을 공격하였고 그의 등 뒤에서(그는 평복을 입고 있었다) 제복을 찢었으며, 그를 위협하여 그가 살기 위해 도망가야 했다는 혐의로 기소당했다. 이 모든 것들이 몇 시간 내에 로스앤젤레스 텔레비전에 방송되었다. 그러고 나서 나는 로스앤젤레스 경찰 내무부에서 조사를 받았고 그들은 내가 두 명의 경찰관을 공격했다는 발상이 터무니없다는 사실을 깨닫기 위해 나를 쳐다보기만 하면 됐다. 아무런 것도 나오지 않았다.

1972년 가을 워싱턴에서의 평화 시위와 시민권 시위. 평화롭고 온화했던 사랑과 평화의 분위기, 많은 선량하고 점잖은 사람들이 아이들을 데리고 나와 헌법과 시민권에 대한 그들의 믿음을 표현했다.

내 대중에 대한 경험. 나는 친구와 정치적 동지에 대한 어떤 의무 때문에 시위에 나타나지 않을 수 없는 경우가 아니라면 그들을 가까이하지 않는다.

대중과는 거리가 먼

서양의 상상 속에서의 개체화, 고독, 그리고 '사회'

욥스트 벨게

괴테의 『파우스트 1』의 「무대에서의 서막」에서 시인의 형상은 말한다.

> 아, 제발 저 잡다한 무리의 이야기는 하지 마세요.
> 그들을 보면 시인의 정신이 달아나 버립니다.
> 우리를 억지로 소용돌이로 몰아넣는 밀려오는 인파를
> 보이지 않게 해주세요.[1]

이 구절은 근대 문학의 모든 신념과 중요한 사건의 전형이다. 상아탑에서 대중에게서 떨어져서 그들을 무시하면서도 유혹당하는 시인이다. 더욱이 그것은 또한 시와 연극의 역설적인 관계를 다룬다. "대중을 다루는 데는 질보다 양이죠. / 그러면 그 속에서 제각기 무엇인가를 찾아갑니다."[2] 우리는, 비극적인 영웅은 정의상 한낱 인간이고 대중인 사람을 넘어서서 자신을 고양시키려고 하는 외로운 인물이라고 주장했던 게오르크

---

1 J. W. von Goethe, *Goethe's Faust*, trans. Walter Kaufmann, New York: Anchor Books, 1990, p.71.
2 *Ibid.*, pp.95~96.

루카치의 비평을 이 행들에, 그리고 더 나아가 등장인물인 파우스트에 적용할 수도 있다. "고독은 역설적이고 드라마틱한 것이다. 그것은 비극의 진정한 본질이다."[3]

이 에세이에서 나는 그러한 반대중 정서의 진화, 고독의 공적이고 문학적인 업적, 그리고 '개인주의' 관점에서의 대중의 인식과 재현에 관심 갖는다. 실은 대중에 관한 대부분의 사회학적 설명에서, 그리고 『군중과 권력』*Masse und Macht*, 1960에서의 엘리아스 카네티Elias Canetti의 인류학적 접근에서도, 부재한 것은 개인적인 관찰자들과 대중의 형성 사이의 관계에 대한 분석이다. 나는 개인과 대중의 이러한 관계를 표현하는 서양 문학의 오랜 전통이 근대와 근대 초기 모두에서 존재한다는 점을 보여 주려고 노력할 것이다. 사회학적 연구와 철학적 성찰과 대조적으로, 문학작품은 대중(그리고 더 넓은 의미로 '공중' 또는 '사회')을 객관적이고 '과학적인' 관점에 의해 보여 주지 않고, 우리에게 개인과 그들의 사회적 배경 사이의 상호작용에 대한 상징적이고 역사적인 설명을 제공한다. 이러한 작용에 대해 그들은 자신을 떨어져 있거나 멀리 있는 관찰자로 여긴다. 그러나 나는 또한 간간이 철학자가 쓴 작품에 의지할 것이다. 특히 니체의 글은 근대 초기 작가들과 형식적으로 연계되고 또한 20세기 전환기의 작가들에게 강력한 영향력을 발휘했다는 점에서 적절하다.

더 구체적으로, 이어지는 설명은 불가피하게 대단히 선택적인데, 자신의 문학적인 저술을 개인적인 것과 집단적인 것 사이의 상호작용에 의해 좌우되는 것으로서, 그리고 그런 징후를 보이는 것으로서 스스로 생각

---

3 György Lukács, *Die Theorie des Romans: Ein geschichtsphilosophischer Versuch über die Formen der großen Epik*, Frankfurt am Main: Luchterhand, 1977.

하는 작가들의 텍스트에 특권을 부여한다. 이것은 문학의 저자가 대개 익명인 공중과 자신의 생각을 공유하는 필연적으로 '고독한' 개인이 된다고 말하는 것이다. 이런 의미에서 우리는 주체/대중 형성의 역사적인 진화뿐 아니라 (분명히 모든 주체의 형성에서 필수적인 부분이다) 문학적 소통의 메커니즘의 중심적인 측면에도 관심을 갖는다.

나는 역사적인 근대성과 '대중'의 의미론적 함축 사이의 인과적 연계를 당연한 것으로 받아들인다. 그러나 대중의 현상을 '군중', '집단', '사회', '공중'의 범주로부터 격리하기보다는, 내가 근대와 근대 초기의 텍스트들에 관해 그 용어들을 사용할 때, 여기서는 정확히 이 용어들 사이의 연속성에 ──때로는 예상치 못한── 관심이 있다. 우리의 주요한 관심이 근대의 대중사회가 아니라 오히려 집단적인 것을 통한, 그리고 그것에 저항한 개체화의 현상이라면, 그것은 단기적이라기보다는 장기적인 역사적 관점을 채택하도록 도와줄 것이다.

이 글의 첫번째 부분은 인문주의자인 저자(페트라르카, 몽테뉴)의 근대 초기의 신념을 고독의 상태, 그리고 (신)스토아학파의 아무리 일시적이더라도 공중으로부터의 분리를 말하는 수사와 밀접한 관련이 있는 것으로 본다. 두번째 부분은, 벤야민에 이어 특별히 도시적인 근대성의 인식이 비전과 재현과 주체 구성의 새로운 문제를 제기하는 19세기의 사례들을 검토할 것이다. 나는 또한 두 명의 18세기 저자를 포함했다. 루소는 신스토아학파의 수사를 되찾아 왔기 때문에 근대 초기로 분류되지만, 로마의 사육제에 대한 괴테의 묘사는 그것이 명백하게 시각적으로 표현된 대중에 대한 가장 초기의 문학적 재현으로 보일 수 있기 때문에 '근대' 부분을 시작한다. 세번째와 마지막 부분은 주로 전형적으로 모더니스트들이 대중에게 품었던 지적인 경멸과 그들의 정치적 열정에 관심을 둔다.

근대 초기의 고독

근대 초기의 작가들 중에 페트라르카와 몽테뉴는 사회와 세계정세에서 물러선 인문주의자의 관점에서 가장 끈질기고 영향력 있게 고독에 대해 쓴 사람들이다. 그들의 저작에서 고독의 상태는 우리가 오늘날 르네상스의 주체성과 비종교적인 저자의 등장이라고 부를 것과 직접적으로 연결된다.

1342~1343년 동안 페트라르카는 아비뇽 부근의 보클뤼즈에서 은둔하였는데, 그곳에서 그는 정신적인 자기연구의 대화인 『비밀』*Secretum* 뿐 아니라 『고독한 삶에 대하여』도 저술했다. 이 텍스트는 페트라르카가 논쟁적으로 시인의 고독하고 자연에 머무는 삶을 궁중이나 성직자의 직무의 자기 소외적이고 활기찬 도시 생활과 대비시키는——각각은 나무가 우거진 보클뤼즈^{Sylvan Vaucluse}와 '바빌로니아' 아비뇽^{'Babylonian' Avignon}이라는 상징적인 장소에 의해 표상된다——자기 해명적인 논문이다. 이 텍스트는 중세의 수도원 생활뿐 아니라 세속의 고전적인 이상향인 여가^{otium}에도 영향을 받았는데, 후자는 이미 단순히 활기찬 삶에서의 후퇴를 옹호하는 것보다 훨씬 복잡한 유산을 수반한다.

『고독한 삶에 대하여』에서 공적인 삶에서의 후퇴는 정신적인 충족으로 이어진다고 하지만, 그것은 또한 문학을 산출하기 위한 이상적인 조건으로 묘사된다. "업무가 없거나 그것으로부터 해방되는 것은 …… 문학과 예술의 원천이다."[4] 페트라르카는 고독에 대해서 쓸 뿐 아니라 글쓰

---

4 Francesco Petrarca, *De vita solitaria*, ed. Guido Martellotti, trans. Antonietta Bufano, Turin: Einaudi, 1977, 1.6. 이후부터 *DVS*로 축약한다. 다른 표시가 없다면 모든 번역은 인용자의 것이다.

기와 고독은 서로 동일시되고, 고독은 키케로 식의 의미에서 대화의 장소가 된다. "고독을 죽음보다 더 위협적이고, 죽음보다 심각한 것으로 여기는 사람들이 있다. 이것은 대화자가 없이는 자기 자신과, 또는 책과 이야기할 수 없기에 계속 말이 없는 무지한 사람들에게 일어난다. 문화가 없는 고독은^{solitudo sine literis} 분명 추방이고 감옥이며 고문이다"(*DVS*, p. 47).

한편으로 페트라르카는 "고독하지 않은 고독, 헛되지도 쓸모없지도 않은 여가, 다수에게 유용할 수 있는 고독"을 원한다고 주장함으로써, 자신의 글을 궁극적으로 사회의 도덕적 개선을 목표로 하는 "간섭주의적인" 문학 유형으로 묘사한다(*DVS*, pp. 270~272). 다른 한편으로 페트라르카는 성 아우구스티누스의 신의 도시의 관점을 완벽하게 채택함으로써, 명백하게 로마공화국의 키케로와 다른 작가들을 거부한다. 그는 수사적인 문화의 장식적이고 외부적인 차원에 맞서 영적인 자기 성찰의 입장을 옹호한다. 이렇게 그는 키케로를 비판하는데, 웅변으로부터 영예를 끌어오려는 그의 욕망이 그를 필연적으로 공적 영역으로 밀어 넣기 때문이다. "그들 자신의 재능의 위대함에 비례하여, 대도시와 대중^{populus}의 한가운데서 즐거움을 얻는 것은 웅변가의 특권이고 특징이다. 그들은 고독을 저주하고 결정을 위해 필요한 침묵을 증오하고 반대한다"(*DVS*, p. 250). 도시 대중의 삶은 대체로 거부됨에도 불구하고, 어느 순간 페트라르카는 고독이 은유적으로도 달성될 수 있을지도 모른다는 세네카의 관념을 지지하는 것으로 보인다. "그러나 어떤 상황이 나를 도시로 내몬다면, 나는 대중의 한가운데서 고독을, 폭풍우의 한가운데서 안식처를, 모두에게 알려지지 않은 체계를 이용하여 어떻게 창조해야 하는지를 알고 있다. 자신이 느끼는 것을 느끼지 않는 방식으로 감각을 통제하는 것이다"(*DVS*, p. 52). 페트라르카에 대하여 최근 티모시 J. 라이스는 과장된 개인주의의 수사와 사적인 것과 공적인 것의 시대착오적인 틀에 대한 모더니스트의 강요에 반대 의견을 말하며, 모든 '사적인' 문학적 활동은 내재적으로 '공적인' 차원 또한 갖고 있다고 주장했다. 권위 있는 사회적·문학적인 모형과 관련하여, 페트라르카 식의 인간성은 더 큰 공동체의 유대 안에서만 상상할 수 있다고 라이스는 주장한다. 분명히, 공적인 것/사적인 것의 수사는 하버마스적인 정치적 장을 갖고 있고, 그것이 페트라르카의 중세 후기의 맥락에 적용될 때는 상당한 문제가 된다.

그러나 의미론적인 부적절함에도 불구하고——라이스와 대조적으로——나는 대체적으로 페트라르카의 사상에 변증법이 존재한다고 주장할 필요성을 느낀다. 사실 라이스 자신이 페트라르카에게 '사색적인' 것과 '사회적인' 것, '개인적인' 것과 '시민적인' 것, 그리고 '도덕적인' 것과 '정치적인' 것의 본질적인 혼합이 있다는 데에 찬성의 의견을 보낸다.[5] 고독은 안정적이고 본질적인 반정립의 용어로서가 아니라, 복잡한 집합체의 일부로 이해되어야 한다. 그러나 우리가 그러한 혼합을 인식한다고 해도 이원적인 틀을 전적으로 배제하는 것은 불가능하다. 실제로 페트라르카로부터 시작되는 모든 일련의 인문주의자들은 고결하고 활동적인 삶(키케로) 대 기독교의 자기 성찰과 자신 안으로의 침잠(성 아우구스티누스)의 가치관에 대한 고대의 주장을 화해시키거나 풀어내기 위해 노력하는 변증법인 고독의 삶^vita solitaria 대 활동적인 삶^vita activa의 문제를 끊임

---

5 Timothy J. Reiss, *Mirages of the Selfe: Patterns of Personhood in Ancient and Early Modern Europe*, Stanford, Calif.: Stanford University Press, 2003, p.326. "사색적인 것과 사회적인 것, 영원한 것과 세속적인 것 사이의 논쟁——현재에 더 익숙한 내부/외부, 사적/공적의 대립보다 더 정확한 용어이다——은 아마 그것을 예시하는 텍스트인 『신의 도시』(*The City of God*)와 함께 아우구스티누스 식이었다"(*Ibid.*, p.327).

없이 숙고했다. 피렌체의 인문주의자 레오나르도 브루니Leonardo Bruni는 페트라르카를 '여유로운 삶'의 전형적인 구현으로서 단테와 대조시킨다.[6]

고독의 문제와 가장 직접적으로 연결되는 페트라르카의 텍스트인 『고독한 삶에 대하여』조차, 그 글이 궁극적으로 시민의 행복을 고취한다고 여긴다. 페트라르카는 수도승이 갖는 은둔적인 호젓함의 이상에 의존하고 이러한 이상을 스스로는 도달 불가능한 것으로 표현한다. 고독한 삶에 대한 그의 묘사는 더 이상 종교적인 공동체나 단체의 이상이 아니라, 개인적이고 세속적인 독자를 위한 실행 가능한 관행으로 생각된다. 이 텍스트는 20년 전에 페트라르카가 고독의 상태에 머무는 동안 그를 방문했던 보클뤼즈 영토의 소유자인 필리프 드 카바솔Philippe de Cabassoles에게 1366년에 헌정되었다.[7] 페트라르카는 친구이자 자신의 자아와 꼭 닮은 사람으로서 텍스트 전체에 걸쳐 끊임없이 언급되는 카바솔이라는 인물을 향해 호소한다. 페트라르카가 논문의 말미에서 언급하듯이, "나는 내가 군중turba으로부터 달아나는 고독의 유형을 칭송했지, 친구로부터도 달아나는 고독을 칭송한 것이 아니라는 사실을 깨닫는다"(DVS, p. 304). 이렇게 페트라르카는 더 이상 관貫공동체에 묶이지 않는 고독의 관행의 개척자인데, 이것은 특징적으로 책이라는 매체와 관련되는 관행이기에, 그에 따라 제도화된 권위와 학구적인 스콜라 철학으로부터 거리를 둘 것을 주장할 가능성을 발전시킨다. 수도승의 가치관에 대한 이러한 점차적인 재평가는 대체로 전통적으로 종교적인 형태를 환속된 또는 '세속적

6 Paul Oskar Kristeller, "The Active and the Contemplative Life in Renaissance Humanism", ed. Brian Vickers, *Arbeit, Musse, Meditation: Betrachtungen zur 'Vita activa' und 'Vita contemplativa'*, Zürich: Verlag der Fachvereine, 1985, pp.133~152.
7 Ugo Dotti, *Vita di Petrarca*, Roma-Bari: Laterza, 1987, p.141을 참조하라.

인' 의미로 채웠던 페트라르카의 고유한 경향의 특징을 이루었다.[8]

자족의 수사로 가득한 몽테뉴의 『수상록』Essais, 1580에서 우리는 고독과 공적인 업무 사이의 상호작용적인 긴장에 대한 가장 복잡한 재현들과 마주친다. 사실 『수상록』의 전체적인 논리, 즉 고독과 공적인 업무의 존재 이유와 표현 양식은 바로 이러한 역학에 의해 유발된 것이다. 몽테뉴는 근래에 귀족에 봉해진 부르주아지에 속했고, 개인 소유지와 몽테뉴가의 대저택을 물려받았다. 이러한 사회적 지위는 그에게 자기 소유권과 자제의 수사를 만들어 내도록 했는데, 그가 공적 업무를 수행하는 일에 종사할 때조차 그랬다.[9] 몽테뉴에게 자제는 내적인 자유의 상태, "대중으로부터 빠져나와" 어떤 내적인 영역으로의 침잠을 가리킨다.[10] 그러나 이러한 자제와 내적인 자유는 반대되는 것이 아니라, 오히려 합법적인 권위의 모든 명시에 대한 중요한 복종을 보완하는 것이다. 이러한 역설적인 현상은 또한 (몽테뉴는 자신을 가톨릭교회의 옹호자로 여겼음에도 불구하고[E, vol.1, p.56]) 루터교도와 프로테스탄트의 정치에 대한 이해를 특징짓고, 몽테뉴의 친구인 에티엔 드 라 보에티Étienne de La Boétie의 논문 「자발적 복종을 거부한다」Discours de la servitude volontaire, 1548의 중심부에도 존재한다.

---

8 이렇게 발생론상으로 주장하는 고전적인 진술은 Michael Seidlmayer, "Petrarch: Das Urbild des Humanisten", *Wege und Wandlungen des Humanismus: Studien ze seinen politischen, ethischen, religiosen Problemen*, Göttingen: Vandenhoeck und Ruprecht, 1965, pp.125~177.

9 Constance Jordan, "Montaigne on Property, Public Service, and Political Servitude", *Renaissance Quarterly*, vol.56, no.2, 2003, pp.408~435. 조던의 관점에서 몽테뉴는 '소유를 나타내는 개인주의'의 근대적 수사를 예감하고 봉건적이고 가부장적인 의무라는 낡은 양식을 배제한다.

10 Michel de Montaigne, *Les Essais de Michel de Montaigne*(revised), vol.1(3 vols.), ed. Pierre Villey, Paris: Presses universitaires de France, 1965(1924), p.26. 이후부터 *E*로 축약한다. 영역본은 *The Complete Essays of Montaigne*, trans. Donald M. Frame, Stanford, Calif.: Stanford University Press, 1976. 이후부터 *CE*로 축약한다.

몽테뉴는 고독과 침잠을 천명했음에도 불구하고 종종 공적 업무에 참여했다. 가령 그는 보르도의 시장에 두 번 선출되었고, 따라서 그는 자신이 서로 다른 역할로 분리되어 있다고 생각한다. "시장과 몽테뉴는 항상 분명하게 구분되는 둘이었다"(*E*, vol.3, pp.10, 1012). 그는 이 "공직을 자기 자신으로부터 손톱만큼도 멀어지지 않고서 [수행했다——인용자]. 그리고 나 자신을 잃지 않으면서 다른 사람들에게 마음을 [주었다——인용자]"(*E*, vol.3, p.10). 사람만이 '은유적인' 고독을 수행할 수 있을 뿐 아니라, 고독 또한 자신의 복제를 통해 달성되는 은유적인 사교성을 필요로 하는데, 이것은 티불루스의 "고독 속에서, 당신 자신에게 군중이 되어라"(*CE*, p. 241)라는 격언을 따른 것이다. 만일 군중 속에서 사는 것이 '전염적인' 것으로 보인다면, 단순히 육체적으로 침잠하고 떠나는 전략은 이 문제에 대한 해결책을 제공하지 못하는데, 이것이 우리가 획득한 악을 자동적으로 잃어버리게 만들지 않을 것이기 때문이다. 오히려 몽테뉴는 정확히 사회적인 세계의 한가운데서 자급자족의 이상에 도달하라고 조언한다. 그렇다면 고독의 이상은 실제의 공간적인 분리에(만) 의존하지 않는 일종의 은유적이고 심리적인 의미를 띠며, 이것은 영적인 후퇴라는 형태를 옹호했던 호라티우스나 스토아학파와 유사하다. 무엇보다도 필요한 것은 통제와 자제의 기술이다. "군중에게서 떠나는 것으로는 충분하지 않다. 이사 가는 것으로는 충분하지 않다. 우리는 우리 안의 사교적인 본능으로부터 떠나야 하고, 자신을 격리시키고 자신을 되찾아야 한다."[11]

11 *E*, vol.1, pp.39, 239: "ce n'est pas assez de s'estre escarté du people; ce n'est pas assez de changer de place, il se faut escarter des conditions populaires qui sont en nous: il se faut sequestrer et r'avoir de soy."

이와 유사한 견해가 『수상록』 3권 3장인 「세 가지 종류의 교제」^{De trois commerces}에서 주장되는데, 그는 거기서 침잠된 자기 성찰과 사교성을 역설적인 방식으로 관련시키고 이것을 문자 그대로의 '편협한 고독'^{la solitude local}과 구별 짓는다.

> 내가 사랑하고 설파하려는 고독은 주로 단지 나의 느낌과 생각을 나 자신에게로 다시 이끄는 것이고, 나의 발걸음이 아닌, 나의 욕망과 나의 주의를 억누르고 줄이는 것이며, 바깥 세상의 것들에 대한 근심을 버리고, 노예 상태와 의무를, [C] 그리고 많은 사람들이라기보다는 많은 일들을 극도로 피하는 것이다. [B] 사실대로 말하자면 장소의 고독이 오히려 나를 바깥을 향해 뻗어 나가고 확장되도록 만든다. 나는 혼자 있을 때 나 자신을 정사와 세상 속으로 더 쉽사리 던진다. 루브르와 군중 속에서 내 외피 안으로 침잠하고 축소된다. 군중은 나를 나 자신으로 돌아가게 몰아가고, 나는 존경과 지나치게 격식을 갖춘 신중함으로 가득 찬 장소에서처럼 결코 격렬하고, 부도덕하고, 은밀하게 즐기지 않는다. (*E*, p.78; *CE*, p.625)

사실상 『수상록』은 어떤 면에서는 몽테뉴의 사망한 친구인 라 보에티와 대화하며 나누는 교류의 연속인데, 문학적 자기 성찰이 상호작용적인 대화의 관행을 대체하거나, 우선 자아인식을 가능하게 만들기 위해 자아를 이중으로 만드는 것을 필요로 한다. 이러한 이중 자아의 기술은 스토아학파의 전통의 맥락에서 이해되어야 한다. 『루킬리우스에게 보내는 편지』^{Epistulae morales ad Lucilium}에서 상상 속의 증인^{testis imaginarius}을 창조하라는 세네카의 조언, 마르쿠스 아우렐리우스의 '좋은 악마', 또는 페트라르카의 『고독한 삶에 대하여』에서 그리스도를 진정한 '증인'으로 지명한 것 ―이것들은 내부의 목소리이거나, 개인화된 양심의 모든 형태다. 몽테뉴의 사생활과 고독한 후퇴의 수사는 내전과 사회 정치적인 불안의 맥락 안에 위치해야 한다. 사회적 영역에서의 위장과 가장에 대한 그의 태도는 그와 동시대의 이탈리아인인 프란체스코 구이치아르디니와 비교되어야 한다. 그는 일반적으로 친구인 마키아벨리보다 더 낙관적인 인류학을 옹호하지만, 『회상록』$^{Ricordi,\ 1528\sim1530}$에서 구이치아르디니는 자기 자신과 같은 정치적 권력의 종복들에게, 자신들을 일반적인 사람들보다 높게 승격시키는 신중한 입장과 분별 있고 융통성 있는 지능을 가장하라고 조언한다. "인민에 대해 말한다는 것은 진정 취향과 기쁨, 안정이 없는 무수한 오류와 혼란으로 채워진 미친 동물들에 대해 말하는 것이다."[12] 구이치아르디니는 금언과 경구로 말하는 그의 특징적인 방식으로 쓰면서, 기만당하고 조종당하는 대중의 경향을, 그리고 강력한 개인이 대개 위장과 의혹으로 특징지어지는 사회 속에서 자기 보호와 통제의 위치에 도달할 수 있는 방법을 냉정하게 관찰한다.

18세기에 장 자크 루소는 사회가 명령한 순응주의에 대해서 낭만주의적 비평을 앞질러 논의하며 친밀성과 심리적 자기 성찰의 수사를 행하였다. 루소의 '광장공포증의 성향'에 있어서, 고독의 상황은 원치 않는 필요로 생긴 결과이다. "나는 이제 세상에서 혼자이고, 더 이상 나 자신 외에는 형제도 이웃도 친구도 사회도 없다. 최고의 사교성과 인간에 대한 최고의 애정은 만장일치에 의해 사회로부터 추방되었다. 그들의 혐오

---

12 Francesco Guicciardini, *Maxims and Reflections: Ricordi*, trans. Mario Domandi, Philadelphia: University of Pennsylvania Press, 1992, 76n140.

감을 세련되게 만들면서, 그들은 나의 섬세한 영혼에 가장 잔인할 고통을 가했고 나를 그들과 연관시켰던 모든 유대를 거칠게 파괴했다."[13] 파리 의회가 1762년 6월 9일 그의 『에밀』에 대해 유죄를 선언한 뒤, 루소는 그후 12년 동안 이곳저곳으로 도망다니며 강요된 고독의 상태를 경험하며 지냈다. 그의 『고백록』*Les Confessions, 1765~1769* 은 자아의 초상과 소통하려는 목적이었지만, 『고독한 산책자의 몽상』*Les Rêveries du promeneur solitaire, 1776~1778* ——아마 페트라르카의 『비밀』과 상당히 유사한——은 특별히 오로지 저자의 자기 만족을 위해 쓰인 텍스트이다. 실제로 그것은 그의 사후인 1782년에 출판되었다. 이러한 종류의 철저한 문학적 고독은 항상 저자가 자기 자신의 유일한 독자가 되는 상상의 사회를 낳는 효과가 있다. 루소가 자신의 기획을 『고백록』뿐 아니라 몽테뉴의 『수상록』과 같은 프랑스 전통에서의 가장 유명한 자아 쓰기의 모델과도 구별 짓는 것은 바로 이러한 그의 글쓰기가 지닌 스스로 방향을 정하는 성격 때문이다.

나의 기획은 몽테뉴의 기획과 같지만, 내 목표는 완전히 그와 정반대이다. 그는 『수상록』을 오직 다른 사람을 위해 썼지만 나는 나의 몽상을 오직 나 자신을 위해 쓴다. 말년에 죽음의 순간이 다가올 때 내가 지금 갖고 있는 것과 동일한 성향을 계속해서——그러기를 바란다——갖고 있다면, 그것들을 다시 읽을 때 내가 그것을 쓰는 순간에 경험했던 기쁨을 떠올리게 하고, 말하자면, 나의 존재를 배가시켜 줄 과거를 다시 탄

---

13 Jean-Jacques Rousseau, *The Reveries of the solitary Walker, Botanical Writings, and Letter to Franquières*, The Collected Writings of Rousseau, vol.8(8 vols.), Hanover, N.H.: University Press of New England, 2000, p.3. 이후부터 *RSW*로 축약한다.

생하도록 만들어 줄 것이다. 인간들에도 불구하고 나는 여전히 사회의 매력을 경험할 수 있을 것이다. 노쇠함에도 불구하고 나는 마치 젊은 친구와 함께 살고 있는 것처럼 또 다른 나이의 나 자신과 함께 살 것이다. (*RSW*, p.8)

사회로부터 추방당해서, 그는 저자와 자신의 독자로서의 저자 사이의 순환적인 유대를 낳는다. 루소에게 명상적인 자기 성찰과 고독의 기쁨은 박해로 인한 불안의 환영받는 부산물이다. "내가 때때로 홀로 저 길을 걸어 다니면서 경험한 황홀과 도취의 순간들은 나의 박해자들에게 빚진 기쁨이다. 그들이 없었다면 나는 절대로 내 자신 안에 품은 보물을 발견하거나 인식하게 되지 못했을 것이다"(*RSW*, p. 9). 루소는 종종 강요된 고독을 환영받는 상태로 바꾸기 위해 수사적인 도치의 전략을 이용한다. "그의 자서전의 글 전체에서 독자들에게 그가 다른 사람을 필요로 하지 않고, 다른 사람들 없이 가장 행복하며, 그들의 적대감에 감사한다고 확언하는데, 그들이 이렇게 그 자신 안의 예상치 못한 보물을 발견하도록 만들었기 때문이다."[14] 가령 「첫번째 산책」 ^Première promenade 에서 루소는 이 텍스트와 이전의 『고백록』 사이의 단절을 강조한다. 만일 그가 여전히 그의 영혼의 변형을 나타낸다면, 그러한 설명은 완전히 자기 지시적인 것이다. "나에겐 이 세상의 모든 것이 끝이 났다. 이곳의 나에게 사람들은 더 이상 좋은 일을 하거나 나쁜 일을 할 수 없다. 이 세상에서 나는 더 이상 희망하거나 두려워할 것이 없다. 여기 내가 있다, 심연의 바닥에서 고

---

14 Tzvetan Todorov, *Imperfect Garden: The Legacy of Humanism*, trans. Carol Cosman, Princeton, N.J.: Princeton University Press, 2002, p.99.

요하게, 가난하고 불운하며 죽을 운명으로, 그러나 동요되지 않는, 마치 신처럼 말이다"(*RSW*, p. 6).

「세번째 산책」Troisième Promenade에서 루소는 현재의 강요된 여가의 상황을 그가 이미 "고독에 대한 강렬한 열망"(*RSW*, p. 20)을 느꼈고, 또 그가 포부의 세계에서의 업적에 대해 자신에게 40년이라는 기한을 설정했던 젊은 시절의 타고난 성향과 연결시킨다. "내가 내 청춘을 보냈던 시골에서의 고독과 내가 완전히 열중했던 양서 공부는 …… 나의 타고난 다정한 감정의 성향을 강화했고 나를 거의 페넬롱Fenelon의 태도처럼 독실하게 만들었다. 격리된 명상, 자연에 대한 공부, 우주에 대한 숙고는 고독한 사람을 끊임없이 고양시켜 그것들에 대한 저자로 만들어 준다"(*RSW*, p. 19). 그러나 이러한 근본적인 자율성과 자급자족에 대한 계속해서 반복되는 주장에는 너무 많은 항변이 담겨 있는 것으로 보인다. 루소에게 사회와 그것과 정반대되는 것 모두는 원래의 특성으로부터 '떨어진' 뒤의 상황들이다. 따라서 인간은 결코 전前 사회적인 단계로 '돌아갈' 수 없고, 필요에 의해 방지되는 것이 아니라고 하더라도, 개인이 사회와 맺는 관계는 주로 자선적인 것으로 이해된다.

모더니티

19세기는 대중의 세기였다고 종종 말해진다. 문학은 개인 관찰자와 집단적인 형성 사이의 새로운 관계를 상상함으로써 이러한 상황에 대응한다. 고독 대 '활동적 삶'에 대한 본질적으로 스토아학파적인 일련의 성찰 속에서 '대중'이 사교성의 기표로서 기능했던 우리의 이전의 예들과 대조적으로, '대중'은 이제 처음으로 주로 시각적인 현상으로, 그리고 점차 도시 모더니티의 환유적인 상징으로서 보이게 된다. 실제로 도시의 모더니티에 대한 초기의 문학적인 반응은 모두 근대 도시에서 경험되는 감각적이고 지각적인 과부하에 대처하기 위한 시도들이다. 진정으로 모더니스트의 재현 양식이 등장하기 이전에, 초기의 반응은 전형적으로 재현의 위기, 그리고 고전적 미학과 시적 개념의 위기를 표현한다. 분명 이러한 재현의 문제는 대중에 대한 전근대와 근대의 재현 사이의 중대한 차이를 각인한다. 그러나 근대의 예들은 또한 개인과 더 큰 집단 사이의 긴장을 발전시킨다. 이제 고독한 개인은 사회로부터 침잠한다기보다는, 여전히 떨어져 있는 관찰자이긴 하지만 동시에 데이비드 리스먼이 '고독한 군중'이라고 부른 것의 일부이다.

이러한 유형의 재현적 위기의 아주 초기의 예는 이런 맥락에서 드물게 환기되는 텍스트에서 나타날 것이다. 괴테의 『이탈리아 기행』의 (두번째) 로마 부분에서 로마의 사육제가 주요한 기성 형식으로 나타날 때 보이는 사육제에 대한 묘사이다.[15] 여행의 시작부터 괴테의 여행자로서의 관찰자적인 입장은 개인적 자율성과 자주권의 측면에서 묘사된다. 베니스에 대한 그의 첫번째 논평은 대중 속에서의 고독이라는 발상을 강조한다. "나는 이제 내가 그토록 자주 갈망했던 고독을 즐길 수 있다. 누구에게도 알려지지 않은 채 사람들 사이를 밀고 나가는 대중Gewimmel 안에 있을 때보다 더 큰 고독을 느끼는 곳은 없다. 베니스에서 누군가 한 사람은

---

15 그러나 Heinz Brüggemann, *"Aber schickt keinen Poeten nach London!"*: *Großstadt und literarische Wahrnehmung im 18 und 19, Jahrhundert*, Hamburg: Rowohlt, 1985, chap.3의 논의를 보라.

아마 나를 알겠지만 이 사람이 당장 나와 마주치지는 않을 것이다."[16] 이제 영원의 도시에 도착하자 괴테의 관찰 일정——시각적인 교양^{Bildung}의 일정——은 "견고해"지려는 목표를 띤다(*IR*, p.179). 자신을 반복해서 고독을 갈망하는 "완고한 은둔자"로 묘사하는(*IR*, pp.126, 245, 512) 괴테는 그의 그랜드 투어[17~19세기 상류층 자제들의 유럽여행] 동안에 마지못해서 다른 사람들, 동료 예술가들의 선별된 집단과 북유럽인 여행자들과 교제한다. 많은 페이지들이 자연과 예술에 대한 성찰에 할당된다. 그러나 때로는 괴테는 이탈리아 사람들^{Volk}을 스케치하려고 시도하며, 언제나 바깥에서 그들을 보고, 관찰자적인 거리를 두는데, 이탈리아인의 "생생한" 특징을 루소의 방식에서의 원시적인 본성^{Naturmenschen}(*IR*, pp.189, 279도 참조)의 확대로 생각한다. "사람들, 커다란 대중^{Masse}, 필요한, 현재의 존재"(*IR*, p.91). 실제로 괴테는 사람들을 이탈리아 문명 전체의 근본적인 특징으로 이해하는데, "좋은 동시에 나쁜" 것이고, 열정적이고, 소란스럽고, 대중 속에서 공개적으로 그들의 삶을 살며, "모든 것들이 의존하는 토대"이다(*IR*, p.104).[17]

이러한 가정과 함께, 로마 사육제의 현상은 무정형의 황홀한 군중 광

---

16 J. W. von Goethe, *Italienische Reise*, 2 vols., Frankfurt am Main: Insel, 1976, p.87. 이후부터 *IR*로 축약한다.

17 특별히 흥미로운 것은 베로나의 고대 원형경기장에 모인 사람들의 광경에 대한 초기의 묘사다. "(사람들이) 스스로 모인 것을 보았을 때 그들은 그 사실 자체에 놀랐어야 했다. 그들은 무질서하게 서로의 길을 가로지르고, 질서 있거나 무리 짓지 않고 우글거림(Gewühle) 속에 있는 데만 익숙하기 때문이다. 여기서 많은 머리의, 다수의 목소리의, 동요하고, 비틀거리는 동물은 고귀한 몸으로 통일되고, 통일성이 예정되고, 하나의 대중으로 합쳐지며, 하나의 형태로 응고되고, 하나의 정신에 의해 활기를 띤다"(sich in einem Gewühle ohne Ordnung und sonderliche Zucht zu finden, so sieht das vielköpfige, vielsinnige, schwankende, hin und her irrende Tier sich zu einem edlen Körper vereinigt, zu einer Einheit bestimmt, in eine Masse verbunden und befestigt, als *eine* Gestalt, von *einem* Geiste belebt[*IR*, pp.55~56]).

경을 나타내면서 특정한 과제를 제시하는데, 그것에 대한 "모든 묘사가 불가능"한 것은(*IR*, p.639), 그것이 어떤 관찰자적 거리도 허용하지 않기 때문이다. "좁고 긴 거리에서, 셀 수 없이 많은 사람들이 앞뒤로 움직이기에 조사될 수가 없다. 무리^{Getümmel}의 혼합물 안에서 눈으로 구별할 수 있는 것은 거의 없다"(*IR*, p.639). 실제로 괴테의 첫번째 로마 체류 동안(1787년 2월)에 사육제가 언급되지만, 그것에 대해 어떤 문학적이거나 미학적인 위엄도 허용하지 않는다. "로마에서 사육제를 보아야 하긴 하지만, 그것을 다시 보고픈 욕망은 완전히 사라질 것이다"(*IR*, p.228).

그러나 두번째 기간 내내, 괴테는 돌이켜 생각해 보며 인식의 차이가 사물을 보는 그의 예술가적인 방식과 미학적 감수성의 성향, 즉 "이 사육제의 광기와 어리석음의 혼잡함^{Gewühl} 속에서도 내게 도움을 주는" 예술관^{Kunstanschauung}에 의해 도움을 받았다는 사실을 깨닫는다(*IR*, p.685).[18] 이 두번째 기간(1788년) 동안에 괴테는 혼돈스럽게 보이는 사건이 여전히 식별할 수 있고 반복될 수 있는 구조를 따른다는 사실을 깨닫는다. "이것 때문에 나는 이제 무리^{Getümmel}와 화해하였고, 나는 이제 그것을 더 의미 있는 자연스런 창조물과 국가 행사로서 볼 수 있었다"(*IR*, p.685). 처음에는 오직 무정형만이 나타났던 곳을 형태가 보이도록 만들기로 계획하고서 괴테는 일시적으로 자신이 소중히 여기는 자주권을 위태롭게 해야 한다. "이러한 목적을 위해, 다른 경우에 그랬을 것 이상으로, 가장한 무리 곁으로 내려가야 하고, 그들은 그 예술적인 측면에도 불구하고 역겹

---

18 Joseph Luzzi, "Italy without Italians: Literary Origins of a Romantic Myth", *Modern Language Notes*, vol.117, 2002, pp.48~83에서 언급되듯이, "괴테의 현대 이탈리아에 대한 묘사에서 인류학적인 연구는 결코 미학적 비전의 그림자를 벗어나지 않는다".

고 기묘한 인상을 남겼다"(*IR*, p. 686).

그는 로마의 사육제가 다른 조직된 시민 행사와 모닥불, 행렬과 다르다고 말한다. 그것은 사람들의 무질서한 자기 표명이고, 마지막 분석에서는 본성 자체의 자기 표명이다. 괴테의 설명은, 아마도 다소 공상적으로, "이 혼잡하고 단계를 뛰어넘는 행복의 조망과 기쁨"을 정돈되고 체계적인 방식──이야기는 작고, 주제별로 구성된 장들로 분해된다──으로 독자에게 전달하려고 분투한다(*IR*, p. 640). 축제 행사에 참여한 사람들은 모든 것이 꿈처럼 끝나고 난 뒤에 많은 것들을 기억하지 않을 수 있지만, 독자의 "상상"과 "감각"은 "온전하게 모든 것"을 경험할 수 있다(*IR*, p. 676). 관찰자로서의 괴테조차도 일시적으로 로마 코르소 거리에서의 행사가 보인 무질서와 육체적 위험으로 일시적으로 겁을 먹는데, 그것은 분명 그에게 프랑스 혁명의 흥청대는 순간을 떠올리게 하고("자유와 형제애는 오직 광기의 아찔한 순간에만 즐길 수 있다"[*IR*, p. 677]) 그는 여전히 혼돈을 감각으로 변화시킬 수 있다.[19] 그의 이야기는 오직 형체 없는 소멸로 보이는 것 속의 근원적인 규칙과 의식을 끌어내기 위해 정연한 틀을 제공한다. 사육제는 근대적 현상이 결코 아니지만, 그것은 이 당대의 정치적인 사건──근대적 대중 정치의 등장──에 소급적으로 관련되고, 따라서 괴테의 고전주의적 미학에 대한 잠재적인 위협으로 인식된다. 궁

---

19 괴테와 동시대인인 알레산드로 만초니(Alessandro Manzoni)는 프랑스 혁명에 극도로 비판적이었고 그의 역사 소설 『약혼자』(*Promessi Sposi*, 1827~1840)에서 나타나는 대중의 초상은 이러한 관점에서 이해되어야 한다. 가령 17세기 밀라노에서 발생한 빵 폭동과 관련된 두드러진 장면에서 군중 현상은 보편적 의지의 자발적이고, 우발적이거나 조작된 출현, 본질이나 통일된 의도가 없는 통일로 정의되고 그것은 쉽사리 폭력이나 혼돈에 굴복된다. Wido Hempel, *Manzoni und die Darstellung der Menschenmenge als erzähltechnisches Problem in den 'Promessi sposi', bei Scott und in den historischen Romanen der französischen Romantik*, Krefeld: Scherpe, 1974를 보라.

극적으로 사육제는 삶 그 자체의 알레고리로 이해되며, 대중이 개인의 자율성의 한계를 결정하는 필연적으로 불완전하고 혼란스러운^{unübersichtlich} 관점과 방식들과 동일시된다.

> 여전히 더 좁고, 길고, 빽빽하게 혼잡한 거리는 우리에게 이 세계에서의 삶의 방식을 떠오르게 하는데, 그곳에서 모든 관람객과 참여자는 …… 발코니나 난간에서 단지 그의 앞뒤의 좁은 공간만을 조망할 수 있다. 그곳에서 그는 차량으로 이동하든 걸어가든 한 걸음씩만 앞으로 이동한다. 그곳에서 그는 걷는다기보다는 밀쳐지고, 자진해서 멈추기보다는 움직이지 못하도록 방해받는다. 그곳에서 그는 더 낮고 기쁜 곳이라면 어디든 가려고 분투한다. 그러고는 다시 좁은 궁지에 몰리고 결국 밀쳐진다. (*IR*, p. 677)

괴테가 로마의 사육제에서 맞닥뜨리는 재현의 문제와 일시적으로 보이는 농신제에서와 같은 질서의 소멸은 훗날 저자가 도시 모더니티의 아찔한 구경거리를 묘사하려고 시도할 때 마주치는 것들과 아주 유사하다. 의미 없어 보이는 것으로부터 알레고리적인 의미를 짜내려고 한 괴테의 해답은 도시 대중에 대한 문학적 재현에서 유사하게 발견된다. 경치와 자연에 대한 인식에 있어 단련된, 그의 형태학적인 관찰의 기법은 관찰자로부터 대중 현상을 떨어뜨려 놓고 그를 자신의 두드러진 자율성 안에서 보호받게 만든다.

그렇다면 이 시기 동안의 대중에 대한 가장 영향력 있는 재현이 근본적으로 관찰의, 그리고 시각적-감각적 과부하의 장면들에 대처하는 새로운 양식으로 이해되어야 한다는 사실이 놀랍지 않다. 이것은 특별히 호프만의 후기의 짧은 소설인 「사촌의 구석 창문」에서 분명하다. 소설은 서술자와 그의 연상의 사촌 사이의 대화의 형태를 취하는데, 그 사촌은 시장, 즉 베를린의 젠다르멘 마르크트 광장의 혼잡한 광경을 조망하기 위해 앉아 있다(방문하는 서술자는 그곳으로부터 나와 연상의 사촌의 집을 향해 가는 길에 등장했다). 히치콕의 「이창」$^{\text{Rear Window, 1954}}$의 경우에서처럼 사촌의 관찰력은 육체적인 부동 상태라는 조건에 동반되는데, 휠체어에 앉아서 그는 "고치기 어려운 질병 때문에 완전히 다리를 사용하지 못하기" 때문이다.[20]

호프만의 텍스트는 소설이라기보다는 최초의 도시와 전前 산업적 대중의 존재를 시각적인 지각의 양식에 대한 도전으로서 받아들이는 이야기적인 실험이다.[21] 보들레르에 대한 그의 책에서 벤야민이 이 텍스트에 대해 논의한 뒤에, 그것은 베를린과 더 일반적으로 도시의 모더니티에 대한 문학적 재현과 관련된 연구에서 최근 수년 동안 고전의 기준이 되었다. 호프만의 작품의 중심적인 구절은 창문을 통해 시장의 광경을 보는 관점과 관련된다.

시장 전체가 빽빽하게 한데 밀어 넣어진 사람들의 하나의 덩어리로 보였고, 어떤 이는 그 안에 사과를 던지면 절대로 지면에 이르지 않을 것

20 E. T. A. Hoffmann, "My Cousin's Corner Window"(1822), *The Golden Pot and Other Tales*, trans. Ritchie Robertson, Oxford: Oxford University Press, 1992, p.337. 이후부터 "CCW"로 축약한다. 원문은 E. T. A. Hoffmann, "Des Vetters Eckfenster", *Späte Werke*, München: Winkler, 1965, pp.595~622를 보라.
21 David Darby, "The Unfettered Eye: Glimpsing Modernity from E. T. A. Hoffmann's 'Corner Window'", *Deutsche Vierteljahrsschrift für Geistesgeschichte und Literaturwissenschaft*, vol.77, June 2003, pp.274~294. 또한 Wolfgang Kemp, "Das Bild der Menge(1780-1830)", *Städel-Jahrbuch*, bd.4, 1973, pp.249~270의 언급을 보라.

이라고 생각했을 것이다. 가장 다채로운 색상의 아주 작은 얼룩이 햇살 속에서 희미하게 빛나고 있었다. 이것은 내게 바람에 의해 여기저기 날리고 있는 튤립으로 이뤄진 커다란 바닥과 같은 인상을 주었고, 나는 그 광경이 분명 아주 매혹적이었지만 곧 지루해졌고, 지나치게 민감한 사람들에게는 꿈을 꾸기 시작할 때 느끼는 불쾌하지는 않은 섬망과 같은, 경미한 현기증의 느낌을 줄지 모른다는 사실을 고백해야 했다. ("CCW", p. 379)

연상의 사촌의 지시를 따라 서술자는 처음에는 형체 없는 색깔의 혼란스럽고, 최초의 인상주의적 장으로 보이던 것 속에서 점진적으로 개개의 모습과 상황들을 알아볼 수 있게 될 것이다. 연상의 사촌의 집에 있는 창문은 시각적 지배와 거리의 지위와 관련된다. "그는 한눈에 화려한 광장의 모든 전경을 내려다볼 수 있다"("CCW", p. 378). 현실의 시각적 화면조정장치로서의 창문은 15세기에 알베르티의 회화 이론 이후로 알려진 것이다. 그것을 도시 광경에 적용한 것은 호프만에서 로베르트 무질 Robert Musil로 확장된다.[22] 연상의 사촌, 즉 저자——늙고 병약한 호프만 자신에 대한 다양한 자전적인 언급을 통해 관련된다——가 그의 어린 사촌에게 "관찰의 기술"Kunst zu schauen ("CCW", p. 380)을 전해 준다고 하지만, 그의 관찰의 양식은 각각의 모습들을 지속적으로 확대하고 날카롭게 집중할 때조차 확실히 사실상 정적이다. 어린 사촌은 도시의 모더니티의 재

---

22 Helmut Lethen, "Eckfenster der Moderne. Wahrnehmungsexperimente bei Musil und E. T. A. Hoffmann", ed. Josef Strutz, *Robert Musils "Kakanien": Subjekt und Geschichte: Festschrift für Karl Dinklage zum 80. Geburtstag*, München: Fink, 1987, pp.195~229를 보라.

현에 대한 예언으로 보일 수 있는 감각적인 과부하의 상황을 경험하는데, 그것이 정확히 그가 최초의 인상의 '의미'를 이해하지 못했다는 점에서 그러하며 그것은 "의미 없는 활동에 의해 활기를 얻는 잡다하게 섞인, 갈피를 잡기 어려운 사람들의 무리"였다.[23]

이와 대조적으로 때때로 "쌍안경"("CCW", p. 384)의 도움을 받는, 사촌의 시각적 전략은 다양한 광경을 장르적 장면으로 흡수시킴으로써 이러한 복잡함을 정복했고, 이것을 벤야민은 '비더마이어'[Biedermeier] 미학의 천진한 가정생활과 연관지었다.[24] 그것들은 명백히 낡은 시각적 모델과 비교된다. 호가스, 칼로, 호도비에츠키와 같은. (무정형을 '예술'로 환원하는 이러한 원칙을 통해 사촌의 관찰 양식은 괴테가 로마 사육제를 묘사할 때 채택한 화면조정장치를 연상시킨다.) 더욱이 어린 사촌은 바깥에서 시각적으로 광경을 살피도록 지시받지만, 연상의 사촌의 이러한 관점의 노력은 상상과 관련된 더 내적인 통찰과 뒤섞이고, 이 상상은 또 그의 침잠된 삶과 관련된다. 자전적인 동일시, 또는 연상의 사촌을 어린 사촌의 스승으로 지정한 것에도 불구하고 호프만은 이러한 시각적 전략에 대한 시대에 뒤떨어진 함축을 강조하고 있다고 할 수 있을 것이다.[25]

---

23 "CCW", p.380: "Anblick eines scheckichten, sinnverwirrenden Gewühls des in bedeutungsloser Tätigkeit bewegten Volkes."

24 Walter Benjamin, "Charles Baudelaire: Ein Lyriker im Zeitalter des Hochkapitalismus", ed. Rolf Tiedemann et al., *Gesammelte Schriften*, 7 vols., Frankfurt am Main: Suhrkamp, 1972~1989, vol.1, p.628. 영역본은 다음의 표제로 출간되었다. *Charles Baudelaire: A Lyric Poet in the Era of High Capitalism*, trans. Harry Zohn, London: New Left Books, 1973으로 번역되었다. 이후부터 *CB*로 축약한다. 에세이의 첫번째 판의, 떠돌이에 대한 부분에서 벤야민은 이렇게 쓴다. "독일 소시민에게 그의 경계선은 좁게 새겨져 있다. …… 가족들의 평가에 따르자면, 호프만은 에드거 앨런 포이자 샤를 보들레르였다"(Dem deutschen Kleinbürger sind seine Grenzen eng gestecht …… Und doch war Hoffmann nach seiner Veranlagung von der Familie der Poe und der Baudelaire[Benjamin, "Charles Baudelaire", p.551]).

대중의 일원을 보고 해석하는 데 있어서 교훈을 얻은 두 사촌은 각각의 인물의 움직임과 그들의 다른 사람들과의 상호작용을 추적하고, 그들의 역사와 사회계급, 동기 등에 대한 모든 종류의 가설을 발전시킨다. 때때로 각각의 사람들에 대한 '해석'은 명백히 인상학적이다. "그녀의 전체적인 외형과 행동은 그의 도덕적 예의범절과 부끄러워하는 빈곤을 드러냈다"("CCW", p. 382).[26] 연상의 사촌의 마지막 관찰은 사회정치적인 차원으로 확 바뀌는데, 그가 "부유하고 평화로운 방식의 기분 좋은 모습"을 시장이 "싸움과 린치, 속임수와 절도의 광경"이었던 이전의 다루기 힘든 시기과 대조할 때 그렇다("CCW", p. 400). 그러나 마지막 분석에서 사촌이 보여 준 관찰의 생생한 접근은 알레고리의 원칙에 기반을 둔 것이다. 따라서 그의 마지막 논평은 괴테가 로마 카니발로부터 끌어온 알레고리적 암시와 직접적으로 비교될 수 있다. "이 시장은 …… 여전히 계속해서 변하는 삶의 진정한 모습이다. 북적거리는 활동과 순간적인 필요는 많은 사람들을 한데 모이게 했다. 몇 분 안에는 모두 한산해지고, 당혹스러운 소동에서 혼합됐던 목소리들이 서서히 사라졌다"("CCW", p. 401).

괴테와 호프만의 텍스트는 도시의 모더니티와 19세기 문학의 중심적 토포스의 구현으로서의 대중을 초기에, 예언적으로 묘사하는 것으로 볼 수 있다. 동시에 이러한 대중에 대한 새로운 관찰자가 탄생한다. 부유

---

25 데이비드 다비가 언급하듯이 "근대적·산업경제적, 그리고 사회적인 질서가 빈 회의에 뒤따르는 수십 년 동안 독일에서 발전하기 시작했을 때, 그러한 모델을 19세기의 인간 군중의 재현에 계속해서 적용한 것은 단지 향수에 젖은 시대착오의 가능성을 가질 뿐이다"(Darby, "The Unfettered Eye", p. 283).
26 호프만은 분명 라바터(J. C. Lavater)의 인상학 이론을 잘 알고 있었고, 심지어 리히텐베르크(G. C. Lichtenberg)의 호가스(Hogarth)에 대한 인상학적 해석에는 더 관련이 있었다. Ibid., p. 283을 보라.

하는 떠돌이로, 이들은 대중의 일부인 동시에 또 일부가 아니다. 대중이라는 수단 속에서 존재론적인 고독을 경험하는 것은 모더니즘의 본질적인 순간으로 이해될 수 있다.

루소의 전원에서의 고독한 답사와 달리 떠돌이의 급진적인 고독은 대중의 한가운데서, 도시의 한가운데서 발생한다. 이 새로운 무리, "서정시의 새로운 주체로서"의 군중은 벤야민에 의해 유명하게 분석되었는데, 그는 군중을 특히 보들레르의 시와 동일시했다(*CB*, p. 60). 벤야민이 지적하듯이 보들레르의 글에서 대중은, 절대적으로 중심이 됨에도 불구하고, 결코 직접적으로 재현되지 않는다. 그들은 결코 시적 재현의 명시적인 주제가 아니다. "보들레르가 결코 잊지 않는 존재인 이 군중은 그의 어떤 글에서도 직접적인 모델이 되지 않았다. 그러나 그것은 숨겨진 인물처럼 그의 작품들에서 가득 스며들어 있다."[27] 이와 같이 『악의 꽃』*Les Fleurs du mal*, 1857에서 도시 군중은 시인의 예술적 양심 안에 내면화된다.

어스름해지는 거리는 나를 둘러싸며 아우성치고 있었다. 큰 키에 날씬한 한 여인이 상복을 차려입고 한 손으로 가에 꽃무늬가 장식된 치맛자락을 치켜 흔들며 장중한 고통에 싸여 지나갔다.[28]

---

27 Walter Benjamin, "Über einige Motive bei Baudelaire", *Illuminationen: Ausgewählte Schriften*, Frankfurt am Main: Suhrkamp, 1977, vol.1, p.196. 이후부터 "UMB"로 축약한다("Die Masse war der bewegte Schleier; durch ihn hindurch sah Baudelaire paris"): "Diese Menge, deren Dasein Baudelaire nie vergißt, hat ihm zu keinem seiner Werke Modell gestanden. Sie ist aber seinem Schaffen als verborgene Figur eingeprägt." 또한 *CB*; Richard Lehan, *The City in Literature: An Intellectual and Cultural History*, Berkeley: University of California Press, 1998, chap.5; Marc E. Blanchard, *In Search of the City: Engels, Baudelaire, Rimbaud*, Saratoga, Calif: Anima Libri, 1985를 보라.

28 Charles Baudelaire, *Baudelaire: The Complete Verse*, trans. Francis Scarfe, London:

「지나가는 어느 여인에게」[A une passante, 1857]의 여성의 유령은 여기서 완전히 순간적이고 자족적인 조우로, 인간의 목소리가 거리의 소리에서 구별되지 않게 되는("어스름해지는 거리는 나를 둘러싸며 아우성치고 있었다") 형체 없는 대중에게서 인간 형체의 등장으로 묘사된다. 군중 속에 잠기는 것은 관찰하는 대상을 갑작스럽고 순간적인 인상으로 마주치게 하는데, 이것을 벤야민은 충격의 경험이라고 불렀다.

관찰자의 응시는 도시의 혼돈을 관통하고 항상 그의 기이하고 갑작스런 관심의 대상을 골라낸다. '파리 풍경'[Tableaux parisiens] 연속물의 「가여운 노파들」[Les petites vielilles, 1857]의 경우를 보면 그들은 시 안에서 황홀감과 역겨움의 숭고한 혼합물이다. "내가 득실대는 파리 풍경을 지나가는 병약한 유령을 흘끗 볼 때"[29] 관찰자는 그의 연민과 다정함을 이 요상한 인간들[êtres singuliers]에게 베풀지만, 그럼에도 불구하고 그의 눈은 멀리 떨어져서, 관찰되는 사람이나 사람들과의 어떤 직접적인 상호작용도 삼간다. 그것이 순간적인 아름다움이든 인간 찌꺼기[débris d'humanité]이든 말이다.

보들레르의 글들에서는 시인의 개인주의적인 후퇴와 의도적으로 군중 속에 잠기려는 것 사이의 지속적인 상호작용을 관찰할 수 있다. "그는 자신을 그 공범자로 만들고, 거의 동시에 즉각 자신을 군중으로부터 분리한다".[30] 상호 의존성은 『파리의 우울』[Le spleen de Paris, 1869] 모음집의 산문시

Anvil press, 1986, p.186. 이후부터 CV로 축약한다: "La rue assourdissante autour de moi hurlait. / Longue, mince, en grand deuil, douleur majestueuse, / Une femme passa, d'une main fastueuse / Soulevant, balançant le festoon et l'ourlet."

29 CV, p.181: "Et lorsque j'entrevois un fantôme débile / Traversant de Paris le fourmillant tableau."

30 "UMB", p.204: "Er macht sich zu ihrem Komplizen und sondert sich fast im gleichen Augenblick von ihr ab."

「군중」les foules에서 가장 의도적으로 명시된다. "다중과 고독은 활동적이고 적극적인 시인에게는 동일하고 교환 가능하다. 고독을 채울 줄 모르는 사람은 북적대는 군중 한가운데서 홀로 존재할 줄도 모른다. 시인은 자기 멋대로 자기 자신이기도 하고 타인이기도 한 고유한 특권을 즐긴다."[31] 보들레르 시에서 시인의 모습은 본질적인 떠돌이로, 그의 근본적인 개성은 역설적으로 그를 유사 에로틱한 교감의 가능성, 실로 "영혼의 신성한 매춘"cette sainte prostitution de l'âme 앞에 열어 놓는데, 그는 순간적으로 불시에 나타난다. "고독하고 사색적인 산책자는 온갖 사람과의 이러한 교감에서 특별한 행복을 끌어낸다. 손쉽게 대중과 하나될 수 있는 사람은 금고 안처럼 자신 안에 갇힌 자기중심주의자나 굴처럼 자신의 껍질에 갇힌 나태한 사람에게는 영원히 허락되지 않는 황홀한 기쁨을 즐긴다. 그는 모든 직업과 상황이 허락하는 모든 기쁨과 불행을 자신의 것으로 삼는다"(PP, pp. 58~59). 그는 정확히 대중에 머무는 일시적 순간으로부터, 또는 그 안에서 기쁨과 갈망을 끌어낸다. "도시 거주자를 매혹하는 현상——대중 속에서 오직 대립자나 반대되는 요소를 보는 것이 아니다——은 실제로 대중을 통해 그에게 온다"("UMB", p. 200). 마찬가지로 「현대 생활의 화가」 Le peintre de la vie moderne, 1863에서 보들레르는 화가 콩스탕탱 기스Constantin Guys가 대중과 나누는 에로틱한 교감을 묘사한다.

대중은 그의 환경이다. 공기가 새의 그것이고 물이 물고기의 그것인 것

---

31 Charles Baudelaire, *Petits Poèmes en Prose(Le Spleen de paris)*, Paris: Flammarion, 1967. 영역본은 다음의 표제로 출간되었다. *The Poems in Prose, with La fanfarlo*, trans. Francis Scarfe, London: Anvil Press, 1989, pp. 58~59. 이후부터 *PP*로 축약한다.

처럼. 그의 열정과 그의 직업은 대중과 한 몸이 된다. 완벽한 떠돌이에게, 열정적인 관람객에게, 움직임의 변화 가운데, 순간적인 것과 무한한 것의 한가운데서 다중의 마음속에 살기 시작하는 것은 엄청난 기쁨이다. 집을 떠나 있지만 모든 곳에서 편안함을 느낀다. 세계를 보고, 세계의 중심에 있지만, 세계로부터 여전히 보이지 않는다. ……[32]

"요양 중인" 화가 기스는 대중 속에 잠긴 동시에 멀리 떨어져 있고, 대중은 여기서 사회의 제유라기보다는 자연의 여성스럽고la foule 희미한 요소로서 묘사된다.[33] 그렇다면 보들레르에게 군중 현상은 모더니티 자체의 명시인데, 그것이 "순식간의 것, 덧없는 것, 우연한 것, 그 반쪽이 영원한 것이고 불변의 것인 예술의 다른 반쪽"을 구현하는 한에서 그렇다 (*PML*, p.13).

벤야민은 이러한 산책flânerie을 도시 대중의 근본적인 익명성과 비교하는데, 그것은 근대의 탐정 이야기, 특히 보들레르 자신이 프랑스어로 번역한 에드거 앨런 포의 작품들 속 탐정 이야기가 등장할 수 있도록 만든 요인이다(*CB*, p. 43). 그러나 그는 또한 산책의 현상을, 19세기의 수도인 파리의 아케이드의 등장과 같은 더 구체적이고 '물질적인' 도시 환경의 조건들과 연결한다. 벤야민이 지적하듯이, 떠돌이의 유형은 '대중 속

32 Charles Baudelaire, "Le Peintre de la vie moderne", ed. Marcel A. Ruff, *Œuvres complètes*, Paris: Éditions du Seuil, 1968, p.553. 영역본은 다음의 표제로 출간되었다. *The Painter of Modern Life and Other Essays*, ed. and trans. Jonathan Mayne, London: Phaidon, 1964, p.9. 이후부터 *PML*로 축약한다.
33 이 행들과 함께 더 상세한 분석은 Barbara Spackman, *Decadent Genealogies: The Rhetoric of Sickness from Baudelaire to D'Annunzio*, Ithaca, N.Y.: Cornell University Press, 1989, pp.42~58을 보라.

의 남자'와 혼동되지 않는데, 왜냐하면 그는 도시의 삶을 그가 늘 사생활로 후퇴하려고 벗어나는 순간적인 광경으로 말하기 때문이다. 그의 고조된 의식과 그의 댄디 같은 태도는 항상 대중이 보여 주는 비차별성의 위협으로부터 그를 구제한다. "보들레르는 고독을 사랑했지만, 그는 대중 안에서 그것을 원했다"(*CB*, p.50).

보들레르의 개인주의의 흥미로운 대응물 ──그리고 영향력 있는 모델──은 포의 이야기 「군중 속의 남자」에서 발견될 수 있다. 이 텍스트에서 유사하게 "요양 중인" 서술자/관찰자는 해질녘 커피점의 창문을 통해 바깥에서 런던의 거리를 지나가는 소용돌이치는 대중을 지켜보고 있다. 병의 회복기에 접어든 관찰자는 또한 감수성이 고조된 상태로 구별된다.

> 인간 머리로 소용돌이치는 바다가 나를 채웠다. …… 새로운 무아경의 감정으로. 나는 결국 호텔 안의 것들에 대한 모든 관심을 버리고, 그것들이 없는 장면에 대한 명상에 빠져들었다. 처음에는 추상적이고 일반화하는 관찰로 휙 둘러보았다. 나는 무리 속의 보행자를 보았고 그들을 종합적인 관계로 생각했다. 그러나 곧 나는 세부적으로 내려가서 세심한 관심을 가지고 무수하게 다양한 인물, 옷, 공기, 걸음걸이, 얼굴, 표정의 표현을 보았다.[34]

호프만의 텍스트에서처럼 관찰의 응시는 흐릿한 대중에서 군중 안의 더 구체적인 모습으로 나아간다. 그러나 호프만의 소설에서의 타블로

---

34 Edgar Allan Poe, "The Man of the Crowd", *The Fall of the House of Usher and Other Writings*, London: Penguin Books, 2003, p.132. 이후부터 "MC"로 축약한다.

[액자에 넣어진 완성된 회화작품] 같은 장르적 장면과 대조적으로 포의 관찰자는 개인들을 진단적으로 분석하여, "그때의 나의 기묘한 마음 상태에서도, 짧은 순간 흘끗 보았지만, 나는 자주 긴 세월의 역사를 이해할 수 있었다"("MC", p.135). 포의 관찰자는 그런 식으로 그의 통찰력 있는 시선을 움직여, 엄격하게 개론에서 각론의 순서로, 한 사회집단이나 전문가 계급에서 다른 집단으로 지나가며 각각의 —특유의— 특징과 특성을 모두 인식했다. 한 예가 이 주장을 설명하기에 충분할 것이다. "견고한 회사의 상급 점원이나 '믿음직한 오랜 동료'의 부류는 잘못 판단하는 것이 불가능했다. 이들은 검정색이나 갈색의 코트와 편하게 앉도록 만들어진 바지, 그리고 흰 크라바트[남성용 스카프]와 조끼로 알아볼 수 있었다. …… 그들은 모두 약간 머리가 벗겨졌고, 오른쪽 귀는 펜을 꽂기 위해 오랫동안 사용되어 머리로부터 귀끝이 떨어져 있는 특이한 습성이 있었다"("MC", p.133). 포가 라 브뤼예르La Bruyère의 『사람은 가지가지』*Les Caractères*, 1688를 인용하여("커다란 불운은 혼자 오지 않는다"Ce grand malheur, de ne pouvoir être seul) 소설의 서문을 쓰는 것은 분명 우연의 일치가 아닌데, 서술자의 응시가 대단히 인상학적이기 때문이다.[35] 해질녘이 되자 빠르게 이어지며 창문 앞으로 지나가는 대중 속 각각의 인물의 특징은 점차 기괴해진다. 텍스트의 중간에서 서술자는 대중들 속에서 노인의 얼굴에 주목하고, 그는 자신의 안전하고 정지된 관찰의 위치를 버리고 밤새 그를 쫓아가기로 결심한다.

　웃옷에 다이아몬드와 단검을 가지고 있는 것으로 보이는 그 남자는 집요하게 익명의 대중과 섞여 들려고 노력한다. 서술자의 정점을 이

---

35 동일한 인용이 Baudelaire, "Solitude", *The Poems in Prose*, pp.100~101에 나타난다.

루는 관찰에서 그는 떠돌이를 범죄자와 융합하는 설명을 한다. "이 노인은 …… 심각한 범죄를 저지를 유형이자 귀재이다. 그는 홀로 있기를 거부한다. **그는 군중 속의 남자이다**" ("MC", p.135). 이런 점에서 "위대한 에칭 화가에게 영감을 줄 수 있는 관점──누구도 다른 모든 사람들에게 완전히 투명하지도 완전히 불투명

그림 15.1 알프레드 쿠빈, 「군중 속의 남자」를 위한 삽화.

하지도 않은 거대한 군중"(*CB*, p. 49)이라는 벤야민의 관찰에 알프레드 쿠빈Alfred Kubin은 매혹된 것으로 보인다(그림 15.1). 호프만의 연상의 사촌과 대조적으로 포의 서술자는 자신의 안전한 관찰자의 위치를 포기하고 런던의 밤거리 사이로 노인을 추격하며 탐정 같은 시선을 발전시킨다. 이 소설은 어떻게 대중 속에 잠기는 것이 개인적으로 보호된 관찰자의 거리와 자율성과 정반대되는 것이 아니고 서로 관련되는지를 효율적으로 설명한다. 그렇다면 호프만과 대조적으로 포의 소설은, 벤야민이 쓰고 있듯이, "베를린과 런던의 차이"를, 시장과 일반적인 거리의 차이를, 19세기 도시 모더니티의 초기와 더 충분히 발전한 상태의 차이를 설명한다(*CB*, p. 49).

　　그렇다면 호프만의 주로 미학적인 관심과 대조적으로 포의 「군중 속의 남자」는 관찰자를 근대 대중사회의 일반적인 조건 안에 포함시킨다. 훨씬 더 완전하게 발달된 의미에서의 '대중'의 사회적 조건, 또는 사회적 현상**으로서**의 근대적 대중은 하인리히 하이네Heinrich Heine의 글들에서 발견된다.[36] 공화주의자 논객이자 후기 낭만파 시인인 하이네는 대중

을──그리고 1848~1849년의 중대한 자유주의 혁명을──인도주의적 공감과 미학적인 경멸 사이의 특유한 모순을 갖고 보았다. 그의 특징인 아이러니와 재치로 그는 「영국에서의 단편」Fragments from England, 1828(『여행 그림』Reisebilder의 일부)에서 철학자가 다우닝가 주변 런던의 중심지에서 마주치는 "북새통을 이루는 살아있는 인간 얼굴의 흐름"으로부터 이익을 얻는 것이 당연하다고 주장한다. 그러나 그와 같은 시인은 "기계처럼" 앞으로 움직이고 "거대한 획일성"을 가진 이러한 대중들 사이에서 괴로워한다.

하지만 시인을 런던으로 보내지 말라! 시인은 안 돼! 대신 철학자를 보내서 그를 치프사이드의 모퉁이에 두어라. 여기서 그는 라이프치히에서 열린 최신 박람회의 모든 책에서 얻을 수 있는 것보다 더 많이 배울 것이다. 그리고 사람들의 물결이 그의 주변으로 밀어닥치면, 그래서 또한 새로운 사상의 바다가 생기면, 위에서 맴도는 영원한 정신이 그를 향해 올 것이고, 사회적 의지의 대부분의 숨겨진 비밀이 그에게 드러날 것이다. …… 그리고 만일 더 과감하게 모든 일별 앞에서, 가령, 누더기를 걸친 거지 여인이나 광택이 나는 보석가게 앞에서 멈춰 서는 몽상가인 독일인 시인을 보낸다면──오오! 그렇다면 그는 진정으로 고통받을 것이고, 그는 사방에서 밀쳐질 것이며, 심지어 뺨을 맞고서 넘어지며 가볍게 "빌어먹을"이라고 말할 것이다.[37]

36 Hinrich C. Seeba, "'Keine Systematie': Heine in Berlin and the Origin of the Urban Gaze", eds. Jost Hermand and Robert C. Holub, Heinrich Heine's Contested Identities: Politics, Religion, and Nationalism in Nineteen-Century Germany, New York: Peter Lang, 1999, pp.89~108을 보라.

하이네가 보들레르와 달리 대중 속에서 멀리 떨어져 있는 관찰자의 입장을 취하는 것이 불가능하다는 것은 당장 분명하다.『악의 꽃』이 형식적으로 전통적인 시를 통해 도시의 모더니티를 인식하려는 첫번째——아마도 마지막——시도를 나타낸다면, 하이네의 후기의 풍자적인 낭만주의는 근대 도시를 바로 시의 죽음으로 받아들이고, 여기서 짓밟힌 시인의 이미지로 아주 생생하게 묘사된다. 이 장면에서 빈곤과 부의 냉혹한 병치는, 그 다음의 존 불의 광기 어린 사업 성향과 함께, 이 장면을 현실적이기보다는 알레고리적으로 만든다. 대중의 광기 어린 움직임은 자본주의의 리듬에 대한 환유이다. 하이네가 영국의 혼잡과 혼돈의 광경을 '우리의 소중한 독일'의 평화로움과 대비시킬 때, 그의 판단은 모더니티의 순응주의(영국)에 대한 경멸과 또한 지방의 속물근성(독일)에 대한 경멸 사이에 특징적으로 걸려 있다.

그러나 하이네에게 근대 도시의 현상은 또한 전통적인——즉 이상주의적인——철학에 대한 도전을 나타낸다. 런던의 도시의 현실은 미학적 특성이 없지만, 구체적인 '평범한' 사회 현실의 명시로서 그것은 '사회학적으로' 계몽된 철학의 대상이 된다. 하이네는 철학적 성찰과 미학적 인식을 상호 배제적인 영역으로 보는 듯하다. 그러나 이 구절의 아이러니는 또한 도시 현실에 대한 '철학적' 이해가 단일한, 구체적으로 인간의 세부사항에 대한 이해에는 눈이 멀어야 한다고 암시하는 것으로 보인다. 따라서 미학적-시적 정향의 명백한 부적절함과 시대착오는 유사 사회학적 시선을 분리시키는 것과 쌍을 이룬다. 즉, 철학자가 치프사이드에 가라는 하이네의 간청에 따랐다고 하더라도 말이다.

37 Heinrich Heine, *Reisebilder*, Frankfurt am Main: Suhrkamp/Inse., 1980, p.507.

하이네의 첫번째 출판인 『여행 그림』(1826년 1권이 나왔다)의 형태 자체——시와 저널리즘의 특징적인 결합——가 (보들레르의 산문시와 다르지 않게) 변화된 문학의 상황, 특히 고전주의적 미학의 종말을 나타낸다. 하이네가 헤겔의 말을 수정하여 일컬은 "예술의 시대의 종말"Ende der Kunstperiode은 시적인 양심과 공적인 태도 사이의 갈등적인 긴장을 유발한다. "세계의 준거와 주체성 사이의 이상한 갈등."[38] 물론 하이네가 독일의 더 평화적인 분위기(호프만 식의)와 런던의 바글거리는 대중(포나 엥겔스 식의)을 대비시킬 때 우리는 대중에 대한 한탄에 내재하는 아이러니에 주목하지 않을 수 없다.

보들레르에게 대중 안에서의 유령이 본질적으로 미학적 현상이라면 공화주의자인 하이네는 대중 안에서의 사회적 차이에 민감하다. 따라서 그는 "게으른 지주는 만족스러워하는 신처럼 자전거를 타고 가며, 때때로 자신의 아래에 군집한 사람들에게 위엄 있는 눈길을 준다. 마치 작은 개미들을 덫으로 잡는 것처럼"이라고 지주에 대해 쓴다(IR, p. 512). 사실 대중을 향한 하이네의 모순은 종종 그들의 불행의 사회경제적 조건에 대한 유사 맑스주의적인 인식에 의해 보완되는데, 그의 『고백』Geständnisse, 1853~1854의 구절에서 분명해진다.

이러한 궁중의 평민 하인들은 끊임없이 그 가치관과 탁월한 특성을 격찬하며 열렬하게 외친다. "인민들이 얼마나 아름다운가! 얼마나 좋은

---

38 Wolfgang Preisendanz, *Heinrich Heine: Werkstrukturen und Epochenbezüge*, München: Fin, 1973, pp. 23, 66. 프라이젠단츠가 지적하듯이 파리에서 쓴 그의 글들에서 하이네는 되풀이해서 자신을 떠돌이라고 칭한다(*Ibid.*, p. 86).

가! 얼마나 지적인가!" 아니다, 당신은 거짓말쟁이다, 가난한 인민들은 아름답지 **않다**. 반대로 그들은 아주 추하다. 그러나 이 추함은 먼지로부터 나오기에, 인민폐하가 무료로 목욕할 수 있는 공공목욕탕을 건설하면, 그것은 먼지와 함께 사라질 것이다. …… 이렇게 선량하다고 높게 찬양된 인민은 전혀 선하지 않고, 그들은 종종 다른 세도가들만큼이나 악하다. 그러나 그들의 악의는 배고픔 때문이고 우리는 최고의 권력을 가진 인민이 충분히 먹을 수 있도록 조치해야 한다.[39]

도시의 떠돌이로서의 하이네는 더 이상 대중의 광경으로부터 분리된 관찰자가 아니라 도시 빈민의 통탈할 만한 조건에 대한 정치적 논평자다. 그의 수필 같은 산문의 혼성적인 '반反시적' 양식은 그의 글의 과도기적인 특성과 19세기 문학의 패러다임 안의 더 큰 위기를 각인한다. 러셀 버만이 쓴 것처럼 "19세기 문학은 대체로 개인의 범주가 중심적인 구성원리를 제공하는 개인적 명상과 연회의 관습으로 구체화된다. …… 민주주의의 이데올로기는 새로운 문학적 전략이 그 주변에서 결정화될 수 있는 새로운 대화 상대로서의 'demos'——인민, 대중, 계급——를 문학에 제공한다".[40]

20세기 초반의 상징적인 텍스트는 미학적 재현의 완전히 새로운 방식을 통해 주체성과 대중 사이의 관계를 변경한다. 가령 릴케의 『말테의 수기』——보들레르에 대한 의존을 명백하게 드러내는(산문시 「새벽 1시

---

39 Jost Hermand, "Tribune of the People or Aristocrat of the Spirit? Heine's Ambivalence Toward the Masses", *Heinrich Heine's Contested Identities*, pp.155~174를 참조하라.

40 Russel A. Berman, *The Rise of the Modern German Novel: Crisis and Charisma*, Cambridge, Mass.: Harvard University Press, 1986, pp.232~233. 이후부터 *RMGN*으로 축약한다.

에」$^{\grave{A}\ une\ heure\ du\ matin}$가 끝 무렵에 인용된다) 대표적인, 뛰어난 모더니스트의 텍스트다——에서 유사 자전적인 주인공의 내면성은 도시의 유입으로부터 보호되는 지역이 아니다. 반대로 여기서 내부성은 도시 모더니티 경험의 결과다. 존 플로츠가 토머스 드 퀸시$^{Thomas\ De\ Quincey}$에 대해 언급한 것처럼, 바깥 세계의 내면화는 특징적인 트라우마의 결과로, 마음 자체의 진정한 혼잡으로 이어질 수 있다. "자아는, 외부로부터 왔지만 이제는 내부에 살고 있는 엄청난 목소리들에 사로잡힐 수 있다."[41] 말테는 결코 멀리 떨어진 관찰자로서의 그의 태도를 포기하지 않는다. 그의 방으로 후퇴하여 그는 군중과 파리의 도시 생활의 쉴새 없는 움직임으로부터 은신처를 찾는다.

> 마침내 혼자다! 당신은 늦은 시각, 서두르는 차량이 굴러가는 소리를 들을 뿐이다. 그 이상은 아니더라도, 몇 시간 동안은 조용할 것이다. 마침내! 인간 얼굴(드 퀸시!)의 횡포가 끝이 났고, 나 자신이 아니라면 누구도 더 이상 나를 고문할 수 없다. 마침내! 이제 나는 어둠에 잠겨 자신에게 활기를 주도록 허용된다! 우선 나는 모든 문을 닫는다. 마치 이 복합적인 포위가 나의 고독을 확장하고, 그것이 이제 나를 세계로부터 분리시키는 바리케이드를 강화시키는 것 같다.[42]

---

41 John Plotz, *The Crowd: British Literature and Public Politics*, Berkeley: University of California Press, 2000, p.103. 이후부터 *BLPP*로 축약한다.

42 Rainer Maria Rilke, *Die Aufzeichnungen des Malte Laurids Brigge*, Frankfurt am Main: Insel, 1982. 이후부터 *MLB*로 축약한다. 원문은 이렇다. "Endlich allein! Man hört nur noch das Rollen einiger verspaeteter, abgehetzter Droschken. Fuer einige Stunden werden wir Schweigen haben, wenn nicht mehr. Endlich! Die Tyrannei des menschlichen Gesichtes (De Quincey!) hat aufgehoert, kein anderer kann mich noch quälen als ich selber. Endlich! Es ist mir also jetzt erlaubt, in einem Bad von Finsternis mich zu erquicken! Zuerst verschliess' ich alle

릴케의 소설은 독일 모더니즘의 중심적인 예로, 사실 그것은 근대의 도시 경험을 재현하는 첫번째 독일 소설이다. 그러나 모더니티의 경험은 여기서 본질적인 부정적인 관점을 통해 여과된다. 알프레트 되블린^{Alfred} Döblin의 『베를린 알렉산더 광장』^{Berlin Alexanderplatz, 1930}처럼 릴케의 소설은 그 형식과 주제의 독창성이 교양소설 장르와 근대의 도시 경험이라는 현상 사이의 대립으로부터 나온다. 교양소설의 전통이 언급되지만 궁극적으로 전복되는데, 개인이 더 이상 자기 충족감의 궤적의 결연한 주체로서가 아니라 외부의 압력이 영향을 주는 대상으로서 나타나는 한 그렇다. 사실 릴케의 텍스트는 신체가 분열된 많은 장면을 포함하는데, 그것은 내부와 외부의 경계가 주체와 환경의 상호 침투를 통해 용해된다는 것을 암시한다. 만연한 대중의 역사에 대한 니체 철학의 경멸을 품고, 릴케의 서술자인 말테는 "모든 세계 역사가 잘못 해석된다는 것이 가능한 일인가? 사람들이 항상 대중에 대해 말해 왔기 때문에, 과거가 속임수라는 것이 가능한 일인가 …… 마치 어떤 이가 많은 사람들의 집단에 의해 둘러싸여 있는 한 사람을 이질적이고 사망했다는 이유로 말하지 않고 대신 그 집단에 대해서 말하는 것처럼?"(*MLB*, p. 469)이라고 쓴다. 릴케의 말테는 그가 주로 정신적이고 심리적인 결과, 말하자면 내면의 마음의 혼잡, 내부와 외부의 상호 침투로서의 도시 대중과 개인의 관계를 연구한다는 점에서 보들레르와 드 퀸시 같은 이전의 작가들에게 빚진다. 존 플로츠는 여기서 "'진정한' 자아가 아니라, 내부로 강제되어 좋든 싫든 그를 지배하는 외부의 현상을 포함하는, 도시가 만든 내면성"을 이야기한다(*BLPP*,

---

Tueren. Mir ist, als vergrössere dieser doppelte Verschluss meine Einsamkeit, als verstärke er die Barrikade, die mich nun von der Welt abscheidet."

217n6). 그가 드 퀸시의 『어느 아편중독자의 고백』*Confessions of an English Opium-Eater*, 1822에 대해 지적하듯, "드 퀸시는 대중을 바깥의 거리와, 동시에 그의 두뇌 안에 현존하는 것으로 생각한다. 그들의 유사 실체성을 그렇게 영속적인 자극과 기회로 만드는 것은 그 이중성이다"(*BLPP*, p. 95).

대중에 대한 말테의 부정적인 입장은 1902년 8월부터 1903년 6월까지 파리에서의 릴케의 첫 체류와 관련되어 그의 도시 모더니티에 대한 부정적인 경험을 문학적으로 표현한 것으로 보일 수 있다.[43] "국립도서관에서"의 처음 장면에서 말테는 우울한 회한을 품고 말하면서, 고독한 시인, 그 자신이 되고 싶어 했던 시인의 이미지를 언급한다.

당신은 그가 누구인지 모르죠, 시인? 베를렌 …… 전혀? 기억이 안 나요? 저런. 당신이 아는 사람들 중에서 그를 알아보지 못했군요? 당신은 구별을 하지 않죠, 내가 알아요. 하지만 내가 읽고 있는 사람은 다른 종류의 시인이에요. 파리에 살지 않는 사람, 완전히 다른 사람. 산 속에 조용한 집을 가진 사람. 맑은 공기 속의 종소리처럼 들리는 사람이에요. 생각에 잠겨 소중하고 고독한 세상을 비추는 자신의 창문과 그의 서가의 유리문에 대해 말하는 행복한 시인. 이것이 바로 내가 되고 싶어 했던 유형의 시인이에요.[44]

---

43 Hansgeorg Schmidt-Bergmann, *Die Anfänge der literarischen Avantgarde in Deutschland: Über Anverwandlung und Abwehr des italienischen Futurismus*, Stuttgart: M&P, 1991, pp. 27~28.

44 *MLB*, p. 482: "Ihr wisst nicht, was das ist, ein Dichter?—Verlaine …… Nichts? Keine Erinnerung? Nein. Ihr habt ihn nicht unterschieden unter denen, die ihr kanntet? Unterschiede macht ihr keine, ich weiss. Aber es ist ein anderer Dichter, den ich lese, einer, der nicht in Paris wohnt, ein ganz anderer. Einer, der ein stilles Haus hat im Gebirge. Der klingt wie eine Glocke in reiner Luft. Ein glücklicher Dichter, der von seinem Fenster erzählt und von den

말테와 멀지 않은 동족을 포르투갈 모더니즘의 대단히 뛰어난 인물인 페르난두 페소아의 작품에서 마주칠 수 있을 것이다. 20세기 초반의 수년 동안 준거가 되었던『불안의 책』에서, 페소아의 많은 문학적 동철이 음이의어의 이름 중 하나인 사무실 직원 베르나르도 소아르스는 본질적인 고독의 존재와 '무위'——그 안에서 영혼의 내적인 삶과 꿈꾸는 삶에 대한 옹호로 외부의 현실은 무시된다——에 대해 깊이 생각하며 확산되는 다양한 내용의 일기를 보여 준다. 페소아의 후기 낭만주의적 감수성은 때때로 니체의 반사회적 개인주의에 근접한다.

모순된 슬픔을 느끼며, 나는 얼마나 진실하게 수행되었는지 알지 못하는, 노동자들의 시위를 기억한다(나는 집단적인 노력 속의 진실함을 인정하기가 어렵다고 생각하기 때문인데, 개인이, 홀로, 느낄 수 있는 유일한 존재라는 점을 고려해서다). 그것은 우글거리고 소란스러운 활기찬 바보들 집단이었고, 그들은 다양한 것들을 외치며 나의 외부인으로서의 무관심 속에서 지나갔다. 나는 즉시 역겨움을 느꼈다. 그들은 심지어 충분히 더럽지도 않았다. 진정으로 고통받는 사람들은 집단을 형성하지도 폭도가 되어 돌아다니지도 않는다. 고통받는 사람은 홀로 고통받는다.[45]

보들레르나 릴케의 상상과 유사한 페소아의 문학적 상상은, 때론 떨어져 있는 창문에서 관찰되고, 때론 보들레르의 방식처럼 주변을 둘러싼

Glastüren seines Bücherschrankes, die eine liebe, einsame Weite nachdenklich speigeln. Gerade der Dichter ist es, der ich hätte werden wollen."

45 Fernando Pessoa, *The Book of Disquiet*, ed. and trans. Richard Zenith, Harmondsworth: Penguin Books, 2002, pp.146, 165.

대양의 요소로서 경험되는 근대 도시와 그 대중의 배경 없이는 상상할 수 없다. 그러나 보들레르가 부르주아지에게서 혐오감을 느끼고 돌아서서 대중 속에서 은신처를 찾는다면, 페소아는 자아에 대한 불가능한 탐색으로 후퇴한다. 분명 대중은 다양하고 많은 존재들과 진동할 때 존재하지만, 그것은 주로 주체의 내부에 존재한다.

인민의 적들: 대중에 대한 지적인 경멸

루소 이후에 자아와 사회에 대한 철학적 담론은 두 개의 다른 부분으로 갈라진다. 한편으로 헤겔과 맑스는 역사와 사회의 진보를 구체적인 일반 개념으로 이론화한다. 이 헤겔의 전통에 맞서서 글을 쓰는 쇠렌 키르케고르는 근대 대중사회에 의해 유발된 평등화하고 동일화하는 효과에 맞서 구체적인 인간의 존재와 개인의 자유를 되찾은 첫번째 근대 철학자이다. 키르케고르에게 대중의 부상은 모더니티의 주요한 특징으로 이해되었다. 그는 이 현상을 대중매체(특히 언론)에 대한 비판적 이해와 공중의 이데올로기적 기능과 연결시킨 첫번째 사상가였다. 그의 글들에서 '대중'은 구체적인 집단이나 사회 계층과 동일시되지 않고, 모든 당대의 개인들의 부정적이고 추상적인 가능성으로 이해된다.

이러한 관점의 가장 명백한 진술은 『문학 비평』으로 알려진 '현대' The Present Age라는 표제의 텍스트의 뒷부분에 존재한다. 키르케고르의 텍스트(1846)는 현재는 잊혀진 토마시네 힐렘부르흐Thomasine Gyllembourg의 『두 시대』Two Ages, 1845라는 네덜란드 소설에 대한 긴 논의다. 소설의 일반적인 구조를 따라서 키르케고르는 이전의 혁명적이고 열정적이며 '영웅적인' 시대로부터 '현대'를 구분한다. 현재는 추상적인 과정——공중과 언론의 발상에 의해 구체화되는——이 구체적인 개인의 행동을 물리치는 보편적인 '평등화'를 특징으로 한다. "특정한 개인은 봉기에서 선두에 설수 있지만, 어떤 특정한 개인도 평등화에서 선두에 설 수 없는데, 그렇다면 그는 결국 지휘관이 되어 평등화를 벗어날 것이기 때문이다."[46]

근대의 '기독교적'인 평등과 대표의 체계가 '위대한 개인'과 대중 사이의 오래된 변증법을 대체했다. 현대는 이 개별화의 역동적인 과정을 단순한 계산의 관행으로 환원시켰다. "고대에 대중 속의 개인은 어떤 의미도 없었다. 탁월한 사람이 그들 모두를 대표했다. 오늘날의 경향은 수학적인 평등의 방향에 있고, 모든 계급의 무리 지은 많은 사람들이 한 개인을 만들고, 일관성 있게 우리는 숫자를 계산한다. …… 가장 사소한 것과 관련하여"(TA, p.85). 키르케고르에게 "우리 시대에 숭배화되는 긍정적인 사교성의 원칙"(TA, p.86)은 그 자신의 자기 성찰로부터, 그리고 기독교의 신으로부터 개인을 떼어 놓는데, 그것은 모든 존재론적 문제가 사회 정치적 문제로서 환원적으로 이해되기 때문이다. 루소와 달리 키르케고르에게 국가는 보편적 의지의 표현이 아니고, 더 정확히 말해 평화와 질서를 유지하기 위한 필요악이다. 보편적 과정인 평등화와 '반영'에 의한 판단——관중의 사회에 살고 있다는 의미에서——은 개인이, 각각이 분리되어 용맹스럽게 독실함을 얻을 때만 중지될 수 있다.

현재에 대한 진단 이후에, 개인의 자아 성찰이 대중으로부터 구조되어 다가오는 기독교 공동체로 향할 것이라는 희망이 등장한다. 이런 이유

---

46 Søren Kierkegaard, *Two Ages: The Age of Revolution and the Present Age: A Literary Review*, eds. and trans. Howard and Edna H. Long, Princeton, N.J.: Princeton University Press, 1978, p.84. 이후부터 *TA*로 축약한다.

15장 | 대중과는 거리가 먼 851

로 키르케고르의 대중에 대한 비평은 종종 페르디난트 퇴니에스Ferdinand Tönnies의 공동사회Gemeinschaft와 이익사회Gesellschaft 사이의 사회학적 구분——유기적 공동체 대 원자화된 개별화의 유령으로, 그 안에서 사회적 관계는 경제적 중개에 의해 존재한다——을 예고하고 있는 것으로 보인다. 키르케고르 이후에 이러한 급진적으로 반공동체적인 철학의 경향은, 그 안에서 대중이 모더니티의 가장 근본적인 특징으로 인식되며, 니체와 하이데거, 오르테가 이 가세트에 의해 더욱 발전한다. 이 모든 사상가들에게 개인의 진정한 자아실현은 필연적으로 현대 대중사회의 여건에서 벗어나 그리고 그것에 맞서 진화해야 한다.[47]

『반시대적 고찰』에서 니체는 "세계 과정"world process에 세계 역사의 구현으로서의 특권을 부여하는 당대의 (하르트만Hartmann의) 역사기록학의 경향을 비판한다. 대신 새로운 형태의 역사기록학은 당대와 다르게 "생성의 거친 흐름에 일종의 다리를 놓는 주목할 만한 사람들", "천재들의 공화국"으로 돌아가는 길을 모색해야 한다.[48] 이 특별한 영웅은 인간의 역사를 거의 일종의 박물학으로 변화시키는 익명의, 추상적인 과정 대신에 창조적인 존재와 생명력을 상징한다(HL, p. 319). 전자는 "역겹고 획

---

47 Howard N. Tuttle, *The Crowd Is Untruth: The Existential Critique of Mass Society in the Thought of Kierkegaard, Nietzsche, Heidegger, and Ortega y Gasset*, New York: Peter Lang, 1996.

48 Friedrich Nietzsche, "Vom Nutzen und Nachteil der Historie für das Leben", eds. G. Colli and M. Montinari, *Unzeitgemässe Betrachtungen II*, Kritische Studienausgabe, vol.15, München: DTV, 1999, p.317. 이후부터 *HL*로 축약한다. 원문은 이렇다. "Die Massen scheinen mir nur in dreierlei Hinsicht einen Blick zu verdienen: einmal als verschwimmende Copien der grosse Männer, auf schlechtem Papier und mit abgenutzten Platten hergestellt, sodann als Widerstand gegen die Grossen und endlich als Werkzeug der Grossen; im Übrigen hole sie der Teufel uns die Statistik"(*HL*, p.320).

일적인"과 묶인다. "대중은 나에게 오직 세 가지 측면에서만 주목할 가치가 있는 것으로 보인다. 첫째 닳아 버린 인쇄용 판으로 질 나쁜 종이에 찍힌, 위대한 사람의 흐릿한 복제로서, 더 나아가 위대한 것에 대한 저항으로서, 마지막으로 위대한 것의 도구로서. 그 밖에, 악마와 통계가 그들을 차지하기를!"(*HL*, p. 320) 니체의 글들에서 우리는 19세기의 가장 독설에 찬 반대중 정서와 마주친다. 알레고리적이고 신화적인 이야기 『차라투스트라는 이렇게 말했다』에서 이 반대중 정서는 철학을 고독과 동일시하는 견해와 변증법적으로 연결된다. 이 저작의 주인공은 인간보다는 신에 더 가깝고, '무리'나 대중으로부터 완전히 고립되어 사는 은자적인 예언자-철학자로 묘사된다. 이 '최후의 인간'은 평원의 존재이고 늘 '대중의 위험'이라고 불리는 차라투스트라로부터 새로운 가치관이 창조되는 것을 싫어한다.[49] 텍스트의 도입부에서 차라투스트라는 초인^{Übermensch}의 교리를 설파하기 위해 산에서 내려와 도시의 시장으로 간다. 그러나 뒤에서 설명되듯이(「시장터의 파리들에 대하여」) 차라투스트라는 대중들이 제대로 인정하는 그런 사람이 아니다. "고독이 멈추는 곳에서 시장이 시작된다. 시장이 시작되는 곳에서 엄청난 행위자들의 소란과 독성 있는 파리의 윙윙거리는 소리가 시작된다. 세상에서 최고의 것들도 그것을 처음으로 드러내는 그에게서 떨어져서는 가치가 없다. 사람들은 이들을 '위대한 인간'이라고 부른다. 사람들은 위대함, 즉 창조성에 대해서는 거의 알지 못한다."[50] 사람들은 사랑하고 창조하는 뛰어난 존재를 "모든 기증자의 고

---

49 Friedrich Nietzsche, *Also sprach Zarathustra*, Frankfurt am Main: Suhrkamp/Insel, 1976(1885), C8, p.22.

50 Fredrich Nietzsche, *Thus Spoke Zarathustra: A Book for Everyone and No One*, trans. R. J. Hollingdale, Harmondsworth: Penguin Books, 1969, p.78. 이후부터 *TSZ*로 축약한다. 원문은

독" 속에서 인식하지 않는다고 니체는 쓴다(*TSZ*, p.130). 따라서 대중에 대한 니체의 경멸은 (새로운) 사회에 기여한다고 주장하는 혁명적인 인본주의의 이면일 뿐이다. "진정으로, 교활하고 애정 없는 자아는 다수의 이익 안에서 자신의 이익을 찾는다──그것은 무리의 기원이 아니라, 무리의 파괴다"(*TSZ*, p.86).

토리노에서 정신생리학적 쇠약이 있기 직전에 그의 말년의 '자서전' 인 『이 사람을 보라』*Ecce Homo,* 1888에서 니체 자신이 거의 병적인 자신감으로 글을 쓸 때, 텍스트는 완전한 부정과 초인을 완성하는 책이다. 이 책은, 그와 비교할 때 "단순한 신봉자"인 단테 같은 사람들에게조차 도달할 수 없는, 예언적인 영감의 높은 고지인 "푸른 고독" 안에 머문다. 역설적으로 『차라투스트라는 이렇게 말했다』는 그 "성서적인 태도" 덕분에, 그리고 "대개 당황스런" 수사에도 불구하고, 니체의 가장 유명한 책이 되었다.[51]

니체를 주제로 한 에세이(『우리의 경험에 비추어 본 니체의 철학』)에서 토마스 만은 소렐Georges Sorel의 영향력 있는 논문인 『폭력에 대한 성찰』*Réflexions sur la violence,* 1908을──이에 따르면 대중은 역사의 신화적 모터를 나타낸다──쇼펜하우어의 개인주의와 니체의 '영웅적 유미주의' 와 대조한다. "그는 새로운 시대를 원하고 또 선언하며, 그 안에서 사람들은 현명하게, 몰역사적으로, 역사를 초월하여 세계 과정의 모든 구성과

이렇다. "Wo diee Einsamkeit aufhört, da beginnt der Markt; und wo der Markt beginnt, da beginnt auch der Lärm der großen Schauspieler und das Geschwirr der giftigen Fliegen./In der Welt taugen die besten Dinge noch nichts, ohne einen, der sie erst aufführt: große Männer heißt das Volk diese Aufführer./Wenig begreift das Volk das Große, das ist: das Schaffende"(Nietzsche, *Also sprach Zarathustra*, p.54).

51 Thomas Mann, *Nietzsches Philosophie im Lichte unserer Erfahrung*, ed. David Mr. Hoffmann; Basel: Schwabe, 2005(1947).

인류의 역사를 끊어 버린다. 그 안에서 대중은 더 이상 고려되지 않지만 영원하고 동시대에 존재하는 위대한 인간은 역사적인 혼잡에 대해 영적인 대화를 한다."[52] 이와 유사하게 『권력에의 의지』*Der Wille zur Macht*, 1901에서 보여 준 유럽의 니힐리즘에 대한 논평에서, 니체는 자신을 니힐리즘의 기원을 천재와 영웅적 인물을 평등화하는 대중의 영향으로 설명하는 "본능적인 철학자와 은자"[53]로 나타낸다. "저급한 종('무리', '대중', '사회')은 겸손을 잊고 그 필요성을 우주적이고 형이상학적인 가치관으로 부풀린다. 이런 식으로 존재 전체가 천박해진다. 대중이 지배적인 한 그것은 특별한 인물을 위협하기에 그들은 자신에 대한 믿음을 잃고 니힐리스트가 된다"(*WP*, p.19). 이 거대하고 단편적인 기록의 개요는 니체의 전작에서 근대의 '대중'에 대한 가장 광범위한 논평을 포함한다. 카우프만 판의 색인은 '무리'[herd]라는 단어에 대한 72개나 되는 표제항을 나열한다. 니체가 '무리' 본능의 우세와의 대립을 분석한 것은 사회학적·정치적·경제적·윤리적, 궁극적으로 생리적이거나 생명정치적인 암시를 드러낸다. 그가 이미 『도덕의 계보』*Zur Genealogie der Moral*, 1887에서 쓴 것처럼, 무리의 도덕적 본능——이웃에 대한 도덕적 사랑——은 덕망 높은 개인의 도덕적 본능과 완전히 반대되기 때문에 윤리학의 통합된 체계란 존재하지 않는다. 후자의 대중에 대한 경멸은 우월한 인간을 향한 군중의 원한에 공명한다.

그가 고독한 현자-철학자의 모습을 대중이 지배하는 사회의 징후

---

52 *Ibid.*, p.347: "Er will und verkündet eine Zeit, in der man sich, unhistorisch-überhistorisch, aller Konstruktionen des Weltprozesses oder auch der Menschheitsgeschichte weislich enthält, überhaupt nicht mehr die Massen betrachtet, sondern die Großen, Zeitlos-Gleichzeitigen, die über das historische Gewimmel hinweg, ihr Geistergespräch führen."

53 Friedrich Nietzsche, *The Will to Power*, ed. Walter kaufmann, trans. Walter kaufmann and R. J. Hollingdale, New York: Vintage, 1968, p.4. 이후부터 *WP*로 축약한다.

이자, 동시에 잠재적인 구제책으로 이해하는 것은 니힐리즘을 니힐리즘적으로 뒤집는 니체의 전복의 특징을 이룬다. "이전에 현자는 이런 식으로 떨어져 감으로써 군중의 마음속에서 거의 자신을 신성하게 만들었다——오늘날 은둔자는 마치 자신이 우울한 의심과 의혹의 구름으로 둘러싸여 있는 것으로 이해한다. …… 어릴 때부터 나는 현자가 존재하는 조건에 대해 숙고했고 나는 그가 다시 유럽에서 **가능**해질 것이라는 즐거운 신념을 숨기지 않을 것이다"(*WP*, pp. 514~516). 대중으로부터 지워진 현자의 모습은 귀족적인 탁월함의 징후로, 동시에 일종의 변장이나 보호로 기능할 수 있다. 스토아학파의 멀리 떨어짐과 가장과 신중한 변장의 태도——분명 니체는 근대 초기의 모럴리스트의 영향을 받았다——가 대중 속의 삶에서 권고됨에도 불구, 니체는 이런 식으로 저급한 인간들에게 오염되는 위험을 피하는 물리적인 침잠을 지지한다. 이렇게 차라투스트라는 무리의 "오염된 우물"에 대해 경고하고 그가 "더 이상 폭도가 우물에 앉아 있지 않는 높은 곳으로 날아가"야 했다고 진술한다(*TSZ*, 2:6).

궁극적으로 근본적인 고독의 상태는 고귀한 사람들의 엘리트주의적 공동체에 길을 내주는 과도기적 국면으로 생각된다.[54] 물론 양의 관계(적고/많은)는 힘의 관계(강하고/약한)와 완전히 반대된다. "**고귀한 사람들**이 대중에 대해 전쟁을 선언해야 한다!"(*WP*, p. 458) 현재의 대중의 우세는 기독교, 민주주의, 사회주의의 발상과 관련된다. '인민'은 끊임없이 여성적인 것으로 코드화되고, 니체에게 그것은 "나약하고, 전형적으로 병들고, 변하기 쉽고, 변덕스러운" 존재에 해당한다——"자유주의적"이고 "유

---

54 상세한 논의는 Fredrick Appel, *Nietzsche contra Democracy*, Ithaca, N.Y.: Cornell University Press, 1999, pp.85~87.

대교"인 것은 말할 것도 없다(*WP*, pp. 460, 462).[55] 만일 현재의 상황이 인간("평등화하는, 고귀한 중국 집단")의 기계화와 최소화로 특징지어진다면, '초인'의 새롭고 계획된 도착은 이 상황을 뒤집기보다는 일종의 상호 의존이나 건강한 적대감을 통해 그것을 완성한다. "그는 '평등화된' 대중과의 대립과 거리감을 필요로 한다! 그는 그들에 의거하고, 그는 그들에 의지한다. 이 고귀한 형태의 귀족주의는 미래의 형태다"(*WP*, p. 464).

강하고 아름다운 초인이라는 니체의 발상은 '민주주의' 정신이 기독교 교의와 프랑스 혁명, 근대 '영국의' 발상으로 나타나는 것에 반대하는 해석이다. 널리 알려진 것처럼, 니체의 초인과 '위험한 삶'의 교리는 1920년대와 1930년대의 파시스트 이데올로그에 맞게 조정되었지만 토마스 만이 올바르게 지적하는 것처럼 이 훗날의 조정에 대하여 니체의 사상은 직접적으로 정치적이기보다는 지진계와 같고 전략적인 것으로 이해되어야 한다. 사실상 대중에 대한 그의 혐오는 천재와 고양된 개인에 대한 대중의 의혹을 바로잡는 도치로 이해될 수 있다. "니체의 헤아릴 수 없이 많은 도발은 그가 대중들이 스스로의 지평을 초월하는 모든 것에 대해 보이는 경멸이 증식하는 것을 바로잡기 위해 그러한 경멸을 구체적이고 적대적인 대상으로 변화시킨다는 사실로 구성된다."[56]

니체에게서 크게 영향을 받은 만 자신의 저작은 근대사의 결정적인 시기 동안 개인의 지위에 대한 이해를 돕는 논평을 제공한다. 그는 보수

---

55 군중을 여성으로 코드화하는 것에 대해서는 Spackman, *Decadent Genealogies*를 보라.
56 Mann, "Nietzsche's Philosophie", p. 5: "Nietzsches unauslotbare Provokation besteht darin, daß er die Verachtung der Menge für alles, was ihre Einrichtung im Horizont Überschreitet, zum Material und zur Widerstandmasse macht für eine korrektive, eine potenzierende Verachtung."

적인 반동주의자에서 민주주의의 대변자로 극적으로 전환하였음에도 불구하고, 그의 저작에는 주목할 만한 일관성이 존재하는데 그는 20세기 초반의 부르주아 주체의 곤경에 관심을 가졌다. 기념비적인 에세이 『비정치적인 인간에 대한 고찰』*Reflections of a Nonpolitical Man, 1918*에서 만은 여전히 그의 전前 민주주의적·반민주주의적 국면에서, 제1차 세계대전 후에 범세계주의자에 맞서 '프랑스적' 경향을 분명하게 보여 주었고, 이것을 그의 형인 하인리히 만Heinrich Mann이 구체화했으나 후자는 '문명의 식자층'Zivilisationsliterat이라는 이름의 원조로서만 거명된다. 정치에 대한 부분에서 그는 사회적인 것에 대한 지나친 강조가 관개체론적인 것의 형이상학적 측면을 무시한다고 주장한다. "보편적인 것의 진정한 구현은 대중이 아닌 개성이기 때문이다."[57]

특별히 국민성에 대한 독일의 이해는 '문화'culture라는 토대를 기반으로 하는데, 이것은 서양의 '문명'civilization의 수사와 대립된다. 만은 민주주의와 그에 수반하는 대중 정치가 그의 국가에도 도래할 것이라는 사실을 인정함에도 불구하고 국가에 대한 '형이상학적인' 이해의 더 높은 가치에 찬성하는 주장을 하고, 그가 선택한 세 명의 사상가인 쇼펜하우어, 니체, 바그너가 이러한 발상에 전념했다고 생각한다.

우리는 거기서 대중과 인민Volk의 차이를 발견한다──그것은 개인과 개성, 문명과 문화, 사회적인 삶과 형이상학적인 삶 사이의 차이와 동일

---

57 Thomas Mann, *Betrachtungen eines Unpolitischen*, Frankfurt am Main: Fischer, 2002, p.262. 이후부터 *BU*로 축약한다. 원문은 이렇다. "denn die Persönlichkeit, nicht die Masse, ist die eigentliche Trägerin des Allgemeinen."

하다. 개인주의적인 대중은 민주주의적이고, 인민은 귀족주의적이다. 첫번째는 국제적이고, 후자는 매우 특별한 종류의 신화적 개성이다. 관 개체론적인 것을 개인들의 합 안에 놓거나, 국가적인 것과 인간을 사회 적 대중 안에 놓는 것은 잘못된 것이다. 형이상학적인 '인민'은 보편적 인 것의 구현이다. 그러므로 정치를 대중의 정신과 대중의 의미 안에서 수행하는 것은 정신적으로 잘못된 일이다.[58]

그리고 물론 다른 어떤 곳보다 독일에서 구현된 것은 인민people의 신화적인 몸체인 '인민'Volk이고, 그곳에서 그것은 '외국의' 영향을 통한 타락에 의해 위협을 받는다. "독일의 '인민'은 다른 어떤 곳보다 그렇게 남아 있었고, 이곳에서 인민은 계급과 대중으로 가장 덜 타락한다"(BU, p. 377).

그러나 만은 '인민'과 대중 사이의 '형이상학인' 차이는 제쳐 놓고, '인민'Volk; people조차도 매우 회의적인 시선으로 바라본다. 만이 묻기를, 민주주의가 정확히 인민에 의한 지배가 아니라면 무엇인가?(BU, p. 376) '인민'은 진보와 계몽으로부터 분리된다. 노동자계급이라고 정확히 불릴 수도 없다. (반대로 '노동'은 부르주아지, 즉 토마스 부덴브로크——만 자신——의 영역과 관련된다.) 만은 니체에 찬성하여 인용한다. "무리의 경

---

58 Ibid., p.263: "Wir haben da den Unterschied zwischen Masse und Volk, — welcher dem Unterschied entspricht von Individuum und Persönlichkeit, Zivilisation und Kultur, sozialem und metaphysischem Leben. Die individualistische Masse ist demokratisch, das volk arstokratisch. Jene ist international, diese eine mythische Perönlichkeit von eigentümlichsten Gepräge. Es ist falsch, das Überindividuelle in die Summe der Individuen, das Nationale und Menschheitliche in die soziale Masse zu verlegen. Träger des Allegemeinen ist das metaphsische Volk. Es ist darum geistig falsch, Politik im Geist und Sinn dr Masse zu treiben."

향은 …… 영속과 보존을 향하고, 그 안에는 창조적인 것이라고는 없다" (*BU*, p. 380).

만에게 있어, 지식인과 작가들은 국가의 형이상학적인 성격이 사회적인 것에 의해 압도되는 수준의 정치적인 것에 환멸을 느낀다. 정신적으로 비어 있는 대중 정치는 도덕적 타락의 영역으로 보인다. "인류에 민주주의적인 요소가 추가되면 선이 추가되는 것이 아니라, 인간 안의 악이 추가되는 것과 같다. 그리고 그 총량이 클수록 짐승 같은 것에 더 가까워진다. 사회적인 것은 도덕적으로 의심스러운 영역이다"(*BU*, p. 266). 민주주의에 대한 불신은 그가 "공리주의적 계몽과 행복의 인류애"로 보는 것과 관련된다(*BU*, p. 271). 전쟁을 되돌아보면서 그는 전쟁이 인간미 없고 야만적인 것으로 인식될 수 있다는 사실에 대한 책임을 민주주의에 돌린다. 전쟁은 '존엄'과 '정신적 가치'가 박탈당했고, 따라서 대중을 더 고귀하고 이상주의적이며 비실용적인 가치관에 기여하게 할 마지막 유혹은 사라진다. 여기서 특히 애매한 것으로 보이는 것은 대중과 '인민' 사이의 명확치 않은 차이라기보다는, 만이 대중의 지배와 민주주의 체제를 동일하게 보는 경향이다.

뒤따르는 시간이 보여 주듯이, 대중은 민주주의 체제보다는 전체주의 체제를 지지하는 방식으로 권력을 점한다. 한나 아렌트는 다가오는 대중의 시대를 예언했거나 두려워했던 사람들 모두가 대중의 자기파괴적이고 비합리적인 경향을 과소평가했다고 쓴다. "이 완전히 예상치 못한 자아의 철저한 상실 현상, 대중이 자신의 죽음을 향해 행진하게 한 이 냉소적이거나 따분해하는 냉담함 …… 그리고 그들의 놀랄 만큼 가장 추상적인 신념의 경향, 무의미한 생각을 따라 그들의 삶을 살고자 하는 열정적인 갈망."[59] 회상에 잠기며 만은 그의 전시 에세이의 시대착오적이고 옹호될 수 없는 입장을 '독일-낭만주의적 부르주아지'에 대한 시대에 뒤진 표현으로 인식한다.

만은 그의 삶의 많은 시간을 그 자신의 예술가적 기교의 위기에 대한 분석에 바쳤다. 책의——회고적인——서문에서 그가 작가로서의 생활 방식을 "공적인 고독, 또는 고독한 공공성"이라고 정의 내린 것이 중요하다(*BU*, p. 38). 우리가 고찰했던 근대 초기의 작가들과 크게 다르지 않게 만에게도 역시 작가의 고독한 활동은 사회적 이용 가치에 따라 공개되고 만회된다. 만에 따르면 문학의 공공성과 시민-부르주아의 공공성 사이에는 보완적인 관계뿐 아니라 차이도 존재한다. 이렇게 그는 "정신적이고 동시에 사회적인, 문학의 공공성을 (말하고) …… 거기에서 고독의 페이소스는 사회에 받아들여지고, 부르주아지에게 가능하며, 심지어 부르주아지에게 존경할 만한 것이 된다".[60]

그렇다면 에세이 자체는 '정신적 공공성'의 가치가 있는 작품의 본보기가 된다. "사적인 편지 쓰기의 무례함을 지닌 이 텍스트는, 실로 나의 최고의 지식과 의도에 따라, 내가 예술가로서 무엇을 제공해야 하는지, 그리고 무엇이 공적인 것에 속하는지를 보여 준다."[61] 니체의 중대한 찬양자로서 만은 예술가의 반사회적 경향을 자신의 민주주의 사회로의 재통합과 봉사와 화해시키려고 시도한다. 적어도 1922년 이후부터 만의 저

---

59 Hannah Arendt, *The Origins of Totalitarianism*, New York: Harcourt, Barce and co., 1951.

60 *BU*, p.38: "der literarischen Publizität, welche geistig und gesellschaftlich zugleich ist (wie das Theater), und in der das Einsamkeitspathos gesellschaftsfähig, bürgerlich möglich, sogar bürgelich-verdienstlich wird."

61 *Ibid.*, p.39: "Diese Schrift, die die Hemmungslosigkeit privat-breiflicher Mitteilung besitzt, bietet in der Tat, nach meinem besten Wissen und Gewissen, die geistigen Grundlagen dessen, was ich als Künstler zu geben hatte, und was der Öffentlichekeit gehört."

작이 공개적으로 공화국을 지지하고 국가사회주의에 반대하는 끊임없는 에세이와 연설들의 흐름과 동반하여, 점차 정치화되었다는 사실은 널리 알려져 있다.

1935년 4월부터 시작된 에세이 「주목하라 유럽이여!」에서 만은 자아보다 집단적인 것을, "비합리적인 것의 대중화와 1920년대와 1930년대의 사건"을 중시하는 것에 반대하는 입장을 취한다.[62] 새로운 대중 현상의 발전에서 만은 고상한 것을 필요 없는 것으로 만든 새로운 원시주의를 19세기의 "더욱 엄격한 인문주의"로 인식한다("AE", p.135). "자아와 그 부담으로부터 자유롭게 해주는 대중의 황홀경은 그 자체 외에는 목적이 없다. 이 현상에 연결된 '국가', '사회주의', '조국의 위대함'과 같은 이데올로기는 어느 정도 강제된 개념으로, 부차적이고 실제로 매우 불필요한 것이다. 가치 있는 목적은 황홀경이고, 자아와 생각으로부터, 사실은 윤리적이고 합리적인 것으로부터 완전히 해방되는 것이다"("AE", p.130). 그러한 경향들은, "이성에 맞서는 철학으로 사색하는 대중적 인간"과 "정신을 그것 자체에 맞서게 하는 것"("AE", pp.133~135)으로, 제1차 세계대전 동안에 증가했지만 그 전에도 두드러지게 보였다. "분위기는 경멸적으로 들뜬 대중의 생각으로 가득 차 있다"("AE", p.136). 19세기와 관련된 문화적 쇠퇴와 도덕적 후퇴는 근대의 대중적 인간의 상승^{Machtergreifung}에서 기인하며, 이것을 만은 가세트의 '탁월한' 저작인 『대중의 반역』^{La rebelión de las masas, 1930}에 관하여 언급할 때 지적하는데("AE", p.131) 오르테가는 이와 유사하게 새로운 대중의 사고방식과 그것의 파시즘과의 유

---

62 Thomas Mann, "Achtung, Europa!", ed. Peter de Mendelssohn, *Gesammelte Werke*, Frankfurt am Main: S. Fischer, 1986, pp.127~140. 이후부터 "AE"로 축약한다.

사성을 "무이성의 이성", "일상생활이나 야만으로의 회귀" 또는 "근본적인 후퇴"라고 언급했다.[63]

만은 '전투적인 인문주의'를 이러한 상황에 맞서는 유일한 가능한 구제책으로 상상하지만, 대중의 유사 문화에 대한 그의 혐오가 최소한 부분적으로는 오스발트 슈펭글러Oswald Spengler, 칼 슈미트Carl Schmitt, 루트비히 클라게스Ludwig Klages와 같은 여러 사회적 보수주의자들과 공통된 수사를 공유한다는 점이 간과되어서는 안 되며, 이들의 반미국 정신은 그들로 하여금 타락한 대중이 위압적으로 형성된 집단의 형태로 재탄생하고, 문명이 '대중'이라는 혐오스러운 중간 단계를 거쳐 공동체로 넘어갈 것이라고 믿게 했다.[64]

만일 이 에세이, 그리고 관련된 에세이들이 생기론자의 불합리의 폐단을 보여 주는 흔적을 주장한다면 만의 중편소설 『마리오와 마술사』는 최면에 걸린 군중과 카리스마 있는 지도자 사이의 관계에 대한 더 차별화되는 그림을 보여 준다.[65] 이 텍스트는 사실주의와 알레고리적 소설 사이의 가는 선에 걸쳐 있으며, 그로 인해 당대의 정치적 상황에 대해 완곡하게 논평하는 완벽한 수단이 된다. 처음에는 그가 당대의 대중 정치와 이렇게 다소 직접적으로 관계하는 것이 만의 다른, 더 개인 지향적인 저작

---

63 José ortega y Gasset, *The Revolt of the Masses*, New York: Norton, 1991, pp.73~74, 92.

64 Bernhard Weyergraf and Helmut Lethen, "Der Einzelne in der Massengesellschaft", ed. Bernhard Weyergraft, *Literatur de Weimarer Republik 1918-1933*, Hanser's Sozialgeschichte der deutschen Literatur vom 16. Jahrhundert bis zur Gegenwart, bd.8, München: Carl Hanser, 1995, 639.

65 Thomas Mann, "Mario und der Zauberer"(1930), *Sämtliche Erzählungen*, Stockholm: Fischer, 1959. 영역본은 다음의 표제로 출간되었다. "Mario and the Magician", *'Death in Venice' and Seven Other Stories*, trans. H. T. Lowe-Porter, New York: Vintage, 1989. 이후부터 "MM"으로 축약한다.

으로 보이는 것들에 대해 특이한 것으로 보일 수 있지만, 그것은 그의 주요한 주제인 부르주아의 개별성의 위기에 초점을 맞춘다. 이 중편소설은 특히 대중 정치와 대중심리학의 새로운 시대, 그리고 그 안의 카리스마 있는 최초의 파시스트 지도자에 대응한다.

러셀 A. 버먼이 이 문제를 탁월하게 표현한 것처럼 "집단적인 해결책을 촉진하는 전통적인 개별성에 내재된 위기감은 몰개성화의 다양한 변형 속에 내재한다"(RMGN, p. 262). 이 중편소설이 서술자를 비합리적인 집단성의 유혹에 굴복당한 것으로 보여 주는 한, "이 중편소설의 구체적인 정치적 소재인 파시즘의 원인론은 자유주의적 개성의 위기 안에서의 모더니즘의 기원과 암시적으로 연결된다"(RMGN, p. 266). 만의 저작에서 종종 그런 것처럼, 이야기는 문화적이고 개인적인 마주침의 장면, 휴가와 질병으로 특징지어지는 상황에 위치한다. 이야기는 이름이 밝혀지지 않은 중산층 서술자가 그의 가족이 토레 디 베네레^{Torre di Venere}라는 이름의 이탈리아 바닷가 휴양지에서 휴가를 보내는 동안 일어난 사건들을 떠올리며 말하는 것이다. 이 이야기는 마술사의 저녁쇼에 대한 설명에서 절정을 이루는데, 그는 청중을 선동하고 최면을 건다. 여러 비평가가 언급한 것처럼, 이야기의 이러한 해결에서 특별히 주목할 만한 것은 가까스로 자기 자신의 최면과 청중 전체의 마법을 푼 구제자인 마리오가 특징적으로 노동자계급의 인물이라는 사실이다. 다른 한편, 그의 전형적으로 모순적인 설명을 통해 만은 중산층의 서술자가 사건을 회고적으로 이해하려고 노력하면서, 그가 취한 비판적인 관찰의 멀리 떨어진 입장에도 불구하고 대중의 일반적 유혹에서 자신을 해방시킬 수 없다고 설명한다.

서술자는 쇼가 진행되는 내내 특히 그의 아이들이 계속해서 참석하는 것이 정말 적절한 것인지의 문제에 대해 의심에 시달리지만, 그의 자율적인 의지는 무너진다. 서술자와 그의 가족은 무솔리니의 파시스트 체제하의 이탈리아에 있는 독일인 관광객이기 때문에 만은 이데올로기적인 전염의 방식을 제시하기 위해 문화적인 마주침의 장면을 이용한다.[66] 당시의 대중 정치를 이해하는 데 있어 이 이야기가 주요하게 기여한 것은 프로이트의 대중심리학에 대한 글들에 강력하게 공명하여 잠재적으로 성적인, 리비도의 관계로서의 지도자와 대중 사이의 연결을 분석했다는 점이다.[67] 결국 치폴라Cipolla의 청중의 지배는 군중이——그리고 특히 '라틴계의' 군중이——기꺼이 강력한 권위에 굴복한다는 귀스타브 르 봉의 주장을 설명하는 것으로 이해될 수 있다. "군중은 힘에 대해 유순한 존경을 보여 준다. …… 그들의 동조는 결코 안이한 지배자가 아닌 정력적으로 그들을 억압한 압제자에게 부여되었다."[68]

르 봉과 프로이트가 모두 군중에 대한 그들의 가정을 완전히 몰역사적이고 심리학적인 통칙이라고 현실적으로 상정한 것은 분명하다. 프로이트가 집단적인 무의식의 작용을 발견한 곳에서 르 봉과 만은 모두 군중을 명백하게 여성, '원시적인' 인간, 아이들의 상황과 관련시키는, 개인적

66 Alan Bance, "The Political Becomes Personal: Disorder and Early Sorrow and 'Mario and the Magician'", ed. Ritchie Robertson, *The Cambridge Companion to Thomas Mann*, Cambridge: Cambridge University Press, 2002, pp.107~118를 보라. "토레 디 베네레와 무솔리니의 이탈리아의 분위기에서 민족주의나 외국인 혐오증의 감염은 자유주의적인 범세계주의자인 서술자 자신을 공격하고, 그 결과 그는 이탈리아 인구의 피상성과 남부 풍토의 뻔뻔스러움에 대한 '북유럽인의' 혐오를 경험하고서 이탈리아 문화 전체에 대해 가장 편협하게 참을 수 없는 감정을 발전시킨다. 일종의 감염은 파시즘의 '질병'이 이탈리아에서 독일로 퍼진 방식에서 인식할 수 있다"(*Ibid.*, p.115).
67 Bernd Widdig, "Thomas Manns 'Mario und der Zauberer' aus massenpshchologischer Sicht", *Männerbünde und Massen: Zur Krise männlicher Identität in der Literatur der Moderne*, Opladen: Westdeutscher Verlag, 1992, chap.5를 보라.
68 Gustave Le Bon, *The Crowd: A Study of the Popular Mind*, Dunwoody, Ga.: N. S. Berg, 1968, p.54. 이후부터 *C*로 축약한다.

의지의 소멸에 대한 두려움을 표명했다(*C*, p. 36). 르 봉에게 있어 군중 속에 빠진 사람은 "더 이상 그 자신이 아니고, 자신의 의지에 의해 안내되기를 멈춘 자동 제어 기계가 된다"(*C*, p. 32). 마찬가지로 치폴라가 젊은이들 무리를 그들의 의지에 반해 무대 위에서 춤추는 데 합류하도록 만들 때, "그는 청중에게, 아무리 오랫동안 계속하더라도, 그 활동과 관련되는 피로는 없다고 조언하는데, 그 위에서 춤춘 것이 자동 제어 기계가 아니라 그 자신이기 때문이다"("MM", pp. 170~171).

만의 말년의 소설 『파우스트 박사』는 모더니스트 음악의 기원에 대한 설명과 『마리오와 마술사』에서의 사회정치적 상황을 더 분명하게 보여 주는 내전 기간 동안의 극적인 사회의 변화를 담은 모습을 통합한다. 특별히 서술자는 독일의 비합리주의의 지적인 분위기와 인간의 개인주의의 소멸에 대해 논평하는데, 그것은 제1차 세계대전으로부터 등장했고 내전 기간에 최초의 파시스트의 사상을 형성하도록 촉진했다. 서술자 차이트블롬^Zeitblom은 뮌헨의 '크리드비스'^Kridwiß 서클에 대한 관찰을 이야기하는데, 그곳에서 어떤 이는 "개인으로서 전쟁 시기에 경험한 거대한 가치 저하"를 표명했다.[69] 이러한 보수적인 혁명가에 따르면 프랑스 혁명은 새로운 시대, "동질화되고 원자화된, 서로 관련이 없는, 그리고——개인과 마찬가지로——무기력한 대중을 통치하는 전제적이고 독재적인 정체"(*DF*, p. 486)를 향해 이동하는 "의도적인 재^再야만화"(*DF*, p. 491)를 개시했다. 이러한 맥락에서 서술자는 소렐의 『폭력에 대한 성찰』이 내전 시기의 예술적 아방가르드와 문화적 비평에 대해 갖는 매력을 묘사한다.

---

69 Thomas Mann, *Doktor Faustus: Das Leben des deutschen Tonsetzers Adrian Leverkühn, erzählt von einem Freunde*, Frankfurt am Main: Fischer, 1975, p. 484. 이후부터 *DF*로 축약한다.

전쟁과 무질서에 대한 그의 단호한 예언, 유럽을 호전적인 대재앙의 영역으로 특징지은 점, 지구상의 사람들이 하나의 발상, 즉 전쟁을 벌인다는 것으로만 통합될 수 있다는 그의 가르침은 그것을 시대의 책이라고 부를 근거가 된다. 이것을 더 확실하게 하는 것은 대중의 시대에 의회 민주주의가 정치적 의지의 형성을 위한 수단으로서 완전히 부적절한 것으로 드러날 것이라는 그의 통찰과 선언이다. 그 장소에서 이제부터 의회 민주주의는 신화적인 허구와 함께 대중을 공급하고, 원시적인 함성으로서의 이러한 신화적 허구는 정치적 에너지를 발산하고 활성화시키게 될 것이다. 대중적인 또는 더 정확히는 대중이 전유하는 massengerechte 신화가 이제부터 정치적 운동의 수단이 될 것이라는 말은 실로 이 책의 충격적이고 흥미로운 예언이었다. (*DF*, p.366)

그러고서 만의 글들은 포위된 개별성의 시나리오를 1920년대와 1930년대의 격동의 정치적 맥락 안에 위치시키는데, 그곳에서 '대중'은 진보하는 명분과 퇴보하는 명분 모두를 위해 각기 다르게 선도되었다.

20세기 초반의 역사가 충분히 보여 주는 것처럼, 우리의 근대 민주주의를 향한 진보는 다양한 전체주의적 정체의 형태로 다소 불길한 우회를 했다. 아렌트가 쓴 유명한 말처럼 "전체주의적 지도자는 그에 의해 대표되는 대중을 주창할 뿐이다". 최근의 에세이에서 페터 슬로터다이크는 이와 유사하게 전체주의 정체가 대중의 권력을 지도자의 모습을 통해 드러냈다고 주장했는데, 지도자는 더 고귀한 규범이라기보다 대중의 진부함과 평범함, 주체가 되고자 하는 그들 자신의 열망을 완벽하게 표현한 것이다. "고양된 다른 것을 통해 주체가 되는 것은 스스로의 자아실현을 위한 중간 단계가 된다."[70] 그의 논쟁적인 에세이에서 슬로터다이크는 그가 보는 것을 현재의 이데올로기, 대중과 진보와 해방의 잠재력 사이의 자동적인 연결로서 해명한다. 현재의 다수의 사회학적으로 올바른 사상들과 대조적으로 슬로터다이크는 카네티의 고전인, 고도로 기이한 『군중과 권력』을 대중을 헤겔의 세계 정신의 계몽된 담지자로 상정하지 않는 소수의 저작들의 하나로 믿는다. 카네티와 대중심리학의 고전 이론가들, 즉 타르드, 르 봉, 프로이트 사이의 연속성을 인정하긴 하지만 말이다 (VM, pp. 2~14). 카네티에게 있어 대중은 계몽된 진보의 주인공이 아니라 항상 폭력적인 퇴행과 유혹, 최면에 굴복되기 쉬운 자발적인 집합체인, 검은 점들이다. 슬로터다이크가 쓰기를 "군중이라는 용어는 카네티의 설명에서 바로 개별화가 실현되는 순간에 그것의 방해를 표명하는 용어가 된다. 그것이 '집합체'^{Auflaufmasse}로 이해되는 대중을 절대로 유사 해방과 반^{半}주체의 상태일 경우 외에는 마주칠 수 없는 이유다"(VM, pp.13~14).[71] 물론 그가 진보의 담지자로서의 대중이라는 이른바 '지배적인' 이데올로기에 반박하려고 시도하는 동안에 그는 정반대의 신화에 굴복한다. 따라서 슬로터다이크가 그의 논문인 『대중에 대한 경멸』이라는 제목으로 무엇을 가리키는지는 불분명하게 남는다.

---

70 Peter Sloterdijk, *Die Verachtung der Massen: Versuch über Kulturkämpfe in der modernen Gesellschaft*, Frankfurt am Main: Suhrkamp, 2000, p.21. 이후부터 *VM*으로 축약한다. Robert Michels, *Masse, Führer, intellektuelle: Politisch-soziologische Aufsätze 1906-1933*, Frankfurt am Main: Campus, 1987도 참조하라.

71 『군중과 권력』은 1960년에 출판되긴 했지만, 거기에는 틀림없이 젊은 카네티의 삶에서 핵심적인 경험, 즉 빈의 법원에 불을 지르는 것으로 정점을 이루었던 1927년의 노동자 봉기의 흔적이 있다. 다양한 빈의 작가들의 작품에서 나타나는 이 사건의 상세한 역사적 재현과 영향에 대해서는, Stefan Jonsson, "Masses, Mind, Matter, Political Passions and Collective Violence in Past-Imperial Austria", ed. Richard Meyer, *Representing the Passions: Histories, Bodies, Visions*, Los Angeles: Getty Research Institute, 2003, pp.69~102를 보라.

내가 여기서 주장했듯, 개성에 대한 부정적인 대항 세력으로서의 대중이라는 발상은 더 오래되고 긴 역사를 갖고 있다. 그것은 서양 문학과 철학의 중대한 순간에 영향을 미친 발상이다. '활동적'이고 공적인 삶으로부터 인문주의적이거나 낭만주의적인 침잠(페트라르카, 몽테뉴, 루소), 시각적 혼란과 감각적 과부하에 대한 고전주의자나 낭만주의자의 절망(괴테), 전통적인 시의 '죽음'과 혼합된 형태의 재현의 등장(보들레르·하이네), 그리고 미학적·정치적·도덕적인 재앙으로서의 'demos'에 맞서는 니체 식의 반동이다.

부록1 Vulgus: 라틴어

알렉산드라 카테리나 T. 소프로뉴(Alexandra Katherina T. Sofroniew)

Vulgus는 '군중'을 가리키는 라틴어 중 하나다. '집단', '범주' 또는 '계급'을 의미하는 산스크리트어 varga에서 유래한 vulgus는 일반적인 공중 또는 보통 사람들을 나타냈다. 그것은 반드시 동일한 장소에 물리적으로 집합한 사람들이라는 의미의 군중만이 아니라, 동일한 사회질서의 일부이고 동일한 생각과 의견을 공유한다는 의미에서의 군중을 가리켰다. '군중'을 의미하는 다른 라틴어 단어들, 가령 군중 속의 무질서 상태를 암시한 turba와 순수하게 수적인 의미의 군중을 나타낸 multitudo와 대조적으로 vulgus는 군중을 구성하는 사람들의 사회적 지위에 대한 판단을 내렸다. 로마의 상류층은 민중과 관련된 것은 무엇이든 대체로 그들 아래 있는 것으로 보았기 때문에 vulgus는 낮은 계급을 나타내게 되었다. vulgus의 일원들은 낮은 지성과 낮은 도덕적 기준을 지닌 것으로 암시되었다. 따라서 공화국 말기에 글을 썼던 연설가이자 정치인인 키케로는 vulgus를 intellegentium과 비교하며 "연설가의 견해에 찬성하거나 부인할 때, 군중의 판단이 전문가의 판단과 일치한다는 것이 항상 진실인가?"라고 묻는다.[72]

Vulgus는 또한 승리를 거두고 돌아오는 장군들을 위해 로마에서 열리는 개선식과 같은 공적 행사나 서커스에서의 군중을 묘사하기 위해서 사용되었다. 이러한 대규모의 공개 축제를 개최하는 것은 황제가 인민을 행복하게 만들거나, 또는 일시적으로 그들을 도시나 정부의 정세로부터 다른 곳으로 주의를 돌리기 위한 결정적인 방법이었으므로 로마 달력에는 많은 축제와 휴일이 포함되었다. 지적인 상류층들은 서커스와 같은 공적 행사를 얕보았는데, 그들은 스스로 휴식을 취하고 즐기는 더 가치 있는 방식이 존재한다고 느꼈고, 많은 수의 사람들을 한데 모으는 것이 나쁜 행동의 많은 예를 제공했기 때문에 악의 확산을 조장했다고 생각했다. 검투사 쇼의 경우에 vulgus는 경기 참가자들에게 엄지손가락을 올리거나 내려 유죄를 선고하는 방식으로 그들에게 삶과 죽음의 권력을 행사했다. 세네카는 이것이 연민의 감수성을 가진 사람들에게 잔인함을 가르쳤다고 주장하는데, 다수가 죽음을 갈망할 때 그들은 동요되지 않을 수 없었기 때문이다.

Vulgus는 또한 공중 자신을 가리킬 뿐 아니라 공중에 대한 정보의 확산을 묘사함으로써 적극적인 의미를 가진다. 그것에서 유래한 동사인 vulgo는 '공개적으로'를 의미했고 동사 vulgare는 '널리 알려지게 하다' 또는 '모두가 흔히 알도록 하다'를 의미했다. 이렇게 대중적으로 이용 가능하도록 만든

---

72 Cicero, *Brutus*, 183: "Semperne in orgatore probando aut improbando vulgi iudicium cum intellegentium iudicio congruit?"

다는 개념은 결과적으로 난잡함과 매춘을 가리키는 데 이용되는 단어로 이끌었다.

로마는 조밀한 인구의 도시로 절정을 이룰 때는 백만 명의 거주자로 구성되었고 산업 혁명기의 런던 이전까지는 어느 도시도 그 규모를 능가할 수 없었다. 도시에는 오늘날까지 남아 있는 글들을 쓴 로마의 문인들보다 훨씬 낮은 수준에서 존재했던 많은 수의 사람들──노예, 실업자, 노숙자, 하찮은 노동자, 공예가──이 포함됐다. 그들은 vulgus라는 단어를 건물과 거리를 채우고 로마를 시끄럽고 북적거리게 만들었지만 대체로 상류 계급에 알려져 있시 않던 이 그림자 같은 대중을 가리키기 위해 사용하였다. 상류층은 이 하층계급의 잠재적인 힘을 그들의 거대한 규모의 결과로 이해했지만 그들은 그것을 정신적이고 도덕적으로 열등하고 쉽게 조종되는 것으로 생각했다. Vulgus는 수사적인 기교나 심지어 붐비는 도시를 통해 빠르게 퍼지는 소문에 의한 설득에 쉽게 영향 받는 것으로 이해됐다. 따라서 키케로는 "이것이 군중의 방식이다. 그들의 판단은 좀처럼 진실에 토대하지 않고, 주로 여론에 토대한다"고 말했다.[73]

Vulgus를 향한 로마의 오만한 태도는 오늘날까지 존속하여 우리는 vulgar를 교육받지 못했거나 무지한 사람들, 또는 평범한 것이나 아니면 우리 아래에 있는 것을 묘사하기 위해 사용한다.[74]

73 Cicero, *Pro Q. Rosico*, 29: "Sic est vulgus; ex veritate pauca, ex opinone multa aestimat."
74 참고문헌: Marcus Tullius Cicero, *Cicero: The Speeches*, ed. and trans. John Henry Freese, Cambridge, Mass: Harvard University Press, 1930; P. G. W. Glare, *The Oxford Latin Dictionary*, Oxford: Clarendon Press, 1982; Lucius Annaeus Seneca, *Seneca, Moral Essays*, vol.1, ed. Richard M. Gummere, trans. John W. Basore, Cambridge, Mass: Harvard University Press, 1917; Marcus Tullius Cicero, *Brutus*, trans. G. L. Hendrickson, Cambrdige, Mass.: Harvard University Press, 1930.

MLK 집회

리처드 로티(Richard Rorty)

1963년 8월 필립 랜돌프와 마틴 루서 킹 주니어의 명령에 따라 열린 '일자리와 자유를 위한' 집회에서 워싱턴의 내셔널 몰에 수십만의 사람들이 모여들었다. 시민권 운동에 관련된 프린스턴(당시 내가 살고 있던 곳이다)의 친구들은 내게 그들 모임에서 전세 낸 버스를 타고 내려가 집회에 참가하기를 원하지 않느냐고 넌지시 말했다. 나의 부모님은 전에 랜돌프를 위해 일했고, 그래서 나는 그가 연방 정부로부터 양보를 얻어 내기 위해 실제로 또는 협박의 의미로 워싱턴으로 행진하는 전략에 익숙했다. 나는 그런 행진에 참가한다는 생각이 맘에 들었다. 나는, 아마도 반은 흑인 반은 백인이었던 분견대의 일부였고 우리들은 프린스턴으로부터의 세 시간의 버스 여행 동안 노래(대개「승리는 우리 손에」$^{\text{We Shall Overcome}}$)를 불렀다.

우리가 워싱턴에 도착했을 때, 일어나고 있는 것이 다소 느슨한 모임이었음은 분명했다. 내셔널 몰 끝 쪽의 링컨 기념관과 가장 가까운 곳에 연설자들이 있었고 많은 사람들이 빽빽하게 서 있어서 뚫고 지나갈 수가 없었다. 그들은 확성기로 연설자들의 목소리를 모임의 나머지 부분에 이르게 하려고 했는데, 사람들은 반사 연못의 끝 쪽에 있는 워싱턴 기념비로 갈수록 점차 드문드문했다. 그러나 확성기는 그 일을 수행할 만큼 강력하지 않았다. 나는 킹 박사가 말하고 있던(그것은 "나에게는 꿈이 있습니다" 연설이었다) 구절들을 이따금씩 들었지만, 그것들은 너무 자주 끊겨서 내 관심을 붙잡지 못했고 그래서 나는 그냥 돌아다녔다. 마침내 나는 옛 여자친구를 우연히 발견하고서 그녀와 오후의 나머지 시간을 보내며 서로 지난 몇 년간 각자 해왔던 일들을 알아냈다. 우리 둘 다 연설자가 말하고 있는 것이 무엇인지 알아내려고 노력하기를 포기했다. 우리는 대략적인 주변, 집회에서 알아볼 수 있는 부분에 단지 존재한다는 것으로 우리의 역할을 하고 있는 것이라고 판단했다. 저녁이 왔을 때 나는 버스로 돌아가 졸면서 집으로 향했다.

그 1963년의 사건은 역사적으로 중요한 것으로 판명이 났다. 그러나 당시 두드러지게 보이는 특별한 대중의 정신은 존재하지 않았고, 적어도 내가 기억할 수 있는 것은 없었다. 모든 사람이 그곳에 있어서 기뻐했는데, 우리 모두는 랜돌프와 킹의 요청에 응하는 완벽한 숫자에 기여했다는 그 느낌이 좋았기 때문이다. 그러나 우리는 공통의 열정에 사로잡혀 있지는 않았다. 아마도 대중의 어떤 부분은 그랬겠지만, 내가 있던 부분은 그렇지 않았다.

16장

광장공포증

알파벳

제시카 버스타인

서문

광장공포증은 열린 공간에 대한 두려움, 공적 공간에 대한 두려움, 대중에 대한 두려움으로 번갈아서 정의된다. 『정신장애 진단과 통계집』 4판 *DSM IV, 1994*은 그것을 "예기치 못한, 또는 상황에 따라 예견되는 공황 발작이나 공황과 유사한 증상이 나타날 때, 탈출이 어렵거나(또는 곤란하거나) 도움을 받을 수 없는 장소나 상황에 있는 것에 대해 느끼는 불안이다. 광장공포증의 두려움은 전형적으로 집 바깥에서 혼자 있는 것, 대중 속에 있거나 일렬로 줄을 서는 것, 다리 위에 있는 것, 버스나 기차, 자동차로 여행하는 것을 포함하는 특징적인 상황들과 관련된다"라고 정의한다. 분명한 모순을 고려할 때—어떻게 열린 공간에 대한 두려움이 꽉 찬 공간에 대한 두려움과 같은 것일 수 있는가—이 개념은 종종 이 현상을 동반하는 현기증만큼 아찔한 것이고, 실제로 초기의 체계화 과정에서 현기증은 정의를 위한 중요한 수단이었다. 현기증이라는 정신에 입각해서, 뒤

* 이 프로젝트는 부분적으로 워싱턴대학교의 예술과 인문학의 예술인문연구기술센터(CARTAH: Center for Advanced Research Technology in the Arts and Humanities)의 지원을 받아 완성되었다.

따르는 것은 광장공포증의 알파벳인데, 그것은 체계적이라는 이점이 있지만, 결단의 평범함은 상실했다. 알파벳의 각 문자는 하나 이상의 표제 항이 있는데, 일부는 순수하게 텍스트이고, 많은 경우는 이미지를 포함하며, 각각은 공적 장소에 대한 두려움의 측면으로 공명한다. 귀스타브 플로베르^{Gustave Flaubert}, 앰브로즈 비어스^{Ambrose Bierce}, 에드워드 고리^{Edward Gorey}에게는 매우 미안하다.

A

Agora 아고라 ㅣ 고대 그리스의 회합 장소로 폴리스 중앙에 위치했다. 집회나 시장을 위한 야외의 모임 장소다. 광장공포증^{agoraphobia}의 어원상의 토대다.

Allegory 알레고리 ㅣ 어원상으로는, 이야기의 바깥에서 흘러가는 것. 경험적으로는, 같은 시민들에게 이해받지 못한 채 말하는 것이다. '대학 교수의 종신재직권'^{Tenure} 항목을 보라.

Altamont 앨터몬트 ㅣ 최악의 록 콘서트. 기획된 관중은 10만 명이었지만 30만 명이 나타났다. 1969년 샌프란시스코 외곽의 무료 콘서트로 앨터몬트 자동차 경주장에서 24시간 공지해 준비된 것인데, 안전을 위해 고용된 지옥의 천사^{Hell's Angel} 회원들이 롤링스톤스가 공연할 때 18세 흑인을 살해했다. 대중 통제는 심하게 변질되었다. 대중은 책임이 없었고, 그들을 통제하기 위해 고용된 이들에게 책임이 있었다는 점이 주목할 만하다.

APsaA 미국정신분석협회 ㅣ 1911년 창립되었다. 한 무리의 사람들이 비용을 지불하고서 안에 들어앉아 사람들에게 바깥으로 나갈 것을 설득했다. 협회 홈페이지(http://www.apsa.org)를 보라.

Atget, Eugène 외젠 아제, 1857~1927 | 실패한 배우이자 내부와 외부 공간을 찍은 최고의 사진작가로 그 사이에 있는 모든 것을 무시했다.

B

Ballard, James G. 제임스 G. 밸러드, 1930~2009 | 영국의 소설가로 기술애와 교외를 전문적으로 다루었다.

Benjamin, Walter 발터 벤야민, 1892~1940 | 오랫동안 대학원생에 머물렀다. 그는 끝내거나, 나중에는, 떠날 수 없었다. "19세기 국내의 실내장식. 공간은 가장한다——매혹적인 생물처럼, 분위기라는 복장을 한다. ······ 이러한 실내장식에서 사는 것은 자신에 대해 조밀한 체계를 조직하는 것이었고, 세계의 사건들이 그물 안에 느슨하게 매달려, 마치 빨려 들어 없어진 아주 많은 곤충의 시체마냥 달려 있는 거미줄 안에서 은둔하는 것이었다. 사람들은 이 동굴에서 움직이기를 원하지 않는다."[1]

Bon Marché 봉 마르셰 | 파리와 시애틀에 세워진 최초의 백화점('절도광' Kleptomania 항목을 보라). 에밀 졸라의 『부인들의 천국』*Au Bonheur des dames,* 1883에서 기념되었다. 봉 마르셰 백화점은 1852년에 아리스티드 부시코 Aristide Boucicaut에 의해 세워졌고 1869년에 파리 7구 세브르 거리 22로 이사하였다(그림 16.1).

Bosch, Hieronymus 히로니뮈스 보스, 1450~1516? | 대중의 오락은 지옥에 떨어진다.

---

1 Walter Benjamin, "The Interior, the Trace", *The Arcades Project*, trans. Howard Eiland and Kevin MacLauglin, Cambridge, Mass.: Harvard University Press, 1999, p.216.

그림 16.1 봉 마르셰의 실내장식 이미지, 1928, 프랑스 국립도서관.

C

Cabrini Green 카브리니 그린 | 영화 「캔디맨」Candyman, 1992, 「매트릭스」 The Matrix, 1999에 등장하고, 콘도가 되어 「매트릭스 2: 리로디드」The Matrix Reloaded, 2003에 나왔던 시카고의 '하늘의 빈민가'.

Claustrophobia 밀실공포증 | 폐쇄된 공간에 대한 두려움. '대학 교수의 종신재직권' 항목을 보라.

Closet 벽장 | 영속적으로 유령을 위한 공간이고, 한때는 동성애자를 위한 공간이었으며, 비명의 장소로 추천된다.

Copycat 카피캣 | 시거니 위버가 밀실공포증을 가진, 연쇄살인범의 범죄심리분석관으로 나온 1995년의 영화. '시거니 위버'Weaver, Sigourney 항목을 보라.

Crowd 대중 | 셋. 바로 이 책『대중들』을 보라.

D

DNA 디옥시리보핵산 | 사생활의 권리와 관련이 있는 법적인 쟁점.

Dragnet 수사망 | 광장공포증 환자를 침입하는 순간을 위한 테마송. "손 들고 나와!" 메리엄-웹스터Merriam-Webster에서 "(범죄자의) 체포를 위한 조직망"으로 정의된다. 어원은 마치 양쪽으로 열리는 여행가방처럼 간단하다. 'drag' 더하기 'net'. 또한 1951~1959년에 방송된 텔레비전 쇼로, 천사의 도시인 로스앤젤레스에서 촬영되었다. 조 프라이데이 경사로 나오는 잭 웹이 주연을 맡았고, 「인간 폭탄」The Human Bomb, 1951.12.16으로 시작되는 이 시리즈의 274개의 에피소드는 하나를 제외하고는 모두 제목에 '위대한'big이라는 형용사가 포함된다. 그들 중 주요한 것으로는 「위대한 앵무새」The Big Parrot, 1952.3.13, 「자식을 맹목적으로 사랑하는 위대한 어머니」The Big Doting Mother, 1956.12.20, 「위대하고 영리한 소녀」The Big Smart Girl, 1959.1.13, 그리고 「위대한 초록색 원숭이」The Big Green Monkey, 1958.2.9가 있었다. 무표정한 현실주의에 열중한 이 쇼——"틀림없는 사실입니다, 부인"——는 주목할 만한 것인데, 웹이 신은 신발이 리처드 M. 닉슨에게서 선물받은 것이라는 사실만으로도 그렇다.

DSM IV 『정신장애 진단과 통계집』 4판 | 잠자리에 들어가 읽는 책. 광장공포증을 정의하기를 "규정할 수 없는 장애. 광장공포증이 발생하는 특정한 장애를 규정한다(가령 "300.21 광장공포증을 동반하는 공황장애" [p. 402] 또는 "300.22 공황장애의 이력이 없는 광장공포증"[p. 404])."

E

Enochophobia 대중공포증 | 대중에 대한 두려움. 종종 이 책『대중들』에 대한 두려움과 혼동되는데, 후자는 스탠피드에 대한 두려움인 '스탠퍼드 공포증'이나 스탠퍼드에 진학한 사람으로 오해받는 것에 대한 두려움인 '스탠퍼드위조공포증'이라고 적절하게 칭해진다.

F

Fascism 파시즘 | 20세기 초에 창시된 이탈리아의 정치운동이며, 종종 좋은 옷을 입은 선동 정치가가 이끄는 집단에 대한 우익의 찬양을 가리키는 구어적인 용어. 미국의 교수들이 막연하게 서로를 가리키는 수단으로 이용한다.

Fence 울타리 | 좋은 이웃을 만든다. 또한 훔친 물건을 더 큰 시장으로 연결시키는 사람, 그리고 프랑스의 초기 소설에서 행해졌던 남성들의 동성 간 사교의 형태를 가리키는 용어.

Fire 불 | 붐비는 영화관에서 가장 잘 들리는 말이다. 이와 관련되어, 언론의 자유에 관한 연구다.

G

그림 16.2 에드워드 고리, 『펑 하고 산산조각 난 꼬마들』 권두 삽화. 에드워드 고리 위탁 자선 업체의 허가를 받아 재간.
그림 16.3~4 에드워드 고리, 「G는 조지」와 「H는 헥터」, 『펑 하고 산산조각 난 꼬마들』.

The Gashlycrumb Tinies: or After the Outing 『펑 하고 산산조각 난 꼬마들: 또는 소풍 후에』 | 에드워드 고리^{Edward Gorey}가 지은 1963년의 알파벳 책. 체계성에 종속되는 작은 사람들에게 일어나는 일을 다룬 이야기(그림 16.2). 고리의 알레고리에서, 여러 어린이들은 안에서든(그림 16.3) 밖에서든 (그림 16.4), 알파벳 순으로 죽는다.

Gogosian Gallery 고고전 미술관 | 런던, 뉴욕, 베벌리힐스에 있다. 첼시에 있는 뉴욕 지점은 2000년 9월 아주 놀라운 크기의 공간으로 재개장하여, 광장을 좋아하는 뉴욕 시민들에게 큰 기쁨을 주었다. 당시 미술관은 에미넴에 맞먹게 예술적인 영국의 데이미언 허스트^{Damien Hirst}의 작품들로 가득했다. 관람자는 처음으로 「찬송가」^{Hymn}, 즉 인간 육체를 "6미터 높이의 채색된 청동으로 만든 해부학적 모형"과 마주했다.[2] 엄청난 해부학적 학습 장치의 내부는 시장기가 가

2 Gagosian Gallery, "Damien Hirst: Theories, Models, Methods, Approaches, Assumptions, Results and Findings", Press Release, August 9, 2000.

신 눈을 향해 드러났다(그림 16.5). 종종 허스트의 두려움과 혼동된다. 「사랑을 잃다」Love Lost에서, 그리고 그것과 한 쌍을 이루는 유리케이스인 「잃어버린 사랑」Lost Love에서는, 거대한 검은 잉어가 부인과 의사의 진료실의 에워싸인 환경에서 헤엄친다. 도움이 되는 비평가가 이 암시에 해설을 단다. "여자에게서는 지긋지긋한 훈제 청어 냄새가 난다."[3]

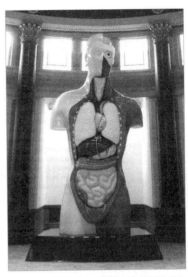

그림 16.5 데미안 허스트의 『찬송가』(채색된 청동, 240×108×48인치), 1996, 런던 주의회 의사당 신(新)사치갤러리 ©David Levene 2004.

Gursky, Andreas 안드레아스 구르스키, 1955~ | 독일인 사진작가이고, 한때 뒤셀도르프 미술학교의 베른트와 힐라 베허 부부의 학생이었고, 20세기 말 지형사진ToPoPho의 대가이다. 디지털 조작으로 탄생한 극사실주의FauxToPoPho——층이 없는 도서관, 붕괴된 관점, 아마도 존재하지 않게 된 대중. "204켤레의 나이키 스포츠화가 아른아른 빛나는 전시"인 「무제 5」Untitled V, 1997의 경우에 "구경 갈 대상이 존재하지 않는다——단지 구르스키가 진열 상자를 구성하고 상을 그린 뒤에 그것을 해체해 버렸기 때문이 아니라, 그가 단지 그것의 일부분만을 만들었고, 각각에 여섯 번의 노출을 주고 나서 새로운 세트의 신발들로

---

3 Gordon Burn, "The Hay Smells Different to the Lovers than to the Horses", *Theories, Models, Methods, Approaches, Assumptions, Results and Findings*(ex. cat.), vol.1, New York: Gagosian Gallery and Science, 2000.

위치를 바꾸었으며, 그러고서 컴퓨터에서 그것들을 구성하여 여태까지 존재한 적이 없는 간소한 미니멀리스트 이미지를 만들었기 때문이다".[4] 스톡홀름 공공도서관을 디지털로 조작한 구르스키의 사진은 "색으로 구분된 책들의 완벽한 반구의 모습이고 실제의 층을 생략하는데, 실제로 거기에는 이미지의 대칭적인 미를 훼손했을 에스컬레이터가 포함됐었다".[5] "중앙의 좋은 위치에서 거대한 건물을 포함하는 것이 불가능했기 때문에" 구르스키는 "서로 다른 관점에서 외관의 왼쪽 반과 오른쪽 반을 (기록했고), 그러고 나서 둘을 컴퓨터에서 (합쳤다)". "두 장의 네거티브는 또한 거대하게 확장되어, 수집 가능한 모든 세부 그림을 필요로 하는 이 사진에 상대적인 선예도를 배가해 주는 이점이 있었다. 게다가 구르스키가 언급했듯이, 이중의 관점은 관람자가 각각의 방을 더 깊게 볼 수 있도록 한다──원근법적인 사실주의의 관습을 위반하는 방법 덕분에 다큐멘터리적인 정보가 개선되는 효과를 얻었다."[6]

H

High Anxiety 「심한 불안」, 1997 | 멜 브룩스가 제작했다. 「현기증」[Vertigo, 1958]을 포함한 다양한 히치콕 영화에 대한 풍자로, 영화는 의사들이 스스로를 치료하려고 시도할 때 무슨 일이 일어나는지를 이야기한다. 주제가

4 Peter Galassi, "Gursky's World", *Andreas Gursky*(ex. cat.), New York: Museum of Modern Art, 2001, p.38.
5 Nancy Spector, "Andreas Gursky"(http://www.guggenheim.org/new-york/collections/collection-online/artwork/5433)에서 재인용.
6 Galassi, "Gursky's World", p.38.

인 「심한 불안: 당신이 이겼다!」를 보라. '부모'^{Parents} 항목을 보라.

Huysmans, Joris-Karl 조리 카를 위스망스, 1848~1907 | 『거꾸로』$^{À\ Rebours,}$ ^{1884}의 작가. 영역본으로는 『자연을 거스르는』$^{Against\ Nature}$이나 『순리에 어긋나는』$^{Against\ the\ Grain}$이라는 표제로 번갈아 번역되는, 우리를 위한, 우리에 관한 최고의 광장공포증 저작이다(또한 '네로 울프'$^{Wolfe,\ Nero}$ 항목을 보라). 등장인물인 데제셍트$^{Des\ Esseintes}$는 귀족 혈통의 마지막 자손으로, 프랑스 교외로 은퇴하여 DVD가 나오기 전인 세상에서 수년 동안 연장된 주말 같은 시간을 보내며 집 밖으로 나오지 않는다. 공감각에 관한 특별한 실험을 하고(신비로운 리큐어와 함께 입천장에서 하모니카를 연주한다) 은신함으로써(하인들은 실내화를 신고 두건을 썼고, 빛은 전혀 침범하지 못하도록 차단되었다), 그는 최고의 습관을 창조하고, 세상이 내놓을 수 있는 모든 것을, 그리고 세상이 내놓을 수 없는 많은 것을 제공하는 자신의 생활방식을 구성했다. 집의 모든 측면을 보여 주는 데 전념한 장들로 구성되지만, 거의 줄거리가 없다시피 한 이 소설은 광장공포증과 지루함의 완벽한 종합을 제공한다. 무기력한 사람들을 위한 주거 개선 안내서다.

I
—

Isolation booth 격리된 부스 | 1950년대 퀴즈쇼에서 자기 성찰이 공간화되는 수단으로 이용되었다. 파생물로는 태닝 부스, 섹스 부스, 그리고 공중전화 부스라는 이제는 멸종된 현상이 포함된다. 마지막 것은, 주로 슈퍼 영웅에 의해, 휴대폰이 존재하기 전의 세계에서 이용되었다. 이제 우리는 넥스텔과 노키아가 있고, 클라크 켄트는 더 이상 변신할 장소가 없다. 유선의, 전화교환원이 도와주는 전화는 다시 돌아올 것이고, 실제로

「매트릭스」에서 현실 상태 사이의 이동을 위한 문으로 필요하다.

J

Jawohl '그렇습니다!' | '확실합니다'에 해당하는 독일어. 이것을 발음하는 많은 수의 사람들은 문제를 유발하는 것으로 알려졌다. 「의지의 승리」^{Triumph des willens} 항목을 보라.

K

Kieslowski, Krzysztov 크쥐시토프 키에슬로프스키, 1941~1996 | 폴란드 태생의 천재. 무엇보다 1988년 폴란드의 텔레비전용 영화로 찍은 「십계」^{Decalogue}를 감독했다. 바르샤바의 아파트 단지 지역 내에서 십계명의 이야기를 한다.

Kleptomania 절도광 | 훔치고 싶은 충동. 19세기에 만들어진 단어이고, 백화점으로 인해 가능해졌다. '위노나 라이더'^{Ryder, Winona} 항목을 보라.

Ku Klux Klan 쿠 클럭스 클랜 | 많은 수의 사람들과 무제한으로 제공되는 침구가 있어야만 가능하다.

L

Levi, Primo 프리모 레비, 1919~1987 | 현기증이 있는 비현실적인 낙관주의자이거나 자신의 과거와 타협한 위선자이다.

M

M 엠, 1931 | 프리츠 랑^{Fritz Lang}의 도시 생활에 관한 이야기로 페터 로레가 아이의 살인범으로 나온다. 밝은 색의 캔디 반쪽이 똑같이 생긴 다른 반쪽 즉, 『향연』*The Symposium*에 대한 달콤한 응수를 추구한다.

Malthus, Thomas 토머스 맬서스, 1766~1834 | 정치경제학자. 산아제한의 초기 주창자.

***Mimesis* 『미메시스』, 1953** | 에리히 아우어바흐^{Erich Auerbach}의 책으로, 그는 집필 당시 펜실베이니아에 거주하는 학자였다. 그 결과 극도로 장황하고, 저자에게는 회상의 은신처를 제공하였다. 배우들에게는 칭찬의 말이며(가령, "아주 훌륭한 모방이었어"), 미켈 보르흐 야콥센^{Mikkel Borch-Jacobsen}에게는 불신의 말이다.

Monogamy 일부일처제 | 얼핏 보기에 난혼의 정반대로 보이지만, 사실은 연관성이 있다. 영국 에세이 작가 애덤 필립스^{Adam Phillips}의 말처럼 "우리는 우리를 구성하는 다른 사람들과, 우리인 것으로 보이는 사람들의 수로 인해 겁을 먹는다. 우리는 수를 낮추려고 노력하고, 우리가 실제로 누구인가에 대한 진실된 이야기를 유통시키려 노력하느라 정신이 없게 된다. 이것은, 아마도 다른 무엇보다도 우리를 한 명의 특별한 동반자의 품으로 몰아넣는다. 이것은 우리 자신의 변형을 최소한으로 낮추는 방법이다".[7]

Movies 영화 | 문명화의 최고 업적으로 광장공포증이 등장한 예는 다음과 같다.

- 「에일리언」^{Alien, 1979}

---

7 Adam Phillips, *Monogamy*, New York: Vintage Books, 1999, part 7.

- 「파트너 체인지」^{Bob & Carol & Ted & Alice, 1969}

- 「카피캣」^{Copycat, 1995}

- 「아웃브레이크」^{Outbreak, 1995} —— "열대 우림의 복수"[8]와 에볼라^{Ebola} 공포증의 전율에 좌우되는, 전염으로서의 군중이다. 가능할 것 같지 않은 시나리오로, 르네 루소가 더스틴 호프만과 절대로 결혼하지 않을 것이라는 사실만으로도 그렇다. 가장 겁을 주는 대사는 "저 원숭이를 잡지 않으면 안 돼!"

- 「패닉룸」^{Panic Room, 2002}('「패닉룸」' 항목을 보라.)

- 「악마의 씨」^{Rosemary's Baby, 1968}

- 「세이프」^{Safe, 1995}

- 「샤이닝」^{The Shining, 1980}

N

Numbers 수 | 하나는 가장 외로운 숫자일 것이며, '둘보다 훨씬, 훨씬 나쁘지'만, 대안을 고려한다. 둘: 일행. 셋: 대중. 넷: 많은 커플들이 저녁식사를 깨끗이 먹어 치우는 수단.

O

Outing 아웃팅 | 동성애가 병리적이지 않을 뿐 아니라 어디에나 존재하는 것이라는 사실을 일반 대중에게 납득시키기 위해 1980년대와 1990년

---

8 Richard Preston, *The Hot Zone*, New York: Random House, 1994.

대에 사용되었던 사회정치적 관행. 결론은 온당하긴 했지만, 방법론은 그것의 희생자들이 그렇지 않았던 만큼이나 일탈적이었다. 전국동성애자언론인협회가 정의하기를 "아웃팅"은 "자신의 성적 성향을 감추기로 결정한 개인의 성향을 (벽장에서 꺼내) 공개적으로 밝히는 것이다".[9] '벽장' Closet 항목을 보라.

Outside 바깥 | 소문. 그렇지 않으면 "택시에서 나의 아파트로 가져오려고 내가 옮기는 어떤 것"이다.[10]

P

Panic Room 「패닉룸」, 2002 | 데이비드 핀처가 감독, 조디 포스터가 주연을 맡았다. 패닉룸은 수중에 너무 시간이 많은 현실주의자들을 위해 세워진 최신 유행의 값비싼 벽장이다. 이 영화는 캔디바를 먹을 수 없는 조숙한 십대 소녀와 함께 밀폐된 공간에 장시간 갇히는 것의 무서운 효과를 탐구한다.

사적 패닉룸에 상당하는 정부의 것이 "그리스 섬 프로젝트"로 알려진 "정부 벙커의 지속성"으로, 이것은 "냉전 시대에 미 연방정부에 의해 비밀리에 건설된 거대한 벙커에 붙인 코드명이다. 이것은 핵전쟁이 일어날 경우 의회의 일원들에게 60일까지 피난처를 제공하도록 설계되었다. 이 시설은 웨스트버지니아 주 화이트 설퍼 스프링스의 화려한 그린브라이어 호

---

9 전국동성애자언론인협의회 편람(National Gay and Lesbian Association Stylebook, Addenda: Gay/ Lesbian Terminology) 부록 참조(http://www.nlgja.org/pubs/style.html).

10 Fran Lebowitz, *Social Studies*, New York: Random House, 1981.

그림 16.6 에드바르 뭉크, 「절규」(판지에 템페라와 크레용), 1893, 오슬로 뭉크미술관.

텔 아래에 위치했다. 부속 건물 전체가 이것의 건설을 위한 명목으로 호텔에 추가되었다".[11]

Paranoia 편집증 | 현실을 지나치게 정확하게 파악하여 유발되는 심리 상태. 그런데 왜 물어봅니까?(그림 16.6)

Parents 부모 | "그들이 니 신세를 조졌어."[12] "내가 두려워하는 건 높이가 아냐──그건 바로 부모님이야!" (「심한 불안」High Anxiety 항목을 보라.) 미국정신분석학회APsaA의 자금 출처.

Phobia 공포증 | 두려움. 처음으로 기록된 공포증은 물에 대한 공포이다. 두번째로 기록된 공포증은 사람들이 당신에게 자신의 공포에 대해 말하는 칵테일 파티에 대한 두려움이다.

Piazza 광장 | 이탈리아의 광장이다. 바실리스크와 친자노[이탈리아산 술]와의 근접성으로 알아볼 수 있다. 프로이트는 로마의 콜론나 광장을 좋아했고, 그의 가족에게 1907년 9월 22일에 이렇게 썼다. "가려고 몸을 돌릴 때 나는 주의 깊은 대중들 속에서der Menge aufmerksam 어떤 긴장감을 탐지하고, 그것은 나를 다시 돌아보게 만드는데, 아니나 다를까 새로운

---

11 Tom Vanderbilt, "Doomsday Rooms", photographs by Richard Barnes, *Nest: A Quarterly of Interiors*, no.11, Winter 2000~2001, p.207.
12 Phillip Larkin, "This be the Verse", 1971.

공연이 시작하고 나는 계속 머물러 있게 된다. 저녁 9시까지 나는 대개 넋을 잃고 몰두한다^{so der Zauber zu wirken}. 그리고서 나는 대중 속에서 너무 외롭다고 느끼기 시작하고 그러면 나는 내 방으로 돌아와 가족 모두에게 편지를 쓴다."[13]

Polygamy 일부다처제 | 모든 사람들이 쳐다볼 때 모르몬교도들이 하는 것이다. '일부일처제'^{Monogamy} 항목을 보라.

Q

Queue 줄 | 영국에서 'line'을 뜻한다. 안달이 났는지 아니면 점잔을 빼고 있는지에 따라서, 뒤로 또는 앞으로 줄줄이 선 한 무리의 사람들. 미국식 어법으로, 뉴욕 시민들은 줄 위에 서고^{on the line}, 다른 미국인들은 일렬로 서며^{in the line}, 합리적인 사람들은 집에 머물거나 온라인에 접속하고 미리 티켓을 주문하여 줄 서는 것을 피한다.

R

Rand, Ayn 아인 랜드, 1905~1982 | 이지적인 소녀들에게 있어서 다니엘 스틸과 같고, 주로 경영학 석사 남성들이 읽는다. 러시아 태생의 소설가로 세실 B. 데밀의 영화에서 단역배우로 나왔다. 데밀의 「왕중왕」^{The King}

---

13 Sigmund Freud, *The Letters of Sigmund Freud*, ed. Ernst L. Freud, trans. Tania & James Stern, New York: Basic Books, 1975; Jonathan Crary, *Suspensions of Perception: Attention, Spectacle, and Modern Culture*, Cambridge, Mass.: MIT Press, 1999, p.363에서 재인용.

of Kings, 1927에 출연한 이후 『근원』 *The Fountainhead*, 1943과 『아틀라스』 *Atlas Shrugged*, 1957 같은 광범위하고 중대한 책을 쓰기 시작한다. 그녀의 주요한 등장인물에 되풀이해 사용되는 머리글자는 많은 사람들로 하여금 저자의 사상이 체계적인 것이라고 믿게 만들었으며, 그러한 환상은 그녀가 철학 학파를 창립하자 한층 확산되었다. 객관주의의 중심적인 신조는 '나에 대해서는 그만하면 됐어——나를 어떻게 생각해?'로 달리 표현될 것이다. 그녀의 마지막 희망은 커다란 달러 기호 아래에서 기념되는 것이었다.

Repulsion 「혐오」, 1965 | 로만 폴란스키 감독의 1965년 영화로 카트린느 드뇌브가 주연을 맡아 자신의 지갑에 토끼 머리를 가지고 다니는 손톱 관리사로 나온다. 그녀의 런던의 아파트는 신축성이 있는 벽으로 되어 있고 중앙의 냉난방 장치가 없어서 그녀는 끈적끈적한 영국의 사랑의 여름 기간에 실내 장식을 새로 바꾸려는 광란에 휩싸인다.

Rosemary's Baby 「악마의 씨」, 1968 | 로만 폴란스키 감독. 미아 패로가 뉴욕에서 제대로 된 주택을 찾는 것의 어려움을 다룬 이 끔찍한 이야기에서 주연을 맡았다. '영화'Movies 항목을 보라.

긍정적인 면	부정적인 면
집세 통제	당신의 집주인이 적그리스도이다
세탁실이 있다	오노 요코가 같은 건물에 산다
의사가 왕진을 온다	비달 사순은 오지 않는다
다정한 이웃	그들은 마녀의 집회에 참석한다

Ryder, Winona 위노나 라이더, 1971~ | 최고의 메소드 여배우이다. '절도광' 항목을 보라.

S

Sade, Marquis de 마르키 드 사드, 1740~1814 | "귀족 그리고 성도착자."[14] 얼마 안 되는 그의 친구들에게는 '도나시앵 알퐁스 프랑수아 드 사드' Donatien Alphonse François de Sade 였다. 글쓰기 외에는 다른 수단의 일거리를 조건으로 요구하지 않는, 상근직에게 주는 정부 보조금을 받은 첫번째 사람이다. 영화 「세븐」 Seven, 1995 에서 브래드 피트가 연기한 인물에 의해 가수 샤데이 Sade 와 혼동되는데, 이 영화는 비참하게 연쇄살인범으로 오해받는 한 남자에 관한 이야기로 사실 그때 그는 제한된 시간표대로 일하고 있는 중이었다. 오직 제한된 수의 죄악만이 존재하고, 그후에 그는 자신의 사랑스럽게 장식된 아파트로 돌아갈 것이다.

Safe 「세이프」, 1995 | 피로 더럽혀지지 않을 것 같은. 토드 헤인즈가 감독한 1995년 영화이기도 하다. '영화' 항목을 보라.

Space 공간, 형언할 수 없는 | 르 코르뷔지에의 청사진.

Stirner, Max 막스 슈티르너, 1806~1856 | 『유일자와 그 소유』 Der Einzige und sein Eigentum, 1844 (첫번째 영역본은 1907년도). 첫 장은 "모든 것이 내게는 아무것도 아니다"이다. 자기 표현으로서의 광장공포증.

Streisand, Barbra 바브라 스트라이샌드, 1942~ | 미국의 가수, 감독, 배우, 디바. '대중 프로젝트'의 주제가를 부른 가수. "사람, 사람을 필요로 하는 사람이 세상에서 가장 운이 좋은 사람이야."[15]

Suburbs 교외 | 엄밀히 말하면, '도시보다 한 수 아래'로 '남몰래' sub rosa

---

14 *Webster's Seventh New Collegiate Dictionary*, Springfield, Mass.: G&C Merriam Co., 1963.
15 Lyrics by Bob Merrill, "People", *Funny Girl*, 1964.

또는 더 정확하게는 '품격을 떨어뜨리는'infra dig과 마찬가지다. '제임스 G. 밸러드'Ballard, James G. 항목을 보라.

Symptom 징후 | 시간을 때우는 것이 모방적이 되는 시점. 첫번째 근대적 징후는 당신에게 그런 지점이 있다는 것에 주목하는 것이다.

T

Tenure 대학 교수의 종신재직권 | '고양이 몰기'herding cats가 글자 그대로 은유적이 되는 지점. 그리고 사실상 보다 바람직하다.

Three's Company 셋은 친구 | 지형공포증의 악몽. 1970년대의 샌프란시스코에 살고 있음에도 불구하고 당신은 존 리터와 수잔 소머스, 그리고 레그스[스타킹 회사] 광고에 나온 여자와 함께 작은 아파트에 갇혀 있다. 당신의 아파트는 「도시의 이야기」Tales of the City, 1993에서 도망친 것으로 보이는 커플인 로퍼 부부가 관리한다. 그들은 자신들의 시트콤을 향해 떠나고 당신을 돈 노츠의 보호하에 남겨둔다.

Triumph des willens 「의지의 승리」, 1934 | 레니 리펜슈탈의 영화. 예술에 대한 정부의 자금 제공에 반대하는 설득력 있는 주장이다.

U

Urban 도시 | 새벽 1시 30분에 집을 떠나지 않고서도 에그롤을 구할 수 있는 능력.

V

Versace, Viktor and Rolfe, Dries Van Noten 베르사체, 빅터 앤 롤프, 드리스 반 노튼 | 분명 당신이 시내에서 놀러 다닐 때 입겠지만, 와인을 홀릴 가능성을 고려할 때 집에 머물러 육스Yoox[영국 온라인 명품숍]에서 좀더 주문하는 것이 낫다.

Versailles 베르사유 | 우주의 중심에 비해 주변적인 주택. '외젠 아제'Atget, Eugène 항목을 보라.

Vertigo 현기증 | 높은 곳에 직면하여 느끼는 어지러움. '징후'Symptom, '영화' 항목을 보라.

W

Wall. Great Wall of China, Berlin Wall, 'Building Wall' 벽. 중국의 만리장성, 베를린 장벽, '벽 쌓기' | '울타리'Fence 항목을 보라. 마라톤을 하고 논문을 쓰는 도중에 떠오르는 것.

Weaver, Sigourney 시거니 위버, 1949~ | 공포영화 최고의 디바. 그는 「카피캣」('영화' 항목을 보라)에서 광장공포증 환자를, 「진실」Death and the Maiden, 1994에서는 사람을 죽이려 드는 광장공포증 환자를, 그리고 「에일리언」 시리즈에서는 엄마를 미워하지만 어쨌든 집에 머물겠다고 우기는 소녀를 연기한다. 대안을 생각할 때, 이것은 이해할 만하다. "빈 공간에서는 누구도 당신이 비명을 지르는 것을 들을 수 없다."

Wolfe, Nero 네로 울프 | 광장공포증 환자인 형사. 별나고 몸집이 큰 천재로 전화를 거는 사람들에게 자신은 그가 필요로 하는 모든 것──옥상의

난초와 주방의 훌륭한 요리사——에 맞춰진 맨해튼 서부의 갈색 사암 건물을 떠나기를 원하지 않는다고 반복해서 말한다. "프로스트 씨, 반복해서 말하는데, 소용없는 일입니다. 내가 출장을 위해 집을 떠나는 일은 결코 없습니다. 아무리 끈질기게 달라붙어도 나에게 강요할 수는 없을 겁니다"라고 그는 선언했다.[16] "울프는 자신은 결코 출장을 위해 사무실을 떠난 적이 없다고 설명하면서 대화를 시작했다."[17] "나는 절대로 출장을 위해 집을 떠나지 않습니다."[18] 가장 중요한 동료는 아치 굿윈으로 그는 서술자이자 한량이며 인간 녹음기이다.

X

Xenia 환대 | 손님과 주인 간의 계약——모든 전쟁의 근원, 오해를 통해서든 정확한 이해를 통해서든.

Y

Yodeling 요들 부르기 | 광장공포증을 지닌 합창 연습. 최고의 고립이지만, 완벽한 관중, 즉 아주 멀리서 있는 관중에 대한 꿈을 전제로 한다. "혐오와 거리는 일종의 함께 있는 형태를 창조하게 한다".[19] 거꾸로 바그너에게는, 딸꾹질과 더불어, 하나를 위한 것이다. '징후' 항목을 보라.

16 Rex Stout, *The Red box* (reprint), New York: Pyramid, 1964(1937), p.7.
17 Rex Stout, *The Second Confession* (reprint), New York: Bantam Books, 1975(1949), p.1.
18 Rex Stout, *The Doorbell Rang* (reprint), New York: Bantam Books, 1971(1965), p.4.
19 Georg Simme, "The Stranger", 1908.

Z

Zeno's Paradox 제논의 역설 | 거북이와 아킬레우스의 경주. 요점은 당신은 결코 방의 다른 편에 도달할 수 없고, 사실상 모든 움직임은 당신이 실제로 그것에 대해 생각하는 한 불가능하다는 사실이다. 그 나름의 방식으로 위안이 되며, 많은 토마스 베른하르트의 소설의 최초의 원리이다.

Zoos 동물원 | 우리는 다르다는 믿음.

<table>
<tr><td>부록1</td><td>

5월 한 달

</td></tr>
</table>

알랭 슈나프(Alain Schnapp)

기억 속으로 멀리 거슬러 올라갈 때, '5월 혁명'——카르티에라탱Latin Quarter과 관련될 때 나는, 에드가 모랭Edgar Morin과 함께, '학생 코뮌'이라고 부르기를 좋아한다——은 시위에 모인 거대하고, 강력하며 때로는 엄청나게 많은 수의 사람들이라는 의미의 군중과 동일시되지 않는다. 그들은 내게 좀더 분별 있고 더 일상적인 것을 떠올리게 한다. 도시에 더 형제애가 있었고, 꿈은 더 매혹적이었으며, 버스와 지하철의 지나가는 사람과 여행객 동료들이 불현듯 서로에게 관심을 가졌던, 자유와 참여의 시대에 가졌던 느낌. 모랭의 명확한 표현은 약간의 설명으로 이뤄진다. 몇 주의 짧은 시간 동안 '학생 코뮌'은 현재의 상황을 일종의 이상적이고 숙고하는 도시, 즉 토의와 투표, 시위가 민주주의의 발명의 흥겹고 시적인 기반을 회복하는 수단이 되는 그런 곳으로 대체하려는 학생들의 열망을 구현하였다. 분명 세계에는 다른 학생

운동도 존재해 왔지만 파리 시민의 사건은 도시의 건축적인 틀, 혁명적인 나날에 대한 기억, 그리고 도시의 지식인과 학생들의 장소와 관련이 있다는 특수성을 갖고 있다. 그리 멀리 떨어져 있지 않은 알제리 전쟁은 식민지 전투가 징병된 사람들에게 보인 폭력성을 드러내 보였고 학생들이 전 지식인들과 '좌익 세력'의 정당에 동조하여 전투와 공화정의 미래에 대한 쟁점에 관여하도록 만들었다.

5월의 정신은 알제리에서의 전쟁 경험과 사르트르의 참여의 영향, 반식민지라는 주제와 지배계급에 대한 비판을 결합하는 사회적 논쟁의 레퍼토리로부터 비롯된다. '군중'^{foules}이라는 단어에는 많은 의미가 존재하고, 나는 우선 파리에 학생 군중이 존재했다고 말할 수 있다^{il y avait foule d'étudiants à Paris}. 대중의 의미에서가 아니다. 학생들은 파리의 인구에서 지배적이지 않았지만, 그들은 이미 10년 전보다 훨씬 많았고, 훨씬 결연했으며, 특히 사회에 대한 비평에 있어 단련되었다. 스트라스부르의 '상황주의자들'과 낭테르의 학생들은 풍자적인 행동과 분열, 파업을 조직했다. 142명의 학생에 의한 낭테르대학의 위원회 본부 점거는 주기적인 도발과 진압을 촉발했고, 그것은 5월 6일로 계획된 파리 대학의 위원회 앞에서의 여덟 명의 '지도자' 소집으로 이어졌다. 소르본 학생회의 구내에서 1968년 5월 2일 화재가 발생했을 때 그것이 소르본 학생들을 나무라고 그들과 끊임없이 충동했던 극우파('서방' 운동) 학생들의 소행이라는 사실은 의심의 여지가 없었다. 소르본의 학생들과 이미 낭테르에서 유명했던 소규모 무리('3월 22일 운동')는 이 공격에 응해 5월 3일 소르본의 마당에서 정견 발표를 요구했다.

모든 일이 시작되었을 때 우리는 결코 많은 수가 아니었다. 아마 기껏해야 900명이었을 것이다. 갑자기 '서방'의 게릴라 부대가 돌아올 조짐을 보이고 있다는 소문이 퍼졌다. 소르본의 마당에서 각목들이 돌연 나타났고 몇몇 사람들이 습격자를 만날 것에 주의하며 의자 한두 개를 부쉈다. 별일 아니었다. 그러나 낭테르의 '광신자'의 존재에 대한 소문이 퍼져 있었다. 총장과 사무총장은 불안해졌다. 그들은 경찰에게 개입할 것을 요청했는데, 이는 극도로 드문 행동이었다. 학생들은 건물을 떠나면 석방될 수 있다고 약속받았다. 그러나 수십 분 안에 소르본은 봉쇄되었다. 우리는 마당에 있는 수감자였다. 경찰 부대는 전진했고 우리는 우리 앞에 일어난 일들에 약간 어리벙벙하여 협상을 벌였다. 경찰은 결코 학생들의 기억 속에서(전쟁 이래로!) 정견 발표를 진압하기 위해 소르본에 들어온 적이 없었다. 경찰과 학장 대리인과 함께 동행한 경찰국장은 침착했다. 그는 여학생들을 풀어 주자고 제안했고 우리가 '신분 확인'을 위해 경찰 차량에 들어가면 폭력은 없을 것이라고 보장했다. 우리는 받아들였고 소르본 앞에 배치된 버스 안으로 들어가게 되었다. 내 차례가 왔을 때, 아주 재빨리, 나는 운전기사가 버스의 뒤쪽 칸에서 감시하는 역할을 맡은 경찰에게 지금은 긴장된 상황이고 그에게 조심해야 한다고 말하는 것을 들었다. 구역은 기쁜 폭동의 상태에 있었다. 풀려난 여학생들과 경찰 버스 안에서의 교류[noria]로 인해 경계 태세를 취하게 된 카르티에라탱 전역의 학생들은 자발적으로 '우리의 동지를 해방시키라'는 외침에 동원되었다.

오페라 광장에서 경찰서로 우리를 데려가는 길에 우리는 외침 소리를 들었고 차단봉을 지나서 수백 명의 시위자들이 당황한 경찰들에게 공격당하는——때로는 폭력적으로——것을 보았다. 내 동료는 나에게 버스의 뒤편에서 동행하는 경찰을 무력화시켜서 문을 열고, 우리 주변의 20여 명의 학생을 풀어 주면 어떻겠냐고 말했다. 다소 놀라서, 나는 무슨 일이 일어났는지 보겠다고 답했다. 실제로 경찰서장은 우리를 예의 바르게 맞았고 우리는 밤 10시경에 풀려났지만, 유명한 투사인 사비에르 랑글라드와 동행했던 다니엘 콘 벤디트는 예외적으로 몇 시간 더 기다려야 했다. 우리는 밤늦도록 이야기했고 그 다음의 날들에 취할 행동을 계획하기 시작했다. 우리는 이전에는 결코 마주친 적이 없었던 어떤 봉기의 정신이 시작되고 있다는 느낌을 가졌다. 소르본에 대한 경찰의 상징적인 개입은 금요일(5월 3일)에 일어났다. 기소된 낭테르 학생들이 징계위원회 앞에 등장하기로 예정된 것은 5월 6일 월요일이었다. 주말의 이틀이 열광적으로 준비하기에 적절한 때였다. 무엇이 벌어지고 있는지 온전히 알지 못한 채 모든 학생 집단은 그들의 동지를 동원하고 소책자를 작성하느라 분주했다. 5월 6일에는 극심한 동요가 목격됐다. 낭테르와 소르본은 폐쇄되었고, 학생들은 카르티에라탱에서 항의 시위를 하고 있었다. 또 다른 시위가 5월 7일 당페르 로슈로 거리에서 조직되었다. 이번에 그것은 수만 명의 사람들을 불러 모았다.

행동이 개시되자마자 봉기는 더 이상 카르티에라탱에 한정되지 않았다. 고등학교와 일부 지역 주민까지 이르렀다. 프랑스 서부에서 노동자들과 농민들은 시위에 참여하기 시작했다. 5월 10일 밤에서 11일까지 바리케이드가 세워졌고 이후에 치안 경찰에 의해 맹렬히 파괴되었다. 마치 도시가 '혁명의 날들'의 전통을 새로 교체하는 것 같았지만, 주목할 만한 차이가 있었다. 그것들을 지지하는 학생들과 주민들 일부는 평화적으로 시위를 벌이고 있었다. 언어는 혁명적이었지만, 행동은 고전적인 학생과 대중의 정견 발표의 전통 속에 있었다. 5월 10일 밤에서 11일, 학생들의 작전 대형은 그 힘에도 불구하고 대치를 최소화하고 물리적 폭력을 억제하려고 노력했다. 정권의 서툶과 운동에 대한 각료들의 완전한 몰이해에도 불구하고──경찰의 폭력에 대해서는 과소평가하지 않았다──경찰청장의 침착함과 지식인들과 몇몇 노조 대표들의 중재는 유혈일 수 있었던 대치를 피하는 데 기여했다. 5월의 나날들 동안에 우리는 결코 1961년 10월 17일 알제리인에 대한 끔찍한 진압이나 심지어 1962년 샤론에 견줄 만한 어떤 것도 보지 못했다. 5월 11일 아프가니스탄에서 돌아온 총리는 요구에 굴복하고, 수감된 학생들을 풀어 주고, 점령되었던 소르본을 포함하는 대학들을 즉시 다시 열겠다고 결정했다. 가장 격렬한 순간은 5월 16일에 시작되어, 권력의 재개를 특징지었던 야심 찬 드골주의자와 반공산주의자의 정견 발표일인 5월 30일까지 지속되었다. 그것은 학생들의 혁명적 이상과 국가의 현실——인민 전선의 위대한 노동계급의 꿈을 철저히 제거했다——사이의 조우의 순간이었다. 학생들은 자신들의 페트로그라드의 소비에트의 살아 있는 에피소드라고 생각한 반면, 노조는 5월 27일 그르넬 거리에서의 노사협의를 가능케 했던 '마티농 협정'의 패러다임을 재발견했다.

5월 3일의 온건한 학생 정견 발표에 의해 시작된 봉기는 갈등의 주체들——학생, 노조, 정당, 정부——이 무슨 일이 일어나고 있는지 완전히 깨닫지 못한 채 거대한 사회적 항의 운동으로 변형되었다. 1789년 이래로 파리는 혁명적 나날이 서로를 뒤따르고, 각각이 다음 것을 불러일으키는, 7월 14일에서 파리코뮌까지, 샤를 10세와 루이 필프르의 몰락을 거치며 지나갔던 도시였다. 이런 유형의 역사적 전통에 단련된 사회적 행위자들은 항상 과거의 위기에서 현재의 위기의 모델을 찾으려고 뒤를 돌아본다. 종종 간추린 맑스주의에 스며들어 있던 학생들은 자신들이 새로운 10월 혁명의 행위자들이라고 생각했다. 노동조합원과 좌익들은 파업의 규모에 매혹되어 자신들을 5공화정과 그리고 그들이 '개인적 권력'과 동일시했던 한 사람으로부터 벗어나게 해줄 새로운 인민전선을 보고 있다고 생각했다. 정부와 경영진들은 좌파와 공산주의자, 사회주의자가 하나의 치명적인 전선에서 합쳐지는 줄거리에 대한 혼란스러운 두려움 속에 지냈다. 이것이 5월의 사건들의 역사가 역사 편찬의 모험에 해당하는 이유인데, 각각의 진영, 심지어 각각의 집단은 역사의 눈으로 보면 가장 유리한 것으로 보이는 입장을 취하였고, 그곳에서 모든 사람이 현재의 태도에 특정한 양식을 부여하기 위해 과거의 사건으로 향했으며 그것은 자세뿐 아니라 의상에서도 구현되었다. 담론의 수사와 행동의 형태, 그리고 슬로건은 역사적인 레퍼토리와 그것에 수반되는 전통으로부터 도출된다.

그러므로 1968년이 세르주 모스코비치의 의미에서의 '군중의 시대'의 명시明示였다고 나는 믿지 않는다. 학생 봉기는 의고주의와 권위주의, 그리고 엘리트 추종에 사로잡히고 자산의 빈곤에 옥죄이는 대학의 낡은 방식에 반대하는 시위의 결실이다. 노동자들의 요구는 1958년부터 선언된 제도와 경제의 근대화와 노동자들의 빈곤한 조건 사이의 모순을 가리키는 또 다른 틈새로부터 나왔다. 세계 속 프랑스의 자리에 사로잡힌 드골은 여전히 공산당에 의해 강력하게 영향을 받는, 또한 해방운동 이후에 더 나은 세상에 대한 약속을 잊지 않았던 노동자계급의 사회적·경제적 어려움을 무시했다. 1968년 5월은 이러한 억압들의 조우로 탄생했고, 그것은 정치적 실패를 넘어서 관습의 변형과 사회적 공간의 개시를 가능하게 했다. 1968년 5월은, 성공한 것만큼이나 과장해서 표현하면, 결코 군중의 의견이 일치하지 않는 역사적인 사건의 하나이며, 집단적이고 혁명적인 어법 사이로 상황주의자의 유머가 나타난다. "현실적이 되어라, 즉 불가능한 것을 요구해라."

영역: 매슈 튜스

신파적 기회로서의 대중

루이지 발레리니(Luigi Ballerini)

정치 집회의 대중은 나를 울게 만든다. 그러나 이런 일이 발생하려면 두 가지 조건이 충족되어야 한다. 첫째, 나 자신이 대중 속에 있어야 한다. 둘째, 연설자는 움베르토 보시와 같은 흔한 경멸스러운 분리주의자일 수는 없고, 우리의 끔찍한 세상을 훨씬 살기 좋은 세상으로 바꾸어 줄 현실적인 방식과 현실적인 수단과 관련된 진정한 정치적 영웅이어야 한다. 그는 더 공정한 부의 분배와 생산수단의 공공 소유를 요구해야 한다(생산물이 공익일 때). 그는 군대의 폐지에 전력투구하거나 그것을 요청할 필요가 없고 실제로 모든 방어의 발상이 새(고양이, 뚱뚱한 고양이?)를 위한 것이라고 주장할 필요가 없다. 그가 만약 그렇게 한다면 그가 대상으로 하여 연설할 청중(그래요, 알아요, 대중)은 많이 없을 것이다. 따라서 나는 구조적인 타당성으로 인한 이러한 생략을 참고 받아들인다.

젊은이로서 나는 이탈리아 사회당——그 시절에는 맑스주의 정당이었다——의 서기장이었던 피에트로 넨니를 매우 좋아했다. 공산당과의 차이는, 사회주의자는 사회주의를 민주주의적으로, 설득과 의회 활동을 통해 실행하기를 기대했다는 것이다. 다른 한편 공산주의자는 혁명적인 방식으로 변화를 유발할 필요성에 대해 계속 이야기했는데, 그들은 자신들이 그러지 않으리라는 것을 충분히 알고 있었다. 실제로 훗날에 내가 역시 존경하게 되었던 엔리코 베를링구에르의 지도 아래 이탈리아 공산당은 방침을 바꿔 기업(공적인 영역에서)이라는 발상을 도입했다. 결국, 이상한 듯 보이겠지만, 그것은 자신을 맑스주의적이고 민주주의적이라고 부르는 첫번째 공산당이 되었다. 내 관점에서, 그것은 '혁명적이고 제도적인'보다 낫고 훨씬 그럴듯한데, 후자는 그것이 고안된 멕시코의 복지에 별다른 도움이 되지 않은 모순 어법이다.

민주주의적 과정의 공식적인 시인이 사회주의자와의 합병을 낳지는 않았는데, 아마 그랬어야 했겠지만, 그 이유는 그동안 사회주의자들이 순전한 자본주의자가 되었고 그들이 설파하지 않았던 복수를 실습했기 때문이다. 즉, 사적인 이익과 공적인 손실이라는 다소 논란이 많은 교리다. 그러나 넨니에게로 돌아가자. 나의 눈물에 관해 말하자면, 그는 오늘날 텔레비전에서 보이는 대중 속에서 길을 잃은 어떤 아이보다 나았고, 심지어 그 아이가 인도 사람이고 그의 부모가 갠지스 강의 신성한 물에서 목욕을 시키던 나날 뒤에 그를 잃어버렸다는 사실을 깨달을 때조차 그렇다. 사실 넨니는 흠잡을 데가 없었다. 그는 결코 나를 실망시키지 않았다. 그는 잘생긴 사람이 아니었고, 뚜렷한 사투리 억양으로 말했다. 그러나 알키비아데스가 소크라테스를 '관능적'이라고 말했던 것처럼 넨니는 '관능적'이었다. 또는 되돌아볼 때 나는 그를 그렇게 생각하고 싶다. 그는 배짱이 있었다. 삶은 그를 부당하게 대했다. 그는 딸을 나치스 강제수용소에서 잃었고 몇 년 동안 추방당했고 그가 대단히 사랑했던 자신의 정당이 난폭한 모리배의 패거리가 되는 것을 보았다. 그러나 그의 정치적 열정은 결코 스러지지 않았고 그는 절대 사기꾼이 아니었다. 정확히 반대였다. 정치를 고귀한 기술(주먹싸움과 같다고 나는 생각한다)로, 또는 적어도 정직한 술책으로 여겼던 최고로 정직한 사람이었다. 어떤 사람들은 어떻게 배를 만드는지 알고, 또 어떤 사람들은 어떻게 정의로운 법을 만드는지 알고 있다.

그는 에너지 관련 산업을 국유화할 필요성에 대해 말했고, 그가 수천 명의 사람들 앞에서 그렇게 이야기한 것을 들은 것이 두오모 광장──그 동일한 장소에서 1932년 무솔리니는 모든 이탈리아 가정에 좋은 석재로 만들어진 집을 약속했지만 11년 뒤에 온 도시를 나치스에게 넘겨주기만 했다──이었던 것이 좋았다. 나의 할머니가 침묵의 나날들(사실 몇 주) 후에, 그녀의 친척들과 친구들이 늘씬하게 두드려 맞거나 더 나은 환경으로 보내졌음에도 불구하고──부정否定이 얼마나 강력할 수 있는지를 보여 준다──심지어 나치스 사이에서도 우리가 이해한 것만큼 나쁘지 않은 동료들을 찾을 수 있었다고 무심코 말한 것이 그때였다.

내게 그러한 복잡한 요소들로 남아 있는 기억을 돕는 흔적들 때문에, 분명 나의 할머니의 나이였던 넨니가 일거에 국유화와 윤리를 이야기하는 것을 듣는 것이 기뻤다. 그리고 나와 내중 속의 많은 다른 사람들에게 좋은 느낌으로 남았고, 심지어 민영에서 국영으로 이행하는 것이 이탈리아에 상당한 돈이 들게 할 것이라는 사실이 분명해졌을 때도 그랬다. 실제로 나는 왜 우리가 그 모든 빌어먹을 것들을 그냥 몰수하지 못했는지 절대로 이해하지 못했다. 우리가 매달 수천 번도 넘게 이미 비용을 지불했던 것을 되사는 것이 왜 필요했는지, 가스 요금이 나오고, 전기세가 나오고, 하느님만이 아시는 어떤 요금이 나올 때 …… 우리는 지불했다. 그래, 우리는 또 지불했다. 넨니가 우리에게 알려 주는 데 실패한 유일한 것은 (또는 그는 우리에게 말했는데 우리가 잊어버렸나?) 이 모든 것 후에 국유화된 전기가 전보다 비쌀 것이라는 사실이었다. 그러나 이봐, 에라 모르겠다, 이게 어떤 요금의 증가보다도 더 가치 있는, 눈물 흘리기 좋은 시간 아닌가? 증가는 사실 좋은 것이다, 어쨌든 셰익스피어에 따르면. 그가 정확히 말한 것은, 그가 생명체가 가진 가장 타당한 것을 받아들이기를 원한 것이었다. …… 그는 우생학자였다.

어쨌든 그 증가를 피하는 유일한 방법은 정직함을 실행하는 것으로부터 나올 수 있었고, 그것은 자부심에 입각한다──공직이라는 증후군의 영향을 받은 사람들에게서는 어디서나 매우 드문 특성이고, 몹시 부족한데, 즉 보이지 않는다는 뜻이다. 의무를 지지하는 것보다 권리를 주장하는 것이 훨씬 단순하다. 그러나 권리를 주장하는 것은 대중 또한 매우 잘하는 것이다. 반좌파 집단은 이것을 알았고 뒤따르는 일화로 우리를 조롱하곤 했다. 넨니(또는 이 문제에 있어서는, 어떤 다른 좌파 지도자라도)는 그의 청중(그래, 알고 있다, 그의 대중)에게 물을 것이다. "당신은 빵을 좋아합니까?" 대중은 고함치며 대답한다. "네!" "당신은 와인을 좋아합니까?" "네!" "당신은 노동을 좋아합니까?" (이탈리아 공산주의가의 도입부를 외치며) 앞으로 나아가자 민중이여, 일어나라, 일어나라 / 붉은 깃발, 붉은 깃발"Avanti o popolo, alla riscossa / Bandiera rossa, bandiera rossa 등등. 이런 것들은 모두, 실험적인 시인이 보잘것없는 혁명가가 된다는 발상을 누릴 수 있던, 1960년대의 것이었다.

넨니는 1980년 1월 1일 조용히 죽었다. 그때쯤 그의 정당은 단단히 베티노 크락시(넨니 자신이 선택한 후계자였다, 믿기 힘들겠지만)의 수중에 있었는데, 그는 사회당을 이탈리아 정치의 필수적인 중심축으로 만들려고 했지만, 그 영광스런 백 년의 역사를 스캔들과 부패의 묘지에 묻기만 했다. 수년 전에 나는 더 좌측으로 이동하여 불완전 욕망과 혼란의 상태에서 살았고 그 부작용으로 자주 대중에게 둘러싸였다. 나의 정치적인 열정은 문학을 부르주아 예술로 비열하게 비난하고 시를 침묵과 동일시했던 1970년대 중반에 절정을 이루었다(니체가 1970년대 후반과 1980년대 초반에 구제하러 왔다). 그러나 그동안 나는 베를링구에르의 말을 들으며 몇 번 눈물을 흘렸다. 무르고 점잖았지만(공산주의자 엄마들은 그와 즐거운 시간을 보냈다) 그는 눈부신 리듬감을 갖고 있었고 권위적인 문학적 인물을 인용—때때로 잘못 인용하긴 했지만—할 수 있었는데, 거기에는 지금까지 군중을 즐겁게 하는 위대한 사람이고 모든 이탈리아 산업에서 가장 수익을 내는 것으로 남아 있는 단테가 포함됐다. 나는 특별히 베를링구에르가 1975년 새로 세워진 스포츠 경기장(진정한 공학의 개가이다)에서 했던 연설을 기억하는데, 그 건설을 공산당의 밀라노 지부에서는 맹렬하게 반대했었다(그들은 베를링구에르 동지가 그곳에서 이야기할 것이라는 사실을 알게 되자 마음을 바꾸었다). 나는 그때 전기가 민영으로 돌아왔거나, 곧 그렇게 될 것이라고 믿었다. 사실상 국영화되었던 것은 모두 민영으로 되돌아왔다. 그러나 이번에는 구입 비용이 훨씬 덜 비쌌다. 그로 인해 야기된 것은 적자를 내는 회사들이라고 했다. 이번에 문제는 록히드의 이름을 딴 스캔들이었다. 다시 한번 도덕적인 논란이었지만 조금 다른 성질이었다. 기독교민주당의 일부 저명한 국회의원들이 상당한 돈을 횡령했는데, 그들은 미국 회사가 이탈리아 정부에 전달하는 비행기 엔진의 가격을 대폭 인상했다. 그런 일이었다. 그들 중 일부가 또한 석유와 관련된 스캔들에 연루되었다.

대체로, 베를링구에르는 자신이 무엇에 대해 이야기하고 있는지 알았고 이탈리아 공산당을 이 나라에 남은 유일하게 윤리적으로 신뢰할 수 있는 정치 조직으로서 성공적으로 묘사했다. 그가 청중——열성적이고 품행이 단정한 프티부르주아 공산주의자들과 동조자들——에게 어떻게 이탈리아가 기독교민주당의 사기꾼들——그들의 도둑질의 소명은 논란의 여지가 없었고 19세기의 악덕 자본가를 대천사로 보이게 했다——로부터 구조될 수 있는지를 설명했을 때, 그에 대한 대답은 단순한 행복의 눈물(내 딴으로는)이 아니었고, 투표였다. 이탈리아 공산당은 투표 총수의 35퍼센트를 얻었다. 다른 어떤 정당보다 많은 것이었고, 이것은 미국 정부를 몹시 두렵게 했다. 기쁨에 흐느끼며 경기장을 나오자, 나는 지역 공산당 세포 local communist cell 의 서기에게 소개되었고 그는 내가 주로 미국에서 살았다는 사실을 알게 되자 지체 없이 손수건을 꺼내 보이더니 그것을 펼쳐 내게 흔들었다. 그는 분명 그것으로 내 눈물을 닦아 주려던 것이 아니라, 정확히는 나의 위태로워진 페르소나에서 발산되는 상징적인 악취를 없애려는 것이었다.

그후로 상황은 복잡해졌다. 기독교민주당원과 민주주의적 공산주의자 사이의 타협은 심각하게 보이콧되었고 모로 사건으로 중단되었다. 나는 우는 것을 멈추고 진지하게 교직 생활을 시작하였고 시詩로 돌아갔다.

격노와 나 자신에 대한 미안한 감정이 다시 혼합되고 죽음에 대한 어떤 두려움도 물리치는 그러한 감정적인 수준에 도달하기 위해 요즘에 나는 이라크 전쟁에 반대하는 집회에 참가하지만, 그곳의 군중은 내가 기억하고 있는 것보다는 훨씬 드문드문하다. 보시다시피, 나는 일단 대의가 상실되었다는 것을 알 때만 그것을 사랑할 수 있다. 그것이 내가 비극적인 영웅처럼 행동하는 방식이다. 당연히, 이탈리아의 방식이다. 이탈리아인으로서 나는 의연함을 뽐낼 필요가 없다.

2003년 12월, 뉴욕

후기

캐서린 헤일즈

대중이 왔다 간 후에 거리를 느릿느릿 걷는 고독한 낙오자처럼 이 후기는 모든 불꽃놀이가 끝이 난 후에 무엇을 더 말할 수 있을지를 찾아보고 알 아내려 한다. 아마도 다중이 차츰 멀어져 갈 때 그것의 형태에 대해 사소 하게 언급하는 것 외에는 없을 것이다. 편집자들이 디자인과 목적을 두고 서 말할 때, 이것은 매우 복잡한 책이다. 각 에세이가 각각의 단일한 목소 리를 갖고 있긴 하지만, 에세이에서 에세이로 옮겨 가며 읽는 것의 효과 는 대중 속의 얼굴들을 꾸물거리며 보는 것과 같으며, 각각이 뚜렷이 구 별되지만 그것들이 누적되어 대중을 구성하는 효과를 낳는다. 이 대중과 대조적인 것은 알파벳 순으로 배열된 '결정체'로, 그것은 즐거운 놀라움 으로 충격을 주는, 반짝이는 보석 같은 재치이며 마치 다중 속에서 그를 두드러지게 만들어 줄 붉은 스카프를 받은 소수의 개인들과 같다. 경계를 수놓는 것은 의미론적 역사와 개인적인 회상으로 변두리에 위치해 있지 만 대중의 중심과 분명한 유사점을 갖는다.

　아마도 이 프로젝트의 형태의 가장 흥미로운 특징은, 내 생각에, 출 판의 인공물과 전자적인 웹사이트로서의 분산된 존재다. 두 매체 모두에 걸쳐 있음으로써, 이 프로젝트는 각각의 이점을 최대한 활용하고 내재적으로 이 사례를 매체의 특수성을 인식하기 위한 것으로 만든다. 출판된 책은 우수한 시각적 해상도와 해커로부터 보호되는 안전한 견고함, 그리고 쉬운 휴대성을 제공하여, 눈의 피로와 되풀이되는 스트레스 증후군이 가장 헌신적인 웹사이트 방문자에게조차 타격을 주었을 시점 이후에도, 독자들은 한참 동안 더 읽어 갈 수 있다. 웹사이트는 널찍한 저장공간과 멀티미디어 능력, 그리고 정교한 검색 기능으로, 출판 자료만으로는 종종 전혀 착수될 수 없는 조사를 가능하게 해주는 접근의 용이함과 자료의 다양성을 제공한다. 함께 결합되어 책과 웹사이트는 대중을 주제로 한 견줄 데 없는 폭과 깊이의 연구를 제공하며 앞으로 한동안 이 주제에 대한 본위로 남아 있을 것으로 예상된다.

두 매체를 하나의 프로젝트로 결합하는 것의 이점이 존재하지만, 대중들의 물리적인 집결이 가능하게 하는 기능이 부분적으로 전자미디어에 의해 대체되었을 것이라는 편집자들의 제안이 반영되어야 한다는 요청이 가능하다. 나는 서로 대체한다기보다는 물리적인 집합체와 전자적 모임이 각각의 특수성이 서로에 대하여 스스로를 정의하는 역동적인 매체 생태계에 참여한다고 생각한다. 전자 매체가 용이한 접근(이동을 필요로 하지 않는다), 멀티태스킹(복잡한 사건들을 듣고/듣거나 보는 동안 다른 윈도우창을 열고 다양한 업무에 주의를 기울인다), 그리고 큰 용량이 저장되는 접근 가능한 파일 보관이라는 이점을 제공하는 반면, 전자적 모임은 다른 많은 사람들과의 들뜨는 접촉에서 가능한 냄새와 물리적 접촉, 그리고 엔도르핀의 급증을 포함하는, 대중 속에 잠기는 다양한 양식의 물리적 경험을 결핍한다. 전자적 참여는 또한 상호작용이 없거나 또는 스크롤해야 하는 텍스트를 포함하는 상황에서는 너무 선형線形이어서 대규모의 참여를 허용하지 못하는 경향이 있다. 다른 한편, 찔리고 밀리고 짓밟혀서 대중 자체가 접근을 막기 때문에 사건을 놓치는, 위험한 전투에 대한 본서의 일인칭 진술의 회상에서 이야기되는 실망스러운 경험은, 왜 일부 사람들이 집에서 안전하고 편안하게 남아 있기를 원하는지를 생생하게 보여 준다. 전자적 교류가 무대에서 사라지지 않을 것처럼, 대중은 사라질 것 같지 않다. 그보다는 둘 다, 대중 프로젝트에서 그런 것과 마찬가지로, 계속해서 서로 활기찬 상호작용을 할 것이다.

마지막으로 나는 이 프로젝트의 '거대 인문학'적 측면을 짧게 언급하고 싶다. 이것은 인문학의 협동 연구가 무엇을 할 수 있고 무엇이 될 수 있는지의 예시적인 모델이 된다. 전자적 교류의 확산으로 이전에는 결코 불가능했던 규모에서의 협동 연구의 가능성이 생겨났다. 동시에 분과학문들과 문화들 사이의 신속한 정보의 유통은 협동 연구를 그 어느 때보다 필요한 것으로 만들었다. 학자들이 대규모 연구 프로젝트를 위해 협력하려고 모이는 장소인 인문학 연구소 모델은 내 생각에 현대의 인문학 연구에서 가장 유망하고 결정적으로 중요한 경향이다. 그 결과로서의 프로젝트는 분명 단일 저자의 연구와 규모 면에서 차이가 있다. 게다가 상승적인 상호작용과 우연히 발견하는 수렴은 그 유형 또한 다르게 만들어 줄 것이다. 그 크기와 활기 넘치는 다양성, 전자적인 연구 능력, 그리고 공통의 주제에 대한 집중을 통해『대중들』은 협동적인 인문학 연구에서 무엇이 달성될 수 있는지에 대한 흥미진진한 증거를 보여 준다. 마지막 말을 남겨 두고서, 나는『대중들』의 일부로서 함께했다는 사실이 매우 기쁘다고 말할 수 있을 뿐이다.

옮긴이 후기

이 책은 실험적인 인문학 프로젝트의 결과물이다. '대중'이라는 개념에 대해 몇 가지를 공통적으로 전제하고서 몇몇 유형의 대중의 역사를 보여 주고, 대중 현상을 다양한 대중매체로 재현하는 문제에 집중하며, 대중의 특정한 측면이 부상하는 모습을 포착하고, 특별한 맥락에서의 대중의 역학을 흥미롭게 보여 준다. 이렇게 모인 16개의 에세이에는 또한 대중을 나타내는 어휘의 의미론적 역사와 대중이 나타나는 현장에서 경험하고 목격한 생생한 증언이 각각 덧붙여져 글의 개수는, 길고 짧고의 차이는 있지만, 세 배로 늘어난다. 여기서 끝이 아니다. 이 책은 프로젝트를 구성하는 세 가지 요소 중 하나일 뿐이다. 웹사이트상에서도 전시회에서도 이 프로젝트는 동시에 진행된다. 이 독립적이면서도 조금씩 중첩되기도 하고 서로를 연상시키기도 하면서 따로 떨어져 상호작용을 하는 다양한 요소들은, 어떻게 보면, 복잡하고 모호하고 출발점과 방향의 차이에 따라 '확장된 섬'이 될지 모를 인문학이 서로 어우러져 공존하는 순간을 만들어 줄지 모른다.

　그렇다면 이 글들을 읽고 나면 과연 무엇이 대중이다, 라고 감을 잡아 말할 수 있을까. 어쩌면 글을 읽어 나갈수록 읽기 전보다 더 큰 혼란에 휩싸일지 모른다. 그 모든 곳에 대중이 있었던 듯 보이지만 그것이 무엇인지 말하기 시작하고 재현하기 시작하는 순간 곧 대중이 아닌 것처럼 느껴지고 대중이 아닌 것이 되는 딜레마에 놓이기 때문이다. 또한 대중은 이질적이고 변덕스러우며 예측 불가능하기에 하나의 틀 안에 집어넣으려는 시도 자체가 불가능할지 모른다. 무엇보다도 오늘날 대중은 대중매체의 수용자나 산업적 마케팅의 더 구체적인 대상으로서 존재하는 순간이 훨씬 많아 보인다. 그럼에도 어느 사상가의 말처럼 침묵은 불모성의 징후가 아니라 다시 깨어나기 위한 예비의 과정일 수 있다는 것을 여기에 적용해 보면 언제가 될지 모르지만 잠잠함이 어떤 에너지로 폭발할 수 있다고 생각할 수도 있지 않을까.

마지막으로 이 책이 나오기까지의 긴 여정에서 채찍과 당근으로 이끌어 주고 많은 순간 함께 고민한 김현정 편집자님께 감사의 말씀을 전하고 싶다.

찾아보기

저자 소개

제프리 T. 슈나프 Jeffrey T. Schnapp | 1장 「대중 포르노그래피」

하버드대학의 로망어·문학·비교문학과 교수이며, 디자인 대학원에서 건축학을 강의하고 있다. 또한 하버드 메타랩(metaLAB Harvard) 연구책임자이며, 인터넷과 사회를 위한 버크만 센터(Berkman Center for Internet & Society)의 설립자이자 공동연구책임자이다. 2011년 하버드로 옮기기 전까지는 스탠퍼드대학에서 이탈리아 문학과의 로지나 피에로티 교수직(Rosina Pierrotti Chair)을 맡았으며 스탠퍼드 인문학 연구소(Stanford Humanities Lab)를 설립하여 1999년부터 2009년까지 이끌었다. 고대에서 현재까지 모든 시기를 연구 영역으로 삼고 있으며, 문화사 연구자이자 디자이너, 큐레이터로 왕성하게 활동하고 있다. 최근의 저서로는 『전자정보시대의 책』(Jeffrey T. Schnapp and Adam Michaels, *The Electric Information Age Book*, New York: Princeton Architectural Press, 2012), 『모던 이탈리아』(Jeffrey T. Schnapp and Francesca Santovetti, *Modernitalia*, Oxford and New York: Peter Lang, 2012), 『디지털 인문학』(Jeffrey T. Schnapp et al., *Digital Humanities*, Cambridge: MIT Press, 2012), 『책 너머의 도서관』(Jeffrey T. Schnapp and Matthew Battles, *The Library Beyond the Book*, Cambridge: Harvard University Press, 2014) 등이 있다.

스테판 욘손 Stefan Jonsson | 2장 「대중의 발명: 프랑스 문화 속의 대중, 프랑스 혁명에서 코뮌까지」

스웨덴 린셰핑대학 이주·민족·사회문제연구소 민족학 분야 교수이다. 초기에는 문학·미학·지성사 연구자이자 비평가로 알려졌지만, 점차 정신적인 것, 정치적인 것, 사회적인 것의 교차점으로서의 정체성이 형성되고 변형되는 사회적이고 역사적인 과정에 관심을 두고 있다. 국내 번역서로는 『대중의 역사: 세 번의 혁명 1789, 1889, 1989』(양진비 옮김, 그린비, 2013)가 있으며, 이 외의 저서로는 『대중

과 민주주의: 혁명에서 파시즘까지의 대중에 대한 개념과 이미지』(*Crowds and Democracy: The Idea and Image of the Masses from Revolution to Fascism*, New York: Columbia University Press, 2013) 등이 있다.

조이 코널리 Joy Connolly | 3장「군중 정치: '포풀루스 로마누스'의 신화」

뉴욕대학 고대 그리스·라틴학과 교수이다. 고대 로마의 정치학·수사학·미학이 18~19세기 영국과 미국에서 보존되고 오늘날의 민주주의 사회에서도 계속해서 영향력을 행사하고 있음을 밝히는 연구를 수행 중이다. 저서로는 『연설의 국가: 고대 로마의 수사학과 정치 사상』(*The State of Speech: Rhetoric and Political Thought in Ancient Rome*, Princeton: Princeton University Press, 2007), 『로마 공화주의의 삶』(*The Life of Roman Republicanism*, Lawrenceville: Princeton University Press, 2014) 등이 있다.

윌리엄 에긴턴 William Egginton | 4장「친밀성과 익명성, 청중은 어떻게 대중이 되었는가」

존스홉킨스대학 인문학부의 앤드루 W. 멜론직(Andrew W. Mellon Chair) 교수이자 독일·로망어 문학부 학부장이다. 스페인과 라틴아메리카 문학, 근대 초기 유럽 문학과 사상, 문학 이론, 문학과 철학의 관계 등을 가르치고 있다. 저서로는 『세계는 어떻게 무대가 되었는가: 모더니티의 현재, 연극성, 그리고 질문』(*How the World Became a Stage: Presence, Theatricality, and the Question of Modernity*, Albany: State University of New York Press, 2003), 『삐딱함과 윤리학』(*Perversity and Ethics*, Stanford: Stanford University Press, 2006), 『종교적인 온건함을 옹호하며』(*In Defense of Religious Moderation*, New York: Columbia University Press, 2011) 등이 있다.

앨런 거트만 Allen Guttmann | 5장「스포츠 군중」

1961년 미네소타대학에서 미국학 분야 문학박사학위를 취득한 문학사가이다. 1970년대에 학문적 관심을 스포츠역사로 바꾼 후 예일대학, 튀빙겐대학 등에서 교환교수로 활동했고, 최근까지 애머스트대학 영문학과에서 교편을 잡았다. 국내 번역서로는 『근대 스포츠의 본질: 제례의식에서 기록추구로』(송형석 옮김, 나남출판, 2008)가 있고, 또 다른 저서로는 『내면의 상처: 미국과 스페인 내전』(*The Wound in the Heart: America and the Spanish Civil War*, New York: Free Press of Glencoe, 1962), 『올림픽: 근대 경기의 역사』(*The Olympics: A History of the Modern Games*, Urbana: University of Illinois Press, 1992) 등이 있다.

수잔나 엘름Susanna Elm | 6장 「매혹된 대중: 순례자와 순교자」

UC버클리 역사학과의 고대 그리스·라틴학 교수로, 연구 영역은 고대 후기, 후기 로마 제국, 초기 기독교이다. 후기 로마 제국이 기독교 제국으로 변모하는 과정의 지성사를 그리는 데 관심이 있다. 저서로는 『헬레니즘의 아들들, 교회의 아버지들: 율리아누스 황제와 나지안조스의 성 그레고리우스, 그리고 로마의 비전』(*Sons of Hellenism, Fathers of the Church: Emperor Julian, Gregory of Nazianzus, and the Vision of Rome*, Berkeley: University of California Press, 2012) 등이 있다.

안톤 케스Anton Kaes | 7장 「영화와 대중」

스탠퍼드대학에서 박사학위를 받은 뒤 1978년부터 UC어바인의 비교문학과에서 강의를 시작했다. 1981년 UC버클리로 자리를 옮긴 뒤에는 독일학과와 영화학과, 미디어학과를 오가며 연구와 강의를 이어 왔다. 국내 번역서로는 『독일 영화사』(공저, 이준서 옮김, 이화여대출판부, 2009), 『히틀러에서 하이마트까지: 역사, 영화가 되어 돌아오다』(김지혜 옮김, 아카넷, 2013)가 있으며, 또 다른 저서로는 『엠』(*M*, London: BFI Publication, 2000), 『전쟁 신경증 영화: 바이마르 문화와 전쟁의 상처』(*Shell Shock Cinema: Weimar Culture and the Wounds of War*, Princeton: Princeton University Press, 2009) 등이 있다.

크리스틴 포지 Christine Poggi | 8장 「대중, 무리, 폭도: 대중 시대의 예술」

펜실베이니아대학의 예술사학과 교수로 근현대의 예술과 비평을 강의하며, 이탈리아 분과에서 로망어를 가르친다. 관심 주제는 20세기 초반 유럽에서 태동한 아방가르드, 콜라주와 구성적인 조각의 발명, 추상화의 등장, 예술이 새롭게 등장한 노동 및 기술의 형태와 맺는 관계이며, 1960~1970년대의 예술이나 동시대 예술도 연구 대상으로 삼고 있다. 현재는 현대의 공연과 영화에서 나타나는 이주, 월경, 지도 작성, 노동의 결합, 현대예술에서 아방가르드 작품들의 재상연을 연구하고 있다. 저서로는 『미래주의의 발명: 인위적인 낙관주의의 예술과 정치』(*Inventing Futurism: The Art and Politics of Artificial Optimism*, Princeton: Princeton University Press, 2009)가 있고 『미래주의: 작품집』(*Futurism: An Anthology*, New Haven: Yale University Press, 2009)을 공동 편집하였다.

존 플로츠John Plotz | 9장 「대중의 귀환, 또는 어떻게 사회학은 근심을 거두고 대중을 사랑하기로 결정했을까」

브랜다이스대학의 영문학과 교수이다. 빅토리아 시대 문학과 소설·정치학·미학에 주요하게 관심을 가지고 있으며, 저서로는 『군중: 영국 문학과 공공정치』(*The*

Crowd: British Literature and Public Politics, Berkeley: University of California Press, 2000)와 『휴대 가능한 물건들: 빅토리아 문화의 이동』(*Portable Property: Victorian Culture on the Move*, Princeton: Princeton University Press, 2008) 등이 있다.

호안 라몬 레지나 Joan Ramon Resina | 10장 「군중심리학에서 인종위생학까지: 극우파의 의료화와 신스페인」

스탠퍼드대학 교수로 이베리아·라틴아메리카 문화와 비교문학을 가르치고 있다. 근현대 유럽의 서사, 문학 이론, 사상사, 영화학, 이베리아 문화사와 정치사가 주요 연구 영역이다. 현재는 폭력과 전쟁의 문화적 토대, 골치 아픈 배상금 사안에 관심을 두고 있다. 저서로는 『독재의 망각: 스페인의 민주주의 이행에서의 기억의 정치학』(*Disremembering the Dictatorship: The Politics of Memory in the Spanish Transition to Democracy*, Amsterdam and Atlanta: Rodopi, 2000)과 『이베리아 양식: 이베리아 반도의 문화연구에 대한 관계적 접근』(*Iberian Modalities: A Relational Approach to the Study of Culture in the Iberian Peninsula*, Liverpool: Liverpool University Press, 2013) 등이 있다.

혼 소시 Haun Saussy | 11장 「중국의 대중과 수」

2011년부터 시카고대학의 비교문학과 교수로 재직 중이며, UCLA, 스탠퍼드대학, 예일대학, 홍콩 성시대학, 파리3대학 교수를 역임하였다. 2009~2011년에 미국비교문학협회 회장을 지내기도 했다. 고전 중국시와 주해서, 문학 이론, 구전의 비교연구, 번역의 문제, 20세기 이전의 미디어사, 민족학과 의료윤리를 주요 연구 주제로 삼고 있다. 저서로는 『중국 미학의 문제』(*The Problem of a Chinese Aesthetic*, Stanford: Stanford University Press, 1993), 『담론의 만리장성과 문화 중국의 또 다른 모험들』(*Great Walls of Discourse and Other Adventures in Cultural China*, Cambridge: Harvard University Asia Center, 2001) 등이 있고 『중국의 여류 시인: 고대부터 1911년까지의 시와 비평 선집』(*Chinese Women Poets: An Anthology of Poetry and Criticism from Ancient Times to 1911*, Stanford: Stanford University Press, 1999), 『시공간 속의 만리장성: 종합적 시각』(*Chinese Walls in Time and Space: A Multidisciplinary Perspective*, Ithaca: Cornell University East Asia Program, 2009) 등을 공동 편집하였다.

우어스 슈테헬리 Urs Stäheli | 12장 「시장의 대중」

함부르크대학 사회학·사회 이론 교수이다. 영국 에식스대학에서 체계 이론의 붕괴와 정치적인 것을 다룬 논문으로 박사학위를 받았다. 저서로는 『의미의 붕괴:

니클라스 루만의 체계 이론에 대한 해체주의적 독해』(*Sinnzusammenbrüche: Eine dekonstruktive Lektüre von Niklas Luhmanns Systemtheorie*, Weilerswist: Velbrück Wissenschaft, 2000), 『후기구조주의 사회학』(*Poststrukturalistische Soziologien*, Bielefeld: Transcript Verlag, 2000), 『스펙터클 투기: 경제의 대중성』 (*Spektakuläre Spekulation: Das Populäre der Ökonomie*, Frankfurt am Main: Sukrkamp, 2007) 등이 있다.

찰스 틸리 Charles Tilly | 13장 「WUNC」

1958년 하버드대학에서 사회학 박사학위를 취득한 이후 델라웨어대학, 하버드대학, 토론토대학, 미시간대학을 거쳐 컬럼비아대학의 조지프 L. 버튼와이저 석좌교수(Joseph L. Buttenwieser Professor of Social Science)로 재직하다가 2008년 사망했다. 국내 번역서로 『위기의 민주주의』(이승협·이주영 옮김, 전략과문화, 2010) 등이 있으며, 이 외의 저서로는 『집단폭력의 정치』(*The Politics of Collective Violence*, Cambridge: Cambridge University Press, 2003), 『유럽에서의 분쟁과 민주주의, 1650~2000』(*Contention and Democracy in Europe, 1650-2000*, Cambridge: Cambridge University Press, 2004), 『신뢰와 규칙』(*Trust and Rule*, Cambridge: Cambridge University Press, 2005) 등이 있다. 사망 직전 미국의 사회과학연구협회(Social Science Research Council)가 수여하는 앨버트 O. 허시먼 상(The Albert O. Hirschman Prize)을 수상했다.

앤드루 V. 우로스키 Andrew V. Uroskie | 14장 「광기의 대중을 감감하게 바라보며: 대중재현의 공간적 수사」

스토니브룩 뉴욕주립대학의 예술학과 부교수로 근대 후기와 현대예술이 연구 영역이다. 그의 작업은 정신분석, 현상학, 후기구조주의철학에 폭넓게 영향받았으며, 지속적인 미디어가 어떻게 오늘날 미적 생산, 전시, 관객성, 대상성에 대한 우리의 이해를 재구성하도록 도왔는지에 관심을 갖고 있다. 근현대예술에 대한 에세이들을 다양한 저널에 발표하였으며, 저서로는 『블랙박스와 화이트 큐브 사이: 전후 예술에서의 확장된 영화』(*Between the Black Box and the White Cube: Expanded Cinema in Postwar Art*, Chicago and London: University of Chicago Press, 2014)가 있다.

욥스트 벨게 Jobst Welge | 15장 「대중과는 거리가 먼: 서양의 상상 속에서의 개체화, 고독, 그리고 '사회'」

2001년 스탠퍼드대학에서 비교문학 박사학위를 취득한 후 UC버클리와 튀빙겐대학에서 방문 조교수를 지냈다. 베를린자유대학의 페터 손디 연구소(Peter Szondi-Institut)와 로망어 문학 연구소(Institut für Romanische Philologie)를 거처 현재 콘스탄츠대학의 객원 강사로 있으며 로망어 문학과 교양 과목을 가르치고 있다. 2013년부터는 메사추세츠-다트머스 대학 '포르투갈 연구 센터'의 포르투갈 문학·문화 연구 자문위원으로 활동 중이기도 하다. 저서로는 『가계 소설: 근대 소설에서의 문화적 주변부와 역사적 변화』(*Genealogical Fictions: Cultural Periphery and Historical Change in the Modern Novel*, Baltimore: Johns Hopkins University Press, 2014)가 있다.

제시카 버스타인 Jessica Burstein | 16장 「광장공포증: 알파벳」

워싱턴대학의 영문학과 부교수이다. 모더니즘, 아방가르드, 패션, 그리고 테크노필리아, 특히 보철에 관심이 있다. 전공 분야는 19세기 후반에서 1930년대까지의 영국 문학, 그리고 그것에 대한 서유럽의 맥락이다. 도로시 파커, 윈덤 루이스, 군중과 같은 주제를 다룬 책을 발표했다. 『계간 현대 언어』(*Modern Language Quarterly*)의 편집장 대행으로 일했고 『모더니즘/모더니티』(*Modernism/Modernity*)의 편집위원이다. 저서로는 『차가운 모더니즘: 문학, 패션, 예술』(*Cold Modernism: Literature, Fashion, Art*, University Park: The Pennsylvania State University Press, 2012)이 있다.